Dietmar Franke/Burckhard Zicke/Frank Zils (Hrsg.)

Geprüfter Personalfachkaufmann/Geprüfte Personalfachkauffrau

3. Auflage

Dietmar Franke/Burckhard Zicke/Frank Zils (Hrsg.)

Geprüfter Personal-fachkaufmann/ Geprüfte Personal-fachkauffrau

Ein Lehrbuch zur effizienten Prüfungsvorbereitung

3. Auflage

Luchterhand

Bibliografische Information der Deutschen Bibliothek
Die Deutsche Bibliothek verzeichnet diese Publikation in der Deutschen Nationalbibliografie; detaillierte bibliografische Daten sind im Internet über http://dnb.ddb.de abrufbar.

Für Ihre Kritik, Ihre Anregungen oder Vorschläge sind wir Ihnen dankbar.
Bitte schreiben Sie an:
Wolters Kluwer Deutschland GmbH, Köln
E-Mail: Info@wolterskluwer.de
Internet: http://www.wolterskluwer.de

ISBN 978-3-472-06630-9

3. Auflage 2006 – unveränderter Nachdruck 2008

Umschlaggestaltung: Andreas Ruers, Department Drei, Wiesbaden
Satz: Hümmer GmbH, Waldbüttelbrunn
Druck und Verarbeitung: Drukkerij Wilco, NL-Amersfoort
Gedruckt auf säurefreiem, alterungsbeständigem und chlorfreiem Papier

Autorinnen und Autoren

Prof. **Dr. Kurt Femppel**
Studium der Volkswirtschaft, Promotion; von 1960 bis 1986 als Direktor des Zentralen Personalwesens bei der Robert Bosch GmbH zuständig für Auslandsentsendung, Altersversorgung, operative Personalressorts Raum Stuttgart und Personalpolitik. Langjähriger Personalvorstand der Dr. Ing. h. c. F. Porsche AG. Seit 1993 Lehrbeauftragter der Universitäten Stuttgart-Hohenheim und Augsburg (»Personalwesen«) und freiberuflicher Berater unter anderem in Zusammenarbeit mit der Deutschen Gesellschaft für Personalführung (DGFP) insbesondere für Groß-, Mittel- und Kleinunternehmen im Produktions- und Dienstleistungssektor. Schwerpunkte der Beratung u. a.: Organisation des Personalwesens, Vergütungskonzepte, Arbeitszeitkonzepte, Konzepte der Personalentwicklung, Management-Entwicklungsprogramme, Führungskräftetraining. Kontakt: www.femppel.de
(Kap. 2.3, 2.5 und 3.3)

Jochen Flarup
Diplompädagoge; nach dem Studium der Erziehungs- und Sozialwissenschaften an der FU Berlin mit den Schwerpunkten Erwachsenenbildung und Arbeits- und Organisationspsychologie Dozent und Trainer bei verschiedenen Weiterbildungsinstitutionen. Nach Führungsaufgaben in Funktionen des Personal- und Bildungsbereichs unterschiedlicher Unternehmen und Branchen in Berlin und Hamburg, als Personalberater und Managementtrainer in einer Unternehmensberatung (BDU) in Mainz tätig. Seit 1991 zunächst Leiter Personalentwicklung/Aus- und Weiterbildung, dann Personalleiter/Manager Human-Resources bei OTIS Deutschland. Bisherige Arbeitsschwerpunkte: Personal- und Organisationsentwicklung, Training und Coaching von Führungskräften, Restrukturierung und Veränderungsmanagement, operative Personalarbeit, Labour-Relations. Kontakt: Jochen.Flarup@otis.com
(Kap. 3.4 und 4.2)

Dr. Dietmar Franke
Nach juristischem Studium, Referendarzeit und Promotion, langjährige Tätigkeit im industriellen Personalmanagement verschiedener Unternehmen, davon zehn Jahre auf Geschäftsleitungsebene. Mitgliedschaft in diversen Gremien, darunter im Präsidium des Arbeitgeberverbands der saarländischen Metall- und Elektroindustrie und Mitglied der dortigen Tarifkommission. Seit 1999 selbstständiger Unternehmensberater. Mitglied des Dozententeams der Deutschen Gesellschaft für Personalführung (DGFP) in Düsseldorf und Referent in Firmenseminaren auf den Gebieten des Arbeitsrechts und des Personalmanagements. Tätigkeitsschwerpunkte u. a.: Gestaltung von Arbeitsverträgen, Lösung von rechtlichen und personalwirtschaftlichen Fragen beim Betriebsübergang, Lösung allgemeiner arbeitsrechtlicher Probleme, Zusammenarbeit mit dem Betriebsrat.
(Kap. 2.1 und 2.6)

Dr. Frank Frieß
Studium der Soziologie, Sozialpsychologie und Philosophie. Nach Tätigkeiten als wissenschaftlicher Mitarbeiter an der Universität des Saarlandes und Referent in der Erwachsenenbildung, Einstieg im Personalmanagement der Saarbrücker Zeitung. Anschließend Verlagsrepräsentant beim Pfälzischen Merkur, Zweibrücker Druckerei und Verlagsgesellschaft mbH, dort zuständig für Marketing und Öffentlichkeitsarbeit. Kontakt: f.friess@pm-zw.de*(Kap. 4.1, 4.3 und 4.5)*

Dr. Brigitte Gütl
Studium der Wirtschaftspädagogik, Selbstständig als Organisationsberaterin, Personalentwicklerin, Trainerin und Coach im Profit und NPO-Bereich. Lern-, Führungs- und Qualifizierungsfragen sowie Kommunikation und Konfliktberatung, Netzwerke, Praxisforschung bilden die Arbeitsschwerpunkte. Coaching, Fallberatung, Systemische Organisationsberatung, Arbeiten im »Offenen Raum« sind typische methodische Zugänge. Lehrbeauftragte des Institutes für Organisation und Lernen der Universität Innsbruck; Leitung und Begleitung des Universitätslehrganges »Bildungsmanagement«; Gesellschafterin der AG SoVal Beratung. Kontakt: www.bildungsmanagement.info; www.Brigitte.Guetl@bildungsmanagement.info
(Kap. 1.6)

Dr. Martin Hartmann
Studium der Pädagogik, Soziologie und Politikwissenschaften in München und Frankfurt; nach Hochschultätigkeit und Promotion, mehrere Jahre Projektleiter in der Medienforschung und -beratung; als Journalist in London tätig; Trainer und Berater bei *train* – Gesellschaft für Personalentwicklung in Bonn und Traunstein mit den Schwerpunkten: Präsentations-, Moderationstechniken, Krisenkommunikation, Coaching für Präsentationen und Besprechungen, Pressearbeit und Publikationen.
Kontakt: train.bonn@train.de, www.train.de
(Kap. 1.7)

Werner Herr
Diplompädagoge; nach dem Studium der Erziehungswissenschaften mit dem Schwerpunkt Betriebs- und Führungspädagogik, Weiterbildungen u. a. in Jung'scher Typologie, Systemischer Beratung/Coaching und Hypnotherapie; Lehrbeauftragter an der Universität Koblenz-Landau, der Universität Heidelberg und der Fachhochschule Pforzheim. Zuvor langjährige Tätigkeit in der chemisch-pharmazeutischen Forschung und Entwicklung; Ausbildungsleiter für technische- und Produktionsberufe bei Boehringer Mannheim mit dem Schwerpunkt: Förderung der überfachlichen Qualifikationen von Auszubildenden; sodann verantwortlich für die Personal- und Organisationsentwicklung der Zentral- und Dienstleistungsfunktionen im selben Unternehmen. Derzeit selbstständige Tätigkeit als Berater zu PE/OE-Fragestellungen, Coaching, Förderung individueller Entwicklungspotenziale, Gestaltung von Organisationsentwicklungs- und Veränderungsprozessen und zur Teamentwicklung. Kontakt: www.werner-herr.de
(Kap. 4.4 und 4.6)

Prof. Dr. Jürgen Horsch
Professor für Controlling und Finanzwirtschaft an der HAWK Fachhochschule Hildesheim/Holzminden/Göttingen, Studiendekan an der Fakultät Ressourcenmanagement in Göttingen. Forschungsschwerpunkte: Projektcontrolling, Personalplanung, Gemeinkostenmanagement. In der Vergangenheit bei einem mittelständischen Dienstleister sowie als Projektleiter eines US-amerikanischen Industrieunternehmens tätig. Dozententätigkeit bei der Bankakademie und Bankcolleg. Kontakt: horsch@hawk-hhg.de
(Kap. 3.1)

Prof. Dr. Meinulf Kolb
Professor im Studiengang Personalmanagement an der Hochschule für Wirtschaft in Pforzheim; seit 1988 Dozent im Fachstudiengang zum Personalfachkaufmann/-frau bei der Württembergischen Verwaltungs- und Wirtschaftsakademie (VWA) in Stuttgart; ab 1993 Mitglied im Prüfungsausschuss Personalfachkaufmann/-frau bei der IHK Stuttgart und seit 2002 Mitglied in zwei Arbeitskreisen für die Aufgabenerstellung zum Geprüften Personalfachkaufmann/-frau beim DIHK. Themen- und Arbeitsschwerpunkte: Personalbeschaffung, -einsatz und -freisetzung, Organisations-, Führungs- und Anreizsysteme, Organisation des Personalbereichs und personalwirtschaftliches Dienstleistungsangebot, Personalinformationssysteme, Personalplanung und Personalcontrolling, aktuelle Fragestellungen und Trends im Personalmanagement. Kontakt: meinulf.kolb@hs-pforzheim.de
(Kap. 1.1 und 1.2)

Dr. Bernd Krewer
Diplompsychologe mit Spezialisierung in den Feldern kulturvergleichende und interkulturelle Organisations- und Entwicklungspsychologie; zehn Jahre Lehr- und Forschungstätigkeit, Promotion; seit 1992 freier Berater und Geschäftsführer der Krewer-Consult GmbH mit den Geschäftsfeldern Internationales Management, Personalentwicklung und Organisationsentwicklung. Internationale Berufserfahrung in frankophonen und anglophonen Ländern in Europa, Afrika, Amerika und Asien. Beratungsschwerpunkt: internationale Personalstrategie, Integrationsmanagement und internationale Projektorganisation für Großunternehmen verschiedener Branchen und internationale Institutionen (Europäische Kommission, GTZ, InWEnt). Kontakt: www.krewerconsult.com
(Kap. 1.4)

Cornelia Lindow
Personalfachkauffrau (IHK) und Sozialversicherungsfachangestellte; seit acht Jahren Personalleiterin in einem mittleren Krankenhaus der Paracelsus-Kliniken Deutschland GmbH in Hannover; Dozententätigkeit im Bereich Personalwesen. Tätigkeitsschwerpunkte: Personalbeschaffung, Personaleinsatz- und Personalkostenplanung, Freisetzung sowie Lösung arbeitsrechtlicher und betriebsrätlicher Fragestellungen. Kontakt: cornelia.lindow@pk-mx.de.
(Kap. 2.7.1 bis 2.7.2.2 und 2.7.2.4 bis 2.7.3)

Rainer Morgenstern
Rechtsanwalt, betreibt seit 1982 eine Rechtsanwaltskanzlei in Kleinblittersdorf bei Saarbrücken; Lehrbeauftragter der Saarbrücker Universität und der Universität Marc Bloch in Straßburg; während und nach dem juristischen Studium und der Referendarzeit wissenschaftlicher Mitarbeiter am damaligen Centre d'Etudes Juridiques Françaises der Universität des Saarlandes. Seit 1979 auch staatlich geprüfter Übersetzer der französischen Sprache für die Gerichte des Saarlandes und die saarländischen Notare. Kontakt:
ramorgenstern@telesonmail.de
(Kap. 2.2)

Stefan Mühleisen
Studium Kommunikationswissenschaften/Journalistik sowie Sozial- und Wirtschaftsgeographie; eDactic Trainer (Lufthansa School of Business); Systemischer Einzel- und Teamberater sowie Supervisor und Coach (DGSF). Erfahrungen: Technologieprojekt in Brasilien (GTZ GmbH), Mitarbeit Unternehmenskommunikation (Siemens-Nixdorf, IBM), Chefredaktion Motivation– Magazin für Führungspersonen, Trainer- und Dozententätigkeit (IHK-Akademie, Cognos AG). Verknüpft Erfahrungen aus Unternehmenskommunikation, Medien und systemischer Beratung zu Dienstleistung Profilschärfe, einer zeitlich befristeten Belgeitung für Personen und Organisationen in ihren gewollten Kommunikations- und Veränderungsprozessen. Tätigkeitsschwerpunkte: Systemische Beratung von Personen und Organisationen, Change Management, Gruppen- und Einzelcoaching, Teamentwicklungen, Train-the-Trainer, Konzeption und Design von Lernszenarien. Kontakt: muehleisen@profilschaerfe.de, www.profilschaerfe.de
(Kap. 0)

Klaus Oppermann
Sozialversicherungsfachkaufmann; Tätigkeit im Finanzressort der Volkswagen AG, langjähriger Leiter der Entgeltabrechnung im selben Unternehmen; Berater und Trainer auf dem Gebiet der Entgeltabrechung.
(Kap. 2.4 und 2.7.2.3)

Rainer Röpnack
Studium der Pädagogik mit dem Schwerpunkt Beratungspsychologie, Sozialpädagogik; Betriebswirt im Sozial- und Gesundheitswesen; mehrere Jahre Leitungserfahrung im sozialen Bereich; Trainer und Berater bei *train*. Tätigkeitsschwerpunkte: Marketing- und Organisationsberatung für mittelständische Dienstleistungsunternehmen, Führungskräftecoaching, Besprechungscoaching, Supervision von Arbeitsgruppen, Präsentationen, Selbstorganisation am Arbeitsplatz, Selbstmanagement, Moderation von Workshops und Besprechungen. Kontakt: rainer.roepnack@t-online.de, www.train.de
(Kap. 1.7)

Klaus Urban
Industriekaufmann und Diplomvolkswirt; langjährige Lehrtätigkeit an der Akademie für Marketing-Kommunikation und der Fachhochschule Frankfurt; seit über 30 Jahren in verschiedenen Funktionen im Personalwesen tätig. Seit über zehn Jahren Head-of-Human-Resources bei der American Express Bank GmbH in Frankfurt. Vielfältige Trainingserfahrung als Facilitator. Gründungsmitglied des Kuratoriums von AIESEC Frankfurt. Kontakt: Klaus. A.Urban@aexp.com
(Kap. 3.2)

Bernd H. Wambach
Diplomvolkswirt; seit 1997 selbstständiger Unternehmensberater mit den Schwerpunkten: praxisbezogenes Personal-Management, Beratung, praxisnahe Personalsuche und Vorauswahl-Seminare, Workshops und Moderationen; 1979 Vorstandsassistent bei einem Großunternehmen der Wohnungswirtschaft; 1981 Wechsel in die zentrale Personalwirtschaft; 1985 kaufmännischer Leiter und Mitglied der Geschäftsleitung in der Versicherungswirtschaft; von 1987 bis 1997 Philips Medizin Systeme, zunächst als Personalleiter der gewerblichen Arbeitnehmer, dann Personalleiter für den Angestelltenbereich mit ca. 1100 Mitarbeitern; seit 1983 nebenberufliche Dozenten- und Beratungstätigkeit für zahlreiche Veranstalter und Fortbildungsinstitutionen. Kontakt: info@wambach-online.de
(Kap. 3.5)

Prof. Dr. Achim Weiand
Seit 2001 Professor für Internationales Management mit dem Schwerpunkt Personal und Organisation in internationalen Unternehmen an der Fachhochschule Hof; von 1992 bis 1999 Leiter der Personalentwicklung bei derZF Getriebe GmbH (Saarbrücken), danach zwei JahreLeiter der Führungskräfteentwicklung der Veba AG/E.ON AG (Düsseldorf) und anschließend Leiter Personalbetreuung und -entwicklung in der Viterra AG (Essen). Kontakt:
achim.weiand@fh-hof.de
(Kap. 1.4)

Christian Wiener
Diplompädagoge; seit Juni 2002 Senior Expert im Zentralbereich Human-Resources-Strategy der Deutschen Telekom AG. Seine Aufgabenschwerpunkte in der Abteilung HR-Prozessmanagement und -IT liegen in der Entwicklung und Implementierung von Konzepten und Strategien zur Steuerung, Organisation und IT des Human-Resource-Management-Bereiches. Zuvor war er Berater im Competence Center Human-Resources-Consulting der Diebold Deutschland GmbH. Dort hat er Unternehmen vor allem in der Analyse, Optimierung und Implementierung von HR-Strategien, -Organisationen, -Prozessen, deren IT-Unterstützung sowie im HR-Controlling beraten. Spezifische Projekterfahrungen u. a. bei der Konzeption und Implementierung eines Personalcontrollingsystems sowie bei der Konzeption und Implementierung eines integrierten HR-IT-Systems. Als Assistent des für HR zuständigen Geschäftleitungsmitglieds der Diebold Deutschland GmbH wirkte er zuvor aktiv in der strategischen und operativen Personalarbeit des Unternehmens mit. Kontakt: c.wiener@telekom.de
(Kap. 1.5)

Burckhard Zicke
Nach dem Studium der Betriebswirtschaft mit Schwerpunkt Personalwesen, in Lehrgängen der Aufstiegsfortbildung tätig, zunächst als Dozent, bis 2005 als Fachbereichsleiter für berufliche Fortbildung und Firmenschulung bei einem grossen Weiterbildungsträger. Mitglied im Prüfungsausschuss »Personalfachkaufmann/-kauffrau« bei der IHK Hannover und seit 2002 Mitglied in der Expertenkommission und in Arbeitskreisen beim Deutschen Industrie- und Handelskammertag (DIHK). Erfahrungen in der Umsetzung handlungsorientierter und ganzheitlicher Bildungskonzepte in Zusammenarbeit mit der Universität Hamburg und dem Bundesinstitut für Berufsbildung. Seit 2005 als Unternehmensberater mit den Arbeitsschwerpunkten Personalorganisation und Organisationsentwicklung, Personalentwicklung, -förderung und -führung, Anwesenheits- und Fluktuationsmanagement. Kontakt: burckhard.zicke@t-online.de.
(Kap. 1.3 und 1.8)

Dr. Frank Zils
Studium der Theologie, Erwachsenenbildung, Human-Ressources-Management; Management-Trainee-Programm Deutsche Lufthansa AG (Führungskräfteentwicklung); Leiter Personalentwicklung CS&P Bildungsmanagement GmbH, Schwerpunkt Führungskräfteentwicklung und strategieorientierte Personalentwicklung, Coaching für Führungskräfte und Personalentwickler; Leiter Personalentwicklung und stellvertretender Personalleiter der Saarbrücker Zeitung Verlag und Druckerei GmbH. Derzeit Personalleiter von LifeScan a Johnson & Johnson Company. Kontakt: fzils@ocdde.jnj.com *(Kap. 4.1, 4.3 und 4.5)*

Vorwort

Die Qualifizierung zum »Geprüften Personalfachkaufmann« zur Geprüften Personalfachkauffrau gehört seit Jahren zum Weiterbildungsangebot vor allem der Industrie- und Handelskammern. Das Bundesministerium für Bildung und Forschung hat mit seiner am 01. 06. 2002 in Kraft getretenen Verordnung die Prüfungsvoraussetzungen und -inhalte nunmehr auf eine einheitliche Rechtsgrundlage gestellt. Infolge der Neuordnung dieses anerkannten Abschlusses wurden die Prüfungsordnung sowie der sie ergänzende Rahmenplan formal und inhaltlich erheblich geändert.

Das nunmehr in 3. Auflage erschienene Buch folgt – wie schon die beiden Vorauflagen – in Inhalt und Aufbau den Vorgaben, welche die Prüfungsordnung als prüfungsrelevantes Wissen festlegt. Damit entspricht es dem Wunsch der Kursteilnehmer nach einem verlässlichen, auf den neuesten Stand gebrachten Begleiter zur Vorbereitung auf die Abschlussprüfung.

Die konsequente Orientierung an der Struktur und der Gliederung des Rahmenplanes hinsichtlich der Handlungsbereiche

- Personalarbeit organisieren und durchführen,
- Personalarbeit auf Grundlage rechtlicher Bestimmungen durchführen,
- Personalplanung, -marketing und -controlling gestalten und umsetzen,
- Personal- und Organisationsentwicklung steuern

erleichtert dem Lernenden die Gestaltung und Transparenz seines Lernprozesses. Die Vorgaben der in der Verordnung festgelegten Prüfungsanforderungen werden in diesem Buch nachvollziehbar so umgesetzt, dass dem Lernenden sowohl die Qualifikationsinhalte, als auch die Tiefenstufen seines Lernens bewusst werden. Das erleichtert erheblich die eigene Lernerfolgskontrolle und verschafft Sicherheit für die Prüfung.

Dennoch beschränkt sich dieses Werk nicht auf die reine Vermittlung des notwendigen Prüfungswissens. Der Anspruch der Handlungsorientierung, der in der Rechtsverordnung verankert wurde, war Verpflichtung für die Autoren, ihre Beiträge praxisnah mit einem eindeutigen Bezug auf die Anforderungen eines zeitgemäßen Personalmanagements zu gestalten. Die einzelnen Kapitel werden darüber hinaus durch grafische Darstellungen, Übersichten und Aufstellungen ergänzt und durch Beispiele aus der Praxis sowie eigenen beruflichen Erfahrungen verständlich gemacht.

Um dem Lernkonzept auch methodisch gerecht zu werden, sind jedem Kapitel auch Lern- und Übungsaufgaben beigegeben, die in ihrer Komplexität den Prüfungsaufgaben des Deutschen Industrie- und Handelskammertages (DIHK) entsprechen.

Das umfassende Stichwortverzeichnis erleichtert die Suche nach Begriffen, Überschriften und Leitwörtern erheblich. Das Werk eignet sich deshalb nicht nur für den Teilnehmer an den einschlägigen Vorbereitungslehrgängen, sondern auch für den Mitarbeiter im Personal- und Ausbildungswesen als Nachschlagewerk.

Da auch im Personalwesen nichts so beständig ist, wie der Wandel, wird dieses Lern- und Arbeitsbuch ständig an die rechtlichen und personalwirtschaftlichen Veränderungen angepasst. Die Herausgeber sind deshalb für Anregungen und Kritik von möglichst vielen Lesern dankbar.

In diesem Buch wird der Einfachheit und Verständlichkeit halber darauf verzichtet, jeweils weibliche und männliche Benennungen anzugeben. Das gilt insbesondere für Personenbeschreibungen wie Personalfachkaufmann, Arbeitnehmer, Mitarbeiter, Vorgesetzter, Auszubildender usw. Gemeint sind selbstverständlich stets sowohl männliche als auch weibliche Personen.

Herausgeber, Autoren und Verlag wünschen allen Lesern viel Freude bei der Arbeit mit diesem Werk und an dem daraus resultierenden Lern- und Prüfungserfolg!

September 2006

Dr. Dietmar Franke Burckhard Zicke Dr. Frank Zils

Inhaltsverzeichnis

Abkürzungen

Abs.	Absatz
AFBG	Aufstiegsfortbildungsförderungsgesetz
AG	Aktiengesellschaft
AGB	Gesetz über Allgemeine Geschäftsbedingungen
AktG	Aktiengesetz
ArbeitskampfR	Arbeitskampfrecht
ArbeitsvertragsR	Arbeitsvertragsrecht
ArbGG	Arbeitsgerichtsgesetz
ArbN	Arbeitnehmer
ArbPlSchG	Arbeitsplatzschutzgesetz
ArbZG	Arbeitszeitgesetz
AREV	Arbeitsentgeltverordnung
Art.	Artikel
ATZG	Altersteilzeitgesetz
BAG	Bundesarbeitsgericht
BBiG	Berufsbildungsgesetz
BDSG	Bundesdatenschutzgesetz
BerzGG	Bundeserziehungsgeldgesetz
BetriebsverfassungsR	Betriebsverfassungsrecht
BetrVG	Betriebsverfassungsgesetz
BGB	Bürgerliches Gesetzbuch
BpersVG	Bundespersonalvertretungsgesetz
BR	Betriebsrat
BSG	Bundessozialgericht
bspw.	beispielsweise
BundesgrenzschutzG	Bundesgrenzschutzgesetz
BundesverfassungsschutzG	Bundesverfassungsschutzgesetz
BundeszentralregisterG	Bundeszentralregistergesetz
BUrlG	Bundesurlaubsgesetz
Büvo	Beitragsüberwachungsverordnung
BVerwG	Bundesverwaltungsgericht
BZV	Beitragszahlungsverordnung
bzw.	beziehungsweise
d. h.	das heißt
DEÜV	Datenerfassungs- und Datenübermittlungsverordnung
EFZG	Entgeltfortzahlungsgesetz
EG	Europäische Gemeinschaft
ERA	Entgelt-Rahmen-Abkommen
EstG	Einkommenssteuergesetz
EuGH	Europäischer Gerichtshof
f.	folgende
ff.	fortfolgende
gem.	gemäß
GewO	Gewerbeordnung

GG	Grundgesetz
ggf.	gegebenenfalls
GmbH	Gesellschaft mit beschränkter Haftung
GVG	Gerichtsverfassungsgesetz
HGB	Handelsgesetzbuch
i. d. R.	in der Regel
i. V. m.	in Verbindung mit
inkl.	inklusive
JAE-Grenze	Jahresarbeitsentgeltgrenze
JArbSchG	Jugendarbeitsschutzgesetz
JAV	Jugend- und Auszubildendenvertretung
KG a. A.	Kommanditgesellschaft auf Aktien
KonTraG	Gesetz zur Kontrolle und Transparenz von Aktiengesellschaften
KüSchG	Kündigungsschutzgesetz
LAG	Landesarbeitsgericht
LPersVG	Landespersonalvertretungsgesetz
LSG	Landessozialgericht
MelderechtsrahmenG	Melderechtsrahmengesetz
NachwG	Nachweisgesetz
s. o.	siehe oben
s.	siehe
S.	Satz
SachBezV	Sachbezugsverordnung
SchwbG	Schwerbehindertengesetz
SG	Sozialgericht
SGB	Sozialgesetzbuch
sog.	so genannte(s); so genannter
StVG	Straßenverkehrsgesetz
TarifvertragsR	Tarifvertragsrecht
TVG	Tarifvertragsgesetz
TzBfG	Teilzeitbefristungsgesetz
u. a.	unter anderem
u. U.	unter Umständen
v.	vom, von
VermBetG	Vermögensbeteiligungsgesetz
vgl.	vergleiche
vs.	versus
z. B.	zum Beispiel
ZPO	Zivilprozessordnung

Gesagt ist nicht gehört.
Gehört ist nicht verstanden.
Verstanden ist nicht einverstanden.
Einverstanden ist nicht behalten.

Behalten ist nicht angewandt.
Angewandt ist nicht beibehalten.
Konrad Lorenz

0. Lern- und Arbeitsmethodik

Die Ausbildung läuft, die Prüfung steht bevor und eine Menge Stoff ist zu lernen. Wie das am besten geht, zeigt ein Blick in die Welt der Lernpsychologie, Lernmethoden und Lernorganisation. Wer den Hintergrund für das Lernen und seine Lernziele kennt, für den bedeutet Lernen eine Menge Spaß und Vergnügen.

Lernen hat den Sinn, mit Veränderungen zurecht zu kommen. Das kann ein verändertes Umfeld sein. Oder andere als bisher geforderte Fähigkeiten, um bisher unbekannte Aufgaben zu lösen. Oder es können von uns geforderte Verhaltensweisen sein, die uns helfen, unsere Ziele zu erreichen.

»Was Hänschen nicht lernt, lernt Hans nimmermehr«, das war einmal. Wissenschaftler gehen heute davon aus, dass sich das Wissen der Menschheit alle vier Jahre verdoppelt. Das bedeutet, dass wir uns in immer kürzerer Zeit neues Wissen aneignen müssen. Und zwar nicht das »Wissen auf Vorrat« wie wir es aus der Schule kennen. Auch nicht das objektive Wissen, das an jeder Ecke zu bekommen ist. Gefragt ist das Wissen, das in der Praxis sichtbar wird. Ausschlaggebend ist heute und morgen dieses individuell angewandte Wissen in Form von Können. Also das, was der Einzelne im Zusammenspiel seiner Interessen, Fähigkeiten und Erfahrungen aus objektivem Wissen macht.

Lernen ist eine sehr persönliche Tätigkeit, letztlich die Summe einer Reihe von Gewohnheiten. Um aus methodischen »Sackgassen« herauszukommen, kann dieses Kapitel wertvolle Anregungen geben.

0.1 Lernen verstehen

Was geschieht eigentlich beim Lernen? Wie gelingt es, in knapper Zeit möglichst viel Stoff aufzunehmen? Welche Leistungen muss der Kopf bringen? Wie funktioniert das Gedächtnis? Was kann einen Lernprozess behindern? Was ist Lernen überhaupt? Fragen über Fragen, die vor dem Hintergrund nüchterner Zahlen umso interessanter werden. Von den Informationen, die wir täglich aufnehmen, behalten wir 10 Prozent Gelesenes, 20 Prozent Gehörtes, 30 Prozent Gesehenes, 50 Prozent Gehörtes und Gesehenes, 70 Prozent selbst Gesagtes und 90 Prozent selbst Getanes.

Lernen geschieht also nicht auf Knopfdruck. Anscheinend gibt es eine Reihe von Hindernissen zu überwinden. Sowohl Psychologie als auch Gehirnbiologie liefern uns dazu lehrreiche und spannende Antworten.

Stefan Mühleisen

0.1.1 Psychologie des Lernens

Alle über unsere Sinne (Augen, Ohren, Nase, Mund, Haut) eintreffenden Eindrücke nimmt das Gehirn als elektrische Impulse wahr. Sind die Impulse zu schwach oder lassen sie sich nicht an bereits existierende Gedankenverbindungen anhängen, klingen sie nach 10 bis 20 Sekunden wieder ab. Erst wenn der Wahrnehmungsimpuls stark genug ist, kommt ein Lernvorgang zustande. Dabei faltet sich eine DNS-Spirale (Kerne unserer Nervenzellen) auseinander. Die auseinandergefalteten Stellen dienen als Matrize, an der sich Abdrücke bilden, die die Information damit im Kurzzeitgedächtnis speichern.

Diese im Kurzzeitgedächtnis gespeicherten RNS-Abdrucke verknüpfen sich zu langen Proteinmolekülen. Auf diese Weise sind alle Informationen gespeichert und können rein theoretisch auch abgerufen werden.

Das Problem: Manche dieser Informationen werden verschüttet und ein Zugriff unserer Erinnerung gelingt nicht mehr. Am besten funktioniert dieser Prozess des Speicherns, Erinnerns und Abrufens, wenn die Verankerung im Langzeitgedächtnis der ganzheitlichen und vernetzten Struktur unseres Gehirns entspricht. Beispielsweise lassen sich Bilder hervorragend ganzheitlich aufnehmen.

Lernpsychologen haben herausgefunden, wie Informationen idealerweise aufbereitet sein sollten, um sie gut zu lernen und zu behalten. Die Informationen sollten logisch und ganzheitlich, also in Text und Bildern oder Zahlen und Mustern abgebildet sein. Das gewährleistet die vielfältige Verknüpfung von Sprache, Bildern und Hierarchien.

Darüber hinaus ist die besondere Art zu Lernen bei jedem einzelnen Menschen abhängig davon, über welche Sinnesorgane er bevorzugt Informationen aufnimmt. Jeder Mensch unterscheidet dabei zwischen der Aufnahme über Auge, Ohr oder Anfassen (praktisches Ausüben). Wissenschaftler unterscheiden grundsätzlich in visuelle (Auge), auditive (Ohr) und so genannte kinästhetische (Hand und Haut) Lerntypen (s. auch Abschnitt 0.4.1). Für jeden Lerner ist es wichtig, sich seines bevorzugten »Lern- und Wahrnehmungskanals« bewusst zu werden. Denn während der eine durch zuhören lernt, braucht ein anderer Bilder, Graphiken und Skizzen und ein dritter wiederum muss die Dinge anfassen und sie spüren können, damit sie im Gedächtnis bleiben.

Ganz abgesehen vom Lerntyp gelten zusätzlich psychologische Barrieren, die den Lernerfolg beeinflussen können. Einfach gesagt, kann es für das Selbstbild richtig gefährlich sein, etwas neues zu lernen. Vor allem, wenn das Neue nicht gleich Wunder wirkt. Oder die anderen das Neue ablehnen. Oder das Neue vielleicht sogar Angst macht.

0.1.2 Biologie des Lernens

Um Lernen besser zu verstehen und sich das Lernen so angenehm wie möglich zu machen, ist es hilfreich, die biologischen Grundlagen des Lernens kennen zu lernen.

Wer bei sich einen Lernprozess in Gang setzen möchte, muss sich zunächst einmal fragen, wie Lernen und Vergessen funktionieren. Erste Frage: Was ist eigentlich das Gedächtnis? Hier eine wissenschaftliche Antwort (nach Pauli): »Gedächtnis beschreibt die Tatsache, dass sich unter den Bewusstseinsvorgängen solche befinden, die als Nachwirkung bereits früher verlaufender Prozesse (beispielsweiseEmpfindungen) aufzufassen sind und von dem Subjekt auch meist mit dem Bewusstsein, dass es sich um bereits gehabte Eindrücke handelt, erlebt werden«.

Stefan Mühleisen

Warum also vergessen wir manche Dinge und andere nicht? Eine Antwort auf diese Frage versuchen Gedächtnismodelle zu geben. Gedächtnismodelle sind Bilder, die sich Menschen machen, um das Gedächtnis zu verstehen. Die Modelle sind eben nur Modelle und damit ein vereinfachtes Abbild der dafür gehaltenen Wirklichkeit. Aber die Modelle sind hilfreich, Beobachtungen im Alltag sowie die Leistungen und Lücken des Gedächtnisses zu beschreiben.

0.1.2.1 Modelle unseres Gehirns

Richard Atkinson und Richard Shiffrin haben in den 60er Jahren ein Gedächtnismodell entwickelt, das aus drei Speichern besteht, das so genannte Multi-Speichermodell:

- Der sensorische Speicher: Dieser nimmt eine Vielzahl von Sinneseindrücken auf, die im Alltag auf uns einströmen. Etwa ob wir gerade sitzen oder sich eine Fliege auf unsere Hand setzt.
- Das Kurzzeitgedächtnis: Es speichert kurzzeitig, über einige Sekunden also, Informationen und koordiniert als so genanntes Arbeitsgedächtnis neue Informationen mit dem Wissen des Langzeitgedächtnisses.
- Das Langzeitgedächtnis: Es enthält alle Informationen, die wir im Laufe unseres Lebens gelernt haben.

Für das Lernen bedeutet dieses Modell, dass nur ins Langzeitgedächtnis kommt, was die Aufmerksamkeitsschwellen im sensorischen und Kurzzeitgedächtnis überwindet. Gleichzeitig führt das Arbeitsgedächtnis die Impulse des sensorischen Speichers mit den aus dem Langzeitgedächtnis erinnerten Informationen zusammen.

Allan Collins und Elizabeth Loftus gingen in den 70er Jahren mit ihrem Netzwerkmodell davon aus, dass Informationen des Langzeitgedächtnisses in Form eines Netzwerkes gespeichert sind. Dabei liegen Informationen einer Kategorie wie zum Beispiel Tiere und Blumen eng zusammen und Dinge, die wenig miteinander zu tun haben, sind weit voneinander entfernt. Unsere Erinnerungsleistung wird beeinflusst durch die Nähe und Distanz der im Netzwerk gespeicherten Informationen. Dieses Modell zeigt vor allem, wie unser Gehirn neue und damit unbekannte Informationen an bestehende, bekannte Informationen anknüpft. Für das Lernen zeigt sich, wie nützlich es ist, neue Begriffe in bereits vorhandene Strukturen einzubetten, um so die Erinnerung von verschiedenen Begriffen ausgehend zu ermöglichen.

Wie viele Hälften hat das Gehirn? Die Frage sagt es schon: zwei. Und so geht das bekannteste Modell unseres Gehirns, das Gehirnhälften-Modell, von einer rechten und linken Gehirnhälfte aus. Die linke Gehirnhälfte kümmert sich um »harte«, die rechte um »weiche« Informationen.

Während im herkömmlichen Schul- und Ausbildungssystem vorwiegend die linke Gehirnhälfte adressiert ist (Zahlen, Logik, Regeln), kommt die rechte Gehirnhälfte regelrecht zu kurz. Ganzheitliche Darstellungen, Gefühle, das emotionale Lernen mit Farben, Formen und Bildern widerspricht oft der rationalen Bildung, obwohl unser Gedächtnis vom ganzheitlichen Denken in Bildern, Assoziationen und Emotionen lebt.

0.1.2.2 Assoziationen stärken das Gedächtnis

Das Verknüpfen und Verbinden von Gedanken und Vorstellungen, so genannte Assoziationen, sind der Schlüssel zu allen Gedächtnistechniken. Mit ihrer Hilfe lässt sich das Gedächtnisnetzwerk nutzen und Informationen können wunderbar vom Kurz- in den Langzeitspeicher übertragen werden. Die Umgangssprache bezeichnet bewusst hergestellte assoziative Verknüpfungen als »Eselsbrücken«, die unsere Gedanken beschreiten können. Ähnlichkeiten in Klang, Aussehen, Kontext oder Inhalt dienen zur Verbindung von zwei an sich nicht verbundenen Inhalten.

Um gedächtnisgerechte Assoziationen herzustellen, hilft es, sich an die Erkenntnisse aus der Betrachtung der Gehirn- und Gedächtnismodelle zu erinnern.

Hier die Regeln für erfolgreiche Verknüpfungen:

- Um Assoziationen herzustellen, muss die Aufmerksamkeit auf den Begriff oder Inhalt gerichtet sein. Die assoziative Verknüpfung benötigt Konzentration, Zeit und Anstrengung.
- Besonders »haltbare« Assoziationen greifen immer auf bereits bekannte, gut eingewobene Gedächtnisinhalte zurück. Je besser der neue Begriff mit dem bestehenden Netzwerk verknüpft wird, das heißt je mehr Verbindungen zu anderen Begriffen bestehen, desto leichter fällt das Behalten und Erinnern.
- Besonders gut funktionieren Verknüpfungen, welche die rechte Gehirnhälfte aktivieren: Bilder, Gefühle, sinnliche Wahrnehmungen wie Berührungen, Klänge oder Gerüche. Am besten prägen sich phantasievolle und ungewöhnliche Bilder ein. Sie unterscheiden sich von anderen Gedächtnisinhalten. Lust, Spaß und Humor können dabei helfen.

Verbindungen müssen möglichst eindeutig sein. In mehrdeutigen Verbindungen kann uns das Gedächtnis zu leicht einen Streich spielen und Inhalte verwechseln.

0.1.2.3 Modelle vom Lernen

Egal ob beim Selbstlernen vor dem Computer, am Schreibtisch oder während einer Weiterbildungsveranstaltung, immer sind es drei Bereiche, in denen Lernen stattfindet. Zunächst dreht sich Lernen um Inhalte, also um die Wissensgebiete des Lernstoffes. Genauso wichtig ist aber auch der Prozess des Lernens, also die Vorgehensweise, wie der Lernstoff aufbereitet wird. Verschafft man sich erst einen Überblick oder beginnt man mit Details. Sammelt man erst praktische Erfahrungen, um hinterher die Theorie zu verstehen oder umgekehrt. Schließlich – und das ist nicht zu unterschätzen, lernen wir sehr stark auch voneinander. Die wir von früh an auf die Interpretation sozialer Signale geeicht sind, hilft es uns, den Lernstoff mit Kollegen zu diskutieren oder zu beobachten, wie andere mit neuem Wissen umgehen.

Letztlich geht es beim Lernen darum, wie man auf einer Treppe von einer Stufe zur nächsten gelangt. Jemand, der gar nicht weiß, dass er nichts weiß, steht noch auf der Stufe der unbewussten Inkompetenz. Oft schmerzlich, aber dadurch auch förderlich ist die nächste Stufe: Jemand weiß, was er nicht weiß. Lernen hilft dabei, die nächste Ebene zu erklimmen: die bewusste Kompetenz. Jetzt weiß jemand, was er weiß. Wer dieses Wissen und Können dann so weit »intus« hat, dass es ihm nicht mehr auffällt, der hat die hohe Stufe der unbewussten Kompetenz erreicht. Vielfach wird das Wissen und Können auf dieser Stufe auch als »blinder Fleck« bezeichnet. Es ist dem Wissenden gar nicht mehr bewusst, wie kompetent er in diesem Bereich ist.

0.2 Lernmethoden

Um sich erfolgreich neues Wissen und Können anzueignen, helfen Lernmethoden und -techniken wie Wanderstöcke für die ersten Schritte bergan. Methoden sind nichts anderes, als Muster oder Vorgehensweisen für das planmäßige Anstreben von Zielen wie beispielsweise das Bewältigen eines bestimmten Lernstoffes. Einige in der Folge vorgestellte Methoden dienen als Anregung, sich ganz eigene Methoden zurecht zu schneidern.

0.2.1 Schnell-Lesemethoden

Wer lernen will, kommt schwer ohne Lesen aus. Und wer schnell lesen kann, kann sich schneller den Lernstoff aneignen.

Grundvoraussetzung für diese Methode ist Ruhe. Für eine bessere Konzentration empfiehlt es sich, alle Störungen wie klingelnde Telefone oder unangemeldete Besucher abzustellen. Die gesamte Aufmerksamkeit gilt dem Text. Zu beachten sind folgende Regeln:

- Nicht zurückblicken, eventuell bereits Gelesenes abdecken,
- Augen ruckartig und schnell bewegen, statt wie üblicherweise fließend und langsam,
- Das Mitsprechen abstellen,
- Eher von oben nach unten als von links nach rechts, also vertikal statt horizontal lesen,
- Sich vor dem Lesen zunächst einen Überblick über den Text oder Abschnitt verschaffen (s. auch Abschnitt 0.2.2.2).

0.2.2 Methoden und Techniken für den Umgang mit Texten

0.2.2.1 Techniken zur Textbearbeitung

Um Texte zu strukturieren, das Wesentliche herauszuziehen und parat zu haben, dient das handwerkliche Markieren von Textabschnitten. Aber Vorsicht: Das Markieren der Textstellen sollte erst beginnen, nachdem der Text einmal gelesen und ein Überblick zur Struktur vorhanden ist. Höchstens ein Drittel des Textes sollte angestrichen werden.

Die Entscheidung für Markierungen zwingt zur nochmaligen gründlichen Auseinandersetzung mit dem Text und ermöglicht gleichzeitig, relevante Textstellen später schnell wiederzufinden. Folgende Markierungsarten haben sich bewährt:

- Überstreichen mit einem Textmarker oder Unterstreichen von wichtigen Textstellen in verschiedenen Farben und mit unterschiedlichen Strichstärken und -arten,
- Hinzufügen von Randbemerkungen in Stichworten oder in Form von festgelegten Symbolen (»!« bedeutet wichtig, »->« bedeutet nachschlagen, ein Blitz bedeutet Widerspruch),
- Erstellen von aussagekräftigen Überschriften für Absätze oder ganze Seiten,
- Auflisten wichtiger Seitenzahlen im Buchdeckel oder auf einem separaten Blatt mit Angabe von Schlagworten und Kernaussagen.

Zusätzlich eignen sich auf wichtige Seiten geklebte Post-its als farbige Einmerker, um wichtige Passagen in einem Buch oder Skript schnell wieder zu finden.

0.2.2.2 SQ3R-Methode zur Texterfassung

Wenn man aus einem Text lernen will, so empfiehlt es sich, nicht sofort auf der ersten Seite des Buches mit der Lerntätigkeit zu beginnen. Vielleicht ist das Buch sehr schwierig zu verstehen oder die Inhalte sind gar nicht so relevant wie erwartet.

Die erstmals vom Amerikaner Highbee (1977) erwähnte SQ3R-Methode besteht deshalb aus den fünf Leseschritten:

- **Survey** (Überblick gewinnen): Verschaffen Sie sich, bevor Sie den eigentlichen Text zu lesen beginnen, einen ersten Eindruck. Finden Sie die Struktur eines Textes, indem Sie sich Klappentext, Inhaltsverzeichnis, Glossar, Literaturverzeichnis, Vorwort und Zusammenfassung genau ansehen. Überfliegen Sie den Gesamttext und schauen Sie sich Tabellen und Abbildungen an. So trennen Sie unwichtige von wichtigen Passagen und finden Gesuchtes schnell und ohne Schwierigkeiten wieder. Selten brauchen wir alle Informationen in einem Text. Die Struktur des Textes bietet Ihnen Abschnitte an, die Sie als Einheit lesen und lernen können.
- **Question** (Fragen stellen): Überlegen Sie sich, bevor Sie den Text lesen, Fragen zu den Abschnitten. Auch dies hilft, die Struktur eines Textes oder den roten Faden zu erarbeiten. Denn: Wer nicht weiß, welche Informationen er aus Texten ziehen möchte, liest vermutlich auch die Passagen sehr gründlich, die für sein Leseinteresse nebensächlich sind. Vorher formulierte Fragen führen zu einer zielgerichteten und zeitsparenden Auswertung von Texten.
- **Read** (gründliches Lesen): Passen Sie Ihre Lesegeschwindigkeit an die Schwierigkeit und den Komplexitätsgrad des Textes an. Nutzen Sie dabei die Vorstrukturierung durch die im vorherigen Schritt formulierten Fragen.
- **Recite** (Rekapitulieren): Nach der Erarbeitung eines Kapitels oder eines Sinnabschnitts sollten Sie sich von dem Text lösen und versuchen, den Inhalt zu rekapitulieren. Dies kann durch Überdenken des Textes erfolgen, ratsamer sind jedoch aktivere Formen wie die stichwortartige Zusammenfassung des Gelesenen oder das laute Rezitieren.
- **Repeat** (Wiederholen): Am Ende steht die Gesamtwiederholung des gelesenen Textes. Hierbei ist besonderer Wert darauf zu legen, die Gesamtstruktur des Textes herauszuarbeiten und das Verständnis des Gelesenen zu überprüfen.

0.2.2.3 Exzerpiertechnik für Texte

Sogenannte Exzerpte sind »Kondensate« von Texten mit den wichtigsten, zum Teil in eigenen Worten zusammengefassten Informationen. Was zählt, ist das Wesentliche in kurzer Form.

Meist sind Inhaltsverzeichnisse hervorragende Exzerpte von Büchern. Sie lassen sich kopieren und durch Stichworte ergänzen oder auch umstellen und umformulieren. Strukturexzerpte machen Gedankenverbindungen auf dem Papier deutlich. Dabei geht es nicht um die Darstellung der Textstruktur, sondern um die Nachbildung der zugrundeliegenden Gedanken und Ziele, die der Leser mit dem Text verbindet. Diese Elemente werden stichwortartig aufgeführt, hierarchisch angeordnet und durch Verbindungslinien miteinander verknüpft.

Ein Beziehungsexzerpt wiederum hilft, einen Überblick über verschiedene Quellen zu einem Thema zu gewinnen und Inhalte zu bestimmten Stichworten schnell und zuverlässig wiederzufinden. Das Ergebnis ist eine Art Inhaltsverzeichnis über mehrere Bücher. Zur Erstellung eines Beziehungsexzerpts eignet sich eine Tabelle. Vor den Zeilen steht der Buchtitel und über den Spalten stehen die Kapitel. So entsteht eine Matrix, in der sich für jedes Buch und jedes Kapitel ein Stichwort eintragen lässt. Gleiche Stichwörter in verschiedenen Büchern können auch durch dieselbe Farbe hervorgehoben werden.

Stefan Mühleisen

0.2.2.4 Karteikartensysteme

Bunte Karteikarten in unterschiedlicher Größe setzt man ein, um den Lernstoff auswendig zu lernen. Es lassen sich Frage- und Antwortkarten, Karten mit Stichworten, kurzen und langen Ausführungen herstellen, die überall hin mitgenommen werden können und die eine Wissensabfrage im Team erleichtern. Anhand von Karteikarten können Sie auch Exzerpte in übersichtlicher Form sammeln und ordnen. Bewährt hat sich hierfür eine Aufteilung der Karten in eine Autoren- und eine Schlagwortkartei: Während in der Autorenkartei Karten nach Verfasser geordnet sind (zusätzliche Informationen auf der Karte können z. B. sein: Titel, Lesedatum, inhaltliche Stichwörter), wird die Schlagwortkartei nach inhaltlichen Stichwörtern (Überschriften) sortiert – allerdings sollte auch hier der Verweis auf die entsprechende Quelle nicht fehlen.

0.2.3 Visualisierung von Informationen

Die Darstellung eines Textinhaltes in Form von Bildern hat zahlreiche Vorteile: Bilder unterstützen das Gedächtnis, Zusammenhänge und auch Widersprüche treten deutlich zu Tage und die dargestellten Informationen sind leicht und schnell auf einem Blatt Papier zugänglich, ohne dass der Text nochmals gelesen werden muss. Bei der Visualisierung von Gedanken und Informationen sollte die Darstellung nicht mit Informationen überladen sein.

0.2.3.1 Mind-Mapping

Mind-Mapping als Methode versucht in konsequenter Weise die »Netzstruktur« als Aufzeichnungsform zu entwickeln und ähnelt dadurch der Arbeitsweise des menschlichen Gehirns. Mind-Maps (Geisteslandkarten) eignen sich zum Anfertigen von Aufzeichnungen jeglicher Art, besonders beim Lernen. Sie können von Artikeln oder Büchern damit zusammenfassen oder direkt Vorträge so mitschreiben. So können Sie später alles auf einen Blick erfassen und Zusammenhänge leicht erkennen.

Haben Sie ein Mind-Map von ihrem Lernstoff angefertigt, können sie diesen anhand des Mind-Maps lernen und besser behalten. Des Weiteren können Sie das Gelernte überprüfen, indem Sie aus dem Gedächtnis ihren Lernstoff in Form eines Mind-Maps rekapitulieren.

Mind-Maps eignen sich bei allen anspruchsvollen Fragestellungen und Planung von neuen Projekten. Die nach allen Seiten offene Grundstruktur erleichtert es, neue Ideen zu finden und hinzuzufügen. Mittlerweile lassen sich mit Computerprogrammen übersichtliche und jederzeit veränderbare Mind-Maps erstellen.

Und so geht es praktisch: Für das Mind-Mapping schreiben Sie zunächst die Überschrift des Themas, das Sie darstellen möchten, in die Mitte eines Blattes. Von hier aus ziehen Sie Einzellinien zu weiteren Begriffen, die sich in Form von Ästen immer mehr zu Unterbegriffen verzweigen können. Zusätzlich können Sie auch Verbindungslinien zwischen den einzelnen Begriffen (bzw. Ästen) ziehen.

Es gelten folgende Regeln:

- Am besten benutzen Sie ein DIN-A3 Blatt, damit Sie mehr Platz haben und legen es quer. Für Gesprächsnotizen oder Notizen während eines Vortrages genügen auch DIN-A4 Blätter im Querformat.
- Starten Sie immer in der Blattmitte mit dem Thema. In der Mitte steht das Zentralbild, das Ihr Thema möglichst vielfarbig, bildlich und mehrdimensional zeigen sollte.

- Vom Zentralbild aus werden Hauptäste für die Hauptthemen gezogen, die sich wieder und wieder verzweigen können. So haben sie nicht nur einen Überblick über das gesamte Thema, sondern können auch tief in die Materie einsteigen. Die Hauptäste können mit Nummerierungen geordnet werden.
- Jeder Ast sollte nur ein Schlüsselwort enthalten. Verwenden Sie kurze, treffende Schlüsselwörter, die für Sie schlüssig sind und mit denen Sie das gesamte Unterthema assoziieren können. Die Länge der jeweiligen Linie sollte genauso lang wie das entsprechende Wort sein. Jedes Wort und jede Abbildung müssen auf einer eigenen Linie stehen.
- Schreiben Sie in Großbuchstaben und Druckschrift. Variieren Sie die Schrift, mal dick, mal dünn, mal groß, mal klein.
- Verwenden Sie Farben, um Betonungen zu setzen.
- Stellen Sie soviel wie möglich in kleinen Bildchen dar und verwenden Sie Codes, die für Sie persönlich immer die gleiche Bedeutung haben, wie z. B. Smilies, Pfeile, Fragezeichen und Ausrufezeichen.
- Setzen Sie alle Sinne ein. Benutzen Sie Betonung, Rhythmus und viel Raum als Unterstützung der rechten Gehirnhälfte.
- Denkblockaden lassen sich auflösen, indem Sie mehr Bilder einfügen, Fragen zusätzlich formulieren oder leere Zeilen ins Mind-Map zeichnen.
- Versuchen Sie Ihren eigenen Stil zu entwickeln. Probieren Sie die unterschiedlichsten Gelegenheiten um Mind-Maps zu erstellen.

0.2.3.2 Clustering

Während das Mind-Mapping ideal ist, um große Stoffmengen zu gliedern, ist der Cluster besonders dann hilfreich, wenn es um möglichst konkrete Beispiele und Bilder zu einem Thema geht. Das lässt sich dadurch erreichen, dass zu jedem Wort immer nur ein weiterführender Begriff ausgedacht wird. Zu diesem wiederum denkt sich der Ersteller eines Clusters einen nächsten Begriff aus, bis nach und nach ein »Haufen« entsteht. Cluster sind damit eine Anhäufung von Informationen, bei denen ein Begriff aus dem anderen folgt.

Und so wird's gemacht: Notieren Sie das Ausgangswort in der Mitte Ihres Blattes oder auf der Tafel und zeichnen Sie um das Wort einen Kreis. Assoziieren Sie nun Begriffe darum herum: beispielsweise Medieneinsatz, Manuskript, Zielgruppe und Raum. Diese Begriffe schreiben Sie um das Zentrum herum – nicht ohne um jedes Wort einen Kreis zu ziehen, denn das macht Ihren Cluster übersichtlicher. Ausgehend von jedem dieser Wörter, bilden Sie nun eine Kette weiterer Assoziationen.

0.2.3.3 Skizzen

Weniger formalen Regeln unterworfen als Mind-Maps und Cluster sind Skizzen. Sie helfen, sich erste Gedanken zu machen und können daher Vorstufen für Mind-Maps oder Cluster sein. Oder sie beschreiben einen prozesshaften Ablauf, beispielsweise die zeitliche Planung für ein Projekt. Skizzen eignen sich insbesondere, um Informationen unstrukturiert, aber räumlich angeordnet, abzubilden.

0.2.3.4 Visuelle Protokolle

In Bildern kann das Potenzial von mehr als 1000 Worten stecken. Vor allem, wenn sie selbst kreiert und gestaltet sind. Die hohe Kunst der Visualisierung schafft mit einigen graphischen Grundelementen die Chance, selbst komplexe Zusammenhänge darzustellen. Grundelement ist ein eiförmig geschlossener Kreis in unterschiedlichster Größe.

Diese begrenzte Informationseinheit umschließt jeweils ein Inhaltsthema. Weitere Elemente sind Striche für Verbindungen und Pfeile für richtungszeigende Hinweise. Auch gilt es, Farben klar zuzuordnen. Schließlich trifft der Zeichner damit Aussagen. Es empfiehlt sich beispielsweise, Bezüge mit Pfeilen und Strichen eingängig rot zu halten. Die Kontinuität in der Gestaltung ist wichtig, denn sie bringt die Wirkung.

0.2.4 Einsatz audiovisueller Geräte

Bei der Ideensammlung, der Lernkontrolle oder der Vorbereitung auf eine Präsentation geraten Kassettenrecorder, Diktiergerät und Videoanlage oftmals ins Hintertreffen. Allerdings besteht der besondere Vorteil dieser Medien bei der Ideensammlung darin, dass Sie schnell und direkt Ihre Gedanken festhalten und wieder abrufen können. Die Geräte sind auch für Präsentationen zu verwenden: Sie können sich akustisch oder am Bildschirm in Ruhe selbst anhören oder ansehen und kritisch beurteilen. Oder Sie spielen Kollegen Ausschnitte vor und nutzen das Feedback für Ihre Verbesserung. Zur Lernkontrolle hat es sich bewährt, Lückentexte oder Fragen auf Band zu sprechen – eventuell einschließlich der entsprechenden Antworten. Zudem erhöht das freie Vortragen von Lernstoff auf Band sowohl Vortragsstress als auch Zeitdruck und dient dadurch als Übung für reale Prüfungssituationen.

0.3 Gedächtnistraining

Beim Lernen und Denken können wir immer wieder von Kindern lernen. Sie denken nicht in Begriffen, sondern überwiegend in Bildern. Sie haben ein fotografisches Gedächtnis, mit dem sie ganze Erfahrungskomplexe speichern. Mit dem Erlernen des Alphabets und der Schriftsprache verlieren Vorstellungskraft und bildhaftes Gedächtnis an Bedeutung. Aber die Fähigkeit geht nicht verloren. Sie kann durch die Mnemotechnik (mneme, *griechisch:* Gedächtnis, Erinnerung) wieder aufleben. Dabei werden logische Elemente immer mit Bildern, aber auch sinnlichen Wahrnehmungen wie Gerüchen und Klängen verknüpft. Die Erinnerungen haften deshalb besser, weil sie über die rechte Gehirnhälfte bis ins Gefühlszentrum gelangen. Je positiver, heiterer und entspannter die Lernsituation ist, desto besser funktioniert das Gehirn.

0.3.1 PEG-Technik: Begriffe einhaken

Angenommen, Sie wollen sicherstellen, dass Sie während der Prüfung unbedingt fünf wesentliche Punkte einbringen – dann hilft Ihnen die folgende Technik weiter:

Vorher festgelegte Schlüsselwörter dienen als »Haken« (*englisch:* peg) zum »Aufhängen« von Informationen.

Hier ein Vorschlag für die Schlüsselwörter (nach Vera F. Birkenbihl):

1 = Kerze (länglich wie eine Eins),
2 = Schwan (Form ähnelt einer Zwei),
3 = Pyramide (aus Drei-Ecken),
4 = Koffer (Grundform ist ein Rechteck mit vier Ecken),
5 = Hand (fünf Finger),
6 = Elefant (der Rüssel ähnelt einer Sechs),
7 = Fahne (der Mast mit der Flagge sieht aus wie eine Sieben),

8 = Sanduhr (die Form ähnelt einer Acht),
9 = Golfschläger (im Golfsack stehend erinnert er an die neun),
10 = Geldschein (im Wert von zehn Euro).

Wenn Sie diese Liste einmal in Ihrer Gedankenwelt haben, dann können Sie später an jedem dieser Schlüssel-Bilder weitere Bilder aufhängen, welche die zu merkenden Informationen enthalten. Es entstehen paarweise Assoziationen. Die PEG-Technik funktioniert auch bei abstrakten Zusammenhängen.

0.3.2 Drei-Schritte-Technik: Assoziieren von Namen und Begriffen

Fachbegriffe, Abkürzungen und Familiennamen lassen sich oft schlecht behalten.Denn meist werden die Wörter nur oberflächlich gelernt, aber nicht assoziiert. So gehen sie in der ständigen Informationsflut einfach sang- und klanglos unter.

Hier eine einfache Technik für das Gedächtnistraining in drei Schritten:

1. Schritt: Versuchen Sie, aus einem Namen ein Bild zu machen. Das klingt relativ einfach. Der Erfolg ist aber davon abhängig, ob Sie bereit sind, wie ein kleines Kind zu denken und zu fühlen – vor allem, wenn es um schwierige Namen geht.

2. Schritt: Sie brauchen einen für Ihr Gehirn logischen Platz, wo Sie die Namen »ablegen« – wie in einem Briefkasten oder in einer Schublade.

3. Schritt: Das Ganze sollte in einer Gefühlswelt geschehen, mit der Ihr Gehirn gut zurechtkommt. Jeder wird seine eigenen Geschichtchen erfinden, je nach Charakter in Bildern, Gefühlen, Gerüchen, Geschmäckern oder in Tönen.

0.3.3 Loci-Technik

Hier geht es darum, sich im Gedächtnis einen Tempel, einen Ort (*lateinisch:* loci) zu bauen.

Jede Verknüpfungstechnik basiert auf der Tatsache, dass unser Gehirn assoziativ arbeitet. Das heißt: Eine Information, die in irgendeiner Weise mit einer anderen Information verknüpft werden kann, wird leichter gespeichert. Die Formulierung »in irgendeiner Weise« ist der Schlüssel, denn die Verknüpfung muss mit der zu merkenden Information in keinem logischen Zusammenhang stehen. Bei der Loci-Technik wählen wir als Verknüpfung Orte, zum Beispiel unsere Wohnung.

0.4 Lerntypen und Lernstile

Es existieren eine Vielzahl von Modellen und Typologien, um die komplexen Denkvorgänge im menschlichen Gehirn zu erklären. Neben der Sinneswahrnehmung (bevorzugter Wahrnehmungskanal), werden individuelle Lernstile sehr stark von der Art und Weise geprägt, in der wir Probleme lösen (bevorzugte Vorgehensweise). Und zu guter Letzt überlagert die Persönlichkeit, wie wir mit neuem Wissen umgehen und es auf unsere Situation anwenden.

Alle beschriebenen Typologien sind idealtypische Konstruktionen und damit ein verzerrtes Abbild der Wirklichkeit. Es wird kaum jemanden geben, der ausschließlich einen dieser Typen verkörpert. Vielmehr wird jeder Mensch Anteile aller Typen in sich tragen.

Worauf es ankommt, ist es, die unterschiedlich starken Ausprägungen je nach Situation oder persönlichem Zustand zu begreifen.

0.4.1 Bevorzugter Wahrnehmungskanal

Wir nehmen Informationen durch unsere Sinne auf. Damit wird der Lernkanal von dem Wahrnehmungskanal bestimmt, welcher dem jeweiligen Sinn zugeordnet ist. So zumindest beschreibt es Frederic Vesters (1975) in seinem Werk »Denken, Lernen, Vergessen«. Er führt modellhaft drei unterschiedliche Lerntypen auf:

- Der **visuelle Typ** nimmt Informationen überdurchschnittlich gut durch Sehen auf. Informationen, die über das Hören oder Fühlen kommen, versucht er, häufig mit Bildern zu verknüpfen, um sie so in sein eigenes System einzubinden.
- Der **auditive Typ** nimmt Informationen überdurchschnittlich gut durch Hören auf. Informationen, die über Sehen und Fühlen kommen, versucht er, häufig mit Gehörtem zu verknüpfen.
- Der **kinästhetische, haptische oder sensomotorische Typ** nimmt Informationen überdurchschnittlich durch Fühlen auf. Informationen, die über Sehen und Hören kommen, versucht er häufig mit Gefühltem zu verknüpfen.

Das Auge hat für die meisten Menschen eine zentrale Funktion bei der Aufnahme von Informationen. Deshalb ist es sinnvoll, Modelle, graphische Darstellungen und andere Visualisierungen für das Lernen zu verwenden. Auch das geschriebene Wort ist ein Mittel, abstrakte Inhalte über das Auge zugänglich zu machen. Und das Hören ist eine sehr ökonomische Form des Lernens. Die meisten Menschen behalten jedoch nur über das Ohr wahrgenommene Informationen weniger gut als visuell oder haptisch aufgenommene Informationen.

Die weitaus intensivste Form des Lernens, ist Lernen durch Handeln. Hier kommen alle Wahrnehmungskanäle auf ihre Kosten: der kinästethische, der visuelle und der akustische Kanal. Diese Art des Lernens hat jedoch den Nachteil, dass sie sehr viel Zeit in Anspruch nimmt.

Die Erklärungsmuster und Methoden, mit denen der Lernstoff vermittelt wird, müssen also mit unseren im Gehirn vorgeprägten Assoziationsmustern harmonieren – dann nehmen wir sie leichter auf. Das heißt jedoch nicht, dass sich beispielsweise ein visueller Typ beim Lernen ausschließlich auf Bücher stützen sollte oder, wenn das nicht geht, Gehörtes immer mit Bildern im Kopf verknüpfen muss. Laut Vester ist es am besten, den bevorzugten Wahrnehmungskanal zwar verstärkt anzusprechen, gleichzeitig aber auch die anderen Kanäle zu nutzen. Denn je konsequenter wir beim Lernen mehrere Wahrnehmungskanäle ansprechen und trainieren, desto vielfältiger verankern wir unser Wissen. Und desto besser können wir es mit vorhandenem Wissen verknüpfen. Konsequenz: Es bleibt im Gedächtnis haften. Denn so wie man Probleme löst, so lernt man auch am besten.

0.4.2 Bevorzugte Vorgehensweise

Was das Lösen komplexer Probleme betrifft, legen neuere Erkenntnisse aus der kognitiven Psychologie drei Grundmuster nahe, aus denen Lerntypen hervorgehen:

- **Die logisch-analytische Vorgehensweise:** Menschen, die Probleme logisch-analytisch angehen, sie also zunächst ganz nüchtern untersuchen, kommen beim Lernen am besten mit einem logisch strukturierten Inhalt und systematisch aufbereiteten Stoff zu-

recht, bei dem die inneren Zusammenhänge von vornherein deutlich werden. Dieser Lerntyp plant sein (Lern)Verhalten in allen Einzelheiten vor. Er ist gut im Abstrahieren, sucht also gerne nach der passenden Theorie.
- **Die intuitive Vorgehensweise:** Menschen dieses Typs »umkreisen« das Problem aus der Distanz, sehen es sich hier oder da etwas genauer an und haben dann plötzlich eine Eingebung, wie sie vorgehen wollen. Ein intuitiver Typ benötigt beim Lernen zunächst einen globalen Überblick, von dem aus er ganz nach seinen spontanen Eingebungen ins Detail gehen kann.
- **Die Experimentelle Vorgehensweise:** Dieser Typ experimentiert mehr oder weniger systematisch so lange, bis er den richtigen Weg gefunden hat. Ein zu Experimenten neigender Mensch lernt am leichtesten, wenn er sich seinen Stoff durch Versuch und Irrtum erarbeiten kann.

0.4.3 Bevorzugte Persönlichkeitsanteile

Last but not least spielt unsere Persönlichkeit beim Lernen eine zentrale Rolle. Laut C. G. Jung gelten folgende, sich auf die Gesamtpersönlichkeit auswirkende Unterscheidungen (Myers-Briggs-Typen-Indikator):

- Bei der Informationsaufnahme: Ganzheit versus Einzelfakten. Jemand, der sich an Einzelfakten orientiert, bevorzugt klar abgegrenzte Tatsachen und konkrete Details. Der Ganzheitsorientierte wendet sich eher Zusammenhängen und Möglichkeiten zu. Er benötigt zunächst einen großen Überblick.
- Bei der Informationsbeurteilung: Wertorientierung versus Sachorientierung. Der Sachorientierte neigt zu sachlicher Analyse und Objektivität, der Wertorientierte macht eher seine eigenen Wertvorstellungen zur Grundlage seiner Entscheidungen.

0.4.4 Den Lernprozess fördern

Ganz gleich, welcher Lerntyp man ist: Lernen geschieht nicht auf Knopfdruck. Jeder Mensch benötigt viele unterschiedliche Aktivitäten und Anläufe, um Wissen zu verinnerlichen und sicher anzuwenden. Lernen besteht aus einer Aufnahme- und einer Aktivitätsphase. In der Aufnahmephase wird etwas verstanden und kognitiv verarbeitet – durch Zuhören, Lesen oder Beobachten und durch Einbindung der Informationen in schon vorhandenes Wissen. Erst in der aktiven Phase aber wird wirklich etwas gelernt – und zwar allein durch regelmäßiges, wiederholtes Üben. Damit ist für das Lernen die Anwendung des Lernstoffs, das Ausprobieren und Üben besonders wichtig.

0.5 Lernmotivation

Kein Lernen ohne Motivation. Motivation bezieht sich auf das in Gang setzen, Steuern und Aufrechterhalten von körperlichen und psychischen Aktivitäten. Motiv meint den Beweggrund für ein Verhalten. Motivation ist das Zusammenspiel aller Motive in einer konkreten Situation und Motivieren (movere, *lateinisch*: bewegen), meint in Bewegung setzen.

Motivation ist immer sowohl Selbstmotivation und damit auch die Selbstverantwortung für einen inneren Zustand als auch eine äußere Umgebung, die beide motivierend wirken.

Stefan Mühleisen

0.5.1 Faktoren für Motivation

Zugänge zum menschlichen Motivationspotenzial finden sich über einen Weg von außen und einen anderen Weg von innen.

Bei der extrinsischen Motivation erfolgt eine Tätigkeit um ihrer Konsequenzen willen. Der »äußere« Anreiz ist zum Beispiel ein Zertifikat, Lob, Anerkennung oder Geld. Diese Motivation ist stark abhängig von äußeren Rahmenbedingungen und wirkt eher kurzfristig.

Ganz anders ist das bei der intrinsischen Motivation. Da erfolgt eine Tätigkeit um ihrer selbst willen. Der »innere« Anreiz geschieht zum Beispiel aus Interesse, Spaß oder zur Selbstbestätigung. Intrinsische Motivation ist beeinflussbar durch Autonomie, klare Zielsetzungen, Handlungsfreiräume oder Vielfalt in den Anforderungen. Diese Motivation hält länger an und übersteht auch äußerliche »Durststrecken«.

Zu motivierende Faktoren zählen im allgemeinen:

- Selbstständige Tätigkeiten, die mit selbst gesetzten Zielen und Handlungen zu tun haben (im Vergleich zu »befohlenen« Tätigkeiten),
- Belohnung, wenn sie selbst gesetzt oder als Rückmeldung und Anerkennung für die eigene Leistung wahrgenommen wird,
- Erfolg und Anerkennung,
- Aufstiegs- und Entfaltungsmöglichkeiten,
- Verantwortung und höher qualifizierte, herausfordernde Arbeit,
- Vertrauen in die eigenen Fähigkeiten und Bewertung von Neuem als Herausforderung.

Der amerikanische Psychologe Abraham Maslow (1954) unterscheidet zwei Motivationsebenen, die auf unterschiedlichen Bedürfnissen beruhen:

- die Mangelmotivation, die darauf ausgerichtet ist, physische und psychische Bedürfnisse zu befriedigen und
- die Wachstumsmotivation, die auf Selbstverwirklichung oder darüber hinaus auf das Erreichen eines transzendentalen Zustandes ausgerichtet ist.

Maslow begreift die Bedürfnispyramide im Sinne einer Bedürfnishierarchie, in welcher die Bedürfnisse der ersten Stufe solange vorherrschend sind, wie sie nicht befriedigt werden. Eine Befriedigung der Bedürfnisse oberer Stufen wird erst dann angestrebt, wenn die Bedürfnisse der jeweils unteren Stufen im Großen und Ganzen befriedigt sind.

Wenn also ein Lernender großen Hunger hat, oder das Bedürfnis sich zu bewegen, wird er solange weniger motiviert sein zu lernen, bis diese Bedürfnisse gestillt sind.

Die oberste Regel für Selbstmotivation heißt, Demotivation zu vermeiden.

Was genau muss geschehen, um Ihnen möglichst gründlich den Spaß und das Interesse am Lernen zu verderben? Tragen Sie alle Punkte untereinander links auf ein Blatt Papier. Wenn Sie genügend Punkte gefunden haben, fragen Sie sich nun: Was muss passieren, damit das Gegenteil passiert? Kehren Sie Ihre Punkte in positive Aussagen um, und tragen Sie diese auf der rechten Seite ein. Mit einem solchen »Stattplan« lässt sich schnell herausfinden, wie motivierende Lernbedingungen aussehen müssen.

0.5.2 Motivationsmethoden

Die folgenden Motivationsmethoden lassen sich je nach Lerntyp und Lernstil miteinander kombinieren.

0.5.2.1 Motivation durch Ressourcen

In der Psychologie ist mit Ressource (laut Duden: Rohstoff) »Kraftquelle« gemeint. Ressourcen sind die Grundlage der Motivation, da sie »den Treibstoff« für alle Aktivitäten liefern. Der erste Schritt zur erfolgreichen Motivation ist es, die eigenen Ressourcen im Blick zu haben und sichtbar zu machen.

In folgenden Bereichen können Ressourcen zu finden sein: körperliche Fähigkeiten, persönliche Eigenschaften, Selbstwertgefühl, Entspannung, Partnerschaft, Familie, Freundschaften, Kontakte, Beruf(ung), Freizeitaktivitäten, Kreativität, Naturerlebnisse, Erinnerungen, Zukunftsperspektiven oder Spiritualität.

0.5.2.2 Motivation durch Reframing

»Das schaffe ich nie!«, »Ich kann das nicht«, »Das können andere auch nicht«, »Ich habe keine Lust«, »Das klappt so nie«, »Ich habe Angst vor der Prüfung, weil ...«. Wer kennt diese Gedanken nicht? Leider vergessen wir zu oft, dass gerade solche Gedanken die Situation in unseren Augen nur negativ aussehen lassen. Sie demotivieren uns. Motivierende Gedanken sind: »Das schaffe ich!«, »Ich werde das jetzt ausprobieren«, »Ich werde der/die Erste sein, die es schafft«, »Wenn ich das jetzt mache, dann kann ich ...«, »Ich probiere es mal aus, Fehler macht jeder«, »Die Prüfung ist meine Chance, um ...«.

Die Motivation ist abhängig von der Bedeutung, die wir selbst einer Sache beimessen. So haben wir genauso die Möglichkeit, die Chance und das Positive in der Situation zu sehen, also die andere Seite der Medaille anzuschauen, um daraus Motivation zu gewinnen. Diese Umdeutung in eine positive Betrachtungsweise nennt man Reframing. Reframing bedeutet im wörtlichen Sinne »Neurahmung«. Reframing bezeichnet den Prozess, durch den als problematisch empfundene Gedanken, Verhaltensweisen, Ereignisse und Empfindungen umgedeutet werden, indem sie in einem neuen Bezugsrahmen betrachtet werden. Um diesen neuen Bezugsrahmen zu schaffen, können Sie nach Fähigkeiten, positiven Absichten und positiven Effekten suchen, die sich hinter z. B. einem »Problemverhalten« verbergen. So können wiederum neue oder andere Bewertungen, Bedeutungen und damit verbunden, neue Empfindungen und Handlungen entstehen.

0.5.2.3 Motivation durch Ziele

Die Festsetzung konkreter Ziele ist nicht nur im beruflichen Umfeld erforderlich. Auch während der Prüfungsvorbereitung ist es wichtig, dass Sie sich realistische Ziele setzen. Denn Ziele motivieren uns, Ziele zeigen, wohin wir wollen und in welche Richtung es weiter gehen kann und soll.

Beim Formulieren von Zielen sind einige Zielregeln zu beachten, zusammengefasst in der **SMART-Formel** (s. auch Abschnitt 1.4.2):

- Spezifisch: Formulieren Sie Ziele eindeutig und konkret. Aus der Formulierung sollte hervorgehen, was genau Sie tun müssen, um das Ziel zu erreichen.

- **M**essbar: Formulieren Sie Ziele so, dass sie messbar werden. Woran werden Sie und andere Personen merken, dass Sie Ihr Ziel erreicht haben? Welche Kriterien lassen sich zur Prüfung der Zielerreichung heranziehen?
- **A**ktiv erreichbar: Mit welchen Aktivitäten erreichen Sie den angestrebten Endzustand. Was können Sie aktiv dazu beitragen? Formulieren Sie Ziele so, dass Sie durch Ihre eigenen Handlungen erreicht werden können und nicht durch die Handlungen Ihrer Mitmenschen.
- **R**ealistisch: Ziele sind dann realistisch, wenn sie eher klein als groß und kurz- bis mittelfristig angelegt sind. Langfristige Ziele gelten als Orientierung, als Richtungsangabe und müssen immer wieder in realistische Teilziele unterteilt werden.
- **T**erminiert: Terminieren Sie den Zeitpunkt der Zielerreichung.

Aus den genannten Motivationsmethoden sind hier einige Punkte zusammengefasst, die Lernen zu einer angenehmen Beschäftigung machen:

- Schaffen Sie sich Freiraum. Die Chance, jederzeit aufzuhören oder Pausen zu machen, beflügelt Ihre Motivation. Planen Sie dazu auch genügend Zeit und Pufferzeit für das Lernen ein und vergessen Sie das Pauken auf den »letzten Drücker«.
- Beschaffen Sie sich Materialien und Unterlagen, mit denen Sie etwas anfangen können. Dazu gehört auch, dass sie sich gut anfühlen und sich sehen lassen können.
- Sehen Sie die Atmosphäre als Spiegel. Wenn Sie »gut drauf« sind, werden Sie auch um sich herum eine Atmosphäre schaffen, die Lernen fördert.
- Überprüfen Sie Ihre Sichtweise. Lernen lässt sich als persönliche Bereicherung und Schritt zu mehr Lebensqualität verstehen. Lernen kann ein kreativ-künstlerischer Prozess sein, indem Sie etwas Bekanntes mit etwas Unbekanntem und völlig Neuem verknüpfen.

0.6 Lernen organisieren

Ordnung und Organisation ist eine Grundvoraussetzung für nachhaltige Lernprozesse. Dabei geht es nicht etwa um pingeliges Sortieren von Bleistiften auf der Tischplatte, sondern vielmehr um die Ordnung, die der Einzelne braucht, um sich wohl und entspannt zu fühlen.

0.6.1 Lernstoff organisieren

Höchstleistungen geschehen beim Lernen aus der Entspannung heraus. Deshalb macht es Sinn, die persönliche Lernumgebung zu organisieren:

- Häufig und in kurzen Blöcken zu lernen ist besser als einmal und nie wieder. Einen Großteil des Lernstoffes haben wir innerhalb der ersten fünf Tage wieder vergessen. Was nach 30 Tagen immer noch im Gedächtnis ist, bleibt hingegen für den Rest des Lebens beinahe vollständig präsent. Verteilen Sie daher den Lernstoff auf mehrere Tage und lernen Sie in kurzen Blöcken. Sie gewinnen dadurch doppelt Zeit: kurzfristig durch eine konzentriertere Wissensaufnahme und langfristig durch ein dauerhafteres Behalten.
- Sofern der Lernstoff nicht logisch aufgebaut und streng strukturiert ist, sehen Sie sich zunächst das gesamte Material durch und verschaffen Sie sich einen Überblick. Untersuchungen belegen die Vorteile dieses ganzheitlichen Verfahrens: Unser Gehirn ist darauf ausgelegt, sinnvolle Beziehungen und übergeordnete Zusammenhänge herzustel-

len. Das Lernen und Behalten fällt leichter als beim strikten Pauken isolierter Einzelfakten.
- Gönnen Sie sich nach dem Lernen Ruhe. Besser noch: Verlegen Sie Ihre Lernphasen in die Abendstunden. Hektische Aktivitäten im Anschluss ans Lernenfördern das Vergessen, weil das Gelernte von neuen Eindrücken verdrängt wird.

0.6.2 Lernprozesse anstoßen

Lernprozesse lassen sich nachhaltig wie folgt unterstützen:

1. Schritt: Werden Sie sich über Ihr Informationsinteresse und Ihre Lernmotive klar. Stellen Sie einen möglichst konkreten Bezug zwischen dem Lernstoff und Ihrer persönlichen Situation her. Welchen Vorteil, welchen Mehrwert, welchen Nutzen bringt Ihnen das neu erlernte Wissen? Nehmen Sie das Ergebnis vor Ihrem geistigen Auge vorweg.

2. Schritt: Verschaffen Sie sich einen Überblick über das gesamte Lernmaterial, das Ihnen zur Verfügung steht. Filtern Sie dann den Lernstoff hinsichtlich seiner Passung auf Ihre bevorzugte Weise der Informationsaufnahme und Ihren Lerntyp. Konzentrieren Sie sich auf Lernmaterialien, die Ihnen in diesem Sinne entgegenkommen.

3. Schritt: Verschaffen Sie sich einen Überblick über den gesamten Prüfungsstoff und prüfen Sie, wie viel Zeit Ihnen zur Bewältigung des Materials zur Verfügung steht. Teilen Sie den Lernstoff dann in kleinere Lernblöcke ein. Damit gehen Sie sicher, dass Sie wirklich den gesamten Prüfungsstoff bewältigen können.

4. Schritt: Schaffen Sie Assoziationen zwischen dem Lernstoff und Ihren eigenen Erfahrungen. Stellen Sie Bezüge zu bereits Bekanntem her und scheuen Sie sich nicht vor einem kritischen Vergleich. Der innere Diskurs ist wichtig, um das neue Wissen zu durchdringen und damit auf verschiedenen Verarbeitungsebenen langfristig im Gedächtnis zu verankern. Über den Diskurs erschließen Sie sich neben dem kognitiven auch einen emotionalen Zugang zum Lernstoff, was die Wahrscheinlichkeit des Behaltens wesentlich erhöht.

5. Schritt: Stress, schlechte Laune und Ablenkung blockieren die dauerhafte Verankerung des Gelernten im Gehirn. Sorgen Sie daher für eine angenehme Lernatmosphäre, die ihren Bedürfnissen entspricht und konzentriertes, ungestörtes Arbeiten erlaubt. Jede Lernphase sollte mit einem kleinen persönlichen Erfolgserlebnis oder einer Selbstbelohnung abschließen. Sollte Ihre Stimmung einmal auf dem Nullpunkt sein, verzichten Sie auf das Lernen, anstatt durch krampfhaftes »Müssen« Ihre Lernmotivation abzuwürgen.

6. Schritt: Bevor Sie das neu Gelernte aktiv einsetzen wollen, rufen Sie sich Ihr angeeignetes Wissen noch einmal bewusst in Erinnerung. Je nach bevorzugtem Wahrnehmungstyp und Lerninhalt können Sie dabei auf innere Bilder, geführte Diskussionen oder auch Bewegungsabläufe zurückgreifen, die Sie als Trockenübung absolvieren. Dadurch trainieren Sie Ihr Gedächtnis und aktivieren Ihr Gehirn, nach vergessen geglaubten Details zu suchen.

7. Schritt: Geben Sie das erinnerte Wissen mit Ihren eigenen Worten, Grafiken, Darstellungen, Modellen etc. wieder. Geeignet sind beispielsweise Zeichnungen, Mind-Maps, Kurzgeschichten. Haben Sie Mut, das Gelernte in einen neuen Kontext zu stellen. Nur dann merken Sie, ob Sie es wirklich verstanden haben. Gehen Sie möglichst kreative Wege, um rechts- und linkshemisphärisches Denken zu synchronisieren. Somit wird das zu

erwerbende Wissen abstrahierbar und lässt sich flexibel auf andere Probleme und Situationen übertragen.

8. Schritt: Probieren Sie das Gelernte an einer konkreten Aufgabe aus, die einer möglichst realistischen Problemstellung entspricht. Das können Simulationen, Plan- oder Rollenspiele sein. Nutzen Sie die Zusammenarbeit und den Austausch in der Gruppe, um unterschiedliche Perspektiven und Erfahrungen kennen zu lernen.

9. Schritt: Setzen Sie das Gelernte in der Praxis um und automatisieren Sie es durch ständiges Wiederholen. Somit wird Ihr Kopf allmählich frei, und Sie können Ihr Know-how weiter vertiefen. Holen Sie sich dazu ab und an Feedback von einem »Könner« ein. So werden auch Sie recht schnell vom »Kenner« zum »Könner« und später zum »Experten«.

0.7 Arbeitsplatz organisieren

Letztlich spielt der physische Arbeitsplatz eine große Rolle für den Lernerfolg. Denn ohne das richtige Betriebsklima, die richtigen Materialien und Werkzeuge lassen sich keine Ergebnisse schaffen.

Finden Sie Ihren Arbeitsplatz. Denken Sie dabei auch an andere Orte als den Schreibtisch. Gestalten Sie Ihren Arbeitsplatz so, dass Sie sich dort wohl fühlen. Lärm als störenden Faktor sollten Sie so weit als möglich reduzieren.

Weiter geht es mit dem Arbeitsklima. Wie sieht die Beleuchtung aus? Arbeitsplatzmediziner empfehlen Lichtstärken von 500–1000 Lux, eine blendfreie Allgemeinbeleuchtung und Strahler für den Arbeitsplatz. Die Temperatur sollte nicht zu warm und nicht zu kalt zwischen 18 Grad Celsius und 21 Grad Celsius liegen. Eine Luftfeuchtigkeit zwischen 50 und 70 Prozent ist angemessen.

Am Arbeitsplatz selbst sollten Sie auf das richtige Mobiliar achten. Vor allem die ergonomische Gestaltung von Stuhl, Tisch und Stehpult entscheidet, wie lange sie ohne Rückenschmerzen arbeiten können.

Organisieren Sie den Arbeitsplatz auch so, dass Sie einen Kernarbeitsbereich haben und wichtige Materialien in Griffweite liegen. Legen Sie verschiedene Schreibgeräte in verschiedenen Farben bereit. Stellen Sie auch Geräte und Hilfsmittel wie Diktiergerät, Karteikarten oder Ihr Zeitplanbuch bereit.

0.7.1 Checkliste Rahmenbedingungen

Sie möchten wissen, wie Ihre Umgebung aussehen soll, damit Sie lernfähig sein können? Sie sind sich nicht sicher, ob Sie momentan in der Lage sind, mit Spaß bei der Sache zu sein? Dann machen Sie den folgenden Test:

Kreuzen Sie alle Aussagen an, die für Sie zutreffen. Je mehr Aussagen Sie bejahen, desto besser sind die Voraussetzungen für Ihren Lernerfolg.

Äußere Voraussetzungen:

- ☐ Sie haben mindestens eine Stunde Zeit.
- ☐ Ihre Kollegen wissen, dass Sie nicht gestört werden dürfen.
- ☐ Das Telefon ist ausgeschaltet.

- ☐ Sie haben alle noch zu erledigenden Arbeiten beiseite geräumt oder Ihren normalen Arbeitsplatz ganz verlassen.
- ☐ Sie haben dafür gesorgt, dass Ihnen die Atmosphäre im Raum gefällt: indem Sie Platz schaffen, das Licht dämpfen oder im Hintergrund Ihre Lieblingsmusik laufen lassen.
- ☐ Sie haben etwas bereitgelegt, durch das Sie sich inspiriert und in einen guten Zustand gebracht fühlen: beispielsweise bunte Stifte, ein Foto oder ein Maskottchen.

Innere Voraussetzungen:

- ☐ Sie sind über das Thema, zu dem Sie etwas wissen möchten, mit Materialien versorgt.
- ☐ Sie finden Ihre Lernaufgabe interessant.
- ☐ Sie freuen sich darauf, mal aus der Routine auszubrechen und sich auf etwas Neues einzulassen.
- ☐ Sie haben einen Zeitpunkt gewählt, zu dem Sie sich besonders leistungsfähig fühlen.
- ☐ Sie stehen nicht unter Zeit- oder Erfolgsdruck.
- ☐ Sie fühlen sich entspannt.

Manchmal werden Sie nicht alle Punkte erfüllen können. Das ist ganz normal. Es hindert Sie aber niemand daran, ihre Lernumgebung für Sie förderlich umzugestalten.

0.7.2 Zeitmanagement und Umgang mit Stress

Zeit ist das wertvollste Gut, das wir besitzen und das häufigst benutzte Hauptwort. Zeit ist mehr wert als Geld, und darum müssen wir unser Zeitkapital sorgfältig anlegen.

0.7.3 Zeitmanagement ist Selbstmanagement

»Es ist nicht wenig Zeit, was wir haben, sondern es ist viel, was wir nicht nutzen«, stellte bereits Lucius Annaeus Seneca fest. Die meiste Energie und Zeit verpuffen, weil klare Ziele, Planung, Prioritäten und Übersicht fehlen. Eine bessere Nutzung der so wertvollen Zeit lässt sich nur durch bewusstes Selbstmanagement erzielen. Das bedeutet die eigene Zeit und Arbeit zu gestalten, statt sich von ihr gestalten zu lassen. Selbstmanagement zeigt gerade für die Zeit der Prüfungsvorbereitung Wege auf, wie Sie es schaffen:

- mehr Übersicht über anstehende Aktivitäten zu gewinnen,
- konsequent Prioritäten zu setzen,
- mehr Freiraum für Kreativität zu erhalten,
- Stress bewusst zu bewältigen, abzubauen und zu vermeiden,
- mehr Freizeit zu gewinnen und
- den eigenen Visionen näher zu kommen.

Wenn klare Ziele und eine sorgfältige Planung fehlen, kann jeder Mensch weniger als die Hälfte seines eigentlichen Potenzials entfalten. Selbstmanagement bedeutet eine bewusste Planung des persönlichen Zeitkapitals und hilft, Ziele ohne Stress zu erreichen und Freiraum für Freizeit und Kreativität zu gewinnen.

0.7.4 Effektive Zeitplanung

Sinnvoll mit der Zeit umzugehen, bedeutet, sich sinnvolle Zeiten für Lernen, Arbeiten und Freizeit auszuwählen. Wann ist die jeweils beste Zeit für eine Tätigkeit?

Stefan Mühleisen

0.7.5 Das Richtige im richtigen Moment

»Es ist viel schwieriger, das Richtige im richtigen Moment zu erledigen, als etwas richtig zu erledigen!« Und damit es leichter fällt, bietet es sich an, die tägliche Leistungs- und Störkurve zu berücksichtigen. Am Vormittag sind die meisten Menschen am leistungsfähigsten. Gegen Mittag lässt die Leistung nach, weil die meisten Menschen bis dahin bereits etliche Stunden gearbeitet haben. Außerdem schlägt sich das langsam einsetzende Hungergefühl nicht gerade förderlich auf die Konzentration nieder. Nach dem Mittagessen folgt das berüchtigte »Spagetti-Koma«, wenn die Verdauung alle Aufmerksamkeit des Körpers erfordert. Gegen Ende des Arbeitstages steigt die Leistungskurve wieder an, erreicht aber nicht mehr die morgendliche Intensität. Bei Nachtmenschen kann auch am späten Abend noch mal die Leistungsfähigkeit ansteigen.

Dinge, die tagsüber zu erledigen sind, lassen sich aufteilen in:

- Routineangelegenheiten und
- komplexe und kreative Aufgaben, wie auch das Lernen.

Wo wären diese Arbeiten zeitlich zu platzieren? Die meisten Menschen packen analog ihrer Leistungskurve die komplexen, kreativen Aufgaben in den Vormittag. Routineaufgaben kommen in die Lücken oder in die müderen Phasen des Tages. Allerdings gilt es zu berücksichtigen, dass die meisten Störungen genau dann auftreten, wenn Menschen ihre Leistungshochs haben.

Was hilft, sind hier so genannte Zeitschutzzonen, die Raum und Zeit für Lernen und Konzentration schaffen. Informieren Sie ihre Umgebung, soweit nötig, dass Sie in den von Ihnen festgelegten Zeitfenstern nicht erreichbar sind und nur gestört werden dürfen, wenn wirklich Gefahren auftreten. Seien sie konsequent!

0.7.6 Arbeitstechniken gegen »Aufschieberitis«

Sie wissen Bescheid über ihre Tagesleistungskurve. Sie haben Zeitschutzzonen eingerichtet. Jetzt müssen sie nur noch mit der »Aufschieberitis« fertig werden. Einen behutsamen Einstieg in den Arbeitstag bietet das »3–2–1-Programm«. Sie beginnen mit 3 Kleinigkeiten, schließen daran 2 Routinetätigkeiten an und widmen sich dann der wichtigsten Lernsache des Tages (Toppriorität).

Die Kleinigkeiten verschaffen kleine Erfolgserlebnisse und das Gefühl, bereits etwas geschafft zu haben.

Ein Vorteil des »3–2–1-Programms« liegt in der frühen Bearbeitung von zumindest zwei Routineaufgaben bezüglich des Lernstoffes wie etwa Wiederholungen oder Auswendiglernen. Sie sind besonders gefährdet, was das Aufschieben betrifft. Die große Aufgabe des Tages fordert geistige Frische und einen größeren Zeitblock, möglichst ohne Unterbrechungen. Achten Sie darauf, dass die drei Kleinigkeiten und zwei Routinetätigkeiten nicht allzu viel Zeit in Anspruch nehmen, damit Sie baldmöglichst zur Tagespriorität vorstoßen können.

0.7.7 Checkliste für den Arbeitsstart

Sie wissen Bescheid über ihre Tagesleistungskurve. Sie haben Zeitschutzzonen eingerichtet. Sie haben ein Rezept gegen »Aufschieberitis«. Sie müssen jetzt nur noch anfangen. Aber wie? Hier ein Checkliste für den Start:

- ☐ Ist der Schreibtisch aufgeräumt?
- ☐ Stehen die Aktivitäten fest?
- ☐ Was ist in welcher Reihenfolge zu tun?
- ☐ Mit welcher Tätigkeit wird begonnen?
- ☐ Sind alle notwendigen Unterlagen und Materialien verfügbar?
- ☐ Was gilt es, noch zu beschaffen?
- ☐ Sind noch Telefongespräche zu führen?
- ☐ Müssen noch mit anderen Menschen Gespräche geführt werden?
- ☐ Ist das Ziel noch genauso eindeutig wie ursprünglich gesehen oder wie gestern?
- ☐ Ist es klar, wie lange die einzelnen Aufgaben dauern?
- ☐ In wie vielen Arbeitsetappen (bei größeren Vorgängen) muss die Aufgabe zerlegt werden?
- ☐ Wie viele Stunden oder Minuten muss der wichtigste, ungestörte Zeitblock umfassen, damit eine Gesamtübersicht entsteht?
- ☐ Wann sollen die Aufgaben beendet sein?
- ☐ Wo sind Reservezeiten eingebaut?
- ☐ Wie werden unvorhergesehene Störungen behandelt?
- ☐ Wann spätestens erfolgt nach einer Störung ein Neustart?

0.8 Umgang mit Stress

Stress entsteht sowohl vor, als auch während einer Prüfungssituation. Beide Stressarten wollen ernst genommen werden und brauchen unterschiedliche Maßnahmen zur Stressbewältigung.

0.8.1 Prüfungsvorbereitung – was tun?

Um Stress in der Prüfungsvorbereitung zu vermeiden, ist es unumgänglich, die täglichen Ziele und täglichen Aufgaben zusammenzustellen und schriftlich zu fixieren. Stress entsteht immer dann, wenn wir versuchen mehr in einer Zeiteinheit zu schaffen, als in dieser Zeiteinheit eben zu schaffen ist.

Hier nun einige Hinweise, die helfen sollen, Stress von vornherein zu vermeiden:

- Machen Sie sich einen realistischen Zeitplan, in dem Sie den Prüfungsstoff, den Sie bewältigen wollen, auf die einzelnen Tage verteilen.
- Tun Sie die Arbeit, die Sie gerade tun wollen, mit voller Konzentration.
- Lassen sie sich nicht ablenken. Schalten Sie Störungen aus.
- Machen Sie Pausen, sorgen Sie für frische Luft und Bewegung.
- Vermeiden Sie Unordnung. Damit ersparen Sie sich Stress und Panik durch unnötige Suchzeiten.
- Organisieren Sie Schreibtisch, Ablage und Materialien so, dass Sie sich wohl fühlen.
- Akzeptieren Sie Ihren inneren Perfektionisten genau so wie ihren inneren Chaoten.

- Sagen Sie öfter nein. Auch wenn es schwer fällt und andere Sie von Ihrer Arbeit ablenken wollen, bleiben Sie bei Ihren Tageszielen. Wenn Sie es gelernt haben, in bestimmten Situationen nein zu sagen, werden Ihnen viele Störungen und viel zeitaufwendiger Kleinkram erspart bleiben.
- Schieben Sie unangenehme Dinge nicht auf. Irgendwann wird der Leidensdruck und der Stress so groß, dass Sie die Angelegenheit mit großem Aufwand durchführen müssen. Es sollte Ihnen eine Herausforderung sein, unangenehme Dinge schnell zu erledigen.
- Schaffen Sie sich Belohnungen. Wenn Sie mit einer geplanten Aufgabe fertig sind, gönnen Sie sich eine Pause, gefüllt mit einer freudigen Tätigkeit.
- Sorgen Sie für Tiefenentspannung.

0.8.2 Prüfung und Lampenfieber – was nun?

Um Angst zu überwinden, muss sie erst einmal als normales Gefühl akzeptiert sein. Angst und das dadurch verursachte Lampenfieber lässt sich in sinnvolle Energie verwandeln.

Als Trick für eine Prüfung, gilt auch das vorherige Aufwärmen. Bringen Sie Ihre Stimme in Schwung, bevor Sie in die Prüfung gehen. Sprechen Sie bereits vorher laut oder referieren Sie zu einem Thema. Und nehmen Sie dann noch einige aufbauende Gedanken in die Prüfungssituation mit hinein:

- Die Prüfer wollen Ihren Erfolg.
- Die Prüfer sind auch nur Menschen.
- Sie als Prüfling sind in einer einflussreichen Position, wenn Sie das Wort haben.
- Sie sind höchstwahrscheinlich besser, als Sie denken.
- Sie sind weniger nervös, wenn Sie sich auf die Bedürfnisse der Prüfer konzentrieren. Sagen Sie den Prüfern, was sie hören wollen.
- Nehmen Sie es sportlich. Die Erwartungen der Prüfer können Sie übertreffen.

Denken Sie daran: Selten hört Ihnen jemand so aufmerksam zu wie bei einer Prüfung. Nutzen Sie diese Chance für sich.

Viel Erfolg!

1. Handlungsbereich »Personalarbeit organisieren und durchführen«

1.1 Personalbereich in die Gesamtorganisation des Unternehmens einbinden

Die Beschäftigung mit der Einbindung des Personalbereichs in die Unternehmensorganisation legt nahe, sich zuerst mit einigen Grundbegriffen der Organisation(slehre) auseinander zu setzen. Im Anschluss daran können die in der Organisationslehre zentralen Aspekte der Aufbau- und der Ablauforganisation vertiefend betrachtet werden. Danach geht es um die Organisation der Personalabteilung.

1.1.1 Grundlagen der Unternehmensorganisation

Der Begriff **Organisation** erfährt sehr unterschiedliche Auslegungen.[1]

Organisation bedeutet allgemein Ordnung, Struktur bzw. salopp ausgedrückt Spielregeln. Als Tätigkeit des Organisierens meint Organisation das Herstellen von Ordnung (das Unternehmen *erhält* eine Organisation), als Ergebnis das Bestehen einer Ordnung (das Unternehmen *hat* eine Organisation); schließlich spricht man häufig auch davon, dass Unternehmen bzw. Betriebe Organisationen sind (das Unternehmen *ist* eine Organisation).

Zwei entscheidende Fragen im Vorfeld organisatorischer Maßnahmen lauten: Auf welches Ziel hin wird organisiert? Was wird beim Organisieren konkret getan? Darauf lassen sich folgende Antworten geben.

Die Ziele des Organisierens und der Organisation sind:

- Sicherung des Erfolgs des Unternehmens,
- Wirtschaftlichkeit der Regelungen,
- Zweckmäßigkeit, d. h. bestmögliche Erfüllung der Aufgaben,
- Herstellen eines Gleichgewichts zwischen Stabilität und Flexibilität.

Die Aufgaben des Organisierens und der Organisation sind:

- Bildung, Verteilung und Koordination von Teilaufgaben,
- Schaffen von Spielraum für Selbstorganisation und Sichern der Entwicklungsfähigkeit des Unternehmens sowie im weiteren Sinne
- Steuerung des Verhaltens und der Motivation der Mitarbeiter.

Mit dem Begriff **Unternehmensorganisation** ist die Organisationsstruktur der Unternehmensspitze gemeint, die Leitungsorganisation, z. B. die Art und Weise der Aufgabenteilung im Vorstand. Demgegenüber meint **Arbeitsorganisation** die organisatorischen Festlegungen für die unteren Ebenen in der Hierarchie, z. B. für Teams in der Produktion oder Sachbearbeiter in der Kundenbetreuung. Dazwischen liegt die **Bereichsorganisation**, welche die Strukturierung der verschiedenen Bereiche eines Unternehmens zum Gegenstand hat, beispielsweise die Organisation der Personalabteilung.

Die **Aufbauorganisation** ordnet Aufgaben Stellen zu, fasst Stellen zu Teams, Abteilungen oder Bereichen zusammen und gliedert die Strukturformen der Unternehmensleitung; hinzu kommen die Weisungsbefugnisse und der Informationsaustausch. Es geht also um die stabile Struktur. Demgegenüber sind Festlegungen oder Anweisungen über die (dynamische) zeitliche und räumliche Abfolge von Arbeitsschritten das Thema

1 Zu den verschiedenen Sichtweisen von Organisationsfragen in der Organisationstheorie siehe z. B. Bea/Göbel, 2006.

der **Ablauforganisation**. Ablauforganisation in diesem Sinne bedeutet eine Weiterführung und Konkretisierung der aufbauorganisatorischen Regelungen, z. B. für zwei benachbarte Stellen an einem taktgebundenen Fließband. Ablauforganisation in dieser klassischen Sichtweise geschieht immer erst, wenn die Aufbauorganisation bereits festgelegt ist.

1.1.2 Elemente der Unternehmensorganisation

Als **Elemente**, die es bei organisatorischen Fragestellungen optimal zueinander in Beziehung zu bringen gilt, sind anzusehen:

- Aufgaben,
- Menschen,
- Informationen,
- Sachmittel.

Aufgaben stellen das zentrale Thema innerhalb der Organisationslehre dar, sei es als Gesamtaufgabe eines Unternehmens, als Aufgabenstellung einer Abteilung oder als Aufgabe eines Mitarbeiters. Das so genannte personale oder soziale Element in der Organisation, also die Mitarbeiter, wird meist zusammen mit Maschinen und Hilfsmitteln (technisches bzw. sachliches Element) eingesetzt, um die Gesamtaufgabe und die Ziele des Unternehmens zu erfüllen. Aus diesem Grund werden Unternehmen auch als **zielbezogene, offene sozi-technische Systeme** bezeichnet.

Dabei kommt dem **personalen Element (Menschen)** nicht nur aus der Sicht des Personalmanagements eine besondere Bedeutung zu. Auch bei der organisatorischen Gestaltung sind Werte, Einstellungen und Motive für die Arbeit im Unternehmen zu berücksichtigen. Neuere Erkenntnisse der Managementlehre besagen, dass die Mitarbeiter der Erfolgsfaktor und -treiber Nummer 1 sind, deren Erwartungen somit Rechnung getragen werden sollte. Schließlich sprechen auch ethische Überlegungen dafür, Mitarbeiter als Menschen und nicht nur als kostenverursachende Produktionsfaktoren anzusehen. Die Organisationslehre befasst sich zwar in ihrem Kern primär mit der Zuordnung von Aufgaben zu Stellen bzw. Positionen im Unternehmen und mit deren Anordnung, dabei gilt es, das personale Element der Organisation frühzeitig angemessen zu berücksichtigen.

Informationen rücken seit einiger Zeit immer mehr in den Mittelpunkt der betriebswirtschaftlichen und organisatorischen Betrachtungen; sie werden zu einem »Produktionsfaktor«. Mitarbeiter erhalten Informationen, verarbeiten diese und treffen Entscheidungen, die wiederum Informationen für andere (Kunden, Kollegen, Vorgesetzte) darstellen. Dies wird am Beispiel eines Kreditsachbearbeiters in einer Bank deutlich: Er erhält Angaben vom Kunden über dessen Kreditwünsche und Kreditwürdigkeit, er besorgt sich weitere Auskünfte über den Kunden, prüft den Kreditantrag nach bankinternen Richtlinien und fällt dann eine Entscheidung, die er an den Kundenberater weiterleitet, der im unmittelbaren Kontakt zum Kunden steht. Heutzutage sind die bankinternen Kreditvergaberichtlinien meist in einem EDV-System (Sachmittel) hinterlegt, das ebenfalls Informationen verarbeitet.

Sachmittel können neben dem erwähnten IT-System auch Maschinen, Industrieroboter, Schreibtische usw. sein, also alle Gegenstände, die bei der Aufgabenerfüllung von den Mitarbeitern zu Hilfe genommen werden.

Zwischen den vier Elementen bestehen – das ist bereits deutlich geworden – vielfältige Beziehungen: Menschen erledigen Aufgaben unter Zuhilfenahme von Sachmitteln; dabei werden Informationen verarbeitet. Aus anderer Perspektive lassen sich die Beziehungen im Bereich der Organisation auch danach unterscheiden, ob sie innerhalb des Unternehmens oder nach außen gerichtet sind **(interne und externe Beziehungen)**. Die Mitarbeiter stehen (intern) in Kontakt mit ihren Kollegen und ihrer Führungskraft; extern haben sie mit Kunden und Lieferanten, mit dem Finanzamt und den Sozialversicherungsträgern, mit der Kommune, mit Arbeitgeberverbänden und Gewerkschaften und natürlich mit anderen Unternehmen, z. B. mit Unternehmensberatern, zu tun.

1.1.3 Unternehmensorganisation als Aufbauorganisation

Aufbauorganisatorische Fragen geht die klassische Organisationslehre in den folgenden Schritten an:

- Sie geht von der Gesamtaufgabe des Unternehmens aus und zerlegt diese in Teilaufgaben (Aufgabenanalyse),
- im Anschluss fasst sie die Teilaufgaben zu Aufgabenkomplexen zusammen (Aufgabensynthese) und
- ordnet diese Stellen zu (Aufgabenverteilung und Stellenbildung),
- schließlich werden die Stellen zu Teams, Bereichen oder Abteilungen zusammengefasst und miteinander verbunden (Leitung und Kommunikation).

1.1.3.1 Aufgabenanalyse und Aufgabensynthese, Aufgabenverteilung und Stellenbildung

Die **Aufgabenanalyse** nimmt die Zerlegung der Gesamtaufgabe eines Unternehmens vor, und zwar in erster Linie anhand der beiden Kriterien Verrichtung und Objekt. Die Gesamtaufgabe kann beispielsweise lauten, Automobile herzustellen und mit Gewinn zu verkaufen.

Als **Verrichtungen** können in diesem Unternehmen z. B. die Beschaffung von Materialien, die Produktion von Automobilen und der Verkauf der Autos unterschieden werden. In einem zweiten Schritt ließe sich beispielsweise die Produktion weiter unterteilen in: Herstellung des Motors, der Karosserie und des Fahrwerks. Das Zerlegen kann bei dem Kriterium Verrichtung praktisch beliebig lange weitergeführt werden, bis sich schließlich das Anziehen einer bestimmten Schraube beim Befestigen eines Kotflügels an der Karosserie als letzte Stufe ergibt. Von hier aus noch weiter zu untergliedern wäre sinnlos, da diese Teilaufgabe eindeutig einem bestimmten Aufgabenträger, also einem Mitarbeiter, zugeordnet werden kann. Im Rahmen der Aufgabenanalyse ist also der Endpunkt der Zerlegung durch die gedankliche Zuordnung zu einem Aufgabenträger bestimmt (Elementaraufgabe).

Unter dem Kriterium »Verrichtung« lassen sich weiter auch Differenzierungen nach Rang (entscheiden, ausführen), nach der Phase (Planung, Realisation, Kontrolle), nach primären und unterstützenden Aktivitäten, nach der Häufigkeit, nach der Komplexität der Teilaufgabe u. a. m. vornehmen.

Bei der Zerlegung der Gesamtaufgabe nach **Objekten** sind die Gegenstände, an denen die Verrichtungen ausgeführt werden, Ansatzpunkte zur Unterteilung; beispielsweise könnte die Gesamtaufgabe Herstellung von Automobilen in die Herstellung von Personenkraftwagen, Bussen und Lastkraftwagen gegliedert werden. In diesem Falle wurde als Objekt das Endprodukt bezeichnet. Ebenso gut kann die Unterteilung nach Objekten bei Rohstoffen oder Zwischenerzeugnissen ansetzen.

Ergebnis der Aufgabenanalyse ist ein Aufgabengliederungsplan, der von der Gesamtaufgabe des Unternehmens ausgehend über mehrere Stufen hinweg bis hin zu den Elementaraufgaben die Aufgabenanalyse graphisch abbildet und darstellt. Dabei entstehen auf der letzten Stufe viele eng umrissene Elementaraufgaben, die nun wieder sinnvoll zusammengefügt werden müssen. Beim Zusammenfassen bewegt man sich in entgegen gesetzter Richtung wie bei der Aufgabenanalyse. Dieser Vorgang des Zusammenfassens von Elementaraufgaben wird als **Aufgabensynthese** bezeichnet. Hierbei werden die Elementaraufgaben so zu Gruppen zusammengefasst, dass diese Aufgabengruppen von einem einzigen Mitarbeiter oder von einem Team bewältigt werden können. Die Darstellung der Daueraufgaben, für die eine bestimmte Stelle oder eine Arbeitsgruppe zuständig ist, erfolgt meistens in Form von **Stellenbeschreibungen** (s. auch Abschnitt 2.6.1.2).

Die Aufgabensynthese, die Aufgabenverteilung und die Stellenbildung führen zu einigen konkreten **Erscheinungsformen und Fragestellungen der Unternehmensorganisation**, die in Gesprächen und Diskussionen über Fragen der Organisation eine Rolle spielen: Spezialisierung und Generalisierung, Stabs- und Linieneinheiten, Zentralisierung und Dezentralisierung, hohe und flache Hierarchie, Einlinien- und Mehrliniensystem. Schlussendlich geht es auch um konkrete Organisationsformen für die Unternehmensleitung: Funktionalorganisation, Spartenorganisation, Matrixorganisation, Teamorganisation, Projektorganisation. Darum soll es im Weiteren gehen.

Eine flache **Hierarchie** oder Organisationsstruktur ist durch wenige Hierarchieebenen gekennzeichnet, das heißt z. B., dass zwischen der obersten Ebene der Unternehmensleitung und der ausführenden Ebene der Sachbearbeiter nur eine weitere Leitungsebene von Bereichsleitern zwischengeschaltet ist. Steile oder hohe Organisationsstrukturen oder Hierarchien sehen deutlich mehr Zwischenebenen vor. Heute versucht man immer mehr, Hierarchien flach oder »schlank« zu gestalten. Dies bedeutet gleichzeitig einen hohen Grad an Dezentralisation, denn Entscheidungskompetenzen werden nicht »ganz oben« gebündelt, sondern »auf mehrere Schultern verteilt«.

Gibt es für jede ausführende Stelle nur eine zuständige vorgesetzte Stelle (Leitungsstelle, Instanz), die Weisungen erteilen kann und der die ausführende Stelle unterstellt ist, so handelt es sich um das so genannte **Einliniensystem (Einfachunterstellung)**. Dabei steht das Prinzip der »Einheitlichkeit der Auftragserteilung« Pate; lange »Dienstwege« sind oft die Folge. Erteilen mehrere vorgesetzte Stellen einem Stelleninhaber Anweisungen, handelt es sich um das **Mehrliniensystem (Mehrfachunterstellung)**. Kompetenzüberschneidungen und das Gefühl, »mehreren Herren dienen zu müssen«, sind hierbei die Konsequenz. Ergänzend ist in diesem Zusammenhang auch das so genannte **Stabliniensystem** zu nennen. Stäbe unterstützen die Leitungsstelle bei der Entscheidungsfindung, besitzen selbst aber keine Weisungsberechtigung; sie lassen sich auch als Assistenzstellen bezeichnen.

Diese drei Formen von Weisungssystemen bedeuten Koordination durch persönliche Weisung. Neben der Koordination durch persönliche Weisung kann auch mit Hilfe von generellen Anweisungen (Programmen), durch Zielvereinbarung und Pläne sowie durch Selbstkoordination die erforderliche Koordination geleistet werden.

1.1.3.2 Formen der Unternehmensorganisation

Traditionelle Organisationsmodelle für die Aufgabenverteilung auf den obersten Hierarchieebenen eines Unternehmens sind die Funktionalorganisation, die Spartenorganisation (Objektorganisation, divisionale Organisation) und die Matrixorganisation. Diese Formen betreffen die sog. **Primärorganisation** – im Gegensatz zur so genannten Sekundärorganisation, die zeitlich befristete Ergänzungen vorsieht, z. B. in Form von Projekten bzw. Projektorganisation.

Wesentliche Kennzeichen der **Funktionalorganisation** sind:

- die Gliederung der zweiten Hierarchieebene nach dem Verrichtungsprinzip und damit ein hoher Grad an Spezialisierung und
- die Erteilung von Anweisungen nach dem Einliniensystem.

Die folgende Abbildung stellt eine typische Funktionalorganisation in Form eines Organisationsschaubildes bzw. Organigramms dar; im Anschluss finden sich die wichtigsten Vor- und Nachteile der Funktionalorganisation tabellarisch aufgelistet.

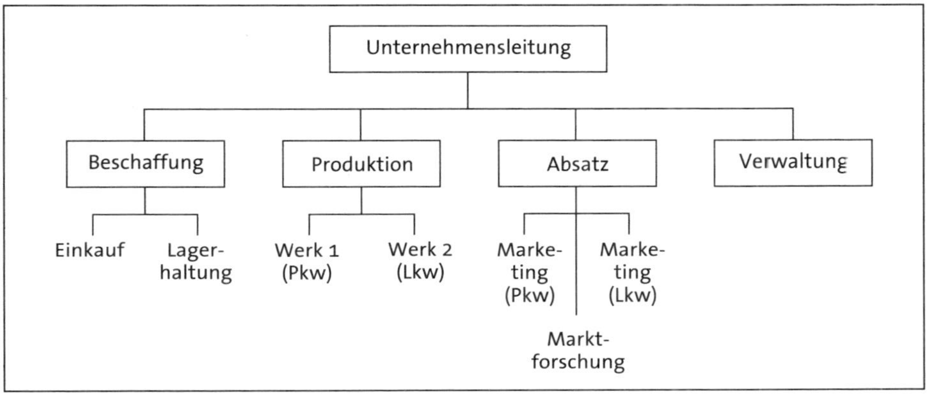

Abb. 1: Funktionalorganisation

Aus der folgenden Übersicht gehen die Vor- und Nachteile der Funktionalorganisation hervor.

Vorteile	**Nachteile**
Spezialisierung	Fehlende Gesamtsicht
Eindeutige Zuständigkeiten	Überlastung der Unternehmensleitung
Einheitliche Auftragserteilung	Lange Entscheidungswege

Wesentliche Kennzeichen der **Spartenorganisation** sind:

- die Gliederung der zweiten Hierarchieebene nach dem Objektprinzip (Produkte, aber auch Regionen) und damit ein geringer Grad an Spezialisierung und
- die Erteilung von Anweisungen nach dem Ein- oder Mehrliniensystem.

Die Spartenorganisation in Reinform ist eher selten anzutreffen. Servicefunktionen, die eine gewisse Vereinheitlichung verlangen, wie zum Beispiel das Personalmanagement oder der IT-Bereich, aber auch der Finanzbereich, werden häufig in Form von Zentralabteilungen zusammengefasst und den Sparten zur Seite gestellt. Das bedeutet eine Aufweichung des reinen Spartenprinzips. Unabhängig davon wird mit der Spartenorganisation häufig auch die Verantwortung für den wirtschaftlichen Erfolg der Sparte verknüpft; dies führt zum so genannten Profitcenter-Konzept.

Die folgende Abbildung stellt eine typische Spartenorganisation in Form eines Organisationsschaubildes bzw. Organigramms dar; im Anschluss finden sich die wichtigsten Vor- und Nachteile der Spartenorganisation tabellarisch aufgelistet.

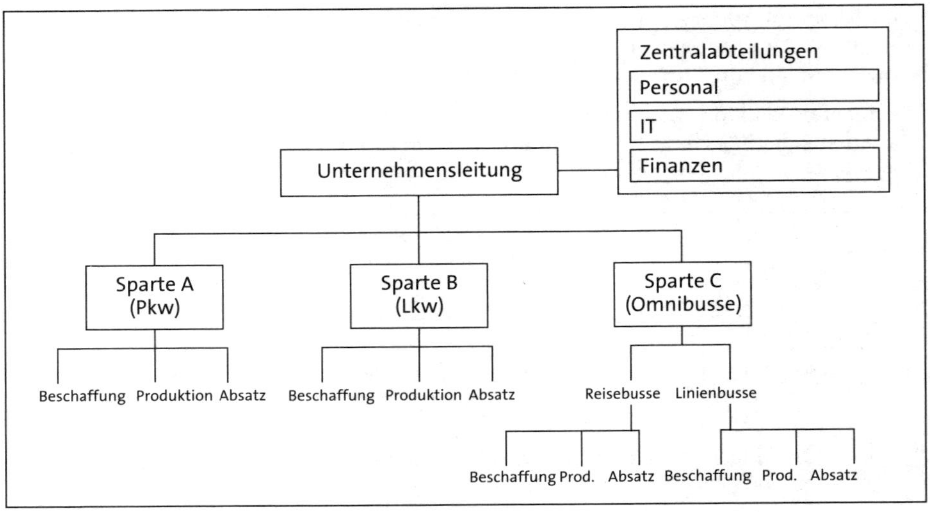

Abb. 2: Spartenorganisation

Aus der folgenden Übersicht gehen die Vor- und Nachteile der Spartenorganisation hervor.

Vorteile	Nachteile
Marktnähe	Spartenegoismus
Unternehmerisches Denken	Parallelarbeit
Entlastung der Unternehmensleitung	u. U. Mehrfachunterstellung durch Zentralabteilungen

Ein weiterer Klassiker ist die **Matrixorganisation**. Wesentliche Kennzeichen der Matrixorganisation sind:

- die Gliederung der zweiten Hierarchieebene nach mehreren Prinzipien gleichzeitig, häufig nach dem Verrichtungsprinzip und nach dem Objektprinzip; es kann aber auch das Objektprinzip mit Produkten und Regionen zweimal angewandt werden oder das Verrichtungsprinzip mit Hauptfunktionen und übergeordneten Funktionen und
- die Erteilung von Anweisungen nach dem Mehrliniensystem (»organisierter Konflikt«).

Die folgende Abbildung stellt eine typische Matrixorganisation in Form eines Organisationsschaubildes bzw. Organigramms dar; im Anschluss finden sich die wichtigsten Vor- und Nachteile der Matrixorganisation tabellarisch aufgelistet.

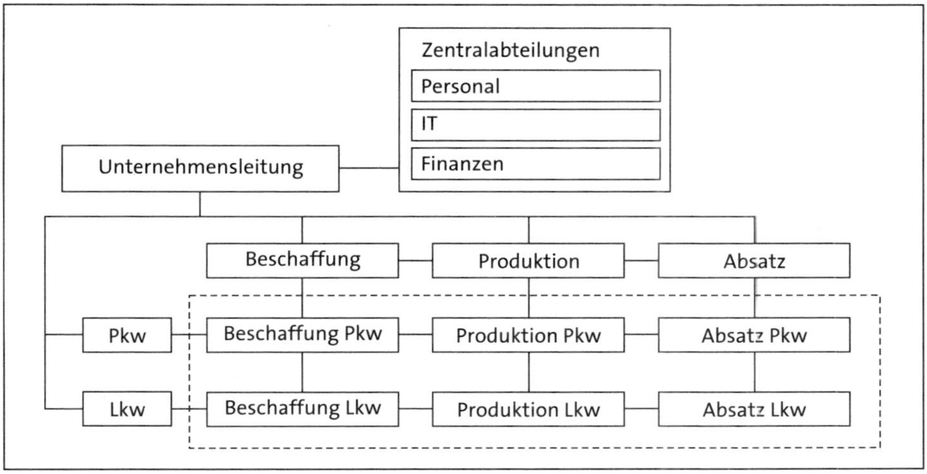

Abb. 3: Matrixorganisation

Die Vor- und Nachteile der Matrixorganisation werden aus der folgenden Übersicht ersichtlich.

Vorteile	**Nachteile**
Sachkompetenz	Organisierte Mehrfachunterstellungen
Konstruktiver Konflikt	Destruktiver Konflikt
Gleichberechtigung von Sparten und Funktionen	Abschiebung von Verantwortung

Die **Projektorganisation** kann die genannten Grundformen der Funktional-, Sparten und Matrixorganisation ergänzen. Projekte als neuartige, zeitlich befristete und relativ komplexe Vorhaben werden immer häufiger – temporär oder auf Dauer – in die Unternehmensorganisation integriert, sei es durch die Übertragung an einen Stab, durch die Einbindung in die Matrixorganisation, und zwar anstelle der Produkte bzw. Regionen oder durch das Ersetzen der »Divisions« in der Spartenorganisation durch Projekte.

Nach diesem Überblick über die zentralen Fragen der Aufbauorganisation, konkret der Unternehmensorganisation,[2] geht es im nächsten Teil um die ablauforganisatorischen Aspekte.

1.1.4 Ablauforganisation

Die Ablauforganisation ist auf die raum-zeitliche Strukturierung der Arbeitsprozesse ausgerichtet. **Ziele der ablauforganisatorischen Gestaltungsmaßnahmen** sind vor allem die Optimierung von:

2 Diese Übersicht über die gängigen praxisbezogenen Formen der Unternehmensorganisation ließ bewusst viele weitere Formen außen vor, sei es weil sie Spezialformen darstellen oder an anderer Stelle in diesem Buch noch besprochen werden; siehe zu den speziellen Formen z. B. Bea/Göbel, 2006 oder Frese, 2000.

- Kapazitätsauslastung,
- Durchlaufzeiten,
- Transportwegen,
- Lagerzeiten,
- Termineinhaltung.

Auch hierbei kommen Analyse- und Synthesephase zum Zug (Arbeitsanalyse und Arbeitssynthese). Bei der **Arbeitsanalyse** wird ähnlich vorgegangen wie bei der Aufgabenanalyse; die Arbeitsanalyse knüpft an das Ergebnis der Aufgabenanalyse an, also an die Elementaraufgaben, und führt die Zerlegung weiter bis zu Elementararbeiten – das sind einzelne Stadien von Handbewegungen. Diese Umschreibung macht deutlich, dass die klassische Form der Arbeitsanalyse und -synthese nur bei sich häufig wiederholenden manuellen Tätigkeiten in Produktion und Verwaltung Anwendung findet, zum Beispiel bei Montagetätigkeiten oder bei Datenerfassungsarbeiten. Zeit- und Bewegungsstudien dienen der Optimierung der Arbeitsgänge.

Die **Arbeitssynthese** hingegen erfolgt unter anderen Gesichtspunkten als die Aufgabensynthese: personale (mitarbeiterbezogene), temporale (zeitbezogene) und lokale (raumbezogene) Synthese sind zu unterscheiden.

Mitarbeiterorientierte Arbeitssynthese meint die Zusammenfassung von Arbeitsgängen an bestimmten Stellen und die Zuordnung auf einen Mitarbeiter. Dabei geht es allerdings nicht um einen konkreten Menschen, sondern um einen »gedachten Normalmitarbeiter«, der eine »Normalleistung« erbringt.

Mit der **zeitorientierten Arbeitssynthese (Zeitorientierung)** rückt das Nacheinander der Aufgabenerfüllung in den Mittelpunkt der Betrachtung sowie die konkrete Festlegung der erforderlichen Zeitdauer der Arbeitsgänge, einschließlich deren Abstimmung (Leistungsabstimmung). Zur Bestimmung der erforderlichen Zeiten greift die Praxis auf die Verfahren des Zeitstudiums zurück, konkret auf die REFA-Methodik mit Zeitmessung und Leistungsgradschätzen, das MTM-Verfahren mit Zerlegung in einzelne Handbewegungen und Ablesen des Zeitbedarfs aus Tabellen sowie auf die Multimomentmethode (s. hierzu auch Abschnitt 3.4.1.3 f.).

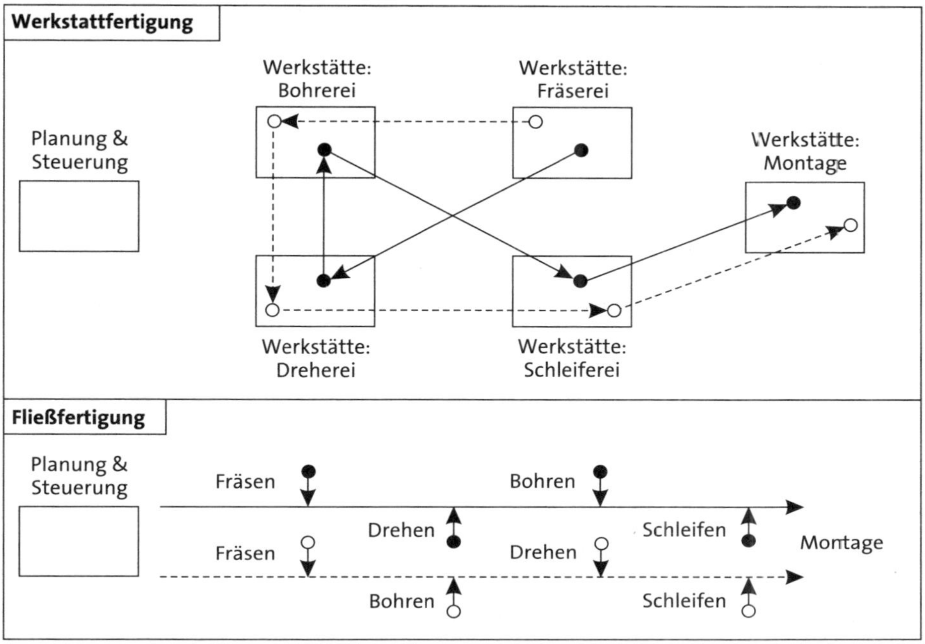

Abb. 4: Organisationstypen der Fertigung

Raumorientierte Arbeitssynthese bringt diese Aspekte ins Spiel: zweckmäßige Gestaltung der Arbeitsplätze (Ergonomie), Transportprobleme und räumliche Reihenfolge der Arbeitsgänge. Insbesondere die letztgenannte Aufgabenstellung kennt für den Bereich der industriellen Fertigung prominente Organisationstypen. Bei der **Werkstattfertigung (Raumorientierung)** werden gleichartige Tätigkeiten räumlich in einer Werkstatt zusammengefasst, z. B. Karosseriemontage, Motorenmontage oder Lackiererei. Das zu bearbeitende Produkt durchwandert in einer vorgeschriebenen Reihenfolge alle Werkstätten, die zu seiner Fertigstellung notwendig sind; dabei legt es erhebliche Wege zurück. Bei der **Fließfertigung (Objektorientierung)** hingegen sind maschinelle Bearbeitungsstellen und Arbeitsplätze von Mitarbeitern räumlich so hintereinander platziert, dass das zu fertigende Produkt von einer Bearbeitungsstelle zur nächstgelegenen »wandert« und nur kurze Transportwege erforderlich sind. Mischformen sind vielfältig realisierbar, so z. B. in Form der Fertigungsinseln. Eine Sonderform bildet die zeitlich gebundene Form der Fließfertigung, die **Fließbandfertigung**, bei der das Fließband als Transportmittel eingesetzt wird – mit weit reichenden Folgen für die Mitarbeiter.

Oft bestimmen auch die Produktionsprozesse den Ablauf, nämlich immer dann, wenn Produktionsverfahren in ihrer Abfolge und zeitlichen Struktur gar nicht anders gestaltbar sind **(Verfahrensorientierung)**, z. B. in der chemischen Industrie bei der Verarbeitung von Erdöl zu Benzin. Das trifft in vergleichbarer Weise auch auf die Orientierung an Entscheidungen zu **(Entscheidungsorientierung)**, die in einer bestimmten Abfolge zu treffen sind, so beispielsweise bei dem bereits erwähnten Kreditsachbearbeiter der Bank, der sich an die Schrittfolge eines Prüfschemas für die Kreditvergabe halten muss.

1.1.5 Entwicklungen und Trends in der Organisation

Die Organisationslehre in Deutschland diskutiert seit langem die bis hier dargestellten »Klassiker«. Moderne Orientierungen aus der Managementlehre betonen andere thematische Aspekte und legen andere Schwerpunkte. Einige besonders wichtige sollen nachfolgend besprochen werden.

Neuerdings spielt in modernen Managementkonzeptionen die sog. **Prozessorganisation** eine wesentliche Rolle. Damit ist die Analyse und Gestaltung von zentralen und kompletten Abläufen gemeint, also zum Beispiel der Prozess der Auftragsabwicklung von der Bestellung durch den Kunden bis zur Anlieferung oder der Prozess der Personalbeschaffung von der Personalanforderung durch die Fachabteilung über die Rekrutierung und Auswahl bis zur Einführung des neuen Mitarbeiters. Diese Sicht von Prozessen führt zu einem neuen Verhältnis von Aufbau- und Prozessstrukturen. Zuerst werden die Prozesse gestaltet und optimiert und dann erst die dazu passende aufbauorganisatorische Struktur entwickelt. (Bislang hat die Organisationslehre gefordert, zuerst die Aufbauorganisation und danach die Ablauforganisation zu bestimmen.)

Teamarbeit (Teamorganisation) bildet einen weiteren neuen Ansatz, der im Zuge von **Lean Management** sowie **KAIZEN/KVP** nachhaltig gefordert wird. Auf Dauer angelegte Formen der Teamarbeit sind die teilautonomen Arbeitsgruppen und die japanischen Fertigungsteams. Als moderner Organisationstyp der Fertigung gilt die Gruppenfertigung bzw. Inselfertigung, die innerhalb der einzelnen Arbeitsgruppe das Flussprinzip realisiert und zwischen den Gruppen das Werkstattprinzip. Dabei kommen weitere Gestaltungselemente, z. B. autonome Entscheidungsrechte für die einzelnen Gruppen, hinzu. Temporäre Erscheinungsformen der Teamarbeit sind Qualitätszirkel und Projektgruppen.

Einen ebenfalls neuen Ansatz, der organisatorische Aspekte nachhaltig betont, stellt das **Motivationsmanagement** dar. Motivationsmanagement oder Empowerment geht von den motivierenden Wirkungen interessanter und herausfordernder Arbeitsaufgaben auf die Mitarbeiter aus. Das, was man tut, ist ausschlaggebend für Spaß bei der Arbeit, Engagement und gute Leistungen, nicht die äußeren Begleitumstände. Verantwortung, Entscheidungskompetenz, Wachstumsmöglichkeiten, Erfolg ... sind maßgebend für dauerhafte Motivation und Bindung der Mitarbeiter, nicht die materiellen Anreize, die Kollegen oder die Führung. Damit sind bewegliche und veränderbare Formen der Arbeitsorganisation gefragt.

Alles in allem gesehen, vollzieht die Organisationslehre derzeit eine **Abkehr von den traditionellen Modellen**, die sehr deutlich durch die Ideen der »Wissenschaftlichen Betriebsführung« von **Taylor** und seinen Mitstreitern (**Ford, Gilbreth**) geprägt waren: keinerlei Veränderungen im Unternehmensumfeld, strikte Trennung von Denken und Tun, maximale Arbeitsteilung, einhundertprozentige Planbarkeit, Geld als einziger Motivationsfaktor und schließlich der »Mensch als Maschine«.

Ein neues Bild der Unternehmensumwelt in wirtschaftlicher, technischer, gesellschaftlicher und politisch-rechtlicher Hinsicht kann durch **zunehmende Dynamik und Komplexität** charakterisiert werden. »Nichts ist so beständig wie der Wandel!« – so lautet die heutige Sicht. Die Konsequenz daraus ist das Erfordernis **einfacher und flexibler Organisationsstrukturen**, die Anpassungen zulassen – »baut Zelte, keine Paläste!«. Schließlich wandelt sich auch das Bild und Verständnis vom Mitarbeiter, der nicht mehr als unmündiger Befehlsempfänger, sondern als Mit-Unternehmer im Unternehmen verstanden wird. »Die Mitarbeiter als wichtigster Erfolgsfaktor im Unternehmen!« – damit ist die Anknüpfung an das Personalmanagement hergestellt, um dessen Organisation es im Weiteren gehen soll.

1.1.6 Aufgaben und Träger von Personalaufgaben – die Personalabteilung in der Unternehmensorganisation

1.1.6.1 Grundfragen zur Organisation und Aufgabe der Personalarbeit

Die »Organisation der betrieblichen Personalarbeit« stellt zunächst nur ein organisatorisches Problem dar, das die Prozesse (Ablauforganisation) und die Strukturen (Aufbauorganisation) betrifft. Bei näherem Hinsehen wird aber rasch deutlich, dass weitere, grundsätzliche Aspekte vorab klar sein müssen: die Bedeutung und die Aufgabenstellungen des Personalmanagements im Unternehmen, die Rollen und Leitlinien sowie die Zuständigkeiten für die Personalarbeit. Erst nach der Klärung dieser **Grundfragen** kann die organisatorische Seite sinnvoll angegangen werden.

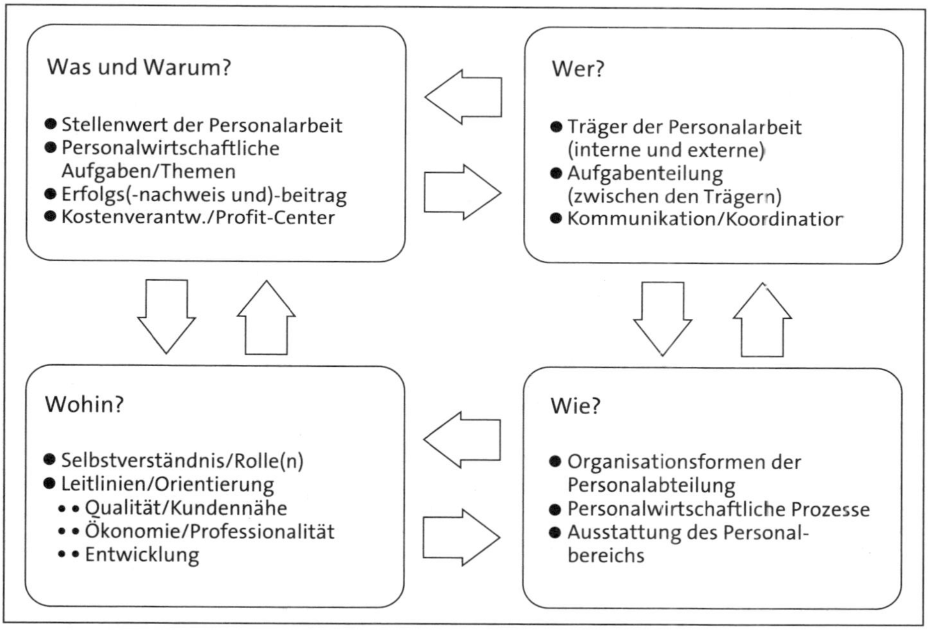

Abb. 5: Grundfragen zur Organisation der Personalarbeit

Personalmanagement, Personalwirtschaft, Personalwesen und Human Resources Management sind gleichbedeutende Oberbegriffe, die das Fachgebiet bezeichnen. Im Zentrum dieses Fachgebiets stehen »der Mensch und seine Arbeit«. Welche **Aufgabenfelder** zählen zur Personalarbeit? Eine gängige Antwort in vielen Klein- und Mittelbetrieben lautet: die Personalverwaltung. Das stimmt zweifellos, bedeutet jedoch eine stark verkürzte Sicht des betrieblichen Personalmanagements. Welche Themen zum Personalmanagement zählen, zeigt die folgende Übersicht, die umfassend und zukunftsweisend Antwort gibt.

Die Übersicht macht zunächst deutlich, dass das Personalmanagement in die Unternehmensführung eingebunden sein muss und dass übergeordnete Aspekte der Personalpolitik dazugehören. Weiter betont sie die drei Säulen der Personalarbeit: die klassischen Aufgaben der Personalwirtschaft und der Mitarbeiterbetreuung, die modernen Felder der Personal- und Organisationsentwicklung sowie die Mitarbeiterführung (durch die Vorgesetzten) und die Zusammenarbeit (zwischen Kollegen). Das Personalmanagement soll zum Erfolg des Unternehmens beitragen; den Nachweis hierfür liefert das Personalcontrolling. In diesem Verständnis ist Personalmanagement bzw. Human Resources Management deutlich mehr als nur Personalverwaltung.

Wirtschaft – Gesellschaft – Politik – Recht – Technik – Umwelt

↓

Unternehmenspolitik und Unternehmensstrategie

Personalpolitik und strategisches Personalmanagement

↓ ↓ ↓

PERSONALWIRTSCHAFT UND MITARBEITERBETREUUNG	**UNTERSTÜTZUNG BEI MITARBEITERFÜHRUNG UND ZUSAMMENARBEIT**	**PERSONAL- UND ORGANISATIONS-ENTWICKLUNG**
Kundenorientierte Gestaltung und Struktur ⇔	*Vertrauensgeprägte Kooperation und Kultur* ⇔	*Ganzheitliche Veränderung und Entwicklung*
• Personalmarketing und Personalbeschaffung • Personalauswahl • Einführung neuer Mitarbeiter • Personaleinsatz und Personalsteuerung • Gestaltung der Arbeitsbedingungen: Arbeitsplatz, Arbeitsorganisation, Arbeitsort, Arbeitszeit ... • Soziale Unterstützung • Vergütungssysteme • Personalfreisetzung • Personalplanung • Personalkosten • Personalabrechnung und Personalverwaltung • Personal-Informationssysteme • Zusammenarbeit mit Arbeitnehmervertretungen	• Führungsaufgaben • Führungstheorien und Führungskonzepte • Führungsinstrumente: Mitarbeitergespräch, Stellenbeschreibung, Zielvereinbarung, Vorgesetztenbeurteilung... • Führung unterschiedlicher Mitarbeitergruppen (diversity) • Mitarbeiterbefragung • Kommunikation und Mitarbeiterinformation • Motivation und Anreize • Projektmanagement • Gruppen- und Teamarbeit • Interkulturelle Zus.arbeit • Betriebsklima, Führungs- und Unternehmenskultur	• Berufliche Erstausbildung • Fachliche Weiterbildung • Verhaltensorientierte Trainings • Managemententwicklung • Potenzialeinschätzung und Mitarbeiterförderung • Handlungsorientiertes und selbstgesteuertes Lernen • E-Learning • Coaching • Teamentwicklung • Begleitung von Veränderungsprozessen: Reorganisation, Fusion, Internationalisierung ... • Organisationslernen

Unternehmerische Steuerung, Prozessgestaltung und Organisation des Personalbereichs

↓ ↓ ↓

Controlling / Evaluation / Qualität und strategische Weiterentwicklung im Personalmanagement

Abb. 6: Aufgabenfelder des Personalmanagements

Prof. Dr. Meinulf Kolb

Wer nimmt Personalaufgaben wahr? Grundsätzlich kommen als **Aufgabenträger** in Frage:

- Geschäftsleitung,
- Führungskräfte,
- Personalabteilung,
- Externe.

Die anstehende Entscheidung lautet nicht: »Welcher Träger ist für die Personalarbeit zuständig?«, sondern »Wie sieht eine vernünftige Aufgabenteilung konkret aus?«. Die folgenden »Modelle« geben differenzierte Antworten hierauf.

1.1.6.2 Zentrale Organisationsformen: Geschäftsführermodell, Personalleitermodell und Funktionalorganisation

In kleineren Betrieben (bis ca. 50 Mitarbeiter) behält sich häufig der Geschäftsführer die wichtigen Entscheidungen im Personalbereich vor. Dort gibt es entweder keine Personalabteilung oder die bedeutenden Entscheidungen gehen an der Personalstelle vorbei und werden vom Geschäftsführer getroffen (**Geschäftsführermodell**). Hier spielt der Rechtsanwalt des Unternehmens oft eine besondere Rolle, der auch für arbeitsrechtliche Fragen zuständig ist.

Auch in mittelständischen Unternehmen (bis ca. 500 Mitarbeiter) ist Personalarbeit sehr stark an die Unternehmensleitung (Geschäftsführer) gebunden. Es gilt die weit verbreitete Meinung, der Geschäftsführer müsse für alles zuständig sein, also auch für die Belange der Mitarbeiter. Durch die breite Aufgabenpalette der Geschäftsführung bleibt in der Regel nur wenig Zeit für die Mitarbeiter. Der Geschäftsleiter ist häufig zugleich Eigentümer und entscheidet nicht selten im Interessenkonflikt zwischen Geschäftsinteresse und Mitarbeiterbedürfnis für das Geschäft.

Personalarbeit wird von der Geschäftsleitung aus dem Handgelenk heraus nebenbei erledigt oder an externe Anbieter vergeben. Der Stellenwert der Personalarbeit steht und fällt mit der Einstellung des Geschäftsführers. Betrachtet er die Mitarbeiter als strategischen Erfolgsfaktor des Unternehmens, dann wird er mit entsprechendem Weitblick personalwirtschaftliche Entscheidungen treffen, statt in »ad hoc-Aktionen« kurzfristig festgestellte Bedarfe oder Defizite zu beseitigen. Oft scheitert professionelle Personalarbeit, weil sich die Geschäftsleitung vorwiegend an kurzfristig wirkenden, kostenmäßig erfassbaren Unternehmenszielen orientiert.

Eine starke Überlastung der Geschäftsleitung in personalwirtschaftlichen Fragen kann nur dadurch kompensiert werden, dass einzelne Aufgaben an fähige Mitarbeiter delegiert werden. So kann man z. B. eine Assistentenstelle schaffen, die direkt der Geschäftsleitung zugeordnet ist und sich um Fragen der Personalpolitik und um konzeptionelle Personalarbeit (z. B. Vergütungs-, Beurteilungs- oder Zielvereinbarungskonzepte) sowie um ihre betriebliche Umsetzung, d. h. um die Mitarbeiterbetreuung, kümmert. Echte Abhilfe schafft allerdings nur die Stelle eines Personalleiters, der auf gleichberechtigter oberer Managementebene mit den Führungskräften des Unternehmens agiert und von diesen als Partner akzeptiert wird.

In vielen mittleren und allen größeren Betrieben (ab ca. 500 Mitarbeitern) existiert eine Personalabteilung, die sich die personalwirtschaftlichen Aufgaben mit der Unternehmensleitung und den Vorgesetzten teilt. Die Zuständigkeit in Personalfragen liegt beim klassischen **Personalleitermodell** mehr oder weniger komplett beim Personalleiter. Im besten Fall ist er Mitglied der erweiterten Geschäftsleitung bzw. dieser direkt unterstellt.

Der Personalleiter handelt eigenverantwortlich und ist durch die hierarchische Einbindung ein gleichwertiger Gesprächspartner über alle Managementebenen hinweg, wie auch für Mitarbeiter und Mitarbeitervertretung. Häufig entwickelt er sich in der Praxis jedoch zum »Personalfürsten«, der wenig kundenorientiert agiert, sondern ausschließlich seine Vorstellungen von vernünftiger und zweckdienlicher Personalarbeit umsetzt. Das Spannungsfeld zwischen Führungskräften, Geschäftsführung und Mitarbeitern des Unternehmens birgt also Reibungsverluste, die eine optimale Personalarbeit u. U. verhindern.

Die Personalabteilungen größerer Unternehmen waren früher häufig nach funktionalen Gesichtspunkten (**Funktionalorganisation der Personalabteilung**) gegliedert, d. h. es gab eine Stelle in der Personalabteilung, die auf den Bereich der Personalbeschaffung spezialisiert war, eine andere auf den Personaleinsatz, eine weitere auf Vergütungsfragen und so fort.

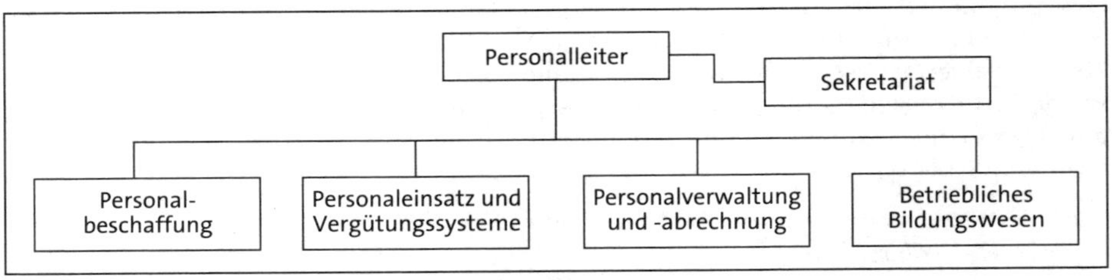

Abb. 7: Funktionalorganisation der Personalabteilung

Geschäftsführer- und Personalleitermodell sowie die funktionale Organisation der Personalabteilung weisen deutlich zentrale Züge auf, während Personalreferenten- und Führungskräftemodell personalwirtschaftliche Aufgaben dezentral »auf mehrere Schultern verteilen«.

1.1.6.3 Dezentrale Organisationsformen: Personalreferentenmodell und Führungskräftemodell

Größere Unternehmen mit verschiedenen Betriebsteilen (z. B. Werken oder Vertriebsniederlassungen) dezentralisieren ihre Personalarbeit mehr und mehr. Die dezentrale Personaleinheit in dem jeweiligen Betriebsteil berät überwiegend die dort tätigen Führungskräfte und betreut die Mitarbeiter; die Verantwortung liegt überwiegend bei den Führungskräften. Allerdings tragen die Leiter dieser dezentralen Personaleinheiten – Personalreferenten oder Werkspersonalleiter – eine nicht unerhebliche »Mitverantwortung«. Die dezentrale Personaleinheit fungiert als Bindeglied, als »verlängerter Arm« zur zentralen Personalabteilung und wird »vor Ort« zum internen Dienstleister.

In der Praxis wird das Personalreferentenmodell meist durch zentral angesiedelte Funktionen ergänzt, die für personalpolitische und -strategische Fragen, z. B. aus Gründen der Effizienz, Einheitlichkeit und Koordination, zuständig sind. Aber auch die Personalabrechnung und das Personalcontrolling sind häufig zentral organisiert.

Personalreferenten oder -betreuer spezialisieren sich auf bestimmte Mitarbeitergruppen (Arbeiter, Angestellte, Führungskräfte) oder auf Unternehmensbereiche (Produktion, Vertrieb, Verwaltung). Die Personalreferenten nehmen für ihren Betreuungsbereich praktisch alle Personalaufgaben wahr, sie sind »Personalleiter im Kleinen«.

Die typischen **Aufgaben des Personalreferenten** zeigt Abbildung 10. Die **Referentenorganisation** der Personalabteilung wird aus Abbildung 8 ersichtlich.

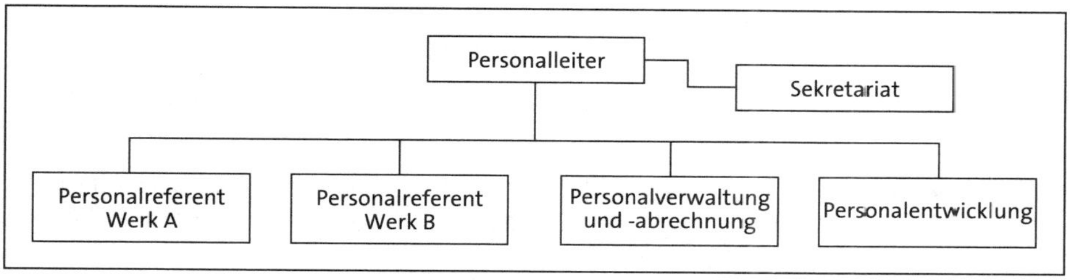

Abb. 8: Referentenorganisation der Personalabteilung

Meistens agieren die Personalreferenten in Zusammenarbeit mit den Führungskräften; eine zweckmäßige **Aufgabenteilung zwischen den Führungskräften in den Fachabteilungen und den Personalreferenten** zeigt die folgende Abbildung.

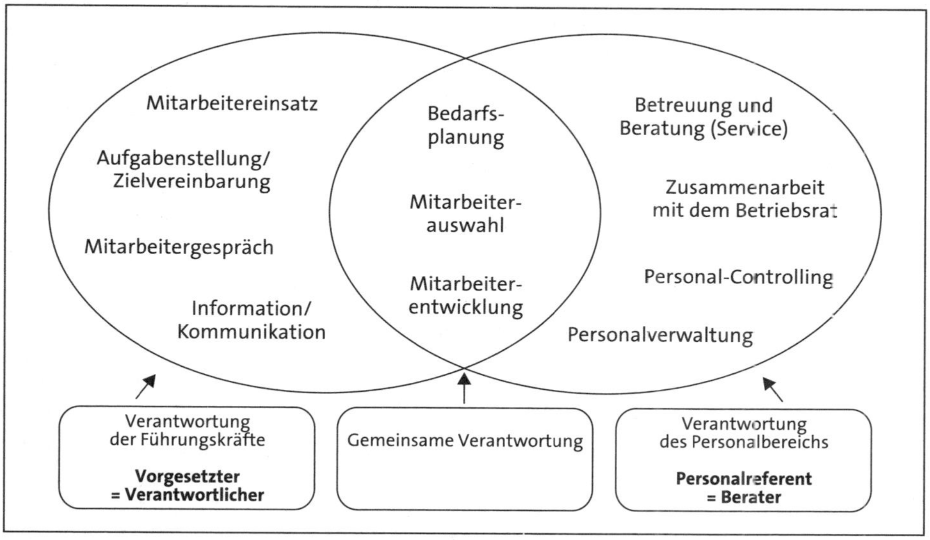

Abb. 9: Aufgabenteilung zwischen Führungskräften und Personalreferenten

Das Personalreferentenkonzept verlangt eine klare Vorstellung davon, wie die Beteiligten zusammenwirken sollen. Das Zusammenspiel von Führungskräften, Personalreferenten, (Funktions-)Spezialisten und Personalleiter lässt sich – ergänzend zur erwähnten Aufgabenteilung – durch einige **grundsätzliche Leitlinien** z. B. wie folgt sicherstellen:

- die Verantwortlichkeit für Personalfragen liegt beim Vorgesetzten,
- der Personalreferent steht der Führungskraft auf Anforderung als Berater zur Verfügung,
- der Personalreferent greift im Bedarfsfall auf Spezialisten im Personalbereich zurück,
- der zentrale Personalleiter koordiniert die Arbeit der Referenten, stellt die Einhaltung personalpolitischer Leitlinien sicher, ist für bereichsübergreifende Aktivitäten und Konzeptionen zuständig und verfolgt die Entwicklung des Personalbereichs als Ganzes.

Darüber hinaus ist eine Aufgaben- und Kompetenzabgrenzung über Stellen- bzw. Aufgabenbeschreibungen sinnvoll. Weiter gehende Regelungen bergen die Gefahr in sich, zu bürokratisch zu werden – eine vertrauensvolle Zusammenarbeit lässt sich nicht primär durch formelle Regeln erzeugen.

Personalbedarfsplanung	Qualitative und quantitative Ermittlung der Arbeitnehmer, die in Zukunft benötigt werden.
Personalbeschaffung	Aufgrund des ermittelten Bedarfs müssen Maßnahmen in die Wege geleitet werden: Rekrutierung durch innerbetriebliche Ausschreibung oder Anwerbung und Einstellung neuer Mitarbeiter vom externen Arbeitsmarkt.
Personaleinsatz	Der Personalreferent berät beim anforderungs- und eignungsgerechten Einsatz der Mitarbeiter die Vorgesetzten der einzelnen Fachbereiche.
Lohn- und Gehaltsfindung	Gestalten eines anforderungs- und leistungsgerechten innerbetrieblichen Lohn- und Gehaltsgefüges und Beratung der Mitarbeiter bei Lohn- und Gehaltsfragen.
Personalentwicklung	Förderungs- und Entwicklungsmaßnahmen für die Mitarbeiter konzipieren und in Absprache mit dem jeweiligen Fachbereich in die Wege leiten.
Personalverwaltung	Administrative Bearbeitung aller die Mitarbeiter betreffenden Vorgänge von der Bewerbung über die Versetzung und Förderung bis hin zur Freisetzung oder Pensionierung.
Betreuung der Mitarbeiter	Mitarbeiter in allen tariflichen, betrieblichen und persönlichen Angelegenheiten beraten und unterstützen.
Beratung der Führungskräfte	Bei der Personalauswahl und -entwicklung steht der Personalreferent den Vorgesetzten in den Fachabteilungen beratend zur Seite. Bei Konflikten oder sonstigen Problemen wird er auf Anforderung tätig.
Zusammenarbeit mit dem Betriebsrat	Der Personalreferent informiert den Betriebsrat umfassend und rechtzeitig. Zwischen Personalreferent und dem Betriebsrat sollte daher einständiger Kontakt sowie eine offene und vertrauensvolle Atmosphäre bestehen.

Abb. 10: Aufgabenbeschreibung für einen Personalreferenten

Die Frage nach der Zahl der zu betreuenden Mitarbeiter (**Betreuungsquotient**) erlaubt recht verschiedene Antworten. Von 150 bis ca. 1000 Mitarbeiter reicht die Spanne. Personalreferenten übernehmen mitunter Spezialgebiete, in denen sie die aktuellen Entwicklungen verfolgen und ihre Kollegen auf dem Laufenden halten. Unterschiedlich sind auch die Ansichten zur Unterstützung der Personalreferenten durch Sachbearbeitungs- bzw. Sekretariatskräfte bzw. die Organisation von Betreuungsteams (bestehend aus Personalreferent und Sachbearbeiter(n)). Die Zuständigkeit für die Personalabrechnung (zentral oder dezentral, in der Finanz- oder in der Personalabteilung) wird ebenfalls intensiv und kontrovers diskutiert.

Die grundsätzlichen Vorteile dezentraler Personalarbeit liegen in der Kundennähe (**Integration in die Geschäftsbereiche**), in der Identifikation, im hohen Leistungsumfang, in der Erreichbarkeit und den klaren Zuständigkeiten sowie in kompetenten und motivierten Personalmitarbeitern.

Im **Führungskräftemodell** werden vielfältige Personalaufgaben direkt den Führungskräften übertragen (**Personalarbeit durch den direkten Vorgesetzten in der Fachabteilung**). Dies führt zu einer stärkeren Einbindung aller Managementebenen in Personalfragen und zu stärkerer Verantwortlichkeit der Führungsebenen für die eigenen Mitarbeiter. Sie entscheiden z. B. über Auswahlfragen selbst, sind für die Förderung der Mitarbeiter zuständig und treffen Weiterbildungsentscheidungen in Absprache mit dem Mitarbeiter. Immer stärker werden Führungskräfte auch in die Personalplanung oder die Personalverwaltung eingebunden. Das verlangt allerdings in erheblichem Maß Personalkompetenz von den Führungskräften.

Der Personalbereich sieht seine Hauptaufgaben bei diesem Modell in der Wahrnehmung von bereichsübergreifenden konzeptionellen und koordinierenden Aufgaben, in der Außenvertretung gegenüber externen Institutionen (z. B. Verbänden), in zentralen Verwaltungsaufgaben, die den Führungskräften nicht übertragen werden können (z. B. Personalabrechnung) und in der Wahrnehmung von beratenden Aufgaben einschließlich der Bereichs- und Organisationsentwicklung. Die Personalabteilung bietet hierfür **Beratungsdienstleistungen** an, die von den Führungskräften in Anspruch genommen werden können.

Im Moment geht der Trend klar zu einer Kombination aus Personalreferentenmodell und Führungskräftemodell. An dieser Entwicklung sind die Personalabteilungen sicher nicht unschuldig, da sie in den zurück liegenden Jahrzehnten nicht immer erfolgreich agiert haben.

Personalabteilungen, die das Personalmanagement umfassend angehen, orientieren sich an einem **Personalquotienten** – das ist die Zahl der Mitarbeiter im Personalbereich in Relation zur Gesamtbelegschaft – von 0,5 bis 1,5%. Auf 1000 Mitarbeiter im Unternehmen kommen also zwischen fünf und 15 Mitarbeiter im Personalbereich.

Bis hier stand die betriebsinterne Wahrnehmung der Personalaufgaben deutlich im Vordergrund. Die Aufgaben betrieblicher Personalarbeit können jedoch grundsätzlich auch extern organisiert werden (Outsourcing).

1.1.6.4 Outsourcing von Personalaufgaben

Beim **Outsourcing** muss klar entschieden werden, welche Leistungen sinnvoller Weise intern und welche extern erbracht werden sollen. Ebenso bedeutsam ist die Frage nach geeigneten Anbietern bestimmter Leistungen. Gerade bei sensiblen Themen, wie sie im personalwirtschaftlichen Aufgabenbereich häufig zu finden sind, muss ein Unternehmen dem Outsourcer ein hohes Maß an Vertrauen entgegenbringen.

Kosten	• Welche Kosten verursacht die Bereitstellung der Dienstleistung im eigenen Unternehmen? • Zu welchen Kosten ist die Dienstleistung beim Outsourcer zu erhalten? Wichtig hierbei: Welche Kosten sind in der Dienstleistung enthalten, welche fallen trotzdem an (Reisekosten der Mitarbeiter zu Trainings ...)? • Wie ist das interne Preis-Leistungs-Verhältnis gegenüber dem externen?
Qualität	• Sind bei der Leistung Firmenwissen und -Identität wichtig oder eher Distanz? • Gibt es interne Qualitätsstandards?
Quantität	• Kann die Leistung intern in der erforderlichen Größenordnung (z. B. PC-Trainings ...) angeboten werden? • Werden durch Outsourcing wichtige Kapazitäten für andere wichtige Aufgaben frei? • Kann der Outsourcer die erforderliche Quantität anbieten?
Folgen/Konsequenzen	• Tritt beim Outsourcing ein interner Know-how-Verlust auf? • Werden eigenen Mitarbeitern interne Entwicklungschancen genommen?
Beziehung zum Outsourcer	• Welche Gütekriterien gelten für Outsourcer der entsprechenden Dienstleistung (Erfahrung, Spezialisierungsgrad, Größe, Innovationspotenzial ...)? • Kann eine Abhängigkeit von bestimmten Outsourcern entstehen?

Abb. 11: Fragen zum Outsourcing

Outsourcing um jeden Preis ist falsch – Chancen und Risiken sind genau abzuwägen. Für die Personalverwaltung (z. B. Personalabrechnung, Kantine) ist Outsourcing relativ unproblematisch. Allerdings muss man sich über die Konsequenzen des Outsourcing im Klaren sein. Das gilt gleichermaßen für das sog. »Offshoring«, das Outsourcing in andere Kontinente. Die Personalabrechnung durch einen externen Dienstleister bedeutet in der Regel, dass aktuelle Personaldaten im Unternehmen nicht verfügbar bzw. EDV-gestützt auswertbar sind. Eine bedingte Umsetzbarkeit ergibt sich für personalwirtschaftliche Kernaufgaben (Beschaffung, Einsatz, Freisetzung von Personal). Die Vorauswahl von Bewerbern anhand der eingereichten Unterlagen lässt sich z. B. gut treffen. Externe Weiterbildungsmaßnahmen und Trainings sind gang und gäbe, die Mitarbeiterförderung hingegen muss im Unternehmen verbleiben. Outsourcing war vor einigen Jahren ein Modetrend im Personalmanagement, dem viele Unternehmen blind folgten und dabei klar überzogen. Inzwischen sieht die Praxis das Outsourcing abgeklärter und reflektiert die Konsequenzen realistischer. Kernkompetenzen sollen im Unternehmen bleiben. Bei allen Aspekten, die in unmittelbarem Zusammenhang mit der Unternehmenskultur stehen, wäre Outsourcing geradezu gefährlich.

Eine andere Entwicklung im Personalmanagement zeigt in eine ähnliche Richtung wie das Outsourcing. Großunternehmen richten neuerdings sog. **»Shared Service Center (SSC)«** ein, die als (wirtschaftlich und rechtlich) selbstständige, aber interne Organisationseinheiten lediglich die Durchführungs-, jedoch keine Planungs- und Steuerungsverantwortung für ihre operativen Dienstleistungen besitzen. Die SSCs beliefern mehrere Geschäftsbereiche, Werke ... mit administrativen Leistungen und erzielen dadurch Kostenreduzierungen und Qualitätssteigerungen. Dabei definieren die Kunden den standardisierten, meist intensiv IT-gestützt erbrachten Service und bezahlen für die Leistungen, die sie beziehen.

Die betriebliche Personalarbeit steht seit jeher »mit dem Rücken zur Wand«. Es fällt ihr schwer, ihre Erfolge schlüssig nachzuweisen. In diesem Zusammenhang spielt ein weiterer Trend für die organisatorische Einbindung der Personalabteilung in die Unternehmensorganisation eine besondere Rolle: die Personalabteilung als Profitcenter.

1.1.6.5 Personalabteilung als Profitcenter

Die **Personalabteilung als Profitcenter** ist eine eigenständige Einheit, die Verantwortung für Kosten und Erfolg der von ihr angebotenen Dienstleistungen trägt. Die Leistungen werden marktgerecht angeboten, d. h. an den Wünschen der Kunden (Geschäftsleitung, Führungskräfte, Abteilungen, Mitarbeiter) orientiert und von diesen nachgefragt. Die Verrechnung der Kosten erfolgt zu Marktpreisen. Ausnahme dabei sind lediglich Basisleistungen der Personalverwaltung und der Personalabrechnung, die mit Verrechnungspreisen angesetzt werden.

Die Personalabteilung steht dabei in Konkurrenz zu externen Anbietern (z. B. Unternehmens- und Personalberatungen, freiberufliche Trainer, externe Abrechnungsstellen etc.), die ein breites Angebot personalwirtschaftlicher Dienstleistungen offerieren. Die Qualität der Leistung wird durch die Kunden nach erfolgter Dienstleistung direkt oder indirekt an den Anbieter zurück gemeldet. Fallen Qualität oder Kosten im Vergleich zu Konkurrenzdienstleistungen ungünstiger aus, so werden auch interne Kunden überlegen, ob sie in Zukunft die Dienstleistung (z. B. Bildungsmaßnahme oder Unterstützung bei der Akquisition neuer Mitarbeiter) nicht besser von externen Anbietern in Anspruch nehmen.

Auf Kundenwünsche gerichtete Personalarbeit, Flexibilität, Anpassung und laufende Erfolgskontrolle als Elemente der Kundennähe machen das Profitcenter für große Unternehmen zu einer »kundenfreundlichen Organisationsform« im Personalbereich. Höhere Qualität beim Management der Human Resources lässt sich ermitteln, belegen und dokumentieren. Aus betriebswirtschaftlicher Sicht kann der **Nachweis erfolgreicher Personalarbeit** am schlüssigsten in der Profitcenter-Organisation gelingen, wenngleich dieses Organisationsmodell für die meisten Unternehmen noch Zukunftsmusik darstellt.

1.1.6.6 Künftige Rollen der Personalabteilung

Führt man die Dezentralisierung, die Außenverlagerung (Outsourcing) und Marktorientierung (Profitcenter) der Personalarbeit fort, so stehen am Ende ggf. die komplette Auflösung der Personalabteilung und die Aufteilung der Mitarbeiter auf andere Bereiche. Die Personalabteilung ist dann in ihrer bisherigen Struktur nicht mehr erkennbar. Die Aufgaben der Personalabteilung wandern mit den bisherigen Aufgabenträgern in die neuen Bereiche, wo sie von diesen zusammen mit neuen, bereichsspezifischen Aufgaben weiterhin wahrgenommen werden. Es gibt keine Personalabteilung mehr. Diese Extremvorstellung vom **virtuellen Personalbereich** besitzt aus dem Blickwinkel der betrieblichen Praxis jedoch eher utopische Züge.

Zurück zur »Realität von heute und morgen«: Referentenmodell, Führungskräftemodell, Outsourcing und Profitcenter als realistische und aktuelle Entwicklungsschritte führen zu folgender Konsequenz: Die Führungskräfte in den Fachabteilungen übernehmen erheblich größere Zuständigkeiten und demzufolge mehr Verantwortung; der Personalbereich versteht sich als »interner Dienstleister«. Und weiter: Aus der früheren Personalverwaltung wird das »Management der Human Resources«. Hierbei verändern sich Perspektive, Rollen und Schwerpunkte im Vergleich zum klassischen Aufgabenkonzept deutlich. Dies findet vor allen in den Orientierungen an der Qualität der Personalarbeit, in der Begleitung von Veränderungsprozessen und im nachweisbaren Beitrag bei der erfolgreichen Umsetzung der Unternehmensstrategie seinen Niederschlag. **Das Human Resources Management** fungiert nicht mehr nur als administrativer Experte und Mitarbeiterbetreuer, sondern immer mehr auch **als Manager von Veränderungen und als strategischer Partner der Geschäftsleitung**, der den Beitrag des Personalmanagements zum Erfolg des Unternehmens unmissverständlich klarmachen und belegen kann.

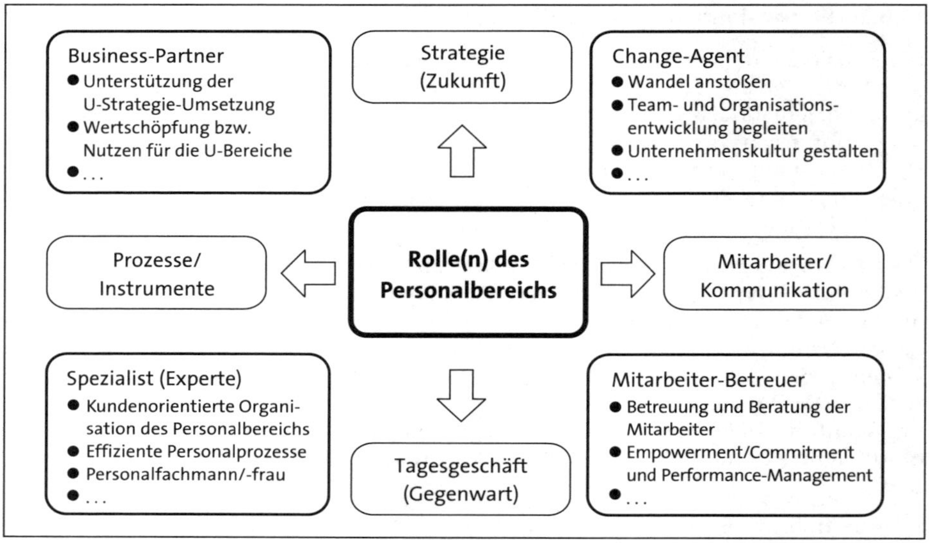

Abb. 12: Rollen des Personalbereichs (ähnlich: Ulrich, 1997)

Literatur:

Ackermann, K.-F. (Hrsg.): Reorganisation der Personalabteilung, Stuttgart, 1994
Antoni, C.: Gruppenarbeit in Unternehmen, Weinheim, 1994
Bea, F. X./Göbel, E.: Organisation, 2. Auflage, Stuttgart, 2006
Franke, D./Boden, M. (Hrsg.).: Personal Jahrbuch 2004, Neuwied, 2003
Frese, E.: Grundlagen der Organisation, 8. Auflage, Wiesbaden, 2000
Kolb, M./Staude, J.: Organisation der Personal- und Sozialabteilung, Wiesbaden, 1984
Kolb, M.: Personalmanagement, 3. Auflage, Berlin, 2003
Oertig, M. (Hrsg.): Neue Geschäftsmodelle für das Personalmanagement, München 2006
Olfert, K./Steinbuch, P. A.: Organisation, 10. Auflage, Wiesbaden, 2003
Schertler, W.: Unternehmensorganisation, 7. Auflage, München, 1998
Schmidt, G.: Methode und Techniken der Organisation, 12. Auflage, Gießen 2001
Scholz, C. (Hrsg.): Innovative Personalorganisation, Neuwied 1999
Sprenger, R.: Mythos Motivation, 16. Auflage, Frankfurt, 1999
Staehle, W. H.: Management, 8. Auflage, München, 1999
Wittlage, H.: Unternehmensorganisation, 7. Auflage, Herne/Berlin, 1998

1.2 Personalwirtschaftliches Dienstleistungsangebot gestalten

In Zusammenhang mit der Weiterentwicklung des Personalreferentenmodells bzw. der Dezentralisierung der Personalarbeit spielen der Stellenwert der Mitarbeiterführung sowie der Personal- und Organisationsentwicklung und das Verständnis vom Personalmanagement als Unterstützer, Berater und Moderator für Mitarbeiter und Führungskräfte eine besondere Rolle. Die Personalverantwortung liegt weitgehend bei den Führungskräften (s. auch Abschnitt 1.1.6.3). Der Personalbereich ist in wesentlichen Teilen seines Aufgabenspektrums ein Dienstleistungsbereich, der sich in der Rolle und im **Selbstverständnis als interner Personaldienstleister** sieht und sich durch Kundennähe, nachgefragte und zukunftsweisende Leistungsangebote, Servicequalität, Wirtschaftlichkeit und Professionalität auszeichnet. Diese Stichworte stellen die Basis der Kundenorientierung bzw. des Qualitätsmanagements im Personalbereich dar.

1.2.1 Von der Funktions- zur Kundenorientierung im Personalbereich

Die Sicht des Personalmanagements als Dienstleistungsbereich, der seine internen und externen Kunden zufrieden stellen soll, ist ziemlich neu. Früher sah sich die Personalabteilung häufig als personalverwaltendes »Einwohnermeldeamt« oder als einzige Stelle im Unternehmen, die Personalkompetenz besitzt. Zusammen mit einer starken **Orientierung an Funktionen statt an den Kunden bzw. Produkten** führte das dazu, dass die Personalabteilung entweder kaum wahrgenommen wurde (Personalverwaltung) oder dass sie sich in alle Personalfragen einmischte und den Führungskräften in den Fachabteilungen sowie den Mitarbeitern sagte, »wo es langgeht«. Die Konsequenz: Die Personalabteilung wurde eher als Behinderer denn als Unterstützer der eigenen täglichen Arbeit wahrgenommen. Zusammen mit einer Funktionalorganisation des Personalbereichs führte dieses Rollenverständnis zu einem äußerst **negativen Image vieler Personalabteilungen**, denen man folgende Eigenschaften nachsagte und zuschrieb:

- bürokratisch und formalistisch,
- machtlos,
- Kostenverursacher ohne Beitrag zum Unternehmenserfolg,
- überflüssig.

1.2.1.1 Kundenorientierung als (Management)Konzept

Grundlegende Änderungen waren (und sind in vielen Unternehmen immer noch) erforderlich. Die Idee, dass es auch **interne Kunden** gibt, veranlasste zum Umdenken. Diese Überlegungen verbreiteten sich im Zug von **Lean Management** und **Total Quality Management** (s. auch Abschnitt 3.2.3.2) immer mehr und machten auch vor den Personalabteilungen nicht halt.

Kundenorientierung bedeutet letztendlich umfassend verstanden: Qualität des Personalmanagements. **Qualitätsmanagement im Personalbereich** stellt, ebenso wie das Personalcontrolling, eine integrative Sichtweise dar, die alle Themenfelder des Personalmanagements – Personalwirtschaft (Beschaffung, Einsatz, Freisetzung etc.), Mitarbeiterführung und Zusammenarbeit (Führungsstil und -instrumente, Kommunikation, Motivation, Kultur etc.), Personal- und Organisationsentwicklung (Bildung, Förderung, Teamentwicklung, Unternehmensentwicklung etc.) sowie die Organisation der Personalarbeit (Dezentralisierung, Profitcenter etc.) – ständig erfolgsbezogen evaluiert (bewertet) und zielorientiert ausrichtet sowie steuert.

1.2.1.2 Kunden des Personalbereichs

Ein Kunde ist Abnehmer von Leistungen, hat in der Regel die Wahl zwischen mehreren »Lieferanten« und bezahlt für die Leistungen, die er erhält. Diese Merkmale treffen nicht alle gleichermaßen auf die Kunden des Personalbereichs zu, machen aber klar, dass wir es mit vielen internen und externen Kunden zu tun haben. Kundenorientierung wirft zuallererst die konkrete Frage auf: Wer sind die Kunden des Personalbereichs? Darauf kann man unterschiedliche Antworten finden. **Kunden des Personalbereichs** sind insbesondere:

- Geschäftsleitung,
- Führungskräfte,
- Mitarbeiter (ohne Führungsaufgaben),
- Bewerber.

Darüber hinaus kann man auch den Betriebsrat, die ehemaligen Mitarbeiter, den Arbeitgeberverband, die Träger der Sozialversicherung, das Finanzamt und viele mehr als Kunden betrachten. Eine Gefahr liegt darin, dass der Kreis der Kunden unübersichtlich wird, wenn alle vorstellbaren Kundengruppen gleichermaßen berücksichtigt werden sollen. Ein begrenztes Budget des Personalbereichs macht ebenfalls eine **Priorisierung** bei der Befriedigung von Kundenwünschen erforderlich; den Kunden ist auch klarzumachen, wenn sie überzogene Erwartungen an die Personalabteilung haben. Hier gilt es also Schwerpunkte zu setzen. Selbstverständlich sind auch die **Kollegen in der Personalabteilung Kunden**, nämlich dann, wenn sie Arbeitsergebnisse, z. B. Statistiken abnehmen und weiter bearbeiten.

1.2.2 Inhaltliche Bestimmung der Kundenorientierung

Für den **Qualitätsbegriff** existieren die unterschiedlichsten Vorstellungen. Im Personalbereich scheint ein subjektives (im Gegensatz zu einem objektiven) und kundenorientiertes (im Gegensatz zu einem personalabteilungsinternen) Verständnis von Qualität angemessen. Die daraus herleitbare Standardumschreibung »Qualität heißt, die Anforderungen der Kunden ständig bestens zu erfüllen« greift allerdings im Personalbereich zu kurz: Erstens, weil es unterschiedlichste Kunden mit unterschiedlichen Erwartungen und Anforderungen gibt und weil begrenzte Budgets existieren und zweitens, weil die (längerfristige) Orientierung an Grundsätzen und Leitlinien sowie an aktuellen fachlichen und arbeitsrechtlichen Entwicklungen abgesichert sein muss. Das soll aber nicht als Ausrede für mangelnde Kundenorientierung gelten.

Personalmanagement als Dienstleister, Kundenorientierung bzw. Qualitätsmanagement im Personalbereich ist weiterhin mit folgenden Fragen bzw. Themen verknüpft:

- Wo spielt Qualität im Personalbereich eine besondere Rolle (Qualitätsfelder)?
- Was heißt Qualität im Personalbereich (Qualitätsdimensionen)?
- Wie lässt sich Qualität im Personalbereich steuern (Qualitätssteuerung)?

Der »Qualitätswürfel Personalmanagement« zeigt, dass alle drei Themenbereiche zueinander gehören und zusammenhängen.

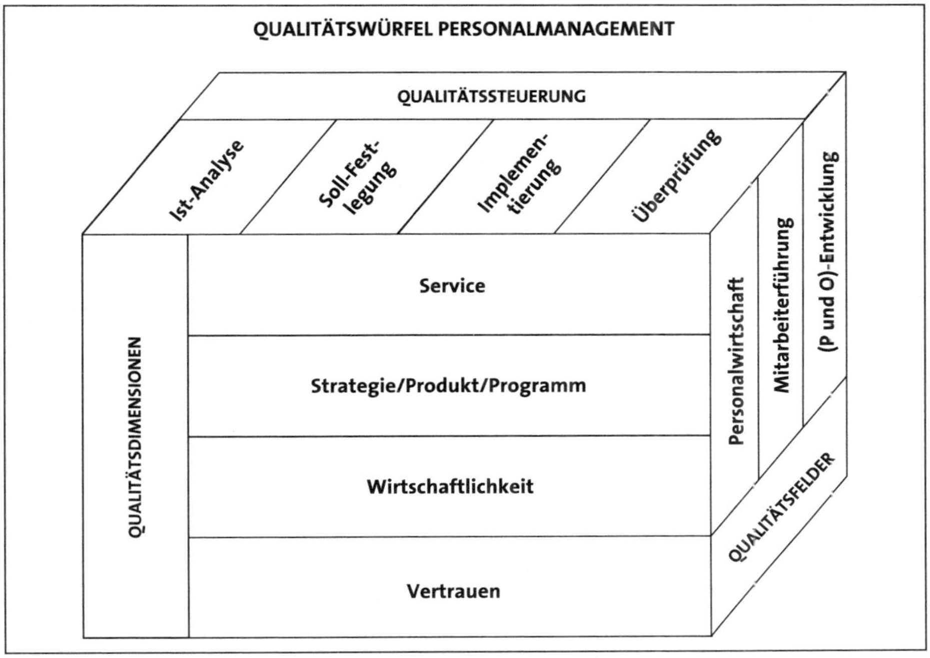

Abb. 1: Qualitätswürfel Personalmanagement

Als **Qualitätsfelder** kann man die Aufgabenfelder des Personalmanagements ansehen:

- Personalwirtschaft (Funktionen, Instrumente und Strukturen) und Mitarbeiterbetreuung,
- Personal- und Organisationsentwicklung (Bedarfsanalyse, Transfersicherung und Evaluation) sowie
- Unterstützung bei Führung durch die Vorgesetzten und Zusammenarbeit zwischen Kollegen (Motivation und Kultur).

Qualitätsdimensionen sind:

- Dienstleistungsangebot bzw. Programm,
- Service,
- Wirtschaftlichkeit und
- Vertrauen.

Verläßlichkeit:	Richtigkeit, Rechtzeitigkeit, Glaubwürdigkeit
Reagibilität:	Schnelligkeit, Pünktlichkeit, Unmittelbarkeit
Kompetenz:	Fähigkeit, Professionalität
Höflichkeit:	Freundlichkeit, Aufmerksamkeit, Auftreten
Kommunikation:	Informationsbereitschaft und -fähigkeit
Verständnis:	für spezielle Bedürfnisse der Kunden

Servicequalität

Dienstleistungsqualität

Innovation:	neue Konzepte, Instrumente
Planung:	Analysen, Prognosen, Strategien, Pläne
Koordination:	Abstimmung, Integration, Strukturierung
Konflikthandhabung:	Interessenausgleich und -vertretung, Moderation
Implementation:	beratende, aktive Mitwirkung bei der Umsetzung
Evaluation:	strategisches und operatives Controlling
Repräsentation:	Unternehmensvertretung, Public-Relations

Abb. 2: Dienstleistungs- und Servicequalität der Personalarbeit
Quelle: Wunderer/Jaritz, 1999

Bei der **Qualitätssteuerung bzw. Strategieentwicklung** rückt die Planung der Qualität in den Mittelpunkt:

- Messung der heutigen Qualität (Ist-Analyse),
- Planung von Qualitätsverbesserungen (Soll-Festlegung),
- Umsetzung der neuen Qualität (Aktionsplanung) und
- Überprüfung des Erreichten und Beginn eines neuen Zyklus.

Diese Schritte zeigt die folgende Abbildung im Überblick; sie gibt auch Auskunft über Themen, um die es geht, und Methoden, die angewandt werden können.

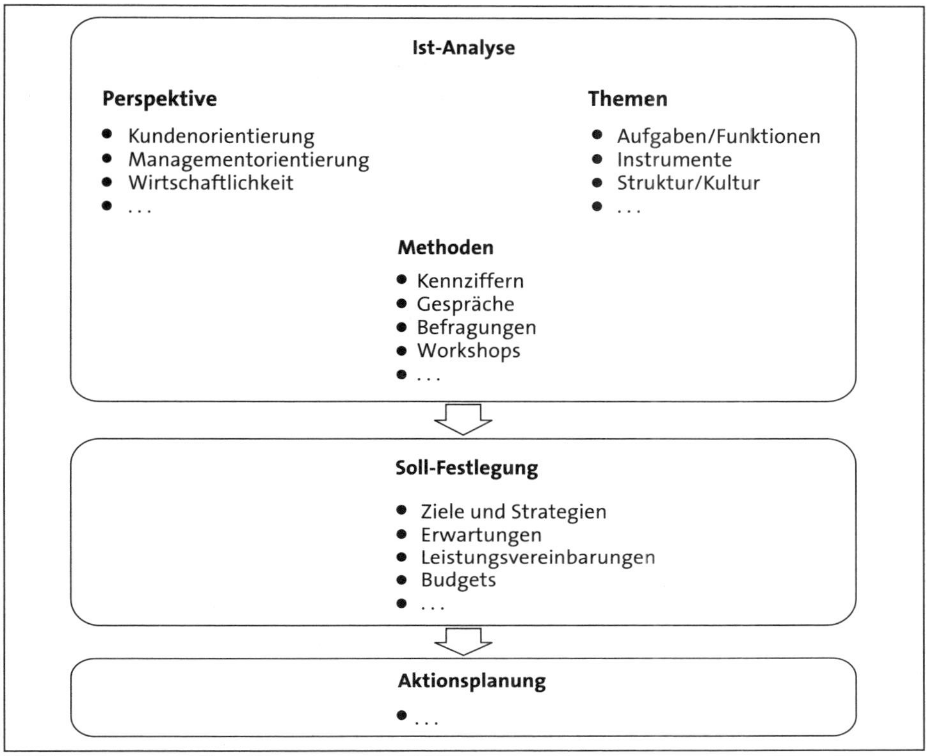

Abb. 3: Vorgehensweise bei der Steuerung der Personalarbeit

1.2.3 Erhebung der Ist-Situation

Ausgangspunkt für die Gestaltung der Dienstleistungen bzw. der Qualität im Personalbereich ist zunächst die genaue Kenntnis des aktuellen Stands. Es geht um die Beurteilung der Qualität durch die Kunden (Fremdbild) und durch den Personalbereich selbst (Selbstbild). Die Qualität der Dienstleistungen und des Service stehen auf dem Prüfstand, und zwar aus der Perspektive der verschiedenen Kundengruppen. Dabei geht es überwiegend um subjektive Einschätzungen der Kunden. Die Analyse der Kundenmeinungen ist mit erheblichen Aufwendungen verbunden **(Informationsproblem)**.

1.2.3.1 Analyse der Kundenmeinung

Für die konkrete Erfassung der Kundenbewertung und der Kundenerwartungen empfiehlt sich der Einsatz folgender **Erhebungsmethoden:**

- Kennziffern,
- Interviews und Gespräche,
- Workshops und
- Schriftliche Befragungen.

Kennziffern drücken in quantitativer und stark verdichteter Form aus, wie es um die Qualität der Personalarbeit bestellt ist: Die Anzahl der Beschwerden, die Bekanntheit der Ansprechpartner im Personalmanagement, die Reaktionsgeschwindigkeit bei Anfragen, die Dauer von der Anforderung bis zur Einstellung eines neuen Mitarbeiters, die Zahl der nach außen vergebenen Aufträge etc., sie bilden den Zustand des Personalmanagements ab, wenngleich nur grob und ohne unmittelbare Hinweise auf die Hintergründe.

Genauere und verwertbarere Informationen liefern die **qualitativen Instrumente** wie Interviews und Gespräche, Workshops und Mitarbeiterbefragungen. Interviews und Gespräche sowie Workshops sind zu Beginn der Ist-Analyse sehr zu empfehlen. Sie geben Hinweise und führen zu einer Sensibilisierung für besondere Problemfelder.

In diesem Zusammenhang hat sich in der betrieblichen Praxis eine spezifische Art der Fragestellung – projektive Frage – besonders bewährt, die den Befragten sehr viel Spielraum lässt. Geschäftsleitung, Führungskräfte und Mitarbeiter bekommen im Rahmen eines gemeinsamen Workshops diese Aufforderung: »Vergleichen Sie unsere Personalabteilung mit einem Tier! Welche Eigenschaften schreiben Sie dem Tier zu?« Dabei wird die Personalabteilung z. B. als Bär (er ist zottelig, aber auch brandgefährlich; er hält Winterschlaf; man darf ihm nicht zu nahe kommen), als Esel (er ist störrisch; er braucht manchmal Schläge; man kann ihm alles aufladen), als Schildkröte (sie läuft stur in eine Richtung; sie zieht sich zurück, wenn es gefährlich wird; sie ist genügsam), als Qualle (sie ist glitschig; sie hat überall ihre Finger drin; sie ist schwer zu greifen) u. a. m. bezeichnet. Die **Tierfrage** liefert unverfälscht Ansichten der Kunden, die bei vorgegebenen Fragen im Rahmen einer schriftlichen Befragung meistens nicht zum Vorschein kommen. Die Einordnung dieser qualitativen Vor-Phase zur Kundenbefragung zeigt die folgende Abbildung.

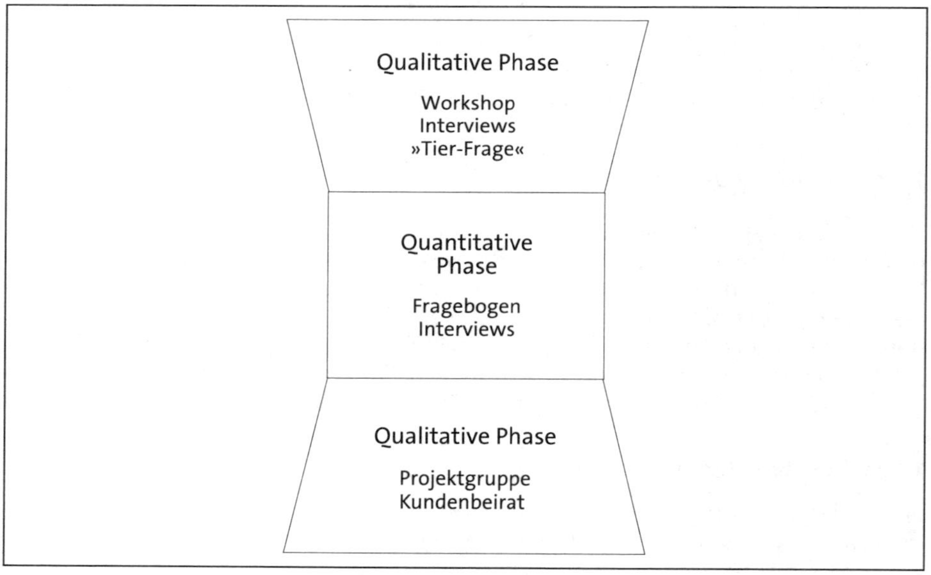

Abb. 4: Phasen der Kundenbefragung zur Qualität der Personalarbeit

Ferner lassen sich die Ansichten und Beurteilungen zahlenmäßig kleiner besetzter Kundengruppen – Geschäftsleitung und Betriebsrat – mit diesen qualitativen Verfahren am Einfachsten erheben.

Schriftliche Befragungen der Mitarbeiter und der Führungskräfte zur Qualität der Personalarbeit finden seit einiger Zeit in vielen Unternehmen statt. Solche **Mitarbeiterbefragungen** liefern zwar subjektive Ansichten und Bewertungen, aber es handelt sich um die Auffassung der Kunden, und die sollte der Personalbereich kennen und ernst nehmen. Der folgende Fragebogen zeigt, wie eine solche Mitarbeiterbefragung gestaltet werden kann. Dabei empfiehlt es sich, ein Basismodul für Mitarbeiter und Führungskräfte vorzusehen und ein zusätzliches Modul anzuhängen, das die besonderen Anforderungen der Führungskräfte abgreift.

Die **Bewerber als externe Kundengruppe** haben ebenfalls ihre Ansichten zur Qualität der Personalarbeit. Die Bekanntheit und die Attraktivität des Unternehmens als Arbeitgeber, die ansprechende Gestaltung von Stellenanzeigen in Printmedien und im Internet, die Reaktionsgeschwindigkeit bei Bewerbungen, die Qualität der Kontakte mit dem Unternehmen, die Art des Auswahlverfahrens, die Güte der Einführung als neue Mitarbeiter – all das sind Aspekte, die sie bewusst oder unbewusst einschätzen. Diese sind allerdings nicht einfach zu erheben, vor allem bei den Bewerbern, die man nicht einstellt. Grundsätzlich lassen sich auch bei dieser Kundengruppe Interviews führen und schriftliche Befragungen durchführen.

- Für wie **wichtig** halten Sie die folgenden personalwirtschaftlichen **Betreuungsaufgaben** ...

	unwichtig	*wichtig*
... Bildungswesen	*1*	*5*
... Fördermaßnahmen	*1*	*5*
... Entgeltpolitik	*1*	*5*
... Arbeitszeitmanagement	*1*	*5*
... Personalinformation	*1*	*5*
... ...	*1*	*5*

- Wie **bewerten** Sie die Betreuung **(Leistungen)** durch Ihren Personalreferenten, hinsichtlich ...

	schlecht	*gut*
... Bildungswesen	*1*	*5*
... Förderung von Mitarbeitern	*1*	*5*
... Entgeltpolitik	*1*	*5*
... Arbeitszeitmanagement	*1*	*5*
... Personalinformation	*1*	*5*
... ...	*1*	*5*

- Welche **Leistungen** sollten **zusätzlich** erbracht werden? ______________________

  ____

- Welche **Leistungen** können **entfallen**? ______________________

  ____

- Welchen **Eindruck** haben Sie **aus** Ihren (persönlichen) **Kontakten** mit dem Personalreferenten ...

	unzutreffend	*zutreffend*
... jederzeit ansprechbar und hilfsbereit	*1*	*5*
... freundliche und vertrauensvolle Atmosphäre	*1*	*5*
... rasche und zuverlässige Bearbeitung meiner Anliegen	*1*	*5*
... kompetente Problemlösungen	*1*	*5*
... ...	*1*	*5*

Abb. 5: Bewertungen und Erwartungen der Mitarbeiter zur Personalbetreuung

1.2.3.2 Zusammenführen und Verdichten der erhobenen Daten

Die Auswertung einer solchen Befragung erfolgt über die einzelnen Fragestellungen hinweg und häufig auch in Form eines **Zufriedenheitsindex**, der als verdichtete Größe die Gesamtbewertung (je Kundengruppe) ausdrückt. Vergleiche mit anderen Unternehmen und Veränderungen im Zeitablauf zeigen, wo unser Unternehmen steht. Solche Zufriedenheitsindices kann man natürlich aufgrund ihres subjektiven Hintergrunds kritisieren; sie werden aber immer mehr als Qualitätsausdruck akzeptiert.

Hintergrund dabei ist folgende Philosophie: »Das was man nicht messen kann, kann man auch nicht wirklich verändern und verbessern«.

Zu den gleichen Aspekten, zu denen die internen und externen Kunden befragt wurden, sollten auch die Mitarbeiter des Personalbereichs ihre eigenen Einschätzungen abgeben. Dann wird eine Gegenüberstellung (Spiegelung) von **Selbstbild und Fremdbild** möglich. An den Stellen, an denen die Fremdeinschätzung und die Selbsteinschätzung weit auseinander liegen oder beide Seiten zu schlechten Bewertungen kommen, lohnt es sich, die Hintergründe weitergehend zu erforschen.

Zur Ist-Situation gehören neben den bereits erwähnten Aktivitäten auch Vergleiche mit anderen Unternehmen (Benchmarking); alles zusammen mündet in eine Einschätzung der aktuellen Stärken und Schwächen der Personalabteilung (**strategische Kompetenzanalyse**).

Interessante Aufschlüsse liefert in diesem Zusammenhang auch die folgende **Gesamtbewertung des Personalbereichs** (Abb. 6). Die Bedeutung und die Wertigkeit, die eingeschätzte Qualität und der aktuelle Zeitbedarf bzw. der Einsatz von personeller Kapazität im Personalbereich können so übersichtlich dargestellt werden. Weiterreichende Erkenntnisse bringt die verdichtete Darstellung in Form von so genannten **Portfolios**. Das nachfolgende Beispiel (Abb. 7) beinhaltet deutliche Hinweise auf Schieflagen: gute Qualität und gleichzeitig aber geringere Bedeutung bei der Personalabrechnung, schlechte Qualität bei gleichzeitig hoher Bedeutung der Personalentwicklung. Damit werden die Ansatzpunkte für Verbesserungen deutlich.

Aufgaben	Zeitbedarf/ Einsatz von Kapazitäten	Bedeutung/Wertigkeit *1 .... 5* *gering hoch*	Qualität/ Arbeitsgüte *1 .... 5* *schlecht gut*
1. Kernaufgaben und Beratung/ Betreuung • Personalbeschaffung • Personaleinsatz • Personalentwicklung • Personalfreisetzung • ...			
Insgesamt			
2. Verwaltung und Administration • Personalabrechnung • Lohndatenerhebung • Zeiterfassung • Berichtswesen • Verwaltung i. e. S. • ...			
Insgesamt			
3. Konzeption und Projekte • ... • ... • ...			
Insgesamt			

Abb. 6: Gesamtbewertung des Personalbereichs

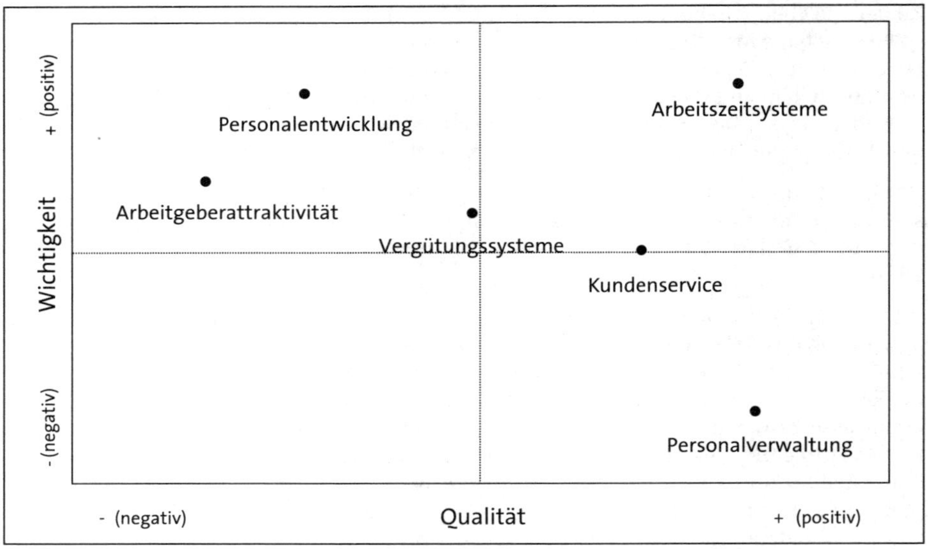

Abb. 7: Portfolio zur Personalarbeit

1.2.4 Personalwirtschaftlicher Dienstleistungsprozess

Der personalwirtschaftliche Dienstleistungsprozess folgt dem gängigen Phasenschema von Planung, Umsetzung bzw. Erbringen der Dienstleistung und Kontrolle bzw. Evaluation. Hinzu kommt die Entwicklung neuer Dienstleistungen und Produkte (Innovation) sowie die Information der Kunden über das (neue) Leistungsangebot.

1.2.4.1 Planung personalwirtschaftlicher Dienstleistungen

Bei der Planung der Dienstleistungen des Personalbereichs gilt es, die Informationen der Ist-Analyse und – zukunftsorientiert – weitere Anforderungen für die Personalarbeit zusammen zu bringen und in Strategien für das Personalmanagement (Soll-Festlegung) zu überführen.

Einen ersten Input bei der Strategieentwicklung stellen die Strategien des Unternehmens dar. Das Personalmanagement soll die Umsetzung der **Unternehmensstrategien** unterstützen und mit den erforderlichen Maßnahmen zur erfolgreichen Erreichung der Strategien beitragen. Dieser Aspekt wird in der Praxis neuerdings durch die so genannte Balanced Scorecard (BSC) unterstützt. Diese wird meist für das gesamte Unternehmen als strategisches Steuerungs- und Controllinginstrument angewandt; das Personalmanagement macht seinen Beitrag dann vor allem durch die Kenngrößen der Mitarbeiterperspektive deutlich (s. auch Abschnitt 3.2.1.2 und 4.4.4).

Wirtschaftlicher Wandel	• Sinkende Produktlebenszyklen • Euro • Zunehmende Internationalisierung • Geringes Wirtschaftswachstum • Hohe Arbeitslosigkeit • ...
Sozialer Wandel	• Wertewandel • Erbengeneration • Überalterung, Demographie • Umweltbewusstsein • ...
Technologischer Wandel	• Industrieroboter, Flurfördersysteme • Innovationsrate • Neue Medien • ...
Politisch-rechtlicher Wandel	• Arbeitsrechtsprechung • Gewerkschaftliche Ziele/Strategien • Gleichstellung der Frau • ...
Wandel im Management	• Lean Management, Total Quality Management, Kaizen • Business Reengineering, Geschäftsprozessoptimierung • Change-Management, Lernende Organisation • Motivationsmanagement, Empowerment • ...

Abb. 8: Veränderungen im Umfeld des Unternehmens

Die absehbaren und für den Personalbereich bedeutsamen Entwicklungen im Umfeld des Unternehmens sind der nächste zu beleuchtende Themenbereich auf dem Weg zum Soll. Externe Veränderungen bergen sowohl Chancen als auch Risiken für den Personalbereich. Wirtschaftliche, technologische, gesellschaftliche und politisch-rechtliche Entwicklungen außerhalb des Unternehmens gilt es frühzeitig zu erkennen und auf ihr Nutzen- und Gefährdungspotenzial abzufragen. Die obige Übersicht zeigt, um welche Themen es bei der **Umfeldanalyse** konkret gehen kann; die Ermittlung dieser Einflussgrößen erfolgt im Rahmen der **strategischen Frühwarnung bzw. Früherkennung** z. B. mit Hilfe der Szenariotechnik. Ein Szenario ist ein Zukunftsbild, das mit einer zugeordneten Eintrittswahrscheinlichkeit den ungünstigsten Fall (Horrorszenario), den besten Fall (Idealszenario) und den oder die wahrscheinlichsten Fälle zeigt.

Die systematische Analyse von Chancen (opportunities) und Risiken (threats) (extern – Umfeldanalyse) sowie Stärken (strengths) und Schwächen (weaknesses) (intern – Unternehmensanalyse) wird als **SWOT-Analyse** bezeichnet.

Bei der Ermittlung von **Stärken und Schwächen des Personalbereichs** (siehe oben) wird auf Mitarbeiterbefragungen und Selbsteinschätzungen des Personalbereichs in Form von Interviews, Workshops oder schriftlichen Befragungen zurückgegriffen; darüber hinaus sind statistische Vergleiche (DGFP) oder Benchmarks und somit Vergleiche mit anderen Unternehmen möglich; schließlich kommen auch Einschätzungen durch externe oder interne Fachleute (Audits) infrage. Die Themen bzw. Inhalte der Stärken-/Schwächenanalyse des Personalbereichs lassen sich anhand von Gliederungsschemata des Personalmanagements festlegen; somit geht es beispielsweise konkret um diese Aspekte: Personalpolitik und strategisches Personalmanagement, Mitarbeiterbetreuung und Personalwirtschaft, Mitarbeiterführung und Zusammenarbeit, Personal- und Organisationsentwicklung, Organisation und Prozesse im Personalbereich sowie Personalcontrolling. Ein ergänzender Zugang analysiert Kundenorientierung, Effizienz, Prozessqualität, Kompetenz, Innovation ...

Chancen und Risiken können methodisch durch Dokumentenanalysen (Arbeitsagentur, Weisengutachten, geplante Gesetzgebung ...) und durch Szenarien bzw. Expertenbefragungen systematisch zusammengetragen werden. Die Themen bzw. Inhalte (Beobachtungsfelder) der Chancen-/Risikenanalyse lassen sich am sog. PEST-Schema festmachen. Wirtschaftliche (economic), gesellschaftliche (social), politisch-rechtliche (political) und technologische (technological) Entwicklungen und Veränderungen sind zu prognostizieren und jeweils daraufhin zu analysieren, inwieweit sie für das Personalmanagement mit Chancen oder Risiken verbunden sind.

Einen weiteren Input bilden die **personalwirtschaftlichen Strategien und** die **Leitlinien für das Personalmanagement**. Strategien lauten zum Beispiel: »Steigerung der Arbeitgeberattraktivität« oder »Reduzierung des Aufwands für das operative Geschäft und Intensivierung der Kapazitäten in strategischen Projekten«. Während Strategien als grundsätzliche Wege zu einem Zielpunkt, also zur **Vision** (»Wir sind der anerkannte und geschätzte Personaldienstleister Nummer eins!«) anzusehen sind, sind Leitlinien die Leitplanken, die den Weg begrenzen: »Wir sind bei unseren Kunden!« oder »Wir sind jederzeit ansprechbar!«.

Die bereits erwähnte Balanced Scorecard kann auch zur Steuerung und zum Controlling von Geschäftsbereichen, Werken ... eingesetzt werden. Viele Personalabteilungen – auch in mittelgroßen Unternehmen – greifen inzwischen auf die BSC als Instrument zur Steuerung des Personalbereichs zurück. Die BSC dient der Ableitung von (konkreteren) strategischen Zielen aus den Strategien. Wichtig ist die Zuordnung von Kenngrößen, die die Erreichung der strategischen Ziele widerspiegeln. Der Aufbau bzw. die Architektur der BSC sieht in der Standardversion (von Kaplan/Norton) diese »Felder« vor: Finanzen, Kunden, Prozesse und Mitarbeiter/Potenziale. Auf den Personalbereich bezogen kann es um Personalkosten und Budget (Finanzen) gehen, um Personalprozesse (Beschaffung, Einsatz ...), um interne und externe Kunden (Mitarbeiter, Führungskräfte, Betriebsrat, Bewerber ...) des Personalbereichs und um die Mitarbeiter in der Personalabteilung (Kompetenz, Fehlzeiten ...).

Hierzu ein Beispiel: Es werden diese drei Strategien für die Personalbetreuung unterstellt: 1. Steigerung der Attraktivität als Arbeitgeber (extern), 2. Flexibilisierung des Personaleinsatzes und der Personalkosten, 3. Anerkennung des Personalbereichs durch die internen Kunden. Daraus lässt sich beispielsweise diese **Personalbetreuungs-Balanced Scorecard** entwickeln:

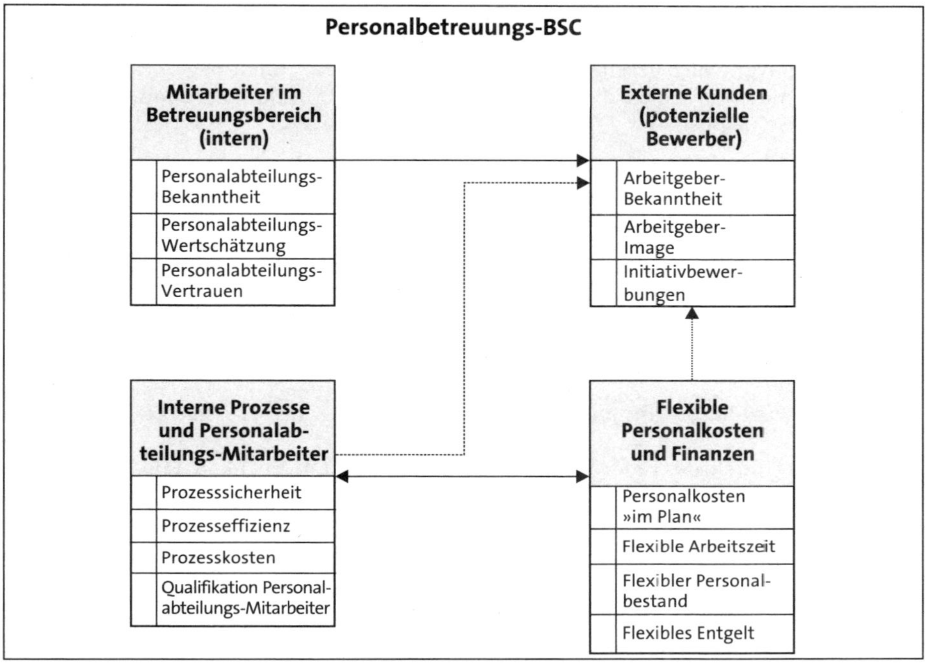

Abb. 9: Balanced Scorecard für den Bereich Personalbetreuung

1.2.4.2 Innovationen bei den personalwirtschaftlichen Dienstleistungen

Die Konzepte und Instrumente des Personalmanagements durchlaufen einen sog. **Lebenszyklus**, bei dem insgesamt und in den einzelnen nachfolgenden Phasen die Zeitspanne unterschiedlich lang sein kann.

- Phase 1: Pilot- und Einführungsphase.
- Phase 2: Etablierungs- und Standardisierungsphase.
- Phase 3: Reife- und Routinephase.
- Phase 4: Degenerations- und Hinterfragensphase.

Das Personalmanagement ist gefordert, den Lebenszyklus aufmerksam zu verfolgen und Neuentwicklungen **(Innovationsmanagement)** von sich aus anzustoßen, sei es aufgrund neuer Instrumente am Markt, aufgrund geänderter rechtlicher Rahmenbedingungen oder wegen Nachfrageveränderungen seitens der Kunden. Natürlich geht es neben den Neuentwicklungen auch um die Pflege bestehender Instrumente und Produkte in Form von Updates bzw. Verbesserungen **(Vereinfachungen, Anpassungen)**.

Die Planung der personalwirtschaftlichen Dienstleistungen erfordert eine systematische Auswahl des Leistungsangebots, die genaue Leistungsbeschreibung je »Produkt« und die Zuordnung der Kosten für jedes Produkt. Damit ist der Planungsprozess abgeschlossen.

1.2.4.3 Erbringen der personalwirtschaftlichen Dienstleistungen

Kundenzufriedenheit bzw. Qualität besitzt bei Dienstleistungen besondere Vorzeichen. Im Vordergrund stehen immer der Nutzen für den Kunden und die Zufriedenheit des Kunden (sowie das wirtschaftliche Ergebnis für den Lieferanten der Dienstleistung).

Bei der **Dienstleistungsqualität** kommt es besonders darauf an, beim ersten Mal optimal zu handeln; eine zweite Chance gibt es häufig nicht bzw. das Image der Personalabteilung ist bereits erheblich geschädigt. Aus der Zufriedenheits- und Imageforschung ist bekannt, dass eine negative Erfahrung zehnmal so häufig kommuniziert und weiter getragen wird wie eine positive.

Dies sind die wesentlichen **Unterschiede zwischen Produkten** wie z. B. Autos **und Dienstleistungen**. Dienstleistungen werden häufig im Augenblick ihrer »Lieferung« produziert; das gilt vor allem für Beratungs- und Betreuungsleistungen. Der Empfänger der Dienstleistung erhält »nichts Greifbares«; deren Wert ist von den persönlichen Einstellungen und Erfahrungen des Empfängers abhängig. Eine schlechte Dienstleistung kann nicht zurückgezogen werden **(dienstleistungsspezifische Risiken)**.

Der Wert bzw. die **Qualität einer Dienstleistung** für den Empfänger bestimmt sich immer aus drei zentralen Einflussfaktoren:

- fachliche Qualität des Produkts (F), also der Beratung, der Problemlösung oder des Konzepts,
- Service im Umfeld des Produkts (S), also Verlässlichkeit, Höflichkeit, Eingehen auf den Kunden und
- ggf. Kosten für das Produkt (K).

Diese drei Einflussgrößen der Dienstleistungsqualität **(Bewertungskriterien)** können multiplikativ miteinander verknüpft werden, somit gilt: Q = F * S * K. Fällt die Beurteilung einer der Größen eher negativ aus, so kann der Gesamtwert für die Qualität nicht positiv sein. Wirklich gute Dienstleistungsqualität entsteht nur dann, wenn alle drei Faktoren vom Kunden gut beurteilt werden.

Die Umsetzung bzw. das Erbringen der personalwirtschaftlichen Dienstleistungen verlangen als erstes Optimierungen bei bestehenden Dienstleistungsangeboten und bei den Rahmenbedingungen zu deren Erbringung.

Kundenorientierung bedeutet zunächst die Optimierung der personalwirtschaftlichen Prozesse. **Prozessoptimierung** stellt für viele Unternehmen in sämtlichen Funktionsbereichen eine höchst aktuelle Thematik dar, so auch in den Personalabteilungen. Die nachhaltige Betonung von Prozessen steht in den meisten neueren Managementkonzeptionen an vorderer Stelle, vor allem beim Lean Management und beim Business Reengineering: Lieferzeiten, Durchlaufzeiten, Termintreue, Fehlerquoten u. a. m. sind dabei die wichtigen Stichworte. Im Personalmanagement kann man konkret an den Abrechnungsprozess, den Beschaffungsprozess, den Prozess der Zeugniserstellung etc. denken. Die Optimierung von Prozessen setzt immer an den folgenden vier Stellgrößen an, die am Beispiel des Auswahlprozesses verdeutlicht werden:

- Faktor Zeit, d. h. Reduzierung der Durchlaufzeiten und der Liegezeiten sowie Reduzierung der Schnittstellen und somit schnelle Information für Bewerber,
- Faktor Qualität, d. h. klare Arbeitsanweisungen und Prozessdokumentationen sowie Vermeidung von Doppelarbeit und somit nachvollziehbare Auswahlentscheidungen,
- Faktor Kosten, d. h. Transparenz der entstehenden Kosten für die Auswahl und
- Faktor Innovation, d. h. ständiges Nachdenken über bessere Auswahlmethoden.

Während es bei den ersten drei Aspekten darum geht, »die Dinge richtig zu tun«, steht beim letztgenannten Punkt im Zentrum, »die richtigen Dinge zu tun«. Prozess- bzw. workflow-orientierte personalwirtschaftliche Software, wie z. B. das HR-Modul in SAP R/3 unterstützen die Prozessoptimierung ebenso wie Bewerbungsprozesse per Intranet bzw. Internet.

Prof. Dr. Meinulf Kolb

Stark im Vordergrund der aktuellen Diskussion liegt auch die **organisatorische Qualität**. Outsourcing, geänderte Aufgabenteilung zwischen Führungskräftenund Personalbereich, Gesprächsrunden als Abstimmungskonzept, Profitcenter etc. bilden (Gestaltungs)Maßnahmen und Optimierungsmethoden zugleich.

Sobald das Leistungsangebot exakt definiert ist **(Entscheidung)** und die erforderlichen Prozess- und Organisationsverbesserungen vorgenommen sind, kann der Personalbereich mit der Geschäftsleitung und mit den Fachbereichen **Leistungsvereinbarungen** treffen. Leistungsvereinbarungen mit den Abnehmern der personalwirtschaftlichen Dienstleistungen stellen ein Steuerungsinstrument dar, das allen Beteiligten Klarheit und Verlässlichkeit verschafft. Auf der Grundlage von Leistungsvereinbarungen lassen sich Selbst- und Fremd-Bewertungen vornehmen, um zu überprüfen, ob das Versprochene auch eingehalten wurde. Die erneute **Ermittlung der Kundenzufriedenheit** bildet die Abschlussphase und den gleichzeitigen Start in eine neue »Runde«.

Bislang war in diesem Teil überhaupt nicht die Rede von den **Mitarbeitern des Personalbereichs**, die für die vielfältigen Aktivitäten zuständig sind. Ihre Beteiligung an dem gesamten Prozess ist wichtig, um deren Akzeptanz, Verantwortung und Einsatz für mehr Dienstleistungsqualität zu erhalten. Daneben fordert dieses Konzept deutlich mehr von allen Mitarbeitern der Personalabteilung. Dienstleistungsqualität kann nicht einfach verordnet werden; neben der Verpflichtung dazu sind auch die Möglichkeiten hierzu zu beachten. Schulungsmaßnahmen und Trainingsmaßnahmen werden erforderlich, um die Dienstleistungsqualität erfolgreich umsetzen zu können. Schließlich sollen die Mitarbeiter des Personalbereichs auch Kundenanregungen sensibel aufgreifen und ständige Verbesserungen eigenständig initiieren. Die Verankerung der Dienstleistungsqualität in den Zielvereinbarungen der Personalmitarbeiter und die Anknüpfung an ein leistungsorientiertes variables Vergütungssystem fördern den Prozess und unterstreichen dessen Ernsthaftigkeit.

1.2.4.4 Information über die personalwirtschaftlichen Dienstleistungen

Ein besonderes Problemfeld stellt in vielen Personalabteilungen das **Interne Marketing für den Personalbereich** dar. Marketing bzw. Public Relations für die Personalarbeit folgen dem Grundsatz »Tu Gutes und rede darüber!« Diese Seite des Qualitätsmanagements im Personalbereich gehen bisher nur wenige Unternehmen systematisch an. Wohlgemerkt: Es geht nicht um »reißerische« oder unrealistische Werbung, ohne dass die kommunizierten Inhalte der Wahrheit entsprechen. Das wäre nicht angemessen und würde zu einer (Zer)Störung von Vertrauen führen, das der Personalbereich schlussendlich erreichen will.

Marketing für den Personalbereich – das sollte man nicht mit Personalmarketing verwechseln – ist aus verschiedenen Gründen erforderlich:[1]

- verstaubtes Image der Personalabteilung,
- unangenehme Aufgaben (Kündigungen etc.) des Personalbereichs,
- keine Kenntnis der Ansprechpartner und der Leistungsangebote bzw.
- kein (nachweisbarer) Beitrag des Personalbereichs zum Geschäftserfolg.

1 Vgl. hierzu Goerke/Wickel-Kirsch, 2002.

Diese Image prägenden Ansichten vieler Kunden machen behutsame Aufklärung und Information erforderlich. Dabei geht es um Ziele, um Themen und um Medien der Kommunikation. **Ziele** sind in folgenden Größen zu sehen:

- Bekanntheit der Ansprechpartner und der Leistung,
- Beitrag zum Erfolg des Unternehmens,
- Aufbau von Vertrauen.

Gängiges und herkömmliches **Medium** ist die Mitarbeiterzeitschrift. Modernere Formen sind Flyer »Ihr Personaldienstleister vor Ort«, Informationen im Intranet und persönliche Kontakte beim »Tag der offenen Personalabteilungstür«. Dabei geht es sowohl um sachliche **Informationen** (Ansprechpartner, Dienstleistungen, Leitlinien etc.), als auch um emotionale Wirkungen, die am ehesten im persönlichen Kontakt erzeugt werden können. Besonders wichtig sind in diesem Zusammenhang auch die Maßnahmen zur Einführung neuer Mitarbeiter; hier erhält der Personalbereich eine exzellente Möglichkeit, sich gegenüber den Neuen zu präsentieren. Entscheidend ist der gute **Mix** aus persönlichen und unpersönlichen Kommunikationsformen sowie aus sachlichen und emotionalen Informationen. Dazu existieren keine Patentrezepte, sondern auf dem Hintergrund der Unternehmenskultur wird man sich diesem Thema vorsichtig nähern müssen.

1.2.4.5 Evaluation und Weiterentwicklung der personalwirtschaftlichen Dienstleistungen

Für viele Unternehmen ist Kunden- und Dienstleistungsorientierung in der Personalarbeit ein relativ neues und komplexes Thema, mit dem man behutsam umgehen muss. Dabei ist besonders wichtig, das **Kultur- und Wertesystem des Unternehmens** zu berücksichtigen. Eine bislang mehr oder weniger als Personalverwaltung operierende Personalabteilung kann nicht »auf einen Satz« zum kundenorientierten Profitcenter Personal werden.

Entsprechende Projekte werfen viele Fragen auf und erfordern ein systematisches Vorgehen. Die folgende Abbildung zeigt, wie sich ein solches **Projekt** in einzelne Schritte aufgliedern lässt.

Vorgehensweise beim Projekt
»Dienstleistungsorientierung im Personalbereich«

Prozessschritte i.e.S. | **Analyse-Aktivitäten »im Feld«**

- Auftragsklärung und Bildung einer Projektgruppe
    - Problemsensibilisierung (freie Interviews)
- Kommunikation der Projektziele
- Bestimmung und Priorisierung der Kunden
    - Erhebung der Kundenzufriedenheit (Fragebogen) und der Kundenerwartungen (Workshop)
    - Erhebung des Selbstbilds und der Ist-Organisation
    - Prozessanalyse (Kennzahlen) und Benchmarking
- Auswertung des vorliegenden Materials
- Entwicklung von Maßnahmen (Programm, Service, Wirtschaftlichkeit ...) (mit unterschiedlicher Fristigkeit) (mit Prioritäten und ggf. Milestones)
- Abstimmung der Maßnahmen mit Geschäftsleitung und Betriebsrat
- Commitment des Personalbereichs
- Information der Mitarbeiter/innen (über Befragungsergebnisse und Maßnahmen, einschl. Themenfeldern in denen (derzeit) nichts getan werden soll/kann)
- Schulung und Teamentwicklung
- ggf. Leistungsvereinbarungen (Umfang, Qualität, Zeitpunkt und Preis)
- Umsetzung der Maßnahmen
- Public-Relations für den Personalbereich
- Evaluation und neuer Prozess (Steuerung)

Abb. 10: Projekt Dienstleistungsorientierung im Personalbereich

Unternehmen, die das erste Projekt erfolgreich zu Ende gebracht haben, stellen fest, dass es sich um ein »Spiel ohne Grenzen« handelt. Mit dem Erbringen der personalwirtschaftlichen Dienstleistungen wird ein **neuer Prozess** in Gang gebracht. Die Kunden äußern ihre Zufriedenheit oder Unzufriedenheit, der Personalbereich kann Verbesserungen oder Verschlechterungen gegenüber der letzten Befragung feststellen, er muss das Dienstleistungsangebot von neuem durchdenken und neu ausgestalten. Die Dienstleistungen der Personalabteilung sind also ein ständiger Prozess von Planung, Umsetzung und Evaluation, so wie die folgende Übersicht es darstellt.

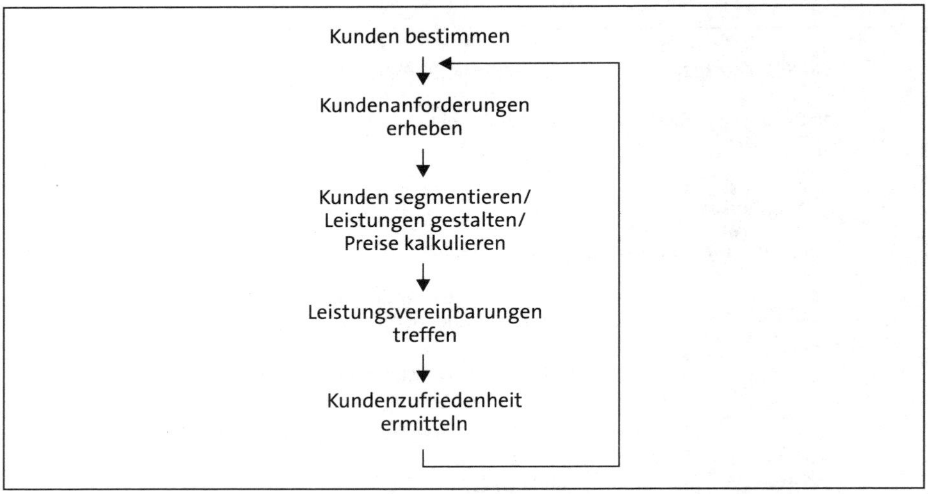

Abb. 11: Kundenorientierung im Personalbereich als Prozess

Literatur:

Ackermann, K.-F./Meyer, M./Mez, B. (Hrsg.): Die kundenorientierte Personalabteilung, Stuttgart, 1998

Deutsche Gesellschaft für Personalführung(Hrsg.): Herausforderung Personalmanagement, Frankfurt, 2002

Deutsche Gesellschaft für Personalführung(Hrsg.): Personalcontrolling in der Praxis, Stuttgart, 2001

Goerke, S./Wickel-Kirsch, S.: Internes Marketing für Personalarbeit, Neuwied, Kriftel, 2002

Kolb, M./Bergmann, G.: Qualitätsmanagement im Personalbereich, Landsberg, 1997

Kolb, M.: Personalmanagement, 3. Auflage, Berlin, 2003

Oertig, M. (Hrsg.): Neue Geschäftsmodelle für das Personalmanagement, München 2006

Scholz, C./Stein, V./Bechtel, R.:Human Capital Management, München 2004

Wunderer, R./Dick, P.: Personalmanagement – Quo vadis?, 3. Auflage, Neuwied, Kriftel, 2002

Wunderer, R./Jaritz, A.: Unternehmerisches Personalcontrolling, 3. Auflage, München 2006

1.3 Prozesse im Personalwesen gestalten

In den letzten Jahrzehnten hat eine tiefgreifende Schwerpunktverlagerung im Personalmanagement stattgefunden. Die Abkehr **von der administrativen zur qualitativen Personalarbeit** ist u. a. durch folgende Tendenzen gekennzeichnet:

- Einführung von neuen Arbeitsstilen,
- gewandelte Arbeitsformen,
- ressortübergreifende Arbeitsweisen,
- neue Mobilität der Mitarbeiter,
- Erwerb von Schlüsselqualifikationen,
- Betonung der Qualitätssicherung,
- vernetztes Denken und Arbeiten,
- (Zurück-)Besinnung auf die »Human-Ressourcen«.

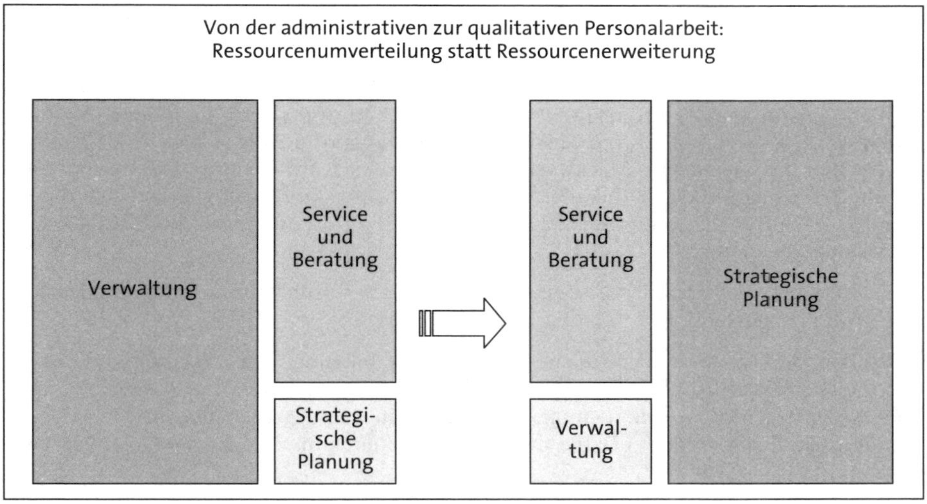

Abb. 1: Schwerpunktverlagerung in der Personalarbeit

Nach Scholz[1] wird die Personalarbeit durch diese Abkehr »spannender, wichtiger, professioneller, interfunktionaler und wertschöpfender«.

Die Personalarbeit wird zukünftig einen großen Teil der Verantwortung für den Fortbestand des Unternehmens tragen, in einem Umfeld, das Veränderungen schneller und durchgreifender erforderlich macht, weil nur so dauerhaft die Funktions- und Wettbewerbsfähigkeit gewährleistet werden kann.

Dazu muss die Personalabteilung:

- verlässlicher Partner in der Umsetzung der Unternehmensphilosophie und -strategie sein,
- noch mehr als bisher um die Bindung von motiviertem und qualifiziertem Personal an das Unternehmen bemüht sein,

1 Vgl. Scholz, 1999

- sich selbst als zentrales »Kompetenz-Center« in Fragen der Arbeits- und Organisationsgestaltung begreifen und
- bereit sein, eine aktive und führende Rolle bei diesem Change-Management zu übernehmen.

Um diesen Wandel zu vollziehen, müssen sich viele Personalabteilungen organisatorisch weiterentwickeln und sich endgültig von veralteten Strukturen trennen, die einen hohen administrativen Aufwand nach sich ziehen.

1.3.1 Ziele einer ganzheitlichen Prozessgestaltung

Das Bewusstsein für die Bedeutung der Arbeitsabläufe im Hinblick auf die Gestaltung der **Aufbauorganisation** hat in den letzten Jahren erheblich zugenommen, was dazu geführt hat, die Aufbauorganisation verstärkt **an Prozessen** zu **orientieren**. So bilden in aktuellen Managementinstrumenten wie Business-Reegineering und Benchmarking-Prozesse eine wichtige Rolle, desgleichen bei der Einführung von Qualitätsmanagement nach EFQM (European Foundation of Quality Management, s. auch Abschnitt 1.3.3.5).

Durch die Neugestaltung von Prozessen im Personalmanagement werden finanzielle und zeitliche Ressourcen zum Einsatz in der strategischen und wertschöpfenden Personalarbeit frei. Dadurch lassen sich **Leistungssteigerungspotenziale** bis zu 70% schaffen. Nach einer Erhebung des Marktforschungsinstitutes Infratest Burke Wirtschaftsforschung waren sich zwei Drittel aller befragten Führungskräfte einig, »dass sich die Bedeutung der prozessorientierten Organisation für die unternehmerische Wettbewerbsfähigkeit ausweiten wird«.[2]

Viele Mängel in den Arbeitsabläufen des Personalwesens führen zu kosten- und zeitfressenden Ineffizienzen:

- mangelnde Transparenzen für die Mitarbeiter hinsichtlich der Zuständigkeiten,
- hohe Liege- und Durchlaufzeiten von Personalangelegenheiten,
- häufiger Wechsel zwischen Organisationseinheiten und Arbeitsplätzen,
- mehrfache Erfassung von Daten und Informationen zum Zwecke der Datenverarbeitung und
- hohe Kosten und insgesamt zu geringe Kundenorientierung.

So stellt sich beispielsweise im Rahmen der organisatorischen Gestaltung des Prozesses »Mitarbeiterförderung« die Frage, wie die beteiligten Bereiche angeordnet sein sollen, um sämtliche Arbeitsabläufe (von der Auswahl eines geeigneten Mitarbeiters bis hin zur Durchführung einer erfolgreichen Personalentwicklungsmaßnahme) optimal abzuwickeln. Eine optimale Abwicklung bedeutet:

- ohne Informationsverluste,
- ohne Wiederholung bereits erledigter Arbeiten,
- ohne unnötige Transportwege und
- ohne abteilungsorientiertes Kompetenzgerangel.

2 Vgl. »Organisation als strategischer Wettbewerbsfaktor«, in der Reihe »INNOVATION« der OMC GmbH, Düsseldorf. Die Erhebung wurde im Jahre 2000 bei mittelständischen Unternehmen mit mehr als 500 Mitarbeitern durchgeführt.

1.3.2 Prozessorientiertes Organisieren

1.3.2.1 Gestaltungsmerkmale und Begriffserklärungen

Neue Ansätze verlangen nach einer eigenen Sprache. Für das Verständnis der Prozessorganisation sind deshalb einige Begriffsklärungen wichtig.

Was ist ein Prozess?

Leider gibt es kein einheitliches Verständnis hinsichtlich des Prozessbegriffes. Begriffe wie Prozess, Geschäftsprozess und Kernprozess werden häufig benutzt, ohne sie inhaltlich zu erläutern und voneinander abzugrenzen.

Im Folgenden soll unter einem Prozess die zielgerichtete Erstellung einer Leistung als Folge eines geordneten Ablaufes von logisch zusammenhängenden Aktivitäten verstanden werden, die innerhalb einer bestimmten Zeit nach vorher definierten Regeln durchgeführt werden.

Was sind Merkmale von Prozessen?

Ein Prozess hat immer eine bestimmte Aufgabe, die tätigkeitsorientiert ist, und ein Ziel, das ergebnisorientiert ist.

Ein Prozess bedarf eines Inputs, um in Gang gesetzt zu werden. Dieser Input wird in einen Output transformiert. Dies geschieht durch eine Abfolge inhaltlich miteinander verknüpfter Aktivitäten, die den Kern der Prozessabwicklung darstellen und als Tätigkeiten oder Verrichtungen bezeichnet werden. Solche Prozessaktivitäten können sowohl sequentiell als auch parallel durchgeführt werden und können sich auch wiederholen.

Diese Aktivitäten erfordern **Ressourcen**, zu denen menschliche Leistungen genauso zählen wie Sachmittel, Informationen und Methoden.

Prozesse sind zeitlich befristet. Der **Zeitraum eines Prozesses** vom Start bis zu dessen Beendigung wird als **Durchlaufzeit** bezeichnet.

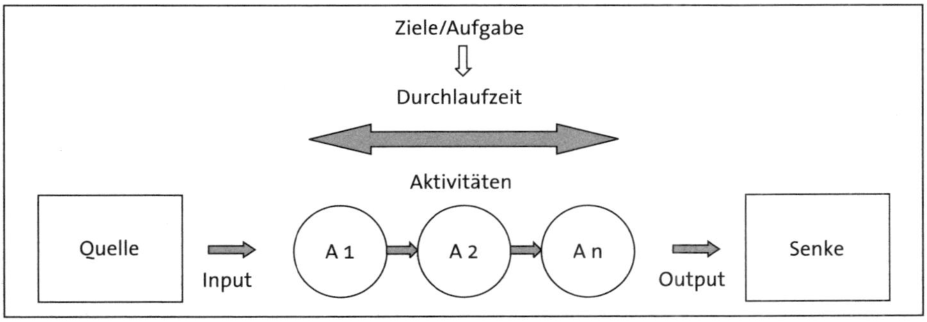

Abb. 2: Merkmale eines Prozesses

Welche Arten von Prozessen gibt es?

Nach dem Prozessgegenstand unterscheidet man zwischen materiellen Prozessen und Informationsprozessen.

Materielle Prozesse beziehen sich im Wesentlichen auf die Bearbeitung und den Transport von real existierenden Gegenständen, z. B. Rohstoffen, Halbfertigprodukten, Hilfsstoffen und Betriebsstoffen.

Informationsprozesse beinhalten den Austausch und die Verarbeitung von Informationen, z. B. durch Speicherung und Verarbeitung von Personaldaten mit Hilfe eines Personalinformationssystems.

Nach der Art der Tätigkeit werden **operative Prozesse** oder **Leistungsprozesse** einerseits und **Leitungs- oder Managementprozesse** andererseits unterschieden.

Operative Prozesse bezwecken die eigentliche Leistungserstellung für Kunden oder für Mitarbeiter. Managementprozesse verfolgen das Ziel, Unternehmensaktivitäten zu planen, zu steuern und zu kontrollieren.

Anhand des Marktbezugs eines Prozesses können **Primärprozesse, Sekundärprozesse und Innovationsprozesse** unterschieden werden.

Primärprozesse sind unmittelbar an der Wertschöpfung beteiligt und auf die Erstellung und den Vertrieb eines Produktes oder einer Dienstleistung gerichtet. Sekundärprozesse sind ein mittelbarer Beitrag zur Wertschöpfung. Sie unterstützen Primärprozesse und sorgen für die Sicherstellung der Betriebsbereitschaft. Innovationsprozesse dienen der Entwicklung und Einführung von neuen Produkten, Verfahren und Strukturen.

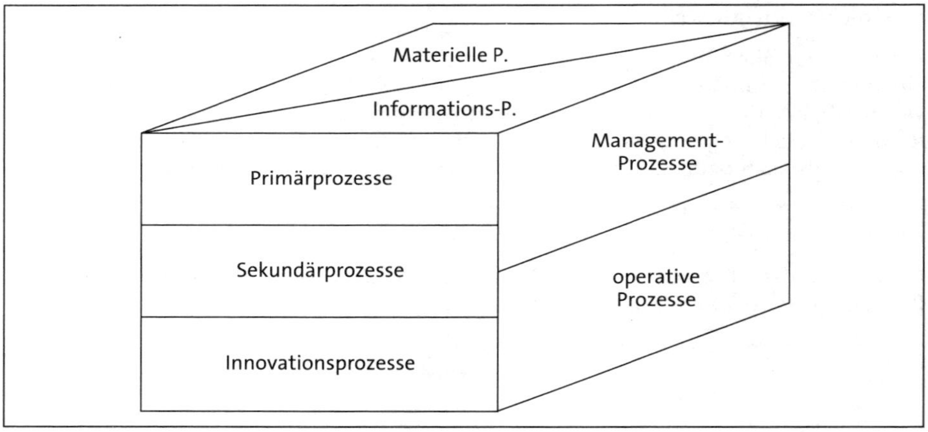

Abb. 3: Arten von Prozessen

Durch die Einführung einer Prozessorganisation im Personalwesen wird die traditionelle Denkweise der Organisation verändert. Bisher war es üblich, die Stellenbildung im Sinne des klassischen Organisationsansatzes funktional vorzunehmen. Es wurde dabei von innen nach außen gedacht. Das Personalwesen wurde von innen optimiert, um dann zu sehen, was man »draußen« damit bestmöglich machen könnte. Dabei wird unter »draußen« der Mitarbeiter im Unternehmen verstanden, der oft »als interner Kunde« bezeichnet wird. Unter dem eingangs erwähnten Zwang, eine dem Wettbewerb überlegene Organisation zu gestalten,muss bei einer prozessorientierten Organisation von außen nach innen gedacht werden. Der Mitarbeiter bestimmt die Zweckmäßigkeit der Prozessorganisation.

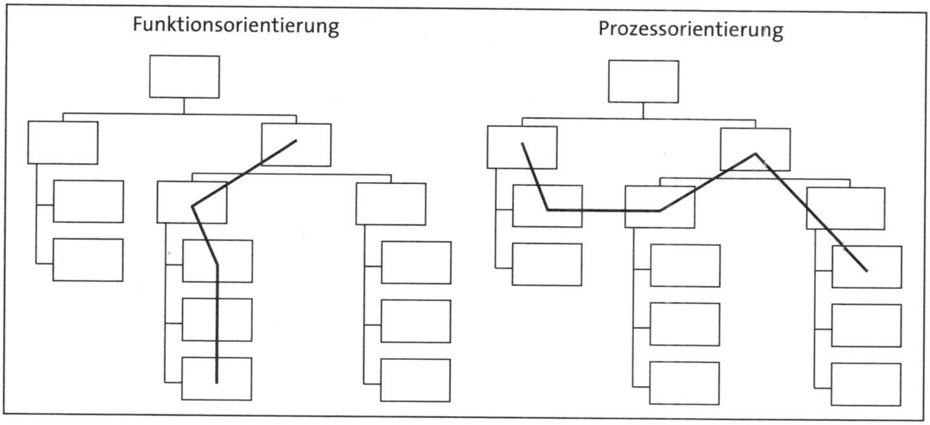

Abb. 4: Gegenüberstellung der funktionsorientierten und prozessorientierten Organisation

1.3.2.2 Phasenkonzepte der Prozessgestaltung

Beim **Geschäftsprozessmanagement** sollen Unternehmensprozesse transparent gemacht und kontinuierlich verbessert werden. Daher ist einer der wichtigsten Schritte bei der Entwicklung und/oder Verbesserung eines prozessorientierten Personalmanagements die Beschreibung der im Unternehmen ablaufenden Prozesse.

Phase	Bezeichnung	Inhalte
Phase 1	Prozessdefinition	Analyse der strategischen Geschäftsfelder Prozesse identifizieren und definieren Prozessumfang festlegen
Phase 2	Prozessstrukturierung	Zerlegung des Prozesses in Teilprozesse Zeitlichen Ablauf der Teilprozesse festlegen Schnittstellen definieren Messgrößen für ein Prozesscontrolling bilden Prozessverantwortungen delegieren
Phase 3	Prozessdurchführung	Prozessfreigabe Prozesscontrolling realisieren
Phase 4	Prozessverbesserung	Erneute Prozessanalyse starten Benchmarking durchführen Evaluation der bisherigen Prozesseinführung

Abb. 5: Vier-Stufen-Modell der Prozessgestaltung

Die **Einführung der Prozessorientierung im Personalwesen** kann auf sehr verschiedene Art und Weise erfolgen. Im Folgenden werden zwei Modelle beschrieben, aus denen in den anschließenden Kapiteln entscheidende Parameter der Prozessstrukturierung und des Prozessdesigns näher erläutert werden.

Um Prozesse abzugrenzen, ist eine detaillierte **Prozessanalyse aller Unternehmensprozesse** unumgänglich. Als Ausgangspunkt für diese Prozessanalyse müssen Anfang (Input) und Ende (Output) eines Prozesses bestimmt werden. Komplexe Prozesse lassen sich leichter erarbeiten, wenn man sie in mehrere Teilprozesse zerlegt.

Ein besonderes Augenmerk ist auf die Schnittstellenproblematik zu legen. Schnittstellen zeigen wichtige Abhängigkeiten zwischen den Prozessen und müssen daher eindeutig und ausreichend beschrieben werden.

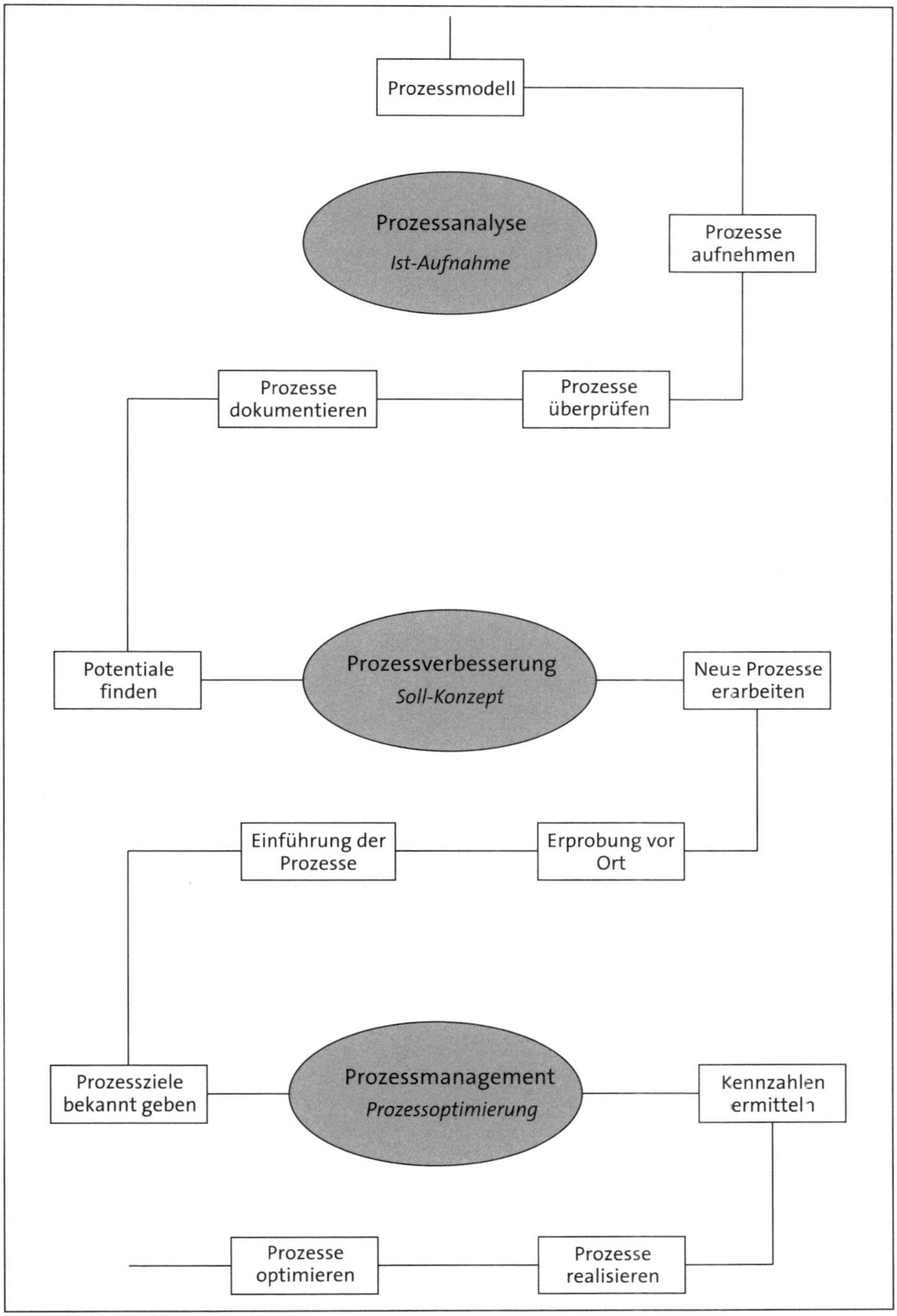

Abb. 6: Drei-Stufen-Modell der Prozessgestaltung

1.3.2.3 Voraussetzung für eine optimale Prozessgestaltung – eindeutig beschriebene Arbeitsabläufe

Wie bei allen Organisationsprojekten, ist auch die erfolgreiche Einführung eines Prozessmanagements abhängig von einer sauberen Prozessanalyse (Ist-Aufnahme). Wie in Abbildung 6 dargestellt, verläuft diese **Prozessanalyse** im Wesentlichen in vier Schritten:

- vollständige Dokumentation aller Unternehmensprozesse,
- detaillierte Beschreibung der Unternehmensprozesse,
- anschließende kritische Betrachtung der Vor- und Nachteile unter Kosten-Nutzen-Gesichtspunkten und Brauchbarkeitsaspekten,
- Transparentmachung der Abläufe für alle Prozessbeteiligten.

Auf folgende Kernfragen soll die Prozessanalyse eine Antwort liefern, um den Prozess umfassend und vollständig zu beschreiben.

Checkliste zur Prozessanalyse (Ist-Aufnahme)

Ihre Vorgehensweise:

- Legen Sie die Methode fest – Fragetechnik oder Workshopszenario.
- Erzeugen Sie keine Ängste bei den Mitarbeitern während der Ist-Aufnahme.
- Beschränken Sie sich zunächst auf Standardabläufe.
- Gehen Sie bei Bedarf später noch einmal die Sonderfälle an.
- Verlieren Sie sich nicht in Elementarprozessen – Sie verlieren dabei schnell den Gesamtüberblick.

Ihre Kernfragen:

- Welche Prozessziele gelten für den Prozess?
- Wer ist verantwortlich für den Prozess?
- Wo ist der genaue Beginn des Prozesses?
- Wo ist das definierte Ende des Prozesses?
- Was ist der Auslöser des Prozesses?
- Welche Tätigkeiten finden im Prozess statt?
- Welche Zusammenarbeiten finden im Prozess statt?
- Welche Tools werden im Prozess benötigt?
- Welche Fertigkeiten und Kenntnisse sind für den Prozess nötig?
- Welche Informationen, Dokumente sind für den Prozess wichtig?
- Was sind die Ergebnisse des Prozesses?
- Wie wird im Prozess mit Störungen umgegangen?
- Wie wird derzeit die Leistungsfähigkeit des Prozesses gemessen?
- Wie finden derzeit Korrekturen des Prozesses statt?

Abb. 7: Checkliste zur Prozessanalyse

Transparenz in den Abläufen herzustellen, bedeutet die Beteiligung aller Mitarbeiter schon in der Phase der Prozessanalyse, eventuell unter Einschaltung einesexternen Moderators. Die Mitarbeiter wissen selbst am besten, wie ihre Teilprozesse ablaufen und wo Probleme entstehen. Wenn es gelingt, das nötige Vertrauen und Arbeitsklima zu schaffen und eine offene Diskussion mit den Mitarbeitern zu führen, wird die Akzeptanz der neu gestalteten Prozesse unausweichlich sein.

Zwei mögliche Methoden, die Mitarbeiter bei der Prozessanalyse zu beteiligen und somit die erforderliche Transparenz zu erzielen, sind:

- ein Prozessworkshop »Ist-Aufnahme« und

- die Interviewtechnik.

Beide Verfahren führen zum gleichen Ziel. Da die Interviewtechnik ein weitgehend standardisiertes Verfahren ist, das in den verschiedensten Bereichen des Personalwesens seit langer Zeit eingesetzt wird, soll an dieser Stelle auf die Vorbereitung und Durchführung eines Prozessworkshops **Ist-Aufnahme** eingegangen werden.

Die Vorbereitung des Workshops erfordert folgende Schritte:

- Termin für den Workshop festlegen,
- Moderatoren auswählen,
- Ablaufplanung für den Workshop festlegen,
- Einladungen an prozessbeteiligte Mitarbeiter versenden,
- Dokumentation von beispielhaften Prozessen vorbereiten,
- Raumvorbereitung.

Bei der Durchführung des Workshops muss Folgendes berücksichtigt werden:

- Moderation mit klarer Zieldefinition für den Workshop,
- Methoden der Zusammenarbeit im Workshop festlegen,
- Technik der Prozessdarstellung erläutern,
- Beginn und Ende des Prozesses definieren lassen,
- Prozessbeteiligte identifizieren,
- Beschreibung der Prozessaktivitäten,
- abschließende kritische Würdigung der Ist-Aufnahme,
- Vereinbarungen.

Geschäftsprozess – »Externe Personalbeschaffung«	
Prozessaufgabe:	Durchführung aller bis zur erfolgreichen Einstellung erforderlichen Schritte der Personalbeschaffung.
Anstoß:	Entstandene Stellenvakanz.
Quelle:	Personalanforderung einer Fachabteilung.
Anfangsaktivität:	Vergleich der Anforderung mit Stellenplan.
Endaktivität:	Abschluss eines Arbeitsvertrages.
Senke:	Einführung des neuen Mitarbeiters.
Hauptaktivitäten:	Stellenbeschreibung auf Aktualität prüfen, Stellenanzeige formulieren, Medien auswählen, Auswahlkriterien festlegen, Koordination der Auswahlaktivitäten, Zusammenführen der Entscheidungsträger, Abschluss des Arbeitsvertrages, (Darstellung erfolgte in verkürzter Form).
Prozessziele:	Beschleunigung der Durchlaufzeiten von der Anforderung bis zur Einstellung, hohe Übereinstimmung von Anforderungs- und Eignungsprofil erzielen, Wirtschaftlichkeit des Auswahlverfahrens erhöhen.

Abb. 8: Geschäftsprozess »Externe Personalbeschaffung«

1.3.2.4 Schnittstellenproblematik im Prozessmanagement

Bei der **Abwicklung von Prozessen** treten an den Grenzen der Funktionsbereiche Schnittstellen auf.

Je umfangreicher ein Prozess ist und je mehr Stellen und Instanzen an dem Prozess beteiligt sind, je verzweigter und arbeitsteiliger ein Prozess organisiert ist, umso schwieriger seine Steuerung, umso länger seine Durchlaufzeit und umso größer seine Reibungsverluste. Grund dafür ist die Tatsache, dass an jeder Schnittstelle erneut Aufgaben und damit Informationen weitergegeben werden müssen, Abstimmungsaktivitäten erforderlich sind und notwendige Rückkopplungen entstehen.

Ziel der Prozessorientierung ist es, Schnittstellen weitestgehend zu vermeiden oder wenigstens zu reduzieren bzw. zu überbrücken.

1.3.2.5 Potenziale finden

In dem Drei-Stufen-Konzept zur Prozessgestaltung führt die Stufe der Prozessverbesserung konsequent zu einem **Soll-Konzept**. Dieses Soll-Konzept beschreibt den einzuführenden neuen Prozess bzw. die veränderten Prozessabläufe bei Reorganisationsmaßnahmen.

Die Phase Prozessverbesserung (Soll-Konzept) beginnt damit, Potenziale zu finden, die zur Erarbeitung neuer Prozesse führen. Diese Potenzialanalyse kann nur im Team durchgeführt werden, denn die Akzeptanz der neuen Prozesse ist das Ergebnis von Teamarbeit der Prozessbeteiligten.

Ähnlich wie beim Workshop »Ist-Aufnahme« gelten auch für einen Workshop »Prozessverbesserung« einige Erfolgskriterien, die auch Bestandteile ähnlicher Kreativ-Workshops und Brainstorming sind.

Erfolgskriterien für eine Potenzialanalyse sind:

- frühzeitige Einbindung der Geschäftsleitung,
- Einholen von Entscheidungskompetenzen für das Team,
- Schaffen einer kreativen Workshopatmosphäre,
- Auswahl von externen Experten,
- Auswahl von geeigneten Methoden (z. B. Brainstorming, Delphi-Methode usw.),
- wertfreie Sammlung und Dokumentation aller Beiträge der Prozessbeteiligten,
- Auswertung nach den Selektionskriterien »Realisierbarkeit«, »Zeitschiene«, »Durchsetzbarkeit«, »Nutzen«.

1.3.3 Bausteine einer erfolgreichen Prozessverbesserung

In unserem Drei-Stufen-Konzept zur Prozessgestaltung stehen folgende Aktivitäten im Mittelpunkt:

- neue Prozesse erarbeiten,
- Maßnahmen durchführen,
- Umsetzungsüberwachung,
- Prozesseinführung.

Diese Schritte führen logisch und konsequent aus der Phase der Prozessverbesserung (Soll-Konzept) zur letzten Phase des Prozessmanagements (Praktizierung der neuen Prozesse). Der Übergang von Phase 2 (Prozessverbesserung) zur Phase 3 (Prozessmanagement) ist gleitend.

1.3.3.1 Organisation von Veränderungsprozessen

Nicht die Unternehmen, sondern die Mitarbeiter eines Unternehmens verwirklichen den Prozessgedanken. Um das Management von Veränderungsprozessen erfolgreich ein- und durchzuführen, bedient man sich in der Regel der Einrichtung eines oder mehrerer Projekte und macht sich die Erfahrungen des Projektmanagement zunutze. Deshalb läuft auch die **Gestaltung eines Prozesses in mehreren projekttypischen Phasen** ab.

Projektauslöser:	Vorstandsmitglied, Arbeitsdirektor, Geschäftsführer.
Lenkungsausschuss:	Mitglieder der Geschäftsleitung, Führungskräfte.
Prozessverantwortlicher:	Personalleiter oder Personalreferent.
Prozessteam:	Prozessverantwortlicher, Prozessmanager, interne und externe Fachleute.
Prozessmanager:	Leiter der Personalbedarfsplanung, Personalbeschaffungsplanung, Personalauswahlplanung, Verantwortliche für die Teilprozesse.

Abb. 9: Management von Veränderungsprozessen – Personalbeschaffung

Der Projektauslöser (Prozessleiter) ist in der Regel ein Mitglied der obersten Managementebene, wie bei allen großen Veränderungsprozessen (Einführung von Lean-Management, Einführung eines EFQM, Einführung eines Idee-Managements usw.) Da die erfolgreiche Umsetzung eines **Prozess-Management-Konzeptes** letztendlich mit der Auswahl und Position der handelnden Personen steht und fällt, ist die Auswahl eines geeigneten Process-Leaders als »Machtpromoter« besonders wichtig.

Sollten mehrere Prozesse gleichzeitig gestaltet werden, ist es sinnvoll, einen **Lenkungsausschuss** einzurichten, der eine Bindegliedfunktion zur Geschäftsleitung hat und koordinierend zwischen Auftraggeber (Unternehmensleitung) und Auftragnehmer (Prozesseigner, Prozessteam und Prozessmanager) wirkt.

Der Prozessleiter bestimmt letztlich den **Prozessverantwortlichen (Process-Owner)** und in Abstimmung mit ihm auch die Mitglieder des Prozessteams.

Zum **Prozessteam** selbst gehören Mitarbeiter, die ihrerseits auch die Verantwortung für die sie unmittelbar betreffenden Teilprozesse übernehmen (Prozessmanager). Im Bedarfsfalle wird das Prozessteam durch externe Berater oder Moderatoren unterstützt. Hinsichtlich der Größe eines solchen Prozessteams gelten die allgemein akzeptierten Regeln für eine erfolgreiche Teamarbeit. Eine kritische Obergrenze sollte bei etwa sechs bis acht Mitgliedern liegen.

Ein erster wichtiger »Meilenstein« für die Arbeit des Prozessteams liegt in der Festlegung auf die Prozessziele. Da diese in enger Verbindung zu den strategischen Zielen des Unternehmens stehen und aus diesen abgeleitet werden, bedarf es in dieser Phase einer engen **Abstimmung mit dem Process-Leader.**

Der Prozesseigner ist mit seinem Team verantwortlich für die Analyse und Gestaltung des Veränderungsprozesses.

1.3.3.2 Prozesse als Auslöser für innovative Managementsysteme

Bei organisatorischen Veränderungsprozessen stellt sich nicht nur die Frage nach der **Art und Weise des Vorgehens** und der inhaltlichen Ausgestaltung, sondern auch die Frage nach der Intensität des Eingreifens in bisherige Formen der Aufbau- und Ablauforganisation. Die Frage, ob sich in einem Unternehmen der Wandel eher als evolutionärer oder revolutionärer Wandel vollziehen soll, stellt sich bei allen Veränderungsprozessen stets neu.

Vielfach sind es die Erfahrungen aus den ersten erfolgreich neu gestalteten Prozessen, die den Verantwortlichen den Mut machen, forscher als bisher an weitere Veränderungsprozesse heranzugehen.

So wie die Einführung eines Prozessmanagements in Form einer Sekundärorganisation geeignet ist, Nachteile von Primärorganisationen wie Stab-Linien-Systemen, Sparten- oder Matrixorganisationen zu überwinden, kann die Prozessorganisation genauso schnell zu einer neuen Primärorganisation werden, aus der sich wiederum neue, innovative Managementsysteme entwickeln.

Deutlich geworden ist dies an der engen Verzahnung von Projekt- und Prozessmanagement.

Auch andere Formen wie Lean-Management, Strategie-Center, Wertschöpfungs-Center, Quality-Circles, Business-Reengineering sind mit dem Prozess verwandt und stellen nichts als strategische Weiterentwicklungen desselben dar.

1.3.3.3 Prozesse auf dem Prüfstand – Interne Audits

Die Prozessorientierung in einem Unternehmen verläuft nicht linear. Ein einmal eingeführter Prozess bedarf eines permanenten **Soll-Ist-Vergleichs.** Prozessmanagement bedeutet in diesem Sinne nicht neue Prozesse leben, sondern auch erkennen, dass diese ständig auf dem Prüfstand stehen.

In der Organisation gibt es den Begriff der »organisatorischen Lücke«.

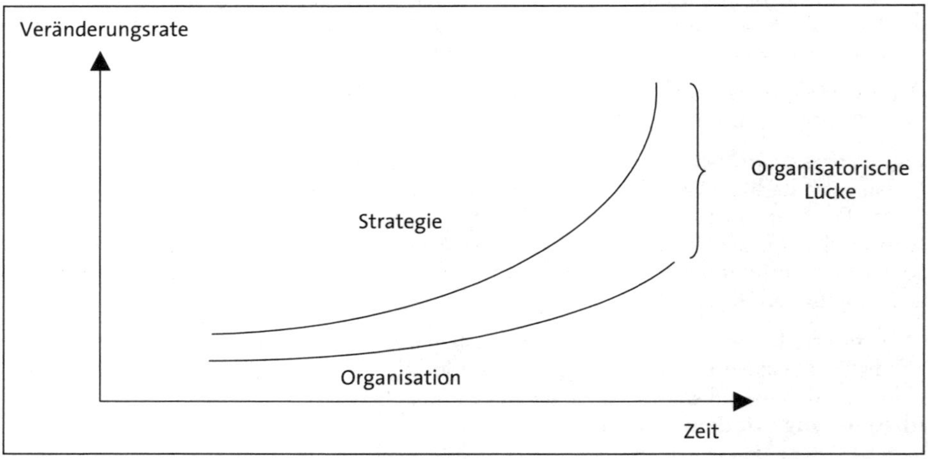

Abb. 10: Die organisatorische Lücke

Diese beruht darauf, dass sich unternehmerische Strategien relativ leicht ändern lassen. Strukturen weisen dagegen eher ein großes Beharrungsvermögen auf. Das Ergebnis einer strategischen Richtungsänderung kann deshalb eine organisatorische Lücke hinterlassen. Sie entsteht, wenn die Organisation nicht schnell genug und/oder nicht in ausreichendem Umfang der neuen Strategie angepasst wird.

Mit der Entscheidung für eine Prozessorganisation wird nun versucht, die organisatorische Lücke zu schließen.

Infolge der Trägheit eines sozialen Systems kann jedoch nach erfolgreich abgeschlossenen Veränderungen der Bedarf nach weiteren Veränderungen zunächst gedeckt sein. Anders ausgedrückt unterbleibt der erforderliche Soll-Ist-Vergleich so lange, bis der veränderte oder neue Prozess zufriedenstellend für alle Beteiligten verläuft. Prozesse können aber dann schnell an Aktualität verlieren, wenn aufgrund von Veränderungen technischer, wirtschaftlicher, rechtlicher oder sozialer Art die Unternehmensstrategie geändert werden muss.

Der gleiche Effekt kann auch auftreten, wenn es Differenzen zwischen den Anforderungen an Prozesse und den Fähigkeiten der Prozesse gibt.

Aufgabe von Prozessaudits ist es also, für eine ständige **Prozessoptimierung** zu sorgen. Dazu sind Schwachstellenanalysen im Prozessablauf erforderlich. Unterstützt werden solche Audits durch eine effiziente Prozessmessung und/oder ein Prozesscontrolling (dazu mehr im folgenden Kapitel).

Die **Durchführung von Prozessaudits** wird häufig durch ein **Benchmarking** unterstützt. Dahinter steht der Gedanke, die Leistungen des eigenen Unternehmens mit den Leistungen anderer zu vergleichen, die der gleichen Branche angehören oder aus anderen Wirtschaftszweigen kommen.

Eine Besonderheit für das Benchmarking von Personalprozessen ist, dass sie sehr gut mit anderen, ähnlich strukturierten Prozessen im eigenen Unternehmen verglichen werden können, bei denen man Optimierungspotenziale vermutet (internes Benchmarking).

Durch regelmäßig durchgeführte Audits lassen sich Geschäftsprozesse im Personalwesen zeitnah beurteilen. Prozessabläufe können so durch entsprechende »Mängelanalysen« wie nicht erfüllte Prozessziele und Mitarbeiterbeschwerden optimiert werden.

1.3.3.4 Messung der Prozessqualität und Aufgaben eines Prozesscontrollings

Ausgangspunkt einer Messung der Prozessqualität können folgende Fragen sein:

- Entspricht die Prozessleistung noch den Kundenanforderungen?
- Entspricht die Prozessqualität den vorgegebenen Prozesszielen?
- Entspricht die Durchlaufzeit den Prozesszielen?
- Entsprechen die Prozesskosten den Prozesszielen?

Eine ganzheitliche Betrachtung aller Leistungsparameter ist wünschenswert. Infolge der Komplexität kann dies nur in den wenigsten Fällen realisiert werden. Schließlich gehört Prozesscontrolling im Personalwesen (anders als etwa in der Fertigung oder im Verkauf) zu den schwierigsten Aufgaben überhaupt.

Kennzahlen sind eine wesentliche Voraussetzung für ein **Prozesscontrolling im Personalwesen**. Dabei ist es sinnvoll, sich auf wenige Geschäftsprozesse im Personalwesen zu konzentrieren, von denen eine besondere Wertschöpfung für das Personalmanagement anzunehmen ist.[3]

Am Beispiel des Prozesses »Externe Personalgewinnung« sollen Messgrößen und Einflussfaktoren auf die Wertschöpfung in diesem Prozess erläutert werden.

Bei der externen Personalgewinnung stehen kurzfristig die Kosten und die Produktivität des Gewinnungsprozesses im Vordergrund, langfristig die Qualität der eingestellten Mitarbeiter. Wegen der hohen Kosten für mögliche Fehlbesetzung ist die externe Personalgewinnung ein Prozess, bei dem ein Personalcontrolling besonders lohnenswert ist.

Die Messgrößen für die Wertschöpfung sollten getrennt nach der Bewerberquelle definiert werden, z. B. Bewerberquelle Fachhochschule, Business-Schools, Headhunting. So werden zusätzlich bewerbergruppenspezifische Vergleiche ermöglicht.

Für die Wertschöpfungsmessung bieten sich produktivitäts-, qualitäts-, kosten- und zeitbezogene Messgrößen an.

Messgrößen für die Produktivität sind:

- Anzahl der eingegangenen Bewerbungen,
- Anzahl der Absagen an die Bewerber,
- Anzahl der Einladungen zum Interview,
- Anzahl der ausgewählten Bewerber pro Interviewer.

Qualitätsbezogene Messgrößen sind:

- Kündigungen in der Probezeit,
- Minderleistungen während der Einarbeitung,
- Verweildauer im Unternehmen.

Messgrößen für die Kosten sind:

- Kosten pro eingestellten Mitarbeiter,
- Kosten für das Auswahlverfahren,
- Kosten pro Auswahlmethode (AC),
- Kosten pro Mitarbeitergruppe.

Unter Messgrößen für die Zeit versteht man die:

- Zeit von der Stellenanzeige bis zur Einstellung,
- Zeit vom Schließen der Bewerberliste bis zur Einstellung,
- Zeit für das durchschnittliche Interview.

Als Ergebnis eines Prozesscontrollings können sich Ansätze für neue Prozesse ergeben:

- Eliminieren überflüssiger Prozesse,
- Änderungen in der Abfolge von Teilprozessen,
- Hinzufügen fehlender Prozesse,
- Zusammenlegung von Prozessen,
- Automatisierung (Workflow) von Prozessen,
- Beschleunigen von Prozessen.

---

3 Vgl. Wunderer/Jaritz, 2002

1.3.3.5 Selbstbewertungsverfahren von Prozessen – EFQM-Modell

Die **European Foundation for Quality Management (EFQM)** wurde 1988 von vierzehn führenden europäischen Unternehmen gegründet. Bis 1998 hat sich ihre Mitgliederzahl auf über 600 Organisationen erhöht.

Seit 1992 können sich **Unternehmen selbst bewerten (Self-Assessment)** und den **European Quality Award (EQA)** sowie den **Europäischen Qualitätspreis** erwerben.

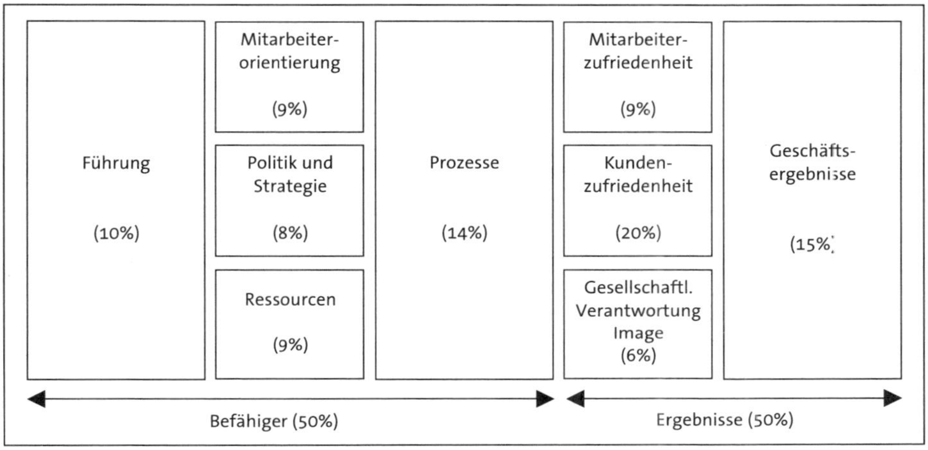

Abb. 11: Das EFQM-Modell

Im EFQM sollen durch die Einbindung der Mitarbeiter und die permanente Verbesserung der Prozesse bessere Ergebnisse erzielt werden. Der Prozessgedanke spiegelt sich in der Einteilung in »Befähiger« (einschl. der Prozesse selbst, Input) und Ergebnisse (Output) wider.

Insgesamt sind **im EFQM neun Komponenten enthalten**. Die Komponenten, die sich auf den Befähiger beziehen, betreffen die Leistungsvoraussetzungen und Leistungsdispositionen hinsichtlich einer umfassenden Qualität (»wie?«). Im Ergebnisteil wird die Leistung berücksichtigt, die das Unternehmen im Hinblick auf die Qualität bei Kunden, Mitarbeitern, Kapitalgebern und Öffentlichkeit erbracht hat (»was?«).

Das EFQM-Modell gewichtet die einzelnen Komponenten. Dies erleichtert einerseits die Möglichkeit des Benchmarkings durch die Standardisierung des Modells. Andererseits werden durch den normativen Charakter des Bewertungsmaßstabes spezifische Besonderheiten bei Unternehmen oder Branchen vernachlässigt.

Die Methode des Selbst-Assessments ermöglicht:

- eine umfassende Bewertung der Prozessleistung und der Befähiger im Hinblick auf die Ergebnisse,
- die Messung sowohl finanzieller als auch nichtfinanzieller Bereiche,
- eine Berücksichtigung des Stakeholder-Value-Ansatzes bei der Messung der Wertschöpfung,
- die Möglichkeit der Einbeziehung von Außenstehenden als einen Beitrag zur Objektivierung der Messergebnisse und
- die Messung von Verbesserungen anstatt von Kontrollmechanismen, was wiederum als Anreiz für kontinuierliche Verbesserungsprozesse gesehen werden kann.

Von den neun Komponenten sind die fünf in der Abbildung 11 hervorgehobenen für die Prozessselbstbewertung von besonderem Interesse. Deswegen soll an dieser Stelle auch nur auf diese eingegangen werden.

Komponente 1 – Führung

Sie behandelt die Frage, **wie** das **Führungsteam und die Führungskräfte** des Unternehmens umfassendes Qualitätsmanagement als einen kontinuierlichen Prozess verstehen, den es zu initiieren, durchzusetzen und zu reflektieren gilt.

Wichtige Unterpunkte:

- Engagement der Führungskräfte für eine Kultur des umfassenden Qualitätsmanagements,
- Förderung des Verbesserungsprozesses und die Mitwirkung daran, indem die Führungskräfte geeignete Ressourcen zur Verfügung stellen und Unterstützung gewähren,
- Bemühung der Führungskräfte um Kunden und Lieferanten sowie andere Organisationen,
- Anerkennung und Würdigung der Anstrengung und Erfolge der Mitarbeiter durch die Führungskräfte.

Komponente 2 – Politik und Strategie

Hier werden alle Aspekte zusammengetragen, die das Unternehmensziel, das Wertesystem, das Leitbild und die strategische Ausrichtung des Unternehmens zum Inhalt haben. Es soll reflektiert werden, wie sich das Konzept der umfassenden **Qualität in Politik und Strategie** wiederfindet.

Wichtige Unterpunkte:

- Beruhen Politik und Strategie auf relevanten und umfassenden Informationen?
- Wie werden Politik und Strategie entwickelt?
- Wie werden Politik und Strategie bekannt gemacht und eingeführt?
- Wie werden Politik und Strategie regelmäßig aktualisiert und verbessert?

Komponente 3 – Mitarbeiterorientierung

Es wird danach gefragt, **wie** das Unternehmen das gesamte **Potenzial seiner Mitarbeiter** nutzt, um eine ständige Verbesserung seiner Aktivitäten zu erreichen. Dabei sollen alle Mitarbeiter und nicht nur ausgewählte Mitarbeitergruppen einbezogen werden.

Wichtige Unterpunkte:

- Wie werden Mitarbeiterressourcen geplant und verbessert?
- Wie werden Fähigkeiten der Mitarbeiter aufrechterhalten und weiterentwickelt?
- Wie werden mit den Mitarbeitern Ziele vereinbart und die Leistungen kontinuierlich überprüft?
- Wie werden die Mitarbeiter beteiligt, zum selbstständigen Handeln autorisiert und ihre Leistungen anerkannt?
- Wie wird ein effektiver Dialog zwischen den Mitarbeitern und der Organisation erreicht?
- Wie wird für die Mitarbeiter gesorgt?

Komponente 4 – Prozesse

Diese Komponente untersucht, **wie Prozesse** identifiziert, evaluiert und verbessert werden, um die Geschäftstätigkeit des Unternehmens permanent zu verbessern. Dabei werden Prozesse als eine Folge von Schritten betrachtet, die aus einem Input einen Output erzeugen und hierdurch einen Mehrwert schaffen. Dieses Management aller wertschöpfenden Tätigkeiten im Unternehmen wird über folgende Fragenbereiche abgedeckt:

- Wie werden die für den Unternehmenserfolg wesentlichen Prozesse identifiziert?
- Wie systematisch führt das Unternehmen seine Prozesse?
- Wie werden die Prozesse überprüft und Verbesserungsziele gesetzt?
- Wie werden vom Unternehmen Innovation und Kreativität bei der Prozessverbesserung angeregt?
- Wie werden seitens des Unternehmens Prozessveränderungen eingeführt und der Nutzen bewertet?

Komponente 5 – Mitarbeiterzufriedenheit

Es wird betrachtet, **was** das Unternehmen bezüglich der **Zufriedenheit seiner Mitarbeiter** leistet. Wesentlich hier ist die Messung der Zufriedenheit bei den Mitarbeitern.

Wichtige Unterpunkte:

- Beurteilung des Unternehmens aus der Sicht der Mitarbeiter,
- Entwicklung zusätzlicher Messgrößen, welche die Zufriedenheit der Mitarbeiter mit dem Unternehmen beschreiben.

Die symmetrische und ästhetische Gestaltung des Modells darf nicht darüber hinwegtäuschen, dass die Zusammenstellung der Messgrößen und Gewichtungen willkürlich erfolgt ist. Unabhängig davon betont das EFQM-Modell in allen fünf das Personalwesen betreffenden Komponenten die Potenziale und Prozesse der damit erzielten Wertschöpfung. Es bietet damit einen guten Rahmen für ein Personalcontrolling in Form von Audits.

Schwierigkeiten wird es allerdings bei der Umsetzung der Selbst- und Fremdbewertungen geben, insbesondere bei kleinen und mittelständischen Unternehmen.

Literatur:

Bergmann, G./Meurer, G. (Hrsg.): Best Patterns – Erfolgsmuster für zukunftsfähiges Management, Neuwied, Kriftel, 2001

Franke, D./Boden, M. (Hrsg.): Personal Jahrbuch 2004, Neuwied, 2003

Scholz, Chr. (Hrsg.): Innovative Personal-Organisation Neuwied; Kriftel, 1999

Vahs, D.: Organisation, Einführung in die Organisationstheorie und -praxis, 2. Auflage, 1997, Stuttgart

Van Gelder, M.: Organisation – ein anwendungsorientiertes Lehrbuch mit Fallbeispielen, Frankfurt/Main, New York, 1997

Wunderer, R./Dick, P.: Personalmanagement – Quo vadis? Analysen und Prognosen bis 2010. Neuwied, Kriftel, 2000

Wunderer, R./Jaritz, A.: Unternehmerisches Personalcontrolling, 2. Auflage, Neuwied, Kriftel, 2002

1.4 Projekte planen und durchführen

1.4.1 Grundlegende Definitionen: Projekt und Linienfunktion

Projektmanagement ist eines der großen Organisations-Themen, das alle betrieblichen Funktionen betrifft, so dass fast jeder Mitarbeiter irgendeinmal in seinem Berufsleben entweder Mitglied in einem Projektteam oder Projektleiter war, ist oder sein wird. Die Frage nach Rahmenbedingungen und Regelungsmechanismen für Projekte ist deshalb für jeden Mitarbeiter wichtig. Was also sind Projekte genau? Die **DIN-Norm 69901** gibt folgende Definition von Projekten:

»... ein Vorhaben, das im Wesentlichen durch die Einmaligkeit der Bedingungen in ihrer Gesamtheit gekennzeichnet ist, z. B. durch Zielvorgabe, durch zeitliche, finanzielle, personelle und andere Bedingungen, durch Abgrenzung gegenüber anderen Vorhaben und durch projektspezifische Organisation«.

Bei Projekten übersteigt der Komplexitätsgrad des Problems oder die Schwierigkeit der Erarbeitung von neuen Produkten und Dienstleistungen die Kompetenzen, Ressourcen und Zuständigkeiten eines einzelnen Bereichs, so dass in der Regel immer mehrere Bereiche oder Abteilungen an einem Projekt beteiligt sind. Je mehr Beteiligten es gibt, desto komplexer ist aber auch der Abstimmungs- und Koordinationsaufwand und desto anspruchsvoller ist die Aufgabe des Koordinators bzw. Projektleiters. Um diese komplexe Organisationsform dennoch effizient und steuerbar zu gestalten, sind Zeitbegrenzung und Zielorientierung wichtig. Wenn wir uns die **Eigenschaften der Projektarbeit** als Organisationsform anschauen, dann ergeben sich folgende Merkmale:

- Durchführung von Sonderaufgaben (z. B. Innovation, Problemlösung) und deshalb Einmaligkeit des Projekts,
- hohe Komplexität der Aufgabenstellung,
- abteilungsübergreifende Organisation (d. h. außerhalb der Linienorganisation),
- Zielorientierung in Bezug auf Leistung, Qualität, Gesamt- und Einzelziele,
- definierte Ressourcen (Zeit, Material, Kosten, Personen),
- Zeitbegrenzung (Start und Ende),
- organisierte Planung von Zeit, Ressourcen, Aktivitäten sowie entsprechendes Controlling,
- Teamorganisation.

Warum aber führen so viele Unternehmen immer häufiger Aufgaben als Projekte durch? Wo liegen die **Vorteile von Projektmanagement**? Gängige Argumente für diese Organisationsform sind:

- bessere Integration verschiedener Kompetenzen in gemischten Teams,
- dadurch höhere Kreativität und Innovationsfreudigkeit,
- höhere Flexibilität gegenüber der Linienorganisation in Bezug auf sich wandelnde Kundeninteressen,
- hohe Zielorientierung und deswegen optimale Ressourcennutzung, gute Nutzung von Kompetenzen und Prozessoptimierung,
- hohe Transparenz des Projektes (Prozesse, Ressourceneinsatz, Output etc.),
- schnellere zielorientierte Entscheidungen,
- Steigerung der Effizienz,
- höhere Identifikation mit Zielsetzungen (Klarheit der Ziele, gemeinsame Zielerreichung als Team, Eigenverantwortung und Controlling).

Als spezifische **Nachteile von Projektmanagement** werden – ohne dass diese Aufzählung abschließend ist – am häufigsten genannt:

- unklarer Projektauftrag oder unklare Projektzielsetzung (z. B. wegen fehlenden oder mehrdeutigen Auftrags),
- Ressourcenkonflikte (Personalressourcen) mit der Linie bei Mehrfachunterstellung von Projektmitarbeitern,
- Betroffene sind nicht einbezogen,
- Qualifikationsprofile der Projektmitarbeiter sind den Aufgaben nicht angemessen,
- mangelhafte Führungsqualität des Projektleiters,
- unklare Verantwortungszuteilung,
- unzureichende Arbeitsorganisation und Informationsfluss im Team,
- unvorhergesehene Entwicklungen werden nicht rechtzeitig in eine veränderte Projektplanung übertragen,
- keine klare Verantwortung und Organisation des Controllings,
- zu knappe Zeitvorgaben und zu viele parallele Projekte,
- zu hoher Erfolgsdruck für das Projekt,
- Politik und Machtspiele in der Linienorganisation,
- Überfrachtung des Projektes mit Regelungen und
- schwieriger bzw. fehlender Übergang von der Projektorganisation zur Linie.

Einige der am meisten genannten Problempunkte lassen sich zurückführen auf den Konflikt zwischen der nur temporären Projektorganisation, die ein einmaliges Projekt bearbeitet, und den Linienfunktionen, deren Aufgabenstellungen meist in der Abarbeitung von Standardthemen mit großer Effizienz bestehen. Die wichtigsten **Unterschiede zwischen Projekt** und **Linie** stellen sich wie folgt dar:

Merkmal	Projektarbeit	Linienaufgabe
Zielorientierung	Eher als kontinuierlicher Prozess, orientiert an wechselnden Rahmenbedingungen	Festgelegte Ziele in funktionaler und hierarchischer Struktur
Zeitliche Begrenzung	Aufgabe endet zu definiertem Zeitpunkt	Keine (ein kontinuierlicher Prozess)
Einmaligkeit und Neuartigkeit der Aufgabe	Projektprodukte sind Unikate	Produkte und Dienstleistungen immer wieder ingleicher Form
Komplexität	Jeder Arbeitsprozess muss neu erfasst und gestaltet werden	Standardisierung und Vereinfachung wiederholbarer Prozesse
Budgets/Ressourcen	Aufgabenbezogen	Abteilungsbezogen
Organisatorische Zuordnung	Vorübergehend, Doppel-Zugehörigkeit	Dauerhaft
Kompetenzen	Synergie durch Vielfalt	Fachspezialisten

Abb. 1: Projektarbeit und Linienaufgabe

1.4.2 Organisation eines Projektes – Der Beginn mit dem Projektauftrag

Ein Projekt fängt in der Regel mit einem **Auftrag** an, der die Zielrichtung des Projektes sowie wesentliche Rahmenbedingungen festlegt.

Je nach Umfang und Komplexität des Projekts wird dieser Auftrag mit Sicherheit mehr oder weniger umfangreich sein. Einige Kernelemente bleiben jedoch für alle Projekte gleich. An ihnen können sich Projektleiter und Teammitglieder während der Projektarbeit ausrichten; an ihnen wird später aber auch der Projekterfolg gemessen werden. So gehören in einen vollständigen Auftrag neben seiner Formulierung die Zielsetzung, konkrete Aufgabenstellungen, gewünschte (Zwischen-)Ergebnisse, das Budget/die Ressourcen, Randbedingungen sowie Termine und Meilensteine.[1]

Am Beispiel der Beschaffung einer neuen Produktionsmaschine sollen diese Punkte verdeutlicht werden:

Projektauftrag	Beschaffung einer neuen Produktionsmaschine für die Abteilung AB
Zielsetzung	Produktion mit dieser Maschine zu einem Preis von xx Euro ab der Kalenderwoche xy unter Erreichung von Qualitätskriterien wie Arbeitsausschuss < xy %, Ausstoß > xy %, ...
Aufgabenstellungen	• Absprache der Spezifikationen der Maschine mit Abteilung AB • Einholen von Angeboten • Entscheidungsvorlage für A, B und C • ...
Ergebnisse	• Lastenheft • Maschinenabnahme bei Hersteller • Installation in Werk und Probelauf • Serien-Produktion ab KW xy mit einem um xy % gesteigerten Output
Budget/Ressourcen	• Kaufpreis • Schulungen der Bediener • Abnahmekosten • interner Arbeitsaufwand
Randbedingungen	• Auf der Maschine zu fertigende Teile werden ab KW xy von der Entwicklungsabteilung nicht mehr verändert! • Investmittel werden freigegeben bis KW xy
Termine/ Meilensteine	• Beschaffungsantrag ab KW xy • ...

Abb. 2: Projektauftrag als Beginn eines Projektes

Wichtig ist: Je genauer man sich in dieser Phase Gedanken über die spezifische Zielsetzung und die Aufgabenpakete macht, desto leichter hat man es in der Umsetzungsphase mit der Durchsetzung und desto fairer wird die Erfolgskontrolle. Diese hängt dann nicht mehr von persönlichen Vorlieben oder der Tagesform ab, sondern stützt sich auf objektive und vorher festgelegte Messkriterien. Je nach Projekt kann obige Checkliste um spe-

1 Vgl. hierzu Boy/Dudek/Kuschel, 1998, S. 41–55

zifische Punkte (z. B. um eine genaue Aufstellung von internen und externen Kapazitäten, Pay-Back-Zeit) ergänzt werden.

Der Projektziel-Formulierung kommt eine entscheidende Bedeutung für das Projektmanagement zu. Dabei unterliegen Ziele bestimmten Kriterien: die Zielformulierung muss **smart** sein, damit Auftraggeber und Projektteam das Gleiche verstehen, handlungsfähig sind, die Ziele messen und überprüfen können.

Spezifisch	Resultate liefern für genau dieses Projekt – und nicht für andere Projekte,
Messbar	Überprüfbar und objektiv nachvollziehbar – statt mit viel Interpretationsspielraum,
Aktionsfähig	Für die nächsten Schritte handlungsfähig machen – statt allgemein und unverbindlich,
Relevant	Ziele priorisieren und realistisch setzen – und nicht viele gleichwertige Ziele vereinbaren,
Terminorientiert	Ergebnisse zu einem genau festgelegten Termin vereinbaren – erst so wird weitere Planung möglich.

Sollte zu Beginn eines Projektes kein konkreter Auftrag zwischen dem Auftraggeber und dem Projektleiter abgesprochen werden, so ist es Pflicht und Aufgabe des Projektleiters, sich einen Auftrag zu verschaffen. Ansonsten wird er im luftleeren Raum agieren, ohne konkrete Verantwortlichkeit, ohne genaue Zielbestimmung und eventuell auch ohne politische Rückendeckung.

Eines der Kernprobleme von Projekten ist die **Umsetzung und Ergebnissicherung** in der normalen Linienfunktion. Oft sieht das Projektergebnis sehr gut aus; die Umsetzung ergibt aber einen geringeren Wirkungsgrad als erhofft, oder sie erzeugt große Widerstände. Dies verweist auf einen weiteren wichtigen Aspekt der Auftragsklärung. Der Auftrag muss so sauber definiert werden, dass klar wird, bis zu welchem Punkt die Umsetzung Aufgabe des Projektes ist und ab wann die Linie die Verantwortung übernimmt.

So lässt beispielsweise die Auftragsformulierung »Durchführung einer Kundenzufriedenheitsanalyse« einen breiten Interpretationsspielraum. Ist damit nur die Ausarbeitung einer für das Unternehmen geeigneten Systematik gemeint, die – wegen seiner besseren Kundenkontakte – der Bereich Marketing übernehmen soll? Oder ist damit auch die Umsetzung von Maßnahmen, die sich aus der Rückmeldung der Kunden ergeben, in unterschiedlichen Bereichen gemeint? Wenn dies der Fall ist, kommen als Projektleiter auch Mitarbeiter aus den betroffenen Bereichen in Betracht, die vielleicht wegen ihrer Zugehörigkeit zur jeweiligen Organisationseinheit eine bessere Umsetzung der Maßnahmen gewährleisten können. Mit der exakten Definition des Projektumfangs werden Verantwortlichkeiten klar definiert und Auslegungsdifferenzen minimiert.

Falls der Auftrag zu ungenau ist oder der Umfang der Aufgabenstellung zu Beginn noch nicht abzuschätzen ist, empfiehlt es sich, zuerst einen eng definierten Projektauftrag abzuschließen, der die Prüfung der Machbarkeit der Aufgabenstellung, die mögliche Umsetzung im Unternehmen oder die Erarbeitung einer genaueren Projektdefinition mit Rahmenbedingungen zum Gegenstand hat. Danach kann dann ein genau ausgearbeiteter Auftrag für das gesamte Projekt erteilt werden.

Die eigentliche **Organisation** betrifft in der Regel die Verteilung von Aufgaben und Rollen auf drei am Projekt beteiligte Personen bzw. Gruppen. **Auftraggeber** können eine Einzelperson (z. B. bei der Beauftragung eines Projektes innerhalb eines Bereiches) oder mehrere Personen sein, die dann einen Lenkungsausschuss bilden. Sie sind verantwortlich für die Erteilung des Auftrages, die Zielsetzung und die Bereitstellung von Ressourcen, und sie haben auch die Macht, wichtige Entscheidungen zu treffen. Der **Projektleiter** ist das Bindeglied zwischen Auftraggeber und Projektteam. Er ist für die Leitung des Projektteams zuständig undsorgt sowohl für eine effiziente Kommunikation mit allen Beteiligten als auch für passende Rahmenbedingungen. Die **Teammitglieder** schließlich arbeiten an der Aufgabe, oft aber nur mit begrenzten zeitlichen Möglichkeiten, da sie neben ihrer Tätigkeit im Projekt immer noch ihren »Tagesjob« erfüllen müssen.

Diese **formale Projektorganisation** erfüllt damit mehrere Zwecke:

- die organisatorische Installation des Projekts mit einer klaren Verteilung von Aufgaben und Rollen,
- eine Anbindung an die Linie mittels Projektauftrag und damit die Beschaffung bzw. Bereitstellung von personellen und sächlichen Ressourcen, Budgetmitteln und sonstigen Arbeitsvoraussetzungen und
- die Etablierung von Informations- und Kommunikationswegen und Berichtswesen.

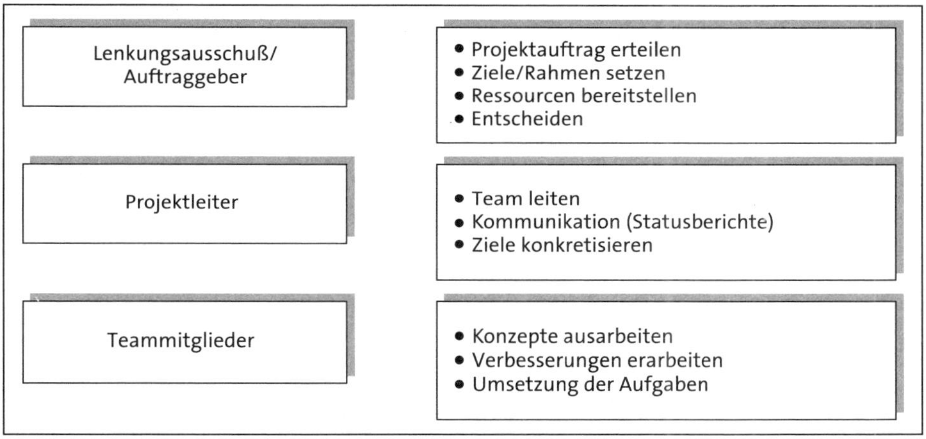

Abb. 3: Projektorganisation

Häufigste **Differenzen zwischen Linienorganisation und Projekt** sind:

- die Bereitstellung von Ressourcen (Mitarbeiter, Sach- und Geldmittel),
- die Wertigkeit des Projekts und damit der direkte Zugang zur Unternehmensleitung,
- der Einfluss des Projekts auf die zukünftige Gestaltung von Abläufen etc.,
- der Einfluss auf Projektmitarbeiter, die nur teilweise freigestellt sind (Wer führt disziplinarisch? Wer kann belohnen oder bestrafen?) und
- Rollen- und Aufgabenkonflikte zwischen Auftraggeber und Projektmanager.

Oft anzutreffen ist, dass sich der Auftraggeber direkt (meist in guter Absicht) an die Projektmitglieder wendet, sich nach dem Status des Projekts erkundigt und Aufträge erteilt. Diese vermeintliche Nähe zu den Teammitgliedern schmälert aber die Autorität des Projektleiters und wird dazu führen, dass Anfragen oder Wünsche nach Entscheidungen nicht mehr an den Projektleiter gehen, sondern beim Auftraggeber auflaufen. Beide Seiten werden verärgert. Die einzige Lösung ist hier eine saubere und konsequente Trennung von Rollen und Verantwortlichkeiten.

Folgende Faktoren können dazu führen, dass Projekte in ihrer Organisationsform (und auch in den das Projekt betreffenden Absprachen und Formularen) stark formalisiert sind:

- Alter der Organisation,
- Größe der Organisation,
- Anzahl an Projekten,
- Anzahl an Hierarchieebenen,
- Komplexität der Produkte/Dienstleistungen,
- hohe Fluktuation der Mitarbeiter,
- große Distanzen (räumliche, zeitliche etc.).

1.4.3 Leitung von Projekten – Aufgaben des Projektleiters

Projekte stehen und fallen mit ihren Projektleitern. Sie sind in der Regel diejenigen, die am meisten Zeit in das Projekt investieren und deren berufliche Reputation vom Gelingen abhängt. Der Projektleiter ist damit Schlüsselfigur für das Gelingen eines jeden Projekts. Seine wichtigsten **Aufgaben** lassen sich wie folgt darstellen:

Projektsteuerung	• Abstimmung und Präzisierung der Zielsetzung • Controlling der Zielerreichung • Planung von Zeit, Ressourcen, Aktivitäten etc. • Qualität und kontinuierliche Verbesserung
Projektorganisation	• Umfassende und rechtzeitige Information • Sicherstellen einer reibungslosen Kommunikation • Teamzusammenarbeit und Teamentwicklung • Rollen- und Aufgabenverteilung im Team
Schnittstellenmanagement	• Auftragsklärung (Kontrakt) • Interne und externe Verantwortlichkeiten • Pflege der Kundenbeziehungen • Öffentlichkeitsarbeit und »Außenpolitik« • Transfer der Projektergebnisse
Projektführung	• Koordination der PM-Funktionen • Koordinatorrolle

Abb. 4: Aufgaben des Projektleiters

Viele dieser Aufgaben haben aber wenig mit traditionellen Aufgaben innerhalb der Linienorganisation zu tun, bei denen es um die sachliche Abarbeitung einer Aufgabenstellung geht. Wie aber sehen **Anforderungen** an den Projektleiter aus? Was muss er unbedingt mitbringen, um seinen Job erfolgreich erledigen zu können und was ist »nice to have»? Die übliche, in vielen Unternehmen anzutreffende Hitliste an Anforderungen ergibt folgende Rangreihe:

1. Fachliche Kompetenz,
2. Status/Hierarchie/Mitgliedschaft im »richtigen« Funktionsbereich,
3. Methodische Kompetenzen (Instrumente des Projektmanagement wie z. B. Gantt-Diagramm, Verantwortlichkeitsmatrix, Kostenplanung),
4. Soziale Kompetenzen (beispielsweise Kommunikation, Moderation, Verhandeln, Konfliktlösung).

Die **Aufgabenschwerpunkte des Projektleiters** im Projektalltag sind aber andere: Vieles dreht sich um Koordination und Kommunikation mit unterschiedlichsten Gruppen innerhalb und außerhalb des Unternehmens. Dementsprechend ist auch die fachliche Kompetenz mit Sicherheit nicht die ausschlaggebende für den Erfolg des Projektes. Ein guter Fachmann kann, muss aber nicht automatisch ein guter Projektleiter sein. Was also in den Mittelpunkt rückt, sind die sozialen Kompetenzen des Projektleiters. Der folgende Abschnitt gibt Hinweise zur Steuerung von Teams.

1.4.4 Projektteam – Auswahl der Teammitglieder und Führung

Erste Aufgabe des Projektleiters und des Auftraggebers ist die **Auswahl von Teammitgliedern**, wobei sich auf den ersten Blick mehrere Auswahlkriterien anbieten: fachliche Kompetenz, Zugehörigkeit zur betroffenen Abteilung, Autorität in der Linie oder Seniorität. Jedes Kriterium hat Vor- wie Nachteile. So führt eine hohe Autorität des Teammitglieds in der Linie mit Sicherheit dazu, dass die spätere Umsetzung des Projekts in der Linienorganisation gefördert wird. Allerdings könnten so starke Abteilungsinteressen im Projektteam aufeinanderprallen und die unvoreingenommene Lösungssuche erschweren.

Zu den Aufgaben des Projektleiters gehört es vor allem, Aufgaben zwischen den Teammitgliedern zu verteilen und dann wiederum für eine Koordination der Teammitglieder zu sorgen. Hierzu dient die regelmäßige **Teamsitzung**, in der Informationsstände abgesprochen werden, der Stand der Aufgabenerledigung »controlled« wird und Entscheidungen vorbereitet werden. Der Projektleiter leitet diese Sitzungen, d. h. er muss die Tagesordnung vorbereiten, für ein Protokoll sorgen (»An wen geht es und wie umfangreich ist es?«) und die Sitzung moderieren. Zweck ist das Austauschen von Informationen und die zielgerichtete Kommunikation miteinander (und nicht gegeneinander). Der Projektleiter muss vorschlagen, wie oft und wie lange sich das Team treffen soll, wobei Dauer und Turnus je nach Projektfortschritt variieren können. Spielregeln müssen definiert werden (Wie treten wir als Projektteam nach außen auf? Welche Informationen bleiben vertraulich, welche sind öffentlich? Wie gehen wir mit Meinungsdifferenzen um?).

Ein Start-Workshop mit allen Teammitgliedern und eventuell dem Auftraggeber soll helfen, frühzeitig ein von allen Betroffenen geteiltes Projektverständnis herzustellen und damit rechtzeitig Aufgaben und Rollen innerhalb des Teams zu klären. Die Agenda für ein solches **Kick-Off-Meeting** sollte folgende Punkte beinhalten:

Auftrag/Ziel	• Wer ist Auftraggeber? • Was umfasst unser Auftrag? • Welche Erwartungen werden an uns gestellt? • Sind Termin und Kriterien klar? • Was sollen, können und wollen wir leisten?
Zusammensetzung und Ressourcen	• Wie ist unser Team zusammengesetzt? • Haben wir die notwendigen Kompetenzen? • Wie können wir unsere unterschiedliche Qualifikation nutzen und weiterentwickeln?
Organisation und interne Aufgabenverteilung	• Wer übernimmt welche Aufgaben? • Wer ist wofür verantwortlich (nach innen und außen)? • Was erwarten wir vom Teamleiter?

Nutzen und Engagement	• Was bringt uns die Teamarbeit? • Welche Erfolge erwarten wir? • Was bedeutet Teamerfolg für den einzelnen?
Informationsmanagement	• Wie organisieren wir unseren Informationsfluss?
Regeln der Kommunikation und Zusammenarbeit (Feedback)	• Welche Regeln halten wir bei Meetings ein? • Wie gehen wir mit Konflikten um? • Wie organisieren wir unsere gegenseitigen Rückmeldungen? • Wie optimieren wir unsere Beziehungen? • Wie organisieren wir die Qualität und Verbesserung unserer Arbeitsergebnisse?
Schnittstellen	• Welche Ressourcen von außerhalb benötigen wir? • Was erwarten unsere Kunden? • Wie optimieren wir den Kontakt zu unseren Kunden und Lieferanten? • Welche Rahmenbedingungen brauchen wir?

Abb. 5: Inhalte eines Kick-Off-Meetings

Projektleiter sehen sich einem Dilemma gegenüber. Projekte werden gestartet, umein Problem zu beheben oder neue Produkte/Dienstleistungen zu kreieren. Um eine Lösung unter Berücksichtigung vieler Informationen und Sichtweisen zu erarbeiten, ist die **Zusammenarbeit** von Mitarbeitern aus unterschiedlichen Bereichen erforderlich. Diese Projektmitarbeiter haben aber generell immer noch ihre jeweilige Linienfunktion und arbeiten nur zeitweise in den Projektenmit. Das hat zur Folge, dass dem Projektleiter wenig klassische Steuerungs- und Disziplinierungsmechanismen zur Verfügung stehen. Er hat keine Entlohnungsgewalt, nur geringe Möglichkeiten, positiv auf Karriereentwicklung zu wirken sowie geringe Möglichkeiten, die Zeiteinteilung des Projektmitarbeiters zu steuern. Als einzige Steuerungsmöglichkeiten bleiben ihm Motivierung seiner Teammitglieder (anspruchsvolle Ziele, Freiheit bei der Aufgabenbearbeitung etc.), die Schaffung von fördernden Rahmenbedingungen (Ressourcen, Konfliktbearbeitung nach außen etc.) sowie bei Projekterfolg die Sichtbarkeit des Beitrags der Teammitglieder gegenüber Unternehmensleitung und Unternehmen.

Wichtigste Aufgabe des Projektleiters ist damit das Management der Teammitglieder und der erfolgreichen Zusammenarbeit im Team. Er muss sich Gedanken darüber machen, wie Teams funktionieren und wo seine Aufgaben bei der Steuerung von Teams liegen. Ein beliebtes Instrument zur Verdeutlichung der verschiedenen Entwicklungsstufen eines Teams ist die **Teamentwicklungs-Uhr.** Hierzu ist anzumerken:

- Jeder Entwicklungsphase entsprechen bestimmte Umgangsformen, d. h. konkret beobachtbare Handlungen und Verhaltensweisen der Teammitglieder.
- Alle Phasen bauen aufeinander auf, d. h. keine Entwicklungsphase kann ohne Risiko für die weitere Zusammenarbeit üb ersprungen werden. Es gibt aber keinen Automatismus und keine Garantie dahingehend, dass sich die Teams ohne das Engagement und die Arbeit der Mitglieder in die jeweils folgende Phase entwickeln.
- Feste Zeiträume für das Verbleiben von Teams in einzelnen Phasen können nicht angegeben werden. Je nach Zusammensetzung der Gruppe und Grad der Zusammenarbeit kann ein Team relativ schnell von der Kampfphase in die Organisationsphase kommen, wohingegen andere Teams länger in einer Phase bleiben.

- Es gibt keine naturgesetzliche und unwiderrufliche Abfolge der Entwicklungsphasen. So werden Teams immer wieder in frühere Phasen zurückfallen, wenn z. B. ein neues Teammitglied die Rollen- und Aufgabenverteilung innerhalb des Teams in Frage stellt und das Team wieder eine Klärungsphase durchmachen muss, in der Aufgaben und Rollen neu verteilt werden.

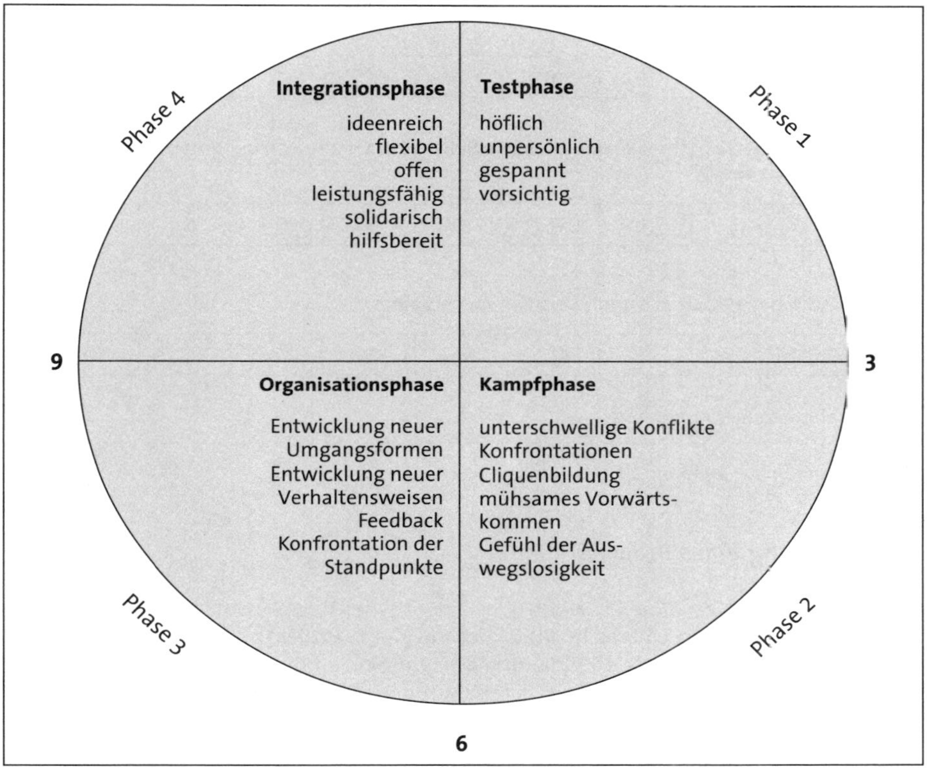

Abb. 6: Teamentwicklungs-Uhr

Jeder Entwicklungsphase entspricht ein bestimmtes Führungsverhalten des Projektleiters. Ist das Team beispielsweise in der Testphase und verhält es sich distanziert und damit auch unproduktiv, so ist es Aufgabe des Projektleiters, für Möglichkeiten zum Kennenlernen zu sorgen (z. B. Vorstellungsrunde oder gemeinsames Abendessen). Ist das Team hingegen in der Kampfphase, so entwickeln sich Auseinandersetzungen um Spielregeln (»Wer muss Protokoll führen?«, »An wen werden wichtige Informationen verteilt?«, »Darf jemand zu spät zur Teamsitzung kommen?«) und es bilden sich Cliquen. Aufgabe des Projektleiters ist es, hier für eine offene Diskussion und eine Einigung auf transparente Spielregeln zu sorgen.

Wenn die Zusammenarbeit der Teammitglieder eine so bedeutende Rolle für den Projekterfolg spielt, dann ist es auch eine der Aufgaben des Projektleiters, die Zusammenarbeit im Team zu **thematisieren** und regelmäßig auf den Prüfstand zu stellen. Ohne bewusste Steuerung der Teamprozesse ist es Zufall, ob sich das Team positiv oder negativ entwickelt.

Eines der einfachsten Werkzeuge ist der folgende Fragenkatalog, anhand dessen die Teammitglieder bewerten werden sollen. In einem neuen Team sollte die Abfrage anonym erfolgen, um dann die Ergebnisse zu besprechen und – im Falle von großen Abweichungen – gemeinsam nach Verbesserungsmöglichkeiten zu suchen.

Wie hoch schätze ich meinen **persönlichen Beitrag** zur **Willensbildung** im Team ein?

①	②	③	④	⑤	⑥	⑦	⑧	⑨

Wie hoch schätze ich meinen **persönlichen Beitrag** zur Erhaltung eines guten **Gruppenklimas** ein?

①	②	③	④	⑤	⑥	⑦	⑧	⑨

Wie zufrieden bin ich selbst mit dem Gruppen**ergebnis**?

①	②	③	④	⑤	⑥	⑦	⑧	⑨

1 = sehr niedrig, 9 = sehr hoch

Abb. 7: Bewertungsdiagramm – Teamzusammenarbeit

1.4.5 Planung eines Projekts

Ohne Planung gibt es keine effiziente Ausrichtung der Ressourcen. An dieser Stelle erfolgt daher eine kurze Übersicht über die einzelnen **Projektphasen** mit ihren spezifischen Aufgabenstellungen. Die Planung eines Projekts fängt allerdings nicht erst mit der Ressourcenplanung an, sondern bereits mit der Definition des Projektauftrags.[2]

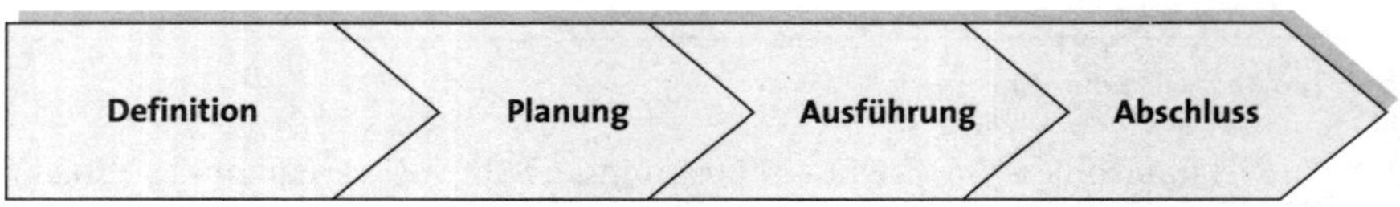

Abb. 8: Projektphasen

Die **Definitionsphase** umfasst folgende Aufgaben:

- Problemdefinition (»Welches Problem genau soll dieses Projekt lösen?« – beispielsweise Innovation, Verbesserung, Produktidee),
- Projektziele (»Was soll das Projekt exakt erreichen?«),
- Projektorganisation (Bestimmung der beteiligten Bereiche; Teamzusammensetzung),
- Abstimmung der inhaltlichen Ziele mit den Projekt-Stakeholdern, d. h. allen diejenigen, die ein begründetes Interesse an der Aufgabenstellung haben; Genehmigung mit dem Projekt-»Steckbrief«.

2 Vgl. Project Management Institute, 2000, S. 11–29

In der **Planungsphase** werden folgende Aufgaben abgearbeitet:

- Erstellung eines Projekt-Strukturplans (falls notwendig, Definition und Abgrenzung von Teilprojekten; Definition von Meilensteinen; Erstellen einer Verantwortlichkeitsmatrix; Planung von Kapazitäten),
- Aufstellen eines Aktivitätenplans (z. B. mit einem Gantt-Diagramm; Lösung von Ressourcenkonflikten),
- Kosten- und Ressourcenplanung,
- Überlegung von Projektrisiken und Ausführungsvarianten,
- Planung des Controllings.

In der **Ausführungsphase** sind wichtig:

- Projekt-Statusberichte (am besten standardisiert),
- Meilensteinkontrolle und Aktualisieren des Gantt-Diagramms,
- Bewertung von Ausführungsvarianten und Erarbeitung von Entscheidungsvorlagen,
- Kommunikation und Zusammenarbeit mit den Stakeholdern.

Beim **Projektabschluss** ist darauf zu achten, dass folgende Aufgaben erledigt werden:

- Abfassen von Projekt-Akten (System-/Betriebsdokumentation; Benutzerhandbuch etc.),
- Projektablauf-Review (Interview der Beteiligten: Was ist gut gelaufen, was ist schlecht gelaufen?),
- Projekt-Informations-System (Plan/Budget, Ist/Soll-Vergleich, Best-Practices),
- Projekt-Abschlussfeier.

An den Anfang einer guten Projektplanung gehört eine Analyse der speziellen **Risiken** des Projekts, um diese vermeiden oder doch zumindest eindämmen zu können. Die häufigsten Risikoarten sind:

- **technische** Risiken (z. B. neue Verfahren, die noch unerprobt sind),
- **Kosten**risiken (z. B. Preiserhöhungen der Vorlieferanten),
- **Termin**risiken (z. B. Schwierigkeiten bestimmter Bereiche, termingerecht Arbeitsergebnisse zuliefern zu können) und
- **personelle** Risiken (z. B. der Auftraggeber fällt aus und das Projekt steht ohne Rückendeckung da).

Sind die Risiken in einer ersten Grobanalyse bestimmt worden, so müssen sie anschließend weiter analysiert werden. Folgendes Schema hilft, Risiken genauer zu bestimmen und konkrete Aktionen abzuleiten:

- Risikotyp (technisch, terminlich, finanziell).
- Worin genau besteht das Risiko?
- Unter welcher Bedingung tritt das Risiko ein?
- Mit welcher Wahrscheinlichkeit tritt das Risiko ein?
- Welche Wirkungen hat der Eintritt des Risikos und wie nachhaltig sind diese? Welche Schadenshöhe?
- Maßnahmen zur Vermeidung?
- Maßnahmen zur Beherrschung?
- Ergebnisse der Maßnahmen?

Neben der Analyse eher augenfälliger Risiken wie Termine, Kosten oder Technik gehört zur Planung eines Projektes auch die **Umfeldanalyse**. Projekte scheitern in der Regel nicht an mangelnden EDV-Tools oder an mangelhafter Kenntnis von Netzplantechniken. Hauptursachen für das Scheitern sind die ungenügende Kenntnis des spezifischen Projektumfelds und die mangelhafte Berücksichtigung dieses Faktors. Ein einfaches Instrument zur Identifizierung helfender und hindernder Kräfte in Bezug auf ein Projekt ist die **Kraftfeldanalyse.**[3] Die hier aufzuführenden Gesichtspunkte können sich auf den allgemeinen technischen Entwicklungsstand, die Konkurrenz, gesellschaftliche Trends oder die Einstellung innerhalb des Unternehmens beziehen. Am Beispiel der Beschaffung der neuen Produktionsmaschine aus Abschnitt 2 soll eine Kraftfeldanalyse vorgestellt werden.

<table>
<tr><td colspan="2">Projekt: Beschaffung einer neuen Produktionsmaschine für die Abteilung AB</td></tr>
<tr><td colspan="2">Ziele des Projekts:
Produktion mit dieser Maschine zu einem Preis von xy Euro ab der Kalenderwoche xy unter Erreichung von Qualitätskriterien wie Arbeitsausschuss < xy %, Ausstoß > xy %, ...</td></tr>
<tr><td>Helfende Kräfte</td><td>Hindernde Kräfte</td></tr>
<tr><td>• Kunde fordert neue Produktspezifikationen, die nur mit diesem Maschinentyp zu erreichen sind
• Konkurrenz hat ebenfalls diesen neuen Maschinentyp in Betrieb
• Ausstoß und Qualität sind besser als mit den alten Maschinen</td><td>• Neue und komplexere Anforderungen an die Maschinenbediener
• Neue und komplexere Anforderungen an die Instandhaltung
• Planungsabteilung hat keine Erfahrungen mit diesem Maschinentypus
• Probleme mit dem Standort der Maschine innerhalb der Produktion</td></tr>
</table>

Abb. 9: Kraftfeldanalyse

Neben diese Analyse der helfenden und hindernden Kräfte kann eine weitere nützliche Analyse treten: diejenige der **Personen**, die das Projekt betrifft, und deren Einstellung. Die folgende Darstellungsform kann einer ersten Eingliederung dienen.

Befürworter	Unentschlossene	Gegner

Hat man nur eine geringe Minderheit als Befürworter und viele Unentschlossene oder Gegner, dann muss das Projekt mit der Frage nach deren Motiven beginnen. Erst nach dieser Analyse und Maßnahmen zur Behebung des Mangels an Befürwortern sollte das Projekt starten.

1.4.6 Unterstützung durch IT-Systeme

Zurzeit gibt es eine ganze Reihe von EDV-Tools, die klassische Projektmanagement-Techniken zur Projektsteuerung, wie z. B. das Gantt-Diagramm oder das PERT-Diagramm, abgelöst haben. Der Vorteil dieser Tools liegt mit Sicherheit in der Möglichkeit, komplexe und umfassende Projekte abzubilden, in ihrer umfassenden Dokumentationsfunktion sowie in der Möglichkeit, Veränderungen schnell einpflegen zu können und damit stets den aktuellen Status vor Augen zu haben. Der Projektleiter muss sich allerdings fragen,

3 Vgl. hierzu die ausführlichen Checklisten der Deutschen Gesellschaft für Projektmanagement.

welches EDV-Tool für sein Projekt angemessen ist. Ein aktueller Überblick über Programme liegt von Bartsch-Beuerlein & Klee[4] vor; dort werden Programme beschrieben und bewertet.

Zur Evaluierung der individuellen Ausgangsbasis legt Baguely[5] einen guten Fragenkatalog vor. Auf dieser Basis kann der spezifische Bedarf des Projekts bestimmt werden und dementsprechend die Zahl von Produkten und Anbietern eingegrenzt werden. Von Bedeutung sind hier vor allem die folgenden Fragenkataloge.

Zu bearbeitendes Projekt und dessen besondere Merkmale:

- Umfasst das Projekt mehr als 100 Arbeitsvorgänge oder viele Ressourcen?
- Gibt es einen hohen Grad an Ungewissheit in Bezug auf die Dauer der Vorgänge?
- Werden Sie den Plan oft auf den neuesten Stand bringen müssen?
- Werden Sie Außenstehende gut informieren müssen? Bis zu welchem Detaillierungsgrad?
- Benötigen Sie Unterstützung für die Ressourcenplanung?

Software:

- Welche Art von Netzplänen möchten Sie gern ausführen (Gantt-Diagramm, PERT etc.)?
- Welche Maximalanzahl von Arbeitsgängen und Knoten wollen sie abbilden?
- Wer wird das Programm nutzen? Legen Sie auf Benutzerfreundlichkeit Wert (z. B. Menüführung)?
- Welchen Zeitrahmen muss die Software verarbeiten können?
- Welche Einschränkungen in Bezug auf die Identifizierung der Vorgänge und/oder Knoten wollen Sie akzeptieren?
- Muss die Software den Ressourceneinsatz planen, Kosten erfassen oder Subprojekte planen?
- Welche Art von Berichten erwarten Sie?
- Benötigen Sie Softwareunterstützung, Schulung, Handbücher?

Hardware:

- Welche technischen Merkmale hat das System, auf dem die Software laufen wird? Was sind Sie bereit, zusätzlich für eine höhere Leistung zu investieren?
- Wie sieht es aus mit der Kompatibilität der angebotenen Software?
- Mit welcher Hardware und mit welchem System sind Sie schon vertraut? Was brauchen Sie und was wünschen Sie sich?
- Welche Leistungsfähigkeit muss der Drucker hinsichtlich Auflösung, Seiten pro Minute, Betriebskosten etc. haben?
- Brauchen Sie zusätzlich noch einen Plotter?

1.4.7 Steuerung von Projekten

Ziel der Steuerung eines Projekts ist es, Abweichungen zwischen dem geplanten Soll-Zustand und dem erreichten Ist-Zustand des Projekts zu erkennen und wirkungsvolle Maßnahmen zur Korrektur zu ergreifen. Um zielgerichtet arbeiten zu können, müssen vorab die Ursachen für die Abweichung analysiert werden.

4 Vgl. Bartsch-Beuerlein/Klee, 2001
5 Vgl. Baguely, 1999, S. 86

Die Projektsteuerung baut damit auf den Ergebnissen der Projektplanung auf, die im Vorhinein den Verlauf des Projekts nur theoretisch planen kann, ohne tatsächlich auftretende Störgrößen (z. B. Verzögerungen durch Lieferantenwechsel) und deren reale Auswirkungen berücksichtigen zu können. Im Ergebnis bedeutet dies, dass eine Projektsteuerung umso besser ist, je präziser die Projektplanung war.

Zur Steuerung von Projekten gibt es mehrere erprobte EDV-Tools. Eines der besten Handwerkszeuge, das sich auch für kleinere Projekte eignet, ist das so genannte **Gantt- oder Balken-Diagramm**. Es gibt klare und übersichtliche Antworten auf die Frage »Wer macht was bis wann?«.

Die einzelnen Schritte zur Moderation der Erstellung eines Gantt-Diagramms im Projektteam sind:

1. Sammlung aller durchzuführenden Tätigkeiten:
   - mit Hilfe von Zuruf- oder Kartenabfrage,
   - Augenscheinprüfung auf Plausibilität und Vollständigkeit, ggf. Ergänzung.
2. Aufstellen einer sinnvollen zeitlichen Abfolge zwischen den Tätigkeiten.
3. Zuordnung von Tätigkeiten zu verantwortlichen Personen:
   - Zuordnung aller Personen, die bei der jeweiligen Tätigkeit mitmachen,
   - Bestimmen einer federführenden Person.
4. Abschätzung der benötigten Bearbeitungsdauer für die einzelnen Tätigkeiten durch die federführenden Personen mit Angabe des möglichen Start- und letztmöglichen Endtermins für die Fertigstellung.

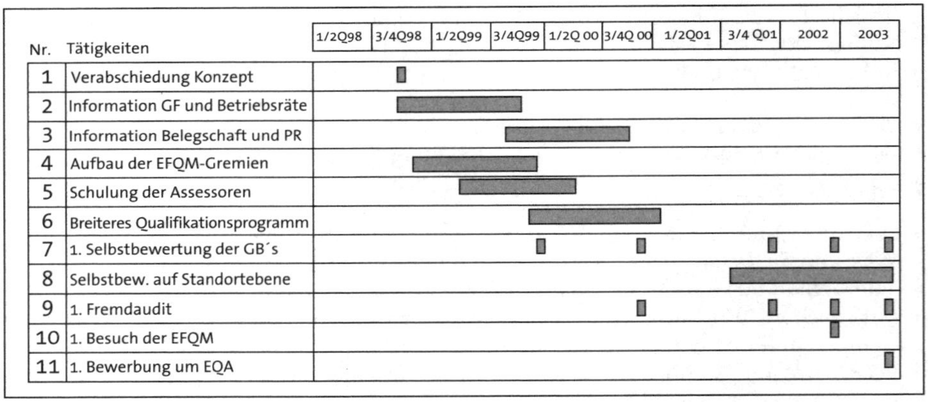

Abb. 10: Gantt-Diagramm

Die Vorteile des Gantt-Diagramms liegen in der Visualisierung und damit der schnellen Erfassbarkeit der zeitlichen Abfolge von Aufgabenbündeln, der Gesamtdauer sowie der Abhängigkeiten von Aufgaben. Die Nachteile liegen in der begrenzten Präsentationsfähigkeit im Fall komplexer Projekte und der daraus resultierenden starken Vereinfachung.

Das Gantt-Diagramm in der hier vorgestellten Form kann noch ergänzt werden um ein Mittel zur visuellen Kontrolle der Fortschritte der einzelnen Aktivitäten und um einen Erledigungsvermerk. Hinter jede Spalte wird ein Quadrat gezeichnet, das je nach Ausfüllungsgrad den Fortschritt bei der Erledigung der einzelnen Aktivität symbolisiert. So ist auf einen schnellen Blick klar, wo noch Handlungsbedarf besteht und wo noch nachgesteuert werden muss.

Dr. Achim Weiand und Dr. Bernd Krewer

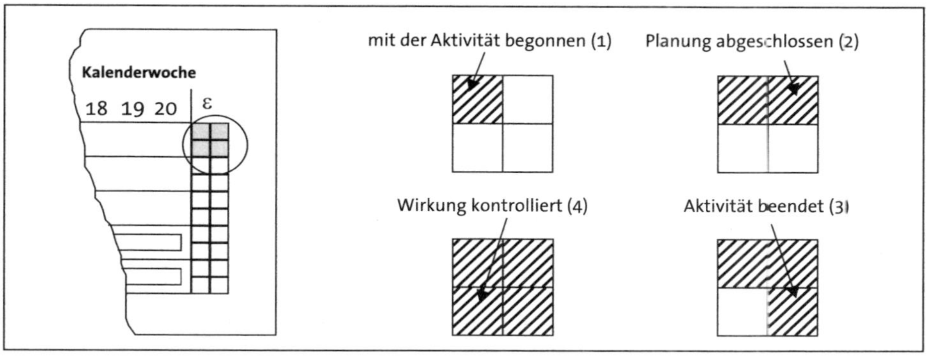

Abb. 11: Gantt-Diagramm mit Erledigungsvermerk

1.4.8 Erfolgskontrolle

Da bei Projekten in der Regel viele unternehmensinterne und -externe Kapazitäten investiert werden, ist die Frage nach dem Erfolg eigentlich selbstverständlich. Der wichtigste Schlüssel zu einer guten **Erfolgskontrolle** liegt in der detaillierten Ausarbeitung des Auftrags gleich zu Beginn des Projekts. Hier werden Zielsetzung, Aufgabenpakete sowie Termine definiert.

Ein Soll-Ist-Vergleich gibt nicht nur am Ende des Projekts eine Auskunft darüber, ob das Projekt erfolgreich war oder nicht. Er eröffnet auch während des laufenden Projekts die Möglichkeit, Abweichungen vom geplanten Projektverlauf rechtzeitig zu erkennen und eine Gegensteuerung vorzunehmen. Voraussetzung sind allerdings eindeutig definierte Messkriterien, die ebenfalls direkt zu Beginn definiert werden. Mögliche Messkriterien sind je nach Projekt und Funktionsbereich sehr unterschiedlich. Ein Projekt zur Effizienzsteigerung in einem Produktionsbetrieb kann beispielsweise als Messgröße die Steigerung des Outputs (Anzahl an produzierten Einheiten) haben. Diese Steigerung ist verhältnismäßig leicht zu erreichen, wenn andere Messgrößen wie beispielsweise Ausschuss und Qualität vernachlässigt werden. Die Beschaffung einer neuen Produktionsanlage ist ebenfalls termingerecht zu erreichen, wenn Kosten oder Qualitätskennziffern nicht berücksichtigt werden. Die Erfolgskontrolle für ein Projekt wird also immer aus einem Bündel von Messgrößen bestehen, die in einem gegenseitigen Bedingungsverhältnis stehen.

1.4.9 Management von Ressourcen

Projekte leben mit der Arbeit und dem Engagement ihrer **Mitarbeiter**. Zum effektiven Umgang mit Ressourcen gehört deshalb das Management der Arbeitskraft und -zeit der Projektmitarbeiter. Eine der ersten Fragen ist die nach der Verteilung von Aufgaben im Team. Ein Hilfsmittel für den Projektleiter sowie die Teammitglieder ist die **Verantwortlichkeitsmatrix**, auf der anfallende Aufgaben sowie deren Verteilung auf die Teammitglieder übersichtlich dargestellt werden. So kann unter anderem verhindert werden, dass ein Teammitglied zu viele Verantwortlichkeiten hat und damit überlastet wird.

	Name 1	Name 2	Name 3	Name 4	Name 5	Name 6	Name 7	Name 8	Name 9
Protokollführung									
Aktualisierung Gantt-Diagramm									
Überwachung der Kosten									
Erstellen Tagesordnung									
Statusberichte									
Angebote einholen									
Lastenheft erstellen									
Maschinenabnahme									
Installation im Werk									
Probeläufe									
Erstellen der Wartungspläne									
Abklären Prüfmittel									
Arbeitspapiere aktualisieren									
xxx									
yyy									
zzz									
Hauptverantwortlicher									
Nebenverantwortlicher									

Abb. 12: Verantwortlichkeitsmatrix

Zur Projektsteuerung gehört ebenfalls das Management der **technischen Mittel**. Grundlage hierfür ist die Auflistung der benötigten Mittel. Diese Liste kann dann mit Daten, die für das spezielle Projekt wichtig sind, ergänzt werden. Solche Angaben sind beispielsweise laufende Kosten, Verfügbarkeit der Anlagen (z. B. für einen Probelauf), Ausfallrisiken und Ähnliches.[6]

Eine der unabdingbaren Aufgaben des Projektleiters ist es, genaue Informationen über die anfallenden **Kosten** des Projekts zu erstellen, damit Kosten und Ertrag in eine Relation gestellt werden können. Einfach erscheint dies bei Projekten, bei denen sich alle Zahlen leicht finden lassen. Wichtig ist jedoch, dass man sich über den Umfang der zu erfassenden Kosten Gedanken macht. Zählen in unserem Beispiel »Beschaffung einer neuen Maschine« (s. auch Abschnitt 1.4.2) beispielsweise ausschließlich die Kosten für die neue Maschine, oder sollen Schulungskosten, Kosten für die Maschinenabnahme und die anfallenden internen Kosten auch erfasst werden? Wenn Kosten an ein anderes Unternehmen oder unternehmensintern weiterbelastet werden, sollten alle anfallenden Kosten erfasst werden. Eine genaue Aufstellung der möglichen Kostenarten kann hier weiterhelfen; Baguely[7] nennt beispielsweise als Oberbegriffe Personalkosten, Materialkosten, Kapitalkosten (z. B. Abschreibungen für verwendete Maschinen und Anlagen), Fremdleistungskosten oder Computerkosten.

Wie bereits ausgeführt, ist das Management von **Informationen** eine der kritischsten Aufgaben des Projektmanagers (s. auch Abschnitt 1.4.4). Zu den Basistechniken gehören regelmäßige Teamsitzungen, bei denen zielgerichtet Informationen ausgetauscht und Lösungsansätze erarbeitet werden. Voraussetzung für ein systematisches Arbeiten ist eine Tagesordnung, die vor Beginn der Sitzung abgestimmt und in der Regel vorher zur Vorbereitung an die Teilnehmer versandt wurde. In der Sitzung wird – soweit noch nicht geschehen – das Protokoll der letzten Sitzung durchgesprochen. Ein neues Protokoll wird erstellt. Als sinnvoll hat es sich erwiesen, nach jedem Tagesordnungspunkt kurz gemeinsam zu resümieren, was im Protokoll festgehalten werden soll.

6 Vgl. hier die umfangreichen Checklisten der Deutschen Gesellschaft für Projektmanagement
7 Vgl. Baguely, 1999, S. 121 ff. oder Projekt Management Institute, 2000

Neue Informationstechniken bieten darüber hinaus auch die Möglichkeit, eine gemeinsam genutzte Datenbank zu erstellen, auf die jedes Teammitglied zugreifen kann. Benutzerkreise können über Passwörter eingeengt werden. Auch Lese- und Schreibrechte können individuell vergeben werden. Voraussetzung für die effektive Nutzung sind beispielsweise ein gemeinsames Ablagesystem, Spielregeln für die Ablage und die fortlaufende Aktualisierung von Daten.

1.4.10 Management internationaler Projekte

Im Zeitalter der Globalisierung kommt der grenzüberschreitenden Projektzusammenarbeit immer größere Bedeutung zu. Zwar lässt sich ein internationales Projekt im Prinzip an den gleichen Managementmaßstäben messen wie nationale Projekte. Die einzelnen Managementschritte stellen jedoch erhebliche zusätzliche Herausforderungen an alle Projektbeteiligten.

Dabei geht es nicht nur um die Schwierigkeit der sprachlichen Verständigung und die Organisation von Kommunikation zwischen allen Projektbeteiligten, sondern insbesondere auch um die kulturell unterschiedlichen Auffassungen von Managementprozessen, Rollen und Zielvorstellungen.

Die besonderen Klippen internationalen Projektmanagements lassen sich im Überblick folgendermaßen zusammenfassen:

- Intensive Projektvorbereitung mit Partneranalyse: Die Kenntnis von Arbeits- und Interessenschwerpunkten der Partner von der Konstituierung einer Projektgruppe wird häufig vernachlässigt, was zu unrealistischen gegenseitigen Erwartungen führt, die sich erst im Projektverlauf offenbaren.
- Kick-Off-Meeting mit speziellem Schwerpunkt auf Arbeitsstandards, gegenseitigen Erwartungen und Zuschreibungen, Organisation der Sprache, Organisation der Kommunikation: Im Startworkshop sollte unbedingt neben den im allgemeinen Leitfaden zum Projektmanagement angegebenen Themen die kulturspezifischen Definitionen von Arbeits- und Kommunikationsformen diskutiert und in eine Definition von gemeinsamen Standards der Projektarbeit überführt werden.
- Virtuelle Kommunikation, Präsenzkommunikation, formelle und informelle Kommunikation, explizite und implizite Kommunikation: Die räumliche und sprachliche Distanz der Projektpartner erfordert eine bewusste Entwicklung und Pflege von spezifischen Kommunikationsregeln für E-Mail, Telefon und Präsenzkommunikation.
- Beziehungsmanagement und Netzwerkaufbau: Die Gestaltung von Arbeitsbeziehungen und Austauschformen zwischen den Projektteammitgliedern und den Projektpartnern im Umfeld des Projektes sollte den kulturspezifischen Varianten von Rollendefinitionen und Erwartungen gerecht werden.
- Projektkoordinatorrolle und Führungsverständnis.

Folgende **Kompetenzkomponenten**, die von erfahrenen Projektmanagern im Rahmen **europäischer Innovations-Technologie-Projekte** erhoben wurden (PROINNO), machen die besonderen Qualifikationsansprüche an Manager internationaler Projekte deutlich:

Soziale Kompetenz	Organisations- und Führungskompetenz
• Flexibilität • Gespür für verschiedene Ansätze • Durchsetzungsvermögen • Andere mitreißen können • Offenheit für Andersdenkende • Kommunikationsfähigkeit in völkerverständigender, schlichtender und keinesfalls willkürlicher Weise • Allgemeine Offenheit gegenüber dem Verhalten anderer • Toleranz • Fähigkeit, sich zurücknehmen zu können • Geduld • Beharrlichkeit • Sinn für Humor • Kritikfähigkeit	• Gute Englischkenntnisse • Zielorientiertheit • Grundsätzliches Interesse an fremden Ländern • Bereitschaft, Zeit in Koordinationsaufgaben zu investieren • Vom eigenen Projekt überzeugt sein und kritische Rückmeldungen akzeptieren • Fähigkeit, Aufgaben zu delegieren • Überzeugungsfähigkeit gegenüber Partnern (ohne großen Druck auszuüben) • Eindeutige Ziele • Fähigkeit, stets gute Beispiele benennen zu können • Sinn für Details • Gleichbehandlung aller Partner • Fähigkeit, unterschiedliche Fertigkeiten zum richtigen Zeitpunkt am richtigen Ort einzusetzen • Fähigkeit, alle Fertigkeiten ins richtige Gleichgewicht zu bringen

Abb. 13: Qualifikationsansprüche an Manager internationaler Projekte

- Doppelte Loyalität und deren Steuerung (Auftragsklärung, Ressourcen-Allokation): Die doppelte Verpflichtung der meisten Projektteammitglieder – einerseits die Bindung an das entsendende Unternehmen und andererseits die Identifikation mit den Projektzielen – führt häufig zu Konflikten im Projektteam.
- Urheber- und Nutzungsrechte: Unterschiedliche Erwartungen und gesetzliche Bestimmungen von Nutzungs- und Urheberrechten sollten möglichst früh in der Projektvorbereitung abgeklärt werden.
- Controllingverantwortlichkeit und -procedere: Controlling im internationalen Feld ist ein besonders heikles Thema, da unterschiedliches Rollenverständnis, unterschiedliche Standards der Kommunikation von Kritik und Lob und unterschiedlicher Einblick in die Prozessorganisation und in die Determinanten des Arbeitsverhaltens ein angemessenes Controlling häufig zu einem diplomatischen Balanceakt werden lassen.
- Transfergestaltung: Da die Ziel- und Anwendungskontexte für die Produkte der internationalen Projekte in der Regel sehr verschieden organisiert sind (z. B. Kundenerwartungen, Qualitätsstandards, soziale Akzeptanz), sollte eine bewusste Gestaltung differenzierter Transferüberlegungen ein wesentlicher Bestandteil des Managements internationaler Projekte darstellen.

Literatur:

Baguley, Ph.: Optimales Projektmanagement, Niedernhausen/Taunus, 1999

Bartsch-Beuerlein, S./Klee, O.: Projektmanagement mit dem Internet, München, Wien, 2001

Boy, J./Dudek, Ch./Kuschel S.: – Projektmangement, Offenbach, 2003

Deutsche Gesellschaft für Projektmanagement: Mit Methode schneller zum Erfolg, Stuttgart, 1998

Project Management Institute: A Guide to the Projekt Management Body of Knowledge (PMBOK® Guide), Pennsylvania, 2000

Dr. Achim Weiand und Dr. Bernd Krewer

1.5 Informationstechnologie im Personalbereich nutzen

Ein in der Personalarbeit nicht mehr wegzudenkender Faktor ist die Informationstechnologie (IT). Genauso wenig, wie wir uns heute einen Supermarkt ohne elektronisches Kassensystem vorstellen können, ist eine Personalabteilung vorstellbar, die die Gehaltszahlungen mit tischgroßen Rechenmaschinen ausrechnet und die Löhne wöchentlich in bar auszahlt.

Die IT hat die Arbeitsorganisationen und -abläufe, den Einsatz und die Tätigkeiten der Menschen revolutioniert. Doch wo beginnt der Einsatz von IT und wo endet er? Welche Prozesse und Aufgaben der Personalarbeit erfordern eine IT-Unterstützung? Welche Aufgaben lassen sich manuell effizienter und effektiver ausführen? Auf welche Weise wird errechnet, ob und unter welchen Bedingungen sich der Einsatz von IT in der Personalarbeit lohnt? Wie wird IT idealerweise ausgesucht und in einem Unternehmen eingeführt? Diese und weitere Fragen zum Thema IT-Anwendungen in der Personalarbeit sollen auf den folgenden Seiten beantwortet werden.

1.5.1 Einsatz von Personal-IT-Systemen

Personal-Informationstechnologie (IT) beginnt mit der Nutzung gängiger Standardanwendungen wie z. B. den Microsoft Office Programmen WinWord, Excel, PowerPoint oder Access und endet bei hochkomplexen Softwarelösungen wie z. B. SAP R/3 HR oder Peoplesoft.

Damit kann jede IT-Unterstützung, die von der Personalabteilung im Rahmen der täglichen Arbeit eingesetzt wird, im weitesten Sinne als »Personal-IT« verstanden werden.

Personal-IT ist aber kein Selbstzweck. IT an sich macht keinen Personalprozess schneller, besser oder kostengünstiger. IT-Systeme können lediglich die Menschen unterstützen, die diese konzipieren, implementieren und nutzen. Dadurch wird mit Hilfe der IT von den Mitarbeitern etwas Neues und Besseres geschaffen.

Eine weitere Voraussetzung für den Erfolg einer IT-Anwendung ist die Einbeziehung der Gewohnheiten und Nutzungsüberlegungen der Benutzer (User). Das IT-System muss sie in ihren Gewohnheiten unterstützen.

Zudem muss ein neues Programm den Mitarbeitern vermittelt werden. Nur wenn dies gelingt, nutzen sie auch die neue Software. Gelingt die Vermittlung nicht, wurde eine wunderschöne, in IT gefasste »Investitionsruine« geschaffen, von der das verantwortliche Projektteam schwärmt. Die Mitarbeiter werden die Aufregung des Projektteams nicht verstehen, den Mehrwert der neuen IT-Anwendung nicht erkennen und ihre alten Arbeitsmittel weiter nutzen.

Schließlich müssen IT-Lösungen wirtschaftlich sein. Wenn sich der Einsatz von IT wirtschaftlich nicht lohnt, sollte auf die Investition verzichten werden.

1.5.1.1 Einsatzmöglichkeiten in den einzelnen Aufgabenbereichen der Personalarbeit

Personal-IT-Systeme können die Personalabteilung in unterschiedlichen Bereichen unterstützen. Am besten lassen sich die Einsatzfelder der Personal-IT am Lebenszyklus eines Mitarbeiters im Unternehmen aufzeigen:

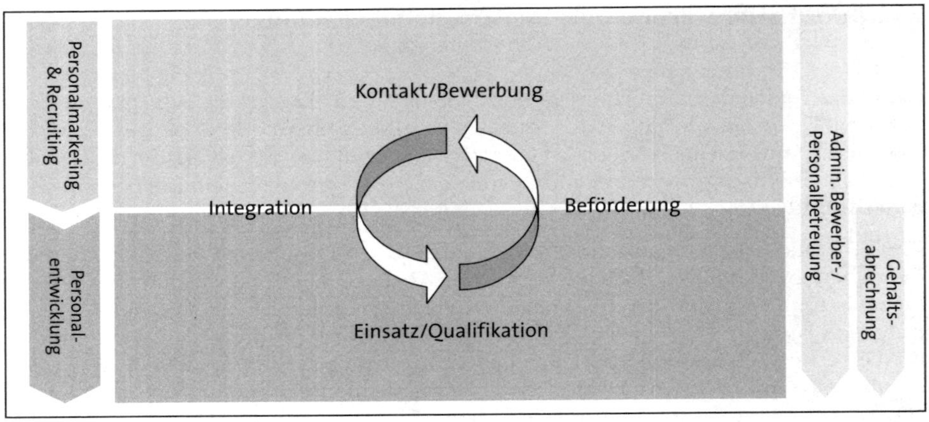

Abb. 1: Lebenszyklus des Mitarbeiters im Unternehmen mit zugehörigen Personalfunktionen

Personalrekrutierung ist heutzutage ohne IT kaum noch denkbar. Zum einen nutzen viele Interessenten im Vorfeld einer Bewerbung den Internetauftritt von Unternehmen, um Informationen über ihren potenziellen Arbeitgeber zu erlangen. Viele Firmen bieten daher ihren virtuellen Besuchern einen »Career»-Bereich, der unter anderem Informationen zu Einsatzmöglichkeiten und Perspektiven im Unternehmen, Stellenanzeigen und Online-Bewerbungsmöglichkeiten enthält. Zum anderen unterstützt IT die Personalarbeit in der Verwaltung und Bearbeitung der eingehenden Bewerbungen.

Die Existenz eines Mitarbeiters in den Personal-IT-Systemen eines Unternehmens beginnt mit dem Eingang seiner Bewerbung. Die Stammdaten des Bewerbers (Name, Vorname, Geburtsdatum, Adresse, Telefonnummer, E-Mail-Adresse etc.) werden erfasst und gespeichert. Im Rahmen der weiteren Bearbeitung der Bewerbung fallen u. a. folgende Aufgaben an:

- Versendung einer Eingangsbestätigung an den Bewerber,
- Versendung eines Zwischenbescheides (nach spätestens zwei bis drei Wochen nach Eingang der Bewerbung),
- telefonische Auskunftserteilung über den aktuellen Stand der Bewerbung,
- Weiterleitung der Bewerbung an die zuständigen Führungskräfte oder an die zuständige Abteilung,
- Einladung des Mitarbeiters zum Vorstellungsgespräch,
- Erstattung der Fahrtkosten,
- Ausfertigung von Zusagen und Absagen,
- Rücksendung der Bewerbungsunterlagen,
- Ausfertigung der Arbeitsverträge,
- Kontrolle der Rücksendung der Verträge.

Ein IT-System kann hier unterstützen durch:

- Standardschreiben, die den Eingang der Bewerbung bestätigen,
- individuelle Zwischenstandschreiben,
- standardisierte Termineinladungen für Bewerbungsgespräche,
- Zu- und Absagen,
- Standardverträge,

- eine Datenbank mit den Bewerberdaten und mit dem jeweiligen Stand der Bewerbung. Sie ermöglicht die Statusauskunft am Telefon und die Nachverfolgung der Bewerbung im Unternehmen.

Für jedes Schreiben wird die Adresse des Bewerbers benötigt. Ein IT-System kann aus der elektronischen Bewerberakte die erforderlichen Daten zusammen mit Standardtexten für jedes Schreiben zur Verfügung stellen.

Manche IT-Systeme ermöglichen darüber hinaus die Veröffentlichung von Stellenanzeigen auf Intranet und Internet-Seiten, die mit den eingestellten Beschreibungen zu Unternehmen, Job- und Anforderungsprofil etc. gespeist werden. Eine weitergehende Funktionalität von Rekrutierungs-IT-Tools ist das automatische Matching von eingehenden Bewerbungen und dem Stellenanforderungsprofil. Auf der Basis dieser automatisierten Prüfung der Bewerbungen auf die Erfüllung definierter Anforderungskriterien, wie z. B. Hochschulabschluss, Berufsausbildung, können Zeit- und Kostenersparnisse realisiert werden.

Wird der Bewerber nach Abschluss des Arbeitsvertrages zum Mitarbeiter, gilt es nun, seinen Arbeitsplatz mit einer gegebenenfalls spezifischen Grundausstattung zu organisieren. In einem integrierten Personal-IT-System wird aus der Bewerberakte eine elektronische Mitarbeiterakte. Die Daten des früheren Bewerbers und jetzigen Mitarbeiters werden innerhalb des IT-Systems übertragen. Der Vorgesetzte muss über den ersten Arbeitstag informiert werden.

Der unterschriebene Arbeitsvertrag, der Sozialversicherungsausweis, die Lohnsteuerkarte sind Unterlagen, die jeder Mitarbeiter vorlegen muss. Letztere sind oft »Pflichtfelder« in dem IT-Tool der Gehaltsabrechnung. Dies führt dazu, dass die Daten des Mitarbeiters in der Gehaltsabrechnung nicht gespeichert werden können, bevor die Lohnsteuer- und Sozialversicherungsdaten vorhanden sind. Auf diese Weise kann ein IT-Programm die Vollständigkeit und Qualität der Daten sicherstellen, die für eine gesetzeskonforme Abrechnung notwendig sind.

IT-Systeme unterstützen die administrative Betreuung (Veränderungen des Arbeitsvertrages, Gehaltsveränderungen, Bonuszahlungen, Ausstellung von Bescheinigungen etc.) des Mitarbeiters.

Die **Gehaltsabrechnung** ist in Deutschland eine sehr komplexe Aufgabe. IT-Systeme, die diesen Vorgang unterstützen, müssen in regelmäßigen Abständen an die veränderten Regelungen und Gesetzte des Steuerrechts und der Sozialgesetzgebung angepasst werden. Ergänzende Aspekte für die Abrechnung stammen aus dem Arbeitsvertrag und den gegebenenfalls geschlossenen Betriebsvereinbarungen und Tarifverträgen.

Für jeden Gehaltsabrechnungslauf müssen die Daten des Mitarbeiters aktuell sein. Wenn Urlaubsdaten und Arbeitszeiten in einem mit der Gehaltsabrechnung integrierten System gepflegt sind, kann die Anwendung auf diese Daten zurückgreifen. Diesen Prozess kann ein **Zeiterfassungssystem** unterstützen. Mit einer Magnetkarte werden Beginn und Ende eines Arbeitstages erfasst. Das System bucht die »Kommen-und-Gehen»-Daten und zeigt dem Mitarbeiter den Arbeitszeitkontostand an. Vielfach werden in diesem System auch die genommenen und noch vorhandenen Urlaubstage gepflegt.

Betriebsdatenerfassungssysteme können Zeiterfassungssysteme ergänzen oder ersetzen. So werden in einem Betriebsdatensystem die Betriebsdaten, die Akkordlohnzahlen sowie die Arbeitszeitdaten aufgenommen. Sofern dieses System das Zeiterfassungssystem ergänzt, werden außer den Akkordzahlen solche Daten erfasst, die für den Ablauf der Produktion bzw. der Dienstleistungserstellung wichtig sind. Auf diese Art erfasste Arbeitsstunden können die Grundlage für die Rechnungsstellung an den Kunden sein.

In der industriellen Produktion werden über ein Betriebsdatensystem die verschiedenen Produktionsabläufe und deren Ergebnisse erfasst und Vorprodukte, Teile oder Arbeitsmittel bestellt. Zusammen mit einem Produktionsplanungs- und Steuerungssystem bildet ein Betriebsdatensystem oftmals die IT-Unterstützung für die Planung, Steuerung und Kontrolle von Produktionsabläufen.

Ein weiteres Einsatzfeld der Abrechnung und Geldauszahlung ist die **Erstattung von Reisekosten**. Entsprechend den Unternehmensregelungen müssen die Reiseausgaben eines Mitarbeiters geprüft, berechnet und erstattet werden. Eventuell anfallende lohnsteuerpflichtige Vorteile sind zu bewerten und zu versteuern.

Der Prozess der Reisebeantragung, -genehmigung, -buchung und -abrechnung lässt sich heute ebenfalls durch IT-Anwendungen unterstützen. Mittels einem so genannten **Employee-Self-Service** (ESS), einer Intranet basierten Oberfläche, kann jeder Mitarbeiter eine Reisegenehmigung beantragen. Die Genehmigung der Reise wird wiederum in einem **Manager-Self-Service** (MSS) durch eine elektronische Unterschrift abgewickelt.

Die Abrechnung selbst erstellt der Mitarbeiter nach der Reise auf Basis der bereits eingegebenen Daten. Er sendet die elektronische Reisekostenabrechnung ab und leitet Tickets, Quittungen und sonstigen Unterlagen an die zuständige Reisekostenstelle weiter. Das IT-Tool prüft nun automatisch die Reiseangaben des Mitarbeiters.

Vielfach unterstützen ESS- und MSS-Lösungen die Personalsuche und -auswahl, die Buchung von Arbeitszeiten sowie die Beantragung und Genehmigung von Urlaub und Mehrarbeitszeiten einschließlich der jeweiligen Zustimmung des Betriebsrats. Der Mitarbeiter kann darüber hinaus seine Stammdaten wie Adresse und Kontoverbindung mittels der ESS-Oberfläche selbstständig aktualisieren. Durch diese Verlagerung der Datenaktualisierung an die Informationseigner wird die Personalabteilung entlastet.

Die Bearbeitung von Reise- und Urlaubsgenehmigungen, die Verwaltung von Kostenabrechungen etc. erfordern die Zuordnung der Mitarbeiter zu einer Organisationseinheit, einer Kostenstelle und einem Vorgesetzten. Dies geschieht im **Organisationsmanagement**. Integrierte HR(Human-Resource)-IT-Lösungen bieten ein Modul bzw. eine Teilanwendung, die diesen Teil der innerbetrieblichen Verwaltung spiegelt. Über solche Tools lassen sich Organigramme abbilden, pflegen und den Unternehmens-IT-Systemen für Genehmigungs-Workflows zur Verfügung stellen.

Die Stellenplanung ist die Grundlage für die **Personalplanung** eines Unternehmens. Bedarf und vorhandene Mitarbeiter werden für einen Zeitraum von ein bis zwei Jahren erfasst und gegenübergestellt. In der Regel wird allein die Arbeitskapazität, d. h. das so genannte Vollzeitäquivalent geplant. Damit wird zwar die Frage beantwortet, wie viele Mitarbeiter mit welcher wöchentlichen Arbeitszeit benötigt werden. Eine qualitative Personalplanung, welche die notwendigen Fähigkeiten von Mitarbeitern berücksichtigt, ist damit jedoch nicht abgebildet.

Für beide Felder der Personalplanung gibt es IT-Anwendungen. Die qualitative Personalplanung steckt jedoch noch in den Kinderschuhen, da es eine sehr aufwendige Aufgabe ist, die dafür notwendige Grundlage zu schaffen. Dies würde nämlich eine unternehmensweite Definition von Fähigkeiten und Fertigkeiten sowie eine entsprechende Einschätzung aller Mitarbeiter und aller Planstellen voraussetzen (siehe unten Skill-Datenbank).

Die qualitative Personalplanung ist in einer solchen proaktiven Nutzung auch Grundlage einer zielgerichteten **Personalentwicklung**.

Christian Wiener

Zur Unterstützung der **Personalentwicklung** von Mitarbeitern und Führungskräften wurden ebenfalls IT-Systeme entwickelt. Einerseits werden die angebotenen Trainingsmaßnahmen so aufbereitet, dass ein müheloses Buchen durch die Mitarbeiter ermöglicht wird. Andererseits erfolgt auch die Abrechnung der Schulungskosten über dieses System.

Ein neuerer Ansatz, so genannte **Learning-Management-Systeme** (LMS), verknüpfen die Funktionalität des Trainingskatalogs mit der Verrechnung der Schulungen sowie mit dem Bereitstellen von E-Learning-Inhalten. Diese Systeme haben darüber hinaus eine Verbindung mit einer Skill-Datenbank. Auf der Grundlage einer unternehmensweiten Definition von Fähigkeiten und Fertigkeiten wird für jeden Mitarbeiter ein Skillprofil erhoben. Durch eine Gegenüberstellung der aktuellen und zukünftig notwendigen Fähigkeiten eines Mitarbeiters kann genau bestimmt werden, welche Qualifizierungsmaßnahmen der Mitarbeiter braucht, um den zukünftigen Anforderungen gerecht zu werden. Infolge des aufwendigen Prozesses und des Einsatzes von komplexen IT-Anwendungen ist genau zu prüfen, ob sich die hohe Investition tatsächlich rentiert.

Ein weiterer Inhalt von Personalentwicklungs-IT-Tools, wie LMS, sind Trainingskataloge. Mit ihrer Hilfe können Mitarbeiter Weiterbildungsmaßnahmen aussuchen und buchen. Trainingskataloge enthalten heute neben Präsenzveranstaltungen auch E-Learning-Kurse. Teilnehmer können über ein LMS solche Kurse buchen und immer dann abrufen, wenn das Lernen in ihrem Arbeitsalltag möglich ist.

Der **Einsatz von Mitarbeitern** lässt sich elektronisch auf vielfältige Weise unterstützen. Hierzu gehören die Erstellung von Arbeitsplänen und Arbeitsschichten sowie die innerbetriebliche Jobbörse. Die Mitarbeiter haben hier die Gelegenheit, sich auf freie Stellen »online« zu bewerben.

Die oben dargestellten Workflows und IT-Prozessunterstützung von Personalprozessen werden in der Einführungsphase von Personal-IT-Systemen vielfach von sog. Prozessmodellierungstools unterstützt. Anwendungen dieser Art, wie z. B. Visio oder Aris, erlauben es, die Schritte eines Prozesses in zeitlicher Folge abzubilden. Verantwortlichkeiten für die einzelnen Prozessschritte werden definiert und in dem IT-Tool hinterlegt sowie die Rollen der Beteiligten dokumentiert. Den Prozessschritten können weiterhin die erforderlichen Arbeitsmittel und Informationen sowie Eskalationsmechanismen zugeordnet werden. Diese Modellierung kann später als Grundlage für eine IT-Programmierung oder eine Prozessdokumentation im Intranet bzw. einem Handbuch genutzt werden.

1.5.1.2 Einbindung der Personal-IT in die Unternehmens-IT

Personal-IT-Systeme sind keine Insel im Unternehmen. Alle Unternehmensbereiche, die für die Abläufe und Prozesse des Betriebes, für das »Funktionieren der Organisation« zuständig sind, brauchen in der einen oder anderen Weise Personaldaten. So sind Personal-IT-Systeme oft mit IT-Systemen aus den Bereichen Organisation, Facility-Management, Unternehmensplanung, Produktionsplanung, Fertigungssteuerung, Mitarbeiterkommunikation, IT sowie diversen Auswertungssystemen verknüpft.

Auch das **interne und externe Rechnungswesen** hat ein hohes Interesse an Personaldaten. Das interne Rechnungswesen beschäftigt sich mit der Transformation der beschafften Güter in die von dem Unternehmen hergestellten Produkte oder Dienstleistungen. Das externe Rechnungswesen ist einerseits für die Beschaffung und den Einsatz von Finanzmitteln und Investitionen und andererseits für die Verrechnung der verkauften Dienstleistungen bzw. Produkte und der beschafften Finanzmittel zuständig.

Für die interne Kosten- und Leistungsverrechnung braucht das Rechnungswesen die entstandenen personellen Aufwände genauso wie den angefallenen Verbrauch der anderen Ressourcen (z. B. Rohstoffe, Elektrizität, Raummiete, IT-Kosten). Nur auf dieser Basis lassen sich die internen Leistungsprozesse abnehmerspezifisch verrechnen und ein wirksames Prozesskosten-Controlling aufsetzen.

Das externe Rechnungswesen benötigt diese Daten wiederum für die Fakturierung von Leistungen gegenüber Kunden. Auf dieser Basis lässt sich ein Produktlebenszyklus-Controlling aufbauen. Es erlaubt die Beantwortung der Frage, wie viele Investitionen und Kosten in die Entwicklung und Produktion eines Produkts geflossen sind und welche Einnahmen diesen gegenüberstehen.

Für die **Gebäudezugangsberechtigung oder -kontrolle** muss das IT-System zwischen Mitarbeitern oder Externen mit oder ohne Zutrittsberechtigung unterscheiden können. Diese Zuordnung wird zumeist über das Organisationsmanagement vorgenommen (s. Abschnitt 1.5.1.1). Wenn alle Zutrittssysteme mit der IT-Anwendung verbunden sind, ist die Gewährung oder Sperrung des Zugangs innerhalb von Minuten umsetzbar. Dies ist besonders für sensible Unternehmensbereiche wichtig.

Workflowsysteme automatisieren oder unterstützen Arbeitsabläufe. Sie dienen der elektronischen Abbildung von Arbeitsflüssen. So leitet ein Workflowsystem nach festdefinierten Regeln und Voraussetzungen Informationen an die jeweils nächste technische oder menschliche Bearbeitungsstation weiter und verfolgt den Arbeitsfluss.

In der Rekrutierung kann ein solcher Workflow durch den Eingang einer Bewerbung ausgelöst werden. Ein Workflowsystem unterstützt hierbei durch die Abbildung so genannter »Bearbeitungsregeln«, die Weiterleitung der jeweiligen Teilprozessergebnisse an die nächste Bearbeitungsstation und das Monitoring der Aktivitäten. Für jeden Arbeitsschritt werden Auslöser, benötigte Informationen, verantwortliche Bearbeiter, Bearbeitungszeit sowie das Bearbeitungsergebnis und dessen weitere Verwendung definiert.

Ein Workflowsystem kann Aufträge auch an andere IT-Systeme zu einer automatischen Bearbeitung weiterleiten. Inwieweit von einem Workflowsystem darüber hinaus auch die automatisierte Bearbeitung einzelner Prozessschritte als integrierte Funktionalität angeboten wird, ist von Hersteller zu Hersteller verschieden.

Weitere Beispiele für Einsatzmöglichkeiten eines Workflowsystems sind:

- innerbetriebliche Genehmigungen (z. B. Urlaubsantrag),
- die Bearbeitung von eingegangenen Rechnungen,
- die Zusammenstellung und Bestellung von Firmenfahrzeugen,
- die Annahme und Weiterverarbeitung von Aufträgen.

Um diese Aufgaben auszuführen, benötigen Workflowsysteme u. a. Daten aus dem Organisationsmanagement und der Personal-IT. Nur so kann die eingegangene Rechnung dem zeichnungsberechtigten Mitarbeiter oder der Urlaubsantrag dem zuständigen Vorgesetzten zugeordnet und zugesandt werden.

Weitere IT-Systeme, für die Personaldaten zur Zugriffsgewährung und Useradministration benötigt werden, sind:

- Groupwaresysteme,
- E-Mail-Systeme,
- Terminplanung.

Interne **E-Mail-Systeme**, der Austausch von Terminen und die elektronische Abfrage von Terminmöglichkeiten sind in größeren Unternehmen mit einer Vielzahl von Büroarbeitsplätzen bereits nicht mehr aus dem Alltag wegzudenken. Die Möglichkeit, in einem **Groupware-System** für frei definierbare Mitarbeitergruppen (z. B. für ein Projektteam) einen geschützten Raum einzurichten, auf den nur die Projektmitglieder Zugriff haben, erleichtert und beschleunigt die büro- und stadtübergreifende sowie die internationale Zusammenarbeit. In diesen »Teamrooms« können nur Projektmitglieder auf Daten zugreifen, sich austauschen und aktuelle Projektergebnisse einstellen und pflegen.

Mit **Projektmanagementsystemen** (z. B. Microsoft Project) steuert und verwaltet die Projektleitung das Projekt. Es kann zeitnah überprüft werden, ob das Projekt planmäßig verläuft.

Die Daten der Projektteammitglieder können per Hand eingepflegt werden. In der Regel ist das Projektmanagementsystem jedoch in die Unternehmens-IT eingebunden. Daten aus dem Unternehmens-Adressbuch können dann übernommen werden. Dieses kombiniert die Daten aus dem Organisationsmanagement mit Namen und Kontaktdaten der Mitarbeiter.

Eine weitere Verknüpfung der Projektmanagementsysteme erfolgt mit dem **Rechnungswesen**, das nach erbrachtem Aufwand die Rechnungen an den Kunden verfasst und deren Eingang kontrolliert.

Schließlich sind **Gebäudemanagementsysteme bzw. Facility-Management-Systeme** zu nennen, die auf der Basis von Daten aus dem Organisationsmanagement und der Personal-IT die wirtschaftliche Nutzung von Unternehmensgebäuden und Produktionseinrichtungen unterstützen.

1.5.2 IT-Unterstützung und Informationssysteme im Personalmanagement

Die Funktion »Personal« ist kein Selbstzweck. Eine kurze und prägnante Zielbeschreibung lautet: »Die Aufgabe von Personal ist es, die richtigen Menschen mit der optimalen Qualifizierung zum richtigen Zeitpunkt am richtigen Ort zum richtigen Preis zur Verfügung zu stellen und dies mit äußerster wirtschaftlicher Effektivität und Effizienz.«

IT-Tools, die für das Controlling dieser Aufgaben genutzt werden, sind:

- Personalinformationssysteme und
- Business-Data-Warehouses.

Beide Systeme sind Auswertungstools für Mitarbeiterdaten. Während Personalinformationssysteme überwiegend Daten aus Personal-IT-Systemen umfassen, können Business-Data-Warehouses völlig frei konfiguriert werden. Dies hat zur Folge, dass das Datenmodell alle Arten von Daten und Datenquellen enthalten kann. Neben Personaldaten können so auch Daten aus allen anderen Unternehmensbereichen und IT-Systemen in ein Business-Data-Warehouse importiert und mit diesem ausgewertet werden.

Für ein umfassendes zukunftsgerichtetes HR-Controlling gilt es neben den quantitativen Personalzahlen auch Daten über die Effizienz und Effektivität der Personalarbeit zu gewinnen.

Doch die Realität in den meisten Unternehmen unterscheidet sich oft von diesem Ziel. Personal-IT-Systeme bilden zudem nur die vorhandenen Mitarbeiter und ihre Arbeitszeit ab, also den Status quo. Sie beantworten die Fragen der quantitativen Personalplanung. Erst eine qualitative Personalplanung kann aber die Kriterien »richtige Qualifikation« und »weiterer interner Personaleinsatz« beantworten. Zukunftsaussagen über notwendige Skill-Bedarfe und die Kosten, die für deren rechtzeitige Bereitstellung entstehen, können Personalbereiche auf dieser Datengrundlage nicht wirklich treffen. Daten zur Effektivität und Effizienz der Personalarbeit werden oft nur im Rahmen von Prozess-Reorganisationsprojekten erhoben. Im Alltag spielen diese Daten meist keine Rolle.

Kosten (wie externe und interne Kosten, Kosten für Anzeigen und Reisekosten für Bewerber etc.) hingegen werden von allen Personalabteilungen erfasst. Eine konkrete Zuordnung der entstandenen Kosten zu einer bestimmten Tätigkeit oder einem Personal-Produkt oder einem Personalprozess kann nur von wenigen Unternehmen vorgenommen werden.

Eine umfassende und nutzbringende Unterstützung des HR-Managements ist jedoch nur dann möglich, wenn IT-Anwendungen mit den notwendigen Daten versorgt werden.

1.5.3 Auswahl und Implementierung von IT-Systemen

1.5.3.1 Phasen der Auswahl und Implementierung eines IT-Systems

In der Praxis haben Unternehmen vielfach Schwierigkeiten, das für sie geeignete IT-System zu finden bzw. dieses ohne Schwierigkeiten zu »implementieren«. Im Folgenden wird eine idealtypische Vorgehensweise dargestellt, die den Auswahl- und Implementierungsprozess ohne die Hürden des Alltags schildert.

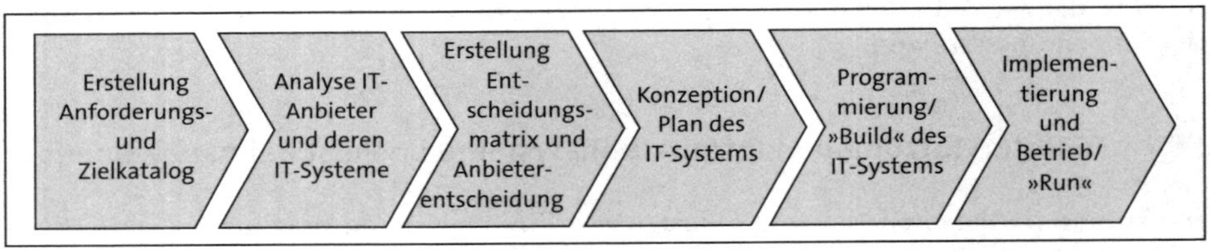

Abb. 2: Auswahl und Implementierung von HR-IT-Systemen

Erstellung eines Anforderungs- und Zielkatalogs

Die Erstellung eines Anforderungs- und Zielkatalogs erfordert zunächst die Klärung der Anforderungen und Zielsetzungen, die an das Personal-IT-System gestellt werden:

- Wo liegen die Einsatzfelder des IT-Systems?
- Wer wird das Personal-IT-System nutzen?
- Was sind die Ziele des Einsatzes eines Personal-IT-Systems (z. B. Kosteneinsparung, Optimierung der Personalprozesse, Qualitätssteigerung, Verbesserung der Personalservices etc.)?

In einem weiteren Schritt ist eine Ist-Analyse der bestehenden IT-Landschaft im Unternehmen und im Personalbereich vorzunehmen. Weiterhin sind zu definieren:

- die notwendigen Schnittstellen des neuen Personal-IT-Systems zu Unternehmens-IT-Systemen und deren Verwendungszweck sowie
- die Übernahme bestehender Personaldaten aus Altsystemen (Datenmigration).

Darüber hinaus ist zu klären, welche IT-Systeme heute im Unternehmen und im Personalbereich angewendet werden. Wird z. B. bereits SAP im ganzen Unternehmen oder gegebenenfalls im Konzernumfeld eingesetzt, ist zu überlegen, welchen Mehraufwand und welche Kosten die Einbindung eines Nicht-SAP-Systems in die Unternehmens-IT bedeutet.

Analyse der IT-Anbieter und deren IT-Systeme

In dieser Phase der Implementierung ist zu klären:

- inwieweit die IT-Systeme unterschiedlicher Anbieter die im ersten Schritt definierten Anforderungen abdecken,
- welche zukünftigen Veränderungen und Erweiterungen vom Hersteller realisiert werden und
- inwieweit die Zukunftssicherheit der Anbieter, der IT-Systeme sowie der Technologie, auf der die IT-Systeme basieren, gewährleistet ist. Wird die IT-Lösung den gesetzlichen Veränderungen entsprechend weiterentwickelt? Erleichtert die dem IT-System zugrundeliegende Technologie die zukünftige Softwareentwicklung?

In einer Vorselektion wird nun eine Anbieter-Shortlist erstellt. Diese besteht aus zwei bis drei Anbietern, die die Anforderungen am besten erfüllen und die eine hohe Zukunftssicherheit aufweisen. Diese werden aufgefordert, ein Angebot für die Einführung ihres IT-Systems entsprechend den definierten Anforderungen zu erstellen. Je allgemeiner und unverbindlicher die Anforderungen des Unternehmens sind und je ungenauer seine Ausgangslage beschrieben ist, desto unverbindlicher ist auch das Angebot des IT-Anbieters. Deshalb lohnt es sich für das beauftragende Unternehmen, diese Phase sehr gut und detailliert vorzubereiten und gegebenenfalls mit einem hohen Aufwand durchzuführen. Nur durch eine umfassende Information und Steuerung erhält das Unternehmen vergleichbare Angebote sowie detaillierte und nachvollziehbare Kostenaussagen für die Konzeption, Implementierung und den Betrieb der IT-Anwendung.

Auf der Basis der vorliegenden Angebote werden Business-Cases für die ausgesuchten IT-Systeme erstellt. Das Unternehmen errechnet, welche potenziellen Einsparungen sich durch den Einsatz der jeweiligen IT-Anwendung ergeben. Diesen Angaben werden die Ausgaben für die Konzeption, Implementierung und den Betrieb des neuen IT-Systems gegenübergestellt. Als generelle Faustregel gilt, dass die Investition in IT sich innerhalb von drei Jahren amortisieren sollte.

Erstellung einer Entscheidungsmatrix und Anbieterentscheidung

Auf der Grundlage aller bisher vorliegender Informationen und einer Bewertung der IT-Anbieter im Angebotsprozess (Qualität der Zusammenarbeit, Zuverlässigkeit, Vertrauenswürdigkeit etc.) wird eine Entscheidungsmatrix erstellt.

Es wird bewertet, inwieweit die IT-Anbieter die Auswahlkriterien des Unternehmens erfüllen. Der Erfüllungsgrad wird pro Kriterium mit mit einer Skala von 0 bis 6 bewertet. Dabei bedeutet 0, dass das Kriterium gar nicht erfüllt wird und 6, dass das Kriterium vollständig erfüllt wird. Weiterhin wird jedes Kriterium entsprechend den Anforderungen des Unternehmens gewichtet und priorisiert.

Anforderungen	Gew.	Prio.	SAP R/3 HR	Peoplesoft
Internationalität	5	2	5	5
Zukunftssicherheit	5	2	5	5
Personalplanung	5	3	3	3
Kundenorientierung	5	1	5	5
Flexibilität und Veränderbarkeit	5	1	3	5
Bedienerfreundlich und ind. Userinterface möglich	3	1	3	5
Prozessautomatisierung	3	1	5	5
Gehaltsabrechnung	5	1	5	3
Reisekostenabrechnung	5	3	5	3
Zeitwirtschaft	5	1	5	3
ESS und MSS	5	1	5	5
Personalentwicklung	5	2	3	5
Rekrutierung	5	1	5	5
Datensicherheit und Zugriffsschutz	5	2	5	5
	Gesamtbewertung			

Abb. 3: Entscheidungsmatrix

Konzeption und Plan des IT-Systems

In dieser Phase wird das einzuführende IT-System sehr detailliert geplant und inseinem Zielzustand beschrieben. In einem sog. Lasten- oder Pflichtenheft wird definiert:

- welche Anforderungen das System im operativen Betrieb zu erfüllen hat,
- über welche Funktionalitäten das System verfügt,
- welche Prozesse wie vom System unterstützt werden,
- wie Reaktionszeiten und Verfügbarkeiten des Systems ausgestaltet sein sollen (Service-Level-Agreement),
- in welchen Projektschritten das System welche Ergebnisse liefert,
- wann das Projekt beendet ist und
- welche Kosten das System bis zu welchen Schritten verursacht.

In einem Vertrag zur Einführung des IT-Systems werden Rechte und Pflichten sowie die Haftung von IT-Anbieter und Auftraggeber definiert und vereinbart. Das Pflichtenheft bildet idealerweise den Anhang für den Implementierungsauftrag.

Die Konzeption als solche ist ein eher iterativer Prozess. Nach der Aufnahme der Ist-Prozesse werden die zukünftigen Soll-Prozesse definiert. Dies geschieht in einem fortwährenden Abgleich zwischen wünschenswertem Idealprozess und den Möglichkeiten des IT-Systems.

Programmierung und »Build« des IT-Systems

In der Build-Phase wird das IT-System entsprechend der definierten Merkmale im Pflichtenheft programmiert. Da »der Teufel im Detail steckt«, sind in dieser Zeit sehr viele Fragen zu klären, die entstehen, wenn ein beschriebener Prozess in feste IT-Regeln bzw. programmierte Abläufe umgesetzt wird. Nicht jeder Programmierer kennt die gesamte Vorgeschichte des Projekts und alle Überlegungen, die in der Konzeption von Soll-Prozessen angestellt wurden.

An dieser Stelle sollte das Unternehmen den Entstehungsprozess der IT-Anwendung sehr aktiv steuern und unterstützen. Besonderes Augenmerk gilt es auf die Gestaltung der Details und der Benutzeroberfläche zu legen. Diese sollten unbedingt im Hinblick auf die späteren Benutzer und im Zusammenhang mit deren Tätigkeiten und Arbeitsabläufen konstruiert werden. In diesem Designprozess aufkommende Fragen sind schnell und konstruktiv zu klären. Andernfalls können hieraus Probleme entstehen, die den Projektverlauf bremsen und zusätzliche Kosten verursachen.

Implementierung und Betrieb – »Run«

Die zukünftigen Benutzer sind über die IT-Anwendung frühzeitig zu informieren. In der Praxis hat sich vielfach bewährt, die betroffenen Mitarbeiter bereits in die Planung und Konzeption des IT-Systems einzubinden. Dieses Vorgehen führt oftmals dazu, dass die User einen positiven und aktiven Umgang mit dem Projekt und dem IT-System entwickeln.

Kurz vor der Implementierung werden die Nutzer in dem neuen IT-System geschult. Sie können sich nun selbst von dessen Vorteilen überzeugen. Kein Mitarbeiter wird ein IT-System verwenden, wenn er dadurch nur Mehrarbeit und keine Erleichterung zu erwarten hat. Mitarbeiter, die umfassend über eine IT-Anwendung informiert und in den Entstehungsprozess einbezogen werden, sind in der holperigen Anfangsphase einer IT-Anwendung eher bereit, Fehler zu verzeihen, als Mitarbeiter, die heute erfahren, dass sie morgen einen neuen PC mit einer neuen IT-Anwendung erhalten.

Es gibt nur sehr wenige IT-Anwendungen, die von Beginn an perfekt sind. Die große Mehrzahl der neu eingeführten IT-Anwendungen erlebt erst im »Härtetest Alltag« alle Anwendungsmöglichkeiten und -fehler. Um diese zu finden und auszuräumen, ist das Projektteam auf die Mithilfe und die Geduld der Benutzer angewiesen. Ein IT-System, das nach großer Ankündigung und langen Vorbereitungen nicht läuft, findet viele Spötter und wenig Helfer. Gerade die Anfangsphase der Einführung ist jedoch für die Akzeptanz und Annahme der neuen Anwendung überaus entscheidend. Kredit, Glaubwürdigkeit und Verlässlichkeit, die am Anfang verspielt wurden, lassen sich nur sehr schwer wieder herstellen.

Die zweite große Aufgabe dieser Phase ist es, das IT-System in die bestehende IT-Landschaft einzufügen. Die Schnittstellen zu anderen Systemen müssen fehlerfrei arbeiten. Das Unternehmensnetz darf durch das neue IT-System nicht überbeansprucht werden, so dass Zugriffe auf andere Anwendungen langsamer werden bzw. nicht funktionieren.

Ein Monitoring des zu Beginn des Projekts erstellten Business-Case sollte in jeder Projektphase genauso erfolgen wie das kontinuierliche Projekt-Controlling.

In jedem Projekt wird es in den Phasen Build und Run »Aha-Augenblicke« geben, in denen das Projektteam lernt, dass es zu Beginn nicht alle Anwendungsfälle durchgespielt hat. In solch einer Situation ist die Verlockung für Erweiterungen oder Anpassungen groß. Die Summe aller kleinen Veränderungen und Erweiterungen kann jedoch die Kosten explodieren lassen und das Gesamtprojekt dadurch gefährden. Denn jede Zusatzaufgabe bedeutet in der Regel ungeplanten, zusätzlichen Arbeits- und Kostenaufwand. Hier gilt es, die Faustformel zu beachten: Lieber ein kleines und überschaubares IT-System zu Beginn konzipieren, programmieren und zu implementieren und dies in der Folge Stück für Stück, Release für Release, auszubauen. So bleibt das Projekt steuerbar und im Kostenrahmen.

1.5.3.2 Übersicht der Anbieter von Personal-IT-Systemen

Der Markt der Anbieter von Personal-IT-Systemen lässt sich grob in drei Gruppen einteilen:

- Anbieter von **Enterprise-Resource-Planing** (ERP) Systemen wie SAP und Oracle für Unternehmen aller Größenordungen. Während die Oracle ERP-Lösung nicht in allen Märkten der Welt vertreten ist, sind SAP und die von Oracle gekaufte ERP-Lösung Peoplesoft global vertreten. Das Angebot umfasst komplexe integrierte IT-Systeme zur Steuerung und Unterstützung aller Unternehmensbereiche. Darüber hinaus gibt es eine Reihe von Unternehmen die ERP-Lösungen für kleine und mittelständische Unternehmen anbieten. Beispiele aus dem deutschen Markt sind hier: Microsoft/Navision, SSA Baan, Proalpha, Bräurer; Infor, Psipenta etc..
- Anbieter von **Spezialanwendungen**. Sie offerieren IT-Anwendungen für Teilgebiete der Personalarbeit. Hierunter fallen die Hersteller, die auf Portalsoftware oder ESS- und MSS-Anwendungen spezialisiert sind. Oft haben diese Anbieter (z B. Siebel) ihre IT-Produkte ursprünglich für andere Anwendungsgebiete wie beispielsweise den Vertrieb entworfen. In der weiteren Entwicklung wurden diese IT-Systeme dann um Funktionalitäten erweitert, die nun auch Personalaufgaben unterstützen.
- Die Gruppe der Anbieter, die mit den **typischen Personal-IT-Anwendungen** (Abrechnung, Zeitwirtschaft) begonnen haben und ihr Produkt sukzessive um neue Komponenten (ESS, Trainingskatalog, etc.) erweitert haben. Angeboten werden hier überwiegend spezifische Personal-IT-Anwendungen. Die Hersteller sind entweder global vertreten wie ADP oder beschränken sich auf eine geographische Region, so z. B. die Firmen Loga und P&I, die eher im europäischen Raum aktiv sind.

Diese Firmen treffen auf einen sehr heterogenen Nachfragemarkt. Die deutlichsten Unterscheidungen im Einsatz von IT lassen sich an der Unternehmensgröße festmachen. Komplexe und teure IT-Systeme wie Peoplesoft und SAP lohnen sich eher für große Unternehmen. Kleinere Unternehmen dagegen nutzen entweder ein gemietetes IT-System oder die Software von Anbietern, die sich auf kleinere und mittlere Unternehmen spezialisiert haben.

Unternehmen mit bis zu 5000 Mitarbeitern benutzen oft Unternehmens-IT-Systeme auf Application-Service-Provisioning (ASP)-Basis oder eine Installation von Unternehmens-IT-Systemen (z. B. Microsoft Navition). Im ersten Fall mietet das Unternehmen quasi ein IT-System bei einem Anbieter. Es erhält damit den Zugang zu einer IT-Lösung, ohne diese selbst installieren, einzuführen und betreiben zu müssen. Dafür sind allerdings auch keine großen Veränderungen an dem zur Verfügung gestellten IT-System möglich. Der Application-Service-Provider betreibt und wartet das IT-System, bezahlt die Lizenzen und garantiert die Nutzbarkeit und Erreichbarkeit des IT-Systems. Dem Unternehmen werden hierfür in der Regel monatliche Gebühren in Rechnung gestellt. Als Beispiele für Anbieter von ASP-Systemen der Personalarbeit sind Datev und ADP zu nennen.

Unternehmen dieser Größe nutzen zumeist nur die Abrechnungsfunktionalitäten von komplexen Personal-IT-Systemen eines ASP-Anbieters, oder aber sie haben die Gehaltsabrechnung vollständig an ein Dienstleister ausgegliedert. Für sehr wenige Unternehmen dieser Größenordung lohnt sich der Aufbau eines umfassenden integrierten HR-IT-Systems mit ESS- und MSS-Funktionalitäten.

Im Falle der Installation von IT-Systemen wie Microsoft Navition implementiert, installiert und betreibt das Unternehmen das IT-System selbst. Der Vorteil hierbei ist, dass ein solches IT-System relativ schnell einsetzbar ist und den Anforderungen der eher generalistischen Arbeitsabläufe von kleineren Unternehmen gerecht wird.

Unternehmen mit über 10000 Mitarbeitern setzen in überwiegender Anzahl komplexe Unternehmens-HR-IT-Systeme (z. B. SAP) in einer eigenen Installation ein. Das Personal-IT-System ist Teil dieser Anwendung und mit den anderen IT-Systemen verbunden. Für

Unternehmen dieser Größe lohnt sich der Einsatz eines solchen IT-Systems trotz hoher Investitionen und Lizenzgebühren.

Unternehmen zwischen 5000 und 10000 Mitarbeitern haben oft einen Mix von IT-Systemen im Unternehmen. Zwar lohnt sich in dieser Unternehmensgröße zumeist der Aufbau eigener Personal-IT-Systeme, doch werden diese nur in ihren Kernfunktionen implementiert. Sogenannte »Highend»-Lösungen wie ein Learning-Management-System sind wahrscheinlich für Unternehmen dieser Größenordung zumeist nicht wirtschaftlich zu betreiben.

In den USA ist es nicht unüblich, dass sich Unternehmen dieser Größenordnung zu ihren Kern-Personal-IT-Systemen bestimmte Funktionalitäten (z. B. ein Rekrutierungs-IT-Tool bei einem ASP-Anbieter) hinzukaufen. In Deutschland hat sich dieser Trend noch nicht am Markt durchgesetzt.

1.5.4 Datensicherheit und Datenschutz

Einen sehr wichtigen Aspekt bei der Nutzung von IT-Systemen im Personalbereich bilden Datenschutz und Datensicherheit (s. auch Abschnitt 2.7.3).

Das Bundesamt für Datenschutz definiert diese Begriffe wie folgt:

- **Datenschutz** ist der Schutz der Bürger vor den Gefahren, die die Erfassung, Speicherung und Verarbeitung ihrer Daten zur Folge hat. Datenschutz beschreibt die Sicherstellung des Rechts auf informationelle Selbstbestimmung.
- **Datensicherheit** beschreibt alle technischen und organisatorischen Maßnahmen, die Daten und technische Einrichtungen, in denen Daten erfasst, gespeichert und verarbeitet werden, vor dem Zugriff und der Verwendung durch unautorisierte Personen oder technische Systeme schützen. Weiterhin werden hierunter alle Maßnahmen verstanden, welche die Daten und die technischen Systeme verfügbar halten.

Das Recht auf informationelle Selbstbestimmung basiert auf dem im Grundgesetz verankerten Persönlichkeitsrecht (Art. 2 Abs. 1 GG) und dem Recht auf Unverletzlichkeit der Menschenwürde (Art. 1 Abs. 1 GG). Im Volkszählungsurteil des Bundesverfassungsgerichts (BVerfG) vom 15. 12. 1983 ist aus diesen Rechten abgeleitet worden, dass jeder Bürger grundsätzlich selbst über die Preisgabe und Verwendung seiner Daten bestimmt. Dies gilt in allen gesellschaftlichen Bereichen, also auch in Online-Verkaufseinrichtungen, in Banken und in Unternehmen. Jeder Bürger hat einen Anspruch auf Datentransparenz (wo wann welche Daten von ihm erfasst sind und wer diese Daten kennt bzw. wem diese Daten zugänglich sind). Dieses Recht kann nur »im überwiegend allgemeinen Interesse« eingeschränkt werden (z. B. Strafverfolgung).

Gesetzlich definiert ist das Recht auf informationelle Selbstbestimmung im Bundesdatenschutzgesetz (BDSG). In § 4 Abs. 1 BDSG ist die Verarbeitung von personenbezogene Daten mit Erlaubnisvorbehalt verboten. Infolgedessen ist die Verarbeitung von Daten nur in Ausnahmefällen erlaubt, z. B. wenn:

- eine Einwilligung seitens des Betroffenen erteilt wurde,
- sie durch gesetzliche Vorschriften erlaubt ist oder
- ein Vertrag oder vertragsähnliches Verhältnis besteht.

Zusätzlich zum BDSG gibt es weitere Regelungen zum Umgang mit Daten. So sind für spezielle Anwendungsbereiche wie z. B. Gesundheits- und Sozialbehörden gesetzliche Regelungen zum Datenschutz getroffen worden, die dem BDSG vorgehen. Diese Regelungen sind in den folgenden Gesetzen enthalten:

- Sozialgesetzbuch (SGB),
- Bundesgrenzschutzgesetz (BundesgrenzschutzG),
- Bundesverfassungsschutzgesetz (BundesverfassungsschutzG),
- Bundeszentralregistergesetz (BundeszentralregisterG),
- Straßenverkehrsgesetz (StVG) und
- Melderechtsrahmengesetz (MelderechtsrahmenG).

Weitere Regelungen für den Datenschutz finden sich in den Berufs- und besonderen Amtsgeheimnissen: Beispiele hierfür sind:

- die ärztliche Schweigepflicht,
- das Post- und Fernmeldegeheimnis,
- das Sozialgeheimnis,
- das Steuergeheimnis und
- das Personalaktengeheimnis.

Im öffentlichen Bereich gibt es zusätzlich zu den oben beschriebenen Regelungen auf Bundes- und Landesebene Datenschutzbeauftragte. Lediglich in Schleswig-Holstein wird diese Aufgabe statt von der Landesverwaltung von einem unabhängigen Landeszentrum für Datenschutz wahrgenommen.

Für den nichtöffentlichen Bereich sind die jeweiligen Bundesländer verantwortlich. In Bremen, Berlin und Hamburg ist dies der Landesbeauftragte für Datenschutz, in Niedersachsen das Ministerium des Inneren und der Landesbeauftragte, in Schleswig-Holstein das oben erwähnte Landeszentrum und in allen anderen Bundesländern das Ministerium des Inneren und die Innenverwaltung.

Die Aufgaben des Bundesdatenschutzbeauftragten sind:

- die Kontrolle der öffentlichen Stellen des Bundes (§ 24 BDSG),
- die Beratung der gesetzgebenden Körperschaften und der Bundeseinrichtungen (§ 26 Abs. 2 und 3 BDSG) sowie
- die Bearbeitung von Bürger-Eingaben (§ 21 BDSG).

Personenbezogene Daten müssen vor dem Zugriff unbefugter Personen geschützt werden. In einem Unternehmen hat nur ein beschränkter Personenkreis Zugriff auf personenbezogene Daten. Zugriffsberechtigt sind in der Regel die Mitarbeiter der Personalabteilung, der jeweilige Vorgesetzte und der Mitarbeiter selbst.

Als Grundsatz gilt:

- Die Mitarbeiter der Personalabteilung dürfen alle Daten der von ihnen betreuten Mitarbeiter einsehen,
- Vorgesetzte dürfen alle Daten einsehen, die sie für die Erfüllung ihrer Aufgaben als Führungskraft brauchen,
- der Mitarbeiter darf alle eigenen personenbezogenen Daten in IT-Systemen einsehen.

Wie diese grundsätzliche Regelung im Einzelnen in den Unternehmen gelebt wird, ist eine Sache der bisherigen Erfahrungen und der getroffenen Betriebsvereinbarungen. So ist in den Unternehmen sehr unterschiedlich geregelt, welche Mitarbeiterdaten dem Vorgesetzten zur Verfügung gestellt werden. Die Frage der Notwendigkeit von Informationen für die Führung von Mitarbeitern wird in jedem Unternehmen individuell verstanden und definiert.

Betriebsrat und Personalabteilung achten zusammen mit dem Datenschutzbeauftragten in jedem Unternehmen auf die Einhaltung der gesetzlichen Vorschriften zum Datenschutz und der hierzu bestehenden Betriebsvereinbarungen.

Christian Wiener

Jeder Mitarbeiter muss der Erfassung, Speicherung und Verarbeitung seiner Daten zustimmen. Viele Unternehmen haben daher eine Klausel in die Arbeitsverträge aufgenommen, die ihnen die Erfassung, Speicherung und Verarbeitung von persönlichen Daten ihrer Mitarbeiter erlaubt.

Bewerber müssen dem Unternehmen diese Zustimmung ebenfalls erteilen. Die meisten Arbeitgeber setzen diese Bereitschaft der Bewerber voraus. Eingangsbestätigungen für Bewerbungen enthalten daher oftmals einen Hinweis, der die Bewerber auffordert, im Falle einer Nicht-Zustimmung das Unternehmen zu benachrichtigen.

Das BDSG regelt darüber hinaus die Pflicht des Arbeitgebers, auf einen entsprechenden Antrag des Mitarbeiters hin alle personenbezogenen Daten auszudrucken und dem Antragsteller vorzulegen. Um dieser Verpflichtung aktiv zu begegnen, drucken einige Unternehmen in einem Turnus von drei Jahren alle Mitarbeiterdaten aus und legen sie den Mitarbeitern zur Durchsicht und Korrektur vor.

1.5.5 Mitbestimmung in der Personal-IT: Rolle, Aufgaben und Rechte des Betriebsrats und des Datenschutzbeauftragten

Alle Veränderungen an bestehenden Unternehmens-IT-Systemen sind grundsätzlich mitbestimmungspflichtig. Hierzu gehört auch die Einführung neuer IT-Systeme, die personenbezogene Daten in irgendeiner Art und Weise erfassen, speichern oder verarbeiten.

Den gesetzlichen Rahmen für dieses Mitspracherecht bildet das Betriebsverfassungsgesetz (BetrVG). § 80 BetrVG definiert die allgemeinen Aufgaben des Betriebsrats. Zu diesen Aufgaben gehört es auch »darüber zu wachen, dass die zugunsten der Arbeitnehmer geltenden Gesetze, Verordnungen, Unfallverhütungsvorschriften, Tarifverträge und Betriebsvereinbarungen durchgeführt werden«. Ein solches »Gesetz« im Sinne des § 80 BetrVG ist auch das BDSG.

§ 83 BetrVG regelt das Recht des Mitarbeiters, jederzeit Einsicht in seine Personalakte zu nehmen und gegebenenfalls den Betriebsrat hinzuzuziehen. Dieses Recht erstreckt sich selbstverständlich auch auf die elektronisch gespeicherten Daten eines Arbeitsnehmers.

Die Regelung des § 94 BetrVG legt das Vorgehen und das Mitspracherecht bei Personalfragebögen und Beurteilungsgrundsätzen fest. Ohne die Zustimmung des Betriebsrats darf weder ein Personalfragenbogen noch ein Beurteilungssystem eingeführt werden. § 87 Abs. 1 BetrVG definiert, dass die Mitbestimmung auch für »die Einführung und Anwendung technischer Einrichtungen, die dazu bestimmt sind, das Verhalten oder die Leistung der Beschäftigten zu überwachen«, gilt. Infolge der Rechtsprechung des Bundesarbeitsgerichts (BAG) und des Bundesverwaltungsgerichts (BVerwG) erstreckt sich das Recht auf Mitbestimmung auch auf solche technische Einrichtungen, die lediglich objektiv für eine Verhaltens- und Leistungskontrolle geeignet sind, ohne dass die Absicht besteht, sie zu diesem Zweck einzusetzen. Die »Eignung zur Verhaltens- und Leistungskontrolle« ist dabei sehr eng definiert. Geeignet sind laut Rechtssprechung alle Einrichtungen der elektronischen Datenverarbeitung, die mit einem »Überwachungs«-Programm versehen sind oder versehen werden können.

Literatur:

Beck, Ch.: Professionelles E-Recruiting, Neuwied, Kriftel, 2002
Jäger, M./Jäger, W.: Personalarbeit im Intranet, Neuwied, Kriftel, 1999
Mülder, W./Störmer, W.: Arbeitszeitmanagement & Zutrittskontrolle mit System, 3. Auflage, Neuwied, Kriftel, 2002
Schmeisser, W./Clermont, A./Protz, A.: Personalinformationssysteme und Personalcontrolling, Neuwied, Kriftel, 1999

Christian Wiener

1.6 Beraten und Fachgespräche führen

»Ziel von Beratung ist, Menschen zu helfen, schwierige Zeiten durchzustehen und Probleme zu bewältigen, die ihre Zufriedenheit und ihre Leistung im Beruf beeinträchtigen« (Reddy 1997, S 17).

1.6.1 Grundlagen der Beratungstechnik

1.6.1.1 Ausgangssituation

Personalfachkaufleute sind in **Personalfragen** gefragt. Die vielfältigen Aufgaben umfassen u. a.:

- die Weitergabe von Fakten und Information in Personalangelegenheiten,
- die Unterstützung bei der Klärung von beruflichen Entwicklungs- und Veränderungsmöglichkeiten,
- das Aufzeigen von Alternativen und Konsequenzen in Entscheidungssituationen,
- die Erteilung von Empfehlungen in problematischen Situationen,
- die Mitwirkung an Lösungen in ungeklärten Situationen.

Personalfragen sind aber auch Fragen an Experten, wie und mit welchen Methoden in Personalangelegenheiten agiert werden kann bzw. soll. Die damit verbundene Beratungsleistung des Personalfachkaufmanns ist unterschiedlich im Leistungsspektrum und in der Rollengestaltung.

Als Leistungsinhalte bzw. Gründe für die Inanspruchnahme von Beratung können in Anlehnung an Titscher[1] folgende zehn Ausgangssituationen genannt werden:

1. Ratsuchende brauchen auf eine mehr oder weniger eindeutige Frage eine möglichst klare Antwort in Form von Fakten und Informationen.
2. Ratsuchende wollen sich – zunächst noch unabhängig von einer konkreten Situation – über generelle Entwicklungen und Neuerungen in Personalangelegenheiten informieren.
3. Ratsuchende stehen in schwierigen oder als unklar und diffus bewerteten Situationen, zu deren Klärung sie eine Außensicht bzw. auch Diagnose von Fachleuten anfragen.
4. Ratsuchende verstehen sich als Partei einer Kontroverse, in der Unklarheit über einen wie auch immer gearteten Sachverhalt besteht. Zur Schaffung von Klarheit sind sie auf der Suche nach der Meinung eines »neutralen Dritten«.
5. Ratsuchende befinden sich in der Situation, bestimmte Unternehmensziele (in Personalfragen) zu erreichen und sie erfragen zur Zielerreichung geeignete Maßnahmen in Form von Vorschlägen und Alternativen.
6. Ratsuchende stecken in einem Problem fest und brauchen Empfehlungen darüber, was konkret zu tun ist.
7. Ratsuchende stehen vor einem individuellen oder organisatorischen Veränderungsprozess, für dessen In-Gang-Kommen und Ausgestaltung Hilfe nötig ist.
8. Ratsuchende verspüren ein Defizit an Kompetenz und eine damit verbundene Unsicherheit. Dieses Defizit soll durch die Inanspruchnahme von Beratung (zumindest zeitweilig) wettgemacht werden.

1 Vgl. Titscher, 2001, S. 23

9. Ratsuchende wollen manchmal auch, dass alles so bleibt, wie es ist. Dennoch sehen sie sich gezwungen, etwas zu tun – guten »Veränderungswillen« zu demonstrieren. Beratung anzufragen, ist dann möglicherweise eine derartige Demonstration.
10. Ratsuchende stehen vor einer ihnen komplex und schwierig erscheinenden Entscheidung. Beratung wird in Anspruch genommen, um diese umsichtig zu treffen, alternative Sichtweisen und Möglichkeiten zu eigenen Perspektiven aufgezeigt zu bekommen.

1.6.1.2 Ziele von Beratung

Bestimmt hält das Arbeitsleben von Personalfachleuten noch viele weitere Anlässe für das Wirksamwerden von Beratung bereit. Beratung ist selten ein »Einheitsbrei«. Sie wird vielmehr von der Einzigartigkeit und **Individualität** sowohl hinsichtlich **der Problemsituationen** als auch hinsichtlich der **Lösungs- bzw. Gestaltungsmöglichkeiten** gekennzeichnet. Zielsetzung von Beratung ist dementsprechend nie trivial oder monokausal, sondern stets abhängig vom »Dreieck der Einzigartigkeit« zwischen Berater, Ratsuchendem und Kontext der Situation, auf welche die Beratung ausgerichtet ist.

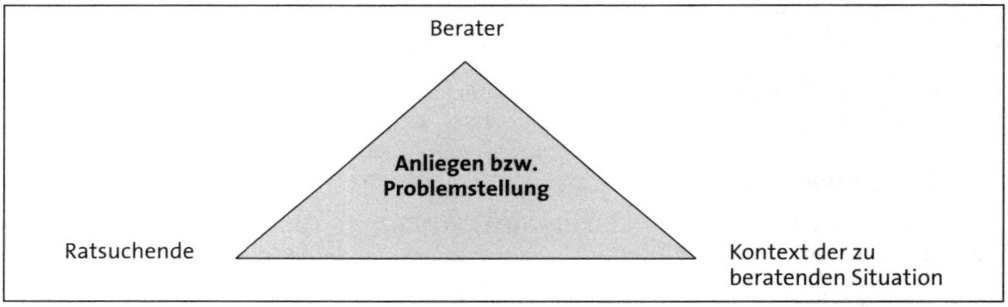

Abb. 1: »Dreieck der Einzigartigkeit« in Beratungsprozessen

Dennoch lassen sich für die Zielsetzung von Beratung relativ klare Ansprüche formulieren, die dieser Nicht-Trivialität gerecht werden. Unterschiedliche Autoren kommen dabei zu ähnlichen **Begriffsklärungen** für das, was Beratung leisten kann und soll.

»Ein zentrales Beratungsziel ist, dem Ratsuchenden zu helfen, mit seinem Problem *selbst* fertig zu werden, da der Berater das Problem nie stellvertretend für den Ratsuchenden lösen kann«[2].

Beratung wird definiert als:

- eine Reihe von Techniken, Fähigkeiten und Einstellungen,
- die eingesetzt werden, um anderen zu helfen, ihre Probleme zu bewältigen,
- indem die Betroffenen ihre eigenen Möglichkeiten ausschöpfen«[3].

»Im Wesentlichen ist Beratung gekennzeichnet durch einen Interaktionsprozess zwischen einem oder mehreren Ratsuchenden und dem/den Berater(n) mit dem Ziel, Entscheidungshilfen durch Vermittlung von Informationen und/oder von Fertigkeiten zur Problembewältigung bereitzustellen«[4].

2 Vgl. Bachmair, 1999, S. 21
3 Vgl. Reddy, 1997, S. 19
4 Vgl. Schwarzer/Posse, 1993, S. 634

Als »vertrauensvolle, zielgerichtete, nach Rat suchende Interaktion« beschreibt Mutzeck[5] Beratung und grenzt sie dabei mit Hilfe einer etymologischen Ableitung von den Begriffen »befehlen«, »anweisen« oder »informieren« ab.

Berater müssen sich über das **spezifische Ziel** der speziellen Beratungssituation im Klaren sein. Im Klaren insbesondere über den jeweiligen **Auftrag** und damit über die grundsätzlichen Möglichkeiten und Grenzen ihrer eigenen Arbeit. Im Klaren auch über die **Rolle**, in der sie angefragt sind und im Klaren über die **Form** der Beratungsleistung. Eine hilfreiche Orientierung für diese Klärungen im Selbstverständnis lassen sich mit folgender Übersicht über die **»Grundpfeiler professioneller Beratung«** erarbeiten[6]. Demnach beruht professionelle Beratung auf den drei Säulen:

- *Rollenverständnis* (Klarheit über die eigene Rolle, den Auftrag und den Kontext, in dem sich die Beratung verortet),
- *Theorien* (Fachwissen, Beratungs-Know-how, Wissen über die Gestaltung von Veränderungsprozessen und die Beschaffenheit von Organisation),
- *Methoden* (zur Diagnose und Intervention).

Einen wesentlichen Unterschied in der Gestaltung des Beratungsprozesses macht, ob **Expertenberatung** oder **Prozessberatung** angefragt ist. Expertenberater sind typischerweise EDV Spezialisten, an die der gesamte Problemlösungsprozess delegiert wird. Aber auch für sie gilt: Die Lösung selbst muss so gestaltet sein, dass der Kunde damit gut weiterarbeiten kann. Prozessberater sind auch Experten. Ihre Expertise bezieht sich auf die Gestaltung von vorwiegend kommunikationsintensiven Veränderungsprozessen. Sie sind bspw. gefragt in Teamentwicklungs- und in Change-Prozessen oder in Organisationsentwicklungsangelegenheiten. Für sie ist häufig das Nicht-Wissen: eine Ressource, die Neugierde: auf sehr unterschiedliche Gestaltungsmöglichkeiten eine wesentliche Haltung in der Erarbeitung eines für das Kundensystem wirksamen Veränderungsprozesses.

5 Vgl. Mutzeck, 1999, S. 10 f.
6 Vgl. Titscher, 2001, S. 64 ff.

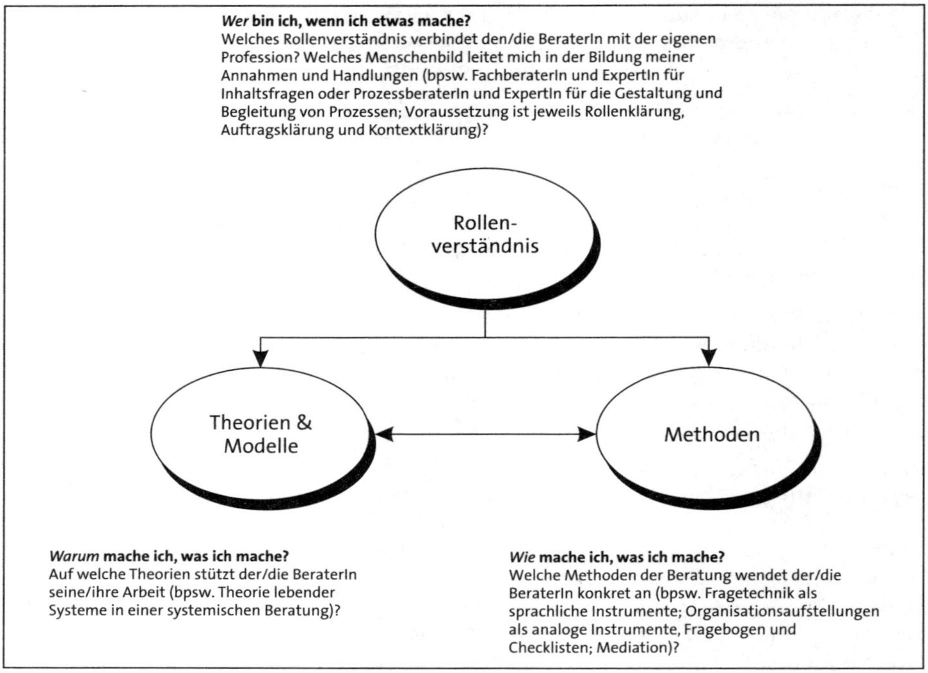

Abb. 2: Professionelle Beratung (Titscher, 2001, S. 64ff; weiterbearbeitet von Seliger, 2002, und Gütl, 2002, S. 317ff.)

1.6.1.3 Voraussetzungen und Kompetenzen in der Beratung

Differenzierter in Richtung Voraussetzung für eine professionelle und effektive Beratungsleistung lassen sich folgende **Kompetenzen** auf Seiten des Beraters festhalten[7]:

- **Wissenskompetenz:**
  Gründliches Fachwissen sowie eigene Erfahrung im zu beratenen Sachbereich, um zu einem optimalen Verständnis in Personalfachfragen und Entscheidungssituationen zu kommen.
- **Analysekompetenz:**
  Ein komplexer Gegenstand kann einerseits in seiner Gesamtheit erfasst, andererseits aber auch einfach und übersichtlich dargestellt werden, so dass er einer Analyse und Interpretation zugänglich wird. Dabei ist der Berater außerdem in der Lage, Entscheidungsalternativen aufzuzeigen.
- **Beratungskompetenz:**
  Reflexionsfähigkeit und Geduld gegenüber dem Ratsuchenden sowie Respekt und Anerkennung von Autonomie und Selbstverantwortung in der Lösungsgestaltung durch den Klienten, Rollen-, Kompetenz- und Auftragsklarheit im Selbstverständnis.
- **Entscheidungszurückhaltung:**
  Emotionale Distanz in Bezug auf die Entscheidung, die es zu treffen gilt. Das Problem soll dort bleiben, wo es ist und wo die Verantwortung für dessen Bearbeitung liegt. Be-

7 Vgl. Innerhofer/Lang, 2000, S. 5ff.

ratung hat die Aufgabe, diesen Raum zur Entscheidungsfindung zur Verfügung zu stellen und zu schützen – auch vor »Entmündigung« durch den Berater selbst.

1.6.1.4 Der Beratene als Kunde

Beratung *ist* nicht einfach – sie *entsteht*. Am Ausgangspunkt jeglicher Beratungsleistung steht ein Anliegen bzw. Problem einer Person (oder Personengruppe) und die Zuschreibung an eine andere Person(engruppe), die Kompetenz zu besitzen, bei der Klärung des Anliegens bzw. Lösung des Problems helfen zu können. Damit ist die **Anliegen- und Auftragsklärung** einerseits, sowie die **Rollenklärung** als Berater andererseits grundlegende Voraussetzung, um überhaupt von Beratung sprechen zu können. Am Anfang jeder Beratung steht also eine kommunikative Verständigung darüber, was Problem und Auftrag sowie Erwartung an die Rolle ist – und was nicht.

Abb. 3: Beratung entsteht durch die Verständigung über Auftrag und Rollen (in Anlehnung an Seliger, 2002)

Kunde zu sein, bedeutet in Beratungssituationen keinesfalls, Konsument zu sein. Als Kunde kann Beratung in Anspruch genommen werden, diese jedoch ist stets im oben ausgeführten Sinn Hilfe zur Selbsthilfe. Die Verantwortung für die Wirkung der Lösung selbst kann nicht an den Berater abgegeben werden.

Der **erste Kontakt** in Beratungssituationen ist vielfach derart gestaltet, dass Ratsuchende von der eigenen Situation verunsichert als um Hilfe anfragende Menschen in die gemeinsame Beziehung eintreten und sich vom Berater Unterstützung und meist auch Lösungen erhoffen. Diese Unterschiede in der Wahrnehmung des Gegenübers insbesondere in der Anfangssituation von Beratungsprozessen sind groß und verführerisch: Auf der einen Seite ein Ratsuchender, der sich vertrauensvoll einem Unbekannten gegenüber öffnet und dabei Unsicherheiten, Fragen, Ängste ev. Fehler und Schwächen eingesteht – auf der anderen Seite ein (formal) kompetenter Berater, mit Distanz zum Problem und Unabhängigkeit von den Folgen einer wie auch immer gearteten Lösungsstrategie. Schnell kann sich daraus ein subtiles **Abhängigkeitsverhältnis** konstruieren, indem **Macht** auf unseriöse Art und Weise ausgeübt wird.

Wie kann damit professionell umgegangen werden? Zunächst durch das Wissen darüber, dass derartige Konstruktionen in Beratungssituationen vorkommen können – und vorkommen werden. Ihnen gilt es sorgsam und mit hoher Aufmerksamkeit zu begegnen.

Außerdem gilt es, sich die Beratungssituation aus einer anderen Perspektive nochmals vor Augen zu führen: Wenn das Zentrum der Beratung das Anliegen und die dafür nötige Lösung darstellt, dann verschiebt sich das Bild der Macht und Abhängigkeit entsprechend. **Macht hat, wer etwas machen kann.** Und das ist zunächst immer der Kunde selbst. Er ist Experte für die eigene Situation und deren Gestaltung. Diesem Faktum müssen Berater höchsten Respekt zollen. Oft jedoch fehlen den Ratsuchenden Handlungsalternativen und Gestaltungsmöglichkeiten für die als problematisch empfundene Situation. Diese gemeinsam zu entwickeln und aufzuzeigen – die Gestaltung eben dieses Prozesses der Generierung von Handlungsmöglichkeiten für den Kunden – darin liegt die Kompetenz von Beratern und deren Möglichkeiten, machtvoll wirksam zu werden. Erst die Verknüpfung beider Anteile gibt den Akteuren Macht über das, worum es eigentlich geht: das Problem und Anliegen!

Effektive Beratung ist ohne die aktive Interaktion und Verständigung zwischen Beratern und Kunden nicht möglich. Der Kunde ist »Gefangener« der eigenen Situation, zu deren Lösung er sich ohne Hilfe nicht im Stande sieht und deshalb Beratung in Anspruch nimmt – der Berater ist zwar Experte für die Gestaltung von Problemlösungsprozessen, die beste Alternative nutzt jedoch nichts, wenn sie für den Kunden nicht akzeptabel und undurchführbar ist (oder auch nur scheint!).

1.6.1.5 Beratung im Kontext

Beratung hat einen Kontext und lässt sich nicht isoliert von den sie umgebenden und damit sie bedingenden Umwelten betrachten. Dazu gehört etwa das **Gesamtumfeld der Organisation**, in der sich Klient und Berater bewegen. »Neben dem persönlichen Nutzen für den Einzelnen, sollte sich Beratung auch auf handfeste Unternehmenskriterien auswirken, ebenso wie z. B. die Ergebnisse guter Verfahren oder erfolgreicher Marketingstrategien«[8]. In Form von Hierarchie, Leitlinien und Strategien, Zielsetzungen und Aufgaben, Sanktionsformen, oft auch durch tradierte Mythen stellen Organisationen grundlegende Orientierungen bereit, die auf das Verhalten der in ihr tätig werdenden Akteure wesentliche Auswirkungen haben.

Ob eine Intervention wirksam wird oder nicht, ist abhängig von der **Umwelt**, auf die sich die Wirkung beziehen soll. In der Beratung einer Einzelperson über Fragen der **individuellen Karriereplanung** sind andere Wirkungsfelder anzusteuern, als wenn der Ratsuchende eine **Führungskraft** ist, deren Anliegen die Klärung der eigenen Rolle in einem umfassenden Veränderungsprozess ist.

Beratung hat stets auch die **Struktur als Gesamtes** zu betrachten und auf diese wachsam zu blicken. Wenn wir davon ausgehen – wie es etwa zum grundsätzlichen Anspruch systemischer Beratung gehört – dass Menschen in Organisationen immer in erster Linie Träger von Rollen sind, die eine bestimmte Funktion ausüben, wenn also unsere Beobachtungen konsequent auf **Verhalten** von Personen (und nicht auf deren Eigenschaften!) gerichtet sind, dann können wir auch davon ausgehen, dass eben dieses Verhalten stets **kontextgebunden** ist. Diesen Kontext gilt es, in Form von (Gesamt)Struktur zu erfassen.

Beispiel:
Herr Sondan – Vorgesetzter in der Abteilung Logistik II – hadert schon lange mit einem seiner Mitarbeiter, den er als faul und desinteressiert beschreibt. Diesem Mitarbeiter schreibt er auch die Schuld für viele Streitereien im Team zu, da er die ihm zugeteilten

8 Vgl. Reddy, 1997, S. 17

Aufgaben nicht wahrnimmt und dadurch stets die Kollegen in der Abteilung eine Mehrbelastung tragen müssen.

In der Beratung – die Führungskraft kam mit dem Anliegen, personal- bzw. arbeitsrechtliche Konsequenzen für den Krisenfall zu besprechen – wird deutlich, dass der junge Mann sehr wohl viel Engagement aufbringt, nur eben in anderen Zusammenhängen als der eigenen Abteilung (er ist Pressesprecher beim lokalen Fußballverein, Mitbegründer des unternehmenseigenen Kinderbetreuungsservice, er ist der, der sämtliche Feierlichkeiten in der Abteilung organisiert ...). In weiterer Betrachtung der Situation wird außerdem ersichtlich, dass der als faul und desinteressiert dargestellte Mitarbeiter noch vor wenigen Monaten auch in der eigentlichen Aufgabenerfüllung sehr wach und verantwortlich war.

Die Fragen des Beraters richten sich nun nicht auf die Person des Mitarbeiters, sondern orientieren sich konsequent am Kontext: Was hat sich in der Zwischenzeit verändert? Was ist im Umfeld und der Struktur anders geworden, dass sich sein Verhalten derart verändert bzw. angepasst hat? Gibt es neue Zuständigkeiten? Andere Abläufe? Wurden Verantwortlichkeiten (ev. auch unbewusst) neu verteilt? Sind neue Ansprechpartner aufgetaucht? Hat sich in der Form der Kommunikation etwas verändert? ...

Die Aufgabe von Beratern ist es, sich nicht von den ersten ggf. vorschnellen, häufig personenzentrierten Erklärungen und Lösungen – meist unabhängig von der Problemumwelt – verführen zu lassen. Wenn es so einfach wäre, bräuchte es keine Beratung. Nicht verführt werden, sondern selbst aktiv **Führung im Beratungsprozess übernehmen**! Führung ausrichten auf das schrittweise Absuchen von Problemumwelten und Kontexten, in denen Lösungsansätze aufzuspüren sind! Und dazu gehört ohne Zweifel das Gesamtsystem der Organisation eher als die Persönlichkeit von einzelnen Mitarbeitern.

1.6.2 Konfliktmanagement

1.6.2.1 Wahrnehmung und was wir *für-wahr-nehmen*

Gehen wir nochmals auf das obige Beispiel mit dem Vorgesetzten und seinem Mitarbeiter zurück: Der faule und desinteressierte junge Mann, der stets seine Kollegen zusätzlich belastet, weil er seine Aufgaben nicht erfüllt. Wie entsteht ein solches Bild? Zunächst dadurch, dass es irgendwann bestimmt einen Anlassfall gegeben hat, der den Vorgesetzten hat aufmerksam werden lassen. Derart die eigene Aufmerksamkeit geschärft, begann die Führungskraft – ganz unbewusst – den Mitarbeiter kritischer zu beobachten. Habe ich mich getäuscht? Kommt das öfters vor? Und siehe da, tatsächlich findet er wieder einen Hinweis auf Faulheit und Desinteresse. Er beobachtet noch kritischer und schaut noch genauer hin, ob ihm noch was auffällt ... Tatsächlich, er findet wieder und wieder Situationen, die seine Ausgangsthese der Beobachtungen stützen.

Wahrnehmung ist subjektiv. Wir nehmen für wahr, was wir wahrnehmen – und wir nehmen nicht wahr, was unserer Beobachtung nicht zugänglich ist. Wenn eine Führungskraft einen Mitarbeiter auf Faulheit hin beobachtet, wird es sehr schwer sein, Fleiß zu erkennen. Ein weiteres Hindernis, das in so gestalteten Prozessen hinzukommt ist, dass die Beobachtung selbst die beobachtete Situation beeinflusst. Natürlich merkt der Mitarbeiter, dass sein Vorgesetzter ein Auge auf ihn geworfen hat. Er bemerkt an seinen Launen und körpersprachlichen Signalen – meist ganz unbewusst – dass etwas nicht in (gewohnter) Ordnung ist. Er fühlt sich beobachtet und spürt Misstrauen. Er bemerkt, dass er nicht gefragt wird und keine Möglichkeit zur Klärung der Situation bekommt. Sein Verhalten in Gegenwart der Führungskraft wird zunehmend steif und gekünstelt.

Menschen handeln auf Grundlage dessen, was und wie sie etwas wahrnehmen. *Was* wahrgenommen wird, ist bereits stark gefiltert: Unsere Sinnesorgane nehmen nur einen Teil dessen auf, was um uns herum geschieht. Davon wird nur ein geringer Teil auch tatsächlich *empfunden* (gehört wird bspw. nur, was laut genug ist). Eine weitere **Wahrnehmungsschwelle** ist eine der aktiven Verarbeitung (längst nicht alles, was an unser Ohr dringt, wird von uns kognitiv aufgenommen und weiterbearbeitet). Tief in uns sitzende Glaubenssätze und Annahmen über das »So-Sein-der-Welt« steuern diesen Teil des Wahrnehmungsprozesses und damit unser Erleben darüber, ob etwas so oder so bewertet wird: Ist der Mitarbeiter faul oder selbst am Rande seiner Belastungsgrenze?

Was beeinflusst uns im Prozess der Informationsaufnahme?	
Intensität	Je intensiver ein Reiz auftritt, umso größer ist die Wahrscheinlichkeit, dass wir ihn wahrnehmen.
Größe, Kontrast, Wiederholung	Beispiel Werbung: Je größer ein Plakat, je kontrastreicher die Farben, je öfter die Ausstrahlung eines Spots ... umso größer die Wahrscheinlichkeit, dass wir darauf aufmerksam werden.
Nähe	Ein Reiz wird von uns umso eher empfunden, je näher er in unserer Umgebung auftritt (bspw. nationale Spendenaufrufe vs. Hilfsaktionen für Notleidende in sehr entfernten Ländern).
Ähnlichkeit	Wir nehmen leichter etwas uns Vertrautes wahr, als ganz neue und fremde Eindrücke; hier knüpfen wir an Vorerfahrungen an und können einen Bezug zu uns herstellen.
Bedürfnisse	Beispiel: Der Wunsch nach Einheit, Ordnung und Problemlösung beeinflusst die wahrgenommene Gestalt. So neigen Vorgesetzte dazu, Einigkeit auch dort wahrzunehmen, wo Dissens besteht.
Erwartungen	Wir nehmen häufig nicht das wahr, was ist, sondern was wir erwarten wahrzunehmen (oder erhoffen bzw. ersehnen).
Schlüsse ziehen	Wir nehmen nicht einfach nur wahr, sondern ziehen aus dem Wahrgenommenen auch gleich unsere Schlüsse.
Kontinuität	Der Wunsch nach Stabilität und Sicherheit beeinflusst den Wahrnehmungsprozess stark.
Neuheit/Vertrautheit	Neuartige Reize in vertrauten Situationen oder vertraute Reize in neuen Situationen werden mit hoher Wahrscheinlichkeit wahrgenommen; generell werden vertraute Reize schneller wahrgenommen, als neue.

In dieser Informationsaufnahme treten leicht Fehler bzw. Verzerrungen auf	
Stereotypenbildung → Vorurteile	... ist ein Wahrnehmungsirrtum, der darin besteht, dass ein Mensch auf der Basis einzelner (Persönlichkeits)Merkmale einer nach Persönlichkeitsmerkmalen gebildeten Kategorie zugeordnet wird, über die man sich ein generelles (Vor)Urteil gemacht hat. Der sonst schwierige Prozess der ganzheitlichen Wahrnehmung einer Person wird durch diesen Mechanismus drastisch verkürzt auf die einfache Frage: »Zu welcher Kategorie gehört der Betreffende?«. Dem liegt die Annahme zu Grunde, dass die Gleichheit in einem Merkmal Ähnlichkeiten in allen anderen Persönlichkeitsmerkmalen zur Folge hat. Auch Wahrnehmungsprozesse in Organisationen leiden ständig unter Stereotypenbildung (Vorurteile gegenüber *den* Ärzten, *die* Beamten ...); Stereotypen haben komplexitätsreduzierende und verhaltensstabilisierende Funktion. Im Fall vonStereotypen wird ein Mensch auf der Grundlage seiner Zugehörigkeit zu einer Kategorie wahrgenommen.
Halo-Effekt → Überstrahlung	... ist ein Wahrnehmungsvorgang, bei dem ein Mensch auf der Grundlage einer einzigen hervorstechenden Eigenschaft (Persönlichkeitsmerkmal) beurteilt wird. Alle anderen Merkmale werden durch diese eine Eigenschaft überstrahlt. Von dem positiven oder negativen Eindruck, den *eine* Eigenschaft erweckt, wird auf positive bzw. negative Tendenzen bei *allen anderen* Eigenschaften, über die ein Mensch verfügt, geschlossen. Halo-Effekt hat vor allem bei der Mitarbeiterbeurteilung große Bedeutung (Beispiel: Pünktlichkeit wird gerne als positive Leistungsbereitschaft interpretiert ...).
Primacy-Recency-Effekt → »Der erste Eindruck« bzw. »Der letzte Eindruck«	Die Reihenfolge, in der Reize wahrgenommen werden, hat Einfluss auf die Formung des Gesamtbildes einer Person. • *Primacy-Effekt*: Erster Reiz wird am höchsten bewertet – erster Eindruck – z. B.: Sympathie auf den ersten Blick. • *Recency-Effekt*: Zuletzt wahrgenommener Reiz wird am höchsten bewertet – letzter Eindruck – z. B.: Schlusswort in der Prüfung. Dies gilt auch für Informationen aus dritter Hand: wenn diese die erste Beschäftigung mit einer Person für uns darstellen, so übt dies einen nachhaltigen Eindruck auf unsere eigene Wahrnehmung gegenüber dieser Person aus.
Projektion → Übertragung	Menschen neigen dazu, die eigenen (häufig unbewussten) Gefühle auf andere zu projizieren. Dies geschieht vor allem dann, wenn durch eine Reihe von Informationen Gefühle des Versagens oder der Schuld beim Wahrnehmenden erzeugt werden, die für ihn nur schwer zu ertragen sind oder dadurch gar eine soziale Missbilligung hinzukommt. Dann wird z. B. versucht, die (objektive) Ursache eines Fehlschlages (Nichtbeförderung) nicht in der eigenen Person zu suchen, sondern bei Dritten.

Abb. 4: Einflussfaktoren und Verzerrungen in der Informationsaufnahme (in Anlehnung an Stähle, 1989, S. 178 ff. und Günther/Sperber, 1995, S. 171 ff.)

1.6.2.2 Umgangsmöglichkeiten mit Wahrnehmungsverzerrungen

Das Auftreten von **Verzerrungen im Wahrnehmen** von Situationen aber auch von Personen, ist der Normalfall und begegnet uns ständig! Objektivität ist so gesehen jene Utopie, die der Subjektivität durch ihre Existenz Gestalt gibt. Verzerrungen im Wahrnehmen ermöglichen das Reduzieren von Komplexität und Informationsflut auf ein handhabbares Maß. Das ist die positive Qualität von Verzerrungen. Wesentlich ist auch hier (wie oben bei Fragen der Macht im Beratungsprozess, s. Abschnitt 1.6.1.4), sich immer wieder vor Augen zu führen, dass das, was wir sehen und für »wahr»-nehmen, bereits stark gefiltert und von uns interpretiert ist. Dies ist insbesondere in Situationen wichtig, in denen keine Alternativen mehr gesehen werden können (vgl. der faule und desinteressierte Mitarbeiter). Häufig stehen solch eingeschränkte Bilder – Bilder ohne die Möglichkeit eines zweiten öffnenden und korrigierenden Blickes auf eine andere Qualität im Bild – am Ausgangspunkt von Beratungsprozessen. Aufgabe von Beratung ist es dann, neue und andere Wahrnehmungsmöglichkeiten anzubieten bzw. mit dem Beratenen gemeinsam zu erschließen.

In folgender Abbildung sind die unterschiedlichen Funktionen, derer sich das Bewusstsein im Prozess der Informationsaufnahme und -verarbeitung bedient, aufgezeigt. Die Grafik bietet ein differenziertes Bild dafür, was in Kommunikationsprozessen geschieht und erleichtert dadurch die Verständigung.

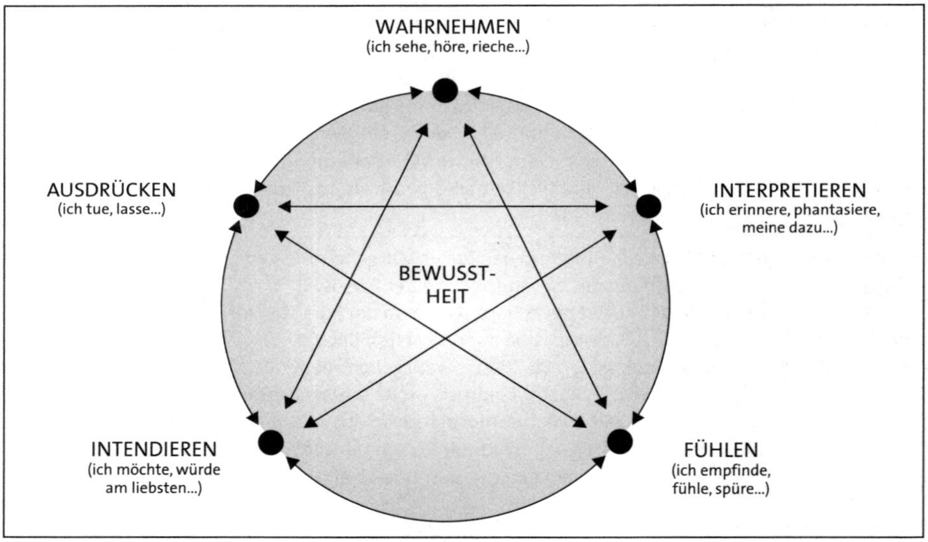

Abb. 5: Bewusstheitsrad (Antons 1996, S. 287)

Ein weiterer wichtiger Schritt ist es – vor allem wenn es um das »Wahr-nehmen« von Personen geht – die eigenen Eindrücke zurückzuspiegeln und einer Überprüfung zu unterziehen (»Mir fällt auf, dass ... Siehst Du das auch so?«). Oder aber seine eigene Wahrnehmung bewusst zu gestalten und eigene Annahmen grundsätzlich zu hinterfragen (der Vorgesetzte im obigen Beispiel könnte einen Beobachtungsschwerpunkt »Interesse und Arbeitslust« formulieren) oder aber auch ganz spezielle Kontextanalysen durchführen (Aufmerksamkeit vom Mitarbeiter wegnehmen und gezielt auf die Umwelten der Situation mehr achten: welche Umgebungen wirken auf die Situation des Mitarbeiters ein? Wohin strahlt die Wirkung seines Verhaltens aus? Was bewirkt das Desinteresse des Mitarbeiters wo? Gibt es Veränderungen in der Struktur im Umfeld des Mitarbeiters? Welche? Seit wann? Haben sich Kommunikationsabläufe verändert?...).

1.6.2.3 Wohin die Wahrnehmung führt – Konflikt differenziert wahrgenommen

Die **Wahrnehmung** steht stets am **Ausgangspunkt** dessen, was als **Konflikt** bezeichnet wird. Eine Situation wird dann als »Konflikt« bewertet, wenn sie als schwierig, zunächst ausweglos und unvereinbar *wahr*-genommen wird. Eine alternative Bewertung scheint (in die Situation verstrickt) unmöglich. Die Ansichten sind festgefahren, das Bild ist gemacht – Korrekturen daran unerwünscht. Konflikte sind dann eine Last, die wir gerne schnell wieder los wären.

Diese **Wahrnehmung** von Konflikt gilt es jedoch intensiv zu **hinterfragen**. Eine derartige Bewertung macht keinesfalls handlungsfähig und ist deshalb nicht nützlich.

In Beratungssituationen sind Berater häufig mit Ratsuchenden in Kontakt, die sich in einer Konflikt-Situation befinden und für den Umgang damit Unterstützung von Außen benötigen. Für Berater ist dann wichtig, u. a. zwei Grundsätze zu beachten:

1. Das Problem dort lassen, wo es ist!
2. Den Ratsuchenden aktiv dabei unterstützen, das eigene Problem neu zu definieren und aus einer anderen Perspektive zu betrachten!

Ein **verstrickter Berater** nützt keinem! Die Distanz und der erweiterte Blickwinkel auf den Konflikt sind die Ressourcen im Beratungsprozess, die es zu nutzen gilt! Wer in einer schwierigen Situation verhaftet ist, hat meist einen »Tunnelblick« auf das, was gerade erlebt wird. Eine umfassende Problemanalyse ist kaum zu leisten, Handlungsfähigkeit nur in begrenztem Ausmaß vorhanden. Andererseits aber kann das Problem nur von dort aus bearbeitet werden, wo es tatsächlich seinen Ursprung hat. Und der ist nicht beim Berater!

Daraus abgeleitet ergibt sich als Anmerkung zum zweiten Grundsatz, dass Interventionen in ein Konfliktgeschehen zunächst immer darauf abzielen, aus den sog. »Tunnelsituationen« herauszuführen. Dazu gilt es, **Perspektiven** zu erweitern und Unterschiede zugänglich zu machen. Eine Intervention ist dann wirkungsvoll, wenn sie einen **neuen Unterschied** eröffnet: wenn sie es dem Beratenen ermöglicht, durch die Beratung etwas anders/neu sehen zu können. Über derartige Neudefinitionen werden alternative Handlungsmöglichkeiten zugänglich, die den Akteuren im Konfliktgeschehen »Macht« über die Situation zurückgeben.

Gemäß den drei Säulen professioneller Beratung (vgl. Abb. 3) gilt es auch und besonders im Umgang mit Konflikten jene drei Ebenen als Grundlage für die eigene Arbeit heranzuziehen.

1.6.2.4 Beratung im Konfliktfall

1.6.2.4.1 Rollenverständnis des Beraters

Um die eigene(n) Rolle(n) in Konfliktberatungen klar zu bekommen, ist eine intensive und gründliche **Auftragsklärung** nötig und hilfreich. Was ist das Ziel der Beratung? Wann ist die Beratung erfolgreich? Wer spürt welche Wirkung einer erfolgten Beratung? Was kann und soll in der Beratung nicht erfolgen? Wer sind die beteiligten Konfliktparteien und wer hat wen in den Konflikt »eingeladen»? Wer »hat« den Konflikt? Und wen hat der Konflikt?[9] In diesen Kernfragen liegt die Möglichkeit der **Konfliktkontrolle** und **Steuerung**. Wer hat also Macht über das Konfliktgeschehen und wer wird gemacht? Der Berater muss klären, ob er selbst Teil des Konfliktsystems ist (als Partei etwa oder als Teil des Gesamtsystems bspw. in einem Unternehmen – »die Personalabteilung

9 Vgl. Glasl, 2000, S. 29 ff.

ist verantwortlich für den Stellenabbau«) oder ob seine Rolle die einer Außenperspektive ist. Ist er Unterstützung für eine der beteiligten Konfliktparteien – oder ist er überparteiliche Vermittlerin im »Auftrag« des Konfliktes (z. B. als Mediator oder als Konfliktmoderator). Diese Klarheit über den eigenen Auftrag braucht es, um wirkungsvoll intervenieren und handeln zu können. Sie herzustellen ist insbesondere in der Kontraktphase der Beratung wichtig. Sie wird den Beratern jedoch auch unterwegs immer wieder begegnen und laufend aufs Neue zu klären und deutlich zu machen sein!

Haltung in einer Konfliktberatung – Theorien und Modelle

Ausgehend von diesen grundsätzlichen Überlegungen zur Rollengestaltung im Umgang mit Konflikten in Beratungssituationen, soll es im Folgenden darum gehen, die **Haltung** des Beraters gegenüber Konflikten zu hinterfragen und **alternative Wahrnehmungen** zugänglich zu machen.

Welche alternativen, hilfreicheren Konfliktwahrnehmungen und Zugänge gibt es? Auf Grundlage welcher Theorien steuert der Berater seine Interventionen? Dazu zunächst ein Blick auf den Konfliktbegriff selbst:

> »Bei zentralen Begriffen lohnt es sich nachzuschlagen, welche Bedeutungsgeschichte sie durchlaufen haben. Der Begriff Konflikt entstammt demnach dem lateinischen Terminus ›conflictus‹ bzw. dem Zeitwort ›confligere‹ und meint ›Zusammenprallen‹. Folglich stellt sich die Frage, was denn da zusammenprallt«[10].

Daran anknüpfend eine Konkretisierung des Begriffes für Personalberatung:

> »Obwohl der Begriff ›Konflikt‹ heute fast ganz und gar in die Alltagssprache eingegangen ist, können wir immer noch etwas von seiner kriegerischen Wurzel und dem ehemaligen Imponiergehabe erahnen. Der Begriff Konflikt bedeutet – grob genommen – den Zusammenprall zweier oder mehrerer widerstrebender Kräfte. Solche Kräfte können innerhalb einer Person (intrapersonal) auftreten, z. B. Verstand und Gefühl oder Wollen und Können, aber auch zwischen Personen (interpersonal), z. B. Einstellungen, Meinungen, Wünsche und Wertungen. Daneben wissen wir von systembedingten Kräften, die innerhalb von Organisationen, Kollektiven und Gruppen aufeinandertreffen können, z. B. Verteilung von Gruppenlohn oder Lohnkonflikt zwischen Arbeitgebern und Gewerkschaften (Inter-Gruppen-Konflikt)«[11].

Damit stellen **Konfliktursache** und **Konfliktverhalten** einen wichtigen Rahmen für die Diagnose als Grundlage von Intervention dar:

Konfliktparteien können unterschiedliche Ziele verfolgen und voneinander abweichende Bewertungen/Beurteilungen haben (ist die Rechtslage so oder so zu interpretieren?). **Rollenkonflikte** sind häufig innere Konflikte. Angemessenes Rollenverhalten unterliegt dem Ermessens- bzw. Verhandlungsspielraum, was eine Vielzahl von unterschiedlichen Möglichkeiten eröffnet. In **Verteilungskonflikten** wird die Aufteilung des Kuchens von den Beteiligten als ungerecht empfunden oder es bestehen unterschiedliche Vorstellungen über die Teilung. Ein Kardinalfehler in der Konfliktbearbeitung ist, davon auszugehen, Konflikte der Beziehungsebene auf der Sachebene austragen zu können – und umgekehrt. Jede zwischenmenschliche Kommunikation hat eine Sach- und eine Beziehungsebene. **Beziehungskonflikte** sind Ausdruck der jeweiligen Persönlichkeit und deren individueller Biografie – und damit meist nur in Anerkennung der jeweiligen Einzigartigkeit des Gegenübers bzw. der Unterschiedlichkeit im Miteinander zu bearbeiten! Die Kategorie des Bedürfniskonfliktes geht davon aus, dass Menschen unter-

10 Vgl. Mahlmann, 2000, S. 17
11 Vgl. Schneider, 1994, S. K3

schiedliche Bedürfnisse in Ausübung ihrer Rollen erfüllen (Beruf als Selbstverwirklichung vs. Broterwerb), die gegenseitig unvereinbar scheinen.

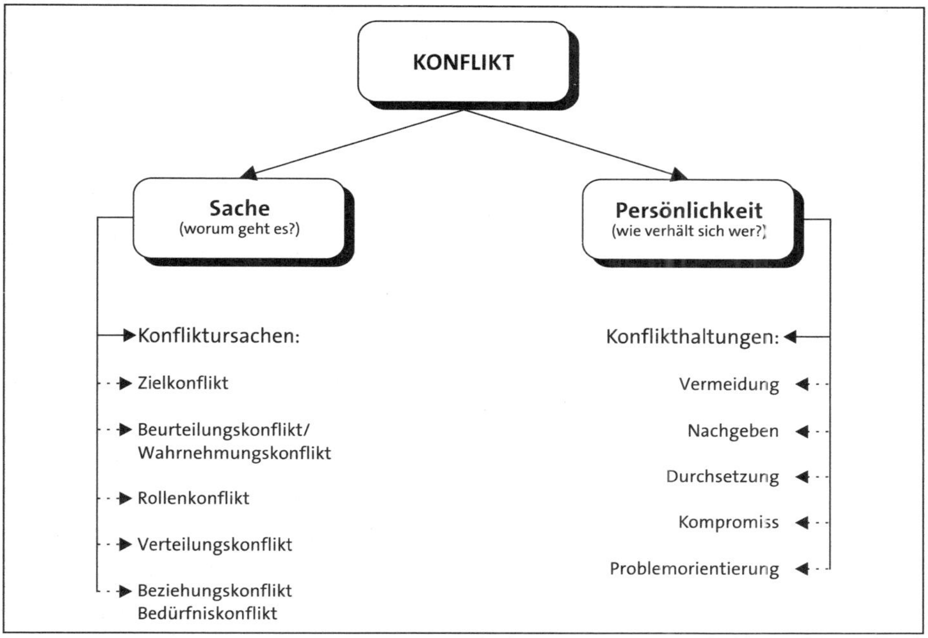

Abb. 6: Konfliktursachen und Konflikthaltung (vgl. u. a. Gehm, 1994, S. 180 ff.; Mahlmann, 2000, S. 105)

Eine weitere wesentliche Annahme und Grundhaltung im Umgang mit Konflikten steckt in der obigen Abbildung 7 und differenzierter in Abbildung 8: Konflikte können nicht gelöst werden – sie können nur bearbeitet werden im Sinne einer *Handhabung* der jeweiligen Situation. Konflikte werden gestaltet oder man verständigt sich über sie. Unterschiedliche Perspektiven können zugänglich gemacht werden oder aber auch nicht. So gesehen ist die *Harmonie* als häufig attraktive Vision im Umgang mit Konflikten nicht viel mehr als das Aushalten der Unterschiedlichkeit, die der Konflikt zum Ausdruck bringt. Vermeidung von Konflikten ist Ausdruck einer geringen Orientierung an Zielen und Bedürfnissen beider Konfliktparteien. Lieber das Thema ganz beiseite lassen als sich auf eine Auseinandersetzung einlassen zu müssen. Ausdruck geringer Selbstwahrnehmung und hoher Orientierung am anderen ist das Nachgeben in Konflikten – Durchsetzung das Gegenteil. Die Möglichkeit, eine »**Win-Win-Situation**« (s. auch Abschnitt 1.7.1.3) herzustellen, bedeutet das Modell der »Kooperation«, in dem eine sehr hohe Problem- bzw. Zielorientierung und außerdem hoher Respekt sich selbst und dem Konfliktgegner/-partner gegenüber existiert. Der Kompromiss gilt als Zwischenstufe. Jeder gibt etwas nach, verliert ein bisschen und gewinnt ein wenig. Die Orientierung am Inhalt und den Personen selbst ist dabei nicht wirklich hoch.

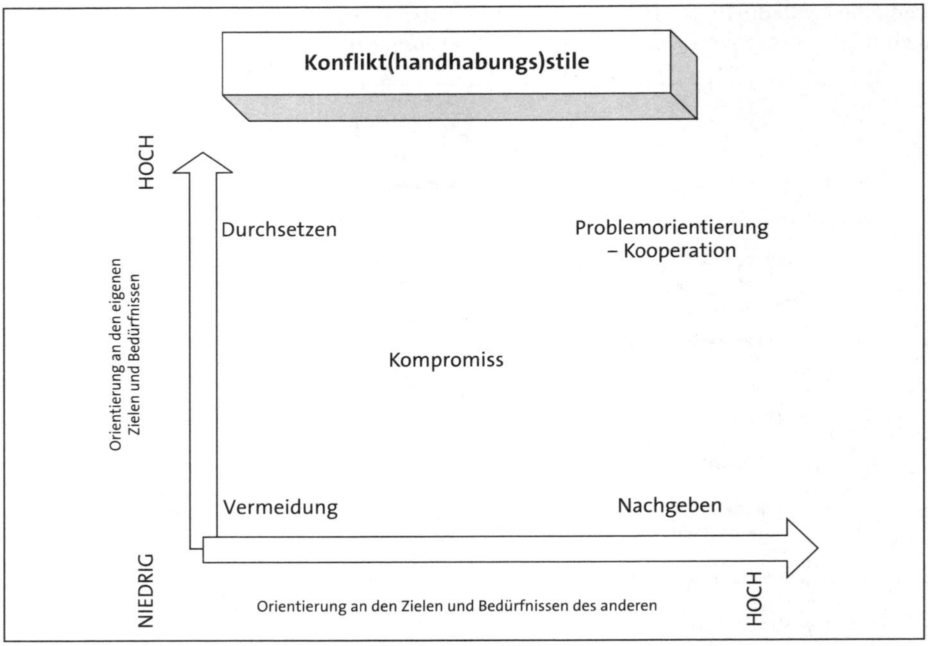

Abb. 7: Konflikthandhabungsstile (vgl. u. a. Gehm, 1994, S. 180 ff.; Mahlmann, 2000, S. 105)

> »Ein Problem ist etwas, das von jemandem einerseits als unerwünschter und veränderungsbedürftiger Zustand angesehen wird, andererseits aber auch als prinzipiell veränderbar«[12].

Diese Aussage von Schlippe/Schweizer führt dahin, dass Konflikte und Probleme als prinzipiell bearbeit- und gestaltbar angenommen werden. Konflikte haben eine Dynamik, die unterschiedliche Entwicklungen ermöglichen. Die wohl am meisten gefürchtete Form der Konfliktentwicklung ist die **Eskalation**. Dazu bietet das 9-Stufen-Modell (von Fritz Glasl) einen hilfreichen Überblick (s. Abb. 8):

In eine entgegengesetzte Richtung als in jene der Eskalation zu blicken, ermöglicht Qualitäten in Konfliktmechanismen zu erkennen. Jedes Problem war irgendwann die Lösung für etwas. Es gilt, die eröffnenden und auf positiven Konfliktumgang gerichteten Parameter im Geschehen zu verorten. Darauf ausgerichtet ist etwa der Ansatz von Wilfried Schley, der in folgender Aussage zum Ausdruck kommt:

12 Vgl. Schlippe v. A./Schweizer, J.: 1998, S. 103
Der Begriff des »Problems« wird hier – ohne scharfe definitorische Trennung – mit dem Begriff des »Konfliktes« annähernd synonym verwendet. Berater sind häufig mit Kunden befasst, die in der Selbstwahrnehmung die Unterscheidung nicht treffen und sich Unterstützung für ein Problem oder einen Konflikt erhoffen. Zum Umgang mit Problemen ist vorwiegend in der therapeutischen Literatur (vgl. u. a. Schlippe/Schweizer, 1998; Ludewig 1992) nachzulesen, der Begriff des Konfliktes findet sich vorwiegend in der Beratungsliteratur (vgl. u. a. Glasl, 2000; Redlich, 1997) und auch im wachsenden Überschneidungsbereich der beiden Disziplinen (vgl. u. a. Simon, 2001). Eine begrifflich saubere Trennung scheint mir an dieser Stelle nicht zielführend/nötig und wird deshalb unterlassen. Die Haltung in Richtung einer Fokussierung auf die Lösung und nicht auf das Problem/den Konflikt erlaubt diese Unschärfe.

»Gemäß dem Verständnis, dass Probleme in sozialen Systemen immer ein Ausdruck des ›Guten zuviel‹ sind, können wir Kultureinseitigkeiten als sich selbst entwertende Übertreibungen diagnostizieren«[13]. Konflikte ergeben sich dann, wenn Menschen in schwierigen Situationen jene Muster verstärken, die für sie ansonsten sehr erfolgreich sind (z. B. wird ein Zuviel an Sachlichkeit und Fachlichkeit zum »kalten Formalismus«, ein Zuviel an Herzlichkeit und Wir-Gefühl zum Harmoniezwang, in dem jeglicher Unterschied als bedrohlich empfunden wird).

Demnach ist die Frage zu stellen: Was ist das Gute im Schlechten – von welcher Qualität ist hier ein Überschuss vorhanden? Einen sinnvollen Konfliktumgang stellt im Suchen der sog. »komplementären Stärkenergänzung« dar. Differenz ist nicht Konflikt (etwa in Arbeitsteams) sondern notwendige Ergänzung und Synergie.

13 Vgl. Schley, 1998, S. 119 ff.

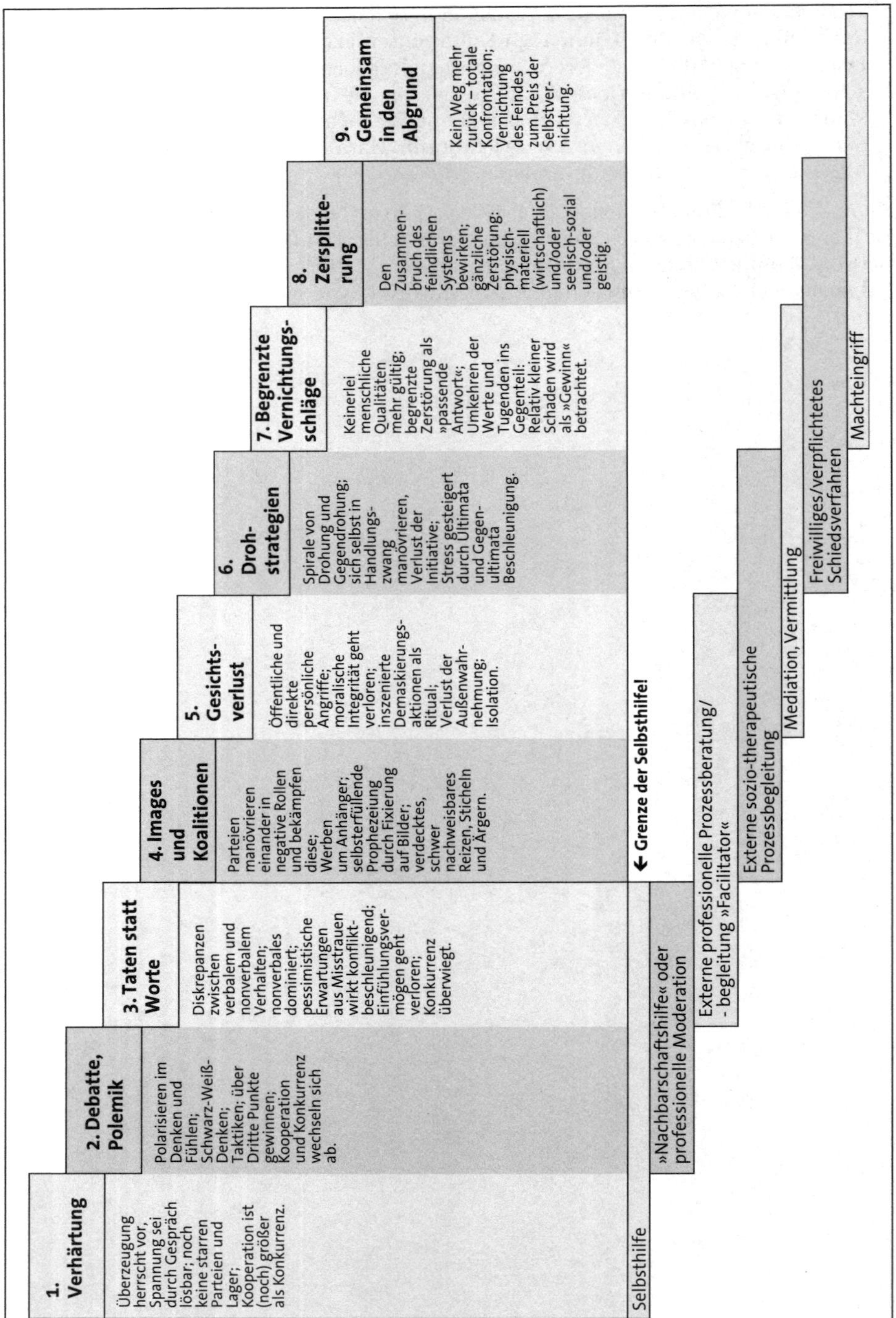

Abb. 8: Stufen der Eskalation und unterschiedliche Formen der Hilfe (Glasl, 2000, S. 114 f. und S. 130)

1.6.2.4.2 Methoden zur Intervention in Konfliktsituationen

Die dritte Grundsäule im Beratungsverhalten ist der **Umgang mit Konfliktsituationen**. Dieses Grundverständnis baut auf den Überlegungen zur Rollengestaltung und zum Konfliktmodell im Hintergrund des Beraters auf und bietet unterschiedliche Umgangsformen. Die wesentlichen Instrumente sind:

- **positive Konnotation:** Bedeutet die Erlangung von alternativen Konfliktzugängen und Deutungsmöglichkeiten. Das Augenmerk wird auf das »Gute im Schlechten« gelenkt.
- **Umdeutung bzw. Reframing:** Bei dieser Methode wird einem Geschehen dadurch ein anderer Sinn gegeben, dass man es in einen anderen Rahmen stellt, einen Rahmen, der die Bedeutung des Geschehens verändert[14].
- **Perspektivenarbeit:** Ziel dieser Methode ist die Erweiterung bzw. Wechsel des Bezugsfeldes. Ein Wechsel in der Perspektive schärft die eigene Wahrnehmung und schult die Fertigkeit, etwas unter anderen Gesichtspunkten zu sehen, zu verstehen und zu formulieren. Sich mit einem anderen Blickwinkel zu befassen, ist eine Grundqualität in der Arbeit mit Konflikten. Nur so wird ein neuer Unterschied in der Konfliktbearbeitung gemacht und somit ein Abwenden von der Spirale der Eskalation möglich.

Das Führen eines **Konfliktgespräches** ist meist der offenste Umgang mit der Situation. Dazu ist eine **Gesprächsstruktur** wie die folgende sehr hilfreich, weilsie dem Gespräch ein Ziel und den Gesprächspartnern Orientierung gibt (s.Abb. 9):

Ist ein Personalreferent mit der Leitung eines **Konfliktbewältigungsgespräches** in der Rolle eines nicht-betroffenen **Konflikt-Moderators** betraut worden (vgl. etwa in der Rolle des Moderators oder Facilitators in Abb. 9), sollte er folgende Regeln beachten (s. auch Abschnitt 1.7.1.2)[15]:

- Beginnen Sie ein Konfliktbewältigungsgespräch nur, wenn es Aussicht auf Erfolg hat!
- Gehen Sie in mehreren Gesprächsterminen schrittweise vor!
- Strukturieren Sie auch jeden einzelnen Gesprächstermin!
- Halten Sie ihre eigene Meinung zurück!
- Versuchen Sie die Konfliktparteien dazu zu bringen, gemeinsam eine Lösung zu finden!
- Haben Sie Geduld!

Ähnlich lauten die Grundhaltungen in der **Mediation**[16]:

- **Überparteilichkeit:** Der Berater unterstützt und bestärkt die Parteien.
- **Akzeptanz:** Der Berater akzeptiert und respektiert die Parteien.

---

14 Vgl. Schlippe/Schweizer, 1998, S. 177

15 Vgl. Gehm, 1994, S. 189

16 Vgl. Dulabaum, 1998, S. 34
Die Grundhaltungen der Mediation korrespondieren stark mit den Beraterqualitäten bzw. Beratervariablen der Akzeptanz, Empathie und Kongruenz (vgl. Bachmair S. et al., 1999, S. 29 ff.) bzw. Glaubwürdigkeit, Authentizität, Emphatie, Akzeptanz sowie kritische Nähe und Distanz (vgl. Salzgeber, 1996, S. 109 ff.). In einem systemischen Beratungsverständnis taucht die Qualität der Emphatie nicht auf, da dabei die für systemische Beratung nötige Distanz für wirkungsvolle Intervention in das beratene System nicht mehr möglich ist – das Risiko von Verstrickungen mit der Situation und dem Kunden nimmt zu. Dafür arbeiten Systemiker mit der Grundhaltung der Neugierde im Sinne eines nicht-wertenden Interesses – entstanden vor dem Hintergrund, dass Wissen »lernbehindert« macht (vgl. Seliger, 2002).

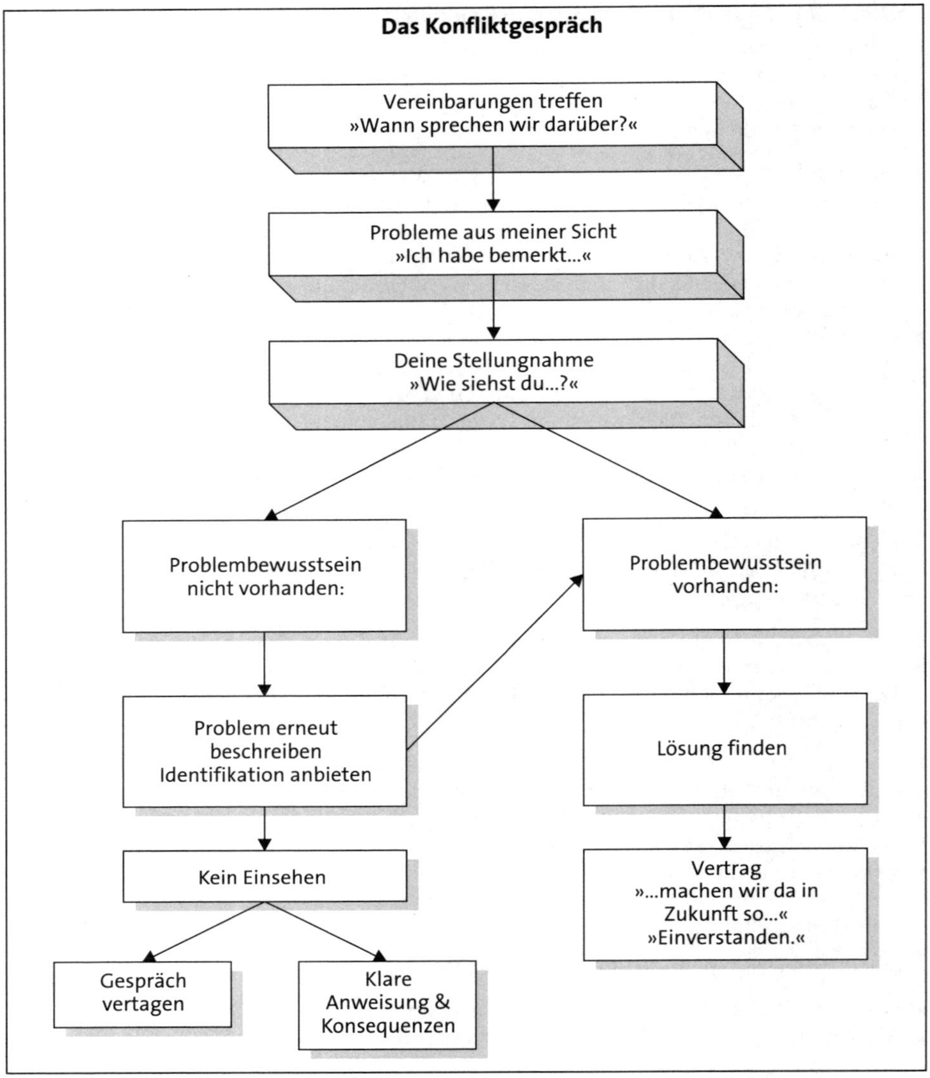

Abb. 9: Gesprächsleitfaden für das Führen eines Konfliktbewältigungsgespräches

- **Anerkennung:** Der Berater interessiert sich für das, was der Gesprächspartner zu sagen hat und nimmt dies ernst und wichtig.
- **Affirmation:** Der Berater schenkt den Parteien immer wieder seine Aufmerksamkeit. Die Gefühle der Parteien sind in Ordnung und erlaubt. Sie haben eine Wahl und der Berater traut Ihnen eine gute Entscheidung zu.

Im sog. »**Neuwaldegger Modell der Dissensbearbeitung**«[17] geht es bei der Bearbeitung von Konflikten nicht um das Erreichen eines Konsenses, sondern um das Managen von

17 Vgl. Königswieser/Patek, 1999, S. 92 ff.

Dissens. Von dieser Haltung wird größere Chance auf eine deblockierende Wirkung und damit auf Kooperation erwartet, als von der Annahme, es könne einen Konsens zwischen Konfliktparteien geben. Damit einher geht der Abschied vom Konsensmythos. In sechs Schritten ist dieses Modell insbesondere in der Begleitung von Konflikten in Organisationen sinnvoll einzusetzen, wenn mehrere Personen bzw. größere Konfliktparteien in das Geschehen involviert sind.

1.6.3 Gesprächsführungstechniken

Das Führen von (Fach)Gesprächen gehört zum Alltag insbesondere in beratenden Berufen. Gesprächsführung ist einerseits eine sehr individuelle und personen- bzw persönlichkeitsabhängige Form von Kommunikation. **»Echtheit«** und **»Glaubwürdigkeit«** sind Kategorien, nach denen gute bzw. schlechte Gespräche beurteilt werden. Die individuelle Empfindung, wie ein Gespräch wahrgenommen wird, ist zumeist von den Gefühlen, die über das Gesprächsklima vermittelt werden, abhängig. Monate nach einem Gespräch erinnern wir uns häufig nicht mehr an den Inhalt – aber wir können noch sehr gut nachvollziehen, mit welchem Gefühl wir aus dem Gespräch gegangen sind. Neben diesen **persönlichkeitsabhängigen Parametern** gibt es recht brauchbare Anregungen zur Gestaltung von Gesprächssituationen gerade im Berufsalltag, die als nützlich einzustufen sind. Sog. **Gesprächsführungstechniken** sind jedoch nicht als Rezepte zu verstehen, die per se passen. Jedes Werkzeug hat einen Wirkungsbereich, für den sein Einsatz sinnvoll und unterstützend ist, und solche, wo es ganz gegenteilige Wirkung auslösen kann. Auch Rezepte sind ohne Studium des Beipackzettels mit Hinweis auf Wirkungen und Nebenwirkungen nicht einzunehmen. Unter diesen Gesichtspunkten sind auch die folgenden Ausführungen zu verstehen. Die dargelegten »Techniken« sind Anregungen aus einem umfangreichen Themenspektrum.

1.6.3.1 Phasen der Gesprächsführung

Die folgenden Ausführungen sollen nicht darüber hinwegtäuschen, dass jedes Gespräch einzigartig und stark geprägt ist von den beteiligten Personen, Thema und Situation/Kontext. Dennoch haben (gute) Gespräche zumeist eine implizite oder explizite Struktur, der sie folgen. Dies lässt sich sehr gut bei all jenen Gesprächssituationen beobachten, die von ihrer Grundgestaltung her bereits strukturiert sind, wie bspw. das Bewerbungsgespräch oder das Mitarbeitergespräch (vgl. auch Abb. 10 Konfliktgespräch). Von diesen Gesprächsformen lässt sich einiges an sinnvoller und nützlicher Struktur abschauen für so manches andere Gespräch, das zunächst diffus erscheint.

Ein erfolgreiches Gespräch unterscheidet sich insbesondere dadurch von einem Erfolglosen, dass es sich bei ihm um ein **echtes Gespräch** und keine Selbstunterhaltung handelt. Dafür können einige Vorkehrungen bereits in der Vorbereitung getroffen werden:

1. Gesprächsvorbereitung

Ziele setzen

Anforderungen an Ziele:
- Präzise beschreiben
- Kriterien für den Erfolg im Erreichen eines Zieles
- Zeitrahmen/Zeitpunkt festsetzen

Sinnvoll:
- Ziel schriftlich festhalten

Achtung:
- Ziel ist nicht Wunsch
- Jemanden überzeugen vs. jemandem seinen Standpunkt klarmachen!

Das Gespräch selbst folgt dann einer bestimmten Struktur. Als sinnvoll hat sich etwa die folgende erwiesen:

2. Phasen des Gesprächs

»Idealphasen«, die so oder in ähnlicher Form in erfolgreichen Gesprächen durchlaufen werden …

Phase	
Kontaktaufnahme	Eisbrecher.
Informationsphase	Reden wir vom selben?
Argumentationsphase	Nur weil wir vom selben reden, müssen wir nicht einer Meinung sein!
Beschlussphase	Erst wenn es zu einem für beide Seiten tragfähigen Beschluss kommt, wird das Gespräch zu einem Gespräch – und bleibt keine »Predigt«.
Abschlussphase	Gespräche brauchen ein klares Ende! Zusammenfassung, Rekapitulieren, Danke! Vom Gespräch bleibt das Gefühl zurück, mit dem das Gespräch beendet wird.

Zur Durchführung von Gesprächen können einige Hilfsmittel eingesetzt werden, die es erlauben, Gespräche effektiver, souveräner und somit auch freundlicher zu führen. Diese sind zunächst nur als Anregungen zu verstehen, die darauf hinweisen, worauf geachtet werden soll, um die gröbsten »Kommunikationsfehler« zu vermeiden[18]:

18 Vgl. Gehm, 1994, S. 71 ff.

3. Gesprächstechniken

Pausen	... um die Wichtigkeit des Gesagten zu unterstützen und Zeit für die Bildung eigener Gedanken zu geben.
Augenkontakt	... steuert!
Rekapitulieren	Zusammenfassen, eigene Worte für das Gesagte finden.
ICH-Aussagen	»Druck erzeugt Gegendruck« - das eigene Erleben in den Mittelpunkt der Aussage stellen (statt bspw. einer Schuldzuweisung und damit einer Du-Aussage); über Ich-Aussagen kann nicht gestritten werden – ihnen kann »nur« das eigene Erleben gegenüber gestellt werden – und damit wird ein In-Kontakt-Kommen wahrscheinlich(er).
Rückmeldungen	»Gesagt ist nicht verstanden« - Rückmeldungen helfen, unterschiedliche Bilder sowie Wahrnehmungen übereinander und über die Situation auszutauschen.
Türöffner	... sind wichtige Hilfsmittel in Gesprächen, in denen wir Macht haben (wenn wir bspw. Vorgesetzte sind); Türöffner in Gesprächen verwenden, in denen wir nicht die Gesprächsführung übernehmen bzw. Diese zeitweilig abgeben wollen.
Gezielte Fragen formulieren	Wer fragt, führt!

Abb. 10.: Phasen der Gesprächsführung

1.6.3.2 Frageverhalten

Insbesondere der letzte Punkt ist für Berater weit mehr als eine Gesprächstechnik. **Gezielte Fragen** zu formulieren, gehört zum Handwerkszeug von Beratern, sie sind *das* (sprachliche) Interventionsinstrument schlechthin. Einen kleinen Einblick in das umfassende Repertoire, mit dem fragend gearbeitet werden kann, sollen die folgenden Beispiele und Kategorisierungshilfen geben:

a) **Fragen zur Analyse der Situation/des Kontextes**[19]
Fragen zur Konkretisierung:
... bspw. einer Bemerkung:
- Könnten Sie mir bitte ein konkretes Beispiel schildern?
- Könnten Sie mir anhand eines konkreten Vorfalles diese Problematik detailliert erläutern?

Fragen zum gedanklichen (theoretischen) Hintergrund:
... bspw. die Bitte um die Begründung einer Maßnahme, die getroffen wurde
- Könnten Sie mir bitte einen Grund nennen, warum diese Maßnahme in der Form eingeführt wurde?
- Was hat Sie zu dieser Reaktion veranlasst?

Fragen zur Systemerweiterung:

19 Vgl. Altrichter/Posch, 1994, S. 70 f.

... bspw. die Bitte, auf die Rolle von Personen oder Ereignissen, die etwas mit dem Problem zu tun haben könnten, aber im Gespräch noch nicht berührt wurden, einzugehen:
- Wie sieht die Mitarbeiterin, die auch von dem Konflikt betroffen ist, die Situation?
- Wie hat der Geschäftsführer/Vorgesetzte reagiert?

b) Fragen als Interventionsinstrument/Systemische Fragetypen[20]
Systemische Fragen:
- sind offene Fragen,
- bringen den Kunden zum Nachdenken und stillen nicht die Neugierde des Beraters,
- fokussieren auf das »Innen« und nicht auf das »Außen«,
- sind niemals Suggestiv-Fragen,
- haben nicht den Charakter, dem Berater Recht zu geben, sie lassen die Antwort offen,
- sind häufig Gegenfragen.

Fragetypen

Ziel- und lösungsorientierte Fragen:

Ziel: Den Gesprächspartner zu einer positiven Ziel- und Lösungshaltung bringen
Bsp.:
- Woran würden Sie merken, dass Sie Ihr angestrebtes Ziel erreicht haben?
- Haben Sie in der Vergangenheit schon irgendwelche Erlebnisse gehabt, die Sie auch nur ein wenig an die Zielerreichung erinnern?

Verhaltens- statt Situationsfragen stellen

Ziel: Aus (schwer bewegbaren) Situationen (flexible) Verhaltensänderungen schaffen.
Bsp.:
- Was tut jeder Einzelne dazu, um diese Situation herbeizuführen?
- Wie können Sie dazu beitragen, dass dieser Mensch ein anderes Verhalten zeigen kann?

Fragen nach Unterschieden

Ziel: Differenzierung schaffen.
Bsp.:
- Welche Verhaltensweise werden Sie beibehalten, wenn Sie Ihr Ziel erreicht haben, welche werden Sie aufgegeben haben?
- Wenn Sie die Intensität dieses Konfliktes auf einem Thermometer darstellen müssten, das zwischen 15° und 42° C anzeigt ... (Skalenfragen).

Beschreibende, erklärende und bewertende Fragen

Ziel: Verdeutlichung von Beschreibungs-, Erklärungs- und Bewertungsalternativen.
Bsp.:
- Wie können Sie sich das Zustandekommen dieser Situation auch anders erklären?
- Wie könnte ein »Außenstehender« dieses Ergebnis bewerten?

Fragen nach Mustern

Ziel: Wiederholte Handlungsweisen aufdecken und verändern.
Bsp.:
- Was tun Sie genau der Reihe nach, damit dieses Problem entsteht? Was tun andere als Aktion bzw. Reaktion?
- Welche Schritte müssten Sie weglassen/dazunehmen, damit der Konflikt gar nicht entsteht?

20 Vgl. Radatz, 2000, S. 170 ff.

Dissoziierende Fragen

Ziel: Senken von Emotionen beim Gesprächspartner.
Bsp.:
- Woran würde Ihr Gegenüber merken, dass der Konflikt gelöst ist?
- Was würde Ihr Vorgesetzter/irgendjemand Außenstehender genau in einer derartigen Situation tun?

Zirkuläre Fragen

Ziel: Verknüpfung zwischen unterschiedlichen, komplexen Handlungsnetzen verdeutlichen.
Bsp.:
- Was würde ein Außenstehender über die Beziehung zwischen Ihnen und Ihrem Mitarbeiter sagen?
- Welche Auswirkung hätte es auf die Arbeitsleistung der Abteilung, wenn Sie und Herr Müller sich weiterhin keine Informationen geben?

Hypothetische Fragen

Ziel: Versetzen des Gesprächspartners in die Lösungssituation und Prüfung deren Wirkung.
Bsp.:
- Angenommen, Sie verhalten sich ab sofort kooperativ: wie würden Ihre Mitarbeiterinnen reagieren?
- Angenommen wir würden Ihre Mitarbeiterinnen in die Frage miteinbeziehen: was wäre diesen wichtig?

Paradoxe Fragen

Ziel: Den Gesprächspartner zur Aufgabe des als problematisch bewerteten Handlungsmusters einladen.
Bsp.:
- Wie können Sie es schaffen, genauso weiterzumachen wie bisher?
- Wie müssten Sie sich im Team weiterhin verhalten, um von den anderen keinesfalls als »Teamleiterin« anerkannt zu werden?

»Verrückte« Fragen

Ziel: Neue, innovative Handlungsweisen anregen.
Bsp.:
- Woran würde Ihr Auto beim morgendlichen Wegfahren auf dem Weg ins Büro erkennen, dass Sie Ihr Ziel erreicht haben?
- Welches Feedback würde Ihnen Ihr Stuhl geben – wenn er sprechen könnte – über die Qualität des eben geführten Gespräches?

1.6.3.3 Aktives Zuhören

Aktives Zuhören ist eine Gesprächsform die es erlaubt, von der Ebene eines oberflächlichen und manchmal unverbindlichen Gespräches an die wichtige Information des Gesprächspartners und an dessen Gedanken heranzukommen. »Aktives Zuhören stellt die höchste und schwierigste Qualität des Zuhörens dar. Sie erbringt aber den größten Gewinn an Informationen, an Verständnis und an Ergebnissen. Präzise Kommunikation ist beim aktiven Zuhören wahrscheinlicher als bei jeder anderen Form des Zuhörens«[21]. Durch aktives Zuhören werden sowohl Sprecher als auch Zuhörer im Gespräch aktiviert. Der Zuhörer will umfassend verstehen, was der Sprecher sagt. Was davon angekommen und tatsächlich verstanden wird, wird wiederum ins Gespräch eingebracht, so dass Sprecher und Zuhörer durch die erfolgte Rückmeldung abgleichen können, ob das Gesagte im

21 Vgl. Cole, 1999, S. 135

Sinne des Sprechers »richtig« verstanden wurde. Aktives Zuhören umfasst jedoch weit mehr, als rückfragen:

Aktives Zuhören umfasst:

- für angenehme Rahmenbedingungen im Gespräch sorgen,
- Störungen ausschalten,
- genügend Zeit zur Verfügung stellen,
- strukturiert vorgehen (vgl. Phasen im Gespräch), damit Raum und Sicherheit für ein persönliches und intensives Gespräch gegeben sind,
- den Gesprächspartner ausreden lassen, nicht unterbrechen,
- Rückfragen zu den Informationen des Gesprächspartners stellen,
- offene Fragen stellen,
- möglichst keine Wertungen zu den Ausführungen des Gesprächspartners abgeben,
- Aufmerksamkeit und Interesse auch auf der nichtsprachlichen Ebene zeigen (durch Blickkontakt, Kopfnicken, eine offene und dem Gesprächspartner zugewandte Körperhaltung),
- rekapitulieren,
- Türöffner verwenden,
- vor allem aber: Pausen aushalten, damit der Gesprächspartner Zeit hat, seine Gedanken offen zu legen.

1.6.4 Regeln der Feedbacktechnik

In den vorangegangenen Ausführungen ist bereits öfters darauf hingewiesen worden, dass es in der Beratungs- und Kommunikationssituation nicht nur wichtig sondern höchst effektiv und sinnvoll ist, Rückmeldungen zu geben und zu erhalten. Diesen **kommunikativen Rückkoppelungsprozess** bezeichnet man als **Feedback**. Der ursprünglich aus der Kybernetik stammende Begriff bedeutet soviel wie »Rückfütterung von Information«[22]. Die Entwicklung des sozialwissenschaftlichen Feedback-Konzeptes beginnt im Jahre 1946.

Rückmeldung oder Feedback zu geben, heißt vor allem, **Lernchancen zu bieten**. Gelernt wird am Erfolg (Stärken stärken) und auch an Kritik (Schwächen schwächen). Ziel sollte es sein, Rückmeldung so zu geben, dass die Gesprächspartner darin Lösungsmöglichkeiten und Handlungsspielräume sehen, wie sie ihre berufliche (und persönliche) Entwicklung positiv verstärken können (»was kann ich tun?«). Dabei beschreibt der Feedback-Geber dem Feedback-Empfänger das von ihm beobachtete Verhalten und teilt dazu mit, wie dieses auf ihn selbst wirkt, welche Gefühlsresonanz es bei ihm auslöst. Er kann auch einen Wunsch oder einen Vorschlag äußern, wie das Verhalten ggf. verändert werden könnte. Der Feedbacknehmer öffnet sich, um die Mitteilung des Gegenübers aufzunehmen. Er reagiert auf Feedback nicht mit einer Rechtfertigung oder Entgegnung. Im Gegenteil: Feedback wird zunächst einfach angenommen, wie ein »Geschenk«.

Im Zusammenhang mit Rückmeldungsprozessen hat das **Vier-Felder-Schema** von Joe Luft und Harry Ingham (Luft 1970) unter der Bezeichnung des Johari-Fensters große Verbreitung erlangt. Es unterscheidet vier Verhaltensbereiche von Personen und Interaktion[23] (s. Abb. 11):

22 Vgl. Fengler, 1998, S. 12
23 Vgl. Fengler, 1998, S. 16 ff.

»Selbstmitteilung und Feedback stehen in einem Wechselverhältnis. Wer etwas von sich mitteilt, tritt deutlicher hervor und kann ein Feedback erhalten. Wer ein Feedback erhält, wird in der Art, wie er darauf reagiert, etwas über sich mitteilen. Gemeinsam führen sie dazu, dass der Bereich des wechselseitigen Sich-Verstehens größer wird«[24]. Sich derart im Gespräch näher zu kommen, bedeutet, etwas von sich selbst zeigen und hergeben – um dafür auch einiges zurück zu bekommen.

Für das Geben und Erhalten von Feedback gelten einige Regeln, die sicherstellen sollen, dass Feedback Aussicht auf Erfolg hat. Durch das Einhalten dieser Regeln werden Menschen ermutigt, Feedbackprozesse in ihr eigenes Kommunikationsverhalten aufzunehmen und damit eine wichtige Quelle des Lernens auch im Alltag zu erschließen. Barbara Langmaack und Michael Braune-Krickau haben diese Regeln für Praktiker gut einsetzbar zusammengestellt[25]:

- Feedback sollte das Geschehen und die eigene Reaktion darauf beschreiben und dabei Verurteilungen oder Anklagen vermeiden.
- Feedback sollte sich auf konkrete Geschehnisse beziehen und Verallgemeinerungen vermeiden.
- Feedback ist nur sinnvoll, wenn es sich auf Verhaltensweisen bezieht, die der andere verändern kann.
- Feedback ist keine Aufforderung zur Selbstkritik.
- Die Entscheidung, Feedback zu geben oder nicht, bezieht auch die Bedürfnisse und den Zustand des Empfängers mit ein.
- Auch die Menge der Information, die mit dem Feedback verbunden ist, muss angemessen sein. Weniger ist eher mehr.
- Ein Feedback ist kein Gang durch die Ahnengalerie. Es soll möglichst bald nach dem aktuellen Geschehen erfolgen und sich darauf konzentrieren und nicht noch alle früheren Vorfälle hineinpacken.
- Feedback bezieht sich auf *Handlungen* des anderen und nicht auf seine persönlichen Eigenschaften. Der Feedback-Geber kann jemandem mitteilen, dass er viel geredet hat. Er soll ihm nicht sagen: Du bist ein Vielredner.
- Feedback bezieht sich auf hilfreiche Verhaltensweisen ebenso wie auf störende. Es ist oft leichter und schneller realisierbar, hilfreiche Verhaltensweisen bei sich selbst zu verstärken, als störende abzubauen.

Eine andere, sehr praktikable Feedback-Regel ist das sog. **»WWW-Feedback«:**

- **W**ahrnehmung – Was nehme ich an Dir wahr, welches Verhalten habe ich beobachtet?
- **W**irkung – welche Wirkung erzeugt dieses Dein Verhalten bei mir?
- **W**unsch – welche Veränderungsmöglichkeiten sehe ich bzw. wünsche ich mir?

Mit dieser Form lässt sich in Beratungs-, Lern- und Trainingssituationen sehr schnell und effektiv arbeiten.

24 Vgl. Fengler, 1998, S. 17
25 Vgl. Langmaack/Braune-Krickau, 2000, S. 171 f.

- **Öffentliche Person – Bereich des gemeinsamen Wissens**
  Hier kennt der Mensch sich selbst und ist für die anderen transparent.

- **Privatperson – Bereich der Zurückhaltung**
  Manche Aspekte seines Selbst, die der Mensch recht gut kennt, macht er anderen nicht ohne weiteres zugänglich.
  Durch Selbstmitteilung wird dieser Bereich aber sichtbar.

- **Blinder Fleck**
  Weitere Aspekte der Person werden von anderen Menschen deutlich gesehen, während es dem Menschen selbst an Selbsteinsicht fehlt.
  Hier ist Feedback oft eine gute Hilfe.

- **Unbekanntes – Bereich des Unbewussten**
  Weder der Betreffende selbst noch andere Menschen haben hier einen unmittelbaren Zugang. Jedoch lehrt die Erfahrung, dass Selbstbeschäftigung und Begegnung auch in diesem Bereich vieles in Bewegung bringen kann.

Johari-Fenster:

Verhaltensbereich	mir selbst bekannt	mir selbst unbekannt
anderen bekannt	**A** **Öffentliche Person**	**C** **Blinder Fleck**
anderen unbekannt	**B** **Privatperson**	**D** **Unbekanntes**

Abb. 11: Verhaltensbereiche von Personen und Interaktion

1.6.5 Einsatz der Reflexionstechnik

Die laufende **Auseinandersetzung mit dem eigenen Rollenselbstverständnis** ist ein zentrales Merkmal professioneller Arbeit (vgl. Abb. 3). Gerade diese Auseinandersetzung bedeutet intensive Reflexion, die Beschäftigung und die laufende Klärung von wichtigen Fragen wie:

- Was ist mein Auftrag als Berater, Mitarbeiter, Vorgesetzter ...?
- Unter welchen Annahmen über die Umwelt und die Menschen übe ich diesen Beruf aus?
- Welche Werte und Grundorientierungen leiten mich in meiner Arbeit (meist ganz unbewusst)?
- Wo sind die Grenzen meiner Arbeit? Wie definiere/markiere ich diese Grenze?
- Wie trete ich mit meinen Kunden und Partnern in Kontakt?
- ...

Die hier beschriebene Form der Reflexion beschreibt ein **Innehalten** in der Tätigkeit, ein **Heraustreten aus der Rolle**, um aus der Distanz Klarheiten und Einsichten in diese zu gewinnen. Eine große Offenheit den möglichen Antworten gegenüber ist Voraussetzung dafür. Der Reflexionsgehalt selbst ist dabei immer ein zweifacher: Zum einen erfolgt er *personenbezogen*, wirft das Individuum also auf sich selbst zurück – in einer Form von

Selbstbeobachtung des eigenen Denkens und Handelns. Zum anderen ist die Reflexion stets Auslöser für weitere *Fragen*, deren Antworten *außerhalb der Person* zu suchen sind (wie verhalten sich andere Menschen in dieser Situation? Welche Antworten geben Experten? Welche Aussagen finden sich in Fachpublikationen zu dieser meiner Frage? Kann ich Analogien dazu bilden?...). Die damit in Gang gesetzten Reflexionsprozesse bezeichnen ganz wesentliche Fähigkeiten, die der Mensch für das autonome Zurechtfinden in komplexen Situationen braucht[26]!

Menschen in unternehmerisch organisierten Institutionen sind das nicht gewohnt. Sie orientieren sich an Zielen und Aufgaben. Für Reflexion ist nur sehr bedingt Zeit und Raum vorgesehen. Sie verfügen kaum über Methodik. Für qualitätsvolles[27] Reflektieren braucht es alle drei Faktoren! Einige Ideen dazu im Folgenden.

1.6.5.1 Reflexion durch Thematisieren der Vergangenheit, der Gegenwart und der Zukunft

Reflexion bedeutet, sich mit der eigenen Person, dem eigenen Denken und Handeln sowie mit dessen Wirkung zu beschäftigen bzw. **aus dem Handlungsfluss herauszutreten**, inne zu halten und dabei Neues zu erkennen. Damit geschieht auf der Zeitachse folgendes: In der Gegenwart, dem Hier und Jetzt, einen Stop einlegen – meist verursacht durch einen speziellen Moment, der dazu Anlass gibt. Im gezielten Blick zurück wird ein Erlebnis zur Erfahrung verdichtet, indem Verknüpfungen zwischen **Selbstbeobachtung**, **Analogien** und weiteren **Informationen** hergestellt werden. Diese Erfahrung entsteht immer mit Hinblick auf eine Zukunft, in der Handlungen getätigt werden, die wiederum auf den Erfahrungen der Vergangenheit beruhen. Effektive Reflexion orientiert sich an diesem zeitlichen Muster und nutzt es für bewusste Lernschritte, die darauf aufgebaut sind. Ein Modell zum Arbeiten damit könnte – aufbauend auf den Frageformen oben – folgendermaßen lauten:

---

26 Vgl. Gütl, 2002, S. 168 ff.

27 Qualitätssicherungsinstrumente wie EFQM (s. hierzu auch Abschnitt 1.3.3.5) oder ISO zielen mit ihren Maßnahmen auch darauf ab, die in Unternehmen routinemäßig hinterfragten Prozesse und Abläufe einer kritischen Reflexion zu unterziehen. In all diesen Prozessen zur Qualitätsentwicklung und Qualitätssicherung ist die Selbstbeobachtung ein zentrales Instrument im Erfassen von Möglichkeiten der Prozessoptimierung.

Fragen zum Raum/Kontext	*Verknüpfungen herstellen zu Ressourcen der Vergangenheit; Suche nachErklärungen und Beschreibungen*	*Das Hier-und-Jetzt zugänglich machen* *Bewusstmachungsprozesse der momentanen Situation; Aufspüren von Bewertungen; Innensicht/Außensicht zur Situation; Ressourcen*	*Auslösen von Suchprozessen – Suche nach neuen Mustern und Ermöglichen neuer Perspektiven*
	• Wie haben wir dieses oder ähnliche Probleme in der Vergangenheit gelöst? • Was waren Highlights? • Wie lange exisitiert dieses Problem bereits?	• Was beschäftigt mich momentan? • Welche Gefühle spüre ich in mir? • Was ist die Irritation, dieAnlass gibt, inne zu halten? • Wie würden andere die momentane Situation beschreiben? • Welche Ressourcen stehen zur Verfügung?	• Was müsste ich tun, damit diese Situation auch in Zukunft wieder in der Form auftritt? • Wie stelle ich mir den erfolgreichen Umgang mit dieser Problemsituation in einem Jahr vor?
	Vergangenheit	**Gegenwart**	**Zukunft**
Fragen zur zeitlichen Dimension			

Abb. 12: Fragenmodell

Eine Möglichkeit mit diesem Modell zu arbeiten, ist etwa die Methode der **Fieberkurve**, in der zunächst die Befindlichkeiten auf einer Zeitachse in Form von Höhen und Tiefen wie in einer Fieberkurve aufgezeichnet werden. Anschließend werden die Spitzen benannt und ihnen werden markante Ereignisse und dadurch ausgelöste Resonanzen zugeschrieben. Dieser zunächst vergangenheitsorientierte Zugang erfährt eine hypothetische Fortschreibung in die Zukunft – eine Mischung aus einem wünschenswerten und realistischen Bild – aus dem abgeleitet dann Planungen erfolgen können.

1.6.5.2 Reflexion mit Hilfe anderer Verfahren

Reflexionsinstrumente **müssen passen**. Da die Reflexion eben sehr personenbezogen ausgerichtet ist, muss auch das Werkzeug, das dies zugänglich macht, dieser entsprechen. Als Möglichkeit für Menschen, die sehr offen und reflexionsgeübt sind, ist das **Tagebuch**[28] ein hilfreiches Instrument der prozess- und entwicklungsbegleitenden kontinuierlichen Reflexion. Sie können dabei zum »Qualitätssicherungsinstrument der eigenen Professionalität« ausgebaut werden. Dabei sollen Eintragungen nicht die Protokollierung von Arbeits- oder Denkprozessen darstellen, sondern Besonderheiten Ausdruck verleihen. Festgehalten wird alles, was einen bewegt, was Ursprung des Innehaltens ist. Welche Gefühle, Interpretationen und Bewertungen werden dabei deutlich, welche Erklärungen finden sich in der Situation? In einem ersten Schritt geht es vor allem darum, was ist und wahrgenommen wird, auszudrücken. In weiteren, zeitlich oft verzögerten **Auswertungsschleifen** wird dann eine Art **Quintessenz** herausgearbeitet, die der gegenwärtigen Situation und der bevorstehenden Zukunft gerecht wird. Oder aber es erfolgt eine **thematische Verdichtung**: dann werden sämtliche Aspekte zu einer speziellen Frage zusammengetragen und dieser entsprechend ausgewertet. Tagebücher sollen anregen,

28 Vgl. Altrichter/Posch, 1994, S. 18 ff. und Gütl, 2002, S. 35 ff. sowie Kriz/Nöbauer, 2002, S. 120 ff.

Neugierde für bestimmte Themen zu wecken und daraus auch (berufliche und persönliche) **Entwicklungsschwerpunkte** abzuleiten. Umgekehrt jedoch kann sich auch im Berufsalltag ein konkreter »Forschungsschwerpunkt« herauskristallisieren, der in Form eines Lerntagebuches kontinuierlich begleitet und derart einer gezielten Reflexion unterzogen wird.

Eine weitere – im Unterschied zum Tagebuch bereits hoch strukturierte – Reflexionsmethodik sind spezifische **Reflexions(frage)bögen**, die der Situation, den Personen und dem Lernziel entsprechend angefertigt werden. Ein Beispiel für die Reflexion eines eingeschlagenen Lösungsweges im Kontext einer Beratungssituation zeigt folgender Bogen[29]:

Reflexionsbogen zur Umsetzung des Lösungsweges
Meine spontanen Gefühle und Gedanken zur Umsetzung meines Lösungsweges – was empfindet der »Bauch«:

Meine Überlegungen zur Umsetzung meines Lösungsweges – was denkt der Kopf?

- Heute ist der (Tag, Datum) ....
  - Es ist .... Uhr

Ich erinnere mich an folgende Situation:

Dabei fühlte und dachte ich:

Jetzt fällt mir dazu ein:

Hieraus ziehe ich die folgenden Konsequenzen für den nächsten Umsetzungsversuch:

Wie gut erinnere ich mich an die geschilderte Situation:
☐ Sehr schwach
☐ Schwach
☐ Eigentlich ganz gut
☐ Sehr genau

29 Vgl. Mutzek, 1999, S. 149

Auf keine spezielle Lösung, sondern auf die gezielte Reflexion praktischer Arbeitssituationen zielt folgendes Hilfsmittel ab[30]:

Reflexionsbogen zur strukturierten Reflexion von Praxiserfahrungen
Heute ist der .... – es ist .... Uhr

1. Wenn ich mich an mein Vorhaben erinnerte, meine Handlungsschritte umzusetzen, was dachte und empfand ich dabei?
2. Mit wem und unter welchen Bedingungen konnte ich einen oder mehrere Handlungsschritte umsetzen? – oder: Was hat mich davon abgehalten, einen Handlungsschritt (auch nur ansatzweise) zu realisieren?
3. Was war für mich in der Umsetzung dieser praktischen Handlung hilfreich und wichtig?
4. Was empfand ich als hinderlich und störend?
5. Wie haben meine Arbeitskollegen oder andere von der Situation Betroffene bzw. Außenstehende diese Vorgehensweise erlebt?
6. Welchen Veränderungsbedarf leite ich daraus für mein Vorgehen in Zukunft ab?

1.6.5.3 Veränderung des Bezugsrahmens mit Hilfe von Metaphern

Die Arbeit mit **Metaphern** ist in Beratungssituationen sehr hilfreich, da sie neue Zugänge und Interpretationen ermöglicht. »Ziel der Metapher-Entwicklung ist die **Dissoziierung des Kunden** von seiner Situation hin zu einem Bild, das er einfacher und mit mehr Leichtigkeit verändern/gestalten kann: Bilder nehmen einer Situation oft viel von ihrer Schwere«[31]. Die Arbeit mit Metaphern setzt **Sinnfindungsprozesse** in Gang, die deshalb möglich sind, weil es auf den ersten Blick nicht unbedingt klar ist, worum es geht. Das können Witze sein, Geschichten, Cartoons, Bilder oder Rituale. So wird häufig für die Beschreibung von aktuellen Gefühlslagen die Beschreibung einer Wettersituation bemüht. Metaphern sind dann plötzlich Menüzusammenstellungen, Wegbeschreibungen, Autos ... Die Fundgrube ist unendlich! Kreativität darf sein!

Eine hilfreiche Struktur zum Einsatz von Metaphern in der Beratung schlägt Sonja Radatz[32] vor – insbesondere für Situationen, in denen der Kunde stark verstrickt und mit der Situation assoziiert ist:

30 Vgl. Mutzeck, 1999, S. 151
31 Vgl. Radatz, 2000, S. 226
32 Vgl. Radatz, 2000, S. 226 f.

1. **Problembeschreibung:**
   a. Worum geht's?
   b. Wenn Sie dies in einem Bild ausdrücken würden, welches Bild wäre es?
   c. Was sehen Sie an diesem Bild, das Sie stört?
   d. Was sehen Sie an diesem Bild, das Sie nachdenklich macht?
   e. Was sehen Sie an diesem Bild, das Ihnen – übertrieben gesagt – sogar gefällt?
2. **Zielerarbeitung:**
   a. Was ist Ihr Zielbild?
   b. Welches Bild sollte entstehen?
3. **Auftragserarbeitung:**
4. **Lösungsfokussierung:**
   a. Woran würden Sie als erstes erkennen, dass sich Ihr Bild verändert?
   b. Was sollte sich am Bild rasch verändern, was kann noch ein wenig warten?
   c. Was schätzen Sie so sehr am neuen Bild (Zielbild)?
   d. Nehmen wir an, das neue Bild gibt es schon und Sie schauen zurück und sehen aus den Augenwinkeln heraus noch das alte Bild, das aber schon mehr und mehr verblasst. Was haben Sie getan, wodurch das neue Bild entstanden und das alte verblasst ist?
5. **Lösungsgestaltung:**
   a. Was tun Sie auf dem neuen Bild? Was tun Sie, was Sie vorher nicht getan haben? Was tun Sie jetzt anders?
   b. Wie reagieren die anderen darauf?
   c. Was ist es, das Sie an dem neuen Bild so sehr schätzen?
   d. Angenommen, Sie würden ab morgen früh ganz einfach so tun, als gäbe es das neue Bild schon – wie würden die anderen reagieren?
   e. Und wie müssten Sie dann reagieren, damit dieses neue Bild erhalten bleibt?
   f. Wie können Sie nun das neue Bild auf Ihre konkrete Situation übertragen? Was bedeutet das Bild, bezogen auf Ihre Situation?
6. **Maßnahmen:**
   a. Was tun Sie gleich morgen, um Ihrem Bild ein kleines Stück näher zu kommen?

1.6.6 Schlussbemerkung

Jeder Beratungsprozess, jedes Gespräch – all die hier beschriebenen Prozesse – sind dadurch gekennzeichnet, dass sie einer mehr oder weniger klaren Struktur folgen: sie haben einen Beginn (Einstieg, Auftragsklärung, Anliegenklärung), eine Art Hauptteil (Diagnose und Intervention in der Beratung, Argumentations- und Informationsphase im Gespräch) und sie brauchen ein klares und definiertes Ende (in der Beratung Maßnahmenplanung und Ausblick – im Gespräch Beschluss – und Abschlussphase). In allen Kontexten jedoch gehört zu einem *guten* Ende eine Art **Rückblick, Zusammenfassung und Evaluation**.

Literatur:

Altrichter, H./Posch, P.: Lehrer erforschen ihren Unterricht, Bad Heilbrunn, 1998.
Antons, K.: Praxis der Gruppendynamik, Göttingen, 2000
Bachmair, S. et al. Beraten will gelernt sein – ein praktisches Lehrbuch für Anfänger und Fortgeschrittene, Weinheim, Basel, 2001
Cole, K.: Kommunikation klipp und klar, Weinheim, Basel, 2003

Dulabaum, N.: Mediation: Das ABC; Die Kunst, in Konflikten erfolgreich zu vermitteln, Weinheim, Basel, 2003
Fengler, J.: Feedback geben; Strategien und Übungen. Weinheim, Basel, 2002
Gehm, T.: Kommunikation im Beruf. Weinheim, Basel, 1999
Glasl, F.: Selbsthilfe in Konflikten – Konzepte, Übungen, praktische Methoden, Bern, 2000
Günther, U./Sperber, W.: Handbuch für Kommunikations- und Verhaltenstrainer. München, Basel, 2000
Gütl, B.: Lernen – eine individuelle Entdeckungsreise. Lernen unter den Bedingungen einer modernen Welt – Schlussfolgerungen für die Konzeptentwicklung und die Formulierung von Zielsetzungen für Lernveranstaltungen sowie Anregungen für deren Reflexion und begleitendes Verstehen, Dissertation. Innsbruck, 2000
Innerhofer, C./Innerhofer, P./Lang, E.: Das Beratungsgespräch in: Handbuch für Personalentwicklung und Training – 62. Ergänzungslieferung, Oktober 2000, S. 1 bis 12, Köln, 2000
Königswieser, R./Patak, M.: Konfliktintervention, Ein Neuwaldegger Modell in: Journal für Schulentwicklung, 2/1999, Konfliktmoderation: S. 92–97, Innsbruck, Wien, 1999
Kriz, W./Nöbauer, B.: Teamkompetenz, Konzepte, Trainingsmethoden, Praxis, Göttingen, 2002
Langmaak, B./Braune-Krickau, M.: Wie die Gruppe laufen lernt, Weinheim, Basel, 2000
Ludewig, K.: Systemische Therapie, Grundlagen klinischer Theorie und Praxis, Stuttgart, 1997
Luft, J: Einführung in die Gruppendynamik, Stuttgart, 1986
Mahlmann, R.: Konflikte managen – psychologische Grundlagen, Modelle und Fallstudien, Weinheim, Basel, 2001
Mutzeck, W.: Kooperative Beratung, Weinheim, 1999
Radatz, S.: Beratung ohne Ratschlag; Systemisches Coaching für Führungskräfte und BeraterInnen. Wien, 2002
Reddy, M.: Mitarbeiter beraten – Kollegiale Hilfe zur Selbsthilfe, Weinheim, Basel, 1997
Redlich, A.: Konfliktmoderation, Hamburg, 2004
Riemann, F.: Grundformen der Angst, München, Basel, 2002
Salzgeber, G.: Reflexion (in) der Praxissituation im Projektstudium Betriebspädagogik. Eine »Lehr-Geschichte« zur Ausbildung von Studierenden im Umgang mit komplexen, unsicheren, einzigartigen, wert- und interessensbeladenen Praxissituationen. Dissertation. Innsbruck, 1996
Schley, W.: Teamkooperation und Teamentwicklung in der Schule. in: Altrichter, H.; Schley, W.; Schratz, M. (Hrsg). Handbuch zur Schulentwicklung, S. 111–159. Innsbruck, 1998
Schlippe v., A.; Schweizer, J.: Lehrbuch der systemischen Therapie und Beratung, Göttingen, 2003
Schneider, H.: Glossar zum Handbuch für Personalentwicklung und Training. in: Handbuch für Personalentwicklung und Training – 21. Ergänzungslieferung Juli 1994, S. 200 S K3. Köln, 1994
Schwarzer, C./Posse, N.: Beratung. in: Weidenmann, B.; Krapp, A.; et al. [Hg]. Pädagogische Psychologie, Weinheim, Basel, 2001
Seliger, R.: Systemische Beratung; Ausbildung am Institut Simon, Weber & Friends. Ausbildungsunterlagen, Heidelberg, 2002
Simon, F. B.: Tödliche Konflikte, Heidelberg, 2004
Stähle, W.: Management, München, 1999
Titscher, S.: Professionelle Beratung; Was beide Seiten vorher wissen sollten, Bielefeld, 2001
Willke, H.: Systemisches Wissensmanagement, Stuttgart, 2001

Dr. Brigitte Gütl

1.7 Präsentations- und Moderationstechniken einsetzen

1.7.1 Moderationsmethode als Teamarbeit

Die Moderationsmethode ist kein Allheilmittel, mit der sich Gruppen zur effektiven, zufrieden stellenden und zielgerichteten Zusammenarbeit verführen lassen. Dieser Hinweis ist wichtig, weil gelegentlich Führungskräfte in der Wirtschaft durch Moderation den täglichen Besprechungsfrust oder ungenügende Ergebnisse von Teamarbeit – »Viele gehen hinein und nichts kommt heraus« – beseitigen möchten. Also ertönt der Ruf nach dem Moderator. Kommt dann die Moderationsmethode wirklich zum Einsatz, geschieht das leider oft unter ungünstigen Bedingungen: hoher Zeitdruck, wenig Spielraum für die Gruppe, etwas Neues zu erarbeiten etc. Das Ergebnis ist Frust bei den Teilnehmern und eine in manchen Unternehmen zu beobachtende Antihaltung gegen das »lustige Kartenschreiben und das bunte Punktekleben«.

Die Moderation ist zwar kein Allheilmittel. Sie ist jedoch eine hervorragende Methode, mit der Arbeitsgruppen dabei unterstützt werden können, ein Thema, ein Problem oder eine Aufgabe:

- auf die Inhalte konzentriert, zielgerichtet und effizient,
- eigenverantwortlich,
- im Umgang miteinander zufrieden stellend und möglichst störungsfrei sowie
- orientiert an der Umsetzung in die Praxis

zu bearbeiten.

1.7.1.1 Grundsätze der Moderation – Denken im Dialog

Die »Erfinder« der Moderationsmethode in den 60er und 70er Jahren in Deutschland – beispielsweise Eberhard Schnelle, Karin Klebert oder Einhard Schrader – hatten eine an den Strömungen der damaligen Zeit orientierte Vision. Es ging ihnen darum, Gruppenmitglieder zu befähigen und zu ermutigen, ihren eigenen Willen zu artikulieren und ihr eigenes Wissen sowie ihre eigenen Interessen in Entscheidungsprozesse einzubringen. Ihre Erfahrung: Gruppen, die geschoben und gezogen, im schlimmsten Fall sogar durch einen Leiter manipuliert werden, entwickeln vielfältige Widerstände sowohl beim Bearbeiten inhaltlicher Fragestellungen als auch bei der Umsetzung von Maßnahmen in die Praxis. Die Lösung aus der Sicht dieser Moderationsbegründer: Der Leiter gibt seine Macht- und Allwissenheitsrolle auf und bietet sich als methoden- und verfahrenskompetenter Begleiter für den Arbeitsprozess an, dessen Ziele und Inhalte die Gruppe grundsätzlich selbst verantwortet.

Für diesen Ansatz wurden Regeln aufgestellt, Abläufe für Teamsitzungen erprobt und Arbeitsverfahren entwickelt, die zusammen den Kern der Moderationsmethode ausmachen. Eine von einem Moderator professionell durchgeführte Arbeitssitzung kann erreichen, wovon viele, die mit Gruppen arbeiten, nur träumen:

- Die Kompetenz, das Wissen und die Kreativität möglichst aller Teilnehmer der Arbeitssitzung werden genutzt. Allen Gruppenmitgliedern wird die aktive Teilnahme ermöglicht. Um dies zu erreichen, werden Arbeitsverfahren eingesetzt, die alle Teilnehmer mit ihren subjektiven Voraussetzungen gleichermaßen aktivieren und einen lebendigen Arbeitsprozess ermöglichen.
- Der moderierte Arbeitsprozess lässt ein hierarchiefreies Klima entstehen. Die Teilnehmer arbeiten gerne mit; die Wahrscheinlichkeit, dass sie mit Verlauf und Ergebnis zu-

frieden sind, steigt. Die Rolle des Moderators und die Regeln der Moderationsverfahren sind darauf ausgerichtet, in der Gruppe niemanden zu bevorzugen oder zu benachteiligen. Alle erhalten grundsätzlich die gleichen Möglichkeiten zur Teilnahme am Arbeitsprozess.

- Störungen und Konfliktsituationen während der Arbeitsprozesse werden bearbeitet und versachlicht, um die volle inhaltliche Leistungsfähigkeit der Gruppe zu erhalten oder wiederherzustellen. Der Moderator wird der Gruppe solche Störungen und Konflikte, die das zielgerichtete Arbeiten am Thema beeinträchtigen, mitteilen und zur Behandlung anbieten. Er stellt sicher, dass die inhaltliche Aufgabe im Vordergrund steht und deren Bearbeitung möglichst nicht durch unterschwellige Konflikte beeinträchtigt wird.
- Die erarbeiteten Ergebnisse einer moderierten Sitzung finden bei den Teilnehmern hohe Akzeptanz. Dadurch steigt ihre Realisierungs- und Umsetzungschance nach Beendigung des Arbeitsprozesses. In einem moderierten Arbeitsprozess sind alle Teilnehmer aktiv beteiligt und gemeinsam für das inhaltliche Ergebnis verantwortlich. Ein solches Gesamtergebnis wird im Idealfall von allen Gruppenmitgliedern gleichermaßen getragen. Der Moderator unterstützt deshalb ein konsensorientiertes Vorgehen schon während des Arbeitsprozesses.

1.7.1.2 Rolle und Kompetenzen des Moderators

Eine erfolgreiche Moderation ruht auf zwei Pfeilern: zum einen auf einer Gruppe, die als »Souverän« des gesamten Arbeitsprozesses inhaltlich verantwortlich an einem Thema arbeiten will. Die zweite Säule bildet der Moderator selbst, der die Gruppe unterstützt (s. hierzu auch Abschnitt 1.6.2.4.2). Er wird nur dann erfolgreich arbeiten, wenn er von der nicht-leitenden und nicht-bevormundenden Moderationsphilosophie überzeugt ist und dies auch in seinem Moderationsverhalten zum Ausdruck bringt.

Die wichtigsten Verhaltensregeln für einen Moderator lassen sich wie folgt zusammenfassen:

- Der Moderator stellt seine eigenen Ziele, Wertungen und Meinungen zurück. Er bewertet weder Meinungsäußerungen noch Verhaltensweisen. Es gibt für ihn inhaltlich kein »richtig« oder »falsch«. Er konkurriert nicht mit den Teilnehmern um Sachfragen. Er bleibt inhaltlich unparteiisch.
- Der Moderator ist personenbezogen absolut neutral. Er nimmt alle Teilnehmer ernst, zeigt allen gegenüber die gleiche Wertschätzung, bevorzugt oder benachteiligt niemanden.
- Der Moderator nimmt eine fragende Haltung ein und keine behauptende. Durch Fragen öffnet und aktiviert er die Gruppe für den Gedankenaustausch untereinander. Er arbeitet überwiegend mit offenen »W-Fragen«: »Was denken die anderen über diese Idee?«, »Wie wollen Sie vorgehen?«, »Welche weiteren Anregungen darf ich aufschreiben?«.
- Er hört überwiegend zu und spricht wenig selbst. Er versucht, den Austausch und die Diskussion zwischen den Gruppenteilnehmern zu unterstützen. Aber: Nicht er steht im Mittelpunkt, sondern die Kompetenz der Teilnehmer, das Thema und das Ziel.
- Er achtet darauf, dass alle Gruppenmitglieder ihre Meinungen, Ideen und Ansichten vertreten können. Er sorgt dafür, dass auch die Ruhigen und eher Schweigsamen Gelegenheit bekommen, am Arbeitsprozess aktiv teilzunehmen.
- Der Moderator bietet für die gesamte Arbeitssitzung eine Struktur an, nach der von der Einleitung bis zum Abschluss gearbeitet werden kann.
- Er hat ständig das Ziel der Sitzung oder einzelner Phasen im Auge und signalisiert der Gruppe Abweichungen vom Weg zur Zielerreichung.

Dr. Martin Hartmann und Rainer Röpnack

- Er ermutigt die Gruppe, Regeln für einen fruchtbaren Umgang miteinander zu vereinbaren.
- Er versucht, der Gruppe das eigene Verhalten bewusst zu machen, so dass die Mitglieder mit Störungen und Konflikten angemessen umgehen können.
- Er wiederholt den Teilnehmern die Äußerungen, Themen und Meinungen, die in der Gruppe existieren, immer dann, wenn er dadurch den Arbeitsprozess erleichtern, transparent machen oder vorantreiben kann.
- Er visualisiert.

1.7.1.3 Rolle der Gruppenmitglieder

Die Teammitglieder können den Erfolg einer moderierten Arbeitssitzung positiv beeinflussen. Hierfür ist jedoch erforderlich, dass sie eine unterstützende Haltung einnehmen. Dies ist zum einen dann gegeben, wenn die Gruppenmitglieder einer moderierten Arbeitssitzung ihre inhaltliche Verantwortung für das Thema und das Erreichen des vereinbarten Zieles ernst nehmen. Sie dürfen nicht vom Moderator erwarten, dass er ihnen inhaltlich bei der Arbeit hilft. Denn inhaltlich entscheiden sie selbst über die Qualität der Ergebnisse. Ebenso müssen die Gruppenmitglieder den inhaltlichen Gedankenaustausch und das Gespräch mit den anderen Gruppenmitgliedern suchen, nicht mit dem Moderator. Besonders wichtig ist, dass die Gruppenmitglieder sich bemühen, das Ziel der Sitzung nicht aus den Augen zu verlieren. Alle Beteiligten müssen sich darüber im Klaren sein, dass sie ihre Zeit für ein Erreichen eines tragfähigen und praxistauglichen Ergebnisses investieren. Dann arbeiten sie konzentriert und konstruktiv.

Die folgenden Spielregeln können die Zusammenarbeit unter den Gruppenmitgliedern unterstützen:

- **Ich begründe jede geäußerte Meinung knapp und auf das Wesentliche reduziert.** Damit ermöglichen wir, dass sachlicher, differenzierter und ergiebiger über Standpunkte und Hintergründe diskutiert wird; die Beweggründe der Einzelnen werden transparenter.
- **Ich begründe Fragen an andere Teilnehmer kurz** (»Ich frage aus folgendem Grund ...«). Damit vermeiden wir, dass sich der Gegenüber ausgefragt fühlt, vorgeführt oder kontrolliert vorkommt oder dass er meint, ihm sollten Fehler nachgewiesen werden.
- **Ich spreche möglichst mit »ich« statt mit »man«**, um meine Meinung eindeutig als solche zu kennzeichnen, um »Flagge zu zeigen«. Dadurch fällt es den anderen Gruppenmitgliedern auch leichter, über den Inhalt einer persönlichen Meinung sachlich zu sprechen, statt sich mit einer generalisierenden Behauptung auseinander setzen zu müssen.
- **Ich lasse die persönlichen Erfahrungen des Gesprächspartners als seine subjektive Perspektive (seine subjektive Wirklichkeit) gelten.** Dadurch zeige ich dem anderen gegenüber meine Wertschätzung und erhalte so die gleiche Wertschätzung und Aufmerksamkeit für meine Erfahrungen.
- **Bevor ich jemandem widerspreche, wiederhole ich mit meinen eigenen Worten, was ich von ihm verstanden habe.** Damit vermeiden wir ein Aneinandervorbeireden bei kontroversen Diskussionen.
- **Wenn ich einer anderen Meinung widerspreche, stelle ich das Weiterführende an meiner Idee heraus.** Damit treiben wir den Erkenntnisprozess voran und vermeiden, immer wieder auf alte Positionen zurückzukommen.
- **Erst wenn wir unterschiedliche Meinungen visualisiert haben, diskutieren wir sie vergleichend.** Damit stellen wir die gleiche Ausgangslage für alle Teilnehmer her.

- **Störungen, die das sachliche Weiterarbeiten in der Gruppe massiv beeinträchtigen, bearbeiten wir vorrangig.** Damit stellen wir sicher, dass Störungen die Zielerreichung nicht behindern und die Gruppe rasch zur inhaltlichen Weiterarbeit zurückfindet.
- **Wir bemühen uns, jeden Redebeitrag auf maximal eine Minute zu beschränken.** Damit erreichen wir, dass möglichst viele in der Gruppe zu Wort kommen.
- **Bei Überschreitungen von Zeitvereinbarungen suchen wir einen angemessenen Abbruch.** Damit stellen wir sicher, dass auch Vielredner angemessen eingebunden werden, andere ebenfalls zu Wort kommen und alle mit Motivation am gemeinsamen Arbeitsprozess beteiligt bleiben.
- **Wir erarbeiten unsere Ergebnisse konsensorientiert – und möglichst nicht auf der Grundlage von Mehrheitsabstimmungen.** Damit versuchen wir »Winner-Loser»-Situationen zu vermeiden und »Winner-Winner»-Gelegenheiten (s. auch Abschnitt 1.6.2.4) zu schaffen.

1.7.1.4 Das Vorgehen in einer moderierten Sitzung

1.7.1.4.1 Ziel der Sitzung

Jede moderierte Arbeitssitzung braucht ein klar formuliertes, allen bekanntes und für alle nachvollziehbares Ziel. Fehlt ein solches Ziel, handelt es sich nicht um eine Arbeitssitzung, sondern eher um eine lockere Freizeitveranstaltung.

In seiner Vorbereitung klärt der Moderator das Ziel für die Sitzung. Dies geschieht zusammen mit dem Sitzungsverantwortlichen oder zu Beginn der Arbeitssitzung mit der Gruppe selbst. Die Zielformulierung wird von dem Moderator schriftlich festgehalten.

Im Mittelpunkt stehen dabei Fragen wie:

- Was soll/will die Gruppe am Ende der Arbeitssitzung in Bezug auf das Thema der Sitzung erreicht haben?
- Angenommen, die Arbeitssitzung kommt zu einem für alle Anwesenden erfolgreichen Abschluss, welcher Art soll das Ergebnis sein, damit es als Erfolg betrachtet werden kann? Sollen in der Sitzung beispielsweise Informationen, Ideen, Vorschläge gesammelt werden? Sollen bestimmte Informationen, Gedanken oder Ideen schon in einer bestimmten Form bearbeitet werden, beispielsweise aufbereitet, gewichtet, in einzelnen Fällen vielleicht sogar weitergedacht und in einen Maßnahmenplan umgesetzt werden? Sollen Lösungsvorschläge zu bestehenden Problemen entwickelt werden? Oder sollen in der Sitzung sogar schon konkrete Entscheidungen gefällt werden?

1.7.1.4.2 Ablauf der Sitzung

Bevor der Moderator den Ablauf plant, sollte er folgende Rahmenbedingungen für die Teamsitzung festgelegt oder mit der Gruppe oder dem Auftraggeber vereinbart haben:

- das Thema/die Themen der Sitzung,
- das Ziel für das jeweilige Thema (soweit das Ziel nicht von der Gruppe erst in der Sitzung formuliert werden soll),
- die Zusammensetzung der Arbeitsgruppe,
- den zeitlichen Rahmen für die Sitzung oder Sitzungen.

Bei der weiteren Feinplanung hilft die Beantwortung folgender Fragen:

Fragen zur Vorbereitung der Einleitung:

- Wie begrüße ich die Teilnehmer?
- Wie stelle ich Anlass und Hintergrund der Sitzung dar?

- Wie erläutere ich den Teilnehmern die Besonderheiten einer moderierten Sitzung und wie erkläre ich den Teilnehmern die Besonderheiten meiner Rolle als Moderator (bei moderationsunerfahrenen Gruppen)?
- Wie stelle ich das Ziel (oder die einzelnen Teilziele) der Sitzung dar?
- Wie unterstütze ich die Gruppe bei der Zielfindung und -formulierung?
- Wie visualisiere ich den Ablauf der gesamten Sitzung?
- Welche Spielregeln für den Umgang miteinander möchte ich anbieten und mit der Gruppe vereinbaren?
- Welche organisatorischen Fragen muss ich zu Beginn der Sitzung ansprechen, klären?
- Wie viel Zeit will ich mir für die einzelnen von mir ausgewählten Schritte in der Einleitung nehmen?

Fragen zur Vorbereitung des Hauptteils:

- Welche Arbeitsschritte biete ich der Gruppe zur Bearbeitung des ersten Teilziels an?
- Wie lauten die konkreten Arbeitsfragen und spezifischen Ziele für die einzelnen Arbeitsschritte, die ich anbieten werde?
- Welche Moderationsverfahren schlage ich der Gruppe für die Bearbeitung der einzelnen Arbeitsschritte vor?
- Wie visualisiere ich den Ablauf, die Verfahrensregeln und die einzelnen Arbeitsfragen der verschiedenen Moderationsverfahren, damit jedes Teammitglied genau weiß, wie konkret vorgegangen wird?
- Wie organisiere ich die Ergebnissicherung einzelner Arbeitsschritte?
- Was benötige ich an Technik und Organisation, um die einzelnen Moderationsverfahren erfolgreich durchführen zu können?
- Wie viel Zeit benötigt eine Gruppe erfahrungsgemäß für die einzelnen von mir vorgesehenen Schritte?

Fragen zur Gestaltung des Abschlusses der moderierten Sitzung:

- Wie gestalte ich den Aktionsplan/Maßnahmenplan für das weitere Vorgehen im Anschluss an die Sitzung?
- Welche Methoden kann ich der Gruppe anbieten, damit vereinbarte Maßnahmen in der Praxis eine möglichst hohe Realisierungschance haben und nicht schon nach wenigen Tagen als Luftblasen zerplatzen?
- Wie gestalte ich eine Feedback-Runde über die Zufriedenheit mit der moderierten Teamsitzung?
- Wie gestalte ich die Verabschiedung der Gruppe?
- Wie viel Zeit plane ich für den gesamten Abschluss der Sitzung ein?

Nach Beantworten aller für eine konkret vorgenommene Gruppensitzung relevanten Fragen liegt als Ergebnis ein schriftlicher Fahrplan für die Durchführung der Moderation vor. Neben den einzelnen Arbeitsschritten enthält er die geplanten Zeiten, Formulierungsvorschläge für die Arbeitsfragen, Hinweise für die Anfertigung von Visualisierungen sowie persönliche Regieanweisungen.

1.7.1.4.3 Vorgehensvorschlag für eine Problemlösungssitzung

Für den Fall, dass es in der moderierten Sitzung um die Lösung eines Problems geht, kann nach der Einführung in die Sitzung (unbedingt im Sinne der oben vorgestellten Einleitung, s. Abschnitt 1.7.1.4.2) folgendermaßen vorgegangen werden (s. hierzu auch Abschnitt 1.6.2.4.2 ff.):

Fragenkomplex 1:

- Welche Problemsymptome treten auf?
- Was wurde beobachtet?
- Wann trat das Ereignis zuerst auf?
- Seit wann lassen sich die Symptome beobachten?
- Wie haben sich die Symptome seit dem ersten Auftreten entwickelt?

Fragenkomplex 2:

- Welche Bereiche, Abteilungen, Personen sind betroffen?
- Welche Auswirkungen, Schäden, nachteilige Folgen etc. lassen sich beschreiben oder in Zahlen ausdrücken?

Fragenkomplex 3:

- Welche Bereiche, Abteilungen, Personen sind nicht betroffen und warum nicht?
- Was bedeutet das für die Beschreibung und Bewertung des Problems?

Fragenkomplex 4:

- Welche Lösungsversuche gab es bereits?
- Mit welchem Erfolg wurden diese Versuche angewendet?
- Wie sah der bisherige – wenn auch nur bescheidene – Erfolg dieser Versuche aus?
- Was hinderte an einer vollständigen Lösung des Problems?

Fragenkomplex 5:

- Wie haben andere Unternehmen, Organisationen, Bereiche, Abteilungen und Personen dieses oder ein vergleichbares Problem angegangen oder sogar gelöst?

Fragenkomplex 6:

- Wenn das Problem bei uns vollständig gelöst wird, wie sieht dann der Idealzustand aus?
- Wie kann der Zustand nach der Problemlösung beschrieben werden: qualitativ in Worten und/oder quantitativ mit Zahlen?

Fragenkomplex 7:

- Welche Lösungsvorschläge gibt es aus unserer Sicht?
- Welche gibt es über eine erste Ideensammlung hinaus noch (hartnäckig bleiben und sich nicht mit der ersten besten und gefälligen Lösung zufrieden geben!)?

Fragenkomplex 8:

- Nach Vorliegen verschiedener Alternativen: nach welchen Kriterien sollen die einzelnen Alternativen analysiert, bewertet und ausgesucht werden?
- Welches Gewicht sollen die einzelnen Kriterien bei der Entscheidung über Annahme oder Ablehnung der jeweiligen Lösungsvariante bekommen?

Nächste Maßnahmen:

- Die unterschiedlichen Lösungsalternativen werden bewertet.
- Es wird eine Rangreihe der Lösungsalternativen aufgestellt.
- Die beste Alternative führt diese Rangreihe an.
- Die Gruppe/oder der Auftraggeber der Sitzung entscheidet sich für eine Lösung.
- Umsetzung der Lösung.

Nach der Umsetzung – Fragenkomplex 9 (Auswahl):

- Wie wurde die Lösungsalternative umgesetzt? Was wurde realisiert, was wurde nicht realisiert?
- Was waren die beschreibbaren Folgen der Umsetzung?
- Was konkret hat sich verändert? Was ist gleich geblieben?
- Welche positiven Folgen (für das Unternehmen, die Abteilung, die Arbeitsgruppe, den Einzelnen etc.) hatte die Umsetzung? Welche negativen Folgen lassen sich beschreiben?
- Welche neuen Probleme haben sich eventuell ergeben?
- Wie muss eventuell nachgebessert werden?

1.7.2 Gruppenarbeitsverfahren für moderierte Sitzungen

Sofern der Moderator ein bestimmtes Gruppenarbeitsverfahren einführen will, muss er begründen, warum ein bestimmtes Verfahren angeboten und durchgeführt werden soll. Das Ziel, der Ablauf des Verfahrens sowie die einzelnen Schritte müssen vorgestellt werden. Was steht am Ende für ein Ergebnis? Besonders wichtig ist, dass der Moderator auch die besonderen Verfahrensregeln vorstellt, die von den Gruppenmitgliedern eingehalten werden sollten, damit das Arbeitsverfahren seine ganze Kraft ausspielen kann. Es werden Zeiten mit der Gruppe vereinbart, die konkrete Arbeitsaufgabe wird gestellt; die Arbeitsfrage wird formuliert. Der Moderator sichert das Verständnis und die Akzeptanz bei den Teilnehmern, indem er möglichst alle offenen Fragen klärt.

1.7.2.1 Arbeitstechniken zum Suchen von Lösungen

1.7.2.1.1 Karten-Antwort-Verfahren/Gruppenbildung

Das Karten-Antwort-Verfahren eignet sich für ein stark anonymisiertes Sammeln und gemeinschaftliches Sortieren von Themen, Meinungen, Haltungen, Erwartungen, Ideen, Vorschlägen und Lösungsansätzen.

Vorgehensweise:

- Der Moderator stellt eine Arbeitsfrage.
- Die Teilnehmer erhalten Zeit, um ihre Antworten auf Karten zu schreiben.
- Der Moderator sammelt die Karten ein und liest sie kommentarlos vor.
- Die Teilnehmer entscheiden, welche Karten zusammengehören. (Dies geschieht über Assoziationen.) Der Moderator fügt sie zu Gruppen/»Klumpen« zusammen. Alternative: Die gesamte Gruppe steht an der Pinnwand und fasst in einem ersten Schritt gemeinsam die Karten zu Gruppen zusammen. Strittige Zuordnungen werden mit dem Moderator und allen Anwesenden im Plenum geklärt.
- Die gebildeten Klumpen werden eingerahmt und mit Überschriften versehen, die das Gemeinsame der Beiträge widerspiegeln.
- Anschließend kann mit den Kartengruppen weitergearbeitet werden. Beispielsweise können sie gewichtet oder zu Arbeitsaufgaben umformuliert werden, die dann in Kleingruppen thematisiert werden.

Beim Karten-Antwort-Verfahren ist besonders zu beachten:

- Die Arbeitsfrage muss auf das Ziel des Arbeitsschrittes ausgerichtet sein. Sie muss eindeutig, für alle verständlich und so präzise wie möglich formuliert werden.
- Die Anonymität der Kartenschreiber sollte nur freiwillig von diesen selbst aufgehoben werden.

- Auf jeder Karte sollte nur eine Idee/ein Vorschlag stehen, damit die Karten zu Gruppen sortiert werden können.
- Es sollte möglichst »selbst-verständlich« formuliert werden (Hauptwort mit Verb oder knappe Sätze).
- Es sollte leserlich geschrieben werden.

Beim Klumpen ist besonders zu beachten:

- Dem Sinn nach ähnliche Karten werden zusammengehängt.
- Karten können gedoppelt/kopiert werden.
- Karten können eine Zeitlang »geparkt« werden, bis mehr Klarheit über eine Zuordnung besteht.
- Umordnen der Karten ist möglich.
- Zuordnungsvorschläge sollten von den Teilnehmern begründet werden.
- Unklare Karten sollten durch die Gruppe erklärt werden (oder durch den Kartenschreiber, wenn dieser dazu bereit ist).
- Die Zuordnung im Konsens treffen.
- Keine Karte wegwerfen. Auch ähnlich formulierte Karten verwenden (zusammengesteckt), sie können auf inhaltliche Schwerpunkte hinweisen. Außerdem ist es ein Zeichen von Wertschätzung den Gruppenteilnehmern gegenüber, dass jede Karte gleich behandelt wird.

Aus der Anonymität heraustreten und zu ihren eigenen Karten Stellung beziehen sollten Kartenschreiber – wenn überhaupt – nur freiwillig. Das Karten-Antwort-Verfahren gestattet es ausdrücklich, dass Kartenschreiber anonym bleiben können.

1.7.2.1.2 Brainstorming

Das Brainstorming – wohl die bekannteste und verkannteste klassische Kreativitätstechnik – bildet einen besonderen, durch spezifische Regeln gekennzeichneten Rahmen, um das kreative Potenzial aller Teilnehmer bei der Suche nach Problemlösungen zu aktivieren. Es fördert meist eine sehr große Zahl im freien Assoziationsprozess gefundener Lösungen, Anregungen und Ideen. Das Gesamtergebnis enthält erfahrungsgemäß eine Reihe von verwertbaren Ansätzen, über die weiter nachgedacht und die bearbeitet werden müssen.

Vorgehensweise:

- Der Moderator nennt das als Frage formulierte und visualisierte Problem oder unterstützt die Gruppe bei der Formulierung der Frage.
- Der Moderator erläutert Hintergründe und die besondere Zielsetzung des Verfahrens und stellt die vier zentralen Regeln vor:
  1. Masse geht vor Klasse,
  2. keine Kritik oder Bewertung der Beiträge,
  3. kein Copyright – alle Ergebnisse gehören der Gruppe, nicht einem Einzelnen,
  4. jede Assoziation sollte genannt werden, »Spinnen« ist ausdrücklich erlaubt.
- Für den »Ideen-Sturm« kann ein Zeitrahmen vereinbart werden. Erfahrungsgemäß dauert die Sammlung zwischen 15 und 20 Minuten. Wichtig ist hier die Sensibilität des Moderators: Die erste »Ideenflaute« sollte noch überbrückt werden, spätestens bei der dritten sollte die Runde beendet werden.
- Die Teilnehmer »produzieren« ihre Ideen entweder selbst geschrieben auf Karten oder auf Flipchart, Tafel oder Folien.
- Der Moderator achtet darauf, dass die Regeln strikt eingehalten werden.

Bei Gruppenarbeiten firmiert meist jede Form einer Ideensammlung gleich als Brainstorming. Die besondere Leistung dieser Methode – kreative Ideengenerierung – wird jedoch nur erreicht, wenn alle oben genannten Regeln auch eingehalten werden. Das gilt besonders für den Freiraum, in dem jede Art von Phantasieren erlaubt ist, und für das Verbot jeglicher Kritik während der Sammlung.

Nach Beendigung der Sammlungsphase geht es darum, die große Masse an Ideen oder Vorschlägen weiter zu bearbeiten. Dies kann beispielsweise durch Gruppenbildung, Bewertung und Aussortieren einzelner Ideen oder durch Umformulieren erfolgen. Der Moderator muss auch beim Einsatz eines Brainstormings exakt überlegen, welche Schritte er der Gruppe für die weitere Arbeit anbietet.

1.7.2.1.3 Weitere Verfahren

Zusätzlich zu den hier vorgestellten Verfahren zum Finden von Ideen, Problemlösungen etc. werden in der Praxis mehr oder weniger intensiv weitere Verfahren aus dem Bereich der Kreativitätstechnik und der Moderation angewendet. Hier drei kurze Beispiele:

Das imaginäre Brainstorming: Ein Problem – beispielsweise *»Wie können wir den Umsatzeinbruch beim Verkauf der Datenbank Pandorra auffangen?«* – wird auf fast schon skurrile Weise umformuliert und in eine andere Lebenswelt übertragen – beispielsweise in *»Wie könnte Harry Potter das Schulsystem von Hogwarts für Nicht-Zauberkinder attraktiv machen?«* (Bedingung hier ist natürlich, dass alle Harry Potter kennen!) Für dieses »neue« Problem werden dann spielerisch möglichst viele Lösungen gesucht. Diese werden dann in das eigentliche Ausgangsproblem zurückübersetzt und auf ihre praktische Nutzbarkeit überprüft.

Der morphologische Kasten: Ein Problem wird in abgegrenzte Teilaspekte/Parameter zerlegt. Die Parameter, die sich möglichst nicht wechselseitig bedingen sollen, kommen auf die linke Seite der Matrix. Auf die Kopfzeile werden die Parameterausprägungen eingetragen. Die Felder der Matrix bilden dann Handlungsalternativen, die beliebig miteinander verbunden, denkbare und mehr oder weniger Erfolg versprechende Lösungswege darstellen können.

»Wie können wir den Verkauf der Datenbank Pandorra steigern?«

Parameter	***Parameterausprägung***				
Zukünftig am aktiven Verkauf Beteiligte	Projektleitung		Praktikanten	externe Verkaufshilfen	
Verkaufsmaßnahmen	Telefonaktion	Mailing	Artikel in Zeitungen	Anzeige	Messebesuch
Weiterer Parameter	Parameterausprägungen				
Weiterer Parameter	*Parameterausprägungen*				

Die progressive Abstraktion: Es geht bei dieser Methode um eine umfassende und systematische Problemerkennung. Dazu werden zu einem Problem im ersten Schritt Lösungen gesammelt. Diese werden anschließend kritisiert. Im nächsten Schritt wird ausgehend von den Erkenntnissen der Diskussion versucht, das Problem eine Ebene abstrakter zu formulieren: *»Worum geht es uns eigentlich bei dem Problem wirklich? Geht es denn über den reinen Verkauf der Datenbank Pandorra hinaus nicht eigentlich um …?«* Auch zu diesem neuen Problem werden Lösungen formuliert, die wieder kritisiert werden und an die sich wieder eine Neuformulierung des Problems auf einer noch abstrakteren Ebene anschließt. Das Ende ist erreicht, wenn eine Problemformulierung außerhalb des Einflussbereiches der Gruppe, der Abteilung oder des Auftraggebers der Sitzung liegt.

1.7.2.2 Arbeitstechniken zum Aufbereiten von Informationen

1.7.2.2.1 Flussdiagramm

Mit Hilfe eines Flussdiagramms kann die Arbeitsgruppe in der moderierten Sitzung den Ablauf oder die Reihenfolge von Ereignissen als Prozess darstellen. Derartige Prozessabbildungen können vielfältig eingesetzt werden, vom Ablauf einer Beschwerdebearbeitung bis zum Materialfluss bei der Herstellung komplexer Produkte. Die so visualisierte Darstellung eines Prozesses kann beispielsweise Problembereiche offen legen, überflüssige Arbeitsschritte aufzeigen oder den Ist-Zustand mit einem Idealprozess abgleichen.

Vorgehensweise:

- Grenzen des abzubildenden Prozesses bestimmen: Wo startet der Prozess und wo soll die Beobachtung enden?
- Detaillierungsgrad der Darstellung festlegen: Soll jeder Handgriff abgebildet werden oder soll in einem ersten Schritt ein Übersichts-Diagramm abgebildet werden, von dem aus dann weiter in die Tiefe gearbeitet werden kann?
- Sammeln der Prozessschritte und Abbildung auf einer oder mehreren Pinwänden; die Abbildung sollte mit Karten (Metaplankarten, Karteikarten) erfolgen, deren Position immer wieder verändert werden kann.
- Zeichnen des Flussdiagramms mit gebräuchlichen und den meisten bekannten Symbolen: Das Oval steht für Material, Information, Handlung (Input/Output), das Quadrat oder das Rechteck stellt eine Aufgabe oder Tätigkeit im Prozess dar, die Raute stellt die Situation im Prozess dar, bei der es eine Ja- oder Nein-Entscheidung gibt, und der Pfeil gibt die Flussrichtung des Prozesses an.

Ungeübte Gruppen sollten mit den einfachen Zeichen des Flussdiagramms und zuerst mit einem Übersichtsdiagramm beginnen. Dieses enthält beispielsweise nur die Hauptinputformen und Haupttätigkeiten, aber nur wenige Entscheidungspunkte.

Geübte Gruppen können die Zahl der verwendeten Symbole erhöhen und eigene Symbole definieren, beispielsweise einen Blitz, der besonders heftig umkämpfte und bisher sehr langwierige Entscheidungen kennzeichnet, oder eine Diskette neben einem Rechteck, um anzudeuten, dass diese Handlung auf jeden Fall zusammen mit der IT-Abteilung erfolgt. Der Moderator muss darauf achten, dass die Gruppe bei dem gewählten Detaillierungsgrad bleibt. Er macht sie immer wieder auf Abweichungen aufmerksam.

Zum Abschluss des Diagramms plant der Moderator Zeit ein, um das Ergebnis auf Vollständigkeit zu prüfen. Beispielsweise prüft die Gruppe, ob sämtliche Prozessschritte abgeschlossen wurden, ob alle Symbole konsistent verwendet wurden oder ob sämtliche Prozessschleifen geschlossen wurden. Die Gruppe bestimmt anschließend, wie mit dem Flussdiagramm weitergearbeitet werden soll.

1.7.2.2.2 Baumdiagramm

Das Baumdiagramm hilft, ein breit formuliertes Ziel graphisch in immer weitere Handlungen aufzuschließen. Dabei kann es sich beispielsweise um Handlungen handeln, die durchgeführt werden müssen, um das Ziel zu erreichen. Durch diese Darstellung erstellt die Arbeitsgruppe eine Vorstellung davon, mit welchen Schritten auf welcher Ebene das Ziel erfolgreich bewältigt werden kann. Arbeitszeiten und Arbeitseinsatz können so realistisch geplant und vorbereitet werden. Die Gruppe kann auch erkennen, wo noch Probleme auf dem Weg zur Zielerreichung liegen und wo vorhandene Stärken schon ausreichen, um einzelne Teilschritte zügig anzugehen.

Vorgehensweise:

- Im ersten Schritt wird ein konkretes und eindeutiges Ziel formuliert, für das die einzelnen Aktionen entwickelt werden sollen.
- Anschließend folgt die Formulierung der Aktionen auf der nächsten Ebene. Wichtig ist, dass konsequent alle Aktionen auf der zweiten Ebene gesammelt oder bestimmt werden und nicht spontan und scheinbar kreativ zwischen den Ebenen hin- und hergesprungen wird. Aufgabe des Moderators ist es, hier für strukturiertes Vorgehen zu werben.
- Schritt für Schritt werden anschließend die jeweiligen Aktionen auf der zweiten Ebene weiter aufgelöst. Dabei wird immer wieder gefragt: »Was muss genau getan werden, um das formulierte Ziel auf der jeweils nächsten Ebene zu erreichen?«. Diese Frage wird bei jeder weiteren Stufe wiederholt.
- Die Gruppe entscheidet, wie viele Detaillierungsstufen sie bearbeiten will. In der Praxis wird auf der Stufe aufgehört, auf der an einzelne Personen zu vergebende Aufträge vorliegen. Wenn diese Aufträge eindeutig, verständlich, realistisch und umsetzbar sind, sollte auf dieser Ebene nicht mehr weitergearbeitet werden.
- In einem letzten Schritt sollte der Moderator die Gruppe anhalten, das Baumdiagramm auf Vollständigkeit und logischen Aufbau zu überprüfen. Fragen, die dabei helfen, sind z. B.: »Müssen wir wirklich die gesammelten Aktionen durchführen, um dieses Ziel zu erreichen?« (von der Position des Ergebnisses her: von oben nach unten) und »Führt die Umsetzung dieser Aktion wirklich zu dem gewünschten Ergebnis?« (von der Position der einzelnen Maßnahme aus: von unten nach oben).

1.7.2.2.3 Matrixdiagramm/Portfolio

Mit dem Matrixdiagramm lassen sich Wechselwirkungen unterschiedlicher Aspekte eines Themas übersichtlich darstellen. Das Thema kann besser verstanden werden, komplizierte Zusammenhänge lassen sich anschaulich darstellen, was alleine durch eine verbale Darstellung kaum in dieser Klarheit und Einfachheit zu leisten wäre. Ausgehend von der Darstellung im Diagramm können Handlungsschritte überlegt werden. Eine Variante des Matrixdiagramms ist das Portfolio, bei dem Zusammenhänge zwischen mehreren Variablen auf zwei Dimensionen dargestellt werden.

Beispiel für ein Portfolio: Vergleich von unterschiedlichen auf dem Markt konkurrierenden Datenbanken hinsichtlich Kosten und Leistungsfähigkeit.

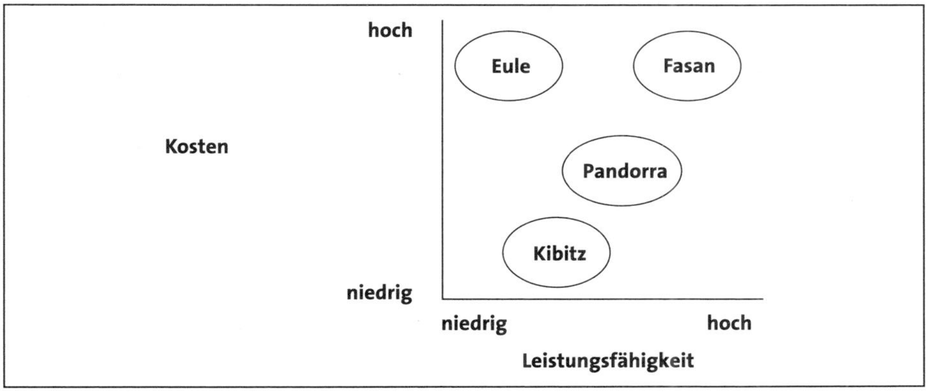

Abb. 1: Leistungsfähigkeit der unterschiedlichen Datenbanken

1.7.2.3 Prognosetechniken – Szenarioanalyse

Auch wenn man die Zukunft nicht voraussehen kann, so können komplexe Verfahren Zukunftsbilder entwickeln, die Handlungssicherheit für wichtige Entscheidungen versprechen. Ein Zukunftsszenario ist eine Geschichte, die eine angenommene zukünftige Lage oder Entwicklung beschreibt.

In Form einer moderierten Arbeitssitzung kann die Szenarioanalyse in Kleingruppen mit bis zu fünf Teilnehmern erfolgen. Damit werden die behindernden Effekte von Großgruppen aufgehoben, und auch ruhigeren Teilnehmern bietet sich ein Forum, in dem sie ihr gesamtes kreatives Potenzial einbringen können.

Vorgehensweise:

- Das Zukunftsszenario wird thematisch bestimmt sowie zeitlich und räumlich begrenzt, damit nur am Wesentlichen gearbeitet wird.
- Beispielsweise über ein Karten-Antwortverfahren oder ein Brainstorming werden in der Großgruppe mögliche Entwicklungen der Systemumwelt/der Rahmenbedingungen ermittelt.
- Das Szenario wird in Teilbereiche/Teilszenarien unterteilt. Beispielsweise können technische, ökonomische, gesetzliche, ökologische, personalbezogene oder kundenrelevante Teilszenarien getrennt in Kleingruppen bearbeitet werden.
- Die verschiedenen Teilszenarien werden zusammengeführt und abgeglichen.
- Die verschiedenen Teilszenarien werden miteinander verknüpft. So entstehen unterschiedliche Drehbücher für das Zukunftsszenario.
- Aus den verschiedenen Teilszenarien wird ein zusammenfassendes Drehbuch für die Zukunft entwickelt, aus dem sich in einem weiteren Schritt konkrete Maßnahmen für das Unternehmen/die Arbeitsgruppe entwickeln lassen.
- Im Laufe der Entwicklung können die Teilszenarien bzw. das Gesamtdrehbuch immer wieder mit der Realität abgeglichen und umgeschrieben werden.

1.7.2.4 Arbeitstechniken zum Bewerten von Informationen

1.7.2.4.1 Gewichtungsverfahren

Mit dem Gewichtungsverfahren können alle Gruppenteilnehmer gleichberechtigt unterschiedliche Ideen oder mehrere Möglichkeiten bewerten. Dieses Verfahren erfolgt nonverbal. Es wird bei der Bewertung nicht gesprochen oder gar lauthals verhandelt.

Vorgehensweise:

- Ein im Verlauf der Gruppenarbeit entstandener Themenspeicher wird kurz vorgestellt.

Beispielsweise die Liste der gesammelten Maßnahmen zu Steigerung der Verkaufszahlen für die Datenbank »Pandorra«:

Welche Maßnahmen können uns helfen, die Verkaufszahlen der Datenbank »Pandorra« zu steigern?

- Artikel publizieren,
- Präsentationen auf Messen halten,
- Mailing an interessante Bibliotheken,
- Preis senken,
- Inhalte neu gestalten,
- Inhalte erweitern,
- Zugriffsmöglichkeiten für die Nutzer verbessern,
- farbliche Darstellung integrieren,
- Verkaufstelefonate mit Kunden führen, die schon andere Produkte erworben haben.

- Die Teilnehmer erhalten Klebepunkte; Faustregel: halb so viele Punkte wie Wahlmöglichkeiten plus eins.
- Der Moderator stellt eine eindeutige Bewertungsfrage. Beispielsweise: »Welche der Maßnahmen versprechen kurzfristig den größten Erfolg?«
- Die Teilnehmer kleben ihre Wertungen an die dafür vorgesehene Stelle. Dabei dürfen auf einzelne Wahlmöglichkeiten auch mehrere Punkte geklebt werden. Damit können die einzelnen Teilnehmer auch die besondere Bedeutung dokumentieren, die sie bestimmten Themen zumessen. Die Reihenfolge der bewerteten Punkte, Themen und Anregungen ergibt sich aus der Zahl der geklebten Punkte.

Bei dem Einsatz des Gewichtungsverfahrens sollte jeweils nur eine Bewertungsfrage für die Gewichtung gestellt werden. Der Moderator hält sich während des Punktens zurück, gibt keine Kommentare und beobachtet auch nicht, wer aus der Gruppe welche Alternativen gepunktet hat. Für den Fall, dass Anonymität gelten soll, kann der Moderator die zu bewertenden Themen oder Alternativen nummerieren. Die Teilnehmer schreiben dann die Nummern auf ihre Klebepunkte. Der Moderator sammelt die Punkte ein, mischt sie und klebt selbst.

1.7.2.4.2 Paretodiagramm

Das Paretodiagramm verfolgt das Ziel, Probleme zu identifizieren und zu bearbeiten, die wirklich weh tun oder Lösungen dort zu suchen, wo sie den größten Nutzen bringen. Das Paretodiagramm beruht auf dem Prinzip des italienischen Ökonomen Pareto (s. auch Abschnitt 1.8.4.2), dass lediglich 20% aller entdeckten Ursachen eines Problems immerhin zu 80% dieses Problem auch verursachen. Mit anderen Worten: Beschäftigt man sich mit diesen 20%, hat man 80% seines Ärgers gelöst. Oder anders ausgedrückt: an welcher Stelle ist eine Hebelwirkung möglich, wo ist mit geringem Aufwand eine deutlich spürbare Wirkung erzielbar?

Vorgehensweise:

- Im ersten Schritt wird das Problem formuliert, zu dem die Gruppe arbeiten möchte.
- Mit Hilfe eines Brainstormings werden die Ursachen gesammelt oder die Maßnahmen, die zur Abhilfe beitragen können.
- Für alle Maßnahmen zur Problemlösung wird eine Messgröße bestimmt, die aussagefähig ist, in Zukunft messbar ist oder zu der schon Daten vorliegen.
- Diese Daten werden erhoben oder nachträglich zusammengestellt und auf einer Matrix oder auf einem Balkendiagramm abgebildet.
- Dieses Ergebnis wird weiter bearbeitet, beispielsweise in einem Maßnahmenkatalog überführt.

Beispiel: »Was sind die häufigsten Beschwerden unserer Nutzer, wenn sie zur Datenbank ›Pandorra‹ befragt werden?« Über eine Telefonbefragung werden entweder alle oder eine ausgewählte Stichprobe von Nutzern zu Problemen mit der Datenbank befragt. Das Ergebnis kann übersichtlich abgebildet werden. Daran anschließen kann sich in einer moderierten Teamsitzung die Sammlung von Maßnahmen, welche die Hauptprobleme in den Griff bekommen können.

Beschwerdegründe	**Häufigkeit der Nennungen in %**
Daten nicht aktuell genug	60%
Bezahlung nur über Kreditkarte möglich	10%
Daten nur in Tabellenform erhältlich, nicht grafisch aufbereitet	10%
Daten überwiegend aus dem deutschsprachigen Raum	10%
Immer mal wieder Ärger mit dem Zugriff auf die Datenbank	5%
Ansprechpartner beim Datenbankbetreiber wechselt häufig	2%
Preis zu hoch	2%
Auswahl der ausgewählten Quellen zu gering	1%

1.7.3 Präsentationsmedien

Jede Präsentation sollte systematisch aufgebaut werden. Im Einleitungsteil sollte eine Begrüßung, namentliche Vorstellung sowie die Darstellung der fachlichen Kompetenzen des Redners erfolgen. Darüber hinaus sollte den Zuhörern das Thema, das konkrete Ziel sowie der Ablauf der Präsentation mitgeteilt werden. In dem nun folgenden Hauptteil werden Hintergrundinformationen zur Präsentation und zum Thema gegeben. Im Schlussteil wird das Wichtigste der Präsentation zusammengefasst. Mit einem Schlussappell können die Zuhörer zum Handeln, zum Weiterdenken oder zur Diskussion aufgefordert werden, bevor sie mit einem Schlusssatz verabschiedet werden.

1.7.3.1 Overheadprojektor (OHP)

Fast alle Präsentierenden arbeiten mit dem Overheadprojektor, zunehmend viele mit Laptop und Datenprojektor (Beamer) und einige mit dem Flipchart. Der professionelle Umgang mit allen Medien will gelernt und geübt sein. In diesem Teil sollen einige zentrale Merkmale dieser Medien sowie die wichtigsten Tipps für den souveränen Einsatz in einer Präsentation dargestellt werden.

Über die belichtete Glasplatte des Arbeitsprojektors können beschriftete Durchsichtfolien (OHP-Folien, Transparentfolien) vergrößert auf eine Leinwand projiziert werden.

Ein OHP ist für Präsentationen vor bis zu 200 Teilnehmern einsetzbar, wenn die Lichtstärke, Folienqualität und die Größe der Projektionsfläche stimmen. Die Visualisierungen können schnell und flexibel eingesetzt werden. Durch das Übereinanderlegen von mehreren Folien lassen sich komplexe Darstellungen schaffen. Die Inhalte der Folien lassen sich leicht als Papierausdruck produzieren und können für das Protokoll oder als Unterlage verwendet werden. Folien können in einer Präsentation in beliebiger Reihenfolge und Auswahl schnell und unkompliziert gezeigt werden. Die Wiederverwendung der Folien ist möglich.

Besondere Handhabungshinweise:

- Während der Präsentation mit Folien möglichst viel Blickkontakt zum Publikum halten, zu den Anwesenden sprechen, nicht zur Leinwand.
- Wenn der Projektor nicht benötigt wird: Projektor ausstellen oder abdecken.
- So wenig Folien wie möglich, nur so viel wie nötig. Faustformel: maximal eine Folie pro zwei Minuten Präsentation.
- Durch die Visualisierung führen. Beispielsweise mit einem spitzen Stift auf der Folie, mit einem Zeigestock auf dem Leinwand oder mit einem »Laserpointer«.
- Folien nummerieren! So finden sich in einer Diskussion auch schnell jene Visualisierungen, die schon vor einigen Minuten gezeigt wurden.
- Je mehr Platz auf dem Präsentationstisch neben dem OHP vorhanden ist, desto übersichtlicher kann man aktuelle und schon gezeigte Folien auseinander halten und sorgfältig ablegen.
- Folien gehören in Folienhüllen – Flipframes. Das schont die Folien für wiederholte Einsätze. Gleichzeitig erhält die gesamte Visualisierung klare Konturen und auf den Seitenstreifen der Flipframes können Stichworte vermerkt werden.

Eine besondere Herausforderung ist der Folienwechsel. Folgende Alternativen sorgen für einen abwechslungsreichen und eleganten Übergang:

- Zügig die alte Folie wegnehmen, neue Folie auflegen und dabei nicht sprechen; Blickkontakt zum Publikum aufnehmen, schweigen und den Inhalt kurz wirken lassen, dann erläutern, was auf der Folie zu sehen ist.
- Zügig die alte Folie wegnehmen, neue Folie in die Hand nehmen, dabei nicht reden und Blickkontakt zum Publikum aufnehmen, dann neue Folie vor dem Auflegen ankündigen. Dann Folie auflegen, kurz wirken lassen und mit der Rede, bei gleichzeitigem Blickkontakt zum Publikum, fortfahren.

1.7.3.2 Computergestütztes Präsentieren

LCD-Video-/Datenprojektoren (»Beamer«) können sowohl in kleineren Räumen – Bilddiagonale bis ungefähr drei Meter – als auch in großen Hallen – Bilddiagonale über zehn Meter – eingesetzt werden. Für letzteren Fall bedarf es jedoch besonderer Großbildprojektoren.

Die besonderen Leistungen der computergestützten Präsentation liegen auf der Hand:

- Eine aktuelle Inhaltsausweitung und -veränderung ist jederzeit schnell möglich, neue Seiten können schnell mit guter Qualität erstellt und gleich präsentiert werden,
- durch einen Mix von Textseiten, farbigen Standbildern, Video, Ton und sich bewegenden Bildern (Animationen) kann eine lebendige Darstellung erzielt werden,
- während der Präsentation können aus dem Internet Daten, Produktbeispiele, aktuelle Entwicklungen etc. vorgestellt und in die Präsentation integriert werden,
- mit zunehmender Weiterentwicklung der Projektoren lässt sich eine brillante Bildqualität erzielen.

Besondere Handhabungshinweise:

- Wenn der Computer an einen fremden Projektor angeschlossen werden soll, ist unbedingt ausreichend Zeit für die Abstimmung der Geräte sowie für das vertraut werden mit dem fremden Projektor einzuplanen.
- Die Leistungsfähigkeit von Projektoren variiert. Für ein großes Publikum (über 100 Personen) benötigt man besonders leistungsstarke Projektoren, die nicht in jedem Unternehmen vorhanden sind.

- Auch hier gilt: zum Publikum reden und nicht zur Leinwand oder zum Bildschirm.
- Die Technik, das Vor- und Zurückblättern etc. sollten perfekt beherrscht werden.
- Um Unruhe, Hektik oder Ablenkung von den Inhalten durch immer neue visuelle Überraschungen zu vermeiden, sollte nur eine Form des Bildaufbaus gewählt und durchgängig eingesetzt werden.
- Der Bildwechsel mit dem PC erfolgt annähernd unbemerkt, im Gegensatz zum unübersehund -hörbaren Folienwechsel oder gar zum Umblättern einer Flipchart-Seite. Das Publikum muss daher auf diesen Bildwechsel extra hingewiesen werden.
- Die meisten Beamer-Präsentierenden gestalten den Seitenwechsel immer in derselben – und dadurch eintönig wirkenden – Form: nachdem die alte Seite abgehandelt wurde, wird mit der Maus oder Tastatur umgeblättert, dann wird der neue Inhalt erläutert. Etwas eleganter ist es, die neue Seite vorher mit einer rhetorischen Frage, einer provokativen These etc. anzukündigen, um erst dann die folgenden Inhalte erscheinen zu lassen.
- Auf ausreichende Redepausen bei der computergestützten Präsentation sollte geachtet werden.
- Den Seitenwechsel am Laptop kann man über die Tasten vornehmen oder eine mit dem Gerät verbundene Maus. Als Alternative zu empfehlen ist der drahtlose Mauszeiger, der einen unabhängigen Standort im Präsentationsraum ermöglicht.

1.7.3.3 Flipchart

Das Flipchart besteht aus einem Flipchartständer, auf dessen Auflagefläche das Flipchart-Papier aufgehängt werden kann. Auf diesem Papier kann mit Filzstiften in breiter Strichstärke geschrieben werden.

Es kann insbesondere für Präsentationen in kleineren Gruppen bis ungefähr 20Teilnehmern eingesetzt werden. Visualisierungen auf dem Flipchart eignen sich besonders für Kernaussagen, wichtige Übersichten, Inhaltsverzeichnisse, Ablaufdarstellungen sowie für das Mitschreiben von Teilnehmerbeiträgen und -fragen. Komplexe Gedanken können während einer Präsentation am Flipchart mit Symbolen und Stichworten entwickelt werden. Derartige Arbeitsprozesse bleiben dem Publikum besonders lange im Gedächtnis – ein Vorteil, der erfahrene Präsentatoren dazu anregt, gelegentlich das Flipchart dem Beamer und dem Projektor vorzuziehen. Visualisierte Informationen bekommen eine hohe plakative Wirkung. Die visualisierten Informationen können durch drehbuchartiges Vor- und Zurückblättern sofort wieder aktualisiert werden.

Wichtige und während einer Präsentation häufig eingesetzte Darstellungen können auf dem Flipchart-Blatt an die Wand gehängt werden. Sie werden dadurch dauerhaft für alle sichtbar und lassen die Entwicklung von Inhalten erkennen.

Besondere Handhabungshinweise:

- Die Lesbarkeit der Handschrift ist oberstes Gebot. Daher empfiehlt sich liniertes Flipchart-Papier und ein wenig Übung, um leserlich und zügig vor Publikum schreiben zu können.
- Mit Stichworten und sehr knappen Sätzen arbeiten; so groß schreiben, dass die letzte Reihe im Raum den Text noch gut lesen kann.
- Nicht nur mit einer Farbe arbeiten. Unterschiedliche Farben suggerieren unterschiedlichen Sinn. Das kann am Flipchart genutzt werden: Rot für Hervorhebungen, grün für positive Entwicklungen, Wünsche, Erfolge etc., Blau für Text und schwarz vielleicht für Linien, Tabellen, Bilder.

- Nicht nur Texte schreiben; Die Stärke des Mediums besteht darin, mit kleinen Skizzen, Grafiken oder Bildern komplexe Strukturen oder anspruchsvolle Prozesse überzeugend und nachhaltig verständlich zu machen.

Das Arbeiten mit einem Flipchart will geübt sein. Leichter ist es, vorgefertigte Folien oder Seiten auf dem Laptop auf eine Leinwand zu projizieren. Auf der anderen Seite erlebt man immer wieder Präsentierende, die einen Ausschnitt aus Ihrer Präsentation am Flipchart entwickeln, mit einfachen Bildern, passenden Symbolen und leserlicher Schrift. Und es sind häufig diese Teile der Präsentation, die den Zuschauern noch lange im Gedächtnis bleiben. Sie wurden vor ihren Augen entwickelt, sie sind plakativ und bleiben noch an der Wand hängen, können also immer wieder reflektiert werden, selbst dann noch, wenn alle Overheadprojektoren und Beamer ausgeschaltet sind.

Literatur:

Bläser, H.-O.: Fachwörterbuch Personalarbeit – Human Resources Dictionary, Frechen 2004

Brassard, M.: Der Memory Jogger, Methuen 1994

Briegel, K.: Souverän moderieren, Neuwied, Kriftel 2002

Hartmann, M./Funk, R./Nietmann, H.: Präsentieren – Präsentationen zielgerichtet und adressatenorientiert, Weinheim, 2003

Hartmann, M./Funk, R./Wittkuhn, K.: Gekonnt moderieren – Teamsitzung, Besprechung und Meeting: zielgerichtet und ergebnisorientiert, Weinheim 2005

Hartmann, M./Röpnack, R./Baumann, H.-W.: Immer diese Meetings! – Besprechungen, Arbeitstreffen, Telefon- und Videokonferenzen souverän leiten, Weinheim 2002

Hartmann, M./Röpnack, R./Funk, R.: Kompetent und erfolgreich im Beruf. Wichtige Schlüsselqualifikationen, die jeder braucht, Weinheim 2005

Hofmann, E.: Professionell Präsentieren, Neuwied, Kriftel 2001

1.8 Arbeitstechniken und Zeitmanagement anwenden

1.8.1 Hilfen für den Lernprozess

Ein Individuum gelangt durch die Auseinandersetzung mit der Umwelt und durch die dabei gemachten Erfahrungen zu veränderten Verhaltensabsichten, Verhaltensmöglichkeiten und Verhaltensweisen, die relativ stabil sind.

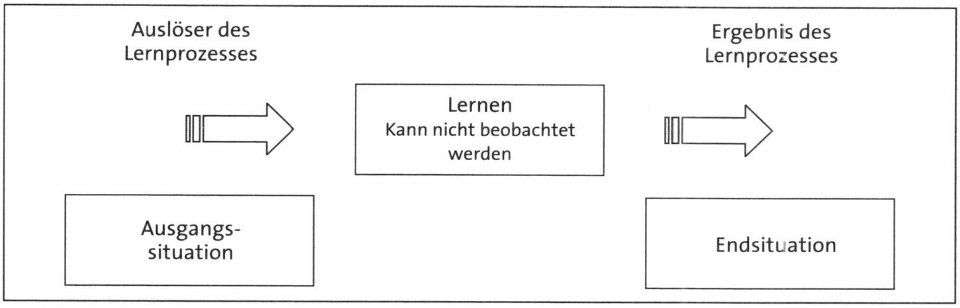

Abb. 1: Darstellung eines Lernprozesses

Eindimensionale und lineare Lernprozesse, z. B. im Sinne der jahrzehntelang in der betrieblichen Ausbildung praktizierten **Vier-Stufen-Methode** der Unterweisung entsprechen den neuen handlungsorientierten Berufsbildern genauso wenig mehr, wie tradierte Rollenvorstellungen von der Lehrkraft, die im Frontalunterricht ihr Wissen mit Methoden auf die Lernenden transferiert. Eine solche Methode ermöglicht keine eigene Auseinandersetzung mit dem Lernstoff.

Grundlagen für erfolgreiche Lernprozesse sind sowohl persönliche als auch sachliche Lernvoraussetzungen, die optimiert sein müssen, damit sich ein nachhaltiger Lernerfolg einstellt.

Voraussetzungen	Beispiele
psychischer Art	positive Erwartungen hohe Motivation Ausgeglichenheit
geistiger Art	hohe Konzentration gutes Gedächtnis Beobachtungsgabe Assoziationsgabe aufnahmebereite Sinnesorgane Phantasie
körperlicher Art	Beachtung der Tagesleistungskurve körperliche Entspannung richtige Ernährung regelmäßiger Schlaf

Voraussetzungen	Beispiele
räumlicher Art	ergonomischer Arbeitsplatz ungestörter Arbeitsablauf gute Beleuchtung, Belüftung

Abb. 2: Lernvoraussetzungen

1.8.1.1 Persönliche Erfolgsfaktoren

Für das individuelle Lernen und das Arbeiten in Gruppen ist es wichtig zu wissen, wie Menschen Informationen sammeln, verarbeiten und auswerten. Unser Gehirn funktioniert wie ein riesiger »Biocomputer«. Bei der Fülle von 10 Millionen Informationseinheiten pro Sekunde, die unsere Sinnesorgane an unser Gehirn liefern, würde es wie bei einem Computer regelmäßig zu einem Absturz kommen, wenn diese Informationen nicht selektiert und nach ihrer Bedeutung zweckmäßig gespeichert würden.

Unser Gehirn verfügt über eine rechte und eine linke Gehirnhälfte, die nicht nur unterschiedliche Aufgaben wahrnehmen, sondern die auch unterschiedlich ausgelastet sind.

In der linken Hälfte findet das rationale und logische Denken statt, die digitale Verarbeitung von Wörtern und Texten sowie der Umgang mit Zahlen, Fakten und Daten. Die linke Hälfte arbeitet deutlich langsamer als die rechte, sie ist häufig überlastet.

Die rechte Hälfte des Gehirns beherbergt Kreativität, Intuition, Spontaneität, Gefühle und Ästhetisches. Hier werden unsere Erinnerungen und Lernerfahrungen bildhaft ganzheitlich gespeichert. Die rechte Hälfte denkt schnell, sie ist regelmäßig unterfordert und verfügt über viele freie Kapazitäten.

Vor dem Hintergrund der Informationsflut bedeutet dies, dass es zu einem Austausch und Zusammenwirken der beiden Gehirnhälften kommen muss. Moderne Arbeitsmethoden wie z. B. **Mind-Mapping** und andere **Visualisierungstechniken** setzen dort an.

Die Speicherung von Informationen erfolgt nach dem »**Drei-Speicher-Modell**« in:

- dem Ultra-Kurzzeit-Speicher,
- dem Kurzzeitspeicher und
- dem Langzeitspeicher.

Im **Ultrakurzzeitspeicher** kommt es zu einer Vorfilterung von Sinneswahrnehmungen, von denen nur ein verschwindend geringer Prozentsatz die Chance hat, in den nächsten Speichertopf zu gelangen. Weitaus die meisten Wahrnehmungen sind nach ca. 10–20 Sekunden vergessen. Dieser Wahrnehmungsspeicher arbeitet nach dem Prinzip der selektiven Wahrnehmung, das heißt: Angenehmes, Interessantes hat eher die Chance, in den **Kurzzeitspeicher** zu gelangen. Dort werden Informationen gesichtet und an den **Langzeitspeicher** übergeben. Die Verweildauer von Informationen im Kurzzeitspeicher beträgt etwa 30 Minuten. Danach werden alte Informationen einfach »überschrieben«.

Lernpsychologen behaupten, dass das Wissen, das im **Langzeitspeicher** aufgenommen wurde, dort auf immer und ewig gespeichert bleibt. Vergessene Informationen sind demnach nur »verschüttet«. Durch bestimmte Assoziationen oder Erlebnisse werden sie wieder hervorgerufen und stehen dann als aktives Wissen zur Verfügung.

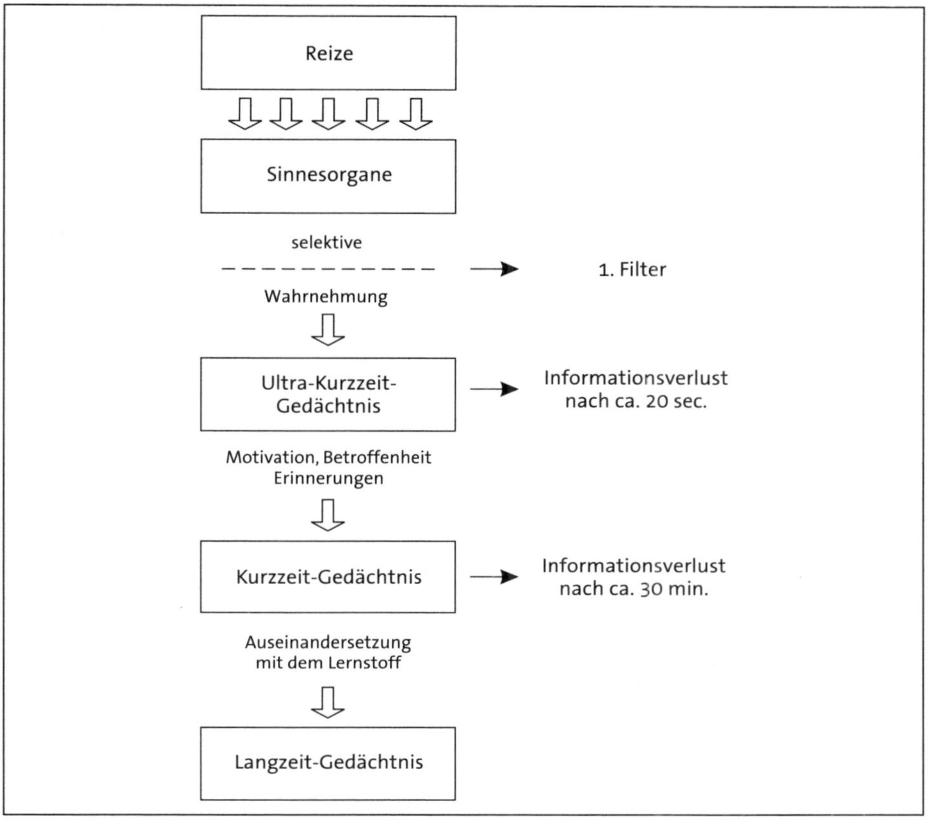

Abb. 3: Der Prozess der Informationsverarbeitung

Entscheidend für die subjektiven Rahmenbedingungen des Lernens ist auch der jeweilige **Lerntyp**.

Informationen werden durch verschiedene Kanäle aufgenommen. Grundsätzlich gilt, dass jeder Mensch alle Kanäle benutzt. Er hat lediglich im Laufe seiner Lernerfahrungen eine Vorliebe und Stärke für einen bestimmten Kanal entwickelt.

- Sehen – visueller Typ.
- Hören – auditiver Typ.
- Handeln – motorischer Typ.

Jeder Lernende sollte daher seinen starken Kanal kennen und sein Lernverhalten danach ausrichten.

Da in einer Gruppe mit großer Wahrscheinlichkeit alle drei Lerntypen vorhanden sind, sollte diese mit unterschiedlichen Methoden arbeiten, um bei allen Gruppenmitgliedern nachhaltige Lernerfolge zu erzielen.

1.8.1.2 Sachliche Erfolgsfaktoren

Die **subjektiven Rahmenbedingungen** werden weitgehend von der Persönlichkeitsstruktur des Lernenden, seiner körperlichen, geistigen und seelischen Verfassung bestimmt. Im Betrieb dagegen sind die Unternehmensleitung, der Vorgesetzte, ein Trainer oder Coach verantwortlich für die Bereitstellung oder Schaffung geeigneter objektiver Rahmenbedingungen. Selbstverständlich gehören dazu ein zweckmäßiger Arbeitsplatz und ein geeigneter Arbeitsraum.

Darüber hinaus zählen zu den **objektiven Rahmenbedingungen** auch die Methoden, mit denen Lernerfolge ermöglicht werden. Überlegungen, ob bestimmte Lernziele besser **On-the-Job** oder **Off-the-Job** (s. auch Abschnitt 4.2.2.3) erreicht werden, sollten nicht in erster Linie von der Kostenfrage oder der Verfügbarkeit von Trainern oder Räumen abhängig gemacht werden, sondern von den Inhalten, die vermittelt werden.

Verständlichkeit ist eine der wichtigsten Spielregeln für die Weitergabe und Verarbeitung von Informationen. Wer seine Gedanken absendet, ohne darüber nachzudenken, ob und wie der Empfänger sie aufnehmen kann, begeht eine »Todsünde« im kommunikativen Prozess (G. Hoberg).

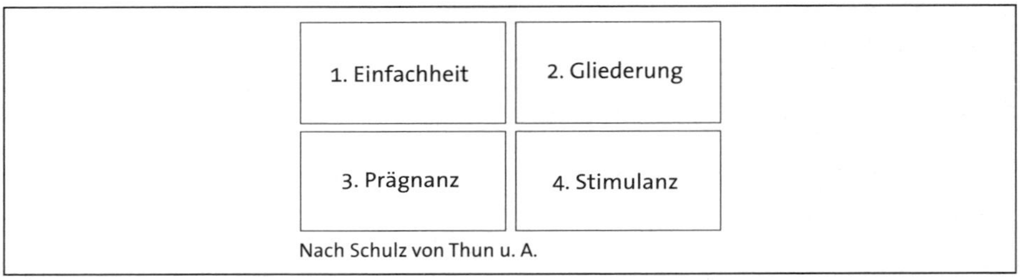

Abb. 4: Modell der Verständlichkeit

Verständlichkeit beinhaltet:

- Einfachheit: Informationen ohne komplizierte Sätze, Fremdwörter und abgehobene Stilistik empfängergerecht zu verpacken,
- Gliederung: Gedankengänge logisch zu ordnen, um den »roten Faden« sichtbar zu machen,
- Prägnanz: Umwege bei der Informationsübertragung zu vermeiden, zur Sache kommen, Dinge auf den Punkt bringen und
- Stimulanz: Empfängerohren durch ansprechende, motivierende Sprache (auch nonverbal) öffnen, Freude am Zuhören und Zusehen bereiten.

1.8.2 Optimierung von Informationsverarbeitungsprozessen

Im Zeitalter der Informationsbearbeitung unter EDV, des papierlosen Büros und des Einsatzes von **Workflow-Systemen** ist die Frage erlaubt, ob unter dem Begriff des allgemeinen Zeitmanagements wirklich nur Protokolltechniken, Berichtstechniken und Darstellungs- und Gliederungstechniken gemeint sein können.

Was nützt die Unterstützung der Personalarbeit durch ein hervorragendes **Personalinformationssystem**, wenn neue Arbeitsformen wie Teamarbeit oder Qualitätszirkel und neue Organisationsformen wie Prozess- oder Projektmanagement eine »schöne, neue Welt« in unserer Bürogesellschaft schaffen, wenn gleichzeitig die »**Basic-Skills**«, also grundlegende Fertigkeiten und Kenntnisse der persönlichen Informationsverarbeitung nicht beherrscht werden? Das Chaos wird vom Schreibtisch in die Datenbanken verlagert.

1.8.2.1 Protokolltechniken

Protokolle werden angefertigt von Besprechungen, Konferenzen, Versammlungen, Diskussionen, Sitzungen und Vorstellungs-, Förder-, Beurteilungs- oder Kritikgesprächen – alles Kommunikationsplattformen, die in Betrieben selbstverständlich sind.

Vier **grundsätzliche Protokollarten** können in der betrieblichen Praxis auftauchen:

- das Wortprotokoll, bei dem alles Gesagte aufgeschrieben wird,
- das Verlaufsprotokoll, bei dem der Verlauf, die wesentlichen Diskussionsbeiträge, die Argumentation, die Namen der Gesprächspartner, die Ergebnisse und die Beschlüsse notiert werden,
- das Kurzprotokoll, das außer den Ergebnissen und Beschlüssen auch die zusammengefassten, nicht zitierenden Diskussionsbeiträge enthält und
- das Ergebnis- oder Beschlussprotokoll, das wirklich nur Ergebnisse und Beschlüsse enthält.

Um die Protokollierung zu rationalisieren, sollten in einem Betrieb nur noch Ergebnis- oder Beschlussprotokolle geführt werden. Die schnellste und »demokratischste« Art des Protokollierens stellt jedoch ein handschriftlich angefertigtes Simultanprotokoll auf einem Formblatt dar, wie es heutzutage in jedem guten Zeitplansystem enthalten ist.

<table>
<tr><td colspan="3">Simultanprotokoll</td><td colspan="2">Datum:</td></tr>
<tr><td colspan="3">Protokollführer</td><td colspan="2">Kopien verteilt an:</td></tr>
<tr><td colspan="5">Teilnehmer der Sitzung:</td></tr>
<tr><td>Priorität</td><td colspan="2">Beschlüsse</td><td>Wer?</td><td>Termin</td></tr>
<tr><td></td><td colspan="2"></td><td></td><td></td></tr>
</table>

Abb. 5: Simultanprotokoll

Aufgrund des dokumentarischen Charakters dienen Protokolle auch als **Beweise**, zum Beispiel bei Anhörungen von Mitarbeitern vor Abmahnungen, in Gerichtsverhandlungen, bei Nebenabreden in Arbeitsverträgen, bei Betriebsvereinbarungen und Tarifabschlüssen als »Protokollnotiz«. Voraussetzung dafür ist, dass diese Niederschriften von allen Beteiligten angenommen, also Willenserklärungen im rechtlichen Sinne werden. Mit den Unterschriften des Protokollführers und der Beteiligten bzw. eines Versammlungsleiters wird das Protokoll zur Urkunde.

Ferner haben Protokolle den Charakter einer **Chronik**, die zur Erinnerung und als Arbeitsunterlage für spätere Sitzungen und Besprechungen dienen, aber auch Nachfolgern das Verständnis für einmal gefasste Beschlüsse erleichtern.

Für Abwesende und andere am Besprechungsergebnis Interessierte stellt das Protokoll ein **Informationsmittel** dar.

Eine letzte wichtige Funktion des Protokolls ist die der **Erledigungskontrolle**. Neben der Eintragung der Ergebnisse und Beschlüsse (»was?«) wird die weitere Vorgehensweise (»wie?«) dargestellt. Zeitvorgaben und Termine unterstützen eine klare Planung und sind gute Kontrollinstrumente, z. B.: »Wer regelt die Zuständigkeiten und damit die Verantwortung mit wem?«.

1.8.2.2 Berichtstechniken

Neben Protokollen spielen Berichte in der betrieblichen Praxis nach wie vor eine unverzichtbare Rolle.

Bekannt sind aufwändige Geschäftsberichte von Vorständen und Geschäftsleitungen bei Haupt- oder Gesellschafterversammlungen, die als Grundlage für weitreichende strategische Beschlüsse oder gar Satzungsänderungen dienen können. Aber auch Berichte von Messebesuchen, Fortbildungsveranstaltungen oder Arbeitsverlaufsberichte von Gruppen- oder Projektarbeiten spielen in der Praxis eine Rolle.

Häufig sind die Unterschiede zwischen Berichten, Protokollen, Beschreibungen oder Erörterungen nicht ohne weiteres zu erkennen, was für die praktische Handhabung aber weitgehend ohne Belang ist.

Die Merkmale eines Berichtes sind:

- Inhalt: einmaliges Ereignis, tatsächliche Begebenheit, Beschränkung auf Tatsachen,
- Ziele: Sachinformation des Lesers,
- Stil: knapp, sachlich, indirekte Rede,
- Zeitstufe: Vergangenheit und
- Aufbau: Ort, Zeit, Beteiligte, Anlass, Schilderung der Ereignisse, Zusammenfassung, Kritik, Ausblick.

1.8.2.3 Darstellungs- und Gliederungstechniken

Folgende **Gliederungsformen** haben sich in der Praxis bewährt:

- nummerisch,
- alphabetisch,
- alpha-nummerisch oder
- memotechnisch.

Welche Form der Gliederung gewählt wird, bleibt jedem Verfasser selbst überlassen und ist eher nach den Kriterien von Zweckmäßigkeit und Verständlichkeit zu entscheiden.

Jeder Leser ist zugleich Empfänger einer Nachricht, bei der es nicht nur auf das »Was« im Sinne einer Sachaussage, sondern auch auf das »Wie« hinsichtlich einer beabsichtigten

Wirkung ankommt. Eine Ausarbeitung ohne Skizzen, Graphiken, Diagramme, Checklisten und anderen **Formen der Visualisierung** stellt hohe Anforderungen an den Leser hinsichtlich seiner Konzentration und Gedächtnisleistung, aber auch Motivation und Geduld.

1.8.3 Erfolgreiche Gruppenarbeit

Begriffe wie Lean-Management, Business-Reegineering, Kaizen, Total-Quality-Management und Projektmanagement gehören heute zum Standardvokabular in Fachbüchern (s. auch Abschnitt 3.2.3.2). Fast allen Ansätzen ist eines gemeinsam: Führung wird in der Zukunft mehr und mehr **teamorientiert** funktionieren. Damit wird eine gut funktionierende Gruppe zunehmend der Garant für den Erfolg.

Die Eigenverantwortung von Mitarbeitern in einer Gruppe kann zu deutlich besseren Leistungen führen. Beispiele aus der Automobilindustrie (z. B. Volkswagen oder Opel in Eisenach) zeigen, wie die Nachteile des **Taylorismus** durch Gruppenarbeit überwunden werden können.

Damit wird deutlich, dass Gruppenarbeit Mittel zum Zweck und nicht Selbstzweck ist, zumindest nicht in erwerbswirtschaftlich ausgerichteten Unternehmen. Im Mittelpunkt organisierter Gruppenarbeit steht daher die **Leistungssteigerung**. Da dies keinen Zielkonflikt zwischen den wirtschaftlichen Zielen des Unternehmens und den sozialen Zielen der Mitarbeiter darstellen muss, sind teamorientierte Arbeitstechniken von den Mitarbeitern stärker akzeptiert als andere Arbeitsformen.

Doch wie entsteht Gruppenleistung?

- Verbesserte Leistungsmotivation bewirkt Qualität.
- Die Entscheidungsfindung vollzieht sich in einer Gruppe zwar langsamer, jedoch werden bessere, weil ausgewogenere Entscheidungen getroffen.
- In einer guten Gruppe kommt es zu einem positiven Ausgleich individueller Unterschiede der Gruppenmitglieder im persönlichen Tempo, in der Geschicklichkeit und der Anstrengungsbereitschaft.
- Die Mitglieder in der Gruppe sind in der Regel besser informiert als bei Einzelarbeit.
- Über den Abbau der sozialen Binnendistanz wird ein »Wir-Gefühl« aufgebaut und gleichzeitig nach außen ein Konkurrenzmotiv ausgebildet, das »Die-Gefühl«.
- Für Vorgesetzte gestaltet sich die Informationsübermittlung leichter, und die Führung wird bei Kenntnis der Gruppenstruktur effektiver.
- Gruppen verfügen in der Regel über ein hohes Kreativitätspotenzial.

1.8.3.1 Rollen und Rollenverhalten in der Gruppe

In einer Gruppe nimmt jedes Gruppenmitglied eine Rolle wahr. Im allgemeinen überlagern sich zwei **Rangordnungen** in einer Gruppe: eine nach der Fachkompetenz und eine nach der sozialen Akzeptanz. Dieses Phänomen bezeichnet man als Rollendivergenz. Kommt zu dieser fachlichen bzw. persönlichen Autorität noch die formale Autorität hinzu, kann es zu erheblichen Führungsproblemen im Betrieb kommen, wenn es nicht gelingt, daraus entstehende Konflikte zu minimieren und zu kanalisieren.

Die Rollen, die sich in Gruppen entwickeln, können grundsätzlich in »funktionale« und »dysfunktionale« Rollen unterteilt werden.

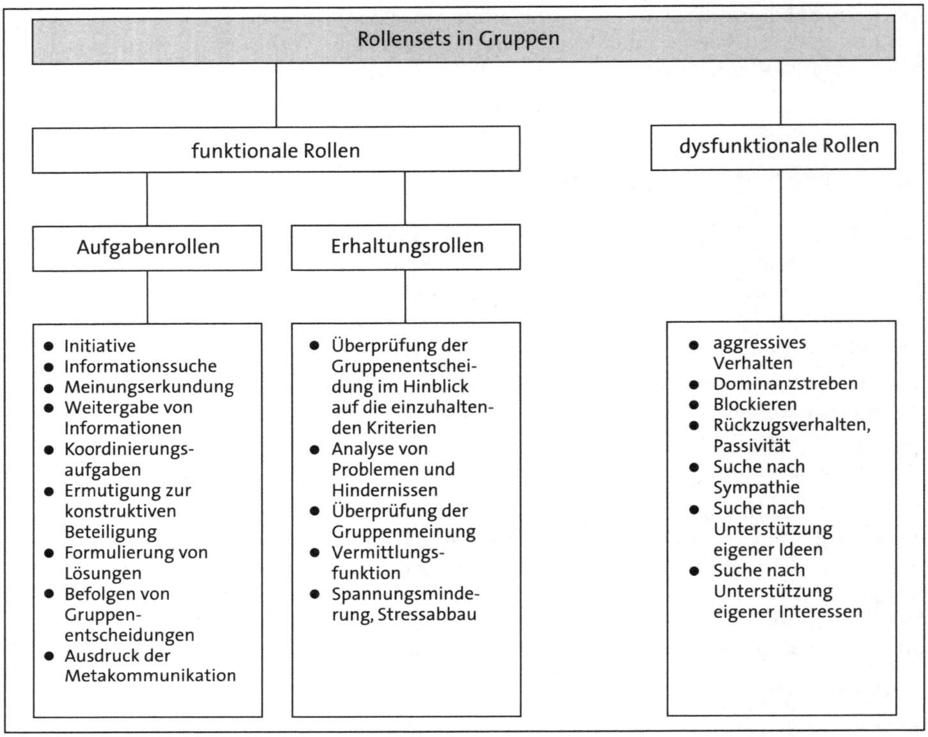

Abb. 6: Rollensets in Gruppen

Leider ist teamförderliches Verhalten in unseren Betrieben noch nicht die Regel. Noch wird vor dem Hintergrund des Karrierestrebens, der Machtbedürfnisse oder des Leistungsdrucks der Einzelkämpfer gefördert. Das bedeutet, dass viele Mitarbeiter teamförderliches Verhalten lernen müssen. Hier zeigt sich, dass eine Gruppe nicht nur »gibt«, sondern auch »fordert«, nämlich das Aufgeben von manch liebgewordenen individuellen Gewohnheiten und Egoismen zugunsten von mehr Toleranz und Kompromissbereitschaft. Dazu haben sich im beruflichen Alltag Regeln bewährt, die vom Team aufgestellt werden und während der Gruppenarbeit im Blickfeld der Mitarbeiter verbleiben.

Zweck dieser Regeln ist es:

- den Umgang der Gruppenmitglieder untereinander auf einen größten gemeinsamen Nenner zu bringen,
- ein gemeinsames Verhalten zu entwickeln und zu fördern, das von allen als positiv empfunden wird,
- den Umgang mit Konflikten als konstruktiv zu sehen und gemeinsam zu einer Konfliktlösung beizutragen,
- das systematische Arbeiten der Teammitglieder zu fördern und
- gemeinsame Erwartungen und Wertvorstellungen sowie Verhaltensweisen untereinander zu entwickeln.

1.8.3.2 Richtiges Kommunikationsverhalten in der Gruppe

Das Ziel der Kommunikation von Mitgliedern in einer Gruppe stellt sich aus der Sicht des Gruppenleiters so dar:

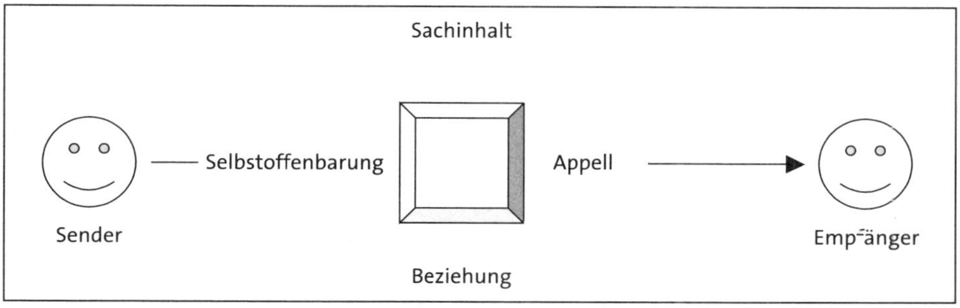

Abb. 7: Kommunikationsmodell (nach Schulz von Thun)

Dieses Kommunikationsmodell kann auf jede Art von Kommunikation übertragen werden, also auch auf die Kommunikation in und zwischen Gruppen. Aus dem Modell lassen sich einige wichtige Grundmerkmale und Grundregeln für die Gruppenarbeit ableiten.

- Kommunikation vollzieht sich immer zwischen zwei Seiten: die eine teilt etwas mit (**Sender**), die andere nimmt die Mitteilungen auf (**Empfänger**).
- Jede Nachricht enthält prinzipiell vier Informationsebenen:
  - Sachinhalt: Übermittlung von Informationen,
  - Appell: Wirkung beabsichtigen,
  - Selbstoffenbarung: Emotionales Sich-Einbringen des Senders,
  - Beziehung: Emotionale Bewertung des Empfängers durch den Sender.
- Von besonderer Bedeutung sind die **nonverbalen Signale** einer Nachricht (Mimik, Tonfall, Gestik). Dieser Teil ist meist von größerer Bedeutung als das tatsächlich geäußerte Wort, weil Menschen dazu erzogen sind, ihre verbalen Äußerungen zu kontrollieren. Die nonverbalen sind dagegen nur schwer steuerbar.
- Analog zu den vier Nachrichtenkanälen ist der Empfänger mit vier **Empfangskanälen** ausgerüstet. Er ist dabei in seiner Entscheidung frei, welchen er vorrangig benutzen will. Diese Entscheidung liegt nicht im Einflussbereich des Senders.
- Die Problemseiten der Kommunikation in einer Gruppe liegen auf der **Beziehungsebene**. Entscheidend ist nicht, was gesagt wurde, sondern wie es beim Empfänger ankam.
- Für die Kommunikation in Gruppen ist es wichtig, eine **symmetrische Kommunikation** aufzubauen. Symmetrische Kommunikationen ergeben sich aus der Gleichrangigkeit zwischen Mitarbeiter und Mitarbeiter; asymmetrische entspringen einem Abhängigkeitsverhältnis in einer Hierarchie.
- In einer Gruppe wird durch das Nachdenken und Sprechen über Kommunikation die **Sprachsensibiltät** gefördert. Der Mitarbeiter wird in die Lage versetzt, eigene und fremde Äußerungen differenzierter zu betrachten und zu beurteilen, ferner sein eigenes Verhalten besser zu planen und zu steuern.

Kommunikation ist der Schlüssel zu einer guten Teamarbeit. Einige wenige Regeln sind imstande, diesen Erfolg in der Teamarbeit zu bewirken:

- **Kein Multitasking** im Gruppengespräch!

Aktives Zuhören ist heute fast eine vergessene Tugend. Sortieren von Unterlagen oder das Durcharbeiten von Akten während eines Gespräches stellen eine Missachtung des Gesprächspartners dar.

- **Keine Killerphrasen** benutzen!

Killerphrasen sind Aussagen wie »Lassen Sie das bloß den Chef nicht hören!« oder »Das führt doch geradewegs in die Pleite!« oder »Das haben wir doch schon immer so gemacht!«. Abgesehen davon, dass in einer asymmetrischen Kommunikation solche Aussagen Ängste hervorrufen können, wirken sie ausgesprochen demotivierend und desillusionierend. Mancher brauchbare, kreative Vorschlag bleibt so unausgesprochen!

- **Sprache und Handlung** müssen **deckungsgleich** sein!

Worte und Körpersprache müssen zusammenpassen. Wenn jemand ärgerlich oder wütend ist, sollte er dies auch durch eine entsprechende Wortwahl, verbunden mit einer verstärkenden Gestik und Mimik deutlich machen und nicht mit einem Lächeln auf den Lippen.

- **Klar und deutlich sprechen!**

Wenn sich Mitarbeiter nach einem Gruppengespräch gegenseitig fragen, was man denn von ihnen heute wollte, dann hat jemand seine Aussagen nicht auf den Punkt gebracht. Ein einfaches Mittel ist die Visualisierung, z. B. mit Hilfe einer Skizze auf dem Flipchart.

- **Mitarbeiter- und Kollegenprobleme ernst nehmen!**

Auch wenn man der Meinung ist, dass das Problem eher zu den alltäglichen gehört oder schon ewig besteht, wenn es vom Gesprächspartner ausgesprochen wurde, gebührt ihm die ungeteilte Aufmerksamkeit. Kurz vor der Antwort überlegen, aus welchen Gründen wohl ausgerechnet dieses Problem auf den Tisch kam und ob die Antwort zufrieden stellen wird.

- **Konflikten nicht aus dem Weg gehen!**

Konflikte sind vom Ansatz her etwas Positives. Sie sorgen für Bewegung in der Gruppenarbeit und bieten durch ihre Chance zur Lösung Innovationspotenzial. Geht man ihnen jedoch dauerhaft aus dem Wege, überlagern die Spannungen im zwischenmenschlichen Bereich jede Gruppenarbeit.

- **Alle Informationen weitergeben!**

Leider werden immer noch Informationen als Machtmittel gebraucht. Dabei ist die einfachste Art zu motivieren die Information. Ohne Information kann die Gruppe nicht mitdenken. Wer viel (Information) gibt, erhält viel (Information) zurück. Da aber auch ein Zuviel an Information schädlich ist, stellt die Informationsweitergabe hohe Anforderungen an diese Art von Gratwanderung.

1.8.3.3 Gruppendynamik

In Anlehnung an den physikalischen Begriff bezeichnet man die **Gesetzmäßigkeiten der sozialen Prozesse** innerhalb der Gruppe als Gruppendynamik. Damit die geschilderten Leistungsvorteile von Gruppenarbeit zum Tragen kommen, muss eine Vorbedingung erfüllt sein: Es muss sich um eine gut funktionierende Gruppe handeln. Dabei ist zu berücksichtigen, dass die zwischenmenschlichen Beziehungen in einer Gruppe und zwischen Gruppen ständig in Bewegung sind. Es gibt bei keiner Gruppe die Garantie, dass vorhandene Sympathie und Interessengleichheit bleiben, es gibt aber auch keine Gruppe, in der nicht Konflikte überwunden werden können.

In Betrieben spielen **formelle Gruppen** eine für Produktivität wichtigere Rolle alsinformelle. Formelle Gruppen werden primär unter **technisch-ökonomischen Gesichtpunkten** zusammengestellt. Der Gruppenzusammenhalt – Voraussetzung für den Erfolg jeder Gruppentätigkeit – hängt jedoch in entscheidendem Maße vonden zwischenmenschlichen Beziehungen unter den Gruppenangehörigen ab.

Die Kenntnis der **Gruppenstruktur** ist für jeden Initiator der Gruppenarbeit unverzichtbar. Eine Zusammenstellung nur nach dem Kriterium der Fachkompetenz bewirkt, dass der Gruppenfindungsprozess unnötig lange dauert – und möglicherweise sogar scheitert. Die leistungsfördernden Gruppenmerkmale können sich gar nicht erst entfalten. Daher spielt die Kenntnis der **Human- und Sozialkompetenz** der Mitarbeiter für die Bildung von Arbeitsgruppen eine herausragende Rolle.

Das Ziel kann nur sein: Alle hemmenden Faktoren der Gruppenbildung erkennen und von vornherein reduzieren, um die Gruppe möglichst schnell über die Normalleistungsschwelle zu bringen. Das bedeutet eine auf **Konsens und Kompromiss** ausgerichtete Arbeitsweise der Gruppe, die folgende Merkmale aufweist:

- die Atmosphäre in der Gruppe ist entspannt,
- alle beteiligen sich aktiv und engagiert an der Diskussion,
- es liegt ein gemeinsames Ziel vor und es besteht Einigkeit darüber, dass die angenommene Herausforderung wichtig ist,
- der Arbeitsauftrag ist klar definiert und wird von allen Gruppenmitgliedern akzeptiert,
- alle Ansichten werden diskutiert – keine wird unterdrückt oder übergangen,
- die Gruppe fällt Entscheidungen gemeinsam und hat sich zum Ziel gesetzt, dass alle Lösungen auch nach außen gemeinsam getragen werden,
- die Gruppenleiter sind weder autoritär noch dominant, sondern haben eine Vermittlerfunktion.

Nur dann, wenn es keine Verlierer gibt, werden motivierte und produktive Mitarbeiter zu Leistungsträgern.

1.8.4 Individuelles Zeitmanagement

»Nicht wie der Wind weht – wie ich die Segel setze, darauf kommt es an« (alte Seglerweisheit).

Der Grundgedanke des Zeitmanagements ist es, selbst einen Beitrag zur bewussten Steuerung seines beruflichen und damit auch seines privaten Lebens zu leisten und weniger Spielball der Arbeits- und Lebensverhältnisse Anderer zu sein. Die Selbstbestimmung unseres Lebens ist die Triebfeder für die Erkenntnis, dass man sein Leben (wieder) in eigene Hände nehmen muss.

Die knappste und wichtigste Ressource im beruflichen Leben ist Zeit. Warum?

- Zeit ist unabänderlich,
- Zeit lässt sich nicht speichern,
- Zeit lässt sich nicht vermehren,
- Zeit lässt sich nicht übertragen,
- Zeit vergeht unwiderruflich.

1.8.4.1 Persönliche Einflussfaktoren

Fast jeder klagt darüber, dass er zu wenig Zeit hat. Der Anteil an psychosomatischen Krankheiten auf Grund von Stress nimmt dramatisch zu und ist bereits von der Berufsgenossenschaft als Berufskrankheit eingestuft. Das schlechte Gewissen, tagsüber im Beruf zu wenig geleistet zu haben, zwingt viele Führungskräfte, die Arbeit zu Hause fortzusetzen. Schlafstörungen gehören bei Vorgesetzten und Mitarbeitern zu Statussymbolen.

Das eigentliche Problem beim individuellen Zeitmanagement liegt häufig im Vorfeld. Man fasst gute Vorsätze, die im beruflichen Alltag schnell auf der Strecke bleiben. Zeitmanagement hat größere Chancen realisiert zu werden, wenn:

- der persönliche Leidensdruck entsprechend hoch ist und
- der Betroffene sich von einer Verhaltensänderung Vorteile versprechen kann.

Ausgangspunkt eines erfolgreichen Zeitmanagements ist die Erkenntnis, dass es keine allgemeingültigen erfolgversprechenden Regelungen gibt. Zeitmanagement ist immer höchstpersönlich und individuell.

Demzufolge ist eine der ersten Schritte die Ermittlung der persönlichen Zeitfresser.

☐ Unklare Zielsetzung
☐ Wartezeiten
☐ Papierkram und Lesen
☐ Mangelnde Koordination
☐ Fehlende Selbstdisziplin
☐ Privater Schwatz
☐ Versuch zu viel auf einmal zu tun
☐ Mangelnde Motivation
☐ Ablenkung und Lärm
☐ Hast und Ungeduld
☐ Chaos auf dem Schreibtisch
☐ Schlechte Ablage
☐ Zu wenig Delegation
☐ Telefonische Unterbrechungen
☐ Unangemeldete Besucher
☐ Zu wenig oder verspätete Informationen
☐ Unfähigkeit nein zu sagen
☐ Aufgaben nicht zu Ende geführt
☐ Zu viele Besprechungen
☐ Kaum noch Kommunikation
☐ Zu viele Protokolle, Aktennotizen
☐ Unentschlossenheit
☐ Ständiges Aufschieben von Vorgängen
☐ Suche nach Notizen, Merkzetteln, Adressen

1.8.4.2 Erfolgsfaktoren des Zeitmanagements

Die ALPEN – Methode

Eine konsequente Tagesplanung bewirkt eine Verbesserung der persönlichen Arbeitstechniken. Mit der **ALPEN – Methode** (nach Seiwert) kann der Tagesplan als letzte und zugleich wichtigste Stufe der Zeitplanung erstellt werden. Wichtigstes Prinzip ist dabei die Schriftform – auch bei Verwendung von elektronischen Zeitplansystemen!

Die fünf Schritte zum Tagesplan sind:

- **A**ufgaben zusammenstellen,
- **L**änge der Tätigkeiten schätzen,
- **P**ufferzeiten für Unvorhergesehenes einplanen (60:40 – Regel),
- **E**ntscheidungen über Prioritäten, Kürzungen oder Delegation treffen,
- **N**achkontrolle – Unerledigtes.

1. Stufe: Aufgaben zusammenstellen:
- vorgesehene Aufgaben notieren,
- unerledigtes vom Vortage,
- kurzfristig aufzunehmende Tagesarbeiten,
- Termine, die wahrgenommen werden müssen,
- regelmäßig wiederkehrende Aufgaben.

2. Stufe: Länge der Tätigkeiten schätzen:
- hinter jede Aufgabe den geschätzten Zeitbedarf eintragen,
- bei einer konkreten Vorgabezeit zwingt man sich auch zu deren Einhaltung,
- der Zwang zur Zeiteinhaltung führt zu konsequenterem Arbeiten.

3. Stufe: Pufferzeit reservieren (60:40 – Regel):
- 60% der Zeit verplanen – 40% als Pufferzeit für Unvorhergesehenes,
- in die Gesamtzeit unbedingt Freizeiten und Erholungszeiten einarbeiten.

4. Stufe: Entscheidungen über Prioritäten, Kürzungen und Delegation treffen:
- eindeutige Prioritäten setzen (ABC – Analyse),
- nochmaliges Kürzen aller Vorgänge bei realistischer Betrachtung,
- jede Tätigkeit auf Delegations- und Rationalisierungsmöglichkeiten ausloten.

5. Stufe: Nachkontrolle – Unerledigtes übertragen:
- nicht Erledigtes auf einen anderen Tag übertragen,
- nach mehrfachem Übertragen die Aufgabe endlich erledigen oder streichen.

Die 80: 20 – Regel

Der italienische Volkswirt Wilfried Pareto (1848–1923) kam aufgrund seiner statistischen Erhebungen zu dem Ergebnis, dass 20% der Gesamtbevölkerung 80% des Volksvermögens besaßen (s. auch Abschnitt 1.7.2.4.2).

Diese Erfahrungsregel gilt für viele Bereiche des Lebens:

- 20% der Kunden bringen 80% des Umsatzes,
- 20% der Fehler verursachen 80% des Ausschusses,
- 20% der Bestände machen 80% der Inventur aus.

Nicht jede Tätigkeit bringt den gleichen Nutzen, nicht jeder Mitarbeiter in dem Unternehmen bringt den gleichen Umsatz, nicht jeder Verkäufer bringt den gleichen Teil an Neukunden.

Übertragen auf das Zeitmanagement heißt dies, dass man bereits mit den ersten 20% der eingebrachten Zeit einen Anteil von 80% der Leistung erbringt. Umgekehrt bedeutet dies, dass man mit den restlichen 80% der eingebrachten Zeit nur noch 20% der Gesamtleistung erreicht.

Für die Tagesplanung bedeutet dies, sich nicht die leichtesten, interessantesten Arbeiten mit dem jeweils geringsten Zeitbedarf vorzunehmen, sondern alle Tätigkeit nach Bedeutung, Wichtigkeit und Wertschöpfung zu klassifizieren und sie in dieser Reihenfolge abzuarbeiten. »Lebenswichtige wenige« Probleme vor den »nebensächlich vielen« in Angriff nehmen!

Das Eisenhower-Prinzip

Dem amerikanischen General und späteren Präsidenten Dwight D. Eisenhower wird das folgende Prioritätenprinzip zugesprochen, mit dessen Hilfe man einen Schnelltest auf die Kriterien »Wichtigkeit« und »Dringlichkeit« von Aufgaben durchführen kann.

Anstatt Zeit für die wirklich wichtigen Dinge zu haben, wird unsere Energie häufig durch dringliche, aber weniger wichtige Dinge in Anspruch genommen. Man neigt leicht dazu, von einer dringenden Aufgabe zur nächsten zu eilen, dadurch bleiben die wirklich wichtigen Aufgaben oft liegen.

Eisenhower brachte dies auf den Punkt mit der Erkenntnis:

»Die wichtigen Dinge sind selten eilig und die eiligen Dinge selten wichtig!«

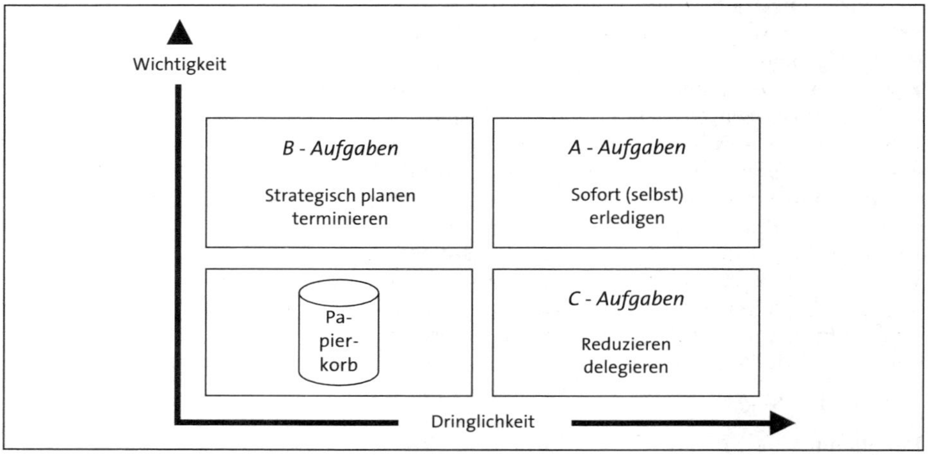

Abb. 8: Das Eisenhower-Prinzip

Die ABC-Analyse

Die konsequente und mathematische Umsetzung des Eisenhower-Prinzips gelingt mit der ABC-Analyse, die heute aus der Betriebswirtschaft nicht mehr wegzudenken ist.

Es handelt sich hierbei um eine Entscheidungstechnik zur Prioritätenbildung. Die Erkenntnis ist, dass die wichtigsten Aufgaben (A-Aufgaben) etwa 15% der Gesamtmenge aller Aufgaben ausmachen, mit denen sich eine Führungskraft befasst. Der Wert dieser Aufgabemenge liegt aber bei einem Gesamtanteil von 65%. Durchschnittliche, wichtige Aufgaben nehmen einen Mengenanteil von 20% ein und haben auch einen gleichen Anteil an dem Wert der Aufgaben (20%). Weniger wichtige Aufgaben machen einen Anteil von 65% aus, aber ihr Wertschöpfungsbeitrag liegt bei nur 15%.

Die Konsequenzen aus dieser Analyse: A-Aufgaben unbedingt erledigen, da sie sehr wichtig sind und bereits den größten Anteil am Erfolg, an der Wertschöpfung buchen. Bleibt noch Zeit, nimmt man die B-Aufgaben in Angriff, da sie noch einmal einen – wenn auch nicht mehr so großen – Beitrag für den Erfolg bringen. Sollte keine Zeit mehr für die Bewältigung der C-Aufgaben bleiben, ist dies nicht so tragisch. Ihr Erfolgsanteil ist nicht mehr so überwältigend. Die dafür eingesetzte Zeit steht in keinem vernünftigen Verhältnis mehr zum Wertzuwachs.

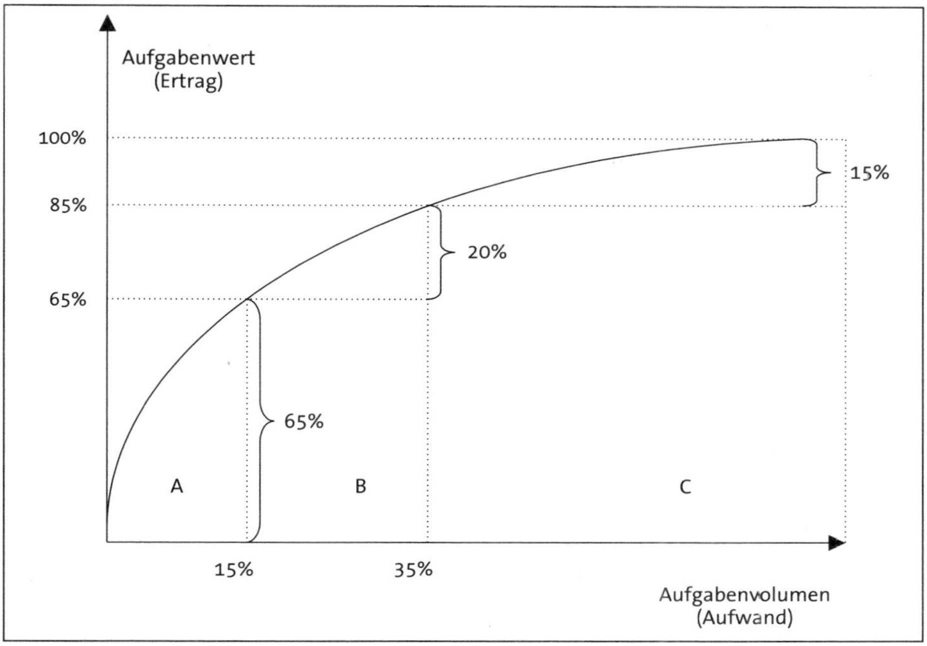

Abb. 9: ABC – Analyse

Literatur:

Antoni, C. H.: Teamarbeit gestalten, Grundlagen, Analysen, Lösungen, Weinheim und Basel, 2000

Boese-Grzeskowiak, E., u. a.: Betriebliche Kommunikation – Fachschule für Technik, Köln, 1998

Hoberg, G.: Vor Gruppen bestehen – Besprechungen, Workshops, Präsentationen, Stuttgart, 1994

Nothdurft, M.: Im Team an die Spitze, Handbuch der Teamarbeit, Offenbach, 2000

Rabey, G. P.: Basiswissen für Führungskräfte, Selbstmanagement, Teambildung, Arbeitsorganisation, Niedernhausen/Ts., 1997

Seiwert, Lothar J.: Mehr Zeit für das Wesentliche, 9. Auflage, Landsberg/Lech, 2003

Wellmann, A., u. a.: Professionelle Zeitmanagement, Wiesbaden, 1995

Kontrollfragen zu dem 1. Handlungsbereich

1. Als wesentliche Grundformen für die Organisation der Unternehmensspitze sind Funktional-, Sparten- und Matrixorganisation anzusehen. Wie lassen sich diese Organisationsformen graphisch darstellen? Welche Vor- und Nachteile besitzen sie jeweils?
2. Wie unterscheidet sich die Ablauforganisation von der Aufbauorganisation? Welche Ziele verfolgt die Ablauforganisation und welche klassischen Organisationstypen unterscheidet man bei der raumorientierten Arbeitssynthese?
3. Bei der Organisation der Personalabteilung spielt das Referentenmodell heutzutage eine herausragende Rolle. Wie sieht das Aufgabenspektrum eines Personalreferenten aus? Wie wird die Aufgabenteilung zwischen den Referenten und den Führungskräften in den Fachabteilungen vorgenommen?
4. Welche Rollen haben die Personalbereiche in Unternehmen wahrzunehmen? Wie lassen sich diese Rollen gliedern und beschreiben?
5. Bei der Gestaltung der personalwirtschaftlichen Dienstleistungen spielen das Dienstleistungsangebot, der Service und die Wirtschaftlichkeit eine besondere Rolle. Was verbirgt sich konkret hinter diesen drei Seiten personalwirtschaftlicher Dienstleistungen?
6. Kundenbefragungen stellen einen Kernbestandteil zur Ermittlung der Kundenzufriedenheit und der Kundenerwartungen dar. Wie kann ein Fragebogen für die Kundengruppe der Mitarbeiter konkret aussehen?
7. Chancen und Risiken aus dem externen Umfeld des Unternehmens sind bei der Entwicklung einer personalwirtschaftlichen Dienstleistungsstrategie zu berücksichtigen. Was bedeutet in diesem Zusammenhang wirtschaftlicher, sozialer, technologischer und politisch-rechtlicher Wandel?
8. Erläutern Sie den Unterschied zwischen einer »Primärorganisation« und einer »Sekundärorganisation«! Nennen Sie Beispiele für beide Formen der Aufbauorganisation!
9. Erläutern Sie beispielhaft drei Gründe, warum auch im Personalwesen die Prozessorganisation Eingang gefunden hat!
10. Beschreiben Sie den Geschäftsprozess »Einführung eines neuen Mitarbeiters«!
11. Wer können die Prozessverantwortlichen in dem Veränderungsprozess »Beurteilung von Mitarbeitern« sein?
12. Beschreiben Sie die Gefahren für eine Organisation, die sich aus der »organisatorischen Lücke« ergeben!
13. Erläutern Sie, welchen Beitrag zur Organisationsentwicklung das Prozessmanagement im Personalwesen leisten kann!
14. Beschreiben Sie die wichtigsten Unterschiede zwischen Projekten und Linienaufgaben!
15. Stellen Sie die wichtigsten Elemente eines Auftrags dar!
16. Stellen Sie die Aufgaben von Auftraggeber, Projektleiter und Teammitgliedern dar!
17. Definieren Sie ein Kick-Off-Meeting!

18. Geben Sie einen Überblick über die vier Phasen eines Projektes!
19. Welche Einsatzfelder gibt es für IT-Systeme in der Personalarbeit bezogen auf die Personalfunktionen?
20. Welche Voraussetzung sollte unbedingt erfüllt sein, bevor die Einführung eines neuen Personal-IT-Systems oder die Erweiterung eines bestehenden Personal-IT-Systems beschlossen wird?
21. Wer sollte bei der Einführung eines Personal-IT-Systems für welche Aufgaben einbezogen werden?
22. Für welche Personalprozesse/-dienstleistungen ist der Einsatz von Employee Self-Service (ESS)- und Manager-Self-Service-Lösungen (MSS) sinnvoll und welche Voraussetzungen müssen dafür erfüllt sein?
23. Was macht Beratung zu professioneller Beratung?
24. Konflikte können sehr unterschiedlich gehandhabt werden. Welche Konfliktbearbeitungsmöglichkeiten erscheinen Ihnen unter dem Gesichtspunkt einer professionell gesteuerten Intervention plausibel?
25. Wann ist Feedback sinnvoll und für die Arbeit als Personalfachkaufmann nützlich?
26. Wie erreicht der Moderator, dass möglichst alle Teilnehmer auch aktiv am Arbeitsprozess mitarbeiten?
27. Was kennzeichnet die inhaltliche Unparteilichkeit des Moderators?
28. Was bedeutet personenbezogene Neutralität des Moderators?
29. Was bedeutet Zielorientierung des Moderators?
30. Wichtiges Handwerkszeug für den Moderator ist die Fragetechnik. Mit welcher Frageart sollte er überwiegend arbeiten?
31. Egal, welche Arbeitsschritte oder Moderationstechniken der Moderator mit der Gruppe durchführen will, er sollte jeden Arbeitsschritt systematisch und nachvollziehbar einführen. Was sollte er auf jeden Fall klären, bevor die Gruppe mit der Arbeit beginnen kann?
32. Alle reden vom Pareto-Prinzip. Was ist damit gemeint?
33. Welche Bedeutung hat das Visualisieren von Informationen?
34. Bei welchen der folgenden Handlungen kann man von Kommunikation sprechen?
35. Schildern Sie je drei Ereignisse im Betrieb, in denen eine asymmetrische und eine symmetrische Gesprächssituation vorliegt.
36. Welche Bedeutung hat die Metakommunikation in einer Projektgruppe?
37. Erläutern sie ausführlich die Bedeutung der Gruppenarbeit für den betrieblichen Leistungsprozess!
38. Erläutern Sie fünf Vorteile des Zeitmanagements!

2. Handlungsbereich »Personalarbeit auf Grundlage rechtlicher Bestimmungen durchführen«

2.1 Individuelles und kollektives Arbeitsrecht anwenden

2.1.1 Rechtsquellen des Arbeitsrechts

Das Arbeitsrecht lässt sich entsprechend der Abbildung 1 wie folgt gliedern:

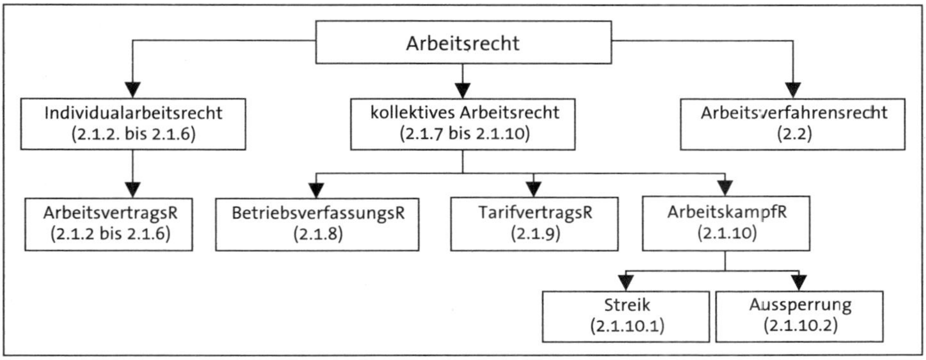

Abb. 1: Übersicht – Arbeitsrecht

Ausgehend von den Rechtsquellen, aus denen das Arbeitsrecht gespeist wird, kann folgende Unterscheidung getroffen werden:

Europäisches Arbeitsrecht	Staatliches Arbeitsrecht	Nichtstaatliches Arbeitsrecht
• Richtlinie (z. B.: Richtlinie 76/207/EWG zur Verwirklichung des Grundsatzes der Gleichbehandlung von Männern und Frauen). • Verordnung (z. B.: Nr. 1612/68/EWG über die Freizügigkeit der Arbeitnehmer innerhalb der Gemeinschaft). • Rechtsprechung des Europäischen Gerichtshofs.	• Grundgesetz (z. B.: Grundrecht der Berufsfreiheit – Art. 12 I GG). • Bundesgesetz (z. B.: Kündigungsschutzgesetz). • Landesgesetz (z. B.: Bildungsurlaubsgesetz). • Rechtsverordnung (z. B.: Wahlordnung zum Betriebsrat). • Rechtsprechung der Arbeitsgerichte.	• Tarifvertrag. • Betriebsvereinbarung. • Arbeitsvertrag.

Abb. 2: Rechtsquellen des Arbeitsrechts

Die **EG-Richtlinie** schafft für die Arbeitsverhältnisse in der privaten Wirtschaft kein unmittelbar geltendes Recht. Vielmehr richtet sie sich an den nationalen Gesetzgeber, der sie innerhalb einer vorgegebenen Frist in nationales Recht umsetzen muss. So hat beispielsweise die oben zitierte Richtlinie zur Einführung des § 611 a Bürgerliches Gesetzbuch (BGB) geführt, der die geschlechtsbezogene Benachteiligung der Arbeitnehmer bei Einstellung, beruflicher Entwicklung oder Kündigung verbietet. Im Unterschied zur EG-Richtlinie gilt die **EG-Verordnung** unmittelbar, d. h. der Arbeitnehmer kann aus ihr unmittelbar Rechte ableiten und sie vor den Arbeitsgerichten, grundsätzlich bis hin zum Europäischen Gerichtshof verfolgen.

Das **europäische Recht** geht dem **nationalen Recht** vor. Steht also ein Bundesgesetz im Widerspruch zu einer EG-Verordnung, so hat die EG-Verordnung Vorrang, bzw. das Bundesgesetz ist EG-verordnungskonform auszulegen.

Ob das EG-Recht gegenüber dem deutschen Grundgesetz im Rang vor- oder nachgeht, ist eine Frage, über die zwischen Europäischem Gerichtshof (EuGH) und Bundesverfassungsgericht Meinungsverschiedenheit herrscht. Innerhalb des deutschen Rechts ist die **Normenhierarchie** jedoch eindeutig: Das Grundgesetz geht dem (einfachen) Bundesgesetz, dieses der – von der Bundesregierung oder einem Bundesministerium erlassenen – Rechtsverordnung und diese wiederum dem Landesgesetz vor. Alle durch diese Vorschriften gesetzten Rechtsnormen entfalten im Verhältnis zwischen Arbeitgeber und Arbeitnehmer verbindliche Kraft, es sei denn es besteht eine sog. Öffnungsklausel, mit der es die staatliche Vorschrift z. B. den Tarif- oder den Arbeitsvertragsparteien frei stellt, von ihr abweichende Regelungen zu treffen (dispositives Recht). So gelangen etwa die Kündigungsfristen nach § 622 BGB nur dann zur Anwendung, wenn durch Tarifvertrag (§ 622 Abs. 4 BGB) oder Arbeitsvertrag (§ 622 Abs. 5 BGB) nichts anderes geregelt ist.

Eine besondere Bedeutung als Rechtsquelle kommt der **arbeitsgerichtlichen Rechtsprechung** zu. Dies nicht nur in ihrer Funktion als Instanz zur authentischen Auslegung streitbefangener Rechtsvorschriften, sondern vor allem deshalb, weil viele Bereiche des Arbeitsrechts gesetzlich nicht geregelt sind und es den Arbeitsgerichten obliegt, die dadurch vorhandenen Lücken im Wege der richterlichen Rechtsfortbildung zu schließen. So beruhen, um nur einige wenige Beispiele zu nennen:

- das Arbeitskampfrecht,
- das Kündigungs(schutz)recht,
- das Zeugnisrecht,
- das Recht über das Betriebsrisiko,
- das Recht zum innerbetrieblichen Schadensausgleich (»gefahrgeneigte Arbeit«),
- das Gratifikationsrecht

weitgehend auf der richterlichen Rechtsfortbildung durch das Bundesarbeitsgericht.

Soweit europäisches Gemeinschaftsrecht zur Anwendung gelangt, gibt die **Rechtsprechung des Europäischen Gerichtshofs** (EuGH) die verbindlichen Leitlinien vor. Dies geschieht insbesondere durch das sog. Vorabentscheidunsverfahren. Es besagt, dass alle nationalen Gerichte, gegen deren Entscheidungen kein Rechtsmittel mehr gegeben ist (also vorrangig Bundesarbeitsgericht und Landesarbeitsgerichte), verpflichtet sind, eine von ihnen zu entscheidende Streitsache dem EuGH vorzulegen, sofern die Entscheidung von einer noch ungeklärten Auslegung einer europarechtlichen Vorschrift abhängt. An den Spruch des EuGH ist das vorlegende Gericht gebunden. So hat der EuGH in den vergangenen Jahren mehrfach zum Gleichbehandlungsgrundsatz gem. Art. 141 EG-Vertrag Stellung bezogen und in diesem Zusammenhang den vielbeachteten Rechtsgrundsatz über das Verbot der mittelbaren Diskriminierung aufgestellt. Unter mittelbarer Diskriminierung versteht man eine Regelung, durch die eine bestimmte Arbeitnehmergruppe, in der überwiegend Angehörige eines einzigen Geschlechts vertreten sind, von Leistungen ausgeschlossen wird. Beispiel: Einer teilzeitbeschäftigten Arbeitnehmerin steht beim Besuch eines Ganztagsseminars das volle arbeitstägliche Entgelt zu; anderenfalls läge eine mittelbare Diskriminierung vor, weil die Gruppe der Teilzeitbeschäftigten überwiegend aus Frauen besteht.

2.1.2 Begründung des Arbeitsverhältnisses

2.1.2.1 Arbeitsvertrag – Form, Inhalt, Rechte, Pflichten

Das **Arbeitsverhältnis** wird – ungeachtet im Rahmen seiner Anbahnung entstehender vorvertraglicher Rechtsbeziehungen (s. auch Abschnitt 2.6.3.4) – durch **Abschluss des Arbeitsvertrages** begründet. Der Arbeitsvertrag kommt, wie jeder andere Vertrag auch, durch zwei einander entsprechende Willenserklärungen zustande. Beide Vertragspartner können sich bei Vertragsabschluss durch einen Dritten vertreten lassen. In der Regel kommt dies nur auf Seiten des Arbeitgebers vor, indem für ihn ein bevollmächtigter (leitender) Mitarbeiter handelt. Selbst wenn dieser intern keine Vollmacht innehat, ist der Vertrag wirksam. Der Arbeitgeber muss sich die fehlende Vertretungsbefugnis kraft Anscheins- bzw. Duldungsvollmacht zurechnen lassen.

Der Arbeitsvertrag bedarf grundsätzlich nicht der Schriftform, es sei denn, ein Gesetz (z. B. bei Befristung – § 14 Abs. 4 TzBfG) oder der geltende Tarifvertrag schreiben sie ausdrücklich vor. Dem steht auch das Nachweisgesetz (NachwG) nicht entgegen. Hiernach ist der Arbeitgeber verpflichtet, dem Arbeitnehmer spätestens einen Monat nach Beginn des Arbeitsverhältnisses die wesentlichen, in diesem Gesetz näher bezeichneten Bedingungen schriftlich mitzuteilen. Diese Bedingungen, die zugleich den Mindestinhalt eines (schriftlichen) Arbeitsvertrages darstellen, erstrecken sich auf folgende Angaben (§ 2 Abs. 1 NachwG):

- Name und Anschrift der Vertragsparteien,
- Zeitpunkt des Beginns des Arbeitsverhältnisses,
- bei Befristungen: die vorhersehbare Dauer des Arbeitsverhältnisses,
- Arbeitsort einschließlich eventueller Versetzungsklausel,
- Kurzbeschreibung der zu leistenden Tätigkeit,
- Zusammensetzung und Höhe des Entgelts einschließlich der Zuschläge, Zulagen, Prämien und Sonderzahlungen sowie anderer Bestandteile des Arbeitsentgelts und dessen Fälligkeit,
- vereinbarte Arbeitszeit,
- Dauer des jährlichen Urlaubsanspruchs,
- Kündigungsfristen,
- Hinweis auf die anzuwendenden Tarifverträge und Betriebsvereinbarungen.

Zum **Inhalt des Arbeitsvertrags** werden auch – ohne dass es auf eine ausdrückliche Annahme des Angebots durch den Arbeitnehmer ankommt – Leistungen, die auf folgenden Rechtsgrundlagen beruhen:

- **Betriebliche Einheitsregelung:** Hierbei handelt es sich um den Verweis auf vorformulierte Arbeitsbedingungen, die für alle oder zumindest eine Vielzahl Arbeitnehmer gelten.
- **Gesamtzusage:** Sie wird dadurch begründet, dass der Arbeitgeber durch Aushang, per Intranet, auf einer Betriebsversammlung etc. verspricht, den Arbeitnehmern – meist unter näher bezeichneten Bedingungen – bestimmte Leistungen zu gewähren.
- **Betriebliche Übung:** Sie entsteht, wenn der Arbeitgeber wiederholt gleichbleibende Leistungen gewährt hat und dadurch bei den Arbeitnehmern das begründete Vertrauen erweckt, diese Praxis auch in Zukunft beizubehalten. Ist die betriebliche Übung unter dem Vorbehalt jederzeitiger Widerrufbarkeit der durch sie begründeten Leistungen erfolgt, kann sie der Arbeitgeber grundsätzlich durch Widerruf beenden. Bei kraft betrieblicher Übung vorbehaltlos gewährten Leistungen kommt eine Beendigung durch einvernehmliche Vertragsänderung oder durch Änderungskündigung (s. auch Abschnitt 2.1.3.3) in Betracht. Des Weiteren kann die betriebliche Übung im

Wege des Abschlusses einer Betriebsvereinbarung (s. auch Abschnitt 2.1.8.4) verdrängt werden, sofern diese insgesamt günstigere Regelungen für die Arbeitnehmer vorsieht. Die »Verdrängung« hält nur so lange an, wie die Betriebsvereinbarung besteht. Danach leben die Rechte aus der betrieblichen Übung wieder auf. Die Ablösung, d. h. die Ersetzung der betrieblichen Übung durch eine verschlechternde Betriebsvereinbarung ist unzulässig. Zulässig dagegen ist die Ablösung dann, wenn die Leistungen lediglich umstrukturiert werden und sie in ihrer Gesamtheit nicht zu einer Schlechterstellung der Arbeitnehmer führen.

Obwohl auch im Arbeitsrecht der Grundsatz der Vertragsfreiheit gilt, unterliegen Arbeitsverträge der allgemeinen Billigkeitskontrolle durch die Arbeitsgerichte. Soweit es sich um Formulararbeitsverträge handelt, gilt nach neuem Recht die AGB (= Allgemeine Geschäftsbedingungen) – Kontrolle nach den §§ 305 ff. BGB. Formulararbeitsverträge sind solche, die – wie in der Praxis üblich – für alle (neu einzustellenden) Mitarbeiter im Wesentlichen gleich lauten.

Die insoweit wichtigsten auf den Arbeitsvertrag anzuwendenden Vorschriften sind in Abbildung 2 a wiedergegeben.

Inhaltskontrolle: § 307 BGB
Bestimmungen in Formulararbeitsverträgen sind unwirksam, wenn sie den Arbeitnehmer unangemessen benachteiligen. Dies ist der Fall, wenn in ihnen eine Bestimmung • nicht klar und verständlich ist, • mit wesentlichen Grundgedanken der gesetzlichen/tarifvertraglichen Regelung, von der abgewichen wird, nicht zu vereinbaren ist, • wesentliche Rechte oder Pflichten, die sich aus der Natur des Vertrags ergeben, so einschränkt, dass die Erreichung des Vertragszwecks gefährdet ist.
Klauselverbote
In Formulararbeitsverträgen sind unwirksam: **§ 308 Nr. 4 BGB:** die Vereinbarung eines Rechts des Arbeitgebers, die versprochene Leistung zu ändern oder von ihr abzuweichen, wenn nicht die Vereinbarung der Änderung oder Abweichung unter Berücksichtigung der Interessen des Arbeitgebers für den Arbeitnehmer zumutbar ist; **§ 309 Nr. 6 BGB:** eine Bestimmung, durch die dem Arbeitgeber für den Fall der Nichtabnahme oder verspäteten Abnahme der Leistung, des Zahlungsverzugs oder für den Fall, dass der Arbeitnehmer sich Vom Vertrag löst, die Zahlung einer Vertragsstrafe versprochen wird.

Abbildung 2 a

Diese Vorschriften stehen sämtlich unter dem Gesetzesvorbehalt, dass bei ihrer Anwendung auf Arbeitsverträge »die im Arbeitsrecht geltenden Besonderheiten zu berücksichtigen« sind (§ 310 IV 2 BGB).

Die aus dem Arbeitsvertrag sich ergebenden **Hauptpflichten** betreffen auf Arbeitnehmerseite die Pflicht zur Erbringung der Arbeitsleistung und auf Seiten des Arbeitgebers die Pflicht zur Zahlung des vereinbarten Arbeitsentgelts.

Daneben bestehen für beide Seiten eine Reihe von **Nebenpflichten**, als deren wichtigste die Treuepflicht des Arbeitnehmers und die Fürsorgepflicht des Arbeitgebers zu nennen sind. Im Einzelnen hat der **Arbeitnehmer** u. a. die Pflicht:

- sich gegenüber dem Arbeitgeber nicht wettbewerbswidrig zu verhalten,
- keine Nebentätigkeiten auszuüben, die seine Arbeitspflicht beeinträchtigen,
- Stillschweigen über Betriebsgeheimnisse zu wahren,
- im Falle der Arbeitsunfähigkeit diese dem Arbeitgeber unverzüglich mitzuteilen und – in der Regel nach drei Tagen – durch ärztliches Attest nachzuweisen, sowie sich während der Arbeitsunfähigkeit so zu verhalten, dass der Gesundungsprozess möglichst rasch voranschreitet,
- mit Betriebsmitteln sorgfältig umzugehen und den Arbeitgeber auf Störungen, Fehler etc. umgehend aufmerksam zu machen.

Zu den **Nebenpflichten des Arbeitgebers** gehören vorrangig, die Pflicht:

- das Leben, die Gesundheit und die persönliche Integrität des Arbeitnehmers zu schützen,
- Lohnsteuer und Sozialversicherungsbeiträge fristgemäß abzuführen,
- die eingebrachten Sachen des Arbeitnehmers zu schützen,
- den Arbeitnehmer im Falle der Vertragsbeendigung über die möglichen Auswirkungen auf den Anspruch auf Arbeitslosengeld aufzuklären.

Rechtlich umstritten ist, ob es zu den Nebenpflichten des Arbeitgebers gehört, dem Arbeitnehmer einen raucherfreien Arbeitsplatz zur Verfügung zu stellen. Im Übrigen werden die arbeitgeberseitigen Nebenpflichten durch eine Reihe öffentlichrechtlicher Vorschriften konkretisiert; z. B. durch die Arbeitsstättenverordnung, die Gefahrstoffverordnung, das Gerätesicherheitsgesetz etc.

2.1.2.2 Vertragsarten

Je nach Vertragstypus sind folgende Arbeitsverhältnisse zu unterscheiden:

	Unterscheidung nach …			
	… Arbeitnehmergruppen	… der Vertragsdauer	… der Gestaltungsform	… dem Zweck
Vertragstypus	Arbeiter Angestellte • Tarif • AT • Leitend Auszubildende Ferienbeschäftigte Praktikanten Geringfügig (400 Euro)	unbefristet befristet • zeitbefristet • zweckbefristet	Teilzeit Job-Sharing Arbeit auf Abruf Home-Office Altersteilzeit	Probearbeitsverhältnis Aushilfsarbeitsverhältnis

Abb. 3: Vertragsarten

Zwar gilt das tarifgebundene bzw. an den geltenden Tarifvertrag angelehnte **Vollzeitarbeitsverhältnis** nach wie vor als der »Normalfall«. Dennoch kennt die betriebliche Praxis eine Reihe von diesem Standardtypus abweichender Vertragsgestaltungen. Als deren wichtigste sind das **Teilzeitarbeitsverhältnis**, das **befristete Arbeitsverhältnis**, das **außertarifliche Arbeitsverhältnis** und das **Altersteilzeitverhältnis** zu nennen.

Teilzeitarbeitsverhältnis: Jeder vollzeitbeschäftigte Arbeitnehmer hat unter den folgenden Voraussetzungen Anspruch auf Begründung eines Teilzeitarbeitsverhältnisses (§ 8 TzBfG):

- Dauer des bestehenden Arbeitsverhältnisses > sechs Monate,
- Ankündigungsfrist durch den Arbeitnehmer ≥ drei Monate,
- keine entgegenstehenden betrieblichen Gründe.

Der Arbeitgeber hat mit dem Arbeitnehmer die Sachlage mit dem Ziel, zu einer Vereinbarung zu gelangen, zu erörtern. Danach sind folgende Varianten denkbar:

Arbeitgeber entscheidet			
	... positiv	... negativ	... nicht
... fristgemäß, d. h. spätestens einen Monat vor dem gewünschten Beginn der Teilzeit.	Verringerung der Arb-Zeit entsprechend dem Wunsch des ArbN.	keine Verringerung der ArbZ, aber: ArbN kann Klage bei ArbGer erheben.	
... nach Ablauf der Frist.		Verringerung der Arb-Zeit entsprechend dem Wunsch des ArbN.	Verringerung der Arb-Zeit entsprechend dem Wunsch des ArbN.

Abb. 4: Teilzeitbeschäftigung

Die entgegenstehenden betrieblichen Gründe sind nach der neuesten Rechtsprechung des BAG auf der Grundlage eines 3-Stufen-Schemas entsprechend Abbildung 4 a zu prüfen.

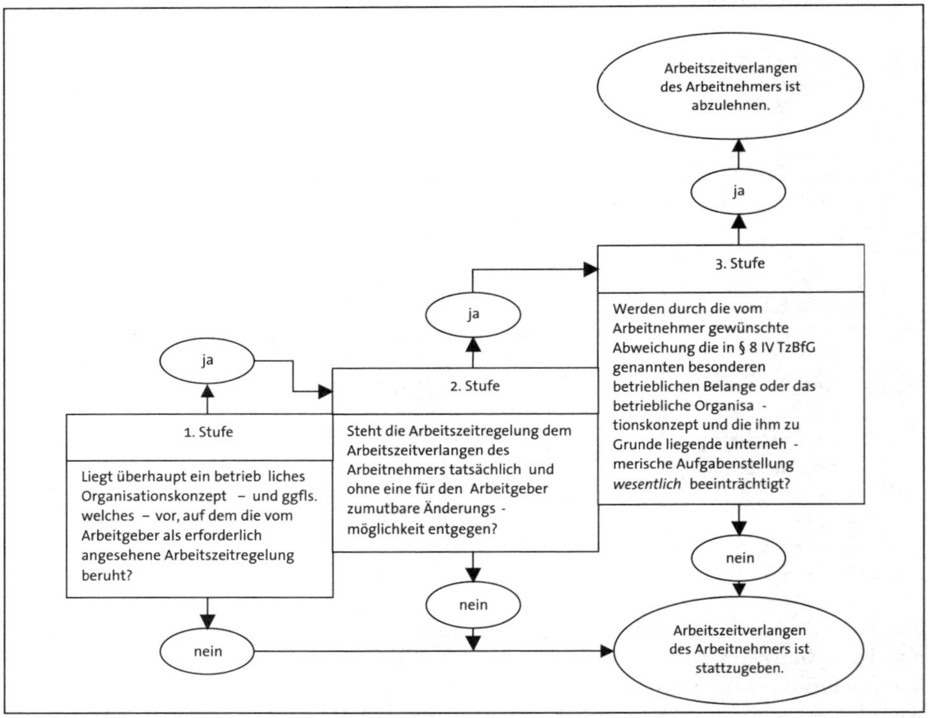

Abb. 4a: Prüfung entgegenstehender betrieblicher Gründe

Befristetes Arbeitsverhältnis: Hierbei ist zu unterscheiden zwischen der Befristung mit sachlichem Grund und der kalendarischen Befristung. (Jedenfalls galt diese Unterscheidung bei Drucklegung dieser Auflage noch. Es bestehen allerdings gesetzgeberische Initiativen, die kalendarische Befristung zu Gunsten einer Flexibilisierung des arbeitgeberseitigen Kündigungsrechts aufzuheben; siehe unten 2.1.5.1). Beide Befristungsarten sind an unterschiedliche Bedingungen geknüpft.

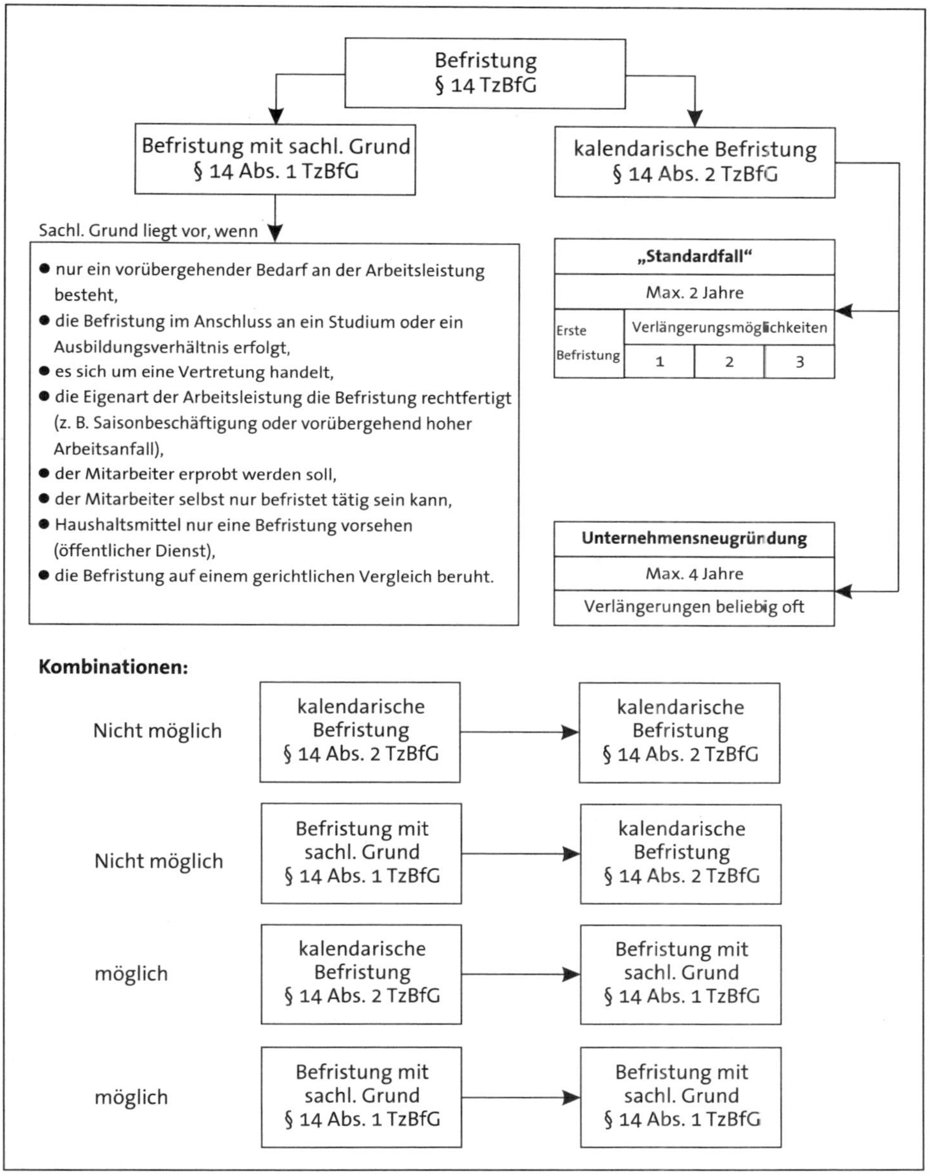

Abb. 5: Befristungsarten

Befristungen mit sachlichem Grund können solange verlängert werden, wie sachliche Gründe vorliegen. Allerdings dürfen sie nicht eingesetzt werden, um eine in Wirklichkeit erforderliche Aufstockung des Stammpersonals zu umgehen. Die **kalendarische Befristung** ist ein für allemal erschöpft, wenn entweder die zwei Jahre verstrichen sind oder – selbst bei verkürztem Höchstzeitraum – das Arbeitsverhältnis dreimal verlängert worden ist. Sie darf auch nicht an eine oder mehrere Befristungen mit sachlichem Grund »angehängt« werden. Die umgekehrte Variante – **Sachgrundbefristung** folgt auf kalendarische Befristung – ist jedoch möglich.

Außertarifliches Arbeitsverhältnis: Außertarifliche Arbeitsverhältnisse werden mit sog. AT-Angestellten begründet. Bei ihnen handelt es sich um solche Arbeitnehmer, die nicht dem persönlichen Geltungsbereich des einschlägigen **Tarifvertrags** unterfallen. Es genügt entgegen der vielfach geübten Praxis in der Regel nicht, jemanden zum AT-Angestellten zu ernennen, um ihm ein höheres Entgelt, als dies die höchste Tarifgruppe vorsieht, zahlen zu können. Vielmehr ist stets zu prüfen, ob die AT-Stellung der Geltungsbereichsdefinition des Tarifvertrags entspricht. Die in ihr aufgestellten Kriterien können von Tarifvertrag zu Tarifvertrag sehr unterschiedlich ausfallen.

Manche Tarifverträge kennen die Rechtsfigur des AT-Angestellten überhaupt nicht. Werden im Geltungsbereich eines solchen Tarifvertrags dennoch Arbeitnehmer zu AT-Angestellten ernannt, so handelt es sich bei ihnen rechtlich um Tarifangestellte, deren Entgelt, soweit es das in der höchsten Tarifgruppe vorgesehene überschreitet, rechtlich eine **übertarifliche Zulage** darstellt. Man spricht in diesem Zusammenhang deshalb mitunter von »unechten« AT-Angestellten.

Zu den AT-Angestellten im weiteren Sinne zählen auch die **leitenden Angestellten.** Bei ihnen handelt es sich um Arbeitnehmer, die aufgrund ihrer herausgehobenen betrieblichen Stellung nicht nur dem Tarifvertrag enthoben sind, sondern auch nicht dem Betriebsverfassungsgesetz unterliegen. Wer zu diesem Arbeitnehmerkreis gehört, bemisst sich nach § 5 Abs. 3 BetrVG.

Altersteilzeitverhältnis: Nach § 1 des Altersteilzeitgesetzes (ATZG) soll die Altersteilzeitarbeit älteren Arbeitnehmern einen gleitenden Übergang vom Erwerbsleben in die Altersrente ermöglichen. Zu beachten ist, dass das ATZG dem Arbeitnehmer keinen Anspruch auf Altersteilzeitarbeit eröffnet. Es regelt lediglich die Voraussetzungen, unter welchen die Bundesanstalt für Arbeit Leistungen an den Arbeitgeber, der mit einem Arbeitnehmer Altersteilzeitarbeit vereinbart, gewährt. Rechtsgrundlage für die Altersteilzeitarbeit ist also eine entsprechende Vereinbarung zwischen Arbeitgeber und Arbeitnehmer. Sie wiederum beruht, sofern beiderseitige Tarifbindung besteht, auf dem für das Unternehmen geltenden **Altersteilzeit-Tarifvertrag**.

Das ATZG wirkt für die Ausgestaltung des Altersteilzeitvertrags faktisch aber insofern bindend, als der Arbeitgeber nur dann Leistungen der Bundesanstalt für Arbeit verlangen kann, wenn die Vereinbarung mit dem Arbeitnehmer die gesetzlichen Vorgaben erfüllt.

Diese sind:

- der Arbeitnehmer muss das 55. Lebensjahr vollendet haben und seine Arbeitszeit auf die Hälfte seiner bisherigen wöchentlichen Arbeitszeit vermindern,
- der Arbeitgeber hat das Arbeitsentgelt für die Altersteilzeitarbeit auf mindestens 70% des um die gesetzlichen Abzüge (Steuern, Sozialversicherung) verminderten bisherigen Arbeitsentgelts aufzustocken und die Beiträge zur gesetzlichen Rentenversicherung auf 90% der bisherigen Beitragssumme anzuheben.

Anstelle der Reduzierung seiner wöchentlichen Arbeitszeit kann der Arbeitnehmer auch von dem sog. **Blockmodell** Gebrauch machen. Es besagt, dass er die erste Hälfte der Altersteilzeitperiode vollzeitig arbeitet (sog. **Arbeitsphase**) und während der zweiten Hälfte von der Arbeit freigestellt wird (sog. **Freistellungsphase**). Während der zweiten Phase bleibt das Altersteilzeitverhältnis rechtlich bestehen.

Der Arbeitgeber erhält von der Bundesanstalt für Arbeit auf Antrag **Erstattungsleistungen**, wenn er aus Anlass des Übergangs des Arbeitnehmers in die Altersteilzeitarbeit entweder einen Arbeitslosen oder einen Auszubildenden nach Abschluss der Ausbildung auf dem frei gewordenen Arbeitsplatz einsetzt.

2.1.2.3 Abgrenzung zu anderen Vertragsarten

Dienstvertrag: Der Arbeitsvertrag ist ein Unterfall des Dienstvertrags, so dass der Satz gilt: Jedes **Arbeitsverhältnis ist ein Dienstverhältnis** aber nicht jedes Dienstverhältnis ist notwendigerweise auch ein Arbeitsverhältnis. Wodurch unterscheidet sich das Dienstverhältnis, das nicht Arbeitsverhältnis ist, von letzterem? Der aufgrund eines Dienstvertrags Verpflichtete ist grundsätzlich **selbstständiger Unternehmer**; er steht im Unterschied zum Arbeitnehmer nicht in einem persönlichen Abhängigkeitsverhältnis zum Auftragnehmer, d. h. er unterliegt nicht dem Weisungsrecht des Arbeitgebers. Des Weiteren ist er bei der Erbringung seiner dienstvertraglichen Leistung nicht in die (fremdbestimmte) Arbeitsorganisation des Arbeitgebers eingegliedert. Das typische Beispiel für ein solches Dienstverhältnis ist der **freie Mitarbeiter**.

Persönliche Unabhängigkeit und fehlende Eingliederung in den Betrieb macht denjenigen, der auf der Grundlage eines Dienstvertrags tätig ist, nicht in jedem Fall zum »freien« Mitarbeiter. Je nach der konkreten Ausgestaltung des Dienstverhältnisses kann es sich bei ihm auch um eine sog. **arbeitnehmerähnliche Person** handeln. Diese ist dadurch gekennzeichnet, dass sie vom Auftragnehmer wirtschaftlich abhängig und damit in ihrer sozialen Schutzbedürftigkeit einem Arbeitnehmer vergleichbar ist. **Wirtschaftliche Abhängigkeit** liegt vor, wenn die Person:

- die geschuldeten Leistungen persönlich und im Wesentlichen ohne Mitwirkung von Mitarbeitern des Arbeitgebers erbringt,
- überwiegend für einen Auftraggeber arbeitet,
- mehr als die Hälfte ihres Einkommens aus der Tätigkeit für diesen einen Auftraggeber erwirtschaftet.

Für arbeitnehmerähnliche Personen gelten eine Reihe arbeitsrechtlicher Vorschriften, wie z. B. das Tarifvertragsgesetz (§ 12 a TVG), Teile des Bundesurlaubsgesetzes (§ 12 BUrlG), und das Arbeitsgerichtsgesetz (§ 5 Abs. 1, S. 2 ArbGG).

Eng verwandt mit den arbeitnehmerähnlichen Personen sind diejenigen, die ausweislich ihres Vertrages als freie Mitarbeiter tätig sind, aufgrund der tatsächlichen Umstände ihrer Tätigkeit jedoch als sog. **Scheinselbstständige** gelten. Nach § 7 Abs. 4 SGB IV liegt Scheinselbstständigkeit vor, wenn mindestens drei der folgenden fünf Merkmale erfüllt sind:

- die Person beschäftigt regelmäßig keinen versicherungspflichtigen Arbeitnehmer,
- sie ist auf Dauer im Wesentlichen nur für einen Auftraggeber tätig,
- der Auftraggeber lässt vergleichbare Tätigkeiten regelmäßig durch »eigene« Arbeitnehmer verrichten,
- die Tätigkeit lässt typische Merkmale unternehmerischen Handelns nicht erkennen,

- die Tätigkeit entspricht in ihrem Erscheinungsbild derjenigen Tätigkeit, welche die betreffende Person bereits zuvor aufgrund eines Arbeitsverhältnisses bei dem Auftraggeber verrichtet hat (Outsourcing).

Scheinselbstständige sind wie Arbeitgeber in vollem Umfang **sozialversicherungspflichtig**, wobei sich Auftraggeber und Auftragnehmer die Beiträge je zur Hälfte teilen.

Werkvertrag: Im Unterschied zum Dienstvertrag, bei dem eine in der Regel nach der Zeitdauer bemessene Tätigkeit geschuldet wird, kommt es beim Werkvertrag auf den »Erfolg«, also auf die **Fertigstellung eines »Werkes«** an. Während der Dienstleistende lediglich den ordnungsgemäßen Leistungseinsatz (das »Bemühen«) schuldet, ist der Auftragnehmer im Rahmen eines Werkvertrags gegebenenfalls zur **Nachbesserung** verpflichtet. Im Einzelfall kann die Abgrenzung Schwierigkeiten bereiten, da es oft auf den Blickwinkel, aus dem die Erfüllung der Leistung betrachtet wird, ankommt. (Beispiel: Schuldet die Putzfrau zweistündige Tätigkeit zum Säubern einer bestimmten Fläche (»Bemühen«) oder eine Anzahl Quadratmeter sauberen Fußbodens (»Erfolg«)?

Das Rechtsverhältnis eines freien Mitarbeiters kann durchaus auch als Werkvertrag ausgestaltet sein. Dabei stellt sich allerdings nicht nur die Frage, ob es sich in Wirklichkeit um einen Dienstvertrag handelt; zu prüfen ist des Weiteren, ob er, wie soeben kennen gelernt, möglicherweise als arbeitnehmerähnliche Person bzw. als Scheinselbstständiger anzusehen ist.

Arbeitnehmerüberlassung: Arbeitnehmerüberlassung – auch **Personalleasing oder Leiharbeit** genannt – liegt vor, wenn ein Unternehmen (Verleiher) Personen, die zu ihm in einem vertraglich begründeten Arbeitsverhältnis stehen, gegen Entgelt an ein anderes Unternehmen (Entleiher) zur Erbringung von Arbeitsleistung verleiht. Hierbei wird der Leiharbeitnehmer in den Betrieb des Entleihers eingegliedert und unterliegt dem Weisungsrecht des dortigen Arbeitgebers, bleibt aber Arbeitnehmer des Verleihers. Gleichwohl sind Leiharbeitnehmer nach § 7 BetrVG zum Betriebsrat im Betrieb des Entleihers wahlberechtigt, wenn sie am Wahltag für länger als drei Monate in diesem Betrieb eingesetzt werden.

Der Verleiher benötigt zur gewerbsmäßigen Arbeitnehmerüberlassung eine Erlaubnis durch die Bundesagentur für Arbeit. Aufgrund der sog. Hartz-Gesetzgebung wird Arbeitnehmerüberlassung auch durch Personal-Service-Agenturen (PSA) besorgt. Jede Agentur für Arbeit ist verpflichtet, innerhalb ihres Zuständigkeitsbereichs mindestens eine PSA zu errichten. Hierzu hat sie drei Möglichkeiten entsprechend folgender Prioritäten:

- Abschluss eines Kooperationsvertrags mit einer Personal-Leasing-Gesellschaft,
- gesellschaftsrechtliche Beteiligung an ihr (z. B. durch Erwerb von GmbH-Anteilen),
- Gründung einer eigenen Agentur.

Die bisher auf höchstens 24 aufeinander folgende Monate begrenzte Verleihdauer an denselben Entleiher ist aufgehoben worden. Nach § 9 Nr. 3 AÜG ist der Entleiher berechtigt, einen Leiharbeitnehmer – evtl. gegen »angemessene Vergütung« – als Mitarbeiter einzustellen. Soweit der Verleiher eine PSA ist, liegt dies sogar im gesetzgeberischen Interesse (sog. Klebeeffekt).

Was die Vergütung und die sonstigen materiellen Arbeitsbedingungen der Leiharbeitnehmer anbelangt, gelten die aus Abbildung 5 a ersichtlichen Regelungen.

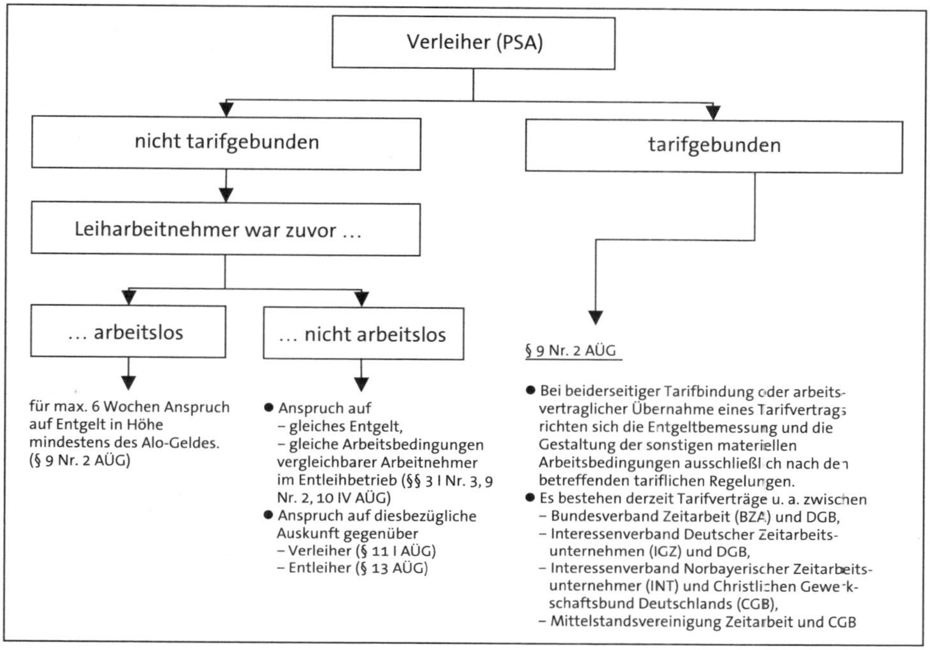

Abb. 5 a: Materielle Arbeitsbedingungen von Leiharbeitnehmern

2.1.2.4 Rechtsmängel des Arbeitsvertrages bzw. –verhältnisses

Stellt sich nach Begründung des Arbeitsverhältnisses heraus, dass der Arbeitsvertrag nichtig oder wirksam angefochten worden ist, so kann dies die Pflichten des Arbeitgebers (z. B. Vergütungspflicht) in aller Regel nicht rückwirkend beseitigen. In diesen Fällen liegt ein sog. faktischer Vertrag bzw. ein **faktisches Arbeitsverhältnis** vor. Von ihm können sich Arbeitgeber wie Arbeitnehmer ohne Beachtung von Kündigungsfristen oder Formvorschriften lösen.

Welche Auswirkungen die Rechtsmängel im Einzelnen auf Arbeitsvertrag und Arbeitsverhältnis nach sich ziehen, ergibt sich aus Abbildung 6.

Tatbestand	**Auswirkungen auf den Arbeitsvertrag**	**Rechtsgrundlage**	**Auswirkungen auf das Arbeitsverhältnis**	**Bemerkungen**
Anfechtung wegen • Irrtums • Täuschung	Nichtigkeit von Anfang an, sofern Anfechtung erklärt wird	• §§ 119, 141 BGB • §§ 123, 141 BGB	• faktisches Arbeitsverhältnis • vor Arbeitsbeginn: kein Arbeitsverhältnis • nach Arbeitsbeginn: »faktisches Arbeitsverhältnis«	• Anfechtung unverzüglich (§ 121 BGB) • Anfechtung bis 1 Jahr nach Kenntnis des Grundes

Tatbestand	Auswirkungen auf den Arbeitsvertrag	Rechtsgrundlage	Auswirkungen auf das Arbeitsverhältnis	Bemerkungen
Nichtigkeit wegen • Verstoßes gegen Verbot • Sittenwidrigkeit	Nichtigkeit (evtl. nur Teilnichtigkeit) von Anfang an	• § 134 BGB • §138 BGB	• Soweit Vertrag nichtig, • kein Arbeitsverhältnis (Forderungen evtl.nach §§812, 817 BGB)	• z. B.: ArbN-Schutzgesetze • z. B.: Verstoß gegen Strafgesetze
fehlende Vertretungsmacht auf Seiten des Arbeitgebers bei Unterschrift	Vertrag unwirksam (ArbN kann Genehmigung durch Unterschriftsberechtigten verlangen)	§1 77 BGB	»faktisches Arbeitsverhältnis«	Wirksamkeit des Vertrages evtl. wegen Anscheins- oder Duldungsvollmacht
Nichtzustimmung des Betriebsrates	Vertrag wirksam	§§ 99 ff. BetrVG	Arbeitsverhältnis wirksam aber fehlerhaft (ArbN darf nicht »eingestellt« werden, d. h. er darf keine Arbeitsleistung erbringen)	ArbG gerät in Annahmeverzug, d. h. er muss dasvereinbarte Entgelt zahlen (§ 615 BGB)

Abb. 6: Rechtsmängel und ihre Auswirkungen auf den Arbeitsvertrag

2.1.3 Ausgestaltung des Arbeitsverhältnisses

2.1.3.1 Arbeitszeit

Die **Rechtsgrundlagen des Arbeitszeitrechts** finden sich, je nach Regelungsgegenstand, in unterschiedlichen Rechtsquellen. Insbesondere kommen in Betracht: Arbeitszeitgesetz (ArbZG), Tarifvertrag, Arbeitsvertrag und Betriebsverfassungsgesetz (BetrVG).

Das Arbeitszeitgesetz regelt die Höchstgrenzen zulässiger Arbeitszeit einschließlich der einzuhaltenden Pausen nach Maßgabe der Abbildung 7.

<table>
<tr><td colspan="2" rowspan="2">tägliche Dauer der Arbeitszeit (§ 3)</td><td colspan="8">maximal 8 Stunden</td><td colspan="2">wenn im ∅ von 6 Monaten (= 24 Wochen) 8 Std. täglich erreicht werden</td></tr>
<tr><td>1</td><td>2</td><td>3</td><td>4</td><td>5</td><td>6</td><td>7</td><td>8</td><td>9</td><td>10</td></tr>
<tr><td rowspan="2">Pause (§ 4)</td><td>Minimum</td><td colspan="6">keine Pause</td><td colspan="2">30 (oder 2×15) Minuten</td><td colspan="2">45 Minuten</td></tr>
<tr><td>Lage</td><td colspan="10">verbleibende Arbeitszeit muss ≤ 6 Stunden sein</td></tr>
</table>

Abb. 7: Arbeitszeit

Zwischen dem Ende der Arbeitszeit und dem Beginn des nächsten Arbeitseinsatzes schreibt das Gesetz eine **Ruhezeit** von mindestens elf Stunden vor (§ 5 Abs. 1 ArbZG).

Der **Tarifvertrag** (s. auch Abschnitt 2.1.9) regelt die Obergrenze der wöchentlichen Arbeitszeit, sowie die tägliche Mindeststundenzahl für Teilzeitbeschäftigte. Bei flexibler Arbeitszeit gibt er in der Regel den Referenzzeitraum vor, innerhalb dessen die wöchentliche Stundenzahl erreicht werden muss. Ferner enthält er Regelungen über Rufbereitschaft und Mehrarbeit (Überstunden), sowie über Nacht-, Sonn- und Feiertagsarbeit.

Im **Arbeitsvertrag** findet sich die mit dem einzelnen Arbeitnehmer vereinbarte Arbeitszeit, deren Lage (Schichtzeiten) und die Verpflichtung, bei betrieblichem Erfordernis auf Anordnung des Vorgesetzten Mehrarbeit zu leisten.

Das **Betriebsverfassungsgesetz** verleiht dem Betriebsrat ein Mitbestimmungsrecht über Beginn und Ende der täglichen Arbeitszeit einschließlich der Pausen sowie die Verteilung der Arbeitszeit auf die einzelnen Wochentage (§ 87 Abs. 1 Nr. 2 BetrVG). Diese Vorschrift verpflichtet den Arbeitgeber u. a., vor der Anordnung von Mehrarbeit die Zustimmung des Betriebsrats einzuholen.

2.1.3.2 Urlaub

Nach § 3 Abs. 1 BUrlG beträgt der jährliche **Mindesturlaubsanspruch** 24 (bei Fünf-Tage-Woche 20) Werktage. Diese Dauer wird durch die Tarifverträge üblicherweise deutlich überschritten. Schwerbehinderten steht nach § 125 SGB IX zusätzlich ein Sonderurlaubsanspruch in Höhe von jährlich fünf Arbeitstagen zu. Soweit der Arbeitgeber an einen Tarifvertrag gebunden ist, finden sich darin die für das jeweilige Unternehmen geltenden Regelungen. Meist lehnen sich die Tarifverträge – mit Ausnahme der Urlaubsdauer – an das BUrlG an, bzw. nehmen direkt auf dessen Vorschriften Bezug, so dass folgende Urlaubsgrundsätze allgemein als verbindlich angesehen werden können:

- Der volle Urlaubsanspruch wird erstmalig nach sechsmonatigem Bestehen des Arbeitsverhältnisses erworben (Wartezeit).
- Vor erfüllter Wartezeit hat der Arbeitnehmer für jeden vollen Monat des Bestehens des Arbeitsverhältnisses Anspruch auf ein Zwölftel des Jahresurlaubs. Das gleiche gilt, wenn er während dieses Zeitraums bzw. – nach erfüllter Wartezeit – in der ersten Hälfte des Kalenderjahres aus dem Unternehmen ausscheidet.
- Der Entstehung des Urlaubsanspruchs steht nicht entgegen, dass der Arbeitnehmer im Kalenderjahr (z. B. wegen dauerhafter Arbeitsunfähigkeit) keine Arbeitsleistung erbracht hat.
- Die Übertragung des Urlaubsanspruchs auf das Folgejahr ist nur statthaft, wenn dringende betriebliche oder persönliche Gründe dies rechtfertigen. Der bis zum 31. 3. nicht genommene Urlaub verfällt. Die häufige Praxis, den Übertragungszeitraum zu verlängern, widerspricht zwar dem Gesetzeswortlaut, ist aber unter dem Gesichtspunkt des Günstigkeitsprinzips (s. auch Abschnitt 2.1.9) als zulässig zu erachten. Vor allem könnte daraus eine betriebliche Übung (s. auch Abschnitt 2.1.2.1) erwachsen.
- Kann der Urlaub wegen Krankheit nicht genommen werden, so werden die betreffenden Tage nicht auf den Jahresurlaub angerechnet. Allerdings verfällt der Anspruch mit Ablauf des 31. 3. des Folgejahres.
- Während des Urlaubs darf der Arbeitnehmer keine dem mit dem Urlaub verbundenen Erholungszweck widersprechende Erwerbstätigkeit leisten.
- Der Vorgriff auf den erst im nächsten Jahr entstehenden Urlaubsanspruch ist unzulässig.

Vom Urlaubsrecht zu trennen sind **Freistellungstatbestände**, auch wenn sie, wie unbezahlter Urlaub oder Bildungsurlaub als »Urlaub« bezeichnet werden. Zu den Freistellungstatbeständen gehören neben solchen, die der einschlägige Tarifvertrag vorsieht, die:

- Ausübung von Ehrenämtern,
- Pflege von Kindern (§ 46 SGB V),
- Stellensuche (§ 629 BGB),
- Suspendierung von der Arbeitspflicht, z. B. aus Anlass der Kündigung.

2.1.3.3 Versetzung

Versetzung ist die **Zuweisung** eines anderen Arbeitsbereichs unter erheblicher **Änderung der Arbeitsumstände** oder mit der Maßgabe, dass sie für länger als einen Monat vorgesehen ist (§ 95 Abs. 3 BetrVG).

Die Versetzung kann erfolgen durch:

- Weisungsrecht (Direktionsrecht) des Arbeitgebers,
- Vertragsänderung,
- Änderungskündigung.

Das **Weisungsrecht** besagt, dass der Arbeitgeber befugt ist, im Rahmen des mit dem Arbeitnehmer geschlossenen Arbeitsvertrags **Ort, Zeit sowie Art und Weise** der Erbringung der Arbeitsleistung zu **bestimmen**. Das Weisungsrecht kann folglich umso flexibler eingesetzt werden, je unbestimmter Ort, Zeit sowie Art und Weise der Leistungserbringung im Arbeitsvertrag gefasst sind. Oder umgekehrt: Je exakter die Arbeitsumstände vertraglich fixiert sind, desto geringer ist der Spielraum des Arbeitgebers zur Ausübung des Weisungsrechts. Die **Einschränkung des Weisungsrechts** kann aber auch durch sog. Konkretisierung eintreten. Sie setzt voraus, dass der Arbeitnehmer über längere Zeit hinweg mit einer Aufgabe betraut worden oder an einer Ort tätig gewesen ist und besondere Umstände die Ausübung des Weisungsrechts für den Arbeitnehmer unzumutbar machen. In beiden Fällen ist eine Versetzung kraft Weisungsrechts trotz arbeitsvertraglicher Versetzungsklausel nicht möglich. In Betracht kommt deshalb nur, die Versetzung im Wege einvernehmlicher **Vertragsänderung** oder, falls der Arbeitnehmer hierzu nicht bereit ist, durch **Änderungskündigung** (s. auch Abschnitt 2.1.5.2) zu vollziehen.

Die Änderungskündigung ist die Beendigung des Arbeitsverhältnisses, verbunden mit dem Angebot zu seiner Fortsetzung unter geänderten Bedingungen.

Der Arbeitnehmer hat folgende Entscheidungsmöglichkeiten:

Annahme	Ablehnung	Vorbehalt
↓	↓	↓
Das Arbeitsverhältnis wird nach Ablauf der Kündigungsfrist zu geänderten Bedingungen fortgesetzt.	Die Änderungskündigung geht in Beendigungskündigung über. Das Arbeitsverhältnis endet nach Ablauf der Kündigungsf rist.	Die Annahme durch den ArbN unter dem Vorbehalt, dass die Änderung der Vertragsbedingungen nicht sozial ungerechtfertigt ist.
	↓	↓
	Kündigungsschutzklage binnen 3 Wochen möglich.	Kündigungsschutzklage binnen 3 Wochen möglich.
		↓
		Pflicht zur Annahme der neuen Tätigkeit nach Ablauf der Kündigungsfrist; (auch dann, wenn bis dahin noch keine rechtskräftige Entscheidung vorliegt).

Abb. 8: Entscheidungsmöglichkeiten des Arbeitnehmens

Wird die Versetzung durch Weisungsrecht, Vertragsänderung oder Änderungskündigung vollzogen, hat der Betriebsrat ein Mitbestimmungsrecht nach § 99 Abs. 1 BetrVG.

2.1.3.4 Entgelt

Die **Vergütungspflicht des Arbeitgebers** korrespondiert als vertragliche Hauptpflicht der Leistungspflicht des Arbeitnehmers. Anspruchsgrundlage können sein:

- Tarifvertrag, sofern Tarifbindung besteht (s. auch Abschnitt 2.1.9),
- Betriebsvereinbarung, sofern die Regelungssperre des § 77 Abs. 3 BetrVG oder der Tarifvorbehalt des § 87 Abs. 1 BetrVG nicht entgegensteht,
- Arbeitsvertrag, insbesondere wenn er – für nicht tarifgebundene Arbeitnehmer – eine Bezugnahmeklausel (s. auch Abschnitt 2.1.9) enthält,
- arbeitsvertragliche Einheitsregelung (s. auch Abschnitt 2.1.2.1),
- Gesamtzusage (s. auch Abschnitt 2.1.2.1),
- betriebliche Übung (s. auch Abschnitt 2.1.2.1),
- Gleichbehandlungsgrundsatz, der für gleiche Tätigkeit/Leistung gleiche Vergütung fordert,
- § 612 BGB als »Auffangtatbestand«, wenn eine andere Anspruchsgrundlage nicht einschlägig ist.

Bei tarifgebundenen Arbeitsverhältnissen ist zu unterscheiden zwischen **tariflichem Entgelt** und **übertariflichen Vergütungsbestandteilen**. Das tarifliche Entgelt ergibt sich aus der Tarifgruppe, der das Aufgabengebiet entsprechend der Tarifgruppendefinition unterfällt. Sofern der Tarifvertrag – wie es z. B. in der Metall- und Elektroindustrie der Fall ist – Leistungszulagen vorsieht, sind diese ausschließlich persönlicher Natur, d. h. von der persönlichen Leistung des einzelnen Arbeitnehmers abhängig. Bei übertariflichen Verdienstbestandteilen handelt es sich um vom Tarifvertrag unabhängige Leistungen, die der Arbeitgeber freiwillig erbringt. Zu ihnen gehört, neben den meist von betriebswirtschaftlichen Messgrößen oder individuellen Zielvereinbarungen abhängigen **Jahressonderzahlungen**, die in der Regel zum monatlichen Entgelt gehörende übertarifliche Zulage. Sie wird »nach der reinen Lehre« entweder arbeitsplatzbezogen zur Überbrückung des Differenzbetrags zwischen zwei Tarifgruppen oder – wenn der Tarifvertrag keine Leistungszulage vorsieht – zur Abgeltung der individuellen Leistung gezahlt. In der Praxis spielt sie jedoch vielfach die Rolle einer personalpolitischen Manövriermasse, um Mitarbeiter zu gewinnen oder im Unternehmen zu halten. Damit der Charakter der Freiwilligkeit der übertariflichen Zulage nicht durch eine kraft wiederholter Gewährung eintretende betriebliche Übung gefährdet wird, steht sie – bei richtiger Vorgehensweise – unter dem Vorbehalt der jederzeitigen Widerrufbarkeit und Anrechenbarkeit auf tarifliche Umgruppierungen oder Entgelterhöhungen. Nach neuerer Rechtsprechung des BAG unterliegt der Widerrufsvorbehalt der AGB-Kontrolle (siehe oben 2. 1. 2. 1); d. h. der Widerrufsvorbehalt ist nach § 308 Nr. 4 BGB nur dann wirksam, wenn er unter Berücksichtigung des Arbeitgebers für den Arbeitnehmer **zumutbar** ist. Das ist der Fall, wenn er **nicht grundlos** erfolgen soll sondern, z. B. wegen unsicherer wirtschaftlicher Entwicklung als Instrument der Anpassung notwendig ist oder wenn der Grund, aus welchem die übertarifliche Zulage gewährt wurde, entfallen ist.

Nach § 87 Abs. 1 Nr. 10 BetrVG hat der Betriebsrat in Fragen der **betrieblichen Lohngestaltung**, insbesondere der Aufstellung von Entlohnungsgrundsätzen sowie der Einführung und der Anwendung oder Änderung neuer Entlohnungsmethoden ein **Mitbestimmungsrecht**. Desgleichen hat er bei der Festsetzung der Akkord- und Prämiensätze oder vergleichbarer leistungsbezogener Entgelte einschließlich der Geldfaktoren mitzubestimmen (Nr. 11). Das bedeutet, dass der Arbeitgeber, will er z. B. ein System zur (analytischen) Arbeitsbewertung oder ein Leistungsbeurteilungssystem einführen, die Zustimmung des Betriebsrats einholen muss. Aus § 87 Abs. 1 Nr. 10 BetrVG hat das Bundesarbeitsgericht aber noch eine weitere für die Praxis wichtige Konsequenz gezogen. Beabsichtigt der Arbeitgeber im Rahmen einer Tariferhöhung von seinem Anrechnungsvorbehalt Gebrauch zu machen, indem er die Tariferhöhung auf die übertariflichen Zulagen anrechnet und auf diese Weise die Tariferhöhung neutralisiert, so muss unterschieden werden. Rechnet er die Erhöhung gleichmäßig bei allen mit einer übertariflichen Zulage ausgestatteten Arbeitnehmern an, so reduziert er damit das für diese Zulagen zur Verfügung gestellte Entgeltvolumen. Diese Maßnahme stellt eine mitbestimmungsfreie unternehmerische Entscheidung dar. Nimmt er hingegen auch nur einen einzigen Arbeitnehmer von der Anrechnung aus, so verändert er dadurch die Entlohnungsmethode, mit der Folge, dass er den Betriebsrat einbeziehen muss.

2.1.3.5 Entgeltfortzahlung

Den wichtigsten Fall der Entgeltfortzahlung bildet – neben derjenigen an Feiertagen (§ 2 EFZG) – die **Fortzahlung im Krankheitsfall.** Nach §§ 3, 4 EFZG hat der Arbeitnehmer Anspruch auf Fortzahlung des ihm aufgrund seiner individuellen regelmäßigen Arbeitszeit (nicht der Überstunden) zustehenden Arbeitsentgelts für die Dauer von sechs Wochen (= 42 Kalendertage). Wird der Arbeitnehmer wegen derselben Krankheit erneut arbeitsunfähig, so verliert er den Anspruch nicht, wenn:

- er vor der erneuten Arbeitsunfähigkeit mindestens sechs Monate nicht infolge derselben Krankheit arbeitsunfähig war oder
- seit Beginn der ersten Arbeitsunfähigkeit infolge derselben Krankheit eine Frist von zwölf Monaten abgelaufen ist.

Erbringt der Arbeitgeber eine **freiwillige Sondervergütung** (z. B. Jahresabschlussgratifikation), so darf er diese für jeden Tag der Arbeitsunfähigkeit bis zur Höhe eines Viertels des Arbeitsentgelts, das im Jahresdurchschnitt auf einen Arbeitstag entfällt, kürzen (§ 4 a EFZG).

Die **Bemessungsgrundlage** für das fortzuzahlende Entgelt kann durch **Tarifvertrag** vom Gesetz abweichend geregelt werden. Von dieser Möglichkeit haben zahlreiche Tarifverträge Gebrauch gemacht. Insoweit sind zwei Bemessungsgrundlagen, die in den Tarifverträgen jeweils Verwendung finden, voneinander zu unterscheiden:

- Referenzprinzip: Zur Bemessung wird das Arbeitsentgelt herangezogen, das der Arbeitnehmer in einem zurückliegenden Zeitraum (meist drei oder sechs Monate) verdient hat.
- Lohnausfallprinzip: Der Arbeitnehmer erhält das Entgelt, das er ohne die Arbeitsunfähigkeit während der Ausfallzeit erzielt hätte.

Tarifvertraglich ist es durchaus möglich, auch Überstunden in die Bemessungsgrundlage einzubeziehen.

Als Tatbestände, die einen **Anspruch auf Entgeltfortzahlung** wegen **vorübergehender Verhinderung** »für eine verhältnismäßig nicht erhebliche Zeit« (§ 616 BGB) begründen, sind insbesondere zu nennen:

- **Wahrnehmung öffentlicher Aufgaben und Pflichten:** Hierzu zählen z. B. die Berufung als ehrenamtlicher Richter, die Ladung zu Behörden und Gerichten, die Ausübung politischer (Ehren)Ämter, die Tätigkeit bei Freiwilliger Feuerwehr, THW und karitativen Einrichtungen.
- **Arztbesuche:** Ein fortzahlungspflichtiger Verhinderungsgrund liegt allerdings nur vor, wenn die ärztliche Versorgung während der Arbeitszeit aus medizinischen Grün-

den geboten ist oder die Sprechstunden des Arztes innerhalb der Arbeitszeit liegen und ein anderer Termin nicht vereinbart werden kann.
- **Tarifliche Freistellungen:** Die meisten Tarifverträge enthalten ausdrückliche Regelungen zur bezahlten Freistellung aus Anlass bestimmter Ereignisse, z. B. bei Eheschließungen, Geburten, Sterbefällen, Kommunion, Konfirmation etc. Die Anlässe und die Dauer der Freistellungen variieren von Tarifvertrag zu Tarifvertrag.

Befindet sich der Arbeitgeber mit der Annahme der vom Arbeitgeber angebotenen Arbeitsleistung in Verzug, hat der Arbeitnehmer ebenfalls Anspruch auf (Entgelt)Fortzahlung. **Annahmeverzug** liegt z. B. vor, wenn:

- der Betriebsrat der Einstellung eines neuen Mitarbeiters nicht zugestimmt hat und der Mitarbeiter deshalb nicht beschäftigt werden darf,
- das Arbeitsgericht festgestellt hat, dass das Arbeitsverhältnis durch die Kündigung nicht aufgelöst worden ist (wobei sich der Arbeitnehmer insoweit die Einschränkungen nach § 11 KSchG zurechnen lassen muss),
- infolge vom Arbeitgeber zu vertretender betrieblicher Hindernisse (Maschinenschaden) die Arbeitsleistung nicht erbracht werden kann.

Arbeitsbefreiung ohne Verpflichtung des Arbeitgebers zur Entgeltfortzahlung aber mit Anspruch auf Krankengeld hat der Arbeitnehmer bei der **Erkrankung seines Kindes**. Die Anspruchsdauer ist auf zehn Arbeitstage – bei Alleinerziehenden auf 20 Arbeitstage – pro Kalenderjahr begrenzt (§ 45 SGB V).

2.1.4 Störungen im Arbeitsverhältnis

2.1.4.1 Schadensersatzansprüche wegen Pflichtverletzungen

Verletzt ein **Arbeitnehmer** schuldhaft seine arbeitsvertraglichen Pflichten und fügt er dadurch dem Arbeitgeber einen Schaden zu, so kann er gegenüber dem Arbeitgeber zum **Schadensersatz** verpflichtet sein. Der Arbeitnehmer handelt schuldhaft, wenn er den Schaden vorsätzlich oder fahrlässig herbeiführt. Fahrlässigkeit bedeutet das Außerachtlassen der erforderlichen Sorgfalt. Die Rechtsprechung hat, was die Voraussetzungen und den Rahmen der Haftung des Arbeitnehmers anbelangt, Grenzen gesetzt. So haftet er bei leichter Fahrlässigkeit überhaupt nicht, bei mittlerer Fahrlässigkeit zusammen mit dem Arbeitgeber anteilig; nur bei Vorsatz oder grober Fahrlässigkeit ist er zum vollen Schadensersatz verpflichtet. Wo die Grenzen des abgestuften Fahrlässigkeitsbegriffs verlaufen, hängt von den Umständen des Einzelfalls ab und unterliegt letztlich der Beurteilung durch die Arbeitsgerichte. Ungeachtet dessen darf der zu ersetzende Schaden nicht im deutlichen Missverhältnis zum Verdienst des Arbeitnehmers stehen. Die insoweit maßgebliche Haftungsobergrenze hat das Bundesarbeitsgericht bei drei Bruttomonatsentgelten angesetzt.

Umgekehrt kann sich auch der **Arbeitgeber** gegenüber dem Arbeitnehmer **schadensersatzpflichtig** machen. Allerdings gelten auch hier arbeitsrechtliche Besonderheiten. So haftet er im Falle des Personenschadens eines Arbeitnehmers nur, wenn ihm Vorsatz zur Last gelegt werden kann. Bei Fahrlässigkeit, gleich welcher Art, kommt ihm der Haftungsausschluss des § 104 SGB VII zu Gute; die Haftung trifft in diesem Fall den Träger der gesetzlichen Unfallversicherung (Berufsgenossenschaft). Anders verhält es sich bei Sachschäden. Für deren Ersatz haftet der Arbeitgeber u. U. auch dann, wenn ihn kein Verschulden trifft, z. B. wenn der Arbeitnehmer bei der Ausführung der Arbeit unfreiwillig Schäden (an seiner Kleidung etc.) erleidet und diese nicht als durch die Art der Tätigkeit typischerweise bedingt und damit durch das Arbeitsentgelt als abgegolten betrachtet werden können. Zu den auf dem Verschulden des Arbeitgebers beruhenden Haftungstatbeständen sind insbesondere zu nennen, die Haftung für nicht oder nicht ordnungsgemäß abgeführte Steuern und Sozialversicherungsbeiträge, die unterbliebene Aufklärung über nachteilige finanzielle Konsequenzen seitens der Arbeitsverwaltung bei Beendigung des Arbeitsverhältnisses durch den Arbeitnehmer, sowie für Verletzungen des Persönlichkeitsrechts (z. B. Schmerzensgeldanspruch aufgrund vom Arbeitgeber nicht unterbundenen Mobbings).

2.1.4.2 Disziplinarmaßnahmen

Verstößt ein Arbeitnehmer gegen seine arbeitsvertraglichen Pflichten, so kann der Arbeitgeber sie durch Disziplinarmaßnahmen ahnden. Die insoweit schwächste Reaktionsform stellt die **Ermahnung** dar. Sie soll den Arbeitnehmer zu pflichtgemäßem Verhalten motivieren; sie zieht jedoch keinerlei Konsequenzen nach sich. Soweit ein Unternehmen über einen Katalog von **Betriebsbußen** verfügt, dürfte es sich um eine Ausnahme handeln. Betriebsbußen sind in der Praxis unüblich. Der Grund mag darin zu sehen sein, dass sie der Mitbestimmung durch den Betriebsrat unterliegen und dieser kaum zu bewegen sein wird, einem solchen Katalog zuzustimmen. Im Übrigen könnten aus einer Betriebsbuße keine arbeitsrechtlichen Weiterungen abgeleitet werden. Die einzig »wirksame« Disziplinarmaßnahme bildet die **Abmahnung**. Wirksam deshalb, weil sie notwendige Voraussetzung für eine verhaltensbedingte Kündigung (s. auch Abschnitt 2.1.5.2) ist, oder anders ausgedrückt, weil ihre (mehrfache) Missachtung zur Beendigung des Arbeitsverhältnisses führen kann. Die Rechtsprechung hat an Inhalt und Aufbau einer Abmahnung strenge Kriterien angelegt. Sie müssen erfüllt sein, damit eine spätere Kündigung Bestand hat. Abbildung 9 erläutert diese Kriterien anhand eines Abmahnungsschreibens.

Abmahnung	
Aufbau	**Mustertext**
Tatbestand	In den zurückliegenden drei Wochen haben sie wiederholt verspätet Ihre Arbeit aufgenommen, und zwar am: – 21.06. um zehn Minuten, – 28.06. um 15 Minuten, – 09.07. um 20 Minuten.
Missbilligung	Wir weisen Sie darauf hin, dass Sie damit Ihre arbeitsvertraglichen Pflichten verletzt haben und wir nicht bereit sind, Ihr Verhalten hinzunehmen.
Aufforderung	Um weiterer Unpünktlichkeit und der Gefahr daraus resultierender Nachahmungen entgegenzuwirken, fordern wird Sie auf, sich zukünftig Ihren aus dem Arbeitsvertrag sich ergebenden Pflichten gemäß zu verhalten.
Androhung	1. Abmahnung: Anderenfalls gefährden Sie den Fortbestand Ihres Arbeitsverhältnisses. 2. Abmahnung: In Verbindung mit den in der Abmahnung vom ... gerügten Pflichtwidrigkeiten sehen wir uns im Wiederholungsfalle veranlasst, das Arbeitsverhältnis im Hinblick auf seinen Fortbestand zu überprüfen. 3. Abmahnung: Sollten Sie sich in Anbetracht dieser Aufforderung und den vorausgegangenen Abmahnungen vom .... dem Vorwurf einer weiteren Verletzung Ihrer arbeitsvertraglichen Pflichten aussetzen, werden wir das Arbeitsverhältnis durch Kündigung beenden.

Abb. 9: Abmahnungsschreiben

Wie viele Abmahnungen einer verhaltensbedingten Kündigung vorausgehen müssen, lässt sich abstrakt nicht sagen. Als Faustregel gilt: Eine Abmahnung reicht in der Regel nicht aus, zu viele Abmahnungen bergen das Risiko des arbeitsrichterlichen Vorwurfs, der Arbeitnehmer habe mit einer Kündigung nicht mehr zu rechnen brauchen, drei Abmahnungen eröffnen gute Chancen, dass eine Kündigung vor dem Arbeitsgericht Bestand hat. Wichtig ist vor allem die Formulierung der Schlussformel. Droht sie für einen weiteren Verstoß lediglich (unbestimmte) arbeitsrechtliche Konsequenzen an, so bedarf es mindestens einer weiteren Abmahnung. Droht sie dagegen bei einem abermaligen Verstoß die Beendigung des Arbeitsverhältnisses an, muss die Kündigung sodann auch ausgesprochen werden. Anderenfalls werden sämtliche bisher erteilten Abmahnungen kündigungsrechtlich gegenstandslos. Folgt auf eine Abmahnung kein weiterer Pflichtverstoß durch den Arbeitnehmer, so ist sie spätestens nach zwei Jahren aus der Personalakte zu entfernen. Dem Betriebsrat steht in Abmahnungsangelegenheiten kein Mitwirkungsrecht zu. Es empfiehlt sich jedoch, ihn freiwillig zu unterrichten.

2.1.5 Beendigung des Arbeitsverhältnisses

2.1.5.1 Beendigungsarten

Die unterschiedlichen Beendigungsarten sind in Abbildung 10 dargestellt.

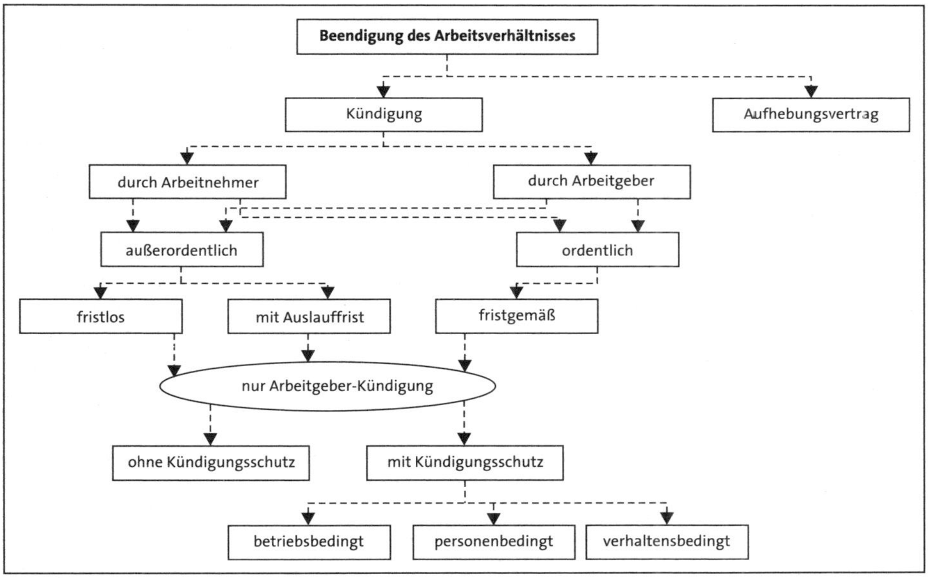

Abb. 10: Beendigung des Arbeitsverhältnisses

2.1.5.2 Kündigung

Während der ersten sechs Monate seines Bestehens. Nach dem bei Drucklegung geltenden Recht unterliegt das Arbeitsverhältnis während der ersten sechs Monate seines Bestehens nicht dem **Kündigungsschutz** nach §§ 1 ff. KSchG. (Die gesetzgeberischen Initiativen gehen dahin, die ersten zwei Beschäftigungsjahre vom Kündigungsschutz auszunehmen). Erst danach ist die Kündigung durch den Arbeitgeber nur dann sozial gerechtfertigt und damit wirksam, wenn sie entweder betriebsbedingt, personenbedingt oder verhaltensbedingt erfolgt. Jede der drei Kündigungsarten unterliegt den strengen, von der Rechtsprechung entwickelten Voraussetzungen, wie sie in Abbildung 11, Seite 205 dargestellt sind.

Darüber hinaus genießen bestimmte Arbeitnehmergruppen einen **verstärkten Kündigungsschutz**. Grundsätzlich unkündbar sind:

- Schwangere bis zum Ablauf von vier Monaten nach der Entbindung (§ 9 KSchG),
- der Elternzeit beanspruchende Elternteil während des beanspruchten Zeitraums, jedoch höchstens ab acht Wochen vor diesem Zeitraum (§ 18 BErzGG),
- Wehrpflichtige von der Zustellung des Einberufungsbescheides an bis zur Beendigung des Grundwehrdienstes einschließlich späterer Wehrübungen (§ 2 ArbPlSchG),
- Auszubildende nach Ablauf der Probezeit, außer aus wichtigem Grund ohne Einhaltung einer Kündigungsfrist, d. h. außerordentlich (§ 15 BBiG),
- Mitglieder des Wahlvorstands zur Betriebsratswahl, Kandidaten zum Betriebsrat und Arbeitnehmer, die zur Wahlversammlung einladen oder die Bestellung eines Wahlvorstands beantragen, bis zur Bekanntgabe des Wahlergebnisses, es sei denn außerordentlich aus wichtigem Grund (§ 15 Abs. 3 a KSchG),
- Betriebsratsmitglieder, es sei denn außerordentlich mit Zustimmung des Betriebsrats (§ 103 BetrVG).

Schwerbehinderten darf nur gekündigt werden, wenn die Integrationsbehörde (früher: Hauptfürsorgestelle) der Kündigung zuvor zugestimmt hat (§§ 85 ff. SGB IX). Gegen deren Entscheidung ist der Verwaltungsgerichtsweg zulässig, d. h. die Kündigung darf erst ausgesprochen werden, nachdem das Verwaltungs(streit)verfahren rechtskräftig beendet ist.

Zu unterscheiden ist zwischen der **ordentlichen und der außerordentlichen Kündigung**. Die ordentliche Kündigung ist gleichbedeutend mit der fristgemäßen Kündigung. Die **Kündigungsfristen** ergeben sich in der Regel aus dem Arbeitsvertrag. Soweit es sich um ein tarifgebundenes Arbeitsverhältnis handelt (s. auch Abschnitt 2.1.8), ist die im Tarifvertrag vorgesehene Kündigungsfrist maßgebend. Tarifvertragliche Kündigungsfristen gehen den gesetzlichen nach § 622 BGB vor. Die außerordentliche Kündigung darf nur bei Vorliegen eines wichtigen Grundes ausgesprochen werden (§ 626 BGB). Sie erfolgt ohne Einhaltung einer Kündigungsfrist entweder fristlos oder unter Berücksichtigung einer Auslauffrist, die jedoch stets kürzer ist als die Frist für die ordentliche Kündigung.

Vor jeder Kündigung ist der **Betriebsrat zu hören**; der Arbeitgeber hat ihm die Kündigungsgründe mitzuteilen. Eine ohne Anhörung des Betriebsrats ausgesprochene Kündigung ist unwirksam (§ 102 Abs. 1 BetrVG). Der Betriebsrat kann der Kündigung innerhalb von einer Woche (bei außerordentlicher Kündigung innerhalb von drei Tagen) widersprechen, sofern einer der in § 102 Abs. 3 BetrVG aufgeführten Gründe vorliegt. Durch den Widerspruch wird die Kündigung nicht unwirksam.

Die vorstehenden Ausführungen gelten gleichermaßen für die **Änderungskündigung**, die im Rahmen der Versetzung eine wichtige Rolle spielt und der Systematik wegen dort (s. auch Abschnitt 2.1.3.3) abgehandelt wird.

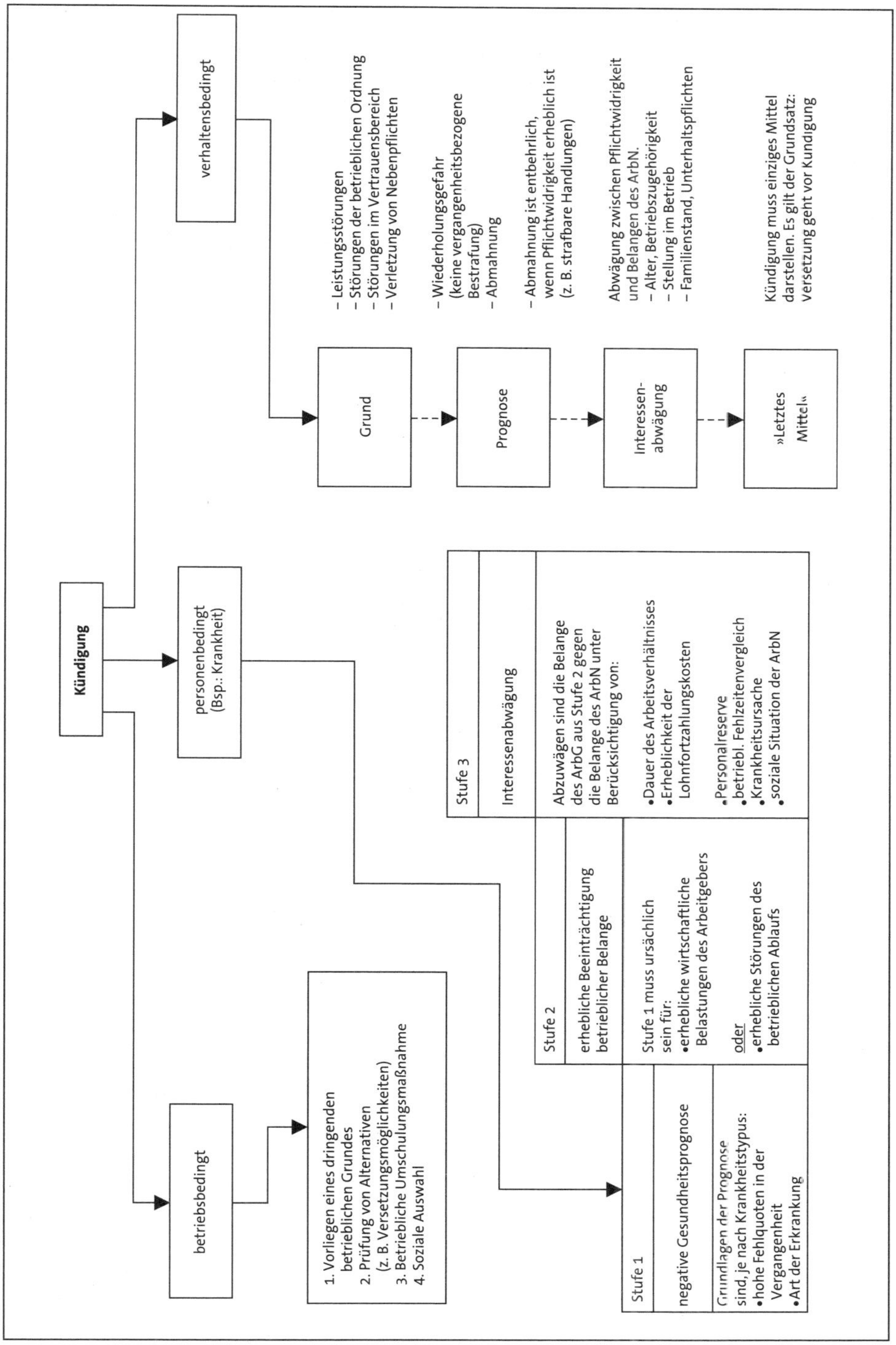

Abb. 11: Voraussetzungen der Kündigung

2.1.5.3 Aufhebungsvertrag

Ein Aufhebungsvertrag ist eine **schriftliche Vereinbarung** zwischen Arbeitgeber und Arbeitnehmer über die Beendigung des Arbeitsverhältnisses und deren Modalitäten. Er bedarf nicht der Zustimmung des Betriebsrats und hat typischerweise den folgenden Inhalt:

§ 1 Arbeitsverhältnis

(1) Das Arbeitsverhältnis endet zur Vermeidung einer ordentlichen Kündigung in gegenseitigem Einvernehmen mit Ablauf des ... (Beendigungsdatum möglichst unter Einhaltung der Kündigungsfrist, damit die Abfindung nicht auf das Arbeitslosengeld angerechnet wird.) ...

(2) Bis zu dem in Absatz 1 genannten Zeitpunkt werden Sie unter Fortzahlung Ihrer Entgeltbezüge und unter Anrechnung bestehender bzw. noch zu erwerbender Urlaubsansprüche von der Arbeitspflicht entbunden.

§ 2 Abfindung

Als Ausgleich für die Beendigung des Arbeitsverhältnisses und des damit verbundenen Verlustes des Arbeitsplatzes erhalten Sie eine Abfindungszahlung in Höhe von ...... Euro. Von diesem Betrag sind ..-........ Euro steuerfrei, der darüber hinaus gehende Teil unterliegt der Steuerpflicht. Die Abfindungszahlung werden wir zusammen mit den Entgeltbezügen für den Monat ..... auf Ihr Konto überweisen.

§ 3 Einmalzahlungen

Einmalzahlungen werden wir nach Maßgabe der gesetzlichen, tarifvertraglichen und arbeitsvertraglichen Regelungen zu dem in § 2 genannten Zeitpunkt leisten; sie sind nicht Gegenstand der Abfindung.

§ 4 Zeugnis

Sie erhalten unter dem Datum Ihres Ausscheidens aus dem Arbeitsverhältnis ein qualifiziertes und wohlwollendes Zeugnis.

§ 5 Meldepflicht

Sie sind gesetzlich verpflichtet, sich unverzüglich bei dem für Sie zuständigen Arbeitsamt zu melden. Anderenfalls droht Ihnen für jeden Tag der Säumnis eine Minderung des Arbeitslosengeldes. Schadensersatzansprüche uns gegenüber bestehen nicht.

§ 6 Ausgleichsquittung

Mit der Erfüllung der aus dieser Vereinbarung sich ergebenden Ansprüche sind alle gegenseitigen Rechte und Pflichten aus dem Arbeitsverhältnis abgegolten. Die arbeitsvertraglich vereinbarte nachwirkende Geheimhaltungspflicht bleibt hiervon unberührt.

Ort, Datum

Unterschrift GeschäftsleitungUnterschrift Mitarbeiter(in)

Abb. 12: Inhalt eines Aufhebungsvertrages

2.1.5.4 Rechte und Pflichten nach Beendigung des Arbeitsverhältnisses

Wettbewerbsverbot: Nach §§ 74 ff. HGB kann der Arbeitnehmer an ein – in der Regel bereits bei Abschluss des Arbeitsvertrages vereinbartes – Wettbewerbsverbot gebunden sein. Es besagt, dass es dem Arbeitnehmer für die Dauer von maximal zwei Jahren untersagt ist, eine Tätigkeit bei einem Wettbewerber des Arbeitgebers aufzunehmen. Als Gegenleistung hat ihm der Arbeitgeber eine Entschädigung zu zahlen, die mindestens die Hälfte der vom Arbeitnehmer zuletzt bezogenen vertragsmäßigen Leistungen erreicht (sog. Karenzentschädigung). Verstößt der Arbeitnehmer gegen das Wettbewerbsverbot, kann ihn die Zahlung einer Vertragsstrafe treffen.

Verschwiegenheitspflicht: Viele Arbeitsverträge enthalten eine Klausel, nach welcher der Arbeitnehmer verpflichtet ist, auch nach Beendigung des Arbeitsverhältnisses über **vertrauliche Angelegenheiten**, die ihm im Zusammenhang mit seiner Tätigkeit zur Kenntnis gelangt sind, **Stillschweigen zu bewahren**. Ein Verstoß dagegen kann zu Schadensersatzansprüchen seitens des Arbeitgebers führen.

Zeugnis: Jeder Arbeitnehmer hat nach Beendigung des Arbeitsverhältnisses **Anspruch** auf ein **qualifiziertes Arbeitszeugnis**. Unter einem qualifizierten Zeugnis versteht man – im Unterschied zum einfachen Zeugnis, das sich nur auf Art und Dauer der Tätigkeit bezieht – ein solches, das sich darüber hinaus auch auf Leistung und Führung erstreckt. Das qualifizierte Zeugnis sollte folgendermaßen aufgebaut sein:

- Persönliche Daten, Beginn des Arbeitsverhältnisses, im Unternehmen bekleidete Positionen einschließlich der einzelnen Zeiträume,
- Beschreibung der Tätigkeit(en),
- Bewertung der Leistung,
- Bewertung des Verhaltens,
- Schlussformel (= Dank für geleistete Dienste und Wünsche für die Zukunft).

Das Zeugnis soll einerseits der Wahrheit entsprechen, andererseits von Wohlwollen getragen sein, da es den Arbeitnehmer nicht in seiner weiteren beruflichen Entwicklung behindern darf. Aus diesem »Spagat« resultiert die Besonderheit der **»Zeugnissprache«**. Nach einer neuen Entscheidung des Bundesarbeitsgerichts, gehört die Schlussformel nicht zu dem vom Arbeitgeber geschuldeten Zeugnisinhalt, d. h. er ist – woraus sich ein zukünftiger Arbeitgeber sodann ein (wirkliches) Bild machen kann – nicht verpflichtet, Dank und gute Wünsche auszusprechen.

Vom Schlusszeugnis zu unterscheiden ist das **Zwischenzeugnis**. Darauf hat der Arbeitnehmer bei Vorliegen eines berechtigten Interesses einen Anspruch, so z. B. bei Übernahme eines neuen Aufgabengebietes, beim Wechsel in der Person des Vorgesetzten oder zum Zwecke der Bewerbung bei einem anderen Arbeitgeber.

Arbeitspapiere: Am Tag der Beendigung des Arbeitsverhältnisses ist der Arbeitgeber verpflichtet, dem Arbeitnehmer **sämtliche Arbeitspapiere** (Lohnsteuerkarte, Nachweis über die Beitragszahlungen zur Rentenversicherung, Unterlagen über vermögenswirksame Leistungen, Urkunden über Versicherungsverhältnisse etc.) auszuhändigen.

2.1.6 Personalaktenführung

Mit der Beendigung des Arbeitsverhältnisses sind dem Arbeitnehmer alle in seinem Eigentum verbliebenen, in der Personalakte abgehefteten **Unterlagen auszuhändigen**. Welche Unterlagen hierzu gehören, kann nur im Einzelfall geklärt werden. Insbesondere kann fraglich sein, ob Bewerbungsunterlagen, Zeugnisse und Atteste dem Arbeitnehmer zustehen oder in das Eigentum des Arbeitgebers übergegangen sind. Wird die Personalakte aufbewahrt – was zumindest bis zum Ablauf etwaiger Ausschluss- oder Verjährungsfristen der Fall sein sollte – gelten die allgemeinen, für die Personalaktenführung maßgeblichen Regeln fort. Insbesondere muss weiterhin der Grundsatz der Vertraulichkeit gewahrt werden.

Darüber hinaus müssen in der Personalakte alle das Arbeitsverhältnis betreffende Schriftstücke zusammengefasst sein, d. h. es dürfen keine »Nebenakten« geführt werden. Bis zu seinem Austritt aus dem Unternehmen hat der Arbeitnehmer das Recht auf Einsichtnahme in die Personalakte, wozu er ein Betriebsratsmitglied hinzuziehen kann (§ 83 Abs. 1 BetrVG). Bis zu diesem Zeitpunkt ist der Arbeitgeber auch verpflichtet,

Erklärungen des Arbeitnehmers der Personalakte beizufügen (§83 Abs. 3 BetrVG). Der Arbeitnehmer hat das Recht, die Entfernung für ihn nachteiliger Schriftstücke zu verlangen. Ob ihm dieses Recht auch noch nach Beendigung des Arbeitsverhältnisses zusteht, ist bestritten. Das Bundesarbeitsgericht erkennt ein solches nur an, wenn objektive Anhaltspunkte für eine fortwirkende Benachteiligung des Arbeitnehmers vorliegen. (Zur Personalaktenführung s. auch Abschnitt 2.7.2.1).

2.1.7 Unternehmensmitbestimmung

Unter Unternehmensmitbestimmung versteht man die **Mitwirkung der Arbeitnehmerseite** im Aufsichtsrat eines Unternehmens. Ihre rechtliche Ausgestaltung ist je nach Art der Gesellschaft bzw. der Zahl ihrer Beschäftigten in verschiedenen Gesetzen geregelt.

Betriebsverfassungsgesetz 1952: Dieses Gesetz, das sich in seinem hier interessierenden Teil noch heute in Kraft befindet, schreibt vor, dass der **Aufsichtsrat** einer Aktiengesellschaft (AG) oder einer Kommanditgesellschaft auf Aktien (KG a. A.) zu einem Drittel aus Vertretern der Arbeitnehmer bestehen muss. Dasselbe gilt für die Gesellschaft mit beschränkter Haftung (GmbH), sofern in ihr mehr als 500 Arbeitnehmer beschäftigt sind (§§ 76 ff. BetrVG 1952). Das Gesetz gilt nur, soweit nicht eines der nachstehenden Gesetze Anwendung findet.

Mitbestimmungsgesetz: Beschäftigt eine AG, eine KG a. A. oder eine GmbH mindestens 2000 Arbeitnehmer, besteht der **Aufsichtsrat** aus einer gleichen Anzahl Arbeitgeber- und Arbeitnehmervertreter. Die Zahl der Aufsichtsratsmitglieder und die Zusammensetzung auf Arbeitnehmerseite zeigt die Abbildung 13.

Anzahl Arbeitnehmer	Mitglieder im Aufsichtsrat	davon Arbeitnehmervertreter	
		Unternehmensangehörige	Gewerkschaftsvertreter
2000–10000	12	4	2
>10000–20000	16	6	2
>20000	20	7	3

Abb. 13: Zahl der Aufsichtsratsmitglieder und die Zusammensetzung auf Arbeitnehmerseite

Unter den unternehmensangehörigen Arbeitnehmervertretern muss sich jeweils ein **leitender Angestellter** befinden.

Montan-Mitbestimmungsgesetz: Das Gesetz gilt für die in Form einer AG oder einer GmbH organisierten Unternehmen des Bergbaus sowie der eisen- und stahlerzeugenden Industrie (sog. **Warmbetriebe**) mit mehr als 1000 Arbeitnehmern. Der Aufsichtsrat besteht aus elf Mitgliedern, und zwar aus:

- fünf Mitgliedern auf Arbeitgeberseite,
- fünf Mitgliedern auf Arbeitnehmerseite, von denen zwei dem Unternehmen angehören müssen,
- einem weiteren Mitglied, das – wie die unternehmensfremden Mitglieder der Arbeitnehmerseite – von den Spitzenorganisationen der Arbeitgeberverbände und der Gewerkschaften vorgeschlagen wird.

Das Montan-Mitbestimmungsgesetz findet aufgrund der zahlreichen Umstrukturierungen und Stilllegungen in den betreffenden Industriezweigen nur noch auf wenige Unternehmen Anwendung.

2.1.8 Betriebsverfassungsrecht

2.1.8.1 Betriebsrat

Wahl des Betriebsrats: Der Betriebsrat wird für die Dauer von **vier Jahren** gewählt. Die Zahl der **Betriebsratsmitglieder** sowie die der **Freistellungen** bemisst sich nach der Anzahl der im Betrieb beschäftigten wahlberechtigten Arbeitnehmer (§ 9 bzw. § 37 BetrVG). Nach der Paritätsklausel des § 15 Abs. 2 BetrVG muss das in der Belegschaft in der Minderheit befindliche Geschlecht (z. B. die Frauen) mindestens entsprechend seinem zahlenmäßigen Verhältnis im Betriebsrat vertreten sein. Die vom Wahlvorstand (§§ 16 ff. BetrVG) einzuleitende und durchzuführende **Wahl** kann auf zweierlei Arten stattfinden: durch Mehrheitswahl oder durch Verhältniswahl. Mehrheitswahl findet statt, wenn sich alle Kandidaten auf einer Liste zur Wahl stellen, Verhältniswahl ist vorgeschrieben, wenn mehrere Kandidatenlisten zur Wahl stehen.

Beispiel: Ein Betrieb beschäftigt 100 Arbeitnehmer, davon 35 Frauen. Nach § 9 BetrVG sind fünf Mandate zu vergeben. Der Mindestanteil für die weiblichen Vertreter im Betriebsrat berechnet sich nach dem d'Hondtschen Höchstzahlverfahren wie folgt:

Anzahl Männer/Frauen …	Männer	Frauen
… geteilt durch 1	65	35
… geteilt durch 2	32,5	17,5
… geteilt durch 3	21,7	11,7

Abb. 14: Berechnung des Wahlergebnisses nach dem d'Hondtschen Höchstzahlverfahren

Entsprechend den fünf höchsten Zahlen stehen den Frauen (mindestens) zwei Mandate zu.

Angenommen es hat Mehrheitswahl (= Persönlichkeitswahl) stattgefunden und auf die einzelnen Kandidaten – weibliche Kandidaten (in Fettdruck) – sind folgende Stimmenanteile entfallen:

Kandidaten	**A**	B	C	F	E	F	G	**H**	**I**	**K**
Anzahl Stimmen	8	11	13	7	15	18	16	6	4	2
Platzierung	6	5	4	7	3	1	2	8	9	10

Abb. 15: Berechnung des Wahlergebnisses bei Mehrheitswahl

Gewählt sind **A** (Platz 6), E (Platz 3), F (Platz 1), G (Platz 2) und **H** (Platz 8).

Im Falle der Listenwahl und einer Verteilung der Stimmen von 80 auf Liste 1 und 20 auf Liste 2 wäre nach dem d'Hondtschen Höchstzahlverfahren folgendermaßen vorzugehen:

Liste 1 Kandidaten: **A**, B, C, D, E, F,		**Liste 2** Kandidaten: G, **H, I, K**	
geteilt durch 1	80	geteilt durch 1	20
geteilt durch 2	0	geteilt durch 2	1
geteilt durch 3	26,7	geteilt durch 3	6,7
geteilt durch 4	20	geteilt durch 4	5

Abb. 16: Berechnung des Wahlergebnisses bei Listenwahl

Von den fünf höchsten Zahlen entfallen vier auf Liste 1 und eine auf Liste 2. Entsprechend viele Mandate müssten auf die beiden Listen entfallen. Da den Frauen aber zwei Mandate zustehen und Liste 1 außer **A** keine weitere Frau aufweist, entfällt das rechnerisch Liste 1 zustehende vierte Mandat auf Liste 2, so dass diese Liste zwei Mandate erhält und **H**, die an zweiter Stelle auf dieser Liste kandidiert hat, in den Betriebsrat einzieht.

Gesamt- und Konzernbetriebsrat: Ein **Gesamtbetriebsrat** muss, ein **Konzernbetriebsrat** kann errichtet werden. Ein Gesamtbetriebsrat wird errichtet, wenn in einem Unternehmen mehrere Betriebsräte bestehen. Betriebsräte mit mehr als drei Mitgliedern entsenden zwei von ihnen (ansonsten ein Mitglied) in den Gesamtbetriebsrat. Bilden mehrere Unternehmen (unter dem Dach einer Konzernholding) einen Konzernbetriebsrat, so entsendet jeder Gesamtbetriebsrat zwei seiner Mitglieder in den Konzernbetriebsrat. Zur Bildung des Konzernbetriesrats ist die Zustimmung der Gesamtbetriebsräte, die mindestens 50% der im Konzern tätigen Arbeitnehmer repräsentieren, erforderlich.

Über die Zuständigkeiten des Betriebsrats informiert Abbildung 17.

Betriebsrat	Gesamtbetriebsrat	Konzernbetriebsrat
Behandlung den Betrieb betreffender Angelegenheiten.	Behandlung das Unternehmen betreffender Angelegenheiten, die nicht durch die einzelnen Betriebsräte geregelt werden können. ⇨ § 50 Abs. 1 BetrVG	Behandlung den Konzern betreffender Angelegenheiten, die nicht durch die einzelnen Gesamtbetriebsräte geregelt werden können. ⇨ § 58 Abs. 1 BetrVG
	Regelung vom Betriebsrat delegierter Angelegenheiten. ⇨ § 50 Abs. 2 BetrVG	Regelung vom Gesamtbetriebsrat delegierter Angelegenheiten. ⇨ § 58 Abs. 2 BetrVG
Vorbehalt der Entscheidungsbefugnis ⇨ § 50 Abs. 2 BetrVG	Vorbehalt der Entscheidungsbefugnis ⇨ § 58 Abs. 2 BetrVG	

Abb. 17: Zuständigkeiten des Betriebsrats

Rechtsstellung des Betriebsrats: Die Mitglieder des Betriebsrats führen ihr Amt unentgeltlich als **Ehrenamt** aus (§ 37 Abs. 1 BetrVG). Sie sind von ihrer beruflichen Tätigkeit ohne Minderung des Arbeitsentgelts zu befreien, soweit dies zur ordnungsgemäßen Durchführung ihrer Aufgaben – Sitzungen, Sprechstunden etc. – erforderlich ist (§ 37 Abs. 2 BetrVG). Für außerhalb der Arbeitszeit geleistete Betriebsratstätigkeit hat das Betriebsratsmitglied Anspruch auf entsprechende **Arbeitsbefreiung unter Fortzahlung des Arbeitsentgelts**. Erfolgt die Arbeitsbefreiung nicht innerhalb eines Monats, ist die aufgewendete Zeit mit Mehrarbeitszuschlägen zu vergüten (§ 37 Abs. 3 BetrVG). Betriebsratsmitglieder dürfen während ihrer Amtszeit und bis zu einem Jahr nach deren Ablauf nicht schlechter bezahlt werden als vergleichbare Arbeitnehmer mit betriebsüblicher beruflicher Entwicklung (§ 37 Abs. 4 BetrVG). Während des gleichen Zeitraums dürfen sie nur mit Tätigkeiten beschäftigt werden, die denen vergleichbarer Arbeitnehmer gleichwertig sind (37 Abs. 5 BetrVG). Gleiches gilt für freigestellte Betriebsratsmitglieder. Insbesondere dürfen diese von Maßnahmen der beruflichen Bildung nicht ausgeschlossen werden. Nach Beendigung der Freistellung ist ihnen Gelegenheit zu geben, unterbliebene berufliche **Fortbildungsmaßnahmen** nachzuholen (§ 38 Abs. 4 BetrVG). Kein Betriebsratsmitglied darf wegen seiner Tätigkeit benachteiligt oder begünstigt werden (§ 78 BetrVG). Jedes Betriebsratsmitglied ist zur Geheimhaltung der ihm anlässlich seiner Betriebsratstätigkeit bekannt gewordenen Betriebs- und Geschäftsgeheimnisse verpflichtet (§ 79 BetrVG). Verstöße können strafrechtlich geahndet werden (§ 120 BetrVG).

2.1.8.2 Allgemeine Aufgaben des Betriebsrats

Nach § 80 Abs. 1 Ziffern 1 bis 9 BetrVG hat der **Betriebsrat** die in Abbildung 18 dargestellten **allgemeinen Aufgaben**:

1.	»darüber zu wachen, dass die zugunsten der Arbeitnehmer geltenden Gesetze, Verordnungen, Unfallverhütungsvorschriften, Tarifverträge und Betriebsvereinbarungen durchgeführt werden;
2.	Maßnahmen, die dem Betrieb (1) und der Belegschaft (2) dienen, beim Arbeitgeber zu beantragen;
2a.	die Durchsetzung der tatsächlichen Gleichstellung von Frauen und Männern, insbesondere bei der Einstellung, Beschäftigung, Aus-, Fort- und Weiterbildung und dem beruflichen Aufstieg zu fördern;
2b.	die Vereinbarkeit von Familie und Erwerbstätigkeit zu fördern;
3.	Anregungen von Arbeitnehmern der Jugend- und Auszubildendenvertretung entgegen zu nehmen und, falls sie berechtigt erscheinen, durch Verhandlungen mit dem Arbeitgeber auf eine Erledigung hinzuwirken; er hat die betreffenden Arbeitnehmer über den Stand und das Ergebnis der Verhandlungen zu unterrichten;
4.	die Eingliederung Schwerbehinderter und sonstiger besonders schutzbedürftiger Personen zu fördern;
5.	die Wahl einer Jugend- und Auszubildendenvertretung vorzubereiten und durchzuführen und mit dieser zur Förderung der Belange der in § 60 genannten Arbeitnehmer eng zusammenzuarbeiten; er kann von der Jugend- und Auszubildendenvertretung Vorschläge und Stellungnahmen anfordern;
6.	die Beschäftigung älterer Arbeitnehmer im Betrieb zu fördern;
7.	die Integration ausländischer Arbeitnehmer im Betrieb und das Verständnis zwischen ihnen und den deutschen Arbeitnehmern zu fördern, sowie Maßnahmen zur Bekämpfung von Rassismus und Fremdenfeindlichkeit im Betrieb zu beantragen;
8.	die Beschäftigung im Betrieb zu fördern und zu sichern;
9.	Maßnahmen des Arbeitsschutzes (1) und des betrieblichen Umweltschutzes (2) zu fördern.«

Abb. 18: Allgemeine Aufgaben des Betriebsrats

2.1.8.3 Beteiligungsrechte des Betriebsrats

Neben den allgemeinen Aufgaben nach § 80 BetrVG hat der Betriebsrat die in Abbildung 18 dargestellten **Mitwirkungs- und Mitbestimmungsrechte**. Bei den Mitwirkungsrechten handelt es sich in der Regel um Informations-, Anhörungs- und/oder Erörterungsrechte. Selbst wenn dem Betriebsrat »nur« ein Informationsrecht zusteht, heißt das nicht, dass er sich insoweit in einer schwachen Rechtsposition befindet. Abgesehen davon, dass manche Informationsrechte nur die Vorstufe zu stärkeren Rechten darstellen, kann fehlende Information den Betriebsrat veranlassen, auf Gebieten, die seine Beteiligung unerlässlich machen, eine andere Haltung als bei rechtzeitiger und vollständiger Information einzunehmen.

<table>
<tr><th colspan="2">Mitwirkungsrechte</th><th colspan="2">Mitbestimmungsrechte</th></tr>
<tr><td colspan="4">Soziale Angelegenheiten</td></tr>
<tr><td>• Arbeits-/betrieblicher Umweltschutz.</td><td>§ 89</td><td>• Katalog nach Nummern 1–13</td><td>§ 87</td></tr>
<tr><td colspan="4">Gestaltung von Arbeitsplatz, Arbeitsablauf und Arbeitsumgebung</td></tr>
<tr><td>• Maßnahmen baulicher, technischer sowie verfahrens- und ablauforientierter Art.</td><td>§ 90</td><td>• Besondere Belastung der Arbeitnehmer durch Änderung derArbeitsbedingungen</td><td>§ 91</td></tr>
<tr><td colspan="4">Personelle Angelegenheiten</td></tr>
<tr><td>• Personalplanung
• Beschäftigungssicherung
• Ausschreibung von Arbeitsplätzen
• Förderung der Berufsbildung
• Errichtung und Ausstattung von Einrichtungen sowie Einführung von Maßnahmen der Berufsbildung
• (Änderungs)Kündigung</td><td>§ 92
§ 92a
§ 93
§ 96
§ 97 I
§ 102</td><td>• Personalfragebogen und Beurteilungsgrundsätze
• Richtlinien über die Personalauswahl
• Maßnahmen zur Anpassungsqualifikation bei betrieblichen Umstrukturierungsmaßnahmen
• Durchführung betrieblicher Bildungsmaßnahmen
• Einstellung, Versetzung, Eingruppierung, Umgruppierung
• (Änderungs)Kündigung von Betriebsrats-, Jugendvertretungs- und Wahlvorstandsmitgliedern</td><td>§ 94
§ 95
§ 97 II
§ 98
§ 99
§ 103</td></tr>
<tr><td colspan="4">Wirtschaftliche Angelegenheiten</td></tr>
<tr><td>• Wirtschaftsausschuss
• Stilllegung und Änderung des Betriebs oder von Betriebsteilen</td><td>§ 106
§ 111</td><td>• Interessenausgleich und Sozialplan bei Betriebsänderung
• Sozialplan bei Personalabbau</td><td>§ 112
§ 112a</td></tr>
</table>

Abb. 19: Mitwirkungs- und Mitbestimmungsrechte des Betriebsrats

2.1.8.4 Zusammenarbeit mit dem Betriebsrat

Nach § 2 Abs. 1 BetrVG sind Arbeitgeber und Betriebsrat dem **Grundsatz der vertrauensvollen Zusammenarbeit** verpflichtet. § 74 Abs. 1 BetrVG konkretisiert diesen Grundsatz, indem er den Betriebsparteien auferlegt, über strittige Fragen mit dem ernsten Willen zur Einigung zu verhandeln und Vorschläge für die Beilegung von Meinungsverschiedenheiten zu machen. Dies gilt nicht nur aber vorrangig in Bezug auf die Verhandlung und den Abschluss von Betriebsvereinbarungen; denn sie stellen das Kernstück der Zusammenarbeit zwischen Arbeitgeber und Betriebsrat dar.

Eine Betriebsvereinbarung ist ein schriftlicher **Vertrag zwischen Arbeitgeber und Betriebsrat**. Sie wirkt unmittelbar auf alle im Betrieb bestehenden Arbeitsverhältnisse ein, so dass sie zwischen Arbeitgeber und Arbeitnehmer unmittelbar verbindliche Wirkung entfaltet. Zu unterscheiden ist zwischen der Betriebsvereinbarung über Gegenstände der **zwingenden Mitbestimmung** (s. Abbildung 19) und der **freiwilligen Betriebsvereinbarung**. Betriebsvereinbarungen können befristet abgeschlossen oder mit einer Kündigungsfrist von in der Regel drei Monaten vereinbart werden. Bei Betriebsvereinbarungen der zwingenden Mitbestimmung ist jedoch zu beachten, dass sie Nachwirkung entfalten. Darunter ist die Eigenschaft zu verstehen, auch nach Ablauf der Kündigungsfrist bzw. dem Ende der Befristung so lange weiterzugelten, bis sich Arbeitgeber und Betriebsrat auf eine andere Abmachung verständigen (§ 77 Abs. 4 BetrVG). Die Regelungskompetenz der Betriebsparteien endet am Tarifvorbehalt des § 77 Abs. 3 BetrVG. Danach können die durch Tarifvertrag geregelten – oder üblicherweise geregelten – Arbeitsbedingungen nicht Gegenstand einer Betriebsvereinbarung sein. Deshalb wäre z. B. eine Betriebsvereinbarung, welche die wöchentliche Arbeitszeit geringer und damit günstiger ansetzt als der Tarifvertrag, nichtig. Das Günstigkeitsprinzip (s. auch Abschnitt 2.1.8) wird hierbei zugunsten des Tarifvorbehalts verdrängt. Er gilt allerdings nur gegenüber Betriebsvereinbarungen. Arbeitsvertraglich wäre dagegen eine Verkürzung der wöchentlichen Arbeitszeit durchaus zulässig. Möglich wäre es auch, sich diesbezüglich mit dem Betriebsrat im Wege einer Regelungsabrede zu verständigen. Im Unterschied zur Betriebsvereinbarung handelt es sich bei ihr um eine nicht formgebundene Absprache zwischen Arbeitgeber und Betriebsrat, die in der betrieblichen Praxis häufig vorkommt. Wie Regelungsabrede und Betriebsvereinbarung auf das Arbeitsverhältnis einwirken, ergibt sich aus Abbildung 20.

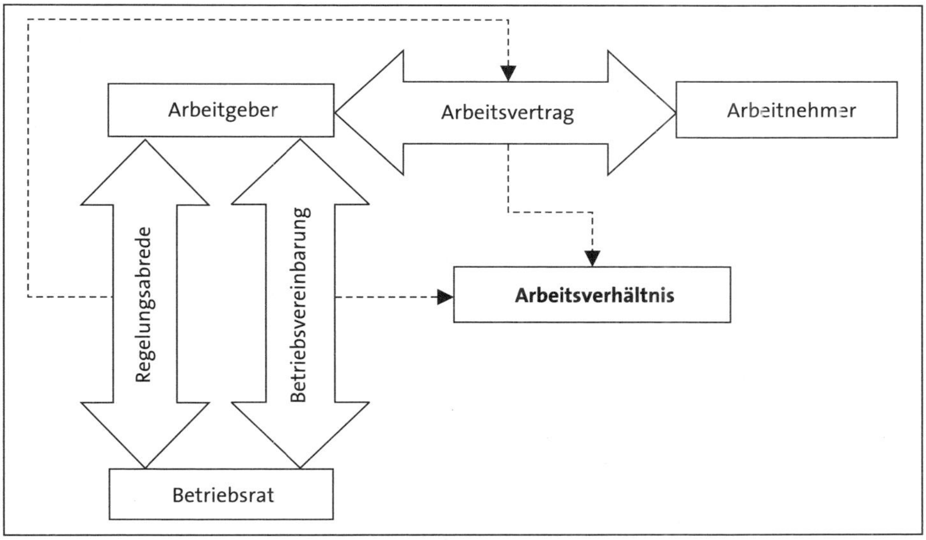

Abb. 20: Wirkung von Regelungsabrede und Betriebsvereinbarung auf das Arbeitsverhältnis

Kommt eine Betriebsvereinbarung im Verhandlungsweg nicht zustande, so entscheidet auf Antrag einer oder beider Betriebsparteien die **Einigungsstelle** (§ 76 BetrVG). Sie besteht aus:

- dem Vorsitzenden, auf den sich beide Seiten geeinigt haben (oft, aber nicht zwingend, ein Arbeitsrichter), oder der – bei Nichteinigung – vom Arbeitsgericht bestellt wird, sowie
- einer jeweils gleichen, ungeraden Zahl interner (und gegebenenfalls auch externer) Beisitzer auf Arbeitgeber- und Arbeitnehmerseite.

Der Vorsitzende versucht zunächst, auf eine Einigung hinzuwirken. Misslingt derVersuch, kommt es – meist erst nach mehreren erfolglosen Verhandlungsrunden – zur Abstimmung. Bei ihr gibt die Stimme des Vorsitzenden den Ausschlag. Der Spruch der Einigungsstelle hat die Wirkung einer Betriebsvereinbarung.

Den Verfahrensablauf im Einzelnen veranschaulicht Abb. 20a.

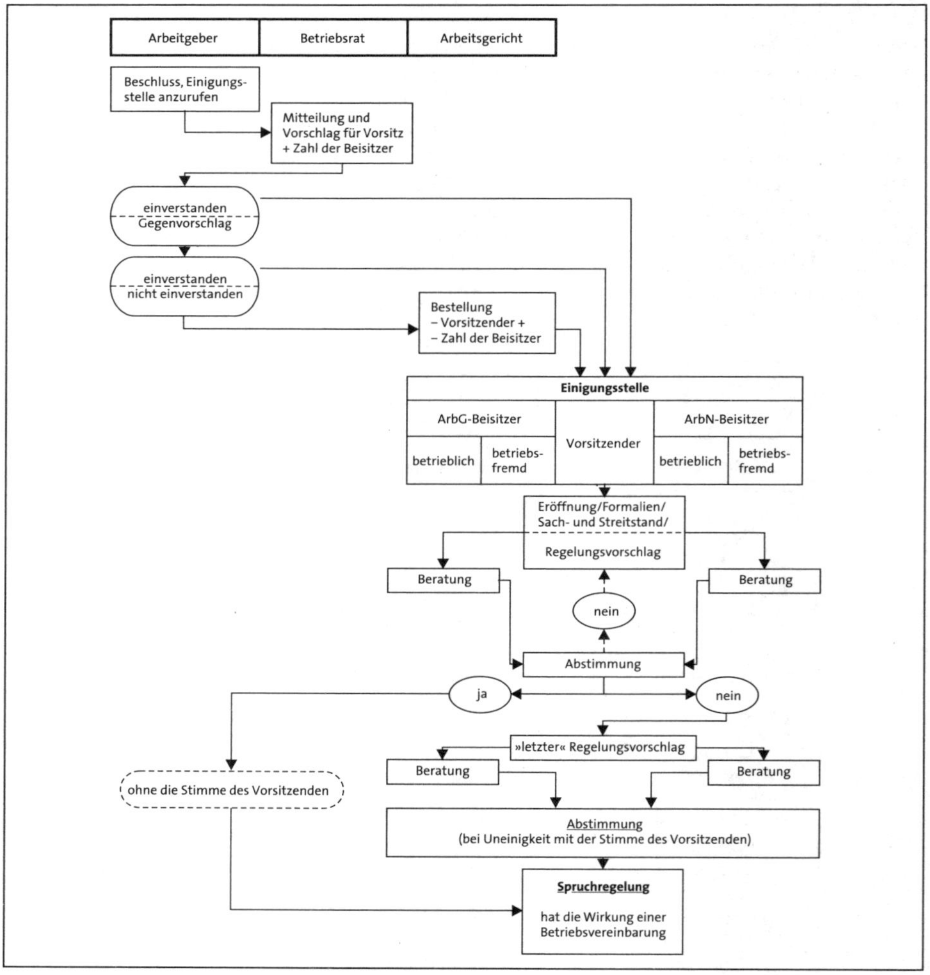

Abb. 20a: Verfahrensablauf § 76 BetrVG

2.1.8.5 Jugend- und Auszubildendenvertretung (JAV)

Eine **Jugend- und Auszubildendenvertretung** (JAV) wird in Betrieben gebildet, die mindestens fünf noch nicht volljährige Personen beschäftigen. Die Zahl der JAV-Mitglieder bemisst sich nach der Zahl der in dieser Altersgruppe im Betrieb Beschäftigten; die einschlägigen Schwellenwerte finden sich in § 62 BetrVG. Die Amtszeit der JAV beträgt zwei Jahre. Für die Wahl gelten im Wesentlichen die Vorschriften über die Wahl zum Betriebsrat (s. auch Abschnitt 2.1.7.1). Ansprechpartner der JAV ist der Betriebsrat; Sitzungen sind mit ihm zu vereinbaren. Die JAV kann zu jeder Betriebsratssitzung eines seiner Mitglieder entsenden. In Angelegenheiten, die den von der JAV vertretenen Personenkreis betreffen, hat sie ein Teilnahmerecht. In diesen Fällen kann sie sogar verlangen, Betriebsratsbeschlüsse bis zur Dauer von einer Woche auszusetzen, um mit dem Betriebsrat Einvernehmen zu erzielen. Die JAV ist im Rahmen ihrer Aufgaben berechtigt, Sprechstunden abzuhalten. Zu ihren Aufgaben gehört es, die Interessen der Jugendlichen und Auszubildenden wahrzunehmen und die entsprechenden Maßnahmen beim Betriebsrat zu beantragen. Das Nähere regelt § 70 BetrVG. Beabsichtigt der Arbeitgeber ein Mitglied der JAV nach dem Ende der Ausbildung nicht in ein unbefristetes Arbeitsverhältnis zu übernehmen, so muss er ihm dies drei Monate vor dem Ende des Ausbildungsverhältnisses schriftlich mitteilen. Verlangt das Mitglied einer JAV innerhalb von drei Monaten vor Beendigung des Ausbildungsverhältnisses vom Arbeitgeber schriftlich seine Weiterbeschäftigung, so gilt im Anschluss an das Ausbildungsverhältnis ein unbefristetes Arbeitsverhältnis als begründet (§ 78 a Abs. 1 und 2 BetrVG). Dem Arbeitgeber steht hiergegen der Rechtsweg zum Arbeitsgericht offen (§ 78 a Abs. 4 BetrVG).

2.1.8.6 Arbeitnehmerrechte nach dem Betriebsverfassungsgesetz

Das Betriebsverfassungsgesetz regelt nicht nur die Rechte und Pflichten zwischen Arbeitgeber und Betriebsrat, es eröffnet in den §§ 81 ff. BetrVG auch für den einzelnen Arbeitnehmer **unmittelbar geltende Rechte**, wie z. B.:

- den Anspruch, vom Arbeitgeber Informationen über die Art der Tätigkeit und über die Unfall- und Gesundheitsgefahren am Arbeitsplatz zu erhalten,
- seine Person betreffende Auskünfte, insbesondere über die Zusammensetzung des Arbeitsentgelts zu erhalten,
- Einsicht in seine Personalakte zu nehmen,
- das Recht, sich beim Arbeitgeber wegen Benachteilung oder ungerechter Behandlung zu beschweren,
- derartige Beschwerden auch beim Betriebsrat mit dem Ziel auf Abhilfe vorzubringen,
- dem Betriebsrat Themen zur Beratung vorzuschlagen.

2.1.9 Tarifvertragsrecht

Tarifvertragliche Rechte und Pflichten werden zwischen Arbeitgeber und Arbeitnehmer nur dann begründet, wenn beiderseitige Tarifbindung besteht. Die **Tarifbindung** des Arbeitgebers kann auf dreierlei Art und Weise herbeigeführt werden, und zwar durch:

- Mitgliedschaft des Arbeitgebers im Arbeitgeberverband, der seinerseits mit der zuständigen Gewerkschaft einen Tarifvertrag abgeschlossen hat (sog. Verbands- oder auch Flächentarifvertrag),
- Haus- oder Firmentarifvertrag, d. h. der – nicht verbandsgebundene – Arbeitgeber schließt mit der zuständigen Gewerkschaft direkt einen Tarifvertrag,

- Allgemeinverbindlichkeitserklärung, d. h. der Bundesminister für Wirtschaft und Arbeit erklärt einen für eine bestimmte Branche bereits bestehenden Tarifvertrag auch für die bisher nicht dessen Geltungsbereich unterfallenden Unternehmen für verbindlich. Voraussetzung hierfür ist, dass die bereits tarifgebundenen Arbeitgeber der betreffenden Branche mindestens 50% der unter den Geltungsbereich des Tarifvertrags fallenden Arbeitnehmer beschäftigen und die Allgemeinverbindlichkeitserklärung im öffentlichen Interesse geboten ist.

Während die **Allgemeinverbindlichkeitserklärung** automatisch auch zur Tarifbindung der betreffenden Arbeitnehmer führt, tritt bei ihnen in den anderen beiden Fällen die Tarifbindung nur ein, wenn sie Mitglieder – nicht irgendeiner sondern – der tarifschließenden Gewerkschaft sind.

Von der Tarifbindung zu unterscheiden ist die in den meisten Arbeitsverträgen enthaltene **Bezugnahmeklausel** (»... im Übrigen gelten die Vorschriften des Tarifvertrags ... in der jeweils gültigen Fassung«). Sie transformiert lediglich den Inhalt der Tarifverträge in die Arbeitsverträge der wegen fehlender Gewerkschaftszugehörigkeit nicht tarifgebundenen Arbeitnehmer. Sie wirken jedoch nicht unmittelbar, sondern nur über den Arbeitsvertrag auf deren Arbeitsverhältnis ein.

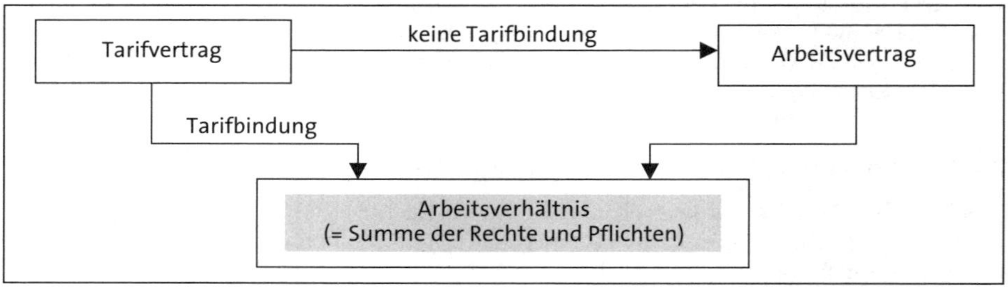

Abb. 21: Tarifbindung

Tarifverträge regeln die **Mindestarbeitsbedingungen der Arbeitnehmer**. Das bedeutet ein Zweifaches: Zum einen darf der Arbeitgeber – vorbehaltlich einer entsprechenden Öffnungsklausel – weder einseitig noch durch Vereinbarung mit dem Arbeitnehmer schlechtere Arbeitsbedingungen festlegen, zum anderen darf er sie jedoch besser als tarifvertraglich vorgeschrieben ausgestalten (Günstigkeitsprinzip, § 4 Abs. 3 TVG).

Die **Tarifbindung** des Arbeitnehmers **entfällt** mit dessen Austritt aus der tarifzuständigen Gewerkschaft, die des Arbeitgebers mit dem Austritt aus dem Arbeitgeberverband. Für den Arbeitgeber tritt jedoch zunächst die sog. **Nachbindung** ein. Sie bleibt solange bestehen, bis der Tarifvertrag endet (§ 3 Abs. 3 TVG). Der Tarifvertrag endet entweder durch Kündigung, Fristablauf oder durch Änderung seines Inhalts. Letzteres ist z. B. regelmäßig nach einer Erhöhung der tariflichen Entgelte der Fall. Aber selbst danach gelten die Rechtsnormen des Tarifvertrags kraft sog. Nachwirkung weiter, bis sie durch eine andere Abmachung ersetzt werden (§ 4 Abs. 5 TVG). Das bedeutet, dass sämtliche Tarifregelungen auf dem Stand des Endes der Nachbindung eingefroren werden, danach erfolgende Tarifänderungen – also auch Entgelterhöhungen – keine Geltungskraft mehr entfalten. Die Nachwirkung kann durch den Abschluss einesneuen Tarifvertrags aber auch durch Betriebsvereinbarung oder Arbeitsvertrag beseitigt werden.

2.1.10 Arbeitskampfrecht

2.1.10.1 Streik

Streik ist die von der streikführenden Gewerkschaft getragene **kollektive und vorübergehende Arbeitsniederlegung**, um die Arbeitgeberseite (Arbeitgeber oder Arbeitgeberverband) zum Abschluss einer tarifvertraglichen Regelung zu veranlassen. Die rechtliche Verankerung des Streikrechts findet sich in Art. 9 Abs. 3 GG, dem Grundrecht, zur Wahrung der und Förderung der Arbeits- und Wirtschaftsbedingungen Koalitionen (d. i. Zusammenschlüsse der Arbeitgeber in Verbänden, bzw. der Arbeitnehmer in Gewerkschaften) zu bilden. Zum Kernbereich dieses Grundrechts gehört das **Recht** der Koalitionen **zum Abschluss von Tarifverträgen**. Dieses Recht kann nur verwirklicht werden, wenn Druckmittel zur Verfügung stehen, um den im Verhandlungswege zu vereinbarenden Arbeitsbedingungen Geltung zu verschaffen. Deshalb bindet Art. 9 Abs. 3 S. 3 GG das Grundgesetz selbst, indem er festschreibt, dass sich aus anderen Vorschriften des Grundgesetzes abgeleitete Maßnahmen nicht gegen Arbeitskämpfe richten dürfen. Der **Streik** darf nur **als »letztes Mittel«** eingesetzt werden; er muss dem Grundsatz der Verhältnismäßigkeit genügen. Das bedeutet, dass er während der noch laufenden Geltung eines Tarifvertrages gänzlich unzulässig ist (Friedenspflicht) und auch danach das Scheitern der Verhandlungen voraussetzt.

Was die **Warnstreiks bzw. »spontanen Arbeitsniederlegungen«** anbelangt, steht die Rechtsprechung – im Gegensatz zu ihrer früheren Auffassung – auf dem Standpunkt, dass sie ebenfalls dem »Ultima-Ratio-Prinzip« unterliegen und erst nach dem Scheitern der Verhandlungen eingesetzt werden dürfen. Da es sich beim Streik ausschließlich um ein gewerkschaftliches Recht handelt, darf sich der Betriebsrat als Organ nicht an ihm beteiligen; insoweit ist er – nicht aber seine einzelnen Mitglieder als Arbeitnehmer – zur Neutralität verpflichtet (siehe auch § 74 Abs. 1 S. 1 BetrVG). Während des Streiks ruhen die gegenseitigen Hauptleistungspflichten (s. auch Abschnitt 2.1.2.1), d. h. der Arbeitnehmer ist nicht zur Arbeitsleistung, der Arbeitgeber nicht zur Zahlung des Arbeitsentgelts verpflichtet. Gewerkschaftlich organisierte Arbeitnehmer erhalten von ihrer Gewerkschaft Streikgeld.

2.1.10.2 Aussperrung

Dem Streik auf Seiten der Arbeitnehmer korrespondiert auf Seiten der Arbeitgeber die **Aussperrung**. Als Mittel des Arbeitskampfes legitimiert sie sich ebenfalls aus Art. 9 Abs. 3 GG. Unter Aussperrung versteht man die von einem oder mehreren Arbeitgebern bzw. – bei Verbands- oder Flächentarifvertrag – von einem Arbeitgeberverband beschlossene **Arbeitsausschließung der Arbeitnehmer**, um durch die dadurch bewirkte wirtschaftliche Belastung der Gegenseite (Streikgeld!) den Streik zu beenden oder zumindest abzukürzen.

Die Rechtsprechung hat der Abwehr von Streikmaßnahmen mittels Aussperrung enge Grenzen gezogen. Dabei geht sie vom **Grundsatz der Kampfparität** aus. Er besagt, dass die Kampfmittel Streik und Aussperrung in einem angemessenen Verhältnis zueinander stehen, nicht notwendig jedoch gleichbehandelt werden müssen. Im Einzelnen bedeutet das: Je enger der Streik innerhalb eines Tarifgebiets geführt wird, desto stärker ist das Bedürfnis der Arbeitgeberseite, den Arbeitskampf auf weitere Betriebe dieses Tarifgebiets auszudehnen. Als Richtschnur gilt:

- Werden weniger als 25% der im Tarifgebiet tätigen Arbeitnehmer zum Streik aufgefordert, dürfen bis zu 25% der Arbeitnehmerschaft ausgesperrt werden.

- Folgen mehr als 25% der Arbeitnehmer dem Streikaufruf, dürfen die Arbeitgeber bis zu 50% der im Tarifgebiet Beschäftigten aussperren.
- Eine Aussperrung von zwei Tagen als Reaktion auf einen halbstündigen Warnstreik hat die Rechtsprechung als unverhältnismäßig abgelehnt. Insoweit sei dieGrenze bei einem halben Tag anzusetzen.

Von der soeben behandelten Abwehraussperrung ist die **Angriffsaussperrung** zu unterscheiden. Sie dient der selbstständigen Durchsetzung eines tarifvertraglich regelbaren Ziels durch den Arbeitgeber. Die Angriffsaussperrung ist in der Praxis nur von untergeordneter Bedeutung.

Wie der Streik, führt auch die Aussperrung zur Suspendierung der Hauptleistungspflichten aus dem Arbeitsverhältnis. Das Arbeitsverhältnis selbst bleibt in beiden Fällen bestehen.

Literatur:

Etzel, G.: Arbeitsrecht, 3. Auflage, Neuwied, Kriftel, 2005
Etzel, G.: Betriebsverfassungsrecht, 8. Auflage, Neuwied, Kriftel, 2002
Gotthardt, M.: Arbeitsrecht nach der Schuldrechtsreform, 2. Auflage, München, 2003
Hanau P./Hoeren Th.: Private Internetnutzung durch Arbeitnehmer, München, 2003
Küttner, Wolfdieter (Hrsg.), Personalbuch 2006, München 2006
Kleinebrink, W.: Abmahnung, 2. Auflage, Neuwied, Kriftel, 2003
Linck, R./Schlegel, R.: Teilzeit/Altersteilzeit, Neuwied, Kriftel, 2002
Löwisch, M.: Arbeitsrecht, 7. Auflage, Düsseldorf, 2005
Pulte, P.: Arbeitsschutzgesetze, 39. Auflage, Neuwied, Kriftel, 2004
Schaub, G.: Arbeitsrechts-Handbuch, 1. Auflage, München, 2002
Schwerdtner, P. (Hrsg.).: Rechtshandbuch der Personalpraxis, 13. Auflage, Neuwied, Kriftel, 2004
Senne P.: Arbeitsrecht – Das Arbeitsverhältnis in der betrieblichen Praxis, 3. Auflage, Neuwied, Kriftel, 2004
Worzalla, M.: Arbeitsrechtliche Formulare für die betriebliche Praxis, Neuwied, Kriftel, 2002

2.2 Rechtswege kennen und das Prozessrisiko einschätzen

2.2.1 Arbeitsgerichte

Die prozessuale Grundlage für die heutige Arbeitsgerichtsbarkeit in der Bundesrepublik Deutschland bildet das Arbeitsgerichtsgesetz (ArbGG) vom 3. 9. 1953 in der Fassung der Bekanntmachung vom 2. 7. 1979 (BGBl. I 853/1036), zuletzt geändert durch Art. 105 des Gesetzes v. 19. 4. 2006 (BGBl I 866 (Nr. 18), das in seinen wesentlichen Teilen die Vorschriften für den Aufbau der Gerichte in Arbeitssachen sowie die für diesen Zweig der Gerichtsbarkeit geltenden Verfahrensvorschriften enthält.

Vorgänger des heutigen Gesetzes war das ArbGG von 1926, nach dem nur die erstinstanzlichen Gerichte eigenständige Arbeitsgerichte waren, während Berufungs- und Revisionsgericht zur ordentlichen Gerichtsbarkeit gehörten.[1] Erst durch das heute geltende Gesetz von 1953 wurde die Arbeitsgerichtsbarkeit völlig aus der ordentlichen Gerichtsbarkeit herausgelöst und so verselbstständigt.

Die Eigenständigkeit der Arbeitsgerichte erscheint allerdings insoweit eingeschränkt, als es dem Arbeitsgericht bei Unzuständigkeit möglich ist, einen Rechtsstreit an das zuständige ordentliche Gericht zu verweisen und umgekehrt. Gleichwohl stellt Art. 95 Abs. 1 GG unmissverständlich klar, dass die Arbeitsgerichtsbarkeit auf gleicher Ebene neben der ordentlichen, der Verwaltungs-, der Finanz- und der Sozialgerichtsbarkeit steht.

Nach § 46 Abs. 2 [2]folgt von den arbeitsgerichtlichen Verfahren zumindest das Urteilsverfahren mit einigen Ausnahmen den Regeln des in der ZPO normierten Zivilprozesses. Dies gilt umso mehr, seit durch die am 1. 1. 2002 in Kraft getretene Reform des Zivilprozesses auch dort die im Arbeitsgerichtsverfahren schon immer obligatorische Güteverhandlung eingeführt wurde (vgl. § 278 ZPO). Anders als beim Arbeitsgericht, wo die Güteverhandlung als willkommene Gelegenheit zur gütlichen Beilegung des Rechtsstreits gesehen und auch umfassend genutzt wird, ist sie im Prozess vor dem ordentlichen Zivilgericht zumindest bisher ein Stiefkind des Verfahrens geblieben.

Die Arbeitsgerichtsbarkeit ist wie die meisten anderen Gerichtszweige dreistufig aufgebaut. Die erste Instanz eines Verfahrens findet vor den Arbeitsgerichten statt. Berufungsgerichte sind die Landesarbeitsgerichte und Revisionsgericht ist das Bundesarbeitsgericht in Erfurt.

Die Verwaltung der Arbeitsgerichte mit Ausnahme des Bundesarbeitsgerichts obliegt den Ländern, und zwar teilweise den obersten Arbeitsbehörden, die sie im Einvernehmen mit den Justizverwaltungen ihrer jeweiligen Bundesländer ausüben, teilweise auch den Justizverwaltungen .direkt. In der Bundesrepublik Deutschland gibt es 130 erstinstanzliche Arbeitsgerichte, in jedem Bundesland ein Landesarbeitsgericht sowie das Bundesarbeitsgericht, dessen Sitz früher in Kassel war. Seit dem 22. 11. 1999 hat das Gericht seinen Sitz in Erfurt.

2.2.1.1. Aufbau der Arbeitsgerichte

Nach § 14 Abs. 2 werden u. a. Errichtung, Aufhebung, Verlegung der Arbeitsgerichte sowie Veränderungen der Gerichtsbezirke und die Einrichtungen auswärtiger Kammern

1 vgl. dazu Weth, Besonderheiten der Arbeitsgerichtsbarkeit, in 50 Jahre saarländische Arbeitsgerichtsbarkeit 1947–1997, 2. Aufl. o. J., S. 157 m. w. N.

2 §§ ohne Gesetzesangabe sind solche des Arbeitsgerichtsgesetzes (ArbGG)

durch Gesetz angeordnet. Die Bundesländer können die Errichtung eines gemeinsamen Arbeitsgerichts vereinbaren und die obersten Landesbehörden bzw. die Landesregierungen können anordnen, dass Gerichtstage außerhalb des Sitzes eines Arbeitsgerichts abgehalten werden (§ 14 Abs. 2 u. 3).

In Arbeitssachen entscheidet grundsätzlich ein Kollegialgericht, bestehend aus einem Berufsrichter als Vorsitzendem und zwei ehrenamtlichen Richtern. Berufungen gegen Urteile der Arbeitsgerichte werden von den Landesarbeitsgerichten beschieden; über Revisionen hiergegen entscheidet das Bundesarbeitsgericht. Auch das in den §§ 688 ff. der ZPO geregelte Mahnverfahren kann in Arbeitssachen und in der Zuständigkeit der Arbeitsgerichte durchgeführt werden mit der wesentlichen Ausnahme, dass die Frist für den Widerspruch gegen den Mahnbescheid gemäß § 46 a Abs. 3 nicht wie nach der ZPO zwei Wochen, sondern nur eine Woche beträgt.

Weiterhin gibt es die Besonderheit, dass nach § 55 auch der Vorsitzende allein – teilweise nur auf Antrag der Parteien – weitreichende Entscheidungen treffen kann.

2.2.1.2 Zuständigkeit der Arbeitsgerichte

Generell unterscheidet man bei der Frage der Zuständigkeit eines Gerichts nach der sachlichen und der örtlichen Zuständigkeit.

Sachliche Zuständigkeit ist die Zuständigkeit eines bestimmten Gerichtszweigs. Sie richtet sich nach dem durch das Gericht zu entscheidenden Lebenssachverhalt, aufgrund dessen zu entscheiden ist, ob der beabsichtigte Rechtsstreit vor die ordentliche, die Arbeits-, die Finanz-, die Sozial- oder die Verwaltungsgerichtsbarkeit gehört.

Der Begriff der örtlichen Zuständigkeit beschreibt dagegen die Frage, welches der nach dem Sachverhalt sachlich zuständigen Gerichte wegen des ihm zugewiesenen Gerichtsbezirks für die Behandlung des Rechtsstreits zuständig ist.

2.2.1.2.1 Sachliche Zuständigkeit

Nach der umfassenden Aufzählung des § 2 sind die Arbeitsgerichte im Urteilsverfahren generell zuständig für alle Rechtsstreitigkeiten, die erwachsen können aus Streitigkeiten über alle Sachverhalte, die das kollektive Arbeitsrecht (Tarifrecht) oder das Individualarbeitsrecht (Recht des einzelnen Arbeitsverhältnisses) betreffen.

Die Aufzählung des § 2 muss dem Personalfachkaufmann bekannt bzw. stets zur Hand sein. Darüber hinausgehende Ansprüche, die im ordentlichen Rechtsweg gegenüber dem Unternehmen geltend gemacht werden, insbesondere Schadenersatzansprüche (z. B. auf Zahlung von Schmerzensgeld aus Arbeitsunfällen), müssen anhand des wichtigen § 104 SGB VII geprüft werden. Nach dieser Vorschrift sind sie in der Regel ausgeschlossen.

Sachlich zuständig sind die Arbeitsgerichte auch nach § 2 a im so genannten Beschlussverfahren für die dort abschließend aufgeführten Streitigkeiten (BetrVG, und Sprecherausschussgesetz, soweit nach deren Vorschriften keine andere Zuständigkeit gegeben ist, Mitbestimmungsgesetz, Mitbestimmungsergänzungsgesetz und BetrVG 1952 mit den im Gesetzestext genannten Einschränkungen, Angelegenheiten nach den §§ 94, 95 und 139 SGB IX, Angelegenheiten nach dem Gesetz über Europäische Betriebsräte mit genannten Einschränkungen sowie über Tariffähigkeit und Tarifzuständigkeit einer Vereinigung).

Nach § 3 besteht die sachliche Zuständigkeit fort, wenn der Rechtsstreit durch einen Rechtsnachfolger des sachlich Berechtigten oder Verpflichteten geführt wird.

Tarifvertragsparteien können nach Maßgabe der §§ 101 bis 110 die Zuständigkeit des Arbeitsgerichts ausschließen und durch die Vereinbarung eines Schiedsgerichts ersetzen.

Das Arbeitsgerichtsgesetz enthält in § 48 weitere Vorschriften über die Zuständigkeit. Diese verweisen grundsätzlich auf die §§ 17 bis 17 b des Gerichtsverfassungsgesetzes, in denen die Verweisung eines Rechtsstreits an das sachlich und örtlich zuständige Gericht behandelt wird.

2.2.1.2.1 Örtliche Zuständigkeit

Der soeben genannte § 48 betrifft auch die örtliche Zuständigkeit, denn die §§ 17 bis 17 b des GVG regeln wie erwähnt auch die Verweisung an das örtlich zuständige Gericht.

Im Übrigen gelten auch in der Arbeitsgerichtsbarkeit die Vorschriften der Zivilprozessordnung für den Gerichtsstand, nach dem sich die örtliche Zuständigkeit richtet. Die Grundregel enthalten die §§ 12 ff. ZPO: danach liegt der allgemeine Gerichtsstand einer juristischen oder natürlichen Person bei dem Gericht, das für den Wohn- bzw. Firmensitz zuständig ist. Hat ein Unternehmen eine Niederlassung, von der aus unmittelbar Geschäfte geschlossen werden, ist auch der Ort der Niederlassung Gerichtsstand.

Vereinbarungen über einen bestimmten Gerichtsstand sind nur zulässig, wenn beide Parteien Kaufleute oder juristische Personen des öffentlichen Rechts bzw. öffentlich-rechtliche Sondervermögen sind (§ 38 ZPO). Die Vereinbarung muss sich nach § 39 ZPO auf ein bestimmtes Rechtsverhältnis beziehen und es darf kein anderweitiger ausschließlicher Gerichtsstand bestehen.

In der Praxis ergibt sich daraus folgendes: wird das Unternehmen verklagt, ist es Sache des Klägers, die Klage beim örtlich zuständigen Gericht zu erheben. Das ist immer das Gericht des Firmensitzes oder der Niederlassung bzw. der Betriebsstätte, in der sich der Arbeitsplatz befindet oder befand. Klagt der Gegner bei einem örtlich unzuständigen Gericht und weist das Gericht nicht sofort auf diesen Umstand hin, sollte umgehend die örtliche Zuständigkeit gerügt und Verweisung an das (wahrscheinlich näher gelegene, man denke an Fahrtkosten und Zeitaufwand) zuständige Gericht beantragt werden.

Bei Klagen gegen Dritte ist das zuständige Gericht selbst zu ermitteln. Das ist nicht immer einfach, weil sich die örtliche Zuständigkeit angesichts der relativ geringen Zahl der Arbeitsgerichte (s. o.) nicht einfach aus der Postleitzahl erschließen lässt. Bei Unklarheiten hat es sich bewährt, zwei bis drei Gerichte in der weiteren Umgebung des Gerichtsstands des Beklagten anzurufen. Die Geschäftsstellenbeamten wissen alle in den Bereich des Gerichts fallenden Gemeinden. So findet man mit wenig Aufwand das richtige Gericht. Der Personalfachkaufmann sollte in diesem Fall also auch ein Gerichtsverzeichnis zur Hand haben.

2.2.1.3 Besetzung der Arbeitsgerichte

Das Arbeitsgericht setzt sich zusammen aus Berufsrichtern (Vorsitzenden) und aus ehrenamtlichen Richtern, wobei letztere jeweils zur Hälfte dem Bereich der Arbeitgeber und der Arbeitnehmer angehören.

Ehrenamtliche Richter müssen nach § 21 das 25. Lebensjahr vollendet haben und im Bereich des Gerichts als Arbeitgeber oder Arbeitnehmer tätig sein. Sie werden aus Vorschlagslisten ausgewählt und durch die zuständige oberste Landesbehörde auf vier Jahre berufen. Die Vorschlagslisten werden durch die in § 20 Abs. 1 und in § 22 Abs. 2 Nr. 3 genannten Körperschaften erstellt und bei der obersten Landesbehörde eingereicht.

Die Vorsitzenden bilden mit den ehrenamtlichen Richtern Kammern; jede Kammer besteht aus einem Vorsitzenden und zwei ehrenamtlichen Beisitzern. Auch hier wird die Parität der Beisitzer gewahrt: je ein Beisitzer stammt aus Arbeitgeber- oder Arbeitnehmerkreisen (§ 16). Es gibt allgemeine und so genannte Fachkammern, die – soweit dazu ein Bedürfnis besteht – durch Rechtsverordnung der Landesregierungen eingerichtet werden (§ 17 Abs. 2).

Die übergeordneten Landesarbeitsgerichte bestehen nach § 35 aus dem Präsidenten, weiteren Vorsitzenden in der benötigten Anzahl und ehrenamtlichen Richtern, für deren Ernennung die vorstehend geschilderten Grundsätze gelten.

Das Bundesarbeitsgericht, das seit November 1999 in Erfurt ansässig ist, besteht nach § 41 aus einem Präsidenten, Vorsitzenden, berufsrichterlichen Beisitzern und ehrenamtlichen Richtern, die vom Bundesminister für Arbeit aus Vorschlagslisten berufen werden. Sie müssen mindestens 35 Jahre alt sein.

Die Spruchkörper des Bundesarbeitsgerichts (BAG) heißen nicht Kammern, sondern Senate. Derzeit sind beim BAG 10 Senate eingerichtet. Die Senate entscheiden mit drei Berufs- und zwei ehrenamtlichen Richtern.

2.2.1.4 Klageverfahren

Das Klageverfahren wird eingeleitet durch Einreichung einer Klageschrift beim Arbeitsgericht. Die Klage, muss einer bestimmten Form genügen (zu Einzelheiten siehe § 253 ZPO). Juristische Laien sind damit in der Regel . überfordert und können deshalb bei einer sog. Rechtsantragsstelle, die es bei jedem Arbeitsgericht gibt, ihre Klage mündlich zu Protokoll erklären. Im Klageverfahren gilt anders als im Beschlussverfahren (dazu s. u.) der Beibringungsgrundsatz oder Verhandlungsgrundsatz, nach dem jede Partei die ihr günstigen Tatsachen beweisen muss.

- **Klageschrift/Klageerwiderung**

Mit Einreichung der Klageschrift beim Gericht wird die Klage im Juristendeutsch »anhängig«. Damit ist jedoch der Prozess noch nicht in Gang gebracht. Dies geschieht erst durch die vom Gericht veranlasste förmliche Zustellung der Klageschrift an den oder die Beklagte(n). Sobald diese erfolgt ist gilt der Rechtsstreit als rechtshängig und hat mit dem Zeitpunkt der Zustellung begonnen.

Anders als im nach der ZPO laufenden Zivilprozess wird der/die Beklagte nach dem Gesetz (§ 47) in der Regel nicht aufgefordert, zur Klage Stellung zu nehmen. In der Praxis wird jedoch gebeten, sich binnen einer bestimmten Frist (meist drei Wochen) zur Klage zu äußern. Tut er dies nicht und äußert sich erst im Termin, entstehen ihm daraus keine rechtlichen Nachteile.

Beachtet werden sollte folgendes: Unternehmer haben gelegentlich die Tendenz, Arbeitsgerichtsprozesse zumindest anfangs nicht ernst zu nehmen. Das führt oft zu Blamagen im Gerichtssaal, die man vermeiden kann, wenn man schon ab Beginn des Verfahrens auf die Schreiben des Gerichts sinnvoll reagiert, auch wenn dies nicht unbedingt erforderlich ist.

- **Vertretung der Parteien**

Nach § 11 können die Parteien vor den Arbeitsgerichten ihren Rechtsstreit selbst führen oder sich vertreten lassen. Neben der immer zulässigen Vertretung durch Rechtsanwälte können aber auch Gewerkschaften, Arbeitgeberverbände oder Zusammenschlüsse solcher Verbände die Vertretung übernehmen, vorausgesetzt, die vertretene Partei ist Mitglied der Gewerkschaft oder des Verbandes.

Bei Unternehmen ist, wenn sie sich nicht anwaltlich oder durch ihren Arbeitgeberverband bzw. dessen Dachorganisation vertreten lassen, zunächst immer der gesetzliche Vertreter dazu berufen, das Unternehmen vor dem Arbeitsgericht zu vertreten. Das ist z. B. bei der GmbH der Geschäftsführer.

Häufig kommt es vor, dass der berufene Vertreter nicht in der Verhandlung erscheint, weil er davon ausgeht, wichtigeres zu tun zu haben als sich am Rechtsstreit gegen einen Arbeitnehmer zu beteiligen.

Trotzdem ist es vor allem im Fall der Anordnung des persönlichen Erscheinens enorm wichtig, dass die Person, deren persönliches Erscheinen angeordnet ist, auch tatsächlich im Termin anwesend ist und nicht einen subalternen Vertreter schickt. Wenn wirklich jemand anderes den Termin wahrnimmt, muss er in jedem Fall den Sachverhalt und die gewechselten Schriftsätze in allen Einzelheiten kennen und auch befugt sein, einen Vergleich abzuschließen.

Erscheint die persönlich geladene Person unentschuldigt nicht und auch kein Vertreter, der – gegebenenfalls kraft Delegation – für den Rechtsstreit die gleichen Erklärungsbefugnisse hat, kann gegen den Geladenen ein Ordnungsgeld verhängt werden. Auch hier gilt sinngemäß das am Ende des vorigen Abschnitts Gesagte.

Anders als im Zivilprozess nach der ZPO (vgl. § 91 ZPO) müssen in der ersten Instanz des Arbeitsgerichtsprozesses gemäß § 12 a Abs.1 keine Kosten des Gegners erstattet werden; jede Partei zahlt also ihren Vertreter selbst, soweit dieser nicht unentgeltlich tätig wird.

Vor den Landesarbeitsgerichten und dem Bundesarbeitsgericht müssen die Parteien nach § 11 Abs.2 durch Rechtsanwälte vertreten sein; vor den Landesarbeitsgerichten können auch im gesetzlich zulässigen Umfang (s. o.) Vertreter von Gewerkschaften oder Unternehmensverbänden auftreten.

- **Inhalt u. Ablauf des Gütetermins**

Nach § 52 sind die Verhandlungen vor dem erkennenden Gericht einschließlich Beweisaufnahme und Urteilsverkündung öffentlich. Bei Vorliegen einiger im Gesetz genannter Ausnahmen kann die Öffentlichkeit ausgeschlossen werden.

Die mündliche Verhandlung beginnt mit der Güteverhandlung vor dem Vorsitzenden (§ 54 Abs.1). Diese hat den Zweck, den Rechtsstreit einer gütlichen Einigung der Parteien zuzuführen.

Dazu soll in der Güteverhandlung das gesamte Streitverhältnis unter freier Würdigung aller Aspekte mit den Parteien erörtert werden. Dabei können mit Ausnahme eidlicher Vernehmungen alle Handlungen vorgenommen werden, die sofort möglich und zur Aufklärung des Sachverhalts geeignet sind. Die Güteverhandlung kann im Einverständnis der Parteien auch in einem zweiten Termin fortgesetzt werden (§ 54 Abs.1).

In der Praxis wird von den Gerichten häufig ein erheblicher Druck auf die Parteien ausgeübt, sich gütlich zu einigen und einen Prozessvergleich (vgl. § 794 Abs.1 Nr. 1 ZPO) zu schließen, weil dadurch die streitige Verhandlung eingespart und der Rechtsstreit im ersten Termin erledigt wird. Die daraus erwachsenden Diskussionen der Parteien und des Gerichts sind oft langwierig und können dazu führen, dass der ganze Zeitplan eines Verhandlungstages aus den Fugen gerät. Oft wird die Verhandlung auch unterbrochen, um den Parteien Gelegenheit zu geben, vor der Tür des Gerichtssaals weiter über die Möglichkeit eines Vergleichsschlusses zu diskutieren.

Grundsätzlich ist ein Vergleichsschluss immer zu begrüßen, weil dabei zumindest formal keine Partei unterliegt und beide ihr Gesicht wahren können. Zudem fallen in beim Abschluss eines Vergleichs in der ersten Instanz keine Gerichtskosten an (vgl. Nr. 9112 der Anlage 1 zu § 12 Abs.1).

Wer allerdings von vornherein weiß, dass für ihn ein Vergleich nicht in Betracht kommt, sollte darauf frühzeitig hinweisen.

- **Inhalt u. Ablauf des Kammertermins**

Erscheint eine Partei nicht in der Güteverhandlung oder bleibt diese erfolglos, soll sich nach dem Gesetz (§ 54 Abs.2) die streitige Verhandlung unmittelbar anschließen und nur beim Bestehen von Hinderungsgründen ein neuer Termin bestimmt werden.

Bei Nichterscheinen einer Partei im Gütetermin oder auch erst in der streitigen Verhandlung ergeht durch den Vorsitzenden (vgl. § 55 Abs.1 Nr. 4) ein Versäumnisurteil, in dem der säumige Beklagte nach dem Klageantrag verurteilt, die Klage eines säumigen Klägers hingegen abgewiesen wird. Vorschriften über das Versäumnisurteil enthält die ZPO in den §§ 330 ff. Gegen ein Versäumnisurteil gibt es den Rechtsbehelf des Einspruchs. Die Einspruchsfrist beträgt im Arbeitsgerichtsverfahren allerdings nur eine Woche (§ 59), worüber die säumige Partei vom Gericht zu belehren ist.

Außer bei Säumnisentscheidungen gibt es in der Praxis die sofortige streitige Verhandlung selten; fast immer wird ein neuer Termin bestimmt. Manche Gerichte benutzen die Terminsbestimmung ebenfalls als Druckmittel für vergleichsunwillige Parteien, indem der Termin für die streitige Kammerverhandlung weit hinausgeschoben wird. In der Tat hat die Ankündigung, der Kammertermin könne erst in mehr als drei Monaten stattfinden, schon manchen doch noch zum Vergleichsschluss gebracht.

Der Kammertermin ist vom Vorsitzenden nach § 56 Abs.1 so vorzubereiten, dass der Rechtsstreit nach Möglichkeit in einem Termin erledigt werden kann. Er beginnt in der Regel mit der Stellung der Anträge durch die Parteien und läuft dann ab wie die mündliche Verhandlung im Verfahren nach der ZPO vor den Amtsgerichten (§§ 495 ff. i. V. m. §§ 253 ff. ZPO), wobei u. U. auch eine Beweisaufnahme durchgeführt wird.

Auch jetzt noch ist das Gericht verpflichtet, auf eine gütliche Einigung der Parteien hinzuwirken (§ 57 Abs.2). Die Vorschriften über das schriftliche Verfahren im Einverständnis beider Parteien (§ 128 Abs.2 ZPO) sind in der ersten Instanz des Arbeitsprozesses – aber nur in dieser – durch § 46 Abs.2 ausgeschlossen

Anders als im Güteverfahren können den Parteien vor dem Kammertermin gemäß § 56 Abs.1 Fristen gesetzt werden, in denen sie ihr Vorbringen erläutern bzw. ergänzen oder z. B. Urkunden vorlegen sollen. Werden diese Fristen nicht eingehalten, so ist nach § 56 Abs.2 die verspätete Handlung nur zuzulassen wenn ihre Verwertung den Prozess nicht verzögert oder die Verspätung genügend entschuldigt wird.

Da an die Anerkennung von Entschuldigungsgründen hohe Anforderungen gestellt werden, ist in dieser Phase des Arbeitsgerichtsprozesses peinlich genau darauf zu achten, dass die vom Gericht gesetzten Fristen auch eingehalten werden.

Die beisitzenden Richter (je einer aus dem Lager der Arbeitgeber und der Arbeitnehmer, s. o.) stehen nur begrenzt zur Verfügung, so dass die Beratung in der Regel im Anschluss an die letzte Verhandlung des Sitzungstages durchgeführt und noch am gleichen Tag eine Entscheidung verkündet wird (vgl. § 60 Abs.1). Die Verkündung ist öffentlich, aber da ihr genauer Zeitpunkt vorher nicht bekannt ist und niemand auf das u. U. späte Ende der Beratungen warten will, ist in der Praxis bei der Verkündung kein Publikum mehr anwesend.

2.2.1.5 Klagearten

Das Arbeitsgericht kann auf zwei Arten angerufen werden: durch einen Antrag in den Fällen, in denen das Beschlussverfahren durchgeführt wird (vgl. § 81) und durch Klage in dem vorstehend bereits erörterten Klageverfahren.

- **Beschlussverfahren**

Das Beschlussverfahren findet nach § 2 a in den bereits unter der sachlichen Zuständigkeit genannten Angelegenheiten statt. Seine Einzelheiten sind in den §§ 80 bis 85 geregelt.

Grundsätzlich gelten auch für das Beschlussverfahren die Vorschriften über das Urteilsverfahren entsprechend; die Durchführung eines Güteverfahrens ist allerdings freigestellt. Auch wenn es nicht stattfindet, hat das Gericht die Verpflichtung, in jeder Lage des Verfahrens auf eine gütliche Einigung des Parteien hinzuwirken.

Eine Besonderheit des Beschlussverfahrens ist, dass das Gericht nach § 83 Abs.1 im Rahmen der gestellten Anträge den Sachverhalt von Amts wegen erforscht. Anders als im Zivilprozess üblich besteht hier also nicht der Beibringungs-, sondern der Untersuchungs- oder Amtsermittlungsgrundsatz.

Am Ende des Beschlussverfahrens steht, wenn es nicht durch Vergleich oder Erledigungserklärung (§ 83 a) beendet wird, eine Entscheidung des Gerichts in Form eines schriftlich niedergelegten Beschlusses, den das Gericht nach seiner freien, aus dem Ergebnis des Verfahrens gewonnenen Überzeugung erlässt (§ 84). Aus solchen Beschlüssen kann unter Berücksichtigung der in § 85 Abs.1 genannten Besonderheiten auch die Zwangsvollstreckung betrieben werden.

- **Leistungs- und Feststellungsklage**

Unter Leistungsklage versteht man einen Klagetyp, mit dem die Verurteilung des Beklagten zu einem Tun oder Unterlassen begehrt wird.; mit der Feststellungsklage hingegen wird die Feststellung des Bestehens oder Nichtbestehens eines Rechts bzw. eines Rechtsverhältnisses angestrebt. Auch die Feststellung der Echtheit oder Unechtheit einer Urkunde kann Gegenstand der Feststellungsklage sein.

Beide Klagearten können im Rahmen der Zuständigkeitsaufzählung nach § 2 im Arbeitsgerichtsprozess zum Zuge kommen, z. B. Klage auf Zahlung von Arbeitslohn oder Herausgabe von Arbeitspapieren als Leistungsklage, Klage auf Feststellung des Bestehens oder Nichtbestehens des Arbeitsverhältnisses als Feststellungsklage. Wichtigster Fall ist hier die Klage gegen sozialwidrige Kündigungen nach § 4 i. V. m. § 1 des Kündigungsschutzgesetzes.(Kündigungsschutzklage), die binnen drei Wochen nach Zugang der Kündigung des Arbeitsverhältnisses eines Arbeitnehmers erhoben werden muss (§ 4 S. 1 KSchG). Nach der neuen Fassung des Gesetzes gilt dies für alle Einwendungen gegen die Kündigung, Mit dieser Klage wird regelmäßig die Feststellung beantragt, dass das Arbeitsverhältnis durch die angegriffene Kündigung nicht beendet wurde, sondern noch immer fortbesteht oder zumindest nicht vor einem bestimmten Datum endete.

Kündigungsschutzverfahren soll das Arbeitsgericht nach § 61 a möglichst vorrangig erledigen; die Güteverhandlung soll z. B. innerhalb von zwei Wochen nach Klageerhebung stattfinden.

- **Einstweilige Verfügung**

Nach § 62 Abs.2 sind die Vorschriften über Arrest und einstweilige Verfügung auch im Urteilsverfahren des Arbeitsgerichts zulässig Ihr Zustandekommen regelt sich nach den §§ 935 ff. ZPO. Über die Einordnung dieser Formen eines abgekürzten Erkenntnisverfahrens unter die Zwangsvollstreckung .mag man sich wundern, indes folgt diese Einordnung derjenigen in der ZPO, wo Arrest und einstweilige Verfügung ebenfalls unter der Zwangsvollstreckung angesiedelt sind.

Im Beschlussverfahren sind nach § 85 Abs.2 einstweilige Verfügungen ebenfalls zulässig.

2.2.1.6 Rechtsmittel

Rechtsmittel gegen erstinstanzliche Entscheidungen der Arbeitsgerichte sind Berufung, Sprungrevision und Beschwerde. Gegen Berufungsurteile gibt es Revision und Revisionsbeschwerde.

- **Berufung**

Die Berufung richtet sich gegen die Urteile des Arbeitsgerichts und ist beim Landesarbeitsgericht einzulegen. Voraussetzung für ihre Zulässigkeit ist die Erfüllung der in § 64 genannten Voraussetzungen, deren wichtigste entweder die Überschreitung einer Streitwertuntergrenze von 600 Euro oder die Zulassung der Berufung durch das Arbeitsgericht sind. An die Zulassung ist das Berufungsgericht gebunden.

Die Frist für die Einlegung der Berufung beträgt einen Monat, die Frist für die Begründung der Berufung zwei Monate, wobei beide Fristen mit der Zustellung des vollständigen Urteils beginnen, spätestens aber fünf Monate nach der Verkündung. Die Berufung ist dann innerhalb einer Frist von einem Monat nach Zustellung der Berufungsbegründung zu beantworten. Die Fristen für Begründung und Beantwortung können auf Antrag einmal durch den Vorsitzenden verlängert werden, wenn dadurch der Rechtsstreit nicht verzögert wird oder gewichtige Gründe dafür vorgebracht werden.

Der Rechtsstreit wird in der Berufungsinstanz in tatsächlicher und rechtlicher Hinsicht erneut verhandelt, wobei in bestimmten Grenzen auch neues Vorbringen berücksichtigt wird.

Neue Angriffs- und Verteidigungsmittel, die in der ersten Instanz trotz einer dafür gesetzten Frist nicht vorgebracht wurden, können ebenfalls nur zugelassen werden, wenn das Verfahren dadurch nicht verzögert wird (§ 67 Abs.1). Neues Vorbringen, das danach zulässig ist, muss in der Berufungsbegründung bzw. -beantwortung enthalten sein, sonst gilt wieder das Erfordernis, dass es den Rechtsstreit nicht verzögert (§ 67 Abs.2).

Die Bestimmung des Termins zur mündlichen Verhandlung muss nach § 66 Abs.2 unverzüglich erfolgen; eine Verwerfung der Berufung als unzulässig erfolgt ohne Verhandlung durch Beschluss der zuständigen Kammer des Berufungsgerichts. Im Berufungsverfahren gibt es keine Einzelrichter (§ 64 Abs.6)

Im Übrigen gelten nach §§ 64 Abs.6–8, 65 u. 68 mit den dort genannten Ausnahmen die Vorschriften über die Berufung im Zivilprozess (§§ 511 ff. ZPO).

- **Revision**

Nach § 72 Abs.1 findet die Revision gegen Endurteile des Landesarbeitsgerichts statt zum Bundesarbeitsgericht, wenn sie im Urteil des LAG zugelassen wurde. Voraussetzung dafür ist gemäß § 72 Abs.2, dass entweder der Rechtsstreit grundsätzliche Bedeutung besitzt oder wenn das Landesarbeitsgericht mit seinem Urteil von einer Entscheidung eines der obersten Gerichtshöfe des Bundes oder einer anderen Kammer des gleichen Landesarbeitsgerichts abgewichen ist. An die Zulassung ist das Bundesarbeitsgericht gebunden.

Gegen Urteile, welche die speziellen Verfahren über Arrest und einstweilige Verfügung betreffen, ist keine Revision zulässig.

Die Revision setzt nach § 73 voraus, dass der Revisionsführer vorträgt, das Urteil des Landesarbeitsgerichts beruhe auf der Verletzung einer Rechtsnorm. Der Vortrag muss also erkennen lassen, dass das Urteil ohne die gerügte Rechtsnormverletzung anders ausgefallen wäre.

Auch bei der Revision betragen gemäß § 74 die Fristen für Einlegung und Begründung je einen Monat. Die Begründungsfrist kann einmal um bis zu einem Monat verlängert werden. Eine Frist zur Revisionsbeantwortung sieht das Gesetz nicht vor.

Revisionsentscheidungen des Bundesarbeitsgerichts ergehen des Öfteren im Einverständnis der Parteien im schriftlichen Verfahren nach § 128 Abs.2 ZPO, weil sich dadurch die Anreise der Parteien und ihrer Vertreter nach Erfurt erübrigt. Im allgemeinen sind Revisionsverfahren so ausführlich schriftlich vorbereitet (»ausgeschrieben«), dass eine erneute Darlegung der Standpunkte in der mündlichen Verhandlung nicht mehr zwingend erforderlich erscheint.

Ausnahmsweise kann Revision zum Bundesarbeitsgericht auch gegen das Urteil eines Arbeitsgerichts eingelegt werden, wenn dieses sie auf Antrag zugelassen hat und der Gegner schriftlich zustimmt (§ 76 Abs.1). Die Zulassung kann nach § 76 Abs.2 nur erfolgen, wenn der Rechtsstreit das Bestehen oder Nichtbestehen von Tarifverträgen, die Auslegung eines räumlich über die Grenzen des Bezirks des Landesarbeitsgerichts hinausgehenden Tarifvertrags, Streitigkeiten zwischen tariffähigen Parteien untereinander oder mit Dritten wegen Arbeitskampfmaßnahmen oder Fragen der Freiheit zur Bildung von Vereinigungen bzw. deren Betätigungsrecht betrifft.

- **Beschwerde (Landes-/Bundesarbeitsgericht)**

Die Beschwerde ist generell ein gerichtlicher Rechtsbehelf, mit dem in fast allen Bereichen des Rechts Entscheidungen nachgeprüft werden können. Sie richtet sich im allgemeinen gegen Beschlüsse, selten auch gegen Urteile.

In der Arbeitsgerichtsbarkeit ist die Beschwerde in zwei Formen anzutreffen:

Zum einen gibt es auch hier die in § 567 ff. ZPO geregelte allgemeine Beschwerde, mit der bestimmte Entscheidungen des Gerichts angefochten werden können. Hierauf verweist § 78. Seit 1. 1. 2002 ist diese Beschwerde nur noch in ihrer Form als sofortige Beschwerde vorgesehen deren Einlegungsfrist nach § 569 ZPO grundsätzlich zwei Wochen beträgt. Die Beschwerde muss gemäß § 569 Abs.2 ZPO schriftlich eingereicht werden, die angefochtene Entscheidung benennen und die Erklärung enthalten, dass gegen diese Entscheidung Beschwerde eingelegt wird.

Gegen Beschlüsse und Verfügungen des Landesarbeitsgerichts oder seines Vorsitzenden ist außer in den in den §§ 70 genannten Fällen keine Beschwerde zulässig.

§§ 87 ff. regeln die Anfechtung eines verfahrensbeendenden Beschlusses des Arbeitsgerichts im Beschlussverfahren; sie erfolgt ebenfalls durch Beschwerde. Wird der Beschwerde nicht stattgegeben, so kann nach §§ 92 ff. das Rechtsbeschwerdeverfahren zum Bundesarbeitsgericht durchgeführt werden, wenn die Rechtsbeschwerde durch das Landesarbeitsgericht zugelassen wurde.

Die grundsätzliche Regelung der Rechtsbeschwerde befindet sich in § 574 ZPO. Sie ist unter bestimmten im Gesetz genannten Voraussetzungen (§ 77) als Revisionsbeschwerde auch möglich gegen Beschlüsse des Landesarbeitsgerichts, mit denen eine Berufung als unzulässig erklärt wurde. Über die arbeitsrechtliche Rechtsbeschwerde entscheidet das Bundesarbeitsgericht ohne Hinzuziehung der ehrenamtlichen Richter. Die Rechtsbeschwerde ist nach § 575 Abs.1 ZPO einzulegen.

Schließlich existiert die sog. Nichtzulassungsbeschwerde, die nach § 72 a bzw. § 92 a gegen die Nichtzulassung der Revision oder einer Rechtsbeschwerde durch das Landesarbeitsgericht erhoben werden kann. Diese Form der Beschwerde ist ebenfalls fristgebunden; sie muss innerhalb eines Monats nach Zustellung des Berufungsurteils beim Bundesarbeitsgericht eingelegt werden. Innerhalb von zwei Monaten nach Zustellung des Urteils muss sie begründet werden. Hier ist die Regelung der Frist also anders als bei der Einlegung von Berufung und Revision. Die §§ 72 a und 92 a enthalten weitere Spezialregeln für die jeweilige Nichtzulassungsbeschwerde.

2.2.2 Sozialgerichtsbarkeit[3]

2.2.2.1 Aufbau der Sozialgerichte

Die Einrichtung der Sozialgerichte beruht auf dem Sozialgerichtsgesetz (SGG), das ebenso wie das ArbGG vom 3. 9. 1953 datiert (BGBl I 1239). Die derzeit geltende Fassung datiert vom 23. 09. 1975 (BGBl I 2535), die letzten Änderungen erfolgten durch Art. 2 Nr. 7 des Gesetzes vom 22. 12. 2005

Der Aufbau der Sozialgerichte gleicht demjenigen der Arbeitsgerichte. Es gibt die nach § 7 schon als Landesgerichte eingerichteten Sozialgerichte (§§ 7 ff.), in jedem Bundesland ein Landessozialgericht (§§ 28 ff.) und das Bundessozialgericht mit Sitz in Kassel (§§ 38 ff.).

Die Sozialgerichte werden in § 1 als besondere Verwaltungsgerichte bezeichnet. Dies bedeutet, dass sie, anders als die Arbeitsgerichte im Urteilsverfahren, den zu entscheidenden Sachverhalt selbst ermitteln müssen (Amtsermittlungs- oder Untersuchungsgrundsatz, vgl. § 103). Hierzu haben ihnen nach § 5 Abs. 1 alle Gerichte, Verwaltungsbehörden und Organe der Versicherungsträger Rechts- und Amtshilfe zu leisten.

Die Sozialgerichte sind gemäß § 123 nicht an die Parteianträge gebunden.

2.2.2.2 Zuständigkeit der Sozialgerichte

Zu den Begriffen der sachlichen und der örtlichen Zuständigkeit vergleiche zunächst die Ausführungen zu 2.2.1.2

- **Sachliche Zuständigkeit**

Die Regelungen für die sachliche Zuständigkeit der Sozialgerichte finden sich in § 51 . Danach ist der Rechtsweg zu den Sozialgerichten zunächst in öffentlich – rechtlichen Streitigkeiten gegeben, nämlich hauptsächlich in Angelegenheiten der einzelnen Zweige der Sozialversicherung einschließlich des Kassenarztrechts, der Arbeitsförderung und der sonstigen Aufgaben der Bundeagentur für Arbeit, in Sachen der Grundsicherung für Arbeitssuchende, bei Streitigkeiten über die Feststellung von Behinderungen sowie in den Fällen, in denen durch andere Gesetze der Rechtsweg zu den Sozialgerichten eröffnet wird. Auch für Streitigkeiten nach dem Lohnfortzahlungsgesetz sind die Sozialgerichte zuständig. Dieses Gesetz regelt heute nur noch einen Ausgleichsanspruch bestimmter Arbeitgeber gegen die Ortskrankenkassen auf Erstattung eines Teils ihrer Aufwendungen für die Fortzahlung der Arbeitsvergütung im Krankheitsfall. Daraus ergibt

3 ab hier sind §§ ohne Gesetzesangabe solche des SGG

sich, dass es sich bei den hier gemeinten Streitigkeiten um öffentlich – rechtliche Streitigkeiten handelt.

Nach § 51 Abs. 2 entscheiden die Sozialgerichte auch in privatrechtlich ausgeprägten Angelegenheiten der gesetzlichen Krankenversicherung, und zwar auch dann, wenn durch diese Angelegenheiten Dritte betroffen werden.

Nicht zuständig sind die Sozialgerichte z. B. für Angelegenheiten der Ausbildungsförderung, des Wohngelds oder der Sozialhilfe, für die der Rechtsweg zu den allgemeinen Verwaltungsgerichten gegeben ist.

- **Örtliche Zuständigkeit**

Entgegen den üblichen Regeln (vgl. §§ 12 ff. ZPO) richtet sich die örtliche Zuständigkeit im Sozialgerichtsverfahren grundsätzlich nach dem Wohnsitz des Klägers (§ 57 Abs. 1). Alternativ zuständig ist auch das Sozialgericht des Beschäftigungsorts, wenn der Kläger in einem Beschäftigungsverhältnis steht. Sonderregelungen gibt es nach § 57 Abs. 2–4 bei Streitigkeiten über die erstmalige Bewilligung einer Hinterbliebenenrente, Wohnsitz des Klägers im Ausland und Streitigkeiten über Festbeträge in der Kranken- und Pflegeversicherung (vgl. § 51 Abs. 1 Nr. 2).

2.2.2.3 Besetzung der Sozialgerichte

Wie das Arbeitsgericht setzt sich auch das Sozialgericht zusammen aus Berufsrichtern (Vorsitzenden) und aus ehrenamtlichen Richtern. Diese stammen für Kammern, die in Angelegenheiten der Sozialversicherung und der Arbeitsförderung entscheiden, ebenso wie beim Arbeitsgericht aus dem Bereich der Arbeitgeber und der Versicherten (§§ 14, 16). Versicherter ist auch, wer arbeitslos ist oder aus eigener Versicherung eine Rente bezieht; Arbeitgeber kann auch sein, wer vorübergehend oder saisonbedingt keine Arbeitnehmer beschäftigt. Die Absätze 4 und 5 des § 16 enthalten weitere Vorschriften darüber, wer als Arbeitgeber oder Versicherter ehrenamtlicher Richter sein kann.

Ehrenamtliche Richter müssen nach § 16 Abs. 1 das 25. Lebensjahr vollendet haben und sollen nach § 16 Abs. 6 im Bezirk des Sozialgerichts wohnen oder tätig sein, zu dessen Richter sie berufen werden. Sie werden auch hier aus Vorschlagslisten ausgewählt und gemäß § 13 Abs. 1 durch die nach Landesrecht zuständige Stelle auf fünf Jahre berufen. Die Vorschlagslisten werden durch die in § 14 Abs. 1–3 genannten Körperschaften erstellt und bei der für die Berufung zuständigen Stelle eingereicht.

Die Vorsitzenden bilden auch beim Sozialgericht mit den ehrenamtlichen Richtern Kammern; jede Kammer besteht aus einem Vorsitzenden und zwei ehrenamtlichen Beisitzern. Nach § 10 Abs. 1 und 2 werden Kammern mit folgenden Zuständigkeiten gebildet: Angelegenheiten der Sozialversicherung, der Arbeitsförderung einschließlich der übrigen Aufgaben der Bundesanstalt für Arbeit, des Rechts der sozialen Entschädigung bei Gesundheitsschäden und des Schwerbehindertenrechts. Bei Bedarf können auch Kammern für Angelegenheiten der bergmännischen Sozialversicherung (Knappschaft) eingerichtet werden.

Die beim Arbeitsgericht gewahrte Parität der Beisitzer existiert beim Sozialgericht nach § 12 ebenfalls. Bei den Kammern für Angelegenheiten der Sozialversicherung, der Arbeitsförderung, des Vertragsarztrechts, des sozialen Entschädigungs- und des Schwerbehindertenrechts stammen die ehrenamtlichen Richter jeweils aus den Kreisen der beteiligten Gruppen, z. B. Krankenkassen und Versicherte in Angelegenheiten der Sozialversicherung oder Krankenkassen und Vertragsärzte in deren Angelegenheiten. In Sachen des sozialen Entschädigungs- und des Schwerbehindertenrechts wirken nach § 12 Abs. 4

»je ein ehrenamtlicher Richter aus dem Kreis der mit dem sozialen Entschädigungsrecht oder dem Recht der Teilhabe behinderter Menschen vertrauten Personen und dem Kreis der Versorgungsberechtigten, der behinderten Menschen im Sinne des Neunten Buches Sozialgesetzbuch und der Versicherten mit; dabei sollen Hinterbliebene von Versorgungsberechtigten in angemessener Zahl berücksichtigt werden.«

Die übergeordneten Landessozialgerichte bestehen nach § 30 aus dem Präsidenten, weiteren Vorsitzenden in der benötigten Anzahl und ehrenamtlichen Richtern, die zusammen Spruchkörper mit den vorstehend geschilderten Zuständigkeiten bilden (§ 31). Nach § 33 besteht jeder Senat aus dem Vorsitzenden, zwei weiteren Berufsrichtern und zwei ehrenamtlichen Richtern. Anders als in der Arbeitsgerichtsbarkeit heißen die Spruchkörper der Landessozialgerichte nicht Kammern, sondern Senate

Das Bundessozialgericht in Kassel ist nach § 40, der auf die §§ 31 Abs. 1 und 33 ebenso besetzt wie die Landessozialgerichte; es verfügt derzeit über 13 Senate.

Die ehrenamtlichen Richter am Bundessozialgericht werden nach § 45 Abs.2 durch das Bundesministerium für Arbeit und Sozialordnung berufen Sie müssen wie am Bundesarbeitsgericht 35 Jahre alt sein und sollen zuvor mindestens fünf Jahre lang ehrenamtliche Richter an einem Sozial- oder Landessozialgericht gewesen sein (§ 47).

Diese Beteiligung ehrenamtlicher Richter in der höchsten (Revisions-) Instanz gibt es nur in der Arbeits- und der Sozialgerichtsbarkeit.

2.2.2.4 Klagearten

Das Sozialgericht kann nur durch Klage angerufen werden. Eine Prozessart wie das arbeitsgerichtliche Beschlussverfahren gibt es in der Sozialgerichtsbarkeit nicht. Die Auswahl der zulässigen Klagearten wird dadurch bestimmt, dass das Sozialgericht im Unterschied zum Arbeitsgericht ein Verwaltungsgericht ist.

- **Leistungsklage**

Hauptfall der Leistungsklage ist im Verwaltungsrecht die sog. Verpflichtungsklage, mit der die Verurteilung eines Subjekts des Verwaltungsrechts zur Vornahme einer Leistung begehrt wird, meistens der Erlass eines zuvor abgelehnten Verwaltungsaktes. Die Verpflichtungsklage ist im Gesetz in § 54 Abs. 1 geregelt.

Da der Weg zum Erlass eines bereits abgelehnten Verwaltungsaktes erst dann geebnet ist, wenn die ebenfalls durch Verwaltungsakt erfolgte Ablehnung beseitigt ist, wird die Verpflichtungsklage meist zusammen mit der sog. Anfechtungsklage erhoben. Die Anfechtungsklage dient dazu, einen belastenden Verwaltungsakt (die Ablehnung) aufzuheben und mit Hilfe der gleichzeitig erhobenen Verpflichtungsklage soll der Prozessgegner zum Erlass des vom Kläger begehrten begünstigenden Verwaltungsaktes (z. B. eines Bescheides, dass die beantragte, aber vorher abgelehnte Unfallrente gewährt wird) verurteilt werden.

Voraussetzung für die Zulässigkeit dieser kombinierten Klage ist nach § 54 Abs. 1, dass der Kläger vorträgt, er ei durch die Ablehnung oder Unterlassung eines Verwaltungsaktes beschwert. Dies ist nach § 54 Abs. 2 immer dann der Fall, wenn Ablehnung oder Unterlassen rechtswidrig waren.

Wichtig ist, dass bei allen verwaltungsrechtlichen Anfechtungs- und mit der Verpflichtungsklage kombinierten Klagen grundsätzlich das so genannte Vorverfahren nach § 78 ff. (bzw. § 68 ff. VwGO für die allgemeinen Verwaltungsgerichte) durchgeführt werden muss. In der Sozialgerichtsbarkeit ist es nur entbehrlich, wenn eine gesetzliche Regelung das vorsieht, wenn der Verwaltungsakt von einer obersten Bundesbehörde, einer obersten Landesbehörde oder vom Vorstand der Bundesanstalt für Arbeit erlassen wurde, außer wenn ein Gesetz die Überprüfung vorsieht und wenn ein Land, ein Versicherungsträger oder einer seiner Verbände klagen will.

Das Vorverfahren beginnt mit dem Widerspruch gegen den Verwaltungsakt, der binnen eines Monats nach dessen Bekanntgabe bei der Behörde einzulegen ist, die den Verwaltungsakt erlassen hat. In der Regel prüft dann die übergeordnete Behörde als sog. Widerspruchsbehörde die Entscheidung noch einmal nach und hilft entweder dem Widerspruch ab, d. h. der Verwaltungsakt wird im Sinne des Widerspruchsführers abgeändert, oder sie ändert nichts und erlässt einen Widerspruchsbescheid, in dem der Widerspruch zurückgewiesen wird. Mit Bekanntgabe des Widerspruchsbescheids beginnt die Klagefrist von einem Monat (§ 87 Abs. 2). Hat kein Vorverfahren stattgefunden, beginnt die Frist nach § 87 Abs. 1 mit der Bekanntgabe des Verwaltungsaktes Die Frist ist nach § 91 Abs. 1 auch dann gewahrt, wenn die Klageschrift rechtzeitig bei einer anderen inländischen Behörde, bei einem Versicherungsträger, einer deutschen Konsularbehörde oder – wenn es um die Versicherung von Seeleuten geht – bei einem deutschen Seemannsamt eingegangen ist.

Betrifft der angefochtene Verwaltungsakt eine Leistung, auf deren Gewährung der Kläger einen Rechtsanspruch besitzt, kann er neben der Aufhebung des ablehnenden Verwaltungsakts auch die Leistung verlangen (§ 54 Abs. 4).

Eine besondere Form der Leistungsklage ist die so genannte Untätigkeitsklage nach § 88. Damit der Kläger die Verurteilung zum Erlass eines Verwaltungsaktes begehren, wenn er mindestens sechs Monate vorher einen Antrag auf Erlass dieses Verwaltungsaktes gestellt hat, der ohne zureichenden Grund nicht beschieden wurde.

- **Feststellungsklage**

Für die Feststellungsklage gilt das oben zu 2.2.1.5 Ausgeführte. Erinnern wir uns: mit der Feststellungsklage wird die Feststellung des Bestehens oder Nichtbestehens eines Rechts bzw. eines Rechtsverhältnisses angestrebt. Für die Sozialgerichtsbarkeit konkretisiert § 55 Abs. 1 diesen Grundsatz dahingehend, dass mit der Feststellungsklage begehrt werden kann:

- die Feststellung des Bestehens oder Nichtbestehens eines Rechtsverhältnisses;.
- die Feststellung, welcher Versicherungsträger der Sozialversicherung zuständig ist;
- die Feststellung, ob eine Gesundheitsstörung oder der Tod die Folge eines Arbeitsunfalls, einer Berufskrankheit oder einer Schädigung im Sinne des Bundesversorgungsgesetzes ist, sowie
- die Feststellung der Nichtigkeit eines Verwaltungsaktes.

2.2.2.5 Rechtsmittel

Rechtsmittel gegen erstinstanzliche Entscheidungen der Sozialgerichte sind Berufung, Sprungrevision und Beschwerde. Gegen Berufungsurteile gibt es die Revision. Nach § 105 haben die Sozialgerichte die Möglichkeit, durch einen sog. Vorbescheid mit Wirkung eines Urteils ohne mündliche Verhandlung zu entscheiden, wenn die Sache einfach gelagert und der Sachverhalt geklärt ist. Gegen diesen Vorbescheid steht den Parteien das Rechtsmittel zu, das zulässig wäre, wenn durch Urteil entschieden worden wäre. Statt dessen kann auch die Durchführung einer mündlichen Verhandlung beantragt werden. Wird zugleich Berufung eingelegt und mündliche Verhandlung beantragt, findet letztere statt.

- **Berufung**

Die Berufung richtet sich gegen die Urteile der Sozialgerichte und ist beim Landessozialgericht einzulegen. Sie bedarf der Zulassung im Urteil des Sozialgerichts, kann aber nach § 144 Abs. 1 auch auf Beschwerde durch das Landessozialgericht zugelassen werden, wenn der Wert des Streitgegenstandes 500 Euro, bei Erstattungssachen zwischen Körperschaften des öffentlichen Rechts 5.000 Euro nicht übersteigt. Bei Streit über laufende Leistungen für mehr als ein Jahr gelten diese Grenzen nicht. In den in § 144 Abs. 2 genannten Fällen muss die Berufung zugelassen werden. An die Zulassung ist das Berufungsgericht gebunden.

Die Frist für die Einlegung der Berufung beträgt nach § 151 Abs. 1 einen Monat. Eine Frist zur Begründung der Berufung gibt es nicht; nach § 151 Abs. 3 »soll« die Berufung lediglich das angefochtene Urteil bezeichnen und einen bestimmten Antrag sowie die zur Begründung dienenden Tatsachen und Beweismittel enthalten.

Der Rechtsstreit wird in der Berufungsinstanz im gleichen Umfang wie in der ersten Instanz geprüft, wobei auch neues Vorbringen berücksichtigt wird (§157). Zulassungsbeschränkungen für neues Vorbringen in der Berufungsinstanz enthält das Gesetz nicht.

Ist die Berufung unzulässig, kann nach § 158 ihre Verwerfung als unzulässig ohne Verhandlung durch Beschluss erfolgen. Auch hier ist dagegen dasselbe Rechtsmittel gegeben, wie wenn die Entscheidung durch Urteil ergangen wäre.

- **Revision**

Gemäß § 160 Abs. 1 findet die Revision gegen das Urteil eines Landessozialgerichts zum Bundessozialgericht nur statt, wenn dieses sie im Urteil oder das Bundessozialgericht auf Beschwerde zugelassen hat. Voraussetzung dafür ist gemäß § 160 Abs. 2, dass entweder die Sache grundsätzliche Bedeutung besitzt oder wenn das Landessozialgericht mit seinem Urteil von einer Entscheidung des Bundessozialgerichts, des Gemeinsamen Senats der obersten Gerichtshöfe des Bundes oder des Bundesverfassungsgerichts abgewichen ist. An die Zulassung ist das Bundesarbeitsgericht gebunden.

Die Revision setzt nach § 162 voraus, dass der Revisionsführer vorträgt, das angefochtene Urteil beruhe auf der Verletzung einer Norm es Bundesrechts oder einer im Bezirk des Berufungsgerichts und über diesen hinaus geltenden sonstigen Rechtsnorm.

Die Frist für die Einlegung der Revision beträgt nach § 164 Abs. 1 einen Monat ab Zustellung des Urteils oder des Zulassungsbeschlusses, die Frist für die Begründung zwei Monate ab dem gleichen Zeitpunkt (§ 164 Abs. 2) Die Begründungsfrist kann durch den Vorsitzenden verlängert werden; nähere Vorschriften dazu enthält das Gesetz nicht.

Vor dem Bundessozialgericht müssen sich die Beteiligten gemäß § 166 Abs. 1 durch Prozessbevollmächtigte vertreten lassen, wobei auch der in § 166 Abs. 2 genannte Personenkreis (Mitglieder und Angestellte von Gewerkschaften und sonstigen Arbeitnehmervereinigungen mit sozial- oder berufspolitischer Zielsetzung, von Arbeitgeberverbänden, von Organisationen der Landwirte etc) als Vertreter auftreten kann, soweit eine durch Satzung oder Vollmacht geschaffene Befugnis zur Prozessvertretung vorliegt. Vom Vertretungszwang ausgenommen sind Behörden, Körperschaften und Anstalten des öffentlichen Rechts sowie private Pflegeversicherungsunternehmen

Die sog. Sprungrevision zum Bundessozialgericht kann auch gegen das Urteil eines Sozialgerichts eingelegt werden, wenn dieses sie im Urteil oder auf Antrag zugelassen hat und der Gegner schriftlich zustimmt (§ 161 Abs.1). Die Zulassung kann nach § 161 Abs. 2 nur erfolgen, wenn der Rechtsstreit den Voraussetzungen des § 160 Abs. 1 Nr. 1 oder 2 genügt.

- **Beschwerde**

Auch in der Sozialgerichtsbarkeit finden wir die Beschwerde in zwei Formen, von denen sich jedoch eine erheblich von der Beschwerde im Arbeitsgerichtsverfahren unterscheidet.

Nach § 172 ist die Beschwerde zulässig gegen Entscheidungen der Sozialgerichte mit Ausnahme der Urteile und bestimmter im Verfahren ergehender Verfügungen und Beschlüsse. Sie ist beim Sozialgericht einzulegen; wird sie an das Landessozialgericht gerichtet, ist das nach § 173 unschädlich. Die Beschwerdefrist beträgt einen Monat, die Entscheidung ergeht nach § 176 durch das Landessozialgericht im Wege des Beschlusses.

Entscheidungen des Landessozialgerichts können, von wenigen, in § 177 genannten Ausnahmen abgesehen, nicht mit der Beschwerde angegriffen werden.

Weiterhin gibt es auch hier die Nichtzulassungsbeschwerde, die nach § 145 bzw. § 160 a gegen die Nichtzulassung der Berufung oder der Revision erhoben werden kann. In beiden Fällen muss die Beschwerde innerhalb eines Monats nach Zustellung des erstinstanzlichen Urteils bzw. des Berufungsurteils beim jeweils übergeordneten Gericht eingelegt werden.

Die Beschwerde gegen die Nichtzulassung der Berufung soll nach § 145 Abs. 2 nur das angefochtene Urteil bezeichnen und die zur Begründung dienenden Tatsachen und Beweismittel enthalten; die Beschwerde zum Bundessozialgericht ist nach § 160 a Abs. 2 innerhalb von zwei Monaten nach Zustellung des Berufungsurteils zu begründen.

Literatur:

Bader, P./Friedrich, H.-W.: Arbeitsgerichtsgesetz, 4. Auflage, Neuwied, Kriftel, 2003
Schaub, G.: Arbeitsgerichtsverfahren, 7. Auflage, München, 2000
Schwerdtner, P. (Hrsg.).: Handbuch der Personalpraxis, 11. Auflage, Neuwied, Kriftel, 2002

2.3 Einkommens- und Vergütungssysteme umsetzen

2.3.1 Wirtschaftliche Grundsätze der Einkommens- und Vergütungssysteme

Erwerbswirtschaftlich geführte Unternehmen beschäftigen Menschen (und zwar unabhängig von ihrem Zweck, ihrer Rechtsform und dem sie umgebenden Wirtschaftssystem) nicht um ihrer selbst willen. Ziel dieser Unternehmen ist vielmehr, über die Produktion von Gütern oder die Bereitstellung von Dienstleistungen – zumindest langfristig – **Gewinne** zu erzielen. Sowohl die Produktion von Gütern als auch die Bereitstellung von Dienstleistungen erfordert den Einsatz bestimmter **Produktionsfaktoren:**

- Kapital,
- Sachmittel (Maschinen, Stoffe und Teile) und
- Menschen als Träger einer Arbeitsleistung.

Gewinne sind langfristig aber nur dann zu erzielen, wenn die Erlöse des Unternehmens seine Kosten übersteigen. Erwerbswirtschaftlich geführte Unternehmen arbeiten daher nach dem **ökonomischen Prinzip:**

- bei gegebenem Aufwand einen möglichst großen Ertrag zu erzielen (**Maximalprinzip**) oder
- einen angestrebten Ertrag mit den geringstmöglichen Mitteln zu erreichen (**Minimalprinzip**).

Jeder dieser Produktionsfaktoren hat seinen Preis: Das eingesetzte Kapital als Eigen- oder Fremdkapital muss verzinst werden (**Kapitalkosten**), Maschinen, Einrichtungen und Materialien müssen eingekauft werden (**Sachkosten**) und die beschäftigten Menschen erwarten für das Zur-Verfügung-Stellen ihrer Arbeitskraft eine bestimmte Gegenleistung: **Lohn und Gehalt** mit den dazugehörigen Zusatzleistungen.

Lohn und Gehalt mit seinen vielfältigen Ausprägungen und seiner Begriffsvielfalt als Vergütung, Bezüge, Entgelt, Festgehalt, Bonus, Tantieme oder als bestimmte Sozialleistung (Weihnachtsgeld, Urlaubsgeld, Fahrtkostenzuschuss) wird ein Unternehmen nur dann in einer bestimmten Größenordnung bezahlen, wenn es der Auffassung ist, dass diese Kosten niedriger sind als der Erlös, welchen es mit diesem Personaleinsatz erzielen kann (oder zumindest erzielen zu können glaubt). Das Unternehmen wird sich daher auch bei dem Produktionsfaktor Arbeit oder Mensch am ökonomischen Prinzip orientieren.

Personalkosten umfassen dabei als **Personal*basis*kosten** das »Entgelt für geleistete Arbeit«, als **Personal*zusatz*kosten** auch Zahlungen für »nicht-geleistete Arbeit« – konkret für Urlaub, Feiertage und Krankheit sowie die Sozialversicherungsbeiträge des Arbeitgebers. Die *Personalzusatzkosten* haben in der Bundesrepublik Deutschland zwischenzeitlich eine ähnliche Größenordnung erreicht wie das Entgelt für geleistete Arbeit selbst.

Es hieße allerdings die Realität negieren, wenn man unterstellen würde, dass das ökonomische Prinzip alleiniger Bestimmungsfaktor für die Lohn- und Gehaltsstruktur sowie die Lohn- und Gehaltshöhe eines Unternehmens wäre. Welchen Preis ein Unternehmen für seine Produkte oder seine Dienstleistungen erzielt, bestimmt der **Markt**. Der erzielte Preis kann, muss aber nicht über den eingesetzten Kosten liegen: Qualität, Konjunkturlage und Wettbewerber sind dabei nur Beispiele für interne und externe Einflussfaktoren. Im Gegensatz zu solchen marktbedingten Preis- und damit Erlösschwankungen sind die Kosten für die Arbeitsleistung nur bedingt flexibel. Gesetze, Tarife und Arbeitsverträge führen dazu, dass die betrieblichen Personalkosten weitgehend fix sind und darüber hinaus auch der Produktionsfaktor Arbeit nicht rasch durch andere Produktionsfaktoren (z. B. den Einsatz zusätzlicher Maschinen im Zuge einer »Rationalisierung«) ersetzt werden kann.

Wie kann nun der wirtschaftliche Beitrag des »Personals« überhaupt gemessen werden?

Was der Mensch in sein Arbeitsverhältnis zunächst einbringt, ist seine **Leistungsfähigkeit.** Die Erfüllung von Tätigkeitsanforderungen ist an die Ausübung und Anwendung von fachlichem Können, Fähigkeiten und Fertigkeiten sowie von Fachwissen gebunden. Den Grad der tatsächlichen Ausschöpfung einer gegebenen Leistungsfähigkeit bestimmt die **Leistungsbereitschaft**. Auch wenn letzten Endes jeder Mensch eine individuelle Bedürfnisskala besitzt, bleibt als unbestrittene Tatsache, dass die individuelle Leistung vor allem durch das Ausmaß der individuellen Arbeitszufriedenheit beeinflusst wird, die wiederum durch die sich aus der Arbeitsaufgabe ergebenden **Leistungsanreize** determiniert wird. Der Mensch ist dann zur Aktivierung seiner Leistungskräfte bereit, wenn er entweder für seinen **Ressourceneinsatz** (»inputorientierte Arbeitsleistung«) und/oder für sein **Arbeitsergebnis** (»outputorientierte Arbeitsleistung«) entsprechende Gegenleistungen in Form von Anreizen erhält. Anreize aktivieren Motive und ergeben in ihrer Summe die individuelle Motivation. Das Bündel der durch Anreize in einem Arbeitsverhältnis aktivierten Motive bildet damit die **Arbeitsmotivation.** Das Verhalten der Mitarbeiter folgt damit – wie bei den Unternehmen auch – im Grunde dem ökonomischen Prinzip.

Messgrößen für den individuellen Leistungsbeitrag bilden die **Arbeitsbewertung** und die **Leistungsbewertung.** Mit der Arbeitsbewertung sollen die einzelnen Tätigkeiten innerhalb eines Unternehmens vergleichbar gemacht werden, um damit eine relative Ordnung dieser Tätigkeiten im Hinblick auf deren Anforderungen zu erreichen. Eine solche Ordnung ist dabei Mittel zum Zweck: als Bestandteil einer Entgeltdifferenzierung und damit als Beitrag zur betrieblichen Lohngerechtigkeit. Mit der Leistungsbewertung dagegen wird ein Leistung*sergebnis* im Vergleich mit einer Leistungserwartung – als **Leistungserfolg** – honoriert.

Während sich die Arbeitsbewertung und die Leistungsbewertung konkret auf den einzelnen Mitarbeiter bezieht, um dessen individuellen Leistungsbeitrag zu bewerten, bildet die **Arbeitsproduktivität** als Produktion je Beschäftigten oder als Produktion je Arbeitsstunde eine wichtige Kennzahl zur Messung der (durchschnittlichen) betrieblichen Leistungsfähigkeit. Positive Veränderungen dieser Arbeitsproduktivität haben ihre Ursachen entweder in einer wachsenden Leistungsintensität des Produktionsfaktors Arbeit, in einem zweckmäßigeren Kapitaleinsatz oder in technischen und/oder organisatorischen Verbesserungen des Betriebsablaufs (Rationalisierung!).

2.3.2 Betriebliche Wertschöpfung

Erwerbswirtschaftlich arbeitende Unternehmen (aber nicht nur diese) lassen sich als Koalitionen beschreiben, in denen Menschen zusammenwirken, um über die gemeinsame **Schaffung marktfähiger Leistungen** relative Vorteile gegenüber dem Handeln als Einzelperson realisieren zu können. Als Kompensation für ihre Beiträge (als Kapitalgeber oder als Mitarbeiter) erwarten sie, dass sie angemessen an dem entstandenen Mehrprodukt partizipieren. Die durch diese Kombination von Kapital und Arbeit erwirtschaftete Größe, von welcher die Vorleistungen anderer Unternehmen (Lieferanten) abgezogen wird, bildet die betriebliche Wertschöpfung. Mit anderen Worten: Wertschöpfung bildet die Differenz von Unternehmensleistung und von Dritten bereits vorher erbrachten Leistungen.

Wertschöpfung entsteht damit durch einen effizienten Einsatz der verschiedenen Produktionsfaktoren:

- Fundamente der Wertschöpfung: die richtigen Dinge tun = **Effektivität**.
- Gestaltung der Wertschöpfung: die Dinge richtig tun = **Effizienz**.

Der Beitrag der einzelnen Produktionsfaktoren zur betrieblichen Wertschöpfung entsteht nicht pauschal, sondern in einzelnen **Wertschöpfungsstufen.** Sie bilden zusammen eine **Wertschöpfungskette** (Leistungskette), womit das Zusammenwirken strategisch wichtiger Tätigkeiten eines Unternehmens bezeichnet wird. Diese umfassen in der Regel die Funktionsbereiche Produktion, Logistik, Vertrieb und Kundenservice sowie die Querschnittsfunktionen Forschung und Entwicklung, Beschaffung, Personal und Organisation. Ziel dabei ist unternehmensintern die Optimierung der einzelnen Prozesse und unternehmensextern die Verbesserung der Stellung des Unternehmens im Wettbewerb.

2.3.3 Wertschöpfungsberechnung in einem Unternehmen

Die Wertschöpfung als Differenz von Unternehmensleistung und von Dritten bezogenen Vorleistungen kann unter zwei unterschiedlichen Fragestellungen betrachtet werden: Einerseits interessiert die Frage, wie diese entstanden ist (**Wertschöpfungs-Entstehungsrechnung**), andererseits *wem* diese mit welchem Anteil zugute kommen soll (**Wertschöpfungs-Verteilungsrechnung**).

2.3.3.1 Wertschöpfungs-Entstehungsrechnung

Einheitliche Ermittlungsmethoden bzw. Berechnungsschemata für die Wertschöpfungsrechnung im Unternehmen gibt es nicht. Vielfach orientieren sich solche Rechnungen jedoch an der **handelsrechtlichen Gewinn- und Verlustsrechnung**. Schematisiert kann eine solche Wertschöpfungs-Entstehungsrechnung wie folgt dargestellt werden:

Umsatzerlöse
+/– Bestandsveränderungen und aktivierte Eigenleistungen

= **Gesamtleistung** (Bruttoproduktionswert)
– Vorleistungen
– Sonstige betriebliche Aufwendungen

= **Bruttowertschöpfung**
– Abschreibungen
– Steuern

= **Nettowertschöpfung (Personalkosten, Zinsen, Gewinn)**

Gesamtleistung und Vorleistungen

Die verschiedenen in der Wertschöpfung verwendeten Begriffe bedürfen einer Erläuterung; sie sollen daher im Folgenden definiert und präzisiert werden.

- **Umsatzerlöse:** Die Umsatzerlöse bilden den in Euro ausgedrückten Wert der Verkäufe eines Produktionsunternehmens (z. B. Kraftfahrzeuge oder CD-Player) bzw. der Dienstleistungen eines Dienstleistungsunternehmens (z. B. Deutsche Bahn AG oder Software-Systeme).
- **Bestandsveränderungen und aktivierte Eigenleistungen:** Hierzu gehören die Veränderungen des Bestands an fertigen oder unfertigen Erzeugnissen (Grundstoffe

wie Kupfer oder Stahl und Halbfertigerzeugnisse) sowie an unfertigen Leistungen (Neuentwicklung eines Produkts).

- **Vorleistungen:** Vorleistungen umfassen einerseits die Aufwendungen für eingekaufte Roh-, Hilfs- und Betriebsstoffe (»Material«) sowie in Anspruch genommene Dienstleistungen (wie Transporte oder Versicherungen).
- **Sonstige betriebliche Aufwendungen:** Zu den sonstigen betrieblichen Aufwendungen zählen insbesondere die Kosten für Garantieverpflichtungen, Verwaltung und Vertrieb, Werbung, Beratung, Instandhaltung, Versicherungen und Mieten.
- **Abschreibungen:** Unter Abschreibungen sind die Wertminderungen der betrieblichen Vermögensgegenstände zu verstehen, die durch Abnutzung, technischen Fortschritt, fallende Preise oder sonstige Wertminderungen bedingt sind. Beim Anlagevermögen werden die Anschaffungs- oder Herstellungskosten entsprechend der voraussichtlichen Nutzungsdauer auf die einzelnen Geschäftsjahre verteilt. In der Gewinn- und Verlustrechnung erscheinen diese Abschreibungen als Aufwand (Betriebsausgaben), wodurch eine Gewinnminderung eintritt.
- **Steuern:** Steuern umfassen einerseits die sog. Kostensteuern, die wie z. B. die Mehrwertsteuer in die Kalkulation eingehen und sich damit auf den Preis der verkauften Güter und Dienstleistungen auswirken, andererseits Einkommens- und Ertragssteuern.
- **Personalkosten:** Personalkosten sind alle im Zusammenhang mit der Beschäftigung von Mitarbeitern anfallenden Kosten für Löhne und Gehälter, für gesetzliche und freiwillige Sozialleistungen sowie sonstige Personalnebenkosten. Unter dem Aspekt »Entgelt für geleistete Arbeit« lassen sich die Personalkosten in Personalbasiskosten und Personalzusatzkosten unterteilen. Während den Personalbasiskosten die Löhne und Gehälter für die tatsächlich geleistete Arbeit (Anwesenheit) zugerechnet werden, umfassen die Personalzusatzkosten, die bezahlten Ausfallzeiten wie Urlaub, Feiertage und Krankheit, die Sozialversicherungsbeiträge (Arbeitgeberanteile), Weihnachtsgeld und Erfolgsprämien, betriebliche Altersversorgung, Aus- und Weiterbildung sowie die sozialen Dienste.
- **Zinsen:** Zinsen können sowohl Aufwendungen für Eigen- oder Fremdkapital sein als auch »Zinserträge« aus Kapitalanlagen.
- **Gewinn:** Den Gewinn bildet als positive »Restgröße« den Überschuss der Erlöse gegenüber den Kosten. Er fließt als Anreiz für die Überlassung von Kapital und die Übernahme der Haftungsfunktion den Eigenkapitalgebern zu. Als »Restgröße« kann er auch negativ sein und die Form eines Verlustes annehmen; indiesem Falle reduziert sich die Nettowertschöpfung um die Größe des Verlustes.

2.3.3.2 Wertschöpfungs-Verteilungsrechnung

Im Hinblick auf die Komplexität des Themas empfiehlt es sich, die Betrachtung von Verteilungsrechnungen auf den Begriff der **Nettowertschöpfung** zu beschränken. Hierbei ist die Frage wesentlich, welche Anteile an der Nettowertschöpfung:

- dem Faktor Arbeit (als Lohn, Gehalt und Sozialleistungen),
- dem Faktor Kapital (als Zinsen für Eigen- und Fremdkapital) und
- dem sog. dispositiven Faktor Unternehmer (als Unternehmerlohn und Gewinn) zufließen sollen.

Bringt man die Fremdkapitalzinsen sowie die Steuern bei der Nettowertschöpfung in Abzug, so konzentriert sich die Verteilungsfrage als **Verteilungskonflikt** auf die Gruppen der **Mitarbeiter** und **Kapitaleigner**.

Ein **Verteilungskonflikt** entsteht daraus, dass die Einkommen der Mitarbeiter in der Regel nicht deren aktuell erwirtschafteter Wertschöpfung entsprechen, sondern durch Kollektiv- (Tarifverträge) und Individualverträge (Arbeitsverträge) längerfristig vereinbart werden. Die absolute Höhe der Vergütung und die Vergütungsstruktur sind in der Regel das Ergebnis meist konfliktträchtiger Verteilungsprozesse, die auf verschiedenen unternehmensexternen und -internen Ebenen ablaufen und sich zu unterschiedlichen Zeitpunkten und Anlässen wiederholen (Tarifverhandlungen, Betriebsvereinbarungen, Einzelarbeitsverträge).

Entscheidende Bedeutung für die Festlegung der **absoluten Höhe der Vergütung** und auch der **Vergütungsstrukturen** kommt der Ebene der Tarifverhandlungen zu. Die Tarifvertragspartner (Gewerkschaften und Arbeitgeberverbände bzw. Unternehmensleitungen bei Haustarifen) handeln dabei nicht nur die Höhe bzw. Erhöhung des sog. tariflichen Ecklohns aus, sondern regeln in den Manteltarifverträgen auch Aspekte der betrieblichen Vergütungsstruktur, wie z. B. die Bildung von Lohn- und Gehaltsgruppen, die Anwendung der Verfahren der Arbeitsbewertung und der Leistungsbeurteilung. Soweit Tarifverträge keine solchen Vereinbarungen enthalten, können Regelungen auf der Ebene der Betriebsvereinbarungen, also über Verhandlungen zwischen der Unternehmensleitung und dem Betriebsrat getroffen werden. Der Betriebsrat hat nach § 87 Abs. 1 BetrVG in Fragen der betrieblichen Lohngestaltung und der Festlegung leistungsbezogener Entgelte ein volles Mitbestimmungsrecht. Entgeltrelevante Betriebsvereinbarungen können darüber hinaus auch über Maßnahmen der Förderung der Vermögensbildung und der betrieblichen Altersversorgung abgeschlossen werden.

Individualvereinbarungen zwischen Mitarbeitern und der Unternehmensleitung kommen zum einen für solche Mitarbeiter in Betracht, die nicht von Tarifverträgen und Betriebsvereinbarungen erfasst werden (außertarifliche Angestellte und leitende Angestellte), zum andern zur Vereinbarung übertariflicher Vergütungen, wenn die geltenden Tarifverträge hierfür einen Spielraum lassen. Ein wesentlicher Teil der Wertschöpfungsquote der Mitarbeiter ist der **Verteilungskompetenz der Tarifpartner** allerdings auch durch gesetzliche Vorschriften, insbesondere zur Sozialgesetzgebung, entzogen.

Unabhängig von allen gesetzlichen und tariflichen Einwirkungen und Beschränkungen stellt sich jedoch die Frage, wie groß der Beitrag der einzelnen **Wertschöpfungsfaktoren** tatsächlich ist. Die Informationen darüber sind sehr mangelhaft, geltende Regelungen und Normen sind nur lückenhaft. Als eine »gerechte« Verteilungsnorm gilt das **Leistungsprinzip**. Diesem Leistungsprinzip wird in den betrieblichen Entgelt- und Vergütungssystemen versucht, Rechnung zu tragen durch die Aspekte der:

- Leistungsgerechtigkeit,
- Anforderungsgerechtigkeit und
- Verhaltensgerechtigkeit.

Hieraus lassen sich als **Eckpfeiler für ein leistungsorientiertes Vergütungssystem** die folgenden Grundsätze ableiten:

- **These 1: Ein Vergütungssystem muss von den Mitarbeitern als gerecht empfunden werden.** Eine absolute Gerechtigkeit bei der Vergütung gibt es nicht. Auch messbare Leistungs- oder Erfolgskriterien unterliegen der subjektiven Bewertung. Eine objektivierte Bewertung ist jedoch besser als eine subjektive und besser als gar keine.
- **These 2: Ein Vergütungssystem muss die eintretenden technischen und technologischen Veränderungen innerhalb eines Unternehmens berücksichtigen.** Dabei werden auch einheitliche Vergütungssysteme für Arbeiter und Angestellte zwingend. Die Tendenz zu immer vielfältigeren Aufgaben, die zudem einem rascheren zeitlichen Wandel unterliegen, erfordert neue Technologien sowohl im Produktions- als auch im

Verwaltungsbereich. Die Datenverarbeitung verändert darüber hinaus Produktion und Qualitätswesen, Logistik, Rechnungswesen und die allgemeine Verwaltung.

- **These 3: Ein Vergütungssystem kann nicht alle individuellen Bedürfnisse der Mitarbeiter berücksichtigen.** Die Größe und Bedeutung des Aufgabengebiets, die Frage der Selbstständigkeit und Verantwortung als Können sowie die individuelle Leistung als Wollen müssen in der individuellen Vergütung zum Ausdruck kommen. Grundbedürfnisse wie Nahrung, Kleidung oder Wohnung, Sicherheits- und Schutzbedürfnisse, soziale Bedürfnisse oder auch Ich-bezogene Bedürfnisse wie das Streben nach Selbstverwirklichung können sich dagegen in der Vergütung nur mittelbar niederschlagen.
- **These 4: Ein Vergütungssystem muss flexibel gehandhabt werden können.** Personalkosten dürfen so wenig wie möglich Fixkostencharakter haben. Dieses Ziel ist vor dem Hintergrund der weitgehend starren tariflichen Vergütungsregelungen nur erreichbar, wenn ein Vergütungssystem möglichst viele variable Einkommensbestandteile enthält.
- **These 5: Ein Vergütungssystem muss Anreiz und Belohnung ermöglichen.** Der Vergütung als Anreiz liegt eine zukunftsorientierte Betrachtung zugrunde. Zielvereinbarungen machen nur dann Sinn, wenn die vereinbarten Ziele realistisch und erreichbar sind und der Zielerreichungsgrad vom Mitarbeiter selbst und seiner individuellen Leistung beeinflussbar ist. Die Vergütung als Belohnung hat vergangenheitsbezogenen Charakter. Ihr muss ein Soll-Ist-Vergleich der in der Vorperiode vereinbarten Ziele mit den tatsächlich erreichten zugrunde liegen. Der Zielerreichungsgrad muss möglichst objektiv festgestellt und begründet werden können – andernfalls wird die »Belohnung« als nicht angemessen empfunden und wirkt dadurch eher demotivierend.
- **These 6: Ein Vergütungssystem muss anforderungs- und leistungsorientiert sein.** Maßstab für die Bewertung der Anforderungen eines Arbeitsplatzes muss der Schwierigkeitsgrad der Arbeit sein – gemessen an den Kenntnissen und Fähigkeiten, die durch Ausbildung und Erfahrung erworben wurden. Maßstab für die Bewertung der individuellen Leistung wiederum ist der Soll-Ist-Vergleich der Ziele und des Zielerreichungsgrads.
- **These 7: Ein Vergütungssystem darf die Arbeitsmarktorientierung nicht vernachlässigen.** Anreiz und Belohnung sowie Kosten und Ertrag sind die primären Aspekte, welche ein Unternehmen bei seiner Vergütungspolitik berücksichtigen muss. Nachdem ein Unternehmen jedoch in aller Regel mit anderen Unternehmen um Arbeitskräfte konkurriert, darf das betriebliche Vergütungsniveau auch die Gegebenheiten des Arbeitsmarktes nicht außer Acht lassen.
- **These 8: Ein Vergütungssystembedarf bedarf einer Systematik und inneren Stimmigkeit.** Ein Vergütungssystem kann nicht jedem einzelnen Arbeitsplatz und jedem einzelnen Mitarbeiter in seiner Individualität Rechnung tragen. Das Vergütungssystem muss sich daher auf eine praktikable Zahl von Vergütungsgruppen beschränken, die sowohl in ihrem Inhalt als auch in ihrer Relation zueinander »stimmig« sein müssen.

2.3.4 Rechtliche Grundlagen der Einkommens- und Vergütungssysteme

Vergütung als Gegenleistung des Arbeitgebers für die von den Mitarbeitern zur Verfügung gestellte Arbeitskraft unterliegt zahlreichen und vielfältigen rechtlichen Regelungen auf verschiedenen Regelungsebenen. Die **Gestaltungsfreiheit des einzelnen Arbeitgebers** ist daher in diesem Bereich sehr stark eingeschränkt.

Die oberste Regelungsebene bildet das Grundgesetz sowie die Länderverfassungen, die unterste der Einzelarbeitsvertrag. Je niedriger die Regelungsebene, desto konkreter werden die Regelungsinhalte.

2.3.4.1 Grundgesetz und Länderverfassungen

Das Grundgesetz für die Bundesrepublik Deutschland regelt in Artikel 3 als einem von vier unbeschränkbaren Grundrechten, dass:

- alle Menschen vor dem Gesetz gleich sind,
- Männer und Frauen gleichberechtigt sind und
- niemand wegen seines Geschlechts, seiner Abstammung, seiner Rasse, seiner Sprache, seiner Heimat und Herkunft, seines Glaubens, seiner religiösen oder politischen Anschauungen benachteiligt oder bevorzugt werden darf.

Die Verfassungen der einzelnen Bundesländer haben diese Grundrechte übernommen, wie der folgende Artikel 2 (1) der baden-württembergischen Verfassung zeigt: »Die im Grundgesetz für die Bundesrepublik Deutschland festgelegten Grundrechte und staatsbürgerlichen Rechte sind Bestandteil dieser Verfassung und unmittelbar geltendes Recht.«

Damit gilt auch für die Einkommens- und Vergütungspolitik zwangsläufig der **Gleichbehandlungsgrundsatz.** Dieser besagt konkret, dass gleiche Leistung auch gleich bezahlt bzw. vergütet werden muss. Die Praxis ist davon allerdings noch weit entfernt, vor allem, wenn es um die gleiche Bezahlung von Mann und Frau geht.

Eine aktuelle Ergänzung zum Thema Gleichbehandlung wird voraussichtlich noch im Jahre 2006 vom Deutschen Bundestag verabschiedet: Das »Gesetz zum Schutz vor Diskriminierung« (Antidiskriminierungsgesetz –ADG). Da der Grundrechtsschutz des Grundgesetzes nach Ansicht des Gesetzgebers primär nur staatliches Handeln erfasst, soll dieses Antidiskriminierungsgesetz sicherstellen, dass das Diskriminierungsverbot auch unmittelbar ins Zivilrecht sowie in das kollektive und individuelle Arbeitsrecht eingeht.

Vor dem Hintergrund europäischer Richtlinien verbietet das neue Gesetz Diskriminierungen aufgrund der Rasse, der ethnischen Herkunft, des Geschlechts, der Religion oder Weltanschauung, einer Behinderung, des Alters oder der sexuellen Identität u. a. bei der Einstellung in ein Arbeitsverhältnis, bei der Ausgestaltung der Bedingungen des Arbeitsverhältnisses (Arbeitsentgelt, Beförderung oder Entlassung) sowie bei der Berufsaus- und Fortbildung. Alle Vereinbarungen, die gegen Diskriminierungsverbote verstoßen, sind damit automatisch unwirksam.

Eine Besonderheit des ADG liegt darin, dass es gegenüber der bisherigen Rechtssituation eine sog. Beweislastverschiebung vornimmt: wird seitens eines Bewerbers oder Mitarbeiters argumentiert, dass der Arbeitgeber diesen diskriminiert hat, trägt der Arbeitgeber die Beweislast dafür, dass eine solche Diskriminierung nicht stattgefunden hat.

2.3.4.2 Gesetze

Arbeitsverträge sind rechtlich gesehen Dienstverträge. § 611 Abs. 1 BGB bestimmt, dass »... derjenige, welcher Dienste zusagt, zur Leistung der versprochenen Dienste, der andere Teil zur Gewährung der vereinbarten Leistung verpflichtet« ist. Konkret bedeutet dies für ein Arbeitsverhältnis: Der Arbeitnehmer ist zu einer Arbeitsleistung, der Arbeitgeber zur **Zahlung einer Vergütung verpflichtet**. Für eine solche Vergütung gilt gemäß § 612 Abs. 3 BGB, dass »... für gleiche oder für gleichwertige Arbeit nicht wegen des Geschlechts des Arbeitnehmers eine geringere Vergütung vereinbart werden darf als bei einem Arbeitnehmer des anderen Geschlechts.« Damit ist auch im BGB der Gleichbehandlungsgrundsatz angesprochen (ebenso wie in Artikel 119 des EG-Vertrags).

Von besonderer Bedeutung für die Gestaltung von Einkommens- und Vergütungssystemen sind die Vorschriften des Betriebsverfassungsgesetzes (BetrVG). Das BetrVG gilt in der Bundesrepublik Deutschland für alle Betriebe mit in der Regel mindestens fünf ständigen wahlberechtigten Arbeitnehmern – vorausgesetzt, es handelt sich bei dem sog. Rechtsträger um eine natürliche oder eine juristische Person des Privatrechts. (Für den öffentlichen Dienst dagegen gilt das **Bundespersonalvertretungsgesetz** sowie die Personalvertretungsgesetze der Länder.)

Im Rahmen des § 87 Abs. 1 BetrVG hat der Betriebsrat in **sozialen Angelegenheiten ein Mitbestimmungsrecht**. Zu diesen sozialen Angelegenheiten zählen u. a.:

- Fragen der betrieblichen Lohngestaltung, insbesondere die Aufstellung von Entlohnungsgrundsätzen und die Einführung und Anwendung von neuen Entlohnungsmethoden sowie deren Änderung (Ziffer 10) sowie
- die Festsetzung der Akkord- und Prämiensätze und vergleichbarer leistungsbezogener Entgelte, einschließlich der Geldfaktoren (Ziffer 11).

Mitbestimmungsrecht bedeutet, dass eine ohne Zustimmung des Betriebsrats erfolgte Regelung ungültig ist.

Sofern ein Unternehmen allgemeine Beurteilungsgrundsätze aufstellen will, welche auch als Grundlage für eine Leistungsprämie oder -zulage verwendet werden können, hat der Betriebsrat auch hierbei ein Mitbestimmungsrecht (§ 94 Abs. 2 BetrVG).

2.3.4.3 Tarifverträge

Tarifverträge regeln nach dem Tarifvertragsgesetz (TVG) die Rechte und Pflichten der Tarifvertragsparteien. Sie enthalten **Rechtsnormen zum Inhalt, zum Abschluss und zur Beendigung von Arbeitsverträgen** sowie zu betrieblichen und betriebsverfassungsrechtlichen Fragen. Tarifvertragsparteien sind die Gewerkschaften, einzelne Arbeitgeber oder Vereinigungen von Arbeitgebern (»Arbeitgeberverbände«). Zwischen den Tarifvertragsparteien abgeschlossene Tarifverträge gelten nur für Gewerkschaftsmitglieder – es sei denn, dass im Einzelarbeitsvertrag von Nicht-Gewerkschaftsmitgliedern auf diese Tarifverträge Bezug genommen wird.

Tarifverträge haben in der Bundesrepublik Deutschland im internationalen Vergleich eine unverhältnismäßig hohe Bedeutung. Nach einer Erhebung des Bundesministeriums für Arbeits- und Sozialordnung gab es am 31. Dezember 2003 nicht weniger als 59636 gültige Verbands- und Firmentarifverträge. Hierin enthalten sind 7584 Vergütungstarifverträge, welche die Höhe der Löhne, Gehälter, Entgelte und Ausbildungsvergütungen regeln.

2.3.4.4 Betriebsvereinbarungen

Betriebsvereinbarungen fallen ebenso wie Tarifverträge unter den Oberbegriff von **Kollektivvereinbarungen**. Als Regelungsformen des kollektiven Arbeitsrechts ist ihnen gemeinsam, dass sie normativ auf individuelle Arbeitsverhältnisse einwirken und insofern Gesetzescharakter haben. Betriebsvereinbarungen werden auf betrieblicher Ebene zwischen Arbeitgeber und Betriebsrat (je nach Regelungsbereich mit dem Konzern-, Gesamt- oder Einzelbetriebsrat) abgeschlossen. Sie gelten, im Gegensatz zu den Tarifverträgen, für alle Mitarbeiter oder Mitarbeitergruppen eines Unternehmens – unabhängig davon, ob ein Mitarbeiter Gewerkschaftsmitglied ist oder nicht.

Dr. Kurt Femppel

In Betriebsvereinbarungen geregelt werden u. a. Fragen der Arbeitszeit, der Betriebsordnung, von Disziplinarmaßnahmen, zur Kantine, zur betrieblichen Altersversorgung oder zur Altersteilzeit. Am häufigsten in der Praxis zu finden sind jedoch Betriebsvereinbarungen zur Vergütung in ihren vielfältigen Formen.

2.3.4.5 Einzelarbeitsverträge

Beim Arbeitsvertrag handelt es sich formal gesehen um einen privatrechtlichen Vertrag zwischen einem Arbeitgeber und einem Arbeitnehmer, in dem sich der Arbeitnehmer **zur Leistung von Arbeit** und der Arbeitgeber **zur Beschäftigung und Zahlung einer Vergütung** verpflichten. Gekennzeichnet ist der Arbeitsvertrag durch eine persönliche **Abhängigkeit des Arbeitnehmers**.

Für die Form und den Inhalt eines Arbeitsvertrags gilt die im BGB (§ 305) verankerte Gestaltungsfreiheit nur theoretisch. Arbeitsrechtsgesetze, insbesondere aber Tarifverträge und Betriebsvereinbarungen lassen individuelle Abweichungen nur zu, wenn sie zum Vorteil des Arbeitnehmers sind. Probezeit, Lage und Dauer der Arbeitszeit, Überzeit, Vergütung bei Arbeitsverhinderung (Krankheit); Urlaub, Kündigungsbestimmungen sind vielfach tariflich geregelt und werden auch bei Nicht-Gewerkschaftsmitgliedern ausdrücklich in deren Arbeitsvertrag aufgenommen, da eine betriebliche Ungleichbehandlung weder langfristig durchzuhalten noch motivationsfördernd ist.

Eine weitergehende individuelle Gestaltungsfreiheit von Arbeitsverträgen ist den Unternehmen nur möglich, wenn ein Mitarbeiter:

- nicht mehr unter den persönlichen Geltungsbereich eines Tarifvertrags fällt (z. B. Führungskräfte als AT- oder Außertarifliche Mitarbeiter) oder
- als Leitender Angestellter im Sinne des BetrVG nicht dem Mitbestimmungsrecht des Betriebsrats unterliegt.

2.3.4.6 Einseitige unternehmerische Festlegungen

Über gesetzliche, tarifliche oder einzelvertraglich zugesagte Regelungen und Leistungen hinaus steht es einem Arbeitgeber frei, seinen Mitarbeitern freiwillige Leistungen (z. B. eine Erfolgsbeteiligung) zu gewähren. Zu beachten ist hierbei, dass die Rechtsprechung zwei wesentliche Kriterien entwickelt hat:

- einerseits den Gleichbehandlungsgrundsatz, nach dem bestimmte Leistungen nicht willkürlich einzelnen Mitarbeitern gewährt oder nicht gewährt werden können, wenn vergleichbare Voraussetzungen gegeben sind,
- andererseits die betriebliche Übung, nach der auch bei freiwilligen Leistungen (z. B. bei einem Bonus oder einer jährlichen Sonderzahlung) ein Rechtsanspruch entsteht, wenn diese Leistungen wiederholt gewährt werden.

2.3.5 Prinzipien der Entgeltfestsetzung

Die zu zahlende Vergütung stellt nach wie vor die **Hauptpflicht des Arbeitgebers** aus dem Arbeitsvertrag dar (s. hierzu auch Abschnitt 2.1.2.1). Aufgrund ihrer vielfältigen Auswirkungen auf die Mitarbeiter und das Unternehmen steht sie im Mittelpunkt des personalwirtschaftlichen Interesses. Von zentraler Bedeutung für das Unternehmen sind die Auswirkungen der verschiedenen Vergütungsformen auf die Mitarbeiter-Motivation sowie die Personalkosten. Von zentraler Bedeutung für die Mitarbeiter sind die Entgelte als im Allgemeinen wichtigste, wenn nicht sogar einzige Einkommensquelle.

Im Laufe der Zeit hat sich mit den fortschreitenden Veränderungen in Unternehmen und Gesellschaft und den neuen Anforderungen an die Vergütung sowie den im Rahmen der Vergütung verfolgten Ziele und eingesetzten Instrumente der Begriff der **Vergütungspolitik** herausgebildet.

Der Begriff Vergütungspolitik umfasst grundsätzlich alle strategischen, taktischen und operativen Ausrichtungen und die damit verbundenen Entscheidungen eines Unternehmens, welche die wie auch immer geartete Vergütung der Mitarbeiter betreffen. Neben der Vergütungshöhe des einzelnen Mitarbeiters bilden auch die generelle Auswahl der Vergütungskomponenten und Entgeltformen, deren Ausgestaltung, aber auch die Bestimmung der im Rahmen der Vergütungsgestaltung verfolgten Ziele elementare Bestandteile der Vergütungspolitik.

Zunächst sind im Rahmen der **strategischen Entscheidungen** die generellen Ziele der Vergütungspolitik zu bestimmen. Vergütungspolitik ist niemals Selbstzweck; sie soll vielmehr einen Beitrag zum Erreichen der Unternehmensziele leisten. Ansatzpunkte für die Vergütungspolitik ergeben sich dabei aus Fragestellungen wie: Verbesserung der qualitativen oder quantitativen Einzelleistung? Belohnung von Einzel- oder Gruppenleistung? Erhöhung der Attraktivität des Unternehmens auf regionalen, nationalen oder internationalen Arbeitsmärkten? Gewinnung von jungen, kreativen und risikobereiten oder eher von erfahrenen, auf Sicherheit bedachten Mitarbeitern?

Im Rahmen der **taktischen Entscheidungen** sind anschließend die für die Erreichung der angestrebten Ziele geeigneten Komponenten im Vergütungssystem auszuwählen und zu gestalten: Verhältnis zwischen fixer und variabler Vergütung? Bemessungsgrundlagen und Bezugsgrößen für die Bestimmung der Entgelthöhe? Zeitlohn, Prämienlohn oder Akkordlohn als Entgeltform? Die einzelnen Elemente der Vergütungspolitik sind der folgenden Übersicht zu entnehmen.

Zeitpunkt	Höhe	Auszahlung[1]	Ausgestaltung
Long-Term-Incentives[1]	Variabel	Einmalig	**Stock-Options** **Deferred-Income** **Deferred-Compensation**
	Variabel		**Long-Term-Cash-Bonus**
		Laufend	**Betriebliche Altersvorsorge**
Aktuelle Vergütung »Wohlfühl-Faktoren« (Emotional-Rewards)	Variabel	Einmalig/ Laufend	**Unternehmenskultur** **Arbeitsplatzgestaltung** **»Gemeinschaftserlebnisse«**
Aktuelle Vergütung »Geldwerte Vorteile«	Variabel	Einmalig/ Laufend	**Betriebskasino** **Gesundheitsvorsorge** **Versicherungsprämien** **Deputate** **Geschäftswagen**

1 Laufend bedeutet dabei in der Regel *monatlich*, einmalig dagegen *jährlich*

Zeitpunkt	Höhe	Auszahlung[1]	Ausgestaltung
Aktuelle Vergütung **Monetäre Leistungen**	Variabel	Einmalig	**Erfolgsprämie** **Bonus** **Tantieme**
	Fix	Einmalig	**Leistungsprämie** **13. Gehalt** (tariflich) **Weihnachtsgeld** (tariflich)
	Variabel	Laufend	**Zusätzl. Urlaubsvergütung** (tariflich) **Umsatz-, Abschluss-Provisionen**
	Fix	Laufend	**Monatsgehalt/-lohn:** Freiwillige Zulagen Leistungszulagen Tarifgehalt, -lohn

Abb. 1: Elemente der Vergütungspolitik

Im letzten Schritt ist im Rahmen der **operativen Entscheidungen** die individuelle Höhe der Vergütung der einzelnen Mitarbeiter entsprechend der vorher aufgestellten Vergütungsgrundsätze und Vergütungskomponenten zu bestimmen. Hierbei können sowohl die individuellen Anforderungen der jeweiligen Position des Mitarbeiters als auch seine Qualifikationen und Kompetenzen, seine Leistung oder aber der wirtschaftliche Erfolg des Unternehmens wichtige Inputs für die Bestimmung seiner Vergütung darstellen.

2.3.5.1 Kernbegriffe

Die Begriffsvielfalt in der Vergütung erfordert, dass man sich über die Bedeutung und den Inhalt einzelner immer wiederkehrender Begriffe im Klaren ist. Nachstehend werden daher einige Kernbegriffe definiert.

- **Aufgaben:** Tätigkeiten und Verhaltensweisen, die auf einer bestimmten Stelle eines Unternehmens erfüllt werden müssen, um die Funktionsfähigkeit des Gesamtsystems und die Erreichung seiner Ziele zu gewährleisten.
- **Stelle:** Kleinste organisatorische Einheit innerhalb einer Struktur- oder Aufbauorganisation. Sie ist das Ergebnis des Arbeitsteilungsprozesses und umfasst eine exakt zu definierende Zahl von Aufgaben, die in Abhängigkeit vom Arbeitsanfall von einem oder mehreren Mitarbeitern ausgeführt werden.
- **Arbeitsplatz:** Der einem Mitarbeiter für die Erfüllung seiner Aufgaben zugewiesene physische Bereich (Werkbank, Schreibtisch).
- **Anforderungen:** Aussagen darüber, welches Wissen, welche Fähigkeiten, Eigenschaften und Werthaltungen, Erfahrungen und formale Qualifikationsnachweise ein Stelleninhaber braucht, um die Aufgaben der Stelle erfolgreich zu erfüllen.
- **Kompetenzen:** Nachhaltige Fähigkeiten, Fertigkeiten, Erfahrungen, Eigenschaften und Werthaltungen eines Menschen (= Competencies).
- **Arbeitsbewertung:** Analyse und Bewertung der an den einzelnen Arbeitsplätzen auszuführenden Aufgaben.
- **Ziele:** Erwünschte und aktiv anzustrebende Situationen und Zustände der Zukunft, die möglichst genau quantitativ, wenn nötig aber auch qualitativ zu beschreiben sind. Ziele können für einen einzelnen Mitarbeiter, eine Gruppe oder eine organisatorische Einheit (Abteilung, Bereich) vorgegeben werden.

- **Zielvereinbarung:** Verbindliche Absprache zwischen Führungskraft und Mitarbeiter über die gemeinsam erarbeiteten und abgestimmten Zielvorschläge.
- **Leistung:** Ambivalenter Begriff für den Arbeitseinsatz und das Arbeits*ergebnis*. Als reine Input-Größe der subjektive Einsatz, die persönliche Anstrengung, das individuelle Bemühen, die aufgewendete Energie zur Erfüllung bestimmter Aufgaben und zur Erreichung bestimmter Ziele, die sich in Arbeitswirksamkeit, Arbeitstempo und Arbeitszeitnutzung ausdrückt.
- **Ergebnis:** Bewertungsneutrales, quantitativ oder qualitativ beschriebenes Resultat der Arbeit (= outputorientierte Arbeitsleistung).
- **Erfolg:** Reine Output-Größe als bewerteter Soll-Ist-Vergleich von Arbeitsergebnissen und angestrebten Zielen.

2.3.5.2 Drei Prinzipien der Entgeltfestsetzung

Bei den in der Praxis angewendeten Vergütungssystemen finden sich beinahe durchgängig – wenn auch in sehr unterschiedlicher Ausprägung – drei Prinzipien der Entgeltfestsetzung:

- Leistungsabhängigkeit,
- Soziale Entgeltfindung,
- Erfolgsabhängigkeit.

2.3.5.2.1 Leistungsabhängigkeit

Die **Grundvergütung** als fixe Basis der Gesamtvergütung eines Mitarbeiters orientiert sich traditionell an den Anforderungen, die von der jeweiligen Stelle an den Stelleninhaber ausgehen. Je höher die Anforderungen (vor allem an Können, Wissen und Erfahrung), desto höher ist tendenziell die Grundvergütung in Form eines Stundenlohns, eines Akkordrichtsatzes oder eines Monatsgehalts. Diese Grundvergütung kann zwar mittelbar auch als leistungsbezogen betrachtet werden, ist jedoch unmittelbar unabhängig von der aktuellen individuellen Leistung eines Mitarbeiters. Diese Grundvergütung ist vielmehr für alle Mitarbeiter mit vergleichbaren Arbeitsplatzanforderungen gleich hoch; sie unterstellt zunächst eine wie auch immer definierte Normalleistung.

Leistungsabhängigkeit als Vergütungsgrundsatz bedeutet damit, dass der Mitarbeiter für seine über eine Normalleistung hinausgehende individuelle Leistung eine zusätzliche Vergütung erhält – als Belohnung und gleichzeitig als Leistungsanreiz.

Leistung = Einsatz, Ergebnis oder Erfolg? Es gibt wenige Begriffe, die in ähnlich großem Umfang mit unterschiedlichen Inhalten belegt sind und undifferenziert verwendet werden wie der Begriff der Leistung. Wie bei den Kernbegriffen erläutert, kann Leistung als Input und Leistung als Output verstanden werden. In der aktuellen Diskussion über eine leistungsbezogene Vergütung gewinnt die Erfolgsorientierung zunehmend an Raum. Während das Ergebnis ein bewertungsneutrales Resultat darstellt, welches absolut gesehen positiv oder negativ sein kann, beinhaltet der Erfolg eine relative Bewertung eines solchen Ergebnisses. Ein Vergleich aus dem Fußball soll dies verdeutlichen: der 3:2 Sieg des Tabellenführers über den Tabellenletzten bei einem Heimspiel ist zwar ein positives Ergebnis, ist aber als Erfolg niedriger zu bewerten als ein vergleichbarer Auswärtssieg über den Tabellenzweiten. Umgekehrt betrachtet der Tabellenletzte seine knappe Niederlage sogar als Erfolg.

Eine leistungsabhängige Vergütung hat eine unabdingbare Voraussetzung: die Leistungsmessung oder zumindest die Leistungsbeurteilung. Ein Arbeitserfolg lässt sich in erster Linie am Arbeitsergebnis messen oder bewerten. Nachdem es jedoch nicht wenige Tätigkeiten gibt, bei denen eine Messung oder Bewertung des Arbeitserfolgs schwierig ist, weil die entsprechenden Kriterien fehlen, darf eine leistungsorientierte Vergütung nicht nur den Leistungsoutput betrachten. Auch gibt es Tätigkeiten, in denen der erwartete Erfolg aus Gründen, die nicht in der Person des Mitarbeiters liegen, nicht erreicht wurde, der Mitarbeiter selbst sich jedoch enorm engagiert hat. So haben bspw. bei Tätigkeiten, die nicht unmittelbar mit der Herstellung oder dem Vertrieb eines Produktes zu tun haben, persönliche Eigenschaften und Fähigkeiten wie Zuverlässigkeit, Pünktlichkeit, Genauigkeit, Kontaktfähigkeit, Bereitschaft zur Zusammenarbeit, Verantwortungsbereitschaft, Arbeitssorgfalt oder Einsatzbereitschaft erhöhte Bedeutung gegenüber einem rein quantitativ oder qualitativ messbaren oder bewertbaren Arbeitserfolg als Output. Für eine Mitarbeiterin in der Kantine steht als Zielvorgabe sicherlich nicht die Zahl der ausgegebenen Essen im Vordergrund, für einen Pförtner nicht die Zahl die Pforte passierender und zu kontrollierender Mitarbeiter, für einen an der Kasse tätigen Bankangestellten nicht die Höhe des Tagesumsatzes. Den Gegenpol bei einer solchen Betrachtung bildet die Führungsspitze eines Unternehmens. Deren Aufgabe erfordert zwar auch persönliche Qualifikationen wie Auffassungsgabe, Urteilsfähigkeit oder Belastbarkeit. Viel entscheidender ist jedoch deren Einfluss auf den Bestand und die Entwicklung des Unternehmens, der sich primär in outputorientierten (quantitativen und qualitativen) Erfolgskriterien ausdrückt.

Tendenziell sind einsatzorientierte Bewertungskriterien eher bei verwaltenden, beratenden und überwachenden Tätigkeiten, erfolgsorientierte dagegen eher bei gestaltenden, dispositiven und »führenden« Tätigkeiten anwendbar.

2.3.5.2.2 Soziale Entgeltfindung

Die meisten Menschen leben nicht, um zu arbeiten. Sie arbeiten vielmehr, um zu leben. Sie arbeiten, um zumindest ihre **Grundbedürfnisse** wie Nahrung, Kleidung und Wohnung befriedigen zu können. Hieraus lässt sich als weiterer Grundsatz der Vergütung ableiten, dass dieselbe zumindest so hoch sein muss, dass diese Grundbedürfnisse gedeckt werden können.

Einer generellen Realisierung einer solchen Forderung stehen allerdings zwei Sachverhalte im Wege: Erstens sind die Grundbedürfnisse nicht bei allen Menschen gleich. Zweitens beschäftigen Unternehmen Mitarbeiter nicht aus sozialen Gründen, sondern als Leistungsträger. Für diese Leistungsträger gilt, wie schon dargestellt, auch bei der Vergütung der Gleichbehandlungsgrundsatz »gleicher Lohn für gleiche Leistung«.

Die soziale Entgeltfindung spielt daher bei der Gestaltung von Vergütungssystemen im Vergleich zur Leistungsabhängigkeit eine eher untergeordnete Rolle. Trennt man gedanklich den Soziallohn von den betrieblichen **Sozialleistungen** und **Sozialeinrichtungen**, so gehören in den zweiten Bereich bspw. betriebliche Leistungen zur Gesundheitsvorsorge (einschließlich Kantine) bei Krankheit und bei der Altersversorgung. Obwohl häufig auch betriebliche Barleistungen wie Weihnachtsgeld oder Erfolgsprämien als Sozialleistungen deklariert werden, haben diese eher Entgeltcharakter und sind – da häufig an das Grundeinkommen als Berechnungsbasis gekoppelt – im Grunde genommen mittelbar leistungsbezogen.

Der Gedanke des **Soziallohns als leistungsunabhängiger Vergütungsgrundsatz** findet sich hingegen vorwiegend in Tarifverträgen: tarifliche Mindestlöhne und -gehälter, Nivellierungstendenzen (Nivellierung anstelle Differenzierung bei der Festlegung der Tarifgehälter der oberen Tarifgruppen), demographische Komponenten wie tarifliche Zulagen für Verheiratete, für Kinder oder für ein höheres Lebensalter stehen stellvertretend für diesen Grundsatz. Insbesondere in Tarifverträgen des öffentlichen Dienstes dominiert nach wie vor der Soziallohngedanke vor dem Leistungsaspekt (Anciennitätsprinzip und Alimentationsprinzip!).

Im betrieblichen Umfeld finden sich soziale Vergütungsaspekte tendenziell in der variablen Vergütung: Erfolgsprämien, Ergebnisbeteiligungen oder ein Weihnachtsgeld werden nicht selten kopfzahlabhängig und nicht als Prozentsatz der (zumindest mittelbar) leistungsbezogenen Vergütung gewährt.

2.3.5.2.3 Erfolgsabhängigkeit

Die Grundidee der Erfolgsbeteiligung besteht in der **Beteiligung der Mitarbeiter am Erfolg des Unternehmens**. Als Merkmal des Arbeitsvertrags kann angesehen werden, dass der Arbeitnehmer seinen Entgeltanspruch unabhängig vom Erfolg seines Unternehmens erwirbt und der Kapitalgeber allein das finanzielle Risiko des Unternehmens trägt. Demgegenüber ermöglichen die verschiedenen Formen der Erfolgsbeteiligung eine Beteiligung der Mitarbeiter am Erfolg – allerdings immer nur am positiven – ihres Unternehmens. Erfolgsbeteiligungen werden dabei zusätzlich zur fixen Grundvergütung gewährt. Im Unterschied zur individuellen Leistungsvergütung orientiert sich das Volumen der Erfolgsbeteiligung nicht unmittelbar an der Leistung des einzelnen Mitarbeiters, sondern an einer übergeordneten, kollektiven Erfolgsgröße.

Ziele einer Erfolgsbeteiligung sind sowohl die Förderung der Motivation der Mitarbeiter in Richtung einer erfolgsorientierten Arbeit als auch die Flexibilisierung der Personalkosten. Als Anreizinstrument soll die Erfolgsbeteiligung vor allem die Verantwortungsbereitschaft, Motivation und Identifikation des Mitarbeiters mit dem eigenen Unternehmen fördern. Die höhere Motivation zielt dabei nicht nur auf die Leistungsbereitschaft sondern vor allem auch auf ein verstärktes Kostenbewusstsein.

2.3.6 Festlegung der Entgelthöhe

Wenn man von den nicht tarifgebundenen Unternehmen sowie den Führungskräften absieht, die »außertariflich« bezahlt werden, dann bleibt den Unternehmen für die Berücksichtigung von Markteinflüssen und dem Verhandlungsgeschick eines potenziellen Bewerbers oder eines Mitarbeiters nur der »übertarifliche« Raum. Das Instrument heißt dann **»freiwillige« oder »übertarifliche« Zulage**.

2.3.6.1 Markteinflüsse

Unternehmen konkurrieren normalerweise nicht nur auf dem Produktmarkt, sondern auch auf dem Arbeitsmarkt miteinander. Den Arbeitsmarkt gibt es allerdings nicht: Der Arbeitsmarkt zerfällt vielmehr in zahlreiche Teilmärkte – funktional, qualitativ und regional – die jeweils auch eigene Vergütungssegmente bilden. Entscheidend bei der Berücksichtigung des Arbeitsmarktes ist daher eine möglichst große **Markttransparenz**.

Als erster Orientierungspunkt für die Unternehmen gelten die **Tarifgehälter als unterer Eckwert** aller betrieblichen Regelungen. Diese Feststellung gilt im Grundsatz auch für nicht-tarifgebundene Unternehmen, wenn diese am Arbeitsmarkt mit tarifgebundenen Unternehmen konkurrieren.

Den zweiten Orientierungspunkt bildet das **Vergütungsniveau des jeweiligen Teilarbeitsmarktes**. Ein Unternehmen, welches sein Vergütungsniveau längerfristig ohne Berücksichtigung des Arbeitsmarktes festlegt, wird nicht nur keine neuen Mitarbeiter gewinnen, sondern auch seine bisherigen verlieren. Jedes Unternehmen muss dabei für sich entscheiden, ob es in der oberen oder unteren Hälfte des Vergütungsniveaus des Arbeitsmarktes liegen oder gar eine Spitzenposition einnehmen möchte. Richtschnur ist einerseits seine Vergütungspolitik im Rahmen der gesamten Personalpolitik, andererseits natürlich auch die jeweilige Kostensituation. Je geringer der Bekanntheitsgrad eines Unternehmens ist und je niedriger sein Image als Arbeitgeber, desto mehr muss dieses Unternehmen versuchen, mit einer attraktiven Vergütung dieses »Imagelack« auszugleichen.

Wie erhält ein Unternehmen nun überhaupt die notwendigen Informationen über sein relatives Vergütungsniveau? An erster Stelle sind hier **Vergütungsvergleiche** zu nennen, die einerseits von den Arbeitgeberverbänden, andererseits von freien Unternehmensberatern durchgeführt werden. An zweiter Stelle stehen die **Einkommensvorstellungen von Bewerbern** als Spiegelbild ihres Marktwertes sowie die interne Fluktuation. Je höher die Fluktuationsrate, desto intensiver muss ein Unternehmen deren Ursachen nachgehen, die nicht selten in einem nicht-konkurrenzfähigen Vergütungsniveau zu suchen sind.

2.3.6.2 Verhandlungsgeschick

Sieht man wieder einmal vom öffentlichen Dienst ab, wo in der Regel nur ein ganz bestimmtes Tarifgehalt gezahlt wird und Leistungszulagen sowie »übertarifliche« Zulagen die Ausnahme bilden, dann ist festzustellen, dass in der freien Wirtschaft (bei Angestellten mehr als bei Lohnempfängern) häufig Vergütungsbandbreiten existieren, innerhalb derer die Vergütung auch für gleichwertige Tätigkeiten flexibel gestaltbar ist. Damit kann sowohl der individuellen Leistung als auch der jeweiligen Arbeitsmarksituation Rechnung getragen werden.

Vor diesem Hintergrund spielt das Verhandlungsgeschick eines Bewerbers oder auch langjährigen Mitarbeiters eine nicht unwesentliche Rolle. Er hat es in der Hand, ob er seine Fähigkeiten, sein Wissen und seine Erfahrung gut oder weniger gut »verkauft«. Sein Verhandlungserfolg wird dabei umso größer sein, je mehr der Betreffende als Fachmann am Arbeitsmarkt gefragt ist. Computerspezialisten sind hierfür ein aktuelles Beispiel. Das Verhandlungsgeschick endet aber in jedem Falle dort, wo ein Unternehmen aus Kostengründen oder aus Gleichbehandlungsgründen (Vergleich mit vergleichbaren Mitarbeitern) selbst keinen Spielraum mehr für finanzielle Zugeständnisse sieht.

2.3.7 Formen der Beteiligung am Unternehmenserfolg

Im Rahmen des betrieblichen Spielraums der Vergütung kommt der klassischen »Erfolgsbeteiligung« als einer Form der **kollektiven Beteiligung** eine zentrale Rolle zu. Ausgehend von einem positiven Unternehmensergebnis sollen alle Mitarbeiter, bei denen der Erfolg als Output-Größe nicht bereits in der individuellen Vergütung berücksichtigt ist (wie z. B. bei den Führungskräften) am Unternehmenserfolg teilhaben. Beweggründe hierfür können im gesellschaftspolitischen Bereich liegen (Abbau der Interessengegensätze zwischen Kapital und Arbeit), einem Gerechtigkeitsgedanken entspringen (Beitrag des Faktors Arbeit neben dem Faktor Kapital) oder aber einfach im privatwirtschaftlichen Interesse des Unternehmens liegen. Unter privatwirtschaftlichen Aspekten verfolgt die Erfolgsbeteiligung das Ziel, über eine Erhöhung der Leistungsbereitschaft und damit eine Verbesserung der Arbeitsmotivation eine **Produktivitätssteigerung** zu erzielen. Damit tritt die Anreizwirkung in den Vordergrund.

Zunächst ist bei einer betrieblichen Erfolgsbeteiligung als kollektive Ergänzung der individuellen Vergütung von der Unternehmensleitung zu entscheiden, welcher Anteil des Unternehmenserfolgs den Mitarbeitern zugute kommen soll. In einem zweiten Schritt muss dann festgelegt werden, ob alle Mitarbeiter oder nur bestimmte Mitarbeitergruppen in eine solche Regelung einbezogen werden sollen, in einem dritten Schritt schließlich, mit welchem Anteil der einzelne Mitarbeiter beteiligt werden soll. Grundsätzlich stehen für die Festlegung des individuellen Anteils zwei Möglichkeiten zur Verfügung. Der einfachste Weg besteht darin, die **Gesamt-Ausschüttungssumme** durch die Zahl der Mitarbeiter zu teilen und jedem Mitarbeiter den gleichen Absolutbetrag zukommen zu lassen. Eine solche Pro-Kopf-Verteilung hat den Nachteil, dass sie nivellierend wirkt und vor allem von den leistungsstärkeren Mitarbeitern als ungerecht empfunden wird. Ein beabsichtigter Leistungsanreiz kann sich dadurch leicht ins Negative umkehren. Empfehlenswerter ist daher eine **Zurechnung nach der individuellen Leistung** im Sinne des individuellen Beitrags zum Unternehmenserfolg. Nachdem jedoch ein rechnerischer Zusammenhang zwischen der individuellen Leistung und dem Unternehmenserfolg im Sinne eines Kausalzusammenhangs nicht herzustellen ist, bleibt nur der Weg, den Lohn oder das Gehalt der Mitarbeiter als »Beteiligungskriterium« zu wählen. Der Anteil des einzelnen Mitarbeiters an der Erfolgsbeteiligung wird damit als Prozentsatz eines Monats- oder Jahreseinkommens festgelegt.

Mögliche Formen der Erfolgsbeteiligung bilden die **Leistungsbeteiligung** (mit den Sonderformen der Gewinnbeteiligung) sowie die **Ertragsbeteiligung.**

Leistungsbeteiligung	Ertragsbeteiligung	Gewinnbeteiligung
Produktionsbeteiligung Produktivitätsbeteiligung Kostenersparnisbeteiligung	Umsatzbeteiligung Wertschöpfungsbeteiligung Substanzgewinnbeteiligung	Bilanzgewinnbeteiligung Ausschüttungsbeteiligung Kostenersparnisbeteiligung

Abb. 2: Formen der Beteiligung am Unternehmenserfolg

2.3.7.1 Leistungsbeteiligung

Bei der Leistungsbeteiligung dient die Gesamtleistung einer organisatorischen Einheit, zum Beispiel einer Abteilung, eines **Cost-Centers**, einer strategischen Geschäftseinheit oder auch des gesamten Unternehmens als Bezugsgröße für das Gesamtvolumen der Beteiligung. Dabei wird zunächst eine Ausgangsleistung im Sinne einer Zielleistung definiert, die im Rahmen eines Soll-Ist-Vergleichs der späteren Ermittlung des Erfolgsanteils der Mitarbeiter zugrunde gelegt wird. Wird die vorab definierte Ausgangsleistung überschritten, profitieren die Mitarbeiter in der festgelegten Form von dieser Überschreitung. Bei der zugrunde gelegten Ausgangsleistung handelt es sich dabei stets um eine kollektiv zu erreichende Outputgröße.

Innerhalb der Leistungsbeteiligung können weitere Formen hinsichtlich der Bezugsgröße der Beteiligung unterschieden werden. Bei der **Produktionsbeteiligung** bildet die Bemessungsgrundlage die Produktionsmenge. Sie ähnelt damit dem **Stückakkord**, wobei jedoch nicht die Produktionsmenge des einzelnen Mitarbeiters im Mittelpunkt steht, sondern die kollektive Menge der jeweiligen organisatorischen Einheit. Neben der Produktionsmenge können Leistungsbeteiligungen an die Produktivität oder an Kostenersparnisse gekoppelt werden. In diesem Falle spricht man von einer **Produktivitäts- und** einer **Kostenersparnisbeteiligung**.

Als vorteilhaft kann bei den Formen der Leistungsbeteiligung die im Vergleich zu den anderen Formen engere Kopplung an die kollektive Leistung der Mitarbeiter angesehen werden, die sich vor allem positiv auf die Motivation auswirken kann. Positive wie auch negative Markteinflüsse haben bei dieser Form keinen Einfluss auf die an die Mitarbeiter zu zahlenden Beträge. Nachteilig kann sich diese Form der Erfolgsbeteiligung daher auf die **Kostenflexibilität** auswirken, da auch dann Kosten anfallen können, wenn die erbrachten Leistungen am Markt nicht abgesetzt werden konnten.

2.3.7.2 Ertragsbeteiligung

Formen der Ertragsbeteiligung bilden die **Umsatzbeteiligung**, die **Wertschöpfungsbeteiligung** sowie die **Nettoertragsbeteiligung**. Hierbei wird nicht primär an die innerbetriebliche Leistungserstellung angeknüpft, sondern an den am Markt erzielbaren Erlösen. Aufgrund der starken Marktorientierung eignet sich die Ertragsbeteiligung vor allem für verkaufsorientierte Bereiche des Unternehmens und die Führungskräfte. Auch bei dieser Form der Ertragsbeteiligung besteht das Problem, dass unter Umständen Zahlungszwänge entstehen, obwohl die Gewinnsituation des Unternehmens den notwendigen finanziellen Spielraum nicht gewährt. Zudem besteht gerade bei der Umsatzbeteiligung die Gefahr, dass das Augenmerk der Mitarbeiter ausschließlich auf den Markt und den Umsatz gelenkt wird und Kosten- und Einsparungsgesichtspunkte vernachlässigt werden.

Diese Nachteile können bei der Gewinnbeteiligung als einer speziellen Form der Ertragsbeteiligung vermieden werden, da eine Ausschüttung nur dann fällig wird, wenn tatsächlich ein Gewinn erzielt wurde. Damit ist eine hohe Kostenflexibilität gegeben. Grundlage für die Bemessung des Ausschüttungsvolumens können sein der Bilanzgewinn, die Gewinnausschüttung (Dividende) oder der sog. Substanzgewinn. In der Praxis stellt derzeit die **Bilanzgewinnbeteiligung** die dominante Form der Erfolgsbeteiligung dar.

2.3.8 Leistungsabhängige Entgeltformen

Im weitesten Sinne sind alle Entgeltformen leistungsabhängig. Bei einer differenzierteren Betrachtung gibt es jedoch Entgeltformen, die eher mittelbar und solche die eher unmittelbar leistungsabhängig sind. Zu den nur mittelbar leistungsabhängigen Formen zu rechnen ist das **Zeitentgelt** in Form eines Stundenlohns bei Lohnempfängern und des Monatsgehalts bei Angestellten. Unmittelbar leistungsabhängig hingegen sind die vielfältigen Formen des **Akkord- und Prämienlohns, der Leistungszulagen und Leistungsprämien**. Eine Mittelposition nimmt der **Pensumlohn** ein.

Gemeinsame Problemkreise für alle Entgeltformen liegen in der Arbeitsbewertung und der Leistungsbeurteilung.

2.3.8.1 Zeitentgelt

Die Wahl der Entgeltform bei Arbeitern wird stark beeinflusst von der im Unternehmen eingesetzten Produktionstechnologie und der Arbeitsorganisation. Beide tangieren in erheblichem Umfang den Grad der individuellen Beeinflussbarkeit des Arbeitsergebnisses, an dem in den herkömmlichen Lohnsystemen das Verhältnis von Leistung und Lohnhöhe anknüpft.

Bei der Entlohnung in Form des **Stundenlohns** richtet sich das Arbeitsentgelt unabhängig von der erbrachten individuellen Arbeitsleistung ausschließlich nach der Dauer der Arbeitszeit. Honoriert wird allein die Anwesenheitszeit, wobei unterstellt wird, dass der Mitarbeiter zumindest im Durchschnitt eine für allgemein üblich gehaltene »Normalleistung« erbringt. Gewählt wir diese Lohnform aus Gründen der einfachen Berechnung, fehlender oder zu aufwendiger Messbarkeit der individuellen Leistungsbeiträge, vor allem aber dann, wenn keine direkte Beeinflussbarkeit der quantitativen Arbeitsleistung möglich ist. Bei solchen Tätigkeiten können qualitative Anforderungen wie Sorgfalt, Gewissenhaftigkeit oder Genauigkeit dominieren. Beim Zeitlohn wird die unterschiedliche Entgelthöhe für verschiedenwertige und verschiedenartige Tätigkeiten allein über die Berücksichtigung der Anforderungskomponenten einer Stelle differenziert.

Die Gehaltsfindung für Angestellte ist vor allem dadurch geprägt, dass bei sehr vielen Tätigkeiten keine messbare Arbeitsleistung erbracht werden kann oder muss, die mengenmäßig erfasst und mit einer entsprechenden Entgeltform abgegolten werden kann. Angestellte erhalten daher meist ein festes **Monatsgehalt.** Für dasselbe gilt analog zu den Arbeitern, dass die unterschiedliche Entgelthöhe für verschiedenwertige und verschiedenartige Tätigkeiten allein über die Berücksichtigung der Anforderungskomponenten einer Stelle zustande kommt.

2.3.8.2 Pensumentgelt

Das Pensumentgelt bildet eine Weiterentwicklung der klassischen Lohnformen vor dem Hintergrund neuer Technologien. Während die (noch zu behandelnden) klassischen Leistungslohnformen wie Akkord- und Prämienlohn an die erbrachte Leistung anknüpfen, knüpft das Pensumentgelt an einer **zukünftig erwarteten Leistung** an. Gekennzeichnet ist der Pensumlohn durch einen anforderungsbezogenen Grundlohn, der durch einen für eine bestimmte Periode (z. B. drei Monate) fixen Pensumanteil ergänzt wird. Dieser beruht in der Regel auf Leistungskennzahlen, die durch Zeitstudien ermittelt wurden; angepasst wird dieser Pensumanteil erst zeitverzögert an länger anhaltende Leistungsveränderungen.

In der Praxis spielt das Pensumentgelt eine relativ untergeordnete Rolle.

2.3.8.3 Akkordentgelt und Prämienentgelt

Die klassische Leistungsentlohnung, die sich in der Praxis weit überwiegend nur bei Lohnempfängertätigkeiten findet, unterscheidet grundsätzlich zwischen dem **Akkord- und Prämienlohn.**

Beim Akkordlohn (siehe Abb. 3) besteht ein unmittelbarer Zusammenhang zwischen der (individuellen oder gruppenbezogenen) Leistung und dem Entgelt. Auf der Basis einer methodisch ermittelten »Normalleistung« dem sog. **Akkordrichtsatz**, erhält der Mitarbeiter für jedes weitere produzierte Stück einen bestimmten Geldbetrag. Während bei diesem Geldakkord für jedes produzierte Stück unmittelbar ein Geldbetrag ausgeschüttet wird, wird beim (weit verbreiteten) Zeitakkord der Verbrauch an Zeit (der sog. Zeitgrad) honoriert. Je weniger Zeit ein Mitarbeiter je Teil oder Erzeugnis benötigt, desto mehr kann er während seiner festgelegten Arbeitszeit fertigen und desto höher ist damit zwangsläufig sein Stundenentgelt. Die typische Berechnungsformel des Zeitakkords lautet:

Zeitgrad = (vorgegebene Auftragszeit:Ist-Auftragszeit) × 100%.

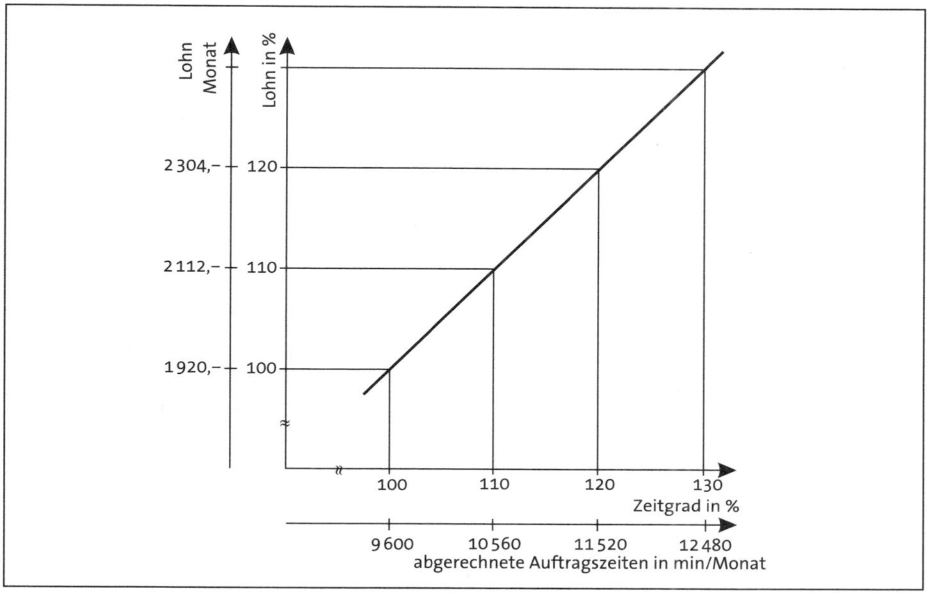

Abb. 3: Zeitakkord

Sowohl beim Stück- als auch beim Zeitakkord kommt der Bestimmung der **Vorgabezeit** eine bedeutende Rolle zu. Die Vorgabezeit legt die Zeit fest, die im Rahmen einer angenommenen Normalleistung für die Erstellung einer bestimmten Mengeneinheit benötigt wird. Die Ermittlung dieser Vorgabezeit setzt dabei regelmäßig Zeit- und Bewegungsstudien voraus, die sehr zeitaufwendig sind.

Beim **Prämienlohn** als Sonderform des Leistungslohns erhält der Mitarbeiter für die eine »Normalleistung« übersteigende Leistung eine Prämie, die im Gegensatz zum Akkordlohn vielfältig definiert sein kann. Neben dem Zeitgrad können auch Qualitäts- und Kostenaspekte sowie Betriebsnutzungszeiten honoriert werden. Der Vorteil der Prämienentlohnung liegt darin, dass eine individuelle (oder Gruppen)Leistung auch dann noch honoriert werden kann, wenn der unmittelbare Bezug zum Produkt nicht mehr gegeben ist und die Leistung der Mitarbeiter hochgradig in einem Menschen-Maschine-Sytem vernetzt ist.

Analog zum Akkordlohn muss beim Prämienlohn zunächst eine **Prämienausgangsleistung** bestimmt werden. Bei Erreichen derselben wird der sog. Prämienausgangslohn gezahlt, jedoch noch keine Prämie. Erst beim Überschreiten dieser Ausgangsleistung erhält der Mitarbeiter in Abhängigkeit von seiner individuellen (Mehr)Leistung eine Prämie (siehe Abbildung). Prämien können linear, progressiv oder degressiv gestaltet werden (»Prämienlohnlinie«). Bei einem linearen Verlauf besteht ein proportionaler Zusammenhang zwischen dem Leistungsergebnis und der Prämie. Der progressive Verlauf bietet einen besonderen Anreiz in den höheren Leistungsbereichen, da hier die Prämien überproportional steigen. Bei einem degressiven Verlauf dagegen nehmen die Prämiensteigerungen im oberen Leistungsbereich ab, um steigenden Unfallgefahren oder Überanstrengungen entgegenzuwirken.

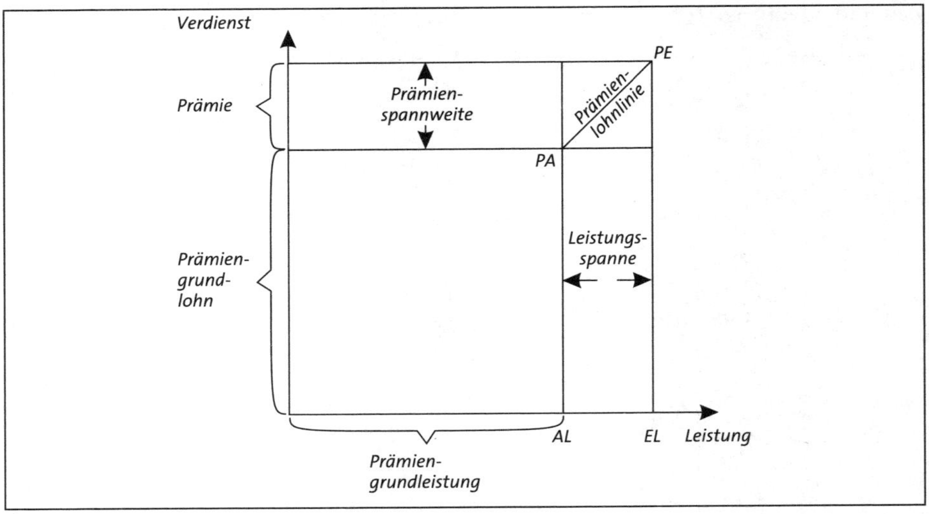

Abb. 4: Schematisierter Prämienaufbau

2.3.8.4 Anforderungsabhängige Entgeltformen

Unabhängig von der gewählten Lohnform zerfällt die Vergütung in der Regel in eine anforderungsabhängige (feste) Grundvergütung sowie eine leistungsabhängige (variable) Leistungs- oder Prämienvergütung. Ein Kernproblem bei der Grundvergütung liegt in der Bewertung der an den einzelnen Arbeitsplätzen unterschiedlichen Anforderungen an den jeweiligen Arbeitsplatzinhaber. Welche Arbeitsplätze sind »gleichwertig«, welche »höherwertig»? In der Praxis haben sich für die Beantwortung dieser Frage zahlreiche Verfahren der **Arbeitsbewertung** herausgebildet (siehe Abbildung).

Mit der Arbeitsbewertung sollen die Tätigkeiten innerhalb eines Unternehmens vergleichbar gemacht werden, um damit eine (relative) Ordnung dieser Tätigkeiten im Hinblick auf deren Anforderungen zu erreichen. Eine auf diese Weise erreichte Ordnung ist dabei nicht Selbstzweck, sondern Mittel zum Zweck: als Bestandteil einer **Entgeltdifferenzierung** und damit als Beitrag zur betrieblichen Lohngerechtigkeit. Sie setzt an der anforderungsabhängigen Komponente an und berücksichtigt nur diejenigen Leistungsanteile eines Mitarbeiters, die unter Zugrundelegung einer Normalleistung zur Bewältigung der grundlegenden Arbeitsanforderungen dienen. Darüber hinausgehende Anteile werden durch die **leistungsbezogenen Entlohnungssysteme** honoriert. Eine anforderungsorientierte Entgeltdifferenzierung bedeutet, dass zunächst ein Maßstab für die Bewertung der Unterschiede zwischen den Anforderungen gefunden werden muss, nach dem dann die einzelnen Tätigkeiten zu bewerten sind. Im Grunde genommen entspricht jedem Arbeitswert ein bestimmtes Entgelt. Aus Vereinfachungsgründen werden jedoch die Arbeitswerte zu bestimmten Arbeitswertgruppen zusammengefasst, die wiederum bestimmten Entgeltgruppen zugeordnet sind.

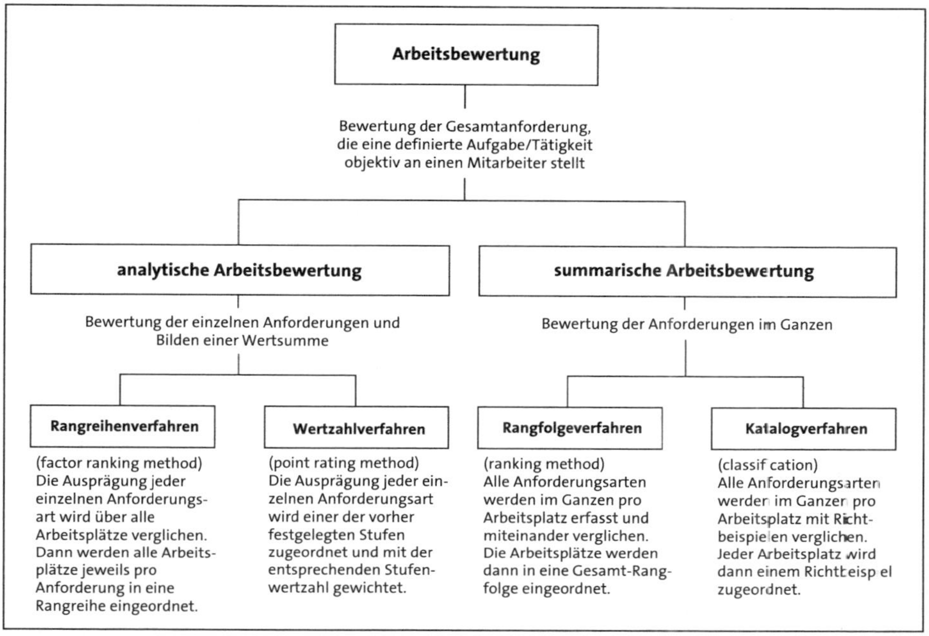

Abb. 5: Systematik der Arbeitsbewertungsverfahren

Gemeinsam ist allen Verfahren der Arbeitsbewertung, dass ihnen als Bewertungskriterien die **Arbeitsanforderungen** zugrunde liegen, die sich aus der Arbeitstätigkeit unter den jeweils gegebenen Arbeitsbedingungen ergeben. Hierbei wird von den individuellen Fähigkeiten und Eigenschaften des jeweiligen Stelleninhabers abstrahiert und vorausgesetzt, dass diese die Leistungsvoraussetzungen erfüllen und daher für die betreffende Tätigkeit geeignet sind. Die Unterschiede zwischen den verschiedenen Verfahren liegen im Umfang und in der Gewichtung der berücksichtigten Anforderungsarten. Während bei den **summarischen** Arbeitsbewertungsverfahren die Gesamtanforderungen an einem Arbeitsplatz als Ganzes bewertet werden, berücksichtigen die **analytischen** Verfahren bei einzelnen Anforderungsarten wie Können oder Erfahrung deren unterschiedliche Ausprägungsgrade und berechnen hieraus einen Gesamt-Arbeitswert.

2.3.8.4.1 Summarische Arbeitsbewertungsverfahren

2.3.8.4.1.1 Rangfolgeverfahren

Das Rangfolgeverfahren stellt die einfachste Form der summarischen Arbeitsbewertung dar. Die Gesamtanforderungen an einem Arbeitsplatz werden als Ganzes mit den Gesamtanforderungen der übrigen Arbeitsplätze verglichen und in der Reihenfolge ihrer Wertigkeit in eine einzige Rangreihe eingeordnet.

Der Vorteil dieses Verfahrens liegt in seiner leichten Anwendbarkeit. Seine Nachteile lassen jedoch eine generelle Anwendung nicht ratsam erscheinen: Zum einen sind solche Rangordnungen nur bis zu einer gewissen Größenordnung überschaubar, was die Anwendung in größeren Unternehmen von vorn herein begrenzt, zum anderen können aufgrund der mangelnden Präzisierung der Einordnungskriterien Bewertungsunterschiede auftreten, die zu einem nicht mehr vertretbaren Maß von Bewertungsfehlern führen.

2.3.8.4.1.2 Katalogverfahren

Das Katalogverfahren (auch als **Entgeltgruppenverfahren** bezeichnet) ist von großer praktischer Bedeutung insbesondere im Rahmen von Lohn- und Gehaltstarifverträgen. Bei diesem Verfahren werden die Gesamtanforderungen einer Tätigkeit oder Arbeitsaufgabe mit den Definitionen eines in Stufen gegliederten Katalogs von Gesamtanforderungen verglichen und einer dieser Stufen zugeordnet. Die **Gesamtanforderungen** innerhalb der einzelnen Entgeltgruppen werden durch möglichst allgemeingültige Definitionen umschrieben und durch Hinweise auf die erforderliche Ausbildungszeit und Berufspraxis präzisiert. Als Orientierungshilfe werden darüber hinaus häufig Richtbeispiele gebildet (siehe Abbildung).

Lohngruppe 1
Arbeiten mit geringen Belastungen, die ohne vorherige Arbeitskenntnisse und ohne jegliche Ausbildung nach kurzer Anweisung ausgeführt werden können.
Lohngruppe 2
Arbeiten mit geringen Belastungen, die ohne jegliche Ausbildung nach kurzer Anweisung und Übung ausgeführt werden können,
oder
Arbeiten der Lohngruppe 1, jedoch mit mittleren Belastungen.
Lohngruppe 3
Arbeiten mit geringen Belastungen, die ohne jegliche Ausbildung nach kurzer Einarbeitungszeit ausgeführt werden können
oder
Arbeiten der Lohngruppe 2, jedoch mit mittleren Belastungen,
oder
Arbeiten der Lohngruppe 1, jedoch mit erschwerenden Belastungen.
Lohngruppe 7
Arbeiten, die neben beruflichen Fertigkeiten und Berufskenntnissen einen Ausbildungsstanderfordern, wie er entweder durch eine fachentsprechende Berufsausbildung in einem anerkannten Ausbildungsberuf oder auf andere Weise erworben wird
oder
Arbeiten der Lohngruppe 6, jedoch mit erschwerenden Belastungen.

Abb. 6: Beispiel von Lohngruppenmerkmalen im summarischen System

Auch der Vorteil dieses Verfahrens liegt in seiner relativ einfachen Anwendung. Als erhebliche Nachteile sind die methodisch und verbal schwierig gegeneinander abzugrenzenden Lohn- und Gehaltsgruppen zu sehen sowie die Tatsache, dass gleiche oder vergleichbare Tätigkeiten in den einzelnen Unternehmen unterschiedlich bezeichnet werden und die Richtbeispiele daher zu falschen Eingruppierungen führen.

2.3.8.4.2 Analytische Arbeitsbewertungsverfahren

Analytische Verfahren der Arbeitsbewertung sind dadurch gekennzeichnet, dass sie die Anforderungen einer Tätigkeit mittels einzelner **Anforderungsmerkmale** erfassen. Letzten Endes gehen alle diese Verfahren auf das sog. **Genfer Schema** zurück, welches im Jahre 1950 auf einer internationalen Konferenz für Arbeitsbewertung in Genf erarbeitet wurde. Es enthält die vier »Grundanforderungen«: geistige Anforderungen, körperliche Anforderungen, Verantwortung und Arbeitsbedingungen, die jeweils nach den Kriterien des fachlichen Könnens sowie der Belastung betrachtet werden. Mit dem **geistigen Können** sind vor allem die Art und Dauer der Berufsausbildung, die berufliche Erfahrung sowie das Denkvermögen angesprochen – d. h. das erworbene Können und Wissen, welches fürdie Bewältigung der jeweiligen Arbeitsaufgabe erforderlich ist. Unter dem körperlichen Können hingegen verbirgt sich die Geschicklichkeit, Handfertigkeit und Muskelkraft. Solche Fähigkeiten sind erforderlich, um die Arbeitsvorgänge mit Sicherheit und Genauigkeit ausführen zu können. Die geistige Arbeitsbelastung entsteht vor allem durch das angespannte Beobachten und Verfolgen von Arbeitsabläufen, wie sie bspw. bei computergestützten Fertigungsverfahren oder komplizierten Maschinen auftreten. Zunehmend wichtiger wird die Verantwortung.

Bei allen analytischen Arbeitsbewertungsverfahren besteht die Möglichkeit, Bedeutungsunterschiede zwischen den einzelnen Anforderungsarten durch Gewichtungsfaktoren zu berücksichtigen.

In der Praxis sind heute vielfältige Variationen der einzelnen **Anforderungsmerkmale** zu finden. So geht bspw. ein Verfahren von sechs Anforderungsarten aus:

- Können, bestehend aus den Anforderungen geistige und körperliche Fähigkeiten sowie Betriebserfahrung,
- Belastung, bestehend aus den Anforderungen geistige Belastung sowie körperliche Belastung und
- Verantwortung, bestehend aus den Anforderungen Verantwortung für die eigene Arbeit sowie die Verantwortung für die Arbeit anderer (Personalführung).

Ein anderes Verfahren wiederum (Tarifvertrag der Metallindustrie Nordwürttemberg/Nordbaden) kennt neun Anforderungsarten als **Bewertungsmerkmale:**

- Kenntnisse,
- Geschicklichkeit,
- zusätzlicher Denkprozess,
- Verantwortung für die eigene Arbeit,
- Verantwortung für die Arbeit anderer,
- Verantwortung für die Sicherheit anderer,
- Belastung der Sinne und Nerven,
- Belastung der Muskeln,
- Umwelteinflüsse.

Bei der **Auswahl der Anforderungsmerkmale** gibt es letzten Endes kein richtig oder falsch, sondern nur eine der jeweiligen Situation des Unternehmens angemessene oder nicht angemessene Entscheidung.

2.3.8.4.2.1 Rangreihenverfahren

Beim Rangreihenverfahren wird für jede Anforderungsart eine gesonderte Rangreihe aller zu bewertenden Tätigkeiten gebildet. Liegen dem Arbeitsbewertungssystem bspw. sieben Anforderungsarten zugrunde, so ergeben sich automatisch sieben **Rangreihen**. Dies bedeutet, dass jeder Arbeitsplatz in jeder Anforderungsart getrennt mit den anderen Arbeitsplätzen verglichen wird und in eine Rangreihe eingegliedert werden muss. Somit erhält jede Tätigkeit einen ganz bestimmten Rangplatz in der jeweiligen Rangreihe.

2.3.8.4.2.2 Stufenwertzahlverfahren

Beim Stufenwertzahlverfahren werden nicht nur die Anforderungsmerkmale, sondern auch die einzelnen **Anforderungsausprägungen** für jedes Merkmal definiert. Diese Ausprägungen werden in Stufen geordnet und dann mit Punktwerten versehen. Die Punktwerte sind ebenso wie beim Rangreihenverfahren mit den festgelegten Gewichtungsfaktoren zu multiplizieren. Die Summe der Teilarbeitswerte ergibt den Gesamtarbeitswert.

Zunächst sind, wie oben dargestellt, die **einzelnen Anforderungsmerkmale festzulegen**.

In einem zweiten Schritt sind die Gewichtungsanteile an der **Maximalgewichtung** für die einzelnen Anforderungsmerkmale zu bestimmen. Beispiel: Gewichtungsanteil der Anforderungsgruppe Können 40%, der Anforderungsgruppe Belastung 28% und der Anforderungsgruppe Verantwortung 32%.

Der letzte Schritt besteht in der **Festlegung der Zahl der Stufen** entsprechend der Ausprägung einzelnen Anforderungsgruppen und einer Zuordnung von Wertzahlen zu den einzelnen Stufen – ein Schritt der »inneren« Gewichtung der einzelnen Anforderungsmerkmale. Diese interne Gewichtung beruht auf der Erkenntnis, dass eine Anforderung nicht an jedem Arbeitsplatz in derselben Ausprägung, in derselben Höhe und Intensität auftritt oder das gleiche Niveau z. B. an Können, Belastung oder Verantwortung ausweist bzw. erfordert.

Einen wesentlichen Teil der Arbeitsbewertung bildet beim Stufenwertzahlverfahren die **Definition der Anforderungsausprägungen** in Form der Wertestufen. Die geistigen und körperlichen Fähigkeiten werden in ihrer Ausprägung häufig an der Dauer einer Ausbildung oder eines Trainings in der Praxis gemessen. Bewertet werden jeweils die Mindestanforderungen, die ein Stelleninhaber für die Bewältigung der in seiner Stellenbeschreibung fixierten Aufgaben mitbringen und einsetzen muss. Ausbildungen vergleichbarer Dauer und vergleichbaren Niveaus erhalten den gleichen Stufenwert. Für den Einsatz eines Mitarbeiters auf einer Stelle, die bspw. eine abgeschlossene kaufmännische oder technische Berufsausbildung erfordert, ist der Nachweis zu bringen, dass die geforderte Ausbildung auch tatsächlich erfolgreich abgeschlossen wurde. Andererseits ist es aber unerheblich, ob ein Mitarbeiter mehr geistige oder körperliche Fähigkeiten mitbringt, als an diesem Arbeitsplatz als Minimum abverlangt werden. **Entscheidend für die Bewertung und damit auch für die Vergütung sind nicht die angebotenen Fähigkeiten, sondern die abverlangten.** Andernfalls müsste bspw. eine Sekretärin, deren Arbeitsplatz zwar keine Fremdsprachen erfordert, die aber eine Übersetzerinnendiplom hat, wie eine Fremdsprachensekretärin eingestuft und bezahlt werden.

2.3.8.5 Sonstige Prämien

2.3.8.5.1 Leistungszulage und Leistungsprämie

Hauptanwendungsbereich der »klassischen« Akkord- und Prämienentlohnung ist nach wie vor die Produktion. Ihr Grundgedanke – ein **Leistungsergebnis im Vergleich mit einer Leistungserwartung**, d. h. den Leistungserfolg, zu honorieren – lässt sich jedoch auf sämtliche Tätigkeiten in einem Unternehmen übertragen.

Voraussetzungen hierfür sind eine **Zielfestlegung**, eine Entscheidung über die Maßstäbe für die **Bewertung** der Zielkriterien – d. h. für eine in der abgelaufenen Periode gezeigte Leistung – sowie die Form der Leistungserfolgs**honorierung**. Während die eine Form der Honorierung – die **Leistungszulage** – eine absolute oder prozentuale Zuzahlung zum Grundentgelt darstellt, die von einem bestimmten Zeitpunkt an künftig (meist unbefristet) und laufend (meist monatlich) gezahlt wird und damit für einen längeren Zeitraum einen weitgehend fixen Charakter erhält, stellt die **Leistungsprämie** als zweite Form der Honorierung eine einmalige Zahlung dar, welche in Abhängigkeit vom jeweiligen periodenbezogenen Leistungsergebnis in der Höhe variiert und im Extremfall auch null betragen kann.

2.3.8.5.2 Zielgespräch und Zielvereinbarung

Ein Beurteilungsgespräch zwischen Vorgesetztem und Mitarbeiter ist zwischenzeitlich in vielen Unternehmen gängige Praxis – wenn man einmal vom Akkordarbeiter absieht.

Dabei darf nicht nur dem Leistungsverhalten der Vergangenheit ein breiter Raum gewidmet werden, sondern auch der Zukunftsbetrachtung. Fragen wie:

- welche sind die anstehenden Gesamtaufgaben des Bereichs/der Abteilung?,
- welche sind die Teilaufgaben des Mitarbeiters?,
- welche Priorität und Wertigkeit hat welche (Teil)Aufgabe?,
- welche sind daher die wichtigsten Teilaufgaben?,

müssen in einem solchen Gespräch beantwortet werden. Die für die nächste Geschäftsperiode anstehenden Aufgaben bilden einerseits die Grundlage für eine spätere Leistungsbeurteilung bzw. Leistungsbewertung und damit die Vergütung, andererseits werden sie als Vorgabe Bestandteil einer Führungstechnik, die unter dem Namen »**Management-by-Objectives**« bzw. »**Führen mit Zielen**« bekannt geworden ist.

Eine Zielvorgabe bedeutet allerdings keine einseitige Festlegung seitens des Vorgesetzten; sie bedeutet vielmehr eine Übereinkunft bzw. Zielvereinbarung.

2.3.8.5.3 Zielkriterien

Zunächst muss sich der Vorgesetzte darüber klar werden, welche Ziele/Teilziele er mit seinem Mitarbeiter vereinbaren will. Dabei sind für die Auswahl solcher Ziele/Teilziele die folgenden allgemeinen Grundsätze zu beachten:

- Sie müssen geeignet sein, eine erfolgreiche Aufgabenerfüllung auch abzubilden, d. h., sie müssen repräsentativ sein für die Aufgabenerfüllung.
- Ihre Kriterien für die spätere Beurteilung müssen so eindeutig und verständlich sein, dass sie auch von verschiedenen Bewertern gleich verstanden werden können.
- Sie sollen voneinander unabhängig sein, d. h. im statistischen Sinne keine oder nur eine sehr geringe wechselseitige Beeinflussung aufweisen.

Die Palette der möglichen Zielvorgaben ist groß, sie können sowohl input- als auch outputbezogen sein. Ihre spezifische Auswahl ist funktions- und aufgabenabhängig.

Ein Arbeitserfolg lässt sich in erster Linie am Arbeitsergebnis messen. Dieses Arbeitsergebnis bildet damit vorrangig auch die Grundlage für seine »Belohnung«, die Vergütung. Nachdem es jedoch nicht wenige Tätigkeiten gibt, bei denen eine Messung oder Bewertung des Arbeitserfolgs schwierig ist, weil die entsprechenden Kriterien fehlen, darf eine Vergütung nicht nur den Leistungsoutput betrachten. Auch gibt es Tätigkeiten, in denen der erwartete Erfolg aus Gründen, die nicht in der Person des Mitarbeiters liegen, nicht erreicht wurde, der Mitarbeiter selbst sich jedoch enorm engagiert hat (s. auch Abschnitt 2.3.5).

	Routinearbeit	**Schwierige Arbeit ohne Führungsverantwortung**	**Führungsaufgaben**
Leistung	Leistungsmenge Qualität	Zielerreichung quantitativ Zielerreichung qualitativ	Zielerreichung quantitativ Zielerreichung qualitativ
Verhalten	Verhalten in der Arbeitsgruppe Einhalten von Vorschriften Umgang mit Sachwerten	Information Verhalten gegen Außenstehende Befolgen von Weisungen Einsatz von Hilfsquellen	Information Verhalten gegen Außenstehende Befolgen von Weisungen Einhalten von Budgets Mitarbeiterförderung Beherrschung des Führungsprozesses

Abb. 7: Mitarbeiterkategorien und bewertbare Zielkriterien

Tendenziell sind **einsatzorientierte Zielkriterien** eher bei verwaltenden, beratenden und überwachenden Tätigkeiten, **erfolgsorientierte** dagegen eher bei gestaltenden, dispositiven und »führenden« Tätigkeiten anwendbar. Anhaltspunkte für deren Auswahl geben auch die Stichworte »Routinearbeit«, »schwierige Arbeit ohne Führungsverantwortung« und »Führungsaufgaben« (siehe Abbildung). Nicht wenige Zielkriterien sind ambivalent. Dies hängt damit zusammen, dass sich bei vielen Tätigkeiten das Verhalten unmittelbar im Arbeitsergebnis niederschlägt. »Arbeitet schnell« als Verhalten bzw. Input muss beinahe zwangsläufig zudem Ergebnis »Arbeitsmenge gut« führen. Analoges gilt für »arbeitet sorgfältigund zuverlässig«: dieses Verhalten führt automatisch dazu, dass das Arbeitsergebnis in Bezug auf seine Qualität als »einwandfrei« bezeichnet werden kann.

Vor diesem Hintergrund sind in der Praxis häufig sich verwischende bzw. beide Aspekte – Verhalten und Ergebnis – definierende Kriterien zu finden. Dies ist insofern vertretbar, als beiden Betrachtungsweisen in den meisten Fällen der Sachverhalt der Bewertung – im Gegensatz zur Messung – zugrunde liegt.

Hieraus ergeben sich zwei allgemeine Grundsätze für die Zielvorgabe input- und outputorientierter Kriterien:

1. Erfolgsorientierte Zielkriterien sind einsatzorientierten Kriterien vorzuziehen. Einsatzorientierte Kriterien treten jedoch an die Stelle erfolgsorientierter, wo letztere nicht oder nur schwer mess- oder bewertbar sind.
2. Erfolgsorientierte Zielkriterien werden umso wichtiger, je höher die Verantwortung und der Einfluss auf den Unternehmenserfolg ist.

Zielkriterien – in der Rückblickbetrachtung Beurteilungskriterien – können nur sehr wenige wesentliche Kriterien, wie z. B. **Arbeitsqualität, Arbeitsquantität und Arbeitsverhalten** sein, sie können aber auch durch »Unterkriterien« abgefüttert werden, mit welchen den an den einzelnen Arbeitsplätzen unterschiedlichen Verhaltens- und Ergebnisanforderungen Rechnung getragen wird. Outputorientierte Kriterien dagegen orientieren sich vornehmlich an Kennzahlen.

Die Besprechung des Grads der individuellen Zielerfüllung zwischen dem Vorgesetzten und seinem Mitarbeiter erfolgt sinnvoller weise im Rahmen eines **Zielerfüllungsgesprächs** als Bestandteil eines allgemeinen Mitarbeitergesprächs. Für dieses gelten die Grundsätze: gründliche Vorbereitung, sachliche und ungestörte Atmosphäre und kein Zeitdruck.

Für die **Beurteilung** bzw. **Bewertung** der individuellen Zielerfüllung haben sich zwei Verfahren herausgebildet: das **Rangreihenverfahren** und das deskriptive bzw. **beschreibende Verfahren.** Beim Rangreihenverfahren wird analog wie bei der analytischen Arbeitsbewertung für jedes Beurteilungskriterium eine gesonderte Rangreihe gebildet. Dies bedeutet, dass jeder Mitarbeiter in jedem Beurteilungsmerkmal getrennt mit den übrigen zu beurteilenden Mitarbeitern verglichen wird. Im Endergebnis erhält jeder Mitarbeiter einen ganz bestimmten Rangplatz in der jeweiligen Rangreihe. Die einzelnen Beurteilungskriterien werden dabei in ihrer Ausprägung beschrieben und die einzelnen Ausprägungsstufen mit Punktwerten versehen (siehe Abbildung).

Beschreibung der Ausprägung	**Arbeitsgüte**	**Arbeitsmenge**	**Einsatzbereitschaft**
Stufe 1 reicht nicht aus (muss gesteigert werden)	1	1	1
Stufe 2 reicht aus (zum Teil gut)	2	2	2
Stufe 3 gut (wird von den meisten Mitarbeitern erfüllt)	3	3	3
Stufe 4 sehr gut	4	4	4
Stufe 5 ausgezeichnet	5	5	5

Abb. 8: Bewertungsschema Rangreihenverfahren

Welcher Inhalt den einzelnen **Beurteilungskriterien** zugrunde gelegt wird, hängt von dem jeweiligen Arbeitsplatz ab. So können bei dem Merkmal Arbeitsgüte der Grad der Kenntnisse, Fähigkeiten und Begabungen, die Art der Arbeitsausführung und bei Führungskräften zusätzlich die Führungseigenschaften bewertet werden. Bei der Beurteilung des Kriteriums Arbeitsmenge ist der Zeitaufwand unter Beachtung der Arbeitsgüte zu berücksichtigen. Die Einsatzbereitschaft schließlich bezieht sich sowohl auf den normalen als auch den unvorhergesehenen Arbeitsablauf, die Bereitschaft zur Zusammenarbeit und die Verantwortungsübernahme, aber auch die Bereitschaft, unangenehme und unpopuläre Aufgaben zu übernehmen und durchzuführen.

Im deskriptiven bzw. beschreibenden Verfahren orientiert sich der Vorgesetzte bei den einzelnen Bewertungskriterien an einer Skala von Beschreibungen verschiedener Verhaltensweisen bspw. in den Bewertungskriterien Arbeitsmenge, Termintreue, Arbeitsqualität, Arbeitsorganisation und -planung sowie Fachwissen.

Eine solche Skala zum Bewertungskriterium Arbeitsorganisation und -planung kann folgende Formulierungen enthalten:

- **Stufe 1:** Es bedarf ausführlicher Unterweisung, damit die einzelnen Teilaufgaben dem Mitarbeiter bekannt sind. Das Kostenbewusstsein ist nicht genügend ausgeprägt.
- **Stufe 2:** Nach kurzer Einweisung werden die Aufgaben weitgehend selbstständig geplant und organisiert. Hin und wieder gerät der Mitarbeiter unter selbstverschuldeten Zeitdruck. Auf die Kostenverantwortung muss manchmal hingewiesen werden.

- **Stufe 3:** Die Aufgaben im eigenen Zuständigkeitsbereich werden selbstständig so geplant und organisiert, dass sie ohne Zeitverschwendung oder Zeitdruck erledigt werden können.
- **Stufe 4:** Der Mitarbeiter besitzt eine gute Auffassungsgabe und erkennt aus der Aufgabenstellung das Wesentliche. Er plant seine Aufgaben umsichtig und mit dem entsprechenden Kostenbewusstsein und Verantwortungsgefühl. Für die Planung setzt er sich selbst Zwischenziele. Abweichungen erkennt er frühzeitig und stellt sich darauf ein.
- **Stufe 5:** Der Mitarbeiter ist stets in der Lage, alle im Hinblick auf eine Zielsetzung notwendigen Hilfsmittel, Verfahren und Personen zu erkennen, ihre Bedeutung. Hierfür zu bewerten und den zeitlichen Ablauf ihres Zusammenspiels vorher zu Bestimmen und zu kontrollieren. Potenzielle Probleme werden frühzeitig analysiert.

2.3.8.6 Formen des Gruppenentgelts

Im internationalen Wettbewerb zeigt es sich immer wieder, dass künftig nur die Unternehmen mithalten können, bei denen alle Mitarbeiter die Unternehmensziele gemeinsam angehen. Dieser Tatbestand hat vor allem in der Produktion zum verstärkten Einsatz von **Gruppenarbeit** mit einer entsprechenden Gestaltung der arbeitsorganisatorischen Bedingungen geführt. Hauptkennzeichen dieser Gruppenarbeit sind:

- eine starke Produktbezogenheit,
- eine zunehmende organisatorische und dispositive Selbstständigkeit,
- ein innerer Aufgabenzusammenhang mit einem Kooperationszwang bei der Aufgabenerfüllung sowie
- ein erweiteter Handlungsspielraum der Mitarbeiter.

Vor diesem Hintergrund ergibt sich für die Gruppenmitglieder eine gemeinsame Grundlage für ihre Vergütung. Die Zielsetzung einer Produktivitätserhöhung soll dabei erreicht werden durch:

- die Verwendung von Ergebniskennzahlen wie z. B. die Ausbringung und Produktivität,
- eine Vereinfachung der Datenerfassung, Lohnermittlung und Lohnabrechnung,
- eine Einbeziehung verschiedener Mitarbeitergruppen (wie bspw. Bandarbeiter, Wartungstechniker und Wartungsingenieure) sowie darüber hinaus auch
- die Berücksichtigung des individuellen Engagements und der Flexibilität der Gruppenmitarbeiter.

Der **Gruppenbonus** bildet eine erfolgsbezogene Vergütungskomponente. Er wird nicht für ein Einzelergebnis, sondern für das gemeinsam erbrachte Ergebnis aller in der Arbeitsgruppe tätigen Mitarbeiter gezahlt. Erfolgskennzahl ist u. a. die Verbesserung der Produktivität, die Erhöhung der ausgebrachten »Gut-Stückzahl«, die reduzierte Maschinenlaufzeit oder die Reduzierung von Mehrkosten. Kennzeichnend für den Gruppenbonus ist, dass er für alle Gruppenmitglieder gleich hoch ist.

Der individuelle Leistungsbeitrag innerhalb der Gruppe wird durch eine zusätzliche **individuelle Prämie** honoriert. Sie basiert auf einer Bewertung des individuellen Leistungsverhaltens seitens der Führungskraft. In diese Beurteilung können z. B. eingehen die Bereitschaft zur Zusammenarbeit (Teamarbeit), die Flexibilität im Sinne eines Arbeitsplatzwechsels innerhalb der Gruppe, der individuelle Beitrag bei aufgetretenen Problemen sowie der individuelle Beitrag zur Qualitätsverbesserung.

Sowohl Gruppenbonus als auch individuelle Prämie bilden variable, erfolgsorientierte Vergütungsbestandteile.

2.3.9 Kriterien für die Wahl der Entgeltform

Vergütung und Vergütungssysteme gibt es in (nahezu) jedem Unternehmen. Die wenigen Fälle, in denen über ein vollkommen neues Vergütungssystem nachgedacht wird (nachgedacht werden muss), beschränken sich daher in erster Linie auf **Unternehmensneugründungen und Unternehmenszusammenschlüsse**. In der Regel geht es in der Praxis daher um die Modifizierung, Ergänzung oder Verbesserung eines vorhandenen Vergütungssystems. Obwohl in diesem Falle auf einem vorhandenen Fundament aufgebaut werden kann, ist das Vorhaben nicht weniger schwierig als bei einer völligen Neugestaltung. Im Gegenteil: die Situation ist mit der eines Hausbaus vergleichbar; die Grenzen für eine Modernisierung sind meist enger.

In Abhängigkeit von der jeweiligen unternehmensspezifischen Ausgangslage sind zu beachten:

- die arbeitsrechtlichen Bedingungen,
- die personalwirtschaftlichen Zielsetzungen,
- die objektiven und subjektiven Arbeitsbedingungen sowie
- die Kosten der Entgeltfestlegung und -abrechnung.

Im Hinblick darauf sind vor einer Entscheidung über die Wahl einer Entgeltform folgende Fragestellungen zu beantworten:

Frage 1: Welche Ziele haben die geplanten Veränderungen und wie werden diese Ziele gewichtet?

- Anpassung des Vergütungssystems an veränderte Organisationsstrukturen?
- Senkung der Personalkosten?
- Erhöhung der Anreizwirkung?
- Verbesserung der Gerechtigkeit?
- Reduktion der Komplexität?

Frage 2: Auf welche Mitarbeitergruppen sollten sich die Veränderungen Angesichts der Zielsetzungen beziehen?

- Alle Mitarbeitergruppen?
- Nur für Gruppenmitarbeiter?
- Nur für Lohnempfänger?
- Nur für Gehaltsempfänger?
- Nur für Tarifmitarbeiter?
- Nur für AT-Mitarbeiter bzw. Führungskräfte?
- Nur für bestimmte Funktionsbereiche (Vertrieb, Produktion)?

Frage 3: Erfordert die Veränderungsziele eine Umgestaltung des Gesamtsystems oder nur einzelner Vergütungselemente?

- Gesamtsystem?
- Grundvergütung?
- Leistungsvergütung?
- Erfolgsbeteiligung?
- Kapitalbeteiligung?
- Unternehmenswertorientierte Vergütung?

- Betriebliche Altersvorsorge?
- Zusatzleistungen?

Frage 4: Welche rechtlichen Rahmenbedingungen sind bei der Neugestaltung zu beachten und welcher Gestaltungsspielraum steht innerhalb dieses Regelungsrahmens zur Verfügung?

- Gesetze?
- Tarifverträge?
- Betriebsvereinbarungen/Mitbestimmungsrechte?
- Arbeitsvertragliche Vereinbarungen?

Frage 5: Wer ist an den Vorüberlegungen/der Erarbeitung zu beteiligen?

- Gewerkschaften?
- Gesamtbetriebsrat/Betriebsrat?
- Führungskräfte?
- Mitarbeiter?
- Externer Berater?

Frage 6: Welche Kosten entstehen durch das neue System, welcher Nutzen steht diesen Kosten gegenüber?

- Einmalige Einführungskosten?
- Quantifizierbare Zusatz-/Minderkosten?
- Kostenflexibilisierung?
- Effizienzsteigerung?
- Motivationswirkung?
- Kosten der Systempflege?
- Kosten der Abrechnung?

Frage 7: Welcher zeitliche Rahmen wird für die Umsetzung benötigt?

- Systemgestaltung?
- Systemverabschiedung?
- Abschluss von Betriebsvereinbarungen?
- Änderungskündigungen?

2.3.10 Personalzusatzkosten

Personalkosten als Sammelbegriff setzen sich aus zahlreichen Einzelkostenblöcken zusammen. Üblich ist zumindest eine Unterscheidung nach Personal**basis**kosten und Personal**zusatz**kosten.

Bei den Personalbasiskosten handelt es sich um das Entgelt bzw. die Vergütung für die tatsächlich geleistete Arbeit eines Mitarbeiters – genauer gesagt um die Bezahlung der Anwesenheitszeiten. Zu diesen Basiskosten zählen in erster Linie Löhne und Gehälter.

Bei den Personalzusatzkosten handelt es sich dagegen um personalbedingte oder personalbezogene Entgelte oder Zahlungen unabhängig von der tatsächlich geleisteten Arbeitszeit (d. h. auch für sog. Ausfallzeiten). Personalzusatzkosten beruhen auf gesetzlichen, tariflichen und betrieblichen Regelungen.

Dr. Kurt Femppel

- Gesetzliche Personalzusatzkosten sind in erster Linie die Sozialversicherungsbeiträge der Arbeitgeber, Feiertagsvergütungen sowie die Entgeltfortzahlung im Krankheitsfall.
- Tarifliche Personalzusatzkosten umfassen den bezahlten Jahresurlaub, zusätzliches Urlaubsgeld, Vermögenswirksame Leistungen sowie Weihnachtsgratifikationen und ein 13. Monatseinkommen.
- Betriebliche Personalzusatzkosten schließlich sind freiwillige erfolgsbezogene Sonderzahlungen, die Kosten der betrieblichen Altersversorgung sowie Aus- und Weiterbildungskosten.

Die Personalzusatzkosten spielen in der Bundesrepublik Deutschland eine große Rolle. Deutschland kann bei diesen weltweit als Spitzenreiter bezeichnet werden. Im Jahre 2001 entfielen im produzierenden Gewerbe auf jeweils 100 Euro Personalbasiskosten 81,20 Euro Personalzusatzkosten. Dies bedeutet mit anderen Worten: das Entgelt für »nicht-geleistete« Arbeit ist annähernd so hoch wie das für »geleistete« Arbeit. Schwerpunkte dabei bilden die gesetzlichen Sozialversicherungsbeiträge der Arbeitgeber, das Urlaubsgeld sowie die Lohn- und Gehaltsfortzahlung im Krankheitsfall.

Literatur:

Deutsche Gesellschaft für Personalführung (Hrsg.): Ganzheitliche Vergütungspolitik, Düsseldorf, 2002

Deutsche Gesellschaft für Personalführung (Hrsg.): Ziele und Vergütung in einem dynamischen Umfeld – Alternativen, Grenzen und Praxisbeispiele, Düsseldorf 2006 (in Vorbereitung)

Femppel, K./Zander, E.: Leistungsorientierte Vergütung, Köln, 2000

Lang, J. M.: Moderne Entgeltsysteme, Wiesbaden, 2001

Reichmann, L.: Entgeltflexibilisierung, Köln, 2002

2.4 Sozialversicherungsrecht anwenden

2.4.1 Grundsätze der Sozialversicherung

Die Sozialversicherung ist die wichtigste **Säule der sozialen Sicherung** des Bürgers. Sie begleitet ihn das ganze Leben. Jeder hat die Gewissheit, geschützt zu sein gegen Schwierigkeiten, Unvorhergesehenes, unerwartete materielle Not und sozialen Abstieg. Die Sozialversicherung ist die Versicherung, bei der ausgeglichen wird unter den Versicherten. Jeder hat Anspruch auf ihre Leistungen und hat soziale Rechte. Es hat aber auch jeder mit seinen Beiträgen zur Versicherung beizutragen (**Solidargemeinschaft**).

Die **Bestimmungen** über die Berechnung der Beiträge und deren Voraussetzungen sind sehr umfangreich und in den einzelnen Sozialgesetzbüchern enthalten. Darüber hinaus gibt es viele Rechtsverordnungen, Richtlinien und Entscheidungen. Das wichtigste **Gesetz** ist das Sozialgesetzbuch (SGB) mit mehreren Einzelbüchern:

- Buch I – Allgemeiner Teil,
- Buch II – Grundsicherung für Arbeit Suchende,
- Buch III – Arbeitsförderung,
- Buch IV – Gemeinsame Vorschriften für die Sozialversicherung,
- Buch V – Gesetzliche Krankenversicherung,
- Buch VI – Gesetzliche Rentenversicherung,
- Buch VII – Gesetzliche Unfallversicherung,
- Buch VIII – Kinder und Jugendliche,
- Buch IX – Rehabilitation und Teilhabe behinderter Menschen,
- Buch X – Sozialverwaltungsverfahren und Sozialdatenschutz,
- Buch XI – Soziale Pflegeversicherung,
- Buch XII – Leistungen der Sozialhilfe.

Zu den entscheidenden **Rechtsverordnungen** zählen:

- Arbeitsentgeltverordnung (ArEV),
- Sachbezugsverordnung (SachBezV),
- Datenerfassungs- und übermittlungsverordnung (DEÜV),
- Beitragsverfahrensverordnung (BVV).

2.4.1.1 Träger der gesetzlichen Sozialversicherung und Versicherungszweige

Die Träger der **gesetzlichen Kranken- und Pflegeversicherung** sind:

- allgemeine Ortskrankenkasse,
- Betriebskrankenkasse,
- Ersatzkassen,
- See-Krankenkasse,
- Bundesknappschaft,
- Landwirtschaftliche Krankenkassen,
- Innungskrankenkassen.

Träger der **gesetzlichen Rentenversicherung** sind:

- Deutsche Rentenversicherung Bund,
- Deutsche Rentenversicherung (Regionalträger),
- Deutsche Rentenversicherung Knappschaft – Bahn – See,
- Landwirtschaftliche Alterskassen.

Träger der **Arbeitslosenversicherung** ist die Bundesagentur für Arbeit.

Träger der **gesetzlichen Unfallversicherung** sind:

- Gewerbliche Berufsgenossenschaften,
- See-Berufsgenossenschaft,
- Landwirtschaftliche Berufsgenossenschaft,
- Gemeindeunfallversicherungsverbände,
- Ausführungsbehörden der Unfallversicherung des Bundes, der Länder und der Gemeinden,
- Feuerwehr-Unfallversicherung,
- etc.

2.4.1.2 Organe der Selbstverwaltung und deren Aufsicht

2.4.1.2.1 Rechtsstellung der Versicherungsträger

Die Träger der Sozialversicherung (Versicherungsträger) sind **rechtsfähige Körperschaften des öffentlichen Rechts** mit Selbstverwaltung. Die Selbstverwaltung wird grundsätzlich durch die Versicherten und die Arbeitgeber ausgeübt. Die Versicherungsträger erfüllen im Rahmen des Gesetzes und des sonstigen für sie maßgebenden Rechts ihre Aufgaben in eigener Verantwortung.

2.4.1.2.2 Organe

Bei jedem Versicherungsträger der **Kranken-, Pflege- und Rentenversicherung** werden als **Selbstverwaltungsorgane** eine Vertreterversammlung und ein Vorstand gebildet. Jeder Versicherungsträger hat einen Geschäftsführer, der dem Vorstand mit beratender Stimme angehört. Die Vertreterversammlung, der Vorstand und der Geschäftsführer nehmen im Rahmen ihrer Zuständigkeit die Aufgaben des Versicherungsträgers wahr. Die vertretungsberechtigten Organe des Versicherungsträgers haben die Eigenschaft einer **Behörde**. Sie führen das Dienstsiegel des Versicherungsträgers.

Bei den **Orts-, Betriebs- und Innungskrankenkassen** sowie Ersatzkassen werden anstelle einer Vertreterversammlung und eines Vorstandes ein **Verwaltungsrat** als Selbstverwaltungsorgan sowie ein **hauptamtlicher Vorstand** gebildet. Ein Geschäftsführer gibt es bei ihnen nicht. Die Sektionen, die Bezirksverwaltungen und die Landesgeschäftsstellen der Versicherungsträger können Selbstverwaltungsorgane bilden. Die Satzung grenzt die Aufgaben und die Befugnisse dieser Organegegenüber den Aufgaben und Befugnissen der Organe der Hauptverwaltung ab.

Nach § 371 SGB III sind Selbstverwaltungsorgane der Bundesagentur für Arbeit der Verwaltungsrat und die Verwaltungsausschüsse. Diese Organe haben die Verwaltung zu überwachen und in allen aktuellen Fragen des Arbetsmarktes zu beraten. Die Bundesagentur wirtd ohne Selbstverwaltung tätig, soweit sie der Fachaufsicht unterliegt. Die Selbstverwaltungsorgane setzen sich zu gleichen Teilen aus Vertreterinnen und Vertretern der Arbeitnehmerinnen und Arbeitnehmer, der Arbeitgeber sowie der öffentlichen Körperschaften zusammen. Eine Stellvertretung ist nicht zulässig. Der Verwaltungsrat überwacht den Vorstand und die Verwaltung. Er beschließt die Satzung der Bundesagentur und erlässt die Anordnungen nach dem SGB III. Die Satzung und die Anordnungen des Verwaltungsrats bedürfen der Genehmigung des Bundesministeriums für Wirtschaft und Arbeit, das in bestimmten Fällen Rechtsverordnungen erlassen kann.

Jede Agentur hat einen Verwaltungsausschuss, der die Agentur überwacht und bei der Erfüllung ihrer Aufgaben berät. Die Zahl der Mitglieder der Verwaltungsausschüsse von höchstens 15 setzt der Verwaltungsrat fest.

Die Bundesagentur wird von einem Vorstand geleitet, der die Geschäfte führt und die Agentur gerichtlich und außergerichtlich vertritt. Der Vorstand besteht aus einer oder einem Vorsitzenden und zwei weiteren Mitgliedern.

Unter der Bundesagentur mit Sitz in Nürnberg gibt es die örtlichen Agenturen für Arbeit, die jeweils von einer Geschäftsführung geleitet werden. Die Geschäftsführung besteht aus einer oder einem Vorsitzenden und zwei weiteren Mitgliedern. Darüber hinaus gibt es Regionaldirektionen auf der mittleren Verwaltungsebene, die die Verantwortung für den Erfolg der regionalen Arbeitsmarktpolitik tragen.

Soweit die **Unfallversicherung** durch **Ausführungsbehörden** durchgeführt wird, werden entsprechende Selbstverwaltungsorgane gebildet.

Organe der **landwirtschaftlichen Krankenkassen** und der landwirtschaftlichen Alterskassen sind die Organe der landwirtschaftlichen Berufsgenossenschaften, bei denen sie errichtet sind.

Die Satzungen der **See-Berufsgenossenschaft** und der Seekasse können vorsehen, dass für beide Versicherungsträger ein gemeinsamer Geschäftsführer und Stellvertreter gewählt wird, und das Nähere hierzu bestimmen.

Ansonsten setzen sich die **Selbstverwaltungsorgane** wie folgt zusammen:

- grundsätzlich je zur Hälfte aus Vertretern der Versicherten und der Arbeitgeber,
- bei den Trägern der landwirtschaftlichen Unfallversicherung, mit Ausnahme der Gartenbau-Berufsgenossenschaft, je zu einem Drittel aus Vertretern der versicherten Arbeitnehmer (Versicherten), der Selbstständigen ohne fremde Arbeitskräfte und der Arbeitgeber,
- bei der Bundesknappschaft zu zwei Dritteln aus Vertretern der Versicherten und zu einem Drittel aus Vertretern der Arbeitgeber,
- bei den Ersatzkassen aus Vertretern der Versicherten.

Bei der **Bahn-Versicherungsanstalt** sowie bei **Betriebskrankenkassen**, die für einen Betrieb oder mehrere Betriebe desselben Arbeitgebers bestehen, gehören den Selbstverwaltungsorganen außer den Vertretern der Versicherten, der Arbeitgeber oder sein Vertreter an. Er hat dieselbe Zahl der Stimmen wie die Vertreter der Versicherten; bei einer Abstimmung kann er jedoch nicht mehr Stimmen abgeben, als den anwesenden Versichertenvertretern zustehen. Bei Betriebskrankenkassen, die für Betriebe mehrerer Arbeitgeber bestehen, gehören dem Verwaltungsrat jeder Arbeitgeber oder sein Vertreter an, sofern die Satzung nicht anderes bestimmt. Die Zahl der dem Verwaltungsrat angehörenden Arbeitgeber oder ihrer Vertreter darf die Zahl der Versichertenvertreter nicht übersteigen.

2.4.1.2.3 Aufsicht über Versicherungsträger

Die Versicherungsträger unterliegen **staatlicher Aufsicht**. Sie erstreckt sich auf die Beachtung von Gesetz und sonstigem Recht, das für die Versicherten maßgebend ist. Auf den Gebieten der Prävention in der gesetzlichen Unfallversicherung erstreckt sich die Aufsicht auch auf den Umfang und die Zweckmäßigkeit der Maßnahmen. Die Aufsichtsbehörde kann auch die **Geschäfts- und Rechnungsführung** des Versicherungsträgers prüfen. Die Versicherungsträger haben der Aufsichtsbehörde oder ihren Beauftragten auf Verlangen alle Unterlagen vorzulegen und alle Auskünfte zu erteilen, die zur **Ausübung des Aufsichtsrechts** auf Grund pflichtgemäßer Prüfung der Aufsichtsbehörde gefordert werden.

Die Aufsicht über die Versicherungsträger, deren Zuständigkeitsbereich sich über das Gebiet eines Landes hinaus erstreckt (**bundesunmittelbare Versicherungsträger**), führt das **Bundesversicherungsamt**, auf den Gebieten der Prävention in der gesetzlichen Unfallversicherung das Bundesministerium für Wirtschaft uns Arbeit. Die Aufsicht über die Unfallkasse Post und Telekom auf dem Gebiet Prävention in der gesetzlichen Unfallversicherung führt das Bundesministerium der Finanzen.

Die Aufsicht über die Versicherungsträger, deren Zuständigkeitsbereich sich nicht über das Gebiet eines Landes hinaus erstreckt (**landesunmittelbare Versicherungsträger**), führen die für die Sozialversicherung zuständigen obersten Verwaltungsbehörden der Länder oder die von den Landesregierungen durch Rechtsverordnung bestimmten Behörden; die Landesregierungen können diese Ermächtigung auf die obersten Landesbehörden weiter übertragen. Die Verwaltungsbehörden führen die Aufsicht über Versicherungsträger, deren Zuständigkeitsbereich sich über das Gebiet eines Landes, aber nicht über mehr als drei Länder hinaus erstreckt und für die das aufsichtsführende Land durch die beteiligten Länder bestimmt ist.

Die Aufsicht über die Bundesagentur für Arbeit führt das Bundesministerium für Wirtschaft und Arbeit. Sie erstreckt sich darauf, dass Gesetz und sonstiges Recht beachtet werden. Dem Bundesministerium wird jährlich ein Geschäftsbericht vorgelegt, der vom Vorstand zu erstatten und vom Verwaltungsrat zu genehmigen ist.

2.4.2 Versicherungsschutz, Ziele, Aufgaben und Leistungen der gesetzlichen Krankenversicherung

2.4.2.1 Krankenkassen-Wahlrecht

Die **Zugehörigkeit zu einer Krankenkasse** ist nicht nur für das Leistungsrecht der Kranken- und Pflegeversicherung, sondern insbesondere auch für die Beitragsberechnung und den Einzug der Beiträge von Bedeutung, außer der für die Unfallversicherung mit Zuständigkeit der Unfallversicherungsträger.

Hinsichtlich der **Wahl der Krankenkasse** gilt Folgendes: Versicherungspflichtige und Versicherungsberechtigte (freiwillig bei einer gesetzlichen Krankenkasse Versicherte) können ihre Krankenkasse frei wählen. Es gibt grundsätzlich nur so genannte Wahlkrankenkassen. Gesetzliche »Zuweisungskassen« bleiben die:

- Bundesknappschaft (Bergleute),
- See-Krankenkasse (Seeleute),
- landwirtschaftliche Krankenkassen (Landwirte).

Diejenigen Beschäftigten, die zum **Zuständigkeitsbereich** dieser Krankenkassen gehören, werden zwangsläufig bei diesen Krankenkassen versichert. Sie besitzen also **kein Wahlrecht** zu einer Ersatzkasse oder zu anderen Kassenarten. Im Umkehrschluss kann eine dieser drei Kassenarten aber auch nicht im Rahmen des § 173 SGB V (allgemeine Wahlrechte) gewählt werden, wenn die versicherungspflichtige Beschäftigung außerhalb der Bereiche stattfindet, für die diese Krankenkassen zuständig sind.

Die Möglichkeit der Wahl der Krankenkasse hat zur Folge, dass Beschäftigte die **Mitgliedschaft** bei einer bestimmten Krankenkasse grundsätzlich nur durch eine entsprechende **schriftliche Willenserklärung** (Wahl) gegenüber der jeweiligen Krankenkasse erlangen können.

Eine **Kündigung** ist zum Ende des übernächsten Kalendermonats, gerechnet vom Monat des Kündigungseinganges, möglich.

Beispiel:

Kündigung am 03. 01. 2006 – Kündigung der Mitgliedschaft zum 31. 03. 2006.

Hinsichtlich der Kündigung ist weiterhin folgendes zu beachten:

- An einer vorgenommenen Wahl ist der Versicherte 18 Monate gebunden.
- Bei einer Beitragssatzerhöhung besteht ein **Sonderkündigungsrecht** ohne Einhaltung der Bindungsfrist von 18 Monaten, also Kündigung zum übernächsten Monat nach Eingang der Kündigung (Beispiel s. o.).
- Die **Bindungsfrist** gilt nicht bei einer Kündigung wegen Ausscheidens aus der gesetzlichen Krankenversicherung.
- Die vorgenannte Bindungsfrist gilt nicht beim Übertritt in die Familienversicherung oder weil keine Mitgliedschaft bei einer Krankenkasse begründet werden soll.
- Die abgewählte Kasse hat unverzüglich, spätestens innerhalb von zwei Wochen, dem Mitglied eine Kündigungsbestätigung auszustellen.
- Die Kündigung wird erst wirksam, wenn die abgewählte Kasse innerhalb der Kündigungsfrist die Mitgliedsbescheinigung der neuen Kasse erhalten hat.
- Die neue Kasse darf erstmals nach Erhalt der Kündigungsbestätigung eine Mitgliedsbescheinigung zur Vorlage beim Arbeitgeber ausstellen.
- Wird die Mitgliedsbescheinigung nicht spätestens zwei Wochen nach Eintritt der Versicherungspflicht vorgelegt, hat die zur Meldung verpflichtete Stelle den Versicherungspflichtigen ab Eintritt der Versicherungspflicht bei der Krankenkasse anzumelden, bei der zuletzt eine Versicherung bestanden hat.
- Der Arbeitgeber hat ansonsten keine Prüfungen durchzufahren oder Fristen einzuhalten, um einen Kassenwechsel rechtswirksam werden zu lassen.

2.4.2.2 Kreis der versicherten Personen und Zuständigkeit der Krankenkassen

2.4.2.2.1 Merkmale der Versicherungspflicht

Die **Voraussetzungen für die Versicherungspflicht** von Beschäftigten, einschließlich Auszubildender und sonstiger Personen, wie beispielsweise Praktikanten und Studenten, sind hinsichtlich der Kranken-, Pflege-, Renten-, Arbeitslosen- und Unfallversicherung in verschiedenen Sozialgesetzbüchern festgelegt (siehe Abschnitt 2.4.1). Grundsätzlich gilt, dass der mündliche oder schriftliche Abschluss eines Arbeitsvertrages und die Tatsache der Lohnsteuerpflicht nicht automatisch zur Versicherungspflicht führt. Versicherungspflicht ist immer dann gegeben, wenn folgende drei Voraussetzungen erfüllt sind:

- Zugehörigkeit zu einem in den entsprechenden Gesetzen vorgesehenen Personenkreis,
- Bestehen eines Beschäftigungsverhältnisses im versicherungsrechtlichen Sinne,
- Ausübung einer Beschäftigung gegen Entgelt.

Zur Berufsausbildung Beschäftigte (z. B. Auszubildende) ohne Arbeitsentgelt sind in der Krankenversicherung nicht als Arbeitnehmer, sondern den Praktikanten gleichgestellt und nach besonderen Vorschriften versichert (§ 5 Abs. 1 Nr. 10 SGB V). Für Auszubildende ohne Arbeitsentgelt tritt Krankenversicherungspflicht jedoch nur ein, wenn keine Krankenversicherungspflicht nach anderen Vorschriften bzw. keine Familienversicherung besteht. In der Renten- und Arbeitslosenversicherung sind die zur Berufsausbildung ohne Arbeitsentgelt Beschäftigten als Arbeitnehmer generell versicherungspflichtig (§ 1 Satz 1 Nr. 1 SGB VI, § 25 Abs. 1 SGB II).

2.4.2.2.2 Jahresarbeitsentgeltgrenze der Krankenversicherung

Die **Jahresarbeitsentgeltgrenze (JAE-Grenze)** ist zur Klärung der Frage von Bedeutung, ob Versicherungspflicht besteht oder nicht. Die Grenze wird nach § 6 SGB V jährlich von der Bundesregierung in der Rechtsverordnung nach § 160 SGB VI festgesetzt. Sie beträgt im Jahre 2006 47.250,00 Euro. Abweichend davon beträgt die Jahresarbeitsentgeltgrenze für Arbeiter und Angestellte, die am 31.12. 2002 wegen Überschreitens der an diesem Tag geltenden Jahresarbeitsentgeltgrenze versicherungsfrei und bei einem privaten Krankenversicherungsunternehmen in einer substitutiven Krankenversicherung versichert waren, im Jahre 2006 42.750,00 Euro. Auch dieser Betrag verändert sich jährlich.

Es ist das zu **erwartende regelmäßige Arbeitsentgelt** (einschl. wiederkehrender Sonderzuwendungen) festzustellen. Außer Ansatz bleiben:

- Zuschläge, die mit Rücksicht auf den Familienstand gezahlt werden,
- Vergütungen für Mehrarbeit (mit Ausnahme fester Pauschalbeträge), die über die regelmäßige Wochenarbeitszeit hinausgehen,
- vom Arbeitgeber getragene Arbeitnehmeranteile zur Krankenversicherung, wenn sie zur Überschreitung der JAE-Grenze führen.

Beispiel:

Ermittlung des Jahresarbeitsentgelts zur Feststellung, ob die allgemeine Jahresarbeitsentgeltgrenze 2006 von 47.250,00 Euro überschritten wird.

Art der Bezüge		Zeitraum vom 1.1. bis 31.12.	
			Ohne Ansatz
Monatsentgelt	3700,00 Euro×12	44400,00 Euro	
Verheiratetenzulage	25,00 Euro×12	–	300,00 Euro
Kinderzuschuss	25,00 Euro×12	–	300,00 Euro
Weihnachtsgeld im Nov. (tarifl.vereinbart)		2600,00 Euro	–
Einmalige Sonderzuwendung (ohne Rechtsanspruch)	250,00 Euro	–	250,00 Euro
Urlaubsgeld (tarifl. vereinbart)		1500,00 Euro	–
Summe		48500,00 Euro	850,00 Euro

Ergebnis: Wegen Überschreitens der Jahresarbeitsentgeltgrenze von 47.250,00,00 Euro besteht Krankenversicherungsfreiheit.

Ob die JAE-Grenze überschritten wird, ist durch eine Berechnung des in Betracht kommenden Arbeitsentgelts bei:

- Beginn der Beschäftigung,
- Aufnahme einer weiteren Beschäftigung,
- Änderung des Arbeitsentgelts,
- Änderung der Jahresarbeitsentgeltgrenze

festzustellen.

Ergibt sich bei Beginn des Beschäftigungsverhältnisses die **Überschreitung der JAE-Grenze**, ist der Betreffende sofort krankenversicherungsfrei. Ansonsten scheiden Arbeitnehmer, deren Arbeitsentgelt die JAE-Grenze überschreitet, nicht etwa mit dem Kalendermonat der Feststellung der Überschreitung der Grenze, sondern mit Ablauf des Kalenderjahres der Überschreitung aus der Krankenversicherung aus. Voraussetzung ist allerdings, dass auch die JAE-Grenze des Folgejahres überschritten wird. Wird also die JAE-Grenze des nächsten Kalenderjahres nicht Überschriften, bleibt der Arbeitnehmer weiterhin krankenversicherungspflichtig.

Wird die **JAE-Grenze** im Laufe eines Kalenderjahres durch Verminderung des Arbeitsentgelts nicht nur vorübergehend **unterschritten** und liegen nicht die Voraussetzungen für die Versicherungsfreiheit als geringfügige Beschäftigung vor, beginnt die Versicherungspflicht sofort, das heißt mit dem Monat, für den erstmals das niedrigere Arbeitsentgelt gewährt wird. Die Versicherungspflicht entfällt jedoch bei Personen, die das 55. Lebensjahr vollendet haben, wenn sie in den letzten fünf Jahren nicht gesetzlich versichert waren und mindestens die Hälfte dieser Zeit versicherungsfrei waren. Dies gilt insbesondere für Personen, die einem privaten Krankenversicherungsunternehmen angehörten.

Arbeitnehmer, die krankenversicherungspflichtig werden, können sich unter bestimmten Voraussetzungen auf Antrag innerhalb von drei Monaten von der **Versicherungspflicht befreien lassen**.

Personen, die bei einem privaten Krankenversicherungsunternehmen versichert sind und versicherungspflichtig werden, können ihren privaten **Versicherungsvertrag vorzeitig kündigen**.

2.4.2.2.3 Beschäftigungsverhältnis

Die Kriterien für die Annahme eines Beschäftigungsverhältnisses im Sinne der Sozialversicherung decken sich im Wesentlichen mit denen für die Beurteilung, ob eine **nichtselbstständige Arbeit** (Dienstverhältnis) im Sinne des Steuerrechts vorliegt. Allerdings besteht im Gegensatz zum Steuerrecht nur Beitragspflicht für Zuwendungen, die während eines bestehenden Beschäftigungsverhältnisses gewährt werden. Ansonsten ergibt sich eine Beitragspflicht allenfalls aus Sonderregelungen (z. B. für Betriebsrenten nach den Bestimmungen über die Krankenversicherung der Rentner).

Nach höchstrichterlicher Rechtsprechung ist als Voraussetzung für eine sozialversicherungspflichtige Tätigkeit die persönliche und wirtschaftliche Eingliederung in einen fremden Betrieb anzusehen. Der Arbeitnehmer muss vom Arbeitgeber abhängig sein und darf ein eigenes unternehmerisches Risiko nicht tragen. Wenn dagegen die persönliche Abhängigkeit zu verneinen ist, dann muss eine **sozialversicherungsfreie selbstständige Tätigkeit** angenommen werden. Anhaltspunkte dafür sind wiederum das uneingeschränkte Recht zum freien Einsatz der eigenen Arbeitskraft sowie das Recht zur beliebigen Beschäftigung von Hilfskräften.

2.4.2.2.4 Geringfügige Beschäftigungen

Geringfügige Beschäftigungen sind nach § 7 SGB V, § 5 Abs. 2 SGB VI, § 27 SGB III in der Kranken-, Renten- und Arbeitslosenversicherung grundsätzlich unter den Voraussetzungen der §§ 8, 8 a SGB IV versicherungsfrei. Aus der Krankenversicherungsfreiheit folgt, dass in dieser Beschäftigung auch keine Versicherungspflicht in der Pflegeversicherung besteht. Es wird dabei zwischen zwei Arten unterschieden:

- geringfügig entlohnte Beschäftigungen,
- kurzfristige Beschäftigungen.

Einmal ist die Höhe des Arbeitsentgelts das entscheidende Kriterium, im anderen Falle der zeitliche Rahmen.

Übt ein Arbeitnehmer bei demselben Arbeitgeber gleichzeitig mehrere Beschäftigungen aus, so ist ohne Rücksicht auf die arbeitsvertragliche Gestaltung sozialversicherungsrechtlich von einem **einheitlichen Beschäftigungsverhältnis** auszugehen (Urt. des BSG vom 16. 2. 1983 – 12 RK 26/81 – USK 8310).

Die Vorschriften über **Versicherungsfreiheit** wegen Vorliegens einer geringfügigen Beschäftigung gelten grundsätzlich nicht für Beschäftigungen:

- im Rahmen betrieblicher Berufsausbildung (z. B. Auszubildende und Praktikanten),
- nach den Gesetzen zur Förderung eines freiwilligen sozialen und ökologischen Jahres,
- von Behinderten in Berufsbildungswerken sowie von Jugendlichen in Einrichtungen der Jugendhilfe,
- von Behinderten in geschätzten Einrichtungen,
- auf Grund einer stufenweisen Wiedereingliederung in das Erwerbsleben nach § 74 SGB V,
- mit Minderung des Arbeitsentgelts wegen eines erheblichen Arbeitsausfalls im Sinne der Vorschriften über das Kurzarbeitergeld oder eines witterungsbedingten Arbeitsausfalls nach den Bestimmungen über das Winterausfallgeld.

Dem nachfolgenden Schema ist zu entnehmen, wie bei der Feststellung, ob eine geringfügig entlohnte oder kurzfristige Beschäftigung vorliegt, vorzugehen ist.

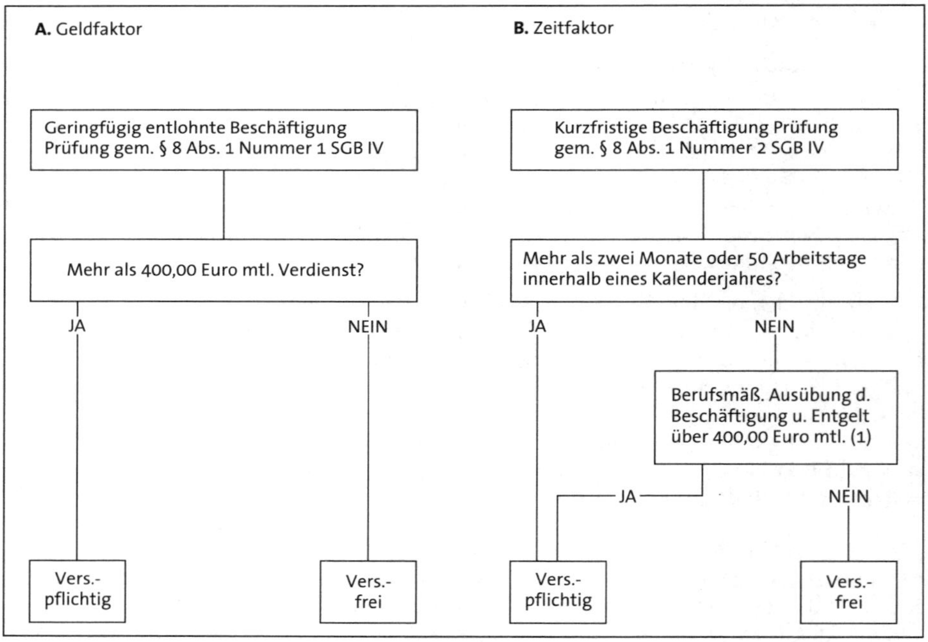

Abb. 1: Versicherungsrechtliche Beurteilung geringfügiger Beschäftigungen (§ 8 SGB IV)

(1) Evt. Berufsmäßigkeit ist durch die gewählte Krankenkasse feststellen zu lassen.

Hinweise:

Für versicherungsfreie, geringfügig entlohnte Beschäftigungen hat der Arbeitgeber unter bestimmten Voraussetzungen Pauschalbeiträge zur Krankenversicherung und zur

Rentenversicherung sowie zusätzliche Pauschsteuern zu zahlen. Zur Pflege- und Arbeitslosenversicherung fallen solche Pauschalbeiträge nicht an. Auch für versicherungsfreie kurzfristige Beschäftigungen sind keine Beiträge zu zahlen.

Für Entgelte zwischen mtl. 400,01 Euro und 800,00 Euro gelten besondere Regelungen hinsichtlich der Beitragszahlung (siehe §§ 20 SGB IV, 226, 249, 249 b SGB V).

2.4.2.3 Aufbringung der Beiträge und Finanzierung der gesetzlichen Krankenversicherung

Nach § 220 SGB V werden die Mittel für die gesetzliche Krankenversicherung im Gegensatz zur Renten- und Arbeitslosenversicherung nur durch **Beiträge und sonstige Einnahmen** (z. B. Zinsen) aufgebracht. Die Krankenversicherung kennt keinen Zuschuss des Bundes. Zwischen den Krankenkassen wird jährlich ein Risikostrukturausgleich gem. § 266 SGB V durchgeführt (s. auch Abschnitt 2.4.2.7).

Die **Pflichtbeiträge zur Krankenversicherung** werden grundsätzlich vom Arbeitgeber und vom Arbeitnehmer je zur Hälfte getragen. Der Zusatzbeitrag zur Krankenversicherung von 0,9% des Arbeitsentgelts ist vom Arbeitnehmer allein zu tragen. Der Beitragsanteil des Beschäftigten wird vom Bruttoentgelt abgezogen (sog. gesetzlicher Abzug).

Bei Arbeitnehmern, die in mehreren Beschäftigungsverhältnissen stehen und deren Arbeitsentgelte die Beitragsbemessungsgrenze (sog. Höchstgrenze für die Zahlung von Beiträgen) überschreiten, werden die Beiträge so berechnet, dass sie dem Verhältnis der Arbeitsentgelte entsprechen.

Für Auszubildende und gleichgestellte Praktikanten mit einem monatlichen Arbeitsentgelt bis zu 325 Euro hat der Arbeitgeber die Beiträge allein zu tragen. Es dürfen dann also keine Beitragsabzüge vom Arbeitsentgelt vorgenommen werden.

Für geringfügig entlohnte Beschäftigte mit einem monatlichen Arbeitsentgelt von nicht mehr als 400 Euro hat der Arbeitgeber die zu entrichtenden Pauschalbeiträge allein aufzubringen (Krankenversicherung 11 oder 5%, Rentenversicherung 12 oder 5%); für Entgelte über 400 Euro gelten nach § 249 SGB V Sonderregelungen.

2.4.2.4 Freiwillige Krankenversicherung

Nach § 9 SGB V können u. a. die Arbeitnehmer der **Krankenversicherung freiwillig beitreten:**

- deren Versicherungspflicht endet,
- die zu den Höherverdienenden im Sinne des § 6 Abs. 1 Nr. 1 SGB V bei der erstmaligen Aufnahme einer Beschäftigung gehören,
- die in den Geltungsbereich des Sozialgesetzbuches zurückkehren und dort eine Beschäftigung aufnehmen, die nicht zur Versicherungspflicht führt.

Arbeitnehmer, bei denen eine **Versicherungspflicht endet**, weil das regelmäßige Jahresarbeitsentgelt (JAE) die JAE-Grenze übersteigt (§ 6 Abs. 1 Nr. 1 i. V. m. Abs. 4 SGB V), ein Wechsel in das Beamtenverhältnis erfolgt (§ 6 Abs. 1 Nr. 2 SGB V) oder eine zunächst versicherungspflichtige Beschäftigung in eine geringfügige Beschäftigung nach § 8 SGB IV umgewandelt wird, haben das Recht zur freiwilligen Versicherung, wenn sie eine Vorversicherungszeit nachweisen können. Diese muss nach § 9 Abs. 1 Nr. 1 SGB V:

- in den letzten fünf Jahren vor dem Ausscheiden aus der Versicherungspflicht mindestens 24 Monate oder
- unmittelbar vor dem Ausscheiden ununterbrochen mindestens zwölf Monate

bestanden haben. Anrechenbar sind dabei alle Zeiten der Versicherung bei einer Krankenkasse im Sinne von § 21 Abs. 2 SGB I bzw. § 4 Abs. 2 SGB V, und zwar ohne Rücksicht darauf, ob sie auf Versicherungspflicht oder Versicherungsberechtigung beruhten.

Durch diese gesetzlichen Auflagen haben beispielsweise Arbeitnehmer in **Altersteilzeitarbeit** mit einem Entgelt, das die JAE-Grenze unterschreitet, und die bislang wegen der Zugehörigkeit zu einem privaten Krankenversicherungsunternehmen nach § 6 Abs. 3 a SGB V nicht versicherungspflichtig sind, keine Möglichkeit, der gesetzlichen Krankenversicherung beizutreten.

Nach § 9 Abs. 1 Nr. 3 SGB V haben aber auch Arbeitnehmer ohne Erfüllung einer **Vorversicherungszeit** das Recht zur feiwilligen Versicherung, wenn sie erstmalig eine Beschäftigung aufnehmen und von Anfang an wegen Überschreitens der JAE-Grenze versicherungsfrei sind. Diese Regelung gilt ausschließlich für die erste Beschäftigung als Arbeitnehmer innerhalb des Berufslebens (Beschäftigungen vor oder während der beruflichen Ausbildung bleiben unberücksichtigt). Hiervon dürften insbesondere höherverdienende Angestellte nach Beendigung ihres Studiums betroffen sein. Denkbar ist aber auch der Fall, dass im Anschluss an eine selbstständige Tätigkeit eine Beschäftigung aufgenommen wird.

Der § 9 Abs. 1 Nr. 5 SGB V betrifft Arbeitnehmer, die Mitglieder einer Krankenkasse waren und danach eine **Beschäftigung außerhalb des Geltungsbereichs des SGB** aufgenommen haben. Diese sind versicherungsberechtigt, wenn sie in den Geltungsbereich des SGB zurückkehren und dort innerhalb von zwei Monaten eine Beschäftigung aufnehmen. Auf diesem Wege wird die Möglichkeit eingeräumt, die vor der Ausreise ins Ausland bestandene Mitgliedschaft fortzusetzen. Dieses Recht besteht allerdings nur dann, wenn nunmehr eine Beschäftigung aufgenommen wird, die nicht zur Versicherungspflicht führt.

Gemäß § 9 Abs. 2 SGB V ist für die freiwillige Versicherung eine schriftliche Anzeige (§ 188 Abs. 3 SGB V) erforderlich. Die Anzeigepflicht beträgt drei Monate.

Eine absolute **Kassenzuständigkeit für freiwillige Mitglieder** kraft Gesetzes ist im SGB V nicht enthalten. Allerdings ist aus § 185 Abs. 1 SGB V zu entnehmen, dass der Verbleib bei der bisherigen Krankenkasse als Regelfall gilt, abgesehen von dem freiwilligen Beitritt bei erstmaliger Aufnahme einer Beschäftigung.

§ 185 gibt jedoch freiwilligen Mitgliedern das **Wahlrecht hinsichtlich der Kassenzuständigkeit**. Allerdings muss der Betreffende zu dem in der Satzung der Krankenkasse vorgesehenen Personenkreis gehören (z. B. Ersatzkasse). Die Wahl ist jederzeit möglich, also auch während einer bereits bestehenden freiwilligen Versicherung. Im Falle des Wechsels endet allerdings die Mitgliedschaft bei der alten Kasse erst mit Ablauf des übernächsten Kalendermonats, die auf die Austrittserklärung folgt, wenn die Satzung keinen früheren Zeitpunkt zulässt. Wegen des Ausschlusses von Doppelmitgliedschaften kann die freiwillige Versicherung bei der neuen Krankenkasse erst beginnen, nachdem die Mitgliedschaft bei der vorhergehenden Krankenkasse endete (§ 188 Abs. 2 SGB V).

Die Krankenkasse benötigt zur Durchführung ihrer Aufgaben zahlreiche Daten. Daher gelten auch für freiwillig Versicherte nach § 206 SGB V **Auskunfts- und Mitteilungspflichten** (z. B. zur Feststellung der Beiträge). In diesem Zusammenhang wird der Arbeitgeber seinen Beschäftigten entsprechende Unterlagen einreichen müssen (z. B. Bestätigung über die Höhe des Arbeitsentgelts).

2.4.2.5 Leistungsumfang

Die **Leistungen der Krankenversicherung** sind sehr vielfältig und umfangreich. Die folgende Übersicht soll dies verdeutlichen und zeigt die wichtigsten Leistungen auf.

- Leistungen zur Förderung der Gesundheit und zur Verhütung von Krankheiten:
  - Primäre Prävention zur Verbesserung des allgemeinen Gesundheitszustandes und zur Verminderung sozial bedingter Ungleichheit von Gesundheitschancen,
  - Mitwirkung zur Beseitigung arbeitsbedingter Gesundheitsgefahren,
  - Verhütung von Zahnerkrankungen (Gruppen/Individualprophylaxe),
  - Medizinische Vorsorgeleistungen wie ärztliche Behandlung, Versorgung mit Arzneimitteln und stationäre in einer entsprechenden Einrichtung (z. B. Krankenhaus).
- Leistungen zur Früherkennung von Krankheiten:
  - Alle zwei Jahre nach Vollendung des 35. Lebensjahres eine Früherkennungsuntersuchung, insbesondere für Herz-, Kreislauf- und Nierenerkrankungen/Zuckerkrankheit,
  - Einmal jährlich eine Früherkennungsuntersuchung für Krebserkrankungen.
- Leistungen bei Krankheit:
  - Ärztliche sowie zahnärztliche Behandlung,
  - Versorgung mit Arzneien,
  - Versorgung mit Heil- und Hilfsmitteln,
  - Gewährung von häuslicher Krankenpflege, einer Haushaltshilfe und einer Krankenhausbehandlung,
  - Medizinisch notwendige Versorgung mit Zahnersatz und hilfsorthopädische Versorgung.
- Krankengeld:
  - Zahlung von Krankengeld für Zeiten der Arbeitsunfähigkeit wegen Krankheit ohne Anspruch auf Weiterzahlung des Arbeitsentgelts (im Allgemeinen nach Ablauf von sechs Wochen),
  - Unter bestimmten Voraussetzungen Gewährung von so genanntem Kinderpflege-Krankengeld bis zur Vollendung des zwölften Lebensjahres bei schwerer Erkrankung des Kindes oder wenn das Kind behindert und auf Hilfe angewiesen ist und nach ärztlichem Zeugnis an einer unheilbaren Erkrankung leidet.
- Leistungen im Zusammenhang mit Schwangerschaft und Mutterschaft:
  - Ärztliche Beratung über Fragen der Empfängnisregelung sowie Gewährung von Leistungen bei nicht rechtswidriger Sterilisation und nicht rechtswidrigem Schwangerschaftsabbruch,
  - Ärztliche Betreuung und Hebammenhilfe, Versorgung mit Arznei-, Verband- und Heilmitteln, stationärer Unterkunft, Pflege und Verpflegung im Zusammenhang mit der Entbindung, eventuelle häusliche Pflege und Stellung einer Haushaltshilfe.
  - Zahlung von Mutterschaftsgeld während der Schutzfristen.
- Sonstige Leistungen u. a.:
  - Übernahme von Fahrtkosten im Zusammenhang einer Leistung der Krankenkasse,
  - Befreiung und teilweise Befreiung der Versicherten von der Zuzahlung zu Arznei-, Verband- und Heilmitteln, Hilfsmitteln sowie zur stationären Vorsorge- und Rehabilitationsleistungen.

2.4.2.6 Entgeltfortzahlung im Krankheitsfall

Nach dem Entgeltfortzahlungsgesetz hat der Arbeitgeber bei **Arbeitsverhinderung durch Arbeitsunfähigkeit** infolge Krankheit das Entgelt bis zur Dauer von sechs Wochen fortzuzahlen, wenn den Arbeitnehmer kein Verschulden trifft. Bei wiederholter Arbeitsunfähigkeit infolge derselben Krankheit besteht erst wieder ein Anspruch auf sechs

Wochen Entgeltfortzahlung, wenn der Beschäftigte nicht mindestens sechs Monate infolge derselben Krankheit arbeitsunfähig war oder seit Beginn der ersten Arbeitsunfähigkeit eine Frist von zwölf Monaten abgelaufen ist.

Der Höhe des Arbeitsentgelts liegt das **Ausfallprinzip** zu Grunde. Das ist das Arbeitsentgelt, das der Arbeitnehmer erhalten hätte, wenn keine Arbeitsunfähigkeit vorläge. Durch Tarifvertrag kann eine andere Bemessungsgrundlage festgelegt werden (z. B. Durchschnittsverdienst der letzten drei Monate).

Der Arbeitgeber hat ein **Leistungsverweigerungsrecht**, solange die erforderliche ärztliche Bescheinigung nicht vorgelegt oder der Arbeitnehmer den Übergang eines Schadenersatzanspruches gegen einen Dritten (z. B.Versicherung) verhindert.

Die aufgezeigten Festlegungen gelten entsprechend für **Maßnahmen der medizinischen Vorsorge und Rehabilitation** (Kur), die ein Träger der gesetzlichen Kranken-, Renten- oder Unfallversicherung, eine Behörde der Kriegsopferversorgung oder ein sonstiger Sozialleistungsträger bewilligt hat.

2.4.2.7 Risikostrukturausgleich

Nach § 266 SGB V wird zwischen den Krankenkassen jährlich ein **Risikostrukturausgleich** vorgenommen. Dies bedeutet, dass die finanziellen Auswirkungen von Unterschieden in der Höhe der beitragspflichtigen Einnahmen der Mitglieder, der Zahl der Familienangehörigen und der Verteilung der Versicherten auf nach Alter und Geschlecht getrennte Versichertengruppen zwischen den Krankenkassen ausgeglichen werden. Einnahmen und Ausgabenunterschiede zwischen den Krankenkassen, die nicht auf die Höhe der beitragspflichtigen Einnahmen der Mitglieder, die Zahl der versicherten Familienangehörigen oder die Alters- oder Geschlechtsverteilung der Versichertengruppen zurückzuführen sind, sind nicht ausgleichsfähig. Die Höhe des Ausgleichsanspruchs oder der Ausgleichsverpflichtung einer Krankenkasse wird durch den Vergleich ihres Beitragsbedarfs mit ihrer Finanzkraft ermittelt.

2.4.3 Versicherungsschutz, Ziele, Aufgaben und Leistungen der gesetzlichen Pflegeversicherung

2.4.3.1 Kreis der versicherten Personen

Die Pflegeversicherung folgt grundsätzlich der gesetzlichen Krankenversicherung. Insofern gelten auch die Grundsätze der Krankenversicherung (s. auch Abschnitt 2.4.2.2). Allerdings werden auch freiwillig Krankenversicherte in die **soziale Pflegeversicherung einbezogen**, ohne Rücksicht darauf, ob sie als Arbeitnehmer oder als Selbstständige, Beamte, Rentner, Hausfrauen oder Sozialhilfeempfänger freiwillig der gesetzlichen Krankenversicherung angehören. Sie haben allerdings die Möglichkeit des Übertritts zur privaten Pflegeversicherung. Personen, die gegen das Risiko einer Erkrankung bei einem privaten Krankenversicherungsunternehmen mit Anspruch auf allgemeine Krankenhausleistungen versichert sind, haben die Pflicht, bei diesem Unternehmen zur Absicherung des Risikos der Pflegebedürftigkeit einen Versicherungsvertrag abzuschließen und aufrecht zu erhalten. Sie gelten dann ebenfalls als Pflichtversicherte. Durch das Gesetz wird der Schutz der sozialen Pflegeversicherung auf Personen ausgedehnt, die weder gesetzlich noch privat krankenversichert sind, für die aber in Spezialvorschriften Anspruch auf Heil- und Krankenbehandlung, Krankenhilfe, Krankenversorgung bzw. unentgeltliche truppenärztliche Versorgung verankert ist. Es handelt sich hierbei im Wesentlichen um Anspruchsberechtigte nach dem Bundesversorgungsgesetz, dem Lastenausgleichsgesetz oder dem Bundesentschädigungsgesetz sowie Soldaten auf Zeit.

Den freiwillig der gesetzlichen Krankenversicherung angehörenden Personen ist die Möglichkeit gegeben, zur **privaten Pflegeversicherung** überzuwechseln. Voraussetzung für die Befreiung von der Versicherungspflicht bei der gesetzlichen Pflegeversicherung ist ein Antrag bei der zuständigen Pflegekasse und der Nachweis eines privaten Pflegeversicherungsvertrages, der nach Art und Umfang den Leistungen der sozialen Pflegeversicherung entspricht. Der Antrag ist innerhalb von drei Monaten nach Beginn der Versicherungspflicht zu stellen. Die Befreiung wirkt vom Beginn der Versicherungspflicht an, wenn seit diesem Zeitpunkt noch keine Leistungen in Anspruch genommen wurden. Ansonsten tritt die Befreiung vom Beginn jenes Kalendermonats an ein, welcher auf die Antragstellung folgt. Die Befreiung lässt sich nicht widerrufen.

2.4.3.2 Aufbringung der Beiträge und Finanzierung der Pflegeversicherung

Die Pflegeversicherung wird ausschließlich durch Beiträge finanziert. Für die Aufbringung der Beiträge gelten die Regelungen über die **Aufbringung der Beiträge** zur Krankenversicherung entsprechend (s. auch Abschnitt 2.4.2.3) mit der Maßgabe, dass von Beschäftigten im Bundesland Sachsen der Arbeitnehmer vom Gesamtbeitrag (1,7%) die Beiträge zur Pflegeversicherung in Höhe von 1,35% zu tragen hat, weil dort im Zusammenhang mit der Einführung der Pflegeversicherung kein Feiertag gestrichen wurde. Der Arbeitgeberanteil beträgt damit nur 0,35% des maßgebenden Arbeitsentgelts. Hinzu kommt der Beitragszuschlag bei Kinderlosigkeit von 0,25% des Arbeitsentgelts, der vom Arbeitnehmer allein zu tragen ist.

2.4.3.3 Leistungsumfang

Die wichtigsten Leistungen der Pflegeversicherung sind:

- Pflegesachleistung (häusliche Pflegehilfe),
- Pflegegeld für selbst beschaffte Pflegehilfen,
- Häusliche Pflege bei Verhinderung der Pflegeperson,
- Pflegehilfsmittel und technische Hilfen zur Erleichterung der Pflege oder zur Linderung der Beschwerden,
- Tagespflege und Nachtpflege (= teilstationäre Pflege),
- Kurzzeitpflege,
- Vollstationäre Pflege bei vorübergehendem Wegfall der häuslichen Pflege,
- Leistungen für Pflegebedürftige mit erheblichem allgemeinen Betreuungsbedarf (zusätzlicher Betreuungsbetrag nach den Pflegestufen I, II, III).

2.4.4 Versicherungsschutz, Ziele, Aufgaben und Leistungen der gesetzlichen Rentenversicherung

2.4.4.1 Kreis der versicherten Personen

Es gelten die Grundsätze der Krankenversicherung entsprechend (s. auch Abschnitt 2.4.2.2). Allerdings gibt es **keine** obere Grenze (d.h. **Jahresarbeitsentgeltgrenze**) für den Eintritt von Versicherungsfreiheit. Wenn die allgemeinen Voraussetzungen für Versicherungspflicht vorliegen, spielt die Höhe des Arbeitsentgelts keine Rolle (nur für die Höhe der Beiträge).

Abweichend von der Krankenversicherung sind Beschäftigte versicherungsfrei, die eine Rente wegen Alters beziehen, und Angestellte, die auf Antrag mit Bescheid der zuständigen Stelle von der Versicherungspflicht befreit sind (z. B.auf Grund der Zugehörigkeit zu einer berufsständigen Versorgungseinrichtung).

2.4.4.2 Aufbringung der Beiträge und Finanzierung der gesetzlichen Rentenversicherung

In der Rentenversicherung werden die Ausgaben eines Kalenderjahres nach § 153 SGB VI im so genannten **Umlageverfahren** durch Einnahmen und, soweit erforderlich, durch Entnahmen aus der **Schwankungsreserve** gedeckt. Einnahmen sind vor allem die Beiträge und die Zuschüsse des Bundes. Hinsichtlich der Zahlung von Beiträgen gelten die Regelungen über die Aufbringung der Beiträge zur Krankenversicherung entsprechend (s. auch Abschnitt 2.4.2.3) mit der Maßgabe, dass zur Verhinderung von Wettbewerbsvorteilen die Arbeitgeber, die:

- Bezieher einer Vollrente wegen Alters,
- Bezieher von Versorgungsbezügen oder
- diesen vergleichbaren Personen

beschäftigen, auch dann Beiträge zur Rentenversicherung abzuführen haben, wenn die Beschäftigten zu diesem Versicherungszweig versicherungsfrei sind. Zu entrichten ist in diesen Fällen aber nur der Arbeitgeberanteil. Für geringfügig Beschäftigte gelten nach § 168 SGB VI und § 172 SGB VI Sonderregelungen.

Arbeitgeberanteile zur Rentenversicherung sind darüber hinaus auch bei außerhalb ihres Versorgungsbereiches beschäftigten Beziehern einer berufsständischen Versorgung zu entrichten, die sich aufgrund ihres Versorgungsbezuges von der Versicherungspflicht in der Rentenversicherung haben befreien lassen.

2.4.4.3 Leistungsumfang

Die Rentenversicherung erbringt **Leistungen** zur medizinischen Rehabilitation, Leistungen zur Teilhabe am Arbeitsleben sowie ergänzende Leistungen, um:

- den Auswirkungen einer Krankheit oder einer körperlichen, geistigen oder seelischen Behinderung auf die Erwerbsfähigkeit der Versicherten entgegenzuwirken oder sie zu überwinden und
- dadurch Beeinträchtigungen der Erwerbsfähigkeit der Versicherten oder ihr vorzeitiges Ausscheiden aus dem Erwerbsleben zu verhindern oder sie möglichst dauerhaft in das Erwerbsleben wieder einzugliedern.

Die Leistungen **zur Teilhabe** haben Vorrang vor Rentenleistungen, die bei erfolgreichen Leistungen zur Teilhabe nicht oder voraussichtlich erst zu einem späteren Zeitpunkt zu erbringen sind.

Im Einzelnen umfassen die Leistungen:

- medizinische Rehabilitation wie zahnärztliche Behandlung einschließlich der Versorgung mit Zahnersatz, stationäre Behandlung (Kuren) grundsätzlich bis zu drei Wochen,
- Übergangsgeld (anstelle von Krankengeld),
- Leistungen zur Eingliederung von Versicherten in das Erwerbsleben und weitere Leistungen zur Teilhabe am Arbeitsleben,
- Renten (Altersrenten, Renten wegen Erwerbsminderung, Hinterbliebenenrenten).

Es sind jedoch unterschiedliche Voraussetzungen zu erfüllen (z. B. Wartezeiten, Versicherungszeiten).

2.4.5 Versicherungsschutz, Ziele, Aufgaben und Leistungen der gesetzlichen Arbeitslosenversicherung (Arbeitsförderung)

2.4.5.1 Versicherungspflicht

Es gelten die Grundsätze der Krankenversicherung sinngemäß mit der Maßgabe, dass auch Beschäftigte **versicherungsfrei** sind:

- die das 65. Lebensjahr vollendet haben, vom Ablauf des Monats an, in dem das 65. Lebensjahr vollendet wird,
- denen eine Rente wegen voller Erwerbsminderung aus der gesetzlichen Rentenversicherung zuerkannt ist,
- die wegen einer Minderung ihrer Leistungsfähigkeit dauernd nicht mehr verfügbar sind.

2.4.5.2 Aufbringung der Beiträge und Finanzierung der Arbeitslosenversicherung

Die **Leistungen der Arbeitsförderung** und die sonstigen Ausgaben der Bundesagentur für Arbeit werden durch Beiträge der Versicherungspflichtigen, der Arbeitgeber und Dritter (Beitrag zur Arbeitsförderung), Umlagen sowie Mittel des Bundes und sonstige Einnahmen finanziert.

Auch die Beiträge der Arbeitslosenversicherung sind je zur Hälfte vom Arbeitgeber und Arbeitnehmer zu tragen. Allerdings hat der Arbeitgeber für Arbeitnehmer, die das 65. Lebensjahr vollendet haben, seinen Beitragsanteil (50% des Beitragssatzes) zu entrichten. Das gilt nur dann nicht, wenn **Arbeitslosenversicherungsfreiheit** aus anderen Gründen besteht (z. B. geringfügig Beschäftigte).

Außerdem muss der Arbeitgeber **die vollen Beiträge** allein tragen für:

- im Rahmen betrieblicher Berufsausbildung Beschäftigte, deren monatliches Arbeitsentgelt 325 Euro nicht übersteigt,
- behinderte Menschen, die in einer anerkannten Werkstatt für behinderte Menschen oder in einer nach dem Blindenwarenvertriebsgesetz anerkannten Blindenwerkstätte beschäftigt sind und deren monatliches Bruttoarbeitsentgelt ein Fünftel der monatlichen Bezugsgröße nicht übersteigt,
- Beschäftigte, die ein freiwilliges soziales Jahr im Sinne des Gesetzes zur Förderung eines freiwilligen sozialen Jahres oder ein freiwilliges ökologisches Jahr imSinne des Gesetzes zur Förderung eines freiwilligen ökologischen Jahres leisten.

2.4.5.3 Leistungsumfang

Die Leistungen der **Arbeitsförderung** sollen dazu beitragen, dass ein hoher Beschäftigungsstand erreicht und die Beschäftigungsstruktur ständig verbessert wird. Sie sind insbesondere darauf ausgerichtet, das Entstehen von Arbeitslosigkeit zu vermeiden oder die Dauer der Arbeitslosigkeit zu verkürzen.

Die **Arbeitnehmer** erhalten u. a. folgende Leistungen:

- Berufsberatung sowie Ausbildungs- und Arbeitsvermittlung und diese unterstützende Leistungen,
- Überbrückungsgeld zur Aufnahme einer selbstständigen Tätigkeit,
- Berufsausbildungsbeihilfe während einer beruflichen Ausbildung oder einer berufsvorbereitenden Bildungsmaßnahme,
- Arbeitslosengeld und Arbeitslosenhilfe während Arbeitslosigkeit sowie Teilarbeitslosengeld während Teilarbeitslosigkeit (Leistungen zum Ersatz des Arbeitsentgelts bei Arbeitslosigkeit),
- Kurzarbeitergeld bei Arbeitsausfall,
- Insolvenzgeld bei Zahlungsunfähigkeit des Arbeitgebers,
- Wintergeld und Winterausfallgeld in der Bauwirtschaft.

Arbeitgeber erhalten u. a. folgende Leistungen:

- Arbeitsmarktberatung sowie Ausbildungs- und Arbeitsvermittlung,
- Zuschüsse zu den Arbeitsentgelten bei Eingliederung von leistungsgeminderten Arbeitnehmern, bei Neugründungen, bei der Förderung der beruflichen Weiterbildung durch Vertretung sowie im Rahmen der Förderung der beruflichen Weiterbildung beschäftigter Arbeitnehmer,
- Zuschüsse zur Ausbildungsvergütung bei Durchführung von Maßnahmen während der betrieblichen Ausbildungszeit sowie weitere Zuschüsse bei behinderten Menschen,
- Zuschüsse bei erstmaliger Beschäftigung eines Arbeitnehmers ab dem 55. Lebensjahr nach Arbeitslosigkeit.

2.4.6 Versicherungsschutz, Ziele, Aufgaben und Leistungen der gesetzlichen Unfallversicherung

2.4.6.1 Kreis der versicherten Personen

Versichert ist **jede natürliche Person**, die in einem Arbeits-, Dienst- oder Ausbildungsverhältnis steht ohne Rücksicht auf die Art der Tätigkeit, Alter, Geschlecht, Familienstand, Nationalität und Höhe des Einkommens und ohne Rücksicht darauf, ob es sich um eine ständige oder vorübergehende bzw. kurzfristige Tätigkeit handelt. Entscheidendes Merkmal für den vom Gesetzgeber festgelegten Kreis der versicherten Personen ist deren **Eingliederung in die betrieblichen Tätigkeiten**.

Arbeitnehmer im Sinne der Unfallversicherung ist ebenso der kurzfristig beschäftigte Helfer als auch der hochbezahlte Manager, soweit er nicht als Unternehmer gilt. Die Frage der Sozialversicherungsfreiheit (z. B. bei geringfügig Beschäftigten oder Studenten) ist für die gesetzliche Unfallversicherung ohne Bedeutung. Der Versicherungsschutz ist auch nicht davon abhängig, ob ein Arbeitsvertrag vorliegt. Ebenso ist unbeachtlich, ob für die Beschäftigung ein Entgelt vereinbart wurde.

Als Arbeitnehmer eines Betriebes gelten auch solche Personen, die »zufällig« für das Unternehmen tätig sind. In diesen Fällen der **zufälligen Mitarbeit** spielt es auch keine Rolle, ob der Unternehmer selbst etwas von dieser Tätigkeit weiß. Tatbestandsvoraussetzung allein ist, dass die Tätigkeit aus der Sicht des Verletzten willentlich auf das Unternehmerinteresse gerichtet war, auch wenn ein Arbeitserfolg objektiv nicht eingetreten ist. Dies ergibt sich aus der Generalklausel des § 2 Abs. 2 SGB VII, nach der auch derjenige in der gesetzlichen Unfallversicherung geschätzt ist, der »wie« ein Beschäftigter tätig ist.

Durch diese Generalklausel werden Unfälle erfasst, die völlig losgelöst von »betrieblichen« Arbeitsunfällen geschehen. Durch Fiktion wird der Versicherungsschutz auf alle Unfälle ausgedehnt, die von ihrer Typologie her **Unfälle in einem Betrieb** sein können.

Bestimmte Personen sind versicherungsfrei, wie beispielsweise solche, für die **beamtenrechtliche Unfallfürsorgevorschriften** oder entsprechende Grundsätze gelten.

Der Unfallversicherung können Unternehmer und deren im Unternehmen tätige **Ehegatten** grundsätzlich freiwillig beitreten, soweit sie nicht schon kraft Gesetzes oder Satzung bei der Berufsgenossenschaft versichert sind.

In Verbindung mit der Mitgliedschaft eines Unternehmens können aber auch **betriebsfremde Personen** dem Schutz der gesetzlichen Unfallversicherung unterliegen. Dies ist dann der Fall, wenn die Berufsgenossenschaft von der ihr vom Gesetzgeber eingeräumten Möglichkeit Gebrauch macht, für nicht im Unternehmen Beschäftigte unter bestimmten Voraussetzungen Unfallversicherungsschutz zu gewähren. Es kommt dabei auf die Satzungsbestimmungen an.

2.4.6.2 Aufbringung der Beiträge und Finanzierung der gesetzlichen Unfallversicherung

Die Mittel zur Deckung der Aufwendungen der **Berufsgenossenschaften** werden ausschließlich von den Mitgliedsunternehmen aufgebracht. Die versicherten Arbeitnehmer zahlen keinen Beitrag. Insoweit unterscheidet sich die gesetzliche Unfallversicherung von den anderen Versicherungszweigen, bei denen die Beiträge im Allgemeinen **je zur Hälfte vom Arbeitgeber und Arbeitnehmer** zu tragen sind.

Durch die Beitragsleistung zur Unfallversicherung wird die **zivilrechtliche Haftung** des Unternehmers für Körperschäden gegenüber seinen Arbeitnehmern abgelöst. Durch eine Mitgliedschaft übernimmt also die Berufsgenossenschaft dieses Risiko.

Die **Beiträge** zur gesetzlichen Unfallversicherung werden durch folgende Kriterien bestimmt:

- Gefahrtarif (abhängig von der Tätigkeit des Einzelnen),
- Lohnsumme (alle Entgeltteile des Geschäftsjahres),
- Zu- und Abschläge entsprechend der angezeigten Versicherungsfälle (Kosten und Versicherungsleistungen),
- ggf. nach Anzahl der Versicherten bzw. nach einem auf Arbeitsstunden aufgeteilten Arbeitsentgelt.

Die **Beitragserhebung** erfolgt im Umlageverfahren nach dem Prinzip der nachträglichen Bedarfsdeckung. Dabei wird der Bedarf eines abgelaufenen Kalenderjahres zuzüglich der zur Ansammlung der Rücklage und zur Beschaffung von Betriebsmitteln nötigen Beträge (Jahresbedarf) in dem darauf folgenden Kalenderjahr im Umlageverfahren auf die Mitgliedsunternehmer umgelegt. In der Umlagerechnung wird die Größe eines Unternehmens über die Summe der an die Beschäftigten gezahlten Arbeitsentgelte, der Grad der Unfallgefahr über die für ein Unternehmen oder einen Unternehmensteil im Gefahrtarif ermittelte Gefahrklasse berücksichtigt.

Zur einstweiligen Deckung des laufenden Bedarfs sammeln die Berufsgenossenschaften **Betriebsmittel** an. Außerdem können Vorschüsse auf den Betrag erhoben werden.

Die Berufsgenossenschaft ist gesetzlich verpflichtet, eine **Rücklage** zur Erfüllung ihrer langfristigen Verbindlichkeiten zu bilden. Dabei sind jährlich 3 v. H. der gezahlten Renten dem Rücklagevermögen zuzuführen, bis ein Betrag erreicht ist, der das zweifache der im abgelaufenen Kalenderjahr gezahlten Renten entspricht.

Neben der Deckung ihres eigenen Bedarfs werden von der Berufsgenossenschaft noch weitere **Umlagen** durchgeführt.

- Umlage für Anteil an der Ausgleichslast: Nach dem Gesetz hat die Berufsgenossenschaft ggf. im Rahmen der erweiterten Solidarhaftung einen Anteil am Finanzausgleich zwischen den gewerblichen Berufsgenossenschaften einschließlich der See-Berufsgenossenschaft zu tragen. Mit diesem Ausgleich sollen Berufsgenossenschaften, bei denen das Verhältnis der Entschädigungsleistungen zu deren Lohnsummen bestimmte Grenzwerte übersteigt, finanziell entlastet werden.
- Umlage für Anteil am Insolvenzgeld: Nach § 183 SGB III haben Arbeitnehmer von in Insolvenz geratenen Unternehmen Anspruch auf Insolvenzgeld für die letzten drei Monate vor der Insolvenzeröffnung, soweit die Arbeitnehmer ihr Arbeitsentgelt für diesen Zeitraum nicht mehr von ihrem Arbeitgeber erhalten haben. Gleiches gilt für Arbeitnehmer von Betrieben, bei denen mangels Masse die Insolvenzeröffnung abgewiesen wurde.

Beim **Insolvenzgeld** handelt es sich um eine Leistung der Bundesanstalt für Arbeit. Es wird also von den Arbeitsämtern gezahlt. Die Regelungen über Anspruchsvoraussetzungen, Auszahlung und Aufbringung der Mittel wurden deswegen im SGB III festgelegt.

Die Berufsgenossenschaften sind damit beauftragt, die **Mittel für das Insolvenzgeld** über Beiträge der Unternehmer **aufzubringen**. Die Ausgaben der Bundesanstalt für Arbeit werden so nach Ablauf des Geschäftsjahres auf die Berufsgenossenschaften nach dem Anteil der Lohnsumme umgelegt. Die einzelnen Berufsgenossenschaften legen ihren Anteil wiederum auf ihre Mitglieder nach der Höhe der Lohnsumme um. Der Beitragsanteil wird mit dem jährlichen Beitragsbescheid angefordert. Dort wird der Beitragsanteil für das Insolvenzgeld gesondert ausgewiesen.

2.4.6.3 Leistungsumfang

Die Leistungen der Unfallversicherung beziehen sich grundsätzlich auf **Prävention, Rehabilitation und Zahlung von Entschädigungen** im Zusammenhang mit Arbeitsunfällen und Berufskrankheiten. Aufgabe der Unfallversicherung ist es also:

- mit allen geeigneten Mitteln Arbeitsunfälle und Berufskrankheiten sowie arbeitsbedingte Gesundheitsgefahren zu verhüten,
- nach Eintritt von Arbeitsunfällen oder Berufskrankheiten die Gesundheit und die Leistungsfähigkeit der Versicherten mit allen geeigneten Mitteln wieder herzustellen und sie oder ihre Hinterbliebenen durch Geldleistungen zu entschädigen.

Bei der **Prävention** sorgen die Unfallversicherungsträger mit allen geeigneten Mitteln für die Verhütung von Arbeitsunfällen und Berufskrankheiten und für eine wirksame erste Hilfe. Als autonomes Recht erlassen die Versicherungsträger Unfallverhütungsvorschriften.

Die **Unfallversicherungsträger** haben die Durchführung der Maßnahmen zur Verhütung von Arbeitsunfällen, Berufskrankheiten, arbeitsbedingten Gesundheitsgefahren und für eine wirksame erste Hilfe in den Unternehmen zu überwachen sowie die Unternehmer und die Versicherten zu beraten. Sie können im Einzelfall anordnen, welche Maßnahmen Unternehmer oder Versicherte zur Erfüllung ihrer Pflichten auf Grund der Unfallverhütungsvorschriften zu treffen haben, um besondere Unfall- und Gesundheitsgefahren abzuwenden.

Die Unfallversicherungsträger können darüber hinaus **überbetriebliche arbeitsmedizinische und sicherheitstechnische Dienste** einrichten. Das Nähere bestimmt die jeweilige Satzung. In der Satzung kann auch bestimmt werden, dass die Unternehmer verpflichtet sind, sich einem überbetrieblichen arbeitsmedizinischen und sicherheitstechnischen Dienst anzuschließen, wenn sie innerhalb einer vom Unfallversicherungsträger gesetzten angemessenen Frist keine oder nicht in ausreichendem Umfang Betriebsärzte und Fachkräfte für Arbeitssicherheit bestellen. Unternehmer werden von der Anschlusspflicht befreit, wenn sie nachweisen, dass sie ihre Pflicht nach dem Gesetz über Betriebsärzte, Sicherheitsingenieure und andere Fachkräfte für Arbeitssicherheit erfüllt haben.

Die Versicherten haben Anspruch auf **Heilbehandlung**. Sie umfasst insbesondere:

- die Erstversorgung,
- die ärztliche Behandlung,
- die zahnärztliche Behandlung einschließlich der Versorgung mit Zahnersatz,
- die Versorgung mit Arznei-, Verband-, Heil- und Hilfsmitteln, häusliche Krankenpflege,
- die Behandlung in Krankenhäusern und Rehabilitationseinrichtungen, Leistungen zur medizinischen Rehabilitation.

Zu den Leistungen zur Teilhabe am Arbeitsleben gehören u. a.:

- Einsatz in Werkstätten für Behinderte,
- Hilfe zu einer angemessenen Schulbildung,
- Kraftfahrzeughilfe,
- Wohnungshilfe,
- Haushaltshilfe und Leistungen zur Kinderbetreuung,
- Übernahme von erforderlichen Reisekosten (z. B. Fahr- und Transportkosten).

Die Leistungen bei Pflegebedürftigkeit umfassen:

- das Pflegegeld,
- die Gestellung einer Pflegekraft,
- die Gewährung von Heimpflege.

Weiterhin haben die Versicherten einen Anspruch auf Geldleistungen:

- Verletztengeld,
- Übergangsgeld,
- Renten,
- Sterbegeld,
- Erstattung der Kosten der Überführung an den Ort der
- Bestattung,
- Hinterbliebenenrenten (Witwen-, Witwer-, Waisenrente),
- Beihilfen (unter bestimmten Voraussetzungen),
- Abfindungen (wenn Rente nur in Form einer vorläufigen Entschädigung).

2.4.7 Sozialgerichtsbarkeit

Für alle Streitigkeiten auf dem Gebiet der Sozialversicherung gibt es eine besondere, von den Verwaltungsbehörden getrennte, **Sozialgerichtsbarkeit** mit drei Instanzen. Gerichte sind die Sozialgerichte (SG), die Landessozialgerichte (LSG) und das Bundessozialgericht (BSG). Sie sind Kollegialgerichte (*collegium* = Versammlung mehrerer), besetzt mit Berufsrichtern und ehrenamtlichen Richtern (Beisitzer). Die Berufung der ehrenamtlichen

Richter geschieht auf Grund von Vorschlagslisten, die von den Gewerkschaften und Arbeitgebervereinigungen aufgestellt werden.

2.4.7.1 Sozialgerichte

Die Sozialgerichte entscheiden in **erster Instanz** über alle öffentlich-rechtlichen Streitigkeiten in Angelegenheiten der Sozialversicherung, der Arbeitslosenversicherung, der Kriegsopferversorgung und des Kassenarztrechtes.

Das Sozialgericht verhandelt und entscheidet in Kammern (z. B. Kammer für Angestelltenversicherung, für Arbeiterrentenversicherung). Die Kammer ist besetzt mit drei Richtern: ein Vorsitzender (Berufsrichter) und zwei ehrenamtliche Richter. In der Regel gehört ein ehrenamtlicher Richter dem Kreis der Versicherten und einer dem Kreis der Arbeitgeber an.

2.4.7.2 Landessozialgerichte

Die Landessozialgerichte sind als **zweite Instanz** zuständig für die Entscheidung über die Berufung gegen die Urteile der Sozialgerichte. Die Landessozialgerichte verhandeln und entscheiden in Senaten.

Jeder Senat ist mit fünf Richtern besetzt; drei Berufsrichter – davon ist einer der Vorsitzende des Senats – und zwei ehrenamtliche Richter. Auch hier kommen die ehrenamtlichen Richter in der Regel aus dem Kreis der Arbeitnehmer und Arbeitgeber.

2.4.7.3 Bundessozialgericht

Das Bundessozialgericht ist das oberste Gericht für die Sozialgerichtsbarkeit.

Das Bundessozialgericht ist als **dritte Instanz** zuständig für die Entscheidung über die Revision. Es verhandelt und entscheidet in Senaten, die wie die Senate beim Landessozialgericht gebildet sind. Jeder Senat ist mit fünf Richtern besetzt: drei Berufsrichter – hiervon ist einer der Vorsitzendes des Senats – und zwei ehrenamtliche Richter. Außerdem gibt es beim Bundessozialgericht einen Großen Senat, der aus dem Präsidenten des Bundessozialgerichts, sechs weiteren Berufsrichtern und vier ehrenamtlichen Richtern besteht. Der Große Senat muss entscheiden, wenn ein Senat von der Entscheidung eines anderen Senats des Bundessozialgerichts abweichen will oder wenn es sich um grundsätzliche Fragen zur Fortbildung des Rechts handelt.

2.4.7.4 Gerichtsverfahren

Das Gerichtsverfahren beginnt mit der **Klage**. Sie kann vom Kläger selbst oder seinem Vertreter erhoben werden. Die Einreichung der Klage ist an eine **Frist** gebunden; diese beginnt mit der Zustellung der Verwaltungsentscheidung (z. B. des Rentenbescheides) und beträgt einen Monat (bei Wohnsitz im Ausland drei Monate). Die Klage ist beim **zuständigen Gericht** der Sozialgerichtsbarkeit zu erheben. Zuständig ist das Sozialgericht, in dessen Bezirk der Kläger zur Zeit der Klageerhebung seinen Wohnsitz hat (bei Wohnsitz im Ausland ist das Sozialgericht zuständig, in dessen Bezirk der Versicherungsträger seinen Sitz hat). Die Klage kann auch bei jeder inländischen Behörde oder beim Versicherungsträger selbst eingereicht werden.

Die Klage wird erhoben durch **Einreichung einer Klageschrift** oder auch zur **Niederschrift des Urkundsbeamten** beim Gericht (telefonische Erklärung genügt demnach nicht). Die Klageschrift ist an keine feste Form gebunden. Es genügt schon, wenn sich aus ihr ergibt, dass die Nachprüfung einer Verwaltungsentscheidung gewünscht wird. Hat man ohne Verschulden die Klagefrist versäumt, so kann man beantragen, so gestellt zu werden, als ob man die Frist nicht versäumt hätte (so genannte Wiedereinsetzung in den vorigen Stand). Mit der Erhebung der Klage wird die Streitsache rechtshängig. Das bedeutet, dass jetzt ein Gericht mit der Sache befasst ist.

Im **Vorverfahren** wird gegen die Verwaltungsentscheidung zunächst **Widerspruch** erhoben, über den die Widerspruchsstelle entscheidet. Sie ist ein Teil der Verwaltung selbst und setzt sich aus Arbeitnehmern und Arbeitgebern zusammen. Die Widerspruchsstelle kann dem Widerspruch abhelfen oder ihn zurückweisen; weist sie ihn zurück, kann gegen die Entscheidung der Widerspruchsstelle Klage erhoben werden. Dieses Vorverfahren gibt es in allen Angelegenheiten der Krankenversicherung, der Arbeitslosenversicherung, der Knappschaftsversicherung und der Kriegsopferversorgung.

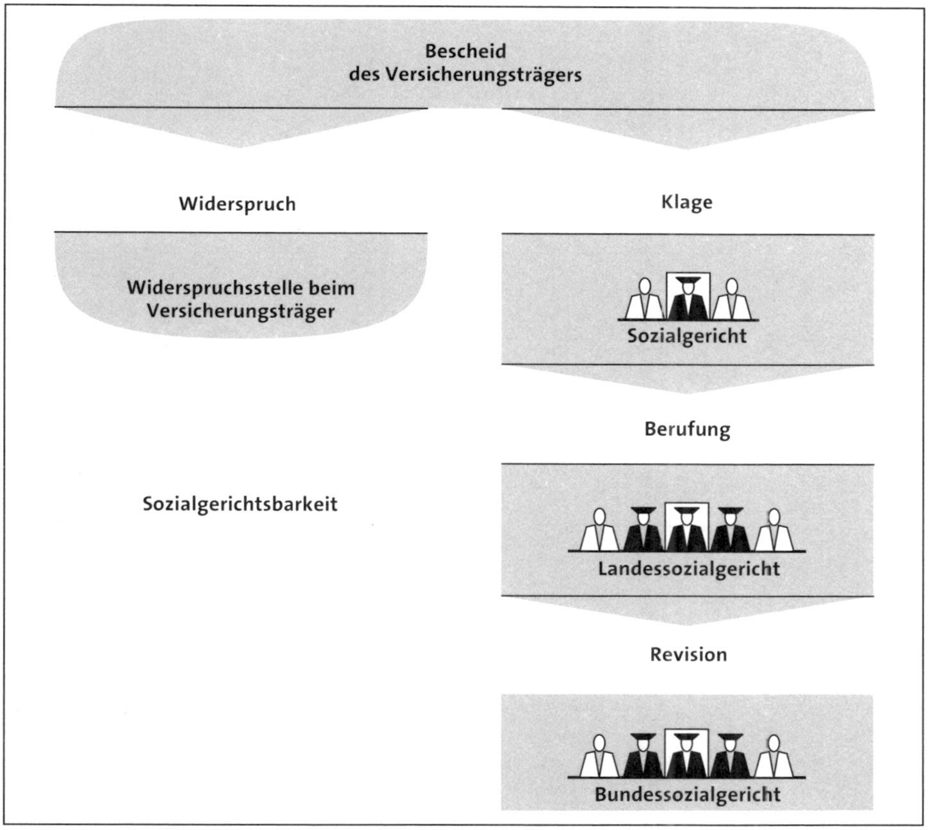

Abb. 2: Verfahrensverlauf bei Streitigkeiten

Literatur:

Horlemann, H.-G.: Die betriebliche und private Altersversorgung nach der Rentenreform 2001, Neuwied, Kriftel, 2002
Kummer, P.: Das sozialgerichtliche Verfahren, 2. Auflage, Neuwied, Kriftel, 2003
Oppermann, K.: Jahrbuch der Entgeltabrechnung 2006, Frechen, 2006

Klaus Oppermann

2.5 Sozialleistungen des Betriebes gestalten

2.5.1 Grundsätze der betrieblichen Sozialpolitik

Die Wurzeln der betrieblichen Sozialpolitik in Deutschland reichen bis in die Mitte des 19. Jahrhunderts zurück. Sozial – besser patriarchalisch – eingestellte Unternehmer begannen damals, den sich ausbreitenden sozialen **Missständen in den Fabriken** entgegenzuwirken. Zu diesen ersten Aktivitäten gehörten Maßnahmen zum Schutze der Gesundheit vor allem der Arbeiter in der Fabrik, zur Versorgung der Arbeiter und ihrer Familien mit Wohnraum sowie zur Vorsorge für den Lebensunterhalt im Ruhestand.

In dieser Frühphase lassen sich bereits zwei Richtungen der betrieblichen Sozialpolitik erkennen. Die erste Zielrichtung bildete die Arbeit selbst und die Arbeitsbedingungen. Arbeitszeitverkürzung, Arbeitszeitschutz für besondere Mitarbeitergruppen wie Frauen und Jugendliche, Arbeitspausen, Gesundheits- und Unfallschutz stehen beispielhaft für diese Entwicklung. Die zweite Zielrichtung bildete die Linderung von Armut und Not. Der Bau von Werkswohnungen, von »Schlafhäusern« und »Speiseanstalten«, die Vermittlung billiger Lebensmittel für die Arbeiter und deren Familien sowie besondere Werks- und Unterstützungskassen zur Unterstützung bei Krankheit, Invalidität und in besonderen Notlagen sind Beispiele für diese zweite Zielrichtung.

Vor und nach den beiden Weltkriegen entwickelte sich die **betriebliche Sozialpolitik** entscheidend weiter. Sie erfasste im Grunde genommen die gesamte Wirtschaft einschließlich der Klein- und Mittelunternehmen. Gleichzeitig bahnte sich ein Funktionswandel an. Der **Staat und die Tarifpartner** haben viele der ursprünglich »freiwilligen betrieblichen Sozialleistungen« im Bereich der »Fürsorge« rechtlich normiert und damit auch den Bewegungsspielraum der Unternehmen eingeschränkt (u. a. Sicherung im Krankheitsfall und im Alter, Gewährung von Urlaub sowie die Förderung der Vermögensbildung). Die Unternehmen konkurrierten aber zunehmend am Arbeitsmarkt um qualifizierte Arbeitskräfte – und versuchten daher, mit zusätzlichen Sozialleistungen ihre Attraktivität als Arbeitgeber zu erhöhen. Betriebliche Sozialpolitik wurde damit ein Teilbereich der Personalpolitik, sie wurde »ökonomisiert« und die betrieblichen Sozialleistungen und Sozialeinrichtungen wurden ihrem Charakter nach »zweiter Lohn«. Die sozialen Funktionen der betrieblichen zusätzlichen Sozialleistungen sind dadurch zwar nicht völlig verloren gegangen, ihre Bedeutung hat sich aber erheblich reduziert. Die Gewinnung neuer Mitarbeiter, deren Bindung an das Unternehmen und deren positive Leistungsbeeinflussung traten in den Vordergrund.

Für die **Einführung, Gewährung und Beibehaltung betrieblicher Sozialleistungen** (im weiteren Sinne) ist dabei meist nicht nur ein Motiv bzw. Ziel entscheidend, sondern eher ein ganzes Bündel von Zielen. Dieses kann sowohl unternehmensinterner Natur sein, als auch dem externen Unternehmensumfeld entstammen.

2.5.1.1 Interne Einflüsse

Zu den internen Zielen gehören:

- die positive Beeinflussung des **Betriebsklimas,**
- die erhöhte **Bindungswirkung** an das Unternehmen,
- **Steuer-/Finanzierungsvorteile**,
- **Identifikation** mit dem Betrieb.

Der Begriff des **Betriebsklimas** ist dabei als Definition exakt schwer fassbar. Gemeint sind die subjektiv mehr oder weniger positiv empfundenen Arbeitsbedingungen. Das Betriebsklima eines Unternehmens ist das Ergebnis zahlreicher materieller, organisatorischer, psychologischer und soziologischer und nicht zuletzt auch sozialer Einflussfaktoren. Der Stellenwert der verschiedenen Einflussfaktoren ist dabei individuell unterschiedlich. Motivierende Führungskräfte, gute zwischenmenschliche Kontakte, interessante Arbeitszeiten, Arbeitsplatzsicherheit oder hohe Verdienstmöglichkeiten als Einzelelemente der Personalpolitik werden individuell unterschiedlich empfunden. Überwiegen die positiven Aspekte, spricht man ganz allgemein von einem guten Betriebsklima. Im Grunde genommen sind es die gleichen Faktoren, die zu einer höheren **Bindungswirkung** an das, und zu einer höheren **Identifikation** mit dem Unternehmen führen. Die übergreifende Klammer heißt dabei Leistungsbereitschaft, die von der individuellen Arbeitszufriedenheit beeinflusst wird, welche wiederum von den sich aus einer Arbeitsaufgabe ergebenden Leistungsanreizen determiniert werden. Anreize aktivieren Motive und ergeben in der Summe die individuelle Motivation. Das Bündel der durch Anreize in einem Arbeitsverhältnis aktivierten Motive – d. h. einschließlich der Sozialleistungen und Sozialeinrichtungen – bildet damit die Arbeitsmotivation.

Von nicht zu unterschätzender Bedeutung auf die Gestaltung der betrieblichen Sozialleistungen sind **Steuer- und Finanzierungsaspekte**. Dies gilt sowohl aus der Sicht des Unternehmens als auch der Mitarbeiter. So ergeben sich bspw. für das Unternehmen Steuer- und Finanzierungsvorteile bei der betrieblichen Altersversorgung. Zuführungen zu den Rückstellungen für Pensionszusagen sind steuerlich Betriebsausgaben, die zum Zeitpunkt der Zuführung ertrags- und damit steuermindernd sind. Die Zahlungsverpflichtung dagegen entsteht erst zu einem in der späteren Zukunft liegenden Zeitpunkt. Für den Mitarbeiter hingegen ist es steuerlich interessant, dass er Teile seines Arbeitsentgelts in eine solche Pensionsregelung einbringen kann – mit der Folge eines reduzierten oder entfallenden Steuersatzes gegenüber einer Barauszahlung. Ähnliche Wirkungen können bei der Vermögensbildung (z. B. Bausparverträge) entstehen.

2.5.1.2 Externe Einflüsse

Wie bereits erwähnt, war in der Vergangenheit die Erhöhung der Attraktivität eines Unternehmens am **Arbeitsmarkt** ein wichtiger Grund zur Verbesserung seiner Sozialleistungen. Zeigte es sich, dass ein **Konkurrenzunternehmen** neue Sozialleistungen anbot, blieb dem Unternehmen häufig nichts anderes übrig, als gleiche oder zumindest vergleichbare Zusatzleistungen anzubieten. Werden zusätzliche Arbeitskräfte benötigt, sind solche Zusatzleistungen als Zusatzkosten wirtschaftlich auch vertretbar. Zu beachten ist allerdings, dass solche zusätzlichen Sozialleistungen nicht nur neuen Mitarbeitern angeboten werden können, sondern auch allen bereits im Unternehmen tätigen angeboten werden müssen. Damit tritt eine Kostensteigerung ein, die sehr rasch zu einer Kostenfalle werden kann, wenn sich Konjunktur- und Ergebnissituation verschlechtern und ein rascher Abbau dieser Zusatzleistungen nicht möglich ist.

2.5.2 Betriebliche Sozialleistungen

Die Palette möglicher betrieblicher Sozialleistungen ist groß. Man kann davon ausgehen, dass die deutschen Unternehmen 200–300 unterschiedliche Sozialleistungen anbieten! Der Begriff der betrieblichen Sozialleistungen ist dabei mit einem doppelten Inhalt belegt. In einem weiteren Sinne bildet er den Oberbegriff für alle betrieblichen Sozialmaßnahmen, in einem engeren Sinne werden darunter nur die Leistungen verstanden, die einerseits unmittelbar auf den einzelnen Mitarbeiter bezogen werden können (Gratifikationen) und für die keine besondere formale Institution im Unternehmen besteht (Kasino, Pensionskasse oder Sportverein). Im engeren Sinne ist daher zwischen den betrieblichen **Sozialleistungen** und den betrieblichen **Sozialeinrichtungen** zu unterscheiden.

Die Kosten für solche betriebliche Sozialleistungen sind den Personalzusatzkosten (siehe Abschnitt 2.3.10) zuzurechnen. Sie sind, wie dort bereits ausgeführt, Entgelte, Zahlungen oder Leistungen unabhängig von der tatsächlich geleisteten Arbeitszeit.

2.5.2.1 Direkte Zuwendungen (Sozialleistungen)

Zu den direkten Zuwendungen zu zählen sind alle direkte oder indirekte monetären Leistungen, die entweder einzelnen Mitarbeitern, bestimmten Mitarbeitergruppen oder aber der gesamten Belegschaft zugute kommen. Zu unterscheiden sind hierbei:

- monetäre Barleistungen wie (Weihnachts)Gratifikationen, Erfolgsprämien, (erfolgsabhängige) Sonderzahlungen, Jubiläumsgaben,
- geldwerte Vorteile wie Rabatte beim PKW-Kauf, der Übernahme von Unfall- oder Lebensversicherungsprämien durch das Unternehmen, die Ausgabe verbilligter Belegschaftsaktien, die private Nutzung eines Geschäftswagens oder die Übernahme der Kosten für ärztliche Vorsorgeuntersuchungen oder Vorsorgekuren sowie
- Unterstützungszahlungen in unverschuldeten Notfällen (Hochwasserschäden, Todesfälle in der Familie), die Gewährung von Beihilfen bei Heirat oder Geburt oder die Gewährung von Darlehen für die Vermögensbildung (Baudarlehen), wobei letztere auch wiederum einen geldwerten Vorteil darstellen können, wenn Zinssonderkonditionen gewährt werden.

Die rechtliche Grundlage solcher Sozialleistungen können sein: Betriebsvereinbarungen, einseitige Festlegungen der Unternehmensleitung oder einzelvertragliche Vereinbarungen.

2.5.2.2 Betriebliche Sozialeinrichtungen

Betriebliche Sozialeinrichtungen sind ähnlich vielfältig wie die Sozialleistungen im engeren Sinne. Im Gegensatz zu diesen sind sie nicht auf den einzelnen Mitarbeiter bezogen. Sie können, müssen aber nicht genutzt werden. Häufiger anzutreffende Beispiele aus dieser Palette sind:

- Betriebskrankenkasse,
- Betriebskasino,
- Betriebliche Altersversorgungen (Unterstützungskassen, Pensionsfonds, Pensionskassen),
- Sport- und Freizeitgruppen (Wandergruppen, Tennis, Segeln),
- Ferienheime,
- Sporträume und Sportplätze,
- Betriebskindergarten,
- Werkbüchereien,
- (über die gesetzlichen Vorschriften hinausgehender) werkärztlicher Dienst sowie
- die Sozialfürsorge (Sucht- und Alkoholberatung).

Zu erwähnen sind in diesem Zusammenhang auch Rentner- und Jubilarfeiern, Betriebsausflüge, Betriebsfeste (Weihnachtsfeiern) oder ein Tag der offenen Tür.

2.5.3 Cafeteria-Angebote

Wie bereits bei der Leistungsmotivation ausgeführt (siehe Abschnitt 2.5.1.1), ist der subjektive Anreizwert der verschiedenen Sozialleistungen für den einzelnen Mitarbeiter unterschiedlich. Die Unternehmen versuchen dem durch eine **Individualisierung** und **Flexibilisierung** der betrieblichen Sozialleistungen (im engeren Sinne) Rechnung zu tragen. Wesentliches Merkmal dieses **Cafeteria-Ansatzes** ist die Abkehr von einer kollektiv einheitlichen Leistungsgewährung. Der einzelne Mitarbeiter erhält die Möglichkeit, entsprechend seiner individuellen Präferenzen aus einem »Menü« vorhandener Sozialleistungen auszuwählen. Das Gesamtvolumen der ihm zustehenden monetären (oder monetär bewerteten) Sozialleistungen bleibt aber gegenüber der Kollektivregelung unverändert.

Die flexible Ausgestaltung von Cafeteria-Systemen ergibt sich aus periodisch wiederkehrenden Wahlmöglichkeiten, bei denen der Mitarbeiter jeweils eine früher getroffene Wahlentscheidung aufgrund veränderter persönlicher Präferenzen oder auch Änderungen in der Steuer- oder Sozialgesetzgebung korrigieren kann. Dabei kann jeweils durch eine geeignete Zusammenstellung von Cafeteria-Optionen ein höheres Netto-Einkommen erzielt werden, wenn entsprechende Steuervorteile genutzt werden (Beispiele: Firmen-Direktversicherungen, private Nutzung von Geschäftswagen oder Rabatte auf eigene Erzeugnisse).

Der Grundgedanke des Cafeteria-Systems lässt sich zumindest theoretisch auf die gesamte Anreizpolitik eines Unternehmens ausdehnen, d. h. auf alle Entgeltbestandteile und die gesamte Gestaltung der Arbeitsbedingungen. Dieser Ausdehnung stehen allerdings erhebliche tarifvertragliche und betriebliche Regelungen entgegen, da nur solche Elemente in Betracht kommen, die auf freiwilligen Zusagen des Arbeitgebers beruhen. Damit umfasst das theoretische Gesamtvolumen nicht mehr als 5–10% der gesamten Sozialleistungen.

Ein nicht zu unterschätzendes Hindernis für eine Ausweitung des Cafeteria-Gedankens stellt dessen administrativer Aufwand dar. Nichtmonetäre Leistungen müssen monetär bewertet werden, das Gesamtvolumen ist periodenbezogen individuell zu ermitteln, die Auswahlentscheidungen müssen vorbereitet, kontrolliert und dokumentiert werden. Vor diesem Hintergrund überrascht es nicht, dass Cafeteria-Systeme in der deutschen Wirtschaft noch nicht flächendeckend verbreitet sind.

2.5.4 Informationsmöglichkeiten über die Sozialleistungen des Betriebes

»Tue Gutes und rede darüber«. Dies gilt auch für die betrieblichen Sozialleistungen. Sie können nur dann eine positive Anreizwirkung ausüben – ob auf potenzielle Bewerber oder auf die vorhandene Belegschaft – wenn sie bekannt sind. Informationen müssen daher sowohl an die Belegschaft als auch an die Öffentlichkeit fließen.

2.5.4.1 Interne Information

Für die interne Information gilt ganz allgemein, dass sie nicht nur rein aufgabenbezogenen, sondern darüber hinaus auch arbeitsumfeldbezogen sein muss. Insbesondere fehlende Informationen aus diesem zweiten Teilbereich werden von den Mitarbeitern als Defizit empfunden, sie haben daher wesentliche psychologische Aspekte: sie stärken das Zusammengehörigkeitsgefühl, unterstützen die Identifikation mit ihrer Aufgabe, fördern die Arbeitsmoral, verbessern das Betriebsklima und erhöhen damit die Zufriedenheit der Mitarbeiter.

Informationen können sowohl über institutionalisierte Informationswege, als auch im Rahmen der direkten Führung weitergegeben werden. Zu den institutionalisierten Informationswegen zählen als wichtigsten die **Mitarbeiterzeitung, Geschäfts- und Personalberichte, Rundschreiben der Unternehmensleitung, Anschläge am »Schwarzen Brett«, die Betriebsversammlung – und zunehmend das Intranet**. Wichtigster Informationsträger im Rahmen der Führung ist die **Führungskraft.**

Unabhängig vom gewählten Informationsträger bzw. Informationsweg gilt: Inhalt, Zeitpunkt und Sprache der Information müssen auf den jeweiligen Empfängerkreis zugeschnitten sein.

2.5.4.2 Externe Information

Öffentlichkeitsbezogene Informationen haben verschiedene Adressatenkreise. Zum einen sollen potenzielle Bewerber angesprochen werden, zum anderen soll aber auch das Unternehmensimage in der Öffentlichkeit positiv herausgestellt werden.

Die geeigneten **Informationswege/-mittel für Bewerber** sind dabei:

- das Internet,
- Job-Börsen,
- Werbebroschüren,
- Stellenanzeigen in Tageszeitungen.

Für die Öffentlichkeit dagegen bieten sich an:

- die allgemeine PR-Arbeit,
- Geschäftsberichte,
- das Internet sowie
- Sozialbilanzen.

Literatur:

Bühner, R.: Personalmanagement, Landsberg, 1997

Nick, Fr. R.: Betriebliche Sozialleistungen und Sozialeinrichtungen, in: Handwörterbuch des Personalwesens, Stuttgart, 2004

Oechsler, W. A.: Personal und Arbeit, 8. Auflage, München, Wien, 2006

2.6 Personalbeschaffung durchführen

2.6.1 Voraussetzungen der Personalbeschaffung

2.6.1.1 Stellenplan und Stellenbesetzungsplan

Unter einem Stellenplan versteht man die nach Anzahl und Bezeichnung geordnete **schriftliche Fixierung der Arbeitsplätze** (Stellen), die zur arbeitsteiligen Erledigung der in einem Unternehmen anfallenden Aufgaben erforderlich sind. Der Stellenplan repräsentiert mit anderen Worten die Sollvorgabe der zu besetzenden Stellen, wie sie sich als Ergebnis der quantitativen und qualitativen Personalplanung für einen bestimmten Zeitraum darstellt. Der Form nach kann der Stellenplan als Organigramm ausgestaltet werden, wobei die Anzahl der Stellen mit identischen Aufgabeninhalten entsprechend zu vermerken ist.

Vom Stellenplan zu unterscheiden ist der **Stellenbesetzungsplan**. Er enthält neben den Namen der Mitarbeiter, mit welchen die einzelnen Stellen besetzt sind, ihre eventuellen Vollmachten, das Geburts- und Eintrittsjahr sowie die Angabe der Tarifgruppe, bzw. der Rechtsstellung der Mitarbeiter als AT- oder leitende Angestellte.

Aus der Differenz zwischen Stellenplan und Stellenbesetzungsplan lässt sich der aktuelle **Personalbedarf** ablesen. Insoweit dienen beide Instrumente in der Zusammenschau als Grundlage der Personalbedarfsplanung. Aus ihr wiederum ist die Personalentwicklungsplanung, d. h. die Ermittlung der zur Deckung des Personalbedarfs der aus den eigenen Reihen zu entwickelnden Mitarbeiter, und– sofern weiterhin Personalbedarf besteht – die Personalbeschaffungsplanung abzuleiten. Bei ihr geht es um die Frage, welche Stellen durch externe Rekrutierungsmaßnahmen besetzt und welche Wege hierzu eingeschlagen werden müssen.

2.6.1.2 Stellen- und Funktionsbeschreibung

Weder der Stellenplan noch der Stellenbesetzungsplan geben Auskunft über die inhaltliche Ausgestaltung der einzelnen Stelle. Dies obliegt der Stellen- bzw. Funktionsbeschreibung. Sie ist die schriftliche Darstellung des Arbeitsplatzes hinsichtlich seiner:

- Zielsetzung,
- Einzelaufgaben einschließlich ihres prozentualen Anteils an der Gesamtaufgabe,
- Anforderungen an Ausbildung und Berufserfahrung des Stelleninhabers,
- mit ihm verbundenen Kompetenzen und Befugnisse,
- Einordnung in das betriebliche Organisationsgefüge.

Über Aufbau und Inhalt einer Stellenbeschreibung informiert Abbildung 1 am Beispiel der Stelle des Personalleiters eines mittelständischen Unternehmens.

<table>
<tr><td>Personalleitung</td><td colspan="5">Stellenbeschreibung</td><td>Stand: 1/2003</td></tr>
<tr><td>Stellenbezeichnung:
Personalleiter</td><td colspan="2">Bereich:
Kaufmännische Geschäftsltg.</td><td colspan="3">(Haupt)Abteilung/Gruppe:
Personal</td><td>KSt.:
4711</td></tr>
<tr><td colspan="7">Stellenziel:
Beschaffung und Bindung leistungsorientierter Mitarbeiter in der richtigen Anzahl, mit der richtigen Qualifikation, zur richtigen Zeit, am richtigen Einsatzort, mit der richtigen Bezahlung.</td></tr>
<tr><td colspan="2">geforderte Ausbildung:
abgeschlossenes Hochschulstudium</td><td colspan="3">geforderte Berufserfahrung:
5 Jahre</td><td colspan="2">Spezielle Befugnisse:
Prokura</td></tr>
<tr><td>gvorgesetzte Stelle
kaufm. Leitung</td><td colspan="5">Unterstellungen</td><td></td></tr>
<tr><td>vertritt:
Referenten</td><td>Stellen</td><td>Referent Personalbetreuung</td><td>Referent Personalentwicklg.</td><td>Referent Personalverwaltg.</td><td>Sachbearbeiter Entgeltabrechnung</td><td>Sekretärin</td></tr>
<tr><td rowspan="2">wird vertreten von Referent Personalbetreuung</td><td>Anzahl</td><td>1</td><td>1</td><td>2</td><td>2</td><td>1</td></tr>
<tr><td>Eingruppierung</td><td>AT</td><td>AT</td><td>K 6</td><td>K 4</td><td>K 3</td></tr>
<tr><td colspan="3">Regelmäßige Aufgaben:</td><td>%</td><td colspan="2"></td><td>%</td></tr>
<tr><td colspan="3">• Personalplanung und -beschaffung
– kurz-, mittel- und langfristige Bedarfsplanung
– Durchführung der Beschaffungsmaßnahmen
– Einstellung inkl. Vertragsgestaltung
• Personaleinsatz
– Entwicklung und Umsetzung von Arbeitszeitmodellen
– Überwachung von Urlaub und Freistellungen
– Krankenstandsüberwachung
– Durchführung von Versetzungen
• Personalvergütung
– Entgeltfindung und -gestaltung
– tarifliche Ein- und Umgruppierungen
• Personalentwicklung
– Konzeption und Umsetzung der Entwicklungs- und Potenzialplanung
– Bildungsbedarfsermittlung
– Konzeption und Durchführung von Bildungsmaßnahmen
– Bildungscontrolling</td><td>15

20

10

15</td><td colspan="2">• Personalverwaltung
– Überwachung der Personaktenführung
– Disziplinarmaßnahmen/Abmahnungen
– Entscheidung über Mitarbeiterdarlehen
– Personalkostencontrolling
• Personalfreisetzung
– Kündigungen
– Aufhebungsverträge
– Zeugnisse
• Führung und Zusammenarbeit
– Führungsverantwortung bezüglich der unterstellten Mitarbeiter
– Beratung der betrieblichen Vorgesetzten
– Ansprech- und Verhandlungspartner des Betriebsrats</td><td>15

5

15</td></tr>
<tr><td colspan="6">Wiederkehrende, zeitlich befristete Aufgaben:
• Vertretungstätigkeit bei Abwesenheit der zu vertretenden Mitarbeiter
• Mitgliedschaft im Prüfungsausschuss der Industrie- und Handelskammer
• Ehrenamtlicher Richter am Arbeitsgericht</td><td>%
3
1
1</td></tr>
<tr><td colspan="7">Bemerkungen:</td></tr>
<tr><td colspan="2">Datum/Unterschrift Ersteller:</td><td colspan="3">Datum/Unterschrift Vorgesetzter:</td><td colspan="2">Datum/Unterschrift Personalleitung:</td></tr>
</table>

Abb. 1: Stellenbeschreibung

Im Rahmen der Personalbeschaffung dient die **Stellenbeschreibung** zunächst als Grundlage zur Abfassung der Stellenausschreibung. Sodann fungiert sie als Maßstab zur qualitativen Beurteilung der eingegangenen Bewerbungen. Kommt es zum Vorstellungsgespräch, so werden auf ihrer Basis die fachlichen Anforderungen, die auf den Bewerber zukommen, erörtert. Nicht selten erhält der Bewerber bei Vertragsabschluss ein Exemplar der Stellenbeschreibung zur eigenen Orientierung ausgehändigt. Hierbei ist jedoch zu beachten, dass die Stellenbeschreibung **niemals zum Inhalt des Arbeitsvertrages** gemacht werden sollte. Dadurch wäre das Aufgabengebiet des neuen Mitarbeiters ein für allemal rechtsverbindlich festgeschrieben. Der Arbeitgeber hätte rechtlich keine Möglichkeit, den Mitarbeiter kraft Direktionsrechts (s. auch Abschnitt 2.1.3.3) mit anderen Aufgaben zu betrauen oder das Stellenprofil zu ändern. Im Streitfall bliebe ihm nur die Möglichkeit, den Weg über eine Äderungskündigung (s. auch Abschnitt 2.1.3.3) zu beschreiten. Deshalb ist bei der Aushändigung einer Stellenbeschreibung an einen Mitarbeiter stets (schriftlich) darauf hinzuweisen, dass diese lediglich den derzeit aktuellen Stand widerspiegelt und unter dem Vorbehalt der jederzeitigen Änderbarkeit steht.

2.6.1.3 Anforderungsprofil

Aus den in der Stellenbeschreibung aufgeführten Aufgaben resultiert eine Reihe von Anforderungen, welche die Stelle an ihren (zukünftigen) Inhaber richtet. Die Gesamtheit dieser Anforderungen einschließlich ihres – durch Bewertung zu ermittelnden – Ausprägungsgrades bilden das Anforderungsprofil. Um die Anforderungen in einen systematischen Rahmen zu kleiden, gliedert man sie üblicherweise in **Grund- und Einzelmerkmale**. Zur Bestimmung der Grundmerkmale dient noch heute das sog. **Genfer Schema** aus dem Jahre 1950. Es wurde seinerzeit auf einer internationalen Konferenz von Arbeitswissenschaftlern im Auftrag des Internationalen Arbeitsamtes in Genf entwickelt und verabschiedet. Nach diesem Schema richtet sich die Ermittlung der Anforderungen einer Stelle an den folgenden, auch als Anforderungsarten bezeichneten Grundmerkmalen aus:

- Wissen/Können (= geistige und körperliche Anforderungen),
- Belastung (= geistige und körperliche Beanspruchung),
- Verantwortung,
- Arbeitsbedingungen/Umgebungseinflüsse,

wobei das zuletzt genannte Kriterium in der Praxis mittlerweile deutlich an Bedeutung verloren hat.

Die Grundmerkmale bilden ein zu grobes Raster, um darauf ein aussagefähiges Anforderungsprofil zu gründen. Deshalb ist jedes Grundmerkmal durch Einzelmerkmale zu konkretisieren. Über deren Zahl und inhaltliche Ausgestaltung zu entscheiden, ist Sache des einzelnen Unternehmens. So könnten, um an das Beispiel der Stelle des Personalleiters aus Abbildung 1 anzuknüpfen, die an das Grundmerkmal »Wissen/Können« gestellten (Einzel)Anforderungen (ohne Anspruch auf Vollständigkeit) folgendermaßen lauten:

- Konzeptionsfähigkeit,
- Verhandlungsgeschick,
- Ausdrucksfähigkeit,
- Umsetzungsstärke,
- Führungsfähigkeit,
- Rechtskenntnisse,
- betriebswirtschaftliche Kenntnisse.

Was den von der Stelle geforderten **Ausprägungsgrad der Anforderungen** anbelangt, so ist dieser anhand einer Bewertungsskala zu ermitteln. Sie könnte – worin jedes Unternehmen frei ist – durch folgende Abstufungen gekennzeichnet sein:

1	2	3	4	5	6
sehr gering	gering	eher gering als hoch	eher hoch als gering	hoch	sehr hoch

Das Anforderungsprofil ergibt sich aus der Bewertung der Anforderungsmerkmale. Es könnte im gegebenen Beispiel bezüglich des Anforderungsmerkmals »Wissen/Können« folgende Gestalt haben:

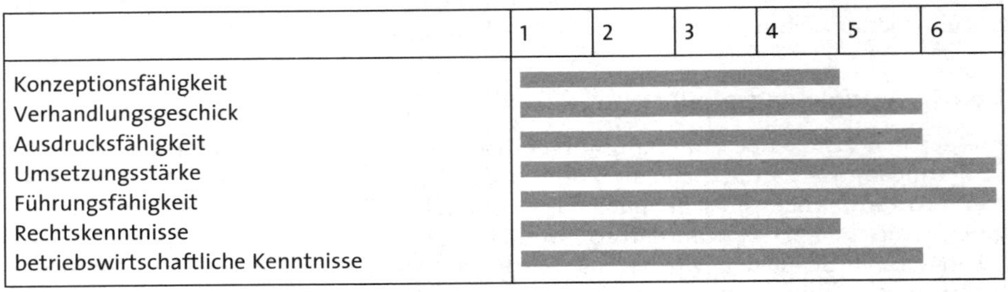

2.6.1.4 Qualifikationsprofil

Während das Anforderungsprofil die Soll-Vorgabe für den zu suchenden Stelleninhaber darstellt, beschreibt das **Qualifikationsprofil** – auch Eignungsprofil genannt – ob und inwieweit ein Bewerber den Anforderungen der vakanten Stelle entspricht. Auch das Qualifikationsprofil ist das Ergebnis einer Bewertung, wobei der Ausprägungsgrad, den der Bewerber im jeweiligen Anforderungskriterium erzielt, auf der Grundlage der folgenden Bewertungsskala ermittelt wird:

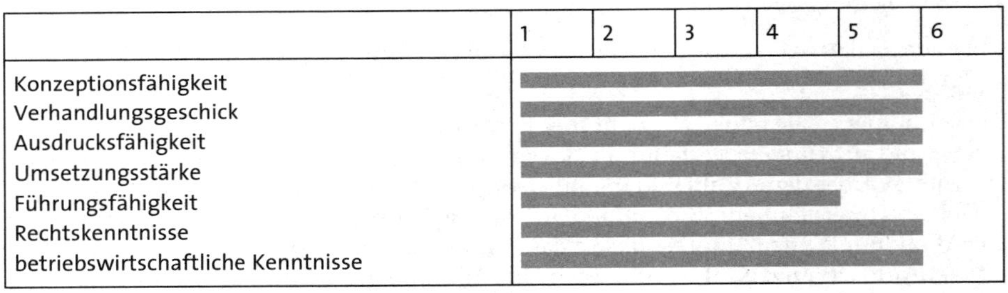

Der Vergleich zwischen Anforderungs- und Qualifikationsprofil (im Hinblick auf das Anforderungsmerkmal »Wissen/Können«) ergibt folgende Abweichungen.

Anforderungskriterium	Abweichung
Konzeptionsfähigkeit	+1
Verhandlungsgeschick	0
Ausdrucksfähigkeit	0
Umsetzungsstärke	–1
Führungsfähigkeit	–2
Rechtskenntnisse	+1
betriebswirtschaftliche Kenntnisse	0

Als Ergebnis ist festzuhalten, dass der Bewerber auf Grund seines Qualifikationsprofils (vorbehaltlich eines ähnlichen Resultats bezüglich der weiteren Anforderungen) für die Stelle des Personalleiters kaum in Betracht kommen dürfte.

2.6.2 Interne Personalbeschaffung

2.6.2.1 Interne Stellenausschreibung

Die interne Stellenausschreibung erfolgt durch Aushang am »Schwarzen Brett« oder an einem anderen für die Bekanntgabe von betrieblichen Informationen geeigneten Ort. Sie kann auch durch Intranet vorgenommen werden, sofern gewährleistet ist, dass den Mitarbeitern der Zugang zu diesem Medium offen steht. Nach § 93 BetrVG kann der Betriebsrat verlangen, dass zu besetzende Arbeitsplätze allgemein oder für bestimmte Arten von Tätigkeiten **vor ihrer Besetzung im Betrieb** ausgeschrieben werden. Das heißt freilich nicht, dass mit der externen Personalsuche solange zugewartet werden müsste, bis das interne Verfahren abgeschlossen ist. § 93 BetrVG verbietet nicht, internen und externen Aktivitäten gleichzeitig nachzugehen.

Die interne Stellenausschreibung sollte folgende Mindestinformationen enthalten:

- Die Bezeichnung der zu besetzenden Position,
- eine aussagekräftige Aufgabenbeschreibung,
- die geforderte Qualifikation,
- den Hinweis auf die Einarbeitungszeit einschließlich eventueller Fortbildungsbereitschaft,
- die Art der Tätigkeit (Vollzeit/Teilzeit/befristet/unbefristet),
- die Angabe der tariflichen Entgeltgruppe,
- den Zeitpunkt der Arbeitsaufnahme.

Verlangt der Betriebsrat die interne Stellenausschreibung, so ist der Arbeitgeber gut beraten, diesem Verlangen nachzukommen. Denn nach § 99 Abs. 2 Nr. 5 BetrVG kann der Betriebsrat die Zustimmung zur Einstellung eines Bewerbers verweigern (s. auch Abschnitt 2.6.3.5), wenn die nach § 93 BetrVG erforderliche Ausschreibung im Betrieb unterblieben ist.

2.6.2.2 Vorschläge von Vorgesetzten und Mitarbeitern

Zur internen Personalbeschaffung gehört, obwohl nicht immer systematisch genutzt, auch die Rekrutierung auf Vorschlag von Vorgesetzten und Mitarbeitern. Das Wort »intern« mag in diesem Zusammenhang missverständlich sein. Denn Vorschläge aus den eigenen Reihen können sich gelegentlich auch auf Personen aus dem unternehmensexternen Bekanntenkreis beziehen. Ungeachtet terminologischer Feinabstimmungen bieten **interne Rekrutierungsvorschläge** nicht unerhebliche Vorteile. Zum einen spart das Unternehmen ansonsten eventuell notwendige Insertionskosten; zum anderen kennen Unternehmensangehörige die betrieblichen Abläufe und können damit aus eigener Erfahrung abschätzen, wer fachlich vor allem aber persönlich am besten geeignet ist. Mitunter zahlen Unternehmen an Mitarbeiter für die »Vermittlung« eines neuen Kollegen sogar eine Prämie, deren erster Teil bei der Einstellung und der zweite nach erfolgreich bestandener Probezeit fällig wird.

Was die Vorschläge von Vorgesetzten anbelangt, so dürfen diese nicht immer unkritisch übernommen werden. Das gilt insbesondere dann, wenn es sich um Mitarbeiter aus dem eigenen Verantwortungsbereich handelt. Hier könnte die **Gefahr des »Weglobens«** bestehen, wie umgekehrt manche Vorgesetzte dazu neigen, ihre leistungsstarken Mitarbeiter aus abteilungsegoistischen Gründen zurückzuhalten. Insgesamt gesehen, überwiegt jedoch der positive Effekt, der von Rekrutierungsvorschlägen durch Vorgesetzte ausgeht, jene missliebigen Ausnahmeerscheinungen.

2.6.2.3 Interne Personalbeschaffung im Interesse der Nachfolge- und Laufbahnplanung

Interne Personalbeschaffung darf sich nicht auf die Besetzung zufällig oder vorhersehbar frei gewordener Stellen beschränken. Vielmehr sollte sie als **Prozess** verstanden werden. Ziel des Prozesses ist es, Vakanzen aus den Reihen der eigenen Mitarbeiter zu schließen. An seinem Anfang steht die **kurz-, mittel- oder langfristige Personal(bedarfs)planung**. Nach diesem Verständnis erstreckt sich die interne Personalbeschaffung auch auf die Vorwegnahme des voraussichtlichen, durch Fluktuation oder Unternehmenswachstum bedingten Personalbedarfs. In diesem Zusammenhang hat sie insbesondere die Nachfolgeplanung in ihr Blickfeld zu nehmen. Der Nachfolgeplanung wiederum muss stets eine vorausschauende Laufbahn- bzw. Karriereplanung einhergehen; denn die Aussicht auf die Nachfolge eines ausscheidenden Mitarbeiters bedeutet für andere Mitarbeiter regelmäßig die Chance, sich durch den Vollzug eines Karriereschrittes im Unternehmen zu entwickeln.

Da der Zeitpunkt zur Wiederbesetzung einer Stelle zumindest für die durch altersbedingte Fluktuation verursachten Vakanzen frühzeitig bekannt sind, hängt der Erfolg einer termingerecht vollzogenen internen Personalbeschaffung wesentlich von der rechtzeitig durchgeführten Karriereplanung für den oder die in Betracht kommenden Mitarbeiter ab. Hierzu ist es zunächst erforderlich, im Rahmen der (jährlichen) Fördergespräche die Karrierevorstellungen der betreffenden Mitarbeiter kennen zu lernen.

Veränderungswunsch?	Stelle/Funktion?	bis wann?	Mobilität?
◯ Ja ◯ Nein			◯ Standort ◯ Region ◯ Deutschland ◯ Ausland Präferenz:

Sodann sind geeignete Personalentwicklungsmaßnahmen einzuleiten, um die Mitarbeiter auf das Anforderungsprofil (s. auch Abschnitt 2.6.1.3) der zukünftigen Stelle vorzubereiten.

Interne Personalbeschaffung auf der Grundlage **innerbetrieblicher Stellenausschreibung** hat jedoch auch eine nicht zu übersehende Kehrseite. Sie erklärt sich aus dem Zustimmungserfordernis des Betriebsrats nach § 99 BetrVG. Der gesetzgeberische Auftrag an den Betriebsrat lautet, neben den fachlichen und persönlichen Eignungsvoraussetzungen eines Bewerbers auch die sozialen Gesichtspunkte, die sich im Zusammenhang mit einer Stellenbesetzung ergeben, zu berücksichtigen (§ 95 Abs. 2 Nr. 1 BetrVG). Hierunter sind in erster Linie Lebensalter, Dauer der Betriebszugehörigkeit und familiäre Verpflichtungen zu verstehen. Es kann daher nicht ausbleiben, dass im Einzelfall Leistungsgesichtspunkte, die für den einen Kandidaten sprechen, den sozialen Belangen, die bei einem anderen Bewerber vorliegen, hintangestellt werden (müssen).

2.6.3 Externe Personalbeschaffung

2.6.3.1 Externe Stellenausschreibung

Als **Publikationsmedien** für externe Stellenausschreibungen kommen vornehmlich die Wochenendausgaben der regionalen oder überregionalen Tageszeitungen sowie einschlägige Fachzeitschriften in Betracht. Während in überregionalen Zeitungen und Fachzeitschriften vorrangig nach oberen Führungskräften und hochqualifizierten Spezialisten gesucht wird, beschränkt sich die Ausschreibung der Positionen für Fach- und mittlere Führungskräfte in der Regel auf den regionalen Raum. Bei Parallelinsertionen in Tageszeitungen und Fachzeitschriften kommt es nicht selten zu zeitversetzten Bewerbungseingängen. Der Grund hierfür ist darin zu sehen, dass die von den Unternehmen bezogenen Fachzeitschriften einen hierarchiegebundenen Verteiler aufweisen. Das hat zur Folge, dass sie die wechselwilligen Interessenten oftmals erst zu einem Zeitpunkt erreichen, zu welchem sich das mittels Zeitungsinserats angestoßene Bewerbungsverfahren bereits in einem fortgeschrittenen Stadium befindet und die »Nachzügler« Gefahr laufen, mit ihrer Bewerbung nicht mehr angemessen berücksichtigt zu werden

Bei den in Zeitungen und Fachzeitschriften platzierten **Insertionen** unterscheidet man danach, ob sie **offen oder verdeckt** geschaltet worden sind. Im Unterschied zu den offenen Anzeigen handelt es sich bei den verdeckten um solche, in denen das Unternehmen seine Identität nicht preisgibt. Gleichviel welche Gründe ein Unternehmen zu einer solchen Vorgehensweise bewegt, mit einer verdeckten Annonce wird es nur dann Erfolg haben, wenn es nicht unter anonymer Chiffre annonciert, sondern sich eines sog. Briefkastens bedient. Er wird von den meisten Personalberatungen (s. auch Abschnitt 2.6.3.2) als Dienstleistung angeboten und bedeutet, dass diese unter ihrem Namen in Erscheinung treten und die Bewerber mit der Zusicherung, Sperrvermerke zu berücksichtigen, aufzufordern, ihre Bewerbungen an sie zu senden. Dadurch haben die Bewerber die Gewähr, dass ihre Unterlagen nicht in das eigene Unternehmen gelangen.

Was den Aufbau und die inhaltliche Gestaltung einer Annonce anbelangt, sei auf die in den großen Tageszeitungen wöchentlich erscheinenden Anzeigen verwiesen. Zu berücksichtigen sind allerdings die juristischen Folgen, die eintreten können, sofern ein Anzeigentext nicht die gebotene **geschlechtsneutrale Formulierung** aufweist. Nach § 611 a BGB darf der Arbeitgeber insbesondere bei der Begründung des Arbeitsverhältnisses niemanden wegen seines Geschlechts benachteiligen (Grundsatz der Gleichbehandlung) eine Stelle unter Verstoß gegen das unlängst in Kraft getretene Allgemeine Gleichbehandlungsgesetz (AGG) ausgeschrieben wird. Nach diesem Gesetz dürfen Bewerber nicht auf Grund

- Rasse,
- ethnischer Herkunft,
- Geschlechts,
- Religion oder Weltanschauung,
- Behinderung,
- Alters,
- sexueller Identität

benachteiligt werden (§§ 11, 7 I, 1 AGG). Eine insoweit nicht geschlechtsneutral gehaltene Anzeige könnte im Streitfall als Indiz für eine geschlechtsbezogene Benachteiligung herangezogen werden und, wenn dieses Indiz durch weitere Umstände erhärtet wird, den Arbeitgeber zu Schadensersatzansprüchen gegenüber dem sich in seinen Rechten verletzt fühlenden Bewerber verpflichten. Wie hoch solche Schadensersatzansprüche ausfallen können, wird aus der folgenden Übersicht deutlich.

Schadensersatz nach § 15 I, II AGG			
Tatbestand		Rechtsfolge	§ 15 II AGG
Bewerber wäre bei benachteiligungsfreier Auswahl …	… nicht eingestellt worden	Entschädigung: maximal drei Monatsgehälter	Satz 2
	… eingestellt worden	angemessene Entschädigung in Geld; wie viel ist ungewiss; in jedem Fall aber höher als drei Monatsgehälter (Umkehrschluss aus Absatz 3 Satz 2)	Satz 1

Zur rechtlichen Durchsetzung ihrer Schadensersatzansprüche können sich benachteiligt fühlende Bewerber/innen an einen **Antidiskriminierungsverband** wenden (§ 23 II AGG). Hierbei handelt es sich um einen **nicht gewerbsmäßigen** Personenzusammenschluss bestehend aus mindestens 75 Mitgliedern, bzw. einem Zusammenschluss aus mindestens sieben Verbänden (§ 23 I AGG). Wer der Ansicht ist, diskriminiert worden zu sein, kann sich darüber hinaus auch an die **Antidiskriminierungsstelle des Bundes** wenden (§ 27 I AGG). Sie ist beim Bundesministerium für Familie, Senioren, Frauen und Jugend angesiedelt; ihr ist ein Beirat bestehend aus maximal 16 Personen aus gesellschaftlich relevanten Gruppen sowie Experten in Benachteiligungsfragen beigeordnet (§ 30 II AGG).

Keine Diskriminierung sondern eine gesetzlich zulässige unterschiedliche Behandlung liegt vor, wenn diese durch sachliche Gründe wegen

- beruflicher Anforderungen (§ 8 AGG),
- der Religion oder Weltanschauung (§ 9 AGG),
- des Alters (§ 10 AGG)

geboten oder durch einen sachlichen Grund nach dem in § 20 AGG aufgeführten Ausnahmekatalog gerechtfertigt ist.

2.6.3.2 Sonstige externe Beschaffungswege

Beschaffungswege	Beschaffungsarten	Adressaten
Personalberatung	• *Direktansprache/»Headhunting«:* Für die Stelle in Betracht kommende Personen werden zunächst durch sog. Searcher aus Datenbanken und sonstigen Informationsquellen identifiziert und telefonisch angesprochen. Bei Interesse schließt sich ein Vorstellungsgespräch mit Berater an. Er trifft Vorauswahl und präsentiert dem Unternehmen zwischen drei und fünf Kandidaten. • *»Full-Service«:* Personalberatung übernimmt den vollen Leistungskatalog, d. h. Gestaltung und Platzierung der Annonce unter eigenem Namen, telefonischen Erstkontakt, Vorauswahl, Präsentation geeigneter Kandidaten, Absagen. • *Teilservice:* Er bezieht sich i. d. R. auf Platzierung der Annonce unter eigenem Namen (Briefkasten s. 2.6.3.1), telefonischen Erstkontakt, Sichtung der Bewerbungsunterlagen im Hinblick auf Sperrvermerke sowie evtl. Absagen.	Höherrangige Führungskräfte und Spezialisten, von denen vermutet wird, dass sie derzeit nicht unbedingt an einen Wechsel denken und deshalb die Stellenanzeigen in der Presse nicht verfolgen. Führungskräfte und Spezialisten (i. d. R. nicht unter 50000 Euro Jahresgehalt), von denen vermutet wird, dass sie auch ohne Direktansprache erreichbar sind.

Beschaffungswege	Beschaffungsarten	Adressaten
Personalvermittlung	Die Personalvermittlung unterscheidet sich von der Personalberatung dadurch, dass sie darauf spezialisiert ist, Arbeit suchende oder zum Arbeitgeberwechsel entschlossene Personen vorzuhalten, um sie bei Bedarf an einen Arbeitgeber zu vermitteln. Die hierfür erforderliche Erlaubnis (§ 291Abs. 1 SGB III) erteilt das Landesarbeitsamt (§ 294 SGB III).	Fachkräfte unterer und mittlerer Einkommen.
Agentur für Arbeit	Der Arbeitgeber kann sich zur Vermittlung Arbeit suchender Personen direkt an das Arbeitsamt wenden. Dies kann insbesondere dann interessant sein, wenn das Arbeitsamt für bestimmte Personengruppen Einarbeitungszuschüsse etc. gewährt.	Prinzipiell alle Arbeitsuchende ungeachtet ihrer Qualifikation und Einkommenshöhe. Zu den »Hartz-Gesetzen« s. u.
Hochschulkontakte	Ausschreibungen am »schwarzen Brett«, Unternehmenspräsentationen in der Hochschule, »Tag der offenen Tür« für Studierende im Unternehmen, Übernahme von Lehrverpflichtungen durch Unternehmensangehörige, Angebote von Ferien- bzw. Pflichtpraktika, Vergabe von Diplomarbeiten.	Hochschulabsolventen.
Internet/ »E-Recruiting«	• *Jobbörsen:* In ihnen können via Internet sowohl Arbeitgeber ihre freien Stellen anbieten als auch Bewerber ihre Stellengesuche platzieren. Die Zahl der Jobbörsen beläuft sich derzeit auf mehr als 450. Ein spezielles Suchsystem findet sich unter www.crosswater-systems.com. Unter dieser Adresse kann man sich mit Aufbau und Inhalt einer Jobbörse näher vertraut machen. • *Home-Page:* Sie bildet ein wesentliches Element des Personalmarketings und sollte deshalb auch alle aktuellen Stellenangebote enthalten. Wird die vakante Stelle »klassisch« ausgeschrieben, darf der Hinweis auf die Home-Page in der Annonce nicht fehlen. • *Human-Resources-Portal:* Wird die Home-Page mit einem HR-Portal »verlinkt«, eröffnet dies die Möglichkeit, über das Stellenangebot hinaus weitere Dienstleistungen und Informationen anzubieten, wie z. B. die ausführliche Stellenbeschreibung (s. auch Abschnitt 2.6.1.2), das detaillierte Anforderungsprofil (s. auch Abschnitt 2.6.1.3), den Personalfragebogen, sowie Hinweise zum Ablauf des Bewerbungsverfahrens, zur Einarbeitung und Weiterbildung etc.	Alle Fach- und Führungskräfte, bei denen das Unternehmen als selbstverständlich voraussetzt, dass sie mit moderner Kommunikationstechnik vertraut sind.

Abb. 2 Externe Beschaffungswege

Die auf dem sog. Hartz-Konzept beruhenden Gesetze »für moderne Dienstleistungen am Arbeitsmarkt«, durch die – neben einer Reihe anderer Gesetze – vor allem das SGB III (Arbeitsförderung) novelliert worden ist, übertragen den Agenturen für Arbeit eine erhöhte Verantwortung. Dies vor allem durch die Verpflichtung zur Errichtung von **Job-Centern und Personal-Service-Agenturen**.

Job-Center: Nach § 402 Abs. 1 S. 2 Nr. 12 SGB III handelt es sich hierbei um Einrichtungen, in denen »Arbeitssuchende mit dem Ziel der Eingliederung in das Erwerbsleben umfassend betreut werden«. Die Job-Center sollen nach dem ausdrücklichen Gesetzeswortlaut »eine gemeinsame Anlaufstelle des Arbeitsamtes und der örtlichen Träger der Sozialhilfe umfassen und die dem Arbeitsamt von den örtlichen Trägern der Sozialhilfe übertragenen Aufgaben wahrnehmen«. Zu diesem Zweck schließen die Arbeitsämter mit den Sozialhilfeträgern **Kooperationsvereinbarungen** ab (§ 402 Abs. 1 S. 3 SGB III).

Personal-Service-Agenturen (PSA): Nach § 37 c SGB III hat jedes Arbeitsamt für die Errichtung mindestens einer PSA zu sorgen. Hierzu räumt ihm das Gesetz drei Gestaltungsoptionen unter Beachtung folgender Prioritäten ein:

- Abschluss von Kooperationsverträgen mit erlaubt tätigen Personal-Leasingunternehmen nach den Maßstäben des Vergaberechts,
- Beteiligung an solchen Unternehmen, wobei Mehrheits- ebenso wie Minderheitsbeteiligungen zulässig sind,
- Gründung eigener Agenturen.

Vorrangige Aufgabe der PSA ist es, die ihnen von den Job-Centern zugewiesenen Arbeitslosen im Wege der **Arbeitnehmerüberlassung** befristet an interessierte Unternehmen zu vermitteln. Zu diesem Zweck begründet die PSA mit Arbeitslosen ein Beschäftigungsverhältnis, d. h. letztere werden Arbeitnehmer dieser Einrichtung. Sie bleiben es auch dann, wenn sie nicht abgerufen werden. In diesem Fall ist die PSA verpflichtet, ihre Beschäftigten zu qualifizieren und weiterzubilden.

Über das Zusammenspiel von Job Center und Personal-Service-Agentur informiert Abbildung 2 a:

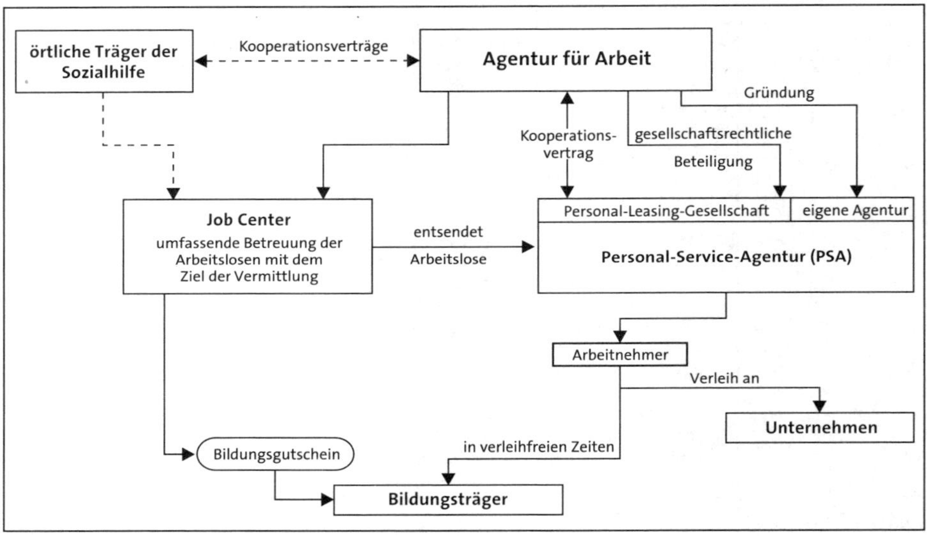

Abb. 2a: Zusammenspiel von Job Center und Personal-Service-Agentur

2.6.3.3 Auswahlverfahren

Das Auswahlverfahren beginnt mit der Sichtung der Bewerbungsunterlagen. Hierbei empfiehlt es sich, zunächst im Wege des **Negativverfahrens** vorzugehen und diejenigen Bewerbungen auszusondern, die auf Grund zuvor festgelegter (formaler, biografischer, optischer etc.) Kriterien evidentermaßen nicht in Betracht kommen. Sodann werden die verbliebenen Unterlagen einer sorgfältigen Analyse unterzogen. Zu achten ist insbesondere auf:

- Vollständigkeit,
- Schlüssigkeit des Lebenslaufs,
- Ausbildungs- und Berufsstationen,
- Inhalt der Arbeitszeugnisse und die zeitliche Deckungsgleichheit der darin bestätigten Beschäftigungsdauer mit den im Lebenslauf angegebenen Daten.

Auch bei dieser Prüfung hat sich – mit Ausnahme der in positiver Hinsicht »eindeutigen Fälle« – das Negativverfahren bewährt. Denn es ist regelmäßig treffsicherer zu prognostizieren, mit wem die Fortsetzung des Bewerbungsverfahrens keinen Erfolg verspricht als positiv festzustellen, wer zum Vorstellungsgespräch eingeladen werden soll. Bezüglich der »Grenzfälle« kann entweder nach dem Grundsatz »im Zweifel für den Bewerber« verfahren werden und eine Einladung erfolgen; oder es wird eine »Reserveliste« gebildet, die dann zum Zuge kommt, wenn nach Abschluss der ersten Gesprächsrunde Bedarf an der Vorstellung weiterer Bewerber besteht.

Zur **Interpretation der Arbeitszeugnisse** bietet es sich an, die Lektüre »von unten nach oben« vorzunehmen. Damit ist folgendes gemeint: Professionelle Verfasser von Arbeitszeugnissen bedienen sich aus Rechtsgründen (s. auch Abschnitt 2.1.5.4) häufig einer Sprache, die anderes meint, als sie dem unbefangenen Leser vermittelt. Um herauszufinden, ob das Zeugnis so gemeint ist, wie es sich liest oder ob Zurückhaltung geboten ist, kann durch den Blick auf die Unterschrift(en) erschlossen werden. Ergibt sich daraus, dass z. B. ein Personalleiter an der Erstellung des Zeugnisses mitgewirkt hat, so darf davon ausgegangen werden, dass das Zeugnis durch die Brille eines in der Zeugnissprache geübten Verfassers gelesen werden muss. Deshalb ist es im nächsten Schritt interessant zu erfahren, wie die sog. Schlussformel abgefasst ist. Da diese nicht zum vertraglich geschuldeten Zeugnisinhalt gehört (s. auch Abschnitt 2.1.5.4), hat der Verfasser hierbei einen von rechtlichen Bindungen im Wesentlichen freien Gestaltungsspielraum. Der Schlussformel kann deshalb ein erhöhter Wahrheitsgehalt beigemessen werden. Die aus ihr gewonnene Erkenntnis erleichtert es, die anschließend zu lesende, durch die einschlägige Wortwahl verklausulierte Beurteilung von Führung und Leistung angemessen zu interpretieren.

Der auf Grundlage der Bewerbungsunterlagen vorgenommenen **Auswahlentscheidung** folgt das **Vorstellungsgespräch**. Die überwiegende Mehrzahl der Unternehmen praktiziert Vorstellungsgespräche in der Weise, dass Personalleitung und potenzieller Vorgesetzter des Bewerbers sie entweder zusammen oder getrennt durchführen. Bei jedem Vorstellungsgespräch geht es letztlich darum, eine Antwort auf die Frage zu finden: »Passt« der Bewerber persönlich, fachlich, finanziell? Die Entscheidungskompetenz hierüber sollte zwischen Personalleitung und betrieblichem Vorgesetzten klar definiert sein.

»Passt« der/die Bewerber/in ...	Personalleitung	Vorgesetzte(r)
persönlich	•	•
fachlich		•
finanziell	•	

Diese **Kompetenzregelung** ist deshalb wichtig, weil der Vorgesetzte am besten beurteilen kann, welches fachliche Eignungsprofil der Bewerber aufweisen muss, wohingegen es allein der Personalleitung obliegt, über die Entgelteinstufung und deren Einbindung in das betriebliche Entgeltgefüge zu wachen. Nur über die persönliche Eignung sollten Personalleitung und betrieblicher Vorgesetzter gemeinsam entscheiden. Dies nicht nur, weil es sich dabei um die in der Regel am schwierigsten zu beantwortende Frage handelt, sondern weil die Personalseite über die größere Erfahrung, dies zu ermitteln, verfügt und der Vorgesetzte das personelle Umfeld des zukünftigen Mitarbeiters aus der täglichen Anschauung kennt.

Damit ist ein Problemkreis angesprochen, der in der Personalwirtschaft immer wieder zum Gegenstand kritischer Auseinandersetzung geworden ist. Der Einwand lautet, dass es der beschriebenen Vorgehensweise an der gebotenen Professionalität mangele, weil weder Personalleiter einschließlich ihrer Mitarbeiter noch betriebliche Vorgesetzte über die erforderlichen Kenntnisse verfügten, um Persönlichkeitsbeurteilungen zuverlässig vornehmen zu können. Diese Vorbehalte haben dazu geführt, dass – auf entsprechende Initiativen des Berufsverbands Deutscher Psychologinnen und Psychologen (BDP) – im Juni 2002 die **DIN-Norm 33430** verabschiedet wurde. Sie verfolgt das Ziel, **Standards zur berufsbezogenen Eignungsbeurteilung** zu setzen, indem sie die Anwendung bestimmter psychometrischer Testverfahren für verbindlich erklärt und die Durchführung der Eignungsbeurteilungen nur von Personen oder Institutionen anerkennt, die nach dieser Norm zertifiziert worden sind. Wie sich die Praxis hierauf einstellt, muss abgewartet werden. Immerhin stehen dem Personalmanagement mit:

- psychologischen Testverfahren,
- biografischen Fragebögen,
- strukturierten Interviews,
- Assessment-Centers etc.

schon seit langem Instrumente und Techniken zur Verfügung, die sich als Mittel zur erfolgreichen Personalgewinnung bewährt haben.

2.6.3.4 Anbahnung des Arbeitsverhältnisses

Soweit Personalbeschaffung sich noch im Vorfeld des Vertragsabschlusses bzw. der Einstellung befindet, vollzieht sie sich nach juristischem Sprachgebrauch unter dem Begriff »**Anbahnung des Arbeitsverhältnisses**«. Hierfür gilt folgender Rechtsgrundsatz: Begibt sich ein Bewerber auf Veranlassung (z. B. auf Grund Annonce) eines potenziellen Arbeitgebers in Vertragsverhandlungen oder nimmt er zu ihm vorbereitende Kontakte auf, so entsteht ein gesetzliches Schuldverhältnis mit gegenseitigen Rechten und Pflichten. Letztere umfassen Auskunfts-, Sorgfalts- und Leistungspflichten (Abbildung 3).

Pflichten	Bewerber	(potenzieller) Arbeitgeber
Auskunftspflichten bezüglich …	fachlicher, rechtlicher oder (mit Einschränkungen) gesundheitlicher Hindernisse.	Art, Ort und Umstände der vorgesehenen Tätigkeit.
Sorgfaltspflichten bezüglich …	kostenbewussten Verhaltens bei Einladung zum Vorstellungsgespräch (Reiseabrechnung).	Ordnungsgemäße Aufbewahrung der Bewerbungsunterlagen, Beachtung des Gleichbehandlungsgrundsatzes (§ 611 a BGB s. auch Abschnitt 2.6.3.1), Einholung der Zustimmung des Betriebsrates zur Einstellung (s. auch Abschnitt 2.6.3.5), Diskretion bei Erkundigungen über den Bewerber, der Verkehrssicherheit im Betrieb.
Leistungspflichten bezüglich …	Vollständigkeit der Unterlagen.	Rücksendung der Unterlagen an Bewerber, Ersatzes der notwendigen Vorstellungskosten (§ 662 f. BGB).

Abb. 3: Auskunfts-, Sorgfalts- und Leistungspflichten

Die Pflichten der einen Seite bestehen freilich nur in dem Umfang, in welchem die andere ein Recht geltend machen kann. So reicht etwa die Auskunftspflicht des Bewerbers nicht weiter, als dem Arbeitgeber ein entsprechendes Fragerecht zusteht, z. B. nach:

- **Vorstrafen:** nur soweit sie für die Art der Tätigkeit relevant ist,
- **Krankheit:** nur wenn Ansteckungsgefahr besteht oder sie den Bewerber an der Aufnahme der Tätigkeit dauernd hindert,
- **Schwangerschaft:** nach EuGH nicht, nach BAG ausnahmsweise, sofern es der gesundheitliche Schutz der Bewerberin oder ihres ungeborenen Kindes erfordert,
- **Schwerbehinderung:** grundsätzlich uneingeschränkt zulässig,
- **Pfändungen:** diese Frage ist rechtlich noch nicht abschließend geklärt,
- **Religions-, Partei- und Gewerkschaftszugehörigkeit:** nein, außer bei konfessionellen Institutionen (sog. Tendenzbetrieben),
- **Wettbewerbsverbot:** ja, der Bewerber muss sogar von sich aus darauf hinweisen.

Unwahre Angaben können zur **Anfechtung des Arbeitsverhältnisses** nach §§ 123, 141 BGB und damit zu dessen Nichtigkeit von Anfang an führen. Im Übrigen gilt: Bei Verletzung der Auskunfts-, Sorgfalts- oder Leistungspflichten entsteht ein Schadensersatzanspruch aus »Verschulden bei Vertragsschluss« (sog. culpa in contrahendo). Der Bewerber ist so zu stellen, wie er gestanden hätte, wenn das schädigende Ereignis nicht eingetreten wäre (sog. negatives Interesse).

2.6.3.5 Mitbestimmungsrechte des Betriebsrats

Nach § 94 BetrVG bedürfen Personalfragebogen und die Aufstellung allgemeiner Beurteilungsgrundsätze der **Zustimmung des Betriebsrats**. Das bedeutet, dass der Kriterienkatalog, auf dessen Grundlage die persönlichen Bewerberdaten erhoben werden (sollen), dem Mitbestimmungsrecht des Betriebsrats unterliegt. Gleiches gilt für die Festlegung der Klassifikationsmerkmale von Eignungsprofilen und Potenzialanalysen, sowie für standardisierte psychologische Eignungsbeurteilungsverfahren. Ob dem Betriebsrat auch beim Assessment-Center ein Mitbestimmungsrecht zusteht, ist umstritten. Soweit darin jedoch Testverfahren verwendet werden, sind zumindest diese mitbestimmungspflichtig.

Soll ein Bewerber eingestellt werden, so hat der Arbeitgeber (in Betrieben mit mehr als 20 wahlberechtigten Arbeitnehmern) vor der Einstellung die Zustimmung des Betriebsrats einzuholen und ihm die erforderlichen Bewerbungsunterlagen vorzulegen sowie die vorgesehene Eingruppierung mitzuteilen (§ 99 Abs. 1 BetrVG). Der Betriebsrat kann unter den in § 99 Abs. 2 Nr. 1 bis 6 abschließend aufgeführten Voraussetzungen seine Zustimmung verweigern. Hierzu zählen insbesondere:

- das Unterbleiben der nach § 93 BetrVG erforderlichen innerbetrieblichen Stellenausschreibung (s. auch Abschnitt 2.6.2.1),
- der Verstoß gegen eine Auswahlrichtlinie nach § 95 BetrVG.

Bei der Auswahlrichtlinie handelt es sich um die Aufstellung genereller Grundsätze darüber, wie bei Einstellungen (Versetzungen, Umgruppierungen und Kündigungen) verfahren werden soll und welche fachlichen, persönlichen und sozialen Gesichtspunkte dabei zu berücksichtigen sind. Die Einführung einer Auswahlrichtlinie durch den Arbeitgeber unterliegt dem Mitbestimmungsrecht des Betriebsrats. In Betrieben mit mehr als 500 Arbeitnehmern kann sie der Betriebsrat sogar verlangen (§99 Abs. 2 BetrVG).

Verweigert der Betriebsrat seine Zustimmung zur Einstellung eines neuen Mitarbeiters, so darf dieser nicht beschäftigt werden; sein Arbeitsverhältnis hat jedoch Bestand. Das bedeutet, dass der Arbeitgeber verpflichtet ist, ihm das Arbeitsentgelt zu zahlen, ohne dafür Arbeitsleistung beanspruchen zu können. Der Arbeitgeber hat die Möglichkeit, beim Arbeitsgericht die Ersetzung der Zustimmung durch gerichtlichen Beschluss zu beantragen (§ 99 Abs. 4 BetrVG).

Literatur:

Beck, Ch.: Professionelles E-Recruiting, Neuwied, Kriftel, 2002
Franke, D./Boden, M. (Hrsg).: Personal Jahrbuch 2003, Neuwied, Kriftel, 2002
Hofmann, E.: Einstellungsgespräche führen, 3. Auflage, Neuwied, Kriftel, 2002

2.7 Administrative Aufgaben einschließlich der Entgeltabrechnung bearbeiten

Das Personalwesen hat sich in den vergangenen Jahrzehnten von einer überwiegend administrativ ausgerichteten zu einer **dispositiven Funktion** entwickelt. Wenn in den Augen der Mitarbeiter und auch mancher Unternehmensleitung dennoch der Eindruck entsteht, dass die Personalabteilung als die »letzte Bastion der Bürokratie« gilt, liegt dies möglicherweise daran, dass die Personalverwaltung den organisatorischen Wandel als letzter Funktionsbereich durchmacht. So entsteht hinsichtlich der Personaladministration leicht das Zerrbild eines »Bürokratismus« von einem Dienstleistungsbereich, das der Wirklichkeit nicht standhält.

Eine Definition von Personalverwaltung als »Summe aller Verwaltungstätigkeiten, die mit der Einstellung und der Beschäftigung von Arbeitskräften verbunden ist«[1], greift deshalb viel zu kurz. Personalverwaltung ist vielmehr als ein Prozess der Informationsverarbeitung zu verstehen, der im Sinne des EVA-Prinzips alle mitarbeiterbezogenen Daten und Informationen sammelt, verarbeitet und wiedergibt und damit eine Unterstützungsfunktion für alle Bereiche im Unternehmen darstellt.

2.7.1 Funktionsbereiche der Personalverwaltung

Entscheidend für den Umfang und die Ziele der Personalverwaltungsaufgaben sind **Größe und Struktur des Unternehmens.** Die Personalverwaltung als Dienstleister des ganzen Unternehmens widmet sich nicht nur den Aufgaben, die sich durch Gesetz, Rechtsverordnung, Tarifvertrag, Betriebsvereinbarung und Arbeitsvertrag ergeben, sondern trägt durch interne Marketingaktivitäten wie Personalplanung, -beschaffung, -einsatz, -entwicklung, -führung, -förderung entscheidend zu **Qualitäts-, Leistungs-, und Klimaveränderungen** bei. Hierbei sind Unternehmensziele wirtschaftlicher Art auf das engste mit menschlich-sozialen Prozessen verknüpft. Daher versteht sich, dass der Beitrag der Personalverwaltung nicht lediglich im administrativen Funktionieren bestehen kann.

Zu den vorrangigen Aktivitäten der **Funktionsbereiche** gehören:

Personalplanung:	Planung von Personalbedarf, Personalbeschaffung, Personaleinsatz, Personalentwicklung, Personalkosten, Personalfreisetzung.
Personalbeschaffung und Personalanpassung:	Stellenanzeige, Auswahl, Einstellung, Einführung, Freisetzung.

1 Vgl. Bisani, 2002

Personalentwicklung:	Bereichs- und Organisationsentwicklung, Ausbildung, Fortbildung.
Personaleinsatz:	Zeitwirtschaftsmanagement, Zuordnung der Mitarbeiter in organisatorische Einheiten.
Personalförderung und Personalführung:	Entgeltfindung, Mitarbeitergespräche, Beurteilungswesen.

Um diese zahlreichen Aktivitäten und Entscheidungen, die das Personal betreffen, vorzubereiten, ist eine umfangreiche Datenbasis erforderlich. Es ist Aufgabe der Personalverwaltung, das Erstellen, Verwalten, Verfügbarhalten und Archivieren dieser Personaldatenbestände zu organisieren. Während vor einigen Jahren diese Arbeiten überwiegend durch manuelle Erfassung erledigt worden sind, begleitet heute die **EDV-gestützte Personalverwaltung** alle Aktionen. Eine besondere Bedeutung hat hierbei die Entwicklung von Personalinformationssystemen. Die Forderung an solche Softwarelösungen sind Zuverlässigkeit, Wirtschaftlichkeit und Transparenz bei allen personalwirtschaftlichen Abläufen.

Zur Dokumentation und Bescheinigung der Personaldatenbestände gehören unter anderem:

- Führen der Personalakte,
- Verwalten der Stamm- und Bewegungsdaten,
- Gehaltsabrechnung,
- Zeiterfassungsdaten,
- Personalstatistiken,
- Fehlzeitenerfassung,
- Bescheinigungswesen,
- Reisekostenabrechnung,
- Stellenplanverwaltung.

Während Statistiken als wesentliche Informationsgrundlage für die Unternehmensleitung dienen, hat die Personalverwaltung nicht nur die Verpflichtung, gesetzliche und tarifliche Anpassungen vorzunehmen, sondern auch eine **umfassende Auskunftspflicht** über alle anstehenden Fragen des Beschäftigungsverhältnisses.

Um diesen Anforderungen als Drehscheibe im Unternehmen gerecht zu werden, sollte die Personalverwaltung möglichst in der Nähe der Unternehmensleitung angesiedelt sein. Bei allen anstehenden Fragen, sei es von Unternehmens- oder Mitarbeiterseite aus, steht die **persönliche Betreuung und Beratung** im Mittelpunkt.

Wenn Überlegungen hinsichtlich der Auslagerung der Personalverwaltung angestellt werden, sollte der Umgang mit vertraulichen Daten, die Qualität, Vielfalt und Modernität der Leistungen, Servicebereitschaft, Kundenorientierung und der Dienstleistungsgedanke auf dem Prüfstand stehen.

2.7.1.1 Personaleinstellung

Die Notwendigkeit von Personaleinstellungen ergibt sich durch die Personalbedarfsplanung oder unvorhersehbare Ersatzbedarfsfälle durch Krankheit, Kündigung und Tod von Mitarbeitern. Grundsätzlich ist es möglich, die neue oder vakante Stelle durch internes Umsetzen von Mitarbeitern oder externem Personal zu besetzen. In der Regel erfolgt die **Personalbeschaffung** über eine innerbetriebliche Stellenausschreibung (Aushang, Rundschreiben) oder über außerbetriebliche Personalbeschaffung (Personalberater, Arbeitsverwaltung, Stellenanzeige, Leasing).

Um die Auswahl der internen und externen Bewerbungen zu erleichtern, werden EDV-gestützte **Entscheidungs- und Auswertungsformulare** benutzt. Bei der Verwendung von Personalfragebögen ist für deren inhaltliche Gestaltung die Zustimmung des Betriebsrates erforderlich (§ 94 BetrVG).

Die Einstellung und Versetzung eines Mitarbeiters ist ein zustimmungspflichtiger Vorgang nach § 99 BetrVG. Der Arbeitgeber hat dem Betriebsrat alle erforderlichen Bewerbungsunterlagen vorzulegen und Auskunft über den Bewerber zu erteilen.

Für die inhaltliche Gestaltung des Arbeitsvertrages gilt der **Grundsatz der Vertragsfreiheit**, jedoch eingeschränkt durch den Vorrang von Gesetzen (TVG, BUrlG, SGB IX–Schutz für Schwerbehinderte, Jugendarbeitsschutzgesetz (JArbSchG), ArbZG, AGB, GewO) und Tarifverträgen. Bei der Festlegung eines Formulararbeitsvertrages ist der Betriebsrat einzubeziehen.

2.7.1.2 Personaleinsatz

Unter Personaleinsatz wird die **Zuordnung** des zur Verfügung stehenden Personals **zu organisatorischen Einheiten** (Stellen) oder zu Tätigkeiten (Aufgaben, Arbeiten) verstanden. Die Zuordnung ist auf den wirtschaftlichen Erfolg des Unternehmens orientiert im Sinne der bestmöglichen Eingliederung der verfügbaren Mitarbeiter in den Leistungsprozess. Dabei sind die Bedürfnisse und Wünsche der Mitarbeiter zu berücksichtigen, um deren Arbeitszufriedenheit zu fördern.

Für den gezielten Personaleinsatz ist eine **Personaleinsatzplanung** notwendig, die festlegt, wie und wo die zur Verfügung stehenden Mitarbeiter eingesetzt werden. Ergebnis der Personaleinsatzplanung ist meist ein Stellenbesetzungsplan.

Beispiel:

Stellenbesetzungsplan für die Abteilung Patientenmanagement in einem Krankenhaus

Stellenbezeichnung	Stellenplan-Nr.	Anorderungsprofil	Stellenbewertung Ist	Stellenbewertung Soll	Inhaber
Leitung Patientenmanagement	350	Dipl. Kfm./Kffr.	4A	4A	Kunze, I.
Referent	340	Betriebswirt (FH)	4B	4B	Werner, B.
Referent	341	Betriebswirt (FH)	VC	4B	Lange, K.
Sachbearbeiter	322	Kfm./Kffr. Gesundheitswesen	VIB	VC	Bartling, M.
Sachbearbeiter	323	Kfm./Kffr. Gesundheitswesen	VC	VC	Dieter, B.
Aushilfe	300	Bürohilfe	VIII	VII	Traumann P.

Um die Anpassung des Mitarbeiters an die Arbeit sowie die Anpassung der Arbeit an den Mitarbeiter zu gewährleisten, sind jeweils von der Personalverwaltung unterschiedliche Voraussetzungen zu schaffen:

- Einführung, Analyse und Betreuung von Arbeitsbewertungs- und Leistungsbeurteilungssystemen (arbeitsphysiologische, arbeitsmedizinische, psychologische und soziologische Kriterien),
- Überwachung der Arbeitssicherheitsvorschriften und Unfallverhütungsvorschriften der Berufsgenossenschaften,
- Entwicklung von Einführungskonzepten, Erarbeiten von Arbeitsanweisungen für die Unterweisung und Einarbeitung in eine Arbeitsaufgabe,
- Schaffung flexibler Arbeitszeitmodelle,
- Implementierung und Förderung von E-Learning,
- Einführung von Beurteilungssystemen,
- Gestaltung der Arbeitsorganisation (Arbeitszeiten- und Pausenregelung),
- Urlaubsplanung.

Zu beachten ist bei innerbetrieblichen Veränderungen jedoch grundsätzlich das **Betriebsverfassungsgesetz**. Planung, Einführung und Durchführung von technischen Anlagen, Veränderungen der Arbeitsplätze, Arbeitsverfahren und Arbeitsabläufen lösen ein Unterrichtungs- und Beratungsrecht nach § 90 BetrVG aus. Veränderungen bei der Besetzung von Arbeitsplätzen, d. h. die Versetzung eines Mitarbeiters auf einen anderen Arbeitsplatz, machen die Zustimmung des Betriebsrates nach § 99 BetrVG erforderlich.

2.7.1.3 Personalentgelt

Ein wesentlicher Bereich der Personalverwaltung ist die **Arbeitsentgeltabrechnung** der Mitarbeiter.

Was ist Arbeitsentgelt? Zum Arbeitsentgelt gehören alle laufenden oder einmaligen Einnahmen aus einer Beschäftigung, gleichgültig, ob ein Rechtsanspruch auf die Einnahmen besteht, unter welcher Bezeichnung oder in welcher Form sie geleistet werden und ob sie unmittelbar aus der Beschäftigung oder im Zusammenhang mit ihr erzielt werden (§14 Abs. 1 SGB IV).

Das nach Tarif- oder Arbeitsvertrag zustehende Bruttoarbeitsentgelt wird unter Berücksichtigung von steuer- und sozialversicherungsrechtlichen Vorschriften, unter Vornahme von Abzügen vermindert. Der Arbeitgeber als Schuldner von Steuern und Sozialversicherungsbeiträgen ist verpflichtet, diese Beträge an die jeweiligen Einzugsstellen weiterzuleiten und Nachweise zu erstellen, die grundsätzlich im Rahmen der Aufbewahrungsfristen archiviert werden müssen.

Die Abrechnungsergebnisse, die durch Kostenstellen den jeweiligen Abteilungen zugeordnet sind, dienen der Finanzbuchhaltung als Grundlage zur internen Kostenrechnung.

Die Vergütungsermittlung jedes Mitarbeiters erfordert eine ständige Terminüberwachung von veränderlichen Daten, wie Jubiläen, Bewährungsaufstiege, Lohnpfändungen, Sachbezugswerte, Einmalzahlungen und Vorschüsse. Je komplizierter und umfangreicher die Vergütungsermittlung auf Grund von branchenspezifischen Besonderheiten ist, umso größer ist der Aufwand.

2.7.1.4 Personalfreisetzung

Personalfreisetzung ist das Ergebnis verschiedener **Beendigungsmöglichkeiten des Arbeitsverhältnisses**.

Die Beendigung eines Arbeitsverhältnisses geschieht durch eine vom Mitarbeiter veranlasste Kündigung (Pensionierung, Krankheit usw.), durch eine vom Arbeitgeber veranlasste Kündigung (betriebs-, personen- oder verhaltensbedingt), durch Fristablauf oder Aufhebungsvertrag.

Der Personalverwaltung obliegt die Aufgabe der Zeugniserstellung, die Überwachung der Rückgabe von Firmeneigentum, der Abschluss der Lohnsteuerkarte, die Abmeldung zur Sozialversicherung und das Führen eines Abgangsgespräches.

Bei arbeitgeberveranlassten Kündigungen ist nach den betriebsverfassungsrechtlichen Vorschriften (§ 102 BetrVG) eine Anhörung des Betriebsrates erforderlich. Eine ohne Anhörung ausgesprochene Kündigung ist unwirksam.

Personalfreisetzungen größeren Ausmaßes, wie die Schließung einer Betriebsstätte, erfordern umfangreiche Informations- und Beratungspflichten gegenüber dem Betriebsrat und den betroffenen Mitarbeitern (§ 111 BetrVG, § 613 a BGB). Bei allen Verhandlungen bis hin zum Interessenausgleich und Sozialplan ist die Mitwirkung der Personalverwaltung unumgänglich.

2.7.2 Hilfsmittel der Personalverwaltung

2.7.2.1 Personalakte

Eine Personalakte (s. auch Abschnitt 2.1.6) ist ein wichtiges Hilfsmittel der Personalverwaltung und stellt eine **Sammlung von schriftlichen Unterlagen** über einen bestimmten Mitarbeiter dar. Es gibt keine generelle Vorschrift darüber, ob und wie Personalakten zu führen sind. Sie können in Form einer schriftlichen Sammlung von Unterlagen oder als Datenträger (Optische Speicherplatte, CD-ROM, Magnetbänder) bestehen. Vorteil der EDV-gestützten, so genannten elektronischen Personalakte, ist die schnelle Verfügbarkeit und Datensicherheit. Denn gerade in größeren Unternehmen, häufig mit mehreren Standorten ist die Handhabung einer Papierakte sehr aufwändig.

Die Personalakte ist immer dort, wo sie nicht gebraucht wird (Personalaktentourismus). Lagerung und Transport der Unterlagen, mit entsprechenden Geheimhaltungsvorkehrungen, gestalten sich als umständlich. Hier bildet die elektronische Personalakte zukünftig die Basis für ein effizientes Personalmanagement.

Vorteile der elektronischen Personalakte sind:

- Arbeitsgänge mit kürzerer Durchlaufzeit
- Gleichzeitiger Zugriff auf die Personalakte durch mehrere Personen möglich
- Auflösung von Aktentransport und Registratur durch digitale Archivierung
- Lagerflächen können aufgegeben werden
- Zuverlässiger Datenschutz durch abgestufte Zugriffsrechte garantiert
- Direkte Anbindung an das Internet möglich z. B. in der Personalbeschaffung
- Gesuchte Fachqualifikationen können schneller abgefragt werden (Mitarbeiterauswahl)
- Schutz vor Bränden, Hochwasser usw. durch vorhandenes Backup.

Doch Vorsicht, die Aussage »schneller, besser und günstiger« gilt nicht für jedes Unternehmen. Die elektronische Personalakte hat sich bis heute nicht überall etabliert. Diese Zurückhaltung resultiert in erster Linie aus der fehlenden Wirtschaftlichkeit für kleine und mittelständische Unternehmen. Häufig verfügen diese nur über wenige hundert Mitarbeiter, die Personalakten verbleiben allein schon deshalb eher an ihrem zentralen Standort. Ein schneller Zugriff auf die Akten scheint gesichert. Die Zeit- und damit Kostenersparnis durch die elektronische Verknüpfung und Verdichtung von Personalstammdaten ist nicht so groß wie erwartet. Es müssen zusätzlich Ressourcen für das Einscannen von Dokumenten und der Wartung der Dokumentenmanagementsysteme vorhanden sein. Diese Systeme waren in der Vergangenheit relativ teuer. So dass in der Regel einige Zeit verging bis sich die Anschaffung amortisiert hatte. In Zeiten wirtschaftlicher Zwänge zählt demnach die elektronische Personalakte nicht unbedingt zu den Prioritäten eines Unternehmens.

Zukünftig werden nachrückende Generationen die Einführung stark beeinflussen. Sie sind von den Vorteilen EDV-gestützter Abläufe überzeugt. Derzeit erfolgt z. B. die Bearbeitung von Bewerbungsverfahren noch überwiegend traditionell (Anzeige über die Zeitung). Dennoch zählen auch heute PC und Internet zu den unverzichtbaren Hilfsmitteln der Personalexperten. Die überwiegende Anzahl an Dokumenten (Arbeitsverträge, Bescheinigungswesen usw.) werden von vornherein elektronisch erzeugt jedoch nicht gleichzeitig in ein digitalisiertes Archiv übernommen. Bei vielen Unternehmen steht die Entwicklung am Anfang. Es bleibt also abzuwarten, ob sich die elektronische Personalakte durchsetzen wird.

Ob elektronische oder herkömmliche Aktenführung die Personalakte muss jederzeit ein exaktes und lückenloses Bild über den Mitarbeiter vermitteln und die wesentlichen Unterlagen bezüglich des Arbeitsverhältnisses beinhalten:

- Bewerbungsschreiben,
- Personalbogen und Personalangaben,
- Anstellungsvertrag und zusätzliche Vereinbarungen,
- Zeugnisse,
- Gehaltsveränderungen, Beförderungen, Versetzungen, Vollmachten,
- Beurteilungen,
- Schriftverkehr mit dem Mitarbeiter und Behörden,
- Disziplinarische Angelegenheiten.

Zu der Personalakte gehören auch **Nebenakten**, wie z. B. eine Urlaubs- und Fehlzeitenkartei. Karteien und Dateien sind das »Gedächtnis der Personalabteilung«. Sie enthalten im Gegensatz zur Personalakte deren Inhalte in stark komprimierter Form und dienen in erster Linie als Übersicht und Nachschlagewerk. »Schattenakten« oder nicht offizielle »Nebenakten« sind rechtlich unzulässig.

Eine exakte Personalplanung sowie die gezielte Durchführung personalwirtschaftlicher Einzelmaßnahmen setzen eine möglichst umfassende Information über das vorhandene Personal voraus. Daher sollte die Personalakte grundsätzlich vollständig sein. Dies ist auch erforderlich, um das Einsichtsrecht des Mitarbeiters erfüllen zu können, das nach § 83 BetrVG auch in Betrieben ohne Betriebsrat besteht.

§ 83 Einsicht in die Personalakten:

(1) Der Arbeitnehmer hat das Recht, in die über ihn geführte Personalakte Einsicht zu nehmen. Er kann hierzu ein Mitglied des Betriebsrates hinzuziehen. Das Mitglied des Betriebsrates hat über den Inhalt der Personalakte Stillschweigen zu bewahren, soweit es vom Arbeitnehmer im Einzelfall nicht von dieser Verpflichtung entbunden wird.

(2) Erklärungen des Arbeitnehmers zum Inhalt der Personalakte sind dieser auf sein Verlangen beizufügen.

Der Mitarbeiter kann demnach verlangen, dass eigene Erklärungen zum Inhalt der Personalakte hinzuzufügen sind. Diese Erklärungen müssen sich auf einen bestimmten Vorgang in der Akte beziehen. Gleichzeitig hat der Arbeitnehmer auch einen Anspruch auf

Entfernung von Unterlagen, die entweder objektiv falsch oder dazu geeignet sind, den Mitarbeiter in seinem beruflichen Fortkommen zu beeinträchtigen (BAG 14. 4. 1988).

Aufgrund des verfassungsrechtlich gewährleisteten **Persönlichkeitsschutzes** ist der Arbeitgeber verpflichtet, die Personalakten des Arbeitnehmers sorgfältig zu verwahren, bestimmte Informationen vertraulich zu behandeln und für die vertrauliche Behandlung durch Sachbearbeiter Sorge zu tragen. Auch muss der Arbeitgeber den Kreis der mit Personalakten befassten Mitarbeiter möglichst eng halten[2]. Einsichtsrechte haben deshalb nur der Mitarbeiter selbst, der zuständige Mitarbeiter der Verwaltung und in begründeten Fällen (Gerichtsverfahren) die Innenrevision.

Nach Beendigung des Arbeitsverhältnisses kann die Personalakte vernichtet werden. Ausgenommen sind solche Unterlagen, die der gesetzlichen **Aufbewahrungsfrist** unterliegen:

drei Jahre: einheitliche Verjährungsfrist von Forderungen aus Verträgen nach dem neuen Schuldrecht,

sechs Jahre: Steuernachweise,

zehn Jahre: Buchungsbelege,

30 Jahre: Forderungen aufgrund eines erworbenen vollstreckbaren Titels.

Etwas anderes kann ausnahmsweise gelten, wenn der ehemalige Mitarbeiter noch Ansprüche aus seinem Arbeitsverhältnis geltend macht (Rentenantrag, Zeugniserstellung). Im Rahmen der nachwirkenden Fürsorgepflicht muss der Arbeitgeber auch dann ein Einsichtsrecht gewähren. Zur Risikovermeidung ist es deshalb besser, ein schriftliches Einverständnis zur Vernichtung der Personalakte vom Mitarbeiter einzuholen.

Beispiel für einen Aktengliederungsplan:

Angaben zur Person:

- Bewerbungsanschreiben,
- Personalfragebogen,
- Schul- und Arbeitszeugnisse,
- Polizeiliches Führungszeugnis,
- Ärztliches Zeugnis,
- persönliche Veränderungen, z. B. Heirat.

Vertragliche Vereinbarungen und Ergänzungen:

- Anstellungsvertrag,
- Zusätzliche Vereinbarungen zum Arbeitsvertrag, z. B. Konkurrenzklausel,
- Änderung der Bezüge und/oder Tätigkeit.

Tätigkeit:

- Versetzung,
- Beförderungen,
- Erfolgreiche Beteiligung am Verbesserungsvorschlagwesen,
- Disziplinarmaßnahmen,
- Förmliche Anerkennungen,
- Beurteilungen.

2 BAG, Urteil vom 15. 7. 1987, 5 AZR 215/86, BB 1987, S. 2300

Bezüge:

- Grundentgelt und Zuschläge,
- Vorschüsse,
- Darlehen und Beihilfen.

Abwesenheiten:

- Urlaub/Krankheitsnachweise.

Schriftverkehr mit:

- Arbeitsamt,
- Sozialversicherungsträger,
- Finanzämter.

Grundsätze zur Führung von Personalakten:

Vertraulichkeit:

- der Kreis der zugangsberechtigten Mitarbeiter zu Personaldaten ist klein zu halten,
- die Weitergabe von Personaldaten an Betriebsfremde (auch Behörden) ohne Zustimmung des Mitarbeiters ist unzulässig,
- nicht jede Führungskraft hat Einblick in die Personalakte,
- die Personalsachbearbeiter müssen regelmäßig erneut über die Vertraulichkeit belehrt werden,
- der Betriebsrat hat nur Einsicht, wenn der Mitarbeiter dies wünscht.

Vollständigkeit:

- die Personalakten sollten zentral, d. h. in der Personalabteilung, geführt werden,
- ein einmal zur Personalakten genommener Vorgang darf ohne Zustimmung des Mitarbeiters weder vernichtet noch geändert werden,
- der Arbeitgeber hat ein billiges Ermessen, welche Unterlagen er in der Personalakte führen will,
- persönliche Notizen von Vorgesetzten in der Personalakte sind nicht statthaft,
- gegenüber dem Mitarbeiter gibt es keine Vertraulichkeit. Ein Einsichtrecht besteht also auch in Werkschutzvorgänge, Förderungs- oder Nachwuchskarteien.

Richtigkeit:

- der Inhalt unterliegt dem Prinzip der Wahrheit und Klarheit,
- Aufzeichnungen beleidigender Art sind unzulässig,
- die Verwendung von Geheimcodes oder Geheimsprachen ist unzulässig,
- das allgemeine Persönlichkeitsrecht darf nicht verletzt werden,
- graphologische und psychologische Gutachten sind nicht generell unzulässig.

Muster einer Betriebsvereinbarung über die Gewährung des Einsichtsrechts in die Personalakte:

1. Jeder Mitarbeiter hat das Recht, in die über ihn geführte Personalakte Einsicht zu nehmen. Er kann hierzu ein Mitglied des Betriebsrates hinzuziehen, dieses unterliegt der Schweigepflicht.
2. Um den Personal- und Zeitaufwand auf ein vertretbares Maß zu beschränken, wird festgelegt, dass das Einsichtrecht nur an jedem letzten Arbeitstag eines Monats bei der örtlichen Personalverwaltung ausgeübt werden kann.
3. Aufgrund der häufigen Notwendigkeit, die Akten an die örtliche Personalverwaltung zu schicken, und zur besseren Disposition der Personalverwaltung ist der Wunsch nach Akteneinsicht mindestens eine Woche vorher der zuständigen Personalverwaltung mitzuteilen.

4. Der Betriebsangehörige, der sich zur Akteneinsicht begibt, hat seinem Vorgesetzten mitzuteilen, dass er zur Personalverwaltung geht. Eine weitere Begründung ist nicht erforderlich.
5. Während der Akteneinsicht ist ein Mitglied der Personalverwaltung anwesend. Dem Mitarbeiter wird zur Akteneinsicht soviel Zeit gewährt, wie erforderlich ist, höchstens jedoch 30 Minuten, um unnötige Wartezeiten für andere Mitarbeiter zu vermeiden.
6. Der Mitarbeiter darf sich Notizen und Abschriften machen, aber keine Unterlagen aus der Akte entfernen. Befindet sich ein allgemein zugänglicher Fotokopierer in der Personalverwaltung, kann sich der Mitarbeiter auf seine Kosten Kopien anfertigen. Ein Anspruch auf Aushändigung der Akten oder von Aktenauszügen außerhalb der Räume der Personalverwaltung besteht nicht.
7. Erklärungen und Gegendarstellungen der Betriebsangehörigen zum Inhalt der Personalakten sind auf sein Verlangen dieser hinzuzufügen.
8. Der Tag der Akteneinsicht wird in der Personalakte vermerkt und vom Mitarbeiter bestätigt. Mehrfache Akteneinsicht innerhalb eines Jahres ist nur aus zwingenden Gründen möglich.

2.7.2.2 Ordnungsmittel, Führungsgrundsätze, Leitbilder

In vielen Unternehmen regelt eine **Betriebsordnung** die formalen oder **betrieblichen Arbeitsbedingungen**. Dazu gehören z. B. die Annahme von Geschenken, das Rauchverbot und Alkoholverbot, die Kleiderordnung und der Umgang mit Anlagen der EDV. Bei der Erstellung einer solchen Haus- oder Betriebsordnung ist das allgemeine Persönlichkeitsrecht (Art. 2 GG) zu beachten.

Soweit ein Betriebsrat im Unternehmen existiert, geschieht der Abschluss einer Betriebsordnung häufig in Form einer Betriebsvereinbarung (§ 87 BetrVG). Somit bezieht sich die Betriebsnorm auf die Gesamtheit der Belegschaft und nicht nur auf den einzelnen Arbeitnehmer. Unabhängig davon ist es jedoch auch zulässig, in Form eines Einzelvertrages bestimmte Verhaltensnormen zu vereinbaren. Ziel der Betriebsordnung ist die Schaffung einer verbindlichen Regelung für das Verhalten, Zusammenleben aller Mitarbeiter sowie die Transparenz hinsichtlich der Ordnungs-, Kontroll- und Disziplinarmaßnahmen.

Folgende Punkte können in einer Betriebsordnung geregelt werden:

- Verhalten des Arbeitnehmers im Betrieb. Hier kann u. a. der Genuss von Alkohol während der Arbeitszeit untersagt, ein generelles Rauchverbot in allen Betriebsräumen verhängt und je nach Art des Unternehmens eine bestimmte Kleiderordnung verlangt werden.
- Aufstellung von Urlaubsgrundsätzen für die Dauer, zeitliche Lage und Fristen zur Beantragung des Urlaubs.
- Regelungen zur Verhütung von Arbeitsunfällen wie z. B. der Umgang mit technischen Geräten.
- Anwendung der EDV im Unternehmen wie z. B. der Umgang mit vertraulichen Daten, die Sicherung von Daten, die Nutzung von Internetdiensten und der Schutz der Datenverarbeitungsanlagen vor Viren.
- Vorschlagswesen-Regelungen hinsichtlich des prämienberechtigten Personenkreises, der Prüfkommission sowie der Umsetzbarkeit.
- Form und Ausgestaltung von Sozialeinrichtungen wie Kantine, Betriebskindergarten, Betriebsfeiern, Pensionskassen, Betriebskrankenkassen.

§ 87 BetrVG als grundlegendes Mitbestimmungsrecht in allen sozialen Angelegenheiten, für die keine gesetzliche oder tarifliche Regelung besteht, ist dabei stets zu beachten.

In der betrieblichen Praxis wird häufig ein **Personalhandbuch** als Nachschlagewerk dem Mitarbeiter an die Hand gegeben. Es dient dazu, ihm in Kürze einen umfassenden Überblick über alle wichtigen Informationen des Unternehmens und seine Organisation zu verschaffen. Der Mitarbeiter erhält z. B. während der Einarbeitungsphase die Möglichkeit, in Ruhe alle wesentlichen Richtlinien und Betriebsvereinbarungen durchzulesen. Dieses Personalhandbuch kann darüber hinaus auch Regeln für die Personalverwaltung und Führungskräfte beinhalten. Diese erstrecken sich auf unternehmensinterne Richtlinien, Aussagen und Entscheidungen. Das Personalhandbuch muss ständig gepflegt werden, um die aktuelle Information aller Mitarbeiter zu gewährleisten.

Führungsgrundsätze, auch Führungsrichtlinien, allgemeine Führungsanweisungen und Führungsleitsätze, beschreiben die Normen und **Regeln der wechselseitigen Führungsbeziehungen** zwischen Vorgesetzten und Mitarbeitern. Es handelt sich um eine in zeitlicher und sachlicher Hinsicht generalisierte Form von Verhaltensgrundsätzen und Handlungsmaximen der Mitarbeiterführung, durch welche die Gleichbehandlung aller Mitarbeiter angestrebt und die Verhaltenserwartungen von Führenden und Geführten gesteuert werden soll. Sie dienen als Grundlage für die Entscheidungsbeteiligung der Mitarbeiter, der Delegation und Konsultation, die Beurteilung des Führungs-, Leistungs- und Sozialverhaltens der Mitarbeiter sowie im Rahmen der Ablauforganisation. Ein Unternehmen, das seine Wertvorstellungen von der Unternehmensführung nach innen und außen darstellen will, erarbeitet gemeinsam mit relevanten Mitarbeitergruppen Führungsgrundsätze. Dadurch ist eine breite Akzeptanz und umfassende Information aller Führungskräfte gegeben.

Die am häufigsten vorkommenden und in der Praxis bedeutungsvollen **Führungsmodelle** sind die Management-by-Techniken (s. auch Abschnitt 4.5.1) wie:

- Management-by-Delegation,
- Management-by-Objectives,
- Management-by-Exeption.

Unternehmensleitbilder haben deutliche Parallelen zu den Führungsgrundsätzen. Während jedoch Führungsgrundsätze sich vor allem auf das Innenverhältnis konzentrieren, treffen Leitbilder auch eine Aussage über das Verhältnis zu:

- Gesellschaft,
- Aktionären,
- Kunden, Patienten,
- Öffentlichkeit, Bevölkerung,
- konkurrierenden Unternehmen,
- Lieferanten,
- Sponsoren.

Nach innen sollen Unternehmensgrundsätze eine Motivation sowie **Identifikation der Beschäftigten** mit »ihrem Unternehmen« bewirken. Leitbilder lehnen sich an die Tradition eines Unternehmens an und sollen das Denken und Handeln der Mitarbeiter bestimmen. Nach außen sind Leitbilder häufig ein **Legitimationsinstrument**, das gerade in Zeiten verstärkter Kritik am Unternehmen für eine bessere Selbstdarstellung sorgen soll.

Weitere Beweggründe für die Veröffentlichung von Leitbildern sind:

- Veränderungen im Anspruchsdenken von Kunden,
- Änderung von Gesetzen,
- Sozialer und gesellschaftlicher Druck,
- Stärkere Beteiligung und Motivation der Mitarbeiter,
- Einführung von Qualitätsnormen.

Ordnungsmittel, Führungsgrundsätze und Leitbilder lassen auch Aussagen über die Kultur der einzelnen Unternehmen zu. Die deutsche Gesellschaft für Personalführung definiert Unternehmenskultur als »die Summe der gemeinsam von Unternehmensleitung, Führungskräften und Mitarbeitern getragenen Regeln, Normen und Wertvorstellungen, die die betriebliche Wirklichkeit prägen«.

2.7.2.3 Entgeltabrechnung im Überblick

2.7.2.3.1 Allgemeines

Die Entgeltabrechnung schließt nicht nur die **Berechnung** der von einem aktiven und einem ehemaligen Beschäftigten **beanspruchbaren Brutto-Bezüge** ein, also von einem Arbeitnehmer, Pensionär, Betriebsrentner oder Vorruheständer über Aushilfskräfte bis hin zu den leitenden Angestellten, sondern auch die Berechnung der gesetzlichen Abzüge (Lohnsteuer, Kirchensteuer, Solidaritätszuschlag und Beiträge zur Sozialversicherung) und der auszuzahlenden Netto-Beträge. Hinzu kommen die damit in Verbindung stehenden gesetzlichen Auflagen über Meldefristen und Statistiken sowie betriebliche Notwendigkeiten wie bezüglich der Kostenerfassung und Bilanzierung. Dies zeigt deutlich, dass die Entgeltabrechnung eine wichtige Rolle in einem Betrieb spielt und umfassende Kenntnisse u. a. auf den Gebieten Arbeitsrecht, Steuerrecht und Sozialversicherungsrecht erfordert.

Die Entgeltabrechnung ist somit aufzuteilen in zwei Blöcke: erstens in die **personenbezogene Abrechnung** für den einzelnen Beschäftigten und zweitens die **sachbezogene Abrechnung**, also die Zusammenfassung aller Bezüge und Daten.

2.7.2.3.2 Durchführung der Entgeltabrechnung in Einzelschritten

Die Durchführung der Entgeltabrechung vollzieht sich in mehreren Schritten:

1. Schritt: Bruttoverdienstermittlung:

- Grundbezüge,
- Variable Bezüge (Zulagen/Zuschläge),
- Einmalige Zahlungen,
- Sachbezüge und geldwerte Vorteile,
- Zahlungen für Fehlzeiten,
- Zahlungen durch Dritte.

2. Schritt: Berechnung der gesetzlichen Abzüge:

- Lohnsteuer/Annexsteuern,
- Beiträge zur Sozialversicherung.

3. Schritt: Ermittlung des Nettoverdienstes:

- Bruttoverdienst minus gesetzlicher Abzüge.

4. Schritt: Feststellen der »sonstigen« Zulagen:

- Zulagen nach Gesetz,
- Zulagen für Dritte (durchlaufender Posten),
- Zahlungen durch Dritte.

5. Schritt: Erfassen der »sonstigen Abzüge«:

- betriebliche Abzüge,
- persönliche Abzüge,
- gesetzliche Abzüge.

6. Schritt: Überweisung des Auszahlungsbetrages (Überweisung auf Entgeltkonto):

	Nettoverdienst
+	sonstige Zulagen,
./.	sonstige Abzüge.
=	Auszahlungsbetrag

2.7.2.3.3 Bruttoverdienstermittlung

2.7.2.3.3.1 Grundsätze

Zum Bruttoverdienst gehören alle vom Arbeitnehmer aufgrund seines Arbeitsverhältnisses beanspruchbaren **Zuwendungen des Arbeitgebers**, und zwar in Form von Bargeld oder Zuwendungen in Geldeswert (= Sachbezüge/geldwerte Vorteile). Ohne Bedeutung sind die Bezeichnung und die Form der Zuwendungen. Bruttoverdienst sind nicht nur die Bezüge, die dem Beschäftigten durch den Arbeitgeber zukommen, sondern auch solche Einnahmen, die im Zusammenhang mit der Beschäftigung erzielt werden. Bruttolohn kann also auch von einem Dritten gezahlt werden (z. B. Rabatte). Dies ist insbesondere steuer- und sozialversicherungsrechtlich von Bedeutung.

Einflussfaktoren sind: Feste Vorgaben aufgrund gesetzlicher, tariflicher, betrieblicher und einzelvertraglicher Regelungen, registrierte Zeiten der Freistellung von der Arbeit ohne Anspruch auf Fortzahlung der Bezüge, was eine Teilentgeltberechnung auslöst, schwankende Bezüge und einmalige Zuwendungen sowie Sachbezüge bzw. geldwerte Vorteile.

Im Rahmen der Abrechnung ist der dem Arbeitnehmer zufließende Bruttoverdienst nach **lohnsteuerrechtlichen Gesichtspunkten** (= Arbeitslohn) und nach **sozialversicherungsrechtlichen Aspekten** (=Arbeitsentgelt) aufzuteilen und zu beurteilen, welcher Teil des Bruttoverdienstes der Steuer- und Beitragspflicht unterliegt.

Der Bruttoverdienst umfasst insbesondere:

- Grundbezüge, wie Gehalt, Monatslohn, Stundenlohn, Mutterschutzlohn,
- Sachbezüge/geldwerte Vorteile (z. B. Mittagessen, Kost und Wohnung, private Dienstwagennutzung),
- Mehrarbeitsvergütungen (Grundlohn und Zuschläge),
- Zuschläge aller Art (z. B. Schichtzuschläge, Sonn- und Feiertags- und Nachtarbeitszuschläge),
- Ausfallvergütungen,
- lfd. gleich bleibende Zulagen (z. B. Vermögenswirksame Leistungen, Beiträge für Direktversicherung, Kontoführungsgebühren),
- lfd. schwankende Zulagen (z. B. Erschwerniszulagen, Leistungszulagen, Schmutzzulagen),
- Zuschüsse (z. B. im Krankheitsfalle, bei Kurzarbeit),
- Einmalzuwendungen (z. B. Gratifikationen, Urlaubsgeld),
- Leistungen durch Dritte (z. B. Rabatte).

Schon bei der Feststellung des Bruttoverdienstes müssen die einzelnen Bezüge separat erfasst und ausgewiesen werden, um sie einerseits transparent zu machen und um andererseits eine korrekte steuerliche und beitragsrechtliche Beurteilung und Zuordnung vornehmen zu können.

Der Bruttoverdienst ist das Kernstück der Entgeltabrechnung und Ausgangspunkt für:

- die Berechnung der gesetzlichen Abzüge,
- die Ermittlung des Nettoverdienstes und
- die Ermittlung der an den Beschäftigten auszuzahlenden Beträge.

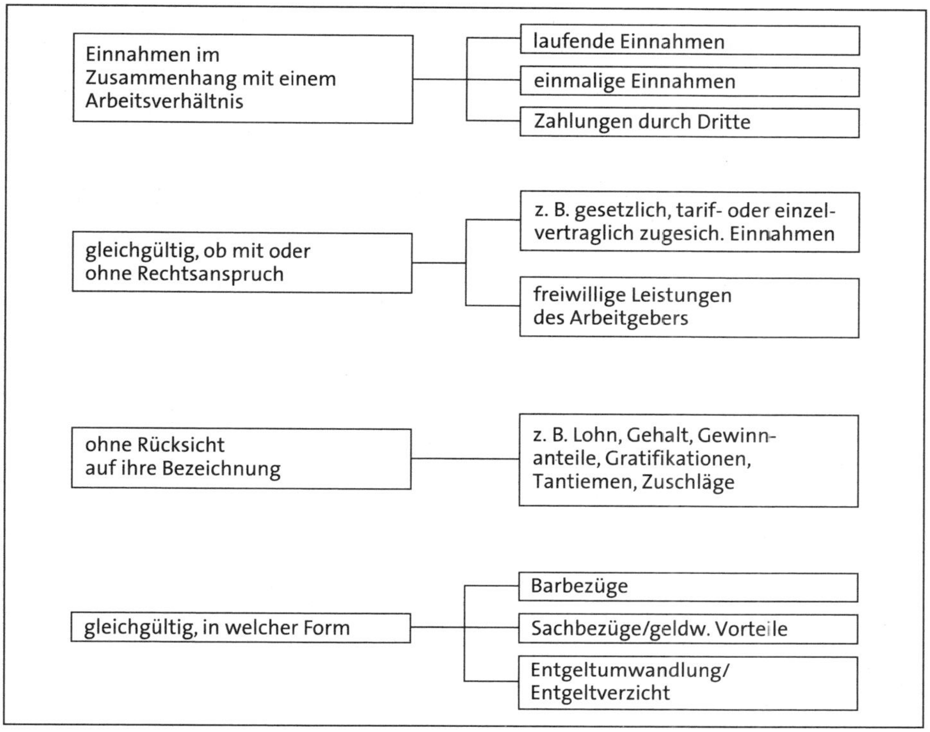

Abb. 1: Bruttoverdienst

2.7.2.3.3.2 Arbeitsbefreiungen mit und ohne Fortzahlung der Bezüge

Die **Höhe des Bruttoverdienstes** einer Abrechnungsperiode hängt entscheidend davon ab, ob der Arbeitnehmer ohne Unterbrechung gearbeitet bzw. einen durchgehenden Anspruch auf eine Vergütung hat. Abgesehen von den Fällen des Ein- und Austritts sowie des Beginns und der Beendigung des Wehr- bzw. Zivildienstes während einer Abrechnungsperiode, gibt es Zeiten der Arbeitsunterbrechung oder des Arbeitsausfalls mit begrenztem oder unbegrenztem Anspruch auf Fortzahlung der Bezüge. Wenn nicht der volle Monatsbezug beansprucht werden kann, ist also eine Teilentgeltberechnung vorzunehmen.

2.7.2.3.3.3 Methoden der Teilentgeltberechnung

Bei Zahlung eines Stundenlohnes werden zur Ermittlung des Teilmonatsverdienstes die geleisteten und zu vergütenden Stunden erfasst und mit dem festgelegten Stundensatz vervielfacht. Hinzu kommen eventuell beanspruchbare Zuschläge.

Beispiel:

Arbeitsleistung an zehn Tagen jeweils acht Std.
Vergütungsanspruch für zwei Fehltage á acht Std.
Stundenlohn beträgt 5 Euro.

Rechenvorgang: Zwölf Tage × acht Std. = 96 Std.
× 5 Euro = 480 Euro brutto.

Ein »**Teilmonatsverdienst**« kommt immer dann in Betracht, wenn ein gleich bleibender Monatsbezug vorliegt und der Arbeitnehmer wegen Arbeitsausfalls oder infolge Ein- bzw. Austritts im Laufe eines Kalendermonats nicht das Fixum für einen vollen Monat beanspruchen kann. Dieses so genannte Teilentgelt kann nach dem **Bezugsprinzip** oder **Abzugsprinzip** berechnet werden. Es ist aber auch eine Kombination beider Prinzipien denkbar.

So sieht ein Tarifvertrag vor, dass bei einer Beschäftigung bis zu elf Arbeitstagen in einem Kalendermonat die Bezugsmethode und bei einer Beschäftigung von mehr als elf Arbeitstagen die Abzugsmethode angewendet wird.

Bezugsprinzip bedeutet, dass aus dem vereinbarten Monatsbetrag der Stundensatz oder Tagessatz errechnet und mit der Anzahl der zu bezahlenden Stunden oder Tage vervielfacht wird. Das Ergebnis wird dann anstelle der vollen Monatsvergütung zur Zahlung angewiesen.

Umgekehrt ist beim Abzugsprinzip der Stunden- bzw. Tagessatz mit der Anzahl der nicht zu bezahlenden Zeiten zu vervielfachen und der Endbetrag vom vereinbarten Monatsfixum abzuziehen. Das Ergebnis wird als Teilentgelt angewiesen.

Beispiel:

Vereinbartes Gehalt:	1800 Euro
Arbeitstage des betreffenden Monats:	22
Arbeitszeit:	80 Std. (zehn Tage)
Vergütungsanspruch:	16 Std. (zwei Tage)
Stundensatz bei 174 Std. (Richtwert des Durchschnitts der Arbeitsstunden aus zwölf Jahren):	× 10,34 Euro

Ergebnis des Bezugsprinzips:
Bezüge für 96 Std. (zwölf Tage) × 10,34 Euro
= Anspruch 992,64 Euro

Ergebnis des Abzugsprinzips:
Abzug für 80 Std. (zehn Tage) × 10,34 Euro
von 1800 Euro
= Anspruch 972,80 Euro

Neben der Frage, ob das Bezugs- oder Abzugsprinzip zum Tragen kommt, sind mehrere Berechnungsmöglichkeiten für Teilmonatsbezüge zu beleuchten. In Literatur und Rechtsprechung werden unterschiedliche Wege aufgezeigt. Konkrete gesetzliche Bestimmungen über die Berechnungsmethoden bei Teilentgeltansprüchen gibt es nicht. Festlegungen enthalten allenfalls Tarifverträge oder Betriebsvereinbarungen. In der Praxis sind die nachfolgenden Alternativen für die Teilentgeltberechnung denkbar, bei denen zwischen einer »praxisnahen« und »konkreten« Berechnungsweise unterschieden wird.

- **Kalendertägliche Berechnungsmethode:** Für jeden Kalendertag wird der auf ihn nach der Zahl der Tage des Monats entfallende Bruchteil des Monatsbetrages gezahlt (z. B. bei einem Monat mit 28 Tagen und Anspruch auf Bezüge für 22 Tage (= 22/28).
- **Dreißigstel-Berechnungsmethode:** Das Monatsfixum wird generell durch 30 geteilt, und zwar ohne Rücksicht auf die Anzahl der Tage des betreffenden Kalendermonats.

Das Ergebnis wird dann mit der Anzahl der Kalendertage mit Anspruch auf Entgelt vervielfacht (z. B. bei einem Monat mit 28 Kalendertagen und 22 Anspruchstagen = 22/30).

- **Berechnung nach durchschnittlichen Monats-Arbeitstagen:** Die Höhe des beanspruchbaren Entgelts wird wie folgt ermittelt: Das Monatsfixum wird durch die Zahl der im Jahresdurchschnitt auf einen Monat entfallenden Arbeitstage – einschließlich gesetzlicher Wochenfeiertage – geteilt (pauschalierte Berechnungsweise). Hierbei wird das ganze Jahr hindurch mit einem einheitlichen Durchschnittswert gerechnet (z. B.22 Arbeitstage).
- **Arbeitstägliche Berechnungsmethode:** Das Monatsfixum wird durch die Zahl der Arbeitstage – einschließlich gesetzlicher Wochenfeiertage – des jeweiligen Kalendermonats geteilt und der so ermittelte Betrag mit der Anzahl der Arbeitstage mit Anspruch auf Entgelt vervielfacht (z. B. in einem Monat mit 23 Arbeitstagen und 20 Anspruchstagen = 20/30).
- **Stundenweise Berechnungsmethode:** Diese Berechnungsweise entspricht der arbeitstäglichen Methode. An die Stelle der Arbeitstage des betreffenden Kalendermonats treten in diesem Falle jedoch die Soll-Arbeitsstunden. Das Monatsfixum wird also durch die Soll-Arbeitsstunden des jeweiligen Kalendermonats geteilt und das Ergebnis mit der Zahl der Stunden vervielfacht, für die Entgeltanspruch besteht (z. B. bei 23 Arbeitstagen mit jeweils acht Sollarbeitsstunden, elf Arbeitsstunden und Anspruch auf Entgelt für zehn Arbeitstage =80/184).
- **Berechnung nach festen Soll-Arbeitsstunden:** Es handelt sich dabei um eine feste Vorgabe von Monatsstunden, und zwar ohne Rücksicht auf die jeweiligen Arbeitsstunden des Kalendermonats. Das Monatsfixum wird durch diese pauschale Stundenzahl geteilt und das Ergebnis mit der Zahl der zu bezahlenden Arbeitsstunden vervielfacht (z. B. Monatsfixum geteilt durch 173 × 24 Stunden).
- **Berechnung nach Soll-Arbeitstagen des jeweiligen Monats:** Diese Berechnungsmethode kann im Betracht kommen, wenn der Arbeitnehmer nicht an allen Tagen der Woche arbeitet (z. B. bei drei Tagen × vier Wochen = zwölf Arbeitstage).

In der Praxis werden alle aufgeführten Berechnungsweisen angewandt. Es gibt jedoch auch Regelungen, die für unterschiedliche Sachverhalte verschiedene Berechnungsmethoden vorsehen. Liegen keine einschlägigen Tarifbestimmungen vor, ist das Urteil des BAG vom 14. 8. 1985 (5 AZR 384/84) von Bedeutung, das im Zusammenhang mit der Berechnung der anteiligen Gehaltshöhe im Krankheitsfall eines Angestellten ergangen ist. Nach diesem Urteil wird dem Gedanken des Lohnausfallprinzips am ehesten Rechnung getragen, wenn die konkrete arbeitstägliche Berechnungsweise angewandt wird.

Dieses Urteil gilt nicht nur für den Krankheitsfall, sondern es wird wohl auch für andere Sachverhalte, die zu einer Teilentgeltberechnung führen, richtungweisend sein. Unter diesem Aspekt ist eine noch bessere Alternative die Methode der konkreten Berechnung stundenweise, zumal die Arbeitstage unterschiedlich lang sein können (z. B. drei Tage á zehn Stunden/zwei Tage á fünf Stunden).

Nachfolgend einige Beispiele, welche die Ausführungen verdeutlichen:

Grunddaten:
Arbeitszeit: Montag bis Freitag je acht Stunden.
Monatsfixum: 1500 Euro.
Kalendermonat umfasst: 31 Kalendertage/23 Arbeitstage/l 84 Stunden.
Eintritt am 7.10. (= 19 Arbeitstage).
Berechnung nach Bezugsmethode.

Formel 1: Dreißigstel-Berechnung:
1500,00 Euro × 25 : 30 = 1250,00 Euro

Formel 2: Durchschnittsberechnung (Arbeitstage)
1500,00 Euro × 19 : 22 = 1295,45 Euro

Formel 3: Arbeitstage-Berechnung
1500,00 Euro × 19 : 23 = 1239,13 Euro

Formel 4: Arbeitsstunden-Berechnung
1500,00 Euro × 152 : 184 = 1239,13 Euro

Formel 5: Durchschnittsberechnung (feste Soll-Arbeitsstunden)
1500,00 Euro × 152 : 173 = 1317,92 Euro

2.7.2.3.4 Gesetzliche Abzüge

2.7.2.3.4.1 Lohnsteuer und Annexsteuern

Zu den gesetzlichen Abzügen, die zur Ermittlung des Nettoverdienstes zu berechnen sind, gehören insbesondere die Lohnsteuer und als Annexsteuern die Kirchensteuer und der Solidaritätszuschlag. Zunächst hat der Arbeitgeber zu prüfen, ob die für ihn aktiv oder ehemals tätige Person Arbeitnehmereigenschaften hat und bei ihm in einem Dienstverhältnis steht bzw. gestanden hat und nicht für eine freiberufliche Tätigkeit bezahlt wird (z. B. Honorar für einen Vortrag). Ist dies zu bejahen, hat der Arbeitgeber bereits **bei Zahlung des Arbeitslohns den Steuerabzug** vorzunehmen, es sei denn, es kommt eine Pauschalbesteuerung in Betracht.

Arbeitnehmer im Sinne des Steuerrechts sind Personen, die:

- in einem aktiven Dienstverhältnis stehen und aus diesem Dienstverhältnis Arbeitslohn beziehen,
- Arbeitslohn aus einem früheren Dienstverhältnis beziehen, z. B. Betriebsrente,
- mit Rücksicht auf ein früheres Dienstverhältnis eines anderen Arbeitnehmers Arbeitslohn beziehen, z. B. Witwen- oder Waisenrente,
- Arbeitslohn aus einem zukünftigen Dienstverhältnis beziehen, das sie später eingehen wollen, z. B. Studienbeihilfe.

Eine Person kann dabei gleichzeitig zu mehreren dieser Gruppen gehören, z. B. wenn eine aktive Beschäftigte eine betriebliche Witwenrente aus dem früheren Arbeitsverhältnis ihres Ehegatten bezieht.

Es sprechen insbesondere folgende Merkmale für die Annahme eines Dienstverhältnisses mit der Folge der Arbeitnehmereigenschaft:

- Persönliche Abhängigkeit,
- Weisungsgebundenheit bezüglich Ort, Zeit und Inhalt der Tätigkeit,
- feste Arbeitszeiten,
- Ausübung der Tätigkeit gleich bleibend an einem bestimmten Ort,
- feste Bezüge,
- kein Unternehmerrisiko,
- Eingliederung in den Betrieb.

Steht die Arbeitnehmereigenschaft fest, ist der zu **versteuernde Arbeitslohn** (= Einkünfte aus nichtselbstständiger Arbeit) **festzustellen**. Das sind alle Einnahmen in Geld oder Geldeswert (Sachbezüge/geldwerte Vorteile), die dem Arbeitnehmer aus dem Dienstverhältnis zufließen. Was zum Arbeitslohn gehört, ob und gegebenenfalls welche Freibeträge oder -grenzen in Betracht kommen, richtet sich insbesondere nach den einschlägigen Bestimmungen des Einkommensteuergesetzes, den Lohnsteuer-Richtlinien, den Lohnsteuer-Hinweisen und der Lohnsteuer-Durchführungsverordnung.

Zum steuerpflichtigen Arbeitslohn gehören unter bestimmten Voraussetzungen neben geldwerten Vorteilen auch Zahlungen durch Dritte (z. B. Rabatte).

Liegt eine unselbstständige Tätigkeit vor, wird der **Lohnsteuerabzug** (ggf. auch Kirchensteuer und Solidaritätszuschlag) **vom Arbeitslohn vorgenommen**. Dabei gilt Folgendes:

- Schuldner der Lohnsteuer ist der Arbeitnehmer.
- Grundlage für die Ermittlung der Steuern ist die Lohnsteuerkarte des Arbeitnehmers, die dieser dem Arbeitgeber vorlegen muss. Die Lohnsteuerkarte weist u. a. die Lohnsteuerklasse aus.
- Bemessungsgrundlage für die Steuern ist der steuerpflichtige Arbeitslohn.
- Die einzubehaltenden Steuern bemessen sich nach der Höhe des Arbeitslohns – ohne Höchstgrenze – im Lohnabrechnungszeitraum. Sonstige Bezüge gehören zum Arbeitslohn des Lohnabrechnungszeitraums, in dem sie dem Arbeitnehmer zufließen.
- Lohnzahlungszeitraum kann der Tag (z. B. bei Aushilfskräften), die Woche oder der Monat sein. Üblich ist der Monat. Verkürzt sich der Zahlungszeitraum, werden die Steuern auf Tagesbasis (= Steuertage) berechnet, und zwar bei Ein- und Austritten während des Lohnzahlungszeitraums oder bei Beginn und Ende von Wehr- und Zivildienst, wenn die Lohnsteuerkarte herausgegeben wird.

Bei anderen Zeiten der Arbeitsunterbrechung ohne Anspruch auf Entgelt, beispielsweise wegen längerer Krankheit oder Kurzarbeit werden die Steuern auf Monatsbasis berechnet.

Die **Berechnung der Lohnsteuer** und Annexsteuern für den laufenden Arbeitslohn erfolgt, indem:

- die Höhe des laufenden Arbeitslohns und der Lohnzahlungszeitraum festgestellt und ggf. der gesetzliche Versorgungs-Freibetrag und der Altersentlastungsbetrag abgezogen werden,
- der in der Lohnsteuerkarte eingetragene Freibetrag oder Hinzurechnungsbetrag abzuziehen bzw. zu addieren ist,
- für den so ermittelten Arbeitslohn die Lohnsteuer (zuzüglich Solidaritätszuschlag und ggf. Kirchensteuer) für den Lohnzahlungszeitraum berechnet wird.

Für die Berechnung der **Lohnsteuer und Annexsteuern von sonstigen Bezügen** (z. B. Gratifikationen, Urlaubsgeld, Weihnachtsgeld) gilt Folgendes:

- Es ist der voraussichtliche Jahresarbeitslohn ohne sonstigen Bezug festzustellen.
- Davon sind, sofern die Voraussetzungen erfüllt sind, der Versorgungs-Freibetrag, der Altersentlastungsbetrag und der auf der Lohnsteuerkarte eingetragene Freibetrag oder Hinzurechnungsbetrag abzuziehen bzw. zu addieren (= maßgebender Jahresarbeitslohn).
- Für den maßgebenden Jahresarbeitslohn wird die Lohnsteuer auf Jahresbasis (entweder maschinell nach dem amtlichen Programmablaufplan oder in Ausnahmefällen manuell nach den Tabellen der Verlage) ermittelt. Dabei ist die auf der Lohnsteuerkarte eingetragene Steuerklasse zu berücksichtigen.
- Anschließend wird die Jahreslohnsteuer für den maßgebenden Jahresarbeitslohn unter Einbeziehung des sonstigen Bezuges (= Bemessungsgrundlage) ermittelt.
- Wenn die Voraussetzungen für den Abzug gegeben sind, sind die sonstigen Bezüge um den Versorgungs-Freibetrag und um den Altersentlastungsbetrag zu kürzen, wenn diese Beträge nicht bereits vom voraussichtlichen Jahresarbeitslohn abgezogen wurden. Das gilt auch für einen bescheinigten Freibetrag (ein Hinzurechnungsbetrag wäre zu addieren).

- Der Unterschiedsbetrag zwischen den ermittelten Jahreslohnsteuerbeträgen ist die Lohnsteuer, die von dem sonstigen Bezug einzubehalten ist. Hinzu kommen die Annexsteuern.

Ein sonstiger Bezug, der eine Vergütung für eine mehrjährige Tätigkeit ist (z. B. Jubiläumszuwendung), ist mit einem Fünftel anzusetzen. Die auf das Fünftel des Bezugs anfallende Steuer wird dann verfünffacht. Das gilt auch für Entschädigungen als Ersatz für entgangene oder entgehende Einnahmen (z. B. Abfindungen wegen Auflösung des Dienstverhältnisses). Allerdings sind in diesen Fällen für die **begünstigte Besteuerung** im Rahmen der Entgeltabrechnung bestimmte Voraussetzungen zu erfüllen. So muss die Abfindung höher sein als die entgehenden Arbeitslöhne des Besteuerungsjahres. Andernfalls kann die begünstigte Besteuerung nur im Rahmen der Einkommensteuerveranlagung beantragt werden.

Wenn eine **Nettolohnvereinbarung** vorliegt, also der Arbeitgeber die gesetzlichen Abzüge übernimmt, ergibt sich ein Vermögensvorteil für den Arbeitnehmer. Dieser Vermögensvorteil stellt einen zusätzlichen Arbeitslohn dar. Zum Zwecke der Bruttolohnberechnung ist durch Abtasten (= Hochrechnen) der Steuern und Beiträge der Bruttoarbeitslohn zu ermitteln, der, vermindert um die errechneten Steuerbeträge und Beiträge zur Sozialversicherung, den ausgezahlten Nettobetrag ergibt.

Die Lohnsteuer kann von bestimmten Bezügen mit einem Pauschsteuersatz erhoben werden; sie wird also nicht wie üblich nach den individuellen Besteuerungskriterien anhand der Lohnsteuertabelle ermittelt. Der Arbeitgeber hat die pauschale Lohnsteuer zu übernehmen.

Der pauschal besteuerte Arbeitslohn wird nicht einbezogen in:

- die Ermittlung der Lohnsteuer auf einen sonstigen Bezug,
- den auf der Lohnsteuerkarte zu bescheinigenden Arbeitslohn,
- den Lohnsteuer-Jahresausgleich durch den Arbeitgeber sowie
- die Einkommensteuerveranlagung bzw. Antragsveranlagung durch das Finanzamt.

2.7.2.3.4.2 Beiträge zur Sozialversicherung

Liegt ein Beschäftigungsverhältnis im versicherungsrechtlichen Sinne vor, sind grundsätzlich Beiträge zur **Kranken-, Pflege-, Renten- und Arbeitslosenversicherung** zu berechnen und an die zuständige Beitragseinziehungsstelle (= Krankenkasse des einzelnen Beschäftigten) abzuführen. Arbeitgeber und Arbeitnehmer tragen die Beiträge grundsätzlich je zur Hälfte (Ausnahme z. B. Auszubildende, deren Monatsentgelt die Geringverdienergrenze von 325 Euro nicht übersteigt und geringfügig Beschäftigte). Der vom Arbeitnehmer zu tragende Anteil gilt als gesetzlicher Abzug. Beiträge zur **gesetzlichen Unfallversicherung** werden generell vom Arbeitgeber allein getragen.

Die Beiträge werden für jeden Versicherten prozentual nach den festgelegten Beitragssätzen vom beitragspflichtigen Arbeitsentgelt unter Berücksichtigung der Beitragsbemessungsgrenzen (= Höchstgrenzen) berechnet.

Zum beitragspflichtigen Arbeitsentgelt (= beitragspflichtige Einnahmen), für das Beiträge zu berechnen und abzufahren sind, gehören nach dem Sozialgesetzbuch alle laufenden und einmaligen **Einnahmen** aus einer versicherungspflichtigen Beschäftigung. Im Allgemeinen richtet sich die Beitragspflicht nach dem Steuerrecht. Das heißt, die Steuerpflicht hat grundsätzlich Beitragspflicht zur Folge. Allerdings bleiben so genannte Steuerfreibeträge, wie beispielsweise auf der Lohnsteuerkarte eingetragene Freibeträge für erhöhte Werbungskosten oder Sonderausgaben sowie sonstige Freibeträge (Arbeitnehmer-Pauschbetrag, Altersentlastungsbetrag, Kinderfreibeträge etc.) außer Betracht.

Zum anderen führt in bestimmten Fällen die Pauschalbesteuerung zur Beitragsfreiheit. Es spielt bei der Beurteilung der Beitragspflicht keine Rolle, ob ein Rechtsanspruch auf die Einnahmen besteht oder unter welcher Bezeichnung oder in welcher Form (Geld und Sachwerte) sie geleistet werden. Es ist auch gleichgültig, ob sie unmittelbar aus der Beschäftigung oder im Zusammenhang mit ihr erzielt werden.

Ist ein Nettoarbeitsentgelt festgelegt oder vereinbart, gelten als Arbeitsentgelt die Einnahmen des Beschäftigten einschließlich der darauf entfallenden Steuern und den seinem gesetzlichen Anteil entsprechenden Beiträgen zur Kranken-, Pflege-, Renten- und Arbeitslosenversicherung. Im Wesentlichen ergibt sich die beitragsrechtliche Behandlung des Arbeitsentgelts aus der **Arbeitsentgeltverordnung**.

Laufendes Arbeitsentgelt (z. B. Gehalt, Zuschläge) ist unabhängig vom Zeitpunkt der Auszahlung grundsätzlich in dem **Lohnabrechnungszeitraum** für die Beitragsberechnung zu berücksichtigen, in dem es erzielt worden ist (= Entstehungsprinzip). Wertguthaben (= aufgesparte Bezüge, wie z. B. Mehrarbeitsvergütung) sind im Monat der Zahlung (= Zuflussprinzip) zu berücksichtigen. Für einmalige Einnahmen (z. B. Urlaubsgeld, Weihnachtszuwendungen) wird eine besondere Beitragsberechnung dann vorgenommen, wenn die Einmalzahlung zusammen mit dem laufenden Arbeitsentgelt die für den Lohnabrechnungszeitraum maßgebenden monatlichen Beitragsbemessungsgrenzen übersteigt. In diesem Fall ist die Einmalzahlung insoweit zur Beitragsberechnung heran zu ziehen, als der Teil der Jahresbeitragsbemessungsgrenze des jeweiligen Versicherungszweigs, der auf die Zeit vom Beginn des laufenden Kalenderjahrs bis zum Ende des Lohnabrechnungszeitraums der Zuordnung der einmaligen Einnahme entfällt, noch nicht mit Arbeitsentgelt belegt ist.

Für die **Berechnung der Sozialversicherungsbeiträge** werden Einmalzahlungen grundsätzlich dem Lohnabrechnungszeitraum zugerechnet, in dem sie ausgezahlt werden. Zur Vereinfachung können die einmaligen Einnahmen auch dem vorhergehenden Lohnabrechnungszeitraum zugerechnet werden, wenn dieser im Zeitpunkt der Auszahlung der Einmalzahlung noch nicht abgerechnet ist.

Um die anteiligen Jahresbeitragsbemessungsgrenzen zu ermitteln, werden die Beschäftigungstage (SV-Tage) addiert, die im Laufe des Kalenderjahrs bis zum Ablauf des Lohnabrechnungszeitraums (dem die Einmalzahlung zugeordnet wird) angefallen sind. Hierbei zählen auch frühere Beschäftigungszeiten bei demselben Arbeitgeber mit. Übersteigt die Einmalzahlung die Differenz zwischen der jeweils anteiligen Jahresbeitragsbemessungsgrenze und dem bisher beitragspflichtigen Arbeitsentgelt, dann besteht Beitragspflicht nur in Höhe der Differenzbeträge, anderenfalls unterliegt die Sonderzuwendung in voller Höhe der Beitragspflicht.

Bei Fälligkeit eines Wertguthabens im »Störfalle« (z. B. Tod des Arbeitnehmers) gilt für die Berechnung der Beiträge ein besonderes Verfahren.

Einmalzahlungen, die in der Zeit vom 1.1. bis 31.3. gezahlt werden, sind dem letzten Lohnabrechnungszeitraum des Vorjahrs zuzuordnen, wenn der Arbeitnehmer schon im Vorjahr beim selben Arbeitgeber beschäftigt war und die einmalige Einnahme zum Zeitpunkt der Auszahlung wegen Überschreitens der anteiligen Jahresbeitragsbemessungsgrenzen nicht mehr im vollen Umfang für die Beitragsberechnung herangezogen werden kann. Für die Beurteilung, ob die Einmalzahlung dem letzten Lohnabrechnungszeitraum des Vorjahrs zugeordnet werden muss, ist bei krankenversicherungspflichtigen Arbeitnehmern von der Beitragsbemessungsgrenze der Krankenversicherung auszugehen. Bei nicht krankenversicherungspflichtigen Arbeitnehmern wird allein nach der Beitragsbemessungsgrenze der Renten- und Arbeitslosenversicherung beurteilt.

Das Arbeitsentgelt wird nur bis zu bestimmten Grenzen zur Beitragsberechnung herangezogen. Diese **Beitragsbemessungsgrenzen** (BBG) werden jährlich festgelegt. Das darüber hinausgehende Entgelt bleibt sozialbeitragsfrei.

Bei bestimmten Sachverhalten, die zu einem verminderten Monatsentgelt führen, werden die Beiträge nur für den entsprechenden Teil-Lohnabrechnungszeitraum berechnet. Das verkürzte Arbeitsentgelt kann dann nur bis zur Höhe der auf diesen Zeitraum anfallenden BBG herangezogen werden. Sachverhalte mit Teilentgelt und Beitragsbemessungsgrenzen für einen »Teil-Lohnabrechnungszeitraum« sind:

- Beginn und Beendigung des Beschäftigungsverhältnisses im Laufe des Lohnabrechnungszeitraums,
- Zeiten des Anspruchs auf Krankengeld (nach Einstellung der Entgeltfortzahlung), Versorgungskrankengeld, Verletztengeld, Übergangsgeld, Mutterschaftsgeld, Elternzeit,
- Zeiten des unbezahlten Urlaubs, des unentschuldigten Fehlens von länger als einem Monat,
- Zeiten eines rechtswidrigen Arbeitskampfes von länger als einem Monat,
- Zeiten zur Pflege des Kindes ohne Anspruch auf Entgelt,
- Zeiten des Wehr- und Zivildienstes sowie einer Wehrübung über drei Tage.

Wenn die BBG für einen Teil-Lohnzahlungszeitraum berechnet wird, ist der auf den Kalendertag entfallende Teil der JahresBBG (l/360) ungerundet mit der Anzahl der auf den Teil-Lohnzahlungszeitraum entfallenden Kalendertage zu vervielfachen.

Die **Beiträge zur Sozialversicherung** werden prozentual vom Arbeitsentgelt berechnet.

In der Krankenversicherung werden die Beitragssätze nicht wie in der Renten- und Arbeitslosenversicherung durch Gesetz bestimmt, sondern von der Krankenkasse festgesetzt. Die Beitragssätze schwanken kassenabhängig zwischen neun und 16%. Jede Krankenkasse hat in ihrer Satzung drei Beitragssätze, die dort zu erfragen sind (allgemeiner, erhöhter, ermäßigter Beitragssatz), festgelegt.

Für die Sozialversicherungsbeiträge gelten in 2006 folgende Beitragssätze:

- Rentenversicherung der Arbeiter und Angestellten 19,5%,
- Arbeitslosenversicherung 6,5%,
- Krankenversicherung kassenabhängig zwischen 11 bis 16%, + 0,9% (nur Arbeitnehmer)
- Pflegeversicherung 1,7%, + 0,25% für Kinderlose (nur Arbeitnehmer)
- Knappschaft 25,9%.

Der für die **Berechnung maßgebende Zeitraum** ist die Periode, für welche der Arbeitgeber das Entgelt abrechnet (üblicherweise der Kalendermonat). Beitragsfrei bleiben Zeiten, in denen:

- Anspruch auf Kranken- oder Mutterschaftsgeld oder Elternzeit besteht,
- der Beschäftigte Verletztengeld, Übergangsgeld oder Versorgungskrankengeld während der Durchführung medizinischer Rehabilitationsmaßnahmen erhält,
- der Arbeitnehmer Wehr- oder Zivildienst leistet oder an einer Eignungsprüfung teilnimmt. Erhält der Arbeitnehmer während einer beitragsfreien Zeit Einmalzahlungen (z. B. Urlaubs- oder Weihnachtsgeld), so unterliegen diese gleichwohl der Beitragspflicht.

Bei **Gewährung von Nettoarbeitsentgelt** ist für die Berechnung der Sozialversicherungsbeiträge das Bruttoarbeitsentgelt maßgebend. Dies wird ermittelt durch Hinzurechnung der vom Arbeitgeber übernommenen Lohn- und Kirchensteuer sowie des Solidaritätszuschlags und der Arbeitnehmeranteile an den Sozialversicherungsbeiträgen im »Abtastverfahren«.

Grundsätzlich werden die Sozialversicherungsbeiträge vom Arbeitnehmer und Arbeitgeber je zur Hälfte getragen. Nur in Ausnahmefällen hat der Arbeitgeber die Beiträge allein zu übernehmen, wie beispielsweise bei Auszubildenden mit einem Monatsentgelt bis 400 Euro, oder nur der Arbeitnehmer allein (z. B. zur Pflegeversicherung von Kinderlosen in Höhe von 0,25% oder zur Krankenversicherung von 0,9% des Arbeitsentgelts). Die **Beitragsanteile der Arbeitnehmer** werden vom Arbeitsentgelt abgezogen. Ist ein Abzug nicht möglich, weil z. B. Teile des Entgelts von Dritten gezahlt werden (Rabatte), hat der Arbeitnehmer dem Arbeitgeber seine Beitragsanteile zur Verfügung zu stellen. Hat der Arbeitgeber versäumt, die Beiträge abzuziehen, kann das grundsätzlich nur bei der Lohnzahlung für die nächsten drei Lohnabrechnungszeiträume nachgeholt werden. Liegt für den unterbliebenen Abzug kein Verschulden des Arbeitgebers vor, darf er dem Arbeitnehmer auch für länger zurückliegende Abrechnungszeiten die Beiträge einbehalten.

Der Arbeitgeber darf den Beitragsabzug auch über drei Monate hinaus vornehmen, wenn der Arbeitnehmer seinen Meldepflichten vorsätzlich oder grob fahrlässig nicht nachkommt, nämlich dem Arbeitgeber die zur Durchführung des Meldeverfahrens und der Beitragszahlung erforderlichen Angaben zu machen. Ist laufendes Entgelt nachzuzahlen, kann auch für länger zurückliegende Zeiträume Beiträge abgezogen werden, da durch die nachträgliche Beitragsberechnung der Arbeitnehmer nicht schlechter gestellt wird.

2.7.2.3.4.3 Ermittlung des Nettoverdienstes und des Auszahlungsbetrages

Für die **Errechnung des Nettoverdienstes** sind die Sachbezüge, die in Bezug auf die Abrechnung nur für die Ermittlung der gesetzlichen Abzüge von Bedeutung sind, zunächst vom Bruttoverdienst abzuziehen. Der eigentliche Nettoverdienst ist dann der um die gesetzlichen Abzüge, wie Lohnsteuer, Kirchensteuer, Solidaritätszuschlag, Beiträge zur Renten-, Kranken-, Pflege- und Arbeitslosenversicherung, verminderte Bruttoverdienst.

Weitere Abzüge und sonstige Zulagen beeinflussen den Nettoverdienst nicht. Ausgehend davon, dass sich der Bruttoverdienst nur aus Bezügen bzw. Zuwendungen zusammensetzt, die dem Beschäftigten auf Grund seiner Arbeitsleistung zustehen und steuer- und beitragsrechtlich zu beurteilen sind, sind alle weiteren Zulagen dem errechneten Nettoverdienst hinzuzuschlagen. Dazu gehören solche, die auf gesetzlichen Bestimmungen beruhen, wie beispielsweise die Zuschüsse des Arbeitgebers zum Kranken- und Pflegeversicherungsbeitrag von Personen, die wegen Überschreitens der Jahresarbeitsentgeltgrenze versicherungsfrei sind, auch Zahlungen für Dritte, wie beispielsweise Kurzarbeitergeld und Kindergeld im öffentlichen Dienst. Das gilt ebenso für sonstige Abzüge, die nach der Definition nicht den gesetzlichen Abzügen zuzuordnen sind. Dazu gehören u. a. einzubehaltende Pfändungsbeträge, Mieten und freiwillige Beiträge zur Krankenversicherung. Das Ergebnis ist dann der Auszahlungsbetrag bzw. der auf das angegebene Konto bei einem Geldinstitut zu überweisende Betrag.

Musterbeispiel einer Entgeltabrechnung

Bruttoverdienst		2500,00 Euro
Vermögenswirksame Leistung des Arbeitgebers		26,00 Euro
		2526,00 Euro
Steuer-/Sozialversicherungspflichtiges Entgelt (einschließlich 100,00 Euro Sachbezug)		2626,00 Euro
Gesetzliche Abzüge (auf 2626,00 Euro)		
Lohnsteuer (StKl III/1)	./.	164,83 Euro
Kirchensteuer (9%)	./.	5,51 Euro
Solidaritätszuschlag (5,5%)	./.	0,00 Euro
Beiträge zur Sozialversicherung		
Krankenversicherung (6,75% + 0,9%)	./.	200,89 Euro
Pflegeversicherung (0,85%)	./.	22,32 Euro
Rentenversicherung (9,75%)	./.	256,04 Euro
Arbeitslosenversicherung (3,25%)	./.	85,35 Euro
Nettoverdienst (ohne 100,00 Euro Sachbezug)		1791,06 Euro
Sonstige Abzüge		
Vermögensbildung	./.	26,00 Euro
Pfändung (gesetzlich)	./.	50,00 Euro
Gebühr Pfändung (betrieblich)	./.	13,00 Euro
Telefongebühr (betrieblich)	./.	5,00 Euro
Zwischensumme		1.697,06 Euro
Nettobezug (Auslagenersatz)	+	110,00 Euro
Auszahlbetrag		1807,06 Euro

2.7.2.4 Humanvermögensrechnung

Neben dem Personalrechnungswesen gehört auch die Erstellung einer Humanvermögensrechnung zu den Aufgaben der Personalverwaltung, mit der **Aussagen zur Wirtschaftlichkeit der Personalaufwendungen** getroffen werden.

Der Begriff »**gesellschaftsbezogene Rechnungslegung**« bezeichnet den eigentlichen Gegenstand der Sozialbilanzierung, nämlich die systematische Erhebung, Aufbereitung, Auswertung und Verbreitung von Informationen über die wichtigsten unmittelbaren und mittelbaren kurz- und langfristigen gesellschaftlichen Auswirkungen der Geschäftstätigkeit eines Unternehmens.

Sozialbilanzen dienen den Unternehmen als **Darstellungsmöglichkeit** aller sozialen Aktivitäten nach innen und außen, die über den reinen wirtschaftlichen Bereich hinausgehen und damit gleichzeitig als Imagewerbung. Die Sozialbilanz besteht aus dem Sozialbericht, der Wertschöpfungsrechnung und der Sozialrechnung.

Der **Sozialbericht** setzt sich mit den Zielen des Unternehmens auseinander und stellt diese anhand von Statistiken und Beurteilungen dar. Er erläutert die Sozial- und Wertschöpfungsrechnung.

Die **Wertschöpfungsrechnung** weist die Anteile der an der Wertschöpfung beteiligten Personen aus, die Höhe des Wertzuwachses und deren Verteilung in einem festgelegten Berichtszeitraum.

In der **Sozialrechnung** werden gesellschaftsbezogene Aufwendungen und gesellschaftsbezogene Erträge gegenübergestellt.

Sozialbilanzen sind **gesetzlich nicht geregelt**, daher besteht auch kein Zwang zur Einführung. Da sich hinter Sozialbilanzen zwar soziale Ziele verbergen, letztlich jedoch ökonomische Zwecke dahinter stehen, sind diese von wenig Interesse für den Arbeitnehmer. Nach außen sind sie ein Instrument der Imagepflege. Die Objektivität geht häufig verloren, da meistens nur Informationen ausgewählt werden, die ein positives Bild des Unternehmens vermitteln.

Kritikpunkte:

- die Gewährung von Sozialleistungen ist nicht immer bilanzmäßig darstellbar,
- die Wirkung von Sozialleistungen beruht nicht nur auf ihrem Geldwert,
- die Darstellung der Effizienz von Sozialleistungen gelingt mit Cafeteria-Systemen wirkungsvoller,
- ein ständiger Internetauftritt ist wirkungsvoller als eine einmalige Veröffentlichung im Jahr,
- Sozialleistungen sind im Personalmarketing besser aufgehoben als im Rechnungswesen.

2.7.3 Datenschutz und Datensicherheit

Die Gefahr missbräuchlicher Verwendung von personenbezogenen Daten hat es schon immer gegeben, durch die automatisierte Verarbeitung von personenbezogenen Daten ist sie in den letzten Jahren deutlich größer geworden.

Die technischen Möglichkeiten lassen keine Wünsche mehr offen, personenbezogene Informationen können innerhalb weniger Minuten sortiert und ausgewertet werden. Um die **Weiterverwendung oder Weitergabe** rechtswidriger Datenflüsse einzuschränken, stellt das Bundesdatenschutzgesetz besondere Anforderungen an den Umgang mit personenbezogenen Daten (s. auch Abschnitt 1.5.4).

- Unbefugten ist der Zutritt zu Datenverarbeitungsanlagen untersagt,
- Datenzugriffe dürfen nur von den dazu berechtigten Personen erfolgen,
- Datenträger sind vor unbefugter Entfernung zu schützen,
- Eingaben, Veränderungen und Auswertungen müssen nachvollziehbar sein.

Dazu sind Benutzerkennungen und Passwörter und Anmeldezeitbeschränkungen einzurichten. Passwörter müssen über eine vorgeschriebene Mindestlänge verfügen. Fehlversuche bei der Eingabe beschränkt werden, es dürfen keine persönlichen Daten verwandt werden und das Passwort darf nirgendwo im Klartext lesbar sein.

Vorrangig hat der Arbeitgeber im Rahmen seiner Fürsorgepflicht manuelle oder auch automatisierte Daten vor Missbrauch zu schützen. Verletzt er schuldhaft diese Fürsorgepflicht, hat der Arbeitnehmer einen Schadensersatzanspruch. Sollte gar das Persönlichkeitsrecht des Mitarbeiters verletzt worden sein, besteht auch ein Anspruch auf Schmerzensgeld.

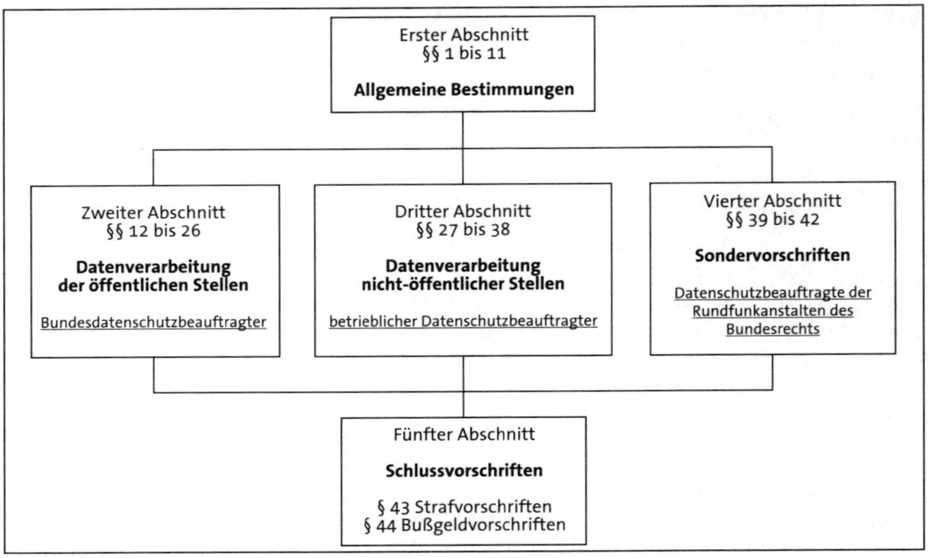

Abb. 2: Die Gliederung des Bundesdatenschutzgesetzes (BDSG)

Der Zweck des Datenschutzes wird in § 1BDSG formuliert.

Dort heißt es: »Zweck des Gesetzes ist es, den einzelnen davor zu schützen, dass er durch den Umgang mit seinen personenbezogenen Daten in seinem Persönlichkeitsrecht nicht beeinträchtigt wird.«

Das Gesetz gilt für die Speicherung und Verarbeitung personenbezogener Daten natürlicher Personen durch öffentliche Stellen des Bundes und für die geschäftsmäßige Nutzung durch die nicht-öffentlichen Stellen (Privatwirtschaft).

Unter personenbezogenen Daten sind nach § 3 BDSG »Einzelangaben über persönliche oder sachliche Verhältnisse einer bestimmten oder bestimmbaren natürlichen Person« zu verstehen.

§ 4 BDSG regelt die Zulässigkeit der Datenverarbeitung und Datennutzung, die dann vorliegt, wenn:

- der Betroffene (schriftlich) eingewilligt hat oder
- ein Gesetz dies erlaubt oder verlangt oder
- das Bundesdatenschutzgesetz die Verarbeitung oder Nutzung erlaubt.

Mit § 5 BDSG werden Mitarbeiter, die mit personenbezogenen Daten arbeiten, auf das Datengeheimnis verpflichtet. Dies besteht auch über die Beendigung der Tätigkeit hinaus.

In § 6 BDSG sind die Rechte der Betroffenen geregelt: »Jede natürliche Person hat das Recht auf Auskunft über die zu ihrer Person gespeicherten Daten.« In bestimmten Fällen kann ein Betroffener eine:

- Berichtigung von Daten (= Richtigstellung unrichtiger Daten),
- Sperrung von Daten (= Daten dürfen nicht mehr verarbeitet werden),
- Löschung von Daten (= Unkenntlichmachung gespeicherter Daten)

verlangen.

Der § 9 BDSG lautet: »Wer unter die Bestimmungen dieses Gesetzes fällt, hat die notwendigen technischen und organisatorischen Maßnahmen zu treffen.«

Gemäß § 28 BDSG sind »freizügige Daten«:

- Name,
- Titel,
- akademischer Grad,
- Berufs-, Branchen- oder Geschäftsbezeichnung,
- Anschrift,
- Geburtsjahr,
- und eine weitere Angabe über Zugehörigkeit zu einer Personengruppe.

Die Freizügigkeit endet jedoch, wenn sich die Angabe auf folgende Punkte bezieht:

- gesundheitliche Verhältnisse,
- strafbare Handlungen,
- Ordnungswidrigkeiten,
- religiöse oder politische Anschauungen,
- arbeitsrechtliche Rechtsverhältnisse.

Nach § 36 BDSG ist in Betrieben, die automatisch die Verarbeitung personenbezogener Daten durchführen und mindestens fünf Arbeitnehmer haben, ein **Datenschutzbeauftragter** zu bestellen. Wenn auf andere Art und Weise personenbezogene Daten verarbeitet werden, erhöht sich die Mitarbeiterzahl auf 20. Der Datenschutzbeauftragte ist direkt der Geschäftsführung unterstellt und muss die erforderliche Fachkunde und Zuverlässigkeit besitzen. Diese Aufgabe wird er in den meisten Fällen neben seinen beruflichen Aufgaben wahrnehmen. Solange Interessenkonflikte nicht zu ungunsten des Datenschutzes gelöst werden, ist dass auch zulässig.

Zu den wesentlichen Aufgaben des Datenschutzbeauftragten gehören:

- das Erstellen und Pflegen einer Liste über alle Dateien mit personenbezogenen Daten unter Angabe der Inhalte und Empfänger der dort gespeicherten Daten,
- die Überwachungspflicht, die Einhaltung aller Schutzbestimmungen bei Eingabe, Speicherung und Verarbeitung personenbezogener Daten,
- die Überwachung bei Berichtigung, Sperrung und Löschung von personenbezogenen Daten,
- die Überwachung einer ordnungsgemäßen Nutzung vorhandener Programme, hier insbesondere die Zugriffmöglichkeiten zu Personaldaten,
- die Belehrung der mit der Verarbeitung von Personalarbeit beschäftigten Mitarbeiter über einschlägige Datenschutzbestimmungen,
- die Verpflichtung und Überwachung der Mitarbeiter hinsichtlich des Datengeheimnisses.

Kontrollmaßnahmen	Sicherungsmaßnahmen
Zugangskontrolle Unbefugten den Zugang zu Anlagen mit personenbezogenen Daten verwehren	Closed-shop-Betrieb Sicherungszonen schaffen Zutritt nach Ausweiskontrolle
Abgangskontrolle Mitnahme von Datenträgern verhindern	Datenträgerschleuse Personenkontrollen
Speicherkontrolle Unbefugte Eingabe, Kenntnisnahme, Veränderung oder Löschung gespeicherter Personaldaten verhindern	Benutzerpasswort Dateipasswort
Zugriffskontrolle Systembenutzungsberechtigte dürfen nur zu jenen Daten Zugriff haben, die für ihre Arbeit erforderlich sind	Dateipasswörter Zugriffsprotokoll Zugriffsbeschränkungen auf bestimmte Terminals
Eingabekontrolle Es muss feststellbar sein, durch wen und wann Personaldaten eingegeben worden sind	Terminaljournale
Transportkontrolle Es ist zu verhindern, dass Personaldaten beim Transport der Übermittlung gelesen, verändert oder gelöscht werden können	Chiffrierung der Übertragungsdaten Abschirmung der Übertragungsleitungen Strenge Personalauswahl bei persönlichem Transport
Benutzerkontrolle Benutzung von Verarbeitungssystemen durch Unberechtigte verhindern	Terminalschlüssel Codekarten Benutzerprotokoll
Organisationskontrolle Die betriebliche Organisation ist auf den besonderen Schutz für Personaldaten abzustellen	Eindeutige Aufgabentrennungen Lückenlose Dokumentation Aufklärung über BDSG und Missbrauchsfolgen

Abb. 3: Überblick über technische und organisatorische Datensicherung

Verpflichtungserklärung nach § 5 des Bundesdatenschutzgesetzes zur Wahrung des Datengeheimnisses:

Sehr geehrte(r) Frau/Herr ...,

aufgrund Ihrer Aufgabenstellung verpflichte ich Sie auf die Wahrung des Datengeheimnisses nach § 5 BDSG. Es ist Ihnen nach dieser Vorschrift untersagt, unbefugt personenbezogene Daten zu erheben, zu verarbeiten oder zu nutzen.

Diese Verpflichtung besteht auch nach Beendigung Ihrer Tätigkeit fort.

Verstöße gegen das Datengeheimnis können nach §§ 44 und 42 Abs. 2 BDSG sowie anderen Strafvorschriften mit Freiheits- oder Geldstrafe geahndet werden. In der Verletzung des Datengeheimnisses kann zugleich eine Verletzung arbeits- oder dienstrechtlicher Schweigepflichten liegen.

Eine unterschriebene Zweitschrift dieses Schreibens reichen Sie bitte an die Personalabteilung zurück.

....	....
Ort, Datum	Unterschrift der verantwortlichen Stelle

Über die Verpflichtung auf das Datengeheimnis und die sich daraus ergebenden Verhaltensweisen wurde ich unterrichtet. Das Merkblatt zur Verpflichtungserklärung (Texte der §§ 5 und 43 Abs. 2 BDSG, § 44 BDSG) habe ich erhalten

....	....
Ort, Datum	Unterschrift des Verpflichteten

Literatur:

Berthel, J.: Personal-Management, Stuttgart, 2000
Bisani, F.: Personalwesen und Personalführung, 2. Auflage, Wiesbaden, 2002
Fröhlich, W.(Hrsg.): Effiziente Personalarbeit, Neuwied, Kriftel, 1999
Goerke, S./Wickel-Kirsch, S.: Internes Marketing für Personalarbeit, Neuwied, Kriftel, 2002
Gola, P./Jaspers, A.: Das neue BDSG im Überblick, Frechen, 2002
Meckl, R.: Personalarbeit und Outsourcing, Frechen, 1999
Oppermann, K.: Jahrbuch der Entgeltabrechnung 2004, Frechen, 2004

Kontrollfragen zu dem 2. Handlungsbereich

39. Aus dem Arbeitsverhältnis ergeben sich für Arbeitgeber und Arbeitnehmer Haupt- und Nebenpflichten. Welche sind die Hauptpflichten und welche sind die beiden wichtigsten Nebenpflichten?
40. Was versteht man unter einem AT- (=außertariflichen) Arbeitsverhältnis?
41. Welche (drei) rechtlichen Möglichkeiten hat der Arbeitgeber, um eine Versetzung des Arbeitnehmers zu vollziehen?
42. Welchen Inhalt muss eine Abmahnung haben?
43. Unter welchen Voraussetzungen kann das Arbeitsverhältnis nach Eintritt des Kündigungsschutzes gekündigt werden?
44. Wie ist ein qualifiziertes Zeugnis aufgebaut?
45. Unter welchen Voraussetzungen besteht beiderseitige Tarifbindung?
46. Worüber entscheiden die Arbeitsgerichte im Urteilsverfahren und worüber im Beschlussverfahren?
47. Welche Vorteile kann ein Vergleichsschluss in der Güteverhandlung bieten?
48. Beim Sozialgericht wird beantragt: »den Bescheid vom .... in der Gestalt des Widerspruchsbescheids vom ...... aufzuheben und die Beklagte zu verurteilen, die beantragte Rente zu bewilligen.« Schildern Sie den Gang des Vorverfahrens und stellen Sie dar, um welche Klageart(en) es sich hier handelt.
49. Was versteht man unter Wertschöpfung?
50. Welche Probleme ergeben sich bei der Zurechnung (Verteilung) der Wertschöpfung auf die einzelnen Produktionsfaktoren?
51. Welches sind die rechtlichen Grundlagen der Einkommens- und Vergütungssysteme und welche Bedeutung hat in diesem Zusammenhang das Betriebsverfassungsgesetz?
52. Welches sind die wesentlichen Elemente der Vergütungspolitik, welches sind ihre wesentlichen Unterschiede und welche eignen sich für eine Kostenflexibilität?
53. Was ist das Ziel einer Arbeitsbewertung? Welche Verfahren der Arbeitsbewertung gibt es?
54. Wozu dienen Zielvereinbarungen? Welche Schritte sind bei der Verwendung von Zielvereinbarungen als Grundlage der Vergütung zu beachten?
55. Welche Versicherungszweige umfasst die Sozialversicherung und welche Träger sind zuständig?
56. Wie werden die Versicherungszweige verwaltet und wer führt die Aufsicht?
57. Hat der Beschäftigte ein Krankenkassenwahlrecht und wie ist es wahrzunehmen?
58. Unter welchen Voraussetzungen können Arbeitnehmer der gesetzlichen Krankenversicherung freiwillig beitreten?
59. Was ist im Falle der Entgeltfortzahlung im Krankheitsfalle von Bedeutung?
60. Wie erfolgt der Beitragsausgleich durch die Krankenkassen?

61. Wer trägt die Beiträge zur Sozialversicherung?
62. Welche Leistungen gewähren die Versicherungsträger?
63. Wie sind Streitigkeiten über sozialversicherungsrechtliche Fragen abzuwickeln und welche Funktion haben die Sozialgerichte?
64. Was sind die Ziele der betrieblichen Sozialpolitik?
65. Worin unterscheiden sich die betrieblichen Sozialleistungen im engeren Sinne von den betrieblichen Sozialeinrichtungen?
66. Was versteht man unter einer Stellenbeschreibung?
67. Was ist der Unterschied zwischen Anforderungs- und Qualifikations- bzw. Eignungsprofil?
68. Weshalb empfiehlt es sich, dem Verlangen des Betriebsrats nach interner Ausschreibung vakanter Stellen nachzukommen?
69. Welche Rechtsfolgen können den Arbeitgeber treffen, wenn er bei der Besetzung einer freien Stelle das Gebot der Geschlechtsneutralität verletzt?
70. Was versteht man unter einem Job-Center?
71. Was versteht man unter einer Personal-Service-Agentur (PSA)?
72. »Im Zeitalter der elektronischen Speichermöglichkeiten haben Personalakten keine Daseinsberechtigung mehr!« Nehmen Sie kritisch zu dieser Aussage Stellung!
73. Welche Fristen bestimmen mittelbar die Aufbewahrung von Personalakten?
74. Welche Tätigkeiten für das Personalwesen resultieren aus der fristgerechten Kündigung eines Arbeitnehmers?
75. Sozialbilanzen hatten in der Vergangenheit die Aufgabe, die Sozialleistungen eines Unternehmens einschließlich der Wahrnehmung von gesellschaftlichen Aufgaben darzustellen. Aus welchen Gründen verzichten die Unternehmen mehr und mehr auf diese Form der Selbstdarstellung?
76. Welche Aufgabe erfüllen allgemeine Führungsanweisungen oder Führungshandbücher im Betrieb?
77. Warum untersteht der betriebliche Datenschutzbeauftragte direkt der Unternehmensleitung?
78. Ein Mitarbeiter hat anlässlich einer Einsichtnahme in seine Personalakte handschriftliche Notizen seines unmittelbaren Vorgesetzten vorgefunden, die dieser wegen einer angeblichen Schlechterfüllung angefertigt hat, ferner die Ergebnisse eines psychologischen Tests, den Sie im Rahmen eines Assessment-Centers absolviert haben sowie eine Kopie einer Abmahnung die vor drei Wochen erstellt wurde, die Sie aber nie erhalten haben. Ein Mitglied des Betriebsrates war bei der Einsichtnahme zugegen. Mit welchen Konsequenzen müssen Sie als zuständiger Personalreferent rechnen?
79. Welche Schritte führen vom beanspruchbaren Bruttoverdienst bis hin zum Auszahlungs- bzw. Überweisungsbetrag?
80. Welche Faktoren beeinflussen den Bruttoverdienst und wie setzt er sich zusammen?
81. In welchen Fällen ist eine Teilentgeltberechnung erforderlich und welche Formeln sind möglich?

82. Welche gesetzlichen Abzüge beeinflussen den Nettoverdienst?
83. Wie werden die Lohn- und Annexsteuern für laufenden Arbeitslohn und sonstige Bezüge berechnet?
84. Welche Grundlagen sind für die Höhe der Beiträge zur Sozialversicherung maßgebend?
85. Wie werden die Sozialversicherungsbeiträge für laufendes Arbeitsentgelt und einmalige Zuwendungen berechnet?
86. Welche Faktoren beeinflussen den Nettoverdienst?
87. Was ist der Unterschied zwischen Nettoverdienst und Auszahlungsbetrag und wie wird dieser errechnet?

3. Handlungsbereich »Personalplanung, -marketing und -controlling gestalten und umsetzen«

3.1 Konjunktur und Beschäftigungspolitik bei der Personalplanung und beim Personalmarketing berücksichtigen

3.1.1 Beschäftigung und Konjunktur

3.1.1.1 Konjunkturphasen und Konjunkturindikatoren

Gemäß der **Dauer von Wirtschaftsschwankungen**, die im Regelfall durch die Entwicklung des Bruttoinlandsproduktes gemessen werden, unterscheidet man:

- **Saisonale (kurzfristige) Schwankungen:** Dabei handelt es sich um jahreszeitlich wiederkehrende saisonale Schwankungen, die vor allem durch den Klimawechsel der Jahreszeiten verursacht werden. Sie wirken sich auf die Beschäftigung und die Nachfrage nach Arbeitskräften, vor allem in den Branchen Bau, Landwirtschaft, Bekleidung und Tourismus aus. Saisonale Schwankungen sind grundsätzlich vorhersehbar und somit auch im Rahmen der Personalplanung eines Unternehmens einplanbar.
- **Wachstumsschwankungen (langfristige):** Basisinnovationen werden häufig als zentraler Motor der Konjunktur gesehen. Dabei wird unterstellt, dass (mehr oder minder unregelmäßige) Innovationsschübe lang anhaltende konjunkturelle Aufschwungphasen auslösen, die schließlich abklingen, wenn die zu Grunde liegenden Technologien ausgeschöpft sind, um neuen Innovationen Platz zu machen. Insofern handelt es sich um **strukturelle Wandlungen der Wirtschaft**. Die nach Nikolai D. Kondratieff benannten Kondratieff-Zyklen weisen eine Dauer von 40–60 Jahren auf. Die Dampfmaschine als erster Kondratieff-Zyklus löst den ersten Aufschwung aus (1790–1813). Damit werden neue Möglichkeiten der Energiegewinnung an jedem beliebigen Ort realisiert. Die Erfindung von James Watt ist eine grundlegende Voraussetzung für den Übergang von der handwerklichen zur industriellen Produktion und für das Entstehen einer Serien- und Massenfertigung. Nicht zuletzt bildet sie den Ursprung der Maschinenbaubranche. Eisenbahn und Stahlindustrie stellen den zweiten Zyklus dar (1844–1874). Die zunehmende Mobilität von Personen und Gütern, bedingt auch durch die Dampfschifffahrt und die vermehrte Herstellung von Investitionsgütern in der Schwerindustrie, gibt der Wirtschaft grundlegende Wachstumsimpulse. Der Einsatz der Elektrizität als Energiequelle im industriellen Fertigungsprozess sowie die Chemie und die Motorisierung markieren den dritten Zyklus (1885–1916). Der nach dem zweiten Weltkrieg einsetzende Aufschwung wird als Beginn eines vierten Kondratieff-Zyklus, beispielsweise auf Basis von TV/Medien sowie Luft- und Raumfahrt, interpretiert. Nach Durchschreitung der Abschwungphase Mitte der 70er und Anfang der 80er-Jahre befindet sich nach dieser Vorstellung die Weltwirtschaft am Beginn eines fünften Kondratieff-Zyklus, wobei Mikroelektronik und möglicherweise die Gentechnologie die Basisinnovationen bilden. Der Bereich Gesundheit/Biotechnologie wird bereits als sechster Zyklus angesehen.
- **Konjunkturelle (mittelfristige) Schwankungen:** Als Konjunktur wird die Gesamtlage und die **Entwicklungsrichtung einer Volkswirtschaft** angesehen. Konjunkturschwankungen sind das in marktwirtschaftlich organisierten Volkswirtschaften typische mehrjährige Auf und Ab der Wirtschaftstätigkeit und in Bezug auf ihre zeitliche Reichweite mittelfristig, d. h. der Gesamtzyklus umfasst zwischen vier und sieben Jahren. Obwohl der Begriff Zyklus suggeriert, dass die wirtschaftlichen Schwankungen regelmäßig und vorhersehbar sind, trifft weder das eine noch das andere zu.

Der einzelne Konjunkturzyklus beginnt mit einer bestimmten Konjunktursituation und endet mit dessen Wiederkehr (s. Abbildung 1).

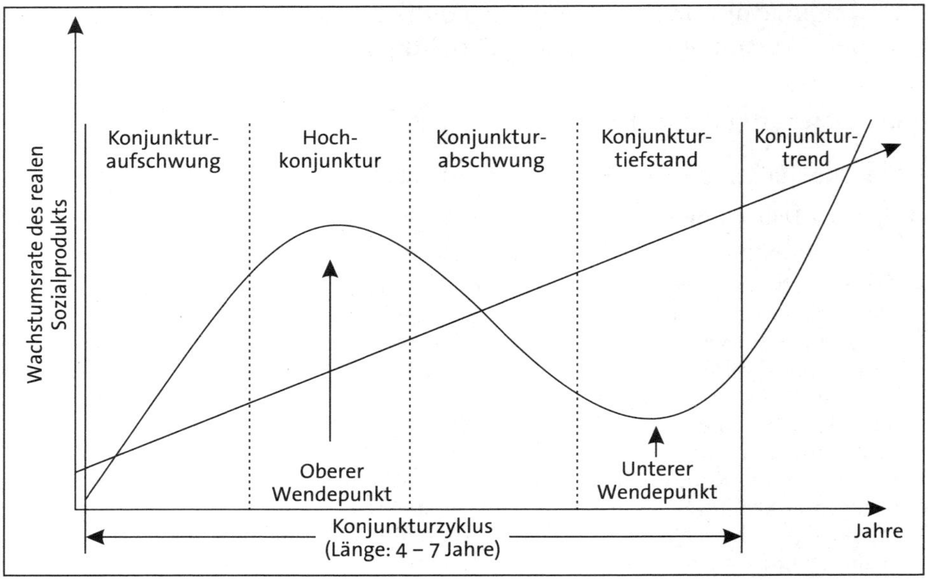

Abb. 1: Konjunkturzyklus

Die einzelnen Phasen sind somit:

- **Konjunkturaufschwung:** Der wirtschaftliche Aufschwung beginnt mit einer **Ausweitung der gesamtwirtschaftlichen Nachfrage** und einem damit höheren Auslastungsgrad des vorhandenen Produktionspotenzials. Die intensivere Nutzung der vorhandenen Produktionsanlagen führt bei zunächst nur unterproportional steigenden Lohnkosten und vergleichsweise geringen Rohstoffkosten zu einer Erhöhung des Gewinns und zu einer Verbesserung der Gewinnerwartungen. Diese führen wiederum zu Ersatz-, Rationalisierungs- und Erweiterungsinvestitionen. Die Verbraucher verhalten sich trendorientiert, indem sie die Konsumausgaben entsprechend ihrem langfristig erwarteten Einkommen tätigen.
- **Hochkonjunktur:** Auf Grund der hohen Nachfrage und der Auslastung bis zur Kapazitätsgrenze steigen die Gesamtkosten überproportional an. Die hohe Investitionsneigung bedingt schließlich eine **Kapitalverknappung** und damit eine spürbare **Verteuerung des Kapitalzinses**. Die Bereitschaft zu Lohnkämpfen nimmt zu, zumal die Güterpreise steigen. Infolge der mit Verzögerung angehobenen Löhne lassen sich die Preise am Markt schließlich nicht mehr erhöhen. Die Nachfrage geht zurück, die wirtschaftliche Stimmung wird skeptisch eingeschätzt und schlägt schließlich in Pessimismus um.
- **Konjunkturabschwung (Rezession):** Mit Überschreitung des höchsten Auslastungsgrades beginnt eine **abnehmende Kapazitätsauslastung**. Die vorgenommenen Investitionen zur Kapazitätserweiterung werden unrentabel, da bei noch hohem Zins die Güterpreise zurückgehen. Zahlreiche Unternehmen kommen in Absatzschwierigkeiten, es kommt zu Entlassungen und zu nur zu unterproportional steigenden Löhnen.
- **Konjunkturtiefstand (Depression):** Die Depression ist durch geringe wirtschaftliche Aktivität gekennzeichnet. Die Produktion befindet sich auf einem Tiefstand. Durch den geringen Umsatz sind die Güterpreise niedrig. Die hohe Arbeitslosigkeit wirkt dämpfend auf die Löhne. Trotz geringer Kapitalzinsen ist die Investitionstätigkeit gering, zumal die bereits vorhandenen Kapazitäten nicht ausgelastet und die Gewinnerwartungen bei niedrigen Preisen und hohen Fixkosten gering sind.

Phasen / Merkmale	Aufschwung	Hochkonjunktur	Abschwung	Tiefstand
Auftragseingänge	steigend	schnell steigend	schnell fallend	gering
Produktion	langsam steigend	schnell steigend	fallend	gering
Sozialprodukt	zunächst nur geringe, dann zunehmend höhere Wachstumsraten	zunächst noch stark steigende, dann abnehmende Wachstumsraten	rückläufige Wachstumsraten	sehr niedriges Wachstum, ggf. negative Wachstumsraten
Beschäftigung	Rückgang der Arbeitslosenquote	vergleichsw. geringe Arbeitslosenquote	zunehmende Arbeitslosenquote	hohe Arbeitslosenquote
Löhne	nur verzögert zunehmend	erheblich steigend	fallende Zuwachsraten	äußerst geringe Zunahme
Zinsen	verzögert ansteigend	hoch und steigend	fallend	niedrig
Warenpreise	verzögert ansteigend	hoch und steigend	fallend	niedrig
Investitionsneigung	langsam steigend	nachlassend	schnell fallend	gering
psychologische Stimmung	optimistisch	skeptisch	pessimistisch	niedergedrückt

Abb. 2: Konjunkturindikatoren der einzelnen Konjunkturphasen

Abbildung 3 veranschaulicht die Veränderungen des realen Bruttoinlandsproduktes seit 1980.

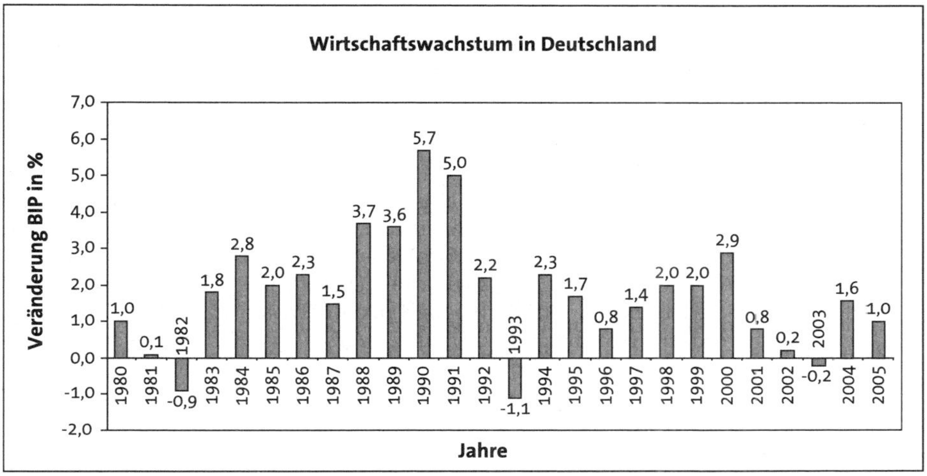

Abb. 3: Veränderungen des realen Bruttoinlandsproduktes

Deutlich wird, dass in der Bundesrepublik Deutschland:

- in fast allen Jahren ein positives Wirtschaftswachstum erwirtschaftet wurde,
- das reale Wirtschaftswachstum sich im Regelfall und dies seit mehr als 20 Jahren auf einem – im EU-Vergleich – geringem Niveau bewegt. Ausnahmen sind lediglich die wiedervereinigungsbedingten Sonderkonjunkturjahre 1990 und 1991.

3.1.1.2 Kategorien von Arbeitslosigkeit

Gemäß § 16 des dritten Sozialgesetzbuches (SGB III) gilt derjenige als arbeitslos, »der vorübergehend nicht in einem Beschäftigungsverhältnis steht und beim Arbeitsamt arbeitslos gemeldet ist«. Mit dem Dritten Gesetz für moderne Dienstleistungen am Arbeitsmarkt (in Kraft seit 1. Januar 2004) wurde der § 16 des Sozialgesetzbuches ergänzt. Es wurde klar gestellt, dass Teilnehmer in Maßnahmen aktiver Arbeitsmarktpolitik prinzipiell nicht als arbeitslos gelten. Dies entspricht grundsätzlich der schon bisher angewandten Praxis, z. B. bei Maßnahmen der beruflichen Weiterbildung, Arbeitsbeschaffungsmaßnahmen oder berufsvorbereitenden Bildungsmaßnahmen. Eine Änderung ergibt sich allein für Teilnehmer an Eignungsfeststellungs- und Trainingsmaßnahmen, die bisher – aus leistungsrechtlichen Gründen – auch während des Maßnahmebesuchs als Arbeitslose gezählt wurden. Teilnehmer an arbeitsmarktpolitischen Maßnahmen werden damit in der Statistik einheitlich behandelt. Ein systematischer Fehler der bisherigen Arbeitslosenstatistik wird auf diese Weise korrigiert.

Der Begriff des Arbeitslosen ergibt sich aus § 16 des Sozialgesetzbuches III (SGB III) und den einschlägigen Vorschriften zum Arbeitslosengeld (§§ 117–124 SGB III). Als vorübergehend nicht in einem Beschäftigungsverhältnis stehend (arbeitslos) gilt, wer

- die Anwartschaftszeit nach § 123 und § 124 SGB III als Anspruchsvoraussetzung erfüllt hat,
- nur eine weniger als 15 Stunden pro Woche umfassende Beschäftigung ausübt oder innerhalb der letzten 12 Monate mindestens 10 Monate eine versicherungspflichtige Beschäftigung ausgeübt hat und daneben als Selbstständiger oder mithelfender Familienangehöriger tätig war und diese Erwerbstätigkeit im Umfang von wöchentlich mindestens 15 Stunden oder weniger als 18 Stunden pro Woche beibehält,
- den Vermittlungsbemühungen der Arbeitsagentur zur Verfügung steht, Arbeitsfähigkeit und -bereitschaft zeigt, eine zumutbare Beschäftigung unter üblichen Bedingungen des in Betracht kommenden Arbeitsmarktes aufzunehmen und
- sich persönlich beim zuständigen Arbeitsamt gemeldet hat.

Die Bedeutung der Arbeitslosigkeit wird im Regelfall durch die Arbeitslosenquote gemessen. Diese wiederum gilt als Anteil der registrierten Arbeitslosen an allen zivilen Erwerbspersonen (abhängige zivile Erwerbspersonen, Selbstständige, mithelfende Familienangehörige) im Sinne von potenziell arbeitsfähigen Menschen der Altersjahrgänge von 15 bis 65 Jahren.

Registrierte Arbeitslose, Arbeitslosenquote

Jahr	Deutschland				Früheres Bundesgebiet ohne Berlin		Neue Bundesländer einschließlich Berlin	
	Arbeitslose	Arbeitslosenquote insgesamt	Arbeitslosenquote Männer	Arbeitslosenquote Frauen	Arbeitslose	Arbeitslosenquote	Arbeitslose	Arbeitslosenquote
2004	4.381.042	11,7	12,5	10,8	2.781.347	9,4	1.599.695	20,1
2003	4.376.028	11,6	12,4	10,8	2.752.589	9,3	1.623.439	20,1
2002	4.060.317	10,8	11,3	10,3	2.497.678	8,5	1.562.639	19,2
2001	3.852.564	10,4	10,4	10,2	2.320.500	8,0	1.532.064	18,8
2000	3.889.695	10,7	10,5	10,9	2.380.987	8,4	1.508.707	18,6
1999	4.100.499	11,7	11,3	12,2	2.604.720	9,6	1.495.779	18,7
1998	4.280.630	12,3	11,9	12,8	2.751.535	10,3	1.529.095	19,2
1997	4.384.456	12,7	12,2	13,3	2.870.021	10,8	1.514.435	19,1
1996	3.965.064	11,5	11,0	12,1	2.646.442	9,9	1.318.622	16,6
1995	3.611.921	10,4	9,6	11,4	2.427.083	9,1	1.184.838	14,8
1994	3.698.057	10,6	9,5	12,0	2.426.276	9,0	1.271.781	15,7
1993	3.419.141	9,8	8,6	11,3	2.149.465	8,0	1.269.676	15,4
1992	2.978.570	8,5	7,1	10,2	1.699.273	6,4	1.279.297	14,4
1991	2.602.203	7,3	6,4	8,5	1.596.457	6,2	1.005.746	10,2

Tabelle 1

Gleichzeitig wird am Beispiel der letzten 1 1/2 Jahre deutlich, dass es sich hierbei um Jahresdurchschnittswerte handelt, die während des Jahres schwanken:

Monat	Registrierte Arbeitslose	Arbeitslosenquote
Januar 2005	5.040	12,1
Februar 2005	5.217	12,6
März 2005	5.176	12,5
April 2005	4.968	12,0
Mai 2005	4.807	11,6
Juni 2005	4.704	11,3
Juli 2005	4.772	11,5
August 2005	4.729	11,4
September 2005	4.650	11,2
Oktober 2005	4.555	11,0
November 2005	4.529	10,9

Monat	Registrierte Arbeitslose	Arbeitslosenquote
Dezember 2005	4.605	11,1
Januar 2006	5.012	12,1
Februar 2006	5.047	12,2
März 2006	4.976	12,0
April 2006	4.790	11,5
Mai 2006	4.535	10,8
Juni 2006	4.397	10,5
Juli 2006	4.386	10,5

Tabelle 2

Die deutlich höhere Anzahl registrierter Arbeitsloser ab 2005 (im Vergleich zu den Werten von 2004 und davor) erklärt sich vor allem durch die Berücksichtigung von arbeitsfähigen Sozialhilfeempfängern, die zuvor nicht als arbeitslos erfasst wurden (siehe Reform Hartz IV).

Der jüngste Rückgang der Arbeitslosigkeit ist einerseits auf die zunehmende Anzahl von Beschäftigten in Minijobs zurückzuführen. Andererseits wurde in einigen Branchen der zuvor deutliche Personalabbau wieder etwas umgekehrt.

Demzufolge resultieren Veränderungen der Arbeitslosenzahl aus den demographischen Veränderungen der **Erwerbspersonenzahl** und den arbeitsmarktbestimmten Veränderungen der **Erwerbstätigenzahl**.

Hinsichtlich der Ursachen für Arbeitslosigkeit wird häufig eine Differenzierung wie folgt vorgenommen:

- **Konjunkturelle Arbeitslosigkeit:** Im Falle eines Konjunkturabschwungs oder gar einer Depression kommt es zur konjunkturellen Arbeitslosigkeit. Diese konjunkturelle Arbeitslosigkeit wirkt im Regelfall mittelfristig. Hinzu kommt das arbeitsmarktpolitische Dilemma, dass die Arbeitsproduktivität gesteigert werden muss, um das Ansteigen der Arbeitnehmereinkommen und der Lohnnebenkosten auszugleichen. Eine **steigende Arbeitsproduktivität** führt jedoch bei gleichzeitig **geringem Wirtschaftswachstum** dazu, dass zur Produktion eines mehr oder weniger gleich bleibenden Güterangebots bedingt durch neue Technologien weniger Arbeitskräfte benötigt werden. Verstärkt wird diese Wirkung durch unterschiedliche Qualifikationsanforderungen und/oder fehlender Mobilität der Arbeitssuchenden. So haben sich insbesondere auf Grund neuer Technologien Qualifikationsschübe nach oben ergeben, die dazu führen, dass es einen verstärkten Verdrängungswettbewerb zwischen unqualifizierten und qualifizierten Arbeitnehmern kommt.
- **Friktionelle Arbeitslosigkeit:** Friktionelle Arbeitslosigkeit wird auch als **Sucharbeitslosigkeit** bezeichnet. Sie dauert einen nur kurzen Zeitraum und tritt auf, wenn Arbeitskräfte entlassen werden und diese Personen infolge von Suchprozessen bis zum Antritt der neuen Stelle für eine gewisse Zeit nicht beschäftigt sind. Nach der Definition der Bundesagentur für Arbeit gilt jede Arbeitslosigkeit, die nicht länger als drei Monate gedauert hat, als Sucharbeitslosigkeit. Das Arbeitsplatzangebot ist vorhanden, der Arbeitslose kennt die offene Stelle aber häufig noch nicht. Durch Verbesserung des Stelleninformationssystems kann diese Arbeitslosigkeit verringert werden.

- **Saisonale Arbeitslosigkeit:** Wie bereits schon zum Stichwort »Saisonale Schwankungen« verdeutlicht (s. Abschnitt 3.1.1.1), kommt es in einigen Branchen (z. B. Landwirtschaft, Baugewerbe, Tourismus) zu einer **saisonalen Unterbeschäftigung**, die sich speziell in den Wintermonaten zeigt. Die saisonale Arbeitslosigkeit stellt für die Wirtschaftspolitik kein Problem im engeren Sinne dar und muss vielfach hingenommen werden. Hinzuweisen ist aber auf branchenbezogene Bemühungen, beispielsweise die Versuche der Bauwirtschaft, auch Aufträge im Winter durchzuführen. Die speziellen sozialen Maßnahmen (z. B. Schlechtwettergeld) wirken ebenfalls korrigierend.
- **Strukturelle Arbeitslosigkeit:** Der Begriff der langfristig wirkenden strukturellen Arbeitslosigkeit wird häufig in einer sehr weiten Abgrenzung gebraucht. Danach ist derjenige Teil der Arbeitslosigkeit, der **nicht nur auf Konjunktureinbrüche oder friktionelle und saisonale Faktoren** zurückzuführen ist, struktureller Natur. Geht man vom Hochkonjunkturjahr 1991 aus, in der in Westdeutschland praktisch alle Wirtschaftszweige stark ausgelastet waren, kann die konjunkturelle Arbeitslosigkeit praktisch mit nahe null angesetzt werden. Geht man von einem friktionellen und saisonalen Sockel von 300000 Personen aus, so verbleibt bei insgesamt etwa 2,6 Mio. Arbeitslosen (inkl. neuer Bundesländer) eine strukturelle Arbeitslosigkeit von etwa 2,3 Mio. Berücksichtigt man ferner, dass in den Arbeitslosenzahlen bislang Sozialhilfeempfänger eigenständig erfasst wurden (im Gegensatz zu den Zahlen ab 2005 durch Hartz IV), dürfte die Zahl der strukturellen Arbeitslosigkeit sogar noch höher liegen.

Fasst man den Begriff enger, liegen am Arbeitsmarkt Ungleichgewichte auf regionalen, beruflichen oder branchenmäßigen **Teilarbeitsmärkten** vor.

Branchenmäßig ist dies beispielsweise vor dem Hintergrund, dass nicht nur Produkte, sondern auch Branchen einem **Lebenszyklus** unterliegen, verständlich. Insofern lässt sich der Arbeitsplatzabbau im Bereich Bergbau, Schiffbau, Stahlindustrie und der Bauwirtschaft erklären. Regional ist auf eine geringe Arbeitskräftenachfrage bei gleichzeitig geringer Mobilität der Arbeitslosen zu verweisen.

Von gewerkschaftlicher Seite wird häufig auf das Instrument der **Arbeitszeitverkürzung** verwiesen. Ausgehend von steigender Arbeitsproduktivität und verminderter Nachfrage nach Arbeitskräften besteht die Überlegung darin, die bestehende Arbeit durch Arbeitszeitverkürzung auf mehr Menschen zu verteilen, die jedoch weniger lang arbeiten. Diese Überlegung führt jedoch nur dann zu einer Entspannung, wenn tatsächlich neue Arbeitskräfte eingestellt werden. Gleichwohl zeigt das Beispiel einer 28,8 Stundenwoche bei der Volkswagen AG, dass die Strategie der Arbeitszeitverkürzung zum Erfolg führen kann. Konsequenz ist allerdings, dass aus Wettbewerbsgründen ein entsprechender Lohn-/Gehaltsabschlag erfolgen muss.

3.1.1.3 Träger, Ziele und Instrumente der Arbeitsmarktpolitik

3.1.1.3 Träger, Ziele und Instrumente der Arbeitsmarktpolitik

A) Beschäftigungs- und Arbeitsmarktpolitik

Die Begriffe Beschäftigungs- und Arbeitsmarktpolitik werden häufig nicht ausreichend abgegrenzt bzw. unterschieden.

Der Begriff der Beschäftigungspolitik umfasst allgemein nach dem Stabilitätsgesetz die gesamtwirtschaftlich ansetzenden Maßnahmen zur Sicherung eines hohen Beschäftigungsstandes. Somit weist die Beschäftigungspolitik enge Zusammenhänge zur Lohn-, Sozial-, Struktur- und Konjunkturpolitk auf. Darüber hinaus umfasst sie die gesamte Arbeitsmarktpolitik.

Die Arbeitsmarktpolitik umfasst alle Maßnahmen, die zu einer ausgeglichenen Arbeitsmarktlage führen, also Arbeitslosigkeit und Arbeitskräftemangel abbauen bzw. verhindern. Hauptaugenmerk ist dabei die Verminderung der Arbeitslosigkeit.

Zur Bewältigung der Arbeitsmarktprobleme, speziell der Arbeitslosigkeit, stehen verschiedene Instrumente der Arbeitsmarktpolitik zur Verfügung.

B) Träger der Arbeitsmarktpolitk

1. Bundesagentur für Arbeit

Nach § 1 des dritten Sozialgesetzbuches (SGB III) besteht die Aufgabe der Arbeitsförderung in der Unterstützung des Ausgleichs am Arbeitsmarkt, indem Ausbildungs- und Arbeitssuchende über Lage und Entwicklung des Arbeitsmarktes und der Berufe beraten, offene Stellen zügig besetzt und die Möglichkeiten von benachteiligten Ausbildungs- und Arbeitssuchenden für eine Erwerbstätigkeit verbessert werden. Damit einher geht die Zielsetzung einer Reduzierung der Zeiten der Arbeitslosigkeit sowie des Bezugs von Arbeitslosengeld. Die wesentlichen Instrumente der Arbeitsmarktpolitik werden in § 3 SGB III genannt.

2. Bundesregierung

Federführend ist das Arbeitsministerium. Beim letzten Regierungswechsel kam es zur (erneuten) Trennung der beiden Ministerien Wirtschaft und Arbeit. Die spezifische Arbeitsmarktpolitik der Bundesregierung wird auf der Grundlage von Gesetzen in Anordnungen und Sonderprogrammen umgesetzt.

3. Sonstige

Arbeitsmarktpolitik kann darüber hinaus durch die einzelnen Bundesländer und die Kommunen erfolgen (z. B. neue Betriebsformen wie »soziale Betriebe« in Niedersachsen oder »Arbeitsförderbetriebe« in Berlin.

Die Finanzierung der Arbeitsmarktpolitik erfolgt überwiegend aus den Beiträgen der Bundesagentur für Arbeit, die von beitragspflichtigen Betrieben und Arbeitnehmern mit je halbem Beitragssatz erbracht werden. Darüber hinaus besteht eine Gewährleistungspflicht bzw. Defizitdeckungsgarantie seitens des Bundes.

C) Maßnahmen der Arbeitsmarktpolitik

Abbildung 4 gibt einen Überblick über weitere zentrale Instrumente des SGB III:

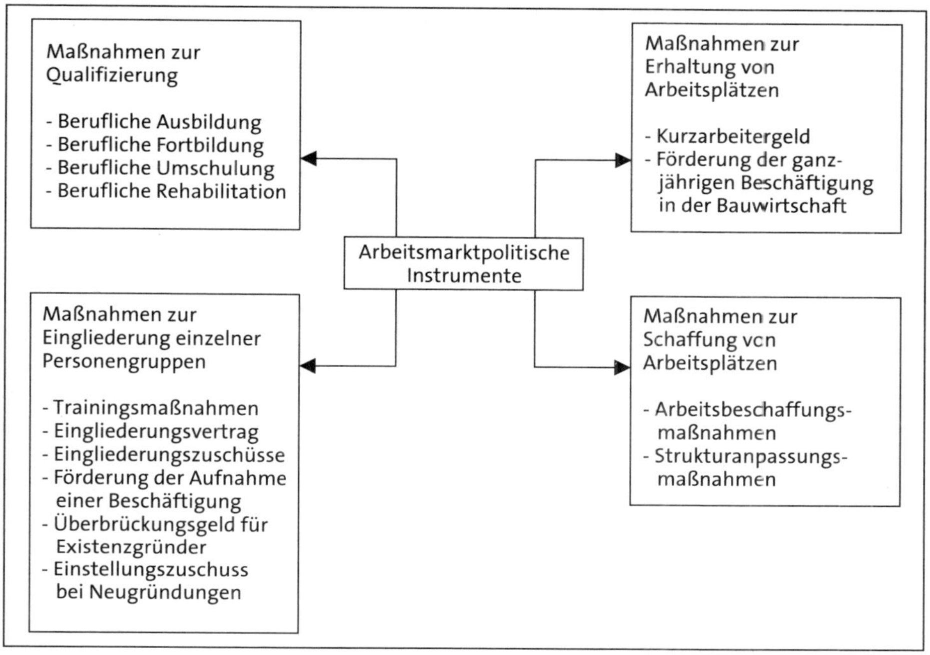

Abbildung 4: Arbeitsmarktpolitische Instrumente des SGB III

Auf Grund der hohen Arbeitslosigkeit wurden Ende 2002 bzw. Ende 2003 vier neue Gesetze für moderne Dienstleistungen am Arbeitsmarkt beschlossen, die für die aktuelle Arbeitsmarktpolitik maßgebend sind:

- 1. Gesetz für moderne Dienstleistungen am Arbeitsmarkt (in Kraft seit 01. 01. 2003).
- 2. Gesetz für moderne Dienstleistungen am Arbeitsmarkt (in Kraft seit 01. 01. 2003).
- 3. Gesetz für moderne Dienstleistungen am Arbeitsmarkt (in Kraft seit 01. 01. 2004).
- 4. Gesetz für moderne Dienstleistungen am Arbeitsmarkt (in Kraft seit 01. 01. 2005).

Diese vier Gesetze werden umgangssprachlich auch als Hartz-Gesetze (Hartz I – Hartz IV) bezeichnet. Peter Hartz war der Vorsitzende der von der damaligen Bundesregierung eingesetzten Kommission und ehemals Personalvorstand bei der Volkswagen AG. Die Gesetze lehnen sich an die Vorschläge der Kommission an, ohne die Ergebnisse Eins-zu-Eins umzusetzen.

a) 1. und 2. Gesetz für moderne Dienstleitungen am Arbeitsmarkt (in Kraft seit 01. 01. 2003)

Wesentliche Instrumente sind:

Schnellvermittlung. Bei jeder Kündigung muss dies der betroffene Arbeitnehmer sofort (innerhalb von drei Tagen) dem Arbeitsamt mitteilen. Ansonsten werden pro Arbeitstag 7–50 Euro vom Arbeitslosengeld abgezogen, maximal 30 Tagessätze. Mobil sein müssen Arbeitslose ohne familiäre Bindungen, spätestens nach vier Monaten der Arbeitslosigkeit ist bei ihnen ein Umzug zur Aufnahme einer neuen Beschäftigung zumutbar. Ab 1. Januar 2006 sind alle Personen, deren Arbeits- oder Ausbildungsverhältnis endet, verpflichtet, sich spätestens 3 Monate vor dessen Beendigung persönlich bei der Agentur für Arbeit arbeitssuchend zu melden.

Personal-Service-Agenturen (PSA). Über Leiharbeit soll Arbeitslosen die Rückkehr in den klassischen Arbeitsmarkt ermöglicht werden. Hierfür sind im Regelfall privat organisierte Personal-Service-Agenturen (PSA), die an die Arbeitsämter angeschlossen sind, zuständig.

Bildungsgutscheine. Arbeitnehmer, bei denen das Arbeitsamt die Notwendigkeit einer Weiterbildung feststellt, erhalten einen Bildungsgutschein, der innerhalb von drei Monaten bei einem zugelassenen Träger eingelöst werden muss.

Ältere Mitarbeiter. Arbeitslose ab 50 Jahren, die schlechter bezahlte Tätigkeiten annehmen, erhalten Zuschüsse. Arbeitgeber, die Arbeitslose über 55 Jahren einstellen, sind vom Beitrag zur Arbeitslosenversicherung befreit.

Vermittlungsgutschein

Arbeitssuchende, die nach einer Arbeitslosigkeit von mindestens sechs Wochen weder von der Agentur für Arbeit noch von einem privaten Vermittler vermittelt wurden, erhalten auf Wunsch einen Vermittlungsgutschein. Mit einem Vermittlungsgutschein können Arbeitssuchende einen oder mehrere private Arbeitsvermittler ihrer Wahl bei der Stellensuche einschalten. Wird eine sozialversicherungspflichtige Beschäftigung vermittelt, erhält der Vermittler von der Agentur für Arbeit die Vermittlungsvergütung, maximal 2.000 €.

Mini-Jobs. Beschäftigungsverhältnisse von bis zu 400 € (vorher 325 €) sind abgaben- und steuerfrei. Die Abgaben in Höhe von pauschal 25 % werden vom Arbeitgeber entrichtet, bei haushaltsnahen Tätigkeiten sogar nur 12 % (besondere Gefahr von Schwarzarbeit). Die Minijobs können auch als zusätzliche Erwerbstätigkeit genutzt werden. Von 400 € bis 800 € steigt die Höhe der fälligen Sozialabgaben stufenweise an.

Gründungszuschuss: Am 1. August 2006 ersetzt der neue Gründungszuschuss den bisherigen Existenzgründungszuschuss (so genannte Ich-AGs). Insgesamt beträgt die Förderdauer bis zu 15 Monate. Sie ist in zwei Phasen unterteilt. In den ersten neun Monaten nach dem Unternehmensstart erhalten Gründer monatlich eine Pauschale von 300 Euro. Dazu kommt jeden Monat so viel, wie der nun nicht mehr Arbeitssuchende zuvor als Arbeitslosengeld erhalten hat. Die Pauschale dient laut Arbeitsagentur der Absicherung in der gesetzlichen Sozialversicherung. Nach Ablauf der ersten neun Monate kann sich eine zweite Förderphase von weiteren sechs Monaten anschließen. In diesem Zeitraum wird nur noch die Pauschale von 300 Euro für die Sozialversicherung gezahlt. Empfänger von Arbeitslosengeld II können die Förderung nicht in Anspruch nehmen. Dafür können diese bei der für sie zuständigen Arbeitsgemeinschaft oder Optionskommune ein »Einstiegsgeld« beantragen.

Kapital für Arbeit. Kleine und mittlere Unternehmen können zinsgünstige Kredite bis 100.000 € erhalten, falls sie Arbeitslose einstellen.

b) 3. Gesetz für moderne Dienstleitungen am Arbeitsmarkt (in Kraft seit 01. 01. 2004)

Wesentliche Instrumente sind:

Umbau der Bundesanstalt für Arbeit. Durch eine umfassende Neustrukturierung soll diese leistungsfähiger und kundenorientierter werden. So werden flächendeckend Job-Center eingerichtet, die eine individuelle Betreuung von Arbeitslosen und Arbeitgebern ermöglichen sollen. Geplant ist auch ein Controllingsystem, wie beispielsweise ein Leistungsvergleich durch Benchmarking. Als »äußeres« Zeichen der Veränderung wurde die Bundesanstalt für Arbeit in »Bundesagentur für Arbeit« umbenannt. Sie gliedert sich unterhalb der Zentrale in Regionaldirektionen (die bisherigen Landesarbeitsämter) und in Agenturen für Arbeit (die bisherigen Arbeitsämter).

Änderungen im Leistungsrecht. Das Leistungsrecht der Arbeitslosenversicherung soll vereinfacht werden, damit sich die Mitarbeiter der Agentur für Arbeit stärker auf die Vermittlung und Eingliederung von Arbeitslosen konzentrieren können.

Änderungen bei den Instrumenten der aktiven Arbeitsmarktpolitik. Die Vorschriften zu Arbeitsbeschaffungs- und Strukturanpassungsmaßnahmen werden zu einer einheitlichen Leistung zusammengefasst, welche sich nach den Vorschriften über Arbeitsbeschaffungsmaßnahmen richtet.

Die bisherigen Zuschüsse zu Sozialplanmaßnahmen werden in Transfermaßnahmen umbenannt, wobei sich der Arbeitgeber maßgeblich an den Kosten vorgesehener Eingliederungsmaßnahmen beteiligen muss. Die Bundesagentur für Arbeit übernimmt 50 % der anfallenden Kosten bis zu einem Höchstbetrag von 2.500 € pro Förderfall. Das bisherige Struktur-Kurzarbeitergeld wird in Transfer-Kurzarbeitergeld umbenannt und der Bezug auf 12 Monate beschränkt.

Veränderungen des Altersteilzeitgesetzes

Durch das Altersteilzeitgesetz wird der gleitende Übergang älterer Arbeitnehmer in den Ruhestand ermöglicht. Gleichzeitig werden die Sozialkassen von den Frühverrentungen entlastet. Darüber hinaus erhalten Arbeitslose sowie Arbeitnehmer nach ihrer Ausbildung mehr Beschäftigungsmöglichkeiten.

Die Leistungen nach dem Altersteilzeitgesetz gelten für Arbeitnehmer, die das 55. Lebensjahr vollendet haben und mit dem Arbeitgeber Altersteilzeit (Hälfte der bisherigen wöchentlichen Arbeitszeit) vereinbart haben. Dabei ist auch eine Blockaltersteilzeit (in der ersten Phase weiterhin die ursprüngliche Arbeitszeit, in der zweiten Hälfte keine Beschäftigung) denkbar und in der Praxis häufig verbreitet.

Der Arbeitgeber muss das Arbeitsentgelt für die Altersteilzeit aufstocken, wobei als Berechnungsgrundlage das Regelarbeitsentgelt herangezogen wird. Außerdem muss er zusätzliche Beiträge zur Rentenversicherung des Arbeitnehmers leisten. Der Arbeitgeber erhält diese zusätzlichen Leistungen von der Bundesagentur für Arbeit zurückerstattet, wenn der frei gewordene (Teil-)Arbeitsplatz mit einem arbeitslos gemeldeten Arbeitnehmer oder einem Ausgebildeten wieder besetzt wird. Arbeitgeber mit bis zu 50 Arbeitnehmern können alternativ auch einen Auszubildenden beschäftigen.

c) 4. Gesetz für moderne Dienstleitungen am Arbeitsmarkt (in Kraft seit 01. 01. 2005)
Wesentliche Instrumente sind:

Die bisherige Arbeitlosenhilfe und Sozialhilfe für erwerbsfähige Personen wird durch die neue Grundsicherung des Arbeitslosengeldes II abgelöst. Anspruchsberechtigt sind alle erwerbsfähigen Hilfsbedürftigen zwischen 15 und unter 65 Jahren sowie ihre Angehörigen. Kranke und behinderte Menschen gelten dann als erwerbsfähig, wenn sie unter den üblichen Bedingungen des allgemeinen Arbeitsmarktes mindestens drei Stunden täglich arbeiten können. Mittlerweile wurde das Niveau zwischen West- und Ostdeutschland für den Regelsatz auf 345 € vereinheitlicht. Hinzu kommen weitere Zahlungen (z. B. Wohnung). Die Zahlungen werden darüber hinaus mit einem so genannten Fallmanagement verbunden. Dazu schließt der Hilfsbedürftige mit dem Fallmanager (Mitarbeiter der Bundesagentur für Arbeit) eine Eingliederungsvereinbarung ab. Diese bestimmt, welche notwendigen Leistungen er zur Eingliederung erhält und welche Eigenbemühungen von ihm erwartet werden. Langfristig wird ein Betreuungsschlüssel von einem Fallmanager pro 75 Arbeitssuchende angestrebt.

Um die Aufnahme einer Erwerbstätigkeit finanziell attraktiver zu gestalten, wird ein Überbrückungsgeld von sechs Monaten in Form eines zeitlich befristeten Arbeitnehmerzuschusses eingeführt. Der Betrag bemisst sich an der zuletzt als Arbeitslosengeld bezogenen Höhe. Die Anreize zur Beibehaltung einer Erwerbstätigkeit werden verbessert, da die Zuverdienstmöglichkeiten zum Arbeitslosengeld II erweitert wurden (§ 30 SGB III). Darüber hinaus werden die Sanktionen verschärft, die sich aus einer Ablehnung einer zumutbaren Erwerbstätigkeit oder Eingliederungsmaßnahme bzw. bei fehlender Eigeninitiative ergeben. In einem ersten Schritt werden die Regelleistungen für drei Monate um 30 % gekürzt. Jugendlichen unter 25 Jahren werden die Leistungen vollständig gestrichen. Im Wiederholungsfall sind weitere Kürzungen möglich (§ 31 SGB III). Im Gegenzug werden alle Arbeitssuchenden in die gesetzliche Rentenversicherung, Krankenversicherung und Pflegeversicherung einbezogen.

Bewertung

Ursprüngliches Ziel der Hartz-Kommission waren Vorschläge für eine Reform der Arbeitsmarktpolitik. Das Gutachten wurde während des Bundestagswahlkampfes 2002 vorgelegt und insbesondere als Vorschläge zum Abbau der Arbeitslosigkeit um bis zu zwei Millionen verkauft. Die Meinungen zu den aus den Vorschlägen vorgelegten Gesetzen sind wie kaum bei einem anderen Reformprojekt deutlich gespalten. Die einen begrüßen die Reformprojekte als längst überfälligen Durchbruch, andere sehen in ihnen den Anfang vom Ende des Sozialstaates. Für eine empirisch fundierte Gesamtbilanz der Reformen ist es sicherlich noch zu früh, zumal das letzte Gesetz erst zum Jahresbeginn 2005 in Kraft getreten ist.

Problematisch war von Anfang an die Zielsetzung der deutlichen Absenkung der Arbeitslosigkeit, weil andere gesamtwirtschaftliche Wirkungen nicht berücksichtigt wurden (was allerdings auch nicht das Ziel der Kommission war).

Hinsichtlich der Gesetze I bis III zeigt ein 2.500 Seiten starke Studie führender Wirtschaftsforschungsinstitute, dass viele Instrumente wenig oder gar keine Wirkung zeigen. Besonders schlecht schneiden dabei die Personal-Service-Agenturen (PSA) ab. Statt zu verkürzen, verlängerten sie die Arbeitslosigkeit um bis zu einem Monat und verursachen erhebliche Mehrkosten. Wenig effektiv sind auch die Weiterbildungsgutscheine als auch die erleichterten Einstellungsbedingungen für ältere Arbeitnehmer. Dagegen wurden die Ich-AGs und das Überbrückungsgeld positiv bewertet. Insgesamt sah die Expertise durch die Reformen die Effektivität, Effizienz und Transparenz der Bundesagentur für Arbeit erhöht.

Unabhängig davon, ob sich aus den Reformen tatsächlich quantitative Arbeitsmarkteffekte ergeben und die Anzahl der Arbeitslosen zurückgeht, ergeben sich auf jeden Fall qualitative Wirkungen. Die Gesetze fördern den Umbau des Arbeitsmarktes in Richtung atypischer Beschäftigungsformen und verlangen den Arbeitssuchenden ein deutlich höheres Maß an Eigeninitiative ab. Nicht zuletzt wurde ursprünglich die Meinung vertreten, dass das vorrangige Motiv in der Einsparung von Sozialausgaben bestand.

Allerdings: Die aktuellen Diskussionen im Mai 2006 zeigen, dass die Kosten zur Finanzierung der Maßnahmen von Hartz IV offensichtlich deutlich unterschätzt wurden. Kritisiert wird außerdem, dass der Abstand zwischen den Zahlungen, die Hartz IV-Empfänger erhalten (inkl. der zusätzlichen Zahlungen für Wohnung usw.) sich von den Nettoeinkommen, die Beschäftigte mit regulären Beschäftigungsverhältnissen in Berufen mit vergleichsweise geringen Löhnen/Gehältern erhalten, kaum unterscheiden. Insofern ist damit zu rechnen, dass es zu Absenkungen im Leistungsniveau kommen wird.

3.1.2 Zusammenfassende Überlegungen zur Konjunktur und Beschäftigung sowie Konsequenzen für die Personalplanung

- In Phasen des Konjunkturabschwungs und der Konjunkturdepression steigt nicht nur die Arbeitslosigkeit, sondern es kommt darüber hinaus zu einer **Verkürzung der effektiven Wochenarbeitszeit**, da es mehr Kurzarbeit und ein geringeres Volumen an Überstunden gibt. In Phasen des Konjunkturaufschwungs und der Hochkonjunktur ist umgekehrt eine sinkende Arbeitslosenquote bei gleichzeitiger Ausdehnung der effektiven Wochenarbeitszeit zu konstatieren.
- Verlässlich gekoppelt sind **gesamtwirtschaftliche Entwicklung und Arbeitslosenquote** jedoch nicht (unter anderem aufgrund der demographischen Sonderbewegungen). Der Einfluss der Konjunktur auf die Arbeitslosigkeit darf nicht überschätzt werden. Nicht nur in Deutschland, sondern auch innerhalb der Europäischen Union ist festzustellen, dass in den 60er Jahren die Arbeitslosenquote bei weniger als drei Prozent lag (in Deutschland bei unter einem Prozent) und mittlerweile mehr als zehn Prozent beträgt. Überwiegend ist die Arbeitslosigkeit strukturell bedingt. Darüber hinaus wird deutlich, dass ein spürbarer Rückgang der Arbeitslosigkeit nach einem größerem Wirtschaftswachstum verlangt (Okun-Gesetz). Diese Beschäftigungsschwelle schwankt. Für die erste Hälfte der 80er Jahre wurde für die Bundesrepublik Deutschland eine Schwelle von 1,7% ermittelt. Das heißt, die Beschäftigung stieg erst dann an, wenn das reale Wirtschaftswachstum größer als 1,7% war. Für den Zeitraum von 1987 bis 1993 lag diese Schwelle bei 0,7%. Auf Grund erheblicher Rationalisierungsinvestitionen, der in vielen Unternehmen zu einem hohen Produktivitätsfortschritt geführt hat, hat sich die Beschäftigungsschwelle in den letzten Jahren wieder erhöht. Erfahrungswerte für die alten Bundesländer ergeben, dass mit jedem Prozentpunkt Wachstum über der Beschäftigungsschwelle jährlich rund 120000 zusätzliche Arbeitsplätze entstehen.
- Wird Arbeitslosigkeit durch ein allgemeines Defizit der Gesamtnachfrage verursacht, kann durch den **expansiven Einsatz der Geld- und Fiskalpolitik** die Nachfrage nach Inlandsgütern erhöht und damit die **Arbeitslosigkeit reduziert** werden. Anknüpfungspunkte fiskalpolitischer Maßnahmen zur Entgegenwirkung eines konjunkturellen Nachfragerückgangs sind die Erhöhung der Staatsausgaben (so genannte Konjunkturprogramme, die eher keynesianischen Modellansätzen folgen als dem neoklassichmonetaristischem Denken der Europäischen Zentralbank) oder eine Verringerung der steuerlichen Belastung von Unternehmen und Konsumenten (z. B. geringere Steuersätze, Sonderabschreibungsmöglichkeiten). Darüber hinaus kann der Einsatz der geldpolitischen Instrumente zu einer Erhöhung der Liquidität bei Geschäftsbanken und zu einer Senkung des Zinsniveaus führen (von keynesianischer Seite befürwortet). Die mögliche Folge ist eine Belebung der Investitionstätigkeit. Der ehemalige Wirtschaftsminister Karl Schiller weist jedoch darauf hin, dass die Zentralbank zwar »die Tränke füllen« kann (das Kreditangebot steigern), sie kann allerdings »die Pferde« (die Investoren) »nicht zum Saufen zwingen«.
- Die Konjunkturellen Aussichten sind in der Personalplanung, insbesondere in den **Funktionsbereichen Produktion und Absatz** zu berücksichtigen. Gleichwohl darf der Zusammenhang nicht zu eng aufgefasst werden. So ist die Ausbildung von Mitarbeitern bzw. die Beschaffung von Hochschulabsolventen eher mittel- bzw. langfristig angelegt und nicht konjunkturell beeinflusst. Zu berücksichtigen ist auch, dass qualifizierte Mitarbeiter häufig nicht unmittelbar über den externen Arbeitsmarkt beschaffbar sind, sondern erst über unternehmensinterne Personalentwicklungsmaßnahmen einsetzbar sind.

3.1.3 Überblick über die Personalplanung

Die letzten Jahre wirtschaftlicher Entwicklung sind durch strukturelle **Marktveränderungen** und eine gestiegene **Wettbewerbsintensität** gekennzeichnet. Konjunkturelle und strukturelle Krisen, technologischer Wandel und steigende Qualitätsansprüche an Produkte und Dienstleistungen indizieren einerseits die Notwendigkeit hoch qualifizierter Mitarbeiter, andererseits ergibt sich aus betrieblichen Reorganisations- und Rationalisierungsprozessen im Rahmen des Business-Process-Reengineerings, des Lean-Managements oder Total-Quality-Managements das Erfordernis, Personal abzubauen.

Diese Tatsachen haben immer mehr zu der Feststellung geführt, dass sowohl eine **operative als auch strategische Personalplanung** nötig ist. Dabei bildet die Personalplanung (s. auch Abschnitt 3.4.1) keinen isolierten Teilbereich der betrieblichen Personalwirtschaft, sondern sie ist Teil der funktionsbezogenen Entscheidungsprozesse. Personalplanung bedeutet, Entscheidungen auf der Grundlage einer aus der Unternehmensstrategie abgeleiteten Zielbildung und einer systematischen Entscheidungsvorbereitung zu treffen. So nimmt die Personalplanung gedanklich zukünftige Handlungen, Ereignisse oder Veränderungen vorweg, die verschiedenen Handlungsalternativen werden ermittelt und analysiert.

Aus der Sicht eines zeitgemäßen Personalmanagements kann die **Personalplanung** nicht nur einzelne punktuelle Instrumente beinhalten, sondern muss sich **unternehmerisch-zielorientiert** ausrichten. Dabei befindet sich die Personalplanung in dem Dilemma, sowohl eine verlässliche Aussage zur zukünftigen Bedarfslage zu liefern, als auch genügend Flexibilität für das Reagieren auf nötige Korrekturen zu ermöglichen.

Somit wird auch deutlich, dass – wie praktische Erfahrungen zeigen – improvisierte Ad-Hoc-Maßnahmen in einer zunehmend komplexer werdenden Unternehmensumwelt auf Dauer keinen Erfolg haben. Vielmehr ist eine Vorschau auf zu erwartende Veränderungen notwendig, um im Unternehmen rechtzeitig geeignete Maßnahmen zu ergreifen.

Eine Planung ist um so notwendiger, je mehr Zeit benötigt wird, unternehmerisches Handeln auf eine Veränderung auszurichten.

Ein charakteristisches **Merkmal der Ressource Personal** besteht darin, dass sie sich den Marktgegebenheiten nur schleppend anpasst und Steuerungsmaßnahmen einen erheblichen zeitlichen Vorlauf benötigen. Dies liegt u. a. daran, dass Mitarbeiter nicht immer zu jedem Zeitpunkt und an jedem Ort mit der gewünschten Qualifikation zur Verfügung stehen und ein Personalabbau in einer Betriebsstätte nicht immer durch Versetzung zu einer anderen Niederlassung kompensiert werden kann. Zu bedenken ist auch, dass die Suche nach geeignetem Personal sowie dieAus- und Fortbildung der Mitarbeiter Zeit in Anspruch nimmt, welche das Personalmanagement benötigt, um sich frühzeitig mit diesen Aufgaben zu befassen.

Darüber hinaus ist festzustellen, dass die Personalplanung an Bedeutung gewinnt, um den wachsenden Anforderungen an das Personalmanagement zu entsprechen. Dies gilt u. a. für:

- die ständige Personalkostenintensivierung,
- das trotz konjunktureller Schwankungen und struktureller Veränderungen weiterhin knappe Angebot qualifizierter Arbeitskräfte (z. B. im Bereich der Informatik oder Biochemie),
- die ständig höheren Anforderungen an die Qualifikation der Mitarbeiter, die ihrerseits eine Anpassungsleistung der Unternehmen durch die planmäßige Entwicklung der Mitarbeiter bedingen,

- die steigende Einschränkung des Handlungsrahmens durch gesetzliche, tarifliche und betriebliche Bestimmungen,
- die zunehmenden Bedürfnisse der Mitarbeiter an Arbeitsplatzsicherheit und Arbeitsinhalten,
- die Veränderungen der Arbeitsplatzanforderungen,
- den langfristigen Trend zur Arbeitszeitverkürzung.

Diese wenigen Beispiele zeigen: Erfolgreiches personalwirtschaftliches Handeln erfordert ein frühzeitiges Nachdenken darüber, was erreicht werden soll und wie das gelingen kann. Ausgangspunkt hierfür ist die **Konzeption einer Personalplanung**. Sie hat die Aufgabe, vorausschauend personalwirtschaftliche Maßnahmen vorzubereiten und Unsicherheiten entgegenzuwirken. Sie bildet eine Strategie, die dem weitgehend zweckrationalen unternehmerischen Handeln entspricht. Dabei besteht grundsätzlich das Problem, dass Menschen zum Objekt ökonomischen Kalküls gemacht werden. Ein Spannungsfeld zwischen Ökonomie und Humanität tut sich auf. Gleichwohl hat eine effiziente Personalplanung nicht nur aus der Sicht der Unternehmensführung Vorteile, sondern ist auch aus Sicht der Mitarbeiter zu begrüßen.

Personalplanung ist ein gezieltes und prozesshaftes Vorgehen, bei dem zukünftige Trends, Entwicklungen und Vorhaben hinsichtlich ihrer Auswirkung auf Menge, Zusammensetzung und Qualifikation des Personals bewertet und in Handlungsmaximen umgesetzt werden.

3.1.3.1 Ziele und Zeiträume der Personalplanung

3.1.3.1.1 Ziele der Personalplanung

Mehr und mehr Unternehmensleitungen haben in den letzten Jahren die Vorteile erkannt, die ihnen eine effektive Personalplanung bietet. Die dabei genannten Zielvorstellungen machen die betriebliche Personalplanung zu einem anspruchsvollen und strategisch wichtigen Aufgabengebiet. Dessen ungeachtet darf die Personalplanung jedoch nicht mit überzogenen Erwartungen überfrachtet werden. Der Gedanke, dass ein Arbeitsplatzverlust durch betriebliche Personalplanung schlechthin zu vermeiden ist, ist reine Wunschvorstellung.

Gleichzeitig stellt die Personalplanung ein **Instrument des Interessenausgleichs** der unterschiedlichen gesellschaftlichen Gruppen dar. Neben der Geschäftsleitung eines Unternehmens wirken als Institutionen der Betriebsrat und im weiteren der Staat und die Tarifparteien auf die Personalplanung ein. Personalplanung wird somit zum Instrument rationaler Konfliktlösung, da sich aus dem Betriebsverfassungsgesetz ergibt, dass der Betriebsrat über personalpolitische Maßnahmen im Unternehmen rechtzeitig und umfassend unterrichtet werden muss.

Aus der Sicht der Arbeitgeber steht mit einer Personalplanung die Realisierung folgender Ziele im Mittelpunkt.

- Einbindung der Personalplanung in die Unternehmensplanung garantiert höhere Effizienz des Unternehmens.
- Personalengpässe können frühzeitig erkannt und berücksichtigt werden.
- Personal kann anforderungs- und eignungsgerecht eingesetzt werden.
- Rechtzeitiges Erkennen des Personalentwicklungsbedarfs führt zu einer Verbesserung der Arbeitsproduktivität und Produktqualität; gleichzeitig entsteht eine gewisse Unabhängigkeit vom externen Arbeitsmarkt, da langfristig betriebsintern eine qualifiziertere Belegschaft zur Verfügung steht. Zudem wird die Innovationsfähigkeit des Unternehmens erhöht.

- Vorhandene Qualifikations- und Arbeitskraftreserven können besser genutzt werden, wenn rechtzeitig Klarheit über die künftigen Arbeitsgebiete und Arbeitsanforderungen besteht.
- Vermeidung von Personalbeschaffungskosten durch Stellenbesetzung aus den eigenen Reihen.
- Eine frühzeitige Feststellung einer Personalüberdeckung erhöht die Wahrscheinlichkeit einer sozialeren und kostengünstigeren Personalfreisetzung.
- Vermeidung von Kosten durch ungeplante und damit teure personelle Maßnahmen.
- Bessere Vorausschaubarkeit der Personalkostenentwicklung.
- Bessere Steuerung von organisatorischen und technischen Innovationsprozessen.
- Versachlichung der Zusammenarbeit mit dem Betriebsrat.

Auch aus der Sicht der Mitarbeiter bietet eine Personalplanung eine Reihe von Vorteilen:

- Durch die Planung des Personalbedarfs nimmt die Sicherheit der Arbeitsplätze zu, bzw. Härten bei Um- oder Freisetzungen werden reduziert.
- Durch frühzeitige und somit gezielte Planung der Personalentwicklung der Mitarbeiter zur Anpassung an die durch den technischen Wandel hervorgerufene veränderte Anforderungsstruktur wird die Sicherheit der Arbeitsplätze erhöht.
- Auf anstehende Arbeitsplatzveränderungen kann besser reagiert werden, weil die Mitarbeiter darauf vorbereitet sind.
- Personalplanung ermöglicht eine bessere Transparenz des Personalbereiches, wodurch die Aufstiegschancen verbessert werden (z. B. im Rahmen einer Laufbahn- und Nachfolgeplanung).
- Informationen über die wirtschaftlichen und sozialen Rahmenbedingungen des technischen und strukturellen Wandels werden frühzeitig im Unternehmen diskutiert.

3.1.3.1.2 Planungszeiträume der Personalplanung

Analog zur Unternehmensplanung differenzieren sich die Zeiträume bezüglich der Personalplanung wie folgt:

- kurzfristige Personalplanung (bis zu einem Jahr),
- mittelfristige Personalplanung (bis zu drei Jahren),
- langfristige Personalplanung (über drei Jahre).

Die kurzfristige, **operativ orientierte Personalplanung** ist auf ein direktes Entscheiden und Handeln für das jeweilige Geschäftsjahr ausgerichtet. Dabei wird von einem festen Produktionsprogramm, einer vorgegebenen technischen und organisatorischen Struktur sowie von festen Absatzprogrammen ausgegangen. Somit wird ein großer Teil der in die Planungsüberlegungen eingehenden Größen (z. B. Arbeitsproduktivität, tarifliche Arbeitszeit) als konstant angesehen. Schwerpunkte der kurzfristigen Planung sind: Personalbedarfs-, -beschaffungs-, -einsatz- und -kostenplanung.

Die **mittel- und langfristige Personalplanung** umfasst eine perspektivische Rahmenplanung und nimmt den von der Personalstrategie festgelegten Handlungsrahmen auf. Im Gegensatz zur kurzfristigen Personalplanung werden künftige Entwicklungen (z. B. Produktion, Technik, Organisation, tarifliche Arbeitszeit) einkalkuliert.

Mit wachsenden Planungszeiträumen wird dabei die Planung unsicherer und undifferenzierter, zumal die Anzahl der veränderlichen Einflussgrößen zunimmt, die für eine kurzfristige Vorausschau als konstant angenommen werden können. Die Unwägbarkeiten liegen dabei in der Veränderung der externen und internen Unternehmensumwelt. Eine Planung, die über drei Jahre hinaus geht, ist hingegen als Grobplanung zu sehen. Gleichwohl ist sie z. B. für Entscheidungen über die Anzahl der einzustellenden Auszubildenden oder Trainees besonders wichtig. Schwerpunkte der mittel-, langfristigen Planung sind: Personalbedarfs-, -entwicklungs- und -freisetzungplanung.

Ob im konkreten Einzelfall kurz-, mittel- oder langfristig geplant werden soll oder kann, hängt in der Praxis vorwiegend von folgenden Rahmenbedingungen ab:

- Branchenzugehörigkeit: In Wachstumsbranchen (z. B. im Bereich der Telekommunikation) ergeben sich eher Engpässe, kurzfristig hoch qualifizierte Mitarbeiter zu finden.
- Laufzeit der vorgelagerten Pläne, aus deren Werten eine Ableitung für die Personalplanung erfolgt (z. B. Investitions- und Produktionsplan).
- Marktkontrolle: Monopolunternehmen können eher mit einer langfristig stabilen Nachfrage rechnen als Unternehmen auf umkämpften Märkten.
- Stabilität der Unternehmensumwelt: Stabile rechtliche Rahmenbedingungen (z. B. Arbeitszeit) sowie eine stabile staatliche oder private Auftragserteilung ermöglichen eine kontinuierliche Personalplanung.
- Arbeitsmarktsituation: Engpässe auf dem Arbeitsmarkt zwingen die Unternehmen zur frühzeitigen Abschätzung des Beschaffungsbedarfs.
- Personalentwicklungszeiträume: Je qualifizierter eine Mitarbeitergruppe sein soll, desto langfristiger muss die Planung sein.

3.1.3.2 Instrumente der Personalplanung

Zur Bewältigung der oben genannten Kernaufgabe ist der Einsatz eines wirksamen Katalogs von **Personalmaßnahmen** notwendig. Diese können wie folgt klassifiziert werden (Abbildung 5).

Nachfolgend werden die einzelnen **Teilfunktionen** vorgestellt. Bezüglich der Personalerhaltungsplanung wird auf die Bereiche der Mitarbeitermotivation und der Personalentlohnung verwiesen.

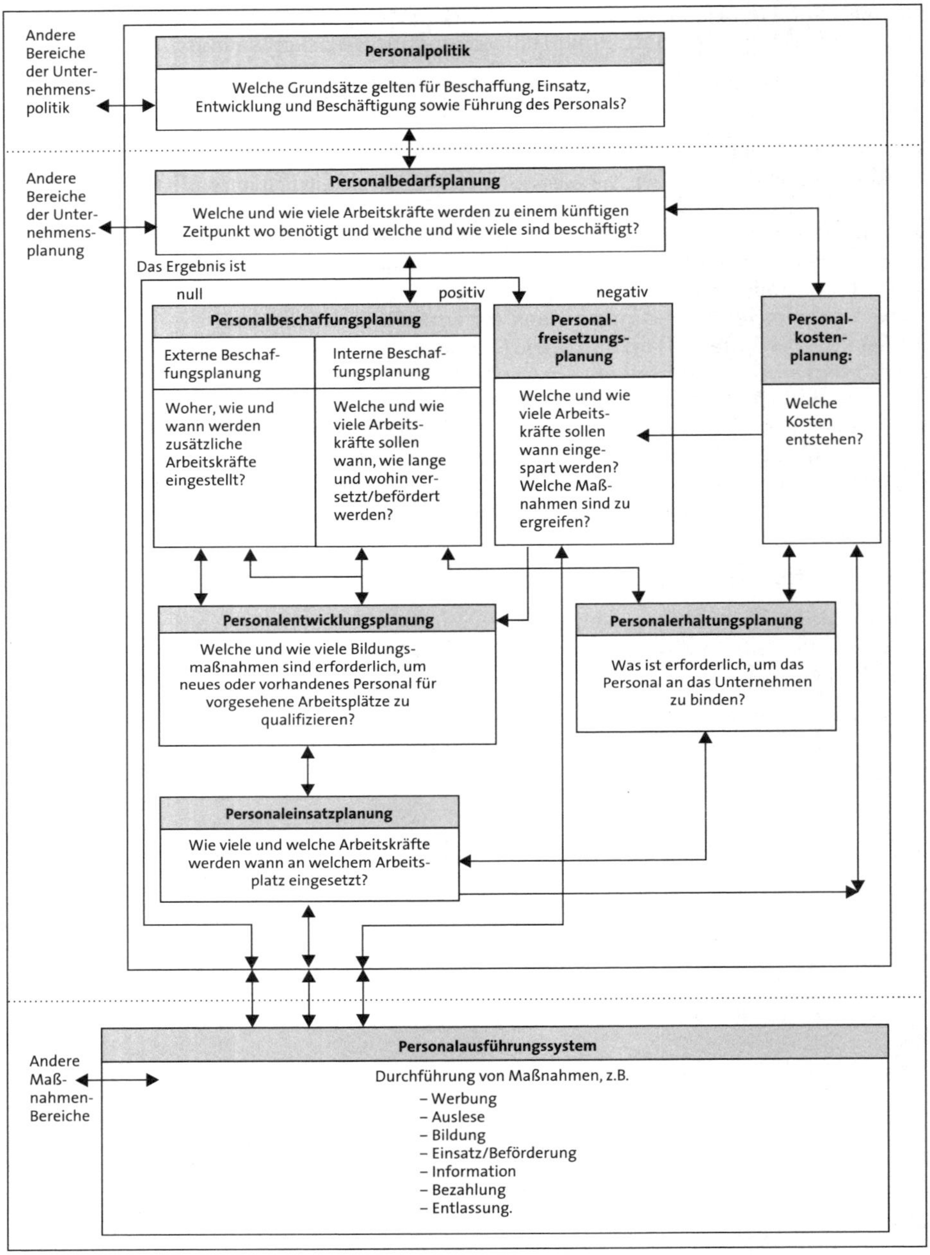

Abb. 5: Teilfunktionen der Personalplanung

3.1.3.2.1 Personalbedarfsplanung

Die Personalbedarfsplanung stellt eine der wichtigsten Aufgaben des Personalmanagements eines Unternehmens dar und gilt als das **Kernstück eines Personalplanungssystems**, zumal sie die wichtigste Nahtstelle zu den anderen Bereichen der Unternehmensplanung darstellt.

Gleichzeitig ist die **Personalbedarfsermittlung** von der ökonomischen Seite sehr relevant, weil Quantität und Qualität der zu besetzenden Stellen sowohl das betriebliche Leistungsprofil als auch die Personalkosten bestimmen. Daher ist der Personalbedarfsplan die Grundlage für alle anderen Teilpläne der Personalplanung. Ohne Kenntnis des Personalbedarfs ist weder eine Beschaffungs- noch eine Einsatz- oder Entwicklungsplanung möglich. Planungsfehler in dieser Phase sind deshalb besonders schwerwiegend. Dabei hat die Personalbedarfsplanung einerseits die Aufgabe der Rationalisierung des Personaleinsatzes durch die genaue Abstimmung von Bedarf, verfügbarem Mitarbeiterpotenzial und der Vermeidung kostenträchtiger Personalüberhänge, welche dann abgebaut werden müssen. Andererseits soll die Personalbedarfsplanung Gewähr leisten, dass ausreichend Personal für das geplante Produktions- und Dienstleistungsprogramm des Unternehmens bereitsteht und dem Unternehmen nicht durch Personalengpässe Verluste entstehen. Wird Personal zu knapp bemessen, kann dies vor allem folgende Konsequenzen haben:

- Das Unternehmen verliert an Reaktionsgeschwindigkeit und erwirbt sich den Ruf, schwerfällig zu sein.
- Das Potenzial teurer Anlagen wird nicht voll ausgeschöpft.
- Kunden werden durch lange Wartezeiten abgeschreckt und das Unternehmen verliert Aufträge.
- Durch die Überlastung der Beschäftigten kommt es zu Ausschluss- und Qualitätsproblemen.
- Es verbleibt zu wenig Zeit zur Personalentwicklung der Mitarbeiter, was sich beispielsweise in einer geringeren Produktivität und Qualitätsmängeln auswirken kann.

Zusammenfassend stellt die Personalbedarfsplanung ein mehrdimensionales Problem dar, das vier Aspekte enthält:

- qualitativ: Welche Qualifikationen werden benötigt?
- quantitativ: In welchem Ausmaß werden diese Qualifikationen benötigt?
- zeitlich: Zu welchem Zeitpunkt werden die Qualifikationen benötigt?
- räumlich: Wo, das heißt in welchen Funktionsbereichen bzw. Standorten werden diese Qualifikationen benötigt?

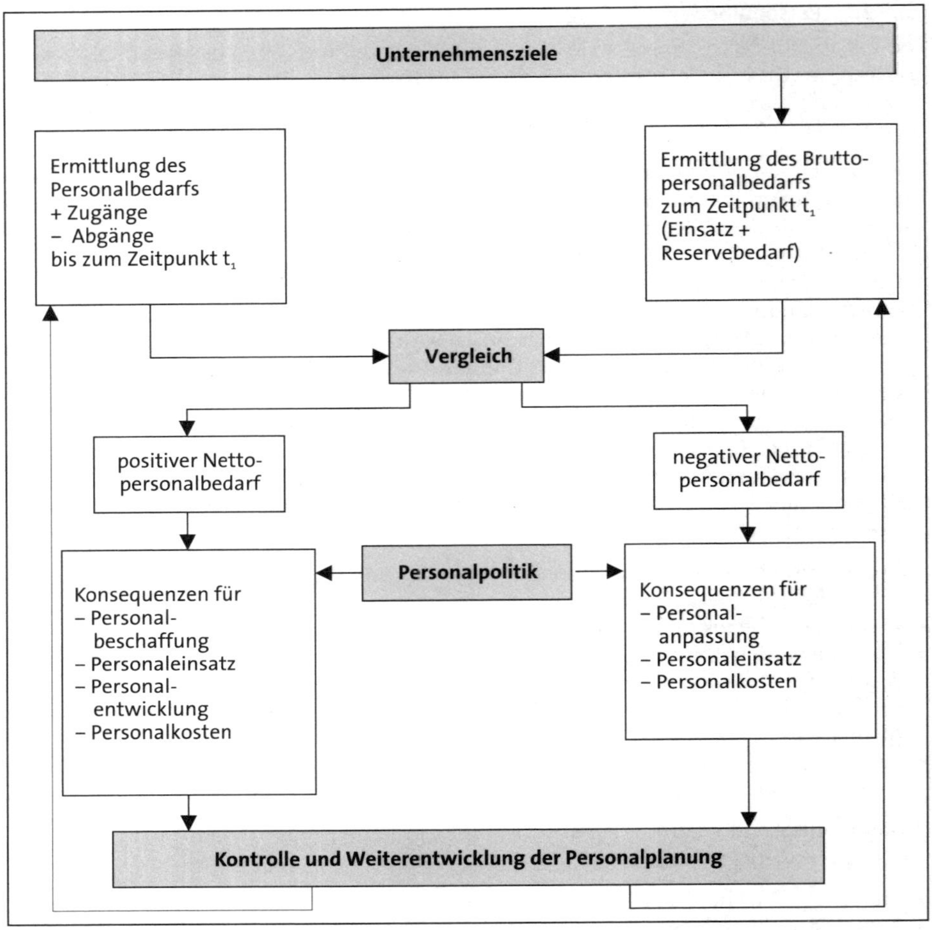

Abb. 6: Vorgehensweise bei der Personalbedarfsplanung

3.1.3.2.2 Personalbeschaffungs- und -auswahlplanung

Die Personalbeschaffungs- und -auswahlplanung hat die Aufgabe, den im Rahmen der Personalbedarfsplanung konstatierten Personalfehlbestand (**Nettopersonalbedarf**) zu beseitigen, das heißt die ermittelte Anzahl an Arbeitskräften, entsprechend den Anforderungsprofilen der Arbeitsplätze, rechtzeitig bereitzustellen. Um dieser Aufgabe gerecht zu werden, sind eine Reihe von Planungsaufgaben zu erfüllen. Hierzu zählen insbesondere:

- Laufende Beobachtung des Arbeitsmarktes,
- Organisatorische Vorsorge für den Einzelfall der Personalbeschaffung,
- Grundsätzliche Überlegungen und Entwicklung von Kriterien zur Entscheidung, ob der Personalbedarf inner- oder außerbetrieblich gedeckt werden soll,
- Festlegung, welche Personalauswahlverfahren Anwendung finden.

Zur Vorgehensweise empfiehlt sich der Ablaufplan in Abbildung 7.

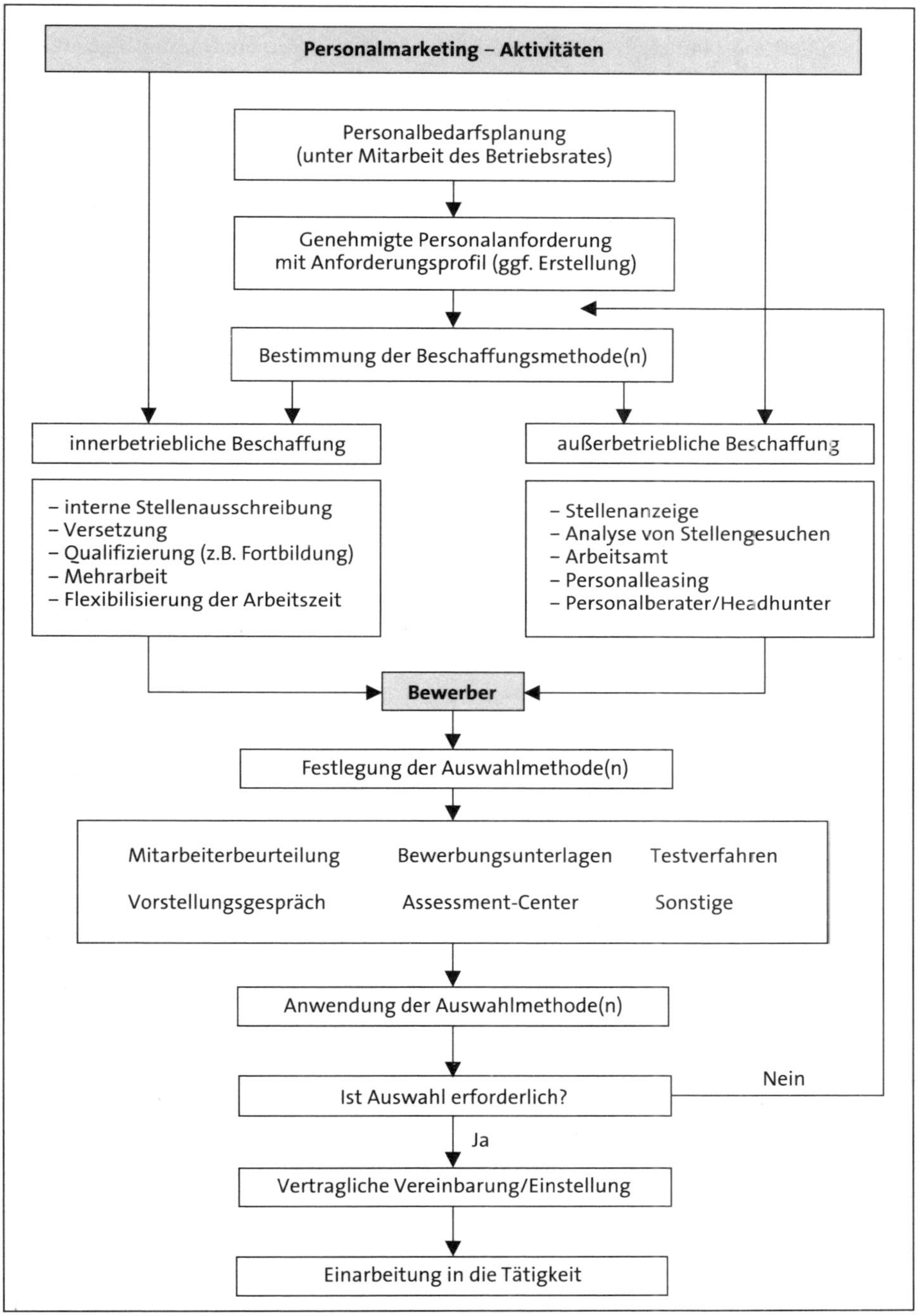

Abb. 7: Ablaufplan der Personalbeschaffung und -auswahl

Die Beschaffung von Personal kann nur dann kurzfristig erfolgen, wenn Mitarbeiter einer bestimmten Qualifikation in beliebiger Menge auf dem in- oder externen Arbeitsmarkt zur Verfügung stehen. Ist das Arbeitskräfteangebot jedoch knapp, so muss die Personalbeschaffungsplanung um **Maßnahmen des externen Personalmarketings** ergänzt werden. Neben der Erarbeitung von Richtlinien und Grundlagen für die Personalbeschaffung/-auswahl muss der außer- und innerbetriebliche Arbeitsmarkt kontinuierlich beobachtet und analysiert werden. Die sich daraus ergebenden Prognosen stellen fest, welche Arbeitskräfte im Planungszeitraum am günstigsten zu beschaffen sind. Diese Arbeitsmarktforschung ist insbesondere bei der Deckung des längerfristigen Personalbedarfs relevant. Grundsätzlich sichert im Hinblick auf zu besetzende Stellen nur eine vorausschauende Planung mit einer zeitlichen Reichweite von mindestens einem Jahr die Wettbewerbsfähigkeit eines Unternehmens am Markt. Dies gilt vornehmlich für die mit anspruchsvollen Anforderungsprofilen ausgestatteten Stellen.

Die Planung der Personalbeschaffung und -auswahl stellt somit einen zeitlichen Vorlauf bis zur Verwirklichung der geplanten Maßnahme sicher. Dabei muss festgelegt werden:

- wo (auf welchem Arbeitsmarkt),
- wie (durch welche Maßnahme) und
- wann (zu welchem Zeitpunkt)

der Bedarf am besten gedeckt werden kann.

3.1.3.2.3 Personalfreisetzungsplanung

Schwerwiegende personalwirtschaftliche Probleme ergeben sich, wenn die Personalbedarfsplanung einen **Minderbedarf** feststellt. Deshalb kommt es besonders auf eine sorgfältige und möglichst frühzeitige Planung an, wobei der Betriebsrat gemäß BetrVG zu beteiligen ist.

Die Ursachen für eine Notwendigkeit der Personalfreisetzung liegen insbesondere in:

- strukturellen Veränderungen, z. B. geringe Wettbewerbsfähigkeit mit der Konsequenz der Schließung von Betrieben/Geschäftsstellen, Rückzug aus Geschäftsfeldern oder der Verlagerung von Betriebsteilen ins Ausland,
- der Einführung neuer Technologien, z. B. in der Fertigung,
- betrieblichen Rationalisierungsmaßnahmen, z. B. in Verbindung mit Outsourcing,
- der Durchführung von Reorganisationsmaßnahmen (Änderung der Aufbau- und Ablauforganisation im Rahmen des Lean-Managements und Business-Process-Reengineerings).

Eine wesentliche Aufgabe der Personalfreisetzungsplanung ist neben der Schaffung einer rechtzeitigen und offenen **Mitarbeiterinformation** die **Auswahl von geeigneten Maßnahmen** (Abbildung 8), bei denen es vor allem darauf ankommt, wirtschaftliche und soziale Aspekte aufeinander abzustimmen. In diesem Zusammenhang ist zu bemerken, dass Personalfreisetzung nicht mit Entlassung gleichgesetzt werden kann, da dies nur eine Verwendungsalternative für nicht mehr benötigtes Personal bedeuten würde. Gleichwohl wird in Unternehmen, deren Personalbedarfsplanung nicht Gegenstand der Personalplanung ist, der Personalüberhang oftmals zu kurzfristig registriert, sodass Entlassungen sich dann nicht mehr vermeiden lassen (so genannte reaktive Personalfreisetzungsplanung). Damit wird deutlich, dass regelmäßige Informationen über Prognosen und Konjunkturbeobachtungen sowie die Plandaten der einzelnen Unternehmensbereiche von erheblicher Bedeutung sind, um kurzfristige Personalfreisetzungsmaßnahmen zu vermeiden.

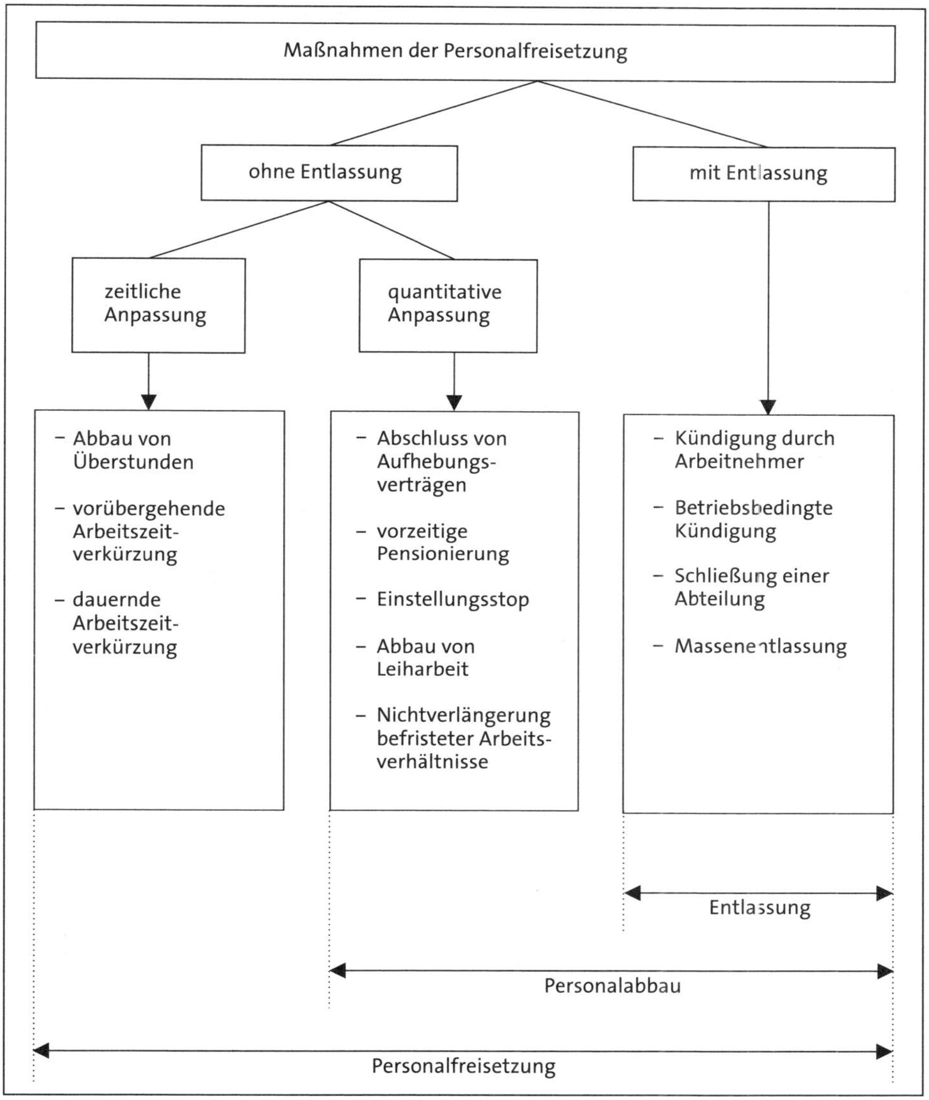

Abb. 8: Maßnahmen der Personalfreisetzungsplanung

Ausgangspunkt der Personalfreisetzungsplanung ist zunächst die Feststellung, ob ein **Bedarf nur kurzfristig oder langfristig notwendig** ist, was auch die Wahl geeigneter Maßnahmen beeinflusst. Existieren bei kurzfristigem Personalfreisetzungsbedarf konkrete Lösungsmöglichkeiten, wäre es nicht nur unsozial, sondern auch betriebswirtschaftlich falsch, Mitarbeiter unter Entstehung hoher Kosten (z. B. durch Zahlung von Abfindungen) zu entlassen, um später andere unter Leistung immenser Beschaffungs-/Einarbeitungskosten einzustellen. Außerdem ist zu beachten, dass reaktive Planungen in den meisten Fällen Sozialplanzahlungen auslösen, welche die Liquiditätsengpässe des Unternehmens zusätzlich belasten. Des Weiteren schadet eine solche Vorgehensweise dem Betriebsklima sowie dem Ansehen des Unternehmens und führt ein Personalmarketing ad absurdum. Besteht tatsächlich keine Alternative zur Entlassung von Mitarbeitern, ist ein Freistellungsplan aufzustellen.

Grundsätzlich darf jedoch die **Wirkung der Planung von Personalabbau** auch nicht überschätzt werden. Auch eine noch so gründliche und langfristig angelegte Personalfreisetzungsplanung im Rahmen der gesamten Unternehmensplanung kann notwendige Personalreduzierungen nicht verhindern. Sie ist aber geeignet, unerwünschte Folgen im wirtschaftlich-sozialen und im technisch-organisatorischen Bereich des Unternehmens vorbeugend zu beeinflussen.

3.1.3.2.4 Personalentwicklungsplanung

Personalentwicklung kann als planmäßige, im Unternehmen institutionalisierte, systematische und zielorientierte Veränderung von Qualifikationen innerhalb einer Personalentwicklungsstrategie verstanden werden (s. auch Abschnitt 3.4.5).

Grundsätzlich ist Personalentwicklung aus der Sicht eines Unternehmens immer dann erforderlich, wenn zwischen den Anforderungen der gegenwärtigen oder künftigen Arbeitsplätze, also den **Anforderungsprofilen**, und den **Eignungsprofilen** der Mitarbeiter Abweichungen bestehen.

Bei vertiefender Analyse wird deutlich, dass die zunehmende Bedeutung der Personalentwicklung aus einer Vielzahl von Gründen resultiert: Technischer und organisatorischer Wandel sowie die zunehmende Internationalisierung der für Unternehmen relevanten Märkte stellen wesentliche Ursachen dar.

Erforderlich ist die ständige Weiterentwicklung der Kenntnisse und Fähigkeiten der Mitarbeiter, da sich daraus auch **Aufgabenveränderungen** und neue Methoden der **Aufgabenbewältigung** ergeben können (z. B. Internet-Banking). Außerdem ist zu bedenken, dass im Zusammenhang mit der Veränderung betrieblicher Organisationssysteme hin zu einer teamorientierten, flexiblen und schlanken Unternehmensorganisation insbesondere Komponenten an Bedeutung gewinnen, die auf Persönlichkeitsentwicklung durch Verhaltensänderungen (z. B. Kommunikations- und Kooperationsverhalten) sowie Organisationsentwicklung abzielen. Dies gilt darüber hinaus für arbeitsplatzbezogene Formen der Fortbildung (Learning-by-Doing, Training-on-the-Job), zumal eine Reorganisation von Auf- und Ablauforganisation Gestaltungsspielräume einer qualifikationsorientierten Arbeitsorganisation (z. B. Job-Rotation, Job-Enrichment, Job-Enlargement) eröffnet.

Kernstück der Personalentwicklungsplanung ist die **Planung betrieblicher und außerbetrieblicher Maßnahmen**, die auf die Erweiterung bzw. Vertiefung bereits bestehender und/oder die Vermittlung neuer Qualifikationen abzielen. Dabei bildet die mittel- und langfristige Bildungsbedarfsplanung sowie das vorhandene betriebliche Qualifikationspotenzial den Ausgangspunkt.

Personalentwicklungsplanung ist somit die gedankliche Vorwegnahme und die antizipative Gestaltung der o. g. Qualifizierungsmaßnahmen. Sie hat Vorsorge für die Deckung des qualitativen Personalbedarfs in allen Funktionsbereichen des Unternehmens zu treffen und muss vollständig in das Unternehmensgeschehen integriert werden (Abbildung 9).

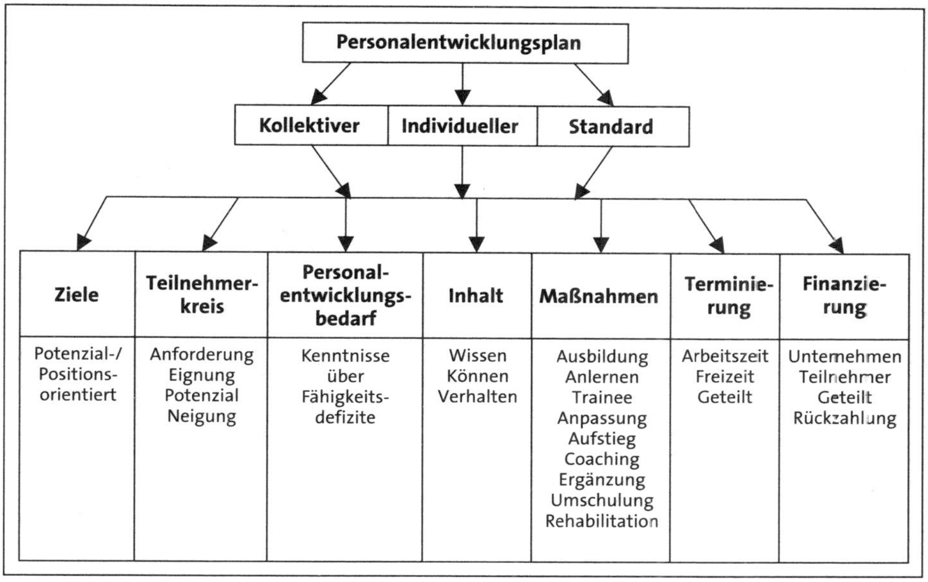

Abb. 9: Ablauf der Personalentwicklungsplanung

3.1.3.2.5 Personaleinsatzplanung

Bei der Personaleinsatzplanung geht es um die Aufgabe, die im Unternehmen vorhandenen **Mitarbeiter konkreten Aufgaben und Positionen zuzuordnen** und zwar in qualitativer, quantitativer, temporärer und lokaler Hinsicht.

Diese Aufgabe kann nicht in einem großen Wurf ein für alle Mal gelöst werden, da häufig Unternehmen mit Tatbeständen konfrontiert werden, die eine kurzfristige Reaktion erfordern. Dies gilt beispielsweise für:

- krankheitsbedingte Fehlzeiten,
- Urlaub,
- Schwankungen des Arbeitsanfalls.

Dabei geht es kurz- und mittelfristig darum:

- Änderungen des Arbeitsablaufs, der technischen Ausstattung oder der betrieblichen Organisation durch eine anforderungs- und eignungsgerechte Stellenbesetzung nachzuvollziehen,
- Projekte anforderungs- und eignungsgerecht zu besetzen,
- während des Urlaubs und bei Fehlzeiten von Mitarbeitern die betriebliche Leistung sicherzustellen,
- absehbare Freistellungen, z. B. wegen Mutterschaft, Erziehungsurlaub aufzufangen,
- Fehlbesetzungen von Arbeitsplätzen durch Umsetzung auf einen den Fähigkeiten besser entsprechenden Arbeitsplatz zu korrigieren,
- die Fähigkeiten der Mitarbeiter an die Arbeitsanforderungen anzupassen, z. B. durch Qualifizierungsmaßnahmen,
- die Arbeitsanforderungen den Fähigkeiten der Mitarbeiter anzugleichen, z. B. durch arbeitsgestalterische und organisatorische Maßnahmen.

Langfristig ist von Bedeutung, die:

- Einarbeitungskosten zu reduzieren,
- Lohn- und Gehaltskosten zu minimieren,
- Mengenleistung pro Arbeitsplatz zu optimieren sowie die
- Differenz zwischen Eignungs- und Anforderungsprofilen zu verringern.

Der Personaleinsatz erfolgt unter weitgehender Beachtung nachfolgender Grundsätze:

- Die Mitarbeiter müssen nach den **betrieblichen Erfordernissen** eingesetzt werden. Da Mitarbeiter in der Regel unterschiedlich qualifiziert sind, sollen Tätigkeitsbereiche und Arbeitszeiten derart zugewiesen werden, dass ihr Einsatz wirtschaftlich rentabel ist, also eine optimale Relation von Personalkosten und Leistungsergebnis erreicht wird.
- Die Personaleinsatzplanung soll nicht nur unter dem Blickwinkel der Personalkosten beleuchtet werden. Sie soll zudem über einen längeren Zeitraum relativ verlässlich und stabil sein. Es muss somit bedacht werden, welche Mitarbeiter eine Tätigkeit längerfristig und verlässlich ausüben können. Dabei gilt es außerdem zu berücksichtigen, wie die **Flexibilität des Einsatzes** verbessert werden kann, damit jederzeit eine möglichst reibungsarme Anpassung an geänderte betriebliche Anforderungen gewährleistet ist.
- Wie bei der Auswahl von Mitarbeitern, geht es auch bei der Personaleinsatzplanung darum, eine weitgehende Übereinstimmung des Eignungsprofils der Mitarbeiter mit den Anforderungen der jeweiligen Arbeitsplätze zu erreichen. Mitarbeiter, die entweder unter- oder überfordert sind, schöpfen ihr Leistungsspektrum unzureichend aus und sind außerdem häufig unzufrieden. Eine **eignungs- und anforderungsgerechte Besetzung** der Arbeitsplätze trägt so zur Arbeitszufriedenheit bei.
- Wenn das Anforderungsprofil durch das Eignungsprofil noch nicht erfüllt wird (Unterdeckung bzw. Überforderung), kann die Stelle erst nach Personalentwicklungsmaßnahmen übertragen werden, oder ihre Anforderungen werden der Eignung des Mitarbeiters angeglichen (**Stellenänderung**). Als Alternative kommt die **Versetzung** auf eine passende Stelle und als letzte Möglichkeit die Kündigung in Betracht.
- Wenn das Anforderungsprofil durch das Eignungsprofil mehr als erfüllt wird (Überdeckung bzw. Unterforderung), sollte eine Versetzung auf eine höherqualifizierte Position oder eine Änderung der Stelle (z. B. Job-Enlargement) erfolgen.
- Alle Maßnahmen der Personaleinsatzplanung müssen **rechtzeitig geplant** werden (soweit die Ereignisse, auf Grund derer eine Maßnahme erforderlich ist, nicht eine umgehende Reaktion erfordern, z. B. bei Fehlzeiten). So bedürfen beispielsweise Versetzungen, Veränderungen der Arbeitszeit sowie der Arbeitsstrukturierung rechtzeitiger vorausschauender Überlegungen, wenn sie reibungslos verlaufen sollen.
- Leistung auf einem Arbeitsplatz und Arbeitszufriedenheit können nur erreicht werden, wenn die Mitarbeiter ihre Aufgaben kennen, akzeptieren und erlernt haben. Eine möglichst frühe **Unterrichtung bei Veränderungen** ist somit erforderlich.

Eine Personaleinsatzplanung wird erheblich vereinfacht, wenn Organisations-, Stellen-, Stellenbewertungs- und Stellenbesetzungspläne eingesetzt werden. Während der Organisationsplan die wesentlichen Strukturen des Unternehmens aufzeigt, fasst der Stellenplan die in einem Unternehmen vorhandenen Stellen zusammen, wobei arbeitsteilige Verknüpfungen sowie die hierarchischen Über- und Unterstellungen dargestellt werden. Mit Hilfe des Stellenplans ist es möglich, die Anzahl der verfügbaren Stellen und deren Austauschbarkeit der verschiedenen beruflichen Qualifikationen zu dokumentieren. Der Stellenbewertungsplan informiert zudem über die materielle Einstufung der Stellen (tariflich, außertariflich). Beide Pläne sind personenunabhängig. Werden dem Stellen- bzw. Stellenbewertungsplan die Mitarbeiter zugeordnet, spricht man von einem Stellenbesetzungsplan. Feststehende Veränderungen (z. B. Versetzungen, Pensionierungen, Einarbeitung) sollten auch in den Stellenbesetzungsplan einfließen. Dadurch wird der künftige Personalbestand sowie Personalbedarf verdeutlicht (Abbildung 10).

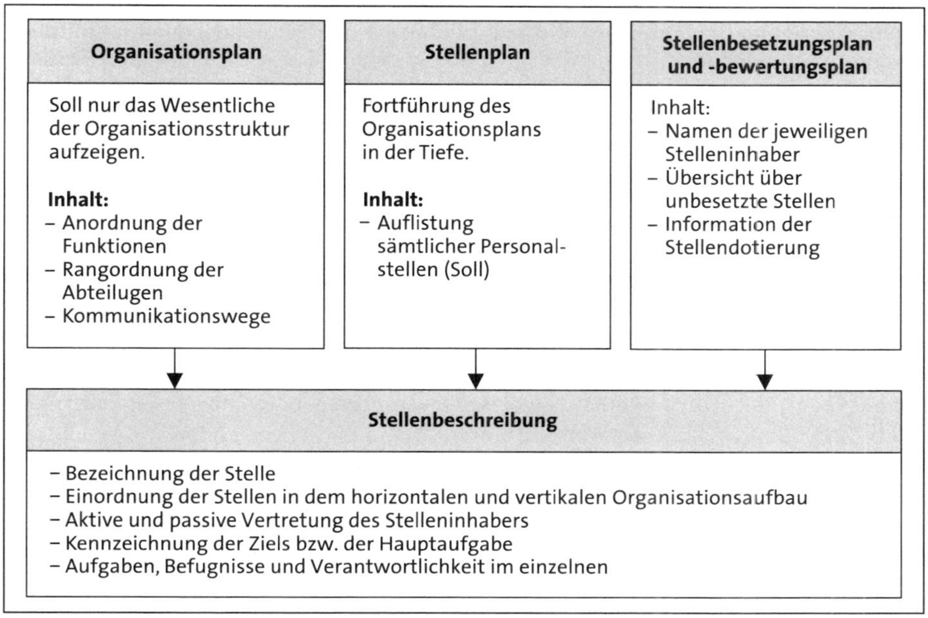

Abb. 10: Verknüpfung von Organisationsplan, Stellenplan, Stellenbesetzungs-, und Stellenbewertungsplan sowie Stellenbeschreibung

3.1.3.2.6 Personalkostenplanung

Die Personalkostenplanung ist Schlusspunkt und Zusammenfassung aller wertmäßigen Auswirkungen der verschiedenen Einzelmaßnahmen der Personalplanung.

Für unternehmerische Entscheidungen ist die Kostenfrage, die sich aus personalwirtschaftlichen Planungen und Erfordernissen ergibt, von wesentlicher Bedeutung, da die ständig steigenden Personalkosten einschließlich der Personalzusatzkosten inzwischen einen wesentlichen Anteil im Gesamtkostenblock eines Unternehmens ausmachen. Dies gilt insbesondere deshalb, weil die wirtschaftliche Leistungsfähigkeit und die Produktivität eines Unternehmens gravierend beeinflusst wird. Aufgabe der Personalkostenplanung ist es somit, die **kostenmäßigen Auswirkungen** aller Einzelmaßnahmen der Personalplanung zusammenzufassen und diese Plankosten zu überwachen.

Die Hauptziele einer Personalkostenplanung liegen in der Beantwortung nachfolgender Fragen:

- Welche Personalkosten entstehen in den verschiedenen Unternehmensbereichen während der Planperiode?
- Wie entwickeln bzw. verändern sich die Personalkosten der Planperiode im Vergleich zu Vorperioden und worin liegen hierfür die Ursachen?
- Welches sind die maßgeblichen Einflussfaktoren für eine Veränderung der Personalkosten und wie wird der zukünftige Trend dieser Faktoren beurteilt?
- Entsprechen die geplanten Personalkosten den angestrebten Produktivitätszielen?

- Inwieweit entsprechen die geplanten Personalkosten den durch die Kostenrechnung ermittelten Ist-Kosten (Wirtschaftlichkeitskontrolle)?

Personalkosten sind die Kosten, die durch den **Einsatz der menschlichen Arbeitskraft** im Unternehmen entstehen. Die Entgelte für geleistete Arbeit umfassen im Wesentlichen Löhne und Gehälter sowie Zulagen und Zuschläge. Sie stehen somit in unmittelbarem Zusammenhang mit einer Leistungserbringung. Um diese Kosten zu berechnen, müssen zunächst eine Vielzahl von Sozialkostenbestandteilen, die in Löhnen und Gehältern enthalten sind, herausgerechnet werden (z. B. Kosten für Ausfallzeiten und Sonderzahlungen).

Zu den gesetzlichen und tariflichen Personalzusatzkosten zählen im Wesentlichen:

- Leistungen an die verschiedenen Zweige der Sozialversicherung und an die Berufsgenossenschaften,
- Bezahlung von Ausfallzeiten,
- Leistungen zur Vermögensbildung,
- Urlaubsgeld bzw. tarifliche Absicherung eines 13. Monatseinkommens.

Letztlich handelt es sich bei betrieblichen Personalzusatzkosten um Leistungen, die weder auf Gesetz noch Tarif beruhen. Zu diesen Leistungen gehören im Wesentlichen Kosten für:

- Personalentwicklung,
- betriebliche Altersversorgung,
- Kantinenzuschüsse,
- Fahrtkostenzuschüsse,
- Leistungen zu Gunsten persönlicher Anlässe (z. B. Hochzeit, Geburt),
- Notstandsunterstützungen.

Der **Anteil der Personalzusatzkosten** an den Personalkosten beträgt gegenwärtig rund 80% im produzierenden Gewerbe Westdeutschlands auf der Basis des Entgelts für geleistete Arbeit (Ostdeutschland 71,5%).

Personalkosten eines Unternehmens werden sowohl intern als auch extern beeinflusst. Innere Einflussfaktoren stellen beispielsweise die **Personalpolitik und personalpolitische Grundsätze** dar. Folgende Beispiele machen den Einfluss personalpolitischer Grundsätze auf die Kosten deutlich:

- Das Unternehmen entschließt sich dazu, dass Führungspositionen vorrangig intern zu besetzen sind und investiert für dieses Ziel eine bestimmte Summe für Personalentwicklung.
- Das Unternehmen ändert Produktionsprozesse, um für die Mitarbeiter attraktive Arbeitsbedingungen zu schaffen.
- Das Unternehmen will mit betrieblichen Sozialleistungen die Fluktuation der Mitarbeiter reduzieren.

Darüber hinaus beeinflusst die **Organisation eines Unternehmens** die Personalkosten. Dies gilt sowohl für die Aufbau- als auch für die Ablauforganisation. So haben beispielsweise Organisationsveränderungen wie teilautonome Arbeitsgruppen oder Business-Process-Reengineering ebenso Auswirkungen auf Zahl und Qualifikation der Mitarbeiter wie der Einsatz moderner Automatisierungstechnik im Fertigungsbereich.

Externe Einflussfaktoren sind neben der Vereinbarung der Tarifverträge (Lohn und Gehalt sowie Leistungszulagen und Arbeitszeitverkürzung) die Entwicklung der gesetzlichen Sozialversicherung (z. B. die aktuelle Entwicklung der Reduzierung der gesetzlichen Rentenversicherungsbeiträge durch Erhöhung indirekter Steuern).

Um die Personalkosten besser erfassen zu können und transparenter zu gestalten, ist es notwendig, unternehmensspezifisch eine **Gliederung der Personalkosten** zu entwickeln. Dabei sollte diese so aufgebaut werden, dass kostenverursachende Tatbestände (Kostentreiber) leicht ermittelt werden können. Erst dann ist eine Grundlage vorhanden, auf der Personalkosten sinnvoll planbar sind. Außerdem werden damit Kostenkontrollen sowie über- und zwischenbetriebliche Vergleiche möglich.

Die wesentlichen Gliederungspunkte der Personalkostenplanung sind:

1) Entgelt und Personalzusatzkosten:

Die **Kosten für Löhne und Gehälter** bilden in der Regel den Schwerpunkt der Personalkosten. Sie sind, soweit sie als Entgelt der direkten Arbeitsleistung entsprechen, zugleich als Bruttolöhne und Bruttogehälter Bezugsbasis für den wesentlichen Teil der Personalzusatzkosten.

Die Höhe der Kosten der Entlohnung wird dabei innerbetrieblich von den Funktionen bzw. Tätigkeiten sowie den Qualifikationen der Mitarbeiter bestimmt und außerbetrieblich von der Tarif- und Arbeitsmarktsituation.

Ausgehend von der Personalbedarfsplanung, sind Anzahl und Qualifikation der Mitarbeiter bei einer Kostenstelle festzulegen. Damit können die Kosten geplant werden (Budgetierung).

Grundsätzlich werden dabei Arbeitsplätze geplant, nicht Personen. Die geplanten Arbeitsplätze werden bei Gehaltsempfängern mit dem monatlichen Entgelt bewertet und der Planungsperiode entsprechend mit der betreffenden Anzahl von Monaten multipliziert. Dagegen werden bei Lohnempfängern die Arbeitsstunden des betreffenden Arbeitsplatzes mit dem zutreffenden Durchschnittsstundenverdienst unter Berücksichtigung von planbaren Schicht-, Nacht-, Sonntags- und/oder Überstundenzuschlägen sowie Erfolgsbeurteilungen bewertet.

2) Personalbeschaffungskosten.

Entsprechend den Vorgaben der Personalbedarfsplanung und unter Beachtung einer durchschnittlichen Fluktuation ist die Beschaffung des Personals zu planen. Hieraus entstehen im **wesentlichen Kosten bei der Personalbeschaffung** (z. B.Stellenanzeigen in Zeitungen), Personalauswahl (z. B. Kosten für Vorstellungsgespräche, Bewirtung, Reisekosten) und Einarbeitung des Personals (z. B. Kosten für Trennungsentschädigungen, Beschaffung von Wohnräumen, Umzugskosten).

Die Höhe dieser Kosten hängen im Wesentlichen von der Zahl und der Qualifikation der zu beschaffenden Mitarbeiter ab. Je höher und spezialisierter die Anforderungen einer zu besetzenden Stelle sind, um so höher und zeitraubender sind in der Regel die Beschaffungskosten.

3) Personalentwicklungskosten.

Für die notwendige **Anpassung an die Arbeitsbedingungen**, die sich aus der technischen, organisatorischen und wirtschaftlichen Dynamik eines Unternehmens und seiner Stellung im Wettbewerb ergeben, sind Personalentwicklungsmaßnahmen notwendig, deren Kosten rechtzeitig zu planen sind. Hierfür sind u. a. zu berücksichtigen:

- Kosten für inner- und außerbetriebliche Seminare,
- Kosten für Fortbildungsmittel (z. B. Lehrbücher, Fernlehrgänge),
- Kauf von Fachbüchern und Fachzeitschriften,
- Mitgliedsbeiträge für Fachverbände, die Fortbildung betreiben,
- Personalkosten für die Einarbeitungszeit,

- Kosten für Trainee-Programme,
- Kosten für Umschulung.

4) **Personalfreisetzungskosten.**

Sind trotz vorausschauender Personalplanung Personalabbaumaßnahmen erforderlich, so entstehen Kosten, um nachteilige Folgen für die betroffenen Arbeitnehmer zu vermeiden bzw. zu mindern.

Die Kosten des Personalabbaus sind u. a.:

- Ausgleichszahlungen bei betrieblichen Modellen vorzeitiger Pensionierung,
- Aufwendungen, die mit der Suche nach einem neuen Arbeitsplatz verbunden sind,
- Kosten für Outplacement-Beratung,
- Ansprüche aus einer betrieblichen Altersversorgung,
- abgestufte Abfindungsbeträge nach bestimmten Kriterien, z. B. Lebensalter, Betriebszugehörigkeit, Einkommenshöhe, Familienstand,
- Abgeltung noch bestehender Urlaubsansprüche,
- Ansprüche auf Weihnachtsgratifikation.

3.1.4 Überblick über das Personalmarketing

3.1.4.1 Ziele eines Personalmarketings

Personalmarketing kann als die bewusste und zielorientierte Anwendung personalpolitischer Instrumente zur Akquisition von zukünftigen und Motivation von gegenwärtigen Mitarbeitern verstanden werden. Personalmarketing darf dabei nicht auf die »Vermarktung« von Arbeitsplätzen reduziert werden. Im Mittelpunkt steht vielmehr das konsequente Umsetzen des Marketinggedankens im Personalbereich.

Güter und Dienstleistungen werden zunehmend austauschbar, unverwechselbare Identitäten immer schwerer realisierbar. Dieses Profilierungsproblem betrifft auch Unternehmen als Anbieter von Arbeitsplätzen. Da sich die Entgeltbestandteile und deren Höhe zumindest innerhalb von Branchen häufig ähneln und somit kaum noch differenzierend wirken, müssen Unternehmen immaterielle Unterscheidungskriterien aufbauen, um ihren (potenziellen) Mitarbeitern einen emotionalen Zusatznutzen bieten zu können. Gleichwohl sind zwar in der Unternehmenspraxis zwar zunehmende Aktivitäten von Seiten der Unternehmen festzustellen, es ist jedoch die häufig mehr oder weniger zufällige Auswahl einzelner Maßnahmen und somit eine fehlende Strategie für das Personalmarketing zu bemängeln.

Ein wesentliches Kennzeichen von Marketing besteht darin, sich an den Bedürfnissen der aktuellen und potenziellen Nachfrager zu orientieren. Personalmarketing greift diesen Gedanken auf und verlangt eine Fokussierung auf relevante Zielgruppen hinsichtlich ihrer Bedürfnisse und Interessen. Bezogen auf gegenwärtige und zukünftige Mitarbeiter soll ähnlich wie beim Produktmarketing eine Markenbindung zwischen Unternehmen und potenziellen Bewerbern über längere Zeit aufgebaut werden. Dabei stehen folgende Aufgaben im Mittelpunkt:

- Akquisitionsfunktion: Externe Bewerber sollen sich für das Unternehmen und die angebotenen Arbeitsplätze interessieren. Über die reinen Entgelt- und Arbeitszeitregelungen hinaus kommt dabei das Unternehmensimage ins Spiel, das auch immaterielle und speziell emotionale Aspekte beinhaltet.
- Motivationsfunktion: Ziel ist es, die Mitarbeiter des Unternehmens zu begeistern. Nur so können sie ihre Leistung erbringen und überzeugend nach außen auftreten.

- Profilierungsfunktion. Gegenwärtige und potenzielle Mitarbeiter sollen das Spezifische des Unternehmens erkennen. Um bei den üblicherweise austauschbaren Arbeitsplatzangeboten ein eindeutiges Profil auf dem Arbeitsmarkt zu erhalten, müssen markante Produktinformationen in den Vordergrund gestellt werden. Beispiele hierzu wären besondere Leistungen im Rahmen einer familienfreundlichen Unternehmung oder die Möglichkeit zur Halbtagsarbeit plus Promotion für Hochschulabsolventen.

3.1.4.2 Instrumente eines Personalmarketings

a) Mitarbeiterbefragungen

Mitarbeiterbefragungen gehen über simple Meinungsumfragen hinaus und beschreiben einen systematischen Prozess zur Organisations- und Personalentwicklung. Zunächst sind Mitarbeiterbefragungen generell Analyse- und Diagnoseinstrument, die Ausgangspunkt für eine mögliche organisatorische Gestaltung sind. Dabei wird auch der Grad der Arbeitszufriedenheit der Mitarbeiter und das vorherrschende Arbeitsklima angezeigt. Außerdem werden Schwachstellen in der Organisation lokalisiert, die beispielsweise im Bereich der Führung liegen können, besonders häufig in der (internen) Kommunikation sowie der Arbeitsplatz- und Aufgabengestaltung.

b) Personalbeschaffung und Personalerhaltung

Künftige Mitarbeiter

Trotz hoher Arbeitslosigkeit ist die Schere zwischen verfügbarem und benötigtem Personal entweder in einzelnen Branchen oder bezogen auf bestimmte Arbeitnehmersegmente nicht geringer geworden. Personalmarketing umfasst dabei den gesamten Prozess der Bewerbung und Einstellung. Personalmarketing will den Bewerber generell für das Unternehmen begeistern, um ihn selbst bei einer Ablehnung mit einem positiven Gefühl wieder zu verabschieden.

Als in der Regel umfassend ausgebaut kann in vielen Unternehmen das Personalmarketing bei Hochschulabsolventen angesehen werden. Vorteilhaft ist dabei, dass Kontakte zu Bewerbern langfristig aufgebaut werden können und eine Art von Probezeit und Einarbeitung durch Praktikum und Diplomarbeit vorgeschaltet wird, die dem Unternehmen nur geringen Aufwand verursacht, gleichzeitig aber das Risiko der Personalauswahl für beide Seiten deutlich reduziert. Diese Fokusierung auf Hochschulabsolventen reicht jedoch zukünftig nicht aus. Vielmehr ist auch ein zielgerichtetes Personalmarketing für die Akquisition von Auszubildenden notwendig.

Einige wesentliche Maßnahmen sind in der Abbildung 11 genannt.

Medien
Broschüren des Unternehmens (z. B. Einstiegsprogramme für Hochschulabsolventen),
Anzeigen in Zeitungen und Zeitschriften,
Auftritt im Internet.

Events
Messestand (z. B. Firmenkontaktbörse oder Messen, z. B. Cebit für Informatik),
Firmenbesichtigungen/Tag der offenen Tür,
Vorträge an Schulen und Hochschulen,
Beteiligung an Veranstaltungen von Schulen und Studenteninitiativen (z. B. AIESEC).

On-the-Job-Maßnahme
Praktikantenplätze,
Diplomarbeitsthemen,
Bereitstellung von Fallstudien für studentische Übungen.

Abb. 11: Maßnahmen des Personalmarketings

Demographische Prognosen weisen auf einen Rückgang des Arbeitskräfteangebotes in den nächsten Jahren hin. Dies erfordert eine rechtzeitige Reflektion der betrieblichen Betroffenheit und die Umsetzung in geeignete Maßnahmen.

Gegenwärtige Mitarbeiter

Unter dem Blickwinkel neuer Managementkonzeptionen wird deutlich, dass das Personal ein (bzw. der) wesentliche(r) Erfolgsfaktor darstellt. Dabei geht es nicht nur darum, qualifiziertes Personal zu akquirieren, sondern im Sinne einer Bestandspflege auch sicherzustellen, dass dieses Personal in der Unternehmung verbleibt. Insofern kann die Planung und Ausgestaltung von Personalentwicklung und Laufbahnplanung als Bestandteil eines internen Personalmarketings angesehen werden. Dies gilt aber auch für freiwillige Sozialleistungen, Incentives in Form attraktiver Reisen und Mitarbeitergespräche.

c) Personalfreisetzung

Auch die Trennung von Mitarbeitern ist Teil des Personalmarketing. Die Frage, wie man mit denjenigen umgeht, die man wieder in den Arbeitsmarkt entlässt, wirkt auf das Image des Unternehmens bzw. auf den Arbeitsmarkt. Relevant sind dabei Instrumente des Outplacement, das ausscheidende Mitarbeiter Chancen und Möglichkeiten in einem anderen Unternehmen aufzeigt und ihn möglichst auch vermittelt, ohne dass der betroffene Mitarbeiter arbeitslos wird.

3.1.4.3 Internationale Aspekte eines Personalmarketings

Auf Grund der zunehmenden Internationalisierung der Unternehmenstätigkeit werden die o. g. Instrumente auch im internationalen Rahmen eingesetzt. International operierende Unternehmen sind nicht nur auf ausländischen Beschaffungs- und Absatzmärkten tätig, sondern auch auf den dortigen Arbeitsmärkten. Dabei ist allerdings zu berücksichtigen, dass:

- eine kulturell angepasste Marktansprache erfolgen muss,
- Auswahlprozesse in vielen Fällen in einer Fremdsprache gestaltet werden müssen,
- mit Bewerbern und Mitarbeitern gearbeitet wird, die länderspezifisch häufig über ein anderes Verständnis von Unternehmenssteuerungs- und Führungsprozessen verfügen,

Eine Besetzung der zentralen Positionen in den ausländischen Niederlassungen durch Mitarbeiter des Stammhauses (ethnozentrische Stellenbesetzungsstrategie), die für einige Jahre vor Ort eingesetzt werden, ist immer weniger als Regelfall hinnehmbar. Dabei sind nicht nur die hohen Entsendungskosten zu berücksichtigen, sondern auch die wahrscheinliche Demotivation einheimischer Mitarbeiter, deren Karrieremöglichkeiten begrenzt werden.

In vielen internationalen Unternehmen werden daher in zunehmendem Maße ausländische Mitarbeiter in der deutschen Unternehmenszentrale oder den jeweiligen ausländischen Niederlassungen qualifiziert. Ziel ist dabei einerseits die spätere Übernahme von qualifizierten Tätigkeiten durch Mitarbeiter der jeweiligen Kultur (polyzentrische Stellenbesetzungsstrategie), andererseits stehen ihnen aber auch in der Unternehmenszentrale alle Möglichkeiten offen. Entscheidend ist somit nicht mehr die Nationalität des Mitarbeiters, sondern allein dessen Potenzial und die gezeigte Leistung (geozentrische Stellenbesetzungsstrategie).

Literatur:

Horsch, J.: Auslandseinsatz von Stammhaus-Mitarbeitern, Frankfurt am Main 1995: Peter Lang

Horsch, J.: Personalplanung, Herne/Berlin 2000: NWB

Horsch, J.: Personalplanung, in: M. Boden (Hrsg.), Handbuch Personal – Personalmanagement von Arbeitsrecht bis Zeitarbeit, S. 33–62, Landsberg/Lech 2005: Moderne Industrie

Mankiw, N. G., Grundzüge der Volkswirtschaftslehre, 3. Aufl., Stuttgart 2004: Schäffer-Poeschel

Oechsler, W. A.: Personal und Arbeit, 7. Aufl., München/Wien 2000: Oldenbourg

Prof. Dr. Jürgen Horsch

3.2 Personalwirtschaftliche Ziele aus der strategischen Unternehmensplanung ableiten

3.2.1 Strategische Unternehmensplanung

3.2.1.1 Grundsätze und Ziele

Eine **Unternehmensplanung durchzuführen** ist nicht gesetzlich vorgeschrieben, ergibt sich vielmehr durch Sachzwänge, unabhängig von Unternehmensgröße oder Rechtsform. Dass beispielsweise eine große börsennotierte Aktiengesellschaft eine ausgeklügelte Planung braucht, um den Bedarf der Aktionäre und Analysten an relevanten Informationen über die aktuelle und zukünftige Entwicklung zu befriedigen, leuchtet unmittelbar ein, denn alle diese Informationen können Auswirkungen auf den Aktienkurs haben, von dem wiederum die Finanzierungsmöglichkeiten abhängen. Und woran wollte man die aktuelle Entwicklung messen wenn nicht an der – aufgrund der Planung – erwarteten Entwicklung?

Aber auch ein neu gegründeter »Ein-Mann-Betrieb« braucht ein Konzept, um von Banken und Staat Kredite und Fördermittel zu erhalten. Gerade da in der Anfangsphase hohe Investitionen erforderlich und Verluste meist unvermeidlich sind, muss mit Hilfe einer **längerfristigen Planung** die Erreichbarkeit der Break-even-Zone und schließlich der Gewinnzone überzeugend dargelegt werden können. Und selbst wenn keine Kredite oder Fördermittel in Anspruch genommen werden – nur wenn eine Aktivität langfristig auf Gewinnerzielung angelegt ist, sind entstehende Kosten steuerlich als Betriebsausgaben abzugsfähig; ohne einen solchen Nachweis würde das Finanzamt die Aktivität nach einigen Jahren mit Verlust als Liebhaberei einstufen.

Aber auch ohne solche externen Faktoren ist eine Unternehmensplanung Voraussetzung für eine **erfolgreiche Unternehmensführung**. Die Mitarbeiter, insbesondere die Führungskräfte, brauchen eine Orientierung für die Entscheidungen im Tagesgeschäft. Und schließlich wollen sie wissen, ob ihre Karriere in diesem Unternehmen Zukunft hat.

Unternehmensplanung beschränkt sich jedoch nicht auf die Beschaffung von Informationen über die aktuelle und zukünftige Entwicklung. Ein Vergleich mit dem Wetterbericht, in dem ebenfalls zwischen Bericht (über die aktuelle Lage) und Vorhersage (der zu erwartenden Lage) unterschieden wird, macht das deutlich. Während die Wettervorhersage wie ein unabwendbares Schicksal hingenommen werden muss, ist die **Vorhersage im Rahmen der Unternehmensplanung** nur Ausgangspunkt für Maßnahmen, die Zukunft aktiv zu gestalten. Was müssen bzw. können wir tun, um die zukünftige Entwicklung in unserem Sinne zu beeinflussen? Die **aktive Gestaltung der Zukunft** ist die eigentliche Aufgabe der Unternehmensplanung.

Von besonderer Bedeutung ist die Unternehmensplanung für Unternehmen, bei denen Management und Eigentümer nicht identisch sind, wie das bei den großen globalen Konzernen durchweg der Fall ist. Hier erfolgen Vorgaben der Eigentümer an das Management, Führung des Unternehmens durch das Management und Rechenschaftsbericht des Managements an die Eigentümer im Rahmen der Unternehmensplanung. Die Unternehmensplanung ist dann auch **Maßstab für den Erfolg des Managements** und für die variable Komponente der Vergütung der Führungskräfte. Bereits hier zeigt sich ein deutlicher Bezug zum Personalwesen.

Voraussetzung für eine aktive Gestaltung ist ein **klar definiertes Ziel**.

Strategisch ist eine Unternehmensplanung, wenn sie sich an langfristigen Zielen ausrichtet (z. B. fünf bis zehn Jahre), im Gegensatz zur **operativen** Planung, die eher kurz- bis mittelfristig angelegt ist (z. B. auf ein bis vier Jahre). Die auf ein Jahr ausgerichtete Planung wird oft als **Budget** bezeichnet.

3.2.1.2 Instrumente der strategischen Unternehmensplanung

Das Instrumentarium der strategischen Unternehmensplanung ist sehr reichhaltig, vergleichbar am ehesten einer Orgel, auf der »alle Register gezogen« werden können. Hier können nur beispielhaft einige »Register« aufgezählt werden.

Am Anfang der Unternehmensplanung steht die Formulierung der **Vision** des Unternehmens, sozusagen als »Leitstern«, dem alles folgen muss, z. B. eine angestrebte Marktpositionierung. Außerdem werden **Unternehmenswerte** vorgegeben, die Richtschnur für jegliches Handeln und Entscheiden darstellen und ein **Verhaltenskodex**. Aus der Vision leitet jeder Teilbereich seine »**Mission**« ab; darin wird definiert, welchen Beitrag der Teilbereich erbringen will oder soll. Aus der Mission wiederum leiten sich die **strategischen Ziele** der einzelnen Teilbereiche ab.

Die zur Formulierung der Vision, der Mission und der strategischen Ziele eingesetzten Instrumente können hier nur beispielhaft aufgezählt werden.

Instrumente der Unternehmensplanung sind u. a.:

- Analyse-Techniken (z. B. Portfolio-Analyse, Stärken/Schwächen-Profil, Querschnitts-Analyse/Längsschnitt-Analyse),
- Problemlösungs-/Kreativitäts-Techniken (z. B. Brainstorming),
- Umfrage-Techniken (z. B. Mitarbeiter-/Kunden-Befragung),
- Vergleichs-Techniken (z. B. Benchmarking),
- Planungs-Techniken (z. B. Szenario-Planung),
- Optimierungs-Techniken (z. B. Six Sigma),
- Change Management.

Aus den strategischen Zielen werden **operative Ziele** abgeleitet, z. B. ein bestimmter Marktanteil, Umsatz, Gewinn, meist in Form von Messgrößen (Kennziffern) wie Rendite, Produktivität, Wachstumsraten, oder, wo das nicht möglich erscheint, in Form von »Meilensteinen«, z. B. Eröffnung einer neuen Niederlassung oder Einführung eines neuen Produkts. Bezogen auf das Personalwesen, z. B. Frauenanteil im Management, Mitarbeiterzufriedenheit, Anteil der Mitarbeiter mit einem Personalentwicklungsplan, Anteil der Mitarbeiter mit Zugang zum Internet bzw. Einführung eines webgestützten Personalinformationssystems. Es kommen nur Ziele in Frage, die unter Einhaltung der Unternehmenswerte und des Verhaltenscodex erreichbar erscheinen.

Beispiel American Express

Vision:
To become the most respected service brand in the world.
Mission der American Express Bank:

American Express Bank 's mission is to contribute to the Global Financial Services growth strategy by leveraging the Bank 's licences, customers and capabilities with a level of service worthy of the world's most respected service brand.

Mission des Bereichs Human-Resources:
To build the talent and capabilities that continue to deliver competitive advantage, employee engagement and pride in the American Express Brand.

Strategische Ziele des Bereichs Human-Resources (Auszug):
- Talent,
- eHR,
- Organization-Change,
- Employee-Engagement.

Unternehmenswerte (»Blue-Box-Values«):
- Verpflichtung gegenüber dem Kunden,
- Qualität,
- Integrität,
- Teamgeist,
- Respekt gegenüber Mitarbeitern,
- Gesellschaftspolitisches Engagement (»Good Citizenship«),
- Wille zum Erfolg,
- persönliche Verantwortung,

Diese operativen Ziele werden in **individuelle Zielvereinbarungen** mit den Führungskräften übernommen, und zwar von oben nach unten, so dass sich die Ziele einer Führungskraft in den Zielen der von ihr geführten Mitarbeiter widerspiegeln. So wird das Gesamtziel bis zur untersten Führungsebene heruntergebrochen. Ziele müssen messbar, ehrgeizig (aber erreichbar) und terminiert sein. Ein besonders umfassender Ansatz ist die so genannte »**Balanced-Scorecard**«.

Die Zielvereinbarungen sind wichtiger Bestandteil des Führungssystems, zu dem außerdem die Entwicklungsplanung, die Beurteilung der Zielerreichung und eine Verknüpfung zur variablen Vergütung besteht. Belohnung der Zielerreichung ist der Schlüssel zum Funktionieren des Systems.

3.2.2 Einflussnahme der strategischen Unternehmensplanung auf Ziele der Personalwirtschaft

Das Personalwesen schafft die Rahmenbedingungen dafür, dass diejenigen Mitarbeiter eingestellt, eingearbeitet, gefördert und an das Unternehmen gebunden werden, die zur Erreichung der strategischen Ziele benötigt werden. Dazu gehört auch die **Bereitstellung geeigneter Systeme** zur Mitarbeiterführung.

Daraus ergibt sich, dass personalwirtschaftliche Ziele nicht Selbstzweck sind, sondern Mittel zur Erreichung der übergeordneten Unternehmensziele. Jeglicher Aspekt des Personalwesens muss daraufhin überprüft werden, ob durch ihn die Erreichung der Unternehmensziele gefördert und gewährleistet wird. Dabei spielt das Prinzip »Belohnung« eine herausragende Rolle. Mitarbeiter tun in der Regel das, wofür sie belohnt werden. Das Vergütungssystem muss deshalb mit den Unternehmenszielen verzahnt werden, damit nicht etwa Verhalten belohnt wird, das zur Zielerreichung nichts beiträgt oder gar kontraproduktiv wirkt. In gewachsenen Strukturen mit zahlreichen Besitzständen ist das eine enorme Herausforderung.

Beispiel 1:

Betriebliche Altersversorgung, eine durchaus sehr sinnvolle Sozialleistung, heute mehr denn je. Ein einseitig auf die Belohnung von Betriebszugehörigkeit ausgerichtetes Versorgungssystem kann jedoch, wenn es dazu noch im Vergleich mit den Wettbewerbern zu üppig ausgestattet ist und wenn externe Faktoren (z. B. hohe Arbeitslosigkeit) dazukommen, langfristig zu einer negativen Wirkung auf die Altersstruktur der Mitarbeiter führen, indem einseitig auf Sicherheit bedachte Mitarbeiter angezogen werden und im

Unternehmen verbleiben. Eine solche Mitarbeiterstruktur ist aber alles andere als optimal, wenn es auf Dynamik, Flexibilität, Wachstum und Risikobereitschaft ankommt. Hier gebietet sich eine Ablösung des alten Systems durch ein neues, das auch für dynamische und risikobereite Mitarbeiter attraktiv ist.

Beispiel 2:

Vergütungspolitik. Ein tief gestaffeltes System von Gehaltsbändern führt dazu, dass unter »Entwicklung« immer nur »Entwicklung nach oben«, nämlich »Erreichen der nächst höheren Gehaltsstufe« verstanden wird, was einer Verflachung der Hierarchie enorm im Weg steht. Die Einführung breiter Gehaltsbänder, die auch einen Wechsel innerhalb eines Gehaltsbandes (»**Job-Enrichment**«) attraktiv erscheinen lassen, hilft, diese Verkrustung zu überwinden.

3.2.3 Ziele der Personalwirtschaft

3.2.3.1 Beschäftigungsoptimierung

Eine **hohe Auslastung der Kapazität** (Beschäftigung) ist eines der wichtigsten Ziele der Unternehmensführung. Je höher die Beschäftigung, umso niedriger die Leerkosten.

Bei **fixer Kapazität** kann eine hohe Auslastung oft nur durch Erhöhung der Nachfrage (z. B. durch mehr Werbung oder durch Preiszugeständnisse) erkauft werden. Entsprechend kann ein Arbeiten an der Kapazitätsgrenze die Wahrnehmung von Chancen unmöglich machen, insbesondere in Dienstleistungsbetrieben, die nicht auf eine Verlängerung der Lieferzeiten ausweichen können. Deshalb erscheint der umgekehrte Ansatz, die Kapazität entsprechend der Nachfrage variabel zu gestalten, als besonders reizvoll, besonders für Unternehmen mit hohem Anteil der Personalkosten.

Flexibilisierung der Arbeit ist deshalb eine Anforderung an das Personalwesen, die sich aus der strategischen Personalplanung ableitet.

Dafür bietet das Personalwesen unterschiedliche Möglichkeiten.

Wenn es um die kurzfristigen **Erweiterungen** der Kapazität geht, können u. a. folgende Maßnahmen eingesetzt werden:

- Überstunden,
- vorübergehende innerbetriebliche Versetzungen,
- Zeitarbeit,
- Befristung von Arbeitsverträgen,
- Teilzeit,
- Jahresarbeitszeitmodelle,
- Outsourcing.

Wenn es um den **Abbau** von Kapazitäten geht, bieten sich als sozialverträgliche Möglichkeiten an:

- Altersteilzeit,
- Vorruhestand.

Es versteht sich von selbst, dass in Betrieben mit Betriebsrat die Ausnutzung solcher Möglichkeiten zum Teil (z. B. Überstunden, Versetzungen, Jahresarbeitszeitmodelle) mitbestimmungspflichtig ist.

Es ist Aufgabe des Personalwesens, die Voraussetzungen für möglichst hohe Flexibilität der Arbeit zu schaffen.

3.2.3.2 Minimierung der Personalkosten

Geht es bei der Optimierung der Beschäftigung um eine mengenmäßige Betrachtung, handelt es sich bei der Kostenminimierung um den entsprechenden wertmäßigen Ansatz. Kosten sind die in Geld bewerteten Mengen an Produktionsfaktoren. Welchen Beitrag kann das Personalwesen leisten, die Kosten, insbesondere die Personalkosten, möglichst niedrig zu halten?

Einen wichtigen Beitrag hierzu kann das **Vergütungssystem** leisten, wenn es variable Komponenten umfasst, so dass die Höhe der Vergütung zum Teil vom Grad der Zielerreichung abhängt. Werden die Ziele erreicht oder gar überschritten, steigt die Vergütung, werden sie nicht ganz erreicht oder gar weit unterschritten, entfällt die variable Komponente teilweise oder ganz. Durch Erhöhung des Anteils variabler Komponenten an der Gesamtvergütung lässt sich eine Wirkung erzielen, die der Optimierung der Beschäftigung entspricht. Dieser Weg kommt insbesondere für Führungskräfte in Frage; im Tarifbereich stehen in der Regel starre Tarifsysteme entgegen, die nur eine Flexibilisierung nach oben zulassen.

Ein ganz anderer Ansatz ist die **Verminderung der Fluktuation der Mitarbeiter**. Mitarbeiter, die das Unternehmen freiwillig verlassen, nehmen in der Regel Know-how mit, das entweder teuer wieder eingekauft oder aufwendig wieder aufgebaut werden muss. Ein Mindestmaß an Fluktuation allerdings ist durchaus wünschenswert, um einer Verkrustung entgegenzuwirken.

Minimierung der Personalkosten ist ein zweischneidiges Schwert. Senkung der Personalkosten heißt Senkung der Einkommen. Erst in der Verbindung mit Produktivitätssteigerung und Prozessoptimierung macht Kostenminimierung einen Sinn. Umfassende Ansätze dazu sind **Total-Quality-Management** (TQM) und neuerdings **Six-Sigma**.

TQM ist ein ganzheitlicher Ansatz der Unternehmensführung zur **drastischen Erhöhung der Qualität**.

Ausgangspunkt ist eine Neudefinition dessen, was Qualität ist. Demnach ist Qualität, was der Kunde will. (Motto: »Der Köder muss dem Fisch schmecken, nicht dem Angler«). Damit einher geht die Unterscheidung zwischen **externen und internen Kunden**. Nur wenige Mitarbeiter haben externe Kunden, alle aber haben interne Kunden.

Weitere Merkmale des TQM sind:

- Stetige Verbesserung statt gelegentlicher großer Innovationen.
- Drastische Senkung der Fehlerkosten durch den Ansatz »das Richtige richtig tun« und die Selbsterkennung von Fehlern im Frühstadium (wenn die Beseitigung nur geringe Kosten verursacht), statt nach späterer Kontrolle oder gar erst nach Reklamation des Kunden (wenn die Kosten um ein Vielfaches höher sind).
- Betonung des Teamgedankens.

Konsequente Anwendung des TQM-Konzepts führt langfristig zu einer kompletten Neuausrichtung der Organisation mit:

- flacherer Hierarchie und Betonung der Prozesse statt der Strukturen,
- Selbstkontrolle der Mitarbeiter statt Kontrolle durch die Vorgesetzten oder durch spezielle Kontrollstellen,
- mehr Eigenständigkeit der Mitarbeiter.

»**Six-Sigma**« ist ein neuerer, ebenfalls ganzheitlicher Ansatz zur **drastischen Qualitätssteigerung** mit Hilfe statistischer Verfahren, erstmals 1987 angewandt von Motorola, bekannt geworden insbesondere durch die Erfolge, die General Electric seit 1995 damit erzielte. Die Methode baut auf TQM auf, geht aber durch die Anwendung statistischer Verfahren weit darüber hinaus.

Ausgangspunkt ist der klassische Ansatz der Statistik: bei der Gauß'schen Normalverteilung liegen 99,7% aller Fälle innerhalb einer Bandbreite von plus/minus drei Sigma um den Mittelwert der Verteilung. Dann spricht man von »mit an Sicherheit grenzender Wahrscheinlichkeit« liege das Ergebnis innerhalb dieser Bandbreite. In den meisten Fällen ist ein solcher Qualitätsstandard sogar viel zu hoch und wäre viel zu teuer. Das letzte Prozent ist jeweils das teuerste.

Bei der Produktion von beispielsweise Streichhölzern mag dieser Qualitätsmaßstab (0,3% Ausschuss) ausreichen. Für eine Fluggesellschaft wäre ein solcher Prozentsatz – 3000 von 1 Million Flügen würden abstürzen – katastrophal. Ebenso bei Operationen in einem Krankenhaus.

Daher ist »Four-Sigma« viel besser als »Three-Sigma«. Eine weitere Steigerung bedeutet »Five-Sigma«. Letztendlich grenzt »Six-Sigma« an Perfektion. Bei »Six-Sigma« kommen auf eine Millionen Möglichkeiten nur drei bis vier Fehler, obwohl auch hier immer noch ein Restrisiko besteht. Deshalb ist jeder Schritt von dem bisherigen Three-Sigma-Ansatz in Richtung »Six-Sigma« bereits eine deutliche Verbesserung.

Die Methode wird unter Einbeziehung aller Mitarbeiter, wenngleich mit unterschiedlicher Intensität, in einer Abfolge von fünf Schritten durchgeführt:

- Definition,
- Messung,
- Analyse,
- Verbesserung und
- Kontrolle.

3.2.3.3 Leistungssteigerung

Die Steigerung der Arbeitsleistung hat einen quantitativen und einen qualitativen Aspekt.

Quantitativ gesehen geht es um Anreize, bei Bedarf Mehrarbeit zu leisten, z. B. durch **Überstundenzuschläge oder Prämien**. Wegen der mitunter hohen steuerlichen Belastung sind viele Mitarbeiter nur zögerlich bereit, Mehrarbeit zu leisten. Freizeit hat inzwischen einen hohen Stellenwert. Auch familiäre Pflichten schränken die Möglichkeit zu Mehrarbeit oft beträchtlich ein. Umgekehrt bewirkt Freizeitausgleich, noch dazu mit Überstundenzuschlägen, eher eine Verschärfung der Situation; was bringt es, wenn ein Mitarbeiter zwar bereit ist, an einem Samstag zusätzlich ein paar Stunden zu arbeiten, um Rückstände abzuarbeiten, wenn er dann am Montag zum Ausgleich den ganzen Tag fehlt?

Qualitativ gesehen geht es um Motivation und um Training. **Motivierte und trainierte Mitarbeiter** bringen höhere Leistung. Aufgabe des Personalwesens ist es, hierfür günstige Rahmenbedingungen zu schaffen. Mitarbeiter, die eine Perspektive für persönliches Weiterkommen sehen, sind eher motiviert. Training ist jedoch kein Selbstzweck. Die Trainingsmaßnahmen müssen in ein Gesamtkonzept eingebettet sein, das die betrieblichen Belange und die persönlichen Ambitionen in Einklang bringt. Ein wichtiges Instrument dafür ist ein **persönlicher Entwicklungsplan**.

Hohe bzw. geringe Motivation ist oft aber auch eine schlichte Folge guter oder schlechter Führung. Gute Führung umfasst einen **situativen Führungsstil**, Information über das

Geschehen im Unternehmen, insbesondere über die strategischen Ziele, Feedback, Coaching, und Anerkennung guter oder gar besonderer Leistungen.

Außerdem spielen Gerechtigkeit und **Teamgeist** eine große Rolle. Wenn es immer dieselben trifft, die Mehrarbeit leisten sollen, während einzelne aufgrund besonderer Umstände – z. B. langer Anfahrtsweg, familiäre Verpflichtungen – ausgespart bleiben, wird sich die Bereitschaft der Hochmotivierten bald erschöpfen. Umgekehrt kann Teamgeist wahre Wunder bewirken. Die Aufgabe des Personalwesens besteht darin, **für Gerechtigkeit** zu **sorgen** und **günstige Rahmenbedingungen** für Teamgeist zu **schaffen**.

3.2.3.4 Einsatz von Kreativität und Erfahrung

Voraussetzung für die Freisetzung kreativer Kräfte ist ein von **Angst und Repressalien freies Betriebsklima**. Vielmehr müssen Begeisterung für die Aufgabe und die Kenntnis von Kreativitätstechniken gefördert werden. Das lässt sich mit einem kooperativen Führungsstil, mit Gruppendynamik und Training leichter erreichen.

Erfahrung wird zunehmend mit Alter gleichgesetzt, wobei Alter eher als hinderlich empfunden wird. Es gilt, eine Arbeitsatmosphäre zu schaffen, in der Erfahrung geachtet wird. Das ist in schwierigen Zeiten leichter als in Zeiten des Booms, in denen die Jüngeren gern der Täuschung unterliegen, Erfahrung sei entbehrlich oder gar hinderlich.

Gleichzeitig kreative Kräfte frei- und Erfahrung einzusetzen erfordert auch eine gute Mischung an Mitarbeitern unterschiedlicher fachlicher, kultureller und persönlicher Prägung. Im englischen Sprachraum spricht man von »**Diversity**«: die Unterschiedlichkeit der Mitarbeiter als Vorteil begreifen. Voraussetzung dafür sind allerdings Toleranz und Weltoffenheit, nicht nur bei den Mitarbeitern, auch bei den Führungskräften.

Kreativität zu fördern ist eine schwierige Sache. Allzu leicht werden zögerliche kreative Ansätze von der Wucht der Erfahrung regelrecht niedergewalzt und im Keim erstickt. Es gilt, Gruppenarbeit zu fördern, am besten im Wettbewerb verschiedener Gruppen miteinander, und die Gruppenmitglieder in Kreativitätstechniken zu schulen (»**Quality-Circles**«).

Das klassische und oft belächelte »**Betriebliche Vorschlagswesen**« hat in Einzelfällen erstaunliche Früchte getragen. Voraussetzung ist, dass neue Ansätze erwünscht sind, und sich nicht der Verdacht breit macht, dass nur ein Feigenblatt missbraucht wird, um doch alles beim Alten zu belassen.

3.2.3.5 Soziale humanitäre Ziele

Hinter dem Faktor Arbeit stehen Menschen und ihre Familien. Kapitalistische Ausbeutung und patriarchalische Fürsorge sind gleichermaßen unzeitgemäß.

Vielmehr gilt es, die Interessen der Mitarbeiter in den Vordergrund zu stellen. Zufriedene Mitarbeiter sind Voraussetzung für zufriedene Kunden, und zufriedene Kunden sind wiederum Voraussetzung für die Erreichung der strategischen Unternehmensziele. Die Messung der Mitarbeiterzufriedenheit im Rahmen regelmäßiger **Mitarbeiterbefragungen** ist deshalb ein zentrales Instrument moderner Personalführung. Dieses Instrument trägt allerdings nur dann Früchte, wenn ein echtes Bemühen und Aktivität gegeben ist, um die Ursachen von Unzufriedenheit zu erforschen. Darüber hinaus ist die Durchführung von Maßnahmen erforderlich, um diesen Ursachen entgegenzuwirken. Nur so wird eine glaubwürdige Atmosphäre geschaffen, in der sich Zufriedenheit entwickeln kann. Allzu vordergründiges Streben der Führungskräfte nach hoher Zufriedenheit, weil davon die variable Komponente ihrer Vergütung abhängt, wirkt eher kontraproduktiv. Vielmehr ist die Einbindung der Mitarbeiter, möglichst auf freiwilliger Basis, erforderlich. Entscheidend ist, dass die dabei erarbeiteten Maßnahmen zügig umgesetzt werden. Auch muss dabei der Zusammenhang zwischen den Maßnahmen einerseits und den Ergebnissen der letzten Befragung andererseits hergestellt werden, um das Interesse der Mitarbeiter an den Befragungen wach zu halten.

Zeitgemäß sind Modelle, welche die Vereinbarkeit von Beruf und Familie fördern (»**Work/Life-Balance**«). Solche Modelle gibt es inzwischen einige:

- flexible Arbeitszeit/Gleitzeit,
- verlässliche Urlaubsplanung,
- Teilzeitarbeit/Job-Sharing,
- Arbeiten von zu Hause (Telearbeit),
- Kinderbetreuung,
- Sabbatical,
- Altersteilzeit.

Angesichts langandauernder Überbelastung haben sich solche Instrumente im Bewusstsein der Mitarbeiter aber bisher kaum durchgesetzt. Hier scheint noch viel Aufklärungsarbeit seitens des Personalwesens erforderlich.

Soziale Absicherung der Mitarbeiter ist seit jeher ein wichtiges Anliegen des Personalwesens. Belohnung von Betriebszugehörigkeit und betriebliche Altersversorgung sind bekannte Beispiele. Ein Zuviel erweist sich aber eher als kontraproduktiv, indem die Verkrustung gefördert wird und Flexibilität und Initiative erlahmen. **Leistung muss sich lohnen**. Wenn durch langes Ausharren ebensoviel oder gar mehr erreicht werden kann wie durch hohen Einsatz, dann schwindet der Anreiz zu Engagement.

Im Gegenteil spricht viel für den entgegengesetzten Ansatz, die Mitarbeiter ständig »fit« zu halten für die Übernahme einer anderen Aufgabe intern oder auf dem Arbeitsmarkt (»**Employability**«). In einer Zeit noch nie erlebter Veränderungen der Arbeitswelt tut man einem Mitarbeiter keinen Gefallen, wenn man ihn sich gemütlich in einer Nische einrichten lässt. Die Nische wird es bald nicht mehr geben, und dann ist das Problem »wohin mit dem Mitarbeiter?« gewaltig. Statt dessen ist erforderlich, die Mitarbeiter für die unausweichlichen Veränderungen aufgeschlossen zu machen (»**Change- Management**«).

Der sozialen Komponente des Arbeitslebens wird in Betrieben mit Betriebsrat durch die Beachtung des Betriebsverfassungsgesetzes Genüge getan. In Betrieben ohne Betriebsrat werden solche Aufgaben in der Regel auf freiwilliger Basis übernommen.

Literatur:

Franke, D./Boden, M. (Hrsg.): Personal Jahrbuch 2004, Neuwied, 2003
Grötzinger M./Uepping, H. (Hrsg.): Balanced Scorecard im Human Resource Management, Neuwied, Kriftel, 2001
Grüning, R./Kühn, R.: Methodik der strategischen Planung, Bern, 2002
Hummel, Th./Malorny Ch.: Total Quality Management, 3. Auflage, München, 2002
Klinkhammer, H. (Hrsg.): Personalstrategie, Neuwied, Kriftel, 2002
Magnusson, K./Kroslid, D./Bergmann, B.: Six Sigma umsetzen, München 2004
Roosevelt, Th. R.: Management of Diverstity, Wiesbaden, 2001

3.3 Beschäftigungsstrukturen und Personalbedarfe für Produktions- und Dienstleistungsprozesse analysieren undermitteln

Ziel eines jeden erwerbswirtschaftlich geführten Unternehmens ist es, mit seinen Aktivitäten **Gewinn zu erzielen**. Der Weg dahin führt entweder über die Produktion von Gütern oder die Bereitstellung von Dienstleistungen. Beides erfordert den Einsatz bestimmter »Produktionsfaktoren« – Kapital, Sachmittel und Menschen. Dies gilt nicht nur für erwerbswirtschaftlich geführte Unternehmen, sondern auch für staatliche, kommunale, soziale und kirchliche Dienstleister (Organisationen, Institutionen).

Kennzeichnend für alle Unternehmen – soweit es sich nicht ausnahmsweise um ein »Ein-Mann-Unternehmen« handelt – ist die **Arbeitsteilung**. Diese Arbeitsteilung ist die zwangsläufige Folge des anfallenden Arbeitsvolumens; sie ist damit zunächst ein Mengenproblem. Diese Mengenteilung erfolgt aber nach ganz bestimmten Kriterien, da die Teilaufgaben, die innerhalb eines Unternehmens zu bewältigen sind, nicht nur sehr vielfältig, sondern auch unterschiedlich schwierig und wichtig sind. Die Gesamtaufgabe des Unternehmens wird daher in Einzelaufgaben zerlegt, die wiederum zu organisatorischen Aufgabeneinheiten zusammengefasst werden (Bereiche, Abteilungen, Gruppen). Diese Aufgabenteilung führt damit zur **Spezialisierung** und damit zu einem Qualitätsproblem.

Aus der organisatorischen Arbeitsteilung entstehen wiederum zwei Gestaltungsprobleme:

- Welche Personen sollen welche Aufgaben unter Einsatz welcher Sachmittel erledigen? Die Gesamtaufgabe wird im Rahmen der **Strukturorganisation** (Aufbauorganisation, Organisationsstruktur) aufgegliedert, nach bestimmten Kriterien zusammengefasst und bestimmten »Aufgabenträgern« zugewiesen.
- In welcher zeitlichen Reihenfolge und an welchen Orten sollen die Aufgaben erfüllt und auf wie viele Personen(gruppen) verteilt werden? Die Aufgaben werden damit nach den Merkmalen Zeit, Raum und personelle Integration unter arbeitsorganisatorischen, ablaufplanerischen und prozessorganisatorischen Gesichtspunkten im Rahmen der **Ablauforganisation** strukturiert.

Die Folgen einer solchen organisatorischen Gestaltung sind **Beschäftigungsstrukturen** (mit qualitativen, quantitativen, zeitlichen und räumlichen) Aspekten und daraus folgend: der **Personalbedarf.**

Wichtigster »Produktionsfaktor« ist in diesem Zusammenhang **der Mensch**, weil er es ist, der mit seinen Entscheidungen alle anderen Produktionsfaktoren gestaltet: er ist der alleinige Entscheidungsträger. Die Summe dieser gegen Entgelt beschäftigten Menschen bildet das Personal. Zu den Besonderheiten dieser Menschen gehört, dass sie Träger des Faktors Arbeit und damit **Träger einer Arbeitsleistung** sind.

Was der Mensch in sein Arbeitsverhältnis zunächst einmal einbringt, ist seine **Leistungsfähigkeit**. Die Erfüllung der (Arbeits)Anforderungen, die an einem bestimmten Arbeitsplatz gestellt werden, ist an die Ausübung und Anwendung von fachlichem Können, von bestimmten Fähigkeiten und Fertigkeiten sowie von Fachwissen gebunden. Den Grad der tatsächlichen Ausschöpfung einer gegebenen Leistungsfähigkeit bestimmt jedoch die individuelle **Leistungsbereitschaft**. Auch wenn letzten Endes jeder Mensch eine individuelle »Bedürfnisskala« besitzt, gilt generell, dass die individuelle Leistung vor allem durch das Ausmaß der individuellen Arbeitszufriedenheit beeinflusst wird, die wiederum durch die aus der Arbeitsaufgabe sich ergebenden Leistungsanreize determiniert wird. Der Mensch ist dann zur Aktivierung seiner Arbeitskraftreserven bereit, wenn er für seine Leistung eine entsprechende Gegenleistung in Form bestimmter (materieller oder immaterieller) Anreize erhält. Solche Anreize aktivieren bestimmte Motive (Grundbedürfnisse wie Lebensunterhalt, soziale Bedürfnisse wie Betriebsklima, Anerkennung) und ergeben in ihrer Summe die individuelle Motivation. Das Bündel der durch Anreize in einem Arbeitsverhältnis aktivierten Motive bildet damit die **Arbeitsmotivation**.

Leistungsfähigkeit und Leistungsbereitschaft ergeben die individuelle Arbeitsleistung und damit eine weitere Planungsgröße für den Personalbedarf.

Personalbedarf ist das Ergebnis einer integrierten (zusammenhängenden) Betrachtung von: Produktions- oder Dienstleistungsprogramm (Produktions- oder Dienstleistungsvolumen), der Arbeitsorganisation sowie der Leistungsfähigkeit und Leistungsbereitschaft der Mitarbeiter.

3.3.1 Arbeitsleistung des Menschen im Unternehmen

Die menschliche Arbeitsleistung hat je nach Blickwinkel des Betrachters zwei Aspekte. Aus der Sicht des Mitarbeiters bedeutet Arbeit zunächst **Einkommen** und damit Sicherstellung seiner Grundbedürfnisse wie Nahrung, Kleidung und Wohnung. Aus der Sicht des Unternehmens dagegen bedeutet Arbeit sowohl **Leistung** als auch **Kosten**.

Ein Unternehmen beschäftigt daher – darauf soll noch einmal hingewiesen werden – Menschen, zu deren Besonderheit es gehört, dass sie Träger des Faktors Arbeit und damit Träger einer **Arbeitsleistung** sind. Die Einzelaufgaben, die als Folge der Arbeitsteilung innerhalb eines Unternehmens zu bewältigen sind, sind in der Regel nicht nur sehr vielfältig und damit verschieden, sondern auch unterschiedlich schwierig und wichtig. Je größer der Einfluss des einzelnen Mitarbeiters auf das Unternehmensergebnis, desto bedeutsamer ist er für das Unternehmen.

Generell gilt: je schwieriger eine Arbeitsaufgabe, desto höher sind die Anforderungen in Bezug auf die Ausübung und Anwendung von fachlichem Können, von Fähigkeiten und Fertigkeiten sowie Fachwissen.

Für die **Beschäftigungsstrukturen** eines Unternehmens folgt daraus generell, dass an den einzelnen Arbeitsplätzen verschiedenartige Anforderungen gestellt werden (wobei nicht automatisch alle Arbeitsplätze verschieden sein müssen): die »Anforderungsprofile« bestimmen die erforderliche Qualifikation der gesuchten Mitarbeiter.

Für die jeweiligen Arbeitsplatzinhaber folgt daraus, dass ihre erforderlichen **Kenntnisse und Fähigkeiten** arbeitsplatzabhängig ebenfalls verschiedenartig sind; diese »Eignungsprofile« entscheiden letztendlich über den Einsatz eines Mitarbeiters an einem bestimmten Arbeitsplatz.

Aufgabe des Unternehmens bzw. der damit beauftragten Abteilungen ist es nun, den richtigen Mitarbeiter an den richtigen Arbeitsplatz zu bringen. Dies ist dann erreicht, wenn die Anforderungen des Arbeitsplatzes sowie die Kenntnisse und Fähigkeiten des Mitarbeiters so weit wie möglich übereinstimmen (möglichst deckungsgleich sind).

3.3.1.1 Arten der Arbeit

Je größer ein Unternehmen, desto weitgehender die Arbeitsteilung – desto unterschiedlicher die einzelnen Arbeitsplätze in Bezug auf Inhalt und Schwierigkeit und desto höher die **Anforderungen** an das Können, Wissen und die Fähigkeiten des Arbeitsplatzinhabers. Arbeit bzw. Arbeitsplatz ist ein ambivalenter Begriff, er bedarf daher jeweils einer Definition und Interpretation.

Die wichtigsten Unterscheidungskriterien für die verschiedenen Arten von Arbeit sind:

- der persönliche Gestaltungs- und Kompetenzrahmen (dispositive oder ausführende Tätigkeiten),
- die Arbeits- und sozialversicherungsrechtlichen Rahmenbedingungen,
- die Ausbildungserfordernisse (Berufsaubildung, Studium),
- die Funktionen, mit denen ein Mitarbeiter betraut wird (Ingenieur, Entwicklungsingenieur, Fertigungsingenieur, Vertriebsingenieur).

3.3.1.1.1 Dispositive/Ausführende (Operativ)e Arbeiten

Während der Begriff der dispositiven Aufgaben mit planend, gestaltend, anweisend und kontrollierend umschrieben werden kann, sind unter ausführenden (operativen) Aufgaben die Umsetzung und Ausführung vorgegebener, eindeutig beschriebener Aufgaben zu verstehen. Letztere erfolgen damit nach allgemeiner, eingehender und/oder umfassender Anweisung.

Dispositive Aufgaben sind daher mit denen der Führungskräfte eines Unternehmens gleichzusetzen. Allerdings ist Führungskraft nicht gleich Führungskraft. Bei einer **hierarchischen** Betrachtung lässt sich ein oberer, mittlerer und unterer Führungskreis unterscheiden. Je höher eine Führungskraft in der Hierarchie steht, desto größer ist ihr Einfluss auf das Unternehmen und dessen Ergebnis, desto umfassender sind dabei die Kompetenzen und desto höher ist auch die Verantwortung.

Beispiele:

- Oberer Führungskreis: Exportleiter, Werkleiter.
- Mittlerer Führungskreis: Abteilungsleiter Buchhaltung, Abteilungsleiter Einkauf.
- Unterer Führungskreis: Gruppenleiter Lagerverwaltung, Meister.

Bei einer Betrachtung unter **tariflichen** Aspekten ist zu differenzieren zwischen außertariflichen (AT) Mitarbeitern und tariflichen Mitarbeitern. Für AT-Mitarbeiter gelten die tariflichen Regelungen nur, wenn sie einzelvertraglich vereinbart werden; ansonsten sind die Beschäftigungsbedingungen frei verhandelbar. Tarif-Mitarbeiter dagegen fallen unter den Geltungsbereich eines Tarifvertrags (sofern der Arbeitgeber einem Arbeitgeberverband angehört und der Mitarbeiter einer Gewerkschaft). In der Regel gelten zumindest die Führungskräfte des oberen und mittleren Führungskreises als AT-Mitarbeiter.

Beispiele:

- AT-Mitarbeiter: Abteilungsleiter im Personalwesen, technischer Werkleiter.
- Tarifmitarbeiter: Buchhalter, Sekretärin, Lagerverwalter.

Unter **betriebsverfassungsrechtlichen** Aspekten ist zwischen Leitenden und nicht-leitenden Angestellten zu unterscheiden. Zu der ersten Gruppe zählen vorwiegend Führungskräfte des oberen Führungskreises, die wesentlichen Einfluss auf den Bestand und Erhalt des Unternehmens haben und auch zur Einstellung und Entlassung von Mitarbeitern berechtigt sind; für diese gelten die Vorschriften des Betriebsverfassungsgesetzes nicht, womit für diesen Führungskreis auch keine Zuständigkeit des Betriebsrats gegeben ist.

Beispiele:

- Leitender Angestellter: Personalleiter, Leiter des Rechnungswesens.
- Nicht-Leitender Angestellter: Meister, Gruppenleiter im Marketing.

Funktional schließlich ist zwischen Führungskräften in der Führungslaufbahn, der Fachlaufbahn und der Projektlaufbahn zu unterscheiden. Führungskräfte in der Führungslaufbahn haben Führungsverantwortung gegenüber ihren disziplinarisch unterstellten Mitarbeitern. Zu ihren Aufgaben gehört das Planen, Entscheiden, Koordinieren, Delegieren, Informieren, Motivieren, Entwickeln, Bewerten und Kontrollieren. Führungskräfte in der Fachlaufbahn sind hoch- oder höherwertige Spezialisten ohne Personalverantwortung, jene in der Projektlaufbahn haben in der Regel eine zeitlich befristete Projektaufgabe, nach deren Abschluss sie eine neue (Projekt)Aufgabe übernehmen. Gemeinsam gilt für alle funktionalen Laufbahnen, dass sie je nach Schwierigkeitsgrad und Bedeutung zum oberen, mittleren oder unteren Führungskreis zu rechnen sind.

Beispiele:

- Führungslaufbahn: Abteilungsleiter im Rechnungswesen.
- Fachlaufbahn: Referent in der Rechtsabteilung.
- Projektlaufbahn: Projektleiter Neubau XY.

3.3.1.1.2 Operative (Ausführende) Arbeiten

Nicht-Führungsaufgaben können mit **operativen oder ausführenden Aufgaben** gleichgesetzt werden. Sie sind in den unteren Hierarchieebenen angesiedelt und fallen in aller Regel unter den Geltungsbereich eines Tarifvertrags und des Betriebsverfassungsgesetzes.

Beispiele:

DV-Sachbearbeiter, Pförtner, Sekretärin, Buchhalter.

3.3.1.1.3 Arbeits-/Sozialversicherungsrechtliche Unterscheidung

Nach wie vor gibt es noch in beinahe jedem Unternehmen **Angestellte** und **Arbeiter.** Diese auf sehr alte historische Wurzeln zurückgehende Unterscheidung zwischen geistiger und körperlicher Tätigkeit ist zwar aufgrund der technischen, technologischen und organisatorischen Entwicklungen der vergangenen Jahrzehnte weitgehend überholt, in der Praxis aber trotzdem noch die Regel.

Gemeinsam ist beiden Arten von Mitarbeitergruppen, dass es sich bei allen ihren Mitgliedern um **abhängige Beschäftigte** handelt, deren Arbeit dem Weisungs- und Kontrollrecht eines Arbeitgebers (oder dessen Beauftragten) unterliegt und die sich in einer wirtschaftlichen Abhängigkeit befinden. Gemeinsam ist ihnen ferner, dass beide Gruppen in ihrer Tätigkeit sowohl geistige als auch körperliche Fähigkeiten einbringen müssen – der Eine mehr, der Andere weniger.

Ein wesentliches Unterscheidungsmerkmal liegt vor in der Form der Vergütung. **»Akkordlohn« und »Stundenlohn«** sind nach wie vor vorwiegend beim »Handarbeiter« zu finden, **Monatsgehalt** dagegen beim »Kopfarbeiter«, dem Angestellten.

Ein weiteres Unterscheidungsmerkmal liegt in der **sozialversicherungsrechtlichen Behandlung**. Arbeiter werden in der Sozialversicherung der Arbeiter versichert, deren Träger die Landesversicherungsanstalten sind, Angestellte dagegen sind in der Bundesversicherungsanstalt für Angestellte versichert. Versicherungsrechtlich erscheinen die Arbeiter dabei als Restkategorie: es sind alle abhängig Beschäftigten, die im Sozialgesetzbuch nicht als Angestellte bezeichnet sind.

Beispiele:

- Angestellte: Disponent, Kassier, Personal-Sachbearbeiter.
- Arbeiter: Mechaniker, Werkzeugmacher, Kraftfahrer.

3.3.1.1.4 Ausbildung

Die Anforderungen (Kenntnisse, Fähigkeiten), die an den verschiedenen Arbeitsplätzen gestellt werden, erfordern in der Regel unterschiedliches praktisches und theoretisches Wissen und Können. Der gewerblich arbeitende Mitarbeiter an einem Fließband oder einer Maschine braucht Geschicklichkeit oder Fingerfertigkeit. Sein technischer Kollege in der Produktentwicklung dagegen bedarf der vertieften Kenntnisse der Physik und der Mathematik. Dort wo das praktische Wissen im Vordergrund steht, reicht üblicherweise eine praktische Grundausbildung. Theoretische Kenntnisse setzen dagegen – allerdings nicht immer zwangsläufig – eine Hochschul- oder Fachhochschulausbildung voraus.

Beispiele:

- Ausbildung zum Energieelektroniker, Ausbildung zum Speditionskaufmann.
- Studium der Physik, der Mathematik, der Betriebswirtschaft.

3.3.1.1.5 Funktional

Bedingt durch die **Arbeitsteilung und Spezialisierung** bildet die Organisationsstruktur eines Unternehmens den Rahmen für die Zuordnung ganz bestimmter Tätigkeiten und Aufgaben zu organisatorischen Einheiten, die sich an den Teilfunktionen eines Unternehmens orientieren: Produktentwicklung, Produktion, Logistik, Controlling, Vertrieb. In jedem dieser Bereiche sind die Mitarbeitergruppen zu finden, die in den letzten drei Abschnitten beschrieben wurden. Darüber hinaus erfordert jedoch die Spezialisierung ganz bestimmte Spezialkenntnisse, die zusätzlich zu einem allgemeinen Grundwissen vorhanden sein müssen. So benötigt beispielsweise ein Ingenieur in der Elektronikentwicklung vertiefte Fachkenntnisse der Elektronik, die sein Kollege in der Konstruktion oder im Vertrieb wiederum nicht braucht. Der Kollege im Vertrieb wiederum braucht dagegen spezifische Kenntnisse des Absatzmarkes, der Produktanwendung oder der Marktforschung.

3.3.1.2 Bestimmungsfaktoren der Arbeitsleistung

Was der Mensch in sein Arbeitsverhältnis zunächst einmal einbringt, ist seine Leistungsfähigkeit. Die **Erfüllung von Tätigkeitsanforderungen** ist an die Ausübung und Anwendung von fachlichem Können, der Fähigkeiten und Fertigkeiten sowie des Fachwissens gebunden. Den Grad der tatsächlichen Ausschöpfung einer gegebenen Leistungsfähigkeit bestimmt dagegen die **Leistungsbereitschaft**. Auch wenn letzten Endes jeder Mensch eine individuelle Bedürfnisskala besitzt, bleibt als unbestrittene Tatsache, dass die individuelle Leistung vor allem durch das Ausmaß der individuellen Arbeitszufriedenheit beeinflusst wird, die wiederum durch die sich aus der Arbeitsaufgabe ergebenden Leistungsanreize determiniert wird. Der Mensch ist dann zur Aktivierung seiner Leistungskräfte bereit, wenn er entweder für seinen Ressourceneinsatz (»inputorientierte Arbeitsleistung«) und oder für sein Arbeitsergebnis (»outputorientierte Arbeitsleistung«) entsprechende Anreize in Form von Anreizen erhält. Anreize (monetärer oder nicht-monetärer Art) aktivieren Motive und ergeben in ihrer Summe die individuelle Motivation. Das Bündel der durch Anreize in einem Arbeitsverhältnis aktivierten Motive bildet damit die **Arbeitsmotivation**.

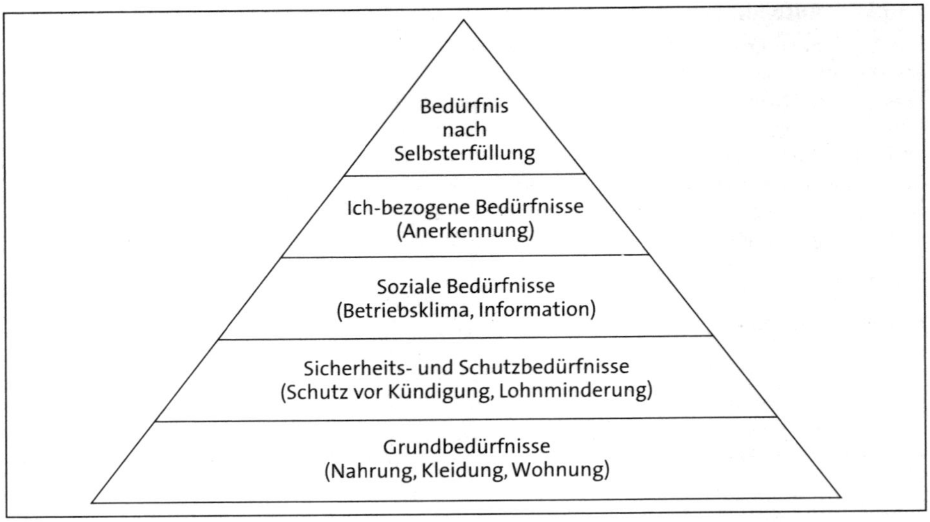

Abb. 1: Maslow'sche Bedürfnispyramide

Die den Unternehmen zur Verfügung stehenden Anreize sind vielfältig; sie können sowohl materieller als auch immaterieller Natur sein. Zu den Anreizen in materieller (oder monetärer) Form zählen bspw. Löhne und Gehälter, tarifliche und betriebliche Einmalzahlungen wie Urlaubs- und Weihnachtsgeld; sie können fix oder variabel, direkt oder indirekt leistungsbezogen sein. Nicht-monetäre Anreize liegen in der Arbeitsaufgabe selbst, im Arbeitsplatz, der organisatorischen oder hierarchischen Gestaltung der Arbeitsaufgabe, der Anerkennung, der Kompetenzen, der Verantwortung, den Weiterbildungs- und Aufstiegsmöglichkeiten sowie der Arbeitsplatzsicherheit.

Leistungsbereitschaft und Leistungsfähigkeit haben beide dasselbe Ziel: ein **Leistungsergebnis.**

Welche Möglichkeiten hat nun ein Unternehmen, einerseits die individuellen Leistungsanforderungen, andererseits die individuelle Leistung bzw. das Leistungsergebnis zu ermitteln, zu messen oder zu bewerten? Ansatzpunkte hierfür sind die Arbeits- und die Leistungsbewertung

3.3.1.2.1 Arbeitsbewertung

Die Arbeitsbewertung hat zwei Ziele:

- Erstes Ziel sind Aussagen darüber, welches Wissen, welche Fähigkeiten, Eigenschaften und Werthaltungen, Erfahrungen und formale Qualifikationsnachweise ein Stelleninhaber braucht, um die Aufgaben der Stelle erfolgreich zu erfüllen.
- Zweites Ziel ist die Bewertung dieser Anforderungen.

Die Arbeitsbewertung bildet damit sowohl die **Grundlage für eine Personalbedarfsanalyse** als auch für die Vergütung. Sie setzt an der anforderungsabhängigen Komponente an und berücksichtigt nur diejenigen Leistungsanteile eines Mitarbeiters, die unter Zugrundelegung einer Normalleistung zur Bewältigung der grundlegenden Arbeitsanforderungen dienen.

In der Praxis haben sich verschiedene **Verfahren der Arbeitsbewertung** herausgebildet. Gemeinsam ist allen, dass als Bewertungskriterien die Arbeitsanforderungen zugrunde gelegt werden, die sich aus der Arbeitstätigkeit unter den jeweils gegebenen Arbeitsbedingungen ergeben. Hierbei wird von den individuellen Fähigkeiten und Eigenschaften des jeweiligen Stelleninhabers abstrahiert und vorausgesetzt, dass diese die Leistungsvoraussetzungen erfüllen und daher für die betreffende Tätigkeit geeignet sind. Die Unterschiede zwischen den verschiedenen Arbeitsbewertungsverfahren liegen im Umfang und in der Gewichtung der berücksichtigten Anforderungsarten. Während bei den summarischen Verfahren die Gesamtanforderungen an einem Arbeitsplatz als Ganzes bewertet werden, berücksichtigen die analytischen Verfahren bei einzelnen Anforderungsarten wie Können oder Erfahrung deren unterschiedliche Ausprägungsgrade und berechnen hieraus einen Gesamtarbeitswert. (Für einen Überblick über die verschiedenen Arbeitsbewertungsverfahren siehe Abschnitt 2.3.8.4).

Grundlage jeder Arbeitsbewertung bildet die **Stellenbeschreibung**. Mit ihr werden die Anforderungen an den einzelnen Arbeitsplätzen im Unternehmen erfasst, beschrieben und dokumentiert – wodurch in erster Linie dem **qualitativen Aspekt der Personalbedarfsplanung** Rechnung getragen wird.

3.3.1.2.2 Leistungsbewertung

Was versteht man unter Leistung: Einsatz, Ergebnis oder Erfolg?

Es gibt wenig Begriffe, die in ähnlich großem Umfang mit unterschiedlichen Inhalten belegt sind und sehr undifferenziert verwendet werden wie der Begriff der Leistung. Einerseits werden der:

- mitarbeiterspezifische **Ressourceneinsatz**, d. h.: der subjektive Arbeitseinsatz, die persönliche Anstrengung, das individuelle Bemühen oder die aufgewendete Energie zur Erfüllung bestimmter Aufgaben oder zur Erreichung bestimmter Ziele (**»inputorientierte Leistung«**), andererseits:
- das quantitative oder qualitative Arbeitsergebnis selbst oder
- der Erfolg als Leistung (jeweils **»outputorientierte Leistung«**) bezeichnet.

Während das Ergebnis ein bewertungsneutrales Resultat darstellt, welches absolut gesehen positiv oder negativ sein kann, beinhaltet der Erfolg eine relative Bewertung eines solchen Ergebnisses. Entscheidend für die Bewertung eines Ergebnisses ist daher, ob bei einem **Soll-Ist-Vergleich** die Erwartungen als erfüllt anzusehen sind, die in Form von Zielen angestrebt und vorgegeben wurden. So bleibt zwar ein von -4% auf -2% verbessertes Unternehmensergebnis nach wie vor ein negatives Ergebnis, kann aber einen Erfolg darstellen, dem außergewöhnliche Anstrengungen der Mitarbeiter zugrunde liegen.

Die Palette möglicher Zielvorgaben als Grundlage für einen Soll-Ist-Vergleich und damit auch als Grundlage für die Bewertung der individuellen Arbeitsleistung ist groß. Die Elemente können sowohl input- als auch outputbezogen sein. Ihre spezifische Auswahl ist funktions- und aufgabenabhängig.

Ein Arbeitserfolg lässt sich in erster Linie am Arbeitsergebnis messen. Nachdem es jedoch nicht wenige Tätigkeiten gibt, bei denen eine Messung oder Bewertung des Arbeitserfolgs als Kriterien der individuellen Leistung schwierig ist, weil die entsprechenden Bewertungskriterien fehlen, darf eine Bewertung nicht nur den Leistungsoutput betrachten. Auch gibt es Tätigkeiten, in denen der erwartete Erfolg aus Gründen, die nicht in der Person des Mitarbeiters liegen, nicht erreicht wurde, der Mitarbeiter selbst sich jedoch enorm eingesetzt hat.

So haben bspw. bei Tätigkeiten, die nicht unmittelbar mit der Herstellung oder dem Vertrieb eines Produktes zu tun haben, persönliche Eigenschaften und Fähigkeiten wie Zuverlässigkeit, Pünktlichkeit, Genauigkeit, Kontaktfähigkeit, Bereitschaft zur Zusammenarbeit, Verantwortungsbereitschaft, Arbeitssorgfalt oder Einsatzbereitschaft erhöhte Bedeutung gegenüber einem rein quantitativ oder qualitativ messbaren Arbeitserfolg als Output.

Den Gegenpol bei einer solchen Betrachtung bildet die Führungsspitze eines Unternehmens. Deren Aufgabe erfordert zwar selbstverständlich auch persönliche Eigenschaften wie Auffassungsgabe, Urteilsfähigkeit oder Belastbarkeit. Viel entscheidender ist jedoch deren Einfluss auf den Bestand und die Entwicklung des Unternehmens, der sich primär in outputorientierten (quantitativen und qualitativen) Erfolgskriterien ausdrückt.

Tendenziell sind einsatzorientierte Zielkriterien eher bei verwaltenden, beratenden und überwachenden Tätigkeiten, erfolgsorientierte dagegen eher bei gestaltenden, dispositiven und »führenden« Tätigkeiten anwendbar. Anhaltspunkte für deren Auswahl geben auch die Stichworte »Routinearbeit«, »schwierige Arbeit ohne Führungsverantwortung« und »Führungsaufgaben«.

3.3.2 Instrumente der Personalbedarfsbestimmung

Ziel und Aufgabe der Personalplanung ist es, den richtigen Mitarbeiter in der erforderlichen Zahl zum richtigen Zeitpunkt am richtigen Ort – und zu vertretbaren Personalkosten – zur Verfügung zu haben.

Die **Bestimmung des erforderlichen Personalbedarfs** hat daher immer die folgenden Aspekte zu berücksichtigen:

- Qualität,
- Quantität,
- Ort,
- Zeitpunkt (Zeitraum).

Hieraus folgt, dass eine Personalplanung und damit auch eine Personalbedarfsplanung jeweils aus einer ganzen Reihe von **Teilplänen** besteht, die erst in der Komprimierung die **Gesamtplanung** ergeben.

Personalplanung hat darüber hinaus ein weiteres wichtiges Kriterium. Sie ist keine originäre, sondern eine **abgeleitete Planung**. An erster Stelle einer Unternehmensplanung steht die Frage, welche Produkte (oder Dienstleistungen) mit welchen Eigenschaften in welcher Menge verkauft werden sollen. Umsatz-, Produkt-, Entwicklungs- und Produktionsplanung bilden damit die Grundlage für die Personalplanung: wie viele Mitarbeiter welcher Qualifikation zu welchem Zeitpunkt an welchem Ort benötigt werden.

3.3.2.1 Qualitativ

Der qualitative Aspekt der Personalbedarfsermittlung setzt an den **Anforderungsprofilen** der im Zuge der Arbeitsteilung definierten Einzel- Arbeitsaufgaben an: welche fachlichen und persönlichen Anforderungen (Kenntnisse und Fähigkeiten) werden an den jeweiligen Arbeitsplatzinhaber gestellt? Als Grundlage dafür dient die **Arbeitsbewertung** (mit Stellenbeschreibung und Stellenbewertung). Hilfsgrößen für die Anforderungsermittlung sind in der Praxis häufig ein erforderlicher Ausbildungsabschluss und die berufliche Erfahrung. Die Anforderungsprofile werden mit den individuellen Eignungsprofilen verglichen.

3.3.2.2 Quantitativ

Der **quantitative** Aspekt der Personalbedarfsermittlung setzt ebenfalls an den Einzelaufgaben an: welches Arbeitsvolumen schafft der jeweilige Arbeitsplatzinhaber in einer bestimmten Zeiteinheit? Grundlage dafür bilden oft **Arbeitszeitstudien.** Diese können allerdings nicht generell als Rechengröße herangezogen werden, da sich viele Arbeitsplätze einer Messung der Arbeitsmenge entziehen. Hier muss auf Schätz- und Erfahrungswerte zurückgegriffen werden.

3.3.2.3 Räumlich

Der **räumliche Aspekt der Personalbedarfsermittlung** muss die Tatsache berücksichtigen, dass die Mehrzahl der mittleren und größeren Unternehmen nicht nur auf einen Standort begrenzt ist, sondern zwei oder mehr Standorte aufweisen – u. U. nicht nur im Inland, sondern auch im Ausland. Aus diesem Grunde gilt es, den Personalbedarf jedes Standorts gesondert zu ermitteln. Zu berücksichtigen ist dabei, dass die Mobilität vieler Mitarbeiter beschränkt ist, sodass ein Personalüberhang am einen Standort nicht mit einem Personalbedarf an einem anderen Standort ausgeglichen werden kann.

3.3.2.4 Temporär

Der temporäre Aspekt der Personalbedarfsermittlung befasst sich mit der Frage, wann die qualitativ, quantitativ und räumlich ermittelten Personalbedarfe benötigt werden. Hierbei ist zwischen einer **Kurz-, Mittel- und Langfristplanung** zu unterscheiden (bis ein Jahr, zwei bis fünf Jahre, mehr als fünf Jahre). Während die Kurz- und Mittelfristplanung ihrem Charakter nach mehr eine operative Planung darstellt, bildet die Langfristplanung Teil der strategischen Planung. Grundsätzlich gilt für die temporäre Planung: **je länger der Zeitraum, desto unsicherer die Planungsgrundlagen.** Diese Aussage soll mit der Betrachtung der Determinanten des Personalbedarfs im folgenden Abschnitt unterstrichen werden.

3.3.2.5 Determinanten des Personalbedarfs

Unter Determinanten des Personalbedarfs sind Einflussgrößen zu verstehen, welche die **verschiedenen Aspekte des Personalbedarfs** (Qualifikation, Menge, Zeitpunkt und Ort) in irgendeiner Form beeinflussen. Zu unterscheiden ist dabei zwischen solchen Größen, die einen direkten Einfluss auf den Umfang und die Struktur des Personalbedarfs nehmen (**Primärdeterminanten**) und solchen, die nur einen indirekten Einfluss ausüben (**Sekundärdeterminanten**).

- **Primärdeterminanten:** Aus dem Begriff des Personalbedarfs folgt bereits, dass die Gesamtheit der in einem Unternehmen wahrzunehmenden dispositiven und operativen Aufgaben Einfluss auf den Personalbedarf hat.

Die **erste** Primärdeterminante bildet dabei das **Leistungsprogramm.** Die Entwicklung eines mehr oder weniger anspruchsvollen Produkts (z. B. eines Sportwagens oder einer bestimmten Software), seine Herstellung und sein Verkauf haben einen unmittelbaren Einfluss auf den Personalbedarf. Es sind mit anderen Worten ganz bestimmte Personalkapazitäten erforderlich.

Die **zweite** Primärdeterminante bildet die **Arbeitsproduktivität.** Sie wird gemessen als Arbeitsergebnis (Ausbringung) pro Arbeitsstunde oder umgekehrt als benötigte Arbeitszeit pro produzierter oder entwickelter Produkteinheit. Je produktiver, desto weniger Arbeitskapazität ist erforderlich. Mit anderen Worten: eine wachsende Leistungsintensität des Produktionsfaktors Arbeit (als Ergebnis der Leistungsbereitschaft und der Leistungsfähigkeit), aber auch erhöhter Kapitaleinsatz, verbesserte technische und organisatorische Gegebenheiten, erhöhen die Arbeitsproduktivität, reduzieren aber gleichzeitig den Personalbedarf.

Die **dritte** Determinante schließlich bildet die **Arbeitszeit.** In einem ersten Rechenschritt ergibt sich aus dem Leistungsprogramm und der Arbeitsproduktivität die erforderliche Arbeitszeit, die insgesamt benötigt wird, um das auf eine bestimmte Peiode bezogene Leistungsprogramm zu realisieren. Dividiert man diesen Gesamt-Arbeitszeitbedarf durch die Arbeitszeit, die eine Arbeitskraft in einer bestimmten Periode zur Verfügung steht, so erhält man den Gesamtpersonalbedarf als Durchschnittsbedarf der betreffenden Periode.

- **Sekundärdeterminanten:** Eine vollständige Aufzählung der Sekundärdeterminanten scheitert ebenso wie eine zuverlässige Bedeutungseinschätzung an ihrer großen Zahl. Im Folgenden werden daher nur die wichtigsten Sekundärdeterminanten und ihre Wirkung beschrieben.

Grundsätzlich ist bei den Sekundärdeterminanten zwischen **unternehmensexternen** (unternehmerisches Umfeld) und **internen** (unternehmensspezifischen) zu unterscheiden.

- Von großem Einfluss auf die Struktur, das Niveau und die Chronologie des Leistungsprogramms eines Unternehmens (Art, Menge und Angebotszeitpunkt) und damit letztendlich auf den Personalbedarf sind die spezifischen **Angebots- und Nachfrageverhältnisse** sowie deren saisonale, konjunkturelle, trendmäßige oder abrupte Veränderungen.

Beispiele:

Weihnachtsgeschäft, Handy-Boom, PKW-Cabrionachfrage.

- Eine nicht zu unterschätzende Wirkung auf sämtliche Primärdeterminanten haben Gesetze, Tarife, Rechtsprechung und Betriebsvereinbarungen. In Deutschland ist das Netz solcher kollektiver, vorwiegend **arbeitsrechtlicher Rahmenbedingungen** besonders eng geknüpft, was zur Folge hat, dass der Handlungsspielraum der Unternehmen relativ eng und starr ist.

Beispiele:

Gesetzliche und tarifliche Arbeitsregelungen, Kündigungsschutz.

- Von ganz erheblichem Einfluss auf den Personalbedarf hat die im Unternehmen eingesetzte **Technik und Technologie**. Sie bestimmt nicht nur das Produkt- und damit letztendlich das Leistungsprogramm mit, sondern hat als verfahrensdeterminierender Faktor entscheidenden Einfluss auf die Arbeitsproduktivität.

Beispiele:

Einführung von Gruppenarbeit anstelle Einzelarbeit, CNC-gesteuerte Maschinen, Lasertechnik.

- Ein ähnlich vielfältiger und weitreichender Einfluss auf den Personalbedarf geht von der **Unternehmensorganisation** aus. Diese Unternehmensorganisation mit ihren beiden Aspekten der Aufbau- und Ablauforganisation hat Auswirkungen auf den quantitativen, qualitativen, zeitlichen und räumlichen Personalbedarf. Je nach dem, nach welchen Prinzipien die Gesamtaufgaben im Rahmen der Arbeitsteilung in Teilaufgaben zerlegt werden, ergeben sich ganz unterschiedliche, vor allem qualitative Anforderungen an die beschäftigten Mitarbeiter. Beim Verrichtungs- bzw. Funktionalprinzip werden gleichartige Aufgabenfelder nach Sachzusammenhängen zusammengefasst; beim Objektprinzip dagegen bildet das Produkt die organisatorische Richtschnur.

Beispiele:

Funktionale Organisation bedeutet Gliederung nach Produktentwicklung, Produktion, und Vertrieb für alle Produkte, Objektorganisation fasst die genannten Funktionen für jeweils *ein* Produkt zusammen.

- Als letzte Sekundärdeterminante soll der **Leistungsbeitrag der Mitarbeiter** erwähnt werden. Gemeint ist dabei das von der Leistungsbereitschaft und Leistungsfähigkeit *aller* Mitarbeiter abhängige Leistungsergebnis, welches durch zahlreiche Faktoren positiv und negativ beeinflusst werden kann.

Beispiele:

Gefühl der Arbeitsplatzsicherheit, Betriebsklima, gute/schlechte Führungskräfte, Vergütung.

Literatur:

Drumm, H. J.: Personalplanung, in: Handwörterbuch des Personalwesens, Stuttgart, 2004
Kreikebaum, H.: Arbeit, in: Handwörterbuch des Personalwesens, Stuttgart, 2004
Oechsler, W. A.: Personal und Arbeit, 8. Auflage, München, Wien, 2006
Tlach, P.: Arbeitsproduktivität, in: Handwörterbuch des Personalwesens, Stuttgart, 2004

3.4 Personalbedarfs- und Entwicklungsplanung durchführen

Personalbedarfs- und Entwicklungsplanung dienen der **Analyse, Prognose und Steuerung** der personellen Ressourcen (Human-Resources, Human-Capital) im Unternehmen. Dabei geht es um den heutigen und künftigen Bedarf aus quantitativer und um die Maßnahmen zur Entwicklung aus qualitativer Sicht. Die Planung von Personalbedarf und -entwicklung bezieht sich auf:

- das Unternehmen insgesamt,
- einzelne Organisationseinheiten,
- Gruppen von Beschäftigten sowie
- einzelne Mitarbeiter.

Mithilfe von Personalbedarfs- und -entwicklungsplanung soll in personeller Hinsicht die **Leistungsfähigkeit des Unternehmens** unter Berücksichtigung der Interessen und Bedürfnisse der Mitarbeiter gewährleistet werden. Hierbei stellen die Veränderungen in:

- Markt,
- Technik und
- Gesellschaft,

hohe Anforderungen der:

- Qualität,
- Flexibilität und
- Geschwindigkeit (Tempo)

an die Anpassungsprozesse von Unternehmen und Mitarbeitern. Hierauf zielen die Maßnahmen ab. Den größten Erfolg haben lernende Organisationen und lernfähige Mitarbeiter.

3.4.1 Methoden zur Berechnung des Personalbedarfs (Personalbedarfsberechnung)

Methoden der Personalbedarfsrechnung dienen dazu, den Personalbedarf für einen bestimmten Zeitraum bzw. Zeitpunkt zu quantifizieren (s. auch Abschnitt 3.1.3). Hierbei steht der quantitative Aspekt der Personalwirtschaft im Vordergrund: die richtig qualifizierten Mitarbeiter zur rechten Zeit am rechten Ort zur Verfügung zu haben. Hier speziell: die richtige Mitarbeiteranzahl. Die **unterschiedlichen Methoden der Personalbedarfsberechnung** sollen von einer Brutto-Betrachtung zu einer Netto-Verfügbarkeit führen. Hierzu ist der Personalbestand zu berücksichtigen.

Die in Theorie und Praxis am häufigsten anzutreffenden Verfahren und Methoden zur Personalbedarfsermittlung können wie folgt unterschieden werden:

- globale, vergangenheitsorientierte Methoden,
- Schätz-Methoden,
- Kennzahlen-Methode,
- arbeitswissenschaftliche Methoden,
- Stellenplan-Methode.

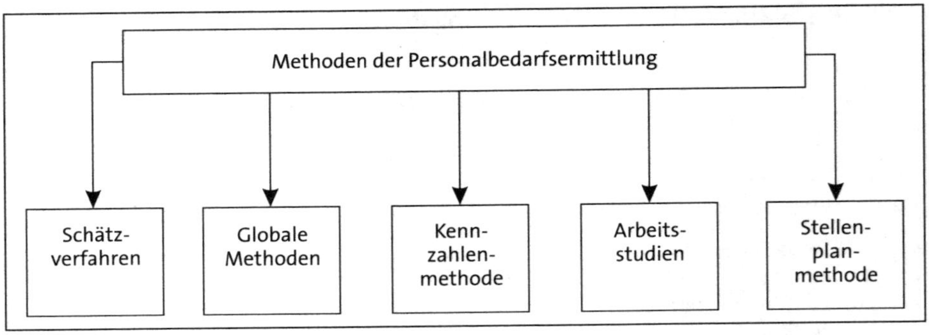

Abb. 1: Methoden der Personalbedarfsermittlung

Personalpolitisch stellt sich die Frage, inwieweit einem rechnerisch ermittelten theoretischen Reservebedarf durch vorsorgliche Personaleinstellung entsprochen wird, oder ob bewusst eine Unterdeckung in Kauf genommen werden soll. Hier kann unter Umständen eine temporäre **Überbedarfsdeckung** (Überlappung) notwendig sein, um z. B. Einarbeitung und/oder Know-how-Transfer zu ermöglichen.

Andererseits kann durch gezielte Vakanzen ein bewusster Zwang zu Veränderung, z. B. durch Rationalisierung, Reorganisation oder gar Leistungsverzicht bewirkt werden.

In jedem Fall stellt sich die Frage, ob der ermittelte personelle Fehlbedarf durch:

- Eigenleistung und Eigenbedarfsdeckung z. B. durch Einstellung oder
- Zukauf, Fremdvergabe und Outsourcing, z. B. durch Werkverträge oder Personaldienstleister (Leiharbeitnehmer)

gedeckt werden soll.

Aus wirtschaftlicher Sicht ist die Personalbedarfsermittlung sehr wichtig, weil die Qualität und die Quantität der zu besetzenden Personalstellen sowohl die **betriebliche Leistungsfähigkeit** als auch die **Personalkosten** beeinflussen. Deshalb ist der Personalbedarfsplan auch die Grundlage für andere Elemente bzw. Teilpläne der Personalplanung. Die Kenntnis des Personalbedarfs ist Voraussetzung für effiziente Einsatz-, Beschaffungs- oder Entwicklungsplanung. Planungsfehler haben hier schwerwiegende Folgen: Wird der Bedarf zu hoch eingeschätzt und die Personalbeschaffung in entsprechendem Umfang vorgenommen, kommt es zu kostenträchtigen Personalüberhängen, die abgebaut werden müssen. Wird der Bedarf allerdings zu niedrig angesetzt, führen Personalengpässe zu Schwierigkeiten bei der Leistungserbringung.

3.4.1.1 Globale oder vergangenheitsorientierte Methoden und Verfahren

Bei den globalen oder vergangenheitsorientierten Methoden der Bedarfsermittlung handelt es sich um Verfahren mit Annäherungswerten, die eher bei **langfristigen Personalbedarfsprognosen** eingesetzt werden sollten. Für kurzfristige operative Planung von Personalmaßnahmen sind die Aussagewerte in der Regel nicht präzise genug (»global«). Da diese statistischen Methoden eine entsprechend große Datenbasis erfordern, ist deren Anwendung vorwiegend für Mittel- und Großunternehmen geeignet.

3.4.1.1.1 Trendexploration

Voraussetzung für eine **Interpolation** ist, dass Informationen aus der Vergangenheit sowie eine Plangröße vorliegen, damit zuverlässige Annahmen über die Beziehung des Personalbedarfs zur ausgewählten Bezugsgröße getroffen werden können.

Eine **Trendextrapolation** kann angewendet werden, wenn davon auszugehen ist,dass sich eine Zeitreihe auch zukünftig fortsetzen wird, z. B. Fluktuationsquote oder Fehlzeitenquote.

3.4.1.1.2 Analogieschluss-Verfahren

Bei der **Trendanalogie** wird von der Annahme ausgegangen, dass in der Vergangenheit festgestellte Zusammenhänge zwischen verschiedenen Faktoren (Größen) auch bei zukünftigen Entwicklungen bestehen bleiben, wie z. B. Anzahl der Verkäufer im Verhältnis zur Anzahl der Kunden bzw. der Höhe des Umsatzes. Bei steigenden oder sinkenden Kunden- und Umsatzzahlen ergibt sich daraus ein entsprechend höherer oder geringerer Verkäuferbedarf.

Bei der **Regressionsanalyse** wird die abhängige Größe Personalbedarf durch eine oder mehrere unabhängige Größen, wie z. B. Auftragseingänge, Umsatz, Branchenwachstum erklärt. Mithilfe von **Korrelationsrechnungen** wird der Zusammenhang zwischen zwei Größen nachgewiesen; bei Regressionsanalysen werden nur Größen herangezogen, die eine hohe positive Korrelation aufweisen.

3.4.1.1.3 Kennzahlen-Methode

Die Kennzahlen-Methode ist ein **vergangenheitsorientiertes Verfahren**, das sowohl der globalen als auch der detaillierten Bedarfsermittlung dient. Die Methode beruht auf der Voraussetzung, dass stabile Beziehungen zwischen Personalbedarf und Bezugsgrößen bestehen. Die Einflussfaktoren für den Personalbedarf können z. B. sein:

- Die Arbeitsproduktivität (Produktionsmenge in Stückzahl je Zeiteinheit wie Stunde, Tag, Woche),
- Umsatz je Mitarbeiter pro Monat,
- Arbeitsaufwand in Zeiteinheit für eine bestimmte Menge (produktive Stunden),
- Führungs- und Kontrollspanne.

a) Ausgangsdaten für 2005 Produktionsmenge ∅ Personalbestand in der Produktion gearbeitete Wochen ∅ Stundenzahl je Mitarbeiter Gesamtstundenzahl je Mitarbeiter Gesamtstundenzahl aller Mitarbeiter in der Produktion Produktionsmenge je Arbeitsstunde	500.000 Einheiten 200 Mitarbeiter 46 37 Stunden/Woche 1.702 Stunden/Jahr 340.400 Stunden/Jahr 1,47 Einheiten
b) Plandaten für 2006 geplante Produktionsmenge geplante Produktivitätssteigerung geplante Produktivität erforderliche Arbeitsstundenzahl	520.000 Einheiten 5 % 1,54 Einheiten 337.158 Stunden/Jahr
c) Arbeitszeitverkürzung auf 35 Stunden/Woche bezogen auf 46 Wochen resultieren je Mitarbeiter	1.610 Stunden/Jahr
d) Bruttopersonalbedarf = 337.158 Std.: 1.610 Std. je Mitarbeiter und Jahr	210 Mitarbeiter

Abb. 2: Beispiel Ermittlung des Bruttobedarfs durch Kennzahlenmethode

3.4.1.2 Schätz-Verfahren

Eine große Verbreitung in der betrieblichen Praxis, insbesondere in kleineren Organisationseinheiten, haben die Schätzverfahren zur Ermittlung des künftigen Personalbedarfs.

3.4.1.2.1 Einfache Schätz-Verfahren

Bei der einfachen Schätzmethode wird der **voraussichtliche Personalbedarf** in quantitativer und qualitativer Hinsicht bei den Verantwortlichen (Führungskräften) abgefragt: »Wie viele Mitarbeiter mit welcher Qualifikation werden künftig (z. B. im kommenden Geschäftsjahr) benötigt?« Die Antworten werden zusammengetragen, auf Plausibilität hin überprüft, ggf. berichtigt und dann zur Planungsgrundlage gemacht. Diese Methode ist gekennzeichnet durch hohe Subjektivität und Intuition. Aufgrund von Erfahrungswissen der Beteiligten ist die Methode durchaus praktikabel und verwertbar. Der administrative Planungsaufwand ist gering.

3.4.1.2.2 Systematische Schätz-Verfahren

Beim systematischen Verfahren der Schätzung des Personalbedarfs **(Delphi-Methode)** werden die verantwortlichen Führungskräfte und ggf. weitere Experten schriftlich mit Hilfe eines Fragebogens zur Prognose aufgefordert, die auch entsprechend zu begründen ist.

Führungskräfte wie übrige externe und interne Experten greifen individuell auf Kennzahlen zurück und liefern Begründungen für ihre Angaben. Diese werden ausgewertet, zusammengefasst und an die Befragten zurückgekoppelt.

Aufgrund des Rückkopplungsprozesses kann eine erneute, auf breiterer Informationsbasis beruhende Schätzung des künftigen Personalbedarfs abgegeben werden. Die Planzahlen werden dadurch aufgrund der breiten Beteiligung:

- zuverlässiger,
- transparenter und
- akzeptierter.

Ähnlich wie die Delphi-Methode verfolgt auch die **Szenario-Technik** das Ziel, mittel- und langfristige Trends mit einem systematischen Ansatz zu prognostizieren. Dabei werden z. B. Auswirkungen globaler Mega-Trends wie:

- Bevölkerungsentwicklung,
- Technologiesprünge,
- Marktverschiebungen oder
- Bedürfniswandel

im Hinblick auf quantitativen und qualitativen Personalbedarf in der Zukunft untersucht.

3.4.1.3 Arbeitswissenschaftliche Methoden der Personalbemessung

Neben globalen Verfahren oder Schätzverfahren, die häufig weniger detailliert und präzise gefasst sind und auf größere Planungshorizonte abzielen, bedient sich die Personalbedarfsplanung auch exakterer Bemessungsmethoden. Bezugsgrößen sind hierbei im wesentlichen **Arbeitseinheiten und Zeitbedarf pro Arbeitseinheit**.

Zu solchen systematischen Zeitermittlungen gehören insbesondere im administrativen (indirekten) Bereich auch **Selbstaufschreibungen**, z. B. durch Dokumentation des Zeitbedarfs für verschiedene Arbeitsvorgänge über einen gewissen Erfassungszeitraum auf geeigneten Formblättern.

Hierdurch wird eine gewisse Objektivierung bei der Festlegung des erforderlichen Zeitbedarfs für Arbeitsvorgänge erreicht. Im Fertigungsbereich haben sich arbeitswissenschaftliche Methoden im Rahmen der Arbeitsvorbereitung bislang am stärksten verbreitet; dazu gehören insbesondere:

- das MTM-Analyseverfahren und
- die REFA-Methode.

3.4.1.3.1 MTM-Analyseverfahren

Die Deutsche MTM-Vereinigung definiert MTM (Methods-of-Time-Measurement) folgendermaßen: »MTM ist ein Verfahren, mit welchem jede körperliche Arbeit in die Grundbewegungen zerlegt wird, die zu ihrer Ausführung nötig sind. Jede dieser Grundbewegungen weist es einem vorbestimmten Normalzeitwert zu, welcher durch die Natur der Grundbewegung und die Einflüsse, unter welcher sie ausgeführt wurde, bestimmt ist«.

Die MTM-Methode ist also ein **Verfahren der vorbestimmten Zeiten**; es wird von einer Normal- oder Normleistung ausgegangen. MTM ist ein Instrument der Arbeitsablaufgestaltung; ermittelte Vorgabezeiten können zur Personalbedarfsermittlung als Bruttowert herangezogen werden.

3.4.1.3.2 REFA-Methode

Die REFA-Methode kann ebenfalls angewandt werden, wenn Arbeitsvoraussetzungen und Datenmaterial vorliegen, bei denen mit den Begriffen »messen, wiegen, zählen« ein Personalbedarf ermittelt werden kann. Die prozessorientierte Arbeitsorganisation ist dabei ein Kernelement der REFA-Methodenlehre. Ziel der Methode ist die Ermittlung von Vorgabezeiten für Arbeitsgänge, um so den Produktionsprozess effizienter zu gestalten. Auch hierbei wird der **gesamte Arbeitsablauf in einzelne Arbeitsvorgänge zerlegt**, die Qualifikationen zur Erledigung der Arbeiten werden beschrieben und die notwendige Zeit zur Ausführung der Tätigkeiten wird (mit der Stoppuhr) gemessen, und zwar bezüglich jedes einzelnen Arbeitsvorgangs. Aus diesem so ermittelten Zeitbedarf für die reine Ausführung der Tätigkeiten wird unter Berücksichtigung von:

- zusätzlichem Zeitbedarf für Vorbereitungs- und Verteilzeiten (wie Rüst-, Wege-, Erholzeiten) sowie
- einem durchschnittlichen Leistungsfaktor als Verhältnis von Normalleistungsgrad zu effektivem Leistungsgrad

der tatsächliche Personalbedarf errechnet. Die REFA-Methodenlehre gilt als tarifpolitisch neutral.

3.4.1.4 Stellenplan-Methode

Die Bezugsgröße für die Stellenplanmethode ist die **Aufbauorganisation bzw. die Organisationsstruktur des Unternehmens.**

	Material	Produktion	Verw./Vertrieb	Σ
Stellenbestand 01.01.	14	154	42	210
• Einführung neues Produkt P3		+ 10	+ 1	+ 11
• Neue Vertriebsniederlassung			+ 5	+ 5
• Erweiterung Produktion P1	+ 2	+ 6		+ 8
• Standortverlagerung P2	– 4	– 15	– 2	– 21
• Neues Fertigungsverfahren		– 8		– 8
• Ausweitung der Betriebszeit im Vertriebsbereich			+ 3	+ 3
• Zentralisierung Beschaffung	– 2			– 2
• Outsourcing Werbeabteilung			– 3	– 3
• Business-Process-Reengineering im Verwaltungsbereich			–4	–4
Stellenbestand 31.12.	10	147	42	199

Abb. 3: Beispiel Stellenplanmethode

Der künftige Personalbedarf wird dabei aus den Stellenplänen, die in die Zukunft fort geschrieben werden, abgeleitet.

Abteilung: Marketing Bereich: Vertrieb					Stand 01/2006
Stellenbezeichnung	Stellen-Nr.	Ausbildung lt. Anf.-Profil	Stellenbewertung		Stelleninhaber
			Soll	Ist	
Gruppenleiter	31301	Dipl.-Kfm./Oek.	K6	K6	Böll, H.
Hauptsachbearb.	31401	Betriebswirt	K5	K5	Klein, I.
Sachbearb.	31501 31502 31503	Industriekfm. Industriekfm. Industriekfm.	K4 K4 K4	K5 K4 K4	Rau, W. Held, K. Mill, F.
Sekretärin	31601	Sekretärin	K3	K4	Hopf, J.
Stenokontoristin	31701	Bürogehilfin	K2	K2	Dick, E.
Stellenplan					
Stellen- und Stellenbewertungsplan					
Stellen-, Stellenbewertungs- und Stellenbesetzungsplan					

Abb. 4: Beispiel Stellen-, Stellenbewertungs- und Stellenbesetzungsplan

Aus dem Brutto-Bedarf des Stellenplans ergibt sich unter Berücksichtigung des Stellenbesetzungsplans ein Netto-Bedarf, d. h. ein **Fehlbedarf oder ein Überhang**.

Diese Methode setzt eine regelmäßige aktuelle Pflege von Stellen- und Stellenbesetzungsplänen voraus, eignet sich unter dieser Bedingung dann aber gut für kurz- und mittelfristige Personalbedarfsplanung insbesondere im administrativen sowie im Dienstleistungsbereich.

3.4.2 Methoden zur Ermittlung und Planung des Personalbestandes

Aussagen zur künftigen **Entwicklung des Personalbestandes** beziehen sich auf den gegenwärtigen Personalbestand, dabei werden sowohl quantitative als auch qualitative Aspekte betrachtet. Hilfsmittel sind:

- Personalstatistik,
- Mitarbeiterstruktur-/Altersstruktur-Statistik,
- Fluktuationsstatistik,
- Abgangs-Zugangs-Rechnung (Tabellen) und
- Maßnahmen- und Aktivitätenpläne.

Nach festzulegenden Kriterien werden Tabellen geführt bezüglich Organisationseinheiten, Kostenstellen, Funktions- oder Berufsgruppen, der periodische Anfangsbestand wird festgehalten sowie die Zu- und Abgänge werden aufgrund verschiedener Merkmale dokumentiert.

Gründe für **Abgänge** sind beispielsweise:

- Altersaustritte (Pensionierungen),
- Einberufung zu Wehr- oder Ersatzdienst,
- Auslaufen befristeter Arbeitsverträge,
- Ausscheiden nach Ablauf des Erziehungsurlaubs,
- Geplante Versetzungen,
- Unterbrechungen zur Fortbildung (Studium).

Diese individuell bedingten Abgänge werden ergänzt durch weitere Faktoren aufgrund betrieblicher Veranlassung oder statistischer Wahrscheinlichkeit, wie z. B.:

- Arbeitnehmerkündigungen,
- Vorruhestandsregelungen,
- Entlassungen.

Zugänge sind planbar infolge von z. B.:

- Rückkehr nach Mutterschutz bzw. Erziehungsurlaub (Elternzeit),
- Rückkehr nach Wehr- oder Zivildienst,
- Rückkehr nach Studium,
- Übernahme von Auszubildenden nach Abschluss der Berufsausbildung,
- Geplante Einstellungen (aufgrund geschlossener Arbeitsverträge).

Darüber hinaus gibt es weitere Fluktuation, die nicht in jedem Falle vorhersehbar oder planbar ist, die aber durch systematische Dokumentation in Abgangs-/Zugangs-Tabellen für die Zukunft bei ausreichender Datenbasis statistisch auswertbar wird.

3.4.2.1 Planungszeiträume

Personalplanung bezieht sich auf kurzfristige, mittelfristige und langfristige Planungszeiträume.

Eine **quantitative** Personalplanung erfolgt üblicherweise sehr detailliert für einen Planungshorizont von bis zu zwei Jahren.

Qualitative Planungsansätze erfordern häufig einen Planungszeitraum von drei bis fünf Jahren, z. B. im Rahmen einer Ausbildungs- oder Nachfolgeplanung.

3.4.2.2 Vom Brutto-Personalbedarf zum Netto-Personalbedarf

Während die Personalbestandsplanung die künftige Entwicklung, bezogen auf dieaktuelle Struktur des vorhandenen Beschäftigtenpotenzials aufzeigt, gibt der Brutto-Personalbedarf für jeden Bereich und jede Beschäftigungsgruppe einen **Soll-Wert** über die Anzahl der zur Erledigung der Aufgaben notwendigen Arbeitskräfte an. Der **Saldo zwischen Personalbedarf und Personalbestand** zeigt entsprechend Fehlbestand, Überhang oder Deckung (Übereinstimmung).

Der Personalbedarfs-Planungsprozess erfolgt in drei Schritten:

1. Schritt: Ermittlung des künftigen Brutto-Personalbedarfs.
2. Schritt: Ermittlung des Personalbestandes.
3. Schritt: Ermittlung des Netto-Bedarfs.

Zur Ermittlung des erforderlichen Personalbedarfs wird zunächst vom **Personalbestand am Ende des Planungszeitraums** ausgegangen. Außerdem ist der Bedarf an Arbeitskräften zu ermitteln, der zur Erreichung des Unternehmensziels nach marktbezogenen, technischen, organisatorischen oder rechtlichen Gesichtspunkten notwendig ist. Ebenfalls sind die damit verbundenen Personalkosten zu berücksichtigen. Dieser Personalbedarf wird auch als Personal-Einsatzbedarf bezeichnet. Da grundsätzlich nicht immer alle Mitarbeiter einsatzfähig sind, z. B. aufgrund von Fehlzeiten bedingt durch Urlaub, Krankheit, Weiterbildung etc., kommt zum **Einsatzbedarf** ein entsprechender **Reservebedarf** hinzu, der gesondert ermittelt werden muss.

3.4.2.3 Netto-Personalbedarf

Der Netto-Personalbedarf ergibt sich aus der **Gegenüberstellung von Brutto-Personalbedarf und Personalbestand** zum jeweiligen Bedarfszeitpunkt bzw. Bedarfszeitraum.

Es werden folgende Bedarfsarten unterschieden:

- **Ersatzbedarf** z. B. durch Fluktuation, Erziehungsurlaub, Wehr-/Zivildienst,
- **Neubedarf** infolge Erweiterung oder Stellenzuwachs,
- **Mehrbedarf** z. B. aufgrund tariflicher Arbeitszeitverkürzung oder gesetzlicher Auflagen für Daten- und/oder Umweltschutz, Arbeitssicherheit,
- **Nachholbedarf** durch fortgeschriebene Vakanzen, z. B. wegen arbeitsmarktbedingter fehlender Besetzung von Stellen,
- **Reservebedarf** für vorhersehbare und plan- sowie berechenbare Ausfallzeiten aufgrund von Feiertagen, Urlaub, Krankheit.

Der Netto-Personalbedarf löst notwendige **Personalanpassungsmaßnahmen** aufgrund von Personal-Fehlbedarf oder Personal-Überhang aus, welcher sich aus der Gegenüberstellung des Personalbestandes zum Brutto-Bedarf unter Berücksichtigung von Einsatz-

plus Reservebedarf ergibt. Gründe für Abwesenheits- und Ausfallzeiten, die einen Reservebedarf bewirken können, sind im Wesentlichen folgende:

- Urlaub (bezahlt/unbezahlt),
- Arbeitsunfähigkeit (Krankheit, Unfall, Kur),
- Mutterschutz, Erziehungs-/Familienurlaub,
- Wehrdienst/Zivildienst,
- Fortbildung/Bildungsurlaub,
- Freistellungen für Betriebsräte,
- Sonstiges (z. B. aufgrund Schichtarbeitsmodellen, Pausenregelungen, Springertätigkeiten).

3.4.3 Profile als Instrument der Arbeitsplatzbewertung und Qualifikationsanalyse

Für den Erfolg der Leistungserbringung im Unternehmen sowie der Leistungsentfaltung der Mitarbeiter ist von besonderer Bedeutung, dass die **Anforderungen der Stelle bzw. des Arbeitsplatzes** bestmöglich mit Fähigkeiten sowie Eignung und Neigung des Mitarbeiters übereinstimmen. Geeignete »Messinstrumente« stellen hierzu Profile dar, um »Passgenauigkeit« zu überprüfen und bei festgestellten Abweichungen ggf. bedarfsgerechte Maßnahmen zur Anpassung und Entwicklung zu ergreifen.

3.4.3.1 Fähigkeitsprofile und Personalbeurteilung

Den Anforderungen des Arbeitsplatzes entsprechend sind die Fähigkeiten des Arbeitnehmers festzustellen. Dazu ist es zunächst erforderlich, dass die Aufgaben,Tätigkeiten und Verantwortlichkeiten sowie die benötigten Qualifikationsanforderungen des Arbeitsplatzes möglichst genau und detailliert beschrieben und objektivierbar dokumentiert werden. Dies ist auch Grundlage für eine **Stellen- oder Arbeitsplatz-Bewertung** und eine (tarifliche) **Eingruppierung**. Dabei spielen in der Praxis folgende unbestimmte Rechtsbegriffe eine erhebliche Rolle:

- vielseitige oder umfassende Kenntnisse und
- selbstständige oder eigenverantwortliche Wahrnehmung der Tätigkeiten.

Das Fähigkeitsprofil drückt die Fähigkeiten (Qualifikation) des Arbeitnehmers nach Art, d. h. Anforderungskriterien und Anforderungsmerkmale der Kriterien sowie Umfang, d. h. Ausprägungsgrad aus (s. auch Abschnitt 4.2.3.2.1).

3.4.3.2 Eignungsprofil und Potenzialbeurteilung

Die Eignungsbeurteilung gibt eine Prognose ab über die **Eignung für bestimmte Aufgaben und Tätigkeiten** sowie das **Entwicklungspotenzial** des Arbeitnehmers. Mithilfe der Potenzialbeurteilung soll festgestellt werden, welche Anforderungen der Arbeitnehmer in der Zukunft erfüllen kann, d. h. welche weitergehenden Aufgaben und Verantwortungen übertragen werden können und ob und ggf. welche Lern- und Entwicklungspotenziale vorhanden sind. Aufgrund solcher Potenzialeinschätzungen werden dann mögliche geeignete Fördermaßnahmen abgeleitet im Rahmen einer gezielten Personalentwicklung (s. auch Abschnitt 4.2.3.2.2).

3.4.3.3 Funktionsbeschreibung und Anforderungsprofil

Eine Funktionsbeschreibung (Job-Description) ist eine Stellenbeschreibung, die zusätzlich zu den formalen und organisatorischen Angaben:

- Zielsetzung der Funktion,
- Hauptaufgaben zur Zielerreichung,
- Informations- und Kooperationserfordernisse,
- Verantwortlichkeiten und Kompetenzen (erforderliche Befugnisse zur selbstständigen Zielerreichung),

ein Anforderungsprofil mit den Merkmalen der Leistungsbeurteilung und der Potenzialeinschätzung enthält. Die Funktionsbeschreibung dient nicht nur der Personalbedarfsplanung in qualitativer Hinsicht, sondern auch der Personalauswahl und der funktionsgerechten Personalentwicklung.

Anforderungsmerkmale (Auszug)	Ausprägung					
	0	1	2	3	4	5
1. Führungsanforderungen						
Entscheidungsfähigkeit					×	
Delegation				×		
Information					×	
Motivation						×
Ergebnissicherung/Kontrolle					×	
2. Kommunikative und soziale Fähigkeiten						
verbale Sicherheit					×	
Vortragstechnik/Anschaulichkeit				×		
Einfühlungsvermögen					×	
Kritikfähigkeit/Stabilität				×		
Verhandlungsgeschick						×
Kooperationsfähigkeit					×	
Durchsetzungsvermögen					×	

Abb. 5: Beispiel Anforderungsprofil

Bei einer Funktionsbeschreibung kommt es im Gegensatz zu traditionellen Aufgabenkreis-, Tätigkeits- oder Stellenbeschreibungen gerade nicht auf einen hohen Präzisions- und Detaillierungsgrad der Aufgabenbeschreibung, sondern auf die **klare Ziel- und Ergebnisdefinition der Funktion** an. Eine Auflistung konkreter Tätigkeiten, womöglich quantifiziert und mit prozentualen Zeitanteilen versehen, birgt die Gefahr von kontraproduktiver Unbeweglichkeit und Denken in »Zuständigkeiten«.

3.4.4 Anpassung des Personalbedarfs (Maßnahmen zur Personalanpassungsplanung)

Ganz allgemein bezeichnet man mit Maßnahmen zur **Anpassung** des Personalbedarfs:

- Personalbeschaffung,
- Personaleinsatz,
- Personalentwicklung und
- Personalabbau.

Es geht dabei sowohl um qualitative als auch um quantitative Aspekte. In der Praxis wird zunehmend von **Personalanpassung** gesprochen, wenn auf einen aktuellen oder künftig zu erwartenden Personalüberhang mit geeigneten Maßnahmen reagiert werden soll.

Der Ablauf einer Personalanpassungsplanung kann mit folgender **Checkliste** unterstützt und gesteuert werden:

1. Art der Arbeitsplätze/Stellen (qualitativ) und Umfang/Anzahl (quantitativ) ermitteln.
2. Alternativen zu Entlassungen (= ultima ratio) überlegen.
3. Möglichkeiten, Voraussetzungen, Konsequenzen und Kosten bedenken.
4. Betroffene informieren und einbeziehen; Akzeptanz bei Betroffenen und Nicht-Betroffenen fördern.
5. Beteiligungsrechte des Betriebsrats beachten.
6. Maßnahmen zur Personalanpassung durchführen.
7. Erfolgskontrolle der Maßnahmen vornehmen.

Maßnahmen der Personalanpassung lassen sich unterscheiden nach dem wesentlichen Kriterium mit oder ohne Entlassung (Kündigung) von Personal.

Dabei sind Anpassungsmaßnahmen ohne Personalabbau möglich durch **zeitliche** Anpassung in Form von:

- Abbau von Mehrarbeit und Überstunden,
- vorübergehender oder dauerhafter Arbeitszeitverkürzung,
- Flexibilisierung der Arbeitszeit durch Gleitzeit-, Urlaubsplanung und Arbeitszeitkonten.

Eine **quantitative** Anpassung **ohne Kündigung** besteht bei:

- Einstellungsstopp,
- Abbau von Leiharbeit,
- Nichtverlängerung befristeter Arbeitsverhältnisse,
- Abschluss von Aufhebungsverträgen/Ausscheidungsvereinbarungen,
- Vorruhestandsregelungen, vorzeitiger Pensionierung.

Entlassungen aufgrund Kündigungen erfolgen bei:

- Entlassung einzelner Beschäftigter,
- Kündigung durch Arbeitnehmer,
- Schließung von Betriebsteilen,
- Massenentlassung.

3.4.5 Zielsetzung, Konzeption und Gegenstand von Personalentwicklungsplanung

3.4.5.1 Ziele

Unternehmen verfolgen strategische Ziele. Aufbau- und Ablauforganisation müssen daraufhin überprüft, abgestimmt und ggf. rechtzeitig verändert werden. Unternehmen und Organisationsformen unterliegen somit ständigen Entwicklungsprozessen. Ob die Entwicklungen in der Praxis erfolgreich sind, hängt jedoch maßgeblich von der **Qualifikation, Kompetenz und Motivation der Mitarbeiter** ab. Den Marktanforderungen von morgen kann nur mit den Mitarbeitern von morgen erfolgreich begegnet werden. Personal zu entwickeln, ist daher das wesentliche Element jeglicher Organisations- und Unternehmensentwicklung.

Qualifikation und Motivation der Mitarbeiter haben direkte Auswirkungen auf die Qualität von Produkten und Dienstleistungen und damit auch auf Ergebnisse und Erfolg von Unternehmen.

Personalentwicklung ist umfassend zu verstehen und nicht eng abzugrenzen, garim Gegensatz zur Aus- und Weiterbildung. Vielmehr ist der Gesamtzusammenhang im Rahmen von Unternehmens- und Personalführung zu berücksichtigen.

Ganzheitliche Personalentwicklung zielt bei Führungskräften und Mitarbeitern auf:

- Orientierung (Ziele, Prozesse, Ergebnisse),
- Zugehörigkeit, Identifikation und Akzeptanz,
- Selbstmotivation und Selbststeuerung,
- Kompetenz und Professionalität,
- Leistungsmotivation und Engagement,
- Eigenverantwortung, unternehmensbezogenes Denken und Handeln,
- Mobilität und Flexibilität,
- Innovationsfähigkeit,
- Lern- und Veränderungsbereitschaft,
- Selbstständigkeit und Entscheidungsfähigkeit,
- Markt- und Kundenorientierung,
- Qualitätsbewusstsein,
- Kooperation und Teamorientierung sowie
- Beschäftigungsfähigkeit (Employability).

Diese Ziele, die grundsätzlich die Personalentwicklung in Unternehmen leiten, decken sich im Wesentlichen mit den Interessen der Beschäftigten. Aus Sicht der Mitarbeiter ist wichtig:

- Berufliche Qualifikation erwerben und erweitern,
- Neue Techniken und Verfahren erlernen und beherrschen,
- Selbstständigkeit, Sicherheit und Verantwortung erlangen,
- Arbeitsfreude, Anerkennung und Motivation finden,
- Beschäftigungsfähigkeit, -sicherheit und (Karriere)Entwicklung ermöglichen.

3.4.5.2 Konzept

Konzepte werden von **Zielvorstellungen** abgeleitet und entwickelt und beinhalten Maßnahmen, Wege und Mittel, wie Ziele erreicht werden sollen. Das Personalentwicklungs-Konzept enthält u. a. Prioritäten, Umsetzungsschritte sowie exemplarische Einzelschwerpunkte, die strategisch bedeutsam sind. Bei der Konzeptentwicklung sollten Führungskräfte und Mitarbeiter in den Prozess einbezogen werden.

3.4.5.3 Zielgruppen

Personalentwicklung und Weiterbildung zielen auf künftig zu bewältigende Aufgaben und deren Anforderungen sowie auf künftig benötigte Mitarbeiter und deren Qualifikationen. Dabei stehen erfahrungsgemäß bestimmte Zielgruppen im Vordergrund. In der Praxis kommt es darauf an, dass die Wahl der Zielgruppen strategisch ausgerichtet und die richtigen Prioritäten gesetzt werden.

- Führungskräfte/Managemententwicklung
- Führungsnachwuchskräfte/Trainees
- einzelne Spezialisten, z. B.
  - Verkäufer im Innendienst/Außendienst
  - Servicetechniker/Kundendienstmonteure
  - Entwicklungsingenieure
  - Ausbilder/Trainer
- neue Mitarbeiter in der Einarbeitung
- Mitarbeiter mit neuen/anderen Aufgaben
- bestimmte Berufsgruppen/Funktionsgruppen (vgl. Spezialisten)
- für gemeinsames Handeln bzw. gleiches Auftreten
- bestimmte Personengruppen, z. B.
  - Frauenförderung
  - Reintegration nach Familienpause
  - Integration schwerbehinderter Menschen
  - Integration ausländischer Mitarbeiter
  - Reintegration von (Langzeit-) Arbeitslosen
- Projektteams
- Coaches, Trainer; Multiplikatoren
- Externe, wie Schüler, Studenten und Praktikanten

Abb. 6: Zielgruppen

Bei der Definition der Zielgruppen können durchaus von Zeit zu Zeit (z. B. jährlich) unterschiedliche Schwerpunkte gesetzt werden.

Wie bei anderen unternehmerischen Aufgabenstellungen fällt die Entscheidung, welche Zielgruppen entwickelt werden sollen, auch vor dem Hintergrund von:

- Kosten und Nutzen (Input/Output),
- Zeitbedarf und Zeitdruck,
- Angebot und Nachfrage auf dem Arbeitsmarkt.

Für bestimmte Zielgruppen, meist Personengruppen wie z. B. Ausbildungsprogramme für Jugendliche, Reintegration von Langzeitarbeitslosen, Integration Schwerbehinderter, gibt es teilweise Fördermittel. Die Arbeitsämter, Kammern und Verbände halten hierfür Informationsunterlagen bereit.

3.4.5.4 Verantwortliche und Beteiligte

Personalentwicklung wird durch das aktive Handeln aller Verantwortlichen und Beteiligten erreicht. Der Gedanke, dass der Mitarbeiter selbst zuallererst für seine Qualifikation und seine berufliche sowie persönliche Entwicklung verantwortlich ist, gewinnt an Bedeutung und kann mit dem Konzept »**Selbstmanagement**« gezielt gefördert werden.

Im Rahmen eines »**Employee-Self-Service**« entwickeln gegenwärtig vor allem international operierende moderne Unternehmen Personalinformationssysteme, die durch die Mitarbeiter selbst gespeist und gepflegt werden. Hierdurch entsteht eine größere Transparenz verfügbarer Qualifikationen und Potenziale auf dem internen, globalen Arbeitsmarkt.

3.4.5.5 Bezug zwischen Personalbedarfs- und Personalentwicklungsplanung

Während die Personalbedarfsplanung den Schwerpunkt auf den quantitativen Aspekt der Personalwirtschaft legt (s. auch Abschnitt 3.4.1), steht im Mittelpunkt des Interesses der Personalentwicklungsplanung der **qualitative** Aspekt. Über welche Qualifikation müssen welche Mitarbeiter künftig verfügen? Quantitative Methoden der Personalbedarfsermittlung müssen also ergänzt werden durch qualitative Verfahren der Personalentwicklungsplanung, der Qualifikationsanalyse sowie der Kompetenzentwicklung. Hierzu stehen u. a. folgende Instrumente zur Verfügung:

- Bildungsbedarfsermittlung/Qualifikationsanalyse,
- Anforderungsprofile,
- Leistungsbeurteilung,
- Potenzialeinschätzung,
- Weiterbildungs- und Qualifizierungsprogramme,
- Nachfolge-, Karriere- und Laufbahnplanung.

3.4.5.6 Karriere-, Nachfolge- und Laufbahnplanung als Elemente der Personalentwicklungsplanung

Qualitative Personalentwicklungs- oder »Laufbahn«-Planung ist aus der Sicht der Mitarbeiter Karriereplanung, aus der Perspektive des Unternehmens Personaleinsatz- oder Nachfolgeplanung.

3.4.5.6.1 Karriereplan, Laufbahnsystematik und Employability

Die Aufbauorganisation eines Unternehmens zeigt dem Mitarbeiter, welche **Möglichkeiten einer Laufbahn** für ihn in Frage kommen. Entsprechend kann er seine Karriere planen.

Grundsätzlich existieren zwei Möglichkeiten des beruflichen Werdegangs:

- **Fachlaufbahn** (z. B. Spezialist, Experte, Berater, Senior-Berater),
- **Führungslaufbahn** (z. B. Gruppen-, Abteilungs-, Bereichsleiter, stellvertretende Leitungsfunktionen, Projektleiter).

Wenn sich Mitarbeiter in ihrem Fachgebiet sicher und richtig eingesetzt fühlen, dort hohe Kompetenz entwickeln und **keine Führungsverantwortung** anstreben, bietet sich die **Fachlaufbahn** an. Da für Unternehmen bestimmte Experten genauso wichtig wie gute Führungskräfte sind, schließt die Karriere von Experten auch eine entsprechende Gehaltsentwicklung ein.

Projektmanagement ist eine Führungsaufgabe, die durch ihre ausgeprägte informelle und kooperative Struktur besondere Anforderungen an Projektleiter stellt. Insbesondere kommt es darauf an, Projektmitarbeiter zu überzeugen und nicht zu disziplinieren.

In den letzten Jahren haben die Unternehmen verstärkt Führungsebenen und -positionen abgebaut. Insofern sind nun auch die Möglichkeiten für die klassische Führungslaufbahn nur noch im kleineren Umfang gegeben.

Dynamische Märkte und globaler Wettbewerb stellen zunehmend höhere Anforderungen an Mobilität und Flexibilität der Unternehmensführung sowie an die Qualifikation der Mitarbeiter. Dauerhaft wiederkehrender wirtschaftlicher Erfolg ist ebenso wenig zuverlässig vorhersehbar wie damit einhergehende Arbeitsplatzsicherheit und Beschäftigungsgarantien. Im Zuge von Selbstmanagementkonzepten planen Mitarbeiter ihre Karriere daher selbst. Sie kommen eigeninitiativ aus der passiven in die aktive Rolle, übernehmen Verantwortung für ihre interne und externe Beschäftigungsfähigkeit (Employability).

Dieser Gedanke wird z. B. auch über Begriffe wie »Ich-AG« und »Selbst-GmbH« transportiert.

3.4.5.6.2 Nachfolgeplanung

Was aus der Sicht der Mitarbeiter die Laufbahn- bzw. Karriereplanung ist, spiegelt sich aus Unternehmenssicht als **Nachfolgeplanung** wider. Bei der Nachfolgeplanung sollte in drei Schritten vorgegangen werden:

1. Schritt: Es werden für Führungs- und Fachpositionen die »**Critical-Positions**« festgelegt, für das Gesamtunternehmen sowie für die unterschiedlichen Organisationseinheiten. Critical-Positions sind die Schlüsselpositionen, die für die Ergebnisse und den Erfolg der Organisationseinheit von strategischer Bedeutung sind (Zielerreichung).
2. Schritt: Für jede dieser Positionen wird eine **Funktionsbeschreibung** (Job-Description) erstellt bzw. aktualisiert.
3. Schritt: Für jede dieser Positionen werden **Nachfolger** namentlich benannt.

Die Nachfolgekandidaten ergeben sich aus der Potenzialbeurteilung (s. auch Abschnitt 4.2.3.2.2).

Im Rahmen einer systematischen Personalentwicklung sollten Mitarbeiter und Nachwuchskräfte mit Potenzial gezielt entwickelt und zu Nachfolgern aufgebaut werden. Durch **Lean-Management** und flache Hierarchien verlieren vertikale Karrierepläne an Bedeutung, zu Gunsten horizontaler Entwicklungen mit

- Job-Rotation,
- Job-Enrichment und
- Projektmanagement.

Kultureller Wandel und Umdenken passen häufig nicht zu den traditionellen Karrierevorstellungen. Hier liegt eine der größten Herausforderungen für eine erfolgreiche Personalentwicklung.

<table>
<tr><td colspan="3">Funktion:</td></tr>
<tr><td colspan="2">Bereich/Abteilung:</td><td>Kostenstelle:</td></tr>
<tr><td colspan="2">Name, Vorname:</td><td>Geburtsdatum:</td></tr>
<tr><td colspan="2">Funktionsinhaber seit:</td><td>Austritt zum:</td></tr>
<tr><td>Vertretung durch:</td><td>Gegenwärtige Funktion:</td><td>seit:</td></tr>
<tr><td colspan="3">Nachfolge-Kandidat (Back-up)</td></tr>
<tr><td colspan="2">1. Name, Vorname:

Geburtsdatum:

Derzeitige Position:

Förderung:</td><td>wann:
sofort ☐
innerhalb eines Jahres ☐
innerhalb von 2 Jahren ☐
nach ca. 2 (bis 5) Jahren ☐</td></tr>
<tr><td colspan="2">2. Name, Vorname:

Geburtsdatum:

Derzeitige Position:

Förderung:</td><td>wann:
sofort ☐
innerhalb eines Jahres ☐
innerhalb von 2 Jahren ☐
nach ca. 2 (bis 5) Jahren ☐</td></tr>
</table>

Abb. 7: Nachfolgeplanung – Back-up-Analyse für Critical-Positions

3.4.5.6.3 Förderkartei und Nachwuchspool

Für die professionelle Personalentwicklung empfiehlt es sich, mit Förderkarteien bzw. Personalentwicklungs-Karteien zu arbeiten. In eine Förderkartei können Mitarbeiter aufgenommen werden, die für **entwicklungsfähig und förderungswürdig** gehalten werden. Es fördert die Motivation dieser Mitarbeiter, wenn ein Förderkreis initiiert wird, mit dem beispielsweise ein bis zweimal jährlich eine gemeinsame Veranstaltung durchgeführt wird.

Neben der mitarbeiterbezogenen Förderkartei kann auch eine **maßnahmenbezogene Förderkartei** geführt werden. Hier werden die jeweiligen Personalentwicklungsmaßnahmen den Teilnehmern zugeordnet. Wenn die Förderkartei PC- bzw. EDV-gestützt geführt werden soll, z. B. in Form einer Datenbank-Anwendung, müssen die gesetzlichen Bestimmungen des Datenschutzes und der Mitbestimmung des Betriebsrats beachten werden (s. auch Abschnitt 4.2.3.6).

Literatur:

Franke, D./Boden, M. (Hrsg.): Personal Jahrbuch 2004, Neuwied, 2003

3.5 Personalcontrolling gestalten und umsetzen

3.5.1 Grundsätze und Ziele des Personalcontrolling

Ähnlich wie man auch die anderen Produktionsfaktoren steuern möchte, nimmt auch der Wunsch nach **effektiver, zielgerichteter Steuerung des Faktors Arbeit** stark zu. Dies liegt sowohl an den hohen Kosten, welche die Beschäftigten verursachen als auch an der enormen Wertschöpfung, die sich im Bereich Personal realisieren lässt, wenn man über entsprechende Steuerungsinstrumente verfügt.

Während die Personalplanung in den meisten Unternehmen recht ausgeprägt vorhanden ist, rückt das Interesse an Personalcontrolling erst in den letzten Jahren zunehmend in den Vordergrund. Große Unternehmen stoßen immer häufiger an die Grenzen der Möglichkeiten ihrer Personalplanung, wenn es um die wirksame Steuerung personalwirtschaftlicher Prozesse geht. Und Personalkostendaten aus der Betriebswirtschaftlichen Abteilung, dem »Controlling«, helfen immer dann nicht weiter, wenn es um typisch personalwirtschaftliche Fragestellungen wie z. B. Fehlzeiten oder Fluktuation geht.

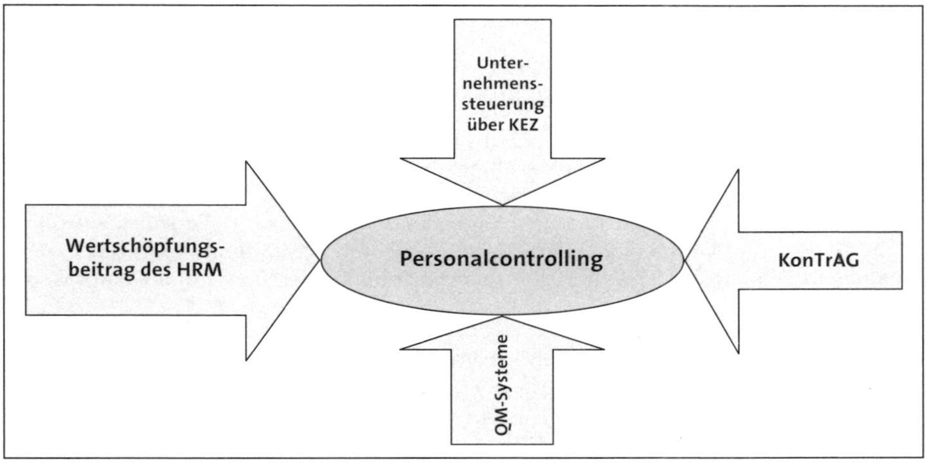

Abb. 1: Welche Ziele werden mit Personalcontrolling verfolgt?

So ist in den letzten Jahren ein starkes Interesse auch an **Steuerungsinstrumenten für den Personalbereich** entstanden und mit ihm eine ständige Verfeinerung der Instrumente. Die Steuerungsinstrumente selbst, die außerordentlich unterschiedlich sein können, werden unter dem Begriff »Personalcontrolling« zusammengefasst.

Das Personalcontrolling soll die unterschiedlichsten Bedürfnisse von Geschäftsleitung und Management, von Anteilseignern und Kreditgebern, von Vorgesetzten sowie Mitarbeiterinnen und Mitarbeitern, des Betriebsrats sowie Behörden, ja sogar von Kunden und Lieferanten befriedigen. Entsprechend der jeweiligen Fragestellung fallen auch die Instrumente sehr unterschiedlich aus.

Deshalb ist es wichtig, erst das Ziel des Personalcontrolling festzulegen, dann die Instrumente und die Vorgehensweise. Wohin soll gesteuert (»controllt«) werden? Welcher Kurs muss eingeschlagen werden?

- Zum einen werden schlicht Daten über Menge, Kosten, Kapazität der Belegschaft als ganzes benötigt. Dies ist für viele Planungsprozesse und auch für die Vor- und Nachkalkulation des unternehmerischen Prozesses unerlässlich. Zusätzlich lassen sich Daten über die tatsächlich erbrachte und die theoretisch denkbare Leistung ermitteln, was wiederum Ansatzpunkte liefert, wo man mit Verbesserungsmaßnahmen ansetzen kann.
- Das Gesetz zur Kontrolle und Transparenz von Aktiengesellschaften (KonTraG) schreibt dem Unternehmen vor, über alle Risiken des Geschäftsbetriebs – also auch über personelle oder personalwirtschaftliche Risiken – im Geschäftsbericht Auskunft zu geben. Ohne Personalcontrolling würde man diese schwerlich erkennen können.
- Qualitäts-Management-Systeme (z. B. ISO 9000 und andere) verlangen vom Unternehmen klare Auskünfte über die Ausbildung, Fortbildung, Motivation und Bezahlung der Mitarbeiterinnen und Mitarbeiter. Vergangenheitsdaten kann die Personalstatistik liefern. Informationen über die zukünftig zu erwartende Entwicklung liefert das Personalcontrolling.
- Und schließlich die Frage nach der Wertschöpfung der Personalarbeit selbst. Lohnt sich die Tätigkeit des Personalbereichs für das Unternehmen eigentlich oder entstehen hier nur Kosten, die man wenn möglich einsparen sollte? Was kostet eine Einstellung oder eine Entlassung? Was sind die einzelnen Leistungen des Personalbereichs eigentlich wert?

3.5.1.1 Personalcontrolling als Grundlage für Entscheidungen

Controlling heißt nicht nur Kontrolle. Controlling könnte z. B. mit **»regulierend beobachten«** übersetzt werden. Personalcontrolling dient der Steuerung des Unternehmens durch die Bereitstellung **zweckentsprechend aufbereiteter** Daten und Informationen über alle mit dem Personal zusammenhängenden Fragestellungen. Personalcontrolling ist die Fortsetzung von Personalplanung im Sinne von **»gestaltend eingreifen«.** »Personalplanung liefert den Zielhafen, Personalcontrolling liefert Karte und Kompass, um ihn zu erreichen«.

Der Beitrag des Personalcontrolling zum Unternehmenserfolg:

- Das Human-Resource-Management dient dem Aufbau und der stetigen Verbesserung des Leistungspotenzials des Human-Capital durch unternehmerisch eingesetzte Methoden der Evaluierung von Personalarbeit.
- Das Personalcontrolling unterstützt dies durch die Bereitstellung von zweckentsprechend aufbereiteten Daten und Informationen über alle mit dem Personal zusammenhängenden Fragestellungen.

Abb. 2: Der Beitrag des Personalcontrolling zum Unternehmenserfolg

Kontrolle ist also nur ein kleiner Teil des Personalcontrolling, allerdings derjenige, der von der Belegschaft häufig am stärksten wahrgenommen wird. Viel wesentlicher ist eigentlich der Teil des Controlling, der auch dem **betriebswirtschaftlichen Controlling** in Deutschland in den letzten Jahren zu einer Art Siegeszug verholfen hat, nämlich die Bewertung unterschiedlicher Handlungsmöglichkeiten mit zweckentsprechend aufbereiteten Daten und Informationen, die laufende Berichterstattung über den Stand der Maßnahmen, sowie schließlich die Erfolgskontrolle. Auf diese Weise wirkt das Controlling auch an der Findung der nächsten Ziele des Unternehmens mit.

Genau so arbeitet auch das Personalcontrolling.

Beispiel:

Ein Unternehmen sieht sich aus betriebswirtschaftlichen Gründen gezwungen, Personal abzubauen. Dies hat das Kostencontrolling an Hand von Kostenuntersuchungen festgestellt.

Das Personalcontrolling muss nun die verschiedenen **Handlungsmöglichkeiten** aufzeigen und untersuchen, wie dieser Personalabbau realisiert werden sollte. Es hat heraus zu finden, ob z. B. der Abbau mit Kündigungen und Sozialplan in der bestehenden Situation günstiger ist, als die freiwillige Trennung von Mitarbeiterinnen und Mitarbeitern. Dabei sind die Kosten nur eine Information unter vielen. Abwanderung guter Fachkräfte, Motivation der Mitarbeiterinnen und Mitarbeiter, Überalterung der Belegschaft, Dauer der ganzen Maßnahme etc. spielen ebenfalls eine wichtige Rolle.

Hat sich die Geschäftsleitung für eine Handlungsalternative entschieden, begleitet das Personalcontrolling die eingeleiteten **Maßnahmen** mit geeigneten, abgestimmten Messwerten (Kennzahlen), in dem es durch ständige Messungen den Führungskräften und der Geschäftsleitung sowohl den Stand der Dinge (Zielerreichungsgrad) als auch die Wahrscheinlichkeit der zeitgerechten Zielerreichung laufend berichtet.

Mit Hilfe von Soll-Ist-Vergleichen ermittelt das Personalcontrolling dann die Wirksamkeit der ergriffenen Maßnahmen und bis wann man die abgesteckten Ziele, bei gleichbleibendem Erfolg der Maßnahmen erreicht haben wird (**Erfolgskontrolle**).

Schließlich sollte das Personalcontrolling wie das betriebswirtschaftliche Controlling auch in die **Zielplanung** der nächsten Planungsperiode mit einbezogen werden, so dass sich der Kreis schließt.

So lange es im Personalcontrolling um die Ziele geht, die anzustreben sind, spricht man auch vom **strategischen Personalcontrolling** oder von der Planungsfunktion des Personalcontrolling.

Ausgehend von möglichst klaren Zielvorgaben, entwickelt das Personalcontrolling alternative **Handlungsmöglichkeiten** und bewertet diese nach unterschiedlichen, vor allem personalwirtschaftlichen Kriterien. Dies ist die Informationsfunktion des Personalcontrolling. Jeder Entscheidungsträger soll wissen, worüber er entscheidet. Meist werden hierzu quantitative Kennzahlen herangezogen.

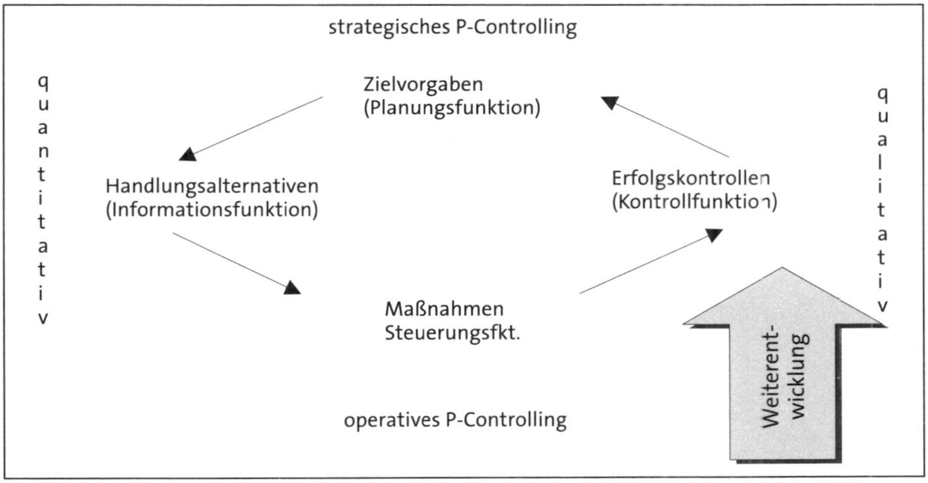

Abb. 3: Regelkreis des Personalcontrolling

Dann schlägt das Personalcontrolling die seiner Meinung nach wirksamsten **Maßnahmen** vor und begleitet deren Umsetzung im Sinne einer Steuerungsfunktion für das Gesamtunternehmen.

Während der Durchführung der Maßnahmen zeigt das Personalcontrolling den handelnden Führungskräften, aber auch den Mitarbeiterinnen und Mitarbeitern und dem Betriebsrat, wie weit man mit den Maßnahmen gekommen ist und wann mit der Erreichung der Ziele zu rechnen ist. Dabei wird unterschiedlicher Handlungsbedarf in den einzelnen Abteilungen des Unternehmens sichtbar gemacht. In regelmäßigen Abständen führt das Personalcontrolling Erfolgskontrollen durch, um rechtzeitig vor Fehlentwicklungen warnen zu können. Hier spricht man auch vom **operativen Personalcontrolling**, denn hier geht es auch um laufende, aktuelle Berichterstattung und Auswertung sowie Kommentierung der Informationen.

Schließlich sorgen **Erfolgskontrollen** dafür, dass das Unternehmen sich tatsächlich dem angestrebten Ziel nähert. Ist dies nicht der Fall, gibt das Personalcontrolling frühzeitig Hinweise, dass die Maßnahmen verstärkt, andere Handlungsmöglichkeiten ergriffen oder die Ziele überprüft werden müssen.

Man spricht in diesem Zusammenhang vom »Regelkreis des Personalcontrolling«. Er zeigt, wie das Personalcontrolling als Steuerungsinstrument für personalwirtschaftliche Vorgänge im Unternehmen wirkt.

3.5.1.2 Möglichkeiten und Grenzen des Personalcontrolling

Personalcontrolling benötigt zu seiner Wirksamkeit eine entsprechende **Personalplanung**. Das kann ganz schlicht die Anzahl der Mitarbeiterinnen und Mitarbeiter sein, kann sich aber auch auf deren Fluktuationsverhalten, ihre Urlaubsgewohnheiten, ihren Leistungsstand, ihre Fortbildungsbereitschaft, Computerkenntnisse, Kundenfreundlichkeit bis hin zu ihrer Loyalität und Motivation reichen. Jeweils muss erst klar sein, wie etwas gemessen werden soll, bevor man es dem Controlling unterwirft (»What you can't measure, you can't manage.«).

Vor allem muss das Personalcontrolling in die unternehmerischen Planungsprozesse an anderen Stellen des Hauses eingebettet sein.

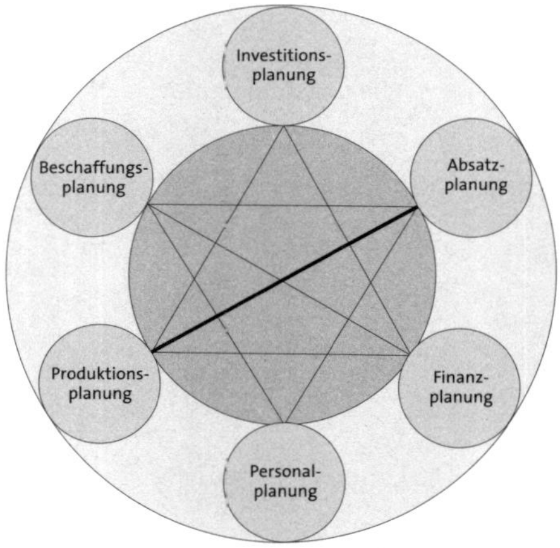

Abb. 4: Personalcontrolling als Teil des Unternehmens-Controlling

Es hat dafür zu sorgen, dass überall im Unternehmen die selben personalwirtschaftlichen Definitionen gelten. Hier geht es um die vier »W's«:

WER wird gezählt?
WANN wird der gezählt?
WIE wird der gezählt?
WO wird der hinzugezählt?

In der Regel unterscheidet man folgende Arten von Daten:

- Mengendaten, z. B.:
  - Belegschaftsgruppen: Tarif-Mitarbeiter, Leitende Angestellte, gewerbliche Arbeitnehmer,
  - Kapazität: Vollzeit-Mitarbeiter, TZ-Mitarbeiter, Saisonkräfte, Aushilfen,
  - Ausbildung: Ungelernte, Angelernte, Facharbeiter, Techniker, Ingenieure, Promovierte.
- Leistungsdaten, z. B.:
  - Umsatz pro Mitarbeiter,
  - Anzahl betreute Kunden je Mitarbeiter,
  - Bestellmenge je Mitarbeiter.
- Kostendaten, z. B.:
  - Leistungszulagen,
  - Überstundenvergütungen,
  - Entgeltfortzahlung im Krankheitsfall.
- Strukturdaten, z. B.:
  - Gesamtbelegschaft nach Belegschaftsgruppen (Arbeiter, Angestellte, leitende Angestellte),
  - Gesamtbelegschaft nach Entgeltsystemen (Lohn, Gehalt, Provision),
  - Gesamtbelegschaft nach Geschäftsfeldern (Vertrieb, Verwaltung, Technik).
- Qualitative Daten, z. B.:
  - Ausbildung (ungelernt, angelernt, Fachkraft, Spezialkenntnisse, Meister, Techniker, Betriebswirt, Akademiker, promoviert),
  - Einsatzmöglichkeiten (Tropentauglichkeit, Gesundheitszeugnis, Schwindelfreiheit, schulpflichtige Kinder),
  - Fremdsprachen.
- Ereignisdaten, z. B.:
  - Fehlzeiten (Arbeitsunfähigkeit, Störfälle),
  - Fluktuation (Binnen-/Außenfluktuation, geplant/ungeplant),
  - Meldepflichtige Ereignisse (Arbeitsunfälle, Schlechtwetterausfälle, Streiks, Sonntagsarbeit).
- Verhaltensdaten, z. B.:
  - Arbeitsverhalten (Inanspruchnahme von Elternzeit, Rentenbeginn, Altersteilzeit, Urlaub, Bildungsurlaub, Kantinenessen, Streik, Überstunden),
  - Loyalitäten (Gewerkschaft, Kirche, Islam, Sportverein, Parteien),
  - Freizeitverhalten (Gefahrsportarten, Sommer-/Wintersportler, schulpflichtige Kinder, Ehepartner, Lehrer).
- Betriebsklimadaten, z. B.:
  - Beurteilung der Firma (Qualität, Innovation, Restrukturierungsbedarf, Organisationsdefizite),
  - Beurteilung der Vorgesetzten (eigener Chef, Geschäftsleitung, Konzern),
  - Beurteilung der eigenen Möglichkeiten (Karriere, Anerkennung, Freiraum).

Man sieht, es gibt eine unübersehbare Fülle von Daten und Informationen, die interessant sein können, je nach dem, welche Fragstellung gerade untersucht werden soll. Entsprechend unterschiedlich sind auch die Erhebungsmethoden. Eine große Zahl von Daten kommt aus dem Personalinformationssystem, das meist mit dem Entgeltabrechnungssystem gekoppelt ist, da eine Reihe von Daten von Gesetzes wegen erhoben werden muss.

- Kosten- und Leistungsdaten kommen zum Teil aus der Kostenrechnung des Unternehmens (Umsatz/Mitarbeiter). Andere sind in der Fachabteilung bekannt (betreute Kunden/Mitarbeiter).
- Qualitative und Strukturdaten liefert das Personalinformationssystem.
- Meldepflichtige Ereignisdaten sowie Fehlzeiten enthält das Personalabrechnungssystem, da sie abrechnungsrelevant sind. Andere Ereignisdaten enthält das Personalinformationssystem oder andere Informationssysteme des Unternehmens.
- Fluktuation lässt sich an Hand von Ein- und Austrittsdatum bzw. Versetzungsdatum ermitteln.
- Daten über das Arbeitsverhalten lassen sich durch Rückschau oft sehr einfach ermitteln, da sich das Verhalten der Mitarbeiterinnen und Mitarbeiter nicht kurzfristig ändert.
- Informationen über die Privatsphäre sind häufig kaum bekannt und werden auch nicht erhoben. Daten über den Ehepartner und die Kinder beschränken sich häufig auf Steuerklasse und das Geburtsdatum.
- Betriebsklimadaten erhält man durch Mitarbeiterbefragungen.

Bei den Informationen über die Privatsphäre hat das Personalcontrolling heute sicherlich seine Grenze. Schon aus **Datenschutzgründen** ist hier der Handlungsspielraum eng begrenzt.

Betriebsklimadaten dürfen mit **Zustimmung des Betriebsrats** erhoben und ausgewertet werden und bieten ausgezeichnete Steuerungsmöglichkeiten auf sehr vielen Gebieten der unternehmerischen Tätigkeit. Allerdings sind Mitarbeiterbefragungen noch nicht allgemeiner Standard, so dass viele Geschäftsleitungen auf Mutmaßungen angewiesen sind. Erfahrungsgemäß schätzen Führungskräfte das Betriebsklima falsch ein, wenn entsprechende Daten nicht systematisch erhoben werden.

Die Möglichkeiten, die Personalcontrolling dem Unternehmen bieten kann, sind also sehr vielfältig. Die Grenzen sind da, wo es um die Umsetzung der gewonnenen Erkenntnisse in Führungshandeln geht: **Personalcontrolling kann Personalführung nicht ersetzen**. Es kann nur Fakten und Einschätzungen liefern, die für die Vorgesetzten und die Geschäftsleitung von großem Interesse sind.

3.5.2 Aufgabenfelder des Personalcontrolling

Entsprechend dem oben dargestellten Regelkreis hat Personalcontrolling vier Aufgabenfelder:

- Zielcontrolling,
- Planungscontrolling,
- Aktivitätscontrolling,
- Erfolgscontrolling.

3.5.2.1 Zielcontrolling

Personalcontrolling arbeitet an der **Zielfindung** und vor allem an der **Zieldefinition** und der **Festlegung der Messmethoden** mit. Dabei hat es u. a. die Aufgabe, Zielkonflikte aufzuzeigen und in der Diskussion mit den entsprechenden Bereichen des Unternehmens auszuräumen.

Beispiel:

Der Vertrieb möchte seine Vertriebsmannschaft verjüngen.

Was heißt das? Will er das Durchschnittsalter der Vertriebs-Mitarbeiter senken? Oder meint er vielleicht die Betriebszugehörigkeit?

Wie soll das Personalcontrolling die Zielerreichung controllen? Es gibt mehrere Datenfelder, die in Frage kommen: Geburtsdatum, Betriebseintrittsdatum, Konzerneintrittsdatum, tarifliches Eintrittsdatum, Versetzungsdatum; welches ist gemeint?

Ist allen klar, dass Betriebszugehörigkeit und Fluktuation zwei Seiten derselben Medaille sind? Dass also die Fluktuation gesteigert werden muss, wenn die Betriebszugehörigkeit gesenkt werden soll und umgekehrt?

Zielcontrolling bedeutet, dass möglichst alle Auswirkungen, die das Streben nach dem Ziel haben kann, aufzudecken und bewusst zu machen sind. Darüber hinaus muss festgestellt werden, wer alles von der Zielerreichung vorübergehend oder dauerhaft betroffen sein wird. Die Betroffenen sind darüber zu informieren. Zielcontrolling muss ggfls. die Nebenbedingungen festlegen, unter denen das Ziel erreicht werden soll (z. B. muss das laufende Geschäft sicherlich weitergehen).

Es kann also sein, dass das Planungscontrolling vom Zielcontrolling eingeschränkt wird. Wenn nicht, kann das Planungscontrolling entsprechende Anstöße geben.

3.5.2.2 Planungscontrolling

Wenn es keine **Planungsbeschränkungen** hinsichtlich der **Handlungsalternativen** gibt, ist das Finden von Handlungsalternativen sowie deren Beurteilung eine sehr kreative Aufgabe des Personalcontrolling. Um möglichst alle Eventualitäten bereits bei der Planung berücksichtigen zu können, müssen auch abgelegene Möglichkeiten analysiert und bewertet werden.

Beispiel:

Angenommen, die oben erwähnte Vertriebsmannschaft bestünde aus 20 Mitarbeitern und habe ein Durchschnittsalter von 50 Jahren. Dann würde die zusätzliche Einstellung eines 21-Jährigen das Durchschnittsalter von 50 auf 49 Jahre absenken.

Wollte man diesen Effekt im nächsten Jahr wiederholen, müsste zusätzlich ein 14-Jähriger eingestellt werden, nur um das Durchschnittsalter auf dann 48 Jahre abzusenken. Gleichzeitig hätte sich der Personalstand um insgesamt 10% erhöht.

Es ist offenkundig, dass diese Handlungsalternative erhebliche Fragen in Richtung Zielcontrolling aufwirft.

Es muss also nach alternativen Maßnahmen gesucht werden: Versetzungen und Ersatz durch Jüngere.

Um das Durchschnittsalter zu senken, müssten überdurchschnittlich alte Mitarbeiterinnen und Mitarbeiter versetzt werden, also über 50-Jährige.

Beispiel:

Versetzung von Über-50-Jährigen hätte eine Überalterung der aufnehmenden Abteilungen zur Folge. War das die Absicht, als man das Ziel formulierte? Wenn ja, haben jetzt die Abteilungsleiter außerhalb des Vertriebes das Ziel, ihren Bereich zu überaltern, indem sie ältere Vertriebs-Mitarbeiterinnen und Mitarbeiter aufnehmen und jüngere eigene Arbeitnehmerinnen und Arbeitnehmer an den Vertrieb abgeben! War das allen klar und gewollt? Wurde das vom Vertrieb mit den anderen Abteilungsleitern abgestimmt?

Plötzlich wird klar, dass die **Planung des Vertriebsbereiches** erhebliche Auswirkungen auf andere Bereiche des Unternehmens haben kann. Nicht immer wird dafür gesorgt, dass bei der Personalplanung regelmäßig alle Bereiche eines Betriebes betroffen sein können. Personalplanung für einen Bereich isoliert zu betreiben, führt zu Widerständen in angrenzenden, negativ betroffenen Bereichen, die womöglich eine gegenteilige Personalplanung machen.

Beispiel: Dritte Alternative: Kündigung älterer Vertriebs-Mitarbeiterinnen und Mitarbeiter und Ersatz durch jüngere neu einzustellende Arbeitnehmerinnen und Arbeitnehmer. Hier stellen sich nicht nur Fragen nach dem Kündigungsschutz und dem Abfindungsaufwand, sondern auch nach dem Kündigungsgrund und der Mitbestimmung. Auf jeden Fall sind erhebliche Fristen für die Umsetzung einzukalkulieren, bis hin zu Kündigungsschutzprozessen, die schwer zu gewinnen sein werden.

3.5.2.3 Aktivitätscontrolling

Sind die Ziele abschließend formuliert und die Handlungsalternativen ausgewählt worden, gilt es die **anlaufenden Aktivitäten zu steuern und zu überwachen.** Dies nennt man Aktivitäts- oder Maßnahmencontrolling. Es wird entschieden, wer welche Daten und Informationen wann und in welchen Abständen erhält und welche Meilensteine zu welchem Termin zu erreichen sind.

Termine, zu denen der Fortschritt der Maßnahmen in Richtung Ziel überprüft wird, werden festgelegt (sog. Reviews), und es wird beschlossen, wie bei Abweichungen zu verfahren ist.

Beispiel:

Verjüngung des Vertriebs durch freiwillige Versetzungen von Älteren aus und Jüngeren in den Vertriebsbereich.

Die Erfahrung zeigt, dass sich Arbeitnehmer viel leichter anlocken als abschieben lassen. Also müssen die aufnehmenden Bereiche die Älteren Vertriebs-Mitarbeiter ansprechen und zum Wechsel aus dem Vertrieb in ihren Bereich hinein motivieren. Gleichzeitig darf nichts geschehen, was das Bleiben attraktiver macht, als den Fortgang (z. B. Gehaltserhöhungen werden im Vertrieb gestrichen, in den übrigen Bereichen großzügig gewährt).

Das Personalcontrolling entwirft ein Reporting, das es erlaubt, auf einen Blick den Fortgang der Maßnahmen zu übersehen. Es werden möglichst grafische Darstellungen gewählt, die sich schnell einprägen und oft mehr sagen, als kleingedruckte Zahlenkolonnen.

Das Personalcontrolling überwacht diesen Prozess, indem registriert wird, wo die gewünschte Anzahl an Abwerbungen älterer Vertriebsmitarbeiter bereits getätigt wurde, welche Abteilungen jüngere Mitarbeiterinnen und Mitarbeiter an den Vertrieb abgegeben haben und wo noch keine Aktivitäten zur Erreichung des gemeinsamen Ziels gestartet wurden.

3.5.2.4 Erfolgscontrolling

Hier nun heißt Controlling tatsächlich **Kontrolle**. Durch Soll-Ist-Vergleiche erhält das Personalcontrolling eine genaue Übersicht über den jeweiligen Stand des Projekts und kann der Geschäftsleitung Empfehlungen für ein eventuell erforderliches Eingreifen geben. Entweder es müssen weitere oder komplett andere **Maßnahmen ergriffen** werden, oder es muss das **Ziel überprüft** werden.

Zur Information der Geschäftsleitung und aller übrigen Führungskräfte gibt das Personalcontrolling **Rückmeldungen** über den Stand der Verjüngung im Vertrieb und die bisher gemachten Erfahrungen bei der Realisierung des Projekts. Daraus wird jeden Monat neu der zu erwartende Projektabschlusstermin, zu dem aus heutiger Sicht bei unveränderter Fortführung des Prozesses das Projektziel erreicht sein wird, abgeleitet.

Diese und alle übrigen relevanten Daten über die Belegschaft werden vom Personalcontrolling in einem sog. **Personalvorausschau-System** erfasst und ausgewertet. Dieses gibt Auskunft über den zu erwartenden Zustand der Belegschaft an einem beliebigen Stichtag in der Zukunft. Dadurch kann die Geschäftsleitung den noch verbleibenden Handlungsbedarf exakt erkennen und entsprechende Steuerungsmaßnahmen einleiten. Sie hat die Möglichkeit, den Prozess zu beschleunigen, zu verlangsamen oder ihn einfach weiterhin zu unterstützen.

Dass sich meist die Zielerreichungstermine monatlich ändern ist normal, denn bei personalwirtschaftlichen Maßnahmen ist eine gleichbleibende Zielerreichungsgeschwindigkeit eher die Ausnahme. Dies in Rechnung stellend, wird man auf vorübergehende Abweichungen vom Zielpfad nicht mit übertriebenen Steuerungsmaßnahmen reagieren.

3.5.3 Personalinformationssystem

Das Personalcontrolling bedient sich der **EDV-Systeme** des Unternehmens, in Sonderheit des Personalabrechnungs- und Informationssystems. In ihm sind Stammdaten der Mitarbeiter wie z. B. Name, Geburtsdatum, Eintrittsdatum, Kostenstelle gespeichert. Hinzu kommen abrechnungsrelevante Daten, wie etwa Krankenkasse, Rentenversicherungsträger, Steuerklasse usw. Erst die Hinzufügung von qualitativen Daten wie Ausbildung, Fortbildung, Tätigkeit, besondere Kenntnisse, Einsatzmöglichkeiten machen aus dem Personalverwaltungs- ein Personalinformationssystem.

Die Daten liegen in Form einer Datenbank vor, die nahezu unbegrenzte Möglichkeiten einer **Verknüpfung von Datenfeldern** untereinander und mit anderen Datenbanken erlaubt und zu Auswertungszwecken bereit stellt.

Die Eingabe der Daten erfolgt bereits erstmals im **Stadium der Bewerbung**. Bereits zu diesem Zeitpunkt wird ein Personalstammsatz angelegt, der im Folgenden ständig erweitert und aktualisiert wird. Dort sind der Name, die Anschrift, sowie teilweise Angaben zur Ausbildung und zum Beruf enthalten.

Spätestens anlässlich der **Einstellung** wird der Stammsatz um die Personal(stamm)Nummer ergänzt und noch einmal sehr detailliert erweitert und vertieft. Weitere Eintrittsdaten, alle nettoabrechnungsrelevanten Daten, wie z. B. Steuerklasse, Kirchenzugehörigkeit, Beitragsgruppenschlüssel in der Sozialversicherung, Sozialversicherungsnummer, Gefahrenklasse in der Berufsgenossenschaft, Name der Krankenkasse, Vorverdienste, Wohnsitzfinanzamt, Bankverbindung, Konto für vermögenswirksame Leistungen, etc. sind dort verzeichnet.

Hinzu kommen **meldepflichtige Merkmale** wie z. B. Minderung der Erwerbsfähigkeit (»Schwerbehinderung«), Mehrfachbeschäftigung, Tätigkeitsschlüssel des Arbeitsamts sowie bruttoabrechnungsrelevante Daten wie etwa Vergütungsgruppe, Leistungsbeurteilungen, Urlaubsanspruch, Reisespesengruppe, Firmenfahrzeug, Sachbezüge, betriebliche Altersversorgung, Geburtsdaten der Kinder, SFN-Zuschlag-Gruppe (Sonn-Feiertags- und Nachtarbeit), Schichtmodell, betriebliche Mitarbeitergruppe, Urlaubsanspruch, Teilzeitgrad.

Zu statistischen und Controllingzwecken kommen dann noch Ordnungsdaten hinzu wie z. B. Firmennummer, Bereich, Berichtsgruppe, Abteilung, Kostenstelle, Auftragsnummer, Betrieblicher Tätigkeitsschlüssel, Kosten-Leistungsschlüssel.

Viele Firmen haben im Personalstammsatz auch Daten für die innerbetriebliche Kommunikation wie Telefonnummer, Mobilfunknummer, E-Mail-Adresse, Postkennzahl, Verteiler, Büroraumnummer, Zutrittsberechtigung, Unterschriftsvollmacht, Unterschrift, Foto, Firmenkreditkarte, etc.

Wichtig aber leider oft schlecht gepflegt, sind Daten über den aktuellen Fortbildungsstand, tätigkeitsbezogene Spezialkenntnisse, außerberufliche, besondere Kenntnisse, Fähigkeiten, Fertigkeiten. Desgleichen fehlen auch oft Informationen über Entwicklungswünsche, Potenzial, Führungseigenschaften, Motivation, Personalentwicklungsabsprachen und ähnliches.

Das Personalinformationssystem erlaubt es dem Personalcontroller die genannten **Daten in beliebiger Form zu verknüpfen** und daraus sehr aussagekräftige Erkenntnisse zu gewinnen. Sehr schnell lässt sich das Potenzial des Unternehmens abfragen und Gruppen von Mitarbeiterinnen und Mitarbeiter selektieren. Setzt man dagegen das Personalinformationssystem für die **innerbetriebliche Personalsuche** ein, muss man sich vergegenwärtigen, dass ein elektronisches System niemals etwas eingrenzen kann, sondern nur ausgrenzt. Für die Personalsuche heißt das, dass die Gefahr besteht, dass ein guter Kandidat leicht unentdeckt bleibt, nur weil ein Datenfeld bei ihm nicht oder nicht richtig gepflegt ist, oder die Abfrage zu eng gefasst wurde.

Gesundheitsdaten, die nicht auf betrieblichen Anforderungen beruhen, sollten in der Regel nicht im Personalinformationssystem gespeichert werden. Ausnahmen sind natürlich melde- bzw. überwachungspflichtige Daten wie bestimmte Behinderungen, Gesundheitszeugnis, Tropentauglichkeit, Stereosehen, Farbenblindheit, Schwindelfreiheit, Herzschrittmacher, Schwangerschaft, Verstrahlungen, metallische Gegenstände im Körper. Ob Alkoholabhängigkeit unter bestimmten beruflichen Voraussetzungen ebenfalls ins Personalinformationssystem eingegeben werden darf, ist umstritten. Generell gehört diese Krankheit sicherlich nur in die Datenbank des Betriebsarztes.

Die Pflege der Daten ist, wie bei jedem Informationssystem natürlich die unerlässliche Voraussetzung für das Funktionieren des Personalcontrolling. Nur betraubare Daten eignen sich für die korrekte Steuerung des Unternehmens. Bei Gesundheitsdaten ist z. B. darauf zu achten, dass sich einige nicht (z. B. Linkshändigkeit), andere mit zunehmendem Alter ändern können (z. B. Schwindelfreiheit). Ein stark zunehmendes **Krankheitsphänomen** sind die Allergien.

Häufig wird der Personalcontroller für eine Aktualisierung der Daten den Anstoß geben, wenn ihm bei seinen Recherchen in der Datenbank Unstimmigkeiten auffallen. Er muss dazu ein Fachwissen haben, das weit über den eigentlichen Personalbereich hinausgeht. Dieses Wissen setzt ihn in die Lage, Auswertungsbedarfe selbst zu erkennen und auch einmal ohne konkreten Anlass das Personalinformationssystem zu befragen.

Beispiel:

Ein Unternehmen wollte, nachdem es von einem ausländischen Unternehmen übernommen worden war, die Englischkenntnisse seiner Mitarbeiter wissen. Eine Datenbankabfrage ergab, dass deutlich über 90% der Mitarbeiter »Englisch fließend« sprechen konnte.

Leider waren diese Daten seit der Einstellung der Arbeitnehmer nicht mehr aktualisiert worden. ...

Beispiel:

Ein Energieversorgungsunternehmen hat, um Kosten zu sparen, über Jahre hinweg im Bereich Hochspannungsmontage wenig oder gar kein Personal eingestellt. Das Personalcontrolling hat dann durch sein Personalvorausschau-System die Altersentwicklung im Bereich der Hochspannungsmastenmonteure einmal in die Zukunft hochgerechnet und festgestellt, dass in Kürze kein Monteur mehr unter 45 Jahre alt sein wird; ein Alter in dem man damit rechnen muss, dass die Schwindelfreiheit nachlässt.

3.5.4 Bestandteile des Personalcontrolling

Das Personalcontrolling nutzt einerseits das **Standard-Berichtswesen**. Dabei handelt es sich um meist monatlich veröffentlichte Zahlen aus dem Personalbereich über Anzahl, Zu- und Abgänge, Kosten, Leistung, sowie dauerhaft interessierende Ereignisdaten wie Fehlzeiten oder Fluktuation.

Andererseits nutzt der Personalcontroller auch so genannte **Ad-hoc-Auswertungen seines Datenbestandes**, entweder, weil hierfür ein aktueller Anlass gegeben war, oder, weil er sich für eine Fragestellung interessiert hat, von der er nicht wusste, ob an der Stelle für das Unternehmen ein Problem besteht oder nicht.

Anlass für eine Ad-hoc-Auswertung kann z. B. ein neues Gesetz oder eine Gesetzesänderung sein, wie z. B. die Verlängerung des ATZG.

Beispiel:

Das Personalcontrolling will die Auswirkungen des zum 1. 7. 2004 geänderten Altersteilzeitgesetzes auf den Betrieb untersuchen. Dazu wird eine Auswertung erstellt, die alle Mitarbeiter zeigt, die von der Verschiebung des Renteneintrittsalters betroffen sind. Die Ergebnisse zeigen, dass der Ausfall von zwei »männlichen« Altersteilzeit-Jahrgängen die Übernahme zweier Ausbildungsjahrgänge als Wiederbesetzer gefährdet und die Zahl der Ausbildungsplätze reduziert werden muss.

Formulieren Sie verbal ein »Programm«, das die oben geforderten Daten liefert. Welche Zusatzinformationen wären in dem Zusammenhang interessant?

Der Personalcontroller muss immer wieder seine Daten »durchpflügen«, damit ihm keine wesentlichen Veränderungen der Belegschaft entgehen, die nicht beabsichtigt sind.

3.5.4.1 Zustandsanalysen

Das obige Beispiel zeigt eine Zustandsanalyse, die in diesem Fall ohne einen konkreten Anlass erstellt worden ist, aber einen wichtigen Handlungsbedarf aufgedeckt hat. Solche Zustandsanalysen können mannigfaltigster Art sein. Immer geht es darum, den **Zustand der Belegschaft** heute oder noch besser in Zukunft festzustellen. Das Werkzeug dazu ist ein Personalvorausschau-System, das jeweils denjenigen Zustand der Belegschaft anzeigt, der mit hoher Sicherheit eintritt, wenn nichts weiteres unernommen wird. Sie zeigt also regelmäßig den Handlungsbedarf auf, der z. B. zur Erreichung einer Planung oder zur Vermeidung von Nachteilen noch zu unternehmen ist. Damit ist das Personalvorausschau-System eines der wichtigsten Werkzeuge des Personalcontrolling und ideal für Zustandsanalysen geeignet.

Beispiel:

Ein Geschäftsführer plante die Einstellung von 30 Mitarbeitern in seinem Unternehmen und dachte noch im März an die Umsetzung dieser Planung im Laufe des Jahres.

Das Personalvorausschau-System zeigte ihm dann jedoch, dass er eigentlich schon an Personalabbau denken musste, denn es waren schon eine Reihe von Personalanzeigen und Suchaufträgen herausgegangen, es wurden geplante Personalabgänge nicht realisiert und die Personalabteilung rechnete mit erheblichen Zugängen aus Elternzeit, Bundeswehr und Auslandsaufenthalt.

3.5.4.2 Nutzenanalysen

Wie oben dargestellt, ist es u. a. die Aufgabe des Personalcontrolling, alternative Handlungsmöglichkeiten zu bewerten. Dabei geht es dem Personalcontroller regelmäßig nicht nur um die Kosten, die meist vom betriebswirtschaftlichen Controlling her schon bekannt sind, sondern um andere Nutzenmaßstäbe.

Beispiel:

Ein Unternehmen strich seinen Angestellten eine Zulage, die jeder nach zehn Jahren dauerhaft erhielt. Der betriebswirtschaftliche Controller errechnete den Nutzen für das Unternehmen, indem er die Anzahl der Mitarbeiter, welche die Zulage bereits erhielten zuzüglich derer, die demnächst in den Genuss gekommen wären, wenn man nicht gekündigt hätte, mit dem jährlichen Aufwand für diese Zulage multiplizierte und es ergab sich eine bestimmte Einsparung.

Der Personalcontroller ermittelte dagegen einen erheblich angestiegenen Verbrauch von Büromaterialien sowie erhöhte Inventurdifferenzen seit der Zeit der heftig umstrittenen Kürzung. Ob es da einen Zusammenhang gab, konnte er nicht feststellen. Aber es blieb umstritten, ob die Firma einen Nutzen aus der Aktion ziehen konnte, denn sie stand trotz der Einsparung nicht besser da, als vorher.

3.5.4.3 Vorgangsanalysen

Von besonderem Interesse für die **Steuerung von Veränderungsprozessen** sind sog. Vorgangsanalysen. Sie zeigen dem Unternehmen, wie sich bestimmte Maßnahmen oder Umstände aktuell und vor allem in Zukunft auswirken. Da personelle Maßnahmen immer einen erheblichen Zeitbedarf bei der Umsetzung bis zur Wirksamkeit haben (Kündigungsfristen, Mitbestimmung, Ausschreibungsfristen, Meldefristen, etc.) ist es notwendig, sich über die Zeit zwischen dem Zustand heute und dem angestrebten Zustand der Belegschaft Gedanken zu machen. Auch hier leistet das Personalvorausschau-System gute Dienste, in dem es den Zustand der Belegschaft zu jedem beliebigen Zeitpunkt nach den gewünschten Kriterien darstellt.

Aber auch schwer beeinflussbare externe Umstände können im Unternehmen erheblichen Handlungsbedarf auslösen. So muss das Personalcontrolling auch Vorgänge außerhalb des Unternehmens analysieren und mit den internen Daten abgleichen.

Bernd H. Wambach

Beispiel:

Ein Unternehmen in einer geografischen Randlage in Süddeutschland plante, in großem Umfang Maschinenbauingenieure für die Entwicklung neuer Produkte am Stammsitz einzustellen.

Wäre ein Personalcontrolling vorhanden gewesen, hätte es sicher gewusst, dass an der einzigen Universität dort ein erbitterter Wettbewerb um viel zu wenig Maschinenbauingenieure tobt, in dem das Unternehmen auf Grund seiner Lage und weil es kaum bekannt ist, keine Chance hat. Nachdem dies der Geschäftsleitung bewusst wurde, wurden verschiedene Maßnahmen zur Steigerung des Bekanntheitsgrades eingeleitet und die Entwicklungsabteilung an einen Firmenstandort in Norddeutschland verlagert, der von mehreren Hochschulen umgeben und für diese Hochschulabsolventen wesentlich attraktiver ist.

Das Personalcontrolling-System muss auch **externe Vorgänge**, die Auswirkungen auf das Unternehmen haben können, im Auge behalten. Eine mindestens jährliche Markt- und Konkurrenzbeobachtung ist für die langfristige Personalsteuerung unverzichtbar. Hinzu kommt alle zwei Jahre ein Benchmarking, das ist ein Vergleich mit wichtigen Wettbewerbern.

Manche Daten aus dem Unternehmen, die augenblicklich nicht im besonderen Steuerungsinteresse der Geschäftsleitung stehen, werden nur einmal im Jahr berichtet. Alles, woran die Geschäftsleitung und die Führungskräfte gerade arbeiten, muss monatlich berichtet werden. Dies sind regelmäßig nur sehr wenige Daten, da man sicherlich nicht an mehr als drei bis fünf personalwirtschaftlichen Zielen gleichzeitig arbeiten kann. So ist das Personalcontrolling-System einem ständigen Wandel unterworfen. Immer, wenn ein personalwirtschaftliches Ziel erreicht ist, wird das Personalcontrolling-System auf andere Kennzahlen, Daten und Informationen eingestellt, um diese zu optimieren.

Damit leistet das Personalcontrolling-System einen außerordentlich wertschöpfenden Beitrag zum Unternehmenserfolg.

Der Personalcontroller benötigt ein besonderes **psychologisches Gespür** für die von ihm »controllte« Belegschaft. Er muss wissen, dass seine Messergebnisse selbst nur eine Art Fieberkurve darstellen. Die Krankheit verraten sie nicht. Die muss er selbst diagnostizieren, um der Geschäftsleitung Maßnahmen empfehlen zu können. Und er muss wissen, dass sich jedes Personalcontrolling abnutzt. Es muss ständig verändert und auf einen neuen Stand gebracht werden, damit nicht irgendwann die Belegschaft das Personalcontrolling austrickst. So gesehen ist Personalcontrolling die Hohe Schule des Controlling, da man es mit Menschen und nicht mit Sachen zu tun hat.

Die Mitarbeiter sind wie Kapazitäten und Potenziale zu behandeln und nicht wie Bestände. Der Personalcontroller hat ihnen gegenüber eine große Verantwortung.

Literatur:

Deutsche Gesellschaft für Personalführung (Hrsg.): Personalcontrolling in der Praxis, Stuttgart, 2001

Lisges, G./Schubbe, F.: Personalcontrolling, Freiburg 2005

Wunderer, R./Jaritz, A.: Unternehmerisches Personalcontrolling, 2. Auflage, Neuwied, Kriftel, 2002

Kontrollfragen zu dem 3. Handlungsbereich

88. Nennen Sie die einzelnen Phasen eines Konjunkturzyklus und einzelne Konjunkturindikatoren!
89. Welche Arten von Arbeitslosigkeit sind zu unterscheiden?
90. Welche Teilfunktionen gehören zur Personalplanung?
91. Zeigen Sie den Zusammenhang von Vision, Mission und Strategie im Rahmen der strategischen Unternehmensplanung!
92. Nennen Sie einige personalwirtschaftliche Ziele und je ein Beispiel!
93. Welche Bedeutung hat die menschliche Arbeitsleistung für ein Unternehmen? Wie ist diese Arbeitsleistung beeinflussbar?
94. Worin unterscheiden sich die Aufgaben von Führungskräften und was sind die Hauptaufgaben einer Linien-Führungskraft?
95. Welche Faktoren (Determinanten) haben einen wesentlichen Einfluss auf den künftigen Personalbedarf eines Unternehmens?
96. Nennen Sie Beispiele für verschiedene Methoden der Personalbedarfsermittlung und beschreiben Sie die wesentlichen Unterscheidungsmerkmale und Anwendungsbereiche!
97. Wie lassen sich verschiedene Arten des Personalbedarfs unterscheiden und begründen? Stellen Sie die wesentlichen Gründe für Abwesenheits- und Ausfallzeiten dar, die bei einer Ermittlung des Personalreservebedarfs berücksichtigt werden müssen.
98. Nennen Sie Maßnahmen zur Personalanpassung! Welches sind die wesentlichen Unterscheidungsmerkmale?
99. Wie lassen sich Leistungs- und Potenzial-Beurteilung unterscheiden? Stellen Sie beispielhaft wesentliche Beurteilungskriterien dar.
100. Was sollte ein Potenzialbeurteilungsbogen enthalten? In welchen Schritten führen Sie ein neues Personalbeurteilungssystem im Unternehmen ein?
101. Nennen Sie die vier Hauptziele, die heute mit einem Personalcontrolling-System verfolgt werden.
102. Nennen Sie mindestens vier Adressaten, an die sich das Personalcontrolling wendet, bzw. die Personalcontrolling-Daten erhalten.
103. Versuchen Sie, den Begriff Personalcontrolling mit eigenen Worten zu beschreiben.
104. Wie funktioniert der Regelkreis des Personalcontrolling?
105. Nennen Sie einen Bereich Ihres Unternehmens, in dem bei der Planung Daten anfallen, die unmittelbare Auswirkungen auf die Personalplanung (quantitativ oder qualitativ) haben.
106. Welche Arten von Daten werden üblicherweise unterschieden? Nennen Sie zu jeder Kategorie zwei Beispiele!
107. Zählen Sie die vier Ws des Personalcontrolling auf!
108. Nennen Sie die vier Aufgaben des Personalcontrolling!
109. Nennen Sie mindestens drei wichtige personalwirtschaftliche Kennzahlen.
110. Bei welchen Daten kann es besonders leicht zu einem Konflikt mit dem Datenschutz kommen?
111. Was leistet ein Personalvorausschau-System und weshalb ist es als Personalcontrolling-Instrument so wichtig?

4. Handlungsbereich »Personal- und Organisationsentwicklung steuern«

4.1 Mitarbeiter beurteilen, deren Potenziale erkennen und fördern

Ausgangspunkt für die systematische Entwicklung und Förderung von Mitarbeitern ist eine qualifizierte Standortbestimmung. Von daher gehört die Beurteilung der Leistung und des Verhaltens von Mitarbeitern und Führungskräften zu einem zentralen **Führungs- und Personalentwicklungsinstrument**. Die Mitarbeiterbeurteilung ist Bestandteil einer zielgerichteten Förderung der Mitarbeiter.

4.1.1 Mitarbeiterbeurteilung

Mitarbeiterbeurteilungen werden bereits seit den 70er Jahren in Unternehmen durchgeführt. Waren die entsprechenden Beurteilungsgespräche anfangs noch sehr an Schulsystemen orientiert, so sind die heutigen **Beurteilungssysteme sehr differenziert und mitarbeiterorientiert**. Sie entsprechen einem zeitgemäßen Verständnis von Führung und Zusammenarbeit. Beurteilungsgespräche werden in regelmäßigen Abständen, in der Regel einmal jährlich durchgeführt. Bei besonderen Anlässen, z. B. einen Wechsel in eine andere Abteilung, kann es auch häufiger zu Beurteilungsgesprächen kommen.

Ein Beurteilungssystem muss sehr sorgfältig eingeführt werden. Schlüsselpersonen sollen möglichst bei der Entwicklung des Systems eingebunden werden. So hat es sich in der Praxis als sinnvoll erwiesen, den **Betriebsrat und Vertreter der Führungskräfte** einzubinden.

In der Vorbereitung[1] zur Einführung eines Mitarbeiterbeurteilungssystems sind die **Zielsetzungen und die Anforderungen** eines solchen Systems festzulegen. Gilt es eine gegenseitige Standortbestimmung vorzunehmen und Entwicklungsbedarfe der Mitarbeiter zu erheben, oder ist das Beurteilungssystem Teil eines Zielvereinbarungsprozesses, bei dem es eventuell sogar um die Festlegung von Prämien oder Boni geht? Gibt es möglicherweise Führungsleitlinien im Unternehmen, an denen sich das Beurteilungssystem orientieren sollte? Außerdem ist die **Zielgruppe** zu definieren, die später beurteilt werden soll.

In der **Entwicklungsphase** sollte eine Projektgruppe gegründet werden – möglichst mit Führungskräften verschiedener Abteilungen besetzt – die einen Mitarbeiterbeurteilungsbogen erarbeitet. Die Einbindung des Betriebsrates erscheint bereits in der Entwicklungsphase angebracht. Vor der Implementierung des neuen Beurteilungssystems sollten Informationsveranstaltungen für die Mitarbeiter und Führungskräfte durchgeführt werden und gegebenenfalls Informationsmaterial erarbeitet werden. Bei der verbindlichen Einführung eines Beurteilungsgespräches hat der Betriebsrat ein Mitbestimmungsrecht gemäß § 94 BetrVG. Der Abschluss einer Betriebsvereinbarung ist somit notwendig.

Während der **Implementierungsphase** sollten entsprechende Begleitseminare für Führungskräfte angeboten werden, in denen die Handhabung des Beurteilungssystems eingeübt und erprobt wird. Anschließend kann die Mitarbeiterbeurteilung im Unternehmen implementiert werden.

Es empfiehlt sich, von Zeit zu Zeit Mitarbeiter und Führungskräfte nach ihren Erfahrungen mit dem neuen Mitarbeiterbeurteilungssystem zu befragen. Auf der Basis dieser Ergebnisse kann das Verfahren erforderlichenfalls den Bedürfnissen angepasst werden.

---

1 Für die nachfolgenden Ausführungen vgl. auch Sommerhoff, 1999, S. 120 ff.

4.1.1.1 Personalgespräch und Mitarbeitergespräch

Ein jährliches Personalgespräch zwischen Führungskraft und Mitarbeiter dient einer **gegenseitigen Standortbestimmung**. Der Mitarbeiter erhält ein Feedback zu seinem Leistungsverhalten und seinen persönlichen und sozialen Kompetenzen.

Beurteilungskriterien können sein: Persönlichkeit, Teamverhalten, Arbeitsmethode, Eigenschaften (z. B. Kreativität, Ausdauer), Führungsverhalten (bei Führungskräften).[2] Weitere Ziele sind der gezielte Einsatz der Mitarbeiter gemäß ihrer individuellen Potenziale und die Erarbeitung einer gezielten und individuellen Entwicklung des Mitarbeiters. Aber in einem solchen Personalgespräch sollte nicht nur der Mitarbeiter ein Feedback von der Führungskraft erhalten, sondern auch umgekehrt. Auch Führungskräfte brauchen ein Feedback von ihren Mitarbeitern hinsichtlich ihres Führungsverhaltens.

Damit ein solches Gespräch konstruktiv verläuft, ist es wichtig, eine ungestörte, **vertrauensvolle und angenehme Gesprächsatmosphäre** zu schaffen. Folgende »Regeln« sollten für das Feedback-Geben in einem Mitarbeitergespräch beachtet werden:

- Das Gespräch muss gut vorbereitet und strukturiert sein.
- Es sollte in einer freundlichen und entspannten Atmosphäre stattfinden, die von gegenseitigem Respekt getragen wird.
- Ein Gespräch ist ein Dialog. Monologe sind möglichst zu vermeiden.
- Das Gespräch sollte sachlich sein und sowohl positive wie auch negative Aspekte ansprechen.
- Es sollte konstruktive Tipps für die persönliche Entwicklung beinhalten.
- Die Beurteilung sollte sich auf konkretes, veränderbares Verhalten beziehen und möglichst durch Beispiele untermauert werden.

Zur **Vorbereitung auf ein Mitarbeitergespräch** können die folgenden Fragen für Führungskräfte hilfreich sein:

- Hat der Mitarbeiter die mit ihm vereinbarten Ziele erreicht?
- Wie haben sich Leistungen und Leistungsbereitschaft des Mitarbeiters entwickelt?
- Hat der Mitarbeiter besondere Fähigkeiten erworben?
- Hat der Mitarbeiter den richtigen Arbeitsplatz?
- Soll der Mitarbeiter in besonderer Weise gefördert werden? Könnte er an einer anderen Stelle des Unternehmens mehr leisten?
- Wo und wie sind vorhandene Mängel bei Leistung und Führung zu beheben?
- Welche Personalentwicklungsmaßnahmen sind dem Mitarbeiter zu empfehlen?[3]

2 Vgl. Neges/Neges, 1999, S. 229 f.
3 Neges/Neges, 1999, S. 226.

Abb. 1: Verlauf eines Mitarbeitergesprächs

4.1.1.2 Beurteilungssysteme

Jeder Beurteilung liegt ein bestimmtes System zugrunde, das im Vorfeld sorgfältig auf die Anwendungspraxis und die konkrete Zielsetzung hin überprüft werden muss. Im wesentlichen unterscheidet man zwischen einem **offenen und einem geschlossenen Beurteilungssystem**. In einem offenen Beurteilungssystem gibt es keine vorformulierten Kriterien und Bewertungsskalen. Die Einschätzungen erfolgen verbal durch die Führungskraft und verlangen ein hohes Maß an sprachlicher Ausdrucks- und Differenzierungsfähigkeit. Offene Beurteilungen im Sinne einer qualitativen Bewertung sind oft problematisch, weil sie stark subjektiv eingefärbt sind. Ferner ist die Vergleichbarkeit verschiedener Beurteilungen schwierig und die Erstellung eines Beurteilungsbogens aufwendig. Daher werden heute meistens standardisierte Bögen, mit geschlossenen oder halboffenen Beurteilungssystemen eingesetzt. In solchen Beurteilungssystemen werden konkrete Kriterien bzw. Merkmale formuliert und mit einzelnen Skalierungsstufen verbunden. Darüber hinaus finden sich häufig noch halboffene Fragen, die dem Mitarbeiter und der Führungskraft einen Interpretations- und Gestaltungsspielraum ermöglichen (z. B. die Frage: »Wo sehen Sie Entwicklungsbedarf?«).

Die einzelnen Merkmale werden in **leistungsorientierte Merkmale** wie Qualität und Quantität der Leistung und **verhaltensorientierte Merkmale** wie z. B. Qualifikation, Motivation (Arbeitseinsatz, Übernahme von Verantwortung, Fleiß, Durchsetzungsvermögen) und soziales Verhalten (Zusammenarbeit, Kontakt zu Kunden, Kollegen, Führungskräften) unterschieden.[4]

4 Vgl. Sommerhoff, 1999, S. 41 ff.

Die **Auswahl und Gewichtung** der Merkmale sollte spezifisch auf das Unternehmen zugeschnitten sein und entsprechend individuell entwickelt werden. Bisweilen ist sogar die Auswahl von Merkmalen für bestimmte Zielgruppen (z. B. für Mitarbeiter im technischen Bereich, oder für Mitarbeiter aus dem kaufmännischen Bereich) sinnvoll.

Bei der Auswahl sollten vier Prinzipien berücksichtigt werden:[5]

- Prinzip der **Vollständigkeit:** Alle wichtigen Arbeitsbereiche des Mitarbeiters sollen sich im Beurteilungsbogen wieder finden.
- Prinzip der **Eindeutigkeit:** Die Merkmale müssen deutlich voneinander unterschieden und klar definiert sein.
- Prinzip der **Ganzheit:** In der Summe sollen die Merkmale ein Gesamtbild ergeben, das keine logischen Sprünge und Ungereimtheiten aufweist.
- Prinzip der **Praktikabilität:** Die Merkmale sollen gut einschätzbar sein und für Mitarbeiter und Führungskräfte eine Hilfestellung zur Standortbestimmung bieten.

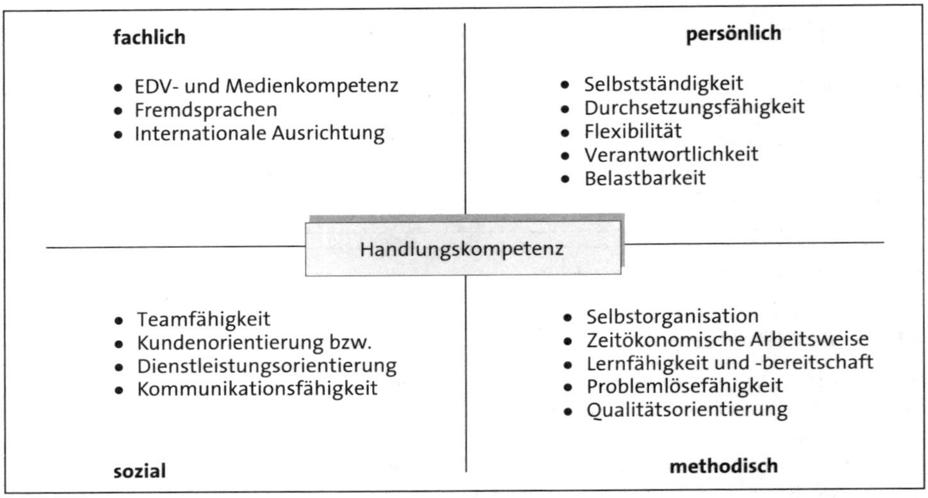

Abb. 2: Kompetenzmatrix

Die Merkmale werden in der Regel in verschiedene Kompetenzbereiche untergliedert: Fachkompetenz, Führungskompetenz, Persönlichkeitskompetenz, Sozialkompetenz, Methodenkompetenz.

Für jedes Merkmal innerhalb der einzelnen Kompetenzbereiche werden verschiedene Skalierungen hinterlegt. Im allgemeinen können drei **Skalierungsarten** voneinander unterschieden werden:

- Die Skalierung in Anlehnung an Schulnoten,
- Die Skalierung nach Punkten,
- Die verbale Skalierung.

Skalierungen nach Schulnoten und Punkten rufen bei Mitarbeitern bisweilen negative Assoziationen hervor. Die Erinnerung an die Bewertung des Lehrers während der Schulzeit ist für die meisten noch sehr präsent. Obgleich diese numerische Skalierung eine genaue Vergleichbarkeit zwischen einzelnen Mitarbeitern ermöglicht, ist die verbale Ska-

5 Vgl. Sommerhoff, 1999, S. 44.

lierung in der Praxis oft angemessener. Erfahrungsgemäß können die Mitarbeiter verbale Einschätzungen einer Leistung (z. B. hervorragend, zufrieden stellend, nicht mehr ausreichend) eher als konstruktives Feedback annehmen, insbesondere wenn die Einschätzung begründet und näher erläutert wird.

Beispiel:

Beurteilungsbogen mit verschiedenen Merkmalen und einer verbalen Skalierung:

Einschätzung des Mitarbeiters durch die Führungskraft					
Fachliche Kompetenz					
		Trifft in außerordentlichem Maße zu	**Trifft vollständig zu**	**Trifft fast immer zu**	**Trifft nicht zu**
Fachwissen	1. Verfügt über spezielle Fachkenntnisse und setzt diese am Arbeitsplatz gezielt ein				
	2. Besitzt arbeitsplatzübergreifende Fachkenntnisse und interessiert sich für übergeordnete Zusammenhänge				
Bemerkungen					
Selbstständiges Arbeiten	➢ Erledigt Arbeiten nach Erklärung, ohne dass weitere Hilfestellungen nötig sind				
Bemerkungen					
Arbeitsqualität	➢ Arbeitet sorgfältig und präzise				
Bemerkungen					
Arbeitstempo	➢ Erledigt übertragene Aufgaben schnell und zügig				
Bemerkungen					
Systematisches Arbeiten	1. Geht Aufgaben und Probleme gezielt an				
	2. Kann Aufgaben nach Prioritäten einordnen und abarbeiten				
Bemerkungen					

Ggf. besondere Anforderungen des Fachbereichs

Persönliche Kompetenz					
		Trifft in außerordentlichem Maße zu	**Trifft vollständig zu**	**Trifft fast immer zu**	**Trifft nicht zu**
Zuverlässigkeit	➢ Hält Terminvereinbarungen ein				
Bemerkungen					
Initiative	1. Macht sich eine Sache zu eigen und treibt sie voran				
	2. Sucht alternative Wege und entwickelt neue Ideen				
	3. Erkennt Probleme und kann verschiedene Lösungsmöglichkeiten in ihren Vor- und Nachteilen gegeneinander abwägen				
Bemerkungen					
Fleibilität	1. Kann sich schnell in neuen Situationen orientieren				
	2. Behält den Überblick auch bei kompleen Aufgaben				
	3. Kann auch unter Zeitdruckzielgerichtet arbeiten und bleibt in Stresssituationen kontrolliert				
	4. Ist bei personellen Engpässen verfügbar				
Bemerkungen					

Soziale Kompetenz					
		Trifft in außerordentlichem Maße zu	**Trifft vollständig zu**	**Trifft fast immer zu**	**Trifft nicht zu**
Verhalten gegenüber Kunden, Kollegen, Führungskräften	➢ Ist kunden- und serviceorientiert (gegenüber internen und externen Partnern, z. B. anderen Abteilungen, Tochtergesellschaften, Lieferanten und Kunden)				
Bemerkungen					
Überzeugungsfähigkeit	➢ Kann andere für die eigene Sicht der Dinge gewinnen				
Bemerkungen					

Soziale Kompetenz					
		Trifft in außerordentlichem Maße zu	**Trifft vollständig zu**	**Trifft fast immer zu**	**Trifft nicht zu**
Kritik- und Konfliktfähigkeit	1. Kann mit Kritik an der eigenen Person und Arbeit umgehen				
	2. Übt selbst Kritik undverhält sich dabei konstruktiv				
	3. Setzt sich mit auftretenden Konflikten offen und sachlich auseinander				
Bemerkungen					
Teamfähigkeit	1. Bringt eigene Fähigkeiten in die gemeinsame Arbeit ein				
	2. Steht hinter Entscheidungen				
Bemerkungen					

Der Mitarbeiter ist mit der Einschätzung der Führungskraft einverstanden

☐ ja ☐ nein

Anmerkungen:

____

____

Rückmeldung des Mitarbeiters an die Führungskraft					
		Trifft in außerordentlichem Maße zu	**Trifft vollständig zu**	**Trifft fast immer zu**	**Trifft nicht zu**
Mitarbeiterorientierte Führung	1. informiert Mitarbeiter zügig über die abteilungs- und arbeitsrelevanten Themen				
	2. erkennt und achtet die Bedürfnisse und Ziele der Mitarbeiter und handelt entsprechend				
	3. gibt den Mitarbeitern regelmäßig Rückmeldungen zu Leistung und Verhalten				
	4. delegiert Aufgaben und Verantwortung				
	5. hält Zusagen ein				
Bemerkungen					
Mitarbeiterförderung	1. fördert die Mitarbeiter systematisch entsprechend ihrer Fähigkeiten und Kenntnisse				
	2. vereinbart herausfordernde Ziele mit den Mitarbeitern, plant geeignete Maßnahmen und überprüft deren Umsetzung				
Bemerkungen					

Allgemeine Anmerkungen:

____

____

In jüngster Zeit wird vielfach das Konzept eines **360-Grad-Feedback** diskutiert. Damit ist gemeint, dass in der Mitarbeiterbeurteilung nicht nur Urteile der jeweiligen Führungskraft zum Tragen kommen, sondern ein Abgleich mit den Beurteilungen von Kollegen des Mitarbeiters, von Kunden und einer Selbsteinschätzung des Mitarbeiters stattfindet. Dadurch verspricht man sich eine größere Objektivität bei der Beurteilung und den Ausschluss von Beurteilungsfehlern. Allerdings kann ein 360-Grad-Feedback schnell an die Grenzen der Praktikabilität geraten, gerade dann, wenn ein Feedback von den Kunden eines Mitarbeiters eingeholt werden soll.

Dr. Frank Zils und Dr. Frank Frieß

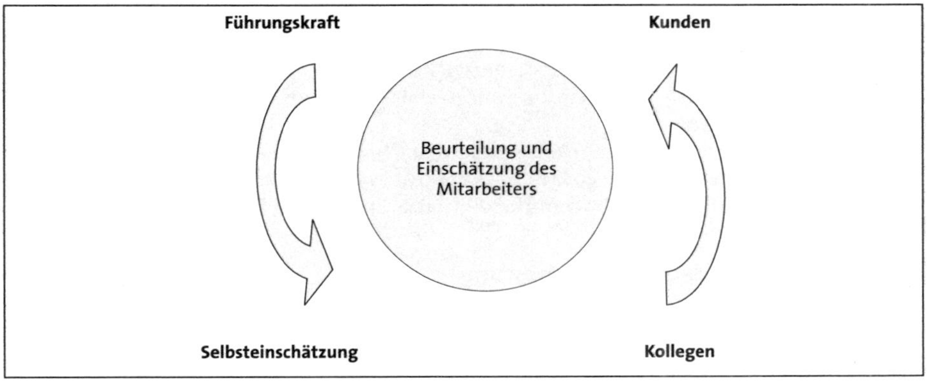

Abb. 3: »360-Grad-Feedback«

Beurteilungsfehler stellen die Objektivität einer Mitarbeiterbeurteilung in Frage. Sie sollten nach Möglichkeit vermieden werden. Führungskräfte werden jedoch oftmals nicht ausreichend auf die Beurteilung von Mitarbeitern vorbereitet. Nur wer die typischen Beurteilungsfehler kennt und sich selbst kritisch befragt, kann sie auch vermeiden.

Die häufigsten Beurteilungsfehler[6] sind (s. auch Abschnitt 1.6.2.1):

- **Stereotypenbildung:** psychologische Untersuchungen zeigen, dass Menschen oft innerhalb der ersten Sekunden ein Urteil über völlig fremde Personen fällen. Dabei spielen Prozesse der Stereotypenbildung eine wichtige Rolle. Aufgrund der Zugehörigkeit der fremden Person zu einer bestimmten sozialen Gruppe (z. B. Berufszugehörigkeit) bilden sich Vor-Urteile aus, die das Bild der Person dominieren können. Auch Führungskräfte sind nicht frei von Vorurteilen, die sich bei der Mitarbeiterbeurteilung verzerrend auf die Urteile auswirken können, wenn Mitarbeiter einer bestimmten Kategorie zugeordnet werden.
- **Halo-Effekt:** hier wird die Personenbeurteilung durch einen Einzeleindruck beeinflusst, der alles andere überlagert. So gelten attraktive Menschen, oder Menschen mit einer guten Rhetorik als besonders kompetent. Es liegt somit ein Fall von selektiver Wahrnehmung vor.
- **Primacy-Effekt:** bei der Beurteilung mehrerer (unbekannter) Personen (z. B. bei Bewerbungsgesprächen) bildet die erste Person einen »Anker«, d. h. sie bildet den Maßstab für alle übrigen zu beurteilenden Personen.
- **Soziale Ähnlichkeit:** als ähnlich zur eigenen Person wahrgenommene Menschen werden in der Regel als sympathisch eingeschätzt.
- **Alte Beurteilung:** das Vorwissen zu einer Person kann zu Urteilsverzerrungen führen, wenn sie das gegenwärtige Bild stark bestimmt.

Jede Führungskraft sollte sich bei der Mitarbeiterbeurteilung kritisch befragen, ob nicht auch sie von Beurteilungsfehlern betroffen sein könnte. Somit besteht die Forderung nach einem offenen und vertrauensvollen Umgang mit Mitarbeitern gerade bei der Mitarbeiterbeurteilung.

Bei der Einführung eines Mitarbeiterbeurteilungssystems sollten **erfolgskritische Faktoren und Risiken** beachtet werden, damit die Mitarbeiterbeurteilung nachhaltig und erfolgreich praktiziert wird. Die folgende Checkliste nennt die wichtigsten Punkte:

6 Vgl. Sommerhoff, 1999, S. 16 ff.

- Frühzeitige Einbeziehung des Betriebsrates und der Führungskräfte.
- Bedenken und Probleme der Mitarbeiter aus der Vergangenheit aufarbeiten.
- Einen praktikablen Gesprächsbogen entwickeln.
- Ausführliche schriftliche Vorinformation aller Mitarbeiter über Verfahrensweisen und Gesprächsbogen.
- Subjektive und einseitige Beurteilung der Mitarbeiter vermeiden.
- Qualifizierung der Führungskräfte für konstruktive Gesprächsführung.
- Auswertung der Gesprächsbögen und zeitnahe Umsetzung der Ergebnisse.

4.1.1.3 Methoden der Leistungsmessung

Bei der Mitarbeiterbeurteilung spielen zwei Faktoren eine wichtige Rolle: die **Leistung des Mitarbeiters und sein Potenzial**. Die gezeigte Leistung ist wichtig zur Standortbestimmung zwischen Führungskraft und Mitarbeiter. Bei der Potenzialeinschätzung geht es schließlich um die Frage, welche Leistungen ein Mitarbeiter bei optimaler Entwicklung in der Zukunft erbringen könnte. Aussagen zum Potenzial eines Mitarbeiters sind somit ungleich schwieriger zu treffen.

Leistung kann zunächst als geleistete Arbeit in einem bestimmten Zeitrahmen definiert werden. Ein Akkordarbeiter der in einer Stunde zehn Einheiten eines Produktes herstellt, leistet mehr als ein anderer Arbeiter, der in einer Stunde nur acht Einheiten des Produktes herstellt. Die Produktivität des Ersten wäre somit größer. **Leistungsvergleiche** wie dieser können allerdings nur dann durchgeführt werden, wenn die Tätigkeitsinhalte und die Arbeitsbedingungen gleich sind. In der Regel wird man den Leistungsbegriff jedoch weiter fassen müssen. So könnte es durchaus sein, dass der erste Akkordarbeiter pro Stunde einen Ausschuss von vier Einheiten produziert. Leistung kann also an der produzierten Menge gemessen werden, aber beispielsweise auch an der Qualität der Arbeit.

Dieses Grundprinzip lässt sich auf andere Bereiche übertragen. Außendienstmitarbeiter im Vertrieb können an dem Umsatz, den sie einem Unternehmen einbringen, gemessen werden, oder der Anzahl von Verträgen, die sie in einem Jahr neu abschließen. Man könnte auch die Anzahl der Kundenbesuche und die Qualität der Kundenbindung messen – z. B. anhand der Frage wie viele Kunden innerhalb eines Jahres in dem Verkaufsgebiet neu gewonnen oder verloren wurden. Im Außendienst werden in der Regel leistungsbezogene Vergütungen gezahlt, damit ein Anreiz entsteht, eine hohe Leistung zu erbringen.

In all diesen Bereichen ist eine **Leistungsmessung anhand objektiver Kennziffern** möglich. Wie aber misst man die Leistung von Verkäufern im Supermarkt oder bei überwachenden Tätigkeiten? Eine Leistungsmessung ist hier unter Umständen schwierig, weil es nicht immer ein konkretes, objektiv messbares Arbeitsergebnis gibt, oder es ist sogar ganz unmöglich. Hier ist die Einschätzung der direkten Führungskraft gefragt. Zu den zentralen Aufgaben einer Führungskraft gehört die Kontrolle der Mitarbeiter. Damit ist nicht die dauernde Observierung von Mitarbeitern gemeint, sondern das Prüfen der Arbeitsergebnisse und die Leistungskontrolle.

Die Leistung eines Mitarbeiters oder einer Führungskraft ist jedoch nicht allein eine Frage der persönlichen Fähigkeit und Motivation. Auch die Rahmenbedingungen und Umgebungsfaktoren wirken sich auf die Leistung aus. Die Leistungserbringung ist ein komplexes Gebiet mit dem sich das so genannte »**Performance-Management**« befasst.

In der Praxis wird heute verstärkt mit Zielvereinbarungen geführt. Dabei werden unter anderem Leistungsziele für das kommende Jahr vereinbart und die Erreichung der Ziele des vergangenen Jahres kontrolliert.

4.1.2 Potenzialanalyse

Während die Leistung sich auf gegenwärtiges oder in der Vergangenheit gezeigtes Verhalten bezieht und damit recht gut zu beurteilen ist, ist die Messung des Potenzials schwieriger, geht es doch hier um ein **zukünftiges oder erwartetes Leistungsvermögen** des Mitarbeiters. Eine Potenzialanalyse ist somit eine Prognose über die Leistungsfähigkeit und Leistungsbereitschaft eines Mitarbeiters oder einer Führungskraft. Sie ist dann angezeigt, wenn Mitarbeiter gezielt auf höherwertige Aufgaben vorbereitet werden sollen. Sie kommt aber auch bei der Personaleinstellung, insbesondere von Nachwuchsführungskräften zum Einsatz. Nun besteht die grundsätzliche Schwierigkeit zunächst darin, etwas zu messen, was erst in der Zukunft erwartet wird, bzw. was erst noch zu entwickeln und zu fördern ist. Letzten Endes muss dabei vom gegenwärtigen Qualifikationsstand ausgegangen werden. Man kann aber einen Mitarbeiter oder eine neu einzustellende Nachwuchsführungskraft mit neuen Situationen konfrontieren, die sich von der Routine der alltäglichen Arbeit unterscheiden. Dann sollte sich idealerweise zeigen, ob der betreffende Mitarbeiter mit ungewohnten, unstrukturierten Situationen umzugehen weiß, ob er Kreativität und Einfallsreichtum zeigt und neue Fähigkeiten erkennen lässt. Ein dazu häufig eingesetztes Instrument ist das **Assessment-Center** (AC).

Zum Potenzial gehören einerseits kognitive Fähigkeiten, wie Intelligenz, Wissen, Bildung und Erfahrung, andererseits aber auch motivierende Faktoren wie die Bereitschaft zu höherer Leistung und ständiger Weiterentwicklung. Ebenso werden soziale und kommunikative Fähigkeiten immer wichtiger. Mit verschiedenen Übungen können diese **Qualifikationen in einem AC analysiert** werden.

AC können entweder zur Auswahl geeigneter Mitarbeiter bei der Personaleinstellung (hier insbesondere von Nachwuchsführungskräften) oder für geplante Entwicklungsmaßnahmen eingesetzt werden. Ein AC dauert meistens eins bis drei Tage mitunter auch eine ganze Woche. Die Übungen, die die Teilnehmer einzeln oder in einer Gruppe durchführen, werden von erfahrenen Führungskräften und teilweise auch von externen Beobachtern (geschulten Psychologen oder Mitarbeitern einer Personalberatungsgesellschaft) begleitet. Sie protokollieren das **Problemlösungsverhalten** der Teilnehmer und schätzen deren Leistungen ein. Im Anschluss an ein AC sollte immer ein Feedback an die Teilnehmer gegeben werden. Die Stärken und Schwächen können so herausgearbeitet und Tipps für die weitere persönliche Entwicklung gegeben werden. In jedem Fall ist es empfehlenswert, bei der Vorbereitung und Durchführung eines AC Mitarbeiter mit fundierten Kenntnissen der Potenzialanalyse bzw. der Arbeits- und Betriebspsychologie zu beteiligen. Die Übungen eines AC sollten auf das Anforderungsprofil der zu besetzenden Positionen abgestimmt sein. Die folgende Übersicht[7] stellt eine Auswahl von Übungen dar, die in AC eingesetzt werden:

- Gruppendiskussionen: Einer Teilnehmergruppe wird ein bestimmtes Thema vorgegeben. Aufgabe der Gruppe ist die Diskussion des Themas und die Erarbeitung von Lösungsansätzen. Dabei kann einerseits die Durchsetzungsfähigkeit, aber auch soziale Fähigkeiten der Teilnehmer, wie aktives Zuhören, oder konstruktive Zusammenarbeit getestet werden.

7 Vgl. Hesse/Schrader 1994, S. 53 ff.

- Rollenspiele: In Rollenspielen werden fiktive Situationen durchgespielt, z. B. Konfliktgespräche mit Mitarbeitern, die Leitung einer Teambesprechung oder Kundengespräche. Dabei werden Gesprächsführung und Kommunikationsfähigkeit der Teilnehmer beobachtet und analysiert.
- Präsentationen zu einem bestimmten Thema, z. B. Vorstellung eines neuen Produktes.
- Postkorb-Übungen: Bei dieser Übungsform wird das Zeitmanagement eines Teilnehmers geprüft. Der Teilnehmer muss aus einer Vielzahl von Aufgaben und Terminen, die alle (fiktiv) an einem Tag zu erledigen sind, Prioritäten bilden und Aufgaben gegebenenfalls delegieren.
- Persönlichkeits-, Intelligenz-, Leistungs- und Konzentrationstests.
- Interview: Bei einem Einstellungs-AC werden meist auch Einzelgespräche, vergleichbar mit einem Vorstellungsgespräch mit den Teilnehmern zu persönlichen Zielsetzungen und beruflichen Erfahrungen geführt.

Wenn auch AC in der Praxis weit verbreitet und anerkannt sind, so gibt es doch auch **kritische Punkte**, die hin und wieder angemerkt werden. Ein grundsätzlicher Kritikpunkt hängt mit der Validität eines AC zusammen. Es werden Zweifel geäußert, ob die Übungen tatsächlich das Potenzial einer Person richtig messen, bzw. das messen, was sie zu messen vorgeben. Weiterhin stellt sich die Frage, ob die Teilnehmer sich in den Übungen so verhalten, wie sie sich im Alltag in ähnlichen Situationen verhalten würden, oder doch eher so, wie man es von ihnen erwartet. Ein AC stellt immer auch eine »Laborsituation« dar, in der man beobachtet wird und wo es zu Effekten sozialer Erwünschtheit kommt.

Mittlerweile gibt es eine Reihe von Literatur, mit der sich Teilnehmer gezielt auf ein AC vorbereiten können. Hier ist sicherlich die Kreativität derjenigen gefordert, die ein AC entwickeln und konzipieren. Sofern immer dieselben Standardübungen zum Einsatz kommen und die Durchführung und Beobachtung nicht von psychologisch oder diagnostisch geschulten Mitarbeitern vorgenommen wird, kann das AC keine valide Potenzialeinschätzung liefern und verursacht unnötige Kosten. Ein gut durchgeführtes AC leistet jedoch einen wichtigen Beitrag zur Analyse von Mitarbeiterpotenzialen.

In jüngster Zeit werden verstärkt auch **Computersimulationen zur Potenzialanalyse** eingesetzt. Hier werden komplexe Entscheidungssituationen durchgespielt und die getroffenen Entscheidungen im Anschluss analysiert. Der Vorteil liegt in der Komplexität der Handlungssituation (Teilnehmer können z. B. ein fiktives Unternehmen leiten oder als Bürgermeister die Stadtentwicklung gestalten). Damit lassen sich Managementfähigkeiten gut trainieren. Andererseits ist man an die Logik des Computerprogramms gebunden. Innerhalb eines Computerprogramms gibt es immer eine – im Vorfeld festgelegte – richtige Lösung, in einem Unternehmen gibt es oft mehrere oder gar keine. Kommunikative Fähigkeiten, wie sie in Rollenspielen trainiert oder analysiert werden, können in einem Computerprogramm (bislang) nicht trainiert werden.

4.1.2.1 Qualifikationsstand

Die gezielte Förderung und Weiterentwicklung von Mitarbeitern basiert auf zwei Pfeilern, die zugleich die Chancen und Grenzen jeglicher Personalentwicklung aufzeigen, dem **Qualifikationsstand** und dem daraus resultierenden **Leistungsniveau** sowie der **Potenzialanalyse**. Mit dem Qualifikationsstand werden insbesondere die fachlichen Kenntnisse und Fähigkeiten erfasst. Darüber hinaus zählen auch die persönlichen, sozialen und methodischen Kompetenzen im weitesten Sinne zur Qualifikation. Die Potenzialanalyse beschreibt die voraussichtlichen Entwicklungsmöglichkeiten. Ohne einen soliden Qualifikationsstand sind die Entwicklungsmöglichkeiten eingeschränkt. Andererseits bietet ein guter Qualifikationsstand ohne Entwicklungsmöglichkeiten nur bedingte Chancen zur gezielten Weiterentwicklung. Zur Darstellung des Qualifikationsstandes und der Potenziale wurde eine vereinfachte Matrix entwickelt, die den Zusammenhang zwischen Leistung und Potenzial verdeutlicht:

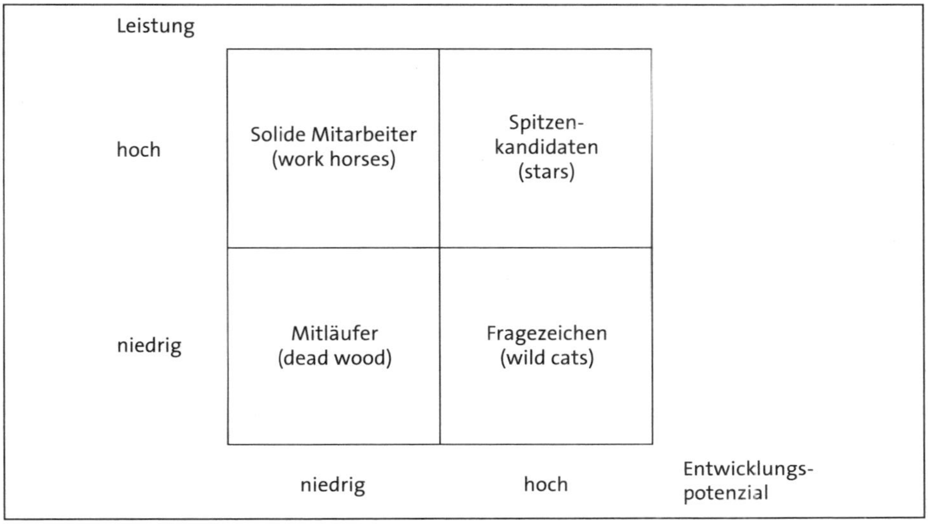

Abb. 4: Personalportfolio nach Ordiorne

4.1.2.2 Qualifizierungsgespräche

Die Ermittlung des Qualifizierungsbedarfs und der daraus abzuleitenden Entwicklungsmaßnahmen ist eine zentrale Aufgabe der Führungskräfte. In enger Abstimmung mit dem Personalentwickler obliegt es den Führungskräften, ihre Mitarbeiter mit Blick auf die vorhandenen Qualifikationen und Potenziale einzuschätzen und entsprechend zu fördern. Von daher sind **regelmäßige Qualifizierungsgespräche** erforderlich, in denen die fachlichen, persönlichen, sozialen und methodischen Kompetenzen mit den gegenwärtigen Aufgaben und Herausforderungen abgeglichen werden. Je nach Einschätzung müssen dann **entsprechende Fördermaßnahmen** ergriffen werden, damit der Mitarbeiter die Anforderungen erfüllen, größere Herausforderungen meistern und gegebenenfalls auch eine verantwortliche Führungsaufgabe übernehmen kann.

Qualifizierungsgespräche sollten in jedem Fall schriftlich dokumentiert werden und Aufschluss über konkret vereinbarte Maßnahmen geben. Die Ablage in der Personalakte ist empfehlenswert. Formulare zur Dokumentation der Gespräche können z. B. die Stärken und Schwächen beschreiben bzw. in einen detaillierten Qualifikationsplan münden.

4.1.2.3 Stärken/Schwächen

Das folgende Beispiel zeigt ein Formular für eine Stärken-Schwächen-Analyse:[8]

Potenzialeinschätzung/Stärken-Schwächen-Analyse	
• **Stelleninhaber** • **Führungskraft**	• **Nachfolger** • **Nachwuchsführungskraft**
Name: **Vorname:** **Geburtsdatum:**	**Position/Funktion:** **seit:**
Stärken • • •	**Schwächen** • • •
Maßnahmen zur beruflichen Weiterbildung in der jetzigen Funktion: • • •	
weitere Entwicklungsschritte/zukünftige Aufgaben/mögliche Positionen: • • •	frühester Zeitpunkt
Anmerkungen: Erstellt: Mitgewirkt: Datum:	

4.1.2.4 Qualifizierungspläne

Vor dem Hintergrund einer Potenzialanalyse und den daraus abgeleiteten Stärken und Schwächen, können entsprechende Qualifizierungspläne erarbeitet werden. Diese Pläne dienen dem jeweiligen Mitarbeiter, der Führungskraft und dem Personalentwickler als Orientierung. Die vereinbarten Maßnahmen können durchaus mit einer Zielvereinbarung verknüpft werden. Eine unterjährige Überprüfung mit Blick auf die tatsächlich durchgeführten Maßnahmen ist sinnvoll, um gegebenenfalls nachsteuern zu können. Qualifizierungspläne sind ein wichtiges **Steuerungsinstrument** im Rahmen einer mitarbeiterorientierten Personalplanung und -entwicklung.

Der folgende exemplarische Qualifizierungsplan verdeutlicht die einzelnen Planungskategorien:

8 Franke/Boden (Hrsg.) 2004, S. 499.

Qualifizierungsplan				
Name:		Abteilung:		
Position:				
Entwicklungsziel: (ggf. Position)				
	durchgeführt bis	**durchgeführt von**		
Maßnahmen				
• Seminar				
• Fachkonferenz				
• Einzelcoaching				
• Hospitation				
• Sonderaufgaben				
• Stellvertretung				
• Projekte				
...				
	Plan erstellt am:			
	von:			

Literatur:

Brake, J./Zimmer, D.: Praxis der Personalauswahl. So wählen Sie den idealen Bewerber aus, Würzburg, 2002

Franke, D./Boden, M. (Hrsg.)
: Personal Jahrbuch 2004, Neuwied, 2003

Hesse, J./Schrader, H. Ch.: Assessment Center. Das härteste Personalauswahlverfahren, Frankfurt/Main, 1994

Neges, G./Neges, R.: Kompaktwissen Management. Alles, was Führungskräfte wissen müssen, Wien, 1999

Sommerhoff, B.: Mitarbeiterbeurteilung: Leistung messen – Mitarbeiter fördern – Personal entwickeln, 2. Auflage, Landsberg/Lech, 1999

4.2 Konzepte für die Kompetenzentwicklung der Mitarbeiter sowie Qualifikationsanalysen und Qualifizierungsprogramme entwerfen und umsetzen

4.2.1 Kompetenzentwicklung und Qualifikationsentwicklung

4.2.1.1 Kompetenz und Qualifikation

Kompetenz und Qualifikation sind auch in der Personalführung und der Ausbildung inzwischen zu Schlüsselbegriffen geworden. Unterschiedliche Kompetenz- oder Qualifikationsbegriffe lassen sich den drei allgemein anerkannten Kategorien zuordnen:

- **Fachkompetenz**/fachliche Qualifikation,
- **Methodenkompetenz**/methodische Qualifikation (überfachlich),
- **Sozialkompetenz**/soziale Qualifikation (außer- oder nichtfachlich).

Fachliche, methodische und soziale Qualifikation zusammen bilden die **berufliche Handlungskompetenz**, wobei für das berufliche Alltagshandeln die verschiedenen Kompetenzfelder je nach:

- konkreter Aufgabe/Tätigkeit,
- beteiligten Personen,
- situativen Erfordernissen und
- Rahmenbedingungen des Umfelds

unterschiedliche und wechselnde Bedeutung haben.

4.2.1.2 Schlüsselqualifikationen

Qualifikationen aus den Bereichen Methodenkompetenz und Sozialkompetenz werden auch als »**Schlüsselqualifikationen**« bezeichnet, dazu werden u. a. gerechnet:

- Belastbarkeit,
- Feedbackfähigkeit,
- Flexibilität,
- Führungsfähigkeit,
- Innovationsfähigkeit,
- Kommunikationsfähigkeit,
- Komplexitätsbewältigung,
- Konfliktfähigkeit,
- Konzentrationsfähigkeit,
- Kooperationsfähigkeit,
- Kreativität,
- Kritikfähigkeit,
- Leistungsbereitschaft,
- Lernfähigkeit,
- Problemlösefähigkeit,
- Selbstständigkeit,
- Teamfähigkeit,
- Veränderungsbereitschaft,
- Verantwortungsbewusstsein,
- Zuverlässigkeit.

4.2.1.3 Zusammenwirken von Kompetenz, Qualifikations- und Unternehmensentwicklung

Kenntnisse, Fähigkeiten und Fertigkeiten (Kennen und Können) sind notwendige, aber noch nicht ausreichende Qualifikationen. **Leistungsbereitschaft und Motivation** (Wollen) sind die ausschlaggebenden Faktoren für Anwendung und Umsetzung sowie den Erfolg beruflichen Handelns.

Diese allgemeine Erkenntnis lässt sich in ein konkretes **Kompetenz-Modell** für ein Unternehmen bzw. einen Anwendungsbereich umsetzen durch:

- Definition der jeweils entscheidenden relevanten Kernkompetenzen;
- Beschreibung beispielhafter positiver wie negativer Verhaltensmerkmale;
- Auflisten der zugehörigen notwendigen Qualifikationen, Kenntnisse, Fähigkeiten und Einstellungen.

Während die Bedeutung der Fachkompetenz konstant bleibt, steigt die **Relevanz von Anwendungswissen neuer Technologien**, insbesondere der Informations- und Kommunikationstechniken (IT-Kompetenz). Durch höhere Komplexitätsgrade und Kooperationserfordernisse gewinnen auch Schlüsselqualifikationen stark an Bedeutung.

Für die Unternehmensentwicklung ist es von erfolgsentscheidender Bedeutung, Kernkompetenzen zu definieren – nicht nur für das Produkt- bzw. Dienstleistungsspektrum, sondern auch für die Leistungsfähigkeit und -bereitschaft der Mitarbeiter. Die Qualifikation der Mitarbeiter systematisch zu entwickeln, ist ein wesentlicher Erfolgsfaktor für die Unternehmensentwicklung.

4.2.2 Lernen und Qualifizieren: durch formale und informelle Lernprozesse

Lernen und Qualifizieren ist dann besonders erfolgreich, wenn die Lernfähigkeit und Lernbereitschaft der Beschäftigten einerseits durch eigenen Antrieb und gute persönliche Voraussetzungen (Interesse und Intelligenz) unterstützt werden. Andererseits führen Fordern und Fördern mit Hilfe geeigneter **Qualifizierungsmaßnahmen und gezieltem Feedback** zu Lernerfolgen.

Dabei findet Lernen nicht nur in und während dafür eigens geschaffener und entsprechend deklarierter Veranstaltungen statt; Lernen geschieht zeitlebens auf verschiedene Art und Weise, vor allem durch:

- Aufnahme von Informationen (Aneignung von Kenntnissen und Wissen),
- Gezieltes wie auch zufälliges Beobachten und daraufhin Nachahmen oder Vermeiden (Ausprobieren von Verhaltensweisen und Fehlervermeidung eigener und fremder Fehler),
- Systematisches Einüben und Trainieren, also aktives Handeln (bewusste Aneignung von Fähigkeiten und Fertigkeiten).

4.2.2.1 Lernbereitschaft und Lernfähigkeit

Die Lernbereitschaft und Lernfähigkeit werden in der Personalentwicklung und -qualifizierung besonders bei Maßnahmen der Weiterbildung außer durch die Person des Teilnehmers wesentlich durch die:

- Inhalte der Weiterbildung,
- Methoden in der Weiterbildung sowie
- Trainer (Ausbilder, Lehrer, Referenten) in der Weiterbildung beeinflusst.

Jochen Flarup

4.2.2.1.1 Inhalte der Weiterbildung

Trainingsmaßnahmen dienen der Qualifikationssicherung der Mitarbeiter und zielen darauf ab, die **berufliche Handlungsfähigkeit** in den verschiedenen Kompetenzfeldern (s. auch Abschnitt 4.2.1.1) anzupassen oder zu erweitern.

Zu beachten ist entsprechend der Bedarfsanalyse (s. auch Abschnitt 4.2.3.1), dass Inhalte und Methoden (s. auch Abschnitt 4.2.2.1.2) auf:

- fachliche Qualifikation (Kenntnisse, Wissen),
- überfachliche Qualifikation (Methoden, Prozesse),
- außerfachliche Qualifikation (Persönlichkeit, Verhalten)

gezielt zugeschnitten sind.

Der rasante technologische und organisatorische Wandel erfordert, rechtzeitig und systematisch für die Qualifizierung der Mitarbeiter zu sorgen. Mitarbeiter müssen das notwendige Fachwissen für die Anwendung neuer Techniken, Systeme und Verfahren haben und über die richtige persönliche Einstellung und das entsprechende Verhalten verfügen, um als Einzelkämpfer und im Team erfolgreich kommunizieren und zusammen arbeiten zu können.

In einem Unternehmen werden alle Leistungen von Mitarbeitern erbracht. Die **Effektivität und die Effizienz Einzelner und der Teams** hängt von deren Qualifikation und Motivation ab. Deshalb sind Investitionen in Personal und Bildung genauso wichtig wie Sachinvestitionen und sollten auch genauso zielorientiert eingesetzt werden. Bestimmte Trainings sind für die Entwicklung spezifischer Kompetenzen besonders geeignet.

Kompetenz / Training	Fach	Methoden	Markt	Kooperation	Führung
Technologie	×	×			
Produkt	×	×	(×)		
Qualität		×	×	×	×
Kundenorientierung		×	×	×	
Arbeitstechniken		×		×	×
Kommunikation			×	×	×
Konfliktmanagement			(×)	×	×
Führung		×		×	×
Train-the-Trainer		×	(×)	×	(×)
Fremdsprachen	×		(×)	×	
Projektmanagement		×		×	×
Arbeitsrecht	×				×
Moderation		×		×	×
EDV (E-Business)	×	×	(×)	(×)	
Arbeitssicherheit	×	×		×	×

Abb. 1: Kompetenz-Trainings-Matrix

Kompetenzfeld	Inhalt	Methoden/Medien
Fachkompetenz	Fachwissen (rechtlich, technisch, kaufmännisch etc.) Fachkurse aller Disziplinen Produktkenntnisse Sprachkurse	Vortrag (mit Visualisierung) Texte, Arbeitsblätter Fallstudien Selbststudium CBT, Sprach»labor« Intranet/Internet (WBT)
Methodenkompetenz	Arbeitsorganisation Analyseverfahren Problemlösetechniken Projektmanagement Informationstechnik	Moderation/Metaplan Teilnehmerpräsentationen Team-/Gruppenarbeit Fallstudien praktische Anwendungsübungen
Sozialkompetenz	Kommunikation Führung Zusammenarbeit Konfliktmanagement Sprache/Kultur Veränderungsfähigkeit	Team-/Gruppenarbeit Moderation Kommunikations-/ Verhaltenstraining Feedback-Übungen Videoanalyse

Abb. 2: Welche Methoden wofür?

4.2.2.1.2 Methoden in der Weiterbildung

Für den Erfolg von **internen Bildungsmaßnahmen** sind Inhalte und Methoden mit ausschlaggebend. Auch bei externen Veranstaltungen ist es wichtig, dass Weiterbildner nicht nur gute »Fach-Experten« sind. Professionelle Trainer zeichnen sich durch **Methodenkompetenz** aus. Die angewandten Methoden müssen der Zielsetzung entsprechen und sie fördern.

Gerade in der **Erwachsenenbildung** kommt es darauf an, die pädagogischen Rahmenbedingungen der Teilnehmervoraussetzungen zu kennen, zu berücksichtigen und zu gestalten. Häufig ist die Teilnehmerzusammensetzung in Bezug auf Lerngewohnheit und Lernerfahrung (vordergründig festgemacht an Alter und Bildungsniveau) heterogen. Also ist es Aufgabe des Bildungsverantwortlichen und Trainers, ein förderliches Lernumfeld zu ermöglichen. Das bedeutet:

- den einzelnen Teilnehmer dort abholen, wo er sich befindet (Teilnehmer- oder Kundenorientierung),
- den Teilnehmern die Lernverantwortung zu übertragen (Lernorientierung),
- den Teilnehmern den Theorie-Praxis-Bezug aufzeigen (Nutzenorientierung),
- den Teilnehmern praktische Anwendungsübungen und Eigenaktivitäten bieten (Handlungsorientierung).

Die Übersicht zum Abschnitt 4.2.2.1.1 zeigt die meist verbreiteten Methoden in Weiterbildung und Training sowie die wesentliche Zuordnung zu den Inhalten und Kompetenzbereichen der Qualifikation (vgl. Abb. 2).

4.2.2.1.3 Trainer in der Weiterbildung

So wie im Prozess der Personalentwicklung die jeweilige Führungskraft eine Schlüsselrolle spielt, hat in der Weiterbildung der Trainer eine zentrale Stellung. **Qualifikation, Persönlichkeit und Verhalten des Trainers** können ähnliche Auswirkungen auf Lernerfolg oder -misserfolg haben, wie die bekannte Lehrer-Schüler-Konstellation in der Schule. Gutes Fachwissen allein reicht nicht aus, entscheidend sind:

- die teilnehmerorientierte Vermittlung,
- die praxisorientierte Aufbereitung und
- die Hilfe zur Selbsthilfe.

Teilnehmer müssen unterstützt werden beim Lernen, damit sie das Lernen erlernen und die ständige Lernbereitschaft für »lebenslanges Lernen« gefördert wird.

In der Weiterbildung sind unterschiedliche Bezeichnungen für das Lehrpersonal gebräuchlich (z. B. Ausbilder, Dozent, Erwachsenenbildner, Kursleiter, Lehrer, Berater, Moderator, Referent, Schulungsleiter, Seminarleiter oder Weiterbildner). Analog zum Training gewinnt die Berufs- oder Funktionsbezeichnung »Trainer« an Bedeutung. Teilweise drückt die Wortwahl auch ein gewisses Selbstverständnis aus.

Insbesondere bei internen Trainings werden häufig auch betriebsinterne Trainer eingesetzt (z. B. als Co-Trainer zusammen mit Externen).

Konflikt-, Kommunikations-, Persönlichkeits- und Führungsthemen sind meist besser bei »neutralen«, unabhängigen, externen Trainern aufgehoben (Vertraulichkeit). Fach- und Organisationsthemen eignen sich besonders für den Einsatz von internen Spezialisten und Führungskräften. Um Erfolg und Qualität der Weiterbildung zu sichern, sollten die richtigen externen Trainer ausgewählt, beurteilt und kontrolliert und ebenso unter den eigenen Mitarbeitern bereitwillige, geeignete, interne Trainer ausgewählt, gefördert (Train-the-Trainer-Maßnahmen) und ihre Trainingsarbeit kontrolliert werden.

»Der Trainer kann ...«
... Lernen als Prozess begreifen und gestalten,
... Lerntheorie/Lernpsychologie anwenden,
... Lernziele zielgruppengerecht formulieren,
... Teilnehmervoraussetzungen erkennen,
... Trainingsmaßnahmen planen und vorbereiten,
... Trainings zielorientiert, aber situations- und teilnehmerbezogen flexibel durchführen,
... Struktur, Ziele und Ablauf des Trainings kommunizieren,
... Sach- und Beziehungsebene ausbalancieren,
... Trainer-Rolle/-Person aktiv einbringen,
... Feedback-Verhalten aktiv/passiv vorleben,
... Kommunikation offen führen, aktiv zuhören,
... Konflikte aktiv managen,
... Lernmethoden und Medien teilnehmeraktivierend einsetzen,
... Informationsvermittlung visualisieren,
... Lernerfolg kontrollieren,
... Transfer in die Praxis gezielt fördern.

Abb. 3: Checkliste Trainer-Auswahl, -Beurteilung und -Förderung

4.2.2.2 Formales und informelles Lernen und Lernerfolg

Formales Lernen setzt **gezielte Maßnahmen** und bewusst geplante und durchgeführte Aktivitäten voraus.

Informelles Lernen ist jederzeit möglich; es setzt lediglich **Lernfähigkeit und Lernbereitschaft** voraus, also einen wachen Geist und eine aufgeschlossene Einstellung oder auch Neugier und Veränderungsbereitschaft genannt. Informelles Lernen findet auch zusätzlich neben formalem Lernen statt.

Inwieweit Lernen in betrieblichen Qualifizierungsmaßnahmen im beabsichtigten Sinne und Umfang erfolgreich war, lässt sich durch systematische Auswertung feststellen und durch geeignete Transfersicherungsmaßnahmen fördern.

Um den Erfolg von Personalentwicklungs- und Trainingsmaßnahmen zu kontrollieren, untersuchen Personal- oder Weiterbildungsverantwortliche z. B. Qualität, Relevanz und Transfer der durchgeführten Maßnahmen:

- **Qualität** (Hält die Maßnahme den Qualitätsanforderungen stand?),
- **Relevanz** (Inhalt auf den festgestellten Bedarf hin überprüfen),
- **Transfer** (tatsächliche Veränderungen in der Praxis als Nutzen feststellen).

Das wichtigste Erfolgskriterium ist der Nutzen der Maßnahmen für die Praxis. Deshalb sollten die Maßnahmen durch die Mitarbeiter beurteilt werden, sowohl direkt danach, als auch drei bis sechs Monate später.

Thema: ____________________
Teilnehmer: ____________________
Termin: ____________________

1. **Wie beurteile ich das Seminar/Training allgemein? Wie war mein Gesamteindruck?**
   ☐ sehr gut ☐ gut
   ☐ es ging so ☐ schade um die Zeit

2. **Wie bewerte ich den Referenten/Trainer?**
   ☐ sehr gut ☐ gut ☐ befriedigend
   ☐ nicht zufrieden stellend, warum nicht?
   ____

3. **War ich mit der Organisation/ den Rahmenbedingungen zufrieden?**
   ☐ ja ☐ es ging so
   ☐ nein, warum nicht?
   ____

4. **Wurden alle angekündigten Inhalte/ Themen behandelt?**
   ☐ ja ☐ nein, welche habe ich vermisst?
   ____

5. **Wie bewerte ich die Inhalte, ihre Klarheit und Verständlichkeit?**
   ☐ gut ☐ unterschiedlich
   ☐ nicht zufrieden stellend, warum nicht?
   ____

6. **Wie beurteile ich die Dauer?**
   ☐ genau richtig für die Themen/Inhalte
   ☐ zu kurz, warum? ☐ zu lang, warum?
   ____

7. **Wie beurteile ich die Methode(n)?**
   z. B. prakt. Übungen, Fallbeispiele, Gruppenarbeit, Diskussion u. s. w.
   ☐ gut, warum? ☐ unterschiedlich
   ☐ nicht zufrieden stellend, warum nicht?
   ____
   ____

8. **Waren die Arbeitsunterlagen ...**
   ☐ nützlich/hilfreich
   ☐ eher zuviel, überflüssig, warum?
   ☐ fehlend, unbrauchbar, warum?
   ____

9. **Kann ich die Ergebnisse des Seminars für meine/n Aufgaben/Arbeitsplatz nutzen?**
   ☐ ja, sehr gut
   ☐ bestimmt zum großen Teil
   ☐ weiß ich noch nicht
   ☐ nein, wohl kaum, warum nicht?
   ____

10. **Mein Interesse an diesem Thema ist**
    ☐ groß, weil
    ☐ durchschnittlich ☐ eher gering, weil
    ____

11. **Fand ein vorbereitendes Gespräch vor dem Seminar mit der/m Vorgesetzten statt?**
    ☐ ja ☐ nein

12. **Ist ein Auswertungs-Gespräch nach dem Seminar mit der/m Vorgesetzten geplant?**
    ☐ ja ☐ nein ☐ weiß ich noch nicht

13. **Kann ich das Seminar weiterempfehlen?**
    ☐ ja, warum? ☐ nein, warum nicht?
    ____

14. **Wie werde ich die Inhalte/Ergebnisse in die Praxis umsetzen?**
    ____

15. **Meine Anmerkungen/Verbesserungsvorschläge:**
    ____
    ____

Abb. 4: Muster: Seminar- und Trainingsbeurteilung

Thema: ____________________
Termin: ____________________
Teilnehmer: ____________________

Vor einigen Monaten haben Sie am oben genannten Seminar/Training teilgenommen.
Um den Nutzen für Ihre Praxis zu ermitteln, stellen wir Ihnen jetzt erneut einige Fragen.

1. Wie beurteilen Sie das Seminar/Training allgemein?
Wie war Ihr Gesamteindruck?

☐ sehr gut ☐ gut ☐ es ging so ☐ schade um die Zeit

2. Kamen Inhalte/Themen rückblickend zu kurz?

☐ nein, war OK
☐ ja, welche ____________________

3. Sind die Arbeitsunterlagen aus dem Seminar/Training für Ihre Praxis ...

☐ nützlich/hilfreich
☐ eher zuviel, überflüssig, warum? ____________________
☐ fehlend, unbrauchbar, warum? ____________________

4. Können Sie die Ergebnisse des Seminars/Trainings für Ihren Arbeitsplatz/Ihre Aufgabe nutzen?

☐ ja, sehr gut
☐ ja, teilweise (welche?) ____________________
☐ weiß ich immer noch nicht
☐ nein, weil ____________________

5. Hat im Anschluss an das Seminar/Training ein Gespräch zur Auswertung mit Ihrem/Ihrer Vorgesetzten stattgefunden

☐ ja
☐ nein, bisher noch nicht

6. Wie haben Sie die Inhalte/Ergebnisse in die Praxis umgesetzt?

☐ vollständig
☐ teilweise, weil ____________________
☐ gar nicht, weil ____________________

Abb. 5: Muster: Seminar- und Trainingsbeurteilung-Nachlese (Follow-Up)

Dann ist der erste Eindruck durch die Praxis bereits überprüft worden. Für den Transfer des Gelernten in die Praxis kommt es, neben der **Anwendungs- und Veränderungsbereitschaft** des Mitarbeiters, insbesondere auf die jeweilige Führungskraft an. Der Vorgesetzte nimmt bei Zielsetzung, Planung, Kontrolle und Unterstützung der Maßnahmen die Schlüsselfunktion ein. Er sollte den Prozess zusammen mit dem Mitarbeiter von Anfang bis Ende aktiv gestalten.

Für die Transfersicherung können die drei Musterformulare genutzt werden.

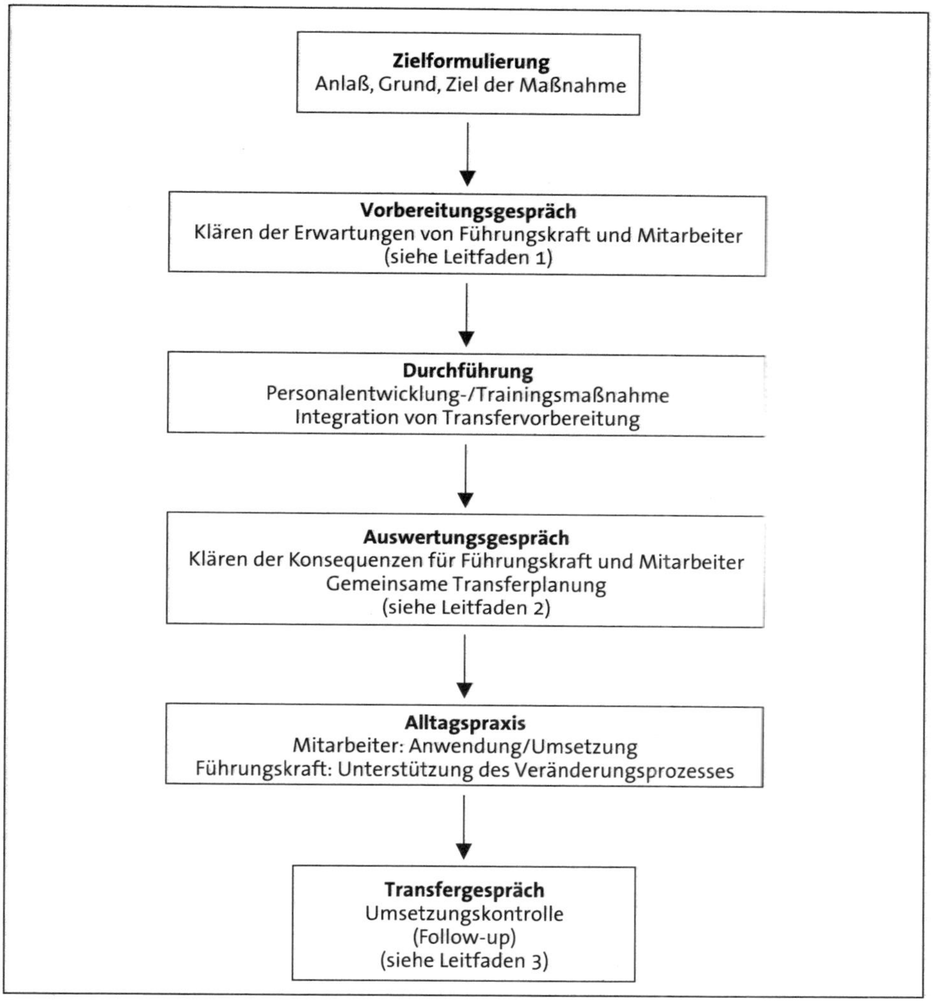

Abb. 6: Transfersicherung durch Mitarbeiter und Führungskraft

Mitarbeiter: ______________________ **Führungskraft:** ______________________
Maßnahme: ______________________ **Zeitpunkt/Zeitraum der Maßnahme:** ______________

Datum des Vorbereitungsgesprächs: ______________________________________

Warum erfolgt die Maßnahme?

☐ Aktualisierung, Erweiterung der fachlichen Qualifikation

☐ Entwicklung der methodischen Fähigkeiten und Fertigkeiten

☐ Entwicklung des kommunikativen Verhaltens (Kunden, Zusammenarbeit, Mitarbeiterführung)

☐ Technische/organisatorische Veränderung

☐ Vorbereitung auf neue/andere Aufgaben

☐ ______________________________________

Welche Erwartung hat der/die Mitarbeiter/in selbst an die Maßnahme?

____

____

____

Welche Ziele sollen erreicht werden? *(möglichst konkret beschreiben)*

1. ______________________________________
____

2. ______________________________________
____

3. ______________________________________
____

Wie und wann soll die Auswertung erfolgen?

____

Abb. 7: Leitfaden 1 – Transfersicherung 1 (Vorbereitung)

Mitarbeiter: ______________	**Führungskraft:** ______________
Maßnahme: ______________	**Zeitpunkt/Zeitraum der Maßnahme:** ______________
Datum des Auswertungsgesprächs: ______________	

- Wie wird die Qualität der Maßnahme beurteilt? ______________
- Wie wurden die Erwartungen erfüllt? ______________
- In welchem Umfang wurden die Ziele erreicht? ______________
- Welcher zusätzliche Nutzen ist entstanden? ______________
- Wie wurde die Umsetzung der Ergebnisse in die Praxis vorbereitet? ______________
- Welche Konsequenzen folgen aus der Teilnahme? ______________

Was folgt jetzt nach der Teilnahme?

	Maßnahmen/Aktivitäten	*Termin*
1.	______________	______________
	______________	______________
2.	______________	______________
	______________	______________
3.	______________	______________
	______________	______________

Welche Hindernisse könnten beim Praxistransfer auftreten?

____

____

Wie kann die Führungskraft den Umsetzungserfolg unterstützen?

____

____

Wie und wann soll die Kontrolle der Umsetzung erfolgen?

____

____

Abb. 8: Leitfaden 2 – Transfersicherung 2 (Auswertung direkt nach der Maßnahme)

Mitarbeiter: ______________ **Führungskraft:** ______________
Maßnahme: ______________ **Zeitpunkt/Zeitraum der Maßnahme:** ______________

Datum des Auswertungsgesprächs: ______________

- Wie groß wird der Nutzen jetzt rückblickend eingeschätzt? ______________
- In welchem Umfang konnte was umgesetzt werden? ______________
- Was war förderlich für die Umsetzung? ______________
- Was behinderte die Umsetzung? ______________

Wie wurden die Ziele/Ergebnisse erreicht? | Was waren fördernde und/oder hindernde Bedingungen?

Ergebnisse	*Erreichungs-Grad*	*Anmerkungen*
1. ______________	☐ vollständig	______________
______________	☐ teilweise	______________
______________	☐ nicht erreicht	______________
2. ______________	☐ vollständig	______________
______________	☐ teilweise	______________
______________	☐ nicht erreicht	______________
3. ______________	☐ vollständig	______________
______________	☐ teilweise	______________
______________	☐ nicht erreicht	______________

Welche Folgeaktivitäten sind vorgesehen?
____
____

Abb. 9: Leitfaden 3 – Transfersicherung 3 (Follow-Up)

4.2.2.3 Lernen On-the-Job und Off-the-Job

Lernen, Qualifizieren und Entwickeln lassen sich im betrieblichen Alltag praxisnah On-the-Job gestalten durch die sehr weit verbreiteten Verfahren wie:

- Job-Rotation,
- Job-Enrichment und
- Job-Enlargement.

Hinzu kommen Off-the-Job- Maßnahmen im Rahmen gezielter interner und externer Weiterbildungs- und Trainingsprogramme.

Personalentwicklungsmaßnahmen lassen sich nach den Kriterien On- oder Off-the-Job unterscheiden. Teilweise wird eine Variante als **Near-the-Job** bezeichnet. Als Near-the-job-Maßnahme könnte z. B. die Übernahme von stellvertretenden Leitungs- und Führungsaufgaben im Rahmen von Job-Enrichment angesehen werden.

Um eine **Methode** On-the-Job oder Off-the-Job handelt es sich, wenn Lernen und Entwicklung nicht Zufallsprodukte sind, sondern die konkreten Maßnahmen systematisch vor- und nachbereitet sowie kritisch mit gezieltem Feedback begleitet werden. Als Coach oder Mentor eignen sich engagierte interne Führungskräfte im Rahmen eines Patenschafts- oder Mentoring-Konzepts. Entscheidend für eine erfolgreiche Entwicklung sind persönliche Akzeptanz und gegenseitiges Vertrauen; deshalb sollte das Prinzip Freiwilligkeit praktiziert werden.

Supervision soll Einzelne in Gruppen oder Gruppenprozesse insgesamt beobachten, analysieren und fördern. Diese Aufgabe sollten speziell ausgebildeten externen Fachkräften übertragen werden.

Sehr wirkungsvolle und unkomplizierte On-the-Job-Personalentwicklungsinstrumente sind:

- **Job-Rotation:** Arbeitsplatz- oder Aufgabenwechsel, mit quantitativem wie auch qualitativem Bezug,
- **Job-Enrichment:** Aufgaben- und Verantwortungszuwachs, Arbeitsbereicherung, Arbeitsanreicherung in qualitativer Hinsicht und
- **Job-Enlargement:** Aufgabenverbreiterung, Arbeitsfeldvergrößerung, Arbeitseinsatzausdehnung mit quantitativem Schwerpunkt.

Beispiele für Job-Enrichment/Job-Enlargement sind:

- Leitung kleinerer, auch abteilungsübergreifender Projekte,
- Übernahme unternehmerischer Aufgaben (Übungsfirma, Junior-Board),
- Stellvertretung des Gruppen- bzw. Abteilungsleiters,
- systematische Einarbeitung neuer Mitarbeiter,
- zusätzliche Betreuung und Unterweisung von Auszubildenden und Praktikanten,
- Übernahme von Trainingsaufgaben unter Beibehaltung des eigentlichen Aufgabengebiets.

Aufgabenwechsel (Job-Rotation) kann innerhalb einer Gruppe bzw. Abteilung oder abteilungsübergreifend durchgeführt werden. Die Vorteile von Job-Rotation sind:

- Erweiterung der Qualifikation des einzelnen Mitarbeiters,
- gegenseitige Vertretung in Abteilung bzw. Gruppe wird erleichtert,
- eventuelle Fluktuation in Abteilung bzw. Gruppe reißt kein so großes »Loch«,
- die wechselseitige Kommunikation wird verbessert,
- das Verständnis für andere Aufgaben und Abläufe wird verbessert.

Der Erfolg dieser Maßnahmen hängt von einer guten Vorbereitung und der kritischen Begleitung und Auswertung ab.

Praxis- und realitätsnahe **Lernorte** sind, außer dem Arbeitsplatz selbst (On-the-Job), speziell konzipierte Lern-, Innovations- und Qualitätsgruppen, die insbesondere in größeren Unternehmen mit ausgeprägt arbeitsteiliger Struktur Near-the-Job eingerichtet werden, z. B. als:

- Lernstatt,
- Lerninsel,
- Übungsfirma,
- Qualitätsteam, Qualitätszirkel.

4.2.2.4 E-Learning

E-Learning bedeutet **lernen mit Hilfe elektronischer Medien**. Informationstechnologien und elektronische Medien beeinflussen und unterstützen die Möglichkeiten betrieblicher Weiterbildung. Der Personal-Computer entwickelt sich zum interaktiven Lernmedium. Lernprogramme sind auf Videokassetten, in Diskettenversionen, auf CD-ROM, im Tele-Learning/-Coaching und im Internet bzw. Intranet abrufbar. CBT-Programme und

Einzelbausteine werden von verschiedenen Anbietern zu fast allen Themenbereichen vermarktet.

Die häufigsten Anwendungsfelder sind bislang: EDV, Sprache, Technik, betriebswirtschaftliche Grundlagen, Produktkenntnisse sowie Kommunikation und Verhalten.

Computer-Aided-Instruction (CAI) bzw. **Computer-Based-Training** (CBT):

- qualifiziert flexibel und schnell,
- stellt bedarfsgerechtes Training zur rechten Zeit zur Verfügung,
- ermöglicht strukturiertes Lernen am Arbeitsplatz,
- ist offline und netzunabhängig möglich,
- fördert Lernen außerhalb der Arbeitszeit,
- individualisiert und verkürzt Zeitaufwand für Lernen und Training,
- nimmt auf individuelle Lerngewohnheiten und -geschwindigkeiten Rücksicht,
- stellt einheitliche Trainingsqualität sicher,
- erreicht Kostensenkung im Training.

Web-Based-Training (WBT) erfolgt online, »netzbasiert«.

Wenn auch mittel- und langfristig das Kostenargument sehr schlagkräftig ist, so erfordert der Einsatz von E-Learning zunächst einen nicht unerheblichen Investitionsaufwand, sowohl für die Lern- und Arbeitsplätze, da an die technische Ausstattung Mindestvoraussetzungen gekoppelt sind, als auch für hohe Entwicklungskosten von Trainingseinheiten, -modulen und -programmen.

Im Zuge der schnellen Entwicklung der Computer-Technologie sind Mindestanforderungen an die Ausstattung heute meist keine Hürde mehr.

Zu den Kriterien für die erfolgreiche Einführung von E-Learning gehören:

- gezielt in die Konzeption einbeziehen,
- nicht einfach nur E-Learning machen, weil es modern ist,
- eine klare Zielsetzung erarbeiten (was soll mithilfe von E-Learning erreicht werden?),
- früh mit ersten kleinen Schritten starten, um selbst praktische Erfahrungen zu sammeln,
- von vornherein lange Anlaufphasen berücksichtigen; erfahrene Unternehmen berichten über hohen Entwicklungsaufwand und einen Zeitbedarf von zwei bis drei Jahren Anlaufphase,
- den »Knackpunkt: Systemintegration« beachten, Lerntools müssen zu der Systemumgebung im Unternehmen passen (Kompatibilität),
- sich nicht von theoretisch ermittelten Einsparpotenzialen blenden lassen, Kosten und Nutzen realistisch einschätzen,
- sich gleichwohl nicht abschrecken lassen: zur Zukunft gehört E-Learning. Engagierte Mitarbeiter erwarten hier Angebote.

Multimedia-Lernen (MML) und E-Learning reicht vom individuellen Selbststudium bis zum gesteuerten Lernprozess im Medienverbundsystem. Telelearning und Teleteaching ermöglichen, gestützt auf die Medien der Informationstechnologie (IT):

- Television/Business-TV/Video,
- Telefon/Fax,
- DV-Leitungen/Internet/Intranet/Web/E-Mail

eine simultane Interaktion zwischen Lernenden und Veranstalter. Dadurch kann die Isolation des Lernprogrammteilnehmers überwunden werden. Individuelles Arbeiten wird ergänzt durch Gruppenprozesse, z. B. in Video- oder Webkonferenzen und in Chat-

Rooms, und durch gezielte Unterstützung von Experten und Tutoren als Telecoaching oder in Virtual-Classroom-Training-Sessions.

Wegen der sehr hohen Kosten für die Entwicklung von Programmen sowie für die Investition in Hard- und Software erfordert die Einführung große Teilnehmer- bzw. Anwenderzahlen.

In der Frühphase von E-Learning konzentrierte man sich bisher vorwiegend auf die technische Seite der neuen Lernformen. Mittlerweile setzt sich nach einer Anfangseuphorie und erster Ernüchterung zunehmend die Erkenntnis durch, dass auch hier Inhalte und Methoden, also das Konzept und die Qualität des Contents für Erfolg entscheidend sind. Folgende beiden Trends scheinen sich abzuzeichnen: E-Learning verbindet sich mit Wissensmanagement-Systemen, und E-Learning braucht die Verbindung mit Präsenzlernen (Blended-Learning).

Checkliste: Einführung von E-Learning

Zur Einführung von E-Learning kann die folgende Checkliste mit bekannten »W-Fragen« nützen:

- WAS genau soll mit E-Learning erreicht werden?
- WER ist die Zielgruppe? Ist die Zielgruppe technologisch versiert, mit dem Umgang mit neuen Medien vertraut und aufgeschlossen?
- WELCHE Themen sind geeignet?
- WELCHE Inhalte sollen vermittelt werden?
- WER ist für die Inhalte (Content) verantwortlich?
- WIE sind die Lern- und Arbeitsplätze ausgestattet?
- WER liefert geeignetes Training oder soll/muss es selbst entwickelt werden?
- WER hat das notwendige Know-how?
- WANN soll das Projekt E-Learning beginnen?
- WANN muss das Training verfügbar sein?
- WIE VIELE Anwender/Teilnehmer von E-Learning-Modulen sind zu erwarten (Amortisation der Investition)?
- WELCHES Budget steht zur Verfügung?
- WIE wird das E-Learning in andere Trainingseinheiten (konzeptionell) eingebunden?
- WER kontrolliert den Erfolg? Und WIE wird der Erfolg überprüft?

4.2.2.5 Bildungs- und Qualifizierungsprogramme

Die umfassendste **Definition** für Qualifizierungsprogramme im Sinne der beruflichen Bildung liefert das Berufsbildungsgesetz (BBiG); dazu gehören die:

- Berufsausbildung,
- berufliche Fortbildung und
- berufliche Umschulung.

Bildungs- und Qualifizierungsprogramme lassen sich unterscheiden nach betrieblichen und nicht- oder außerbetrieblichen Maßnahmen.

Qualifizierungsprogramme, insbesondere des betrieblichen Lernens, sind alle bewussten, geplanten und systematischen Qualifizierungsmaßnahmen.

4.2.3 Betriebliche Weiterbildungsmaßnahmen

Die Planung und Durchführung betrieblicher Weiterbildung geht vom Bedarf aus, stützt sich auf Qualifikationsanalysen (Anforderungen, Leistung, Potenzial) und berücksichtigt Ressourcen.

Dabei spielen Budget und Kosten in der Praxis eine wesentliche Rolle, auch für die Entscheidung für interne oder externe Maßnahmen.

4.2.3.1 Ermittlung des fachlichen und persönlichen Qualifikations- und Weiterbildungsbedarfs

Ausgangspunkt für die Bedarfsermittlung sind die heute und künftig zu bewältigenden Aufgaben, die daraus abgeleiteten **Anforderungen an die fachliche, methodische und soziale Kompetenz** sowie die damit heute und künftig benötigten Qualifikationen der Mitarbeiter.

Die Gegenüberstellung von **Anforderungsprofilen** der Funktionen und Aufgaben zu **Qualifikationsprofilen** der Mitarbeiter ergibt den Qualifikationsbedarf. Wie Führungskräfte diesen Bedarf bei ihren Mitarbeitern feststellen können, enthält die Abbildung 11.

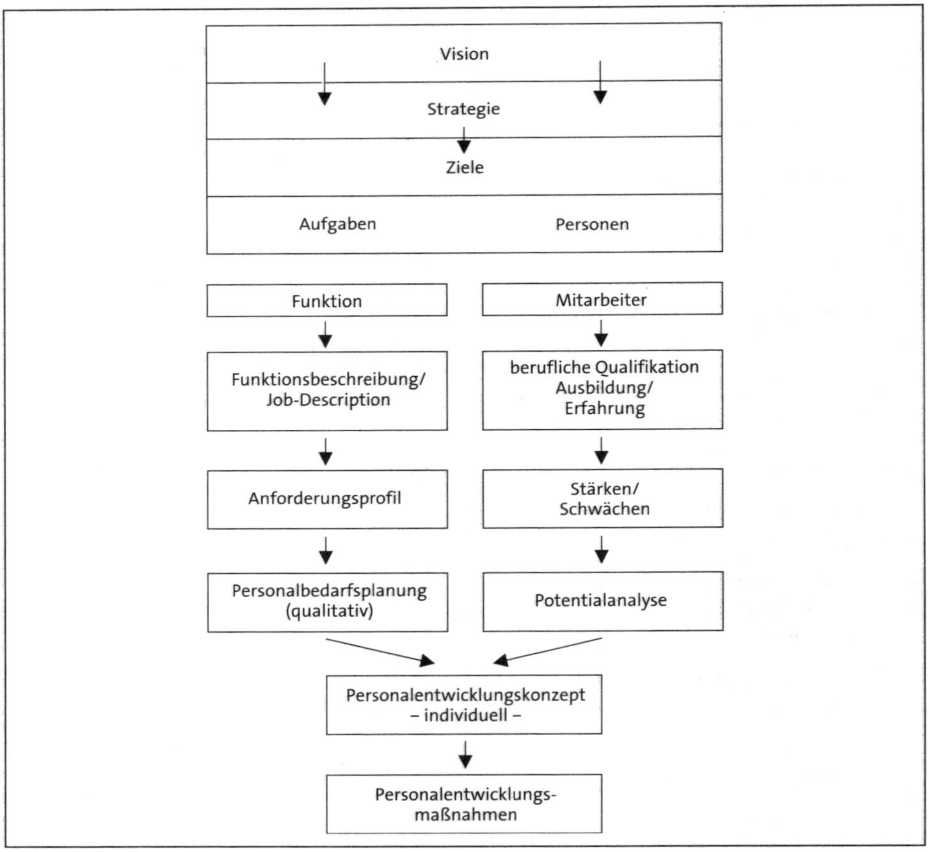

Abb. 10: Bedarfsermittlung

1. Was muss der Arbeitsplatzinhaber jetzt können?
Alle für den Arbeitsplatz relevanten, fachlichen und überfachlichen Qualifikationsanforderungen:
- Fachwissen/Kenntnisse,
- Methoden/Abläufe/Prozesse/Verfahren,
- Information/Kommunikation/Kooperation/Führung.

2. Was muss der Arbeitsplatzinhaber zukünftig können?
Zukünftige Arbeitsplatzanforderungen an den Mitarbeiter, wenn z. B.:
- neue Maschinen eingesetzt werden,
- andersartige Produkte hergestellt werden,
- neue Fertigungsverfahren eingeführt werden,
- neue Rechtsvorschriften erlassen werden,
- der Betriebsablauf umorganisiert wird.

3. Was kann der jetzige Arbeitsplatzinhaber?
Fähigkeiten und Fertigkeiten des Mitarbeiters:
- Stärken,
- Kompetenzen,
- Erfahrungen,
- Einstellung/Motivation,
- Interessen.

4. Was kann der Arbeitsplatzinhaber nicht/noch nicht gut genug?
Qualifikationsdefizite:
- Schwächen (fachlich/persönlich).

5. Lässt sich das Defizit durch Weiterbildung abbauen?
Weiterbildung: Ja oder Nein?
Entscheiden Sie, ob das festgestellte Qualifikationsdefizit mit Weiterbildungsmaßnahmen abgebaut werden kann. Nicht hinter jedem Defizit steckt der Bedarf nach Weiterbildungsmaßnahmen, ggf. sind andere Maßnahmen einzuleiten:
- Training kann helfen,
- andere Personalentwicklungsinstrumente können eingesetzt werden,
- richtiger Mitarbeiter am richtigen Platz?

6. Was muss der Mitarbeiter lernen, um 1./2. gerecht zu werden?
Art der Weiterbildung:
- welche Inhalte und welche Art (Training On-the-Job, Seminar oder Lehrgang, innerbetrieblich oder außerbetrieblich u. a.),
- welcher Zeitaufwand (Tage, Stunden),
- welche Kosten.

7. Wann muss die Weiterbildung spätestens begonnen werden?
Zeitpunkt der Weiterbildung:
Legen Sie fest, wann die Weiterbildung spätestens beginnen muss, damit die Wettbewerbsfähigkeit Ihres Betriebes nicht beeinträchtigt wird.

Abb. 11: Checkliste Qualifikationsbedarfsermittlung

4.2.3.1.1 Personalentwicklungsgespräch (Beratungs- und Fördergespräch)

Von zentraler Bedeutung für die Personalentwicklung ist das Mitarbeitergespräch, das in Form eines **Beratungs- und Fördergesprächs** (PE-Gesprächs) von den Führungskräften und ihren Mitarbeitern:

- ziel- und entwicklungsorientiert,
- mindestens einmal im Jahr,
- als 4-Augen-Gespräch,
- kooperativ und
- individuell

durchgeführt wird (s. auch die Abschnitte 1.6 ff. und 4.5.2.1).

Dieses Gespräch dient der **Rückkopplung** darüber, ob und wie zuvor vereinbarte Funktions-, Leistungs- und Verhaltensziele vom Mitarbeiter erreicht worden sind und schließt mit der Zielvereinbarung für die kommende Periode ab. Im besonderen Fokus des PE-Gesprächs stehen die:

- Stärken und Schwächen sowie Potenziale des Mitarbeiters,
- Identifikation und Vereinbarung von geeigneten Förder- und Entwicklungsmaßnahmen.

Für dieses Gespräch sollten sich Führungskraft und auch der jeweilige Mitarbeiter gut vorbereiten (s. auch Abschnitt 1.6.3 f.).

Daneben sollte regelmäßig vor und nach gezielten individuellen Personalentwicklungs- und Trainingsmaßnahmen (On- und Off-the-Job) ein Gespräch mit dem Mitarbeiter über Zielsetzungen und Transferergebnisse geführt werden.

Der ständige **Dialog in Alltagsaufgaben**, bei aktuellen Anlässen der Information, Kommunikation und Konfliktbewältigung sowie zur Leistungsbeurteilung gehört ebenso zu den Aufgaben einer Führungskraft.

- Aufgaben und Ziele des Mitarbeiters,
- erwartete Leistungen und Ergebnisse,
- Zusammenarbeit zwischen Mitarbeiter und Führungskraft,
- förderndes und hemmendes Verhalten der Führungskraft,
- Auffassungsunterschiede zwischen Mitarbeiter und Führungskraft,
- Handlungs- und Verantwortungsspielraum des Mitarbeiters,
- Zweckmäßigkeit der Organisation und Abläufe,
- Einsatz und Führung nachgeordneter Mitarbeiter,
- Zusammenarbeit mit anderen Kollegen,
- Verhalten gegenüber internen und externen Kunden,
- Entwicklungsperspektiven des Mitarbeiters,
- Vereinbarung von Zielen und konkreten Schritten zur Zielerreichung (z. B. Festlegung von Personalentwicklungs- und Förderungsmaßnahmen).

Abb. 12: Inhalte und Themen im Mitarbeitergespräch

4.2.3.1.2 Assessment-Center (AC)

Assessment-Center-Verfahren finden Anwendung bei der Personalauswahl und sind für die Potenzialeinschätzung von Führungskräften das gegenwärtig aussagekräftigste und anerkannteste Verfahren (s. auch Abschnitt 4.1.2). Das AC bestimmt den **aktuellen Leistungsstand** und das latent vorhandene **Leistungspotenzial** auf der Grundlage wissenschaftlich erarbeiteter Beziehungen zwischen menschlichen Eigenschaften und Verhalten einerseits und organisatorischen Anforderungen und Situationen andererseits. Es misst objektivierbar das Verhalten in typischen Arbeitssituationen.

Beim Personalentwicklungs- oder Förder-AC hat es sich bewährt, dass nicht nur die unmittelbaren Vorgesetzten, sondern Führungskräfte nächst höherer hierarchischer Ebenen als teilnehmende Beobachter (Assessors) aktiv mitwirken. Es geht darum, die individuellen Stärken und Schwächen der Teilnehmer im Hinblick auf gezielte Förderung zu diagnostizieren. Insofern sollte im Interesse einer Akzeptanz für das AC konzeptionell darauf geachtet werden, dass es keine »Gewinner« und »Verlierer« gibt. Für alle Teilnehmer sollte es im Anschluss eine persönliche Entwicklungsperspektive geben. Das AC dient der Weichenstellung für die Entwicklungsrichtung, z. B.:

- Fachlaufbahn,
- Führungslaufbahn,
- Projektlaufbahn oder
- Außendienst,
- Innendienst.

Ein Förder-AC im Rahmen der Personalentwicklung sollte nicht nur **Selektionsfunktion** im Hinblick auf die Besetzung einer bestimmten vakanten Position haben.

4.2.3.2 Qualifikationsanalysen: Leistung und Potenzial

4.2.3.2.1 Leistungsbeurteilung

Die **Leistungsbeurteilung** ist Ausgangspunkt und Voraussetzung für die Planung und Durchführung von Personalentwicklungs(PE)- und Weiterbildungs(WB)- Maßnahmen. Die Führungskraft hat hier, genauso wie bei der Potenzialeinschätzung (s. auch die Abschnitte 3.4.3.2 und 4.2.3.2.2) und dem Beratungs- und Fördergespräch (s. auch Abschnitt 4.2.3.1.1), die Schlüsselfunktion. Sie beurteilt die Leistungen des Mitarbeiters nach Quantität und Qualität. Voraussetzungen sind genaue **Beobachtungen des Leistungsverhaltens** und kontinuierliche **Rückkopplungsgespräche** zwischen Führungskraft und Mitarbeiter im Arbeitsalltag.

Es sollen keine Eigenschaften von Mitarbeitern beurteilt werden, sondern beobachtbares Verhalten, das sich auf die Anforderungen des Arbeitsplatzes bzw. der Funktion bezieht.

Die Leistungsbeurteilung erfolgt gemeinsam mit dem Mitarbeiter und soll in Förder- und Entwicklungsmaßnahmen einmünden. Ein Ergebnis dieser Beurteilung ist in der Praxis jedoch häufig die **Festlegung von Leistungszulagen**. Wenn die Entgelthöhe mit einbezogen wird, sollten die Gespräche zur Leistungsbeurteilung von denen zur Personalentwicklung (Beratung und Förderung) organisatorisch getrennt werden.

4.2.3.2.2 Potenzialermittlung und -einschätzung

Wichtige Voraussetzung für PE-Planung ist es, zunächst die **Potenziale der Mitarbeiter zu kennen**. Während die Leistungsbeurteilung (s. auch die Abschnitte 3.4.3.1 und 4.2.3.2.1) Aussagen zur Gegenwart und Vergangenheit macht, werden durch die **Ermittlung und Einschätzung des Potenzials** eines Mitarbeiters dessen Leistungsreserven und Leistungsvermögen in der Zukunft prognostiziert (vgl. auch Abschnitt 3.4.3.2). Hierbei geht es um die **Entwicklungsrichtung** (Wohin kann sich der Mitarbeiter entwickeln?) und um den **Entwicklungshorizont** (Wie weit kann er dabei kommen?).

Die frühzeitige Potenzialerkennung und -entwicklung ist besonders wichtig bei High-Potenzials. Das ist die Zielgruppe, die durch steigende Arbeits- bzw. Führungsverantwortungen Leistungsträger bleiben. Ohne Entwicklung empfinden sich die High-Potenzials subjektiv unterfordert und sind am anfälligsten für innere oder tatsächliche Kündigung.

Vermieden werden sollten immer wieder auftretende Beurteilungsfehler:

- Leistung mit Potenzial zu verwechseln,
- von erwiesener Fachkompetenz auf vermeintliche Führungskompetenz zu schließen.

Der häufigste »Karriere-Fehler« ist es, den fähigsten Sachbearbeiter (Fachmann) deswegen zum Vorgesetzten (Führungskraft) zu machen, denn um Mitarbeiter zu führen, kommt es vor allem auf **Sozialkompetenz** an.

Für Potenzialeinschätzungen sind grundsätzlich die jeweiligen Führungskräfte verantwortlich und prinzipiell am besten geeignet.

Die Eignung eines Mitarbeiters auf Grund seiner Stärken und Schwächen festzustellen, ist auch ein Instrument der Personaleinsatzplanung.

Für die Potenzialermittlung wird eine **Stärken-Schwächen-Analyse** vorgenommen und vermerkt, welche zukünftigen Aufgaben und Positionen erreichbar erscheinen. Auch das Beratungs- und Fördergespräch (s. auch Abschnitt 4.2.3.1.1) liefert wichtige Informationen zur Potenzialanalyse.

4.2.3.3 Weiterbildungsmaßnahmen: Planung, Organisation, Durchführung, Kosten, Abschlüsse

4.2.3.3.1 Maßnahmen- und Aktivitätenplan

Globale Maßnahmen und Einzelaktivitäten lassen sich in Maßnahmen- und Aktivitätenplänen nach den klassischen »W-Fragen« strukturieren:

- Warum/wozu? Zielsetzung der Maßnahme.
- Was? Aufgaben/Aktivitäten/Inhalte.
- Wer/wo? Verantwortliche/Beteiligte.
- Wie? Instrumente/Methoden.
- Wann? Zeitplan/Priorität/Start-Ende/Status.
- Welches Ergebnis? Nutzen für das Unternehmen.
- Welche Kosten? Welche Risiken? Aufwand.

Nach Bedarf können erstellt werden:

- ein integrierter Gesamtplan für das Unternehmen,
- gemeinsame Pläne für Organisationseinheiten, Funktionsbereiche oder Zielgruppen,
- individuelle Einzelpläne für bestimmte Mitarbeiter, die gezielt entwickelt und gefördert werden sollen.

Jochen Flarup

Zielgruppe / Maßnahmen	Führungs-kräfte	Führungs-nachwuchs	Verkauf/ Vertrieb	Innen-dienst	Verwal-tung	Fertigung Produktion	Einkauf/Lo-gistik	Kunden-dienst
Funktions-Beschreibung	×		×	×	×	×	×	×
Anforderungs-Profil	×	×	×	×	×	×	×	×
Leistungs-Beurteilung	×	×	×	×	×	×	×	×
Potenzial-Analyse	×	×						
Karriere-Plan		×						
Coaching	×	×	×					
Mitarbeiter-Gespräche	×	×	×	×	×	×	×	×
Assessment-Center		×	×					
Gruppen-arbeit						×		
Qualitäts-Zirkel						×		
Job-Rotation	×	×						
Job-Enrichment	×	×			×			
Job-Enlargement	×	×			×			
Verhaltens-Training	×	×	×					×
Produkt-Schulung			×					×

Abb. 13: Übersicht Zielgruppen-Maßnahmen-Matrix (Beispiel)

4.2.3.3.2 Betriebliche Bildungsmaßnahmen

Häufige und weit verbreitete Personalentwicklungsmaßnahmen Off-the-Job sind betriebliche Bildungsmaßnahmen. Sie werden als interne und externe Veranstaltungen durchgeführt. **Off-the-Job-Maßnahmen** verursachen hohen Kostenaufwand durch Gebühren, Honorare, Spesen und Produktivitätsausfall. Meist fehlt eine gezielte Wirksamkeits- und Nutzenkontrolle hinsichtlich der Verwertbarkeit und Praxisanwendung des Gelernten.

Deshalb sollten Bildungsmaßnahmen strategie- und zielorientiert, bedarfsorientiert, ergebnis- und anwendungsorientiert sowie transferorientiert konzipiert und durchgeführt werden. Eine der ersten Fragen ist also: Soll es eine **interne oder externe Bildungsmaßnahme** sein? Es gibt eine Fülle von möglichen Entscheidungen, die nach inhaltlichen und methodischen Kriterien auf Grund der Zielsetzung getroffen werden sollte.

Für betriebliche Bildungsmaßnahmen werden unterschiedliche Bezeichnungen verwendet (z. B. Seminar, Kurs, Schulung, Lehrgang). In der betrieblichen Praxis setzt sich der

Begriff »**Training**« mehr und mehr durch. Weiterbildung oder Training kennzeichnen zielgerichtete systematische Maßnahmen für organisierte Lernprozesse.

Entsprechend sollte planvoll und strukturiert an die Aufgabenstellung Weiterbildung herangegangen werden. Die bekannten »W-Fragen« können bei einer systematischen Arbeitsweise helfen.

4.2.3.3.3 Organisation und Durchführung von Weiterbildung

Die organisatorische Einbindung der Weiterbildung hängt im Wesentlichen von der **Unternehmensgröße** ab. Wichtig ist eine funktionale Kopplung an die Ausbildung und Personalentwicklung im Rahmen des Personalressorts, damit Synergien entstehen und genutzt werden können bei den Ressourcen:

- Personal: Ausbilder, Trainer, Organisatoren und
- Sachmittel: Räume, Medien, Unterlagen, Trainingsequipment, Budgets.

Eine konzeptionelle Verzahnung gewährleistet, dass die einzelnen Instrumente und Maßnahmen aufeinander abgestimmt sind; die Kostenkontrolle (s. auch Abschnitt 4.2.3.3.4) fällt ebenfalls leichter.

Es ist darauf zu achten, dass die **Ablauforganisation** (Planung, Vorbereitung, Durchführung und Auswertung) reibungslos, qualitativ hochwertig und für die Beteiligten transparent erfolgt. Klare Verantwortlichkeiten bei den handelnden Personen ist wichtige Voraussetzung. Eine professionelle, möglichst PC-gestützte **Seminarverwaltung** wird erleichtert durch:

- standardisierte Prozesse und Abläufe,
- Checklisten,
- Maßnahmen und Aktivitätenpläne mit Statusberichten,
- definierte Kostenarten und Kostenstellen.

So sollte z. B. der Einkauf externer Seminare bzw. Trainer ebenso in einer Hand liegen wie Einladungen, Buchungen, Reservierungen und Abrechnungen.

Hilfreich können nach Bedarf Checklisten für wiederkehrende Aufgaben sein, z. B.:

- Seminarprogramm,
- Seminarvorbereitung,
- Seminarorganisation,
- Auswertung,
- Seminarraumgestaltung/-vorbereitung,
- Logistik, inkl. Unterbringung und Verpflegung,
- Abrechnung.

4.2.3.3.4 Kosten der Weiterbildung

Bildungsmaßnahmen verursachen Kosten. Sofern mit Personalentwicklung und Training bestimmte Ziele verfolgt werden, muss auch investiert werden. Das **Verhältnis von Kosten und Nutzen** ist im Trainingsbereich nur bedingt mess- und überprüfbar. Auch deshalb wird bei starkem Kostendruck häufig hier zuerst gespart.

Um das Bildungsbudget effektiv zu bewirtschaften und (oft erst mittel- und langfristig wirksame) Bildungsinvestitionen zu rechtfertigen, sollten die Trainingskosten möglichst differenziert erfasst werden. Folgende Kosten sind zu berücksichtigen:

- internes Trainingspersonal (haupt- und nebenberuflich),
- externe Trainer (Honorare, Reisekosten, Spesen usw.),
- Teilnehmerkosten (Ausfallzeiten, Reisekosten, Verpflegung, Unterbringung usw.),

- Trainingsräume (Ausstattung, laufende Kosten),
- mobiles Trainingsequipment, (Laptops/Notebooks, CBT, CD-ROM, Video),
- Trainingsmaterial (Teilnehmerunterlagen usw.),
- Teilnehmer und Prüfungsgebühren,
- Sachkosten interner Administration und Organisation (Räume, Arbeitsplätze, Technik, Verbrauchsmaterial, Energie usw.),
- Betriebsratsschulung,
- Bildungsurlaubsfreistellung.

Unter bestimmten Bedingungen werden Bildungsmaßnahmen mit **Zuschüssen oder Darlehen** aus öffentlichen Mitteln gefördert (s. auch Abschnitt 4.3.2.2 f.). Das gilt vorrangig für Arbeitslose oder von Arbeitslosigkeit bedrohte Personen, in Bezug auf Fortbildung und Umschulung oder für Aufstiegsfortbildung bestimmter Fachberufe. Es gibt auch Fördermittel der EU (s. auch Abschnitt 4.3.2.2.4) sowie Modellversuche von Bundes- und Länderministerien (Bildung und/oder Wirtschaft). Diese meist befristeten finanziellen Förderprogramme sind oft politisch motiviert und damit veränderlichen gesetzlichen Grundlagen unterworfen.

4.2.3.3.5 Abschlüsse in der Fort- und Weiterbildung

Im wesentlichen lassen sich Weiterbildungsmaßnahmen dadurch unterscheiden, ob sie zu (anerkannten) Abschlüssen führen oder nicht. Eine Teilnahmebescheinigung des Veranstalters oder auch ein innerbetriebliches Zertifikat ist nicht vergleichbar mit einem staatlich anerkannten Bildungsabschluss oder einer Kammerprüfung.

Bildungsmaßnahmen, die auf **anerkannte Abschlüsse** vorbereiten, müssen sich an **Rahmenlehrplänen und Prüfungsordnungen** orientieren.

Das BBiG unterscheidet innerhalb der Berufsbildung (§ 1 BBiG) die:

- Berufsausbildung (§ 6 ff. BBiG),
- berufliche Fortbildung (§ 46 BBiG) und
- berufliche Umschulung (§ 47 BBiG).

Im allgemeinen Sprachgebrauch wird zwischen **Weiterbildung und Fortbildung** nicht unterschieden; die Begriffe werden meist gleichbedeutend verwendet.

Innerhalb der Fortbildung gibt es:

- Anpassungsfortbildung und
- Aufstiegsfortbildung.

Die Anpassungsfortbildung ist wesentlich gekennzeichnet durch:

- kurze Dauer der Veranstaltungen (Seminare, Kurse, Lehrgänge),
- gezielte, speziell eingegrenzte Themen,
- Qualifikationserwerb für die Bewältigung gegenwärtiger und künftiger Anforderungen in ausgeübter Aufgabe, Funktion oder Berufstätigkeit,
- (meist) fehlende Abschlussprüfung, kein allgemein anerkanntes Zertifikat,
- Veranlassung, Organisation, Kostenübernahme häufig durch Arbeitgeber.

Beispiele:

Kaufmännische, technische oder EDV-Lehrgänge.

Die Aufstiegsfortbildung:

- dient der beruflichen Karriereentwicklung,

- soll auf die Übernahme weitergehender, höherwertiger Aufgaben und Funktionen vorbereiten, ggf. in einem Fortbildungsberuf (Meister, Techniker, Fachwirt),
- ist zeitaufwändig (teilweise mehrjährige Dauer),
- wird als Vollzeitmaßnahme (berufsunterbrechend) und/oder Teilzeitmaßnahme (berufsbegleitend) von anerkannten Weiterbildungsträgern durchgeführt (z. B. Kammern, Verbänden, Fachschulen),
- bereitet auf anerkannte Abschlussprüfungen vor.

Beispiele:

Meister (Industrie, Handwerk), Fachkaufleute, Fachwirte, wie z. B. Industriefachwirt, Bilanzbuchhalter, Personalfachkaufleute.

4.2.3.4 Externe Bildungsdienstleistungen: Weiterbildungsberatung und -information

Über **interne betriebliche Bildungsveranstaltungen** sollten vorrangig die Führungskräfte ihre Mitarbeiter beraten und informieren, je nach Unternehmensgröße in Zusammenarbeit mit hauptverantwortlichen Spezialisten für Training, Entwicklung und Personalbetreuung.

Da der **externe Weiterbildungsmarkt** sehr unübersichtlich und die unzähligen Angebote so vielschichtig und schwer vergleichbar sind, ist die Information, Beratung und Auswahl geeigneter Veranstaltungen nicht einfach. Wichtige Informationsquellen sind:

- Weiterbildungsberatungsstellen (öffentlich),
- Bundesinstitut für Berufsbildung (BiBB), Checkliste zur Qualität der beruflichen Weiterbildung,
- IHK-Datenbank WiS (Weiterbildungsinformationssystem/Weiterbildungsportal),
- Internet (Websites von Anbietern zu E-Learning),
- KURSNET, die Weiterbildungsdatenbank herausgegeben von der Bundesagentur für Arbeit in Nürnberg. Diese führende Datenbank für berufliche Aus- und Weiterbildung ist aus KURS DIREKT weiterentwickelt worden und enthält mittlerweile fast 600.000 Bildungsangebote von ca. 20.000 Bildungsanbietern. Zu jedem Bildungsangebot gibt es eine einheitliche Darstellung, wodurch eine Vergleichbarkeit erleichtert wird, z. B.:
  - Veranstalter-Angaben,
  - Ziele,
  - Lehrinhalte,
  - Kursaufbau,
  - Teilnehmervoraussetzungen,
  - Abschluss,
  - Dauer,
  - Kosten.

4.2.3.5 Modelle lebensbegleitenden Lernens: Lifelong-Learning

Ein Beruf für das ganze Leben oder gar von der Lehre bis zur Rente in einem Betrieb zu arbeiten – das war in früheren Generationen nichts Ungewöhnliches. Es ist heute schon keine Selbstverständlichkeit mehr und wird in der Zukunft eher selten vorkommen.

Eine **praktische und theoretische Berufsausbildung** (Lehre und/oder Studium) sind und bleiben eine gute und notwendige Voraussetzung für eine berufliche Perspektive für den Erwerb von Grund- und Fachwissen und vor allem für das Üben von Wissenserwerb, also das Trainieren der Lernfähigkeit.

Lernen zu lernen gewinnt zunehmend an Bedeutung in einer (Arbeits-)Welt, die durch Veränderungen gekennzeichnet ist.

Lebensbegleitendes Lernen geht über betriebliche Weiterbildung weit hinaus. Zunehmende Freizeit, u. a. bedingt durch Arbeitszeitverkürzung, kann und muss vermehrt genutzt werden.

Klassische Selbstlernmedien wie Fachliteratur, speziell Bücher, werden ergänzt durch informationstechnische Lernmedien unter dem Sammelbegriff E-Learning (s. auch Abschnitt 4.2.2.4).

Wissen wird dadurch verfügbarer und stärker unabhängig von Zeit, Ort, Veranstalter und Lehrpersonal.

Flexible Arbeitszeitmodelle können zusätzlich unterstützen, z. B. durch Regelungen für:

- Teilzeitarbeit,
- Jahresarbeitszeit,
- Lebensarbeitszeit,
- »Auszeit« (Sabbaticals),
- Freizeit (Time-and-Cost-Sharing) und
- Telearbeit.

Ein ideologischer Streit über berufliches und betriebliches Lernen als Anspruch (»Besitzstandsdenken«) innerhalb bezahlter Arbeitszeit ist wenig hilfreich und zielführend. Unternehmen unterliegen hierbei verstärktem **Kosten- und Wettbewerbsdruck** und neigen dazu, nur das unverzichtbar Notwendige aus kurzfristiger Interessenlage zu tun. Mitarbeiter, die eigenständig und selbstverantwortlich in ihre eigene Qualifikation investieren, treffen aktiv Vorsorge für ihre berufliche (Karriere)Entwicklung und Beschäftigungsfähigkeit (Employability; s. auch Abschnitt 3.4.5.6.1).

4.2.3.6 Rechtliche Rahmenbedingungen und Mitbestimmung

Die wichtigsten gesetzlichen Grundlagen für die Durchführung von Weiterbildungsmaßnahmen sind:

- Berufsbildungsgesetz (BBiG),
- Sozialgesetzbuch (SGB), vormals das Arbeitsförderungsgesetz (AFG),
- Aufstiegsfortbildungsförderungsgesetz (AFBG),
- Bildungsurlaubs- und Weiterbildungsgesetze der Länder,
- Betriebsverfassungsgesetz (BetrVG),
- in öffentlichen Betrieben und Verwaltungen die Personalvertretungsgesetze der Länder und des Bundes (LPersVG und BPersVG).

Für die betriebliche Alltagspraxis ist insbesondere das BetrVG relevant. Ob überhaupt, und dann welche Trainingsmaßnahmen für die Mitarbeiter angeboten und durchgeführt werden sollen, ist unternehmerische Entscheidung, die nicht rechtlich, sondern fachlich-sachlich bedingt ist. Wenn aber Trainingsmaßnahmen durchgeführt werden sollen, müssen einige Spielregeln der **Zusammenarbeit mit dem Betriebsrat** beachtet werden. Die spezifischen Beteiligungsrechte (Information, Beratung, Initiative, Vorschlagsrecht, Mitbestimmung) ergeben sich aus den »personellen Angelegenheiten«, insbesondere aus den §§ 92, 96 bis 98 BetrVG. So kann der Betriebsrat (BR) z. B. verlangen, dass der Berufsbildungsbedarf ermittelt und Fragen der Berufsbildung der Arbeitnehmer mit dem BR beraten wird (§ 96 BetrVG). Bei der Durchführung von **Maßnahmen der betrieblichen Berufsbildung** hat der BR mitzubestimmen; im Falle von Auffassungsunterschieden zwischen Arbeitgeber und BR ersetzt der Spruch einer Einigungsstelle die fehlende Einigung (§ 98 BetrVG).

Rechtsstreitigkeiten im Zusammenhang mit Bildungsmaßnahmen sind wenig hilfreich. Wichtiger ist es, durch eine geeignete Informationspolitik den Betriebsrat als Partner für die Planung und Durchführung von Personalentwicklung und Training zu gewinnen. Konstruktive Vorschläge von Seiten des Betriebsrates sollten genutzt werden, auch um die Akzeptanz bei den Mitarbeitern zu erhöhen. Ein Klima von Vertrauen und Kooperation ist für Lernerfolg und Veränderungen förderlicher, als unproduktive Konflikte.

Literatur:

Back, A./Bendel, O./Stoller-Schai, D.: E-Learning im Unternehmen, Zürich, 2001

Faulstich, P.: Strategien der betrieblichen Weiterbildung, München, 1998

Franke, D./Boden, M. (Hrsg.): Personal Jahrbuch 2004, Neuwied, 2003

Schad, N./Michl, W.: Outdoor-Training, Personal- und Organisationsentwicklung zwischen Flipchart und Bergseil, Schriftenreihe erleben & lernen Band 6, Neuwied, Kriftel, 2002

Schwuchow K./Gutmann, J. (Hrsg.): Jahrbuch Personalentwicklung und Weiterbildung 2003, Neuwied, Kriftel, 2002

Wittwer, W./Kirchhoff, S. (Hrsg.): Informelles Lernen und Weiterbildung, Neue Wege zur Kompetenzentwicklung, Neuwied, Kriftel, 2003

Wuppertaler Kreis E. V./CERTQUA: Qualitätsmanagement und Zertifizierung in der Weiterbildung, Nach dem internationalen Standard ISO 9000:2000, Grundlagen der Weiterbildung, Neuwied, Kriftel, 2002

Jochen Flarup

4.3 Zielgruppenspezifische Förderprogramme erarbeiten und umsetzen

4.3.1 Bedeutung, Konzeption und Zielgruppen für Förderprogramme

Die Arbeitswelt ist einem steten Wandel unterworfen. Viele Handwerksberufe, die noch vor zweihundert Jahren das Bild in den Städten bestimmten, sterben aus oder sind ganz verschwunden. **Neue Berufsbilder** sind entstanden, z. B. in der Informationstechnologie, an die vor 30 Jahren niemand gedacht hatte. Wir wissen nicht, welche Berufe in zehn oder 20 Jahren das Bild der Arbeitswelt prägen werden. Betrachtet man sich diesen Prozess genauer, so stellt man fest, dass nicht nur ein **Wandel der Berufsstruktur** stattgefunden hat, sondern ein grundlegender wirtschaftlicher Strukturwandel in Gang ist, der bis in die Organisation von Unternehmen und die Arbeitsweise jedes einzelnen durchgreift. Unternehmen geraten unter einen starken Anpassungsdruck an Marktgegebenheiten. So verkürzen sich beispielsweise die technologischen Innovationszyklen, was eine erhöhte Flexibilität und schnellere Reaktion von Unternehmen erfordert.

Das Stichwort »**Globalisierung**« deutet auf eine zunehmende Internationalisierung der Geschäftsbeziehungen, auf Kooperationen und das Erschließen internationaler Absatzmärkte hin. Diese externen Marktprozesse bewirken interne, organisatorische Änderungen in Unternehmen. Hierarchien werden flacher, Abteilungen werden ausgegliedert (Outsourcing), Arbeiten werden in Projekten organisiert, routinisierte Arbeit wird von wissensintensiver Arbeit abgelöst. Diese kurzen Schlaglichter zeigen, wie sich die Arbeitswelt ändert und welche erhöhten Anforderungen an die Mitarbeiter eines Unternehmens gestellt werden. Lebenslanges Lernen wird somit zur Forderung der Zeit. Denn die berufliche Erstausbildung wie auch die Hochschulausbildung sind heute nicht mehr ausreichend, um die erforderlichen fachlichen, methodischen, sozialen und persönlichen Schlüsselkompetenzen für das ganze Berufsleben zu garantieren. Gleichzeitig können

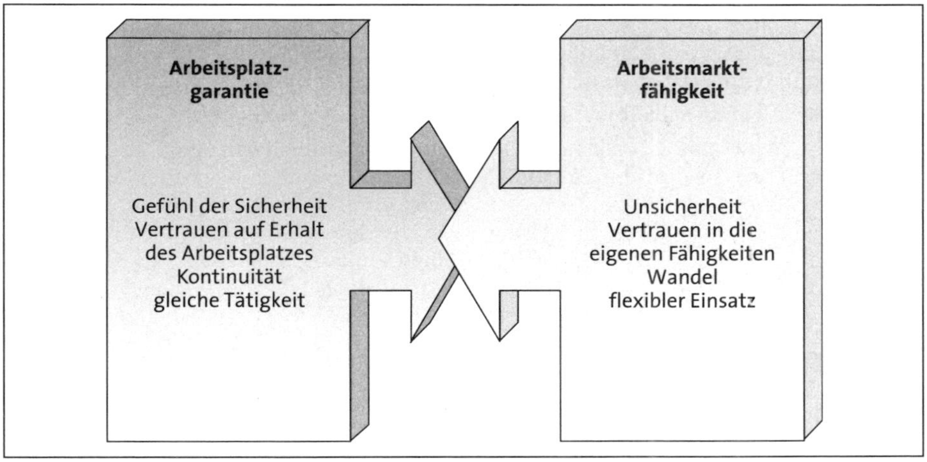

Abb. 1: Employability

Unternehmen ihren Mitarbeitern keine lebenslange Beschäftigungsgarantie mehr geben. Die Arbeitsmarktfähigkeit (Employability) eines Mitarbeiters, also die Möglichkeit mit seinem Qualifikationsprofil auf dem freien Arbeitsmarkt attraktiv für potenzielle Arbeitgeber zu sein, tritt an die Stelle der Arbeitsplatzgarantie durch ein Unternehmen.

Die stete **Weiterqualifizierung von Arbeitnehmern** jeglicher Alters- und Qualifikationsstufe steht somit im Interesse des Arbeitnehmers selbst, des Arbeitgebers wie auch des Staates, der an einer ausgeglichenen Beschäftigungsstruktur mit geringer Arbeitslosigkeit interessiert ist. Vor diesem Hintergrund gewinnen betriebliche und staatliche Förderprogramme zusehend an Bedeutung.

Angesichts der veränderten Herausforderungen an Mitarbeiter, müssen diese anders als bislang ausgebildet und qualifiziert werden. Ausgehend von den Unternehmenszielen, der Unternehmenskultur und der Unternehmensstrategie wird die Organisation des Unternehmens durch Förderprogramme optimiert. Basierend auf den strukturellen Veränderungen sollen **Kunden-, Markt-, Service-, Kosten- und Mitarbeiterorientierung** forciert werden. Schließlich stellt sich die grundlegende Frage, mit welchem Personal die anstehenden Aufgaben und Herausforderungen bewältigt werden können. Auf der Basis der Unternehmensziele ist zu fragen, welchen Beitrag die einzelnen Abteilungen zur Erreichung dieser Ziele leisten können und auf welche Weise die Mitarbeiter qualifiziert sein müssen. Daraus lässt sich der Qualifizierungsbedarf einer Abteilung, eines Funktionsbereichs und letztlich auch des einzelnen Mitarbeiters ableiten.

Strategie und Personalentwicklung sind aufeinander bezogen. Qualifizierung ist daher immer **strategieorientiert und strategieorientierend** zugleich. Thomas Sattelberger verwendet in diesem Zusammenhang den Begriff der strategieorientierten bzw. strategieumsetzenden Personalentwicklung.[1] Mitarbeiterentwicklung ist demnach die konsequente Umsetzung der Unternehmensstrategie und zugleich ein Beitrag zu ihr.

Die gegenwärtige Weiterbildungs- und Personalentwicklungslandschaft unterscheidet eine Vielzahl von Programmen. Zukunftsweisende Personalentwicklung ist dadurch gekennzeichnet, dass sie sich einerseits an den Zielen des Unternehmens orientiert, andererseits aber auch den Bedarf des Mitarbeiters berücksichtigt. Erst vor diesem Hintergrund können bedarfsorientierte Maßnahmen geplant und erfolgreich durchgeführt werden. Das folgende Schaubild verdeutlicht diesen Zusammenhang.

1 Vgl. Sattelberger, 1995.

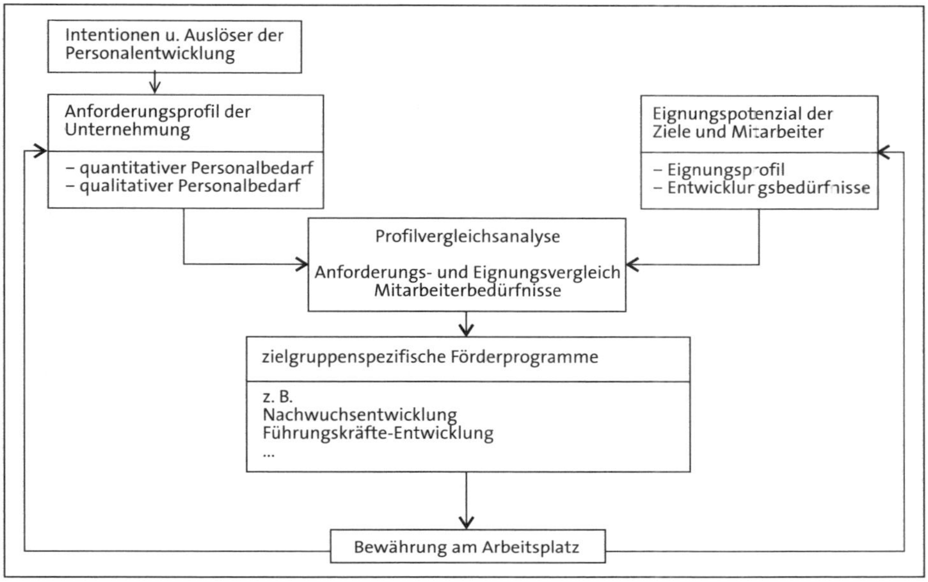

Abb. 2: Struktur der Personalentwicklung

Viele Unternehmen haben inzwischen die Bedeutung der Personalentwicklung als strategischen Wettbewerbsvorteil erkannt. Auch in Kleinunternehmen werden inzwischen Mitarbeiter selbstverständlich ausgebildet, weitergebildet und für bestimmte Aufgaben qualifiziert. Im Gegensatz zu den punktuellen Seminaren und Trainingsmaßnahmen gewinnen die **umfangreicheren und systematisch aufgebauten Förderprogramme** an Bedeutung. Im Rahmen gezielter Förderprogramme können einzelne Zielgruppen direkt angesprochen und passgenau auf ihre gegenwärtigen oder zukünftigen Aufgaben vorbereitet werden. Die Zielgruppen sind je nach Unternehmen verschieden. Im gewerblich-technischen Bereich werden z. B. Techniker, Ingenieure oder Meister anhand spezieller Programme entwickelt (z. B. bei der Einführung einer neuen Fertigungsmaschine). Im kaufmännischen Bereich werden wiederum andere Schwerpunkte gesetzt. Im allgemeinen finden sich in einem gut strukturierten Unternehmen folgende Förderprogramme für die einzelnen Zielgruppen:

- Programme für Führungskräfte,
- Programme für Nachwuchsführungskräfte,
- Förderprogramme für Mitarbeiter (z. B. Verkäufer, Personalreferenten),
- Einarbeitungsprogramme für neue Mitarbeiter.

Der Vorteil solcher Förderprogramme besteht im **systematischen Aufbau von Wissen und Kenntnissen** und der nachhaltigen **Verfolgung des Lernerfolgs**. Die Programme sind in der Konzeption und Durchführung meist aufwendiger als punktuelle Veranstaltungen, bieten jedoch in der Regel einen Mehrwert und können besser mit der konkreten Situation des Unternehmens verschränkt werden.

Außerdem können unterschiedliche Mitarbeitergruppen in das Programm integriert werden, so dass letzten Endes auch ein Lernerfolg für das Unternehmenzuverzeichnen ist und ein Beitrag zur Organisationsentwicklung geleistet wird.

Gute Förderprogramme sind gekennzeichnet durch:

- eine Orientierung an der Unternehmensstrategie,
- die zielgerichtete Entwicklung für die Organisation und die Mitarbeiter,
- die Verschränkung mit der Organisationsentwicklung,
- die Begleitung durch Führungspersonen in Form von Mentoring oder Coaching,
- ein organisiertes, prozessorientiertes und überwiegend selbstgesteuertes Lernen,
- den Einsatz und die Verbindung unterschiedlicher Lernformen,
- die regelmäßige Transfersicherung.

Bei der Konzeption von systematischen Förderprogrammen sollten folgende Planungsschritte beachtet werden:

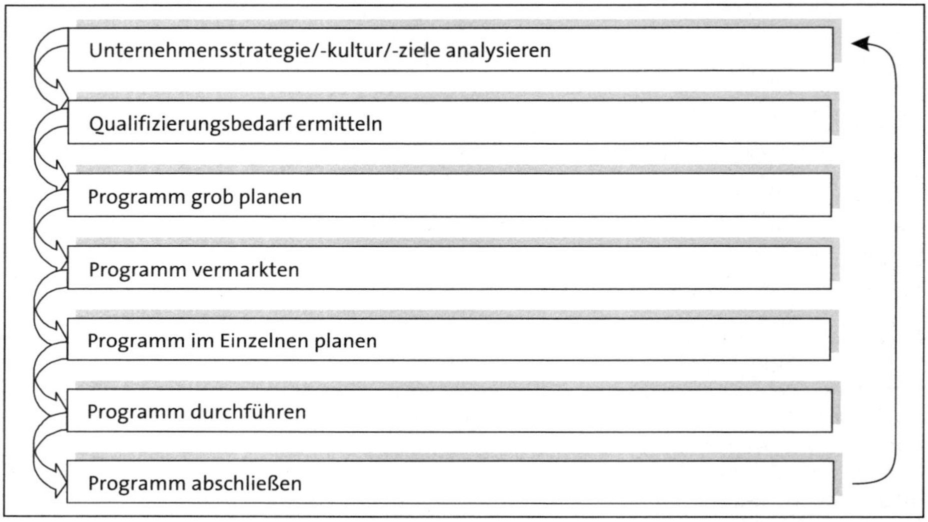

Abb. 3: Planung von Förderprogrammen

Ausgangspunkt bei der Konzeption von Förderprogrammen sind die **Ziele bzw. die Strategie des Unternehmens**. Vor diesem Hintergrund kann dann der Qualifizierungsbedarf für bestimmte Zielgruppen definiert werden. Im nächsten Schritt erfolgt die Grobplanung. Hier werden die Inhalte, der zeitliche Rahmen, die voraussichtlichen Kosten und die Programmbeteiligten festgelegt. Auf der Basis dieser Grobplanung wird das Förderprogramm vermarktet, indem die Entscheidungsträger und Verantwortlichen eingebunden werden. Bei umfangreichen Qualifizierungsprogrammen sollten möglichst viele Schlüsselpersonen am Prozess beteiligt sein. Wichtig ist die Einbindung der Geschäftsleitung, der Führungspersonen aus den Fachabteilungen, der Personalverantwortlichen sowie der Mitarbeitervertreter. Schlüsselpersonen sollen die Gelegenheit haben, ihre Ideen und Vorschläge bei der Programmkonzeption einzubringen. Dies schafft eine höhere Akzeptanz und Transparenz im Unternehmen. Dieser Schritt der Vermarktung wird in der Praxis oft vernachlässigt.

Nach der Programmvermarktung folgt die Detailplanung. Es werden für jedes Modul ein methodisch-didaktischer Leitfaden erstellt, externe Trainer ausgewählt und die erforderlichen Methoden zur Transfersicherung festgelegt. Ferner erfolgt die Erarbeitung eines Ankündigungs- bzw. Ausschreibungstextes sowie die Auswahl der Teilnehmer. Damit ist die Konzeptionsphase abgeschlossen.

Nun folgt die Durchführungsphase. Wichtig bei der Durchführung von Förderprojekten ist die regelmäßige Überprüfung des Lernerfolgs. Welche Lernprozesse wirken sich im beruflichen Alltag aus? Wo gibt es Schwierigkeiten beim Lerntransfer? An welchen Stellen muss gegebenenfalls nachgesteuert werden? Durch regelmäßige Feedbackprozesse kann die Kommunikation zwischen Führungspersonen, Projektverantwortlichen (Personaler), Trainer, Coach und Mitarbeiter optimiert werden.

Nachdem die einzelnen Module erfolgreich durchgeführt wurden, sollte das Förderprogramm auch sorgfältig abgeschlossen werden. Im einzelnen ist eine **Gesamtauswertung** erforderlich: Was haben die Teilnehmer konkret gelernt? Was soll beim nächsten Mal verbessert werden? Im Rahmen einer Abschlussveranstaltung sollten auch die Entscheidungsträger über den Verlauf und die Lernerfahrungen der Teilnehmer informiert werden und dies möglichst unmittelbar in einer Präsentationsveranstaltung erfahren. Im Rahmen der Abschlussveranstaltung können dann auch entsprechende Zertifikate oder Teilnahmebestätigungen ausgehändigt werden und gegebenenfalls ein kleines Präsent als Erinnerung an das Programm. Dies schafft eine hohe Identifizierung mit dem Förderprogramm und zugleich eine Bindung an das Unternehmen.

Eine systematische Entwicklung und Förderung der Mitarbeiter ist nur in Unternehmen möglich, die sich selbst entwickeln. Lernende Mitarbeiter brauchen Lernende Unternehmen, in denen Veränderung, Innovation und Optimierung zum Alltag gehören. Von daher sind Personal- und Organisationsentwicklung aufeinander bezogen.

Wer unternehmerisch denkende und handelnde, motivierte und qualifizierte Mitarbeiter hat, der sichert sich den zukünftigen Unternehmenserfolg. Mitarbeiter werden somit zu Mitverantwortlichen des eigenen Unternehmens. Neben der angemessenen Entlohnung werden dann auch die Faktoren Arbeitsklima, Gestaltungs- und Entwicklungsmöglichkeiten sowie Verantwortung zu einem Entscheidungskriterium für den künftigen Arbeitsplatz. In Zukunft werden erfolgreiche Unternehmen um ihre Mitarbeiter werben: nicht nur mit Geld oder Besitzständen, sondern mit der Möglichkeit zur persönlichen Entwicklung, Förderung und Gestaltung.

4.3.2 Individuelle und gruppenbezogene Förderprogramme

Nachdem die Rahmenbedingungen und die Bedeutung von Förderprogrammen erläutert wurden, sollen nun zwei Gruppen von Förderprogrammen unterschieden und exemplarisch dargestellt werden. Zunächst finden sich in der Praxis individuell zugeschnittene Programme für einzelne Mitarbeiter (z. B. Nachwuchskräfte, Mitarbeiter, die einen Überblick über die Arbeit des Unternehmens erhalten sollen). Solche Förderprogramme sind häufig nur für bestimmte Zielgruppen ausgelegt, da sie sehr zeitaufwendig und arbeitsintensiv sind. Im folgenden werden die wesentlichen Vor- und Nachteile aufgezeigt:

Vorteile:

- punktgenauer Zuschnitt auf den Entwicklungsbedarf des Mitarbeiters,
- schnelle Reaktionsmöglichkeit bei veränderten Rahmenbedingungen,
- direktes Feedback zum Praxistransfer.

Nachteile:

- hoher Aufwand für die individuelle Konzeption,
- nur bedingt auf weitere Personen anwendbar,
- intensive Einzelbetreuung und Koordination,
- kostenintensiv.

Vor diesem Hintergrund wird deutlich, dass **individuelle Förderprogramme** nur bedingt eingesetzt werden.

Das folgende Ablaufschema zeigt ein individuelles Förderprogramm für eine Nachwuchskraft in der Medienbranche. Ziel des Programms ist ein systematischer Einblick in die Kernbereiche des Unternehmens.

	Kennenlernen des Stammhauses **9 Monate**	**Hospitation** **6 bis 8 Wochen**	**Projektarbeit im Stammhaus** **3 bis 6 Monate**	**Abschlussworkshop** **Potenzialanalyse**
Inhalt:	Einarbeitung in die verschiedenen Unternehmensbereiche (Vertrieb, Anzeigen, kfm. Abt., Redaktion, Druckerei)	Vertiefung der funktionalen Schwerpunkte bei anderen Medienhäusern	Übernahme von (Teil) Projektverantwortung für ein Projekt im Vertiefungsbereich	Präsentation und Bewertung durch eine Jury
Ziel:	Erkennen von Stärken und funktionalen Schwerpunkten	Fachlicher Austausch, »Blick über den Tellerrand«, Aufbau von Netzwerken	Aufbau von Projektmanagementfähigkeiten und Übertragung einer »Bewährungsaufgabe«	Erstellung eines persönlichen Entwicklungsplans und Planung der nächsten beruflichen Station
Organisation:	Organisation und Mentoring durch Personalabteilung und eventuell durch Nachwuchsführungskraft	Organisation durch Personalabteilung und Mentoring durch Fachabteilung	Organisation durch Personalabteilung in enger Abstimmung mit den Fachabteilungen (Projektbörse)	Organisation durch Personalabteilung

Abb. 4: Aufbau eines individuellen Entwicklungsplans

Darüber hinaus werden in der Praxis häufig gruppenbezogene bzw. zielgruppenspezifische Förderprogramme durchgeführt. Diese Programm fördern zusätzlich das Lernen innerhalb einer Gruppe und leisten einen Beitrag zur Optimierung der Teamarbeit.

4.3.2.1 Betriebliche Förderprogramme

Im folgenden wird ein Mitarbeiterprogramm, das in der Praxis erfolgreich umgesetzt wurde, exemplarisch dargestellt.

Zielgruppe des auf ein Jahr angelegten Förderprogramms sind Mitarbeiter auf Sachbearbeiterebene bzw. Facharbeiter. Es richtet sich an Mitarbeiter aus unterschiedlichen Abteilungen des Unternehmens und soll die abteilungsübergreifende Zusammenarbeit fördern und zugleich die persönliche Kompetenz erweitern. Das Training von Schlüsselkompetenzen wurde somit in den Vordergrund gerückt. Die einzelnen Kompetenzmodule umfassen Themen, die für die persönliche Entwicklung und die Zusammenarbeit von Bedeutung sind und jedem Mitarbeiter in der alltäglichen Arbeit hilfreich sein sollen. Insofern leistet das Programm einen Beitrag zur Organisationsentwicklung. Die Ziele des Förderprogramms lassen sich zusammenfassen in:

- Verbesserung der Kommunikation zwischen den Abteilungen,
- Förderung der persönlichen Entwicklung der Teilnehmer,
- Bildung eines abteilungsübergreifenden Netzwerkes,
- Herausbildung eines besseren Verständnisses für die strategischen Herausforderungen des Unternehmens.

Die folgende Übersicht zeigt die einzelnen Module des Programms.

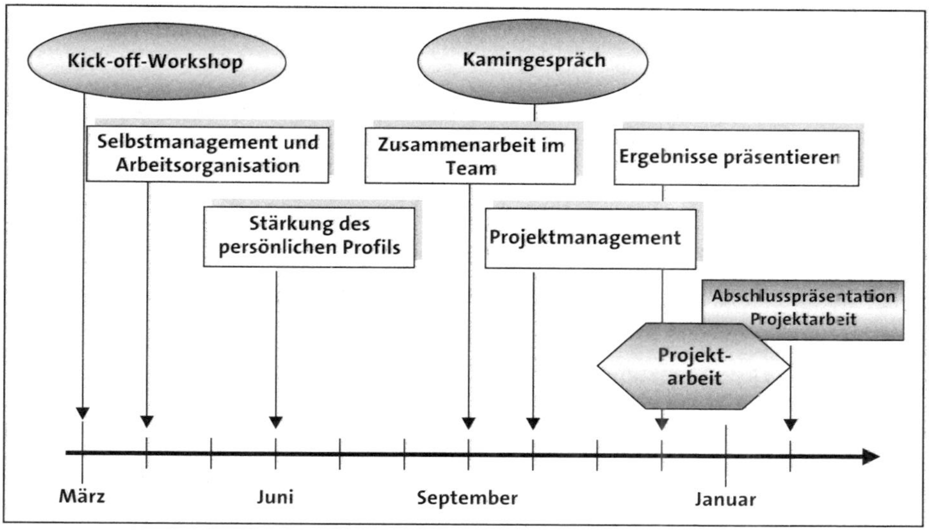

Abb. 5: Betriebliches Förderprogramm

Gestartet wurde das Förderprogramm mit einem *Kick-off-Workshop*, bei dem sich die zehn Teilnehmer gegenseitig kennen lernen konnten. Der Programmablauf wurde vorgestellt und es wurden Spielregeln für die Zusammenarbeit vereinbart. Die einzelnen Module des Programms umfassten folgende Themenbereiche:

- Selbstmanagement und Arbeitsorganisation: In dem ersten Modul wurden Techniken des Zeitmanagements und der effizienten Arbeitsorganisation behandelt. Aber auch persönliche und berufliche Ziele zu erkennen, Prioritäten zu bilden und eine Reflexion der Arbeitspraxis anzuregen, waren Gegenstand dieses Moduls.
- Schärfung des persönlichen Profils: Ausgehend vom Wandel der Arbeitswelt wurde in diesem Modul nach den zukünftigen Schlüsselqualifikationen gefragt. Die Schärfung des eigenen Kompetenzprofils und der Ausbau eigener Stärken wurden daraus abgeleitet.
- Zusammenarbeit im Team: Hier wurde ein Outdoor-Teamtraining durchgeführt, das einen eigenen Erlebnischarakter aufwies und die Bedeutung und Wichtigkeit der Teamarbeit plastisch verdeutlichen konnte.
- Projektmanagement: Es wurden in diesem Modul Techniken des Projektmanagements behandelt. Erfahrungsberichte von Projektmanagern flossen in die Gestaltung des Moduls mit ein.
- Ergebnisse präsentieren: Dieses Modul diente der Übung von Präsentationstechniken. Die Teilnehmer sollten vorbereitet werden, vor einem größeren Publikum Ergebnisse einer Projektarbeit vorzustellen.

Schaut man sich den zeitlichen Ablauf der einzelnen Module an, so ist erkennbar, dass die ersten Module zunächst der Entwicklung der Persönlichkeit dienten. Den Übergang zu den Themen, die zentral für die Organisationsentwicklung sind, vollzieht das Modul »Zusammenarbeit im Team«. Darüber hinaus hatte jeder Teilnehmer die Gelegenheit, die Abteilung in der er bzw. sie arbeitet, in einer kurzen Präsentation den anderen Teilnehmern vorzustellen. In einem Kamingespräch mit Vertretern der Geschäftsführung konnten die **strategischen Herausforderungen des Unternehmens** diskutiert werden. Den Teilnehmern, die als Mitarbeiter des Unternehmens im Tagesgeschäft verschiedene

Sachgebiete bearbeiten, eröffnete sich somit ein neuer Blick – sozusagen aus der »Vogelperspektive« – auf das Unternehmen und sein Umfeld.

Einen zentralen Bestandteil des Förderprogramms bildete die Projektarbeit. Hier wurde von der Teilnehmergruppe ein kleineres dreimonatiges Projekt bearbeitet, das den Mitarbeitern des Unternehmens im Anschluss präsentiert wurde. Die »Sichtbarkeit« des Förderprogramms im Unternehmen wurde dadurch erhöht (Stichwort: Vermarktung). Die Module »Projektmanagement« und »Ergebnisse präsentieren« bereiteten die Teilnehmer zielgerichtet auf die Arbeit vor. Wichtig war es in diesem Zusammenhang die Relevanz der Projektarbeit für das Unternehmen herauszustellen. Es sollte kein so genanntes »Schubladenprojekt« durchgeführt werden, und es sollten keine »Nice-to-Have-Ergebnisse« resultieren. Sondern es wurde ein Projekt bearbeitet, das eine strategische Relevanz für die Produktgestaltung aufwies.

Zwei besonders kritische Punkte bei Förderprogrammen, wie auch bei Seminaren überhaupt, stellen der **Transfer der Seminarinhalte in den Arbeitsalltag**, sowie die **Sicherung der Nachhaltigkeit der Trainings** dar. Wichtig ist dabei die Begleitung der Teilnehmer über die eigentlichen Trainings hinaus. Dies wurde in dem vorliegenden Programm nicht von den Trainern und auch nicht von der Personalentwicklung geleistet, sondern von **Mentoren**. Die Mentoren waren berufserfahrene Mitarbeiter aus unterschiedlichen Abteilungen. Jedem Teilnehmer wurde ein Mentor zugeordnet, der aber aus einer anderen Abteilung als der Teilnehmer stammte. Aufgabe der Mentoren war es, den Transfer der Seminarinhalte in den Arbeitsalltag zu begleiten, Ansprechpartner während des Programms zu sein und die Projektarbeit zu begleiten und zu unterstützen.

Bei der Konzeption eines Förderprogramms sollte das **Bildungscontrolling** nicht vergessen werden. Schließlich will man ja Aufschluss darüber gewinnen, was in einem Förderprogramm gut umgesetzt wurde und wo es gegebenenfalls Verbesserungsmöglichkeiten oder Nachsteuerungsbedarf gibt. Förderprogramme müssen auch unternehmensintern »vermarktet« werden, d. h. die Bereichsleiter bzw. die Geschäftsführung verlangen Rechenschaft darüber, was die Investitionen, die in ein Förderprogramm fließen (Honorare für Trainer, Arbeitszeit der Teilnehmer und Mentoren, allgemeine Seminarkosten etc.), letzten Endes einbringen. Wie bei jeder Investition gibt es auch hier ein Interesse an einem so genannten »Return-on-Investment«.

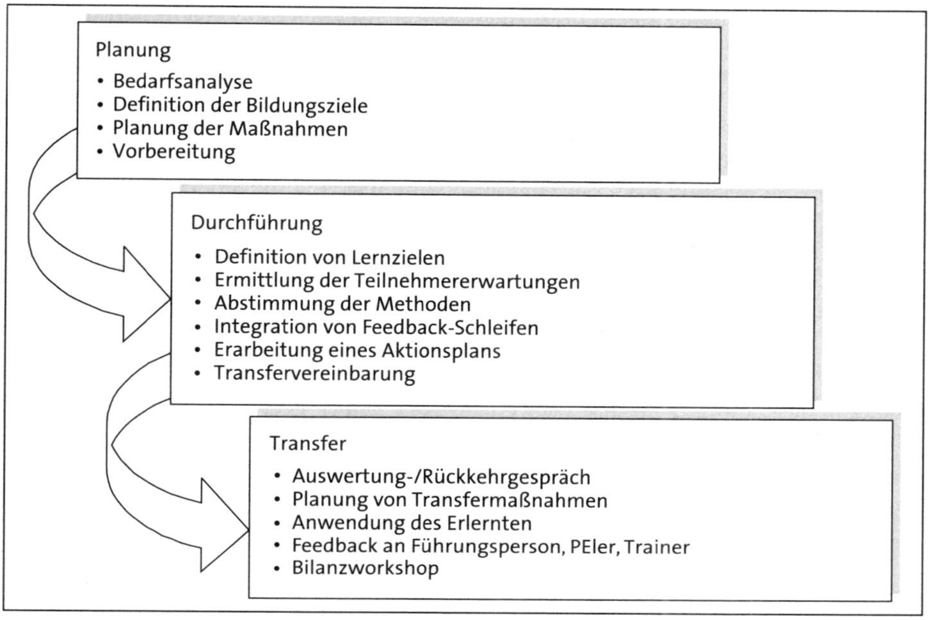

Abb. 6: Phasenmodell Bildungscontrolling

Das Bildungscontrolling muss folgende Fragen beantworten:

- Wurden die Lernziele erreicht?
- Konnte ein Transfer in die alltägliche Arbeitspraxis erreicht werden?
- Ist die Nachhaltigkeit des Förderprogramms bzw. des Seminars gesichert?
- Rechtfertigt der Lernerfolg die investierten Mittel?

Ein Bildungscontrolling beginnt nicht erst nach Abschluss eines Förderprogramms oder Seminars, sondern bereits in der Planungsphase. Ausgehend von der Bedarfsanalyse und der Definition der Bildungsziele wird festgelegt, was erreicht werden soll. Dieses SOLL wird schließlich mit dem erreichten IST verglichen und gibt Aufschluss über den Erfolg der Maßnahme. Die Abbildung 5 veranschaulicht die Phasen eines Bildungscontrollings.

4.3.2.2 Staatliche Förderprogramme

Nicht nur Unternehmen wissen, wie wichtig in der heutigen Arbeitswelt ein kontinuierlicher Qualifizierungsprozess der Mitarbeiter geworden ist. Auch der Staat hat seit langem die Bedeutung von Qualifizierung und beruflicher Weiterentwicklung erkannt und unterstützt sowohl Arbeitnehmer wie Arbeitgeber durch verschiedene Förderprogramme. Die **grundlegende Zielsetzung** wird durch folgendes Zitat deutlich: »Die duale Berufsausbildung stellt in Deutschland (...) eine wichtige Basis für die Innovations- und Wettbewerbsfähigkeit sowie für den sozialen Zusammenhalt dar. Es ist aus berufsbildungs-, wirtschafts- und gesellschaftspolitischen Gründen wichtig, jungen Menschen beim Einstieg in die Berufswelt die Qualifikationen zu vermitteln, die sie befähigen, den Anforderungen der Arbeitswelt gerecht zu werden und dabei auch den immer schnelleren Wandlungsprozessen folgen zu können. Damit wird ein entscheidender Grundstein für ein selbst bestimmtes Leben gelegt. Eine mangelhafte oder gar fehlende Erstausbildung führt für viele Betroffene zu eingeschränkten beruflichen Perspektiven

mit beträchtlichen gesellschaftlichen Folgekosten. Für die Bundesregierung liegt daher ein wesentliches beruflbildungspolitisches Ziel darin, allen Jugendlichen, die dies wollen und auch können, die Chance auf eine qualifizierte Ausbildung zu eröffnen. (...) Die Sicherung eines modern und vor allem betriebsnah ausgebildeten Fachkräftenachwuchs ist mittelfristig aus Gründen der demographischen Entwicklung dringend notwendig.«[2]
»Vor dem Hintergrund der großen mit dem vielfältigen strukturellen Wandel verbundenen Herausforderungen wird die bildungspolitische Bedeutung des Themenkomplexes Weiterbildung und Lebenslanges Lernen als Teil eines Bildungsgesamtsystems weiter an Bedeutung gewinnen. (...) es gilt die »Halbwertszeiten« von Qualifikation zu verlängern, um die Beschäftigungsfähigkeit zu sichern.«[3]

Die staatliche Förderung ist grundsätzlich eher **finanzieller und infrastruktureller Art**. Gerade in den vergangenen Jahren wurde eine Vielzahl von Gesetzesinitiativen und Förderprogrammen neu auf den Weg gebracht, die den gestiegenen Anforderungen des Arbeitsmarktes hinsichtlich der beruflichen Qualifizierung und Weiterbildung der Arbeitnehmer Rechnung tragen sollen. Der folgende Überblick lässt dabei sowohl die berufliche Erstausbildung wie die Hochschulbildung unberücksichtigt und konzentriert sich auf gesetzliche Regelungen und staatliche Programme, die der beruflichen Weiterbildung dienen.

4.3.2.2.1 Sozialgesetzbuch Buch III

Eine wichtige gesetzliche Grundlage bildet das Recht der Arbeitsförderung, das als Buch III des Sozialgesetzbuches (SGB III) am 1. Januar 1998 in Kraft trat und das bis dahin gültige Arbeitsförderungsgesetz abgelöst hat. Es bildet gleichzeitig die Rechtsgrundlage der **Bundesanstalt für Arbeit**. Ziel des Gesetzes ist die Unterstützung eines Ausgleichs am Arbeitsmarkt und die Vermeidung bzw. Verkürzung von Arbeitslosigkeit. Unter den Leistungen die Arbeitnehmer von den Arbeitsämtern erhalten, sind neben der Gewährung von Arbeitslosengeld, Arbeitslosenhilfe und der Arbeitsvermittlung auch Trainingsmaßnahmen zur Verbesserung der Eingliederungsaussichten, die Arbeitsmarkt- und Berufsberatung sowie die Übernahme von Weiterbildungskosten aufgeführt (§ 3 SGB III). Das zeigt, dass die Notwendigkeit von **Anpassungsqualifizierungen** zur Vermeidung von Arbeitslosigkeit bzw. zur Wiedereingliederung in den Arbeitsmarkt bereits früh erkannt wurde.

Nach § 49 SGB III werden Trainingsmaßnahmen für Arbeitslose gefördert, die entweder die Eignung des Arbeitslosen für eine berufliche Tätigkeit feststellen, die Selbstsuche des Arbeitslosen durch Bewerbungstraining und Beratung unterstützen, oder dem Arbeitslosen notwendige Kenntnisse und Fähigkeiten vermitteln. Diese Trainings- und Weiterbildungsmaßnahmen werden in der Regel von Bildungsträgern, z. B. Volkshochschulen, Gewerkschaften, kirchlichen Bildungsträgern oder privaten Bildungsinstituten durchgeführt. Die Förderung durch das Arbeitsamt setzt die Anerkennung einer Maßnahme als dem Ziel der Vermittlung beruflicher Kenntnisse und Fähigkeiten dienend voraus. Seit März 2003 werden von den Arbeitsämtern so genannte Bildungsgutscheine ausgehändigt, die von den potenziellen Teilnehmern einer Bildungsmaßnahme bei einem Bildungsträger eingelöst werden können.

Aber auch Arbeitgeber können finanzielle Mittel in Form von **Eingliederungszuschüssen** beim zuständigen Arbeitsamt beantragen (§§ 217 ff. SGB III). Diese werden als Zuschüsse zum Arbeitsentgelt gewährt, wenn der Arbeitgeber förderungsbedürftige Arbeitnehmer einstellt, also beispielsweise Langzeitarbeitslose, Schwerbehinderte oder sonsti-

---

2 Bundesministierum für Bildung und Forschung 2005, S. 1 f.

3 a. a. O., S. 205

ge Behinderte, oder wenn die Arbeitnehmer einer besonderen Einarbeitung zur Eingliederung bedürfen.

Zur Vermeidung einer **Dequalifizierung von Langzeitarbeitslosen** gibt es weiterhin das Instrument der Arbeitsbeschaffungsmaßnahme (§§ 260 ff. SGB III). Damit werden Maßnahmen gefördert, sofern die in ihnen verrichteten Arbeiten zusätzlich sind, also ohne Förderung nicht durchgeführt würden und im öffentlichen Interesse liegen.

Besondere Förderungsmöglichkeiten der beruflichen Aus- und Weiterbildung gibt es darüber hinaus für Behinderte (§§ 248 ff. SGB III), sowie berufsfördernde Leistungen für Rehabilitanden, die in den gesetzlichen Grundlagen der Rentenversicherung (SGB VI; §§ 16 ff.) und der Unfallversicherung (SGB VII, §§ 35 ff.) aufgeführt sind.

Bei all diesen Maßnahmen wird deutlich, dass die Förderung beim einzelnen Arbeitnehmer ansetzt, mit dem Ziel der **individuellen Arbeitslosigkeit** vorzubeugen, bzw. durch Anpassungsqualifizierungen eine rasche Wiederaufnahme einer Beschäftigung zu ermöglichen. Weiterbildungen, die im überwiegenden Interesse des Betriebes liegen, werden innerhalb des Sozialgesetzbuches nicht gefördert.

4.3.2.2.2 Job-AQTIV-Gesetz

Mit dem seit 1. Januar 2002 geltenden Job-AQTIV-Gesetz strebt der Gesetzgeber eine effizientere und schnellere Vermittlung von Arbeitslosen an. Unter anderem sind einige Anspruchsvoraussetzungen des SGB III für die Gewährung von Förderungsleistungen gelockert worden.

Die Abkürzung »AQTIV«, die für **»Aktivieren, Qualifizieren, Trainieren, Investieren und Vermitteln«** steht, betont bereits die Bedeutung, die Qualifizierungs- und Trainingsaktivitäten zugemessen wird. So sollen insbesondere ältere Arbeitnehmer und gering qualifizierte Beschäftigte, die selten die Möglichkeit haben, an betrieblichen Qualifizierungsmaßnahmen teilzunehmen, unterstützt werden. Unternehmen, die Mitarbeiter über 50 Jahren oder bereits gekündigte Mitarbeiter an Weiterbildungen teilnehmen lassen, können durch das Arbeitsamt z. B. durch Übernahme der Weiterbildungskosten gefördert werden. Ebenso können Job-Rotationen gefördert werden. Wenn ein Unternehmen während der Weiterbildung eines Mitarbeiters einen Arbeitslosen in ein befristetes sozialversicherungspflichtiges Beschäftigungsverhältnis zur Vertretung einstellt, so übernimmt das Arbeitsamt zwischen **50 und 100% der Lohnkosten** des Stellvertreters. Inwieweit Arbeitnehmer und Unternehmen von den neu geschaffenen Möglichkeit Gebrauch machen, wird die Zukunft zeigen.

4.3.2.2.3 Aufstiegsfortbildungsförderungsgesetz (AFBG)

Die Regelungen des SGB III und der übrigen Bücher des Sozialgesetzbuches (insbesondere SGB VI und SGB VII) zielen auf eine **Kompensierung von Benachteiligungen arbeitsloser Personen** gegenüber anderen Arbeitnehmern – seien sie nun Folgen einer Dequalifizierung infolge von Langzeitarbeitslosigkeit oder von Behinderungen. Insofern sind geförderte Qualifizierungsmaßnahmen immer als Anpassungsqualifizierung zu verstehen. Ziel ist die Verringerung der Arbeitslosigkeit und das Erreichen eines hohen Beschäftigungsstandes.

Mit dem zum 1. Januar 1996 in Kraft getretenen Aufstiegsfortbildungsförderungsgesetz (AFBG) – »Meister-BAföG« – wird dagegen eine berufliche **Aufstiegsfortbildung** in grundsätzlich allen beruflichen Bereichen gefördert. Anspruchsberechtigt sind Handwerker und andere Fachkräfte mit abgeschlossener Erstausbildung, die sich auf einen Fortbildungsabschluss, z. B. die Meisterprüfung vorbereiten. Ähnlich wie beim BAföG werden Zuschüsse und Darlehen zum Unterhalt und zu den Lehrgangs- und Prüfungsgebühren gewährt. Die Teilnehmer an solchen Fortbildungsmaßnahmen haben einen Rechtsanspruch auf staatliche Förderung. Auch hier erfolgt die Förderung der beruflichen Weiterqualifizierung auf individueller Ebene.

4.3.2.2.4 Förderprogramme

Es gibt über die dargestellten gesetzlichen Regelungen hinaus eine Vielzahl von **Förderprogrammen auf Bundes- oder Landesebene**, die Förderungsmöglichkeiten im Bereich der beruflichen Weiterbildung anbieten. Teilweise richten sich diese Programme an bestimmte Zielgruppen, die als förderungswürdig erkannt wurden, z. B. Behinderte, Jugendliche etc. Beispielhaft seien die folgenden Förderprogramme erwähnt:

- Förderung überbetrieblicher Berufsbildungsstätten (ÜBS): Überbetriebliche Berufsbildungsstätten ergänzen die betriebliche Ausbildung kleinerer und mittlerer Betriebe. Sie führen außerdem Maßnahmen zur Weiterqualifikation (auch von betrieblichen Ausbildern) durch.
- Forschungs- und Entwicklungsprogramm »Lernkultur Kompetenzentwicklung« des Bundesministeriums für Bildung und Forschung (geplant bis Ende 2006): Hier sollen Entwicklungs- und Gestaltungsprojekte mit wissenschaftlicher Begleitung für die Weiterentwicklung der beruflichen Weiterbildung und Kompetenzentwicklung gefördert werden.
- Programm »Kompetenzen fördern. Berufliche Qualifizierung für Zielgruppen mit besonderem Förderungsbedarf«.
- Programm »Früherkennung von Qualifikationserfordernissen. FreQueNz – das Netzwerk zur Früherkennung von Qualifikationsbedarf«.

Darüber hinaus gibt es verschiedene **Förderprogramme auf EU-Ebene oder Landesebene**, mit denen entweder einzelne Arbeitnehmer, Betriebe, Weiterbildungseinrichtungen oder wissenschaftliche Einrichtungen gefördert werden. Exemplarisch sollen hier das EU-Programm »**Adapt**« zur Förderung des Know-how-Transfers von Forschungs- und Entwicklungseinrichtungen zu den Unternehmen und Berufsbildungseinrichtungen genannt werden, sowie das Landesprogramm »Lernziel Produktivität« des Saarlandes, mit dem betriebliche Qualifizierungsangebote gefördert werden können, die insbesondere zur Vermittlung von Schlüsselkompetenzen dienen.

4.3.2.2.5 Bildungsurlaub

In einigen Bundesländern haben Arbeitnehmer ein **Recht auf Bildungsurlaub**. Hierzu gibt es gesetzliche Regelungen auf Länderebene. Im Saarland ist der Freistellungsanspruch beispielsweise im Saarländischen Weiterbildungs- und Bildungsfreistellungsgesetz verankert. Danach haben Arbeitnehmer einen jährlichen Anspruch auf Bildungsurlaub, wenn sie eine anerkannte Bildungsveranstaltung besuchen möchten. Der Arbeitgeber muss in diesem Fall den Arbeitnehmer für die Hälfte der Dauer der Veranstaltung freistellen, höchstens jedoch für 3 Arbeitstage pro Kalenderjahr. In dieser Zeit wird das Arbeitsentgelt weiter gezahlt. Der Arbeitnehmer muss seinerseits im gleichen Umfang arbeitsfreie Zeit verwenden. Der Bildungsurlaub darf allerdings nur zur Teilnahme an einer beruflichen oder politischen Weiterbildungsmaßnahme genutzt werden. Der Arbeitgeber kann einen Antrag auf Bildungsurlaub nur dann ablehnen, wenn dringende betriebliche Erfordernisse die Anwesenheit des Arbeitnehmers erfordern. Es handelt sich hierbei allerdings nicht um ein staatliches Förderprogramm – die Weiterbildungskosten trägt der Arbeitnehmer, die Fortzahlung des Arbeitsentgelts der Arbeitgeber – sondern um eine gesetzliche Regelung, die Arbeitnehmer über den Erholungsurlaubsanspruch hinaus einen Urlaubsanspruch speziell zum Zweck der Weiterbildung einräumt.

Literatur:

Beck, R./Schwarz, G.: Personalentwicklung Führen – Fördern – Fordern, Alling, 1997.

Briegel, K./Klein, Ch.: Personalentwicklung als Beitrag zur lernenden Organisation. In: Personalführung 2/96, 132–137.

Bundesministerium für Bildung und Forschung (Hrsg.): Berufsbildungsbericht 2005, Bonn, 2005

Meier, H.: Personalentwicklung Konzept, Leitfaden und Checklisten für Klein- und Mittelbetriebe, Wiesbaden, 1991

Sattelberger, Th. (Hrsg.): Human Resource Management im Umbruch, Wiesbaden, 1996

Sattelberger, Th. (Hrsg.): Innovative Personalentwicklung, Wiesbaden, 1995

Sattelberger, Th.: Wissenskapitalisten oder Söldner? Personalarbeit in Unternehmensnetzwerken des 21. Jahrhunderts, Wiesbaden, 1999

Schmidt, Gregor: Business Coaching, Mehr Erfolg als Mensch und Macher, Wiesbaden, 1995

4.4 Qualitätsmanagement in der Personal- und Organisationsentwicklung einsetzen

Unabhängig von Branche oder Organisationsform steht für erfolgreiche Unternehmen der **gewinnbringende Absatz beim Kunden** im Vordergrund. Auf Dauer wird der Kunde nur dann Produkte oder Dienstleistungen abnehmen, wenn Produkt oder Dienstleistung den Anforderungen des Kunden gerecht wird.

Als gestalterisch tätiger Dienstleister sind die Personalabteilungen in Unternehmen aufgerufen die Kundenwünsche zu evaluieren und geeignete Produkte und Dienstleistungen daraus zu entwickeln. Hierzu leistet ein Qualitätsmanagementsystem wertvolle Unterstützung.

4.4.1 Strategien für ein erfolgreiches Qualitätsmanagement

Edward Deming, der Vater des Qualitätsmanagements beschreibt 14 Hauptmerkmale für ein erfolgreiches Qualitätsmanagement:

Hauptmerkmal	These	Beschreibung
1. Unverrückbares Unternehmensziel	Schaffe ein feststehendes Unternehmensziel in Richtung ständiger Verbesserung von Produkten und Dienstleistungen.	Der Unternehmensleitung obliegt es, die Unternehmensziele zu formulieren und zu den Mitarbeitern hin zu kommunizieren. Hieraus entsteht eine klare Richtung und entsprechende Maßnahmen können in diesem Sinne koordiniert werden.
2. Der neue Denkansatz	Um wirtschaftliche Stabilität sicherzustellen, ist ein neuer Denkansatz nötig.	Die Unternehmen müssen für Ihren Erfolg andere, neue Wege gehen. Dies setzt voraus, dass eingeschliffene Dinge und Prozesse ständig in Frage gestellt werden.
3. Keine Sortierprüfungen mehr	Beende die Notwendigkeit und Abhängigkeit von Vollkontrollen, um Qualität zu erreichen.	Die Qualität der Produkte oder Dienstleistungen erzeugen die Mitarbeiter eines Unternehmens. Qualität kann nicht erprüft, sie muss erzeugt werden.
4. Nicht das niedrigste Angebot berücksichtigen	Beende die Praxis, nur dasniedrigste Angebot zu berücksichtigen.	Die eigene Qualität steht und fällt mit der Qualität der Zulieferungen. Schaffe langfristige Verbindungen, die auf Loyalität und Vertrauen basieren.
5. Verbessere ständig die Systeme	Suche ständig nach Fehlerursachen, um alle Systeme für Produktion und Dienstleistungen sowie alle anderen im Unternehmen vorkommenden Tätigkeiten auf Dauer zu verbessern.	Verbessere ständig die internen Systeme und Abläufe, die Kernaussage betrifft die Verbesserung der Produktivität im Unternehmen. Überprüfe die einzelnen Schritte des Planes, des Ausführens, der Überprüfung der Prozesse und der neuerlichen Ausführung.

Hauptmerkmal	These	Beschreibung
6. Schaffe moderne Anlernmethoden	Schaffe moderne Anlernmethoden und sorge für Wiederholtraining am Arbeitsplatz.	Schaffe moderne Lernprozesse und die Einbindung der Mitarbeiter in diese Prozesse. Der Mitarbeiter braucht Verständnis für die Zusammenhänge in und um seine Arbeitsprozesse. Schaffe Transparenz.
7. Sorge für richtiges Führungsverhalten	Schaffe Führungsmethoden, die sich darauf konzentrieren, dem Menschen zu helfen, seine Arbeit besser zu verrichten.	Wichtigste Führungsaufgabe ist zu schauen, ob die »richtigen Mitarbeiter am richtigen Arbeitsplatz die richtige Tätigkeit ausführen«.
8. Beseitige die Atmosphäre derAngst	Fördere die gegenseitige Kommunikation und andere Mittel, um die Angst innerhalb des gesamten Unternehmens zu beseitigen.	Abhilfe kann eine völlige Veränderung des Betriebsklimas schaffen. Viele Führungskräfte sehen in diesem Punkt den wichtigsten in Demings Philosophie überhaupt. Viele halten diesen Punkt für so überragend, dass sie sagen, bei Erfüllung dieser Forderung seien alle anderen Punkte Selbstläufer.
9. Beseitige die Grenzen zwischen Bereichen	Fördere die gegenseitige Kommunikation und andere Mittel, um die Angst innerhalb des gesamten Unternehmens zu beseitigen.	Jeder Mitarbeiter soll sich als Glied eines Teams verstehen, um Probleme vorauszusehen und zu lösen. Unsere Organisationen sind aber vorwiegend in der Senkrechten organisiert. Da oft hochspezialisierte Fachabteilungen nebeneinander operieren, ist eine Querverbindung durch eine Teamorganisation um so wichtiger.
10. Vermeide Ermahnungen	Beseitige Slogans, Aufrufe und Ermahnungen.	Arbeitsbeziehungen, die auf Loyalität und Vertrauen basieren, sind langfristige Erfolgsgaranten.
11. Setze keine festgeschriebenen Standards	Beseitige Leistungsvorgaben, die zu erreichende Ziele willkürlich festschreiben.	Die Produktion soll nicht nach Stückzahl, sondern nach Qualität ausgerichtet werden. Durch beständige Reduzierung von Ausschuss, Nacharbeit und Verschwendung ist die geplante Stückzahl einfacher und effektiver zu erreichen.
12. Gestatte es, auf gute Arbeit stolz zu sein	Beseitige alles, was das Recht jedes Werkers und jedes Managers in Frage stellt, auf ihre Arbeit stolz zu sein.	Qualitätsarbeit ist die Sache eines jeden einzelnen Mitarbeiters. Nichts kann sich schlimmer auswirken, als die berüchtigte innere Kündigung. Arbeiten werden lustlos verrichtet. Die Loyalität zum Unternehmen leidet.

Hauptmerkmal	These	Beschreibung
13. Fördere die Ausbildung	Schaffe ein durchgreifendes Ausbildungsprogramm und eine Atmosphäre der Selbstverbesserung für jeden einzelnen.	Wenn auch heute die Notwendigkeit ständiger Fortbildung weitgehend anerkannt ist, so wird doch der dafür erforderliche Aufwand an Zeit und Kosten vielfach unterschätzt. Lernziel ist hierbei die verschiedenen Ebenen von systembedingten und persönlich beeinflussbaren Fehlerquellen zu erkennen und zu beheben.
14. Verpflichtung der Unternehmensleitung	Mache die ständige Verbesserung von Qualität und Produktivität zurAufgabe der Unternehmensleitung.	Das Management muss Qualitätsverbesserung wollen und sich persönlich mit diesen Maßnahmen identifizieren. Geschieht das nicht, bewegt sich nichts im Unternehmen!!!

Ableitend aus den Ansätzen von Edward Deming entwickelten sich unterschiedliche QM-Systeme weiter. Ein in fast allen Systemen zu findender Regelkreis geht ebenfalls auf Edward Deming zurück:

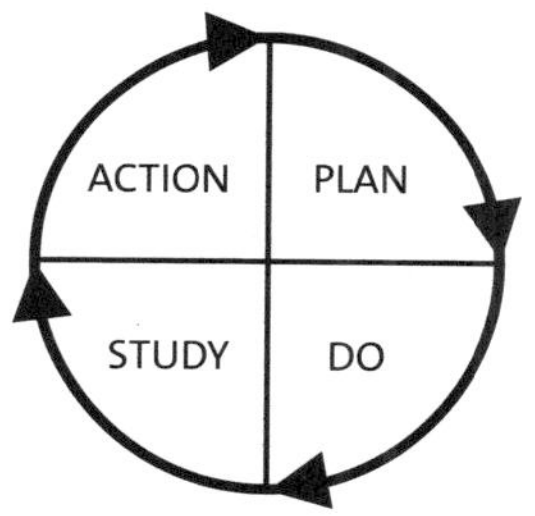

Abb. 1: Demings Management Denkmodell: Planen – Ausführen – Studieren – Handeln

PDSA-Modell	Inhalte	Bezug zum Qualitätsmanagement
Plan	Ziel und Auftragsklärung?	Qualitätsplanung
Do	Wer macht was mit wem?	Qualitätslenkung
Study	Welche Ergebnisse liegen vor? Wie bewerten wir die Ergebnisse?	Qualitätssicherung
Action	Welche Verbesserungen sind erforderlich?	Qualitätsverbesserung

Ein weiterer essentieller Bestandteil des Qualitätsmanagements sind die drei Eckpfeiler des TQM:

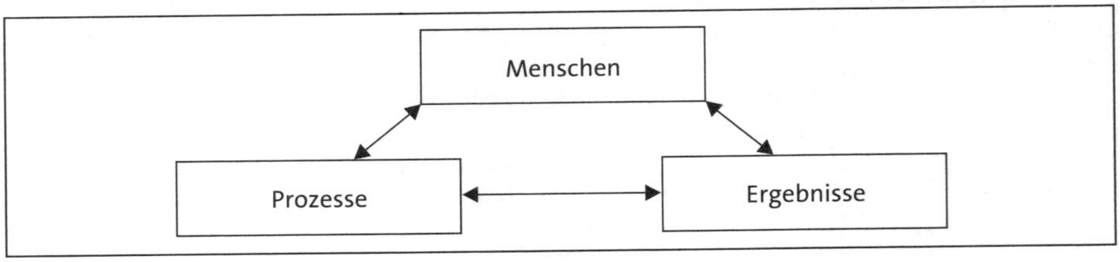

Durch die konsequente Einbindung aller Mitarbeiter in kontinuierliche Verbesserungs-/Veränderungsprozesse sollen bessere Ergebnisse erzielt werden. Der Zusammenhang und die Abhängigkeit dieser drei Faktoren untereinander verdeutlicht die Komplexität dieser Verbesserungsprozesse.

Speziell für den europäischen Bereich wurde basierend auf den Grundlagenarbeiten von Edward Deming das EFQM-Modell geschaffen. Ziel war und ist die Verbreitung von Total-Quality-Management in Europa (s. hierzu ausführlich Abschnitt 1.3.3.5).

Alljährlich wird auf der Basis der EFQM-Rahmenbedingungen der **E**uropean **Q**uality Award verliehen, vergleichbar mit dem **Malcolm Baldrige Quality Award** in Nordamerika.

4.4.2 Zertifizierung und Qualitätsnormen

Wenig systematisiert aber weltweit anerkannt, war zu Beginn der 50er und 60er Jahre »Made in Germany«, ein Qualitätslevel das von anderen Mitbewerbern argwöhnisch begutachtet wurde. Der **DIN-Normenausschuss** versuchte für den Bereich der deutschen Industrie ein Qualitätsregelwerk aufzubauen. Hier werden und wurden **Qualitätsanforderungen** hauptsächlich für den Entwicklungs- und Fertigungsbereich erlassen. Ziel war es, eine einheitliche Normung von Maschinenteilen, von Zeichnungsvorlagen und in der **DIN 8402** auch von Qualitätsanforderungen festzulegen.

Diese Entwicklung von einheitlichen Normungen geschah in allen industriellen Ländern, allerdings auf die länderspezifischen Anforderungen zugeschnitten und mit den anderen Normungsausschüssen nicht abgesprochen und somit untereinander unstimmig.

Für den Bereich der pharmazeutischen Produktion wurde durch die Weltgesundheitsbehörde (WHO) schon sehr früh auf eine international gültige Qualitätsnorm, entsprechend der Mitgliedsnationen, hingearbeitet. Aus diesen Bestrebungen entstanden die **G**ood-**M**anufactering-**P**ractices, die **GMP-Richtlinien**. In diesen Richtlinien wurde nicht nur auf Produktanforderungen, sondern auch auf die Anforderungen des Personals eingegangen.

Dies war bis dahin in keinem der Regelwerke so eindeutig vorgegeben, dass die Personalschulung eines der tragenden Elemente dieser Richtlinie ist. Allerdings nur für den Bereich der pharmazeutischen Industrie. Durch Audits von GMP-Kommissionen werden diese Anforderungen überwacht.

Weitere Regelwerke, die neben den Qualitätsanforderungen u. a. auch Arbeitssicherheit beschreiben, sind die **VDE-Vorschriften, verschiedene TÜV-Zertifikate** auf nationaler Ebene und entsprechende Werke in anderen europäischen und außereuropäischen Ländern.

Für einen weiteren Schub in den Qualitätssicherungssystemen und deren Regelwerken waren die verschiedensten Anforderungsprofile aus dem Automobilbau, hier insbesondere Vereinbarungen mit den Zulieferfirmen und die immensen Anforderungen aus dem gesamten militärischen Bereich.

Für den Bereich der Personal- und Organisationsentwicklung ist insbesondere die **DIN ISO Norm 9000** von Bedeutung. Darüber hinaus sind die genannten **branchenspezifischen Qualitätssicherungssysteme** zu beachten.

Mit der Überarbeitung aus dem Jahre 2000 wurde die DIN ISO 9000 Reihe deutlich entschlackt und auf drei Hauptteile konzentriert:

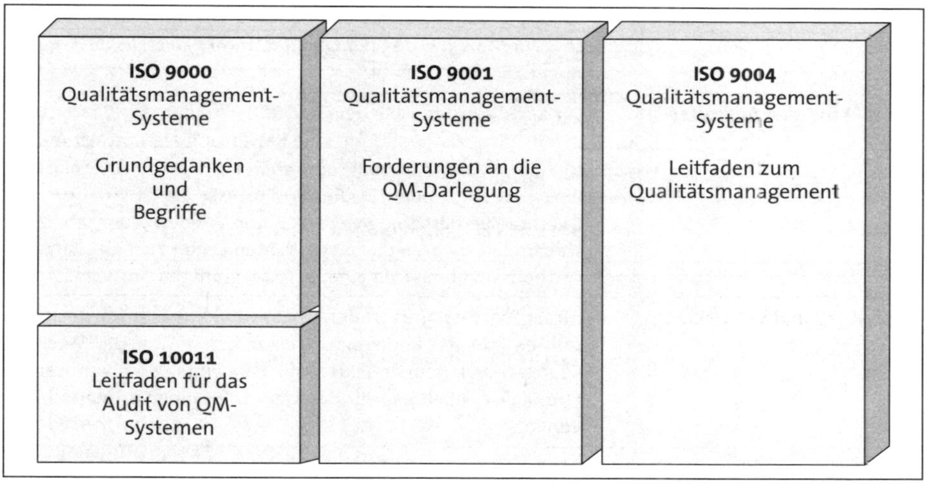

Abb. 2: DIN ISO 9000

Ablauf eines ISO EN DIN 9000–2000 Zertifizierungsprozesses:

Entscheidung und Verpflichtung zu einem Zertifizierungsprozess	Voraussetzung für den Erfolg ist das uneingeschränkte Commitment für einen Zertifizierungsprozess. Besteht dieses Commitment nicht oder liegt es nur eingeschränkt vor, ist von einem Zertifizierungsprozess abzuraten. Dieser ist dann erst einzuleiten, wenn Zweifel ausgeschlossen werden können. Hier ist u. a. auch zu klären für welche Unternehmensbereiche eine Zertifizierung angestrebt wird.
Planung des Zertifizierungsprozesses	Häufig sind Zertifizierungsprozesse breitgefächerte Projekte, die durch strategische Planung zielgerichtet gesteuert werden können. Entscheidende Faktoren sind eine Handlungskompetente Projektleitung und Projektteammitglieder. Neben der Ressourcen-, Zeit- und Budgetplanung sind erste Kontakte mit den Auditoren elementare Aufgaben am Projektbeginn.

Prozess- und Ablaufanalyse	Eine klare Analyse und Beschreibung der komplexen betrieblichen Abläufe ist in dieser Phase Hauptschwerpunkt. Das Zusammenspiel von z. B. Beschaffung und Produktion und/oder Vertrieb und Logistik zu analysieren, gibt wichtige Informationen über die im Unternehmen etablierten Prozesse und vorhandene Verfahren und Methoden.
Überprüfung	Die Ergebnisse der Überprüfung der unternehmensinternen Prozesse, Verfahren und Methoden bilden die Grundlage zur Erstellung des Qualitätshandbuches. Hier werden die Grundlagen für die spätere Zertifizierung geschaffen. Neben der wichtigen Aufgabe der Dokumentation muss der Gesamtprozess zur Maximierung der Qualität immer ZIELFÜHREND vor Augen bleiben.
Kontakt mit den Auditoren	Die Zertifizierung nach der ISO 9000 verlangt eine Bewertung durch Dritte als Auditoren. Eine Bewertung alternativer Auditoren und deren Auswahl sollte spätestens an dieser Stelle des Prozesses stattfinden. Dadie QM-Prozesse die langfristige Qualtitätsverbesserung verfolgen und Wiederholungsaudits stattfinden, werden die ausgesuchten Prüfer zu langfristigen Partnern und bedürfen einer sehr sorgfältigen Auswahl.
Gestaltung und Entwicklung	Dieser Prozessschritt ist der arbeitsaufwendigste Teil des gesamten Ablaufes und benötigt einen hohen Grad der Beteiligung. Neben dem Projektteam ist die Einplanung von weiteren personellen Kapazitäten Garant für einen erfolgreichen Verlauf.
Schulung des internen Auditteams	Die Auswahl und die Schulung interner Auditoren ist imZertifizierungsprozess ein weiterer Meilenstein zur Implementierung des QM-Systems.
Aufbau des Systems und seiner-Dokumentation	Durch eine umfassende Dokumentation wird das QM-System abgebildet. Die Dokumentation besteht aus den vier Elementen: **Qualitätspolitik** (beschrieben auf einer Seite), **Qualitätshandbuch** (ebenfalls kurz beschrieben), **Verfahrenshandbuch** (dem kritischten Teil der Dokumentation) und **Dokumentation des QM-Systems** (enthält die Aufzeichnungen aus dem laufenden Betrieb).
Einführung und Umsetzung	Ist das System erfolgreich dokumentiert, erfolgt die Einführung und Umsetzung in den »Probebetrieb«. Bevor eine externe Zertifizierung stattfinden kann, werden interne Audits durchgeführt, um die beschriebenen Qualitätsmerkmale zu überprüfen und ggf. Korrekturen vorzunehmen. Diese Audits können Unternehmensweit oder auf Abteilungen beschränkt durchgeführt werden.

Zertifizierung	Nach den erfolgreich durchgeführten internen Audits, kann der Höhepunkt des Prozesses – die Zertifizierung durch akkreditierte, externe Prüfer – vorgenommen werden. Hier geschieht die Überprüfung der beschriebenen Qualitätsmerkmale und ihre Übereinstimmung mit der betrieblichen Praxis. Nach erfolgreicher Prüfung, erhält das Unternehmen ein Zertifikat für das beschriebene und dann zertifizierte QM-System.
Kommunikation der Ergebnisse an Kunden, Lieferanten und Mitarbeiter	Die Zertifizierung kann für die interne und externe Kommunikation genutzt werden. Zu Kunden und Lieferanten in Bezug zum Qualitätsbewusstsein und zu den Qualitätsanforderungen, zur Förderung des Unternehmensimages, zur Generierung von Anfragen und zur Verbesserung der Kundenzufriedenheit.

4.4.3 Kosten/Nutzen Analyse

Die Mitarbeiterqualifikation ist ein entscheidender Wettbewerbsvorteil für Unternehmen. Die Mitarbeiter sind die entscheidenden **Leistungs- und Wissensträger** für ein Unternehmen, für eine Organisation. Personal- und Organisationsentwicklung sind Investitionen in die Zukunft. Diese Investitionen müssen sich im betriebswirtschaftlichen Sinne auch rentieren. Viele der Investitionen in die Aus- und Weiterbildung oder in die Personal- und Organisationsentwicklung lassen sich aber nur langfristig betrachten und rechnen.

Die Vielfalt des Nutzens dieser weichen Faktoren lassen sich in den exemplarisch abgebildeten Feldern darstellen:

- Förderung der Lernens,
- Einsatzfähige und motivierte Mitarbeiter,
- Förderung der Integration in und an das Unternehmen,
- Förderung der Innovationsfähigkeit,
- Förderung der Flexibilität,
- Förderung des Qualitätsbewusstseins,
- Förderung der Kunden/Lieferantenbeziehungen,
- Etc.

Für die betriebswirtschaftliche Berechnung der Kosten/Nutzen-Analyse müssen betriebsspezifische **Kennzahlensysteme im Personalcontrolling** aufgebaut werden.

Für den Bereich der Personal- und Organisationsentwicklung können die nachfolgenden Bereiche für ein Kennzahlensystem beleuchtet werden:

- Unternehmensziele: Kennzahlen über Zielvereinbarungen und Zielerreichung,
- Ressourcen: Kennzahlen über Material, Führungskräfte und Prozessqualitäten,
- Personalentwicklung: Kennzahlen über das System von Auswahl, Bildung und Entwicklung von Mitarbeitern,
- Mitarbeiterpotenzial: Kennzahlen über Mitarbeiterbeurteilungen, -qualitäten und Entwicklungsprozesse,
- Information: Kennzahlen über Informationsflüsse, -medien und -ziele,
- Motivation: Kennzahlen über Zufriedenheit und Engagement.

Allerdings sollte vor einer zu großen Zahlengläubigkeit gewarnt werden. Die gefundenen Ergebnisse sind ein wertvolles Steuerungs- und Gestaltungsinstrument für eine an den

Unternehmenszielen ausgerichteten, strategisch orientierten Personal- und Organisationsentwicklung. Im einzelnen sollten nachfolgende Kriterien beachtet werden:

- Einzelne Kennzahlen sind abhängig von der spezifischen Unternehmenskultur und damit nicht generell gültig.
- Es macht Sinn, einige Kennzahlen durch externe Evaluation zu erheben. So wird z. B. die Ausprägung und Qualität der Unternehmenskultur mit größerer Wahrscheinlichkeit valide erhoben, wenn das Erkenntnisinteresse nicht durch »Betriebsblindheit« geleitet wird.
- Kennzahlen über Dimensionen, die sich auf menschliche Einstellungen oder menschliches Verhalten beziehen, können nicht mit betriebswirtschaftlichen, sondern nur mit sozialwissenschaftlichen Methoden erhoben werden. Diese Untersuchungen müssen den sozialwissenschaftlichen Gütekriterien der Objektivität, der Reliabilität und der Validität entsprechen (siehe Kasten).
- Aus Gründen der Effektivität ist anzuraten, zunächst jene Kennzahlen zu erheben, die sich aus existierenden Instrumenten leicht ableiten lassen. Wenn ein Unternehmen zum Beispiel eine Mitarbeiterbefragung durchgeführt hat, die Aussagen über die Motivation, Führungsverhalten, Weiterbildungsmöglichkeiten etc. ermöglicht, können diese Ergebnisse Basis für weitere Untersuchungen sein.
- Welche Kennzahlen auch immer erhoben werden, stets gilt für solch ein weitreichendes Instrument der strategischen Organisationsentwicklung, dass es kontinuierlich gepflegt werden muss. Hierfür ist eine personalverantwortliche Person oder Projektgruppe zu benennen.
- Die Verantwortlichen haben weiterhin die Aufgabe, den Wert des Erhebungssystems stets aufs Neue zu hinterfragen. Das entwickelte Kennzahlensystem ist in Bezug auf seine Gültigkeit und Relevanz fortlaufend zu validieren.

Alle erhobenen Daten nützen nur dann, wenn sie auch in das Unternehmen kommuniziert werden, und unter dem Ziel der weiteren Entwicklung eines Kosten/Nutzen-Bewusstseins zieldienlich eingesetzt werden. Ansonsten entsteht ein teurer Datenfriedhof mit unberechenbaren (negativen) Auswirkungen.

Die nachfolgende Tabelle beschreibt Möglichkeiten, relevante Daten zu erfassen:

Aufgabe	Kennzahl
Personalentwicklung:	• Anzahl der jährlichen Weiterbildungsmaßnahmen pro Mitarbeiter/pro Führungskraft, • Kosten der jährlichen Weiterbildungsmaßnahmen pro Mitarbeiter/pro Führungskraft, • Anteil der bedarfsorientiert konzipierten Seminare, • Anteil der Mitarbeiter, die nach Soll-Ist-Analyse ihrer benötigten und gezeigten Fähigkeiten bedarfsorientiert weitergebildet wurden, • Anteil der Mitarbeiter, die nach einem Zielvereinbarung-Entwicklungsgespräch an einer Weiterbildung teilnehmen, • Anteil der Teilnehmer an Weiterbildung nach Funktionen, Standort, Geschlecht, Alter, • Jährliche Pro-Kopf-Weiterbildungszeit Anteil interner/externer Trainer/Veranstaltungen oder Weiterbildungsstunden, • Anteil firmenspezifischer bzw. standardisierter Weiterbildungsprogramme, • Anzahl/Zeit für spezifische Themen, Weiterbildungskosten pro Tag und Teilnehmer, • Anteil aktiver/passiver Lehrmethoden in der Weiterbildung,

Aufgabe	Kennzahl
	• Anteil von CBT in der Weiterbildung, • Anteil an Follow-up-Veranstaltungen zur Transfersicherung, • Güte der Feed-back-Bewertung von Seminaren durch die Seminarteilnehmer, • Anteil der Seminarnachbereitungsgespräche zwischen Vorgesetztem und Mitarbeiter, Anzahl absolvierter anerkannter Prüfungen (z. B. bei der IHK), • Anzahl der Beteiligungen am betrieblichen Vorschlagswesen, • Güte der Teambildungsprozesse.
Personalmanagement allgemein:	• Zahl der Mitarbeiter pro Personalabteilungsmitglied, • Kosten der Personalmanagement-Funktion pro Mitarbeiter Anteil der jährlichen Neueinstellungen (ohne und mit benötigter Zusatzqualifizierung), • Prozentsatz des Erfolgs im Personalwesen in Relation zu den definierten Zielen, • Güte der Feedback-Bewertung durch das Linienmanagement, • Güte der Feedback-Bewertung durch die internen Kunden, • Güte der Unternehmenskultur.
Personalbedarfsbestimmung:	• Anteil der definierten Stellen im Unternehmen, • Anteil und Qualität der zukünftig benötigten Fähigkeitsprofile pro Fach, Abteilung oder Standort, • Anteil der kurz-, mittel- und langfristig geplanten Mitarbeiterbedarfe pro Fach, Abteilung oder Standort, • Geplante Unternehmensfaktoren (zukünftige Absatzmenge, Produktionsmittel, Produktionsmethoden etc.), • Jährliche Steigerungsrate der Arbeitsproduktivität.
Personalbestandsanalyse:	• Anteil der Mitarbeiter mit spezifischem Fähigkeitsprofil, • Anteil der Mitarbeiter mit spezifischen Qualifizierungen, • Anteil der kurz-, mittel- und langfristig ausscheidenden Mitarbeiter, • Güte der Mitarbeiterbeurteilungen.
Personalbeschaffung:	• Anteil der Personalbeschaffungen durch spezifische Auswahlverfahren (z. B. AC, Beurteilungs- und Entwicklungsgespräche, Entwicklungspläne), • Anteil der Personalbeschaffungen durch aktive Beschaffungsmaßnahmen (z. B. Personalberater, -vermittler, Stellenanzeigen, Trainerprogramm, Kontakt von Betriebsangehörigen), • Anteil internationaler Personalbeschaffungen, Anteil unternehmensinterner Personalbeschaffungen.
Personaleinsatz:	• Anzahl interdisziplinär oder abteilungsübergreifend besetzter Projekte, • Anteil der Soll-Ist-Analysen von benötigten und gezeigten Fähigkeiten der Mitarbeiter, • Umfang des Lerntransfers von Weiterbildung an den Arbeitsplatz, • Zeitspanne zwischen Erwerb und Anwendung neuen Wissens.
Personalführung:	• Anteil realisierter Beförderungen an den geplanten Beförderungen, • Anteil der Vorgesetzten, die 360-Grad Feed-back-Bewertungen von ihren Mitarbeitern einholen, • Güte der 360-Grad Feed-back-Bewertungen von Mitarbeitern, Anteil hausintern qualifizierter Führungskräfte, • Anzahl der von der Führungskraft kontrollierten Mitarbeiter, • Anteil der als Mentoren tätigen Führungskräfte,

Aufgabe	Kennzahl
	• Anteil des Führungskräftecoaching, • Anzahl disziplinarischer Maßnahmen, • Güte des Betriebsklimas.
Personalfreisetzung:	• Anteil der jährlichen Freisetzungen, • Art der Freisetzungsgründe pro Fach, Abteilung, Standort etc., • Anteil der gerichtlich begründeten Freisetzungen, • Anteil gerichtlich rückgängig gemachter Freisetzungen.

4.4.4 Methoden zur Qualitätssicherung in der Personalentwicklung

Die im vorgenannten Kapitel aufgeführten Methoden, insbesondere die der Personalentwicklung, sind die wertvolle Basis für Qualitätssichernde Maßnahmen im genannten Themenbereich. Speziell im Schulungs- oder Seminarbereich können folgende Methoden zur Qualitätssicherung beitragen:

- **Teilnehmerfragebögen:** In den Teilnehmerfragebögen können die Teilnehmer subjektiv die Weiterbildungsmaßnahme beurteilen. Die Bögen sollten noch während der Weiterbildungsveranstaltung ausgefüllt werden, da dann die Eindrücke noch frisch sind und die Beantwortung schnell erfolgt (s. auch Abschnitt 4.2.2.2).
- **Lerntagebücher:** Die Weiterbildungsteilnehmer schreiben kontinuierlich die (Tages)Lernziele auf. Dies hat den Sinn, dass sich die Teilnehmer von Anfang an mit den Lernzielen beschäftigen und somit aktiv am Lehrgangsgeschehen beteiligen. Sie entwickeln ihre eigene Lernstrategien.
- **Teilnehmerbefragungen:** Die Teilnehmerbefragungen verfolgen das gleiche Ziel wie die Teilnehmerfragebögen. Man kann sie einzeln oder in Gruppen durchführen. Das Ziel ist die Qualitätsverbesserung der Inhalte und des methodischen Vorgehens der Weiterbildungsveranstaltung.
- **Dozentenbefragungen:** Durch Dozentenbefragungen werden verbliebene Entwicklungsbedarfe im Sinne der kontinuierlichen Verbesserungsprozesse und Fortbildungsbedarfe entdeckt.
- **Kundenbefragungen:** Durch Kundenbefragungen können signifikante Weiterbildungsmöglichkeiten und Weiterbildungserfolge erkannt und erhoben werden.
- **Lernkontrollen:** Mögliche Lernkontrollen sind:
  - Multiple-choice-Test (Ankreuzen von Alternativen bei geschlossenen Fragen),
  - Schriftliche Beantwortung offener Fragen,
  - Erstellung von Arbeitsproben,
  - Rollenspiele, Fallstudien, Planspiele,
  - Beobachtung der Teilnehmer im Arbeitsprozess nach Abschluss der Fortbildung (durch sich selbst, andere Teilnehmer, Vorgesetzte, Trainer),
  - Analyse von Arbeitsprodukten,
  - Für alle Lernkontrollen soll der Praxisbezug im Vordergrund stehen.
- **Praxistransfer:** Der eigentliche Erfolg der Personal- und Organisationsentwicklung ist die kurz-, mittel- oder langfristige Umsetzung in die Praxis. Unter Berücksichtigung der Prinzipien der Qualitätssicherung können folgende Aspekte zielgerichtet eingesetzt werden:
  - das inhaltliche Verhältnis des Gelernten zu den Anforderungen und technischen Gegebenheiten des eigenen Arbeitsplatzes,
  - die Umsetzungsmöglichkeiten, welche die Teilnehmer der Weiterbildungsmaßnahme sehen,

  - die Hindernisse, die aus Teilnehmersicht nach der Anwendung des Gelernten im betrieblichen Alltag entgegenstehen könnten,
  - die Veränderungsvorschläge, die auf die Beseitigung solcher Hindernisse zielen.

Allerdings gilt es, hier zu bemerken, dass nicht nur der Weiterbildungsteilnehmer allein für den Transfererfolg durch die Überwindung von potenziellen Hindernissen zuständig ist. Auch der direkte Vorgesetzte des Teilnehmers spielt eine zentrale Rolle beim Transfererfolg. Seine Aufgabe besteht darin, Umsetzungsziele gemeinsam mit dem Teilnehmer festzulegen und nach einem gewissen Zeitraum zu überprüfen. Es gibt verschiedene Möglichkeiten zur Absicherung des Praxistransfers:

- **Umsetzungsplan:** Hier werden die vermittelten Inhalte konkreten Schritten des Praxistransfers zugeordnet und dienen als Grundlage einer Umsetzungssteuerung.
- **Zuständigkeiten für die Transferkontrolle:** Weiterbildungsteilnehmer und Vorgesetzte vereinbaren, den Praxistransfer zu beobachten und eventuelle Änderungen vorzunehmen. Sie berichten in festgelegten Abständen – schriftlich oder mündlich – über den aktuellen Stand der Umsetzung.
- **Coaching:** Unter einem »Coach« versteht man an dieser Stelle einen Betreuer oder Unterstützer (s. auch Abschnitt 4.5.3). Coaching ist hier eine Gesprächsform, bei der sich ein Problemträger an eine geeignete Person wendet, um von dieser durch ein Gespräch eine Problemlösung zu erhalten. Beim Coaching ist eine aufgeschlossene, offene Gesprächsatmosphäre notwendig.
- **Organisieren von Veranstaltungen zur »Multiplikation«:** Die Weitervermittlung des Gelernten durch einen oder mehrere Lehrgangsteilnehmer hat nicht nur den unmittelbaren Effekt der Verallgemeinerung neuen Wissens, sonders ist darüber hinaus geeignet, dieses bei den Multiplikatoren in besonderer Weise zu festigen. Nach einer zwischengelagerten Praxisphase wird sich der Bezug auf den betrieblichen Alltag fast »von allein« einstellen – umso mehr, wenn die interne Folge-Veranstaltung explizit unter das Vorzeichen des Lernens für die Praxis gestellt wird. Lernausstellungen und Lernmessen sind erfolgreiche Methoden, um eine hohe Anzahl von Lernenden zu erreichen.
- **Nachbereitungsmaßnahmen:** Durch die Schaffung eines geeigneten organisatorischen Rahmens wird für den nötigen Informationsfluss gesorgt. Durch Veröffentlichungen in Zeitungen oder im einer interaktiven Anwendung (Intranet) kann der Transfer in die Praxis weiter unterstützt werden.
- **Selbstlernmaterialien:** Die Teilnehmer erhalten Lern-Angebote mit arbeitsnahen Aufgabenstellungen. Mögliche didaktische Formen können Leittexte, Handbücher, Fallstudien, Fachzeitschriften, CBT-Programme oder weitere Angebote im Bereich des E-Learning sein.
- **Hotlines:** Sie ermöglichen den Teilnehmern, zu vereinbarten Zeiten ihre Umsetzungsprobleme mit beteiligten externen Dozenten oder anderen Ansprechpartnern mitbeteiligter externer Bildungsträger zu klären.
- **Balanced-Score-Card (BSC):** Die BSC kann für Qualitätssicherungsmaßnahmen in der Personalentwicklung einen wertvollen Beitrag leisten. Vorteil der BSC ist, dass komplexe betriebliche Aufgaben und Prozesse vereinfacht werden, ohne die Gesamtvorgänge aus den Augen zu verlieren. Die nachfolgende Grafik verdeutlicht die Zusammenhänge der vier Perspektiven.
- **Dokumentation:** Bildungslebenslauf.

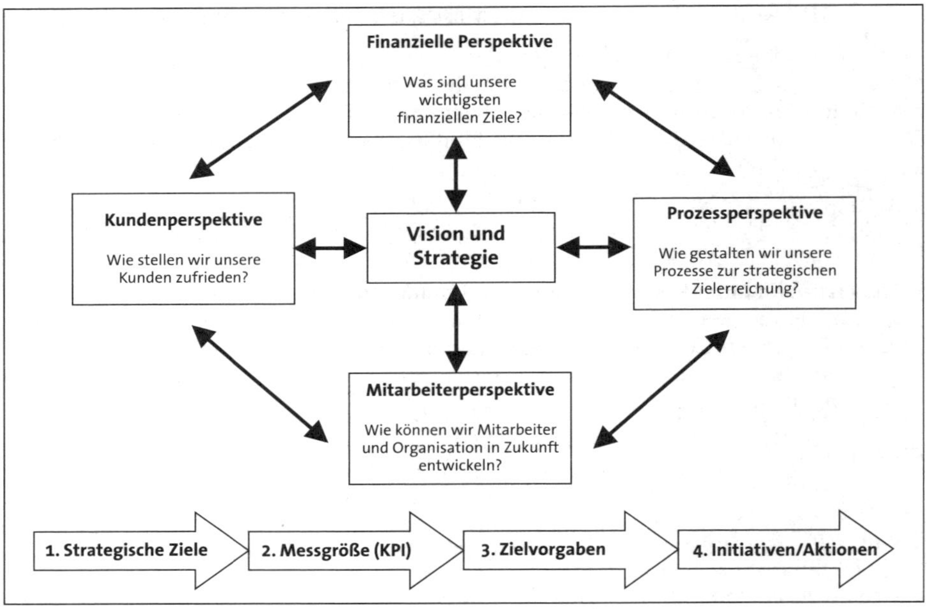

Abb. 3: Die vier Perspektiven der Balanced-Score-Card

4.4.5 Qualitätsmerkmale und Zertifizierung von Weiterbildungseinrichtungen und Dienstleitungen

Die von den Dachverbänden der Deutschen Wirtschaft gegründete Gesellschaft **CERTQUA** mit Sitz in Bonn hat sich auf die Zertifizierung von betrieblichen Aus- und Weiterbildungseinrichtungen und Dienstleistungsunternehmen spezialisiert. Grundlage der Zertifizierung ist die ISO 9000 mit all den im Abschnitt 4.4.2 beschriebenen Bereichen.

Mit der neuen **DIN Norm 33430** sollen Verfahren und Methoden der Personalauswahl professionalisiert werden. Die Ziele für diese Norm waren u. a.:

- Der Schutz von Bewerbern hinsichtlich des Umgangs und Einsatzes von Verfahren und Tests für die Bewerberauswahl,
- die Vermeidung von Fehlentscheidungen bei Karrieretests und
- die Förderung professionellen Handelns beim Einsatz von diagnostischen und psychologischen Methoden und Verfahren.

Die Regelungen in der Norm umfassen folgende Punkte:

- Diagnostische Verfahren und Methoden für die Personalauswahl und Karriereentscheidungen,
- Die Anforderungen an die beteiligten Personen,
- Die Prozesse und Vorgehensweisen,
- Positions- und Tätigkeitsbezogene Analysen und Profilerstellungen,
- Definitionen und Spezifikationen (Persönlichkeit, Wissen und Kompetenzen, Erfahrung und Qualifikation),
- Auswahlkriterien für Instrumente und mögliche Kombinationen der Instrumente,
- Qualitätskriterien der Instrumente (Objektivität, Reliabilität, Validität),

- Durchführungsregeln.

Neben der Zertifizierung und der Zuhilfenahme der DIN 33430 besteht weiterhin die Möglichkeit, die Testkriterien der **Stiftung Warentest** für die Qualitätssichernden Maßnahmen in der Personalentwicklung einzusetzen und auszubauen. Mit Unterstützung aus Bundesmitteln des BMBF und des Europäischen Sozialfonds sollen einheitliche Standards für Weiterbildungsanbieter geschaffen werden. Die Stiftung Warentest bietet hierzu unterschiedliche Dienstleistungen an. In einer ersten Phase sollen Anbieter aus folgenden Bereichen stichprobenartig untersucht werden:

- Bewerbungstrainings,
- arbeitsamtsgeförderte Langzeitkurse,
- Existenzgründerseminare,
- Kurse für Wirtschaftsenglisch,
- Kurse für Weiterbildungsdatenbanken.

Literatur:

Schwuchow K./Gutmann, J. (Hrsg.): Jahrbuch Personalentwicklung und Weiterbildung 2004, Neuwied, Kriftel, 2003

Wuppertaler Kreis E. V./CERTQUA: Qualitätsmanagement und Zertifizierung in der Weiterbildung, Nach dem internationalen Standard ISO 9000:2000, Grundlagen der Weiterbildung, Neuwied, Kriftel, 2002

4.5 Führungsmodelle und Führungsinstrumente anwenden, Führungskräfte beraten

4.5.1 Bedeutung der Führung und Ableitung von Führungsmodellen

Einer effektiven und effizienten Führung von Mitarbeitern kommt eine immer größer werdende Bedeutung für erfolgreiche Unternehmen zu. Daher müssen Modelle und Instrumente zeitgemäßer Führung immer wieder auf den Prüfstand gestellt und den Anforderungen angepasst werden. Im Mittelpunkt aller Bemühungen muss die **Qualifizierung und stetige Entwicklung bzw. Begleitung der Führungskräfte** stehen. Die fachliche Kompetenz wird zunehmend zur »Eintrittskarte« für Führungspositionen und damit selbstverständliche Grundvoraussetzung. Darüber hinaus wird der sozialen, kommunikativen Führungskompetenz mehr Bedeutung zugemessen. »Führung macht aus Vielem Eines: aus Mitarbeitern ein Team, aus Teilaufgaben eine Gesamtlösung, aus Einzelhandlungen eine Organisation«[1]. Sie wird damit zu einer eigenständigen Aufgabe (je höher die Führungsposition, desto mehr Zeit muss für klassische Führungsaufgaben verwendet werden).

Führung ist ein Handwerk, das man möglichst von Grund auf erlernen sollte. Seminare und Schulungen bieten dazu eine erste Hilfestellung. Wichtiger jedoch ist die kritisch-konstruktive Reflexion der Praxis. Mitarbeiter und Potenzialträger müssen gezielt auf Führungsaufgaben vorbereitet werden. Auch in der ersten Zeit der Übernahme einer Führungsaufgabe ist eine **kontinuierliche Praxisbegleitung** empfehlenswert. In Anbetracht der großen Verantwortung, die Führungskräfte innerhalb des Unternehmens übernehmen, sollte das Thema Führung und Zusammenarbeit ein zentraler Aspekt in jedem Unternehmen sein.

Führungskräfte sollen nicht Vor-Gesetzte sein, sondern Persönlichkeiten, die gestellte Anforderungen erfüllen. Dazu ist es nicht erforderlich, einem Idealbild einer Führungsperson nachzueifern. Vielmehr soll die einzelne Führungskraft in die Lage versetzt werden, wirksam zu führen anhand von Grundsätzen, Werkzeugen und Aufgaben.[2] Damit ist jedoch nicht gemeint, dass Führung etwas bloß Technisches ist, das jederzeitigen Erfolg garantiert.

Im wesentlichen können die Anforderungen an eine Führungskraft anhand einer Kompetenzpyramide verdeutlicht werden:[3]

1 Innerhofer, Ch./Innerhofer, P./Lang, 2002, S. 7.
2 Vgl. Malik, 2000.
3 Vgl. Kellner, 1999, S. 24–27.

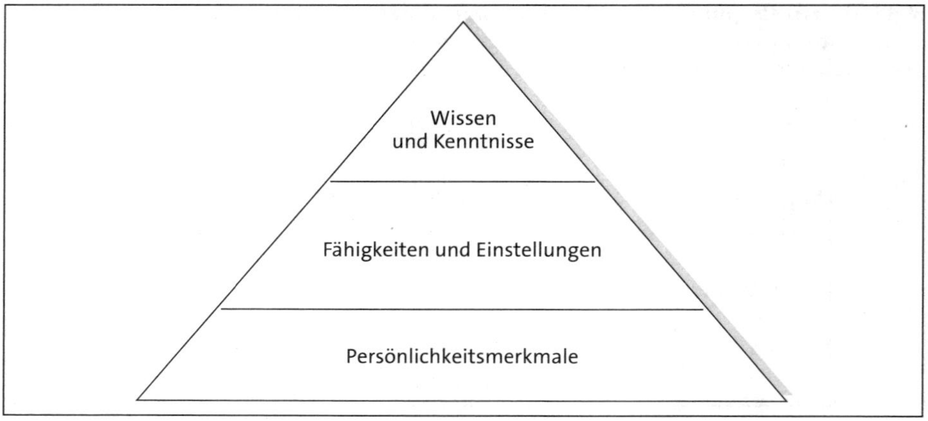

Abb. 1: Kompetenzpyramide

Nach diesem **Dreischichten-Modell** liegt die Basis des Führungsprofils und damit der Führungskompetenz im Bereich der Persönlichkeit. Hier kommen die angeborenen und in der frühen Kindheit erworbenen Persönlichkeitsmerkmale zum tragen (z. B. optimistische Grundhaltung, Kontaktfreude, Perfektionismus). Diese grundlegenden Merkmale sind nur schwer veränderbar und können nur bedingt durch Personalentwicklungsmaßnahmen kompensiert werden. Basierend auf diesen Merkmalen folgen Fähigkeiten und Einstellungen (logisches Denken, Kundenorientierung, Abneigung gegen Veränderungen). In der dritten Schicht finden sich schließlich Wissen und Kenntnisse. Diese sind über weite Strecken erweiterbar und veränderbar (z. B. Fachwissen, Branchenkenntnisse, Etikette).

Mit Blick auf die Wirksamkeit der Führung können nach Malik folgende drei Bereiche der Führung unterschieden werden.[4]

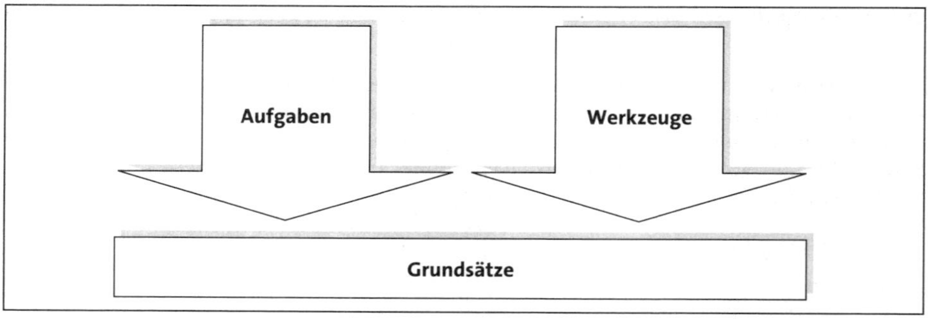

Abb. 2: Trias der Führung

Anhand dieser drei Aspekte beschreibt Malik, wann die Führung wirksam ist, d. h. welche Grundsätze beachtet werden müssen, welche Werkzeuge und Instrumente zum Einsatz kommen und welche Aufgaben einer Führungskraft obliegen.

4 Vgl. Malik, 2000.

Malik stellt folgende Grundsätze wirksamer Führung heraus:[5]

- Orientiere dich an Resultaten,
- Leiste einen Beitrag für das Ganze,
- Konzentriere dich auf Weniges,
- Nutze deine Stärken,
- Stifte Vertrauen und wecke selbst Vertrauen,
- Denke positiv.

In der Unternehmens- und Beratungspraxis wurden unterschiedliche Modelle der Führung entwickelt. In der Regel unterscheidet man drei – manchmal auch mehr – Arten von Management- bzw. Führungsmodellen:[6]

- Management-by-Delegation (MbD): **Führung durch Aufgabendelegation**. Dieses »klassische« Führungsmodell findet sich insbesondere in hierarchisch strukturierten Unternehmen. Die **Führungskraft delegiert Aufgaben an Mitarbeiter**. Es findet eine Delegation von der jeweils höheren Ebene zu den unteren Ebenen statt. Das wichtigste Führungsinstrument ist dabei die Arbeitsanweisung. Insbesondere in Unternehmen oder einzelnen Abteilungen in denen Routineaufgaben zu erledigen sind und dort, wo schnelle Entscheidungen getroffen werden müssen, ist dieses Modell anzutreffen.
- Management-by-Exception (MbE): **Führung nach dem Ausnahmeprinzip**. Bei diesem Führungsmodell erhalten die untergeordneten Ebenen einen **fest definierten Aufgaben- und Entscheidungsspielraum**. Die jeweils übergeordnete Ebene greift nur dann ein, wenn Abweichungen von den festgelegten Zielen auftreten, oder wenn in Sondersituationen Entscheidungen zu treffen sind, die den Verantwortungsbereich der untergeordneten Ebene überschreitet. Im Gegensatz zum Delegationsprinzip werden also komplexere Aufgabenbereiche an die Mitarbeiter bzw. an ganze Abteilungen übertragen, die diese weitgehend selbstverantwortlich gestalten. Die Mitarbeiter erhalten Vorgabewerte für ihr Aufgabengebiet, deren Einhaltung entsprechend kontrolliert wird. Bei Abweichungen von den Vorgaben greift die nächst höhere Ebene regulierend ein. Durch die Führung nach dem Ausnahmeprinzip werden Betriebsführung und Führungskräfte von Routineaufgaben weitgehend entlastet. Sie können sich verstärkt strategischen Aufgaben der Unternehmensführung widmen. Durch die Delegation von Verantwortung und Entscheidungsbefugnissen kann der Leistungswille der Mitarbeiter gestärkt werden. Dennoch unterliegen die Mitarbeiter einer Kontrolle der nächst höheren Ebene, die gegebenenfalls bei Zielabweichungen eingreift. Die Autonomie und Eigenverantwortung für den einzelnen Mitarbeiter ist bei diesem Führungsmodell zwar deutlich ausgeprägter als beim Delegationsprinzip. Andererseits ist sie noch nicht so deutlich wie bei der Führung durch Zielvereinbarungen.
- Management-by-Objectives (MbO): **Führung durch Zielvereinbarungen**. Das zur Zeit recht populäre Führungsmodell Management-by-Objectives sieht vor, dass aus den Zielen und der Strategie des Unternehmens **Zielvereinbarungen für Führungskräfte** und im weiteren Schritt für die jeweiligen Mitarbeiter entwickelt werden. Übergeordnete Unternehmensziele werden somit auf »bearbeitbare« Teilziele heruntergebrochen. Ein solches Teilziel könnte lauten: Steigerung der Absatzzahl von Produkt X um 5%; oder Entwicklung eines neuen Vertriebsweges innerhalb eines vorgegebenen Kosten- und Zeitrahmens. In einem jährlichen Zielvereinbarungsgespräch werden diese Ziele festgelegt, überprüft und erforderlichenfalls auch an Änderungen angepasst. Die Erreichung der Ziele liegt dann im Verantwortungsbereich des Mitarbeiters. Die jeweilige Führungskraft überprüft und kontrolliert die Zielerfüllung. Oftmals wer-

5 Vgl. Malik, 2000, S. 65–160.
6 Vgl. Gabele/Liebel/Oechsler, 1992, S. 168.

den Zielvereinbarungen auch an die Vergütung eines Mitarbeiters oder einer Führungskraft gekoppelt. In Form einer Prämie oder eines Bonus kann die Zielerreichung oder gar das Übertreffen der Ziele belohnt werden. Dieses Führungsmodell setzt sich in der Praxis verstärkt durch, erlaubt es doch dem Mitarbeiter eine weitgehend autonome, auf Eigenverantwortung basierende Gestaltung seines Arbeitsgebietes. Aufgabe der Führungskraft ist die Zielvorgabe und Kontrolle der Zielerreichung. Insbesondere durch die Zunahme wissensintensiver Arbeit (z. B. im Forschungs- oder Beratungsbereich) und komplexer werdender Aufgabengebiete gewinnt die Führung durch Zielvereinbarungen an Bedeutung. Gut ausgebildete Mitarbeiter setzen weitgehende Autonomie bei der Arbeitsgestaltung zunehmend voraus. An seine Grenzen stößt das Modell allerdings bei einfachen Tätigkeiten, z. B. dort, wo operative Routineaufgaben oder Aushilfstätigkeiten anfallen. Hier lassen sich unter Umständen keine sinnvollen Teilziele im Sinne der Unternehmensstrategie formulieren. Dort funktioniert in der Regel das Delegationsprinzip besser.

In der Unternehmenspraxis ist ein Trend zur **Führung mit Zielvereinbarungen** festzustellen. Insbesondere in Bereichen, die durch komplexe Tätigkeiten gekennzeichnet sind, oder dort wo die Zielerreichung gut messbar ist und die Eigenverantwortung der Mitarbeiter verstärkt gefordert ist (z. B. bei Außendienstmitarbeitern im Vertrieb), sind Zielvereinbarungen ein adäquates Führungsinstrument. In vielen kleineren Betrieben (z. B. Handwerksbetriebe, Einzelhandel etc.) herrscht allerdings weiterhin das **Delegationsprinzip** vor.

Einen Versuch der Integration der verschiedenen Führungsmodelle stellt das so genannte »**Harzburger Modell**« dar, benannt nach der Harzburger Akademie für Führungskräfte, das auch als »Führung im Mitarbeiterverhältnis« bekannt wurde. Kennzeichen dieses Modells sind[7]:

- Entscheidungen werden jeweils von den Mitarbeitern der Ebene getroffen, zu denen sie gehören,
- die Führungskräfte weisen Mitarbeitern feste Aufgabenbereiche zu und treten Verantwortung ab,
- die Aufgabengebiete und Über- und Unterstellungsverhältnisse werden mittels Stellenbeschreibungen abgegrenzt,
- für alle Führungskräfte werden verbindliche Führungsgrundsätze aufgestellt.

Schaut man sich diese Management- oder Führungsmodelle genauer an, wird deutlich, wie stark sie von der Organisationsstruktur und der Unternehmenskultur abhängen. Es gibt somit einen »Dreiklang« zwischen der Führung, der Organisation und der Kultur eines Unternehmens.

4.5.1.1 Ziele, Aufgaben und Rollen einer Führungskraft

Eine Führungskraft nimmt täglich zahlreiche Aufgaben wahr, die von der Führungsarbeit bis hin zu klassischen Mitarbeiteraufgaben im operativen Tagesgeschäft reichen. Bei näherer Betrachtung können die vielfältigen Aufgaben einer Führungskraft jedoch auf folgende Grundfunktionen fokussiert werden:[8]

7 Vgl. Wöhe, 2002, S. 136
8 Vgl. Malik, 2000, S. 174–263.

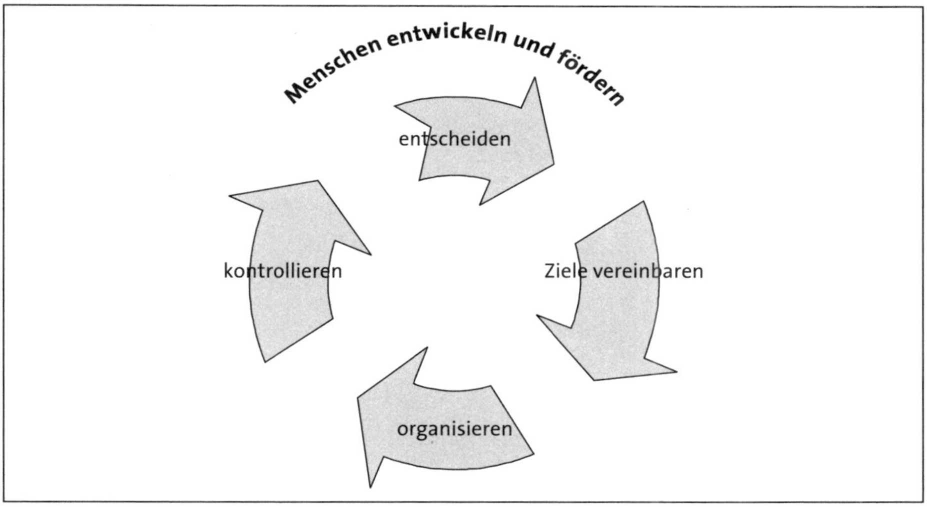

Abb. 3: Kernaufgaben einer Führungskraft

Zu den zentralen Aufgaben einer Führungskraft gehört die **Vereinbarung von Zielen** (s. auch Abschnitt 4.5.2.2). Erst anhand konkret vereinbarter und terminierter Ziele kann die Umsetzung zielgerichtet erfolgen. Aufgaben können entsprechend definiert, zu Arbeitspaketen zusammengefasst und gegebenenfalls delegiert werden. Leistung und Verhalten der Mitarbeiter können dann vor dem Hintergrund vereinbarter Ziele und Verhaltensweisen überprüft, beurteilt bzw. kontrolliert werden.

Die **Kontrolle** ist eine wichtige Aufgabe der Führungskraft, um erforderlichenfalls eingreifen und nachsteuern zu können.

Eine Kontrolle kann auf unterschiedliche Weise stattfinden und muss nicht zwangsläufig zur Dauerbeobachtung der Mitarbeiter führen. Vielmehr soll die Führungskraft aufmerksam die Prozesse und unausgesprochenen Zwischentöne erkennen und über den Stand der Arbeit informiert sein.

Schließlich ist die **Entscheidungsfindung** für Führungskräfte eine wichtige Aufgabe. Täglich sind Entscheidungen zu treffen, die operativen und strategischen Charakter haben. Insbesondere strategische Entscheidungen können nicht delegiert werden. Hier sind die Führungskräfte selbst gefragt. Ziel einer effektiven Führung sollte es sein, die Mitarbeiter zu eigenständigen Entscheidungen im operativen Bereich zu ermutigen. Dies ist ein Zeichen vertrauensvoller Zusammenarbeit, bei der die Mitarbeiter nicht entmündigt werden.

Die vorgestellten Aufgaben einer Führungskraft bilden eine Art **Managementkreislauf**. Darüber hinaus kommt der Förderung der Mitarbeiter eine zentrale Bedeutung zu. Führungskräfte sind somit die ersten Personalentwickler. Sie sind dafür verantwortlich, dass die Mitarbeiter an herausfordernden Aufgaben wachsen können. Dafür müssen die erforderlichen Ressourcen zu Verfügung gestellt werden. Nach dem Prinzip »Fördern durch Fordern« sollen die Potenziale der Mitarbeiter zum Tragen kommen, denn weder Über- noch Unterforderung der Mitarbeiter sind erstrebenswert.

Über die Kernaufgaben einer Führungskraft hinaus können folgende Detailaufgaben unterschieden werden, die vor allem einen strategischen Aspekt beinhalten:

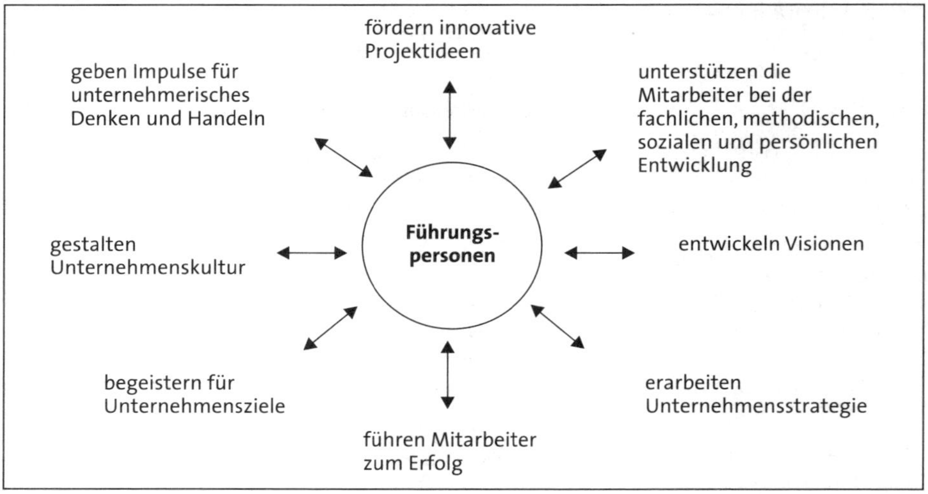

Abb. 4: Detailaufgaben einer Führungskraft

Die **Rollen einer Führungskraft** unterscheiden sich je nach Führungssituation und Führungsstil. Unterschiedliche Führungskräfte nehmen auch – gemäß ihrer jeweiligen Persönlichkeitsstruktur – verschiedene Rollen wahr. Im einzelnen können folgende Rollen unterschieden werden:

- Manager,
- Organisator,
- Koordinator,
- Gestalter für Zusammenarbeit,
- Potenzial bzw. Persönlichkeitsentwickler,
- Ideengeber,
- Motivator,
- Entscheider und Verantwortungsträger,
- Prozessbegleiter.

In der Literatur wird bisweilen zwischen **Manager und Führungskraft unterschieden**. Die zugeordneten Tätigkeiten werden als Management bzw. Leadership bezeichnet.[9] Der wesentliche Unterschied kann wie folgt beschrieben werden:

Eine Führungskraft:

- sorgt für Innovationen,
- ist schöpferisch,
- stellt den Status quo in Frage,
- konzentriert sich auf Menschen,
- weckt Vertrauen,
- fragt was und warum.

Der Manager hingegen:

- bewahrt und verwaltet,
- ahmt nach,

9 Vgl. Bennis, 1985, S. 101–106.

- akzeptiert den Status quo,
- konzentriert sich auf Systeme und Strukturen,
- verlässt sich auf Kontrolle,
- fragt wie und wann.

Diese Unterscheidung ist sicherlich sehr plakativ und kann nicht ohne weiteres übernommen werden. Vielmehr bringt die Unterscheidung zum Ausdruck, dass die Qualität einer Führungskraft sich nicht im Management erschöpft. Eine gute Führungskraft beherrscht den oben dargestellten **Managementkreislauf** und wendet die entsprechenden Werkzeuge an. Darüber hinaus ist die Führungskraft durch **Leadership-Merkmale** gekennzeichnet, die sie zur Führungspersönlichkeit machen. Dazu zählen Glaubwürdigkeit, die Fähigkeit menschliche Kontakte herzustellen, eine natürliche Autorität zu haben und seine eigenen Stärken und Schwächen zu erkennen.[10]

Insgesamt kann folgendes festgehalten werden: Jede Führungskraft ist immer auch ein Manager. Aber nicht jeder Manager ist auch eine Führungskraft.

4.5.1.2 Führungsstile

Der Führungsstil in der **alltäglichen Unternehmenspraxis** ist sehr individuell und hängt von unterschiedlichen Faktoren und Rahmenbedingungen ab. In der Regel hat jede Führungskraft ihren eigenen Stil. Dieser Stil wird in erster Linie durch die Persönlichkeit, die Vorerfahrungen, die Unternehmenskultur und nicht zuletzt auch durch die Mitarbeiter geprägt. Beobachtungen in der Praxis haben gezeigt, dass oft der persönliche Führungsstil durch denjenigen geprägt wird, den man im Berufsleben als erstes als Führungskraft bewusst erlebt hat. Offenbar ist hier das Beobachtungslernen stark ausgeprägt Dies gilt insbesondere für positive Eigenschaften.

Trotz aller Individualität kann man folgende idealtypische Führungsstile voneinander unterscheiden:

- **Autoritärer Führungsstil:** Die Mitarbeiter werden nicht in Entscheidungsprozesse einbezogen, die Führungskraft versteht sich als Vorgesetzter und entscheidet selbstständig ohne die Entscheidung zu begründen. Die Zusammenarbeit basiert auf den Anweisungen des Vorgesetzten. Zum Teil ist dieser Führungsstil mit einer patriarchalischen Komponente versehen (v. a. bei inhabergeführten Unternehmen und Familienunternehmen). Die Führungskraft fühlt sich hier für die Mitarbeiter in einer »väterlichen« Weise verantwortlich. Damit geht oft eine schützende und bewahrende Haltung der Führungskraft einher. Ein autoritärer Führungsstil bedingt in der Regel eine **strenge hierarchische Gliederung** der Organisation. Die Führungskraft ist gleichsam »Befehlshaber«, die Mitarbeiter sind »Befehlsempfänger« und Ausführungsorgane. Autorität und Macht spielen eine große Rolle. Delegation findet in Form konkreter Anweisungen statt wobei Ziel und Weg genau definiert werden. Es werden nur Ausführungsaufgaben, jedoch keine Planungs- und Entscheidungsaufgaben delegiert. Die Mitarbeiter erhalten lediglich die notwendigsten Informationen. Die Kontrolle durch die Führungskraft ist stark ausgeprägt und es überwiegen Kritik und Tadel, statt Lob und Anerkennung.
- **Demokratisch-partizipativer Führungsstil:** Die Entscheidungen werden **zusammen mit den Mitarbeitern getroffen**. Im Vordergrund steht der Konsens. Die Führungskraft versucht, möglichst allen gerecht zu werden. Das Ziel wird definiert, der Weg bleibt aber der Entscheidung des Mitarbeiters vorbehalten. Auch Planungs- und Ent-

10 Vgl. Wildenmann, 2002, S. 42 ff.

scheidungsaufgaben werden delegiert. Es wird umfassend, z. B. in regelmäßigen Besprechungen, informiert. Die Mitarbeiter können ihre **Ideen, Fragen und Verbesserungsvorschläge einbringen**. Lob und Anerkennung haben einen hohen Stellenwert. Die Harmonie innerhalb der Abteilung bzw. eines Teams spielt eine große Rolle.

- **Laisser-faire-Stil:** Es gibt kaum einheitliche Entscheidungen. Die Mitarbeiter entscheiden frei nach eigenem Ermessen, ohne klare Vorgaben und Abstimmungen. Führung wird als unnötig erachtet, weil man davon ausgeht, dass erwachsene Menschen zur Selbstführung fähig sind. Zielvorgaben sind vage und unpräzise. Willkürlicher Aktionismus prägt die Art der Arbeit. Anregungen, Fragen und Ideen der Mitarbeiter werden nicht kanalisiert. Die Arbeit ist unstrukturiert, die Reibungsverluste sind hoch.

Die beschriebenen Führungsstile zeigen bereits, dass es sich in keinem der Fälle um einen in jeglicher Situation angemessenen Stil handelt. Ferner kommen diese Stile in der Praxis nur selten in Reinform vor. Vielmehr ist der Stil einer Führungskraft tendenziell eher autoriär, demokratisch oder laisser-faire. Dies hängt zudem stark von der Persönlichkeitsstruktur ab.

In der Praxis hat sich daher ein Führungsstil entwickelt, der nach Situation und Person unterschiedlich verfährt und als »situative Führung« bezeichnet wird.

- **Situativer Führungsstil:** Die Führungskraft bezieht die Mitarbeiter immer dann in Entscheidungsprozesse ein, wenn dies möglich und sinnvoll ist. **Strategische und personelle Entscheidungen** trifft die Führungskraft möglichst eigenständig. Die Führungskraft entscheidet aus der Situation heraus, welcher Stil angemessen und zielführend ist. Sie erkennt, dass in bestimmten Führungssituationen **klare Anweisungen und Vorgaben erforderlich** sind. Dieser Stil kann durchaus auch mit Blick auf verschiedene Personen sinnvoll sein. In anderen Situationen ist hingegen eine stärkere Abstimmung mit den Mitarbeitern erforderlich. Die situative Führung verlangt von der Führungskraft eine hohe soziale und kommunikative Kompetenz, gepaart mit einer hohen Sensibilität für die angemessene und situationsgerechte Verhaltensweise. Dies setzt eine gewisse Erfahrung in Führungssituationen voraus und ist ein lebenslanger Lernprozess. Immer wieder neu muss die Führungskraft entscheiden, was ein situativ angemessener Führungsstil ist, der zugleich der eigenen Führungspersönlichkeit gerecht wird.

Wissenschaftliche Untersuchungen zu den Führungsstilen waren in der Vergangenheit oft mit Vorstellungen einer »geborenen« **Führungspersönlichkeit** mit bestimmten **Führungseigenschaften** verbunden. Das Charisma einer Führungskraft wurde damit zum bedeutenden Faktor eines Führungsstils erhoben. Der situative Führungsstil macht demgegenüber auf bestimmte Kontextfaktoren (Unternehmenskultur, Mitarbeiterstruktur, Entscheidungssituation, Organisationsstruktur etc.), welche den Führungsstil in der ein oder anderen Weise beeinflussen, aufmerksam. So kann ein autoritärer Führungsstil bei eigenverantwortlich und autonom arbeitenden, gut ausgebildeten Fachkräften deplaziert wirken, ebenso wie ein demokratischer Führungsstil in Gefahrensituationen (man denke an den militärischen Bereich oder an Feuerwehren) wenig zielführend ist. Wichtig ist, dass die jeweilige Führungskraft ein Gespür dafür entwickelt, welcher Führungsstil wann eingesetzt werden sollte.

In jüngster Zeit werden insbesondere Führungsstile diskutiert, die darauf abzielen, Mitarbeiter in die Lage zu versetzen, ihre Aufgaben optimal erfüllen zu können. Die Führungskraft soll somit zum **Coach** oder gar zum **Mentor** für ihre Mitarbeiter werden.

4.5.1.3 Zusammenhang zwischen Organisation und Führung

Jede Organisation hat ihre eigene Führungskultur. Diese zeigt sich in den gemeinsamen Wertvorstellungen und Normen, im täglichen Umgang zwischen Führungskräften und Mitarbeitern, sowie der »Kommunikationskultur«. Die **strategieorientierte Personal- und Organisationsentwicklung** steuert bewusst die Entwicklung dieser Kultur, indem Sie gemeinsam mit den Führungskräften Leitlinien und Grundsätze für Führung und Zusammenarbeit erarbeitet. Wichtig ist jedoch, dass die Leitlinien im täglichen Führungsalltag auch gelebt werden. Leitlinien sollten die Rahmenbedingungen verlässlich abstecken und ein **Commitment** erzielen. Sie sollten nicht als »Führungsvorschriften« missverstanden werden. Bei der Umsetzung sind vor allem die Führungskräfte der ersten Führungsebenen (Geschäftsführung) als Vorbilder und Leitbilder gefordert. Die Etablierung einer Führungs- und weitergehend einer Unternehmenskultur muss als **Top-down-Prozess** erfolgen. Es wurde oben bereits auf den Zusammenhang von Führungsmodellen, Unternehmenskultur und Organisationsstruktur hingewiesen. Die Organisationsstruktur ist Ergebnis der Arbeitsteilung im Unternehmen. Man kann folgende Organisationsmodelle unterscheiden[11]:

- **Funktionale Organisation:** Sie kann als »klassisches« Organisationsmodell bezeichnet werden. Das Unternehmen gliedert sich demnach in verschiedene Funktionsbereiche, z. B. Einkauf, Produktion, Vertrieb, Personal etc. Der Vorteil dieser Organisationsform liegt in klaren Verantwortungs- und Kompetenzbereichen. Allerdings treten hier verstärkt Schnittstellenprobleme bei der abteilungsübergreifenden Zusammenarbeit auf. Ebenso ist die Gefahr einer Überlastung der Geschäftsführung mit Themen des operativen Tagesgeschäftes groß. »Bei wachsender Unternehmensgröße behindert sie zunehmend die strategische Führung. In dynamischer Umwelt fehlen ihr die notwendige Anpassungsfähigkeit an qualitative Umweltveränderungen und die nötige Innovationskraft«.[12]
- **Divisionale Organisation:** Hier erfolgt die Gliederung nach Sparten, z. B. Produktgruppen (Beispiel: Automobilhersteller mit den Sparten PKW und LKW). Die Sparten haben weitgehende autonome Entscheidungsbefugnisse und gliedern sich ihrerseits wieder in Abteilungen. Eine Sparte kann sich bei eigener Ergebnisverantwortung zu einem so genannten Profit-Center entwickeln. Wenn sich aus Sparten rechtlich selbstständige Einheiten bilden, spricht man auch von einer Holding. Die Sparten werden zu Holding-Gesellschaften, während die eigentliche Holding selbst nicht am Markt auftritt.
- **Matrixorganisation:** Eine Matrixorganisation ist insbesondere in Unternehmen anzutreffen, in denen verstärkt projektbezogen gearbeitet wird. Eine »klassische« funktionale Gliederung würde der Projektarbeit eher hinderlich sein. Deshalb werden in einer Matrixorganisation zwei Gliederungsdimensionen verfolgt. Einerseits eine funktionale nach Abteilungen, andererseits eine projektbezogene. Ein Mitarbeiter oder eine Arbeitsgruppe ist somit beispielsweise der Entwicklungsabteilung zugeordnet, gleichzeitig aber auch einem bestimmten Projekt. Durch die Mehrfachunterstellung (Abteilung und Projekt) können allerdings Konflikte bei der Kompetenzabgrenzung entstehen (z. B. in Zeiten hoher Arbeitsbelastung: Was hat Priorität, die Projektarbeit oder die Anweisung des Linienvorgesetzten?).

Die drei beschriebenen Organisationsmodelle können als »klassisch« bezeichnet werden. In Zeiten schneller werdender Innovationszyklen und einer steigenden Marktdynamik können solche Organisationsmodelle nicht immer die Flexibilität und Schnel-

---

11 Vgl. Bea/Haas, 2001, S. 357 ff.

12 Bea/Haas, 2001, S. 384 f.

ligkeit aufbringen, die eine schnelle Reaktion auf Marktgegebenheiten erfordern würde. Aus diesem Grund wurden in den vergangenen Jahren neue Organisationsmodelle erprobt, die diese Flexibilität garantieren sollen. So wurden beispielsweise **Modelle einer Prozessorganisation** etabliert, bei der sich die Organisation an der Wertschöpfungskette des Unternehmens orientiert. »Die Grundidee der Prozessorganisation besteht darin, dass Prozesse Gegenstand der Strukturierung von Unternehmen sind. Es werden somit organisatorische Einheiten mit Prozessverantwortung geschaffen. Die Aufbauorganisation wird dadurch an der Ablauforganisation ausgerichtet und nicht umgekehrt.«[13]

Zwei weitere Trends, die in jüngerer Zeit diskutiert werden, sind die **virtuelle Organisation und die lernende Organisation**. Mit einer virtuellen Organisation ist die Vorstellung einer zunehmenden Auflösung von Organisationsgrenzen verbunden. Vielfältige Kooperationen und Projektarbeiten zwischen Abteilungen, ja sogar zwischen Unternehmen führen zu nicht mehr eindeutig abgrenzbaren Einheiten. Die lernende Organisation soll möglichst flexibel auf Anforderungen der Marktteilnehmer reagieren können. Sie soll ihre Strukturen jeweils den Erfordernissen anpassen und in einem stetigen Lernprozess ihr Arbeitsergebnis kontinuierlich verbessern. Der Begriff der »lernenden Organisation« ist in sich jedoch auch widersprüchlich. Der Vorteil von Organisation ist ja gerade die Routinisierung von Arbeiten. Dennoch ist die Anpassungsfähigkeit und Lernbereitschaft von Mitarbeitern wie von Unternehmen eine immer wichtiger werdende Eigenschaft, um dem Wandel der Arbeitswelt und der Märkte begegnen zu können.

Alle neueren Organisationsformen stellen erhöhte Anforderungen an die Mitarbeiter eines Unternehmens, die mit dem **Wechsel von Kompetenz- und Aufgabenbereichen** rechnen müssen. Auch für Führungskräfte wandeln sich die Karrierewege. Das klassische Karrieremodell ist stark an der funktionalen Organisation orientiert. In den neueren Modellen mit flacheren Hierarchien gestalten sich Karrierewege nicht mehr von »unten nach oben«, sondern verstärkt auch »seitwärts«.

Wie bereits erwähnt, bilden Führung, Organisation und Unternehmenskultur eine Einheit. Einige, insbesondere größere Unternehmen haben Unternehmensleitlinien, so genannte »**Mission-Statements**« erarbeitet, die die Ziele, Grundsätze und Werte des Unternehmens darlegen sollen. In diesem Zuge werden meist auch Leitlinien für die Führungskultur und Zusammenarbeit im Unternehmen ausgearbeitet.

4.5.1.4 Leitlinien für Führung und Zusammenarbeit

Führung und Zusammenarbeit sind zwei Seiten derselben Medaille. Wettbewerbsfähige Unternehmen haben erkannt, dass ihr Erfolg nicht zuletzt von der Qualität der Zusammenarbeit und der Führung abhängig ist. Von daher werden häufig Leitlinien als eine Art **Orientierung und Richtschnur** formuliert, die Auskunft darüber geben, welches Verständnis im Unternehmen bezüglich der Führung und Zusammenarbeit vorherrscht. Leitlinien für eine Führungskultur haben in der Regel folgende Grundstruktur:

13 Bea/Haas, 2001, S. 403.

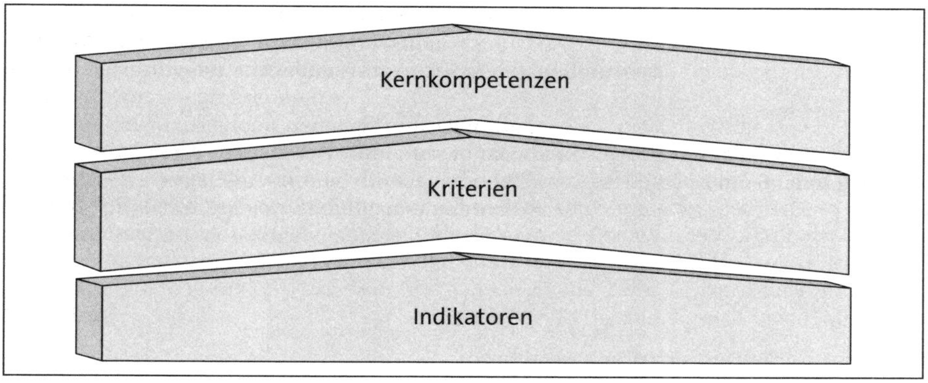

Abb. 5: Grundstruktur für Leitlinien

Zunächst werden übergeordnete **Kernkompetenzen** definiert, die einen allgemeinen Charakter haben. Beispiele für Kernkompetenzen sind Unternehmertum, Kommunikation, Verantwortung, Vertrauen.

Im nächsten Schritt gilt es, diese Kernkompetenzen in Form von Kriterien zu erläutern. Kriterien für die oben genannten Kernkompetenzen sind z. B. unternehmerisches Denken und Handeln, Weitergabe von Wissen, Strategieorientierung, Glaubwürdigkeit.

Darüber hinaus werden die Kriterien auf operationalisierbare Aussagen in Form von Indikatoren heruntergebrochen. Indikatoren zeigen konkret an, welches Verhalten und welche Leistung erreicht werden sollen. Anhand der operationalisierten Aussagen wird deutlich, was genau von einer Führungskraft erwartet wird. Auf diese Weise wird sichergestellt, dass die Beurteilung der Führungskraft möglich wird.

In der Praxis hat es sich bewährt, die Kernkompetenzen, Kriterien und Indikatoren auf das Unternehmen spezifisch abzustimmen. Dazu sollten möglichst Projektgruppen gebildet werden, die sich aus Vertretern unterschiedlicher Ebenen zusammensetzen: Führungskräfte der 2. und 3. Führungsebene (Bereichsleiter und Abteilungsleiter), Vertreter des Betriebsrates sowie Vertreter der Mitarbeiter. Auf diese Weise wird ein hohes **Commitment** erreicht.

Nach der Formulierung der Führungsleitlinien sollten diese auch aktiv umgesetzt werden. Die Umsetzung nimmt meist mehrere Jahre in Anspruch und muss durch die Verantwortlichen in **Personal- bzw. Organisationsentwicklung** nachhaltig begleitet werden. Leitlinien dienen schließlich auch als Maßstab für die Entwicklung und Förderung von Mitarbeitern. Sie zeigen das Ziel auf und markieren wichtige Meilensteine auf dem Weg zum Ziel.

Als Praxisbeispiel seien im Folgenden die Führungsleitlinien der Firma Henkel KG zitiert:

»Führungsleitlinien der Firma Henkel KG[14]

1. Vertrauensvoll miteinander umgehen:

Vertrauen ist eine unerlässliche Voraussetzung für erfolgreiche und persönlich befriedigende Zusammenarbeit. Nur wer positiv über den anderen denkt und ihm die Lösung der

14 Vgl. www.henkel.de.

Aufgabe auch zutraut, weckt in ihm den Willen zur Leistung und zur Verantwortung. Vertrauen setzt voraus, dass alle Mitarbeiter die für das Unternehmen verbindlichen Verhaltensregeln beachten und im Sinne des Gesamtunternehmens handeln.

2. Entscheidungen dort treffen, wo die beste Kompetenz vorhanden ist:

Jeder Mitarbeiter muss wissen, welche Aufgaben und welche Verantwortlichkeiten er hat und was er entscheiden kann. Entscheidungen sollen dort getroffen werden, wo die entsprechende Sachkompetenz und der notwendige Überblick vorliegen. Der für eine Entscheidung Verantwortliche muss den bei Henkel weltweit verfügbaren und, sofern notwendig, auch externen Sachverstand nutzen. Er darf seine Entscheidungen nicht unzulässig verzögern. Damit stellt Henkel sicher, dass Entscheidungen zügig und mit höchstmöglicher Kompetenz gefällt werden.

3. Ergebnisorientiert arbeiten und führen:

Vorgesetzte und Mitarbeiter entwickeln gemeinsam Ziele, die eine Herausforderung darstellen. Der Einzelne soll eine persönliche Vorstellung davon entwickeln, wie die Ziele am besten zu erreichen sind. Sofern es von der Sache her notwendig ist, wird die Umsetzung abgestimmt. Eine angemessene Kontrolle erstreckt sich auf die Erreichung der Ziele insgesamt, auf wichtige Zwischenergebnisse auf dem Weg dorthin und auf die Einhaltung der relevanten Regeln. Kontrolle soll Hilfestellung zur effizienten Zielerreichung sein. Was der Einzelne und das Team tatsächlich geleistet haben und was dieser Beitrag für Henkel bedeutet, wird im Gespräch zwischen dem Vorgesetzten und dem Mitarbeiter regelmäßig bewertet.

4. Die Leistungen des anderen sorgfältig beurteilen:

Die Leistungen eines Mitarbeiters, auch seine Führungsleistung, müssen sorgfältig im Dialog beurteilt werden. Nur so lässt sich erkennen, was seiner weiteren Entwicklung förderlich ist. Auch kritische Mitarbeitergespräche werden so geführt, dass der Mitarbeiter sich respektiert fühlt. Er soll nicht nur erfahren, wo seine Stärken liegen, sondern hat auch ein Recht, Hinweise auf seine Schwächen zu erhalten. Gute Leistungen werden durch Lob und Anerkennung gewürdigt. Der Vorgesetzte soll aufgeschlossen dafür sein, sich seinerseits von seinen Mitarbeitern beurteilen zu lassen.

5. Offen miteinander reden:

Wer erfolgreich mit anderen zusammenarbeiten will, spricht mit ihnen offen, direkt und sachbezogen. Er überwindet durch eine offene Sprache die mögliche Distanz zu Mitarbeitern, Vorgesetzten und zu Kollegen der verschiedenen Fachbereiche. Notwendige Aussprachen vertragen keinen Aufschub.

6. Dem anderen Informationen aktiv geben und nicht vorenthalten:

Zur richtigen Wahrnehmung seiner Aufgaben ist jeder auf Informationen durch den anderen angewiesen. Deshalb ist es unverzichtbar, die richtigen Informationen in angemessenem Umfang schnell weiterzugeben und auszutauschen. Wer diesen Austausch aktiv und ständig betreibt, gewinnt dabei nicht nur persönliche Erfahrung, er verbessert zugleich die Effizienz des Unternehmens.

7. Bei einem Konflikt Gefühle nicht unter Argumenten begraben:

Wo Individuen zusammenarbeiten, entstehen auch Konflikte. Ursachen sind häufig unterschiedliche Interessen, oft auch Emotionen, Meinungen oder Vorurteile. Die Ursachen von Konflikten müssen deutlich angesprochen werden. Wenn den Beteiligten die Ursachen ihres Konfliktes bewusst werden, findet sich leichter ein gemeinsamer Weg zu einer sachlichen Lösung.

Dr. Frank Zils und Dr. Frank Frieß

8. Die Unterschiede der Meinungen, Argumente und Kulturen nutzen:

Die Vielfalt im Denken, Fühlen und Wahrnehmen aller Mitarbeiter unseres internationalen Unternehmens bietet eine wertvolle Chance, Einseitigkeit und Vereinfachung zu vermeiden. Unterschiedliche Sichtweisen, die sich z. B. aus verschiedenen Kulturen, aus unterschiedlichen fachlichen oder persönlichen Standpunkten ergeben, werden deshalb für Lösungsansätze und die Entscheidungsfindung genutzt.

9. Sich für neue Ideen einsetzen:

Neue Ideen und verbesserte Problemlösungen sowie die Schnelligkeit, mit der sie verwirklicht werden, sind Voraussetzungen für den Erfolg im Wettbewerb. Deshalb sind von jedem die Bereitschaft und der Mut gefordert, sich für neue Ideen und geänderte Abläufe bei Henkel einzusetzen und Hindernisse wegzuräumen. Dabei auftretende Fehler müssen offen angesprochen werden mit dem Ziel, dass alle Beteiligten daraus lernen können.

10. Eignung bestimmt die Übertragung von Aufgaben:

Um im Wettbewerb erfolgreich zu sein, muss Henkel für die jeweilige Aufgabe die Mitarbeiter mit den besten Fähigkeiten und der entsprechenden Eignung einsetzen. Sie allein sind bestimmend für die Übertragung von Aufgaben und Positionen und sichern zugleich Chancengleichheit.

11. Sich partnerschaftlich aufeinander einstellen:

Erfolgreiches Zusammenwirken in der Henkel-Gruppe beruht auf der Fähigkeit, miteinander partnerschaftlich umzugehen und in Teams zu arbeiten. Wir wollen in unseren internen Arbeitsbeziehungen jeden wie einen Kunden behandeln. Wir erbringen die Leistung in der erwarteten Qualität sowie einen optimalen Service. Bei Unzufriedenheit wird umgehend nach der Ursache gesucht und diese nachhaltig beseitigt.

12. Sich zur Führung verpflichtet fühlen:

Alle tragen gleichermaßen Verantwortung für Klima, Zusammenarbeit und Führung im Unternehmen. Dabei fällt Führungskräften eine besondere Verantwortung bei der Vermittlung von Visionen und Werten sowie bei der Steuerung des Zielvereinbarungs- und des Führungsprozesses zu. Die Mitarbeiter haben einen Anspruch darauf, von ihren Führungskräften angeleitet und unterstützt zu werden. Führen heißt Vorbild sein«

4.5.2 Führungsinstrumente

Die Instrumente zeitgemäßer Führung sollten jeder Führungskraft bekannt sein und in der Praxis erfolgreich und konsequent eingesetzt werden. Diese Instrumente müssen ähnlich wie Handwerkzeuge beherrscht werden. Zu den zentralen Führungsinstrumenten zählen:

- Mitarbeitergespräche,
- Zielvereinbarungen,
- Teambesprechungen.

4.5.2.1 Mitarbeitergespräch

Das Mitarbeitergespräch kann in unterschiedlichen Formen geführt werden. Zu unterscheiden ist das **situative Gespräch** (Auftragserteilung, Delegation, Lob, Kritik u. a.) und das **turnusgemäße** Gespräch z. B. in Form eines Jahresgesprächs. In beiden Fällen ist die mitarbeiterorientierte Kommunikation mit den Grundhaltungen des Einfühlungsvermögens und des aktiven Zuhörens von zentraler Bedeutung. In der Regel wird in den einzelnen Unternehmen ein eigenes Formular für das Mitarbeitergespräch verwendet. Ziel des Mitarbeitergesprächs ist es, eine **Standortbestimmung vorzunehmen**. Neben der Einschätzung des Verhaltens und der Leistung des Mitarbeiters sollen auch Aussagen zur Zusammenarbeit im Team bzw. zur Zusammenarbeit zwischen Führungskraft und Mitarbeiter getroffen werden. Dabei werden häufig verschiedene Bewertungen bzw. Beobachtungsaspekte unterschieden: die fachliche, persönliche, methodische und kommunikative Kompetenz des Mitarbeiters. Der Mitarbeiter sollte im Jahresgespräch auch die Möglichkeit erhalten, der Führungskraft ein Feedback bezüglich der Führung zu geben. Ein wichtiger Bestandteil des Mitarbeitergesprächs ist die Ableitung und Vereinbarung von konkreten Qualifizierungsmaßnahmen, die dem Mitarbeiter bei der Zielerreichung helfen sollen. Die Auswertung der Mitarbeitergespräche ist dann für den Personalentwickler eine wichtige Planungsgrundlage für die Personalentwicklung. Die Unterlagen sollten nach Möglichkeit in der Personalabteilung gesichtet, ausgewertet und dann der Personalakte beigefügt werden.

Häufig wird im Rahmen des Jahresgesprächs auch eine Zielvereinbarung für das kommende Jahr getroffen.

Beispiel für einen Mitarbeitergesprächsbogen (Auszug):

Name, Vorname **Geburtsdatum**

Abteilung **tätig als** **seit**

Name, Vorname der Führungskraft

---

außerdem anwesend **Datum des letzten Fördergesprächs**

Aufgabenbeschreibung des Mitarbeiters in Stichworten

Anlass des Fördergesprächs

☐ jährlich ☐ sonstiger Anlass

Zielerreichung seit dem letzten Fördergespräch (falls Ziele vereinbart)

Vereinbarte Ziele	**Wurde erfüllt**	**Wurde teilweise erfüllt**	**Wurde nicht erfüllt***
➢			
➢			
➢			

*Ggf. Gründe für die Nichterfüllung der Ziele:______________________

Selbsteinschätzung des Mitarbeiters

Was gefällt Ihnen bei Ihrer derzeitigen Arbeit besonders gut?

Was gefällt Ihnen nicht? Was sollte aus Ihrer Sicht verbessert werden?

Welche besonderen persönlichen Stärken und Potenziale sehen Sie?

Wie sehen Sie Ihre berufliche Entwicklung?

Qualifizierung und Zielvereinbarung

Inwiefern besteht Entwicklungsbedarf?

____

____

____

Sollen Qualifizierungsmaßnahmen für das kommende Jahr geplant werden? (Zielvereinbarung)

z. B.
- ☐ Fachseminar: ______________
- ☐ Führungsseminar: ______________
- ☐ EDV-Seminar: ______________
- ☐ Projektmanagement-Seminar: ______________
- ☐ sonstige: ______________
- ☐ keine Maßnahme erforderlich

Ggf. weitere Zielvereinbarungen

____

____

____

Datum: ______________

______________ ______________ ______________
Unterschrift Mitarbeiter   Unterschrift Abteilungsleiter   Unterschrift Bereichsleiter

Eingang Personalabteilung ______________

4.5.2.2 Zielvereinbarung

Zielvereinbarungen sind zunehmend von **Bedeutung für die Kursbestimmung**. Nur wer das Ziel kennt, kann den angemessenen Weg ermitteln. Die Zielvereinbarung ist unter dem Aspekt »Management-by-objectives« (MbO) bekannt geworden. Mitarbeiter und Führungskraft vereinbaren in der Regel einmal im Jahr konkrete Ziele für das Folgejahr. Die Jahresziele werden aus den strategischen Herausforderungen des Unternehmens abgeleitet und in Bezug zu den Aufgaben und der Verantwortung des Mitarbeiters gesetzt. Ziele sollen auf diese Weise nicht im luftleeren Raum stehen. Sie bilden keinen Selbstzweck, sondern sollen die Zusammenarbeit fokussieren. Ziele, die zu abstrakt sind und auf der strategischen Ebene enden, können kaum für die Praxis dienlich sein. Andererseits können einseitig formulierte operative Ziele nicht aus der Strategie abgeleitet werden. Die vereinbarten Ziele sollen **messbar, realistisch, terminierbar und herausfordernd** sein. Anhand der vier W-Fragen können die Ziele präzisiert werden:[15]

1. Was soll konkret erreicht werden? Was ist genau das angestrebte Resultat?
2. Wie viel bezogen auf die quantitative Größe soll erreicht werden? (z. B. Reduktion der Reklamationsquote um 1%).
3. Womit soll das Ziel erreicht werden? Welche Ressourcen Personal und Material müssen eingesetzt werden? Welcher Unterstützungsbedarf besteht aus anderen Abteilungen?
4. Wann soll das Ziel erreicht werden? Hier ist die Angabe eines genauen Termins erforderlich.

Werden diese Fragen sorgfältig beantwortet, so kann die **Zielformulierung** bzw.Zielvereinbarung präzise erfolgen. Vor diesem Hintergrund kann schließlichdie Zielerreichung überprüft und gegebenenfalls nachgesteuert werden. Die Zielvereinbarung soll ihrem Namen gerecht werden und tatsächlich eine beiderseitige Vereinbarung und keine Zielvorgabe sein. Die Führungskraft hat hierbeieine verantwortungsvolle Aufgabe wahrzunehmen. Wenn die Zielvereinbarung ernsthaft und kontinuierlich betrieben wird, kann sie zu einem zentralen Führungsinstrument werden, das für die Zusammenarbeit eine große Bedeutung hat.

Ziel-Erfüllung und Gewichtung **Einschätzung durch Geschäftsführung**	**Ziele**	**Was genau?**	**Wieviel?**	**Wann?**	**Womit? (Zusammenarbeit)**
Zielerfüllung in %					
Gewichtung in %					
Zielerfüllung in %					
Gewichtung in %					
Zielerfüllung in %					
Gewichtung in %					
Unterschrift Geschäftsführer			Unterschrift Bereichsleiter		

Abb. 6: Zielvereinbarungsformular

15 Vgl. Lurse, 2002, S. 14.

4.5.2.3 Teambesprechung (Kommunikation/Information)

Die Kommunikation zwischen Führungskräften und ihren Mitarbeitern steht an zentraler Stelle. Besprechungen sind somit ein bedeutendes Führungsinstrument. In Untersuchungen wurde festgestellt, dass viele Führungskräfte etwa 60% ihrer Arbeitszeit in Besprechungen verbringen. Gleichzeitig erachten sie die Besprechungen zu bis zu 80% als ineffizient. Dennoch sind Besprechungen notwendig, um Themen im Team abzustimmen, Informationen weiterzuleiten und Klarheit zu schaffen. Die effiziente Durchführung von Besprechungen ist daher eine notwendige Forderung an alle Besprechungsleiter. Eine Besprechung gliedert sich üblicherweise in folgende Punkte:

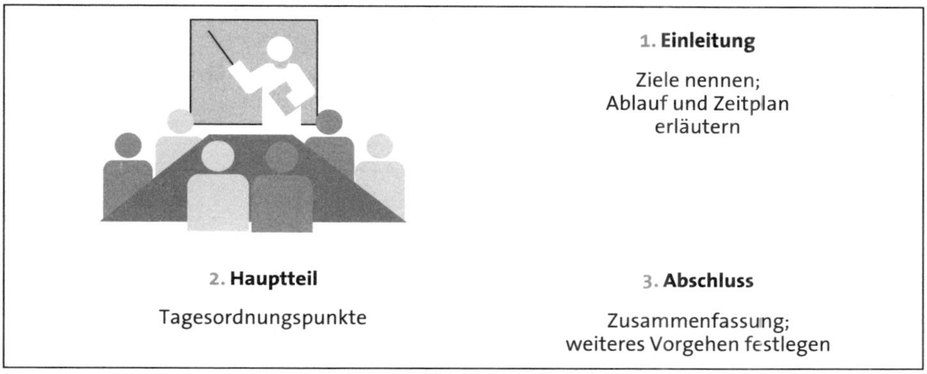

Abb. 7: Ablauf einer Besprechung

Die Aufgabe der Führungskraft besteht darin, die Besprechung zielgerichtet zu moderieren (s. hierzu ausführlich Abschnitt 1.7 ff.). Im wesentlichen gehören zur Moderation folgende Teilaufgaben:

Abb. 8: Aufgaben des Moderators

4.5.2.4 Motivation

Zukunftsfähige Unternehmen brauchen lernende Mitarbeiter, die motiviert sind, unternehmerisch zu denken und zu handeln, sich weiterzuentwickeln und an Herausforderungen zu wachsen. Führungspersonen haben die nicht delegierbare Pflicht, Mitarbeitern zur Entwicklung zu verhelfen und herausfordernde Aufgaben zu definieren und sie damit zu motivieren.

Mitarbeiter kann man jedoch nicht einfach motivieren, so wie man eine Maschine programmiert. Die Grenze zur Manipulation und Entmündigung des Mitarbeiters sind fließend. In der Literatur wird sogar vom »Mythos Motivation« gesprochen. Prominentester Vertreter dieser These ist Reinhard Sprenger. Nach Sprenger können Mitarbeiter sich letzten Endes nur selbst motivieren.[16]

Vor diesem Hintergrund stellt sich die Frage, wann Mitarbeiter tatsächlich motiviert sind. Ein Blick in die Berufspraxis zeigt, dass drei Faktoren zu beachten sind, die man in einem Art »**Motivationsdreieck**« darstellen kann:

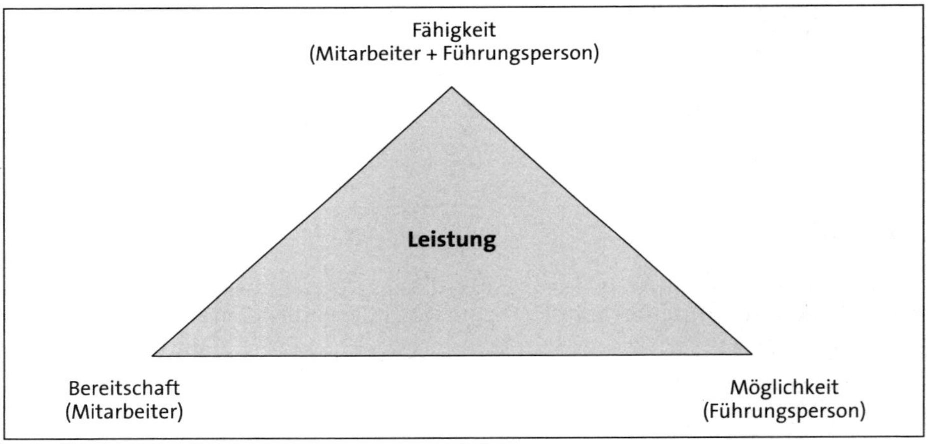

Abb. 9: Leistung durch Motivation

Zunächst hängt die Motivation des Mitarbeiters davon ab, ob er Leistung erbringen kann. Wer nicht für seine Aufgaben qualifiziert ist, muss sich entsprechend weiterbilden. Darüber hinaus spielt die Möglichkeit zum **Engagement** eine große Rolle. Wer zwar eine Leistung erbringen kann und möchte, dazu aber nicht die Gelegenheit und Möglichkeit hat, wird unmotiviert. Schließlich muss der Mitarbeiter den entsprechenden **Willen zur Leistung** mitbringen. Folglich sind motivierte Mitarbeiter jene, die Leistung erbringen können, wollen und diese auch erbringen dürfen. Fehlt einer dieser drei Aspekte, wird der Mitarbeiter über kurz oder lang demotiviert sein. Die Verantwortung für das Wollen liegt beim Mitarbeiter selbst. Die Möglichkeit zur Leistungserbringung muss hingegen die Führungskraft schaffen. Die Fähigkeit zur Leistung ist Aufgabe der Führungskraft und des Mitarbeiters zugleich.

16 Vgl. Sprenger 1998.

4.5.3 Entwicklung und Beratung der Führungskräfte

Die Entwicklung von Führungskräften kann durch verschiedene Instrumente der Personalentwicklung durchgeführt werden:

Intern oder extern durchgeführte **Seminare und Workshops** dienen in erster Linie der Vermittlung von Wissen und Kenntnissen und werden insbesondere für junge Führungskräfte angeboten. Für erfahrene Führungskräfte ist die Praxisreflexion anhand von Fallbeispielen und Rollenübungen in Seminaren hilfreich. Dadurch wird erreicht, dass sie sich selbst in Führungssituationen erkennen und ihr Verhalten entsprechend reflektieren. Bisweilen werden auch Outdoortrainings eingesetzt, die einen hohen Selbsterfahrungswert mit sich bringen.

Zunehmend gewinnt die **Beratung der Führungskräfte** an Bedeutung. Hier sind Personal-Manager bzw. Personalentwickler in der Pflicht, als Berater und Prozessbegleiter zu agieren. Dabei geht es jedoch weniger um die Vermittlung von fachspezifischen Kenntnissen. Vielmehr ist eine Unterstützung und Einschätzung bei personellen Entscheidungen erforderlich. Das Personalmanagement kann hier mit Entscheidungshilfen und Ratschlägen unterstützend wirken.

Darüber hinaus werden verstärkt die Führungskräfte selbst zu Beratern (s. auch Abschnitt 1.6 ff.) und Coaches für ihre Mitarbeiter. Die Aufgaben der Führungskraft umfassen insbesondere die Entwicklung und Förderung von Mitarbeitern, das Erarbeiten von Kernkompetenzen und die gezielte Weiterentwicklung dieser Kompetenzen. Wenn Mitarbeiter eine höhere Eigenverantwortung übernehmen sollen, müssen diese entsprechend begleitet und teilweise auch angeleitet werden. Führungskräfte sind gefordert, ihre Mitarbeiter zu einer eigenverantwortlichen Arbeitsweise zu ermutigen. Als wohlwollender aber auch kritischer Prozessbegleiter kommt den Führungskräften damit eine wichtige Beratungsaufgabe zu. Für diese Aufgabe müssen Führungskräfte entsprechend qualifiziert werden.

In den vergangenen Jahren haben **Coachingmaßnahmen** an Bedeutung zugenommen. Das Coaching ist eine spezielle Form der Beratung. Ziel eines Coachings ist, dass die zu coachende Person (Coachee), sei es nun ein Mitarbeiter oder eine Führungskraft, ihre noch ungenutzten Stärken und Potenziale erkennt. Zusammen mit dem Coaching-Partner werden alltägliche und besondere berufliche Herausforderungen analysiert und reflektiert. Daraus sollen neue Wahrnehmungsweisen entstehen und Handlungsalternativen entwickelt werden, die zu einer **Verbesserung der Selbstreflexion** und der **Handlungskompetenzen** führt. Im Idealfall ergibt sich ein größeres Problem- und Verantwortungsbewusstsein, dass es dem Coachee ermöglicht, anspruchsvollere Aufgaben zu übernehmen. Der Coach ist dabei allerdings weder Lehrer, noch Therapeut oder Ratgeber in allen Lebenslagen. Ideen und Ziele werden gemeinsam zwischen Coach und dem betreuten Mitarbeiter erarbeitet. Der Coachee soll seine Werte, Ziele und Motive durch eigene Einsicht erkennen.

Warum Coaching?

- Jeder Mensch hat noch ungenutzte Potenziale und Stärken.
- Durch Coaching soll erreicht werden, diese Potenziale bewusst zu machen und zu stärken. Dazu müssen im Coachingprozess Werte, Motive und Ziele verdeutlicht werden.
- Zusammen mit dem Coaching-Partner werden alltägliche und besondere Herausforderungen analysiert und reflektiert.
- Neue Wahrnehmungsweisen sollen Handlungsalternativen bewusst machen und neue Vorgehensweisen entwickeln.

Verbesserung der Wahrnehmung, der Selbstreflexion und der Handlungskompetenz

Abb. 10: Ziele von Coaching-Maßnahmen

Ein **Coaching** erfolgt in der Regel in mehreren Gesprächen. Nach einem Erstgespräch, in dem die beiderseitigen Erwartungen abgeklärt und Ziele für das Coaching vereinbart werden, erfolgt in einem weiteren Gespäch, gegebenenfalls auch in mehreren, eine Analyse der **IST-Persönlichkeitskultur** (Werte, Motive, Ziele). Im nächsten Schritt werden eine **SOLL-Persönlichkeitskultur** festgelegt und die Potenziale des Coachee herausgearbeitet. Anschließend wird ein Coaching-Konzept erstellt, das die Art und Weise, wie die Ziele erreicht werden sollen, festlegt. In den folgenden Gesprächen werden dann die Umsetzung kontrolliert und gegebenenfalls weitere Strategien und Maßnahmen diskutiert.

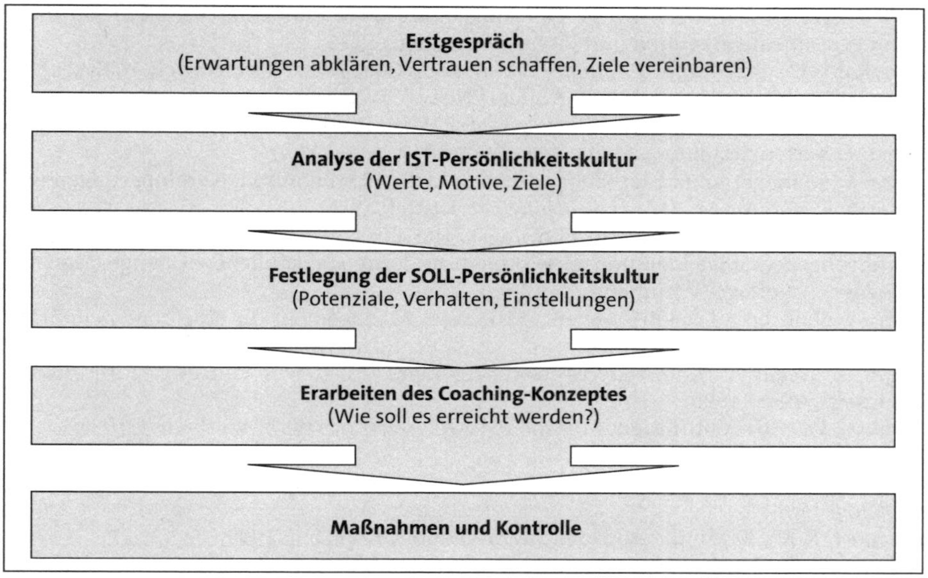

Abb. 11: Der Coaching-Prozess

Ein Coaching-Gespräch kann wie folgt strukturiert werden:[17]

1. Begrüßung,
2. Orientierung,
3. Bearbeitung der Aufgaben,
4. Rückblick,
5. Ergebnisfestlegung bzw. -korrektur,
6. Analyse und Interpretation,
7. Lösungsfindung,
8. Aktivitätenplan,
9. Vereinbarung,
10. Verabschiedung.

Der Coach sollte sich darüber bewusst sein, dass Veränderungsprozesse, insbesondere **Verhaltensänderungen, Zeit benötigen**. Möglicherweise dauern sie Monate und Jahre. Das Coaching selbst kann allerdings nicht zu einer Dauereinrichtung werden, sondern sollte nach einigen Wochen zu einem Ende kommen. Der Coachee sollte dann in der Lage sein, die nötige Selbstreflexion und Handlungskompetenz in eigener Regie weiter zu entwickeln.

Literatur:

Bea, F. X./Haas, J.: Strategisches Management, 3. Auflage, Stuttgart, 2001
Bennis, Warren G.: Menschen führen ist wie Flöhe hüten, Frankfurt/Main, 1985
Fuchs, H.: Die Kunst (k)eine perfekte Führungskraft zu sein, Niedernhausen/Ts., 2000

17 Vgl. Innerhofer, Ch./Innerhofer, P./Lang, 2002, S. 70 f.

Gabele, E./Liebel, H./Oechsler, W.: Führungsgrundsätze und Mitarbeiterführung, Führungsprobleme erkennen und lösen, Wiesbaden, 1992

Innerhofer, Ch./Innerhofer, P./Lang, E.: Leadership Coaching, Führen durch Analyse, Zielvereinbarung und Feedback, 2. Auflage, Neuwied, Kriftel, 2000

Kellner, H.: Sind Sie eine gute Führungskraft? Was Mitarbeiter und Unternehmen wirklich erwarten, Frankfurt/Main, New York, 1999

Lurse, K.: Manager und Mitarbeiter brauchen Ziele, Führen mit Zielvereinbarungen und variable Vergütung, 2. Auflage, Neuwied, Kriftel 2002

Mahlmann, R.: Selbsttraining für Führungskräfte, Ein Leitfaden zur Analyse der eigenen Führungspersönlichkeit und eine Anleitung zum »persönlichen Change Management«, 2. Auflage, Weinheim und Basel, 2000

Malik, F.: Führen – Leisten – Leben, Wirksames Management für eine neue Zeit, Stuttgart/München, 2000

Neges, G./Neges R.: Kompaktwissen Management, Alles, was Führungskräfte wissen müssen, Wien 1999

Saaman, W.: Effizient führen, Mitarbeiter erfolgreich machen, Wiesbaden, 1990

Schuppert, D.
(Hrsg.): Kompetenz zur Führung, Was Führungspersönlichkeiten auszeichnet, Wiesbaden, 1993

Sprenger, R. K.: 30 Minuten für mehr Motivation, Offenbach, 1999

Sprenger, R. K.: Mythos Motivation, 14. Auflage, Frankfurt/Main, 1998

Wildenmann, B.: Professionell Führen, Empowerment für Manager, die mit weniger Mitarbeitern mehr leisten müssen, 6. Auflage, Neuwied, Kriftel, 2002

Wöhe, G.: Einführung in die Allgemeine Betriebswirtschaftslehre, 21. Auflage, München, 2002

4.6 Betriebliche Arbeitsformen mitgestalten, Grundsätze moderner Arbeits- und Lernorganisation umsetzen

4.6.1 Moderne Arbeitsorganisation

Mit Beginn der Industrialisierung entwickelten sich unterschiedlichste Formen der Zusammenarbeit in Organisationen und deren strukturelle Rahmenbedingungen. Neben den bekannten, auf Arbeitsteilung beruhenden, tayloristischen Methoden, setzen sich seit der Entwicklung der humanistischen Psychologie um 1960 Konzepte von Hertzberg, Maslow u. a. durch, die mehr und mehr den **Menschen in das Zentrum von Arbeitsprozessen** stellen. Dieses humanistisch geprägte Menschenbild geht davon aus, dass der Mensch sich über Arbeit definiert, die Übernahme von Verantwortung anstrebt, Kreativität in die Arbeit einbringen will, nach Selbstverwirklichung und Autonomie drängt und sich nicht nur unter Zwang engagiert. Der Betrieb wird als **soziotechnisches System** verstanden, dessen sozialen und technischen Teilsysteme nicht isoliert voneinander verändert werden können, wie es in den tayloristischen Phasen einseitig versucht wurde. Arbeitsgestalterische Konzepte, die auf diesen Grundannahmen basieren, zielen auf Veränderung von Arbeits- und Organisationsstrukturen durch Aufgabenerweiterung und Arbeit in (teil)autonomen Gruppen.

Mit McGregors X/Y-Theorie können die unterschiedlichen Ansätze wie folgt zusammengefasst werden:

	• Mechanistische Konzeption (Theorie X)	• Humanistische Konzeption (Theorie Y)
• Unternehmenskultur	• Menschen • scheuen Arbeit • vermeiden Verantwortung • erwarten Lenkung und Kontrolle • streben nach Sicherheit • engagieren sich nur unter Zwang	• Menschen • definieren sich über Arbeit • streben die Übernahmen von Verantwortung an • möchten ihre Phantasie, Erfindungsgabe und Kreativität realisieren • streben nach Selbstbestätigung • engagieren sich nicht nur unter Zwang
• Weiterbildungskultur	• Mitarbeiter • müssen zu Fortbildungsmaßnahmen entsandt werden (Prinzip der Unfreiwilligkeit) • Weiterbildung • ist vornehmlich für Führungskräfte gedacht • wird als Belohnung verteilt • ist nur verwendungsorientiert (Anpassungsfortbildung)	• Mitarbeiter • haben ein Interesse an der Weiterentwicklung ihrer Qualifikation (Prinzip der Freiwilligkeit) • Weiterbildung • steht allen Mitarbeitern offen • wird mit den Mitarbeitern vereinbart • dient der Vermittlung fachlicher und außerfachlicher Qualifikationen

	• Mechanistische Konzeption (Theorie X)	• Humanistische Konzeption (Theorie Y)
• Weiterbildungskultur	• schränkt Mobilität ein (z. B. betriebsgebundene Zertifizierung) • Vorherrschen des Seminarkonzepts	• fördert die Mobilität (z. B. anerkannte Zertifizierung) • selbstständigkeitsfördernde Didaktik und Methodik

Nachteile der tayloristischen Arbeitsgestaltung war eine zunehmende Spezialisierung der Arbeitsbereiche und eine immer größere Definition von so genannten Schnittstellen, die zu immer mehr Reibungsverlusten in den Arbeitsprozessen führten.

4.6.1.1 Team- und Gruppenarbeit, Inselkonzepte

Durch die unterschiedlichen Entwicklungen von Unternehmenskultur und Marktanforderungen sowie von organisationsspezifischen Reifungsprozessen entstanden von Unternehmen zu Unternehmen sehr unterschiedliche Modelle und Konzepte der Zusammenarbeit und Arbeitsorganisation. Ein einheitliches Vorgehen als Blaupause für die erfolgreiche **Implementierung von Gruppen- und Teamarbeit** oder von Inselkonzepten ist allenfalls als grobe Orientierung zu handhaben.

Da in der betrieblichen Praxis die Begriffe Team- und/oder Gruppenarbeit häufig synonym verwendet werden, hier eine der möglichen Definitionen:

Teamarbeit	**Gruppenarbeit**
Eher temporär begrenzte Gruppenarbeit wie z. B. Qualitätszirkel, Planungsteams, Vertreterteams im Außendienst, ohne dass die Mitglieder täglich als Gruppe zusammenarbeiten. Lediglich Personen unterschiedlicher Qualifikationen und mit unterschiedlichen Aufgabenschwerpunkten müssen sich (zeitweise) abstimmen.	Dauerhafte Bearbeitung von Aufgaben in der Gruppe, dessen Mitglieder mehr oder weniger selbstständig über ihre Arbeitsplanung, -verteilung, -erledigung und -kontrolle befinden. Meist sind nur das Was (Produkte/Produktteile), das Wieviel und/oder das Bis-Wann von außen vorgegeben. Planende, Steuernde und kontrollierende Tätigkeiten sind in die Gruppenaufgaben integriert.

Für die inhaltlich weitergehenden Gruppenarbeitskonzepte werden als Erfolgsgaranten:

- die Gemeinsame, aus mehreren Teilaufgaben bestehende Arbeitsaufgabe,
- die gemeinsamen Ziele und Zielvereinbarungen,
- die gemeinsamen Werte und Überzeugungen der Gruppe,
- die unmittelbare Zusammenarbeit und
- die benannten und vereinbarten Rollen der Gruppenmitglieder und der Gruppenspitze

beschrieben.

Insbesondere der letzte Punkt, was die Rolle der Führung innerhalb von Gruppen betrifft, ist eine deutliche Entwicklung in Richtung von klar vereinbarten Führungsaufgaben zu beobachten, verbunden mit einer deutlichen, gewachsenen **Aufgaben- und Verantwortungsübernahme der Gruppenmitglieder**.

Für **Bereiche der Fertigung und Produktion** wurden auch so genannte Inselkonzepte entwickelt. Anfänglich insbesondere im Bereich der Automobilindustrie, nachfolgend dann auch in weiteren Bereichen der Serienproduktion. Diese Inselkonzepte werden in der Produktion Fertigungsinseln genannt. Die Fertigungsinsel ist eine Form der Arbeitsorganisation innerhalb der Fertigung eines Betriebes und hat die Aufgabe, aus gegebenem Ausgangsmaterial Produktteile oder Endprodukte möglichst vollständig zu fertigen. Die notwendigen Betriebsmittel sind räumlich und organisatorisch in der Fertigungsinsel zusammengefasst. Das Tätigkeitsfeld der dort beschäftigten Gruppe hat folgende Kennzeichen:

- Weitgehende Selbststeuerung der Arbeits- und Kooperationsprozesse, verbunden mit
- Planungs-, Entscheidungs- und Kontrollfunktionen im Rahmen betrieblicher Vorgaben,
- Verzicht auf eine zu starre Arbeitsteilung und demzufolge eine Erweiterung des Dispositionsspielraums für den Einzelnen.

Somit sind die **Fertigungsinseln** ein Teil der Gruppenarbeitskonzepte und unterstützen die Bemühungen innerhalb der modernen betrieblichen Arbeitsformen, die Partizipation und Beteiligung der Mitarbeiter und deren persönliche Entwicklung.

4.6.1.2 Telearbeit

Durch die rasante Entwicklung der Datenverarbeitung und dessen Auswirkungen auf den Arbeitsmarkt haben die Möglichkeiten und Einsatzmöglichkeiten der Telearbeit deutlich zugenommen.

Telearbeit ist eine Erwerbstätigkeit, die außerhalb der Betriebsstätte des Arbeitgebers oder Auftraggebers erfolgt und neue Informations- und Kommunikationstechniken nutzt. Telearbeit ist kein Berufsbild (was arbeite ich?), sondern eine Organisationsform (wie arbeite ich?).

Telearbeit ist somit jede auf **Informations- und Kommunikationstechniken** gestützte Tätigkeit, die ausschließlich oder alternierend an einem außerhalb des Betriebs liegenden Arbeitsplatz verrichtet wird, z. B.:

- Privatwohnung,
- Nachbarschaftsbüro,
- Satellitenbüro,
- Telehaus,
- mobiler Arbeitsplatz,

der mit der eigentlichen, zentralen Betriebsstätte durch elektronische Kommunikationsmittel verbunden ist. Telearbeiter nutzen Computer, Telefon, Telefax sowie analoge oder digitale Datenfernübertragung, um die Verbindung zum Unternehmen oder Auftraggeber herzustellen.

Als Unterscheidungsmerkmale für Telearbeit kann zum einen die **Organisationsform**, zum anderen der **arbeitsrechtliche Status** der Telearbeiter dienen.

Telearbeit kann in unterschiedlichen Beschäftigungs- bzw. Rechtsformen praktiziert werden. Der Bogen spannt sich von Arbeitnehmer, Heimarbeiter, freie Mitarbeiter bis zu Selbstständiger.

Arbeitsrechtlich sind diese denkbaren Beschäftigungsverhältnisse höchst unterschiedlich geschützt. Dennoch besteht für den Arbeitgeber **keine »Wahlfreiheit«** zwischen den verschiedenen Beschäftigungsverhältnissen. Der Gesetzgeber und die Rechtsprechung haben Vorgaben dazu entwickelt, unter welchen Voraussetzungen welche Tätigkeit zu welchem Rechtsstatus zu zähen ist. Allein der Wunsch eines Unternehmens mittels Outsourcing-Programmen und den Möglichkeiten der Telearbeit die Arbeitnehmer in Vertragskonstruktionen nach dem Heimarbeitergesetz zu drängen oder sie zu Selbstständigen zu machen, reicht also nicht aus, einen **Statuswechsel** zu bewerkstelligen. Sie bleiben Arbeitnehmer, wenn sie anderen gegenüber zur unselbstständigen Arbeit verpflichtet sind. Die Rechtsprechung hat die Aussage »im Dienst eines anderen«, den so genannten »Grad der persönlichen Abhängigkeit« näher definiert. Folgende Merkmale sind Anhaltspunkte für eine **persönliche Abhängigkeit:**

- die persönliche und fachliche Weisungsgebundenheit,
- die Bestimmung von Arbeitsort und -zeit durch den Auftraggeber,
- das Vorliegen der Eingliederung in den Betrieb oder in die betriebliche Organisation,
- die Bindung an einen festen Arbeitgeber,
- die Gleichbehandlung mit anderen Arbeitnehmern und
- die Fremdnützigkeit der Arbeitsleistung.

Die vielfältigen Möglichkeiten der Telearbeit wird bei der nachfolgenden Aufstellung der möglichen Organisationsformen verdeutlicht:

- Teleheimarbeit: Ausschließliche Tätigkeit in der Wohnung der Telearbeiter. Teleheimarbeit im Arbeitnehmerstatus wird kaum praktiziert. Bei freien Mitarbeitern und Selbstständigen (ohne eine eigentliche Betriebsstätte) ist Teleheimarbeit üblich.
- Alternierende Telearbeit (auch alternierende Teleheimarbeit): Tätigkeit im Wechsel zwischen betrieblichem und häuslichem Arbeitsplatz. Aufteilung der Arbeitszeit ergibt sich u. a. aus der Arbeitsaufgabe und den individuellen Interessen. Diese Form der Telearbeit wird häufigst praktiziert. Sie gilt inzwischen als Arbeitsform, bei der Telearbeiter Chancen (mehr Autonomie) verwirklichen, und Risiken (Isolation) minimieren können.
- Rufbereitschaft: Fernwartung oder Behebung von Störungen an EDV-Anlagen und EDV-Systemen in bestimmten Rufbereitschaftszeiten (nachts, am Wochenende) vom PC in der Wohnung des Beschäftigten. In EDV-Betrieben bzw. -Abteilungen hat sich diese Form der alternierenden Telearbeit durchgesetzt und kommt den Interessen der Beschäftigten sehr entgegen (bisher musste in den Betrieb gefahren werden), wenn akzeptable Bedingungen vereinbart wurden.
- Mobile Telearbeit: Tätigkeit, die unterwegs, beim Kunden, Zuhause, mit Notebook, Modem und Drucker erledigt wird, insbesondere von Servicetechnikern, Außendienstmitarbeitern, Handelsvertretern, Beratern, Journalisten. Mobile Telearbeit hat sich in kurzer Zeit als flexible Arbeitsform entwickelt; die schon vorhandene Eigenständigkeit und teilweise selbstbestimmte Arbeitsweise bleibt erhalten.
- Satellitenbüro: Ausgelagerte Arbeitsstätten eines Unternehmens mit Telekommunikationsanbindung an die Zentrale, die dezentral und wohnortnah (auf Wunsch der Beschäftigten) eingerichtet werden. Bisher erst vereinzelt auf Initiative der Arbeitnehmer entstanden.
- Nachbarschaftsbüro: Büros in Wohngebieten oder am Stadtrand, die von mehreren Unternehmen betrieben und/oder von Selbstständigen genutzt werden.
- Telezentren und -häuser: Private Dienstleister oder öffentlich geförderte Einrichtungen, die Bürodienstleistungen anbieten. Das Ziel ist, Arbeitsplätze, z. B. für Frauen, in strukturschwachen Regionen zu schaffen. In einzelnen Bundesländern sind solche Projekte initiiert worden; ein Beispiel ist das Telehaus Wetter (Hessen) und das Telecenter Hersbruck (Bayern).
- Virtuelle Firmen: Zusammenschluss von rechtlich unabhängigen und räumlich getrennten Selbstständigen oder (kleinen) Unternehmen, teilweise nur für ein bestimm-

tes Projekt, aber auch auf Dauer. Solche Unternehmen finden sich häufig im Internet. Im Punkte der Zusammenarbeit stehen virtuelle Unternehmen vor gestaltenden Herausforderungen hinsichtlich der Arbeitsprozesse und der »echten« Zusammenarbeit Face-to-Face.
- »Guerilla«-Telework: Menschen, die sich immer und überall, im Büro, am Wochenende, im Urlaub, auf Geschäftsreise oder bei jeder sonstigen Gelegenheit ins Firmennetz einwählen und arbeiten.

Neben den vielfältigen und möglichen kreativen Organisationsformen der Telearbeit, sollten aber auch die Chancen und die damit eventuell verbundenen Risiken betrachtet werden. Hier sind insbesondere folgende Themenfelder und Fragestellungen von Interesse:

- **Soziale und materielle Standards** (Arbeitsplatzschutz, materielle Absicherung): Wie können solche Standards in der Telearbeit gewährleistet werden?
- **Einbindung in den Betrieb:** Wie können das soziale Umfeld und der Kontakt zu Kollegen gepflegt werden? Wie können zielorientierte Führungsaspekte die Weiterentwicklung der Telearbeit fördern und transparent machen?
- **Arbeitszeit und Zeitaspekte:** Wie werden betriebliche und häusliche Arbeitszeiten geklärt? Welche qualitativen und quantitativen Arbeitsergebnisse sind zu erzielen?

Wie wird der Wegfall von finanziellen Zuschlägen kompensiert?

- **Arbeitsgestaltung und Autonomie:** Wie können die Arbeitsgestaltung, die Zielerreichung und die Eigenverantwortung gefördert werden? Wie können wir Selbstorganisation und Eigenverantwortung zielführend entwickeln?
- **Autonomie und Gesundheitsschutz:** Wie können wir gewährleisten, dass Vereinbarungen zum Gesundheitsschutz eigenverantwortlich eingehalten werden? Wie sensibilisieren wir Führungskräfte und Mitarbeiter für die Einrichtung, Gestaltung und Optimierung von Telearbeitsplätzen?
- **Autonomie und Eigenverantwortung:** Wie und wofür sind Kontroll- und Steuerfunktionen sinnvoll?
- **Beruf und Familie:** Wie kann die Trias von Beruf, Familie und Privatsphäre sinnstiftend gestaltet werden?

4.6.2 Lernförderung durch Arbeitsgestaltung

Die rasanten Veränderungsprozesse in den Betrieben und Organisationen machen es erforderlich, Arbeitsplätze und Arbeitsprozesse so zu gestalten, dass sie zu **Lernorten** werden können. Arbeitsplätze, die auch Lernorte sind, ermöglichen einen hohen Transfer des Gelernten in die Praxis. Eine der Hauptaufgaben von **lernförderlicher Arbeitsgestaltung** ist es, solche Arbeitsplätze zu finden, zu beschreiben und in die Lernplanung und Lerngestaltung einzubeziehen. Die vielen kleinen Lernschritte und vor allem die Lernerfolge am Arbeitsplatz sind oftmals effizienter und effektiver, als die so genannten großen Schritte. Die vielen kleinen Schritte sind in Leib und Seele übergegangen und werden ganz einfach gelebt und gemacht.

Ziel einer lernförderlichen Arbeitsplatzgestaltung ist es also, solche Lernsituationen zu initiieren, in denen Individuen, entsprechend ihrer individuellen Potenziale, angepasst an den jeweiligen Kontext, zu optimalen Lernergebnissen kommen können.

4.6.2.1 Arbeits- und Lernbedarf der Mitarbeiter

Die Erfassung des Arbeits- und Lernbedarfs scheint auf den ersten Augenblick sehr umfangreich und sehr schwer zu erfassen zu sein. Eine Differenzierung der Themenstellung und der Vielfältigkeit der Aufgaben kann an dieser Stelle den für beide, sowohl für den Mitarbeiter als auch für das Unternehmen wichtigen Prozess, klarmachen.

Eines der bewährtesten Modelle und Verfahren ist für diesen Themenbereich das **Mitarbeiter(entwicklungs)gespräch** (s. hierzu ausführlich 4.2.3.1.1). Hier werden zum einen die individuellen Ideen, Wünsche und Gedanken erfasst, und sogleich mit den erforderlichen Interessen, Erfordernissen und dem Bedarf des Betriebes abgeglichen und in konkrete Maßnahmen vereinbart. Mitarbeitern wie Vorgesetzen und Bildungsverantwortlichen kommt hier eine gleichberechtigte Aufgabenstellung zu bei der Erfassung und Umsetzung der verschiedenen Entwicklungen auf die konkrete Realisierung in die betriebliche Praxis.

Um die **kontinuierliche Weiterentwicklung** der Mitarbeiter und Organisationen zu fördern und zu fordern, bedarf es eines langfristigen Prozesses, der im Arbeitsalltag zur Selbstverständlichkeit, zur Normalität werden muss. Die individuelle und ganzheitliche Entwicklung des Mitarbeiters und der Organisation steht im Vordergrund. Mitarbeiterentwicklung im gemeinten Sinne ist nicht primär ausgerichtet auf Aufstieg, Karriere oder höherem Einkommen. Das kann im Einzelfall jedoch durchaus Folge dieser Entwicklung sein.

Die vereinbarten Fördermaßnahmen reichen von Seminarbesuchen im klassischen Sinn, Teilnahme an Führungskräfteentwicklungsprogrammen, über die Übernahme von komplexen Projektaufgaben bis zur Konzeption, Beteiligung und Durchführung von Weiterbildungsmaßnahmen mit allen ihren möglichen Facetten.

Die Mitarbeitergespräche sollten mit Mitarbeitern aller Ebenen geführt werden, anfänglich sollte der Schwerpunkt jedoch bei Mitarbeitern mit Führungsaufgaben liegen und nach und nach über alle Ebenen hinweg initiiert und durchgeführt werden.

4.6.2.2 Anforderungsprofile und berufliche Handlungskompetenz – Der richtige Mitarbeiter auf dem richtigen Arbeitsplatz

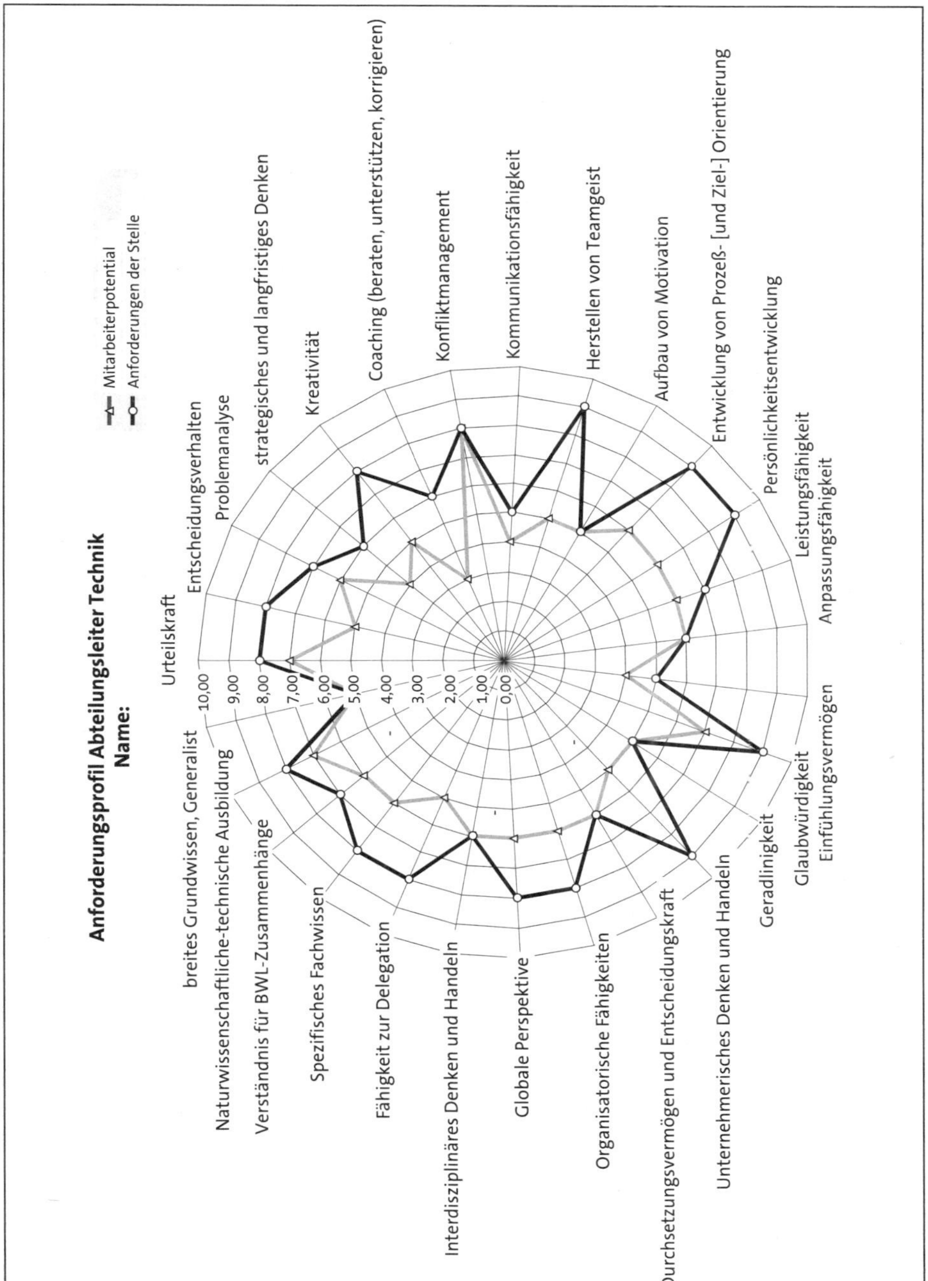

Abb. 1: Anforderungsprofil Abteilungsleiter Technik im Vergleich mit dem Mitarbeiterpotenzial

Um den richtigen Mitarbeiter auszuwählen oder weiter zu entwickeln, ist es unabdingbar, zu wissen, was das Ziel einer **Auswahl oder die Förderung eines Mitarbeiters** sein soll und welche Anforderungen der Arbeitsplatz stellt. Übliche Arbeitsplatzbeschreibungen beschreiben dies oft nur vage und mit einer Fokussierung auf die berufliche Fachkompetenz. Lernen in Organisationen erfordert jedoch die Bereitschaft von Mitarbeitern und Führungskräften, sich zu Veränderungen zu bekennen und diese zu unterstützen. Dies ist gewiss keine Frage ausschließlich der Fachkompetenz.

Anforderungsprofile für eine bestimmte Stelle können verdeutlichen, welche Kompetenzen tatsächlich erforderlich sind und im Vergleich mit den herausgefundenen Mitarbeiterpotenzialen den **individuellen Entwicklungsbedarf** sehr klar aufzeigen.

Die komplexen Fragen der Zusammenarbeit und Führung in Teams, Gruppen oder Projekten erfordert neben der Fachkompetenz die essentiellen Anteile der Methoden-, Sozial/Kommunikativen- und Persönlichkeitskompetenz, sowie der Bereitschaft zu Veränderungen.

4.6.2.3 Lernmöglichkeiten am Arbeitsplatz

Die Lernchancen am konkreten Arbeitsplatz sind häufig umfangreicher, vielfältiger und facettenreicher als im allgemeinen angenommen. Daher ist eine weitreichende **Zustandsbeschreibung** der echten Aufgaben mit allen möglichen Gestaltungsräumen für eine Beschreibung der Lernchancen ein erster, wichtiger Schritt, um die daraus resultierenden möglichen Lernchancen zu beschreiben. Neben den zuvor beschriebenen Anforderungsprofilen als eine der Möglichkeiten, Lernbedarf und daraus resultierende Lernchancen zu erfassen und zu bearbeiten, gibt es eine Reihe weiterer Möglichkeiten, konkret z. B. auch auf individuelle Situationen einzugehen. Zu berücksichtigen sind hier auch die persönlichen Lernstile und Lernpräferenzen (s. hierzu ausführlich die Abschnitte 0.4 sowie 0.5.2 und 1.8.1.1).

Verbunden mit den Kolb'schen Lernstilen bietet der Arbeitsplatz eine **unerschöpfliche Quelle von Weiterbildungsaktivitäten**. Hier geschieht Lernen im besten Sinne, häufig auch »en passent«, so nebenbei, ganz und gar unbewusst. Dieses unbewusste, aber sehr effektive Lernen gilt es, immer wieder bewusst zu machen, zu reflektieren.

4.6.2.4 Entwicklungsfördernde Gestaltung des Arbeitsplatzes

Lernen und damit Entwicklung findet überwiegend am Arbeitsplatz statt. Der entwicklungsfördernden Gestaltung des Arbeitsumfeldes eines Mitarbeiters kommt deshalb eine große Bedeutung zu. Der nachfolgende Ideenkatalog kann einige Anregungen dazu geben:

- In ein Projektteam als Mitglied berufen,
- Projektleitung übertragen,
- Externes Referat oder Vortrag zu einem entwicklungsrelevanten Thema übertragen,
- Literatur zu einem entwicklungsrelevanten Thema auswerten und im Team darüber ein Referat halten,
- Referententätigkeit im Rahmen der betrieblichen Fortbildung Stellvertretung übertragen,
- Teilnahme an wichtiger Sitzung oder Besprechung anstelle des Vorgesetzten,
- Tagung vorbereiten oder leiten,
- Abteilungsbesprechung moderieren,
- Patenschaft für neuen Kollegen, der in der Einarbeitungsphase ist, übertragen,
- Zusätzliche, herausfordernde Aufgaben übertragen,

- Aufenthalt bei Lieferanten, Kunden, Kooperationspartner, Tochterfirmen, vor- oder nachgeschalteten Abteilungen, fachfremden Abteilungen, anderen Divisionen,
- Eine Führungskraft als Mentor, der als Gesprächspartner in schwierigen Situationen dient, gewinnen,
- Mitarbeiter als Ausbildungsbeauftragten benennen,
- Handlungsspielraum des Mitarbeiters erweitern,
- Mehr schwierige und verantwortungsvolle Sonderaufgaben an Mitarbeiter delegieren,
- Coaching und Begleitung durch den Vorgesetzten,
- Beobachtung durch den Vorgesetzten (vorher Vereinbarungen treffen!) in relevanten Situationen und anschließend gemeinsames Auswertungsgespräch führen,
- Seminarbesuch gemeinsam vorbereiten (Lernziele vereinbaren!) und nach Seminarbesuch Auswertung und Vereinbarung darüber, wie Erlerntes in das Arbeitsfeld übertragen werden kann,
- Jahresziele auch mit Tarifmitarbeiter vereinbaren,
- Lernpartnerschaft organisieren,
- Video-Feedback: Videoaufnahme z. B. bei Präsentation, Besprechung usw. machen (lassen). Anschließend selbst oder mit Partner zusammen (Vorgesetzter, Kollege, PE-ler) auswerten,
- Seminarbesuch, mit Transfer und Reflexion des Gelernten an den eigenen Arbeitsplatz.

4.6.3 Zeitgemäße Lernorganisation

Im Vordergrund einer modernen Didaktik steht das **selbstorganisierte Lernen**. Diese Lernform orientiert sich am individuellen Lernbedarf des Einzelnen und den Anforderungen des Arbeitsplatzes. Für die betriebliche Weiterbildung hat dies Konsequenzen in der Lernorganisation. Wurden in der Vergangenheit Weiterbildungsangebote überwiegend per Katalog angeboten, ist mehr und mehr die Entwicklung einer bedarfsorientierten Weiterbildung festzustellen, wie dies auch der Theorie Y entspricht (vgl. auch Abschnitt 4.6.1).

4.6.3.1 Lernprozesse

Bei der Planung und Durchführung von Lernprozessen stehen die Kenntnisse einer Organisation und die individuellen Kenntnisse und Fertigkeiten im Vordergrund. Das Ziel ist es, Stärken zu stärken und die möglichen Entwicklungspotenziale als vielfältige Ressourcen zu erkennen. Dies gilt für gesamte Organisationen wie auch für die individuelle Ebene. Somit werden **ressourcenorientierte Lernprozesse** zu Motoren betrieblicher Entwicklung.

4.6.3.1.1 Single-Loop-Learning oder Anpassungslernen

»Single-Loop-Learning bezeichnet den Vorgang, mit dem eine Institution auf unvorhergesehene Veränderungen durch Verhaltensanpassung reagiert (z. B. durch Verbesserung der Marktstrategie, effizientere Arbeitsgestaltung usw.), ohne ihre Theory-in-Use zu ändern (vgl. Argyris,1978, S. 18)«[1].

Die erste Lernebene, das Single-Loop-Learning, ist ein einfacher kybernetischer Regelkreis, der sich in einem **festen Kontext von Werten, Normen und Standards** vollzieht.

1 Klimecki/Probst (1991) Perspektiven eines entwicklungsorientierten Managements, WWW:http://www.uni-konstanz.de./ZE/Bib/vv/verw/klimecki/klim01.htm S. 29

Innerhalb einer Organisation beschreibt man Single-Loop-Learning als die effektive Adaption an vorgegebene Ziele durch Bewältigung von Umwelteinflüssen. Abweichungen von Normen werden so korrigiert, dass man sich wieder im Einklang mit den bestehenden Normen befindet.

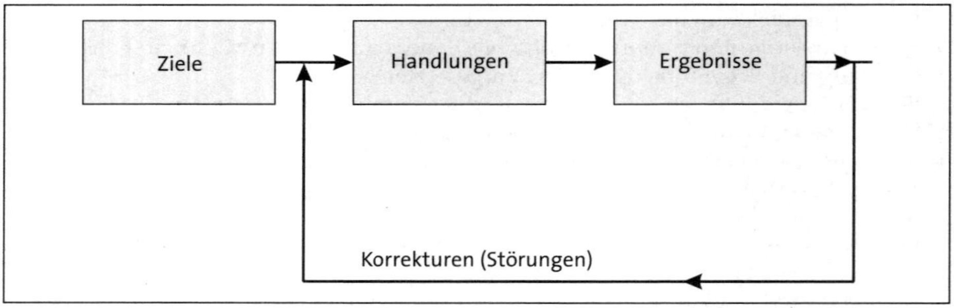

Abb. 2: Single-Loop-Learning

Single-Loop-Learning zielt auf **Effizienzsteigerung der Zielerfüllung** ab. Die Organisationsmitglieder reagieren auf wahrgenommene Veränderungen, indem sie versuchen, die Fehlerquellen zu identifizieren und die Abweichung zu den Standards zu beseitigen. Bei der Anpassung an die Ziele werden bestehende Normen und Werte nicht hinterfragt. Lernen ist eine Funktion der Zielerreichung, der Maßstab ist die Effizienz. Beispielhaft kann hier die Qualitätskontrolle einer Produktion stehen. Erkannte Fehler werden dem Produktionsverantwortlichen gemeldet und dort grundlegend beseitigt.

4.6.3.1.2 Double-Loop-Learning oder Veränderungslernen

Die kontinuierliche Anpassung an vorgegebene Werte, Standards und Normen istnur solange sinnvoll, wie diese dazu beitragen, dass die Organisation ihre Ziele erreichen kann. Eine Anpassung an eine sich verändernde Umwelt erfordert voneiner Organisation die Fähigkeit, dass sie ihre Werte, Standards und Normenanpassen kann. Bei dieser Art des Lernens werden auch **organisatorische Normen und Werte** hinterfragt, neue Prioritäten vergeben oder sogar Werte verändert.

»Beim Double-Loop-Learning hingegen werden die grundsätzlichen institutionellen Normen und damit die **grundlegenden Wertvorstellungen** einer Institution hinterfragt. Es geht also um eine grundsätzliche Auseinandersetzung mit der institutionellen Theory-in-Use (vgl.: Argyris,1978, S. 22). Von einem »Metastandpunkt« aus werden alternative Theories-in-Use verglichen, um zu einem modifizierten kognitiven bzw. normativen Bezugsrahmen zu kommen (vgl. Türk 1989, s.105)«[2].

2 Klimecki/Probst (1991) Perspektiven eines entwicklungsorientierten Managements, WWW:http://www.uni-konstanz.de./ZE/Bib/vv/verw/klimecki/klim01.htm S. 29

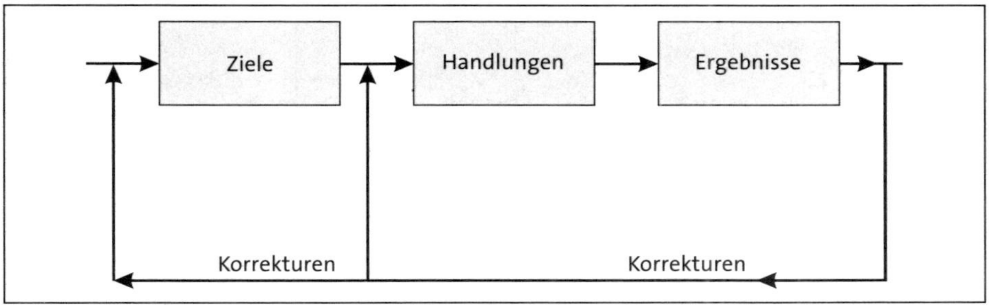

Abb. 3: Double-Loop-Learning

Dies bedeutet für den laufenden Lernprozess, dass die Organisation die Fähigkeit besitzen muss, ihre Ziele bei auftretenden **Störungen zu überprüfen und gegebenenfalls zu verändern**. Es findet eine Neuorientierung der Wertvorstellungen und Normen der Organisation durch eine Rückkopplung zwischen der Wissensbasis und der konkreten Umweltveränderung statt. Folglich müssen die handelnden Personen die Bereitschaft mitbringen, ihre Grundeinstellungen und die in der Vergangenheit angewandten kollektiven Handlungsmuster zu hinterfragen und zu revidieren.

Das Problem bei Double-Loop-Lernprozessen stellt sich in der Praxis an den sich aufbauenden Widerständen der Menschen in der Organisation, wenn diese ihre liebgewonnenen Routinen aufgeben sollen. »Daraus resultiert in der Regel ein Konflikt zwischen den Mitgliedern einer Institution, die alte und neue Gebrauchstheorien vertreten, da die Anforderungen innerhalb der bestehenden Theory-in-Use nicht mehr zu erfüllen sind. Welche Gebrauchstheorie sich durchsetzt, ist auch eine Machtfrage«[3]. Hinzu kommt, dass ein auftauchender Ziel- und/oder Wertkonflikt nicht durch Macht und Einfluss gelöst werden darf.[4]

4.6.3.1.3 Deutero-Learning oder Prozesslernen

In Bateson's Deutero-Learning als drittes Lernniveau, »wird das Lernen zum Objekt des Lernens, um Lernen zu lernen und um die institutionellen Fähigkeiten für Single-Loop- und Double-Loop- Lernprozesse zu verbessern. Im Zentrum steht die **Reflexion des Lernkontextes** und das **Entdecken von Lernhindernissen und Lernerleichterungen**«[5]. Das Prozesslernen wird als Lernen höherer Ordnung bezeichnet und setzt die Fähigkeit zum Anpassungs- und Veränderungslernen voraus. Alle bisherigen Lernprozesse werden analysiert und reflektiert hinsichtlich des Lernverhaltens und den daraus resultierenden Gründen für den Lernerfolg oder Lernmisserfolg.

Das Deutero-Learning identifiziert dadurch die lernhemmenden und die lernfördernden Faktoren und erhöht, durch die bewusste, ständige Auseinandersetzung mit dem Lernprozess und der sich daraus ergebenden Korrektur, das Problemlösungspotenzial der Organisation. Die Organisation wird kontinuierlich innovations- und wandlungsfähig und kann dadurch interne und externe Veränderungen antizipieren und ihnen aktiv begegnen.

3 Klimecki/Probst (1991) Perspektiven eines entwicklungsorientierten Managements, WWW:http://www.uni-konstanz.de./ZE/Bib/vv/verw/klimecki/klim01.htm S. 29
4 Vgl. Wildenmann, 1995, S. 1–23
5 Klimecki/Probst (1991) Perspektiven eines entwicklungsorientierten Managements, WWW:http://www.uni-konstanz.de./ZE/Bib/vv/verw/klimecki/klim01.htm S. 30 sowie Argyris/Schön, 1978, S. 26f

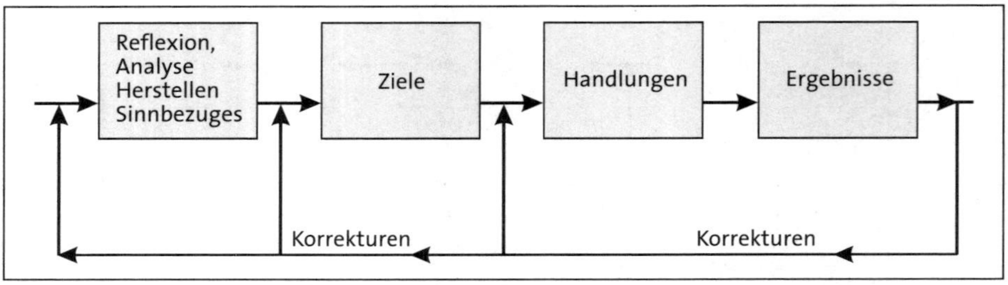

Abb. 4: Deutero-Learning

»Mit dem Lernen neuer Fähigkeiten muss gleichzeitig ein Prozess des Verlernens alter unbrauchbarer Fähigkeiten und Verhaltensweisen einhergehen. Damit wir lernen können, müssen wir zunächst einmal verlernen«[6]. Eingefahrene Routinen, die Lernen verhindern, müssen erst einmal abgebaut werden. Argyris hat auf so genannte Defensive-Routines hingewiesen, die einen konstruktiven Verlauf solcher Lernprozesse verhindern können.[7]

Für einen entwicklungsbezogenen Lernprozess lassen sich folgende Thesen ableiten:

- Lernen beschreibt einen Prozess der Veränderung kognitiver Strukturen, der sich in Verhaltensmodifikationen ausdrückt.
- Organisationale Lernprozesse entstehen aus der konstruktiven und reflexiven Auseinandersetzung zwischen allen Gruppen und Mitgliedern eines sozialen Systems, die zu einer Veränderung der alltäglichen Gebrauchstheorien (Theory-in-Use), d. h. ihre geteilten Deutungen und Visionen über die Routinen und Strategien im betrieblichen Alltag führt.
- Es lassen sich drei verschiedene Lernniveaus unterscheiden, wobei das Single-Loop-Learning auf der gleichen Erkenntnisstufe abläuft. Entwicklungsbezogenes Lernen findet nur durch Double-Loop und Deutero-Learning statt, wobei erst im Deutero-Learning fundamentale Lernprozesse stattfinden, die zu einer Verbesserung der Lernfähigkeit führen (Lernen lernen) und damit zur Erhöhung des Problemlösungspotenzials von sozialen Systemen führen. (Transformation).
- Zur Verbesserung der Lernfähigkeit sozialer Systeme, müssen Kontexte geschaffen werden, die Lernhindernisse abbauen und das Reflexionsvermögen der Systemmitglieder verbessern. Hierzu gehört beispielsweise das kooperative Teamlernen, das auf den Stärken der Einzelnen aufbaut und die Bereitschaft und die Fähigkeit von Individuen in Organisationen fördert, gemeinsam gesammelte Erfahrungen auszuwerten, auszutauschen und sie zur Weiterentwicklung der eigenen Handlungskompetenz zu nutzen. Über derartige Entwicklungsprozesse wird das Reflexionsvermögen unterstützt.

4.6.3.2 Zentrales und dezentrales Lernen

Die unterschiedlichen Aspekte der Lernorganisation und der Gestaltung der Lernprozesse lassen zwei generelle Richtungen von Lernorganisation zu, mit all den dazwischen liegenden möglichen Mischformen. Oberste Maxime sollte aber immer sein: Mit welcher

6 vgl. Nystrom/Starbuck, 1984
7 vgl.: Klimecki/Probst (1991) Perspektiven eines entwicklungsorientierten Managements, WWW:http://www.uni-konstanz.de./ZE/Bib/vv/verw/klimecki/klim01.htm S. 30

Methode wird ein höchstmögliches Maß zur Zielerreichung beigetragen, wofür wird die jeweilige Maßnahme eingesetzt?

Das zentrale Lernen in Seminar-, Ausbildungs- und Weiterbildungszentren ist immer dann sinnvoll, wenn eine **große Anzahl von Mitarbeitern oder auch konstante Gruppen**, z. B. Ausbildungsjahrgänge, gezielt auf ein Thema vorbereitet oder informiert werden sollen. Hier findet der eher klassisch strukturierte Unterricht statt, der methodisch mehr und mehr teilnehmerzentriert organisiert und durchgeführt wird. Sehr häufig werden die Veranstaltungen von hauptamtlichen Aus- und Weiterbildern durchgeführt.

Ausgangspunkt des dezentralen Lernens ist die Auffassung, dass mit den jetzigen Produktions- und Organisationskonzepten erweiterte Lernmöglichkeiten am Arbeitsplatz und im Arbeitsprozess entstanden sind. Diese beziehen den Arbeitsplatz als Lernort wieder verstärkt ein und nutzen die erweiterten Transfermöglichkeiten in die berufliche Praxis.

Die nachfolgende Tabelle gibt einen Überblick über die Schwerpunkte der beiden Hauptrichtungen der betrieblichen Lernorte:

	zentrale Konzepte	**dezentrale Konzepte**
Menschenbild	Theorie X	Theorie Y
Ziel	Spezialisierung Fachkompetenz	breite Grund- und Fachbildung Handlungskompetenz
Inhalte	fachlich-kognitiv	ganzheitlich fachlich und überfachlich Schlüsselqualifikationen
Tendenz	Verschulung Praxisferne	Verbindung von Arbeiten und Lernen Praxisnähe
Didaktik/Methodik **Prinzipien**	Vier-Stufen-Methode Lehrgang \Übungsaufgabe Lernen durch Beobachtung rezeptiv \vermittelnd fremdbestimmt Einzelarbeit standardisiert stofforientiert geplant, vorstrukturiert zentral	Leittexte/fragen Projekte ernen an realen Aufgaben Lernen durch Mitarbeit entdeckend erfahrungsorientiert selbstständigkeitsfördernd Teamarbeit individualisiert person- bzw. handlungsorientiert offen dezentral
Rolle des Lernenden	fremdgesteuert »Objekt«	selbststeuernd »Subjekt«
Rolle des Lern-begleiters	Fachmann Stoffvermittler, Unterweiser	Berater Lernhelfer- bzw. -begleiter Organisator Moderator

Für die Umsetzung von Lernmaßnahmen sollten die Vorteile der beiden Richtungen situativ eingesetzt werden.

4.6.3.3 Überbetriebliches und betriebliches Lernen

Neben den bisher beschriebenen allgemeinen Formen des betrieblichen Lernens gibt eine Reihe von **überbetrieblichen Bildungsmaßnahmen**. Diese werden überwiegend in überbetrieblichen Ausbildungsstätten betrieben und beziehen sich vorwiegender Weise auf Fachliche Grund- oder Weiterbildungsmaßnahmen.

Im Bereich der **Erstausbildung** bei Auszubildenden werden im Bereich von Handwerk und Industrie in überbetrieblichen Bildungszentren Grundfertigkeiten in den verschiedenen Berufsfeldern wie z. B. im Bereich Metall oder Elektro und auch im Bereich der kaufmännischen Berufsausbildung vermittelt. Träger sind die verschiedenen Kammern oder andere öffentliche Trägergemeinschaften, die in unterschiedlicher Art und Weise finanziert und gefördert werden.

Neben den **Grundfertigkeiten** gibt es unterschiedliche Angebote in der weiteren Qualifizierung. Überbetriebliche Lernangebote werden häufig auch aus Kostengründen angeboten, da durch die breitere Nutzung von oft sehr teueren Ausbildungsgeräten, z. B. in der Computergesteuerten Fräs- und Drehtechnik, oder im Bereich der Automatisierungs- und Steuerungstechnik, die Kosten auf mehrere Kostenträger verteilt werden können.

Auch die Berufsschulausbildung kann als Überbetriebliches Lernen angesehen werden, übernimmt sie in der dualen Berufsausbildung den wichtigen Part der schulischen Berufsausbildung.

Im Bereich der Weiterbildung werden von den gleichen Trägern berufsqualifizierende Weiterbildungsangebote offeriert. Dies können **zertifizierte Lehrgänge** sein oder Weiterbildungsmaßnahmen mit staatlich anerkannten Abschlüssen, wie z. B. Techniker/Meister oder anerkannte Weiterbildungen in anderen z. B. kaufmännischen Ausbildungen.

In einigen Bereichen der Ausbildung ist es sinnvoll, mit anderen Ausbildungsfirmen einen Ausbildungsverbund zu gründen oder Ausbildungsinhalte an andere Unternehmen zu übertragen. Der Ausbildungsverbund ist u. a. dann sinnvoll, wenn mehrere Unternehmen nur über eine kleine Anzahl Auszubildender verfügen. Durch das Zusammenführen zu einem Ausbildungsjahr werden die verschiedenen Ausbildungsinhalte, praktisch wie theoretisch von dem Unternehmen übernommen, das die geeigneten Mittel und das geeignete Personal zur Ausbildung zur Verfügung hat.

Das Berufsbildungsgesetz regelt, dass der überwiegende Anteil der Ausbildung jedoch im Unternehmen des Ausbildenden stattfinden muss. Es kann also die Ausbildung nicht extern vergeben werden.

4.6.3.4 Chancen des Wissensmanagement

Der Begriff des Wissen- oder Knowledgemanagement ist eines der aktuellen kursierenden Schlagworte in der betrieblichen Bildungslandschaft. Die begriffliche Zuordnung soll durch die nachfolgenden Erläuterungen erklärt werden:

Wissen kann in **individueller** Form vorliegen und ist dann grundsätzlich an Personen gebunden. In **kollektiver** Form ist Wissen in den Prozessen, Routinen, Praktiken und Normen von Organisationseinheiten oder Arbeitsgruppen zu finden. Eine weitere, für das Wissensmanagement wesentliche Wissensform findet sich im Begriffspaar implizites und explizites Wissen. **Implizites** Wissen stellt das persönliche Wissen eines Individuums mit Idealen, Werten und subjektiven Einsichten dar. **Explizites** Wissen ist dagegen methodisch, systematisch und liegt in artikulierter Form vor. Es kann mittels Informations- und Kommunikationstechnologie verarbeitet und verbreitet werden. Das Grundproblem des Wissensmanagement ist die Überführung von implizitem in explizites Wissen. Erst dann ist es für die Organisation verfügbar und somit über einzelne Personen oder Personengruppen hinaus nutzbar. Wissen kann intern in der Organisation vorhanden sein oder extern bei Beratern oder Kooperationspartnern des Unternehmens lokalisiert sein. Um die Möglichkeiten des Wissensmanagements zu nutzen, kann die Beachtung der aufgeführten Punkte bei der Einführung eines funktionierenden Wissensmanagements dienen:

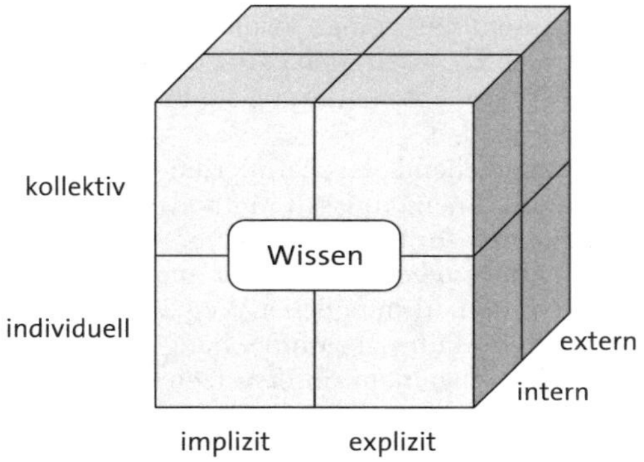

- **Wissensziele:** Die Identifikation von Wissenszielen als Kernaufgabe des Managements steht am Anfang und dient zur Planung als Grundlage für Kontrolle und Umsetzung. Sie beziehen sich auf wissensbezogene Unternehmensziele aufnormativer, strategischer und operativer Ebene und geben Lernprozessen eineRichtung bzw machen den Erfolg von Wissensmanagement überprüfbar.
- **Wissensidentifikation (Wissenstransparenz):** Wissensidentifikation bedeutet Schaffung von Transparenz über internes und externes Wissen. Insbesondere geht es um die Analyse und Beschreibung von Wissen im Unternehmen und im Wissensumfeld. Intransparenz entsteht durch Dezentralisierung, Globalisierung, Lean-Management, Restrukturierung und Fluktuation.
- **Wissenserwerb:** Beim Wissenserwerb geht es um den Import von Wissen aus externen Quellen. Der Wissenserwerb kann durch folgende Aktivitäten erreicht werden: Erwerb von Wissen externer Wissensträger (Rekrutierung, externe Berater), Erwerb von Wissen anderer Unternehmen (Kooperationen jeglicher Art, Product-Links, Knowledge-Links), Erwerb von Stakeholderwissen (Kunden, Lieferanten) und Erwerb von Wissensprodukten.
- **Wissensentwicklung:** Wissensentwicklung ist als komplementärer Baustein zum Wissenserwerb zu sehen, bei dem die Produktion neuer Fähigkeiten, Produkte, neuer und besserer Ideen sowie leistungsfähigerer Prozesse im Mittelpunkt steht. Dabei entstehen Innovationsbarrieren, welche die Entstehung und Förderung neuen Wissens behindern können. Schlüsselbereiche für die kollektive Wissensentwicklung sind Kommunikation, Transparenz und Integration.
- **Wissens(ver)teilung:** Wissens(ver)teilung ist zwingende Voraussetzung, um isoliert vorhandenes Wissen der gesamten Organisation zur Verfügung zu stellen. Sie kann

sich entweder auf zentral gesteuerte Verteilung auf eine festgelegte Gruppe oder auf Mitteilen von Wissen unter Individuen beziehen. Die Aufgaben sind: Multiplikation von Wissen, Sicherung und Teilung von gemachten Erfahrungen und simultaner Wissensaustausch, der direkt zu Wissensentwicklung führt. Kulturelle Teilungsbarrieren können der Wissens(ver)teilung im Weg stehen.

- **Wissensbewahrung:** Die Bedeutung des organisatorischen Gedächtnisses steht im Zentrum dieses Bausteins und bildet ein System von Wissen und Fähigkeiten, das gespeichert und zu einem späteren Zeitpunkt als Grundlage für neues Wissen abgerufen werden kann. Zur Wissensbewahrung sind die Prozesse der Selektion, Speicherung und Aktualisierung von wertvollem Wissen notwendig. Durch Anreizsysteme und Austrittsbarrieren können darüber hinaus Fachleute mit für das Unternehmen wichtigen Expertisen an die Organisation gebunden werden.
- **Wissensnutzung:** Wissensnutzung ist der produktive Einsatz von organisationalem Wissen. Wissensmanagement muss einen Kontext schaffen, in dem Wissensnutzung erleichtert wird und tatsächlich stattfinden kann, da eine Reihe von Barrieren existieren. Zur Erreichung der Nutzungsorientierung sollten in allen Bausteinen die Bedürfnisse der Nutzer bedacht werden.
- **Wissensbewertung:** Entsprechend der definierten Wissenszielen auf normativer, strategischer und operativer Ebene müssen Methoden zur Messung vorhanden sein. Hier zeigt sich die Qualität der formulierten Zielvorstellungen. Zur Messung existiert kein erprobtes Instrumentarium von Indikatoren und Messverfahren, daher müssen neue Wege beschritten werden. Als möglicher Weg wird mehrdimensionale Wissensbewertung durch Ursache-Wirkungszusammenhänge vorgeschlagen.

Instrumente des Wissensmanagement unterstützen die Organisationsmitglieder bei der Bearbeitung der Wissensmanagement-Teilprozesse, Wissensverteilung, -teilung, -generierung, -anwendung, und -bewertung. Nachfolgend werden einige Werkzeuge angeführt, die sich in der Praxis bereits bewährt haben. Die Liste kann und soll unternehmensspezifisch weiter ausgebaut und entwickelt werden.

- **Arbeitsrotation (Job-Rotation):** Arbeitsrotation (Job-Rotation) ist der Wechsel von personenbezogenen Aufgaben und Zuständigkeiten. Ziel dieser Methode ist die vertikale Wissenserweiterung im unmittelbaren Arbeitsbereich des Mitarbeiters (s. hierzu ausführlich Abschnitt 4.2.2.3).
- **Gelbe und Blaue Seiten:** Gelbe und Blaue Seiten sind ein Instrument des Wissensmanagements zur Förderung der Wissensteilung. Ziel dieser Methode ist es, interne und externe Wissensträger bekannt und erreichbar zu machen und damit den Wissensaustausch (=Wissensteilung) zu fördern. WIE Gelbe Seiten findet man üblicherweise in firmeneigenen Intranets, in denen Mitarbeiter sich eintragen können und beschreiben können, auf welchen Gebieten sie über welches Wissen verfügen. Die Stammdaten (Name, Anschrift, Telefonnummer, E-Mail-Adresse, etc.) können aus einer zentralen Datenbank gefüllt werden. Um die Pflege des eigenen Profils kümmert sich jeder Mitarbeiter selbst. Zugang zu den gelben Seiten hat jeder Mitarbeiter der Benutzergruppe unabhängig von seiner eigenen Qualifikation.
- **Kernerfahrungen (Lessons-Learned):** Kernerfahrungen (Lessons-Learned) sind durch Erfahrung erworbenes Wissen oder Verständnis. Es geht dabei sowohl um positive als auch negative Erfahrungen, die Mitarbeiter in Projekten oder bei der Bearbeitung von Problemen machen. Kernerfahrungen beinhalten Entscheidungen, Prozessbeschreibungen, usw., die in Zukunft die Wahrscheinlichkeit von Erfolgen erhöhen sowie von Fehlern und Misserfolgen senken. Die dokumentierten Erfahrungen werden anderen Mitarbeitern zugänglich gemacht, um bei ähnlichen Fragestellungen oder Problemen nachlesen und entsprechend handeln zu können. Wie? Die gemachten Erfahrungen werden in Manöverkritik-Sitzungen gesammelt und anschließend auf geeignete Art und Weise dokumentiert (z. B. mit Hilfe von Mikroartikel). Erfahrun-

gen werden nur dann als Kernerfahrungen eingestuft, wenn sie wirklich oder sehr wahrscheinlich Einfluss auf Aktivitäten haben und wenn sie technisch richtig und anwendbar sind. Es ist wichtig, aus Erfahrungen, die in der Vergangenheit gemacht wurden, Vorteile für die Gegenwart und die Zukunft zu ziehen.

- **Mikroartikel:** Mikroartikel umfassen maximal eine Textseite. Sie beinhalten eine kurze Problembeschreibung in Form einer Geschichte und die Erfahrungen, die daraus gewonnen werden können. Die Erzählform einer Geschichte sorgt dafür, dass dem Leser der Kontext des Problems nahe gebracht wird. Ziel von Mikroartikeln ist es, sehr kontextabhängiges Wissen leichter dokumentier- und wiederauffindbar zu machen. Ein Mikroartikel kann wie folgt strukturiert sein:
  Thema: Kurzcharakterisierung des Inhalts als Überschrift.
  Geschichte: Knappe Schilderung des Sachverhalts.
  Einsichten: Erfahrungen, die man gewonnen hat, kurz beschrieben.
  Folgerungen: Schlüsse, die man aus den Erfahrungen zieht.
  Anschlussfragen: Fragen, die offen geblieben sind als Denkanstöße.
  Die Abschnitte »Folgerungen« und »Anschlussfragen« können auch fehlen. Mikroartikel sind auch geeignet, um in einem Lerntagebuch die wichtigste Lernerfahrung des Tages zu dokumentieren.
- **Mind-Mapping:** Mind-Mapping zählt bei den Instrumenten des Wissensmanagements zur Kategorie der Visualisierungstechniken und dient primär der Strukturierung bzw. Kodifikation von Wissen. Wissensstrukturen werden damit transparent gemacht. Mit Hilfe von Mind-Mapping werden Ideen graphisch gesammelt, strukturiert bzw. geordnet und bewertet. Ziel dieser Methode ist es, innerhalb kurzer Zeit im Team Ideen zu einem Problemkreis oder Thema zu sammeln, sie zu gliedern und graphisch darzustellen. Dabei wird in Haupt- und Subideen strukturiert. Durch die visuelle Darstellung der Ideen in Form von Ästen bei gleichzeitig strukturierter Ideengenerierung und -dokumentation wird der Lernprozess einer Gruppe unterstützt. Mind-Maps fördern die Vorstellungskraft und erleichtern die Erinnerung an Ideen zu Themen oder Problemen. Durch den Einsatz der Methode werden vor allem soziale Fähigkeiten gefördert.
  Begonnen wird mit einer Wolke in der Mitte eines Posters, in der das Thema oder die Hauptaussage vermerkt ist. Danach werden in der Gruppe Ideen gesammelt. Jede Hauptidee wird in Form eines Astes zu der Wolke hinzugefügt. Ideen zu den Hauptideen werden jeweils durch Unteräste dargestellt. Nach und nach entsteht so eine graphische Gruppierung der Ideen. Besteht ein Zusammenhang zwischen mehreren Ideen verschiedener Äste, so werden diese durch entsprechende Pfeile verbunden. Dadurch werden sämtliche Zusammenhänge in übersichtlicher Form aufgezeigt. Um die visuelle Hälfte des Gehirns beim Erfassen der Ideen zu unterstützen, können kleine Grafiken (Icons, Cliparts) zur Kennzeichnung der Hauptideen verwendet werden. Zusätzlich können z. B. die einzelnen Hauptäste bzw. Hauptideen durch Aufkleben von Punkten (z. B. sechs pro Teilnehmer) optional ergänzt durch Setzung von Prioritäten und Rangordnung (drei Punkte für den wichtigsten Ast, zwei für den zweiten und einen für den dritten) bewertet werden. Mind-Mapping kann auch computerunterstützt am PC durchgeführt werden. Die entstehende Mind-Map kann mit Hilfe eines Projektors an die Wand geworfen werden, damit die Teilnehmer den sukzessiven Aufbau »ihrer« Mind-Map verfolgen können.
- **Wissenskarten:** Wissenskarten sind graphische Verzeichnisse von Wissensträgern, Wissensbeständen, Wissensquellen, Wissensstrukturen oder Wissensanwendungen. Es lassen sich verschiedene Arten von Wissenskarten unterscheiden: Wissensträgerkarten (dazu gehören beispielsweise Wissenstopographien, die veranschaulichen, welche Wissensart in welcher Ausprägung bei welchen Wissensträgern vorhanden ist) und Wissensbestandskarten. Letztere zeigen an, wo und wie bestimmte Wissens-

bestände gespeichert sind. Sie berücksichtigen den Aggregatzustand des Wissens und geben Auskunft über mögliche Weiterverarbeitungsschritte.
In der Praxis werden eine Vielzahl von Wissenskarten verwendet, um eine bessere Wissenstransparenz erreichen zu können. Ziel von Wissenskarten ist es, sowohl explizites (bewusstes, zugreifbares) als auch implizites (weniger bewusstes, intuitives) Wissen zu erfassen und den Zugriff auf benötigtes Wissen zu erleichtern und zu beschleunigen. Bei der Erstellung von Wissenskarten wird bei wissensintensiven Geschäftsprozessen begonnen. Wichtige oder besonders sensible Wissensbestände und deren Wissensträger werden erhoben, kodifiziert und in ein geeignetes Navigationssystem eingebunden. Die ständige Aktualisierung der Wissenskarten ist sicherzustellen.

4.6.3.5 Internet und Intranet nutzen

Das Internet bietet eine Fülle von Informationen, die spinnennetzartig miteinander verknüpft sind. Ein wichtiges und unverzichtbares Hilfsmittel im Internet sind deshalb die Suchmaschinen. Weit verbreitet sind »Altavista«, »Hot Bot«, »Magellan«, »Yahoo«, »Google« oder »Lycos«. Die Suchmaschinen ermöglichen eine Recherche auf den Millionen von Web-Seiten.

In vielen Fällen können Daten direkt auf den PC am Arbeitsplatz geladen werden (Download), Zeitschriftenartikel per E-Mail bestellt werden oder die aktuellen Vorlesungsverzeichnisse eingesehen werden.

Hier einige allgemeine Empfehlungen, wie Sie Informationen aus dem Internet nach Recherchen verwalten können.

- **Alles Interessante erst einmal aufnehmen, dann editieren:** Bookmarks werden nicht leicht gefunden, aber schwer gesucht. Lesezeichen, die Sie nicht mehr brauchen oder die sich als uninteressant herausstellen, werden so schnell wie möglich gelöscht.
- **Strukturen wirken Wunder (Favoriten):** Bauen Sie sinnvolle Verzeichnisstrukturen auf, wagen Sie auch einmal eine Verschachtelung. Die Verzeichnisstrukturen sollten der allgemeinen Verzeichnisstruktur entsprechen, um Verwechslungen und langes Suchen zu ersparen.
- **Ordnung halten:** Sie sollten es sich zur Gewohnheit machen, alle neuen Bookmarks am Ende einer Sitzung sofort den richtigen Verzeichnissen zuzuordnen.
- **Musterverzeichnisse erstellen:** Diese Bookmarksammlungen können bei Bedarf anderen Nutzern zur Verfügung gestellt werden und wirken gerade bei Internet-Novizen wie wahre Wunder. Sie erleichtern den Einstieg, da sie sehr schnell Erfolgserlebnisse vermitteln.
- **Bookmarks austauschen:** Mir dem Bookmark- oder Favoriteneditor können auch einzelne Sammlungen zusammenkopiert und neu geordnet werden. Damit können sich Arbeitsgruppen die Recherchearbeit wesentlich erleichtern.
- **Auffrischung:** Alle Monate sollten die Bookmarks durch einen Auffrischungsdurchgang automatisch auf den aktuellen Stand gebracht werden.

Die Ziele bei einem Intranet-Informations-Angebot für die Nutzung der betrieblichen Bildungsarbeit sind vielfältig:

- Verfügbarkeit der Weiterbildungsinformationen bei einem Großteil der Mitarbeiter,
- Informationen können ständig aktualisiert werden,
- Sehr gutes Kosten- und Nutzenverhältnis,
- Geringe Reaktionszeit auf wechselnden betrieblichen Bedarf,
- Schnelles Umsetzen von unternehmensweiten Strategien,

- Vorhalten von stehenden Informationen, wie etwa Handbücher für die Personalarbeit, Personalentwicklung und Organisation,
- Aktualisierung der stehenden Informationen (Handbücher),
- Einbau von Suchmaschinen,
- Leichte Suchbarkeit auf den elektronischen Dokumenten (PDF-Files),
- Aufnahme von Feedback-Instrumenten in das elektronische Interaktionsgeflecht,
- Erleichterung der Verwaltung, direktes und fehlerfreies Arbeiten bei Buchung, Bestätigung und Planung von Bildungsmaßnahmen,
- Differenzierung des Angebots nach Zielgruppen.

Literatur:

Pieler, D.: Neue Wege zur lernenden Organisation, 2. Auflage, Wiesbaden, 2003

Wildemann, K.: Die lernende Organisation, in Zeitschrift für Betriebswirtschaft, Ergänzungsheft 3, Wiesbaden, 1995

Kontrollfragen zu dem 4. Handlungsbereich

112. Welche Kompetenzbereiche kennen Sie? Nennen Sie Beispiele für die einzelnen Bereiche!
113. Welche Beurteilungsfehler können bei der Mitarbeiterbeurteilung auftreten?
114. Erläutern Sie, warum die Mitarbeiterbeurteilung für Führungskräfte und Mitarbeiter wichtig ist!
115. Angenommen Sie sind Personalentwickler eines Unternehmens und wollen einen neuen Beurteilungsbogen einführen. Wie gehen Sie vor, mit welchen Schwierigkeiten müssen Sie rechnen? (Welche Argumente könnte der Betriebsrat dagegen vorbringen? Welches sind Ihre Gegenargumente?)
116. Welche Übungen können in einem Assessment-Center eingesetzt werden?
117. Welche Kompetenz- oder Qualifikationsbegriffe lassen sich unterscheiden? Welches sind die Qualifizierungsschwerpunkte? Nennen Sie zehn »Schlüsselqualifikationen«!
118. Nennen Sie Beispiele für »On-the-Job«-Maßnahmen. Definieren und unterscheiden Sie die Begriffe Job-Rotation, Job-Enrichment, Job-Enlargement und beschreiben Sie beispielhaft Ziele und Vorteile!
119. Welches sind die wichtigsten Erfolgskriterien für die Beurteilung von Qualifizierungsmaßnahmen? Wie können Sie den Erfolg von Trainingsmaßnahmen überprüfen?
120. Sie sind für die Planung, Organisation und Durchführung von Weiterbildungsmaßnahmen verantwortlich. Was müssen Sie berücksichtigen? Erstellen Sie eine Checkliste zur Seminarvorbereitung!
121. Sie sind für die Weiterbildung verantwortlich und wollen modernste Medien nutzen. Benennen Sie Kriterien für eine erfolgreiche Einführung von E-Learning! Entwerfen Sie eine Checkliste zur Einführung von E-Learning!
122. Erläutern Sie die Planungsstufen eines Förderprogrammes!
123. Erläutern Sie den Sinn von betrieblichen Förderprogrammen!
124. Worin liegen die Vor- und Nachteile individueller und gruppenbezogener Förderprogramme?
125. Welche Fragen müssen beim Bildungscontrolling gestellt werden?
126. Welche bedeutenden Voraussetzungen schuf Edward Deming für das Qualitätsmanagement?
127. Welche Schritte sind zu einer Zertifizierung einzuleiten?
128. Welche Parameter können für eine Kosten/Nutzen Analyse für die Personal- und Organisationsentwicklung sinnvoll sein?
129. Erläutern Sie die wesentlichen Merkmale der Theorie X/Y?
130. Stellen Sie die zentralen Aufgaben einer Führungskraft dar und erläutern Sie diese an einem Beispiel.
131. Benennen Sie die unterschiedlichen Führungsstile und beschreiben Sie diese kurz.
132. Welche Führungsinstrumente kennen Sie? Erläutern Sie diese kurz.
133. Benennen Sie die verschiedenen Führungsmodelle!
134. Welche Organisationsmodelle kennen Sie?

Lösungen zu den Kontrollfragen

1.

Die graphischen Darstellungen und Übersichten über die jeweiligen Vor- und Nachteile sehen Sie in den Abbildungen 1 bis 3 und in den zugehörigen Übersichten des Abschnitts 1.1.

2.

Aufbauorganisation betrifft alle zeit- und raumunabhängigen Regelungen. Beispiele hierfür sind die Organisation der Unternehmensleitung, die Organisation der Bereiche bzw. Abteilungen und die Arbeitsorganisation auf ausführender Ebene. Darin sind die Über- und Unterstellungsverhältnisse eingeschlossen.

Ablauforganisation betrifft die raum- und zeitabhängigen Regelungen. Beispiele sind die Reihenfolge von Arbeitsschritten an einem Arbeitsplatz, die Anordnung von Arbeitsplätzen nach dem Werkstatt- bzw. nach dem Flussprinzip (Ort) und die zeitliche Festlegung von Arbeitstakten für mehrere aufeinander folgende Arbeitsplätze.

Ziele der Ablauforganisation sind die Optimierung von:

- Kapazitätsauslastung,
- Durchlaufzeiten,
- Transportwegen,
- Lagerzeiten und
- Termineinhaltung.

Klassische Organisationstypen der raumorientierten Arbeitssynthese bzw. Fertigung sind Werkstattfertigung und Fließfertigung. Bei der Werkstattfertigung werden Arbeitsplätze mit gleichartigen Tätigkeiten zu einer Werkstatt zusammengefasst. Dabei nimmt man längere Transportwege in Kauf. Bei der Fließfertigung werden die Tätigkeiten bzw. Arbeitsplätze so hintereinandergeschaltet, dass alle an dem zu erstellenden Produkt vorzunehmenden Tätigkeiten (räumlich) unmittelbar hintereinander folgen. Dies erfordert eine exakte zeitliche Abstimmung der einzelnen Arbeitsschritte.

3.

Aufgabenspektrum des Personalreferenten: Der Personalreferent erledigt in seinem Betreuungsbereich alle anstehenden Personalaufgaben, d. h. von der Einstellung bis zum Austritt eines Mitarbeiters, und zwar in enger Zusammenarbeit mit der zuständigen Führungskraft (Vorgesetzter). Konkret sind dies:

Aufgabenteilung zwischen Personalreferent und Führungskraft:

Personalreferent	**Gemeinsam**	**Führungskraft**
Betreuung und Beratung der Mitarbeiter		Aufgabenstellung
Zusammenarbeit mit dem Betriebsrat		Zielvereinbarung
Personalcontrolling		Mitarbeitergespräch
Personalverwaltung		Information

Personalreferent	Gemeinsam	Führungskraft
	Personalbedarfsplanung	Kommunikation
	Personalauswahl	
	Personalentwicklung	
	Festlegung der Vergütung	
	Personaleinsatz	

Hinzu kommen u. U. Spezialgebiete des Personalreferenten, auf denen er die Entwicklungen besonders verfolgt. Unterschiedliche Regelungen hält die Praxis vor allem für den Bereich der Personalabrechnung bereit.

4.

Rollen des Personalbereichs:

Klassische Rollen mit Bezug zum Tagesgeschäft sind die Rollen des:

- Experten in Personalfragen, der Prozesse effizient gestaltet, zeitgemäße Instrumente entwickelt und dabei auf gute fachliche Kompetenz zurückgreifen kann
- Mitarbeiterbetreuers, der in ständigem Kontakt mit den Mitarbeitern seines Betreuungsbereichs für motivierende Arbeitsbedingungen sorgt und sich um die Mitarbeiter (zusammen mit dem zuständigen Vorgesetzten) kümmert.

Moderne Rollen mit strategischem Bezug sind die Rollen des:

- Change-Agent, der Veränderungen anstößt, begleitet und durch Team- und Bereichsentwicklungsprozesse die Unternehmenskultur nachhaltig prägt
- Business-Partners, der die Umsetzung der Unternehmensstrategie immer im Blick hat und für die Bereiche Nutzen stiften will.

In diesem Rollenmodell (von Ulrich) fehlt die sog. Ordnungsfunktion, die z. B. durch Arbeitszeitregelungen, Vergütungsmodelle und Vergütungsbandbreiten, Abmahnungen und Kündigungen ... einen Ordnungsrahmen für alle Mitarbeiter schafft.

5.

Dienstleistungsangebot meint die Produkte bzw. Leistungen, welche die Personalabteilung für die verschiedenen Kundengruppen erbringt, also das »Was« der Dienstleistungen:

- Für die Mitarbeiter ohne Führungsfunktionen: Auskünfte, Beratung, Bescheinigungen.
- Für die Führungskräfte: Hilfestellung bei der Wahrnehmung der Führungsaufgaben, Coaching, Beratung bei Einstellungen und bezüglich der Personalentwicklung der Mitarbeiter ...
- Für die Geschäftsleitung: Erarbeitung von neuen Konzepten, Durchführung von Analysen, Erstellen von Personalberichten (Reporting), Unterstützung bei der Umsetzung der Unternehmensstrategie, Repräsentation.
- Für die Bewerber: Auskünfte, Kontaktmöglichkeit.

Service meint die Art und Weise, »wie« die Dienstleistungen erbracht werden; dazu zählt vor allem auch die Art des Kontakts mit den Kunden:

- Verlässlichkeit, Rechtzeitigkeit, Schnelligkeit, Pünktlichkeit, Kompetenz und Professionalität, Höflichkeit, Verständnis für spezielle Kundenbedürfnisse.

Wirtschaftlichkeit meint die Kosten der Dienstleistungen. Die Kostenseite hat ebenfalls mehrere Aspekte:

- Transparenz der Kosten für die Kunden,
- Verlässlichkeit des Kostenansatzes,
- günstiges Preis-Leistungsverhältnis (im Vergleich zu externen Leistungsanbietern),
- ggf. Gewinnerzielung der Personalabteilung.

6.

Ein Muster für einen Fragebogen zur Erhebung der Kundenzufriedenheit finden Sie in Abbildung 5 des Abschnitts 1.2.

Dabei kommt es vor allem auf die Einschätzung der Bedeutung (Wichtigkeit) und auf die Bewertung (Zufriedenheit) der angebotenen Dienstleitungen bzw. Produkte durch die Kunden an sowie auf den damit einhergehenden Service – zusätzlich sollte man sich nach überflüssigen und nach fehlenden Angeboten erkundigen.

7.

Wirtschaftlicher Wandel bezeichnet Veränderungen im wirtschaftlichen Umfeld des Unternehmens, also Internationalisierung und Globalisierung, Euro, Wirtschaftswachstum, Arbeitslosigkeit, Entwicklung der Personalnebenkosten, New-Economy, Produktlebenszyklen. Der Trend zur Internationalisierung z. B. verlangt von den Personalabteilungen international ausgerichteter Unternehmen Konzepte zum Internationalen Personalmanagement.

Sozialer bzw. gesellschaftlicher Wandel bezeichnet Veränderungen im gesellschaftlichen Umfeld des Unternehmens, also Demographie (Altersaufbau der Bevölkerung), Wertewandel, Image von Branchen, »Mode«berufe. Der Trend zur »älteren Bevölkerung« z. B. verlangt von den Personalabteilungen verstärkte Bemühungen um jüngere Mitarbeiter.

Technologischer Wandel bezeichnet Veränderungen im technologischen Umfeld des Unternehmens, die für die Tätigkeiten der Mitarbeiter besondere Bedeutung besitzen, also PCs, Internet, Intranet, neue Medien, Roboter. Der Trend zu Vernetzungen durch das Internet z. B. verlangt von den Personalabteilungen einen eigenen Auftritt auf der Homepage des Unternehmens.

Politisch-rechtlicher Wandel bezeichnet Veränderungen im politischen und im rechtlichen Umfeld des Unternehmens, also neue Gesetze (auch auf EU-Ebene), Arbeitsrechtsprechung, Ziele und Strategien von Gewerkschaften und Arbeitgeberverbänden, Gleichstellung der Frau, Abstimmung von Arbeit und Freizeit (Work-Life-Balance). Der Trend zur Work-Life-Balance z. B. verlangt von den Personalabteilungen die vermehrte Einführung flexibler Arbeitszeitsysteme.

(In der betrieblichen Praxis werden diese vier externen Analysefelder häufig als PEST-Analyse bezeichnet: Political, Economic, Social, Technological-Change.)

8.

Primärorganisationen sind auf Dauer angelegt und bilden die organisatorische Basis im Leitungssystem eines Unternehmens. Sie sorgen für die nötige Stabilität der Aufbauorganisation. Sekundärorganisationen überlagern häufig diese Primärorganisation und verleihen ihr mehr Flexibilität und Mobilität.

Ein-Linien-, Stab-Linien-Systeme, Spartenorganisationen, Referentensysteme und Matrixorganisation sind Beispiele für Primärorganisationen.

Projekt- und Prozessmanagement, Qualitätszirkelarbeit, Produktmanagement, Key-Account-Management, teamorientierte Arbeitsformen sind Beispiele für Sekundärorganisationen.

Im Laufe der Zeit können erfolgreich funktionierende Sekundärorganisationen den Charakter von Primärorganisationen annehmen.

9.

Schnittstellenprobleme im Personalwesen verhindern eine effektive Personalarbeit durch zu hohe Durchlaufzeiten eines zu bearbeitenden Vorgangs. Sie führen dazu, dass Mitarbeiter von zwei oder mehr beteiligten Stellen und Instanzen mit unterschiedlichen Informationen versorgt werden.

Der Mitarbeiter von heute hat ein gestiegenes Wertbewusstsein und ist durch eine kritische Einstellung gegenüber seinem Unternehmen gekennzeichnet. In den klassischen Organisationsformen des Personalwesens, das auch heute noch zu etwa 70% funktional gegliedert ist, wird dieser Mitarbeiter in einem bürokratischen Sinne »abgewickelt«. Dieses Verhalten ist kontraproduktiv für eine immer stärker auf die Mitarbeiterbetreuung ausgerichtete Personalarbeit.

Die Arbeitsabläufe im Personalwesen werden mehr und mehr dezentralisiert. Personalarbeit findet in Zukunft dort statt, wo die zu betreuenden Mitarbeiter sind. Dies bedingt verstärkt Zusammenarbeit mit den anderen Funktionsbereichen. Ein arbeitsteilig organisiertes Personalwesen wird dieser Anforderung nicht mehr gerecht.

10.

Prozessaufgabe: Durchführung aller Aktivitäten von der Einstellung bis zur vollständigen Integration des Mitarbeiters in seine Arbeitsgruppe und Erreichung seiner Normalleistung.

Anstoß: Abschluss eines Arbeitsvertrages.

Quelle: Delegation der Einführungsaufgabe auf die Arbeitsgruppe.

Anfangsaktivität: Erstellung eines Einführungsplanes.

Senke: Abschließende Beurteilung des Mitarbeiters nach der Probezeit.

Hauptaktivitäten:

- Auswahl der Informationsquellen und -mittel,
- Festlegung der Verantwortlichkeiten für die einzelnen Einführungsschritte,
- Bestimmung eines Paten,
- Festlegung auf die kurzfristigen, mittelfristigen und langfristigen Einführungsaktivitäten,
- Erarbeitung eines Zeitplanes,
- Festlegung von Meilensteinen zur Evaluation der Einführung.

Prozessziele:

- Beschleunigung des Erreichens einer Normalleistung des neuen Mitarbeiters,
- Früherkennung von Qualifikationsdefiziten und Maßnahmen zu deren Beseitigung,
- Erfolgreiche soziale Integration des Mitarbeiters in die Arbeitsgruppe.

11.

Prozessauslöser:

- Personalleitung,
- Geschäftsführung,
- Betriebsrat.
- Lenkungsausschuss:
- Führungskräfte,
- Vertreter der Unternehmensleitung.

Prozessverantwortlicher:

- Leiter der Personalentwicklung.
- Prozessteam:
- Prozessverantwortlicher,
- Prozessmanager, ggf. interne und externe Fachleute.

Prozessmanager:

- Personalreferenten,
- Linienvorgesetzte aus den Fachabteilungen,
- Betriebspsychologen und -pädagogen.

12.

Die Lücke ergibt sich durch den Umstand, dass sich Strategien schneller ändern als Strukturen. Vor allem Leitungssysteme sind durch ihre Dauerhaftigkeit und Beharrlichkeit gegenüber Veränderung im Unternehmen gekennzeichnet. Die Organisationsentwicklung bleibt hinter dem strategischen Wandel zurück. Dadurch wird die Überlebensfähigkeit des Unternehmens gefährdet. Die Prozessorganisation leistet einen Beitrag zur Schließung der Lücke, indem sie schneller als die Primärorganisation auf Veränderung reagiert.

13.

Das Prozessmanagement führt zu einem geplanten, systematischen Wandel in dem Unternehmen. Dauerhaftes Prozessmanagement mit ständigem Prozessredesign entspricht dem Grundgedanken der Organisationsentwicklung.

Es werden umfassende Veränderungen vorgenommen, und es bleibt nicht bei der Änderung von Details.

Prozessmanagement führt zu einem Wandel von Gruppen und Individuen. Die Betonung liegt wie in der Organisationsentwicklung auf dem Wandel von Gruppen.

Die Organisationsentwicklung wird dabei nur durch Impulse von oben initiiert, im Wesentlichen aber wird sie unmittelbar vor Ort stattfinden. Dies ist ein wesentlicher Schritt in Richtung »lernende Organisation«.

Es wird ein langfristiger Wandel angestrebt und kein kurzfristiges organisatorisches Krisenmanagement.

14.

Merkmal	Projektarbeit	Linienaufgabe
Zielorientierung	Eher als kontinuierlicher Prozess, orientiert an wechselnden Rahmenbedingungen	Festgelegte Ziele in funktionaler und hierarchischer Struktur
Zeitliche Begrenzung	Aufgabe endet zu definiertem Zeitpunkt	Keine – kontinuierlicher Prozess
Einmaligkeit und Neuartigkeit der Aufgabe	Projektprodukte sind Unikate	Produkte und Dienstleistungen immer wieder in gleicher Form
Komplexität	Jeder Arbeitsprozess muss neu erfasst und gestaltet werden	Standardisierung und Vereinfachung wiederholbarer Prozesse
Budgets/Ressourcen	Aufgabenbezogen	Abteilungsbezogen
Organisatorische Zuordnung	Vorübergehend, Doppel-Zugehörigkeit	Dauerhaft
Kompetenzen	Synergie durch Vielfalt	Fachspezialisten

15.

- Formulierung des Auftrags,
- Zielsetzung des Projekts,
- konkrete Aufgabenstellungen,
- gewünschte (Zwischen)Ergebnisse,
- Budget/Ressourcen,
- Randbedingungen,
- Termine und Meilensteine.

16.

Der Auftraggeber ist verantwortlich für die Erteilung des Auftrages, die Zielsetzung und die Bereitstellung von Ressourcen, und sie haben auch die Macht, wichtige Entscheidungen zu treffen.

Der Projektleiter ist das Bindeglied zwischen Auftraggeber und Projektteam, ist für die Leitung des Projektteams zuständig und sorgt für eine effiziente Kommunikation mit allen Beteiligten und für passende Rahmenbedingungen.

Die Teammitglieder schließlich arbeiten an der Aufgabe, oft aber nur mit begrenztem zeitlichen Invest, da sie neben ihrer Tätigkeit im Projekt immer noch ihren »Tagesjob« erfüllen müssen.

17.

Eine ausführliche Darstellung finden Sie unter Abschnitt 1.4.4.

18.

Ein Projekt besteht aus folgenden vier Phasen:

- Definitionsphase,
- Planungsphase,

- Ausführungsphase,
- Abschlussphase.

Eine ausführliche Darstellung der vier Phasen finden Sie unter Abschnitt 1.4.5.

19.

Rekrutierung, Personalbetreuung, Gehaltsabrechnung, Zeitwirtschaft, Reisekostenabrechnung, Personalentwicklung, Personalplanung, Einsatz von Mitarbeitern, Organisationsmanagement, Unterstützung der Steuerung des Personalgeschäfts.

20.

Der wirtschaftliche Nutzen des Projekts sollte in einem Business-Case nachgewiesen worden sein. Die Zustimmung des Betriebsrats sollte eingeholt worden sein. Die technische Machbarkeit des Projekts sollte geprüft worden sein.

21.

Personalabteilung, zur Konzeption und Steuerung des Projekts,

IT-Abteilung zur Unterstützung des Projekts,

Betriebsrat zur Genehmigung und Mitarbeit im Projekt und

Finanzbereich.

Die späteren Benutzer, damit sie bereits bei der Konzeption ihre Erwartungen und Erfahrungen in das Projekt einbringen können.

Das Top-Management bzw. die Geschäftsführung, welche die Ressourcen/Gelder für da Projekt zur Verfügung stellt/genehmigt und regelmäßig über den Projektverlauf unterrichtet werden sollte.

22.

Alle Personalprozesse und -dienstleistungen, die eine hohe Standardisierung aufweisen, sind für eine Abbildung in ESS- und MSS-Tools geeignet. Die Voraussetzungen für den Einsatz von ESS- und MSS-Tools sind:

- Personaldienstleistung hat einen hohen Routinegrad.
- Entscheidungen und Arbeitsschritte sind einfach strukturiert und durch Regeln zu beschreiben,
- Für die abzubildende Dienstleistung gibt es eine handhabbare und einfach strukturierte Unternehmensregelung mit einer Minimalzahl an Ausnahmeregelungen,
- Das Personal-IT-System unterstützt ESS- und MSS-Lösungen.

Heutzutage gelten diese Voraussetzungen u. a. für die Personalservices:

- Reisekostenmanagement: Reisebuchung und -abrechnung,
- Gehaltsabrechnung: Online Zusendung der Gehaltsabrechnung,
- Bescheinigungen: Anforderung, Erstellung und Ausdruck formeller Bescheinigungen. Sie können vom Mitarbeiter selbst veranlasst werden,
- Rekrutierung: Unterstützung des Vorgesetzten und des Personalbereichs in der Vorselektion, Verteilung und Verfolgung von Bewerbungen sowie dem Managen und Organisieren des Einstellungsprozesses,
- Gehaltsüberprüfungen und Sondertantiemen: Vorgesetzte können selbst die Verteilung fixer Budgets für Gehaltserhöhungen und Bonuszahlungen verteilen. Genehmigung der Verteilung durch nächst höheren Vorgesetzten. Controlling der Verteilung

durch automatisierte Überprüfungsroutinen. Regelung und Kontrolle der Ausnahmen durch den Personalbereich.
- Stammdatenpflege: Jeder Mitarbeiter kann seine Stammdaten (Adresse, Kontoverbindung, etc.) selbst online pflegen,
- Zeitwirtschaft: Die Eingabe von Zeiten kann durch jeden Mitarbeiter selbst erfolgen. Online können die Stände des Zeit- und Urlaubskontos eingesehen und ausgedruckt werden. Urlaubsanträge werden elektronisch ausgefüllt und genehmigt.

23.

Der Berater hat eine klare Vorstellung von der eigenen *Rolle*, dem Beratungs-Auftrag und der Kompetenz, über die er verfügt. Er handelt auf der Grundlage eines theoretischen Konzeptes bzw. eines Modells (Modell von Organisation bspw.), das dem Kundensystem verdeutlicht werden kann (es gibt eine explizierbare Grundlage für die Diagnose, Hypothesenbildung und Intervention im Beratungskontext) und ist sich der eigenen Haltungen bewusst (Handlungsleitende Menschenbilder, Werte, ...). Die dritte Säule, die Ausdruck professionellen Beratungsverhaltens ist, ist das Methodenrepertoire, dessen sich der Berater bedient.

Professionelle Berater verfügen über ein (möglichst) breites Spektrum an Methoden zur Diagnose und Intervention in Beratungssituationen.

24.

a) Hinterfragen der eigenen Rolle im Konfliktfall (Konfliktpartei, Konfliktmoderation, Mediation, Schiedsgericht, ...) und des Auftrages.

b) Welches Modell/welche Theorie von Konflikt bildet die Grundlage meiner Intervention? Mit welcher Haltung dem Konfliktgeschehen gegenüber diagnostiziert der Berater den Konflikt? Mit welcher Wahrnehmung und Grundhaltung wird der Konflikt bewertet? Welche Konfliktursachen werden diagnostiziert? Welches Konfliktverhalten legen die beteiligten Akteure an den Tag? Welche Ziele für die Handhabung des Konfliktes steuern die Beteiligten an?

c) Auf a) und b) aufbauend, lassen sich unterschiedliche Interventionsmöglichkeiten ableiten. Deren Auswahl erfolgt jedoch hypothesengeleitet und gründet auf a) und b)! Einige Ideen dazu sind bspw. das Führen eines Konfliktgespräches, eine Konfliktmoderation oder – im größeren Kreis – ein Austausch zum aktuellen Dissens, der nicht auf Konsens abzielt.

25.

Feedback eröffnet vielfältige Lernchancen und Handlungsspielräume, Feedback verstärkt und beschleunigt berufliche und persönliche Entwicklungsprozesse. Aussicht auf Erfolg hat Feedback dann, wenn die dafür nötigen Rahmenbedingungen hergestellt sind und sich Feedback-Geber und Feedback-Nehmer an bestimmte Regeln halten (s. hierzu Abschnitt 1.6.4).

26.

- Durch Moderationstechniken, bei denen alle etwas tun müssen, beispielsweise Ideen auf Karten schreiben.
- Durch personenbezogene Neutralität, die alle ermutigt, mitzuarbeiten.
- Durch die direkte Einbeziehung aller, auch der Stillen in der Gruppe durch den Moderator.

27.

- Er hält sich während der Arbeit aus der inhaltlichen Debatte in der Gruppe bewusst heraus.
- Er vermeidet bewertende Stellungnahmen zu Aussagen aus der Gruppe.
- Seine eigene Meinung zum Thema – soweit er eine hat – behält er für sich.
- Seine Akzeptanz sucht er ausschließlich als methodisch Verantwortlicher für den Arbeitsprozess.

28.

- Der Moderator zeigt konsequent allen Teilnehmern der Arbeitssitzung gegenüber die gleiche positive Wertschätzung.
- Der Moderator bevorzugt oder benachteiligt niemanden – weder durch Worte noch durch Gesten, Mimik, Gestik.
- Alle geäußerten Meinungen, Haltungen und Perspektiven in der Gruppe sind für ihn gleich wichtig.
- Dadurch verschafft er auch den Minderheiten Gehör, die sich sonst vielleicht nicht äußern würden.

29.

- Zu Beginn der Sitzung stellt der Moderator der Gruppe das Ziel der Sitzung vor. Er sorgt dafür, dass alle in der Gruppe dieses Ziel auch verstanden haben. In manchen Fällen wird das Ziel der Sitzung von der Gruppe erarbeitet. Dann hilft der Moderator bei der Zielfindung.
- Während der Sitzung teilt der Moderator der Gruppe immer wieder mit, an welcher Stelle auf dem Weg zum Ziel sie gerade ist.
- Der Moderator hilft, Zwischenergebnisse zu formulieren und zu visualisieren.
- Der Moderator macht die Gruppe darauf aufmerksam, wenn sie vom Weg zum Ziel abweicht oder auf Nebenschauplätzen arbeitet.

30.

- Mit offenen Fragen, auch W-Fragen genannt, also Fragen, die mit einem Fragewort wie »Wie«, »Was«, »Warum« etc. beginnen.
- Beispiele: Welche Ideen haben Sie zur Frage ...?
- Was sagen die anderen zu dieser Schilderung?
- Welche Vorschläge gibt es zusätzlich?
- Um einmal ein Meinungsbild zum vorliegenden Problem zu erstellen. Bitte einmal der Reihe nach: Was sagen Sie alle zu ...?

31.

- Begründen, warum ein Verfahren durchgeführt werden soll.
- Ziel des Verfahrens vorstellen.
- Ablauf des Verfahrens vorstellen.
- Die besonderen Verfahrensregeln vorstellen.
- Zeiten für die Arbeit vereinbaren.
- Die konkrete Arbeitsaufgabe stellen.
- Das Verständnis und das Einverständnis der Teilnehmer sichern.

32.

Der italienische Ökonom Pareto stellt die Behauptung auf, dass 20% der Ursachen eines Problems ausreichen, 80% dieses Problem auch bewirken. Mit anderen Worten: Beschäftigt man sich mit diesen 20%, kann man 80% seines Ärgers lösen. Und für die Praxis: Wir müssen die 20% der Ursachen finden, mit denen wir 80% des Problems lösen, dann haben wir eine sehr gute Kosten-Nutzen-Relation. Aber wichtig ist auch: Der Aufwand, den wir in die Arbeit stecken, um die restlichen 20% eines Problems zu lösen, ist gut viermal so groß, wie der Aufwand, den wir benötigen, um schon mal 80% zu lösen. Wollen wir also die restlichen 20% des Problems überhaupt lösen?

33.

Visuelle Hilfen:

- sind die wirksamsten Verständnisträger,
- sind die besten Gedächtnisstützen,
- aktivieren den optischen Kanal der Lernenden,
- bieten mehr Assoziationsmöglichkeiten,
- vergrößern die Aufmerksamkeit und Lernmotivation,
- stellen die Informationen schnell zur Verfügung, wenn man sie braucht.

34.

- Skat spielen,
- jemanden unterrichten,
- Aufmerksam einer Musik lauschen,
- SMS versenden,
- sich mit jemandem streiten,
- mit dem Zeigefinger drohen,
- eine Präsentation darbieten,
- über jemanden lachen,
- einen Spaziergang in der Natur machen,
- über einer Aufgabe brüten,
- eine Gruppendiskussion moderieren,
- in die Luft starren,
- einen Arzt aufsuchen,
- allein Fahrrad fahren,
- allein und still die Natur genießen,
- einen Vortrag vorbereiten,
- jemanden in den Arm nehmen,
- schlafen.

»Man kann nicht nichtkommunizieren!« Nach diesem Axiom (von Watzlawick) gehören auch Aktivitäten wie »allein und still die Natur genießen« zur Kommunikation. Auch mit dieser Handlung wird etwas ausgedrückt.

35.

Beispiele für eine asymmetrische Gesprächssituation:

Vortrag eines Personalreferenten vor dem Führungskreis,
Abmahnung einer Mitarbeiterin,
Datenschutzbeauftragter in der Belehrung über Datensicherheit.

Beispiele für eine symmetrische Gesprächssituation:

Mitarbeiter in einem freiwilligen Qualitätszirkel,
Vorbereitung einer Weihnachtsfeier,
Informelle Gruppe am Mittagstisch.

36.

Kommunikationsprozesse laufen auf der Sach- und Beziehungsebene ab. In einer Projektgruppe werden sicher eher und öfter Sachfragen diskutiert. Die Gefühle und Wünsche der Mitarbeiter in einer Projektgruppe bestimmen unterschwellig den Erfolg dieser Gruppe mit. Gruppenarbeiten, bei denen sich auf der Sachebene anderes abspielt als auf der Beziehungsebene, sind meist nicht sehr von Erfolg gekrönt.

Bei der Metakommunikation wird die Kommunikation bewusst auf die Beziehungsebene geführt. Sie hat eine Spiegelfunktion und zeigt der Projektgruppe auf, wie man miteinander umgeht, spricht, oder was die Mitarbeiter im Augenblick stark beschäftigt.

Die Abgleichung von Selbst- und Fremdwahrnehmung erfordert Mut, Einsicht, Stärke und Toleranz.

37.

- Gruppenarbeit ist die Zusammenarbeit mehrerer Mitarbeiter mit gemeinsamen Aufgaben:
- Die Organisation der Arbeit in der Gruppe wird von den Gruppenmitgliedern selbst wahrgenommen.
- Die Gruppenarbeit soll dazu beitragen, dass die Gruppenmitglieder unterschiedlicher Qualifikationen und Leistungsvoraussetzungen sich gegenseitig unterstützen.
- Gruppenarbeit beinhaltet Arbeitsplatzwechsel, Arbeitsanreicherung, Aufgabenerweiterung und mehr Kompetenzen für die Mitarbeiter.
- Durch Gruppenarbeit sollen Doppel- bzw. Nacharbeiten vermieden werden.
- Der Umgang der Kollegen untereinander sollte von Rücksichtnahme, Toleranz und Fairness geprägt sein und kann durch Gruppenarbeit nur verbessert werden.

38.

- Aufgabenerledigung mit weniger Aufwand,
- Weniger Fehler bei der Aufgabenbewältigung,
- Weniger Hektik und Stress,
- Bessere Organisation der eigenen Arbeit,
- Größere Arbeitszufriedenheit,
- Mehr intrinsische Motivation,
- Mehr Freiraum für andere Tätigkeiten,
- Geringerer Leistungsdruck,
- Bessere Arbeitsergebnisse,
- usw.

39.

Die aus dem Arbeitsvertrag sich ergebenden Hauptpflichten betreffen auf Arbeitnehmerseite die Pflicht zur Erbringung der Arbeitsleistung und auf Seiten des Arbeitgebers die Pflicht zur Zahlung des vereinbarten Arbeitsentgelts. Die beiden wichtigsten Nebenpflichten sind die Treuepflicht des Arbeitnehmers und die Fürsorgepflicht des Arbeitgebers.

40.

Es handelt sich hierbei um ein Arbeitsverhältnis, das vom persönlichen Geltungsbereich des räumlich und fachlich einschlägigen Tarifvertrags ausdrücklich ausgenommen wird.

41.

- Weisungs- bzw. Direktionsrecht,
- einvernehmliche Vertragsänderung,
- Änderungskündigung.

42.

- Tatbestand: Genaue Beschreibung des Pflichtverstoßes.
- Missbilligung: Feststellung der Pflichtverletzung und Hinweis darauf, das pflichtwidrige Verhalten nicht hinzunehmen.
- Aufforderung: Ultimative Mahnung, sich zukünftig pflichtgemäß zu verhalten.
- Androhung: Inaussichtstellen der Gefährdung/Beendigung des Arbeitsverhältnisses bei abermaligem Pflichtverstoß.

43.

Wenn Gründe vorliegen, die betriebsbedingter, personenbedingter oder verhaltensbedingter Natur sind.

44.

- Persönliche Daten, Beginn des Arbeitsverhältnisses, im Unternehmen bekleidete Positionen einschließlich der einzelnen Zeiträume,
- Beschreibung der Tätigkeit(en),
- Bewertung der Tätigkeit(en),
- Beurteilung des Verhaltens,
- Schlussformel (= Dank für geleistete Dienste und Wünsche für die Zukunft).

45.

Beiderseitige Tarifbindung besteht, wenn:

- der Arbeitgeber Mitglied des tarifzuständigen Arbeitgeberverbandes,
- der Arbeitnehmer Mitglied der tarifzuständigen Gewerkschaft ist und
- Arbeitgeberverband und Gewerkschaft einen Tarifvertrag geschlossen haben (Flächen- bzw. Verbandstarifvertrag) oder der Arbeitgeber – ohne Verbandsmitglied zu sein – den Tarifvertrag mit der betreffenden Gewerkschaft direkt abschließt (Haus- bzw. Firmentarifvertrag).

46.

Im Urteilsverfahren über alle Rechtsstreitigkeiten, die das kollektive Arbeitsrecht oder das Individualarbeitsrecht betreffen. Im Beschlussverfahren über die in § 2 a ArbGG geregelten Angelegenheiten, die hauptsächlich betriebsverfassungsrechtlicher Art sind.

47.

Rechtsstreit ist rasch erledigt, keine weitere Terminwahrnehmung nötig, keine Gerichtskosten, kein weiteres Prozessrisiko in den höheren Instanzen.

48.

Im Vorverfahren erfolgloser Widerspruch, der mit Widerspruchsbescheid zurückgewiesen wurde und nun kombinierte Anfechtungs- und Verpflichtungsklage mit dem Ziel, die Aufhebung des ablehnenden Bescheids und zugleich die Verpflichtung zum Erlass eines antragsgemäßen Verwaltungsaktes zu erreichen.

49.

Wertschöpfung im betriebswirtschaftlichen Sinne bedeutet vereinfacht formuliert die durch den Einsatz der Produktionsfaktoren Arbeit und Kapital im Unternehmen entstandene Werterhöhung eines Produktes oder einer Dienstleistung. Sie entsteht in Form von Löhnen und Gehältern, von Zinszahlungen und Gewinn. Eine durchgehend einheitliche Definition für die Wertschöpfung gibt es allerdings nicht.

Wertschöpfung kann sowohl aus ihrer Entstehung als auch aus ihrer Verwendung heraus definiert und ermittelt werden.

In der Entstehungsrechnung bildet den Ausgangspunkt der Wert der Verkäufe von Produkten oder Dienstleistungen aus der eigenen Produktion sowie von Handelswaren, korrigiert um den Wert von Bestandsveränderungen an Halb- und Fertigwaren und selbst erstellten Anlagen. Dieser »Bruttoproduktionswert«, vermindert um Vorleistungen von Lieferanten, eigene betriebliche Aufwendungen (soweit nicht Löhne und Gehälter oder Zinsen), Abschreibungen und Kostensteuern, bildet die Nettowertschöpfung der Produktionsfaktoren Arbeit und Kapital.

In der Verwendungs- oder Verteilungsrechnung steht die Frage im Vordergrund, welchen Anteil die an der Wertschöpfung beteiligten Faktoren für ihren Beitrag erhalten.

50.

Das erste Problem besteht darin, dass sich die Beiträge der einzelnen Produktionsfaktoren zur Wertschöpfung entweder gar nicht oder nur sehr schwer berechnen lassen, da sie in der Regel nicht messbar, sondern nur (subjektiv oder objektiviert) bewertbar sind. »Normen« gibt es darüber nur lückenhaft; eine derselben bildet das Leistungsprinzip.

Das zweite Problem – selbst wenn sich das erste lösen ließe – besteht darin, dass die Einkommen der Mitarbeiter in der Regel nicht deren aktuell erwirtschafteter Wertschöpfung entsprechen, da sie entweder durch gesetzliche Vorschriften (insbesondere in der Sozialgesetzgebung) dem Einfluss von Arbeitgebern und Gewerkschaften entzogen sind oder von diesen in Tarifverhandlungen (oder mit Betriebsräten in Betriebsvereinbarungen) kollektiv und damit weitgehend unabhängig vom unternehmensspezifischen oder individuellen Wertschöpfungsbeitrag vereinbart werden.

51.

Rechtliche Grundlagen gibt es auf verschiedenen Regelungsebenen. Dabei gilt grundsätzlich: je niedriger die Regelungsebene, desto konkreter sind die Regelungsinhalte.

Die oberste Regelungsebene bilden die Bundes- und Ländergesetze, an erster Stelle das Grundgesetz, gefolgt von den Landesverfassungen sowie dem Betriebsverfassungsgesetz und den Personalvertretungsgesetzen. Kernpunkt des Grundgesetzes bildet der Gleichbehandlungsgrundsatz, Kernpunkte des Betriebsverfassungsgesetzes die Mitbestimmungsrechte des Betriebsrats in sozialen, personellen und wirtschaftlichen Angelegenheiten.

Die nächst niedere Regelungsebene bilden die Tarifverträge. Sie regeln die Rechte und Pflichten der Tarifvertragsparteien – Gewerkschaften, Arbeitgeberverbände oder einzelne Arbeitgeber – insbesondere zum Inhalt, zum Abschluss und zur Beendigung von Arbeitsverträgen sowie zu allgemeinen betrieblichen Fragen. Solche Tarifverträge gelten nur für Gewerkschaftsmitglieder, es sei denn, dass in einem Einzelarbeitsvertrag eines Nicht-Gewerkschaftsmitglieds auf den Tarifvertrag Bezug genommen wird.

Betriebsvereinbarungen werden auf betrieblicher Ebene zwischen dem Arbeitgeber und dem Betriebsrat abgeschlossen. Sie regeln u. a. Fragen der Arbeitszeit, der Betriebsordnung und von Disziplinarmaßnahmen. Im Gegensatz zu den Tarifverträgen, gelten sie für alle Mitarbeiter eines Unternehmens.

Einzelarbeitsverträge regeln die Rechte und Pflichten des Arbeitgebers (Beschäftigung und Zahlung einer Vergütung) und des einzelnen Mitarbeiters (Leistung von Arbeit).

Einzelvertragliche Regelungen müssen gesetzliche und tarifliche Vorgaben berücksichtigen; von diesen kann nur zugunsten eines Mitarbeiters abgewichen werden.

Einseitige unternehmerische Festlegungen beziehen sich in der Regel auf kollektive freiwillige Leistungen des Unternehmens (z. B. freiwillige Erfolgsbeteiligung), die über gesetzliche, tarifliche oder vertragliche Regelungen oder Zusagen hinausgehen.

52.

Die Elemente der Vergütungspolitik sind mit deren Instrumenten gleichzusetzen. Diese Elemente lassen sich in vier Hauptgruppen unterteilen: monetäre Leistungen, geldwerte Vorteile, »Wohlfühl-Faktoren« und Long-Term-Incentives. Während die drei ersten Gruppen gemeinsam zur aktuellen Vergütung zu rechnen sind, umfasst die vierte Gruppe Vergütungselemente, die den Mitarbeitern erst in der Zukunft zufließen.

Monetäre Leistungen sind u. a. das Monatsgehalt, der Monatslohn, Leistungsprämien und -zulagen, Tantiemen und Erfolgsprämien.

Zu den sog. »Geldwerten Vorteilen« (sie stellen steuerpflichtiges Entgelt dar) zählen bspw. Geschäftswagen mit Privatnutzung, vom Arbeitgeber gezahlte Versicherungsprämien und verbilligtes Kantinenessen.

Wesentliche Unterschiede zwischen den einzelnen Vergütungselementen bestehen hinsichtlich ihrer Höhe (fix oder variabel) sowie dem Auszahlungsmodus (laufend oder einmalig). Fixe Elemente bilden dabei vor allem das Monatsgehalt und der Monatslohn, variable Elemente u. a. Provisionen, Leistungs- und Erfolgsprämien. Zu den laufenden Zahlungen zu rechnen sind ebenfalls Monatsgehalt/-lohn, Versicherungsprämien oder Leistungen aus der betrieblichen Altersversorgung.

Kostenflexibilität ermöglichen in erster Linie die variablen Vergütungselemente.

53.

Mit der Arbeitsbewertung sollen die Tätigkeiten innerhalb eines Unternehmens vergleichbar gemacht werden, um damit eine (relative) Ordnung dieser Tätigkeiten im Hinblick auf deren Anforderungen zu erreichen. Eine auf diese Weise erreichte Ordnung ist dabei nicht Selbstzweck, sondern Mittel zum Zweck: als Bestandteil einer Entgeltdifferenzierung und damit als Beitrag zur betrieblichen Lohngerechtigkeit. Sie setzt an der anforderungsabhängigen Komponente an und berücksichtigt nur diejenigen Leistungsanteile eines Mitarbeiters, die unter Zugrundelegung einer Normalleistung zur Bewältigung der grundlegenden Arbeitsanforderungen dienen. Darüber hinausgehende Anteile werden durch die leistungsbezogenen Entlohnungssysteme honoriert. Eine anforderungsorientierte Entgeltdifferenzierung bedeutet, dass zunächst ein Maßstab für die Bewertung der Unterschiede zwischen den Anforderungen gefunden werden muss, nach dem dann die einzelnen Tätigkeiten zu bewerten sind. Im Grunde genommen entspricht jedem Arbeitswert ein bestimmtes Entgelt.

Gemeinsam ist allen Verfahren der Arbeitsbewertung, dass ihnen als Bewertungskriterien die Arbeitsanforderungen zugrunde liegen, die sich aus der Arbeitstätigkeit unter den jeweils gegebenen Arbeitsbedingungen ergeben. Hierbei wird von den individuellen Fähigkeiten und Eigenschaften des jeweiligen Stelleninhabers abstrahiert und vorausgesetzt, dass diese die Leistungsvoraussetzungen erfüllen und daher für die betreffende Tätigkeit geeignet sind. Die Unterschiede zwischen den verschiedenen Verfahren liegen im Umfang und in der Gewichtung der berücksichtigten Anforderungsarten. Während bei den summarischen Arbeitsbewertungsverfahren die Gesamtanforderungen an einem Arbeitsplatz als Ganzes bewertet werden, berücksichtigen die analytischen Verfahren bei einzelnen Anforderungsarten wie Können oder Erfahrung deren unterschiedliche Ausprägungsgrade und berechnen hieraus einen Gesamt-Arbeitswert.

Zur summarischen Arbeitsbewertung zählen das Rangfolge- und das Katalogverfahren, zur analytischen das Rangreihen- und das Wertzahlverfahren.

54.

Zielvereinbarungen bilden die Grundlage für eine leistungsbezogene Vergütung. Abgeleitet aus den für die jeweils nächste Beschäftigungsperiode anstehenden Aufgaben im Unternehmen, werden mit jedem Mitarbeiter bestimmte Teilziele vereinbart, die sowohl konkrete Einzelaufgaben, als auch die Grundlage für eine spätere Leistungsbeurteilung bzw. Leistungsbewertung – und damit für eine leistungsbezogene Vergütung sind. Gleichzeitig sind sie Bestandteil einer Führungstechnik (Management-by-Objectives).

Den ersten Schritt einer Zielvereinbarung bildet die gemeinsame Festlegung der Zielkriterien durch die Führungskraft und den Mitarbeiter. Am Ende eines solchen Zielvereinbarungsgesprächs muss Übereinstimmung hinsichtlich der ausgewählten Einzelziele, deren Gewichtung und deren Erfüllungsmöglichkeiten bestehen.

Einzelziele können sowohl input- als auch outputbezogen sein. Zu den inputorientierten zählen u. a. das Verhalten in der Arbeitsgruppe, die Information und Kommunikation, das Führungsverhalten; zu den outputorientierten zu rechnen sind vor allem mit Kennzahlen belegbare Ergebnisse oder Erfolge. Erfolgsorientierte Zielkriterien sind einsatzorientierten Kriterien vorzuziehen. Einsatzorientierte Kriterien treten jedoch an die Stelle erfolgsorientierter, wo letztere nicht oder nur schwer mess- oder bewertbar sind. Erfolgsorientierte Zielkriterien werden umso wichtiger, je höher die Verantwortung und der Einfluss auf den Unternehmenserfolg ist.

Die Besprechung des Grads der individuellen Zielerfüllung erfolgt im Rahmen eines Soll-Ist-Vergleichs zwischen der Führungskraft und dem Mitarbeiter. Der Zielerfüllungsgrad bildet die Grundlage für die Beurteilung bzw. Bewertung der individuellen Leistung sowie deren Honorierung in Form einer Leistungsprämie.

55.

Zur Sozialversicherung gehören die Versicherungszweige Krankenversicherung, Pflegeversicherung, Rentenversicherung, Arbeitslosenversicherung und Unfallversicherung.

Zuständige Versicherungsträger für den Einzug der Beiträge und Gewährung von Leistungen sind:

- Kranken-/Pflegeversicherung: u. a. Ortskrankenkassen, Betriebskrankenkassen, Ersatzkassen, Innungskrankenkassen.
- Rentenversicherung: Landesversicherungsanstalten, Bundesversicherungsanstalt für Angestellte.
- Arbeitslosenversicherung: Bundesagentur für Arbeit.
- Unfallversicherung: Berufsgenossenschaften, wie beispielsweise die gewerblichen Berufsgenossenschaften, Gemeindeunfallversicherungsverbände.

56.

Die Träger der Sozialversicherung (Versicherungsträger) sind rechtsfähige Körperschaften des öffentlichen Rechts mit Selbstverwaltung. Die Selbstverwaltung wird grundsätzlich durch die Versicherten und die Arbeitgeber ausgeübt.

Die Versicherungsträger erfüllen im Rahmen des Gesetzes und des sonstigen für sie maßgebenden Rechts ihre Aufgaben in eigener Verantwortung.

Bei jedem Versicherungsträger der Kranken-, Pflege- und Rentenversicherung werden als Selbstverwaltungsorgane eine Vertreterversammlung und ein Vorstand gebildet. Jeder Versicherungsträger hat einen Geschäftsführer, der dem Vorstand mit beratender Stimme angehört. Die Vertreterversammlung, der Vorstand und der Geschäftsführer nehmen im Rahmen ihrer Zuständigkeit die Aufgaben des Versicherungsträgers wahr.

Bei den Orts-, Betriebs- und Innungskrankenkassen sowie Ersatzkassen werden anstelle einer Vertreterversammlung und eines Vorstandes ein Verwaltungsrat als Selbstverwaltungsorgan sowie ein hauptamtlicher Vorstand gebildet. Einen Geschäftsführer gibt es bei ihnen nicht.

Die Sektionen, die Bezirksverwaltungen und die Landesgeschäftsstellen der Versicherungsträger können Selbstverwaltungsorgane bilden. Die Satzung grenzt die Aufgaben und die Befugnisse dieser Organe gegenüber den Aufgaben und Befugnissen der Organe der Hauptverwaltung ab.

Soweit die Unfallversicherung durch Ausführungsbehörden durchgeführt wird, werden entsprechende Selbstverwaltungsorgane gebildet.

Nach § 371 SGB III sind Selbstverwaltungsorgane der Bundesagentur für Arbeit der Verwaltungsrat, der Vorstand und die Verwaltungsausschüsse. Die Selbstverwaltungsorgane nehmen im Rahmen ihrer jeweiligen Zuständigkeit die Aufgaben der Selbstverwaltung wahr. Die Selbstverwaltungsorgane setzen sich nach § 380 SGB III zu gleichen Teilen aus Vertretern der Arbeitnehmer, der Arbeitgeber und der öffentlichen Körperschaften zusammen.

Die Versicherungsträger unterliegen staatlicher Aufsicht. Sie erstreckt sich auf die Beachtung von Gesetz und sonstigem Recht, das für die Versicherten maßgebend ist.

Auf den Gebieten der Prävention in der gesetzlichen Unfallversicherung erstreckt sich die Aufsicht auch auf den Umfang und die Zweckmäßigkeit der Maßnahmen.

Die Aufsichtsbehörde kann die Geschäfts- und Rechtsführung des Versicherungsträgers prüfen.

Die Versicherungsträger haben der Aufsichtsbehörde oder ihren Beauftragten auf Verlangen alle Unterlagen vorzulegen und alle Auskünfte zu erteilen, die zur Ausübung des Aufsichtsrechts auf Grund pflichtgemäßer Prüfung der Aufsichtsbehörde gefordert werden.

Die Aufsicht über die Bundesanstalt für Arbeit führt das Bundesministerium für Arbeit und Sozialordnung. Sie erstreckt sich darauf, dass Gesetz und sonstiges Recht beachtet werden, soweit nicht eine weitergehende Aufsichtsbefugnis gesetzlich bestimmt ist.

57.

Versicherungspflichtige und versicherungsberechtigte (= versicherungsfreie) Beschäftigte können die Krankenkasse für ihren Versicherungsschutz wählen, der sie angehören möchten. Die Krankenkasse bezeichnet man als Wahlkrankenkasse. Es gibt nur wenige Ausnahmen, wonach der Betreffende zwangsweise einer Krankenkasse zugeordnet wird (z. B. Seeleute, die in der See-Krankenkasse sein müssen).

Die Ausübung des Wahlrechts ist vom Beschäftigten gegenüber der gewählten Krankenkasse zu erklären, und zwar innerhalb von 14 Tagen nach Aufnahme der Beschäftigung, andernfalls hat der Arbeitgeber die Entscheidung zu treffen. An die Wahl der Krankenkasse ist der Beschäftigte mindestens 18 Monate gebunden. Diese Frist verkürzt sich, wenn die Krankenkasse ihren Beitragssatz erhöht. Eine Kündigung der Mitgliedschaft ist dann zum Ablauf des übernächsten Kalendermonats möglich. Der Arbeitgeber erhält jeweils eine von der gewählten Krankenkasse auszustellende Mitgliedsbescheinigung.

58.

Arbeitnehmer können der gesetzlichen Krankenversicherung unter folgenden Voraussetzungen freiwillig beitreten:

- Bei Beendigung der Versicherungspflicht wegen Unterschreitens der JAE-Grenze ist eine Vorversicherungszeit von mindestens 24 Monaten in den letzten fünf Jahren oder unmittelbar vor dem Ausscheiden von mindestens zwölf Monaten erforderlich.
- Bei erstmaliger Aufnahme einer Beschäftigung (z. B. nach dem Studium) ist keine Vorversicherungszeit erforderlich.
- Bei Auslandstätigkeit und Rückkehr in die Bundesrepublik Deutschland ist keine Vorversicherungszeit zu erfüllen, wenn dort eine Beschäftigung innerhalb von zwei Monaten aufgenommen wird.

Wer 55 Jahre und älter ist, kann nicht freiwilliges Mitglied in einer gesetzlichen Krankenkasse werden, wenn der Betreffende in den letzten fünf Jahren nicht gesetzlich und möglicherweise privat versichert war.

59.

Bei Arbeitsunfähigkeit infolge Krankheit ist dem Arbeitnehmer bis zur Dauer von sechs Wochen das Arbeitsentgelt fortzuzahlen, wenn ihn kein Verschulden trifft. Die Höhe des Entgelts richtet sich nach dem Ausfallsprinzip (= Verdienst bei Weiterarbeit). Durch Tarifvertrag kann eine vergangenheitsbezogene Methode festgelegt werden. Das gilt entsprechend für Kuren.

Bei wiederholter Arbeitsunfähigkeit infolge derselben Krankheit besteht erst wieder ein Anspruch auf sechs Wochen Entgeltfortzahlung, wenn der Beschäftigte nicht mindestens sechs Monate infolge derselben Krankheit arbeitsunfähig war oder seit Beginn der ersten Arbeitsunfähigkeit eine Frist von zwölf Monaten abgelaufen ist.

60.

Ein Beitragsausgleich zwischen den Krankenkassen (= Risikostrukturausgleich) erfolgt jährlich, im Allgemeinen, wenn die Beitragseinnahmen der Versicherten die Ausgaben nicht decken. Die Höhe des Ausgleichsanspruchs oder der Ausgleichsverpflichtung einer Krankenkasse wird durch den Vergleich ihres Beitragsbedarfs mit ihrer Finanzkraft ermittelt.

61.

Die Beiträge zur Kranken-, Pflege-, Renten- und Arbeitslosenversicherung werden im Allgemeinen je zur Hälfte vom Arbeitgeber und Arbeitnehmer aufgebracht. Nur in wenigen Fällen hat der Arbeitgeber die festgelegten Beitragsanteile allein aufzubringen.

Die Beiträge zur Unfallversicherung sind ausschließlich von den Mitgliedsunternehmen zu tragen. Die versicherten Arbeitnehmer zahlen keinen Beitrag.

62.

Die Leistungen der Versicherungsträger sind sehr umfangreich und unterschiedlich. Die wesentlichen Leistungen sind:

Krankenversicherung:

- Leistungen zur Förderung der Gesundheit und zur Verhütung von Krankheiten (z. B. Verhütung von Zahnerkrankungen),

- Leistungen zur Früherkennung von Krankheiten,
- Leistungen bei Krankheit (z. B. ärztliche Behandlung),
- Geldleistungen, wie z. B. Krankengeld, Mutterschaftsgeld.

Pflegeversicherung:

- häusliche Pflegehilfe,
- Tagespflege und Nachtpflege,
- Kurzzeitpflege,
- Leistungen für Pflegebedarf (Geldzuwendungen nach Pflegestufen).

Rentenversicherung:

- Leistungen zur medizinischen Rehabilitation,
- Übergangsgeld anstelle von Krankengeld,
- Renten (Alters-, Erwerbsminderungs-, Hinterbliebenenrenten),

Arbeitslosenversicherung:

- Berufsberatung,
- Überbrückungsgeld,
- Arbeitslosengeld/-hilfe,
- Kurzarbeiter-/Winterausfallgeld,
- Insolvenzgeld,
- Zuschüsse zur Ausbildungsvergütung.

Unfallversicherung:

- Mittel zur Verhütung von Arbeitsunfällen/Berufskrankheiten, Heilbehandlung (z. B. ärztliche Behandlung),
- Leistungen zur Teilhabe am Arbeitsleben (z. B. Reisekosten, Haushaltshilfe),
- Geldleistungen (z. B. Verletztengeld, Renten, Sterbegeld).

63.

Sofern ein Widerspruch gegen einen amtlichen Bescheid des Versicherungsträgers keinen Erfolg hat, werden Streitigkeiten vor den Sozialgerichten ausgetragen. Es gibt drei Instanzen: Sozialgerichte, Landessozialgerichte, Bundessozialgericht. Die Gerichte sind mit Berufsrichtern und ehrenamtlichen Richtern besetzt.

Die Sozialgerichte entscheiden in erster Instanz über alle öffentlich-rechtlichen Streitigkeiten in Angelegenheiten der Sozialversicherung, der Arbeitslosenversicherung, der Kriegsopferversorgung und des Kassenarztrechtes.

Die Landessozialgerichte sind als zweite Instanz zuständig für die Entscheidung über die Berufung gegen die Urteile der Sozialgerichte. Die Landessozialgerichte verhandeln und entscheiden in Senaten.

Das Bundessozialgericht ist das oberste Gericht für die Sozialgerichtsbarkeit.

Das Bundessozialgericht ist als dritte Instanz zuständig für die Entscheidung über die Revision. Es verhandelt und entscheidet in Senaten, die wie die Senate beim Landessozialgericht gebildet sind.

64.

Der ursprüngliche Gedanke der Fürsorge ist in den Hindergrund getreten. Die betriebliche Sozialpolitik bildet heute einen integrierten Bestandteil der gesamten betrieblichen Personalpolitik; sie wurde »ökonomisiert« und die betrieblichen Sozialleistungen und Sozialeinrichtungen wurden ihrem Charakter nach »zweiter Lohn«. Einzelziele der betrieblichen Sozialpolitik sind intern die positive Beeinflussung des Betriebsklimas, die erhöhte Bindungswirkung an das Unternehmen, Steuer- und Finanzierungsvorteile sowie die Identifikation mit dem Betrieb; extern sollen sie zu einer Erhöhung der Attraktivität des Unternehmens am Arbeitsmarkt und damit zu einer verbesserten Wettbewerbsfähigkeit führen.

65.

Betriebliche Sozialleistungen im engeren Sinne kommen als direkte oder indirekte monetäre Leistungen einzelnen Mitarbeitern, bestimmten Mitarbeitergruppen oder der gesamten Belegschaft zugute. Bei Vorliegen bestimmter Voraussetzungen, kommt jeder vergleichbare Mitarbeiter in den Genuss derselben. Für sie besteht allerdings keine besondere Institution. Betriebliche Sozialeinrichtungen dagegen bilden eine formale Institution. Dem einzelnen Mitarbeiter steht es frei, sie zu nutzen oder auch nicht.

66.

Die Stellenbeschreibung ist die schriftliche Darstellung des Arbeitsplatzes hinsichtlich seiner:

- Zielsetzung,
- Einzelaufgaben einschließlich ihres prozentualen Anteils an der Gesamtaufgabe,
- Anforderungen an Ausbildung und Berufserfahrung des Stelleninhabers,
- mit ihm verbundenen Kompetenzen und Befugnisse,
- Einordnung in das betriebliche Organisationsgefüge.

67.

Während das Anforderungsprofil die Soll-Vorgabe für den zu suchenden Stelleninhaber darstellt, beschreibt das Qualifikations- bzw. Eignungsprofil, ob und inwieweit ein Bewerber den Anforderungen der vakanten Stelle entspricht.

68.

Nach § 99 II Nr. 5 BetrVG kann der Betriebsrat die Zustimmung zur Einstellung eines Bewerbers verweigern, wenn die nach § 93 BetrVG erforderliche Ausschreibung im Betrieb unterblieben ist.

69.

Der Arbeitgeber muss mit einem Entschädigungsanspruch seitens der benachteiligten Bewerber rechnen, und zwar:

- mit bis zu drei Monatsgehältern, wenn der Bewerber auch bei benachteiligungsfreier Entscheidung nicht eingestellt worden wäre,
- mit mehr als drei Monatsgehältern, wenn der Bewerber bei benachteiligungsfreier Entscheidung eingestellt worden wäre.

70.

Nach § 402 I 2 Nr. 12 SGB III handelt es sich hierbei um Einrichtungen, in denen »Arbeitssuchende mit dem Ziel der Eingliederung in das Erwerbsleben umfassend betreut werden«. Die Job-Center sollen nach dem ausdrücklichen Gesetzeswortlaut »eine gemeinsame Anlaufstelle des Arbeitsamtes und der örtlichen Träger der Sozialhilfe umfassen und die dem Arbeitsamt von den örtlichen Trägern der Sozialhilfe übertragenen Aufgaben wahrnehmen«. Zu diesem Zweck schließen die Arbeitsämter mit den Sozialhilfeträgern Kooperationsvereinbarungen ab (§ 402 I 3 SGB III).

71.

Nach § 37 c SGB III hat jedes Arbeitsamt für die Errichtung mindestens einer PSA zu sorgen. Vorrangige Aufgabe der PSA ist es, die ihnen von den Job-Centern zugewiesenen Arbeitslosen im Wege der Arbeitnehmerüberlassung befristet an interessierte Unternehmen zu vermitteln. Zu diesem Zweck begründet die PSA mit Arbeitslosen ein Beschäftigungsverhältnis, d. h. letztere werden Arbeitnehmer dieser Einrichtung. Sie bleiben es auch dann, wenn sie nicht abgerufen werden. In diesem Fall ist die PSA verpflichtet, ihre Beschäftigten zu qualifizieren und weiterzubilden.

72.

Dateien und Datenbanken sind das Gedächtnis des Betriebes. Nicht nur die stichwortartige Speicherung der wesentlichen Inhalte einer Personalakte ist möglich. Durch das Scannen ganzer Vorgänge kann man auch komplette Akten auf Festplatten ablegen. Unbestritten ist der Kostenvorteil durch die Minimierung des Archivplatzes auf ca. fünf bis acht Prozent gegenüber einer herkömmlichen Ordnerablage.

Dennoch kann auf eine Personalaktenführung nicht verzichtet werden. Bei Akteneinsicht ist dem Mitarbeiter die chronologisch geführte Akte mit den Originalschriftstücken vorzulegen.

Dient die Personakte als Beweismittel vor einem Arbeitsgericht, müssen ebenfalls Originale beigebracht werden.

Zudem bietet eine Personakte in der täglichen Arbeit erhebliche Vorteile, da Anmerkungen, Notizen, Berechnungen vielfach leichter durchgeführt werden können.

Ein letztes Argument: Die technische Ausstattung von Klein- und Mittelunternehmen ist häufig nicht geeignet, mehr als karteigerechte Informationen aufzunehmen.

73.

Drei Jahre: einheitliche Verjährungsfrist von Forderungen aus Verträgen nach dem neuen Schuldrecht,

Sechs Jahre: Steuernachweise,
Zehn Jahre: Buchungsbelege, Bilanzen, Gewinn- und Verslustrechnungen, Journalen,
30 Jahre: Forderungen aufgrund eines erworbenen vollstreckbaren Titels.

Verlängerungen der Verjährungsfrist durch Hemmung und Unterbrechung beachten.

74.

- Ausstellen eines Zeugnisses oder einer Arbeitsbescheinigung,
- Aushändigen der Arbeitspapiere,
- Ausstellen eines Ausgleichsquittung.

75.

- Die Gewährung von Sozialleistungen ist nicht immer bilanzmäßig darstellbar,
- Die Wirkung von Sozialleistungen beruht nicht nur auf ihrem Geldwert,
- Die Darstellung der Effizienz von Sozialleistungen gelingt mit Cafeteria-Systemen wirkungsvoller,
- Ein ständiger Internetauftritt ist wirkungsvoller als eine einmalige Veröffentlichung im Jahr,
- Sozialleistungen sind im Personalmarketing besser aufgehoben als im Rechnungswesen.

76.

- Sie regeln dauerhaft und verbindlich die Beziehungen zwischen Mitarbeitern und Führungskräften,
- Sie sollen für einen einheitlichen Führungsstil im Betrieb sorgen und eine effiziente Führung ermöglichen,
- Sie stellen soziale Normen für das tägliche Miteinander aller Mitarbeiter im Betrieb dar,
- Sie vermeiden Verhaltensunsicherheiten, insbesondere bei neuen Mitarbeitern,
- Sie sorgen für die Transparenz von Vorgängen innerhalb des Betriebes,
- Sie erleichtern die Kommunikation und verhindern mögliche Konfliktansätze.

77.

- Der Datenschutzbeauftragte trägt die Gesamtverantwortung für die betriebliche Kontrolle zur Beachtung von Datenschutzbestimmungen.
- Auf dem Gebiet des Datenschutzes besteht Weisungsfreiheit, d. h. er ist nicht formal oder disziplinarisch anderen Führungskräften unterstellt.
- Es besteht für die Erfüllung seiner Aufgabe ein Benachteiligungsverbot, d. h. eine Schlechterbehandlung aufgrund seiner dienstlichen Obliegenheiten ist ausgeschlossen.
- Die organisatorische Einbindung in die Unternehmensleitung unterstreicht nach innen und außen die Ernsthaftigkeit, mit der Datenschutz betrieben wird.

78.

Psychologische und graphologische Testergebnisse und Gutachten dürfen nicht in der Personalakte enthalten sein (»Negativkatalog«). Sie sind unaufgefordert zu entfernen. Handschriftliche Notizen, auch Unterlagen zur Planung, sind auf Antrag zu entfernen bzw. als Aktennotizen anzufertigen, sofern sie Gegenstand personeller oder personalwirtschaftlicher Entscheidungen waren.

Abmahnungen, die nicht zugestellt wurden, haben in den Personalakten nichts verloren. Sie dürfen auch nicht zur Grundlage von disziplinarischen oder personellen Maßnahmen dienen.

Neben dem Recht auf Entfernung hat der Mitarbeiter auch das Recht, eigene Stellungnahmen zur Aufnahme in die Personalakte abzugeben.

Er kann gegenüber dem Arbeitgeber einen Unterlassungsanspruch durchsetzen.

Sofern ihm Nachteile entstanden sind, besteht ein Schadenersatzanspruch.

79.

Die Schritte sind: 1. Bruttoverdienstermittlung, 2. Berechnung der gesetzlichen Abzüge, 3. Ermittlung des Nettoverdienstes, 4. Festlegen »sonstiger Zulagen«, 5. Erfassen der »sonstigen Abzüge«, 6. Ermitteln des Auszahlungs-/Überweisungsbetrages.

80.

Der Bruttoverdienst setzt sich aus Bar- und Sachbezügen bzw. geldwerten Vorteilen zusammen. Die Sachbezüge/geldwerten Vorteile sind dem Bruttoverdienst, der im Allgemeinen eine Barzuwendung (laufende Bezüge und einmalige Zuwendungen) ist, aus steuer- und beitragsrechtlichen Gründen hinzuzuschlagen. Sie sind bei der Ermittlung des Auszahlungsbetrages wieder abzuziehen.

Beeinflussungsfaktoren sind: Feste Vorgaben aufgrund gesetzlicher, tariflicher, betrieblicher und einzelvertraglicher Regelungen. Zeiten der Freistellung von der Arbeit ohne

Anspruch auf Fortzahlung der Bezüge, was eine Teilentgeltberechnung auslöst, schwankende Bezüge und einmalige Zuwendungen. Hinzu kommen Sachbezüge bzw. geldwerte Vorteile.

81.

Eine Teilentgeltberechnung kommt in Betracht, wenn nicht für einen vollen Kalendermonat Anspruch auf Bezüge besteht. Das ist der Fall bei Beginn des Arbeitsverhältnisses nach dem Ersten eines Monats, Beendigung des Arbeitsverhältnisses vor Ultimo eines Monats oder Unterbrechung der Beschäftigung ohne Fortzahlung der Bezüge, beispielsweise wegen längerer Dauer der Arbeitsunfähigkeit infolge Krankheit (nach sechs Wochen).

Bei Stundenlohnempfängern werden die Stunden mit Anspruch auf Arbeitslohn mit dem Stundenlohn vervielfacht. Ist ein festes Monatsentgelt festgelegt, wird daraus der nicht beanspruchbare Teil errechnet und vom Monatsbetrag abgezogen (=Abzugsmethode) oder für die Zeit des Anspruchs auf Vergütung der entsprechende Teil errechnet (= Bezugsmethode). Als Divisor können je nach Festlegung Kalendertage des betreffenden Kalendermonats, 30 Tage durchschnittliche Monats-Arbeitstage, Arbeitstage des betreffenden Kalendermonats, Sollstunden oder -arbeitstage in Betracht kommen.

82.

Gesetzliche Abzüge sind Lohnsteuer, Solidaritätszuschlag (5,5%) und bei Zugehörigkeit zu einer erhebungsberechtigten Kirche die Kirchensteuer sowie die Beiträge zur Kranken-, Pflege-, Renten- und Arbeitslosenversicherung. Weitere Abzüge, wie beispielsweise Mieten, gehören nicht zu den gesetzlichen Abzügen.

83.

Die Steuern für laufenden Arbeitslohn (= Monatsvergütung, schwankende Bezüge, wie z. B. Zulagen und Zuschläge) werden im Allgemeinen auf Monatsbasis berechnet. Eine tageweise Berechnung kommt in Betracht bei Beginn des Dienstverhältnisses nach dem Ersten eines Monats und bei Ausscheiden vor dem Letzten eines Monats. Bei der Tagesberechnung werden von 1/30 der Monatsbezüge Steuern berechnet und mit der Anzahl der Kalendertage mit Anspruch auf Arbeitslohn vervielfacht. Eine Tagesberechnung kommt nicht bei Fehlzeiten ohne Anspruch auf Vergütung (z. B. bei längerer Krankheit) in Betracht.

Die Steuern für sonstige Bezüge (z. B. Urlaubsgeld) werden auf Jahresbasis berechnet, indem zum Zeitpunkt des Zuflusses der voraussichtliche Jahresarbeitslohn ermittelt und daraus die anteiligen Steuern für den sonstigen Bezug ermittelt werden.

84.

Für die Berechnung der Beiträge zur Kranken-, Pflege-, Renten- und Arbeitslosenversicherung sind folgende Indikatoren von Bedeutung: Arbeitsentgelt nach der entsprechenden Definition, Beitragsbemessungsgrenzen, Beitragssätze, Beitragszeiten (voller Monat oder anteilige Kalendertage bei Arbeitsunterbrechung ohne Anspruch auf Entgelt, wie beispielsweise bei länger als sechs Wochen andauernder Arbeitsunfähigkeit wegen Krankheit).

Für die Höhe der Beiträge zur Unfallversicherung sind der Gefahrtarif und die Lohnsumme maßgebend. Hinzu kommen Umlagen für Anteile an der Ausgleichslast und am Insolvenzgeld.

85.

Die Beiträge zur Kranken-, Pflege-, Renten- und Arbeitslosenversicherung werden für laufendes Arbeitsentgelt (feste Monatsbezüge und schwankende Zulagen/Zuschläge) grundsätzlich nach dem Entstehungsprinzip, also in dem Monat berechnet, in dem es erzielt wurde. Nur bei nicht voller Zahlung und Vortrag für Zeiten der Freistellung von der Arbeit (Wertguthaben) erfolgt die Beitragsberechnung im Monat des Zuflusses.

Die Beitragsberechnung für einmalige Zuwendungen (z. B. Weihnachtsgeld, 13. Monatsgehalt) erfolgt in dem Monat, in dem sie gezahlt werden, und zwar auf der Basis der so genannten SV-Luft (= Differenz zwischen beitragspflichtigem laufenden Arbeitsentgelt und der jeweiligen Beitragsbemessungsgrenze) aus der Zeit ab Januar des Zahlungsjahres. Bei Zahlung in den Monaten Januar bis März kommt die SV-Luft des Vorjahres in Ansatz, wenn die einmalige Zuwendung im laufenden Jahr nicht in vollem Umfang von der Krankenversicherung erfasst wird (= März-Klausel).

86.

Der Nettoverdienst wird ausschließlich durch die gesetzlich festgelegten Abzüge, also Lohnsteuer, Kirchensteuer, Solidaritätszuschlag und Beiträge zur Sozialversicherung beeinflusst, und zwar durch entsprechende Minderung des Bruttoverdienstes.

87.

Nettoverdienst ist der Betrag, welcher das Ergebnis aus Bruttoverdienst minus gesetzlicher Abzüge ist.

Der Auszahlungs- bzw. Überweisungsbetrag ist das Ergebnis aus dem Nettoverdienst zuzüglich sonstiger Zulagen, wie beispielsweise Kurzarbeitergeld (= Zahlungen für Dritte/ Arbeitsamt) und abzüglich »sonstiger Abzüge«, die nicht zu den gesetzlichen Abzügen gehören, wie Mieten, freiwillige Beiträge zur Krankenversicherung.

88.

Zu unterscheiden sind die vier Phasen Konjunkturaufschwung, Hochkonjunktur, Konjunkturabschwung und Konjunkturtiefstand (Depression). Bezüglich der Konjunkturindikatoren vergleichen Sie nochmals Abbildung 2.

89.

Zu unterscheiden ist die konjunkturelle, friktionelle, saisonale und die strukturelle Arbeitslosigkeit.

90.

Zur Personalplanung gehören vor allem die Personalbedarfs-, Personalbeschaffungs- und Personalauswahlplanung, Personalfreisetzungsplanung, Personalentwicklungsplanung, Personaleinsatzplanung und Personalkostenplanung.

91.

Die aktive Gestaltung der Zukunft des Unternehmens ist die eigentliche Aufgabe der Unternehmensplanung. Zu ermitteln, welche Zukunft das Unternehmen erwartet, wenn so weiter gewirtschaftet wird wie bisher, ist erst der Ausgangspunkt der eigentlichen Planungsarbeit. Sie besteht darin, festzulegen, wie sich das Unternehmen seine eigene Zukunft vorstellt (»Vision«) und den Weg dahin (»Strategie«). Bei größeren Unternehmen formulieren die einzelnen Unternehmensteile ihre Rolle bei der Verwirklichung der Vision (»Mission«).

92.

Ziel: Optimierung der Beschäftigung.

Beispiel: Flexibilisierung der Arbeit durch Überstunden, befristete Verträge, Teilzeit, Zeitarbeit.

Ziel: Kostenoptimierung.

Beispiel: Einführung variabler Komponenten in das Vergütungssystem.

Ziel: Steigerung der Arbeitsleistung.

Beispiel: Steigerung der Motivation durch einen situativen Führungsstil mit klarer Zielsetzung, Feedback, Coaching, Anerkennung, Entwicklungsplanung.

Ziel: Nutzung der Kreativität und Erfahrung.

Beispiel: Förderung der Gruppenarbeit, Training in Kreativitätstechniken.

93.

Die menschliche Arbeitsleistung bildet die wichtigste Ressource eines Unternehmens. Alle Entscheidungen werden letztendlich von Menschen getroffen. Menschen sind es daher, die über den Erfolg oder Misserfolg eines Unternehmens entscheiden. Sie entscheiden daher auch über den Einsatz aller anderen Produktionsmittel.

Die menschliche Arbeitsleistung (als input- oder outputorientierte Leistung) wird beeinflusst (positiv und negativ) von der Leistungsfähigkeit und der Leistungsbereitschaft. Die Leistungsfähigkeit ist beeinflussbar durch die Ausbildung und Erfahrung, d. h. auch durch eine betriebliche Aus- und Weiterbildung und damit einer Förderung vorhandener Fähigkeiten. Die Leistungsbereitschaft dagegen wird beeinflusst durch die Arbeitsmotivation und diese wiederum durch »harte« und »weiche« Motivationsfaktoren wie Personalführung, Vergütung, Aufstiegschancen. Leistungsfähigkeit bildet eine Frage des Könnens, Leistungsbereitschaft eine Frage des Wollens.

94.

Führungskräfte zeichnen sich dadurch aus, dass sie dispositive Aufgaben erfüllen, die für den Bestand und die Weiterentwicklung eines Unternehmens von hoher Bedeutung sind. Führungskräfte können sowohl in der Führungslaufbahn als auch in der Fachlaufbahn und Projektlaufbahn tätig sein.

Führungskräfte in der Führungslaufbahn haben zusätzlich zu ihrer fachlichen Verantwortung die Aufgaben der Personalführung; sie sind damit Disziplinarvorgesetzte. Zu ihren Führungsaufgaben gehören:

- Planen,
- Entscheiden,
- Koordinieren,
- Delegieren,
- Informieren,
- Motivieren,
- Entwickeln,
- Bewerten und
- Kontrollieren.

95.

Von wesentlichem Einfluss sind zunächst die Primärdeterminanten:

- Leistungsprogramm (Produkte, Dienstleistungen),
- Arbeitsproduktivität (Ausbringung, Leistung pro Zeiteinheit),
- Arbeitszeit (tarifliche, betriebliche, individuelle Arbeitszeit).

Wesentlichen Einfluss haben ferner zahlreiche Sekundärdeterminanten; zu den wichtigsten zählen:

- die spezifischen Angebots- und Nachfrageverhältnisse mit saisonalen, konjunkturellen, trendmäßigen oder abrupten Veränderungen,
- die arbeitsrechtlichen Rahmenbedingungen in Form von Gesetz, Tarif, Rechtsprechung, Betriebsvereinbarungen,
- die im Unternehmen eingesetzten Techniken und Technologien,
- die Unternehmensorganisation in Abhängigkeit von den angewandten Organisationsgrundsätzen Verrichtungs- (Funktional)prinzip oder Objektprinzip und
- der Gesamt-Leistungsbeitrag der Mitarbeiter.

96.

Globale oder vergangenheitsorientierte Methoden: Trends; Analogieschluss; Kennzahlen: Mittel- und Grossbetriebe bei kontinuierlicher Produktions-/Absatzentwicklung; mittel-/langfristig;

Schätzverfahren: einfach und systematisch (Delphi; Szenario): kleine/mittlere Betriebe; kurz-/mittelfristig;

Arbeitswissenschaftliche Methoden: MTM; REFA: Messungen, Analysen; Zeitstudien: Produktion, Montage, Fertigung im Zusammenhang mit analytischer Arbeitsvorbereitung;

Stellenplanmethode: Dienstleistung und Verwaltung als Schwerpunkt; Organisationsplanung (Aufbauorganisation) Voraussetzung; kurz-/mittelfristig.

97.

Es werden folgende Bedarfsarten unterschieden:

- Ersatzbedarf, durch z. B. Fluktuation, Erziehungsurlaub, Wehr-/Zivildienst;
- Neubedarf, infolge Erweiterung oder Stellenzuwachs;
- Mehrbedarf, aufgrund z. B. tariflicher Arbeitszeitverkürzung oder gesetzlicher Auflagen für Daten- und/oder Umweltschutz, Arbeitssicherheit;
- Nachholbedarf durch fortgeschriebene Vakanzen z. B. wegen arbeitsmarktbedingter fehlender Besetzung von Stellen;
- Reservebedarf für vorhersehbare und plan- sowie berechenbare Ausfallzeiten aufgrund von Feiertagen, Urlaub, Krankheit.

Gründe für Abwesenheits- und Ausfallzeiten, die einen Reservebedarf bewirken können, sind im Wesentlichen folgende:

- Urlaub (bezahlt/unbezahlt),
- Arbeitsunfähigkeit (Krankheit, Unfall, Kur),
- Mutterschutz, Erziehungs-/Familienurlaub,
- Wehrdienst/Zivildienst,
- Fortbildung/Bildungsurlaub,
- Freistellungen für Betriebsräte,
- sonstiges (z. B. aufgrund Schichtarbeitsmodellen, Pausenregelungen, Springertätigkeiten).

98.

Ganz allgemein bezeichnet man mit Maßnahmen zur Anpassung des Personalbedarfs: Personalbeschaffung, Personaleinsatz, Personalentwicklung und Personalabbau.

Es geht dabei sowohl um qualitative als auch um quantitative Aspekte. In der Praxis wird meist von Personalanpassung gesprochen, wenn auf Personalüberhang mit geeigneten Maßnahmen reagiert werden soll.

Maßnahmen der Personalanpassung lassen sich unterscheiden nach dem wesentlichen Kriterium mit oder ohne Entlassung (Kündigung) von Personal. Dabei sind Anpassungsmaßnahmen ohne Personalabbau möglich durch zeitliche Anpassung in Form von:

- Abbau von Mehrarbeit und Überstunden,
- vorübergehender oder dauerhafter Arbeitszeitverkürzung,
- Flexibilisierung der Arbeitszeit durch Gleitzeit-, Urlaubsplanung und Arbeitszeitkonten.

Eine quantitative Anpassung ohne Kündigung besteht bei:

- Einstellungsstopp,
- Abbau von Leiharbeit,
- Nichtverlängerung befristeter Arbeitsverhältnisse,
- Abschluss von Aufhebungsverträgen/Ausscheidungsvereinbarungen,
- Vorruhestandsregelungen, vorzeitiger Pensionierung.

Entlassungen aufgrund Kündigungen erfolgen bei:

- Entlassung einzelner Beschäftigter,
- Kündigung durch Arbeitnehmer,
- Schließung von Betriebsteilen, Massenentlassung.

99.

Während die Leistungsbeurteilung Aussagen zur Gegenwart und Vergangenheit macht, werden durch die Ermittlung und Einschätzung des Potenzials eines Mitarbeiters dessen Leistungsreserven und Leistungsvermögen in der Zukunft prognostiziert. Hierbei geht es um die Entwicklungsrichtung (Wohin kann sich der Mitarbeiter entwickeln?) und um den Entwicklungshorizont (Wie weit kann er dabei kommen?).

Beurteilungskriterien sind z. B. Arbeitsquantität, Arbeitsqualität, Arbeitseinsatz; Kostenbewusstsein, Kundenorientierung, Zusammenarbeit und (bei Vorgesetzten) Mitarbeiterführung; die Kriterien sollten durch Merkmale weiter differenziert und beschrieben werden; z. B. bei Mitarbeiterführung: Zielsetzung, Information, Delegation, Kontrolle, Förderung, Beurteilung.

100.

Inhalt eines Potenzialbeurteilungsbogens:

- Angaben zur Person und Funktion/Position des Mitarbeiters,
- Stärken/Schwächen,
- Maßnahmen zur Weiterbildung in Bezug auf die Funktion,
- Weitere Entwicklungsschritte,
- Zukünftige Aufgaben, mögliche Positionen/Funktionen (mit Angabe des Zeitpunktes und der Voraussetzungen zur Übernahme),
- Administrative Angaben (Beurteiler, Mitwirkende, Informationen, Datum etc.).

Schritte zur Einführung eines Beurteilungssystems:

- Recherche (Fachliteratur),
- Benchmarking, Best-Practice (andere Unternehmen),
- Entscheidung für System/Verfahren,
- Beteiligung des Betriebsrats,
- Information der Mitarbeiter (z. B.: Betriebsversammlung, Mitarbeiter-Zeitschrift, Abteilungsbesprechungen),
- Training der Führungskräfte (Beurteiler-Schulung),
- Anwendungskontrolle, Auswertung, Follow-up; ggf. Anpassung/Weiterentwicklung des Systems.

101.

Die Steuerung des Unternehmens und des Personals mit Hilfe von objektivierbaren Kennzahlen. Risikomanagement im Bereich Personal im Sinne der Regelungen des Gesetzes zur Kontrolle und Transparenz von Aktiengesellschaften und berichtspflichtigen GmbHs (KonTraG). Lieferung von qualitativen Daten für höherwertige Qualitätsmanagement-Systeme. Ermittlung des Wertschöpfungsbeitrags des Personalwesens.

102.

Beispiele:

- Konzern,
- Aufsichtsrat,
- Aktionäre,
- örtliche Geschäftsleitung,
- Führungskräfte,
- Betriebsrat,
- Belegschaft,
- Arbeitsamt,
- Statistisches Landesamt,
- Sozialversicherungsträger,
- Kunden,
- Lieferanten,
- Arbeitgeberverband,
- Gewerkschaften,
- Meinungsforschungsinstitute.

103.

Controlling heißt nicht nur Kontrolle. Controlling könnte z. B. mit »regulierend beobachten« übersetzt werden. Personalcontrolling dient der Steuerung des Unternehmens durch die Bereitstellung zweckentsprechend aufbereiteter Daten und Informationen über alle mit dem Personal zusammenhängenden Fragestellungen. Personalcontrolling ist die Fortsetzung von Personalplanung im Sinne von »gestaltend eingreifen«. »Personalplanung liefert den Zielhafen, Personalcontrolling liefert Karte und Kompass, um ihn zu erreichen«.

104.

Zielvorgaben → Handlungsalternativen → Maßnahmen → Erfolgskontrollen → Zielvorgabe.

Planungsfunktion → Informationsfunktion → Steuerungsfunktion → Kontrollfunktion → Planungsfunktion.

Planen → Handeln → (Maßnahmen) Prüfen → Kontrollieren → Planen.

Ausgehend von Zielvorgaben, entwickelt das Personalcontrolling alternative Handlungsmöglichkeiten. Dann schlägt das Personalcontrolling Maßnahmen vor und begleitet deren Umsetzung. Schließlich sorgen Erfolgskontrollen dafür, dass das Unternehmen sich tatsächlich dem angestrebten Ziel nähert. Ist dies nicht der Fall, gibt das Personalcontrolling frühzeitig Hinweise, dass die Maßnahmen verstärkt, andere Handlungsmöglichkeiten ergriffen oder die Ziele überprüft werden müssen.

105.

Beispiele:

- Fertigungsplanung,
- Absatzplanung,
- Entwicklungsplanung,
- Vertriebsplanung,
- Budgetplanung,
- Investitionsplanung,
- Beschaffungsplanung,
- Übernahmeplanungen.

106.

- Mengendaten: (Belegschaftsgruppen: Tarif-Mitarbeiter, Leitende Angestellte, Gewerbliche Arbeitnehmer; Kapazität: Vollzeit-Mitarbeiter, TZ-Mitarbeiter, Saisonkräfte, Aushilfen; Ausbildung: Ungelernte, Angelernte, Facharbeiter, Techniker, Ingenieure, Promovierte.
- Leistungsdaten: (z. B. Umsatz pro Mitarbeiter, Anzahl betreuter Kunden je Mitarbeiter, Bestellmenge je Mitarbeiter).
- Kostendaten: (z. B. Leistungszulagen, Überstundenvergütungen, Entgeltfortzahlung im Krankheitsfall).
- Strukturdaten: (z. B. Gesamtbelegschaft nach Belegschaftsgruppen – Arbeiter, Angestellte, Leitende Angestellte; Gesamtbelegschaft nach Entgeltsystemen – Lohn, Gehalt, Provision; Gesamtbelegschaft nach Geschäftsfeldern – Vertrieb, Verwaltung, Technik.
- Qualitative Daten: (z. B. Ausbildung – ungelernt, angelernt, Fachkraft, Spezialkenntnisse, Meister/Techniker/Betriebswirt, Akademiker, promoviert; Einsatzmöglichkeiten – Tropentauglichkeit, Gesundheitszeugnis, Schwindelfreiheit, schulpflichtige Kinder; Fremdsprachen.
- Ereignisdaten: (z. B. Fehlzeiten – Arbeitsunfähigkeit, Störfälle; Fluktuation – Binnen-/Außenfluktuation, geplant/ungeplant; Meldepflichtige Ereignisse – Arbeitsunfälle, Schlechtwetterausfälle, Streiks, Sonntagsarbeit;
- Verhaltensdaten: (z. B. Arbeitsverhalten – Inanspruchnahme von Elternzeit, Rentenbeginn, Altersteilzeit, Urlaub, Bildungsurlaub, Kantinenessen, Streik, Überstunden; Loyalitäten – Gewerkschaft, Kirche, Islam, Sportverein, Parteien; Freizeitverhalten – Gefahrsportarten, Sommer-/Wintersportler, schulpflichtige Kinder, Ehepartner Lehrer.
- Betriebsklimadaten: (z. B. Beurteilung der Firma – Qualität, Innovation, Restrukturierungsbedarf, Organisationsdefizite; Beurteilung der Vorgesetzten – eigener Chef, Geschäftsleitung, Konzern; Beurteilung der eigenen Möglichkeiten – Karriere, Anerkennung, Freiraum.

107.

WER wird WIE, WANN, WO HINZU gezählt.

108.

- Zielcontrolling,
- Planungscontrolling,
- Aktivitätscontrolling,
- Erfolgscontrolling.

109.

Beispiele:

- Fehlzeitenquote,
- Fluktuationsrate,
- Verhältnis von direkten (produktiven) zu indirekten (unproduktiven) Mitarbeitern,
- Personalaufwand je MA,
- Wertschöpfung pro MA,
- Durchschnittsalter,
- Fortbildungstage pro Mitarbeiter.

110.

Bei allen personenbezogenen Daten, die als schützenswerte Privatsphäre der Mitarbeiter gelten. (Hier gilt das »informationelle Selbstbestimmungsrecht«.) Dazu gehören z. B.:

- Krankheitsdaten, Behinderungen, Schwangerschaft,
- Glaube, politische Meinung, Gewerkschaftszugehörigkeit,
- Vermögensverhältnisse,
- Verwandtschaftsverhältnisse, Herkunft,
- Gesetzeskonflikte, Vorstrafen.

111.

Ein Personalvorausschau-System gibt Auskunft über den zu erwartenden Zustand der Belegschaft an einem beliebigen Stichtag in der Zukunft. Die Geschäftsleitung kann den noch verbleibenden Handlungsbedarf exakt erkennen und entsprechende Steuerungsmaßnahmen einleiten, indem sie den erwarteten Belegschaftszustand mit ihren angestrebten Zielen vergleicht. Damit ist das Personal-Vorausschau-System das zentrale Instrumentarium des Personalcontrolling, da es vor der Planung herläuft und diese ganz entscheidend verbessern kann.

112.

Fachliche Kompetenzen: EDV-, Medienkompetenz.

Persönliche Kompetenzen: Belastbarkeit, Flexibilität.

Methodische Kompetenzen: Selbstorganisation, Lernfähigkeit.

Soziale Kompetenzen: Teamfähigkeit, Kundenorientierung.

113.

- Stereotypenbildung,
- Halo-Effekt,
- Primacy-Effekt,
- Soziale Ähnlichkeit,
- Alte Beurteilung.

114.

- Standortbestimmung,
- Feedback,
- Personalentwicklung.

115.

Vorgehen: Commitment der Geschäftsführung einholen, Bildung einer Projektgruppe mit Führungskräften verschiedener Abteilungen und Betriebsrat, Vorstellen des Beurteilungsbogens bei Führungskräften und Mitarbeitern, Schulung der Führungskräfte hinsichtlich Mitarbeiterbeurteilung, Implementierung des Beurteilungssystems, Kontrolle der Durchführung.

Schwierigkeiten: Veto des Betriebsrates, Skepsis der Mitarbeiter hinsichtlich Beurteilung, mangelndes Commitment der Geschäftsführung, Desinteresse der Führungskräfte, schlechte Durchführung der Mitarbeiterbeurteilung, Skepsis gegenüber einem »Schulnotensystem«, Befürchtung Mitarbeiterbeurteilung hätte Konsequenzen bei Stellenabbau.

116.

Gruppendiskussionen, Rollenspiele, Präsentationen zu einem bestimmten Thema, Postkorb-Übungen, Persönlichkeits-, Intelligenz-, Leistungs- und Konzentrationstests, Interview.

117.

Unterschiedliche Kompetenz- oder Qualifikationsbegriffe lassen sich den drei allgemein anerkannten Kategorien zuordnen:

- Fachkompetenz/fachliche Qualifikation,
- Methodenkompetenz/methodische Qualifikation (überfachlich),
- Sozialkompetenz/soziale Qualifikation (außer- oder nichtfachlich).

Fachliche, methodische und soziale Qualifikation bilden zusammen die berufliche Handlungskompetenz.

Schwerpunkte in der Vermittlung/Qualifizierung sind bei:

- fachlicher Qualifikation: Kenntnisse, Wissen,
- überfachlicher Qualifikation: Methoden, Prozesse,
- außerfachlicher Qualifikation: Persönlichkeit, Verhalten.

Qualifikationen aus den Bereichen Methodenkompetenz und Sozialkompetenz werden auch als »Schlüsselqualifikationen« bezeichnet, dazu werden u. a. gerechnet:

- Belastbarkeit,
- Feedbackfähigkeit,
- Flexibilität,
- Führungsfähigkeit,
- Innovationsfähigkeit,
- Kommunikationsfähigkeit,
- Komplexitätsbewältigung,
- Konfliktfähigkeit,
- Konzentrationsfähigkeit,
- Kooperationsfähigkeit,
- Kreativität,
- Kritikfähigkeit,
- Leistungsbereitschaft,

- Lernfähigkeit,
- Problemlösefähigkeit,
- Selbstständigkeit,
- Teamfähigkeit,
- Veränderungsbereitschaft,
- Verantwortungsbewusstsein,
- Zuverlässigkeit.

118.

On-the-Job-Personalentwicklungsinstrumente sind:

- Job-Rotation: Arbeitsplatz- oder Aufgabenwechsel mit quantitativem wie auch qualitativem Bezug,
- Job-Enrichment: Aufgaben- und Verantwortungszuwachs, Arbeitsbereicherung, Arbeitsanreicherung in qualitativer Hinsicht und
- Job-Enlargement: Aufgabenverbreiterung, Arbeitsfeldvergrößerung, Arbeitseinsatzausdehnung mit quantitativem Schwerpunkt.

Beispiele für Job-Enrichment/Job-Enlargement sind:

- Leitung kleinerer, auch abteilungsübergreifender Projekte,
- Übernahme unternehmerischer Aufgaben (Übungsfirma, Junior-Board),
- Stellvertretung des Gruppen- bzw. Abteilungsleiters,
- Verantwortung für die systematische Einarbeitung neuer Mitarbeiter,
- zusätzliche Betreuung und Unterweisung von Auszubildenden und Praktikanten,
- Übernahme von Trainingsaufgaben unter Beibehaltung des eigentlichen Aufgabengebiets.

Aufgabenwechsel (Job-Rotation) kann innerhalb einer Gruppe/Abteilung oder abteilungsübergreifend durchgeführt werden. Die Vorteile von Job-Rotation sind:

- Erweiterung der Qualifikation des einzelnen Mitarbeiters,
- gegenseitige Vertretung in Abteilung/Gruppe wird erleichtert,
- eventuelle Fluktuation in Abteilung/Gruppe reißt keine so große »Lücke«,
- die wechselseitige Kommunikation wird verbessert,
- das Verständnis für andere Aufgaben und Abläufe wird verbessert.

119.

Erfolgskriterien sind:

- Qualität (hält die Maßnahme den Qualitätsanforderungen stand?),
- Relevanz (Inhalt auf den festgestellten Bedarf hin überprüfen) und
- Transfer (tatsächliche Veränderungen in der Praxis als Nutzen feststellen).

Das wichtigste Erfolgskriterium ist der Nutzen der Maßnahmen für die Praxis. Deshalb sollten die Maßnahmen durch die Mitarbeiter beurteilt werden, sowohl direkt danach, als auch drei bis sechs Monate später.

Erfolgskontrolle kann folgendermaßen vorgenommen werden:

- Prüfung, Test: häufig nur bei abschlussbezogenen Fortbildungsmaßnahmen gebräuchlich,
- Beurteilungs- oder Feedback-Bogen durch die Teilnehmer,
- Mitarbeitergespräch zwischen Vorgesetztem und Teilnehmer (Mitarbeiter) zur Qualität, Relevanz der Maßnahme und Anwendung des Gelernten in der Praxis (Transferkontrolle).

120.

Checkliste zur Seminar-Vorbereitung:

- Titel/Thema,
- Zielgruppe,
- Teilnehmeranzahl (Plätze),
- Teilnahmevoraussetzungen (Vorkenntnisse, Erfahrungen, Aufgaben),
- Lernziele,
- Lerninhalte,
- Methoden der Vermittlung, Arbeitsweise, Medien,
- Trainer,
- Ort, Raum,
- Zeit, Dauer, Termin,
- Kosten,
- Organisation (Anmeldeverfahren, Ansprechpartner, Einladung, Abrechnung, Anreise, Verpflegung etc.).

121.

Zu den Kriterien für die erfolgreiche Einführung von E-Learning gehören:

- gezielt in die allgemeine Weiterbildungs-Konzeption einbeziehen,
- nicht einfach nur E-Learning machen, weil es modern ist,
- eine klare Zielsetzung erarbeiten, was mit Hilfe von E-Learning erreicht werden soll,
- früh mit ersten kleinen Schritten starten, um selbst praktische Erfahrungen zu sammeln,
- von vornherein lange Anlaufphasen berücksichtigen,
- den »Knackpunkt: »Systemintegration« beachten, Lerntools müssen zu der Systemumgebung im Unternehmen passen (Kompatibilität),
- sich nicht von theoretisch ermittelten Einsparpotenzialen blenden lassen, Kosten und Nutzen realistisch einschätzen,
- sich gleichwohl nicht abschrecken lassen: zur Zukunft gehört E-Learning.

Checkliste: Einführung von E-Learning:

- Was genau soll mit E-Learning erreicht werden?
- Wer ist die Zielgruppe? Ist die Zielgruppe technologisch versiert, mit dem Umgang mit neuen Medien vertraut und aufgeschlossen?
- Welche Themen sind geeignet?
- Welche Inhalte sollen vermittelt werden?
- Wer ist für die Inhalte (Content) verantwortlich?
- Wie sind die Lern- und Arbeitsplätze ausgestattet?
- Wer liefert geeignetes Training oder soll/muss es selbst entwickelt werden?
- Wer hat das notwendige Know-how?
- Wann soll das Projekt E-Learning beginnen?
- Wann muss das Training verfügbar sein?
- Wie viele Anwender/Teilnehmer von E-Learning-Modulen sind zu erwarten (Amortisation der Investition)?
- Welches Budget steht zur Verfügung?
- Wie wird das E-Learning in andere Trainingseinheiten (konzeptionell) eingebunden?
- Wer kontrolliert den Erfolg? Und wie wird der Erfolg überprüft?

122.

Planungsstufen eines Förderprogrammes sind:

- Unternehmensstruktur/-kultur und -ziele analysieren,
- Qualifizierungsbedarf ermitteln,
- Programm grob planen,
- Programm vermarkten,
- Programm im Einzelnen planen,
- Programm durchführen,
- Programm abschließen.

123.

- Wandel der Arbeitswelt erfordert Qualifikationsanpassung,
- Mitarbeiterentwicklung und Arbeitsmarktfähigkeit,
- höhere Qualifikationsanforderungen erfordern lebenslanges Lernen.

124.

Die Vorteile sind:

- punktgenauer Zuschnitt auf den Entwicklungsbedarf des Mitarbeiters,
- schnelle Reaktionsmöglichkeit bei veränderten Rahmenbedingungen,
- direktes Feedback zum Praxistransfer.

Die Nachteile sind:

- hoher Aufwand für die individuelle Konzeption,
- nur bedingt auf weitere Personen anwendbar,
- intensive Einzelbetreuung und Koordination,
- kostenintensiv.

125.

- Wurden die Lernziele erreicht?
- Konnte ein Transfer in die alltägliche Arbeitspraxis erreicht werden?
- Ist die Nachhaltigkeit des Förderprogrammes bzw. des Seminars gesichert?
- Rechtfertigt der Lernerfolg die investierten Mittel?

126.

Zu den bedeutenden Voraussetzungen des Qualitätsmanagement von Edward Deming gehören die 14 Qualitätsmerkmale:

1. Unverrückbares Unternehmensziel,
2. Der neue Denkansatz,
3. Keine Sortierprüfungen,
4. Nicht das niedrigste Angebot berücksichtigen,
5. Verbessere ständig die Systeme,
6. Schaffe moderne (An)Lernmethoden,
7. Sorge für richtiges Führungsverhalten,
8. Beseitige die Atmosphäre der Angst,
9. Beseitige die Grenzen zwischen Bereichen,
10. Vermeide Ermahnungen,
11. Setze keine festgeschriebenen Standards,
12. Gestatte es, auf gute Arbeit stolz zu sein,
13. Fördere die Ausbildung,
14. Verpflichtung der Unternehmensleitung.

Darüber hinaus ist insbesondere das PDSA Modell von besonderer Relevanz, da es die prozessfördernde Handlungsweise im Sinne von kontinuierlichen Verbesserungsprozessen in den Mittelpunkt stellt.

PDSA-Modell	Inhalte	Bezug zum Qualitätsmanagement
Plan	Ziel und Auftragsklärung?	Qualitätsplanung
Do	Wer macht was mit wem?	Qualitätslenkung
Study	Welche Ergebnisse liegen vor? Wiebewerten wir die Ergebnisse?	Qualitätssicherung
Action	Welche Verbesserungen sind erforderlich?	Qualitätsverbesserung

127.

Die wesentlichen Schritte sind:

- Entscheidung und Verpflichtung zu einem Zertifizierungsprozess,
- Planung des Zertifizierungsprozesses,
- Prozess- und Ablaufanalyse,
- Überprüfung,
- Kontakt mit den Auditoren,
- Gestaltung und Entwicklung,
- Schulung des internen Auditteams,
- Aufbau des Systems und seiner Dokumentation,
- Einführung und Umsetzung,
- Zertifizierung,
- Kommunikation der Ergebnisse an Kunden, Lieferanten und Mitarbeiter.

128.

Für die betriebswirtschaftliche Berechnung der Kosten/Nutzen-Analyse müssen betriebsspezifische Kennzahlensysteme im Personalcontrolling aufgebaut werden.

Für den Bereich der Personal- und Organisationsentwicklung können die nachfolgenden Bereiche für ein Kennzahlensystem beleuchtet werden:

- Unternehmensziele: Kennzahlen über Zielvereinbarungen und Zielerreichung,
- Ressourcen: Kennzahlen über Material, Führungskräfte und Prozessqualitäten,
- Personalentwicklung: Kennzahlen über das System von Auswahl, Bildung und Entwicklung von Mitarbeitern,
- Mitarbeiterpotenzial: Kennzahlen über Mitarbeiterbeurteilungen, -qualitäten und Entwicklungsprozesse,
- Information: Kennzahlen über Informationsflüsse, -medien und -ziele,
- Motivation: Kennzahlen über Zufriedenheit und Engagement, Krankenstand, Betriebszugehörigkeit.

129.

Die wesentlichen Merkmale der Theorie X/Y nach McGregor sind von der Intension geleitet, dass der selbstbestimmte Mensch im Mittelpunkt seiner beruflichen Aktivitäten steht. Eine ausführliche Darstellung finden Sie unter Abschnitt 4.6.1.

130.

- Kontrollieren,
- Entscheiden,
- Organisieren,
- Ziele vereinbaren,
- Mitarbeiter entwickeln und fördern.

131.

- Autoritärer Führungsstil,
- Demokratisch-partizipativer Führungsstil,
- Laisser-faire-Stil,
- Situativer Führungsstil.

132.

- Mitarbeitergespräche,
- Zielvereinbarungen,
- Teambesprechungen.

133.

- Management-by-Delegation: Führen durch Aufgabendelegation.
- Management-by-Exception: Führen nach dem Ausnahmeprinzip.
- Management-by-Objectives: Führen mit Zielvereinbarungen.

134.

- Funktionale Organisation,
- Divisionale Organisation,
- Matrixorganisation,
- Prozessorganisation,
- Virtuelle Organisation,
- Lernende Organisation.

FAQs – Die wichtigsten Fragen rund um die Abschlussprüfung

Warum sollte ich die Prüfung zum geprüften Personalfachkaufmann anstreben?

Das Personalwesen ist seit einiger Zeit einer Reihe von tief greifenden strukturellen Veränderungen ausgesetzt. Angestrebt wird ein Verständnis von Personalmanagement als Dienstleister für Mitarbeiter, Kunden, Anteilseigner und Gesellschaft. Dies impliziert für die Mitarbeiter des Personalwesens einen notwendigen und nachhaltigen Lern- und Anpassungsprozess und bedeutet den Abschied von dem einen oder anderen tradierten Rollenverständnis, Ressort- und Funktionsdenken, Einstellung zum Mitarbeiter oder personalwirtschaftlichem Handeln. Neue Qualifikationen stehen im Mittelpunkt, nicht zuletzt der Erwerb einer umfassenden beruflichen Handlungskompetenz einschließlich der damit einhergehenden Schlüsselqualifikationen, verbunden mit großen Veränderungen in der eigenen Organisation. Somit stellt der Erwerb der in der Prüfung unter Beweis zu stellenden Fertigkeiten und Kenntnisse nichts weiter als eine Anpassung der vorhandenen Qualifikationen an geänderte Rahmenbedingungen dar. Die Motivation kommt also aus eigener Erkenntnis und sollte primär sein, denn damit ist sie ein wichtiger Garant für das Bestehen der Prüfung. Wenn der Anstoß zur Teilnahme an der Prüfung von dem Vorgesetzten oder Unternehmen erfolgt, sollte dies ein wichtiger Hinweis für Sie sein. Kein Unternehmen investiert in Sie, wenn es nicht beabsichtigt, Ihren Arbeitsplatz zu sichern und Sie längerfristig zu binden. Ideal, wenn beide Anreize zur gleichen Zeit zum Beispiel als Ergebnis eines Fördergespräches erfolgen.

Wie ist es um die Akzeptanz dieses Berufsbildes bestellt?

Die Zahlen der Vergangenheit bestätigen es: Der geprüfte Personalfachkaufmann ist ein gefragter Beruf und wird es auch in Zukunft bleiben. Vor dem Hintergrund der geschilderten Veränderungen wird das neu gestaltete Berufsbild noch mehr Akzeptanz erfahren, auch wenn es eine Zeit lang dauern wird, die Veränderungen in der Wirtschaft bekannt zu machen. Der Personalverantwortliche der Zukunft wird als strategischer Partner und Mitglied des Unternehmensführungskreises unter Einbeziehung der Mitarbeiter mithelfen, ein visionsorientiertes Personalmanagementkonzept zu entwickeln, einzuführen und zu überprüfen. Dies wird helfen, das Unternehmensleitbild zu verwirklichen und die Personalmanagementfunktionen zu integrieren.[1]

Wann muss man Sie zur Prüfung zulassen?

Im Idealfall haben Sie eine anerkannte kaufmännische oder verwaltende Abschlussprüfung bestanden und danach eine mindestens zweijährige Berufspraxis im Personalwesen erworben.

Wenn Sie in einem anderen anerkannten Ausbildungsberuf die Prüfung bestanden haben, erhöht sich die notwendige Berufspraxis im Personalwesen auf mindestens drei Jahre.

1 vgl. auch Hilb, M.: Integriertes Personalmanagement, Neuwied, Kriftel, 2004

Ohne Ausbildungsabschluss müssen Sie mindestens fünf Jahre Berufspraxis im Personalwesen nachweisen.

Neu ist ebenfalls, dass Sie bis zum Ablegen der letzten Prüfungsleistung auch noch den Nachweis berufs- und arbeitspädagogischer Kenntnisse nach der Ausbilder-Eignungs-Verordnung erbracht haben müssen.

Wenn Sie sich jetzt nicht sicher sind, ob Sie die Voraussetzung erfüllen oder ob andere Vorleistungen angerechnet werden, bleibt Ihnen nur das Gespräch mit dem zuständigen Sachbearbeiter bei Ihrer zuständigen Industrie- und Handelskammer. Bitte bringen Sie zu diesem Gespräch gleich alle Unterlagen mit, von denen Sie annehmen, dass sie der IHK als Entscheidungshilfe dienen könnten.

Was wird von Ihnen in der Prüfung erwartet?

Die Prüfungsordnung schreibt fünf einzelne Prüfungsleistungen vor, davon vier schriftliche Prüfungen und ein situationsbezogenes Fachgespräch.

Die schriftliche Prüfung erstreckt sich auf die vier Handlungsbereiche:

- Personalarbeit organisieren und durchführen,
- Personalarbeit auf der Grundlage rechtlicher Bestimmungen durchführen,
- Personalplanung, -marketing und -controlling gestalten und umsetzen,
- Personal- und Organisationsentwicklung steuern.

Dabei bearbeiten Sie in einem Zeitrahmen von jeweils ca. 100–120 Minuten komplexe Situationsaufgaben.

In dem situationsbezogenen Fachgespräch wird eine Beratungssituation unterstellt. Sie erhalten den Auftrag, in Form eines Ihnen vom Prüfungsausschuss 14 Tage vor der Prüfung ausgehändigten Themas einer fiktiven Geschäftsleitung (Prüfungsausschuss), Entscheidungsgrundlagen zu einem personalpolitischen Thema zu präsentieren. Dazu sollen Sie zwei Themen mit einer Grobskizze einreichen. Das gesamte Fachgespräch soll höchstens dreißig Minuten dauern, davon entfallen etwa zehn Minuten auf Ihre Präsentation.

Entfällt demnach die bisherige mündliche Prüfung?

Die bisherige obligatorische mündliche Prüfung in drei Fächern entfällt. Eine mündliche Prüfung wird nur noch als Ergänzungsprüfung angeboten, wenn Sie in nicht mehr als einer schriftlichen Prüfungsleistung eine mangelhafte Note erhalten haben. Sie können somit im Einzelfall noch durch eine entsprechende mündliche Leistung eine mangelhafte schriftliche Leistung ausgleichen. Dies gilt aber nicht für eine ungenügende Leistung (Note 6) oder zwei und mehr mangelhafte Leistungen (Note 5). In diesem Falle ist die gesamte Prüfung zu wiederholen!

Für das fachbezogene Situationsgespräch gilt diese Regelung nicht.

Wann habe ich die Prüfung bestanden?

Diese Frage ist am einfachsten zu beantworten. Wenn Sie in allen fünf Prüfungsleistungen abschließend mindestens ausreichende Leistungen (Note 4) erbracht haben! Dazu haben Sie im schlimmsten Falle drei Anläufe, denn eine nicht bestandene Prüfung kann zweimal wiederholt werden.

Worin bestehen eigentlich die wesentlichen Unterschiede zwischen einer Prüfung nach der alten und der neuen Prüfungsordnung?

Das eigentlich Neue der Prüfungsordnung ist ihr stärkerer Praxisbezug. Während bisher der Nachweis von solidem Faktenwissen durchaus reichte, um Personalfachkaufmann zu werden, gilt mit der neuen Prüfungsordnung der handlungsorientierte Ansatz, den viele von Ihnen möglicherweise aus den neugeordneten Ausbildungsberufen kennen.

Die Aufgaben gehen von betrieblichen Situationen aus, wie sie in der beruflichen Praxis vorkommen können. Jede Aufgabe soll einen Bezug zu dieser Situationsbeschreibung haben. Von Ihnen wird eine Lösung von betrieblichen Problemen verlangt.

In der Übergangsphase wird es sicherlich noch dazu kommen, dass die Aufgaben nicht ausschließlich in diesem Sinne formuliert werden. Das heißt, es wird auch noch Aufgaben herkömmlicher Art geben, die unabhängig von einer betrieblichen Situation gelöst werden können.

Der starke Praxisbezug soll insbesondere durch das situationsbezogene Fachgespräch realisiert werden. Dabei wird es für Sie vorteilhaft sein, wenn Sie sich auf real existierende Vorhaben, Entscheidungen oder Probleme in Ihrem Unternehmen stützen können. Nichts ist für einen Prüfungsausschuss überzeugender, als wenn er die Authentizität in Ihrer Präsentation und ihrem Gesprächsbeitrag erkennt.

Können Prüfungsleistungen aus anderen bisherigen Prüfungen angerechnet werden?

Dies wird in erster Linie davon abhängig gemacht, wo Sie diese Prüfung absolviert haben. Dabei muss es sich um eine zuständige Stelle, eine öffentliche oder staatlich anerkannte Bildungseinrichtung oder um einen staatlichen Prüfungsausschuss gehandelt haben.

Darüber hinaus darf diese Prüfungsleistung nicht länger als fünf Jahre zurückliegen und muss den Prüfungsinhalten der Prüfungsordnung für geprüfte Personalfachkaufleute nach Art und Umfang entsprechen.

Und damit wird es in der Anrechnungspraxis schwierig, denn eine Handlungsorientierung ist in den meisten bisherigen Prüfungsordnungen nicht zu erkennen.

Dennoch: Stellen Sie bei Ihrer zuständigen Industrie- und Handelskammer einen Anrechnungsantrag und warten Sie den Bescheid ab. Der Ermessensspielraum der letztlich zuständigen Prüfungsausschüsse bei den zuständigen Stellen ist sicherlich variabel.

Wann melde ich mich zweckmäßigerweise zur Abschlussprüfung an?

In der Praxis erleben wir immer wieder, dass ein Prüfling sich monatelang auf die Abschlussprüfung vorbereitet hat, um dann bei Antragstellung zu erfahren, dass er aus formalen Gründen nicht zugelassen werden kann. Häufig geht es dabei um den Nachweis der Berufspraxis, der nicht den Anforderungen der Prüfungsordnung entspricht.

Stellen Sie deshalb den Antrag auf Zulassung so früh wie möglich, selbst wenn Sie die Berufspraxis bis dato noch nicht erfüllt haben. Die zuständige Stelle kann auf diese Art und Weise erkennen, ob Ihre berufliche Tätigkeit der Berufspraxis im Sinne der Prüfungsordnung entspricht und ob Sie alle erforderlichen Unterlagen wie Lebenslauf und Kopie Ihres Ausbildungsabschlusses korrekt eingereicht haben.

Sie sparen sich durch diesen Schritt außer erheblichem Ärger auch noch eventuelle Kosten für einen Vorbereitungslehrgang, der Sie Ihrem Ziel nicht weitergebracht hat.

Wie soll ich mich auf die Prüfung vorbereiten?

Ein wichtiges Medium zur idealen Vorbereitung haben Sie gerade in der Hand. Dieses Lehrbuch ist bewusst als ein Lehrbuch zur Prüfungsvorbereitung konzipiert. Es lehnt sich konsequent an die Systematik des Rahmenplanes an, der eine wichtige Orientierungshilfe für Prüfungsteilnehmer, Dozenten in Weiterbildungseinrichtungen und Prüfungsausschüsse ist.

Die Wahl des richtigen Partners für Ihren Lernprozess ist ebenso wichtig. Rein rechtlich sind Sie nicht verpflichtet, irgendeinen Vorbereitungslehrgang vor Ihrer Prüfung zu besuchen. In der Realität dürfte es nur wenige Autodidakten geben, denen dies gelingt.

Bei der Wahl Ihres Weiterbildungsinstitutes sollten Sie darauf achten, dass die empfohlenen 580 Unterrichtsstunden nicht wesentlich unterschritten werden. Sie wollen nicht nur Ihre Prüfung bestehen, sondern auch einen Lerntransfer für Ihre berufliche Tätigkeit erfahren. Gute Weiterbildungsinstitute erkennen Sie an ihrer langjährigen Präsenz auf dem Markt, den bisherigen Prüfungserfolgen, der Ausstattung mit Dozenten, die über erwachsenenpädagogische Fach-, Methoden- und Sozialkompetenz verfügen und ihrer lernfördernden Ausstattung mit Räumen und Medien.

Orientieren Sie sich auch an bisherigen Prüfungen. Es gibt die Möglichkeit, bisherige Prüfungen käuflich zu erwerben. Sie sind ein wichtiger Indikator für den Schwierigkeitsgrad, die Schwerpunktbildung von Prüfungsthemen und die erwarteten Lösungen.

Beziehen Sie auch Ihre Vorgesetzten und Kollegen mit in Ihren Lernprozess ein, wenn diese nichts dagegen haben. Sie sind diejenigen, die Sie mit Informationen aus ihren Funktionsbereichen versorgen und Ihnen bei der Wahl Ihrer Themen zum fachbezogenen Situationsgespräch helfen können.

Verordnung über die Prüfung zum anerkannten Abschluss Geprüfter Personalfachkaufmann/Geprüfte Personalfachkauffrau

Vom 11. Februar 2002[1]

Auf Grund des § 46 Abs. 2 des Berufsbildungsgesetzes vom 14. August 1969 (BGBl. I S. 1112), der zuletzt durch Artikel 212 Nr. 4 der Verordnung vom 29. Oktober 2001 (BGBl. I S. 2785) geändert worden ist, verordnet das Bundesministerium für Bildung und Forschung nach Anhörung des Ständigen Ausschusses des Bundesinstituts für Berufsbildung im Einvernehmen mit dem Bundesministerium für Wirtschaft und Technologie:

§ 1
Ziel der Prüfung

und Bezeichnung des Abschlusses

(1) Zum Nachweis von Kenntnissen, Fertigkeiten und Erfahrungen, die durch die berufliche Fortbildung zum Geprüften Personalfachkaufmann/zur Geprüften Personalfachkauffrau erworben worden sind, kann die zuständige Stelle Prüfungen nach den §§ 2 bis 8 durchführen.

(2) Durch die Prüfung ist festzustellen, ob der Prüfungsteilnehmer/die Prüfungsteilnehmerin die notwendigen Kenntnisse, Fertigkeiten und Erfahrungen besitzt, um verantwortliche Funktionen in der Personalwirtschaft eines Unternehmens, in der Personalberatung sowie bei Projekten der Personal- und Organisationsentwicklung wahrzunehmen. Der Personalfachkaufmann/die Personalfachkauffrau soll qualifiziert beraten und Prozesse begleiten können. Insbesondere soll er/sie die operativen und administrativen Aufgaben der Personalarbeit beherrschen und die Entscheidungen in den Bereichen Personalpolitik, Personalplanung und Personalmarketing verantwortlich mitgestalten. Er/sie übernimmt verantwortliche Funktionen in der Aus- und Weiterbildung und zeichnet sich durch fachspezifische Kommunikations- und Managementkompetenzen aus.

(3) Die erfolgreich abgelegte Prüfung führt zum anerkannten Abschluss Geprüfter Personalfachkaufmann/Geprüfte Personalfachkauffrau.

§ 2
Zulassungsvoraussetzungen

(1) Zur Prüfung ist zuzulassen, wer

1. eine mit Erfolg abgelegte Abschlussprüfung in einem anerkannten kaufmännischen oder verwaltenden Ausbildungsberuf und danach eine mindestens zweijährige Berufspraxis oder
2. eine mit Erfolg abgelegte Abschlussprüfung in einem anderen anerkannten Ausbildungsberuf und danach eine mindestens dreijährige Berufspraxis oder
3. eine mindestens fünfjährige Berufspraxis nachweist.

---

1 Bundesgesetzblatt Jahrgang 2002 Teil I Nr. 13, S. 930.

(2) Bis zum Ablegen der letzten Prüfungsleistung ist der Nachweis der berufs- und arbeitspädagogischen Kenntnisse gemäß der nach dem Berufsbildungsgesetz erlassenen Ausbilder-Eignungsverordnung oder aufgrund einer anderen öffentlich-rechtlichen Regelung, wenn die nachgewiesenen Kenntnisse den Anforderungen gemäß § 3 Abs. 1 der Ausbilder-Eignungsverordnung gleichwertig sind, zu erbringen.

(3) Die Berufspraxis gemäß Absatz 1 muss inhaltlich wesentliche Bezüge zu den in § 1 Abs. 2 genannten Funktionen haben.

(4) Abweichend von Absatz 1 kann zur Prüfung auch zugelassen werden, wer durch Vorlage von Zeugnissen oder auf andere Weise glaubhaft macht, dass er/sie Kenntnisse, Fertigkeiten und Erfahrungen erworben hat, die die Zulassung zur Prüfung rechtfertigen.

§ 3
Gliederung und Durchführung der Prüfung

(1) Die Prüfung gliedert sich in folgende Handlungsbereiche:

1. Personalarbeit organisieren und durchführen,
2. Personalarbeit auf Grundlage rechtlicher Bestimmungen durchführen,
3. Personalplanung, -marketing und -controlling gestalten und umsetzen,
4. Personal- und Organisationsentwicklung steuern.

(2) Die Prüfung ist schriftlich und in Form eines situationsbezogenen Fachgesprächs durchzuführen.

(3) In einer schriftlichen Prüfung werden je Handlungsbereich komplexe Situationsaufgaben unter Aufsicht bearbeitet. Die Dauer der schriftlichen Prüfung des Handlungsbereichs gemäß Absatz 1 Nr. 1 soll mindestens 100 Minuten und höchstens 120 Minuten betragen. Die Gesamtbearbeitungszeit der schriftlichen Prüfung der Handlungsbereiche gemäß Absatz 1 Nr. 2 bis 4 soll mindestens 420 Minuten betragen. Je Handlungsbereich gemäß Absatz 1 Nr. 2 bis 4 beträgt die Dauer der schriftlichen Prüfung höchstens 160 Minuten.

(4) Hat der Prüfungsteilnehmer/die Prüfungsteilnehmerin in nicht mehr als einer schriftlichen Prüfungsleistung gemäß Absatz 3 eine mangelhafte Prüfungsleistung erbracht, ist ihm/ihr in diesem Handlungsbereich eine mündliche Ergänzungsprüfung anzubieten. Bei einer oder mehrerer ungenügender schriftlicher Prüfungsleistungen besteht diese Möglichkeit nicht. Die Ergänzungsprüfung soll in der Regel nicht länger als 20 Minuten dauern. Die Bewertung der schriftlichen Prüfungsleistung und die der mündlichen Ergänzungsprüfung werden zu einer Note zusammengefasst. Dabei wird die Bewertung der schriftlichen Prüfungsleistung doppelt gewichtet.

(5) Das situationsbezogene Fachgespräch geht von einem betrieblichen Beratungsauftrag aus. Der betriebliche Beratungsauftrag wird als Vorlage für die Geschäftsleitung verstanden, in dem der Prüfungsteilnehmer/die Prüfungsteilnehmerin der Geschäftsleitung einen personalpolitischen Entscheidungsvorschlag vorlegt und präsentiert. Der Prüfungsausschuss stellt 14 Kalendertage vor der Prüfung das Thema, wobei die Themenvorschläge des Prüfungsteilnehmers/der Prüfungsteilnehmerin berücksichtigt werden sollen. Dazu soll der Prüfungsteilnehmer/die Prüfungsteilnehmerin zwei Themenvorschläge mit einer Grobgliederung einreichen. Der Prüfungsausschuss soll den Umfang des Themas begrenzen. Insgesamt soll das situationsbezogene Fachgespräch höchstens 30 Minuten dauern. In etwa zehn Minuten stellt der Prüfungsteilnehmer/die Prüfungs-

teilnehmerin mit geeigneten Medien seine/ihre Lösungsvorschläge dem Prüfungsausschuss vor. Davon ausgehend führt der Prüfungsausschuss in der verbleibenden Zeit ein Prüfungsgespräch.

§ 4
Anforderungen und Inhalte der Prüfung

(1) Im Handlungsbereich »Personalarbeit organisieren und durchführen« soll der Prüfungsteilnehmer/die Prüfungsteilnehmerin nachweisen, dass er/sie die Personalarbeit eines Unternehmens unter den Aspekten Wirtschaftlichkeit, Qualität und Kundenorientierung organisatorisch gestalten und in diesem Rahmen mit seinen/ihren Partnern innerhalb und außerhalb der Organisation zielgerecht kommunizieren und kooperieren kann. In diesem Rahmen können folgende Qualifikationsschwerpunke geprüft werden:

1. Personalbereich in die Gesamtorganisation des Unternehmens einbinden,
2. Personalwirtschaftliches Dienstleistungsangebot gestalten,
3. Prozesse im Personalwesen gestalten,
4. Projekte planen und durchführen,
5. Informationstechnologie im Personalbereich nutzen,
6. Beraten und Fachgespräche führen,
7. Präsentations- und Moderationstechniken einsetzen,
8. Arbeitstechniken und Zeitmanagement anwenden.

(2) Im Handlungsbereich »Personalarbeit auf Grundlage rechtlicher Bestimmungen durchführen« soll der Prüfungsteilnehmer/die Prüfungsteilnehmerin nachweisen, dass er/sie die Mitarbeiter, Führungskräfte und Unternehmensleitung in allen Phasen der Personalbeschaffung, der Vertragsgestaltung und der Beendigung von Arbeitsverhältnissen kompetent und verantwortlich beraten und damit eine effiziente Personalbewirtschaftung gewährleisten kann. In diesem Rahmen können folgende Qualifikationsschwerpunkte geprüft werden:

1. Individuelles und kollektives Arbeitsrecht anwenden,
2. Rechtswege kennen und das Prozessrisiko einschätzen,
3. Einkommens- und Vergütungssysteme umsetzen,
4. Sozialversicherungsrecht anwenden,
5. Sozialleistungen des Betriebes gestalten,
6. Personalbeschaffung durchführen,
7. Administrative Aufgaben einschließlich der Entgeltabrechnung bearbeiten.

(3) Im Handlungsbereich »Personalplanung, -marketing und -controlling gestalten und umsetzen« soll der Prüfungsteilnehmer/die Prüfungsteilnehmerin nachweisen, dass er/sie zusammen mit Führungskräften, Unternehmensleitung und in Abstimmung mit den Mitarbeitervertretungen eine strategieorientierte Personalplanung betreiben und durch geeignete Marketingverfahren und Controllinginstrumente deren zielgerichtete Umsetzung sicherstellen kann. Er/sie muss die betriebs- und volkswirtschaftlichen Einflüsse auf die Personalwirtschaft einschätzen können. In diesem Rahmen können folgende Qualifikationsschwerpunkte geprüft werden:

1. Konjunktur- und Beschäftigungspolitik bei der Personalplanung und beim Personalmarketing berücksichtigen,
2. Personalwirtschaftliche Ziele aus der strategischen Unternehmensplanung ableiten,
3. Beschäftigungsstrukturen und Personalbedarfe für Produktions- und Dienstleistungsprozesse analysieren und ermitteln,

4. Personalbedarfs- und Entwicklungsplanung durchführen,
5. Personalcontrolling gestalten und umsetzen.

(4) Im Handlungsbereich »Personal- und Organisationsentwicklung steuern« soll der Prüfungsteilnehmer/die Prüfungsteilnehmerin nachweisen, dass er/sie den Aufbau von fachlichen, sozialen und methodischen Kompetenzen im Unternehmen unterstützen, an entsprechenden Personalentwicklungsprojekten mitarbeiten, Zusammenarbeit und Führungsqualität fördern und betriebliche Veränderungsprozesse mitgestalten kann. In diesem Rahmen können folgende Qualifikationsschwerpunkte geprüft werden:

1. Mitarbeiter beurteilen, deren Potenziale erkennen und fördern,
2. Konzepte für die Kompetenzentwicklung der Mitarbeiter sowie Qualifikationsanalysen und Qualifizierungsprogramme entwerfen und umsetzen,
3. Zielgruppenspezifische Förderprogramme erarbeiten und umsetzen,
4. Qualitätsmanagement in der Personal- und Organisationsentwicklung einsetzen,
5. Führungsmodelle und Führungsinstrumente anwenden, Führungskräfte beraten,
6. Betriebliche Arbeitsformen mitgestalten, Grundsätze moderner Arbeits- und Lernorganisation umsetzen.

(5) Im situationsbezogenen Fachgespräch soll der Prüfungsteilnehmer/die Prüfungsteilnehmerin nachweisen, dass er/sie in der Lage ist, sein/ihr Berufswissen in betriebstypischen Situationen anzuwenden und sachgerechte Lösungen vorzuschlagen. Insbesondere soll er/sie nachweisen, dass er/sie angemessen mit Gesprächspartnern innerhalb und außerhalb des Unternehmens oder der Organisation sprachlich kommunizieren kann und dabei argumentations- und präsentationstechnische Instrumente sach- und personenorientiert einzusetzen versteht.

§ 5
Anrechnung anderer Prüfungsleistungen

Der Prüfungsteilnehmer/die Prüfungsteilnehmerin kann auf Antrag von der Ablegung einzelner schriftlicher Prüfungsleistungen befreit werden, wenn er/sie in den letzten fünf Jahren vor einer zuständigen Stelle, einer öffentlichen oder staatlich anerkannten Bildungseinrichtung oder vor einem staatlichen Prüfungsausschuss eine Prüfung mit Erfolg abgelegt hat, die den Anforderungen der entsprechenden Prüfungsinhalte nach dieser Verordnung entspricht. Eine Freistellung vom situationsbezogenen Fachgespräch ist nicht zulässig.

§ 6
Bestehen der Prüfung
(1) Die Prüfungsleistungen in den Handlungsbereichen und im situationsbezogenen Fachgespräch sind einzeln zu bewerten.

(2) Die Prüfung ist bestanden, wenn der Prüfungsteilnehmer/die Prüfungsteilnehmerin in allen Handlungsbereichen und im situationsbezogenen Fachgespräch mindestens ausreichende Leistungen erbracht hat.

(3) Über das Bestehen der Prüfung ist ein Zeugnis gemäß der Anlage 1 und der Anlage 2 auszustellen. Im Falle der Freistellung gemäß § 5 sind Ort und Datum der anderweitig abgelegten Prüfung sowie die Bezeichnung des Prüfungsgremiums anzugeben.

§ 7
Wiederholung der Prüfung

(1) Eine Prüfung, die nicht bestanden ist, kann zweimal wiederholt werden.

(2) Mit dem Antrag auf Wiederholung der Prüfung wird der Prüfungsteilnehmer/die Prüfungsteilnehmerin von einzelnen Prüfungsleistungen befreit, wenn er/sie mit seinen/ihren Leistungen darin in einer vorangegangenen Prüfung mindestens ausreichende Leistungen erzielt hat und er/sie sich innerhalb von zwei Jahren, gerechnet vom Tage der Beendigung der nicht bestandenen Prüfung an, zur Wiederholungsprüfung angemeldet hat. Der Prüfungsteilnehmer/die Prüfungsteilnehmerin kann beantragen, auch bestandene Prüfungsleistungen zu wiederholen. In diesem Fall gilt das Ergebnis der letzten Prüfung.

§ 8
Übergangsvorschriften

(1) Die bei Inkrafttreten dieser Verordnung laufenden Prüfungsverfahren können nach den bisherigen Vorschriften bis zum 31. Mai 2005 zu Ende geführt werden.

(2) Die zuständige Stelle kann auf Antrag des Prüfungsteilnehmers/der Prüfungsteilnehmerin die Wiederholungsprüfung gemäß dieser Verordnung durchführen; § 7 Abs. 2 findet in diesem Fall keine Anwendung.

§ 9
Inkrafttreten

Diese Verordnung tritt am 1. Juni 2002 in Kraft.

Stichwortverzeichnis

(Die Ziffern beziehen sich auf die Seitenzahlen)